中国石油天然气集团公司年鉴

2017

中国石油天然气集团公司　编

石油工業出版社

图书在版编目（CIP）数据

中国石油天然气集团公司年鉴 . 2017/ 中国石油天然气集团公司编 . —北京：石油工业出版社，2017.12
ISBN 978-7-5183-2401-9

Ⅰ . ①中… Ⅱ . ①中… Ⅲ . ①中国石油天然气集团公司 -2017- 年鉴 Ⅳ . ① F426.22-54

中国版本图书馆 CIP 数据核字（2017）第 319221 号

中国石油天然气集团公司年鉴 2017
ZHONGGUO SHIYOU TIANRANQI JITUAN GONGSI NIANJIAN 2017

出版发行：石油工业出版社
（北京安定门外安华里 2 区 1 号 100011）
网 址：www.petropub.com
图书营销中心：（010）64523633
编 辑 部：（010）64523591 64523594 64523586
电子邮箱：nianjian@cnpc.com.cn
审 图 号：GS（2018）311 号
经 销：全国新华书店
印 刷：北京中石油彩色印刷有限责任公司

2017 年 12 月第 1 版 2017 年 12 月第 1 次印刷
787×1092 毫米 开本：1/16 印张：48.75 插页：47
字数：1640 千字

定价：258.00 元
（如出现印装质量问题，请与图书营销中心联系）

《中国石油天然气集团公司年鉴》
编　委　会

主　　任：王宜林

成　　员：（按姓氏笔画排列）

于洪金　马自勤　王　亮　王志刚　邓民敏
古学进　卢耀忠　田景惠　白玉光　曲广学
吕功训　刘　戬　刘自强　刘志华　苏　俊
李正光　李若平　李建青　李越强　杨　华
吴　奇　吴恩来　张　镇　张卫国　张少峰
张凤山　张亚成　张华林　陆　凌　周永强
姜力孚　秦永和　徐福贵　黄维和　隋　军

《中国石油天然气集团公司年鉴》
主编、副主编

主　　编：王志刚
副 主 编：张卫国

《中国石油天然气集团公司年鉴》
编　辑　部

主　　　任：张　镇

副　主　任：马　纪

责任编辑：马　纪　杨天龙　付　红　白炳炳
吴保国　赵冬梅

执行编辑：杨天龙

特邀审稿：蒋文贞

封面设计：施　云

责任校对：王　颜　黄京萍

责任排版：张晓军

彩页制作：北京中石油彩色印刷有限责任公司

编 辑 说 明

一、《中国石油天然气集团公司年鉴》（以下简称《年鉴》）是中国石油天然气集团公司组织编纂的专业年鉴，是全面、系统、准确记录上年度中国石油天然气集团公司主要发展情况的权威性大型资料性工具书。本卷《年鉴》记述中国石油天然气集团公司2016年生产经营、改革创新及企业管理等各方面的基本情况和重大事项，向广大读者展示中国石油天然气集团公司努力实现有质量、有效益、可持续发展，为建设世界一流综合性国际能源公司所做出的努力和取得的成就。

二、《年鉴》采用“板块式”结构，分类编纂，点面结合，综合记述和条目记述相结合，力求全面反映所记事项。全书分为类目、分目、条目三个层次，以文字叙述为主，辅以图表。本卷共设16个类目：总述，油气勘探开发生产，炼油与化工，销售，天然气与管道，工程技术与工程建设，国际业务，科技与信息，安全环保与质量节能，企业管理与监督，党建、思想政治工作与企业文化建设，机构与人物，企事业单位概览，中国石油天然气集团公司大事纪要，统计数据，附录。为便于读者查阅和检索，文前附英文目录，文后附索引。

三、本卷《年鉴》所引用的各种数据和资料，截至2016年底，个别内容略有延伸。除注明外，一般指中国石油天然气集团公司统计数据。

四、本卷《年鉴》稿件、资料主要由中国石油天然气集团公司和中国石油天然气股份有限公司机关各部门、各专业分公司以及各企事业单位提供，各单位的主管领导对稿件进行了审阅。

五、为行文简洁，《年鉴》中的机构名称一般在首次出现时用全称，随后出现时用简称。“中国石油天然气集团公司”简称为“集团公司”，“中国石油天然气股份有限公司”简称为“股份公司”，两者统称“中国石油”。

六、遵照年鉴编纂的规范要求，编辑部对撰稿人提供的稿件进行必要的编辑加工。主要是依据编写大纲与撰稿要求，统一全书的体例，规范专业名词术语，删除明显重复，补充部分资料，理顺语言文字，力求做到资料翔实、叙述简洁、数据准确。由于年鉴编辑出版时限性强，疏漏和欠妥之处在所难免，恳请读者批评指正。

七、在本卷《年鉴》编辑和出版过程中，得到集团公司和股份公司机关各部门、各专业分公司及各企事业单位领导、专家以及撰稿人的大力支持与帮助，在此谨向为《年鉴》提供稿件和资料、审查稿件以及提供各种帮助的人士，致以诚挚的谢意。

《中国石油天然气集团公司年鉴》编辑部

2017 年 12 月

2016年，国际政治经济形势错综复杂，“黑天鹅”事件频出，全球能源产业结构深度调整，国际油气价格低位震荡，市场供需延续宽松态势。面对异常严峻的形势和前所未有的压力，中国石油坚持稳健发展方针，突出油气主业发展，及时调整生产经营策略，着力稳增长、调结构、补短板、提效益、防风险，全力以赴打好开源节流降本增效攻坚战，成功战胜低油价“寒冬”的考验，公司发展稳中有进、稳中向好。主营业务稳定发展，生产经营优化运行，改革创新扎实推进，安全环保平稳可控，党的建设全面加强，大力弘扬“石油精神”，形象重塑持续深化，实现了“十三五”良好开局，世界一流综合性国际能源公司建设迈出坚实步伐。全年实现营业收入18719亿元、利润总额507亿元，在世界500强和50家大石油公司排名均居第三位。

当前，全球正处于大发展大变革大调整时期，世界多极化、经济全球化、社会信息化、文化多样化深入发展。中国特色社会主义进入新时代，经济已由高速增长阶段转向高质量发展阶段，正处在转变发展方式、优化经济结构、转换增长动力的攻关期。我们要全面贯彻党的十九大精神，坚持以习近平新时代中国特色社会主义思想为指导，紧紧围绕建设清洁低碳、安全高效的能源体系，坚持稳中求进工作总基调，坚持新发展理念，坚持稳健发展方针，深入实施资源、市场、国际化和创新战略，推动发展质量变革、效率变革、动力变革，奋力开创新时代中国石油稳健发展新局面，为决胜全面建成小康社会、全面建设社会主义现代化强国做出更大贡献。

王宜林

2017 年 12 月

2016 年 1 月 21—23 日，中国石油天然气集团公司 2016 年工作会议在河北廊坊召开。会议的主要任务是，全面贯彻党的十八届五中全会及中央经济工作会议精神，落实国务院国资委部署要求，总结 2015 年和“十二五”工作，分析集团公司发展面临的形势，部署“十三五”和 2016 年重点工作，动员全体干部员工认清严峻形势，坚持稳健发展，开创建设世界一流综合性国际能源公司新局面，为国家推动能源革命和全面建成小康社会做出新贡献。图为大会会场（金添　余海摄）

2016 年 7 月 28—30 日，中国石油天然气集团公司 2016 年领导干部会议在大庆召开。会议的主要任务是，深入学习贯彻习近平总书记系列重要讲话精神和中央领导同志重要指示批示精神，按照中央全面从严治党要求，研究部署集团公司加强党的建设的基本思路和重点工作，总结表彰党建工作先进集体和先进个人，推进“两学一做”学习教育，同时通报 2016 年上半年生产经营情况，部署下半年重点工作任务，动员全体干部员工大力弘扬“石油精神”，坚定信心、奋力拼搏，重塑良好形象、推进稳健发展，不断开创改革发展和党建工作新局面。图为大会会场（金添　余海摄）

2016 年 4 月 28—29 日，中国石油天然气集团公司科技与信息化创新大会在北京召开。会议的主要任务是，深入贯彻落实党中央、国务院部署要求，全面总结集团公司“十二五”科技与信息化工作成果，安排部署“十三五”重点任务，动员全体干部员工认清形势、明确任务，大力实施创新战略，加快推进科技创新与信息化建设，提升自主创新能力和核心竞争力，为建设世界一流综合性国际能源公司、推动国家能源革命做出新贡献。图为大会会场（常正乐摄）

2016 年 6 月 29 日，中国石油天然气集团公司召开学习贯彻中央领导同志关于大力弘扬“石油精神”重要批示精神视频会议，传达学习习近平总书记等中央领导同志对大力弘扬“石油精神”做出的重要批示。图为大会主会场（常正乐摄）

2016 年 5 月 19 日，莫桑比克共和国总统菲利佩·雅辛托·纽西到北京中国石油总部访问，与中国石油天然气集团公司董事长王宜林就进一步深化油气领域合作、推动双方油气合作进入新的发展阶段交换意见（韩杰 常正乐摄）

2016 年 9 月 13 日，中国石油天然气集团公司董事长王宜林在钓鱼台国宾馆拜会前来进行国事访问的秘鲁总统佩德罗·戈达德，就进一步深化油气领域合作交换意见，就积极推进合作项目长期健康可持续发展达成共识（孟庆璐摄）

2016 年 11 月 16—18 日，中国石油天然气集团公司董事长王宜林赴委内瑞拉进行工作调研期间，拜会委内瑞拉总统马杜罗，并与委内瑞拉石油部部长签署《中国石油和委内瑞拉国家石油合作项目进展备忘录》（孟庆璐摄）

2016 年，中国石油天然气集团公司董事长王宜林多次到石油石化企业调研，强调要大力弘扬“石油精神”，坚定发展信心，坚持观念创新、理论创新、技术创新、管理创新，扎扎实实做好各项工作，把企业发展好，为重塑中国石油良好形象做出积极贡献。图为 2016 年 7 月 21—22 日在天津石油石化企业调研期间，看望慰问一线干部员工（孟庆璐摄）

2016年，中国石油天然气集团公司总经理章建华先后到新疆、陕西、吉林、天津、辽宁、四川、重庆、甘肃、青海等地区石油石化企业调研。图为2016年10月12—13日在玉门油田调研期间，到老君庙采油厂看望一线采油工人（王华摄）

2016年10月20日，中国石油天然气集团公司总经理章建华与来访的霍尼韦尔公司总裁兼首席运营官杜瑞哲一行举行会谈，双方就加强公司间业务合作进行友好交流（常正乐摄）

2016年，中国石油天然气集团公司面对极为严峻复杂的生产经营形势，积极应对低油价挑战，坚持稳健发展方针，科学组织生产，狠抓调整优化，完善经营机制，全力以赴打好开源节流降本增效攻坚战。生产经营平稳受控运行，整体经营业绩好于预期，实现“十三五”良好开局。全年实现营业总收入18719亿元，利润总额507亿元。图为大庆油田开发现场（赵永安摄）

2016年，中国石油天然气集团公司国内油气生产基本保持平稳，油气田开发坚持走低成本发展道路，加强生产管理，优化产能部署和生产结构，强化项目效益评价，努力实现整体效益最大化。全年新建原油产能1032万吨、天然气产能109亿立方米，生产原油10545万吨、天然气981亿立方米。图为辽河油田采油小站（刘海摄）

2016 年，中国石油天然气集团公司国内油气勘探突出重点盆地和有利区带强化预探、精细勘探，取得 22 项重要成果，形成 6 个亿吨级整装规模石油储量区和 5 个千亿立方米整装规模天然气储量区。国内全年新增探明石油地质储量 64929 万吨，新增探明天然气地质储量 5419 亿立方米，新增探明油气地质储量当量连续 10 年超过 10 亿吨。图为塔里木油田克深 10 井施工现场（吕殿杰摄）

2016 年，中国石油天然气集团公司炼油与化工业务着力进行生产运行优化，将资源向高效装置配置，提高炼化一体化企业加工负荷，炼油与化工业务创历史最好业绩。全年国内加工原油 1.47 亿吨，生产成品油 9932 万吨。炼油高效产品产量稳定增长，同比提高 5.5 个百分点。航空煤油、95 号以上高标号汽油、芳烃产量分别同比增长 1.8%、12.9% 和 6.4%。图为抚顺石化烯烃厂乙烯装置（王铁衡摄）

2016年，中国石油天然气集团公司持续推进炼化产品结构调整，降低柴汽比，提高厚利产品比例。全年生产乙烯559万吨、同比增长11.1%。全年销售化工产品2680万吨、同比增长6%，其中合成树脂和合成橡胶销量同比增长10%。图为独山子石化厂区（独山子石化公司提供）

2016年，中国石油天然气集团公司加强长周期运行攻关，国内主要大型石油化工项目生产运行平稳，装置运行平稳率99.4%。炼化28项主要技术经济指标有16项优于2015年。乙烯燃动能耗同比减少17.6千克标准油/吨，聚乙烯、聚丙烯能耗物耗均不同程度下降。图为大庆炼化厂区（姜复乐　钟鑫摄）

2016 年，中国石油天然气集团公司成品油销售统筹国内外市场，增加成品油出口，实施销售激励政策，加大汽油、煤油和柴油销售力度，推进国 V 标准油品升级置换。全年国内销售成品油 1.13 亿吨，出口成品油 1123 万吨。图为中国石油单站销售冠军——四川销售燕塘加油站（曾宇摄）

2016 年，中国石油天然气集团公司深化“油卡非润”一体化营销进程，逐步推动加油站从油品零售商向综合服务平台转变。以便利店业务为重点，商品动销率提高 7 个百分点，非油品业务收入 144 亿元、利润 17 亿元，同比分别增长 16%、17%。图为甘肃销售加油站便利店（窦全摄）

2016年，中国石油天然气集团公司持续开拓销售渠道，加大市场开发，品牌和技术优势日益凸显，新产品研发取得突破。全年销售润滑油117万吨，车用润滑油、车辅产品销量同比分别增长15%、57%；炼油小产品业务全年实现销量3336万吨，税前利润同比增长16%。图为青岛油库全景（中石油燃料油有限责任公司提供）

2016年，中国石油天然气集团公司积极推进LNG市场开发及项目建设。截至2016年底，共运行LNG工厂13座，总产能47.7亿米^3/年，全年生产LNG 6.4亿立方米。运行LNG加气站438座，在建LNG加气站33座，全年终端销售LNG 13.5亿立方米。图为大连LNG公司全景图（中石油香港有限公司提供）

2016 年，中国石油天然气集团公司天然气与管道业务根据市场需求和季节变化，调整国内天然气生产节奏，优化进口天然气引进规模和长约 LNG 到岸时间，保障向市场安全平稳供气。推动支线管道和新用户按计划投用气，保证资源优先向高效市场、高端用户配置，环渤海、长三角等市场销量比重达到 70.1%。全年国内销售天然气 1315 亿立方米，同比增长 7.2%。图为霍尔果斯压气首站（西气东输管道公司提供）

2016 年，中国石油天然气集团公司天然气与管道业务稳步增长，油气管网运行平稳。截至 2016 年底，国内运营的油气管道总里程 81191 千米。其中，原油管道 18897 千米，占全国的 69.2%；天然气管道 51734 千米，占全国的 75.8%；成品油管道 10560 千米，占全国的 42.3%。图为中俄原油二线施工现场（李振江摄）

2016 年，中国石油天然气集团公司国际油气业务逆势稳定增长。全年新增油气可采储量当量 9623 万吨；实现作业当量产量 14632 万吨，权益当量产量 7601 万吨、同比增长 5.5%；海外炼油厂加工原油 4457 万吨。图为伊朗北阿扎德甘项目正式投产（《集团公司 2016 年度报告》提供）

2016 年，中国石油天然气集团公司国际贸易业务持续巩固和拓展海外营销网络，加强油气进口组织，不断扩大来料加工业务，开拓海外高效高端市场，全年来料加工返出成品油 994 万吨、同比增长 17%。全年实现贸易量 4.5 亿吨，贸易额 1412 亿美元。图为辽阳石化 3 万吨汽油在营口港装船出发销往海外（辽阳石化公司提供）

2016 年，中国石油天然气集团公司充分发挥一体化优势，工程技术队伍市场竞争能力不断提升，工程建设企业在海外高端市场取得新突破，石油物资装备业务加快向“制造 + 服务”转型，装备产品营销网络覆盖世界主要产油国，产品出口至全球 82 个国家和地区。图为东方物探拓展国际业务新区（谭晔　张维摄）

2016 年，中国石油天然气集团公司海外项目通过采取优化项目运作、降低操作成本、实施资本运作等综合措施，实现经营业绩逆势稳定增长。全年新增油气可采储量当量 9623 万吨；实现作业当量产量 14632 万吨，权益当量产量 7601 万吨、同比增长 5.5%。图为苏丹 124 区项目千万吨油田（海外勘探开发分公司提供）

2016 年，中国石油天然气集团公司石油工程建设紧跟“一带一路”倡议，大力开拓市场，在重大项目和新领域市场取得新突破，国内传统市场持续巩固，海外高端市场不断拓展。全年承担国内外油气田地面建设、炼油化工、长输管道、储罐及 LNG 等重点建设项目共 60 项。图为俄罗斯亚马尔 LNG 项目建设场景（海洋工程有限公司提供）

截至 2016 年底，中国石油天然气集团公司海外运营的油气管道总里程 14507 千米。其中，原油管道 6604 千米，天然气管道 7903 千米。全年输送原油 2593 万吨、天然气 439 亿立方米。图为管道局承建的尼日尔 AGADEM 油田地面建设工程（李元滢　李佳霖摄）

2016年，中国石油天然气集团公司全面提升安全环保水平，加大源头防范和治理力度，高标准开展HSE体系量化审核，全面完成长输管道重大隐患整改。加强温室气体排放管理，实施环境风险实时监控，开展能源管控体系建设试点。全年实现节能量95万吨标准煤，节水量1339万立方米，主要污染物减排指标全面完成。图为广西石化厂区（蓝远东摄）

2016年，中国石油天然气集团公司继续开展定点扶贫和对口支援，在新疆、西藏、青海、重庆、河南、江西、贵州等7个省（自治区、直辖市）13个县（区）投入7599万元开展基础设施改造、教育培训和健康医疗等项目40个，数万人从中受益。图为中国石油天然气集团公司对口援建的青海冷湖设施农业种植园（《集团公司2016年社会责任报告》提供）

MAIN CONTENTS

Chapter 1 Overview

Chapter 2 Oil and Gas Exploration, Development and Production

Chapter 3 Oil Refining and Chemicals

Chapter 4 Marketing

Chapter 5 Natural Gas and Pipelines

Chapter 6 Engineering Technology and Engineering Construction

Chapter 7 International Business

Chapter 8 Technology and Information

Chapter 9 Safety, Environmental Protection, Quality and Energy Saving

Chapter 10 Corporate Management and Supervision

Chapter 11 Development of the Communist Party, Political Work and Corporate Culture

Chapter 12 Organizations and People

Chapter 13 Overview of Enterprises and Institutions

Chapter 14 Main Events of CNPC

Chapter 15 Statistical Data

Chapter 16 Appendixes

要　　目

第一篇　总　述

第二篇　油气勘探开发生产

第三篇　炼油与化工

第四篇　销　售

第五篇　天然气与管道

第六篇　工程技术与工程建设

第七篇　国际业务

第八篇　科技与信息

第九篇　安全环保与质量节能

第十篇　企业管理与监督

第十一篇　党建、思想政治工作与企业文化建设

第十二篇　机构与人物

第十三篇　企事业单位概览

第十四篇　中国石油天然气集团公司大事纪要

第十五篇　统计数据

第十六篇　附　录

目　录

第一篇　总　述

综　述

中国石油天然气集团公司基本情况……………（2）

2016年中国石油天然气集团公司工作情况
概述……………………………………………（5）

特　载

认清严峻形势　坚持稳健发展　开创建设
世界一流综合性国际能源公司新局面
——王宜林在集团公司2016年工作会议上的
主题报告（摘要）……………………………（7）

坚持苦练内功　勇于攻坚克难　实现“十三五”
稳健发展良好开局
——汪东进在集团公司2016年工作会议上的
生产经营报告（摘要）………………………（12）

加强党的建设　弘扬石油精神　为实现公司
战略目标提供坚强保证
——王宜林在集团公司2016年领导干部会议
上的讲话（摘要）……………………………（16）

集团公司生产经营工作报告
——章建华在集团公司2016年领导干部会议
上的生产经营工作报告（摘要）……………（21）

专　稿

中国石油天然气集团公司2016年工作会议
在河北廊坊召开………………………………（26）

中国石油天然气集团公司科技与信息化创新
大会在北京召开………………………………（28）

中国石油天然气集团公司2016年领导干部会议
在大庆召开……………………………………（29）

第二篇　油气勘探开发生产

综　述

概述……………………………………………（32）

生产经营指标…………………………………（32）

主要成果………………………………………（32）

油气勘探

概述……………………………………………（34）

勘探任务完成情况……………………………（34）

渤海湾盆地主要勘探成果……………………（34）

松辽盆地主要勘探成果………………………（35）

鄂尔多斯盆地主要勘探成果…………………（35）

四川盆地主要勘探成果………………………（35）

准噶尔盆地主要勘探成果……………………（36）

塔里木盆地主要勘探成果……………………（36）

柴达木盆地主要勘探成果……………………（36）

三塘湖盆地主要勘探成果……………………（37）

勘探管理提质增效……………………………（37）

风险勘探目标落实……………………………（37）

勘探与生产技术数据管理系统（A1）2.0
实施完成………………………………………（37）

勘探工程技术

概述……………………………………………（38）

物探技术攻关…………………………………（38）

地震采集技术…………………………………（38）

地震老资料处理解释技术……………………（39）

GeoEast国产地震处理解释软件推广　………（39）

井中地震勘探技术……………………………（39）

页岩气地震勘探技术…………………………（39）

地震质控管理系统…………………………………（40）
物探基础数据库建设……………………………（40）
水平井钻井技术…………………………………（40）
欠平衡钻井技术…………………………………（41）
垂直钻井技术……………………………………（41）
大井丛工厂化钻井技术…………………………（41）
高精度成像测井技术……………………………（42）
复杂油水层识别的介电扫描测井技术…………（42）
柴达木英西湖相混积岩储层测井
精细刻画与评价技术……………………………（42）

油田开发

概述………………………………………………（42）
原油生产…………………………………………（43）
精细注水工程……………………………………（43）
原油产能建设……………………………………（44）
二次开发…………………………………………（44）
重大开发试验……………………………………（44）
精细油藏描述……………………………………（44）
水平井工程………………………………………（45）
长停井治理………………………………………（45）
油藏动态监测……………………………………（45）
降本增效“六个优化”工作……………………（45）
“十二五”油田开发总结………………………（45）

天然气开发

概述………………………………………………（46）
天然气产量………………………………………（46）
天然气产能建设…………………………………（46）
天然气开发前期评价……………………………（46）
长庆气区天然气生产状况………………………（47）
塔里木气区天然气生产状况……………………（47）
西南气区天然气生产状况………………………（47）
青海气区天然气生产状况………………………（47）
大庆油区天然气生产状况………………………（47）
新疆油区天然气生产状况………………………（47）
吉林油区天然气生产状况………………………（47）
吐哈油区天然气生产状况………………………（48）

矿权管理

概述………………………………………………（48）
全国矿权登记状况………………………………（48）
矿权登记管理……………………………………（48）
年检和缴费………………………………………（48）

油藏评价

概述………………………………………………（49）
油藏评价成果……………………………………（49）
新区原油产能建设工作量………………………（49）
重点项目实施效果………………………………（49）
油藏评价管理……………………………………（50）
新区原油产能建设管理…………………………（50）

采油工程

概述………………………………………………（51）
井下作业…………………………………………（51）
机械采油…………………………………………（52）
分层注水…………………………………………（53）
储层改造…………………………………………（53）
试油………………………………………………（54）

地面工程

概述………………………………………………（54）
地面建设管理……………………………………（55）
重点工程…………………………………………（55）
项目前期管理……………………………………（56）
水系统管理………………………………………（56）
装置检修管理……………………………………（56）
管道完整性管理…………………………………（56）
标准化设计………………………………………（56）
数字化建设………………………………………（57）
基础管理…………………………………………（57）
工艺技术…………………………………………（57）
工程建设承包商管理……………………………（57）

海洋工程

概述………………………………………………（58）
冀东原油装船外运………………………………（58）
海底管道内检测…………………………………（58）
海上应急预案及海洋工程标准体系建设………（58）
路岛工程专题技术研究…………………………（58）
冬季冰情预报和监测……………………………（58）

新能源

概述……………………………………………………（59）
煤层气…………………………………………………（59）
页岩气…………………………………………………（60）

储气库

概述……………………………………………………（60）
工程建设………………………………………………（60）
生产运行………………………………………………（60）

技术项目

概述……………………………………………………（61）
油气勘探研究有形化成果……………………………（61）
油气盆地地质研究新认识……………………………（61）
油气勘探研究成果应用成效…………………………（61）
高含水油田开发技术…………………………………（61）
老区直井/定向井体积改造技术 ……………………（61）
低渗透油藏开发技术…………………………………（62）
油藏细分注水技术……………………………………（62）
稠油开发技术…………………………………………（62）
技术项目管理…………………………………………（62）
勘探生产信息化建设…………………………………（63）

市场管理

概述……………………………………………………（63）
市场准入………………………………………………（64）
工程服务队伍动用……………………………………（64）

第三篇　炼油与化工

综　述

概述……………………………………………………（66）
经营业绩………………………………………………（66）
“十三五”规划要点……………………………………（67）

装置及产品

炼油装置………………………………………………（68）
炼油产品………………………………………………（68）
有机原料………………………………………………（68）
合成树脂………………………………………………（68）
合成纤维………………………………………………（69）
合成橡胶………………………………………………（69）
化肥……………………………………………………（69）
精细化工………………………………………………（69）

重点工程

概述……………………………………………………（69）
工程项目………………………………………………（70）
项目管理………………………………………………（70）
竣工验收………………………………………………（70）
工程创优………………………………………………（70）

化工产品销售

概述……………………………………………………（71）
统销业务………………………………………………（71）
化工物流………………………………………………（71）
资源配置………………………………………………（71）
新产品推广……………………………………………（71）
提升客户服务水平……………………………………（72）
化工产品电子商务平台上线运行……………………（72）
市场分析………………………………………………（72）

专业管理

规划计划管理…………………………………………（76）
资源和产品结构优化…………………………………（76）
工艺技术管理…………………………………………（77）
装置达标………………………………………………（77）
质量与标准……………………………………………（77）
节能节水………………………………………………（78）
科技管理………………………………………………（78）
新产品开发……………………………………………（79）
信息化管理……………………………………………（79）
设备管理………………………………………………（79）
年度检修………………………………………………（80）
安全环保………………………………………………（80）
专业技术培训…………………………………………（81）
技术讲座视频培训……………………………………（82）

第四篇　销　　售

综　述

概述……（84）
经营业绩……（84）
“十三五”规划要点……（84）

成品油业务

成品油销售……（84）
资源调运……（85）
零售管理……（85）
市场特点……（86）

投资管理与网络建设

概述……（87）
投资管理……（87）
工程建设……（87）

非油品业务

概述……（88）
业务拓展……（88）

润滑油和炼油小产品销售

概述……（88）
润滑油销售……（88）
燃料油、沥青等小产品销售……（89）

专业管理

HSE建设与管理……（89）
财务管理……（90）
油库管理……（91）
计量管理……（91）
质量与标准化管理……（91）
信息化管理……（91）
股权管理……（92）
培训工作……（92）
技能鉴定……（92）
劳动竞赛……（92）

第五篇　天然气与管道

综　述

概述……（94）
经营业绩……（94）
“十三五”规划要点……（94）
油气调运……（95）
重点项目建设……（95）
天然气销售……（95）

油气储运

概述……（96）
原油管输……（96）
成品油管输……（96）
天然气管输……（96）
节能……（96）
油气管网设施公平开放……（97）

天然气销售与利用

概述……（97）
天然气销售量……（97）
天然气销售流向及结构……（97）
天然气利用……（98）

储运设施建设

概述……（98）
项目前期工作……（98）
天然气管道工程……（98）
原油管道工程……（100）
成品油管道工程……（100）
储气库工程……（100）
液化天然气接收站工程……（100）

储运设施管理

概述……（100）
管道完整性管理……（101）
维抢修管理……（101）

管道保护管理…………………………………… （101）
设备管理………………………………………… （101）

专业管理

规划管理………………………………………… （101）
投资管理………………………………………… （101）
预算管理………………………………………… （101）
财务管理………………………………………… （102）
资产状况………………………………………… （102）
合资公司管理…………………………………… （103）
专业技术培训…………………………………… （103）
管道安全………………………………………… （103）
标准化管理工作………………………………… （104）
管道科技………………………………………… （105）
管道信息………………………………………… （105）

第六篇　工程技术与工程建设

工程技术

概述……………………………………………… （108）
市场开发与生产运行…………………………… （108）
经营管控………………………………………… （108）
资质与井控管理………………………………… （109）
地球物理勘探…………………………………… （109）
测井……………………………………………… （112）
录井……………………………………………… （115）
钻井工程………………………………………… （117）
井下作业………………………………………… （120）

工程建设

概述……………………………………………… （122）
深化改革………………………………………… （122）
中国石油集团工程有限公司成立……………… （123）
市场开发………………………………………… （124）
重点工程建设…………………………………… （124）
基础管理………………………………………… （124）
科技创新………………………………………… （125）
降本增效………………………………………… （125）
2016年度石油优质工程奖……………………… （125）

第七篇　国际业务

海外油气业务

概述……………………………………………… （128）
海外油气勘探…………………………………… （128）
海外油气开发生产……………………………… （128）
海外重点工程建设……………………………… （128）
海外管道运营及炼油化工……………………… （129）
海外新项目开发………………………………… （129）
海外直属项目运行……………………………… （129）
海外经营管理…………………………………… （132）
海外HSSE与风险防控 ………………………… （132）

国内油气勘探开发国际合作

概述……………………………………………… （133）
原油项目运作…………………………………… （133）
天然气项目运作………………………………… （134）
煤层气项目运作………………………………… （135）
联合研究………………………………………… （135）
人员培训………………………………………… （135）

国际贸易

概述……………………………………………… （136）
原油进出口及国际贸易业务…………………… （136）
成品油进出口及国际贸易业务………………… （136）
化工品进出口及国际贸易业务………………… （136）
天然气进口及国际贸易业务…………………… （136）
海运业务………………………………………… （136）
海外油气运营中心建设………………………… （136）
经营管理………………………………………… （136）
HSE管理与风险防控 …………………………… （137）

国际业务与外事外联管理

概述……………………………………………… （137）
“一带一路”油气合作………………………… （137）
配合国家能源外交活动………………………… （138）
外事外联与对外合作交流……………………… （138）

国际业务管理……………………………………（139）
海外防恐安全和HSE管理………………………（140）
出国（境）管理与服务…………………………（141）
外事队伍建设……………………………………（141）
集团公司国际业务与外事管理工作会议……（141）

第八篇　科技与信息

综　述

概述……………………………………………………（144）
重要成果………………………………………………（144）
科技与信息化创新大会………………………………（144）
“十三五”规划要点…………………………………（144）

科技发展

概述……………………………………………………（145）
年度科技计划…………………………………………（145）
国家级科技项目………………………………………（145）
集团公司重大科技项目………………………………（145）
科技成果推广转化……………………………………（146）
科技改革………………………………………………（146）
重点实验室和试验基地建设…………………………（146）
国际科技交流与合作…………………………………（146）
知识产权管理…………………………………………（146）
科技奖励………………………………………………（146）

标准化工作

概述……………………………………………………（160）
标准制修订……………………………………………（160）
标准实施监督…………………………………………（160）
标准化工作研究………………………………………（160）
国际标准化工作………………………………………（160）

信息化工作

概述……………………………………………………（160）
信息系统建设…………………………………………（160）
信息系统应用…………………………………………（161）
信息系统维护…………………………………………（162）
信息技术基础设施建设………………………………（162）
信息安全建设…………………………………………（162）
信息标准化建设………………………………………（162）
信息化管理……………………………………………（162）
信息技术培训…………………………………………（162）

第九篇　安全环保与质量节能

安全生产

概述……………………………………………………（164）
安全生产责任制………………………………………（164）
安全监管………………………………………………（164）
事故管理………………………………………………（164）
消防安全………………………………………………（164）
交通安全………………………………………………（164）
海洋安全监管…………………………………………（165）
2016年度集团公司安全生产先进企业………（165）

环境保护

概述……………………………………………………（165）
污染防控………………………………………………（166）
环境风险控制…………………………………………（166）
建设项目环境管理……………………………………（166）
环境保护宣传与培训…………………………………（166）
应对气候变化…………………………………………（166）
2016年度集团公司环境保护先进企业………（166）

HSE体系管理

概述……………………………………………………（167）
HSE制度标准…………………………………………（167）
HSE宣教培训…………………………………………（167）
HSE体系审核…………………………………………（167）
HSE标准化建设………………………………………（167）
HSE咨询合作…………………………………………（168）
HSE信息管理…………………………………………（168）

节能节水

概述……………………………………………………（168）

能源管控……………………………………………（168）
重点节能节水项目………………………………（168）
节能节水型企业建设……………………………（168）
节能节水统计监测………………………………（168）
节能节水标准化建设……………………………（168）
2016年度集团公司节能节水先进企业………（168）

应急管理

概述……………………………………………………（169）
应急预案………………………………………………（169）
培训演练………………………………………………（169）
保障能力建设…………………………………………（169）

职业健康

概述……………………………………………………（170）
职业健康管理…………………………………………（170）
职业健康监护与监测…………………………………（170）

质量管理与监督

概述……………………………………………………（170）
基础建设试点…………………………………………（170）
制度建设………………………………………………（170）
质量管理体系建设……………………………………（170）
油品质量控制…………………………………………（170）
品牌整合………………………………………………（171）
产品质量认可…………………………………………（171）
产品驻厂监造…………………………………………（171）
产品质量监督抽查……………………………………（171）
工程质量管理…………………………………………（171）
工程项目质量监管……………………………………（171）
质量管理培训…………………………………………（171）
群众性质量活动………………………………………（171）

计量工作

计量基础管理…………………………………………（171）
交接计量管理…………………………………………（172）
计量检定校准能力……………………………………（172）
重大工程项目协调……………………………………（172）
计量技术交流…………………………………………（172）

第十篇　企业管理与监督

集团公司法人治理

概述……………………………………………………（174）
集团公司董事会运作…………………………………（174）
集团公司董事会会议…………………………………（175）

股份公司法人治理

概述……………………………………………………（175）
股份公司股东大会、董事会决议……………………（176）
监事会运作……………………………………………（177）
股份公司2015年度业绩发布路演……………………（178）
股份公司2016年中期业绩发布路演…………………（179）
股份公司H段股价月度表现…………………………（179）
股份公司A段股价月度表现…………………………（181）
中国石油在资本市场获奖情况………………………（183）

品牌与社会责任

概述……………………………………………………（183）
品牌……………………………………………………（184）
社会责任………………………………………………（184）
定点扶贫与对口支援…………………………………（185）
获奖情况………………………………………………（185）

规划计划

概述……………………………………………………（186）
战略研究和中长期规划………………………………（186）
项目管理………………………………………………（187）
用地预审管理…………………………………………（190）
年度业务发展计划……………………………………（190）
概算管理………………………………………………（190）
石油工程建设…………………………………………（191）
后评价管理……………………………………………（191）
综合统计………………………………………………（191）

财务资产管理

概述……………………………………………………（192）

开源节流降本增效工作……………………… (192)
预算管理………………………………………… (193)
会计报表及核算……………………………… (193)
会计准则体系建设…………………………… (193)
资本市场信息披露…………………………… (194)
资产管理………………………………………… (194)
关联交易………………………………………… (194)
财务管理信息系统建设……………………… (195)
审计监督检查………………………………… (195)
机关财务管理………………………………… (195)
财务制度建设………………………………… (196)
财务队伍建设………………………………… (196)

资金管理

概述……………………………………………… (197)
资金计划管理………………………………… (197)
货币资金管理………………………………… (197)
内部结算管理………………………………… (197)
“两金”压控………………………………… (197)
境内融资管理………………………………… (198)
境外资金管理………………………………… (198)
境外融资管理………………………………… (198)
汇率风险管理………………………………… (199)
资金政策研究………………………………… (199)
票据管理………………………………………… (199)
年金管理………………………………………… (199)
授信管理………………………………………… (200)
司库建设………………………………………… (200)
金融业务管理………………………………… (200)
资金稽查………………………………………… (200)
资金管理队伍建设…………………………… (200)
中国石油集团资本有限责任公司成立……… (201)

财税价格

概述……………………………………………… (201)
财政政策与管理……………………………… (201)
税收政策与管理……………………………… (202)
价格政策与管理……………………………… (203)
土地政策与管理……………………………… (203)
财税制度建设………………………………… (203)
BEPS行动计划应对 ………………………… (204)
发展中国家税务官员到中国石油参观交流… (204)
“十二五”财税价格工作先进单位和
先进个人评选………………………………… (204)

人事管理

概述……………………………………………… (204)
人事制度改革………………………………… (204)
领导班子建设………………………………… (205)
人才队伍建设………………………………… (205)
组织机构管理………………………………… (205)
劳动用工管理………………………………… (205)
员工绩效考核………………………………… (206)
薪酬保险管理………………………………… (206)

生产经营

概述……………………………………………… (206)
生产经营计划………………………………… (206)
资源优化配置………………………………… (207)
生产运行协调………………………………… (207)
对外沟通协调………………………………… (208)
运行机制完善………………………………… (208)

资本运营

概述……………………………………………… (208)
收购兼并………………………………………… (208)
资本运营战略企划…………………………… (208)
股权投资………………………………………… (209)
股权管理………………………………………… (209)
专职董监事制度……………………………… (209)
资本运营专项项目…………………………… (210)

法律工作

概述……………………………………………… (210)
依法治企………………………………………… (210)
合规管理………………………………………… (211)
制度管理………………………………………… (211)
法律业务………………………………………… (211)
基础工作………………………………………… (211)

物资采购

概述……………………………………………… (211)
授权集中采购………………………………… (212)

招标管理…………………………………………（212）
物资采购管理信息平台……………………………（212）
供应商管理………………………………………（212）
机电产品进口管理…………………………………（212）
石油物资分类与代码………………………………（212）
境外项目物资采购管理……………………………（212）
绩效管理…………………………………………（212）
物资仓储管理……………………………………（213）
集中储备与代储代销………………………………（213）

纪检监察

概述……………………………………………（213）
落实全面从严治党责任……………………………（213）
纠正“四风”……………………………………（214）
创新合规管理监察…………………………………（214）
深化政治巡视……………………………………（214）
实践监督执纪“四种形态”………………………（214）
严格执纪审查……………………………………（215）
加强队伍建设……………………………………（215）

内部审计

概述……………………………………………（216）
重要审计项目……………………………………（216）
审计管理…………………………………………（216）
审计信息化………………………………………（217）
审计整改…………………………………………（217）
优秀审计项目和论文………………………………（217）
审计队伍建设……………………………………（217）

改革与企业管理

概述……………………………………………（217）
深化改革…………………………………………（217）
管理创新…………………………………………（218）
经营管理…………………………………………（218）
内控体系建设……………………………………（219）
风险管理…………………………………………（219）
培训及队伍建设……………………………………（219）

矿区服务

概述……………………………………………（220）
“三供一业”分离移交……………………………（220）
医疗托幼及公共服务社会化…………………………（220）
矿区管理体制和业务结构优化调整…………………（221）
开源节流与降本增效………………………………（221）
矿区安全环保和维稳工作……………………………（221）
基础管理和服务水平提升……………………………（221）
民生工程建设……………………………………（222）

维稳信访与综合保卫

概述……………………………………………（222）
维稳信访…………………………………………（222）
综合治理与保卫……………………………………（223）

离退休职工管理

概述……………………………………………（224）
离退休职工思想政治建设和党支部建设……（224）
离退休职工待遇落实………………………………（224）
离退休职工活动中心和老年大学建设………（224）
开展“为党的事业和集团公司改革
发展增添正能量”活动……………………（224）
离退休职工管理队伍建设……………………………（225）
关心下一代工作……………………………………（225）
离退休职工先进典型………………………………（225）

保密管理

概述……………………………………………（225）
组织领导…………………………………………（225）
责任落实…………………………………………（226）
制度建设…………………………………………（226）
队伍建设…………………………………………（226）
监督检查…………………………………………（226）
宣传培训…………………………………………（226）

档案管理

概述……………………………………………（227）
组织管理…………………………………………（227）
规范化建设………………………………………（227）
基础业务…………………………………………（227）
信息化建设………………………………………（227）
机关文件材料归档工作……………………………（227）
档案信息资源开发利用……………………………（228）
档案馆建设………………………………………（228）

第十一篇　党建、思想政治工作与企业文化建设

党建工作

概述……………………………………………（230）
“两学一做”学习教育………………………（230）
学习贯彻党的十八届六中全会精神…………（231）
学习贯彻全国国有企业党的建设工作会议精神……………………………………………（231）
中央党的建设工作领导小组秘书组联系点工作……………………………………………（231）
2016年集团公司领导干部会议………………（232）
党委书记（副书记）培训班举办……………（232）
开展“两优一先”评选表彰…………………（232）
深化党的建设制度改革………………………（232）
基层党组织建设………………………………（232）
直属党组织建设………………………………（233）

思想政治工作

概述……………………………………………（233）
第十四次“形势、目标、任务、责任”主题教育………………………………………（233）
深入推进“重塑中国石油良好形象”工作…（234）
意识形态工作责任制…………………………（234）
企业宣传………………………………………（234）
舆情应对………………………………………（234）
新闻传播………………………………………（234）
网站和新媒体建设……………………………（235）
中国石油党建思想政治工作研究会…………（235）
总部机关作风建设……………………………（235）

企业文化建设

概述……………………………………………（236）
社会主义核心价值观培育和践行……………（236）
精神文明建设…………………………………（236）
中国石油英模群体……………………………（236）
直属机关企业文化建设………………………（237）
海外企业文化建设……………………………（237）

基层建设

概述……………………………………………（237）
群众性经济技术创新活动……………………（237）
送书工程………………………………………（237）
职业道德规范确认书签订……………………（237）
扶贫帮困送温暖活动…………………………（237）

群团工作

概述……………………………………………（238）
厂务公开民主管理工作………………………（238）
“青字号”岗位建功活动……………………（238）
群众团体工作…………………………………（238）
直属工会工作…………………………………（238）
直属共青团与青年工作………………………（239）

光荣榜

2016年全国优秀共产党员……………………（239）
2016年全国先进基层党组织…………………（239）
2015—2016年度全国青年文明号……………（239）
2015—2016 年度全国青年文明号特别推报集体………………………………（239）
2015 年度全国优秀共青团员 ………………（239）
2015年度全国优秀共青团干部………………（239）
2015年度全国五四红旗团委（团支部） …（239）
2016年全国向上向善好青年…………………（239）
2014—2015年度全国青年岗位能手标兵……（239）
2014—2015年度全国青年岗位能手…………（239）
2016年中央企业优秀共产党员标兵…………（240）
2016年中央企业优秀共产党员………………（240）
2016年中央企业优秀党务工作者……………（240）
2016年中央企业先进基层党组织……………（240）
2016年集团公司优秀共产党员………………（240）
2016年集团公司优秀党务工作者……………（244）
2016年集团公司先进基层党组织……………（246）
2014—2015年度集团公司五四红旗团支部（团总支） ……………（250）
2014—2015年度集团公司优秀共青团员……（252）
2014—2015年度集团公司优秀共青团干部…（255）
2014—2015年度集团公司青年文明号………（257）

第十二篇　机构与人物

中国石油天然气集团公司

组织机构…………………………………………（262）
董事会成员………………………………………（267）
董事会秘书………………………………………（267）
监事会成员………………………………………（267）
集团公司领导……………………………………（268）
总经理助理、副总师……………………………（268）
机关部门主要领导………………………………（268）
专业分公司主要领导……………………………（269）
所属企事业单位主要领导………………………（270）

中国石油天然气股份有限公司

组织机构…………………………………………（273）
董事会成员………………………………………（280）
董事会秘书………………………………………（280）
监事会成员………………………………………（280）
总裁班子成员……………………………………（281）
机关部门主要领导………………………………（281）
专业分公司主要领导……………………………（282）
所属企事业单位主要领导………………………（283）

专家队伍

中国石油天然气集团公司两院院士………………（287）
中国石油天然气集团公司在聘高级
技术专家………………………………………（288）
中国石油天然气集团公司技能专家………………（304）
国家级技能大师工作室…………………………（317）
集团公司技能专家工作室………………………（317）

第十三篇　企事业单位概览

油气田企业

大庆油田有限责任公司
（大庆石油管理局）……………………………（320）
中国石油天然气股份有限公司辽河油田分公司
（辽河石油勘探局）……………………………（322）
中国石油天然气股份有限公司长庆油田分公司
（长庆石油勘探局）……………………………（326）
中国石油天然气股份有限公司塔里木油田
分公司…………………………………………（327）
中国石油天然气股份有限公司新疆油田分公司
（新疆石油管理局）……………………………（330）
中国石油天然气股份有限公司西南油气田分公司
（四川石油管理局）……………………………（333）
中国石油天然气股份有限公司吉林油田分公司
（吉林石油集团有限责任公司）………………（336）
中国石油天然气股份有限公司大港油田分公司
（大港油田集团有限责任公司）………………（339）
中国石油天然气股份有限公司
青海油田分公司………………………………（340）
中国石油天然气股份有限公司华北油田分公司
（华北石油管理局）……………………………（343）
中国石油天然气股份有限公司吐哈油田分公司
（吐哈石油勘探开发指挥部）…………………（346）
中国石油天然气股份有限公司
冀东油田分公司………………………………（349）
中国石油天然气股份有限公司
玉门油田分公司………………………………（353）
中国石油天然气股份有限公司
浙江油田分公司………………………………（356）
中石油煤层气有限责任公司……………………（359）
南方石油勘探开发有限责任公司………………（362）

炼油化工企业

中国石油天然气股份有限公司大庆石化分公司
（中国石油大庆石油化工总厂）………………（364）
中国石油天然气股份有限公司吉林石化分公司
（吉化集团公司）………………………………（366）
中国石油天然气股份有限公司抚顺石化分公司
（中国石油抚顺石油化工公司）………………（368）
中国石油天然气股份有限公司辽阳石化分公司
（中国石油辽阳石油化纤公司）………………（371）
中国石油天然气股份有限公司兰州石化分公司
（中国石油兰州石油化工公司）………………（372）
中国石油天然气股份有限公司独山子石化分公司
（新疆独山子石油化工总厂）…………………（375）

中国石油天然气股份有限公司乌鲁木齐石化分公司
（中国石油乌鲁木齐石油化工总厂）……（377）
中国石油天然气股份有限公司
宁夏石化分公司……（380）
中国石油天然气股份有限公司大连石化分公司
（中国石油大连石油化工公司）……（382）
大连西太平洋石油化工有限公司……（384）
中国石油天然气股份有限公司锦州石化分公司
（中国石油锦州石油化工公司）……（385）
中国石油天然气股份有限公司锦西石化分公司
（中国石油锦西炼油化工总厂）……（388）
中国石油天然气股份有限公司
大庆炼化分公司……（389）
中国石油天然气股份有限公司
哈尔滨石化分公司……（391）
中国石油天然气股份有限公司
广西石化分公司……（393）
中国石油四川石化有限责任公司……（394）
中国石油天然气股份有限公司
广东石化分公司……（396）
中石油云南石化有限公司……（397）
中国石油天然气股份有限公司
大港石化分公司……（398）
中国石油天然气股份有限公司
华北石化分公司……（400）
中国石油天然气股份有限公司
呼和浩特石化分公司……（402）
中国石油天然气股份有限公司
辽河石化分公司……（405）
中国石油天然气股份有限公司
长庆石化分公司……（407）
中石油克拉玛依石化有限责任公司……（409）
中国石油天然气股份有限公司
庆阳石化分公司……（412）
中国石油天然气股份有限公司
东北化工销售分公司……（415）
中国石油天然气股份有限公司
西北化工销售分公司……（417）
中国石油天然气股份有限公司
华北化工销售分公司……（418）
中国石油天然气股份有限公司
华东化工销售分公司……（420）
中国石油天然气股份有限公司
华南化工销售分公司……（422）
中国石油天然气股份有限公司
西南化工销售分公司……（424）

销售企业

中国石油天然气股份有限公司
东北销售分公司……（426）
中国石油天然气股份有限公司
西北销售分公司……（428）
中石油燃料油有限责任公司……（431）
中国石油天然气股份有限公司
润滑油分公司……（433）
中国石油天然气股份有限公司
四川销售分公司……（435）
中国石油天然气股份有限公司
辽宁销售分公司……（437）
中国石油天然气股份有限公司
广东销售分公司……（440）
中国石油天然气股份有限公司
内蒙古销售分公司……（441）
中石油新疆销售有限公司……（444）
中国石油天然气股份有限公司
陕西销售分公司……（446）
中国石油天然气股份有限公司
甘肃销售分公司……（448）
中国石油天然气股份有限公司
山东销售分公司……（452）
中国石油天然气股份有限公司
江苏销售分公司……（454）
中国石油天然气股份有限公司
河北销售分公司……（456）
中国石油天然气股份有限公司
北京销售分公司……（458）
中国石油天然气股份有限公司
上海销售分公司……（461）
中国石油天然气股份有限公司
黑龙江销售分公司……（463）
中国石油天然气股份有限公司
吉林销售分公司……（465）
中国石油天然气股份有限公司
河南销售分公司……（467）

中国石油天然气股份有限公司
　云南销售分公司……………………………（468）
中国石油天然气股份有限公司
　重庆销售分公司……………………………（471）
中国石油天然气股份有限公司
　湖北销售分公司……………………………（473）
中国石油天然气股份有限公司
　广西销售分公司……………………………（475）
中国石油天然气股份有限公司
　浙江销售分公司……………………………（477）
中国石油天然气股份有限公司
　安徽销售分公司……………………………（479）
中国石油天然气股份有限公司
　福建销售分公司……………………………（481）
中国石油天然气股份有限公司
　湖南销售分公司……………………………（483）
中国石油天然气股份有限公司
　宁夏销售分公司……………………………（485）
中国石油天然气股份有限公司
　贵州销售分公司……………………………（487）
中国石油天然气股份有限公司
　山西销售分公司……………………………（490）
中国石油天然气股份有限公司
　青海销售分公司……………………………（491）
中国石油天然气股份有限公司
　江西销售分公司……………………………（495）
中国石油天然气股份有限公司
　天津销售分公司……………………………（496）
中国石油天然气股份有限公司
　西藏销售分公司……………………………（497）
中石油海南销售有限公司……………………（500）
中国石油天然气股份有限公司
　大连海运分公司……………………………（502）
昆仑能源有限公司……………………………（504）
中国石油天然气股份有限公司
　华北天然气销售分公司……………………（506）

天然气与管道储运企业

中国石油天然气股份有限公司
　北京油气调控中心…………………………（507）
中国石油天然气股份有限公司管道分公司
　（中石油管道有限责任公司北方分公司、
　管道销售分公司）…………………………（509）
中国石油天然气股份有限公司西气东输管道分公司
　（西气东输销售分公司）…………………（511）
中石油北京天然气管道有限公司……………（512）
中国石油天然气股份有限公司西部管道分公司
　（中国石油天然气股份有限公司
　西部管道销售分公司）……………………（514）
中国石油天然气股份有限公司西南管道分公司
　（中国石油天然气股份有限公司西南管道销售分
　公司、中国石油集团西南管道有限公司）…（516）
中国石油天然气股份有限公司
　管道建设项目经理部………………………（518）

海外业务企业

中国石油天然气集团公司中东公司…………（525）
中国石油天然气集团公司哈萨克斯坦公司…（529）
中国石油天然气集团公司尼罗河公司………（532）
中国石油天然气集团公司拉美公司…………（535）
中石油阿姆河天然气勘探开发
　（北京）有限公司…………………………（537）
中亚管道有限公司……………………………（540）
中国石油集团东南亚管道有限公司…………（542）
中国石油天然气集团公司俄罗斯公司………（543）

工程技术服务企业

中国石油集团西部钻探工程有限公司………（545）
中国石油集团长城钻探工程有限公司………（548）
中国石油集团渤海钻探工程有限公司………（550）
中国石油集团川庆钻探工程有限公司………（552）
中国石油集团东方地球物理勘探
　有限责任公司………………………………（555）
中国石油集团测井有限公司…………………（558）
中国石油集团海洋工程有限公司……………（560）

工程建设企业

中国石油天然气管道局………………………（562）
中国石油工程建设公司………………………（563）
中国石油集团工程设计有限责任公司………（566）
中国寰球工程有限公司………………………（568）
中国昆仑工程有限公司………………………（569）

装备制造企业

中国石油技术开发公司………………………（571）

中国石油集团渤海石油装备制造
有限公司…………………………………（574）
宝鸡石油机械有限责任公司…………………（577）
宝鸡石油钢管有限责任公司…………………（579）
中国石油集团济柴动力总厂…………………（580）

金融企业

中油财务有限责任公司………………………（582）
昆仑银行股份有限公司………………………（584）
昆仑信托有限责任公司
（中油资产管理有限公司）………………（586）
昆仑金融租赁有限责任公司…………………（589）

科研及其他单位

中国石油天然气股份有限公司
勘探开发研究院……………………………（591）
中国石油天然气股份有限公司
规划总院……………………………………（594）
中国石油天然气股份有限公司
石油化工研究院……………………………（598）
中国石油集团经济技术研究院………………（600）
中国石油集团钻井工程技术研究院…………（602）
中国石油集团安全环保技术研究院…………（606）
中国石油集团石油管工程技术研究院………（609）
中国石油天然气集团公司咨询中心
（中国石油集团工程咨询有限责任公司）…（612）
中国石油天然气集团公司
休斯敦技术研究中心………………………（614）
中国石油天然气运输公司……………………（615）
中国华油集团公司……………………………（617）
北京华油服务总公司…………………………（621）
北京石油管理干部学院………………………（623）
中国石油报社…………………………………（625）
石油工业出版社有限公司……………………（627）
中国石油审计服务中心………………………（630）
中国石油物资采购中心
（中国石油物资公司）……………………（631）
中国石油天然气集团公司广州培训中心……（633）
中国石油企业协会……………………………（635）
中国石油学会…………………………………（636）

第十四篇　中国石油天然气集团公司大事纪要

中国石油天然气集团公司大事纪要

一月……………………………………………（640）
二月……………………………………………（641）
三月……………………………………………（641）
四月……………………………………………（643）
五月……………………………………………（645）
六月……………………………………………（646）
七月……………………………………………（648）
八月……………………………………………（649）
九月……………………………………………（651）
十月……………………………………………（652）
十一月…………………………………………（653）
十二月…………………………………………（654）

第十五篇　统计数据

表1　中国石油天然气集团公司
主要指标完成情况…………………………（658）
表2　中国石油天然气集团公司
合并资产负债表 …………………………（658）
表3　中国石油天然气集团公司
合并利润表…………………………………（661）
表4　中国石油天然气股份有限公司及其
附属公司勘探与生产运营情况……………（662）
表5　中国石油天然气股份有限公司及其
附属公司炼油与化工生产情况……………（662）
表6　中国石油天然气股份有限公司及其
附属公司销售业务情况……………………（663）
表7　中国石油天然气股份有限公司
主要子公司、参股公司情况………………（663）
表8　中国石油天然气股份有限公司
已评估探明储量和探明开发储量…………（664）

表9　中国石油天然气股份有限公司
2016年12月31日合并及公司
资产负债表（一）…………………………（665）
表10　中国石油天然气股份有限公司
2016年12月31日合并及公司
资产负债表（二）…………………………（665）
表11　中国石油天然气股份有限公司
2016年度合并及公司利润表………………（666）
表12　中国石油天然气股份有限公司
2016年度合并及公司现金流量表…………（667）
表13　中国石油天然气股份有限公司
2016年度合并股东权益变动表……………（668）
表14　中国石油天然气股份有限公司
2016年度公司股东权益变动表……………（669）

第十六篇　附　　录

文献

国家发改委《石油发展“十三五”规划》
（摘选）……………………………………（672）
国家发改委《天然气发展“十三五”规划》
（摘选）……………………………………（676）

附表和附图

附表1　2016年世界各地区一次能源消费
构成…………………………………………（682）
附表2　2016年世界主要国家、地区和组织
一次能源分类消费量………………………（682）
附表3　2016年世界主要国家、地区和组织
一次能源消费量……………………………（683）
附表4　2016年世界主要国家、地区和组织
石油剩余探明可采储量……………………（684）
附表5　2016年世界主要国家、地区和组织
石油产量……………………………………（685）
附表6　2016年世界主要国家、地区和组织
石油消费量…………………………………（687）
附表7　2016年世界各地区主要油品
消费量………………………………………（688）
附表8　2016年世界主要国家、地区和组织
炼油能力……………………………………（689）
附表9　2016年世界主要国家和地区
天然气剩余探明可采储量…………………（690）
附表10　2016年世界主要国家和地区
天然气产量…………………………………（691）
附表11　2016年世界主要国家、地区和组织
天然气消费量………………………………（692）
附表12　2016年世界主要国家和地区
石油进出口量………………………………（694）
附表13　2016年世界主要国家和地区
天然气进出口量……………………………（694）
附表14　2016年世界管道天然气贸易流向…（695）
附表15　2016年世界液化天然气贸易流向…（696）
附表16　2012—2016年世界主要国家
地热发电装机容量…………………………（696）
附表17　2012—2016年世界主要国家
太阳能发电装机容量………………………（696）
附表18　2012—2016年世界主要国家
风能发电装机容量…………………………（697）
附表19　2012—2016年世界主要国家
生物燃料产量………………………………（697）
附表20　2015年世界主要国家、地区和组织
二氧化碳排放量……………………………（697）
附表21　2017年《财富》世界500强排名前
30位的石油石化公司………………………（699）
附表22　2017年《福布斯》全球企业2000强
综合排名前30位的石油天然气公司………（700）
附表23　2016年世界最大50家石油公司
综合排名（6项指标）……………………（701）
附表24　2012—2016年主要石油公司
经营指标……………………………………（703）
附表25　2012—2016年主要石油公司
财务指标……………………………………（704）
附表26　2015—2016年主要石油公司
分板块资本支出及比例……………………（704）
附表27　2016年主要石油公司
油气产量及海外比例………………………（705）
附图1　1972—2016年世界各地区
一次能源消费量……………………………（707）
附图2　1980—2016年世界各地区
石油剩余探明可采储量……………………（707）
附图3　1972—2016年世界各地区
石油产量……………………………………（708）

附图4　1972—2016年世界各地区石油消费量……（708）
附图5　1980—2016年世界各地区天然气剩余探明可采储量……（709）
附图6　1980—2016年世界各地区天然气产量……（709）
附图7　1972—2016年世界各地区天然气消费量……（710）
附图8　1972—2016年世界各地区炼油能力……（710）
附图9　1970—2016年国际市场原油价格……（711）
附图10　1984—2016年国际市场天然气价格……（711）
附图11　2000—2016年主要石油公司销售收入……（712）
附图12　2000—2016年主要石油公司净利润……（712）
附图13　2000—2016年主要石油公司总资产……（713）
附图14　2000—2016年主要石油公司原油产量……（713）
附图15　2000—2016年主要石油公司天然气产量……（714）
附图16　2000—2016年主要石油公司加油站数量……（714）
附图17　2000—2016年主要石油公司资本支出占销售收入比例……（715）
附图18　2000—2016年主要石油公司石油储量海外比例……（715）
附图19　2000—2016年主要石油公司天然气储量海外比例……（716）
附图20　2000—2016年主要石油公司原油产量海外比例……（716）
附图21　2000—2016年主要石油公司天然气产量海外比例……（717）
附图22　2000—2016年主要石油公司勘探开发支出……（717）
附图23　2000—2016年主要石油公司油气储采比……（718）
附图24　2000—2016年主要石油公司油气操作成本……（718）
附图25　2007—2017年纽约证券交易所主要石油公司股价走势……（719）
附图26　2011—2016年主要石油公司石油泄漏量……（719）
附图27　2011—2016年主要石油公司温室气体排放量……（720）
附图28　2011—2016年主要石油公司公益性社会投入……（720）
索引……（721）
编后记……（757）

CONTENTS

Chapter 1 Overview

Roundup .... (2)
Special Articles .... (7)
Features .... (26)

Chapter 2 Oil and Gas Exploration, Development and Production

Roundup .... (32)
Oil and Gas Exploration .... (34)
Exploration Engineering Technology .... (38)
Oil Field Development .... (42)
Natural Gas Development .... (46)
Royalty Management .... (48)
Oil Reservoir Assessment .... (49)
Oil Production Engineering .... (51)
Surface Engineering .... (54)
Offshore Engineering .... (58)
New Energy........ (59)
Gas Storage Depots........ (60)
Technological Projects .... (61)
Market Management .... (63)

Chapter 3 Oil Refining and Chemicals

Roundup .... (66)
Facilities and Products .... (68)
Key Projects .... (69)
Marketing of Chemicals .... (71)
Specialized Management .... (76)

Chapter 4 Marketing

Roundup .... (84)
Business of Oil Products........ (84)
Management of Investment and Construction of Network .... (87)
Non-Oil Product Business .... (88)
Lubricants and Oil Refined By-Products .... (88)
Specialized Management .... (89)

Chapter 5 Natural Gas and Pipelines

Roundup .... (94)
Oil and Gas Storage and Transportation .... (96)
Marketing and Application of Natural Gas........ (97)
Construction of Storage and Transportation Facilities .... (98)
Management of Storage and Transportation Facilities .... (100)
Specialized Management .... (101)

Chapter 6 Engineering Technology and Engineering Construction

Engineering Technology .... (108)
Engineering Construction .... (122)

Chapter 7 International Business

Overseas Oil and Gas Business .... (128)
International Cooperation for Domestic Oil and Gas Exploration and Development .... (133)
International Trade .... (136)
Management of International Business and Foreign Affairs .... (137)

Chapter 8 Technology and Information

Roundup .... (144)
Technological Development .... (145)

Standardization Work .... (160)
Informatization .... (160)

Chapter 9 Safety, Environmental Protection, Quality and Energy Saving

Work Safety.. (164)
Environmental Protection .... (165)
HSE Management System .... (167)
Energy and Water Saving .... (168)
Management of Emergency Response .... (169)
Occupational Health .... (170)
Quality Control and Supervision .... (170)
Measurement .... (171)

Chapter 10 Corporate Management and Supervision

Legal-person Management of CNPC .... (174)
Legal-person Management of PetroChina .... (175)
Band and Social Responsibility .... (183)
Planning .... (186)
Management of Finance .... (192)
Management of Fund .... (197)
Taxation Prices .... (201)
Management of Personnel .... (204)
Production Business .... (206)
Capital Operation .... (208)
Legal Work .... (210)
Procurement of Goods .... (211)
Disciplinary Inspection and Supervision Work ... (213)
Internal Audit .... (216)
Corporate Reform and Management .... (217)
Service in Mining Areas .... (220)
Maintenance of Stability and Comprehensive Treatment and Management .... (222)
Management of Retirement.......................... (224)
Security Management .... (225)
Management of Archives .... (227)

Chapter 11 Development of the Communist Party, Political Work and Corporate Culture

Development of the Communist Party .... (230)
Propaganda and Education Work .... (233)
Corporate Culture .... (236)
Construction of Grassroots Units .... (237)
Work for Masses and Youth League .... (238)
Honor Rolls... (239)

Chapter 12 Organizations and People

CNPC .... (262)
PetroChina .... (273)
Experts .... (287)

Chapter 13 Overview of Enterprises and Institutions

Oil and Gas Field Enterprises .... (320)
Oil Refining and Chemical Enterprises .... (364)
Marketing Enterprises................................ (426)
Natural Gas Pipeline Gathering and Transferring Enterprises .... (507)
Overseas Business Enterprises .... (525)
Engineering Technological Service Enterprises ... (545)
Engineering Construction Enterprises .... (562)
Equipment Manufacturing Enterprises .... (571)
Financial Enterprise .... (582)
Technological Research Institutions and Other Enterprises .... (591)

Chapter 14 Main Events of CNPC

Outline for Main Events of CNPC .... (640)

Chapter 15 Statistical Data

Table 1 Fulfillment of Main Targets of CNPC .... (658)
Table 2 Aggregate Balance Sheet of CNPC .... (658)
Table 3 Aggregate Income Statement of CNPC .... (661)
Table 4 Exploration and Production of PetroChina and Its Affiliated Companies .... (662)
Table 5 Oil Refining and Chemical Production of PetroChina and Its Affiliated Companies ... (662)
Table 6 Marketing Business of PetroChina and Its Affiliated Companies .... (663)
Table 7 Main Subsidiaries of PetroChina and Its Affiliated Companies .... (663)
Table 8 Appraised Proven Reserves and Proven Development Reserves of PetroChina .... (664)
Table 9 Aggregate Balance Sheet of PetroChina as of December 31, 2016(1) .... (665)
Table 10 Aggregate Balance Sheet of PetroChina as of December 31, 2016(2) .... (665)
Table 11 Aggregate and Income Statement of PetroChina in 2016 .... (666)
Table 12 Aggregate and Cash Flow Statement of PetroChina in 2016 .... (667)
Table 13 Aggregate Shareholders' Equity Variation Statement of PetroChina in 2015...... (668)
Table 14 Shareholders' Equity Variation Statement of PetroChina in 2016 .... (669)

Chapter 16 Appendixes

Literature

The 13th Five-year Oil Development Plan of National and Reform Commission .... (672)
The 13th Five-year Natural Gas Plan of National and Reform Commission .... (676)

Appended Tables and Appended Figures

Appended Table 1 Primary Energy Consumption Structures Worldwide in 2016.................... (682)
Appended Table 2 Classified Consumption of Primary Energy in the World's Main Countries, Regions and Organizations in 2016 .... (682)
Appended Table 3 Consumption of Primary Energy in the World's Main Countries,Regions and Organizations in 2016 .... (683)
Appended Table 4 Proven Remaining Recoverable Oil Reserves of the World's Main Countries, Regions and Organizations in 2016 .... (684)
Appended Table 5 Oil Production of the World's Main Countries, Regions and Organizations in 2016 .... (685)
Appended Table 6 Oil Consumptionin the World's Main Countries, Regions and Organizations in 2016 .... (687)
Appended Table 7 Consumption of Main Oil Products of the World in 2016 .... (688)
Appended Table 8 Oil Refining Capacity of the World's Main Countries, Regions and Organizations in 2016 .... (689)
Appended Table 9 Proven Remaining Recoverable Natural Gas Reserves of the Worlds' Main Countries, Regions and Organizations in 2016 .... (690)
Appended Table 10 Natural Gas Production of the World's Main Countries, Regions and Organizations in 2016 .... (691)
Appended Table 11 Natural Gas Consumption in the World's Main Countries, Regions and Organizations in 2016 .... (692)
Appended Table 12 Oil Import and Export of the World's Main Countries and Regions in 2016 .... (694)
Appended Table 13 Natural Gas Import and Export of the World's Main Countries and Regions in 2016 .... (694)
Appended Table 14 World Pipeline Natural Gas Flows in 2016 .... (695)
Appended Table 15 World Liquefied Natural Gas Flows in 2016 .... (696)
Appended Table 16 Geothermal Installed Power Capacity of the World's Main Countries between 2012 and 2016 .... (696)
Appended Table 17 Solar Energy Installed Power Capacity of the World's Main Countries between 2012 and 2016 .... (696)
Appended Table 18 Wind Energy Installed Power Capacity of the World's Main Countries between 2012 and 2016 .... (697)

Appended Table 19 Biofuel Outputs of the World's Main Countries between 2012 and 2016 ...... (697)
Appended Table 20 Carbon Dioxide Emissions of the World's Main Countries, Regions and Organizations in 2016 .... (697)
Appended Table 21 Top 30 Petroleum and Petrochemical Companies in 2017 Fortune Global 500 .... (699)
Appended Table 22 Top 30 Petroleum and Natural Gas Companies in 2017 Forbes 2000 .... (700)
Appended Table 23 Global Top 50 Petroleum Companies in 2016 (According to Six Indexes) ... (701)
Appended Table 24 Business Results of Petroleum Majors from 2012 to 2016 .... (703)
Appended Table 25 Financial Indexes of Petroleum Majors from 2012 to 2016 .... (704)
Appended Table 26 Plate Capital Expenditure and Proportion of Petroleum Magors from 2015 to 2016 .... (704)
Appended Table 27 Oil and Gas Production and Overseas Proportion of Petroleum Majors in 2016 .... (705)
Appended Figure 1 Primary Energy Consumption Worldwide between 1972 and 2016 .... (707)
Appended Figure 2 Proven Remaining Recoverable Oil Reserves Worldwide from 1980 to 2016 ... (707)
Appended Figure 3 Petroleum Production Worldwide from 1972 to 2016 .... (708)
Appended Figure 4 Petroleum Consumption Worldwide from 1972 to 2016 .... (708)
Appended Figure 5 Proven Remaining Recoverable Natural Gas Reserves Worldwide from 1980 to 2016 .... (709)
Appended Figure 6 Natural Gas Production Worldwide from 1980 to 2016 .... (709)
Appended Figure 7 Natural Gas Consumption Worldwide from 1972 to 2016 .... (710)
Appended Figure 8 Oil Refining Capacity Worldwide from 1972 to 2016 .... (710)
Appended Figure 9 Oil Prices on International Market between 1970 and 2016 ....(711)
Appended Figure 10 Natural Gas Prices on International Market between 1984 and 2016 ....(711)
Appended Figure 11 Sales Incomes of Petroleum Majors from 2000 to 2016 .... (712)
Appended Figure 12 Net Profits of Petroleum Majors from 2000 to 2016 .... (712)
Appended Figure 13 Total Assets of Petroleum Majors from 2000 to 2016 .... (713)
Appended Figure 14 Crude Oil Production of Petroleum Majors from 2000 to 2016 .... (713)
Appended Figure 15 Natural Gas Production of Petroleum Majors from 2000 to 2016......... (714)
Appended Figure 16 Quantity of Gasoline Stations of Petroleum Majors from 2000 to 2016......... (714)
Appended Figure 17 Proportion of Capital Expenditure to Sales Income of Petroleum Majors from 2000 to 2016 .... (715)
Appended Figure 18 Proportion of Overseas Petroleum Reserves of Petroleum Majors from 2000 to 2016 .... (715)
Appended Figure 19 Proportion of Overseas Natural Gas Reserves of Petroleum Majors from 2000 to 2016 .... (716)
Appended Figure 20 Proportion of Overseas Petroleum Production of Petroleum Majors from 2000 to 2016 .... (716)
Appended Figure 21 Proportion of Overseas Natural Gas Production of Petroleum Majors from 2000 to 2016 .... (717)
Appended Figure 22 Exploration and Development Expenditure of Petroleum Majors from 2000 to 2016 .... (717)
Appended Figure 23 Oil and Gas reserve-production ratio of Petroleum Majors from 2000 to 2016 .... (718)
Appended Figure 24 Oil and Gas Operating Cost of Petroleum Majors from 2000 to 2016......... (718)
Appended Figure 25 Share Price Trends of Petroleum Majors on NYSE from 2007 to 2017 .... (719)
Appended Figure 26 Oil Leakage of Petroleum Majors from 2011 to 2016 .... (719)
Appended Figure 27 Greenhouse Gas Emission of Petroleum Majors from 2011 to 2016......... (720)
Appended Figure 28 Investment in Public Interests from Petroleum Majors from 2011 to 2016 ... (720)
Index... (721)
Afterword .... (757)

第一篇

总　　述

第一篇 总　述

第二篇 油气勘探开发生产

第三篇 炼油与化工

第四篇 销　售

第五篇 天然气与管道

第六篇 工程技术与工程建设

第七篇 国际业务

第八篇 科技与信息

第九篇 安全环保与质量节能

第十篇 企业管理与监督

第十一篇 党建、思想政治工作与企业文化建设

第十二篇 机构与人物

第十三篇 企事业单位概览

第十四篇 中国石油天然气集团公司大事纪要

第十五篇 统计数据

第十六篇 附　录

综　述

中国石油天然气集团公司基本情况

中国石油天然气集团公司（英文缩写 CNPC）是国家授权投资的机构和国家控股公司，是实行上下游、国内外、产运销一体化经营的国有特大型石油石化企业集团和综合性国际能源公司。

中国石油主要业务包括勘探与生产、炼油与化工、成品油销售、天然气与管道、海外勘探开发，以及油田技术服务、工程建设、装备制造、国际贸易、金融服务等。

一、历史沿革

燃料工业部（1949 年 10 月—1955 年 7 月）

1949 年 10 月 1 日，中央人民政府根据《中华人民共和国中央人民政府组织法》第 18 条规定，决定成立燃料工业部，在政务院财政经济委员会的指导下，主管全国煤炭、石油和电力工业的恢复及建设工作。10 月 19 日，中央人民政府任命陈郁为燃料工业部部长；11 月，中共中央批准燃料部成立党组，陈郁任书记。1949 年底，全国石油职工人数 1.1 万人（不包括台湾省）。

1950 年 4 月，燃料工业部在北京召开第一次全国石油工业会议，确定"三年内恢复已有基础，发挥现有设备的效能，提高产量，有步骤、有重点地进行勘探与建设工作，以适应国防、交通、工业与民生的需要"的基本方针。经过 3 年恢复，原油产量达到 43.56 万吨，为 1949 年的 3.6 倍。

为理顺石油工业的管理体制，1950 年 4 月，燃料工业部决定，成立石油管理总局，使石油工业由分散管理逐步过渡到部、总局、厂矿三级管理，形成集中统一管理的体制格局。石油管理总局调整组织机构，建立健全国有企业管理制度和生产责任制，推行经济核算制，确立了石油工业管理制度的雏形。到 1954 年 12 月，燃料工业部所属企事业单位 32 个，职工人数 6.6 万人，为建国初期的 6 倍；工业总产值由 0.26 亿元提高到 3.17 亿元，原油生产能力由 18 万吨提高到 102 万吨，原油加工能力由 17 万吨提高到 175 万吨。

石油工业部（1955 年 7 月—1970 年 6 月）

1955 年 7 月 30 日，第一届全国人民代表大会第二次会议决定，以燃料工业部所属石油管理总局为基础，成立石油工业部，统揽全国石油企业和石油生产建设工作，并任命李聚奎为部长，经中共中央批准，兼任党组书记。1958 年 2 月，第一届全国人民代表大会第五次会议任命余秋里为石油工业部部长；4 月，任党组书记。1965 年，石油工业部党组改为石油工业部党委，康世恩任党委书记。1967 年 6 月，根据中央决定，中国人民解放军对石油工业部实行军事管制。

石油工业部的成立，标志着石油工业开始实行专业部门管理，石油工业部成为石油计划管理体制的核心管理部门。管理权限经过集中、下放、回收、再下放，初步形成集中统一的管理体制和党委领导下的厂长负责制。到 1969 年，职工人数达到 40.3 万人，比 1955 年增加了 5 倍。

石油工业部加强西部勘探开发，建成玉门、新疆、青海、四川 4 个油气生产基地。1958 年，勘探战略东移，只用 3 年多时间，就探明年产 600 万吨原油生产能力的大庆油田，做到石油基本自给。1961—1970 年，成功组织华北、四川、江汉、辽河、吉林等石油会战，到 1969 年底，原油生产能力达到 2410 万吨，石油工业成为国民经济的重要支柱。1966—1970 年，尽管受到"文革"的冲击，石油工业部仍上缴财政 181.2 亿元，占国家财政收入的 7.2%。1970 年，总产值达 106 亿元，占全国工业总产值的 4.4%。

燃料化学工业部（1970 年 6 月—1975 年 1 月）

为适应国家大规模压缩政府机构和人员编制的需要，1970 年 6 月，中共中央将石油工业部、煤炭工业部、化学工业部合并，组建燃料化学工业部，并成立燃料化学工业部党的核心小组和革命委员会。主要负责包括煤炭、石油在内的燃料和化学工业的发展建设，业务上归口国家计划委员会管理。中共中央任命伊文为燃料化学工业部党的核心小组组长、革委会主任。1971年9月伊文调出，由康世恩代理燃料化学工业部党的核心小组组长和革委会主任职务。

燃料化学工业部成立时，我国国民经济正处于治“乱”和恢复的关键时期。石油工业管理部门高速度高效率组织江汉石油会战、辽河石油会战、陕甘宁石油会战、吉林石油会战，加强对大庆、胜利等油田的开发调整，到1975年，已拥有大庆、胜利、大港、辽河、扶余、克拉玛依、江汉、长庆、川中、玉门、冷湖、延长12个油田。同时，原油加工能力大幅提升，管道建设和石油机械制造业快速发展，石油化工工业迅猛崛起，石油工业成为当时发展最快的行业。中华人民共和国成立以来，累计向国家上缴580亿元，石油产品换汇在全国出口总收入中的比重，也由“三五”时期的0.6%增加到7.1%。

燃料化学工业部时期，石油工业整体上实行高度计划经济管理体制。从1971年开始，石油企业坚持会战管理体制，统一调度人、财、物，实行“五对口”“三落实”石油计划管理和原油单一计划价格管理，建立完善石油产品分配销售体制，逐步恢复岗位责任制，使石油企业的生产秩序得到了恢复。1975年，职工总数已由1969年的40.3万人增至81.4万人。

石油化学工业部（1975年1月—1978年3月）

1975年1月17日，第四届全国人民代表大会第一次会议决定，撤销燃料化学工业部，分别成立煤炭工业部和石油化学工业部，并任命康世恩为石油化学工业部部长、党的核心小组组长。

石油化学工业部时期，石油工业实行陆相和海相并举（以陆相为主）、中新生界和古生界并举（以中新生界为主）、陆地和海洋并举（以陆地为主）、油气并举的油气勘探开发战略，实行“五位一体”的联合方式，建立石油勘探、油田开采、炼油生产、管道运输，以及科学研究、设计施工等比较完整配套的石油工业体系。通过组织一系列石油勘探开发会战，到1978年底，全国累计探明石油地质储量68.13亿吨、天然气地质储量1578.13亿立方米，原油产量年均递增18.6%，实现原油产量上1亿吨台阶，成为世界第八产油大国。

从1976年底开始，石油化学工业部结合揭批“四人帮”和工业学大庆活动，对石油企业进行恢复性整顿。到1978年3月，由石油化学工业部直属管理或以石油化学工业部为主双重管理的企事业单位达到28个，以地方为主双重管理或地方管理的企事业单位有57个，职工总数95.8万人。企业生产行政工作实行党委领导下的厂长负责制或厂长分工负责制，建立健全了以岗位责任制为中心的各项管理制度。

石油工业部（1978年3月—1988年9月）

1978年3月，第五届全国人民代表大会第一次会议决定，撤销石油化学工业部，分别成立石油工业部和化学工业部。宋振明任石油工业部部长、党组书记。1981年，国务院副总理康世恩兼任石油工业部部长；1982年3月，唐克任石油工业部部长、党组书记；1985年6月，王涛任石油工业部部长、党组书记。

石油工业部成立后，根据改革发展需要和国家统一部署，先后对机关工作机构和企事业单位的管理体制进行了调整。在上划大部分油气田勘探企业的同时，组建中国石油海洋石油总公司，理顺干部管理体制。1978年，石油工业企事业单位有93个，职工总数120万人。

1978—1988年，海上大陆架石油对外开放、石油工业实行1亿吨原油产量包干、采取多种形式引进国外先进技术装备三大政策，建立以生产经营为中心的管理体制，增强了石油工业自我发展能力。10年间全国探明石油地质储量和建成原油生产能力相当于过去30年探明油气总量的总和，1985年成为世界第六产油大国。

此时，石油工业的地域、分布、结构状况也发生了巨大变化。到1985年底，全国在21个省（自治区、直辖市）发现油田253个、气田78个，建成陆上油气生产勘探开发基地17个、海上油田生产基地4个。大庆油田实现第一个10年稳产5000万吨，胜利油田原油产量超过3000万吨，辽河油田建成第三个年产原油1000万吨的油气区，华北油田连续10年稳产1000万吨以上，东部地区成为中国的主要产油区。

经过10年改革开放，石油工业开辟了以油为主、综合利用、多种经营、全面发展的良好前景：一批输油输气管道工程和重点项目建成投用，全国22个省（自治区、直辖市）有了炼油厂；加强对外经济技术交流与合作，海洋石油自营业务迅速崛起，对外承包工程和劳务合作开始走出国门；改革管理体制机制，扩大了生产经营自主权；推进石油科技发展，缩小了与世界先进水平的差距；发展多种经营业务，提高了企业综合经济效益。

中国石油天然气总公司（1988 年 9 月—1998 年 7 月）

根据党的十三大关于经济体制改革和政企分开、转变职能、精简机构的建议，1988 年 3 月，国家决定将石油工业部的政府职能移交能源部，以石油工业部为基础组建中国石油天然气总公司。9 月，中国石油天然气总公司挂牌成立，王涛任中国石油天然气总公司总经理、党组书记。中国石油天然气总公司成立初期共有 135.8 万职工。

中国石油天然气总公司是具有法人资格的正部级全民所有制国家公司，负责规划、组织、管理和经营陆上石油、天然气资源勘探、开发、生产建设以及与油气共生或钻遇的其他矿藏的开采利用工作。10 年间，中国石油天然气总公司坚持以油气勘探开发为核心，大力实施“稳定东部、发展西部”战略，在东部推进以“稳油控水”为主要内容的综合调整及挖潜措施，新增石油地质储量 28.1 亿吨；在西部以“两新两高”方式组织塔里木、吐哈会战，使之成为石油工业的重要战略接替地区。大力实施“多元开发、多种经营”战略，初步构筑起石油化工、建筑建材、机械电子、农业及农副业加工、轻工、运输及商饮服务等六大支柱产业，多元开发呈现产业化、规模化、集团化发展趋势。大力实施“扩大对外合作、开展国际化经营”战略，初步形成了有进有出、全方位、多形式的国际化经营格局。

中国石油天然气总公司持续调整队伍结构，探索建立“油公司”管理体制，累计分流职工 45 万人；推进现代企业制度建设，石油企业从国家统负盈亏变成自主经营、自负盈亏的市场竞争主体；推进劳动、人事、工资三项制度改革，深化精神文明创建活动，形成党政工团齐抓共管的“全方位、多层次、一体化”新格局。“八五”期间，中国石油天然气总公司实现销售收入 4520 亿元，上缴税费 526 亿元，分别比“七五”时期增加 2997 亿元和 363 亿元。

中国石油天然气集团公司（1998 年 7 月—　）

1998 年 3 月 10 日，第九届全国人大第一次会议审议通过《国务院机构改革方案》，决定将中国石油天然气总公司和中国石油化工总公司组建为两个特大型石油石化企业集团公司。

7 月 27 日，两大集团公司成立；7 月 28 日，两大集团公司正式挂牌。在中国石油天然气总公司基础上组建的中国石油天然气集团公司，马富才任总经理。12 月，中共中央大型企业工作委员会决定成立中国石油天然气集团公司党组，马富才任集团公司党组书记。重组后，集团公司拥有职工 158.2 万人。主营业务从主要从事油气勘探开发扩展到上下游、内外贸、产运销一体化经营。

1999 年 11 月 5 日，中国石油天然气集团公司重组，按照《中华人民共和国公司法》成立中国石油天然气股份有限公司（英文缩写 PetroChina），是中国石油集团最大的控股子公司，主要经营石油、天然气勘探、开发、生产、炼制、储运、销售等主营业务。建立包括股东大会、董事会、监事会和管理层在内的规范的现代管理制度，实行一级法人集中决策、两级行政管理、三级业务管理体制。中国石油天然气集团公司历史沿革见图 1。

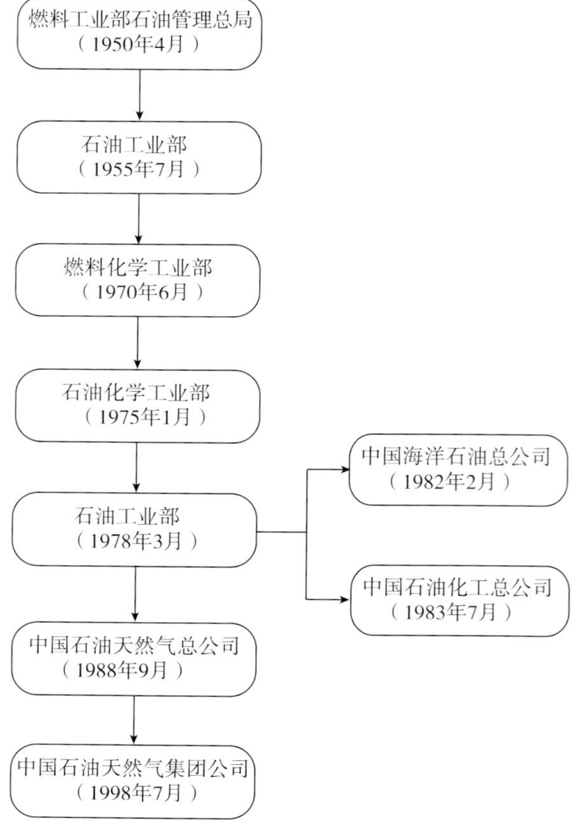

图 1　中国石油天然气集团公司历史沿革

二、发展现状

截至 2016 年底，集团公司在中国境内拥有大庆油田、长庆油田、新疆油田等油气田企业，大连石化、独山子石化、兰州石化等炼化企业，分布于各省（自治区、直辖市）的成品油销售企业，西气东输等天然气与管道企业，以及一批工程技术、金融等服务企业和科技研发等单位。中国石油在海外35个国家和地区拥有一批从事油气田勘探开发、管道运输和国际贸易的企业，运营91个项目，基本形成中亚—俄罗斯、中东、非洲、美洲、亚太五大油气合作区和亚洲、欧洲、美洲三大国际油气运营中心。中国石油经过几十年来的发展建设和几代石油人的不懈奋斗，经营规模不断扩大，综合实力和国际竞争力持续提升，在《财富》杂志全球500家大公司和《石油情报周刊》世界50家大石油公司排名中稳居前列。

截至2016年底，中国石油共有员工140.3万人，大学本科及以上学历员工占32%，女性员工占34%（其中，女性高级管理人员48人，女性中层管理人员1842人）。

中国石油是国内主要的油气生产商和供应商之一。油气勘探开发业务居国内主导地位，拥有大庆、长庆、新疆、辽河、塔里木、四川等多个大型油气生产区，2016年集团公司国内原油产量10545万吨，天然气产量981亿立方米；炼油与化工业务在新疆、辽宁、黑龙江等省（自治区）拥有8个千万吨级炼油基地，2016年原油加工量1.47亿吨；成品油销售业务形成了覆盖全国的营销网络，运营加油站2.1万座，2016年成品油销量1.13亿吨；天然气与管道业务建成长庆、塔里木、四川、青海四大气区，基本建成中亚、中哈、中俄、中缅等跨国油气管道和西气东输、陕京等国内油气骨干管网，2016年运营油气管道8.12万千米，覆盖全国30个省（自治区、直辖市）和香港特别行政区，销售天然气1315亿立方米。

集团公司致力于综合一体化的业务发展定位。油田技术服务业务拥有物探、钻井、测井、井下作业等门类齐全的油气田工程技术服务队伍，所属东方地球物理勘探有限责任公司（英文缩写BGP）、长城钻探工程有限公司（英文缩写GWDC）等企业是全球重要的石油工程技术服务商，不仅有力支撑保障了集团公司油气业务的发展，还服务于全球70多个国家和地区油气市场；工程建设业务拥有油气田地面工程、管道、炼化等建设队伍，所属管道局（英文缩写CPP）、工程建设公司（英文缩写CPECC）、寰球工程公司（英文缩写HQCEC）等企业在全球范围内为用户提供专业高效的工程建设服务；装备制造企业生产的勘探、钻采、炼化、动力等设备及石油专用管，出口到80多个国家和地区。

中国石油海外油气业务优质高效发展。按照互利互惠、合作共赢的理念，加快“走出去”步伐，从1993年获得秘鲁北部塔拉拉油田七区作业权，中国石油开启了国际化运营的新阶段。1997年随着苏丹124区、哈萨克斯坦阿克纠宾和委内瑞拉陆湖三大项目的签订，中国石油海外业务迅速成长，1999年苏丹124区建成千万吨级大油田。2003年，中国石油进入风险勘探领域，海外业务范围开始由开发为主向勘探开发并重转变、由陆地向浅海进军、由以油为主向油气并举发展，2011年油气权益当量产量突破5000万吨，海外业务进入规模化发展阶段；近年来借力国家“一带一路”倡议，国际油气合作进一步向更深层次、更广领域拓展，2016年油气权益当量产量7601万吨，并在低油价下保持较强的盈利能力。

中国石油将始终秉承“奉献能源、创造和谐”的宗旨，坚持稳健发展方针，大力实施资源、市场、国际化和创新战略，大力弘扬石油精神，突出主营业务，发挥整体优势，深化改革创新，加强党的建设，全力朝着世界一流综合性国际能源公司的目标迈进。

（张 安）

2016年中国石油天然气集团公司工作情况概述

2016年，面对异常严峻的形势和前所未有的压力，中国石油天然气集团公司深入学习贯彻习近平总书记系列重要讲话精神，认真贯彻落实党中央、国务院的决策部署，坚持稳健发展方针，实施资源、市场、国际化和创新战略，突出发展油气主业，科学组织生产，狠抓调整优化，千方百计稳增长、调结构、补短板、提效益、防风险，破解改革攻坚难题，维护和谐稳定大局，各项事业都取得了新进步。2016年国内外生产油气当量2.6亿吨，加工原油1.92亿吨，销售成品油1.72亿吨、天然气1390.4亿立方米，实现营业收入 1.87 万亿元，利润总额 507 亿元，税费 3497 亿元。

国内勘探开发完成油气生产和控亏挖潜目标。突出重点盆地和有利区带强化预探、精细勘探，取得 22 项重要成果，落实 6 个亿吨级和 5 个千亿立方米级整装规模储量区；新区新领域勘探取得 12 项重要发现，新疆玛湖凹陷东斜坡新增控制加预测石油地质储量 9154 万吨；塔里木库车克深构造带发现两个新的含气构造，新增预测地质储量 1300 亿立方米；塔西南麦盖提斜坡发现白云岩潜山型油气藏，实现近 20 年来重大突破；华北廊固凹陷安探 1 井获高产油气流，取得渤海湾盆地潜山勘探重大发现。2016 年国内新增探明石油地质储量 6.49 亿吨、新增探明天然气地质储量 5419 亿立方米，新增探明油气地质储量当量连续 10 年超过 10 亿吨。国内油气开发不断强化生产管理，深化精细油藏描述、精细注水，择优治理恢复长停井，加强化学驱、气驱重大现场试验，推进新疆、长庆、四川等重点产能建设，建成长宁—威远国家级页岩气示范区。各油田持续优化勘探开发方案部署和产量结构，推行地面建设标准化设计、钻井总承包等措施，加强井下作业等关键环节管控，优化管理层级，控制用工总量，油气单位操作成本和桶油完全成本实现“硬下降”。2016 年生产原油 10545 万吨，生产天然气 981 亿立方米。

炼油与化工创历史最好业绩。着力进行生产运行优化，将资源更多向高效装置配置，提高炼化一体化企业加工负荷，加大油田轻烃、炼油厂柴油馏分供乙烯生产力度，2016 年国内加工原油 1.47 亿吨，生产成品油 9930 万吨，生产乙烯 559 万吨。产品结构持续调整优化，生产柴汽比降低 0.24，炼油高效产品及厚利化工产品产量不断增加。重点工程建设项目进展顺利，23 个国Ⅴ标准汽油、柴油质量升级项目按计划完成，云南石化进入生产准备阶段。及时调整化工销售策略，开辟电子商务平台新渠道，销售化工产品 2680 万吨。

成品油销售盈利能力持续提升。统筹国内外市场，增加成品油出口，实施柴油销售激励政策，加大汽油、煤油、柴油销售力度，2016 年国内销售成品油 1.13 亿吨，出口成品油 1123 万吨。深化“成品油 + 加油卡 + 非油品业务 + 润滑油产品”一体化营销，借助“互联网 + 营销”推进零售业务质量升级。加强销售网络建设和双低（低销量、低效益）站治理，优化物流运输和资源调配，营销成本有效降低。

天然气与管道实现量增效稳。根据市场需求和季节变化调整国产气生产节奏，优化进口气引进规模和长贸 LNG 到岸时间，保障向市场安全平稳供气。推进管网设施公平开放，推动支线管道和新用户按计划投用气，保证资源优先向高效市场、高端用户配置，环渤海、长三角等市场销量比重 70.1%。2016 年销售天然气 1315 亿立方米。完善管网布局建设，西气东输三线东段等工程建成投产，中俄原油管道二线、陕京四线输气管道等开工建设。

国际油气业务逆势稳定增长。海外油气勘探开发部署向重点项目倾斜，土库曼斯坦阿姆河右岸、苏丹 6 区等项目风险勘探取得重要进展，乍得、厄瓜多尔安第斯等项目滚动勘探发现一批可快速动用优质储量区，2016 年新增探明油气权益可采储量当量 4344 万吨。优化开发方案部署，强化产量动态调整，推进重点产能建设，综合施措提高采收率，2016 年完成油气权益当量产量 7601 万吨。伊朗北阿扎德甘项目正式投产并进入回收阶段。在油气领域广泛开展国际合作，与俄罗斯、沙特阿拉伯、莫桑比克、阿尔及利亚、秘鲁、委内瑞拉等国签署多项合作协议或备忘录。

服务业务市场开拓能力进一步增强。油田技术服务企业积极控制缩减队伍规模，降低作业成本，提高服务质量，全方位提升市场竞争力。工程建设业务国内市场持续巩固，海外高端市场取得新突破，先后中标壳牌伊拉克巴士拉天然气老厂改造、沙特阿美拉斯坦努拉管道等项目。装备制造业务不断推进国际产能合作，加强产品全生命周期管理，开展服务延伸业务，扩大钢管等产品出口。国际贸易业务加强油气进口组织，扩大来料加工业务，加强伊拉克和伊朗权益油销售，拓展海外高效高端市场，实现贸易量 4.5 亿吨，贸易额 1412 亿美元。金融业务为油气主业提供优质融资服务，不断开拓市场，创新产品。矿区服务加快推进“三供一业”（供水、供电、供热 / 供气、物业管理）分离移交并取得实质性进展。

科技与信息化支撑作用有效发挥。大力推进科技创新和信息化应用，支撑主营业务发展。组织推进国家油气重大科技专项，启动“十三五”36 个项目和 16 个示范工程。开展研发攻关，取得一批科研成果，创新天然气古生界富集规律认识和地震联合反演解释技术，保障了长庆油田探明油气地质储量持续稳定增长；完善大庆油田新一代精准挖潜技术，支撑了主力油田采收率超过 50%；开发国Ⅴ标准清洁汽油、柴油生产技术和聚烯烃等新产品，推动油品质量升级和炼化产品结构调整；高温高密度油基钻井液技术研发、油气管道装备国产化等取得新进展。井下油水分离同井注采、碳一化工等超前储备技术研究有序推进。加快信息化与生产经营深度融合，ERP 应用集成及物联网覆盖范围进一步扩大，加油站管理等 40 个应用系统云化实施完成。

提质增效专项行动取得积极成效。牢固树立过紧日子思想，开展提质增效专项行动，建立投资与现金流、经营效益联动机制，优先保证核心业务和消瓶颈业务投资，资金向扩大市场项目和培育新效益增长点倾斜，深入开展全价值链、全生命周期的成本费用管控，扎实推进亏损企业治理等专项工作，集团公司各项成本和费用实现硬下降。

内部各项改革稳准推进。制定出台全面深化改革实施意见和“十三五”改革专项规划，实施 61 项重点改革举措。完善集团公司治理，把党建工作总体要求纳入集团公司章程，把党的领导融入集团公司治理各环节，把党组研究讨论作为董事会、经理层决策重大事项的前置程序，健全党组与董事会、经理层协调运行的机制。优化总部机关职能定位和机构设置，完善专业分（子）公司管理体制。天然气与管道业务实现油气管输与销售分开运营，中亚天然气管道合资合作完成股权交割，新组建的中油工程和中油资本成功上市，扩大企业经营自主权试点等改革顺利推进，未上市托管业务和矿区业务改革不断深化。

安全环保形势稳中向好。深入贯彻新修订的《安全生产法》和《环境保护法》，全面提升安全环保水平。加大源头防范和治理力度，杜绝较大及以上安全生产和环境污染事故。高标准开展 HSE 体系量化审核，强化安全风险管控，全面完成长输管道重大隐患整改，深化安全环保技术诊断和管理评估，确保生产安全受控。提升应急管理能力，在南苏丹武装冲突时成功组织员工安全撤离。加强温室气体排放管理，实施环境风险实时监控，开展能源管控体系建设试点，2016 年完成节能重点技术改造 34 项，能源资源利用效率进一步提升。实现节能量 95 万吨标准煤，节水量 1339 万立方米，主要污染物减排指标全面完成。

重塑企业良好形象迈向深入。聚焦“忠诚担当、风清气正、守法合规、稳健和谐”目标，全方位组织开展大讨论活动，大力弘扬石油精神，构建长效机制。深入推进党风廉政建设和反腐败工作，认真贯彻中央关于从严管党治党的要求，严格落实“两个责任”，正风肃纪、反腐倡廉工作取得新成效，反腐败斗争压倒性态势已经形成。强化依法合规管理，全面履行社会责任，大力整治影响集团公司形象的突出问题，社会各界对中国石油理解、认同和支持的声音明显增多，中国石油品牌美誉度和影响力进一步提升，先后获得中央企业十大品牌建设优秀企业、上市公司监事会最佳实践 20 强、国际 EAP 质量奖等荣誉。

（张　安）

特　载

认清严峻形势　坚持稳健发展
开创建设世界一流综合性国际能源公司新局面

——王宜林在集团公司 2016 年工作会议上的主题报告（摘要）

（2016 年 1 月 21 日）

这次会议的主要任务是，全面贯彻党的十八届五中全会及中央经济工作会议精神，落实国务院国资委部署要求，总结 2015 年和“十二五”工作，分析集团公司发展面临的形势，部署“十三五”和 2016 年重点工作，动员全体干部员工认清严峻形势，坚持稳健发展，开创建设世界一流综合性国际能源公司新局面，为国家推动能源革命和全面建成小康社会做出新贡献。

一、集团公司发展面临的形势

当前，集团公司正站在“十三五”发展新的历史起点上，处于承前启后、继往开来的重要阶段。要清醒看到，今后五年我们前进的道路并不平坦，既具有发展的良好基础和有利条件，也面临矛盾问题叠加、风险挑战增多的严峻形势。

（一）2015年重点工作成效显著，促进了发展观念在转变。2015年，面对国际油价持续大幅下跌、国内油气需求增速放缓和集团公司实现稳增长业绩目标难度陡增的巨大压力，面对中央专项巡视反馈问题整改的紧迫任务和近年来集团公司内部腐败案件带来的冲击影响，新一届党组全面贯彻落实党中央、国务院各项部署，主动适应经济发展新常态，及时做出重塑良好形象、推进稳健发展的重大决策，团结带领广大干部员工，突出主营业务发展，破解改革攻坚难题，妥善应对风险挑战，各方面工作都取得新成绩新进步，集团公司正在由过去注重规模速度的粗放发展向更加注重质量效益的稳健发展转变。集团公司党组在统筹推进全面工作的同时，重点抓了六件大事：一是全力以赴打好稳增长攻坚战；二是稳妥推进深化改革重点工作；三是科学组织“十三五”发展规划编制；四是扎实组织中央专项巡视反馈问题整改和“三严三实”专题教育；五是积极开展重塑形象大讨论活动；六是大力强化安全环保稳定基础。

（二）“十二五”规划平稳收官，为未来发展奠定了良好基础。经过“十二五”的发展，集团公司综合实力和国际竞争力显著增强，在世界500强和50家大石油公司中的排名分别从2010年第10和第5位上升至第4和第3位；原油产量、天然气产量、原油加工量分别跃居国际可比公司第1、第2和第3位；资产规模超过4万亿元，是“十一五”末的1.5倍；年均实现营业收入2.5万亿元、利润总额1620亿元、上缴税费3890亿元，与“十一五”相比，分别增长106%、持平和1.7倍，为国家经济社会发展做出了重要贡献。

（三）国际政治经济形势错综复杂，低油价风险已经成为影响集团公司生存发展的现实危机。近期国际油价已跌破30美元/桶（1桶=158.98升），短期内仍看不到企稳回升迹象，集团公司面临整体亏损危机，生存发展面临严重威胁。

（四）国内经济发展进入新常态，油气需求增速放缓和市场竞争加剧给集团公司提质增效带来重大挑战。我国经济发展进入新常态，国内成品油和天然气消费需求增速仍将延续放缓态势，再加上进口量的增加和新能源占比的提高，石油石化行业产能过剩、资源过剩和产销矛盾日益突出，集团公司平稳组织生产经营的难度加大。随着市场化进程的加快，油气市场将进一步开放，投资主体、市场主体将更趋多元，竞争更加激烈，集团公司市场份额和发展空间都将受到挤压。

（五）集团公司自身存在的突出矛盾和问题，对持续健康发展形成制约。一是发展的规模速度与质量效益出现剪刀差；二是体制机制和结构性矛盾突出；三是安全环保基础仍不牢固；四是管理方式仍较粗放；五是党建和队伍建设有待加强。

总之，今后一个时期集团公司发展面临的形势异常严峻，压力前所未有。我们必须切实增强危机意识、忧患意识和责任意识，牢固树立底线思维，立足长期低油价，苦练内功、强筋壮骨，坚决摒弃靠天吃饭、靠政策扶持的依赖思想，以石油会战时期“有条件要上、没有条件创造条件也要上”那么一股干事创业激情，齐心协力、共克时艰，坚决打赢应对低油价这场硬仗。

在分析我们面临发展挑战和困难的同时，更要看到集团公司稳健发展的有利条件。一是党中央、国务院高度重视国有经济、国有企业的发展，坚定不移地支持国有企业做强做优做大，中央领导同志对中国石油非常关心爱护，多次对我们的工作给予明确指导和大力支持。二是我国发展仍处于重要战略机遇期，党的十八届五中全会提出了“创新、协调、绿色、开放、共享”新的发展理念，描绘了未来五年我国经济社会发展蓝图，中央经济工作会议又做出新的重大部署，国家实施“一带一路”、京津冀协同发展、长江经济带等重大战略，大力推动大众创业、万众创新，全面推进国有企业改革和油气行业体制改革，都将为我们的改革发展创造有利环境、提供广阔空间。三是石油天然气仍然是未来较长时期的主导能源，随着我国能源消费结构调整、治理大气污染等工作力度的加大，天然气发展潜力巨大；低油价也为我们在全球范围内收购优质资源和项目、调整优化资产结构提供了有利时机，对我们大力改革创新、强化内部管理形成了倒逼压力。四是我们有几代石油人艰苦奋斗打下的坚实基础，有综合一体化和独特企业文化等比较优势，有多年来应对各种风险挑战的宝贵经验，特别是拥有一支用大庆精神铁人精神培育起来的过硬干部员工队伍。只要我们保持战略定力，坚定发展信心，化挑战为机遇，变压力为动力，就一定能够克服困难、战胜挑战，实现集团公司既定目标，不断开创事业发展新局面。

二、发展思路和主要目标

“十三五”时期是我国全面建成小康社会的决胜阶段，也是集团公司推进世界一流综合性国际能源公司建设的关键时期。集团公司党组在深刻分析发展大势、深刻总结集团公司发展实践的基础上，确定了“十三五”及今后一个时期发展的指导思想、发展方针、发展战略和目标任务。

（一）关于指导思想。“十三五”规划明确的指导思想是，全面贯彻党的十八大和十八届三中、四中、五中全会精神，深入贯彻习近平总书记系列重要讲话精神，以“四个全面”战略布局为引领，牢固树立和贯彻落实创新、协调、绿色、开放、共享的发展理念，主动适应我国经济发展新常态和结构性改革新部署，围绕建设世界一流综合性国际能源公司目标，坚持稳健发展方针，以提高质量效益为中心，大力实施资源、市场、国际化和创新战略，着力做强做优主业，着力深化企业改革，着力推动创新引领，着力强化安全环保，着力重塑良好形象，加强和改进党的领导，继承弘扬大庆精神铁人精神，不断提升综合实力和国际竞争力，为国家推动能源革命和全面建成小康社会做出新贡献。

（二）关于发展方针。坚持稳健发展方针，是集团公司党组针对形势发展变化做出的重大决策，这与中央稳中求进的工作总基调是高度一致的，符合“五大发展理念”的要求，也符合集团公司实际。稳健发展的核心要义是坚持稳中求进，提高质量效益，实现可持续发展。主要内涵是，统筹当前与长远，正确处理规模速度与质量效益、改革发展稳定、企业与各利益相关方等关系，在战略上保持发展思路目标的总体稳定，在战术上及时调整完善运营策略和工作机制，确保生产指标稳中有增，经营业绩稳定向好，各类风险平稳可控，发展环境稳定和谐，企业形象稳步好转，集团公司发展更加平稳、更加健康、更加可持续。

（三）关于发展战略。集团公司党组认为，从2005年起实施的资源、市场、国际化战略，为推动集团公司发展发挥了重要作用，必须继续坚持，同时也需要与时俱进地丰富完善。综合各方面意见，集团公司党组决定将“创新”纳入集团公司总体战略。

（四）关于发展目标。集团公司党组强调，建设“世界一流综合性国际能源公司”是一个持续推进的较长过程，实现这个目标，大体分“两步走”：

第一步，到2020年，世界一流综合性国际能源公司建设迈上新台阶。规模实力保持世界一流水平，经营业绩、国际竞争力达到国际大公司先进水平，在做强做优上走在央企前列。

——经营效益稳步提升。集团公司资产总额保持4万亿元左右，资产负债率控制在45%以内；在可比油价下，集团公司营业收入、利润总额、净资产收益率和股份公司投资资本回报率明显提升，成本费用实现硬下降，自由现金流为正。

——业务结构更加优化。国内外油气当量产量达到3亿吨，其中海外权益当量产量占集团公司总当量产量的1/3，国内天然气产量占集团公司国内总当量产量的1/2。国内原油加工量控制在1.9亿吨以内，加油站总数达到2.26万座、成品油纯枪销量9100万吨以上，油气管道总里程9.6万千米、天然气销量年均增长8%以上。国际贸易量4.5亿吨左右。服务业务外部市场收入和利润占比明显提高。集团公司跨国指数达到30%以上。

——技术创新成效明显。科技创新体系进一步完善，新研发形成10项以上核心配套技术，核心技术全面达到国际先进水平、部分新技术国际领先，科技进步贡献率60%以上，信息化全面实现集成应用，科技实力和信息化水平保持央企前列、行业先进，成为国际知名的创新型企业。

——公司治理规范高效。治理体系和管控能力现代化国际化取得重大进展，法人治理结构优化完善，各方面制度不断健全，经营管理依法合规，基础管理成熟度进入优化级，企业党建等制度与公司治理体系有机融合，现代化管理水平显著提高。

——安全环保业绩优良。资源节约型、环境友好型企业建设加快推进，清洁能源生产供应能力持续增强，质量、健康、安全和环境管理达到行业先进水平，杜绝重大及以上生产安全事故和环境污染事件，绿色低碳发展和节能减排工作走在央企前列。

——发展成果共建共享。坚持贡献国家、服务社会的同时，员工收入与劳动生产率同步增长、生活水平和质量继续改善，重大人才工程取得显著成效，队伍综合素质持续提升，矿区服务水平不断提高，企业改革发展成果更多更公平地惠及职工群众。

——公司品牌全球知名。国内、国际信用评级保持AAA级和国家主权级，国际市场话语权和影响力明显提升，在全球品牌价值排行榜排名稳步提高；企业文化认同度、影响力持续增强，公司形象良好，成为全球优秀企业公民。

第二步，到2030年，建成世界一流综合性国际能源公司。集团公司规模实力保持领先，经营业绩进入国际大公司前列，全球配置资源能力持续增强，核心技术达到国际领先水平，集团公司治理体系和管控能力实现现代化国际化，员工素质和收入进一步提升，国际竞争力和影响力显著增强，成为全球受尊敬的企业。

（五）关于2016年重点任务。2016年是“十三五”开局之年，也是我们应对低油价严峻挑战、推进稳健发展的重要一年。工作总的要求是，认真贯彻党的十八届五中全会和中央经济工作会议精神，适应我国经济发展新常态，坚持稳健发展方针，大力实施“四大战略”，突出油气主业，着力稳增长、调结构、补短板、提效益、防风险，以改革创新精神打好开源节流降本增效攻坚战，持续开展重塑形象大讨论活动，充分发挥政治文化优势，推进世界一流综合性国际能源公司建设，为促进国民经济稳增长做出新贡献。按结算油价50美元/桶预算，集团公司投资总量控制在2600亿元以内；实现营业收入18777亿元、利润总额281亿元；保持集团公司自由现金流为正。国内外油气当量产量26047万吨，加工原油19930万吨；国内销售成品油11600万吨、天然气1300亿立方米；国际贸易量3.78亿吨。杜绝重大及以上安全环保事故，完成国家下达的减排指标。油气营销能力得到增强、产销矛盾进一步缓解，未上市业务重组改制和内部市场化等改革实现新突破，科技创新和管理创新见到新成效，企业党的建设和形象建设持续强化，企业大局和谐稳定，确保“十三五”开好局、起好步。

三、重点工作部署

推进集团公司稳健发展，实现“十三五”及2016年各项目标任务，必须把中央提出的“五大发展理念”贯彻到发展全过程，牢牢把握优先、有效、加快、协调的主营业务发展“八字定位”，大力实施深化改革、开放合作、科技创新、人才强企、依法治企和安全发展“六大举措”，重点在“五个着力”上下功夫。

（一）着力做强做优主业，厚植发展优势。要坚持以市场为导向、以效益为中心，紧紧围绕提升原油和天然气两条价值链，进一步调整理顺主营业务架构，优化布局结构，拓展发展空间，形成各项业务共同驱动集团公司价值提升和可持续发展的新优势。

优先发展勘探开发业务。要统筹国内外油气勘探开发，突出获取有价值的资源，优先配置资金、技术、人才等要素，持续降低发现成本和开发成本，努力实现油气储量产量规模和经济效益同步增长。国内要按照“深化东部、发展西部、拓展海上，油气并重、立足常规、加强非常规”的战略布局，统筹当前与长远、规模与效益、老区与新区、地下与地面，科学处理好产能、产量和投资、成本之间的关系，努力获取经济可采储量和效益产量。坚持稳油增气，大力实施松辽盆地4000万吨以上、长庆油田5000万吨稳产和新疆地区5000万吨、西南油气田300亿立方米上产等四大工程，以及渤海湾2000万吨级、柴达木千万吨级规模油气生产区建设，实现油气储量当量替换率大于1、油气当量产量稳定增长到2亿吨目标，保持国内主导地位。继续推进国内对外合作，规范和运营好现有项目，加大非常规等领域合作力度，实现产量和效益同步增长。海外要按照突出中亚—俄罗斯、做大中东、加强非洲、拓展美洲、推进亚太的战略布局，大力推进“一带一路”油气合作工程，强化现有项目增储上产，通过收并购、资产和股权置换、公开投标等方式有序有效推进新项目开发，持续优化业务结构、资产结构和区域布局，积极培育高效项目群，全面提升创效能力和国际化经营水平，年均新增权益可采储量5000万吨，年产油气权益当量逐步达到1亿吨以上。稳步有效发展非常规、海上、新能源等业务，加快形成致密油气、页岩气、煤层气等低成本开发配套技术和管理模式；稳步推进南海深水勘探和巴西、东非海上合作项目增储上产；制定实施新能源发展行动计划，积极探索地浸式铀矿、地热、天然气水合物等资源的开发利用。

有效发展炼化与销售业务。炼化业务要激活存量、严控增量，有序推进炼油布局完善工程和炼化质量升级与结构调整工程，制定实施化工增值计划，加快新产品新材料研发和市场培育开发，增产高效和高附加值产品，强化资源优化配置，走结构优化、技术先进、质量高端的内涵式集约化低成本发展之路。销售业务要着力开拓市场、做大零售，实施销售网络建设工程，推进物流优化和“互联网+营销”行动计划，创新“油卡非润气”一体化营销，不断提升服务质量和经济效益，打造黄金终端和优质服务形象窗口。

加快发展天然气与管道业务。要以提高营销能力为重点，按照保自产、调进口、强销售、拓终端、优储运的思路，统筹协调业务链各环节，持续优化资源组合和市场配置，实现效益最大化。

协调发展服务业务。要坚持专业化、市场化、国际化方向，强化与油气业务的协同协作，全力打造业务发展升级版，不断提升服务质量、竞争能力和创效能力。

2016年，面对前所未有的困难和挑战，各业务领域和各单位要突出重点、统筹兼顾，采取针对性、革命性措施，确保实现生产经营各项目标。一要全力以赴稳增长，二要持之以恒调结构，三要集中力量补短板，四要千方百计提效益，五要综合施策防风险。

（二）着力深化企业改革，激发发展活力。要围绕推进集团公司治理体系和管控能力现代化国际化的目标，加强顶层设计，坚持问题导向，突出“稳”和“准”，切忌“急”和“浮”，平稳有序推进企业改革。一要认真贯彻中央改革部署，二要加快推进已确定专项改革方案的落实，三要尽快研究出台已经看准的改革具体方案，四要继续深化研究相关重点改革问题。

（三）着力推动创新引领，增强发展动力。要把集团公司发展的基点放在创新上，大力推进科技和管理创新，着力培育创新人才，持续提升自主创新能力，塑造更多依靠创新驱动的引领型发展。把创新作为科技研发的主旋律，把创新贯穿于企业管理全过程，把创新人才队伍建设作为发展的根本。

（四）着力强化安全环保，夯实发展根基。要严格贯彻新《环境保护法》和《安全生产法》，坚持安全零容忍、环保严监管，关口前移、重心下移、常抓不懈，不断提升安全环保业绩，坚定不移保障安全发展。持续强化安全环保风险管控，大力实施节能减排，全面推行清洁生产。

（五）着力重塑良好形象，凝聚发展合力。要在组织好大讨论活动基础上，大力推进集团公司形象建设，塑造“忠诚担当、风清气正、守法合规、稳健和谐”的良好形象。加强品牌建设和管理，开展质量品牌提升行动，不断增加品牌价值和美誉度。全面履行社会责任，贯彻中央关于坚决打赢扶贫攻坚战的决策部署，推进对口支援和精准扶贫，热心参与社会公益事业，积极支持地方经济社会发展，与资源地和项目所在国共同分享资源价值和发展成果。

四、牢牢把握企业发展正确方向

集团公司是国有重要骨干企业，必须坚定不移走中国特色国有企业发展道路，充分发挥党的领导这一独特政治优势，继承弘扬大庆精神铁人精神，全心全意依靠职工群众办企业，把政治文化优势转化为推进稳健发展的核心竞争力。

（一）加强和改进企业党的建设。从集团公司党组做起，以上率下，严格落实管党治党责任，建立党建工作考评问责办法，健全严守纪律规矩的相关制度，形成责任明确、领导有力、运行高效的企业党建工作机制。要把加强党的领导和完善集团公司治理有机统一起来，坚持和完善双向进入、交叉任职的领导体制，明确党组织在企业决策、执行、监督各环节履行权责的方式。扎实做好基层党组织换届选举工作，夯实基层工作基础。创新党建工作载体，按照中央部署组织开展“学党章党规、学系列讲话、做合格党员”学习教育，深入推进“三型”党组织建设，积极探索海外企业、混合所有制企业党组织发挥作用的有效途径，不断增强党组织的凝聚力战斗力。

要着力加强各级领导班子和干部队伍建设。抓好思想理论武装，提高班子成员运用理论驾驭全局、指导实践、推动发展的能力。树立正确用人导向，落实新时期好干部标准，严格执行企业领导人员管理规定和选拔任用工作规范，选优配强各级领导班子。统筹谋划领导班子新老接替和干部队伍结构优化，加大优秀中青年干部培养选拔力度，探索建立市场化选人用人机制。严格干部日常管理监督，强化巡视成果、年度考核结果应用，加大提醒、函询、诫勉和组织调整力度。认真执行民主集中制，细化“三重一大”决策内容，规范决策程序，强化决策监督，建立重大决策法律论证和终身责任追究制度。严肃党内政治生活，提高民主生活会质量，维护班子团结统一。当前，要持续开展“严实”作风建设，推动建立“三严三实”常态化长效化机制。

（二）深入推进党风建设和反腐败工作。要严格落实“两个责任”，保持反“四风”、正党风、反腐败、倡清廉的战略定力，毫不松劲、锲而不舍地做好工作。深入开展党纪党规和廉洁从业教育，抓好《中国共产党廉洁自律准则》和《中国共产党纪律处分条例》贯彻执行，运用好监督执纪“四种形态”，真正把纪律挺在前面。强化对权力集中、资金密集、资源富集等关键部门和岗位的监管，重点加强对一把手的监督约束，压缩腐败现象生存空间和滋生土壤。继续推进纪委书记专职化，深化内部巡视，完善部门联合监督机制，构建大监督格局。坚持不懈贯彻中央八项规定精神，坚决防止“四风”反弹。加大纪律审查力度，严肃查处各种违纪行为，坚决惩治腐败分子。

（三）传承和创新企业文化。面对新形势新趋势，我们要以社会主义核心价值观为统领，突出大庆精神铁人精神核心地位，创新发展具有时代特征、行业特色、企业特点的中国石油文化，提升文化软实力。实施文化强企，着力推进企业文化建设重点项目，持续完善企业文化体系，继承弘扬石油工业优良传统作风，吸纳借鉴国内外新文化、新思想中的先进内容，丰富大庆精神铁人精神新内涵；加强安全、廉洁、诚信、创新、法治等专项文化建设，规范丰富各具特色的基层文化。做好企业文化的宣贯与传播，推动中国石油文化走出去，扩大影响力。把企业文化融入制度建设和企业管理，有效运用规章制度、操作流程和管理工具，将“无形文化”转化为“有形管理”，实现文化与管理相互促进。

（四）努力建设法治企业。要把法治教育纳入各级党委中心组学习、管理培训的必备内容，使领导干部进一步增强法治意识和依法履职能力。按照于法周延、于事简便的原则，健全各项规章制度，推进制度与管理体系融合，形成周密管用的内部制度体系。强化制度执行，维护制度权威，加强对制度执行情况的监督检查，使依法办事、按章操作成为干部员工自觉行为。突出重点领域合规管理，公平参与市场竞争，诚信守法经营；调整优化审计资源配置和布局，加强审计监督、法律监督和效能监察，加强对招投标、产品销售、混合所有制改革等经营行为监管，严防暗箱操作、利益输送，严格违规责任追究，确保国有资产不流失。

（五）全心全意依靠职工群众办企业。要加强职工民主管理，健全完善职工代表大会制度，全面落实各项职权，企业重大决策和事关职工群众切身利益的事项必须通过职代会审议；规范职工董事制度建设，充分发挥职工董事参与决策、加强监督和维护员工合法权益等方面的作用；深入推进厂务公开，保障员工的知情权、参与权、表达权、监督权。深化和谐劳动关系建设，规范收入分配秩序，坚持收入增长与企业发展和劳动生产率提高同步，工资增量向科研人员、生产一线、艰苦关键岗位倾斜。落实国家各项劳动标准，改善安全卫生条件和作业环境，保障员工安全健康。发挥工会等群团组织作用，激发青年员工创新创造热情，团结动员全体员工围绕公司中心任务建功立业。依法做好维稳信访工作，妥善处理各方面利益诉求，开展深入细致的思想政治工作，切实维护大局稳定。扎实推进民生工程建设，利用市场化手段帮助员工改善住房条件，用好政府惠民政策，完善矿区环境和文体设施，因地制宜推进矿区多层次养老服务体系建设，健全覆盖困难群体的扶贫帮困机制，提升职工群众的获得感和幸福指数。

同志们，集团公司“十三五”发展蓝图已经绘就，实现稳健发展任务艰巨、责任重大。在新的历史征程上，让我们更加紧密地团结在以习近平同志为总书记的党中央周围，解放思想、埋头苦干，戮力同心、接力奋斗，开创建设世界一流综合性国际能源公司新局面，为国家推动能源革命、夺取全面建成小康社会决胜阶段的伟大胜利做出新贡献。

坚持苦练内功　勇于攻坚克难
实现“十三五”稳健发展良好开局

——汪东进在集团公司2016年工作会议上的生产经营报告（摘要）

（2016年1月21日）

根据党组讨论的意见，报告集团公司2015年生产经营情况和2016年重点工作部署。

一、2015年主要工作成果

2015年，面对国际油价持续走低、国内成品油供大于求、天然气需求增速大幅回落等诸多困难和严峻挑战，集团公司上下认真贯彻落实党中央、国务院的决策部署，根据市场变化及时调整生产经营策略，深化开源节流降本增效，全力以赴打好稳增长攻坚战，保持了生产安全平稳运行，取得了来之不易的经营业绩。2015年集团公司国内外油气当量产量2.6亿吨，原油加工量1.96亿吨，成品油销售量1.74亿吨，天然气销售量1290亿立方米。各项业务发展取得新进展新成效。

油气勘探开发业务支柱作用充分发挥。国内油气勘探保持低油价下投资力度不减，实施有利区带和层系精细勘探，落实了长庆油田环江、新疆油田玛湖西斜坡等5个亿吨级规模石油储量区，以及长庆油田苏里格西二区、西南油气田川中高石1井区等7个千亿立方米级规模天然气储量区；优化预探和风险勘探目标与方案部署，在青海油田英西盐下、吐哈油田红台等取得8项重要发现；加强重点区域地质评价，致密油勘探在长庆油田长7、大庆油田长垣南等4个区块取得新进展，西南油气田长宁、威远和浙江油田黄金坝地区首次提交页岩气探明地质储量1635亿立方米。2015年新增石油技术可采地质储量1.32亿吨、天然气技术可采地质储量2895亿立方米，油气探明地质储量当量连续9年超10亿吨。生产原油11143万吨、天然气955亿立方米。西南油气田磨溪龙王庙气田110亿立方米产能高质量高效益全面建成投运。长宁—威远、昭通两个页岩气示范区平均单井产量达到10万米^3/日，国内最大的保德中低阶煤层气田建成投产。各油气田公司采取压减风险作业成本、关停亏损设施、大力节能降耗等措施，油气单位操作成本、原油完全生产成本同比分别下降1.4%和9.8%，2015年实现利润264亿元。国内对外合作生产油气当量907万吨，实现利润48亿元，引入资金、技术、管理的窗口作用进一步显现。

炼油与化工业务实现扭亏为盈。紧跟市场变化，优化生产组织和产品结构调整，按效益优先原则安排资源流向和装置负荷，停产没有边际贡献的装置，科学组织检维修，2015年国内加工原油1.5亿吨，生产成品油1.04亿吨，航空煤油等高效产品产量增长15%以上，柴汽比降低0.16。化工销售扩大终端营销渠道，顺势促销降库，高效市场销量增长10%以上，销售化工产品2522万吨。加快推进10个油品质量升级项目建设，具备了东部11省市及其他重点地区国V标准车用汽油、柴油供应能力。2015年炼化业务实现利润20亿元、自2011年以来首次全面盈利。

成品油销售业务应对市场能力提升。坚持加大促销、突出纯枪，准确研判市场，优化销售结构，加大直炼资源销售和成品油出口力度，合理安排外采，全力降低库存，确保了炼油厂后路畅通；强化“油卡非润”一体化营销，围绕零售上量因地因站组织专题促销、跨界营销，积极探索“互联网+营销”等新模式，国内2015年销售成品油1.16亿吨，纯枪销量同比增加44.1万吨；拓展燃料油、润滑油、沥青等产品销售，开展便利店服务优化提升，非油品业务收入、利润同比分别增长26%和42%。深入推进“双低站”治理，推广精细化和现场6S管理，实施省级资金集中支付，加强油库优化、运力统筹和损耗管控，吨油运费、油品损耗同比分别下降3.4%和22%。

天然气与管道业务盈利水平持续增强。面对天然气供应转向宽松的局面，调整国内自产气生产节奏，根据照付不议最低合同量安排进口气，严格控制LNG现货采购，挖掘管网管存潜力，加大储气库注气力度，保持了业务链资源平衡；制定销售激励政策，持续抓好重点新建管道市场和东部沿海高效市场开发，及时实施大客户和直供工业用户调价促销，推动长输管道沿线等大用户投产，利用气价下调机会大力扩销上量；加强需求侧管理，开展用户自采LNG代储代销，全力保障冬季高峰期用气。2015年销售天然气1226亿立方米、同比增长2.6%。优化油气管道运营管理，提高了运行效率。

海外业务实现安全平稳有效发展。面对部分资源国内战和恐怖袭击的严峻形势，切实加强安保防恐和应急能力建设，2015年海外未发生中方人员社会安全伤亡事件，确保了油气田生产和重点建设项目安全平稳运行。海外油气勘探在阿姆河右岸东部发现2个千亿立方米气区，苏丹6区Sufyan凹陷展现亿吨级场面，乍得H区块发现新的高产富集潜山油藏，2015年新增油气可采地质储量当量9886万吨。油气生产差异化调整产量运行安排，鲁迈拉、艾哈代布、阿姆河、乍得等项目持续增产，委内瑞拉MPE3、苏丹6区等项目产量保持稳定，阿克纠宾、PK等项目优化调整产量计划，伊朗北阿扎德甘等项目按计划建成投产，2015年完成油气权益当量产量7203万吨、同比增长10.5%。加快落实“一带一路”沿线国家合作项目，与俄罗斯天然气公司签署了东线天然气管道建设合作协议，完成哈萨克斯坦卡沙甘项目转股协议。围绕低油价下创效目标，及时优化调减项目投资，大力控减生产成本和管理费用。2015年单位操作成本、完全成本、付现成本分别同比下降28%、31%和41%。国际贸易积极协调优化原油、天然气进口资源，突出抓好成品油出口业务，成功开拓澳洲等高端成品油市场、出口量同比增长48%，提升三大油气运营中心运作质量，2015年完成贸易量4.3亿吨、贸易额1678亿美元。

服务业务外部市场开拓成效明显。工程技术业务在保证国内勘探开发项目工程进度和质量的同时，借助国家间合作平台、机制和政策扩大国际市场份额，推行总包外包模式，延伸服务领域，努力控制固定成本、压减变动成本，海外外部市场合同额占国际市场的比例超过60%，实现利润34.6亿元。工程建设业务强化设计、采购、施工、监理等全业务链管控，大力开拓海外市场，积极探索BOT、EPC+融资等商业模式，成功进入加拿大、美国等高端市场，国内外部市场和海外市场新签合同额占总量的66%，实现利润30.9亿元。装备制造业务积极推进国际产能合作，加大产品推介和市场开拓力度，2015年出口收入占总收入的52%；狠抓重点企业扭亏解困，直属企业同比减亏67.9%。金融业务积极应对央行五次降息、汇率双向波动加大等不利影响，促进产融结合，拓展外部市场，严控金融风险，积极发挥融资保障作用，2015年实现利润140亿元。矿区服务系统压缩管理机构和人员，继续推进"三供一业"分离移交，医疗、托幼等业务市场化社会化进程进一步加快。

改革和创新有效激发动力活力。围绕提质增效深入落实相关改革举措，分两批调整下放总部管理和审批权限，推进扩大企业经营自主权试点；实施东部管道、管道联合及西北联合三家公司的重组整合；深化中亚天然气管道、克拉玛依石化等项目和企业的合资合作；全面开展科研单位专业技术岗位序列改革。大力实施开源节流降本增效，严格工效挂钩考核，狠抓12大类33项措施落实，根据油价走势和市场变化调整投资计划；加强税收筹划，开展"两金"占用清理和亏损企业治理，加大宾馆酒店处置以及办事处和公务用车清理力度；成本费用得到有效控制，人工成本首次"硬下降"，财务费用大幅减少、利息净支出下降21.8%，"五项"费用降低12%；强化生产经营组织协调，及时修订相关产品质量、节能降耗等标准，加强物资集中采购和统一招标管理，推进基础管理体系融合试点工作，提高了管理效率效益。各企业积极探索和推进改革创新，狠抓短板消缺和瓶颈突破，全力推进管理提升，深挖内部潜力，成本和效益指标持续改善。通过多措并举和各方面共同努力，集团公司2015年开源节流降本增效实现增利420亿元。

大力推进科技创新，集中开展国家、集团公司重大科技专项攻关和现场试验，大庆油田三元复合驱、深层非均质碳酸盐岩储层改造、延迟焦化等技术取得重大突破并成功投入应用，破解了生产建设瓶颈制约。长庆油田5000万吨级特低渗透—致密油气田勘探开发与重大理论技术创新，获国家科学技术进步奖一等奖。ERP应用集成新增16家单位上线运行，油气生产物联网在6家油气田试点，工程技术物联网全面建成，核心应用系统进入云计算平台运行。

安全环保形势稳中向好。深入开展新《安全生产法》和《环境保护法》宣传贯彻，切实落实安全环保责任，严格考核、严肃追责，杜绝了重大及以上安全环保事故，生产亡人事故起数和死亡人数同比下降35.3%和34.8%。持续深化HSE体系审核，推广标准化作业程序和基层站队建设，安全环保管理基础得到加强。扎实推进长输管道等隐患整治，停输庆铁二线、秦京线等35条老旧管道，加快实施未验先投以及危废渣场等重大隐患排查和治理，长输管道隐患和集团公司重大隐患总体整改率均达到90%、超额完成国家要求的进度目标；特别是"8·12"天津港爆炸事故发生后，各企业全面开展安全生产大检查，突出危险化学品库区专项整治，进一步强化了安全风险防控。完善应急预案体系，完成井控、管道、海上专业救援中心建设。推进油气田加热炉提效和炼化能量系统优化，关停排放超标和亏损严重的燃煤电厂，完善污染源在线监测平台，2015年实现节能量116万吨标准煤、节水量2061万立方米，主要污染物减排指标全面完成。

二、生产经营面临的形势和任务

一是持续低油价使集团公司业绩目标实现面临巨大压力，二是国内油气需求增速放缓使集团公司产炼销矛盾更加突出，三是海外形势复杂多变使集团公司国际化经营风险上升，四是国内市场开放和监管趋严对集团公司生产经营提出更高要求。

从集团公司自身来看，面对新形势新发展新要求，还存在一些突出矛盾和问题。主要是，资产规模大、低效无效资产多，业务结构仍然属于生产型保障型，不适应市场化发展要求；油气资源劣质化趋势明显，炼化产品结构不尽合理，成品油终端销售能力不足，天然气营销能力建设滞后，海外业务布局和资产结构亟待优化，工程技术服务等业务市场竞争力与总体规模不匹配。这些结构性矛盾对生产协调、资源优化、效益提升形成较大制约。

集团公司2016年工作总的要求是，认真贯彻落实党的十八届五中全会和中央经济工作会议精神，适应我国经济发展新常态，坚持稳健发展方针，大力实施"四大战略"，突出油气主业，着力稳增长、调结构、补短板、提效益、防风险，以改革创新精神打好开源节流降本增效攻坚战，持续开展重塑形象大讨论活动，充分发挥政治文化优势，推进世界一流综合性国际能源公司建设，为促进国民经济稳增长做出新贡献。

我们要认真贯彻落实集团公司党组的部署和要求，强化问题导向，树立底线思维，增强危机意识、忧患意识、责任意识，坚定信心、保持定力，坚持苦练内功，勇于攻坚克难，主动应对低油价挑战，扎实抓好生产经营各项工作。2016年生产经营主要指标安排是：

——按结算油价 50 美元 / 桶预算，实现营业收入 18777 亿元、利润总额 281 亿元；集团公司投资总量控制在 2600 亿元以内，保持自由现金流为正。

——国内外油气当量产量 26047 万吨。其中，国内生产原油 10836 万吨、天然气 980 亿立方米，新增探明石油地质储量 6 亿吨、天然气地质储量 4000 亿立方米；海外新增探明油气地质可采储量当量 6742 万吨以上，原油权益产量 5627 万吨、天然气权益产量 223 亿立方米。

——国内外加工原油 19930 万吨，生产成品油 13751 万吨，销售成品油 18113 万吨、天然气 1364 亿立方米。其中，国内加工原油 15500 万吨，生产成品油 10594 万吨，销售成品油 11600 万吨、天然气 1300 亿立方米。国际贸易量 3.78 亿吨。

——工业生产安全事故百万工时死亡率小于 0.01，杜绝重大及以上安全环保事故；主要污染物排放完成国家下达的减排考核指标；节能 76 万吨标准煤，节水 1092 万立方米。

三、2016 年业务发展重点部署

抓好主营业务发展，对于推进集团公司稳健发展、实现“十三五”良好开局十分关键。按照优先发展勘探开发业务、有效发展炼化与销售业务、加快发展天然气与管道业务、协调发展服务业务的思路，2016 年业务部署上重点抓好以下几个方面的工作。

坚持稳油增气提效，推进国内外油气勘探开发上水平。国内油气勘探要坚持油气并举，强化集中勘探、精细勘探、效益勘探，着力提高勘探投资效率和探井成功率，努力增加经济可采储量。国内油气开发要进一步优化开发方案部署和产量结构，优先安排高收益项目，努力增加效益力量。海外油气业务要抓住国家实施“一带一路”倡议的机遇，落实好与沿线相关国家签署的合作协议，持续优化现有项目布局和资产结构。

突出打造黄金终端，推动炼化与销售整体效益最大化。要立足两种资源两个市场，按照保自产、控炼能、扩销售、增出口、优储运的思路，强化炼销贸协调运行，消除结构性矛盾，补齐业务短板，在低油价下为集团公司提质增效多做贡献。炼化生产要统筹效益、市场和资源状况，保证资源向效益好的企业倾斜、向最佳加工路线配置，保持乙烯装置满负荷运行，严格执行生产计划，科学组织好 12 家企业检维修，增强市场供需协调性，确保平稳受控运行。化工销售要增加高效市场资源配置量，大力降低物流费用，提高销售效益。成品油销售要进一步强化产销衔接，确保直炼资源销售，严格控制外采，继续增加成品油出口，2016 年实现 1200 万吨。要充分用好加油站综合服务平台，推进“油卡非润”一体化营销，加大组合促销力度，推动互联网技术与传统零售业务深度融合，创新卡金融、移动支付等营销模式，拓宽自有品牌润滑油、车辅产品销售渠道，有效发展汽车服务等延伸业务，形成新的效益增长点。

加强天然气营销，积极增加天然气与管道业务效益贡献。要统筹天然气生产、进口、储运、销售各环节，全力降低资源成本，着力提升市场开拓能力，实现业务链效益最大化。加强供应侧管理，优化资源组合，保证综合采购成本最优。

加快转型升级步伐，不断增强服务业务自我发展能力。油田技术服务业务要做好“加减法”，拓展高端钻完井等潜力业务，发展超深井、水平井、储层改造等技术服务，压缩后勤服务队伍，推广总承包模式，优化市场开发策略，扩大外部市场、国际市场份额，外部市场收入同比提高 10%，不断增强竞争能力和盈利能力。工程建设业务要以设计为龙头增强市场开发力量，通过为客户提供优质服务和全面解决方案，积极寻求高端市场项目机会，以工程质量和效率为重点提升品牌效应，着力增强国际市场竞争力，外部市场新签合同额占比达到 60%。装备制造业务要控制常规产能，退出低端业务，有序实施与国际公司的合资合作，有效推进在中亚、东南亚等地区的产能合作项目，加快产品走出去步伐，拓展生存发展空间，努力实现盈亏平衡。国际贸易业务要强化与生产企业协同配合，把握好进口油气资源品质和节奏，协调好海外权益油气的销售，拓宽成品油出口通道，优化贸易方式和结构、拓展高端高效市场和终端市场，加快由注重进口向进出口并重转变，积极推进油气产品市场的全球化。金融业务要强化风险管理和规范运作，拓宽资金来源和渠道，为油气主业提供特色化、低成本筹融资服务，试点推进控股企业股权多元化和经营机制转变，进一步增加盈利贡献。矿区服务要坚持市场化社会化方向，加快推进“三供一业”移交，稳妥实施托幼、医疗、公交等服务社会化，持续改善矿区环境。

四、全力打赢开源节流降本增效攻坚战

应对低油价挑战、实现全年稳增长目标，根本之策还是要以改革创新精神大力开源节流降本增效。我们要牢固树立创新、协调、绿色、开放、共享的发展理念，贯彻落实到生产经营全过程，坚定不移走低成本发展之路，在优化运行、深化改革、增收节支、挖潜增效上下真功夫，牢牢守住国际油价 40 美元 / 桶情况下集团公司整体不亏损、自由现金流为正的底线。

突出控投资降成本防风险，向精细管理要效益。要强化投资管理，严控投资规模，量入为出、突出重点、有保有压，把有限的资金投入到油气主业、提质增效和拓展市场空间项目上。强化全面成本费用管理，打好控本降费“组合拳”，大力降低生产性支出，严控购买支出和矿区新增支出，严控员工总量，持续推进集中采购、标准化采购，确保单位油气完全成本、吨油完全加工成本、吨油营销成本、单位管输成本等同比进一步下降，力争主要成本指标同口径下降 10% 左右，各类可控费用同比压缩 10%。

突出强化生产组织协调，向优化运行要效益。要以市场为导向强化生产运行管理，加强投资计划、生产计划、预算考核和价格政策的整体联动，完善生产分析和协调机制，统筹优化油气两条业务价值链，加强各环节有效衔接，推行炼销贸一体化考核，着力缓解成品油和天然气的产销矛盾，确保生产经营平稳受控运行。资源配置要逐步从供应侧资源刚性配置向以效益优先为原则配置转变，确保资源综合平衡，提高利用效率和效益。各专业分公司、地区公司要牢固树立“一盘棋”思想，严格落实生产经营计划，强化各层面各环节的协作配合、共同挖潜增效，确保集团公司整体效益最大化。

突出深化改革和科技创新，向新的动能要效益。一是进一步推进简政放权，减少审批事项、简化审批程序，扩大下放企业经营自主权试点范围，选择工程技术服务、金融、贸易等相关企业开展试点。二是深化业务整合和专业化重组，探索未上市企业公司制改革，研究新增资产租赁、存量资产售后回租等办法。三是在业务板块之间、企业内部各生产单元内适当引入市场化机制，完善内部价格传导和一体化经营机制。四是抓好油气管输和销售业务分开运营方案的落实，做好与国家层面改革的衔接。五是持续完善工效挂钩机制，坚持完成绩效目标后增效益才能增收入，实行“直面市场、效益否决、成本否决”政策，强化分层分类考核，加大激励力度，严格硬兑现。要强化科技创新在开源节流降本增效中的引领和支撑作用。

突出加强安全环保管控，向安全生产要效益。要结合集团公司安全环保仍处于严格监管阶段的特征，坚持“严”字当头，抓好责任落实和制度执行，坚守底线、不越红线，确保不发生重特大安全环保事故。一是分层级落实集团公司安全环保风险防控责任和措施，二是在生产企业全面推行 HSE 体系量化审核，三是加大隐患治理力度，四是持续修订完善各层级应急预案，五是强化安保防恐工作，六是加强节能减排源头控制和过程监管。

加强党的建设　弘扬石油精神
为实现公司战略目标提供坚强保证

——王宜林在集团公司 2016 年领导干部会议上的讲话（摘要）

（2016 年 7 月 28 日）

这次领导干部会议的主要任务是，深入学习贯彻习近平总书记系列重要讲话精神和中央领导同志重要指示批示精神，按照中央全面从严治党要求，研究部署集团公司加强党的建设的基本思路和重点工作，总结表彰党建工作先进集体和先进个人，推进“两学一做”学习教育，同时通报 2016 年上半年生产经营情况，部署下半年重点工作任务，动员全体干部员工大力弘扬“石油精神”，坚定信心、奋力拼搏，重塑良好形象、推进稳健发展，不断开创改革发展和党建工作新局面。

一、充分认识党的建设在石油企业发展中的历史性作用

在新中国石油工业的发展历程中，石油战线始终坚持党的领导，注重加强党的建设，历届领导班子和几代石油人始终听党的话、跟党走，坚定正确的政治方向，艰苦创业，顽强奋斗，战胜了一个又一个风险

挑战，取得了一个又一个发展成就。

大庆会战时期，石油会战大军在党工委的领导下，以马列主义、毛泽东思想为指导，坚持“支部建在连上”，探索形成了“两论”起家、“两分法”前进，“抓生产从思想入手、抓思想从生产出发”等企业党建思想政治工作的基本原则和方法，培育了以“爱国、创业、求实、奉献”为主要内涵的大庆精神，以及“三老四严”“四个一样”等优良作风。依靠党的领导的政治优势和石油人的顽强拼搏，仅用三年时间就高速度、高水平地开发建设了大庆油田，随后又相继开发建设了一批大中型油田，建成投产了一批炼油化工基地，构建起较为完整的石油工业体系。

改革开放以后，随着党和国家工作重心迅速向以经济建设为中心转移，石油企业坚持用邓小平理论武装队伍、指导发展，不断加强和改进企业党建和思想政治工作，组织开展“创建双文明单位”等群众性活动，积极推行厂长负责制、油气田承包经营责任制、资产经营责任制等改革，有力促进了企业生产经营向以经济效益为中心转变，加快了油气勘探开发步伐，保持了国内原油产量在1亿吨以上持续稳产，保证了国际化经营平稳起步和顺利实施，广大干部职工市场观念、效益观念和竞争意识大大增强。

重组改制以来，集团公司上下深入贯彻落实“三个代表”重要思想和科学发展观，适应体制机制的新变化和现代企业制度要求，不断完善领导体制和党建工作机制，扎实开展“三讲”学习教育、保持共产党员先进性教育、学习实践科学发展观等活动，着力推进“四好”领导班子、“六个一”党支部创建，充分发挥党的领导和优良传统的政治文化优势，集团公司规模实力和国际竞争力不断提升，有效保障了油气市场供应，在党和国家重大活动举办及应对重大突发事件中发挥了中流砥柱作用。

党的十八大以来，集团公司党组团结带领广大干部员工，深入学习贯彻习近平总书记系列重要讲话精神，坚持用中国特色社会主义理论体系武装头脑，不断加强和改进企业党的建设，全力以赴保发展、保稳定、保安全。特别是新一届党组及时做出重塑良好形象、推进稳健发展的重大决策部署，认真落实全面从严治党要求，凝心聚力推动改革发展，各项工作取得了新的重要成果。一是强化责任担当，一心一意保增长谋发展。二是旗帜鲜明地反腐倡廉，切实清除政治雾霾。三是聚焦作风建设，专题教育活动扎实有效。四是深入开展重塑形象大讨论活动，公司形象持续改善。

各级党组织认真贯彻集团公司党组的部署要求，大力加强企业党的建设，强化责任、完善载体、创新方式，创造了许多鲜活经验，涌现出一批先进典型。我们必须始终坚持党的领导不动摇、加强党的建设不放松，确保企业正确发展方向；必须始终坚持融入中心、服务大局，使党建工作更好地服务企业生产经营、推动改革创新、维护和谐稳定；必须始终坚持党管干部、党管人才原则，打造忠诚、干净、担当的领导班子和高素质人才队伍；必须始终坚持抓基层、打基础，充分发挥党支部战斗堡垒作用和党员先锋模范作用；必须始终坚持弘扬优良传统、赋予时代内涵，凝聚干事创业的强大精神力量。

二、准确把握企业党的建设面临的新形势新任务新要求

面对世情、国情变化带来的机遇和挑战，面对中央关于加强国有企业党的建设的新要求，面对集团公司改革发展的新任务以及党建工作中存在的突出问题，加强企业党的建设、全面做好党建工作尤为重要和紧迫。

加强企业党的建设，是落实中央决策部署、确保正确政治方向的必然要求。加强企业党的建设，是适应形势发展变化、实现公司战略目标的根本保证。加强企业党的建设，是解决目前存在问题、全面提升党建工作科学化水平的迫切需要。

面对新形势新任务新要求，我们必须把加强企业党的建设放在更加突出位置，与弘扬“石油精神”紧密结合，从政治和全局高度统筹谋划、全面推进。总的思路是，以党的十八大和十八届三中、四中、五中全会精神为指导，深入学习贯彻习近平总书记系列重要讲话和中央领导同志重要批示精神，落实中央“五大发展理念”和协调推进“四个全面”战略布局要求，围绕建设世界一流综合性国际能源公司的目标，把坚持党的领导作为重大政治原则，大力弘扬“石油精神”，突出全面从严、强化融入中心、注重改革创新、发挥“四个作用”，持续推进企业党的思想建设、组织建设、作风建设、反腐倡廉建设和制度建设，始终保持党的先进性纯洁性，不断提升党建工作科学化水平，为集团公司重塑良好形象、推进稳健发展提供坚强保证和强大动力。

三、奋力开创企业党的建设新局面

落实全面从严治党要求，核心是加强企业党的领导，基础在全面、关键在严、要害在治。集团公司党组已经制定《关于落实全面从严治党要求加强党的建设的意见》，这次会议征求意见后将正式下发。各级党组织、各单位要认真贯彻执行，把严的要求、严的标准落实到党的建设各个方面，着力抓好“六个强化”。

（一）强化思想建设，进一步坚定理想信念。

要以正在开展的“两学一做”学习教育为契机，把思想政治建设放在突出位置，不断提升广大党员干部的政治理论水平和干事创业能力。

大力加强理论武装。深入学习马克思列宁主义、毛泽东思想，学习中国特色社会主义理论体系，学习党章党规，不断加深对党的路线方针政策的认识理解，增强道路、理论、制度和文化自信，提升用马克思主义立场观点方法分析问题、解决问题的能力。要深入学习习近平总书记系列重要讲话精神，深刻领会其丰富内涵和核心要义，深刻领会蕴含的治国理政新理念新思想新战略，特别要准确把握总书记关于加强国有企业党的领导、推进国有企业改革发展、推动能源革命的一系列重要论断，用讲话精神指导集团公司的改革发展实践。

切实抓好思想教育。思想教育不能空对空，必须突出重点、注重实效。一要突出理想信念教育，二要突出党性教育，三要突出道德法治教育。

深入推进“两学一做”学习教育。各级党组织要加强对学习教育的组织领导，扎实抓好“六个规定动作”，确保取得实际成效。坚持学做结合、知行合一，通过全面、系统、深入地学习，切实把中央要求和集团公司党组的决策部署落到实处；坚持问题导向、抓好整改，认真查找党员队伍在思想、组织、作风、纪律等方面存在的问题，一条一条整改到位；坚持落实责任、分类指导，切实履行党组织的主体责任和党委书记第一责任，针对不同单位不同层级的特点提要求、定措施；坚持抓在日常、严在经常，以党支部为基本单元、以党的组织生活为基本形式、以落实党员教育管理制度为基本依托，做到严抓严管制度化常态化。

（二）强化组织建设，进一步增强生机活力。坚持党管干部、党管人才原则，着力打造坚强有力的领导班子、高素质的企业家队伍和勇于创新创造的人才队伍，夯实党的基层组织。

培养造就对党忠诚、政治坚定、精通管理、善于经营的企业家群体。对党忠诚、政治坚定是政治品格要求，要有坚强的党性，始终忠诚于党和国家，忠诚于石油事业，自觉与党中央保持高度一致，坚决贯彻集团公司党组的决策部署，把好企业改革发展的正确方向。精通管理、善于经营是业务素质要求，要有丰富的现代管理知识和经营管理能力，具备创新精神、战略眼光和国际化视野，决策能力强，经营思路开阔，善于应对复杂局面，创造一流的经营业绩，带领企业在激烈的市场竞争中脱颖而出。一要高度重视“一把手”的配备，二要提升领导班子整体功能，三要深化干部人事制度改革。

培育忠诚企业、敢为人先、大胆创新、创造价值的人才队伍。建立完善党管人才的工作体制和运行机制，落实各级党政领导班子人才工作目标责任制，加强和促进人才队伍建设，为创新战略的实施和实现稳健发展提供人才保证。创新人才培养开发方式，强化生产实践和岗位锻炼，加快实施石油科学家培育计划、青年科技英才培养工程和石油名匠培育计划等重点人才工程，大力加强国际化人才培养。优化人才选拔使用，健全人才分类体系，完善能力素质和评价标准，坚持公平公正、竞争择优原则，全面推行专业技术岗位序列改革，推进技能专家工作室建设；完善人才交流平台和人才市场，提高人才配置利用效率。健全完善人才激励机制，放手使用领军人才、年轻骨干人才，积极引进高端人才、紧缺人才，采用灵活的用人方式和多种分配方式，营造鼓励创新、宽容失败的良好氛围，让贡献突出的人才“名利双收”。

建设坚如磐石、充满活力、战斗力强的基层党组织。各级党委要把抓基层打基础作为长远之计和固本之举，按照“三同时”原则，进一步明确和规范企业党组织设置，在新设单位、新开发项目和混合所有制企业及时建立健全基层党组织，按照“六种模式”设置或调整海外单位党组织，确保党组织健全率100%。切实做好基层党组织按期换届工作，应换届的年内要完成换届任务。做好发展党员工作，优化党员队伍结构，提高党员队伍素质。

（三）强化作风建设，进一步构建长效机制。强化作风建设是全面从严治党的重要内容，也是我们抢抓机遇、战胜挑战、把企业做强做优做大的重要法宝。必须坚持坚持再坚持，把作风建设抓到底，着力实现常态化长效化。

增强宗旨意识转变工作作风。要牢记党全心全意为人民服务的宗旨，真正弄清“为了谁、依靠谁、我是谁”这个根本性问题，坚持依靠职工群众办企业，努力满足员工在成长进步、工作报酬、民主参与、安全健康，以及获得尊重、体现价值等方面的合理需求。切实转变领导作风和机关工作作风，坚持工作重心下移，深入基层调查研究，及时了解和解决生产经营中的实际问题，重大项目决策和改革举措要充分听取职工群众的意见，体现各方面的意愿。进一步规范精简各类会议、文件、报表等，坚持首问首办负责和限时办结制，落实好简化的管理事项和下放的管理权限，提高办事效率，方便基层、减轻负担，绝不允许推诿扯皮、敷衍塞责。

驰而不息纠正“四风”。各级党组织要根据集团公司党组近期下发的关于贯彻落实中央八项规定精神的实施细则，结合实际制定具体办法并抓好落实。密切关注作风领域出现的新动向、新表现，认真查处隐形变异的“四风”问题。加大“庸、懒、散、浮、拖”整治力度，严肃查处失职渎职行为，切实解决不作为、乱作为等问题。教育党员领导干部树立良好家风，在管好自己的同时严格要求配偶、子女和亲属，以良好家风引导单位风气向上向善。

（四）强化反腐倡廉建设，进一步营造清廉环境。要充分认识党风建设和反腐败工作的长期性、复杂性、艰巨性，坚持惩治腐败不手软、正风肃纪不停步，长期抓、从严抓、抓出成效。

严格落实“两个责任”。党组带头履行党风廉政建设主体责任，各级党委也要把主体责任细化实化具体化，切实把责任扛起来；各级纪委要聚焦主业，切实履行好监督责任。

坚持反腐无禁区、全覆盖、零容忍。突出惩治重点，坚决查处党的十八大后不收敛不收手，问题线索集中、群众反映强烈，现在重要岗位且可能还要提拔使用的领导干部，严肃查处企业重组、产权交易、投资并购、物资采购、招标投标和国际化经营中发生的腐败问题，严肃查处领导人员及其亲属利用中国石油平台经商办企业、违规选人用人，以及设立“小金库”、私分滥发等方面的问题；进一步推动全面从严治党向基层延伸，加大对职工身边腐败的查处力度，严防“微腐败”演变为“大祸害”。

探索实践好监督执纪“四种形态”。坚持把纪律和规矩挺在前面，把运用好“四种形态”作为加强监督执纪的基本遵循，完善工作规则、方法和标准，让纪律成为管党治党的尺子、成为不可逾越的底线。

（五）强化制度建设，进一步提升党建工作科学化水平。制度建设带有根本性、全局性、稳定性和长期性。要以改革创新精神推进党的制度建设，做到责任靠制度落实、工作靠制度推动、行为靠制度约束、成效靠制度保证。

进一步完善企业领导体制和党建工作机制。认真落实中央关于在深化国企改革中坚持党的领导加强党的建设的部署要求，明确党组织在集团公司治理结构中的法定地位和职责权限，正确处理党组织和集团公司董事会及企业其他治理主体的关系，实现党组织发挥作用的组织化、制度化、具体化；把党建工作总体要求纳入企业章程，将党组织机构设置、职责分工、工作任务纳入企业管理体制、管理制度、工作规范，保证和落实企业党组织对改革发展的引导权、重大决策的参与权、重要经营管理干部选用的主导权和党员干部从业行为的监督权等权力。

完善党建工作制度体系。制定集团公司党的建设制度改革实施方案，推进组织制度、干部人事制度、完善党内民主、创建服务型党组织等方面的制度改革；研究制定加强党内政治生活、进一步从严管理党员、完善党建工作责任体系、党建工作考核评价等相关规定，以及落实《中国共产党问责条例》的实施意见、完善厂务公开和民主管理的实施办法，构建符合企业实际、系统完备、科学规范、运行有效的党的建设制度体系。

（六）强化责任落实，进一步形成工作合力。加强企业党的建设，落实责任是基础，强化考核问责是保证。各级党组织要切实肩负起管党治党的重要职责，严格党建工作的考核评价，把党的建设的各项要求落到实处。

进一步完善党建工作责任体系。各级党组织要强化主业意识，认真履行全面从严治党的主体责任，把抓好党建作为最大的政绩，加强顶层设计，统筹谋划和推进党建工作，做到守土有责、守土负责、守土尽责。党组织书记要严格履行第一责任人的职责，牢固树立抓好党建是本职、不抓党建是失职、抓不好党建是不称职的责任意识，对重要工作亲自部署、重大问题亲自过问、重要环节亲自协调，真正成为从严治党的书记。行政主要领导兼任党组织副书记的，也要承担好副书记的职责，重视党建、会抓党建，积极配合书记做好工作。党组织班子其他成员要切实履行“一岗双责”，承担起分管领域、部门和单位党建工作的重要领导责任，专职副书记要承担直接责任，心无旁骛抓党建。党务工作部门要严格落实职责范围内的党建责任，积极发挥组织协调、跟踪管理、监督指导作用，把党组织决策部署落实好。各级党组织要把做好群团工作纳入党建工作总体部署，督促各级群团组织依照章程以群众为中心开展工作，把职工群众的智慧和力量凝聚到推动企业改革发展的火热实践中来。

建立刚性管用的党建工作考核评价办法。坚持有权必有责、有责要担当、失责必追究，细化量化考评内容、责任目标、评价标准和操作程序，把贯彻党的路线方针政策及集团公司党组决策部署是否坚决有力、参与企业重大问题决策是否及时到位、选人用人是否风清气正、对领导干部管理监督是否严格规范，以及党的组织体系是否健全、制度是否完善落实、活动开展是否有效等纳入考核内容。把党建工作考评情况，特别是全面从严治党责任落实情况纳入企业领导班子和领导干部业绩考核体系。对违反党章党规、在党建工作中不履责或履责不力的党组织和党的领导干部，必须依规依纪严肃问责。要用企业改革发展的成果作为检验党建工作的重要标准，使党建工作与企业中心任务同频共振，切实做到“两手抓、两促进”。

加强党务工作者队伍建设。要进一步加强教育培训，拓宽选用渠道，注重激励关怀，吸引优秀人才从事党务工作，努力打造一支结构合理、精干高效、善抓党建的党务干部队伍。要选强配齐党群干部，特别是要选拔配备好基层党组织书记，适当充实加强一线党务工作力量，并注重形成合理的梯次结构；着眼于加强企业党建工作，探索创新不同规模不同类型企业党组织书记、副书记、工会主席等领导岗位专兼结合的配备方式。高度重视党务人才培养培训，分层级举办党组织书记和党务人员培训班，加大新任和转岗党组织书记岗前培训、定期轮训力度；建立党务与行政、机关与基层的双向轮岗交流机制，注重从优秀党务干部中选拔和培养企业经营管理干部，拓宽党务干部发展空间。要从政治上、工作上、生活上关心支持党务干部，及时宣传表彰先进典型，注重提拔使用贡献突出的党务干部，保证党务工作人员与经营管理人员同级同酬，政工专业职称评审优先面向基层党务干部，确保党务工作者有权有责、有为有位。广大党务工作者要切实提高自身政治素质、理论水平和业务能力，增强职业荣誉感和自豪感，立足岗位担当作为，为党建工作多做贡献。

四、用“石油精神”凝聚改革发展强大动力

大力弘扬“石油精神”是我们当前和今后一个时期的一项重大政治任务，也是加强企业党的建设的重要内容。集团公司上下要以中央领导同志重要批示精神为指导，用“石油精神”凝聚重塑良好形象、推进稳健发展的新动能。

（一）大力弘扬“石油精神”，筑牢百万石油员工共同思想基础。集团公司上下要深刻认识弘扬“石油精神”的重大政治意义、重大历史意义和重大现实意义，准确理解和把握“石油精神”的核心要义，牢固树立“石油工人心向党、坚决听党话跟党走”的思想信念，开展形式多样的主题实践活动，不断深化“石油精神”学习教育，唤醒传统意识，回归优良作风，自觉做“石油精神”的传承者、践行者。要突出一个“干”字，坚持艰苦奋斗、干事创业不停步，唱响“我为祖国献石油”的主旋律，党员干部吃苦在前、冲锋在前，一级带着一级干，在立足岗位拼搏奉献中建功立业；体现一个“实”字，坚持科学求实、脚踏实地不浮躁，当老实人、说老实话、办老实事，不做表面文章、不搞花架子，在推进事业发展中展现务实作风；落实一个“严”字，坚持全面从严、严抓严管不放松，始终以严格的要求、严密的组织、严肃的态度、严明的纪律对待工作，坚决克服软弱涣散、马虎应付，在严格执行落实中履职尽责。要用发展的观点和创新思维，深挖“石油精神”时代内涵，总结提炼当代石油人的新思想、新观念和价值追求，丰富完善“石油精神”体系，使之焕发出恒久生命力。

（二）大力弘扬“石油精神”，持之以恒抓好形象重塑。为期一年的大讨论活动虽已告一段落．但重塑集团公司良好形象是一项长期战略任务。我们要以大力弘扬“石油精神”为动力，把大讨论活动成果转化为形象建设的实际行动，努力塑造忠诚担当、风清气正、依法合规、稳健和谐的良好形象。一要坚持问题导向，切实抓好整改；二要加强典型选树，引领全员行动；三要强化舆论引导，讲好石油故事。

（三）大力弘扬“石油精神”，坚定不移推进集团公司稳健发展。战胜前进道路上遇到的各种困难，克服当前低油价的挑战，必须用“石油精神”凝聚干事创业、苦干实干的精神力量，为促进集团公司提质增效、推进稳健发展提供持续动力源泉。

要把弘扬“石油精神”贯穿到推动业务发展和提质增效上。认真落实集团公司“十三五”规划部署，坚持稳健发展方针，深入实施资源、市场、国际化和创新战略，按照优先、有效、加快、协调的业务发展定位，突出油气主业，发挥综合一体化优势，优化结构布局，拓展发展空间，形成各项业务共同驱动集团公司价值提升和可持续发展的新优势。我们要牢固树立过紧日子的思想，坚持以效益为中心，进一步细化落实开源节流降本增效各项措施，在优化生产运行、大力开拓市场、努力增产增收上花大力气，在严控投资规模、压缩成本费用、治理亏损企业上下真功夫，坚决打赢提质增效攻坚战。

要把弘扬“石油精神”落实到推进改革创新上。认真落实集团公司全面深化改革实施意见，突出

"稳"和"准"，切忌"急"和"浮"，努力在优化管理体制、加快重组改制、完善市场化机制、深化三项制度改革等方面取得实质性突破。要大力实施创新战略，按照"业务主导、自主创新、强化激励、开放共享"的总体要求，突出抓好国家和集团公司重大科技专项攻关，努力攻克一批制约业务发展的瓶颈问题，加快科研成果转化应用，推进信息化和工业化深度融合，创新生产组织、管理方式和商务模式，打造发展新引擎。

要把弘扬"石油精神"体现在保持企业和谐稳定上。毫不放松地抓好安全环保工作，以HSE体系审核为抓手，进一步健全制度、落实责任，强化监督、严肃追责，着力构建长效机制，坚决杜绝重特大安全环保事故，努力实现安全绿色发展。要坚持以人为本，关心关爱员工，注重把发展创新成果惠及职工群众，特别是在深化改革中要有效保障员工正当利益，妥善做好结构调整中的人员分流安置工作，确保企业和队伍大局稳定。要深化与各级地方党委政府的沟通协调，加强企地合作，切实履行社会责任，支持带动地方经济社会发展，构建和谐的企地关系。

集团公司生产经营工作报告

——章建华在集团公司2016年领导干部会议上的生产经营工作报告（摘要）

（2016年7月30日）

根据集团公司党组安排，下面我主要通报集团公司2015年度业绩考核及2016年上半年生产经营情况，安排部署下半年重点工作。

一、2015年度业绩考核情况

2016年7月15日，国务院国资委公布了104家中央企业2015年度和2013—2015年任期经营业绩考核结果，集团公司均获得A级。2015年度，集团公司利润总额、经济增加值（EVA）、油气当量产量和国际化指数4项指标均获得满分，并且获得国家科技进步奖一等奖1项、技术发明奖二等奖1项，主导制订国际标准3项，获得科技奖励满分。2013—2015年第四任期，集团公司国有资本保值增值率、总资产周转率、储量替代率、人均油气当量产量4项指标也都获得满分，并获得所设任期4项特别奖中的3项，即业绩优秀企业奖、科技创新特别奖、品牌建设特别奖，其中品牌建设特别奖是首次获得。

2015年，集团公司实现利润824.7亿元，超额完成了同期实际油价口径下保增长目标和业绩考核奋斗目标，为中央企业稳增长做出了积极贡献；原油产量、天然气产量、原油加工量分别列国际可比公司第1、第2和第3位，净利润列国际大石油公司第2位，在世界500强和50家大石油公司中排名第4位和第3位。

2015年度业绩考核工作有以下几个特点：一是突出稳增长任务目标，优化调整考核指标体系。二是强化过程跟踪监控，促进企业业绩目标实现。三是改进考核分级确定方法，增强可比性与公平性。四是坚持严考核硬兑现，维护业绩考核的严肃性。

各单位业绩指标完成情况和具体考核结果，希望各部门各单位高度重视，充分运用考核结果，认真分析研究，找差距、定措施、补短板，促进管理水平和经营业绩持续提升。同时，要进一步完善预算管理和业绩考核办法，不断提高科学性和准确度，坚持严考核、硬兑现；深入推进全员业绩考核，加大薪酬分配与业绩结果挂钩力度，进一步激发全体干部员工的动力和活力，确保集团公司2016年度经营业绩目标全面实现。

二、上半年生产经营主要成果

2016年上半年，世界经济增长继续放缓、国际油气价格低位运行，国内成品油需求低迷、市场竞争加剧，部分资源国政局不稳、海外项目风险增大，集团公司生产经营遭遇重组改制以来最为严峻的挑战。我们认真贯彻党中央、国务院的决策部署，坚持稳健发展方针，实施资源、市场、国际化和创新战略，根据油价和市场变化及时调整优化生产经营策略，深入实施开源节流降本增效，戮力同心战"寒冬"、守底线、稳增长，实现了生产平稳受控运行，经营效益逐月向好，总体情况好于预期。上半年，国内外油气当量产量13159.4万吨，实现时间过半完成任务超过半；加工原油9629.2万吨，销售成品油8598.5万吨、天然气 699 亿立方米，分别同比增长 0.6%、1.8% 和 11.6%。在原油实现价格同比下降 36.5% 的情况下，实现营业收入 8534.3 亿元、利润总额 275.8 亿元，分别下降 16.6% 和 39.4%；有息负债控制在 7000 亿元之内，资产负债率、资本负债率分别为 40.6% 和 22.4%，财务状况总体保持稳健。

（一）国内油气勘探开发业务实现产量硬过半、成本硬下降。油气勘探优化方案部署，突出重点盆地和规模有效储量，加强综合地质研究与工程技术攻关，在准噶尔、塔里木等盆地取得 6 项新发现，在鄂尔多斯、渤海湾、四川等盆地取得 9 项新进展，上半年新增油气探明地质储量当量 6.5 亿吨，完成年度计划的 70% 以上。根据国际油价走势和效益测算，及时调整原油生产计划，持续优化生产方案和产量结构，压减低效无效产量和工作量，优化增产措施。上半年，国内生产原油 5322 万吨、完成年计划的 50.5%。根据市场需求、气田生产能力及效益等要素组织天然气生产，加强主力和枢纽气区、重点气田运行管理，生产天然气 494.8 亿立方米、增长 3.7%，其中页岩气 14.3 亿立方米、煤层气 8.4 亿立方米。国内对外合作生产油气当量 461 万吨。在低油价困境下，勘探开发系统强化开源节流降本增效措施落实，大力控亏减亏，推行标准化设计、油气水井带压作业、天然气轻烃深度回收等措施，实现了投资、单位操作成本、桶油完全成本和员工总量“四个硬下降”。

（二）炼油与化工业务优化产品结构、盈利大幅提升。统筹效益、市场和资源状况，坚持资源向炼化一体化企业和效益好的企业倾斜，积极协调油田轻烃资源供应，加大化工原料互供力度，保障了骨干炼油厂和创效化工装置高负荷运行，加工原油 7436 万吨，生产成品油 5016.4 万吨（其中汽油产量增长 8.4%），生产乙烯 281.5 万吨、增长 26.3%，化工商品产量 1242.6 万吨、增长 14.7%。调整优化产品结构，柴汽比从 2015 年同期 1.69 降至 1.39，高标号汽油、航空煤油等炼油高效产品比例提高 5.9 个百分点，合成树脂等盈利化工产品占比提高 7.6 个百分点。炼油综合能耗、乙烯燃动能耗等 16 项主要技术经济指标好于 2015 年同期。化工销售优化资源配置和产品物流，16 个新产品实现量产量销，探索电子商务平台营销新模式，全力促销推价降库，销售化工产品 1373 万吨、增长 15%。

（三）成品油销售业务营销质量持续改善、非油品利润增加。销售企业牢记责任、顾全大局，密切产销衔接，注重整体联动，努力扩销降库，保障了生产企业后路畅通，为集团公司整体增收创效做出了积极贡献。准确把握市场走势，突出纯枪增量、控制批发亏损，合理组织外采，大力实施推价扩销等针对性营销策略，全面启动系列主题促销活动，常态化开展“油卡非润”一体化营销，深化“双低站”治理，试点利用新型支付方式，实现成品油销量 5478.6 万吨，其中纯枪销量增加 37.1 万吨；车用润滑油销量增长 3.4%。非油品业务启动汽车服务业务、厨房工程，实现利润 8.6 亿元、同比增长 17.8%。深入开展与一汽、中粮、阿里巴巴等企业战略合作，跨界营销、互联网营销进入实质性推进阶段。采取多种方式扩大优质网络规模，新开发加油（气）站 245 座、改扩建 47 座，新增零售能力 150 万吨 / 年。

（四）天然气与管道业务应对市场快速变化、实现增量稳效。2016 年上半年，国内销售天然气 660.4 亿立方米、同比增长 10.6%，管输周转量 1667.6 亿吨千米、同比增长 4.5%。稳步推进重点工程建设，贵港—玉林、金坛—溧阳输气管道等项目建成投产，西气东输三线东段、中缅原油管道（国内段）建设进入收尾阶段，云南成品油管道、鞍大线等项目建设按计划推进。在中俄两国领导人共同见证下，与俄罗斯天然气公司签署了在我国开展地下储气库、天然气发电项目合作谅解备忘录，对扩大天然气下游利用、深化两国能源合作具有重要意义。

（五）海外业务增储增产降本增效、展现较强盈利能力。油气勘探以发现优质可快速动用储量为目标，突出效益勘探，有效控制勘探节奏，取得了多点突破和新进展。坚持产量动态调整，强化精细管理，完善在产井、新井和单项措施效益评价体系，加强边际效益区块产量优化，完成油气作业当量产量 7495.1 万吨、权益当量产量 3894.5 万吨，同比分别增长 5.5% 和 4.2%。建立油气生产成本、付现成本与国际油价联动机制，及时有效应对市场油价变化，采取优化投资、合同复议、减员增效、扩销推价等综合举措，单位操作成本和完全成本同比下降 30% 左右，单位付现成本同比下降 41.9%。

（六）服务业务练内功闯市场、竞争力持续提升。油田技术服务按照市场分类实施差异化竞争策略，以有力的服务保障稳定内部市场，发挥品牌、质量、技术等优势开拓外部市场，根据经营情况及时调整优化投资方向，国内内部市场占有率同比提升 7 个百分点，国际外部市场中标额占国际市场新签合同额的 81.2%，有效缓解了量价齐跌对生产经营效益的冲击。工程建设全力保障国内油气田、炼化和管道重点项目建设，强化内部企业合作大力开拓市场，注重为客户提供一揽子解决方案，积极探索EPC+融资、BOT等商业模式，签约乍得二期二阶段油田地面工程项目，成功进入伊拉克西古尔纳油田等外部市场，国内外部市场和海外市场新签合同额占总量的70%，上半年扭亏为盈。装备制造推进精益生产，盘活存量资产资源，一企一策扭亏解困，加强与国外公司的合资合作，推进哈萨克斯坦钢管厂等国际产能合作项目建设，加大优势产品推介和市场拓展力度。国际贸易加强原油进口组织，大幅增加来料加工，扩大直炼资源出口，优化进口天然气资源，全力销售海外权益油，发挥海外油气运营中心优势，拓展高端高效市场。上半年，完成贸易量2.4亿吨。金融业务加强风控管理，开辟多元化投融资渠道，加大服务主业发展力度，推进金融创新、产融协同，保持了较为稳定的效益贡献。矿区服务继续压缩管理机构和人员，加快推进吉林油田等企业“三供一业”分离移交，医疗、托幼等市场化社会化进程进一步加快。

（七）深化改革创新和强化管理促进了提质增效。深化企业改革，着力解决制约生产经营发展的体制机制问题。完善改革顶层设计，出台全面深化改革实施意见和“十三五”改革专项规划，年初确定的61项重点改革举措有序实施。规范董事会运作，坚持“三重一大”决策程序。持续推进扩大企业经营自主权试点，全面启动并有序推进工程建设业务重组改制上市和金融业务重组上市，推进油气管输和销售业务分开运营，完成“两个昆仑”整合，调整LNG、管道建设和国内对外合作业务管理体制。出台未上市托管业务深化改革指导意见和关于结构调整中人员分流安置的指导意见，宾馆酒店清理、“僵尸企业”处置和亏损企业专项治理取得新进展。完善内部原油、成品油价格和炼销贸一体化运行机制，实行基础量和额外量政策，促进了产炼销一体化顺畅运行。这些改革举措，对于降低管理费用和运行成本，提高资产使用效率发挥了积极作用。

实施创新战略，召开集团公司科技与信息化创新大会，明确了“十三五”科技创新和信息化工作的目标、重点任务和保障措施。完善创新体系，积极推进科研课题完全项目制管理、科研院所“双序列”等试点工作，勘探院综合改革试点顺利启动，激发了创新活力和动力。全力推进重大科技专项攻关和现场试验，陆相油气勘探、特高含水油田精细水驱挖潜、特低渗透—致密油气开发、炼油催化剂开发应用等理论和技术取得阶段性新进展，页岩气钻采工程技术、侧钻水平井等一批现场试验实现新突破。ERP应用集成在26家地区公司全面上线，油气生产物联网扩大现场实施、炼化物联网开始试点实施，勘探与生产等业务领域信息系统建设持续推进。

深入推进开源节流降本增效，狠抓12大类36条措施落实。坚持投资规模、主要生产指标等与公司现金流、整体经营效益联动调整，突出业务结构优化和项目优化，投资规模较年初计划压减15.1%；控本降费“组合拳”效果明显，购买支出降幅高于收入降幅3.2个百分点，人工成本、销售管理费、主要单位成本指标继续“硬下降”；深化资金紧平衡管理，开展“两金”清理，推进资产结构优化，确保了生产运营资金安全平稳运行。强化生产组织协调和统筹优化，推进管理体系融合试点，改进产品质量抽查方式，推动巡视、审计、效能监察等成果转化，加强依法合规管理，促进了效率效益提升。落实京津冀大气污染防治措施，加快小锅炉淘汰及VOCs治理，加强碳排放管理；加大节能节水力度，推进油气集输热力系统现场示范和炼化能量系统优化，强化节能评估与审查管理，实现节能量48万吨标准煤、节水量760万立方米。

全面推行HSE量化审核，积极推动重点领域、重点地区、重点单位专项诊断评估，对突出问题和重大隐患持续跟踪、挂牌督办、销项管理，加强HSE“三同时”管理和制度建设，推进基层站队标准化建设和履职能力评估，完善应急处置措施，保持了稳定向好的安全环保形势。加大管道隐患治理力度，长输管道隐患整改率达到96.8%，其中重大隐患整改率达到99.2%。上半年未发生较大以上生产亡人事故，事故起数和死亡人数均下降67%。

三、下半年重点工作部署

综合分析各方面情况，下半年集团公司生产经营面临的形势仍旧复杂严峻。我们要深入学习贯彻习近平总书记等中央领导同志的重要指示批示精神，按照集团公司党组的统一部署，以加强党的建设为根本保证，以大力弘扬“石油精神”为强大动力，推进实施“十三五”发展规划，强化形势研判，苦干实干、勇于创新，拓市场、抓优化、促改革、强基础、提效益，坚决打赢提质增效攻坚战，全面完成今年生产经营各项任务目标，为国民经济稳增长做出积极贡献。

（一）全力抓好市场开拓。要牢固树立市场意识、客户意识、效益意识，继续大力实施市场战略，加强竞争策略研究，巩固内部市场、全力开拓社会市场和国际市场，不断扩大集团公司生存发展空间。成品油销售要继续优化资源配置策略，优先保证足额接销直炼资源，合理控制外采，推进“互联网+”营销，强化批零一体、销储一体，提升加油站运营效率，突出高标号汽油、航空煤油和车用柴油等高效产品销售，努力在提高纯枪销量和价格到位率上下功夫，努力做到柴油稳量、汽油上量、份额不降，保障集团公司产业链畅通、创造应有的效益。要持续加强营销网络建设，突出抓好高效市场和战略区域优质站点开发，积极开展老站提质改造，努力提高终端销售能力。天然气销售要着力提升营销队伍素质，推动关键支线管网建设，提高营销能力。持续优化气源结构，最大限度增销国产气、合理控制进口气，充分利用促销政策，继续加大长三角、环渤海、珠三角等高端市场和发电、工业等大型直供用户开发，超前做好陕京四线、中俄东线等新建管道沿线市场开发，优化用户结构和资源流向，积极组织好冬季推价和保供工作，确保实现1300亿立方米销售目标。化工销售要进一步细分市场，采取差异化营销策略，大力发展直供用户、高端客户，持续完善化工销售网上平台建设，稳定销售渠道，推动产销研用紧密结合，加大新产品推广力度，实现增销增效。

服务业务要坚持走市场化发展道路，着力提升市场竞争能力，在服务保障油气业务、巩固扩大内部市场份额的同时，加大外部市场开拓力度。油田技术服务要以先进的理念、灵活的机制、可靠的质量、优质的服务、良好的沟通、合理的价格拓展国内外市场，突出以钻井总包、一体化技术服务开拓国外市场，积极发展超深井、水平井、储层改造等技术服务，提高市场工作量和创效水平，努力实现2016年外部市场收入提高10%的目标，及早扭亏为盈。工程建设要瞄准打造世界一流油气工程综合服务商的目标，深化市场研究，在确保重组过程中市场不丢、队伍稳定的同时，充分发挥整合优势，突出开发精细化工、省级管网、环境工程等国内外部市场，大力开发“一带一路”沿线市场，不断提高增收创效能力。装备制造要做强做优技术、品牌、质量和服务，加大产品销售和出口力度，加强产品推介和技术交流，提高国内外市场占有率，确保新签合同签约额有较大突破，力争全年不亏损。国际贸易要切实组织好海外权益油销售，扩大成品油、化工产品出口，确保全年成品油出口1200万吨目标完成。完善贸易网络，以合资合作等多种方式拓展国际高端高效市场，提升在全球优化配置资源的能力。金融业务要坚持服务支持主业发展和创造价值的功能定位，不断提升产融结合、融融协同和市场化运作能力，强化客户意识和风险管控，加强市场开拓、渠道建设和金融创新，努力增加盈利贡献。矿区业务要按照国资委要求加快“三供一业”分离移交，推进医疗、教育等公共服务业务社会化；做好生产生活服务保障，加强矿区经营，延伸服务，增收创效。

（二）全力优化生产运行。坚持集团公司整体效益最大化，统筹国际国内业务，以市场为导向、以效益为中心，优化生产组织、优化资源配置、优化原料互供、优化产品结构，着力解决成品油和天然气产销贸矛盾突出的问题，确保油气两条业务链顺畅运行。

要坚定不移地抓好油气勘探，保障重大发现和效益储量区块投入，全年完成探明石油地质储量6亿吨、天然气地质储量4000亿立方米，确保油气储量替代率大于1。严格落实原油产量调整计划，优化产量结构，严控低效无效产量，抓好重点油田生产管理和重点产能项目建设，创新生产组织方式、推广作业新模式、应用新技术提高生产效率和单井产量，全年完成原油产量10531万吨。根据市场销售、进口和冬季保供需求，优化国内天然气生产，优先保障青海油田、塔里木油田等低成本天然气生产，精心组织长庆油田神木、苏里格等重点产能项目建设投产，全年完成天然气产量980亿立方米。采取综合性、组合性措施严控成本费用，着力抓好辽河、大庆、新疆等重点亏损油田的减亏工作，确保国内勘探开发业务完成全年控亏目标。

海外业务要继续坚持效益勘探开发，优先保障优质可快速动用储量及SEC保储稳储的投资和工作量。新增产能建设要根据不同合同模式，重点突出投资回报好的项目。油气开发要根据油价走势，动态调整产量，及时削减边际效益区块产量。进一步优化业务结构和区域布局，有效推进国际油气合作和新项目开发。

炼化业务要紧盯市场，按照整体效益最大化原则组织运行，保持稳定的盈利势头，在集团公司应对低油价挑战中继续勇挑重担、积极多做贡献。炼油生产要用足优化手段，最大限度压减柴油，增产汽油、航空煤油和乙烯原料，努力将柴汽比降至1.35以下；继续坚持向化工倾斜，多渠道筹措资源，保障化工装置开满开足，稳定大宗产品，开发特色新产品，努力增产高附加值产品。要切实组织好云南石化投产准备和相关炼油厂集中检修工作，确保按期投复产、实现安全平稳绿色开车一次成功；有序推进汽油、柴油质量升级项目建设，保证国V标准油品如期置换。

管道业务要统筹做好炼油厂集中检修期间原油收储、提高兰成线掺混长庆原油比例等工作，优化储气库、LNG、气田和天然气长输管道等设施运行，提高管网运营效率效益。组织好中缅原油管道、西三线东段、云南成品油管道等项目试运投产，按计划推进中靖联络线、锦郑线建设，开工建设中俄原油二线和陕京四线。

（三）全力开展提质增效。继续打好提质增效攻坚战，加强组织、全员发动，不折不扣落实开源节流降本增效各项措施，努力完成全年预算目标。优化投资结构，突出质量效益，坚持量入为出，优先保障油气主业、盈利能力强及补短板的业务和项目，合理把握重大项目开工节奏，新上项目按效益排队，确保全年投资控制在预算目标之内，保持低油价下的现金流平衡。严格成本费用管控，坚决压减各项支出，严格控减用工总量，推进“常态化、班车制”集中采购，优化储产结构降低折旧折耗，实现主要成本指标、人工成本、物资采购成本、各项管理费用等“硬下降”。强化经营风险管控，切实抓好审计发现问题整改，推进合规管理，加强资金精细化监管，优化债务结构，加大“两金”清欠力度，确保财务状况总体稳健。推进亏损企业、“僵尸企业”和特困企业治理，严控无效“输血”，坚决关停退出常年亏损、扭亏无望的业务和装置，确保完成全年扭亏目标。继续清理法人单位，压减管理层级。充分利用国务院清产核资等政策，进一步优化资产结构和改善资产质量，加快宾馆酒店和疗养院资产处置。

（四）全力推进改革创新。要认真学习贯彻习近平总书记对国有企业改革做出的重要指示精神，全面落实全国国有企业改革座谈会部署要求，紧密结合集团公司实际做好改革工作，争取在重要领域和关键环节取得新成效。一是继续抓好2016年改革工作要点安排事项的落实，在已出台的全面深化改革实施意见和专项改革方案基础上，抓紧制定三项制度改革、混合所有制改革等专项方案和指导意见，年内搭建起集团公司全面深化改革基础框架。二是推进管理体制改革框架方案（试行）实施，稳步推进两级机关改革，进一步优化管控模式和完善职能配置。三是精心组织，按计划完成工程建设重组改制及金融业务重组上市工作任务；完成油田技术服务和装备制造业务深化改革方案。四是继续推出第三批调整下放管理权限和审批事项，深化扩大企业经营自主权试点，在已推开6家基础上明确服务业务领域的试点单位，出台实施改革试点方案。五是完善工效挂钩和业绩考核办法，抓好在结构调整中人员分流安置指导意见的落实，择机在海外板块、国际贸易和金融业务等部分单位开展职业经理人试点。

贯彻落实集团公司科技与信息化创新大会部署，深入实施创新战略，努力营造崇尚创新的氛围。围绕生产经营瓶颈制约，继续抓好油气勘探开发等一批重大科技专项攻关和工程技术现场试验，持续推进汽油柴油质量升级、炼油系列催化剂等新技术集成配套和新产品推广应用；发挥好基层科研院所作用，组织开展群众性创新创造活动，促进增产增收降本增效。落实深化科技体制机制改革完善创新体系方案，扩大完全项目制试点，启动管研院综合改革试点，研究制定科技成果转化创效管理办法。持续开展油气生产物联网、炼化物联网的推广实施，深化云计算数据中心建设与应用，年内基本完成ERP应用集成建设。在管理创新上狠下功夫，探索构建集团公司管理创新体系，开展管理创新交流。

（五）全力强化安全环保。以HSE体系量化审核为抓手，认真抓好发现问题整改，增强审核的针对性和有效性，使体系审核工作不断深化完善。深化基层站队HSE标准化建设，健全制度、完善体系、强化执行，逐步实现基层管理、现场、操作标准化。突出重点领域、重点地区和重点时段的风险管控，全面完成长输管道隐患整治，抓好危险化学品库区、罐区专项整治，加强全过程监管。高度重视安保防恐工作，加强国内敏感地区和重点资源国综合评估，做好风险分析及预警，增强应急处置能力。

节能减排仍是我们要下大力气抓好的重点工作。要认真落实国家“气十条”“水十条”和“土十条”行动计划，加快VOCs综合整治，推进炼化企业污染物达标升级改造、加油站地下储罐双层罐和防渗池改造等工作；扎实实施节能降耗降本增效方案，深化节能节水等工作，开展能源分级分类管控试点，推进能源合同管理，全面完成年度节能减排任务。

专　稿

中国石油天然气集团公司 2016 年工作会议在河北廊坊召开

2016 年 1 月 21—23 日，中国石油天然气集团公司 2016 年工作会议在河北廊坊召开。会议的主要任务是，全面贯彻党的十八届五中全会及中央经济工作会议精神，落实国务院国资委部署要求，总结 2015 年和“十二五”工作，分析集团公司发展面临的形势，部署“十三五”和 2016 年重点工作，动员全体干部员工认清严峻形势，坚持稳健发展，开创建设世界一流综合性国际能源公司新局面，为国家推动能源革命和全面建成小康社会做出新贡献。

集团公司董事长王宜林传达国务院领导同志对集团公司积极应对低油价保持稳增长工作做出的重要批示，并作《认清严峻形势，坚持稳健发展，开创建设世界一流综合性国际能源公司新局面》主题报告。集团公司副总经理、股份公司总裁汪东进作《坚持苦练内功，勇于攻坚克难，实现“十三五”稳健发展良好开局》生产经营报告。集团公司副总经理沈殿成通报安全环保情况。集团公司党组纪检组组长徐吉明通报党风建设和反腐败工作情况。

王宜林在报告中简要回顾了 2015 年及“十二五”主要工作。新一届党组全面贯彻落实党中央、国务院各项部署，及时做出重塑良好形象、推进稳健发展的重大决策，突出主营业务发展，破解改革攻坚难题，妥善应对风险挑战，各方面工作都取得新成绩新进步，集团公司正在由过去注重规模速度的粗放发展向更加注重质量效益的稳健发展转变。“十二五”以来，中国石油着力稳增长、调结构、强基础、促改革、惠民生，推动各项工作取得新进展。集团公司综合实力和国际竞争力显著增强，在世界 500 强和 50 家大石油公司中的排名分别从 2010 年第 10 位和第 5 位上升至 2015 年第 4 位和第 3 位，为国家经济社会发展做出了重要贡献。

集团公司“十三五”及今后一个时期发展的指导思想是，全面贯彻党的十八大和十八届三中、四中、五中全会精神，深入贯彻习近平总书记系列重要讲话精神，以“四个全面”战略布局为引领，牢固树立和贯彻落实创新、协调、绿色、开放、共享的发展理念，主动适应我国经济发展新常态和结构性改革新部署，围绕建设世界一流综合性国际能源公司目标，坚持稳健发展方针，以提高质量效益为中心，大力实施资源、市场、国际化和创新战略，着力做强做优主业，着力深化企业改革，着力推动创新引领，着力强化安全环保，着力重塑良好形象，加强和改进党的领导，继承弘扬大庆精神铁人精神，不断提升综合实力和国际竞争力，为国家推动能源革命和全面建成小康社会做出新贡献。

坚持稳健发展方针。核心要义是坚持稳中求进，提高质量效益，实现可持续发展。要统筹当前与长远，正确处理规模速度与质量效益、改革发展稳定、企业与各利益相关方的关系，在战略上保持发展思路目标的总体稳定，在战术上及时调整完善运营策略和工作机制，确保生产指标稳中有增，经营业绩稳定向好，各类风险平稳可控，发展环境稳定和谐，企业形象稳步好转，集团公司发展更加平稳、更加健康、更加可持续。

大力实施“四大战略”。一是坚持和完善资源战略，更加注重能源资源价值，统筹国内外两种资源。二是坚持和完善市场战略，更加注重使市场在资源配置中起决定性作用，提高市场应对能力和创效水平。三是坚持和完善国际化战略，更加注重布局和资产的优化，提升集团公司国际化经营能力和水平。四是大力实施创新战略，把创新摆在集团公司发展全局的核心位置，让创新成为引领发展的第一动力，促进发展方式的根本转变。

建成世界一流综合性国际能源公司发展目标大体分“两步走”。第一步，到 2020 年，世界一流综合性国际能源公司建设迈上新台阶。经营效益稳步提升，业务结构更加优化，技术创新成效明显，公司治理规范高效，安全环保业绩优良，发展成果共建共享，中国石油品牌全球知名。第二步，到 2030 年，建成世界一流综合性国际能源公司。规模实力保持领先，经营业绩进入国际大公司前列，全球配置资源能力持续增强，核心技术达到国际领先水平，公司治理体系和管控能力实现现代化国际化，员工素质和收入进一步提升，国际竞争力和影响力显著增强，成为全球受尊敬的企业。

2016年总的工作要求是，认真贯彻党的十八届五中全会和中央经济工作会议精神，适应我国经济发展新常态，坚持稳健发展方针，大力实施“四大战略”突出油气主业，着力稳增长、调结构、补短板、提效益、防风险，以改革创新精神打好开源节流降本增效攻坚战，持续开展重塑形象大讨论活动，充分发挥政治文化优势，推进世界一流综合性国际能源公司建设，为促进国民经济稳增长做出新贡献。

会议指出，推进集团公司稳健发展，实现“十三五”及2016年各项目标任务，必须把中央提出的“五大发展理念”贯彻到发展全过程，牢牢把握优先、有效、加快、协调的主营业务发展“八字定位”，大力实施深化改革、开放合作、科技创新、人才强企、依法治企和安全发展“六大举措”，重点在“五个着力”上下功夫。

一是着力做强做优主业，厚植发展优势。要坚持以市场为导向、以效益为中心，紧紧围绕提升原油和天然气两条价值链，进一步调整理顺主营业务架构，优化布局结构，拓展发展空间，优先发展勘探开发业务，有效发展炼化与销售业务，加快发展天然气与管道业务，协调发展服务业务，形成各项业务共同驱动集团公司价值提升和可持续发展的新优势。2016年，面对前所未有的困难和挑战，各业务领域和各单位要突出重点，采取针对性、革命性措施，全力以赴稳增长，持之以恒调结构，集中力量补短板，综合施策防风险，千方百计提效益，确保实现生产经营各项目标。

二是着力深化企业改革，激发发展活力。要围绕推进集团公司治理体系和管控能力现代化国际化的目标，加强顶层设计，坚持问题导向，突出“稳”和“准”，切忌“急”和“浮”，平稳有序推进企业改革。认真贯彻中央改革部署，制定实施集团公司全面深化改革总体方案，积极主动引导和推动专项改革。加快推进集团公司已确定专项改革方案的落实。尽快研究出台已经看准的改革具体方案。继续深化研究完善集团公司功能定位和治理结构等相关重点改革问题。

三是着力推动创新引领，增强发展动力。要把集团公司发展的基点放在创新上，大力推进科技和管理创新，把创新作为科技研发的主旋律，把创新贯穿于企业管理全过程，把创新人才队伍建设作为发展的根本，持续提升自主创新能力，塑造更多依靠创新驱动的引领型发展。

四是着力强化安全环保，夯实发展根基。要严格贯彻新《环境保护法》和《安全生产法》，坚持安全零容忍、环保严监管，关口前移、重心下移、长抓不懈，持续强化安全环保风险管控，大力实施节能减排，全面推行清洁生产，不断提升安全环保业绩，坚定不移保障安全发展。

五是着力重塑良好形象，凝聚发展合力。要在组织好大讨论活动基础上，大力推进集团公司形象建设，塑造“忠诚担当、风清气正、守法合规、稳健和谐”的良好形象。要创新方式方法，注重岗位实践，制定有效措施全力抓好问题整改，确保大讨论活动取得预期成效。要突出领导干部这个“关键少数”，使领导干部成为重塑和维护企业形象的表率。要充分运用大讨论活动成果，全方位推进集团公司形象建设常态化长效化。要全力做好形象宣传，改善公共关系，加强品牌建设和管理，全面履行社会责任。

会议强调，要深入学习贯彻集团公司工作会议精神，保持战略定力，坚定发展信心，在统一思想、提高认识上狠下功夫，在眼睛向内、苦练内功上狠下功夫，在改革创新、重点突破上狠下功夫，在领导带头、率先垂范上狠下功夫，积极应对低油价挑战，全面完成各项目标任务，推进稳健发展，开创建设世界一流综合性国际能源公司新局面。

国务院国有重点大型企业监事会主席季晓南，集团公司总会计师刘跃珍，集团公司副总经理徐文荣、刘宏斌、赵政璋，外部董事路耀华、李庆言、李毓华、金克宁、黄龙出席会议。原石油工业部、中国石油天然气总公司及集团公司老领导王涛、陈耕、闫敦实、李敬、阎三忠、邱中建、张永一、任传俊、史训知、蒋金楚、李克成、郑虎、贡华章、丁贵明、李新华、王国樑应邀出席会议。集团公司总经理助理，股份公司管理层成员，集团公司副总师，各所属企事业单位和总部各部门、专业分公司主要负责人，国有重点大型企业监事会14办事处负责同志等参加会议。

中国石油天然气集团公司科技与信息化创新大会在北京召开

2016年4月28—29日，中国石油天然气集团公司科技与信息化创新大会在北京召开。会议的主要任务是，深入贯彻落实党中央、国务院部署要求，全面总结集团公司“十二五”科技与信息化工作成果，安排部署“十三五”重点任务，动员全体干部员工认清形势、明确任务，大力实施创新战略，加快推进科技创新与信息化建设，提升自主创新能力和核心竞争力，为建设世界一流综合性国际能源公司、推动国家能源革命做出新贡献。

集团公司董事长王宜林作题为《大力实施创新战略，引领集团公司稳健发展》讲话。集团公司副总经理喻宝才作《强化科技引领，加快信息化步伐，努力建成国际知名的创新型企业》工作报告。集团公司副总经理沈殿成宣读先进集体和先进个人表彰决定。集团公司副总经理赵政璋作总结讲话。

“十三五”时期，集团公司科技与信息化工作的总体思路是，全面贯彻党的十八届五中全会精神，深入贯彻习近平总书记系列重要讲话精神，认真落实《国家创新驱动发展战略纲要》，牢固树立创新发展理念，坚持自主创新、重点跨越、支撑发展、引领未来的方针，大力实施创新战略，着力强化核心技术攻关和科技成果推广应用，着力加快信息系统集成共享，着力深化体制机制改革，着力加强人才队伍建设，持续提升自主创新能力，持续提升两化融合能力，在推动集团公司稳健发展、建设世界一流综合性国际能源公司中充分发挥支撑引领作用。

会议指出，今后一个时期，集团公司大力实施创新战略，就是要深入贯彻中央创新驱动发展战略和创新发展理念，坚持把创新摆在集团公司发展全局的核心位置，坚持业务主导、自主创新、强化激励、开放共享，以科技创新带动全面创新，以信息化建设应用促进两化融合，以体制机制改革激发创新活力，着力培育创新型人才队伍，加快实现从主要依靠投资和要素驱动向主要依靠创新驱动转变，全面提升发展质量效益，到2020年集团公司科技实力和信息化水平保持央企前列、行业领先，建成国际知名的创新型企业，到2030年努力建成世界一流的创新型企业。

会议强调，要充分发挥科技创新的龙头作用。要统筹推进国家科技重大专项、集团公司重大科技专项和重大现场试验，按照三个层次实施三大创新工程，攻关突破一批关键核心技术、推广应用一批先进成熟技术、超前研发一批前沿储备技术，着力消除影响集团公司发展的瓶颈制约，为主营业务发展和质量效益提升更好发挥支撑和引领作用。一是抓好国家和集团公司重大科技专项攻关，有效支撑主营业务稳健发展。着力抓好集团公司重大科技专项攻关，重点突破五个方向：突破国内油气勘探开发新层系新领域新阶段技术；突破海外业务项目优选和效益开发技术；突破炼化生产加工和产品提质增效技术；突破工程技术服务业务高端技术和装备自主研制；突破安全绿色发展技术。二是加快成果推广应用，推动成熟技术快速转化为生产力。强化科研与生产的紧密结合，加强现场试验和成果推广，加快技术集成配套和转化应用，提高科技对业务发展和效益提升的贡献率。重点突出三个方面：扩大成熟技术系列化推广；加大成果转化与推广的支持力度；推进科研成果有形化集成。三是加强基础前沿及颠覆性技术研究，积极培植发展后劲。要以战略眼光和国际化视野超前部署基础及储备技术研究，加快推进原始创新，着力解决事关集团公司未来发展的重大关键技术问题。四是完善布局强化共享，充分发挥科技基础条件平台作用。尽快实现基础条件平台从规模建设到全面发挥作用的转变。

要大力提升信息化助力创新发展的能力和水平。“十三五”期间，集团公司要全面完成信息化应用集成建设，持续提升信息化水平，进一步迈向共享服务与数据分析应用新阶段，努力建成“共享中国石油”。一是加大信息化集成应用力度，推进生产经营管理模式创新。二是深入应用云计算和大数据分析平台，推进研发模式和应对市场变化机制创新。三是实施“互联网+”行动计划，推进营销模式创新。四是切实加强信息安全，提高保密和风险防控水平。

会上表彰大庆油田、长庆油田等90个科技与信息化工作先进单位，勘探开发研究院热力采油研究所、东方物探信息技术中心等160个科技与信息化工作创新团队，魏铁锋等580名先进科技工作者，熊华平等390名信息化工作先进个人，李勇等30名杰出青年创新人才。集团公司副总经理、股份公司总裁汪东进，集团公司总会计师刘跃珍，集团公司副总经理刘宏斌、赵政璋，集团公司党组纪检组组长徐吉明出席会议。集团公司总经理助理、股份公司管理层成员、集团公司副总师，两院院士，总部各部门和专业分公司、所属企事业单位主要负责人及相关负责同志共计400余人参加会议。

中国石油天然气集团公司2016年领导干部会议在大庆召开

2016年7月28—30日，中国石油天然气集团公司2016年领导干部会议在大庆召开。会议的主要任务是，深入学习贯彻习近平总书记系列重要讲话精神和中央领导同志重要指示批示精神，按照中央全面从严治党要求，研究部署集团公司加强党的建设的基本思路和重点工作，总结表彰党建工作先进集体和先进个人，推进“两学一做”学习教育，同时通报上半年生产经营情况，部署下半年重点工作任务，动员全体干部员工大力弘扬“石油精神”，坚定信心、奋力拼搏，重塑良好形象、推进稳健发展，不断开创改革发展和党建工作新局面。

集团公司董事长王宜林作题为《加强党的建设，弘扬石油精神，为实现公司战略目标提供坚强保证》的讲话。集团公司总经理章建华作生产经营报告。集团公司副总经理、股份公司总裁汪东进宣读表彰决定。集团公司副总经理喻宝才就贯彻落实会议精神提出要求。

会议的主题是“加强党的建设，弘扬石油精神”。2016年，习近平总书记等中央领导同志就国有企业党的建设和石油工业的改革发展做出重要指示和批示。中央的高度重视和亲切关怀，寄托着对国有企业和石油工业改革发展的殷切期望，为新时期加强和改进国有企业党的建设、推进石油企业持续健康发展指明了方向，提出了新的更高要求。

加强企业党的建设的总体思路是，以党的十八大和十八届三中、四中、五中全会精神为指导，深入学习贯彻习近平总书记系列重要讲话和中央领导同志重要批示精神，落实中央“五大发展理念”和协调推进“四个全面”战略布局要求，围绕建设世界一流综合性国际能源公司的目标，把坚持党的领导作为重大政治原则，大力弘扬“石油精神”，突出全面从严、强化融入中心、注重改革创新、发挥“四个作用”，持续推进企业党的思想建设、组织建设、作风建设、反腐倡廉建设和制度建设，始终保持党的先进性、纯洁性、不断提升党建工作科学化水平，为集团公司重塑良好形象、推进稳健发展提供坚强保证和强大动力。

突出全面从严，就是要把从严治党要求落实到各业务领域、各单位和各级党组织，既抓住“关键少数”，又覆盖全体党员，坚持思想建党和制度治党紧密结合，严格落实管党治党责任，严肃党内政治生活，严明党的纪律规矩，严格干部管理监督，做到真管真治、敢管敢治、长管长严。

强化融入中心，就是要把企业改革发展中的难点热点作为党建工作的重点，把提高生产经营成效作为党建工作的出发点和落脚点，建立与企业发展战略目标相一致、与企业发展模式相匹配、与企业经营管理方式相协调的党建工作机制，使企业党建工作与改革发展中心任务相互促进、相得益彰。

注重改革创新，就是要大胆探索、革弊立新，推进党建工作体制机制、方式方法、内容载体等创新发展，使企业党建工作与现代企业制度合拍、与发展同步；在继承弘扬优良传统、坚持以往成功经验的基础上，深挖“石油精神”蕴含的时代内涵，不断增强石油文化的感召力影响力，为改革发展注入强大精神动力。

发挥“四个作用”，就是要通过加强党的建设，在企业改革发展创新各个方面，更好地发挥党组把方向、管大局、保落实的领导核心作用，党委参与决策、带头执行、有效监督的政治核心作用，党支部推动落实、服务群众、凝聚人心的战斗堡垒作用，广大党员牢记宗旨、心系职工、干事创业的先锋模范作用。

会议指出，要奋力开创企业党的建设新局面。落实全面从严治党要求，核心是加强企业党的领导，基础在全面、关键在严、要害在治。各级党组织、各单位要把严的要求、严的标准落实到党的建设各个方面，着力抓好“六个强化”：一是强化思想建设，进一步坚定理想信念。把思想政治建设放在突出位置，不断提升广大党员干部的政治理论水平和干事创业能力。二是强化组织建设，进一步增强生机活力。培养造就对党忠诚、政治坚定、精通管理、善于经营的企业家群体，培育忠诚企业、敢为人先、大胆创新、创造价值的人才队伍，建设坚如磐石、充满活力、战斗力强的基层党组织。三是强化作风建设，进一步构建长效机制。四是强化反腐倡廉建设，进一步营造清廉环境。五是强化制度建设，进一步提升党建工作科学化水平。六是强化责任落实，进一步形成工作合力。

会议强调，要用“石油精神”凝聚改革发展强大动力。大力弘扬“石油精神”是当前和今后一个时期的一项重大政治任务，也是加强企业党的建设的重要内容。集团公司上下要以中央领导同志重要批示精神为指导，用“石油精神”凝聚重塑良好形象、推进稳健发展的新动能。一是大力弘扬“石油精神”，筑牢百万石油员工共同思想基础。二是大力弘扬“石油精神”，持之以恒抓好形象重塑。三是大力弘扬“石油精神”，坚定不移推进集团公司稳健发展。

章建华通报集团公司2015年业绩考核及2016年上半年生产经营情况，部署下半年重点工作任务。中国石油在中央企业2015年度和2013—2015年任期经营业绩考核中均获A级，同时获2013—2015年任期业绩优秀企业奖、科技创新特别奖、品牌建设特别奖三项荣誉，其中品牌建设特别奖为首次获得。按照集团公司业绩考核办法，大庆油田、长庆油田等68家企业为A级，占44.4%；80家企业为B级，占52.3%；4家企业为C级、1家企业为D级，占3.3%。集团公司2015年度业绩考核工作突出稳增长任务目标，强化过程跟踪监控，改进考核分级确定方法，坚持严考核硬兑现。关于2016年下半年工作，一是全力抓好市场开拓，继续大力实施市场战略，不断扩大集团公司生存发展空间。二是全力优化生产运行，确保油气两条业务链顺畅运行。三是全力开展提质增效，努力完成全年预算目标。四是全力推进改革创新，争取在重要领域和关键环节取得新成效。五是全力强化安全环保，确保人员安全和生产经营平稳运行。

会议对集团公司“两优一先”代表进行表彰。会议期间，与会代表到铁人王进喜纪念馆、“三老四严”发源地中四队、“铁军”修井107队和星火一次变电所参观学习。大庆油田党委等5家企业作大会发言。

黑龙江省委副书记、省长陆昊出席会议并致辞。集团公司副总经理沈殿成、徐文荣、刘宏斌、赵政璋，集团公司党组纪检组组长徐吉明出席会议。黑龙江省委常委、副省长李海涛，以及省政府有关领导、大庆市党政主要领导应邀出席会议。集团公司总经理助理、股份公司管理层成员、集团公司副总师，国有企业监事会14办事处负责同志出席会议。集团公司所属企事业单位党政主要负责人，总部各部门、专业分公司主要负责人参加会议。

（中国石油档案馆）

第二篇

油气勘探开发生产

综　述

【概述】 国内油气勘探与生产业务及新能源业务由中国石油天然气股份有限公司勘探与生产分公司（简称勘探与生产分公司，也称勘探与生产板块）负责。国内油气勘探开发生产企业共计16个，分别是大庆油田有限责任公司、辽河油田分公司、长庆油田分公司、塔里木油田分公司、新疆油田分公司、西南油气田分公司、吉林油田分公司、大港油田分公司、青海油田分公司、华北油田分公司、吐哈油田分公司、冀东油田分公司、玉门油田分公司（玉门石油管理局）、浙江油田分公司、中石油煤层气有限责任公司和南方石油勘探开发有限责任公司。2016年，油气勘探取得多项重要新成果，原油生产任务全面完成，天然气生产平稳受控运行，安全环保节能减排工作扎实有效。2016年，设置油气预探项目（石油预探项目35个、天然气勘探项目23个）和风险勘探项目，共取得28项主要成果，新增探明石油地质储量6.49亿吨，连续11年超过6亿吨；新增探明天然气地质储量5419亿立方米，连续10年超过4000亿立方米；新增探明油气地质储量当量连续10年超过10亿吨。控制油气地质储量分别完成6.76亿吨、4606亿立方米，预测油气地质储量分别完成7.66亿吨、5434亿立方米，均超额完成计划任务。生产原油10545万吨（其中自营区产油9693万吨、合作区产油852万吨），同比减少598万吨。生产天然气981.1亿立方米，同比增加26.3亿立方米。油气当量产量18362万吨，同比减少388万吨。

（黄照富）

【生产经营指标】

1. 勘探开发工作量

油气勘探完成二维地震25485千米，三维地震9064平方千米；完成钻井1651口，进尺467.2万米。原油开发完成钻井11317口，进尺2066.6万米；天然气开发完成钻井953口，进尺288.6万米；完钻水平井601口（以上数据均不含对外合作）。2016年勘探开发工作量见表1。

表1　2016年勘探开发工作量

项　目			2016年	2015年	同比增减
勘探	二维地震（千米）		25485	15909	9576
	三维地震（平方千米）		9064	9095	-31
	钻井（口）		1651	1588	63
	进尺（万米）		467.2	441.8	25.4
开发	原油	钻井（口）	11317*	10579*	738
		进尺（万米）	2066.6*	1993.8*	72.8
	天然气	钻井（口）	953*	1492*	-539
		进尺（万米）	288.6*	446.5*	-157.9
	完钻水平井（口）		601	1060	-459

注：* 数据不含对外合作。

2. 油气储量

新增探明石油地质储量6.49亿吨、天然气地质储量5419亿立方米（不含煤层气567亿立方米），探明油气地质储量当量超过10亿吨，油气储量当量接替率大于1。

3. 油气产量

生产原油10545万吨，同比减少598万吨，下降5.37%，保持在1亿吨以上；生产天然气981.1亿立方米，同比增加26.3亿立方米，增长2.75%，再创历史新高。

4. 经济效益指标

实现销售收入3010亿元，税前利润-491亿元，净现金流17亿元，投资资本回报率-5.1%。

5. 安全环保

安全环保形势总体稳定，减排“四项指标”同比均下降2%以上，节能节水均完成计划指标。

【主要成果】

1. 油气勘探取得多项重要新成果

石油勘探在鄂尔多斯盆地南梁、环江、姬塬、合水等地区新增探明石油地质储量3.69亿吨；准噶尔盆地玛湖凹陷东斜坡新增控制和预测石油地质储量9154万吨，车拐及其周缘地区新增三级石油地质储量1.6亿吨；渤海湾盆地杨税务潜山安探1井获日产油71立方米、气40万立方米高产；柴达木盆地英西深层盐间和盐下落实亿吨级规模储量区。天然气勘探在塔里木盆地库车地区新增天然气三级地质储量超过3000亿立方米，累计三级储量超过1.5万亿立方米；四川盆地川中地区震旦系和下古生界分别新增探明、控制天然气地质储量1500亿立方米和800亿立方米以上，累计三级储量超过1.5万亿立方米；鄂尔多斯盆地苏里格地区新增探明天然气地质储量3111亿立方米，累计探明天然气地质储量1.6万亿立方米。

2. 原油生产任务全面完成

积极应对低油价挑战，精心优化产量结构，强化科学效益开发，保障原油生产安全平稳受控运行。产能建设突出新疆玛18、长庆马岭油田长8、塔里木哈拉哈塘、大庆北一区等8个重点项目，建成原油生产能力981万吨。持续深化老油田精细注水，分注率和合格率均进一步提高。精细油藏描述完成86个开发单元，增加可采储量近2000万吨。二次开发配套技术和开发模式不断完善。重大开发试验取得重要进展，化学驱技术转入工业化推广，气驱技术取得较好效果。油田自然递减率9.39%，综合递减率5.15%，含水上升率1.1%，油田开发指标总体正常。

3. 天然气生产平稳受控运行

积极应对天然气价格走低、下游销售不畅等严峻形势，科学组织生产，认真落实“产运销储”平衡方案，实现全年安全平稳供气。2016年，四大气区依然是天然气生产主力，长庆、塔里木、西南、青海分别生产天然气365亿立方米、236亿立方米、190亿立方米、61亿立方米；呼图壁、相国寺等6座储气库注气48亿立方米、采气29亿立方米，最高日调峰气量达4000万立方米，占股份公司储气库总调峰量的65%。产能建设以苏里格、塔中、龙王庙等7个项目为重点，新建产能102亿立方米，股份公司天然气年生产能力达1006亿立方米（含溶解气）。页岩气业务立足长宁—威远、昭通示范区建设，建成配套产能30亿立方米，年产页岩气28.4亿立方米。煤层气年产量16.8亿立方米，勘探开发技术日趋成熟。

4. 深入开展开源节流降本增效

面对前所未有的生产经营压力，积极深入开展开源节流降本增效。坚持效益标准，优化产量产能结构，调减成本高、效益差和风险大的业务。继续开展长停井治理恢复，推进油气水井带压作业规模应用，开展抽油机井系统效率测试与调整，充分挖掘现有资产潜力。创新生产组织和管理方式，继续推广大井丛立体化布井方式和钻井区块总承包。多措并举，抓好天然气淡季促销，提高天然气轻烃产量，提升天然气的价值和效益。以标准化设计为主线，推动地面系统提质增效。坚持精打细算，严格控制成本。压缩管理层级，用好转岗人员。强化市场意识，实现开源增效。

5. 持续推进技术创新

地震勘探继续推广单点高密度宽方位和可控震源高效采集技术，坚持最佳施工窗口期制度。钻井工作围绕降本增效开展技术攻关，平均机械钻速同比提高23.4%，平均钻井周期同比下降6.7%，复杂深井提速提效和防漏治漏技术取得长足进步。测井攻关研发一批技术方法与解释图版，解释符合率同比提高4.7个百分点。水平井钻井及体积压裂技术应用不断深化，工厂化作业模式日趋完善，体积压裂工具、工艺技术水平不断提升。

6. 安全环保节能减排工作扎实有效

贯彻落实国家新《安全生产法》和《环境保护法》，以HSE体系建设为抓手，抓实安全环保基础工作，全面落实主体责任。全要素量化审核和专项审核相结合，开展两次HSE审核，共发现问题1928个，整改率98%。首次组织开展环保专项审核与现场考核。领导干部HSE履职能力评估、基层岗位绩效考核和基层HSE标准化建设等工作全面展开。完成688座储罐、147座泵房防雷防静电检测，30座储罐底板腐蚀检测，5座天然气处理站场内工艺管道检测，800套锅炉加热炉燃油（气）燃烧器及安全联锁保护装置检测，117口高风险井井筒检测与评估。推进集输管道完整性管理，完善相关标准体系，完成9767条4.4万千米管道的高后果识别，降低运行风险。2016年治理安全环保隐患700多项。狠抓建设项目环保管理，持续推进清洁生产和污染减排，完善环境风险识别、评估及防控措施，编制并宣贯《油气田企业环境风险评估指导意见（试行）》。钻井废弃物无害化处理和资源化利用示范工程取得突破性进展，吉林、浙江等油田及南方公司全面实现废弃钻井液不落地随钻处理，废弃钻井液的危险属性鉴定获得环境保护部认可，从《危险废物管理名录》中剔除，集团公司安排的24个污染减排项目有21个建成投产，获得环保部门的认可。全年杜绝“六类”重大事故和重大职业危害事故，一般亡人事故得到较好控制，全面完成四类污染物减排指标。

（范文科　向书政）

油气勘探

【概述】 2016年，股份公司分层次设置油气预探项目（石油预探项目35个、天然气勘探项目23个）和风险勘探项目，其中重点勘探项目18个。油气勘探共取得28项主要成果。突出重点区带和重点预探项目，设立鄂尔多斯盆地陇东、姬塬，松辽盆地大庆长垣扶余、吉林长岭，塔里木盆地塔北，准噶尔盆地玛湖、红车拐，柴达木盆地柴西，吐哈盆地台北，辽河东部凹陷，华北饶阳，大港板桥等12个石油预探重点项目，鄂尔多斯盆地苏里格、盆地东部，四川盆地川中、川西，塔里木盆地库车、柴达木柴北等6个天然气勘探重点项目。

【勘探任务完成情况】 2016年，获工业油气流井404口，综合探井成功率53.59%。新增探明石油地质储量6.49亿吨，新增探明天然气地质储量5419亿立方米。

2016年新增油气地质储量具有以下特点：（1）原油储量整装程度同比有所降低，储量计算单元略有增多（2016年三级储量22亿吨计算单元546个，2015年22亿吨526个），大型规模区块储量占比下降（大于2000万吨储量区块，2016年61%，2015年66%）；（2）原油储量低—特低渗透、致密油、特殊岩性占比大（2016年85%，2015年82%）；（3）天然气探明地质储量创历史新高，且整装程度高（大于500亿立方米区块占62.5%）。

【渤海湾盆地主要勘探成果】 辽河大洼—海外河勘探取得重要发现。勘探面积350平方千米。借鉴大民屯陡坡带发现经验，精细陡坡带整体沉积储层研究，落实有利相带，刻画砂体目标，老井压裂攻关提产，寻找规模效益储量，部署实施探井8口，老井试油4口，新获工业油流井8口，在大洼地区新增探明含油面积14平方千米、石油地质储量1082万吨，同时在海外河地区控制含油有利区面积35平方千米，老区精细勘探取得重要发现。

大港潜山勘探取得新发现。大港地区发育奥陶系灰岩、上古生界碎屑岩、中生界碎屑岩与火山岩三个层系、三类潜山，勘探面积8300平方千米。2016年，突出港北和东关潜山精细地震资料目标处理与解释，深化成藏认识，部署实施探井16口，完井试油6口，新获工业油流井6口。港北潜山港古1505井日产气23568立方米、油17.6立方米，东关潜山枣1510井日产油20.9吨，港北、东关地区潜山领域取得新发现。

大港岩性油气藏勘探取得重要进展。勘探面积1.1万平方千米，发育板桥、歧北、歧南、埕北、南皮和孔店等6个斜坡区，是岩性油藏勘探的重点领域。2016年，借鉴板桥斜坡效益勘探经验，突出斜坡区中浅层，落实规模效益储量，部署实施探井、评价井26口，完井试油21口，新获工业油流井20口，在板桥、埕海、羊二庄、段六拨等地区落实一批效益储量。

华北廊固凹陷河西务潜山带勘探取得重要发现。勘探面积410平方千米，奥陶系潜山储层非均质性强，成藏复杂，多年勘探久攻不克。通过开展整体连片叠前深度偏移处理，精细构造解释与沉积相分析，明确有利储集相带和层位，在杨税务潜山西高点部署风险探井安探1X井，完井试油获日产油57.86吨、气40.88万立方米高产油气流，有望形成规模效益储量区。

华北饶阳凹陷富油气洼槽勘探取得重要进展。勘探面积5000平方千米，洼槽和斜坡区勘探程度较低，构造岩性和岩性地层型油藏是增储重点。2016年，坚持富油气洼槽精细勘探，部署探井14口，完井试油13口，新获工业油流井8口。在高阳、雁岭、刘李庄、肃宁、河间等地区新增探明地质储量1350万吨，富油气洼槽勘探取得新进展。

华北二连乌兰花凹陷油气勘探取得新进展。乌兰花凹陷面积600平方千米。2012年兰地2井等3口井分别在腾一段和阿尔善组获工业油气流，至2015年底累计完钻探井26口，获工业油气流井9口，但产量较低（日产0.5—8立方米），一直未取得规模效益突破。2015—2016年，深化整体评价与成藏认识，突出寻找规模高效储量，部署实施探井8口，新获工业油流井6口，其中兰8、兰11X、兰14X井腾一下段均获日产50立方米以上高产油流，实现乌兰花凹陷勘探的效益突破。

冀东南堡凹陷岩性油气藏勘探取得重要发现。勘探面积1570平方千米。2016年，按照“断槽输砂，坡折控砂，岩性控藏，优势砂岩控制油气富集”的思路，针对南部物源东营组三段—沙河街组构造—岩性油气藏，部署风险探井堡探3井，完井试油压裂后自喷日产油96吨、气13419立方米，南堡凹陷岩性油气藏勘探取得重要新发现。

【松辽盆地主要勘探成果】 北部龙虎泡地区中浅层石油勘探取得重要成果。龙虎泡阶地勘探面积2092平方千米。2016年立足中浅层精细勘探，寻找效益储量，优选有利目标，部署实施探井8口，新获工业油流井7口，在塔283-1等区块新增探明石油地质储量3256万吨，松北中浅层石油勘探取得新成果。

北部齐家地区石油勘探取得重要进展。齐家凹陷面积2280平方千米，截至2015年底累计探明石油地质储量1824万吨。2016年加大多层系立体勘探力度，落实效益储量，部署实施探井4口，新获工业油流井2口，在金80、杜37等区块高台子和扶杨油层落实多个含油有利区，齐家地区石油勘探取得重要进展。

南部让字井—两井地区石油勘探取得新成果。2016年，松南勘探稳步推进勘探开发一体化，实现致密油“甜点”有效动用，落实重新地区扶余常规油效益储量规模，部署探井5口、评价井26口，完井试油12口，新获工业油流井11口，在乾246区块新增探明石油地质储量1136万吨，并新落实让36区块、查平3区块等含油有利区。

【鄂尔多斯盆地主要勘探成果】 陇东地区石油勘探取得重要进展。勘探面积1.6万平方千米，2016年为落实环江—镇北、合水长6和长8油层规模储量，部署探井、评价井185口，完井试油153口，108口井新获工业油流。在环江长8油层24口井获工业油流，累计105口井获工业油流，探明含油面积352平方千米，新增探明石油地质储量10019万吨，实现陇东长8油层连片，该区长8油层已累计提交探明石油地质储量超过5亿吨，2016年生产原油258万吨。

姬塬地区立体勘探取得新成果。勘探面积1.46万平方千米，具有多层系复合含油特征。2016年，以落实长9油层储量规模、预探评价长6油层为目的，部署探井225口，完井试油117口，79口井获工业油流。在长9油层有51口井获工业油流，落实8个富集区，探明含油面积101平方千米，新增探明石油地质储量4429万吨，建成产能113万吨。在长6油层有23口井新获工业油流，初步落实含油有利区面积530平方千米。

陕北老区延长组下部层系取得新进展。勘探面积1.5万平方千米，2016年加大延长组长6油层以下层系勘探，部署探井、评价井80口，完井试油125口（含往年部署井），100口井获工业油流。长8油层有29口井新获工业油流，初步落实新237等4个含油有利区；顺112、顺110井在长9油层试油分获日产62吨、13.26吨工业油流，发现2个新的高产含油富集区；长10油层有6口新获工业油流，落实新405等3个含油有利区。陕北老区延长组下部层系勘探成果的扩大，为陕北老区持续稳产奠定资源基础。

苏里格天然气勘探取得重要成果。勘探面积6万平方千米，2016年主攻南三区，评价西二区，部署探井55口，完井试气48口，获工业气流井21口，在西二区新增探明含气面积2295平方千米、地质储量3311亿立方米，建成产能25亿立方米。同时，天环中段李32井盒8层系获日产4.63万立方米工业气流，结合以往勘探成果，落实李4、苏307两个含气富集区，形成新的储量接替领域。

盆地东部多层系天然气取得新进展。勘探面积2万平方千米，具有多层系复合含气特点。2016年，围绕盒8、山2层系，以扩大含气面积和提高单井产量为目标，积极开展工艺技术攻关，部署探井23口，完井试气39口，21口井在山2、盒8层系及本溪组、马五段等新获工业气流。其中，麒10井在本溪组获日产109.38万立方米高产气流，该区本溪组累计有51口工业气井，落实12个高产富集区，有望形成千亿立方米规模储量。

【四川盆地主要勘探成果】 川西北天然气勘探取得新进展。川西北下二叠统构造成排成带发育，且具有多层系含气特点。2014年双探1井在栖霞组、茅口组均获高产气流之后，部署双探2井、双探3井，2016年完钻的双探3井在栖霞组钻遇块状孔隙性白云岩储层，测试获日产气41.86万立方米高产气流，同时该井在泥盆系观雾山组获日产气11.6万立方米工业气流，发现新的含气层系，证实川西北地区具备立体勘探的潜力，是盆地重要的勘探接替领域。

川中古隆起天然气勘探取得重要进展。2016年，主攻灯影组台缘带，评价勘探磨溪22井区，部署探井8口，完井试气13口（含往年部署井），12口井新获工业气流。其中，磨溪22井区灯四段8口井新获工业气流，新增探明天然气地质储量1527亿立方米，基本实现台缘带高产富集区的整体探明。同时甩开勘探北部台缘带的磨溪52井、磨溪111井在灯四上段测试分别获日产4.75万、30万立方米工业气流，台缘带含气范围进一步扩大。

【准噶尔盆地主要勘探成果】 玛湖凹陷东斜坡石油勘探取得重要发现。有利勘探面积2600平方千米，2015年该区风险探井达探1井多层系钻遇厚油层，坚定了在东坡岩性规模勘探的信心。2016年立足有利相带，寻求规模发现，部署探井8口，完井试油4口，3口井新获工业油流，其中达13井、达15井在三叠系百口泉组分别获得日产22.12吨、33吨的高产油流，玛东斜坡石油勘探取得重要发现。

滴南凸起南带天然气勘探取得新发现。滴南凸起南带勘探程度低，其构造背景、成藏条件与克拉美丽火山岩气藏相似，具有“源控、断控、隆控、火山岩体一体一藏”的特征。截至2016年底，立足有利区带，在新的高精度地震资料基础上，加强火山岩体的识别与研究，部署探井6口，完井试气4口，滴探1井、美6井在石炭系火山岩分别获得日产7.8万、8.8万立方米工业气流，在滴南凸起南带天然气勘探取得新发现。

南缘齐古断褶天然气勘探取得重要发现。勘探面积1.5万平方千米。截至2016年底，加强该区研究和老井、老油气藏再认识，转变思路，立足中浅层，部署探井6口，完钻2口，其中齐古1井在侏罗系获日产3.8万立方米工业气流，为南缘勘探开辟新思路，有望打开南缘效益勘探的新局面。

西北缘多层系立体勘探取得重要成果。勘探面积1.55万平方千米。2016年，立足中浅层，勘探评价一体化，寻找规模可动用储量，部署探井28口，完井试油28口，新获工业油气流9口，在车峰7和红153井区新增探明石油地质储量7850万吨，西北缘多层系立体勘探取得重要成果。

【塔里木盆地主要勘探成果】 库车克深区带天然气勘探取得新发现。勘探面积2.8万平方千米。2016年，加强老资料精细处理解释，落实中浅层有利目标，寻求新发现，部署二维地震1289千米，探井9口，完井试气5口，3口井新获工业气流，克深10、克深11井在白垩系巴什基奇克组分别获得21.52万、69.58万立方米高产气流，新发现两个含气构造。同时评价勘探博孜1、克深13气藏取得新进展，博孜1气藏新增探明天然气地质储量730亿立方米。

塔西南麦盖提斜坡奥陶系白云岩潜山勘探获得重要发现。勘探面积3.2万平方千米。2011年在二维地震资料上发现罗斯2断垒构造，2013年部署三维地震134平方千米，2015年部署罗斯2井，2016年该井在奥陶系蓬莱坝组酸化后日产气21.45万立方米、油3.02立方米，发现新的潜山油气藏类型，坚定塔西南及周缘油气勘探信心。

塔中东部潜山勘探获重大发现。塔中隆起东部潜山区自1989年塔中1井获得发现后，27年来针对下古生界碳酸盐岩勘探始终未能取得实质性突破。2016年，在罗斯2井成藏模式指导下，对塔中白云岩潜山重新认识，评价钻探中古58井获得日产油11.31立方米、气6.5万立方米工业油气流，塔中东部石炭系泥岩盖层区白云岩潜山勘探取得新发现。

塔北碳酸盐岩石油勘探取得新成果。有利勘探面积2.75万平方千米，2016年重点预探跃满西区块，探索热普区块，评价富源区块，部署探井、评价井15口，完井试油11口，9口获工业油气流。其中，跃满9、跃满801井鹰二段分别日产油255、153立方米，果勒2井鹰二段日产油11.7立方米、气2.9万立方米，跃满—果勒区块鹰二段获得新发现，塔北碳酸盐岩含油面积进一步向西向南拓展。

【柴达木盆地主要勘探成果】 英西深层勘探开发一体化取得新进展。勘探面积2000平方千米。2014—2015年一体化整体评价，纵向上发现6套油层组，落实3个油气富集区。2016年，围绕富集区控制规模快速建产，两侧甩开勘探谋突破，一体化部署实施预探井、评价井共14口，获工业油流井13口。勘探评价产建一体效果显著，在英西中带部署的狮1–2、狮205、狮1–3向1井相继获得千吨高产；同时甩开预探向西北部署的狮49、狮39加深等井获新发现，向东南部署的狮52井首次在Ⅲ油组获日产油161立方米高产，发现新的含油区。

阿尔金山前天然气勘探取得重要发现。勘探面积5000平方千米，发现基岩块状地层、侏罗系构造—地层、古近系构造—岩性等多种类型的油气藏。2016年继续向西探索尖北斜坡，部署风险探井尖探1井，在基岩压裂测试获日产14万立方米高产气流，发现一个新的含气区带，并证实尖北地区周缘存在侏罗系烃源岩，阿尔金山前天然气勘探取得重要发现。

【三塘湖盆地主要勘探成果】 马朗凹陷立体勘探取得重要成果。有利勘探面积1395平方千米，截至2015年底探明石油地质储量1.4亿吨。2016年按照“扩展致密油、火山岩规模储量，攻关低压砂岩油藏”的思路，部署实施探井7口，新获工业油流井3口，在牛东110井区石炭系新增探明石油地质储量2121万吨，该区块47口井投入生产，日产油117.1吨。

【勘探管理提质增效】 总体设计审查，优化勘探部署。2016年初分两阶段对16家油气田公司预探部署总体设计进行认真审查，3月对西南、塔里木、新疆、冀东、浙江等油气田的地震部署和重点探井目标进一步论证落实。审查突出重点、突出效益，严格控制深井、加强地震部署的针对性，整体把握效益源头。新疆油田、冀东油田立足中浅层，在投资不增情况下，探井分别增加6口和5口，大港油田2016年完钻平均井深3301米（较“十二五”期间单井浅500米）。

推动以区带和目标落实为重点的综合研究工作。发挥集团公司整体优势，有效整合油田、勘探院、东方物探研究力量，按照“统一组织、顶层设计、发挥特长、统筹安排”的思路，由油田牵头加强重点盆地重点领域的整体研究工作。设立准噶尔白垩系—二叠系、四川下二叠统、塔里木下寒武统等综合研究项目，加强区带和目标落实。针对比较现实的塔里木库车北部斜坡带、四川盆地奉节、准噶尔盆地白家海和滴北等重点区带，以油田为主导加大二维和三维地震部署，加快目标研究与落实。

优化工程设计，突出技术适用性。通过优化井身结构、测井录井系列、压裂方案等，有效降低投资。新疆玛湖地区钻井三开变二开，玛西钻井周期缩短43天，玛东缩短59天；吉林油田通过优化压裂措施，单井节约投资10%以上；冀东油田优化试油排液方式，单井节约50万元。

强化一体化组织，注重效益可动用性。大港、新疆、吉林、华北等油田在预探取得发现后，通过对探井的试采和经济评价，整体认识油气藏地质特征和效益可动用性，一体化部署探井、评价井和开发建产井，并统一组织实施，效率效益双双提高。大港油田港北、东关潜山落实效益储量1878万吨，新建产能7.8万吨。

发挥市场竞争机制，降低工程成本。通过对股份公司内钻井、试油等各项指标的对标分析，加强油田间的勘探管理经验交流，相互促进提高管理水平。部分油田充分发挥市场机制，加大钻井、试油招投标力度，千方百计提质增效、控投降本。吐哈、青海、吉林、冀东等油田标底价格在2015年基础上下浮15%—25%。

【风险勘探目标落实】 按照“突出中西部大盆地、富油气凹陷，着眼于寻找规模可动用储量”的原则，立足全局性、规模性、接替性，梳理出六大领域22个重点区带，按前期研究、区带准备、目标优选三个层次统一部署。2016年汇总目标52个，现场落实35个，组织召开专家目标评审会14次，在塔里木盆地寒武系盐下，川东震旦系—寒武系等具有探索意义的重点领域，落实尖探1、五探1、合探1、和田2等12个风险目标。同时，继续加强实施过程管理，对秋探1、佳木1、龙探1、五探1、莲探1等重点井动态跟踪分析，对个别井出现的事故及时组织讨论和决策，减少工程等停工和决策延误风险，提高勘探效率。

【勘探与生产技术数据管理系统（A1）2.0实施完成】 勘探与生产技术数据管理系统（A1）2.0是全新开发的、具有中国石油自主知识产权的勘探开发一体化基础数据管理平台。该系统形成上游统一的数据标准，并通过对接16家油气田公司45个数据库，实现上游业务数据流程化管控，建成中国石油规模最大的勘探开发一体化成果数据库（包含物探、钻井、录井、测井、试油、分析化验等结构化数据以及成果文档），为上游信息系统集成建设提供稳定的数据基础（数据质量及质量管理体系成果获2016年中国质量评价协会科技创新奖）。A1系统2.0还搭建开放的系统应用环境，实现数据综合查询、统计分析、质量考核、成果知识化应用以及对主流应用软件（GeoEast、OpenWorks、Petrel）无缝数据推送，提升项目研究环境支持能力和数据应用的便捷性和准确性。此外，该系统还建立适应石油勘探开发业务流程的开放性平台，支撑各油田自建系统的装配式集成开发，为集成应用提供基础平台。

（全武弟）

勘探工程技术

【概述】 2016年，物探技术方面推广先进适用技术，推广量化质控，持续技术攻关，挖掘老资料潜力，实施处理解释一体化，规范技术应用和管理，加强信息化建设，组织重点难点问题专题技术研讨，举办物探复合型人才实训，研发推广物探定量质控方法和软件。钻井工程方面在致密油气、页岩气、碳酸岩盐、煤层气等常规油气藏推广应用水平井钻井技术；在裂缝性储层保护、研磨性地层的钻井提速、窄密度窗口的防漏治漏等领域应用欠平衡和气体钻井74口；推广应用垂直钻井技术33口井41井次；推广应用大井丛工厂化钻井技术，完成3口井以上平台井数4522口。在495口探井进行成像测井，在9口井应用介电扫描测井。

【物探技术攻关】 2016年，围绕高陡构造、碳酸盐岩、复杂岩性等领域部署攻关项目11个，落实圈闭76个、圈闭面积613平方千米，新发现圈闭11个、圈闭面积27.1平方千米；建议井位18口、采纳8口。

渤海湾盆地精细目标处理与储层预测。辽河、大港、华北、冀东等油田针对渤海湾盆地高陡断裂带成像、潜山构造成像储层预测等瓶颈技术开展攻关，应用射线束叠前深度偏移技术有效改善高陡断裂带反射结构，Q偏移提高沙河街组分辨率，全方位深度偏移从不同方向有效刻画南马庄潜山构造及内幕反射，多次波压制进一步提高南堡5号构造火山岩储层的信噪比，资料品质的提高为下一步构造精细解释及储层刻画奠定技术基础。

四川盆地川东大天池—云安厂构造带叠前深度偏移处理解释。川东大天池—云安厂构造带具有复杂山地近地表横向变化剧烈、复杂断裂和高陡构造成像困难等问题，为了提高高陡构造成像精度，落实下古生界构造形态，提供钻探目标，勘探与生产分公司组织多家单位针对静校正、去噪和偏移成像三方面开展处理技术攻关。勘探院应用自主研发的IPreSeis VI软件，建立高精度的近地表模型，并与中深层速度模型拼接融合后形成整体速度模型，应用系统中的层析与射线束叠前偏移技术进行整体叠前深度偏移成像，浅、中、深层成像效果明显改善。综合多家单位的攻关成果部署五探1井。

【地震采集技术】 2016年，围绕重点难点勘探开发项目，跟踪复杂山地、高陡构造、复杂岩性和致密油气等领域的重点地震采集工程项目，强化源头管理，优化技术设计，统筹考虑技术实用性与经济可行性，加强过程质控管理，取得实效。（1）在辽河、大港、西南、塔里木等地区继续推动单点、“两宽一高”（宽频、宽方位、高密度）地震采集技术，18个项目推广应用高灵敏单点检波器采集，检波器投入下降90%，资料分辨率明显提高，断裂成像精度和地层接触关系更加清晰；（2）在辽河、长庆、新疆、青海、塔里木等地表条件允许的地区推广应用可控震源高效采集技术，共实施三维地震满覆盖1465平方千米，占总实施三维地震的48%，同比提高13%，施工效率提高4倍（井炮平均500炮/日，震源平均2000炮/日）；（3）全面应用地震采集数据实时质量监控与自动评价系统，试点开展远程质量监控，提高施工效率，降低野外勘探投入，推动绿色、高品质地震勘探；（4）严格地震采集“禁采期”制度，细化各区带最佳施工窗口，避开恶劣天气，确保施工安全，提高资料质量；（5）组织召开塔里木、辽河、准噶尔盆地等重点探区专题技术研讨会，分析难点技术，提出技术应用及发展方向。

大港油田刘官庄三维地震采集处理解释一体化项目。大港油田聚焦中浅层效益勘探，在刘官庄地区部署193平方千米2次三维地震数据采集。通过应用高密度、单点检波器地震采集，友谊油田埕北斜坡中段地震资料有了很大改善，部署10口预探井，多口井相继获得高产工业油流，其中庄17101井、庄1618井获得月产油超百吨高产，进一步证实该区多套含油的地质认识，坚定刘官庄—友谊—张巨河富油区带油气勘探开发的信心。2016年，大港油田编制完成产能建设方案，优化实施后新建产能3.6万吨。

柴达木盆地“两宽一高”三维地震采集。青海油田针对复杂地质难题，在地表条件允许的地区，规模推广“两宽一高”、震检组合压噪、低频震源大组合激发等采集技术，可控震源比例70%，资料信噪比大幅度提高。扎哈泉地区三维地震为预探—评价一体化三维地震项目，采用滑动扫描高效采集、数字化地震队等配套技术，首次实现复杂风蚀残丘区低频可控震源规模化施工。台吉乃尔三维地震项目是柴东地区首次规模化使用低频可控震源的宽方位三维地震项目，炮道密度 249 万道 / 千米 ^{2}，再创盆地炮道密度之最。英东东三维地震满覆盖面积 249 平方千米，在“两宽一高”震检联合组合基础上，通过在复杂断裂带加密炮点，断裂带的照明强度明显增强，剖面的信噪比和成像效果得到较大提高。

长庆油田首块工业化油藏评价三维地震项目。古峰庄三维地震是鄂尔多斯盆地部署的首块工业化油藏评价三维地震项目，满覆盖面积 200 平方千米。主要地质任务是精细描述侏罗纪古地貌形态和落实三叠系延长组低幅度构造和岩性圈闭，探索经济高效的三维地震解决油藏评价与开发地质问题的能力，为油藏评价井位部署和产能建设提供技术支撑。勘探与生产分公司组织专家对该工程技术设计和现场试验资料进行多次讨论分析，确定小面元、高覆盖、2—3 台可控震源组合激发和检波器小组合接收的“两宽一高”施工方案。截至 2016 年底，该项目完成全部野外采集工作，资料信噪比较高，低频成分更加丰富，有效频宽 5—50 赫兹，主频 25—30 赫兹。根据初步的处理解释成果，提交油藏评价井位部署 3 口。

【地震老资料处理解释技术】 2016 年，各探区开展老资料重新处理解释工作，二维地震 44937 千米，三维地震 34248 平方千米，取得突出成效。大庆龙西地区，通过对老资料高分辨率处理、精细构造解释和薄储层预测，识别构造圈闭 216 个、岩性圈闭 206 个，优选有利钻探目标，其中塔 48、塔 52 等井获高产油流；青海英雄岭，结合新钻井认识，加强物探地质一体化，滚动开展新老地震资料的处理解释，不断提升资料品质，获得良好勘探开发成效，为规模储量的提交奠定基础；华北油田和大港油田在成熟探区，通过叠前深度偏移精细处理，发现落实新的潜山目标，在杨税务、港北和东关潜山获得勘探突破。

【GeoEast 国产地震处理解释软件推广】 GeoEast 软件是中国石油自主研发的地震资料处理解释一体化软件，2013 年获国家科学技术进步奖二等奖，达到国际先进水平，成为集团公司十大工程技术服务的核心软件利器。2016 年，勘探与生产分公司与东方地球物理公司签署 GeoEast 企业版技术服务框架协议，并制定软件推广应用三年规划，明确到 2018 年股份公司内 GeoEast 应用人员熟练掌握率达到 100%、处理解释项目应用率分别达到 50% 和 70% 的应用目标（简称 157 工作目标）。

截至 2016 年底，股份公司已配置常规处理 20536 核，Lightning（逆时叠前深度偏移模块）810 个 GPU，解释系统 825 个许可，特色功能包 116 套的软件最新版本。处理二维地震资料 26703 千米，三维地震资料 37452 平方千米；解释二维地震资料 151302 千米，三维地震资料 92320 平方千米，处理解释应用率均达到 40% 左右。随着规模化、工业化应用的不断深入，软件应用水平不断提高，充分展现其适应中国复杂地质特点、满足油田个性化技术需求的特有优势，在油田的增储上产中发挥重要作用。GeoEast 系统的叠前精细处理技术、现代属性技术及烃检测技术在大庆龙西地区精细勘探、鄂尔多斯盆地合水等地区储层预测、塔里木桑塔木和新疆滴西复杂构造成像、吐哈油田地震精细处理及目标优选、华北二连探区的储层研究、四川盆地天然气勘探等项目中得到有效的应用；Q 偏移、波动方程偏移、井震联合解释、层序地层学、水平井辅助设计等先进处理解释技术在大庆、新疆等油田开展应用并取得初步成效。截至 2016 年底，油气田公司和勘探院通过 GeoEast 软件处理解释，发现圈闭 220 个，面积 36836 平方千米；落实圈闭 231 个，面积 9188 平方千米；建议井位 434 口，采纳 272 口。

【井中地震勘探技术】 2016 年，股份公司实施零井源距 VSP（垂直地震剖面法）84 口，非零井源距 VSP 39 口，Walkaway-VSP 21 口，Walkaround-VSP 2 口，3D VSP 1 口，微地震井中检测 65 口。利用 VSP 资料可准确获得层速度、Q 值、Tar 值、各向异性等关键地球物理参数，有效识别多次波，建立高精度的速度模型。经 VSP 井驱处理后的地面地震资料分辨率和成像精度均有较大幅度提高。华北油田在束鹿凹陷开展 8 个方向的 Walkaway-VSP 和全方位三维地震的井地联合采集，利用井驱处理解释成果，部署钻探的束探 1、束探 2X、束探 3 井均获工业油气流。西南油气田利用 VSP 资料对磨溪地区层间多次波进行有效识别和针对性去除，较好解决部分地区井震不匹配的问题，储层预测精度有较大提高。

【页岩气地震勘探技术】 西南油气田在四川盆地拥有页岩气探矿权 9 个，面积 39267 平方千米。为预测优质页岩分布，指导水平井轨迹设计，在威远、长宁区块先后实施 6 块宽方位三维地震，其中 2016 年实施的自 201 井区和宁 216 井区 2 块为多波多分量三维地震。通过应用高分辨率处理、层控速度建模、各向异性及叠前深度偏移等手段，准确预测页岩层底界深度和断裂分布，及时为2014年、2016年威远和长宁两轮开发方案的编制、水平井靶点的设计以及压裂方案的评估提供技术支持。截至2016年底，威远地区完钻的49口井，地震深度预测绝对误差由2014年的20—48米减少到2016年15米以内，误差均小于1.5%。通过联合应用纵横波对储层厚度、脆性和含油气性等进行预测，能较好地识别优质页岩地质“甜点”和工程“甜点”区，支撑水平井储层钻遇率大于90%。

【地震质控管理系统】 勘探与生产分公司依托物探科研项目开展地震量化质控系统的研发推广，为提高资料品质提供科学手段。由勘探院西北分院牵头研发的“地震采集数据质量实时分析与自动评价系统”可进行现场实时质量监控和数据分析，实现无纸化、自动化、定量化质控，是地震野外采集质量监控模式的突破，为“两宽一高”等大数据量地震采集提供科学高效的质控手段。截至2016年底，集团公司内推广应用374套，采集项目覆盖率大于90%，提高质控效率10倍以上。每个项目地震队可节约采集成本80万—100万元，集团公司每年可节约成本近亿元。新疆油田负责研发的“地震数据处理质量分析与评价”，2016年完成12个单位的安装培训，编制发布股份公司企业标准《地震数据处理质量分析与评价规范》。该系统为处理监督和油田管理人员提供处理过程及时质量监控和分析的手段，为进一步提升地震资料处理质量提供保障。大庆油田承担的“石油物探成果图件生成与质控”科研项目，编制发布股份公司企业标准《石油地质与地球物理图形数据PCG格式规范》和《石油地球物理成果图件编制规范》，并研发基于标准的图件生成与质控系统，为物探归档成果质量控制提供专业技术手段。这些质控系统的全面推广应用，将实现物探全过程量化控制，确保资料品质与工作效率。

【物探基础数据库建设】 物探测量、高精度卫星图像、基准面、表层结构、静校正量、近地表吸收补偿、速度、岩石物理等八大类物探基础数据是物探处理解释的重要基础，其精度直接影响地质研究成果的质量。新疆油田研发建设面向应用的专业化物探基础数据库和应用系统，前期数据准备时间由3—5天缩短到1小时，数据应用效率平均提高10倍以上，有力地支撑地震处理解释新技术的应用，在油田勘探开发决策中发挥重要作用。2016年，大庆油田负责研发的“岩石物理分析应用系统”得到很好应用，为松辽盆地致密油气“甜点”预测以及龙西—杏西等多个连片处理解释项目提供及时的技术支撑。西南、华北等油气田积极建设、开发相关基础数据库与协同研究环境，为地质综合研究人员提供可靠、高效的研究环境。

【水平井钻井技术】 2016年，完钻水平井601口。水平井主要应用在致密油气、页岩气、煤层气等非常规油气藏。尽管油气藏地质条件日趋复杂，但通过强化油气藏精细刻画、强力推进先进适用工程技术应用，水平井总体效果依然十分突出。大庆外围油田2016年投产油井水平井721口（占外围总井数的2.23%），年产油占外围总产油量的11.6%；通过持续推进工厂化、专业化施工、标准化作业，不断提升作业效率，单井钻井投资逐年下降（较2013年下降60%），为外围难采储量的动用提供利器。新疆风城超稠油2016年成功推广应用双水平井SAGD井组169对，建成产能132万吨，SAGD水平井组平均日产油17.7吨，年产油量由2015年的70.1万吨提高到86.2万吨，吨油操作成本为同类油藏的41.4%。新疆玛湖地区三叠系百口泉组通过前期开发试验表明水平井生产能力强、产量高（已投产水平井同期产油是直井的4.8—11.0倍），优势明显。MaHW6004、MaHW6002两口井成功，更加坚定玛18区块水平井整体开发理念，截至2016年底，第一批12口水平井顺利完成，试采效果明显好于直井。吐哈油田三塘湖非常规油气资源通过“水平井+体积压裂”配套技术，实现三塘湖火山岩及致密油储量、产量突破，原油年产量由2011年的12.5万吨提高到37.6万吨。川渝页岩气水平井组通过井组工厂化作业、以旋转地质导向为核心的优快钻井技术、以低黏滑溜水+低密度支撑剂为核心的体积改造技术五年来的攻关和试验，开发技术基本成熟配套，水平井钻井周期下降50%以上、压裂作业效率提高50%以上、建井成本下降60%，截至2016年底，页岩气日生产能力900万立方米、年产气28亿立方米，圆满完成长宁—威远—黄金坝示范区25亿立方米产能建设任务。

水平井钻井技术日趋成熟，保障能力进一步提升。2016年平均水平段长830米，为体积改造和提高水平井应用效果奠定基础。长庆油田完成国内陆上油田最长水平段水平井西平238-77井，水平段长度2740米，油层钻遇率82.5%，采用可溶桥塞体积压裂技术完成30段106簇压裂。华北油田山西煤层气井沁试12平1-H井，完成15个分支和33个脉支，总进尺13270米，煤层进尺10288米，创下煤层气单井总进尺最大、分支井眼总数最多、单井煤层进尺最大等多项国内行业新纪录。

【欠平衡钻井技术】 2016年，完成欠平衡和气体钻井74口，主要应用领域为裂缝性储层保护、研磨性地层的钻井提速、窄密度窗口的防漏治漏等方面。欠平衡技术降低了储层污染实现及时发现。青海油田通过实施简易控压钻井6口，解决了英西深层密度窗口窄、裂缝发育等钻井难题，其中：5口井均钻遇良好油气显示，4口井测试日当量产量达千吨，狮1-3-1井在盐间Ⅱ-8层首获高产，试油期间日产油273吨、气5万立方米；预探井狮52井发现新的油气聚集区，试油期间日产油102立方米，为英西地区下一步的勘探部署提供了依据。华北安探1X井四开溢流压井后采用控压钻井，保障了井控安全，发现并保护了油气层，该井取得日产天然气41万立方米、原油71立方米的高产油气流重大油气发现，实现冀中北部奥陶系深潜山勘探的新突破。

气体钻井大幅度提高难钻地层钻速。西南油气田2016年在双鱼石、黄金坝、长宁等构造采用气体钻井提速、治漏，作业24口井、29井次，总进尺16364.77米，平均机械钻速5.98米/时，提速治漏效果十分明显。其中，双鱼石构造上部蓬莱镇组—沙溪庙组上部444.5毫米井眼平均机械钻速、日进尺是常规钻井的2.33倍、1.68倍以上；333.4毫米井眼平均机械钻速、日进尺是常规PDC钻井的3.0倍、3.45倍以上。长宁、昭通页岩气采用气体钻井，表层治漏防漏同比每口井有效节约清水或减少钻井液漏失4000—5000立方米，深部韩家店—石牛栏研磨性层段氮气钻井1只牙轮钻头顺利钻完该层段，同比缩短钻井周期5—10天。

通过持续推广控压钻井技术，降低“三高”地区的井控安全风险，确保复杂地层顺利钻进。西南油气田2016年应用精细控压钻井有效解决茅口组—筇竹寺组井段、灯影组因裂缝发育造成的严重井漏、处理复杂耗时长、井控风险高等难题，针对安全密度窗口窄，常规钻井作业难度大的难题，平均漏失量、平均处理复杂时间分别同比下降83.3%、87%，平均井径扩大率5.15%—7.13%。

【垂直钻井技术】 2016年，塔里木油区应用垂直钻井19井30井次，垂直钻井进尺55896.35米。其中，斯伦贝谢Power-V应用22井次、38077米，占总工作量的68.1%，平均单井应用进尺2380.43米，最大井斜基本控制在1度以内，已成为山前钻井提速的重要利器之一，应用井深由以前的4000米左右到7000米以上，特别是KeShen131的$13^{1}/_{8}$井眼5205—7140米井段应用垂直钻井系统，平均机械钻速2.67米/时，创垂直钻井应用最深井深。

西部钻探在塔里木油田完成克深907井、克深131井、克深8-5井3口井6井次的垂直钻井技术服务，单套工具井下无故障工作时间超过200小时，累计垂直钻井进尺19401.5米，平均机械钻速较同区块同井段常规钻井方式提高1.9—3.6倍，实钻井斜控制在0.6度以内。

渤海钻探经过持续技术改进，进一步提升工具在复杂地层的稳定性，工具单趟钻进平均入井时间150—200小时。2016年在塔里木油田完成克深1101井、克深1102井、克深134井、神木6井以及大北11井等5口井的施工任务，总进尺9694.5米，总入井时间2603小时。在克深1102井二开应用垂直钻井工具，施工井段井斜均控制在0.5度以内，比钻井设计提前10天完成任务，防斜打直提速效果明显。

【大井丛工厂化钻井技术】 工厂化作业是北美在页岩油气开发中创新形成的管理模式，可有效提高作业效率、减少土地占用、降低工程成本。2016年在新疆、长庆苏里格、川渝页岩气、大庆、吉林、扎哈泉等建产区块积极推进大井丛工厂化作业，完成3口井以上平台井数4522口，通过大井丛工厂化作业，在实现开源节流降本增效、缓解安全环保、降低外协征地成本等方面发挥重要作用。

长庆油田继续全面推广多层位、多井型组合、大井丛工厂化开发模式，2016年部署井组710个（3178口井），完成725个井组（3210口井）。其中，油田666个井组2927口井（平均每个平台4.4口井），气田59个井组283口井（平均每个平台4.8口井）。实施效果显示，与单井相比，累计节约征地12007亩（1亩=666.67平方米），节省钻机搬迁2488次，节约井场道路2489条。

大庆油田葡47区块大平台钻井受库里泡水域的限制，通过一体化优化部署，在湖边、湖中建设钻井平台18个157口井，单个平台最多部署26口井，减少2座人工岛建设。2016年全部完成，平均建井周期由10.1天减少到6.3天，缩短37.6%。通过大平台联合布井、尺寸优化及地面建设工艺等一体化优化，内部收益率由“亏损”提高到12.3%，达到股份公司效益指标。

新疆油田吉7井区2016年实施区域大部分位于农田内，为减少征地面积，采用大井丛工厂化作业，共部署14个平台161口定向井，单平台最大部署井数43口，总占地面积从前期的3405亩缩减到202亩，降幅94%，顺利通过政府的安全评价和环境评价。截至2016年底，14个平台已经全部完成，平均工期由初期的16.6天降至10.7天。同时采用环保钻井液体系和不落地技术，保护农田；钻井液重复利用率50%以上；大井丛作业节省了钻井费用，完成该区块产建任务。

吉林油田2016年部署5个大井丛平台、90口井。其中，新立Ⅲ区块3号平台在2015年成功实施基础上进一步优化方案部署、完善工厂化作业配套，井排间距由60米缩小到7.5米，井场占地较2015年的1、2号平台标准下降45%，采用一趟钻、双驴头抽油机、平台井压裂可实现不动车组等措施，整体作业效率提高1倍以上。新立215-1和Ⅱ区块70口井，由于地方部门临时要求采用钻井液不落地技术增加了成本而导致原有方案无法实施，后通过大井丛部署+钻采方案一体化优化，降低了钻采投资，通过经济评价。

青海油田2016年首次在扎11区块开展大井丛工厂化作业，部署28个平台、144口井，已实施12个平台53口井，节约建井周期188.68天，钻井成本下降13%。

大港油田、华北油田及页岩气、煤层气等领域通过大井丛工厂化作业，也见到显著效果。

【高精度成像测井技术】 成像测井是复杂油气藏测井评价极其重要的技术。2016年，中国石油探井中成像测井495口井，应用覆盖率34.1%。其中，电成像、阵列声波、核磁共振、MDT/CHDT、元素俘获/岩性扫描作业井次分别为326、281、201、42和48口，分别占成像测井技术测井项目总数的36.3%、31.3%、22.4%、4.7%和5.3%。

成像测井主要应用于：（1）准噶尔玛湖二叠系与三叠系、库车深层和鄂尔多斯延长组等领域的复杂碎屑岩和致密油，以核磁共振测井为主开展储层孔隙结构评价与分类，以阵列声波测井评价成果支持压裂参数优选与方案设计，提高试油成功率。（2）塔里木、四川上古生界、鄂尔多斯奥陶系和渤海湾古潜山等领域的碳酸盐岩，以电成像测井为基础开展孔洞缝评价与储层有效性分析，以元素测井精细计算复杂矿物组分。（3）大庆和塔里木等油田开发区，以MDT快速评价出流体性质与类型，划分出水淹层级别、评价剩余油分布；快速准确获取地层压力，有效支持油气水系统分析、注采平衡调整、水井关井时间精细确定和套损及时预警等，提质增效作用明显。

【复杂油水层识别的介电扫描测井技术】 由于地层水与油气、岩石的介电常数差异大，介电扫描测井技术可敏感地指示出地层水的分布，是提高复杂油水层解释符合率的有效技术。2016年，在鄂尔多斯延长组中下组合的复杂油水关系储层中，集中应用9口井介电扫描测井，全部10个试油层的测井解释符合率90%，相比于该区其他流体识别方法提高近30个百分点。

【柴达木英西湖相混积岩储层测井精细刻画与评价技术】 柴达木英西深层为湖相混积岩沉积，岩性十分复杂（含黏土、砂质、云质、灰质、膏盐和盐岩等），孔隙度低、裂缝发育、油水关系复杂、构造复杂，几乎集测井解释的难点于一身，测井评价难度大。通过青海油田、测井公司、勘探院和斯伦贝谢等单位的协作攻关，明确解决岩性识别与组分计算的难题，建立储层有效性方法与分类标准，通过采用变骨架算模型孔隙度，计算精度大幅提高，尤其是建立基于岩性扫描测井的热中子俘获截面的油层识别方法，解释符合率由攻关前50%左右提高至73%。

（曾　忠　刘国强　叶新群）

油田开发

【概述】 截至2016年底，股份公司国内油田累计动用地质储量186.38亿吨，可采储量56.81亿吨，标定采收率30.48%；地质储量采出程度23.19%，可采储量采出程度76.07%，地质储量采油速度0.56%，剩余可采储量采油速度7.17%；老井自然递减率9.39%，综合递减率5.15%。2016年底，日产油水平28.57万吨，年产油10545万吨，累计产油43.24亿吨；年产液9.10亿吨，油田综合含水89.22%；日注水316万立方米，年注水11.34亿立方米，月注采比1.1，累计注采比1.03；采油井总井数237500口，开井169419口，平均单井日产油 1.7 吨；注水井总井数 92261 口，开井 68833 口，平均单井日注水 45.91 立方米（表 2）。

表 2　2016 年采油、注水情况

项　目	2016 年	2015 年	同比增减
采油井总井数（口）	237500	232448	5052
采油井开井数（口）	169419	173443	−4024
平均单井日产油量（吨）	1.7	1.7	0
注水井总井数（口）	92261	88557	3704
注水井开井数（口）	68833	67733	1100
平均单井日注水量（立方米）	45.91	47.25	−1.34

【原油生产】 2016 年，生产原油 10545 万吨（包含液化气产量 51.5 万吨），其中自营区产油 9693 万吨，合作区产油 852 万吨（表 3）。

表 3　2016 年原油工业产量、商品量

项　目	2016 年	2015 年	同比增减
原油工业产量（万吨）	10545	11143	−598
自营区（含风险作业）原油产量（万吨）	9693	10167	−474
合作区原油产量（万吨）	852	976	−124
原油商品量（万吨）	10424	10936	−512

大庆油田生产原油 3656 万吨，占股份公司总产量的 34.7%；长庆油田生产原油 2392 万吨，占股份公司总产量的 22.7%（表 4）。

表 4　2016 年原油产量　　万吨

油　区	2016 年	2015 年	同比增减	油　区	2016 年	2015 年	同比增减
股份公司总计	10545	11143	−598	吉林油田	405	466	−61
大庆油田	3656	3839	−183	青海油田	221	223	−2
长庆油田	2392	2481	−89	吐哈油田	200	210	−10
新疆油田	1113	1180	−67	冀东油田	135	160	−25
辽河油田	974	1037	−63	玉门油田	38	44	−6
塔里木油田	550	590	−40	南方公司	29	30	−1
华北油田	411	420	−9	西南油气田	10	14	−4
大港油田	408	444	−36	浙江油田	3	5	−2

【精细注水工程】 2016 年，完成注水井更新、新增分注、大修、检管重配等工作量 3.11 万口，维修改造水系统站场 197 座，检查、维修、清洗各类罐体 5688 座，清洗、维修管道 1.43 万千米；注水系统效率 54.83%，同比提高 0.16 个百分点；注水井分注率 65.8%、分注合格率 86.9%、水质合格率 88.76%，同比分别提高 1.5、0.1 和 0.84 个百分点；油田自然递减率 9.39%，连续三年低于 10%。

各油田公司分别制定注水业绩考核办法和油田注水管理规定，吉林油田制定分注井测试调配标准，对分注井实施分类管理，严把测试质量关。大港油田研发注水开发效果定量化评价系统和注水机泵在线监控功能集成系统，实现数据实时监测、变频控制恒压注水、工况诊断实时预警等功能，保障注水工作高效运行。长庆油田积极推进注水系统数字化深度应用，注水井数字化覆盖率 97.3%，提升了工作针对性与时效性。辽河油田开展低成本开发战略，加强多元化注水调配，在确保油田产量平稳运行的前提下降低注水成本。新疆油田实施测调与检配指标承包制，在注水井日志中加入测调结果，直观显示每个分注层段检配和测调后的吸水状况。

勘探与生产分公司组织勘探院、大庆油田、长庆油田、吉林油田等单位开展第四代分注与计量技术的研发与现场试验，形成电缆传输和无线传输两种智能分注技术，现场应用 24 口井，最高层段数达 7 段，实施后分注合格率 90% 以上，初步实现注水井井下生产参数实时监测与注水量自动调配。重点推广桥式同心分层注水技术，在 12 家油田公司规模应用 3195 口井，使小水量、大斜度等注水井实现有效分注。组织专家对吉林油田、冀东油田、大港油田、长庆油田、玉门油田和青海油田的6个采油单位开展注水专项现场检查，在大庆举办两期注水技术与管理培训班。

【原油产能建设】 2016年，自营区钻井9985口，进尺1859.30万米，建成原油产能1009.21万吨。重点项目大庆北一区断东东块二类油层上返产能建设、南六区弱碱三元复合驱、萨北开发区北三区东部中区二类油层上返三元驱、喇嘛甸油田北东块一区葡Ⅱ7—高Ⅰ5油层聚合物驱和塔里木哈拉哈塘，设计新建产能267.13万吨，实际完成钻井1833口，进尺235.89万米，建成产能226.83万吨，为设计指标的84.9%。

【二次开发】 2016年，在坚持“三重”理念的基础上，不断完善二次开发配套技术和二次开发模式，与产能建设紧密结合，突出效益建产理念，稳步推进二次开发工程。在面对油田开发不断深入，老区井网调整空间不断压缩，剩余油挖潜越来越难的情况下，积极探索老区挖潜新模式，将二次开发水驱与三次采油统筹考虑，形成“二三结合”模式，进一步挖掘老油田开发潜力。（1）对已开发油田（区块）进行潜力普查，初步建成动、静参数齐全的数据库，基本摸清已开发油田的潜力。（2）建立“二三结合”潜力评价方法，进一步完善“二三结合”潜力评价软件。（3）在2015年普查的基础上对已开发的资源进行分类评价，分油藏对“二三结合”潜力进行深度评价，筛选出“二三结合”可实施储量稀油52.1亿吨，可提高采收率14.5%；稠油4.17亿吨，可提高采收率24%。解剖38个“二三结合”典型区块，落实潜力区块683个，落实“十三五”可实施的潜力区块147个。（4）紧密围绕深化潜力评价、攻关关键技术、编制重点方案三项重点工作，编制新疆克拉玛依油田530井区“二三结合”方案和青海油田尕斯N_1–N_2^1油藏、油砂山油田先导试验方案，为进一步深入开展老区挖潜指明方向。

截至2016年底，二次开发工程累计实施石油地质储量15.8亿吨，建成产能1203万吨，年产油规模1042万吨，新增可采储量12381万吨，提高采收率7.8个百分点。其中，2016年完钻新井481口，新建生产能力50万吨。二次开发深部调驱试验先后已有18个项目进入现场实施，其中8个项目已经注完调驱剂，预计可提高采收率3—5个百分点。2016年增油10.28万吨，累计增油40.26万吨。

【重大开发试验】 继续按照“突出重点、精心组织、重在试验、务求实效”的工作要求，突出高含水、低渗透、稠油和特殊岩性四类油藏，突出储备技术的攻关试验、突出接替技术的完善配套、突出成熟技术的推广应用，二元驱、火驱和气驱等技术基本成熟配套，试验成果对低油价下增储上产的推动作用进一步显现。

辽河锦16和新疆七中区二元驱试验取得重大进展。辽河锦16试验区日产油从63吨增至350吨，年产油10万吨持续稳产4年，二元驱阶段采出程度14.5%，预计提高采收率20%，截至2016年底，项目内部收益率27.1%，吨油完全成本33.5美元/桶。新疆七中区试验区平均单井日产油从1吨增至4.2吨，综合含水由95%下降至65.4%，二元驱阶段采出程度12.2%，预计提高采收率18%，税后内部收益率17.1%。试验表明，二元驱具有“高效、低成本、绿色”的特点，有望成为中高渗透油藏高含水后期大幅度提高采收率的主体技术。

稠油注空气火驱技术逐渐配套，已经成为稠油油藏开发中后期重要的战略接替技术。新疆红浅试验区注蒸汽开发后废弃10年，于2009年开展火驱试验，火驱高温燃烧特征明显，截至2016年底，火驱阶段累计产油8.15万吨，阶段采出程度19.1%，保持3.0%的年采油速度已经持续开发5年；截至2016年底，辽河杜66区块已转入火驱井组103个，日产油650吨，年产油24万吨，累计空气油比850米^3/吨，取得较高的开发水平。

气驱技术日臻成熟，有望在低渗透油藏和特殊潜山油藏规模应用。2016年，长庆靖安油田五里湾一区空气泡沫驱试验取得较好效果，试验区地层压力提升，水驱动用程度明显改善，累计增油2.8万吨，阶段采出程度5%，同时在泡沫体系优化、注采参数、地面配套等形成低含氧、低风险、安全可控的空气泡沫驱技术配套体系。辽河兴隆台和华北雁翎潜山油藏正在开展注减氧空气重力稳定驱试验，积极探索潜山油藏转变开发方式，大幅度提高采收率的新技术。二氧化碳驱技术精雕细刻、反复优化调整，吉林黑46、大庆树101和贝14井区进行工业性试验，长庆黄3井区正着手开展二氧化碳驱先导试验。塔里木东河塘油田注天然气混相重力驱试验实现东河塘油田产量止跌回升，有望成为高温高盐油藏提高采收率的新技术。

长庆元284超低渗透油藏转变注水开发方式、新疆红48断块克下组油藏利用火驱烟道气提高采收率等试验按方案设计有序推进。

【精细油藏描述】 2016年，完成精细油藏描述区块88个，覆盖地质储量16.88亿吨。三维地震处理281.7平方千米，解释2852.6平方千米，测井解释18775口，地层划分23746口井，三维地质建模覆盖地质储量9.6亿吨，数值模拟历史拟合9521口井。

预计采取相应的配套调整挖潜措施后可增加可采地质储量3034.2万吨，提高采收率1.8个百分点。精细油藏描述成果有效指导油田开发调整，在老区加密调整、滚动扩边、注采系统调整和老油田综合治理等方面发挥重要作用。加密调整预计增加可采储量1978.3万吨，建产能186.0万吨；滚动扩边预计增加地质储量1740.4万吨，增加可采储量308.0万吨，建产能40.4万吨；注采系统调整增加可采储量555.9万吨，提高采收率0.3个百分点。

组织勘探院、大庆油田、大港油田和辽河油田等单位修订精细油藏描述技术规范，明确规定精细油藏描述阶段的划分、主要任务、基础资料、描述内容及描述成果；编写完成股份公司精细油藏描述培训教材初稿；继续组织开展一期“精细油藏描述高级培训班”，集团公司18个单位74名管理人员和技术骨干参加培训。对精细油藏描述研究成果与质量控制体系进行初步分析和探索，对国内外精细油藏描述相关研究最新进展进行跟踪，并对国内外之间差异进行对比分析，针对精细油藏描述研究面临的问题，提出相应的技术对策。

【水平井工程】 充分发挥技术创新驱动作用，发展完善水平井与体积压裂配套技术，扩大应用规模。坚持适宜的油藏首选应用水平井，坚持地质精细研究与工程技术进步并重，优化水平井开发技术政策和配套工艺技术。2016年，完钻油井水平井443口，平均单井日产油3.84吨，综合含水78.86%。注水水平井436口，年注水647.9万吨。注汽水平井512口，年注汽336.36万吨。水平井主要分布在低渗透油藏、稠油油藏、高含水油藏和气藏。其中，低渗透油藏水平井占42%，稠油油藏占35%，高含水油藏占15%。平均水平段长度逐年增加，2016年达到662米，钻遇率87.8%。长停井占12.2%，低于股份公司平均值。

2016年，完成水平井分段压裂改造550口，其中5段以上井占85%，压裂改造后稳定产量达到直井的3.5倍以上。自主攻关形成的双封单卡、水力喷砂、速钻桥塞等6套水平井分段压裂技术已完善配套，现场应用率超过90%，累计应用超过3800口井。水平井重复压裂、无水压裂、可溶桥塞等技术攻关取得新进展，吐哈油田开展“注水吞吐+大规模重复压裂”技术攻关试验，马56-7H井措施后日产油12.5吨，累计增产2168吨。吉林油田二氧化碳干法压裂初步形成微正压砂比控制方法，9口试验井全部获得成功。长庆油田西平238-77致密油超长水平井，实钻水平段2740米，采用“可溶桥塞+大通径速钻桥塞”技术和“工厂化”作业，压裂30段106簇，加砂4401.3立方米，入地总液量50196.7立方米。新疆油田玛18井区第一口特低渗透储层水平井MaHW6004井水平段长938米，采用固井桥塞分12级22簇压裂，入地总液量13535立方米，陶粒836立方米，投产峰值日产油118.8吨，截至2016年底，3.5毫米油嘴稳定日产油57吨，累计产油1.2万吨。

【长停井治理】 2016年，部署治理长停井4059口，经过效益评价筛选进一步优化部署3732口，实际完成治理恢复3024口，完成计划的81%，年增油59.25万吨，恢复年注水459.62万立方米。大庆宋芳屯芳148区块累计治理恢复79口，开井率由48.8%提高到84.4%，年累计增油6.5万吨；新疆油田实施稀油井复产150口，恢复生产能力11.4万吨。其中，百21井百口泉组油藏，与注水专项治理相结合，2年的长停井治理，自然递减率由7.2%减缓到4.7%。大港、冀东油田长停井治理与产能建设相结合，老区产能完成率超过150%。长停井治理恢复为盘活闲置资产，进一步挖掘老油田潜力，减缓老油田产量递减做出积极贡献。

【油藏动态监测】 2016年，完成各类动态监测工作量82297井（组）次。各分项完成情况如下：地层压力监测37609井次，其中采油井27409井次、注水井10200井次；油气水界面监测867井次；生产测井42511井次，其中产出剖面4879井次、注入剖面26890井次、工程测井10372井次；饱和度测井521井次，其中碳氧比185井次、中子寿命173井次、过套管电阻率28井次；井间监测789个井组，其中干扰试井16个井组、井间示踪630个井组。

【降本增效“六个优化”工作】 为了深化精细化管理，全方位开源节流降本增效，加强开发全过程精细化管理，在油田开发过程中对集团公司降本增效“十二项”措施赋予新的内涵，突出做好“六个优化”工作。（1）优化部署和方案设计，提高投资回报率，提高钻井成功率，降低低效井比例；（2）优化生产结构，做强自营，规范合作，突出稀油，控制稠油；（3）优化产量结构，减缓老井递减，控制老井综合递减，提高新井贡献率；（4）优化产能建设方式，推广水平井、大井丛、工厂化，探索新建产能与恢复产能有机结合的部署方法；（5）优化地面系统，深化标准化设计、信息化建设，提高系统效率，控制现场用工；（6）优化科技投入，突出主体战略接替技术，控制一般性生产项目。

【“十二五”油田开发总结】 编写“十二五”油田开

发工作总结。全文共12万字，分两部分。第一部分是油田开发现状、开发形势分析及主要指标完成情况。第二部分是油藏管理的主要工作与成效，重点总结精细油藏描述、产能建设、二次开发、重大开发试验、精细注水、油藏信息化建设等6个方面工作。

（胡海燕　曹　晨）

天然气开发

【概述】 2016年，天然气开发突出产量运行、产能建设和前期评价三大关键环节，加强工程与地质的结合，圆满完成各项工作任务。气田总数185个，已开发气田164个；气井总数17852口，2016年12月开井14062口，平均单井日产气2.06万立方米。

【天然气产量】 2016年，生产天然气981.1亿立方米，同比增加26.3亿立方米。其中，气层气产量922.71亿立方米，溶解气产量58.34亿立方米。完成天然气商品量882.98亿立方米，同比增加34.0亿立方米，同比增长4.0%（表5）。

【天然气产能建设】 2016年，完钻井1132口，进尺391.0万米，新建产能109.4亿立方米（表6）。其中，苏里格气田新建产能37.1亿立方米，磨溪区块龙王庙组气藏新建产能20.6亿立方米，克深区块新建产能5.4亿立方米。

表5　2016年天然气产量及商品量　亿立方米

油气区	天然气工业产量			天然气商品量		
	2016年	2015年	同比增减	2016年	2015年	同比增减
总　计	981.1	954.8	26.3	883.0	849.0	34.0
长庆气区	365.0	374.6	-9.6	338.1	347.2	-9.1
塔里木气区	235.6	235.5	0.1	223.4	220.8	2.6
西南气区	190.1	154.8	35.3	182.8	147.9	34.9
青海气区	60.8	61.4	-0.6	54.5	55.1	-0.6
大庆油区	37.7	35.3	2.4	23.6	22.4	1.2
新疆油区	28.5	30.0	-1.5	7.5	4.0	3.5
吉林油区	11.4	13.2	-1.8	8.0	9.9	-1.9
吐哈油区	7.3	9.1	-1.8	6.0	7.6	-1.6
其他油气区	44.7	40.7	4.0	38.9	34.1	4.8

【天然气开发前期评价】 2016年，完钻评价井23口，二维地震采集处理解释691千米，二维地震老资料处理解释5600千米，三维地震老资料处理解释300平方千米，试采井14口，专题研究9项。以深化地质认识、落实可动用储量和配套主体开发技术为重点，评价可动用地质储量6000亿立方米以上。编制完成3个重点区块的开发方案，涉及产能规模74亿立方米。安排苏里格稳产及提高采收率、克拉苏构造带和塔中地区天然气开发评价及井位优选、安岳龙王庙组气藏高效开发和安岳震旦系气藏试采评价、涩北整体控水治水方案等4个重点前期评价项目，整体部署、分年实施。

表6　2016年天然气产能建设

油气区	完钻井（口）			进尺（万米）			新建产能（亿立方米）		
	2016年	2015年	同比增减	2016年	2015年	同比增减	2016年	2015年	同比增减
总　计	1132	1232	-100	391.0	429.1	-38.1	109.4	154.0	-44.6
长庆气区	859	953	-94	311.8	342.4	-30.6	42.6	69.2	-26.6
塔里木气区	50	44	6	27.2	27.5	-0.3	12.2	18.1	-5.9
西南气区	19	28	-9	8.3	8.8	-0.6	35.4	42.9	-7.5
青海气区	91	46	45	12.1	7.8	4.3	4.9	5.3	-0.4
大庆油区	13	9	4	4.2	1.5	2.7	1.7	2.5	-0.8
新疆油区	14	12	2	5.5	4.3	1.2	1.5	1.8	-0.3
吉林油区	16	15	1	4.7	3.4	1.3	0.8	0.7	0.1
吐哈油区	21	49	-28	5.1	13.3	-8.2	1.0	2.0	-1.0
其他油气区	49	76	-27	12.3	20.1	-7.8	9.4	11.5	-2.1

【长庆气区天然气生产状况】 2016年，完成天然气工业产量365.0亿立方米（其中气层气358.0亿立方米、溶解气7.0亿立方米），同比减少9.6亿立方米；完成天然气商品量338.1亿立方米，同比减少9.1亿立方米。完钻井859口，进尺311.8万米，新建产能42.6亿立方米。

气层气井口年产量365.0亿立方米、累计产量3061.7亿立方米，已开发气层气剩余可采储量采气速度4.2%、采出程度25.9%、储采比24.3。

【塔里木气区天然气生产状况】 2016年，完成天然气工业产量235.6亿立方米（其中气层气233.8亿立方米、溶解气1.8亿立方米），同比基本持平；完成天然气商品量223.4亿立方米，同比增加2.6亿立方米。完钻井50口，进尺27.2万米，新建产能12.2亿立方米。

气层气井口年产量241.9亿立方米、累计产量2354.6亿立方米，已开发气层气剩余可采储量采气速度7.2%、采出程度41.1%、储采比19.0。

【西南气区天然气生产状况】 2016年，完成天然气工业产量190.1亿立方米（其中气层气189.1亿立方米、溶解气1.0亿立方米），同比增加35.3亿立方米；完成天然气商品量182.8亿立方米，同比增加34.9亿立方米。完钻井19口，进尺8.3万米，新建产能35.4亿立方米。

气层气井口年产量194.6亿立方米、累计产量4043.7亿立方米，已开发气层气剩余可采储量采气速度7.8%、采出程度61.8%、储采比31.2。

【青海气区天然气生产状况】 2016年，完成天然气工业产量60.8亿立方米（其中气层气59.9亿立方米、溶解气0.9亿立方米），同比减少0.6亿立方米；完成天然气商品量54.5亿立方米，同比减少0.6亿立方米。完钻井91口，进尺12.1万米，新建产能4.9亿立方米。

气层气井口年产量61.5亿立方米、累计产量654.42亿立方米，已开发气层气剩余可采储量采气速度6.0%、采出程度39.1%、储采比19.5。

【大庆油区天然气生产状况】 2016年，完成天然气工业产量37.7亿立方米（其中气层气15.5亿立方米、溶解气22.2亿立方米），同比增加2.4亿立方米；完成天然气商品量23.6亿立方米，同比增加1.2亿立方米。完钻井13口，进尺4.2万米，新建产能1.7亿立方米。

气层气井口年产量16.2亿立方米、累计产量160.8亿立方米，已开发气层气剩余可采储量采气速度5.7%、采出程度36.3%、储采比17.4。

【新疆油区天然气生产状况】 2016年，完成天然气工业产量28.5亿立方米（其中气层气20.4亿立方米、溶解气8.1亿立方米），同比减少1.5亿立方米；完成天然气商品量7.5亿立方米，同比增加3.5亿立方米。完钻井14口，进尺5.5万米，新建产能1.5亿立方米。

气层气井口年产量20.6亿立方米、累计产量377.3亿立方米，已开发气层气剩余可采储量采气速度3.8%、采出程度41.3%、储采比27.7。

【吉林油区天然气生产状况】 2016年，完成天然气工业产量11.4亿立方米（其中气层气10.1亿立方米，溶解气1.3亿立方米），同比减少1.8亿立方米；完成天然气商品量8.0亿立方米，同比减少1.9亿立方米。完钻井16口，进尺4.7万米，新建产能0.8亿立方米。

气层气井口年产量13.9亿立方米、累计产气154.0亿立方米，已开发气层气剩余可采储量采气速度4.8%、采出程度34.8%、储采比20.8。

【吐哈油区天然气生产状况】 2016年，完成天然气工业产量7.3亿立方米（其中气层气4.7亿立方米、溶解气2.6亿立方米），同比减少1.8亿立方米；完成天然气商品量6.0亿立方米，同比减少1.6亿立方米。完钻井21口，进尺5.1万米，新建产能1.0亿立方米。

气层气井口年产量5.1亿立方米、累计产量121.0亿立方米，已开发气层气剩余可采储量采气速度2.7%、采出程度39.0%、储采比46.5。

（宋文宁 任 东）

矿权管理

【概述】 2016年，矿权管理按照国家有关部委要求和集团公司统一部署，重点围绕矿权登记、年检督察、权益维护等强化日常管理，加强沟通协调，圆满完成年度矿权工作目标，为集团公司依法合规生产经营提供了法律保障。

【全国矿权登记状况】 2016年全国石油天然气（含煤层气）矿权统计见表7。

【矿权登记管理】 2016年，集团公司申请办理新立、延续、变更和注销探、采矿权许可证及试采批准书等281个，获得探、采矿权许可证及试采批准书225个，圆满完成矿权申请登记工作，为集团公司上游业务持续稳定发展提供法律保障。

表7 2016年全国石油天然气（含煤层气）矿权统计表

矿权人	探矿权		采矿权		合 计	
	数 量（个）	面 积（平方千米）	数 量（个）	面 积（平方千米）	数 量（个）	面 积（平方千米）
中国石油	345	1259868	424	117072	769	1376940
中国石化	249	765398	211	28436	460	793834
中海石油	241	1388190	93	7314	334	1395504
中联煤	29	17274	2	193	31	17467
延长油矿	45	74329	6	518	51	74847
其 他	69	34887	9	627	78	35514
总 计	978	3539946	745	154160	1723	3694106

注：数据来自国土资源部地质勘查司，统计截止日期2016年12月31日。

【年检和缴费】 2016年，参检探矿权317个、面积108万平方千米，统计用于矿权区块勘探投入的资金247亿元，与年度勘探投资财务决算比减少38亿元。其中，完成法定勘查投入面积66万平方千米，未完成法定勘查投入面积42万平方千米。

2015年，集团公司应缴纳探、采矿权使用费7.53亿元，实际缴纳6.39元，减免1.14亿元。

（王玉山 曾少华）

油藏评价

【概述】 2016年，油藏评价及新区原油产能建设在低油价背景下，积极落实集团公司降本增效各项措施，持续深化勘探开发一体化。新建原油生产能力444.6万吨，新区原油产能建设动用石油地质储量31831万吨，可采储量5276.8万吨。完成三维地震采集1402.3平方千米，完钻评价井765口，进尺202.8万米，试油交井666口，新获工业油流井433口，评价井综合成功率67.98%。新增探明石油地质储量64929万吨，可采储量10707万吨，其中已开发储量26013万吨，占年度新增探明石油地质储量的40%。新增探明石油地质储量仍以低渗透和低丰度油藏为主。

【油藏评价成果】（1）2016年，长庆陇东地区持续推进立体评价，完钻评价井138口，获工业油流井83口，环江油田长8油层新增探明石油地质储量10667万吨，华池—南梁长4+5油层组新增探明石油地质储量11973万吨。（2）长庆姬塬地区推进规模储量区外围评价，完钻评价井130口，获工业油流井65口，长9油层新增探明石油地质储量4429万吨，长8油层新增探明石油地质储量1273万吨。（3）新疆西北缘车210井区石炭系完钻探井、评价井24口，开发井18口，累计38口井获工业油流。其中，水平试验井CHHW2101井初期平均日产油16.63吨，累计生产583天，产油8629吨，新增石油地质储量5433万吨。（4）新疆风南4井区百口泉组油藏11口井获工业油流，其中水平井FNHW4001井，3毫米油嘴试采，日产油28.4吨，累计产油3029吨，是周边直井产量的4倍，新增探明石油地质储量2328万吨。（5）青海扎哈泉一体化增储建产，扎7、扎9、扎11区块共完钻油井156口，投产油井136口，单井平均日产油3.77吨，两年建成产能21.6万吨，新增探明石油地质储量2112万吨。（6）辽河整体评价清水洼陷周边岩性油藏，双229井沙一段压裂后4毫米油嘴自喷日产油52.2立方米，在精细刻画含油砂体展布的基础上，完钻评价井7口，均成功钻遇油层，双229区块沙一段和洼77区块沙三段新增探明石油地质储量1082万吨。（7）吉林乾安扶余油层致密油应用水平井+体积压裂技术开展开发建产和提产攻关试验成效显著，乾246井区完钻水平井40口，投产36口，单井平均日产油6吨，新增探明石油地质储量1136万吨。（8）吐哈牛东油田采用水平井+体积压裂技术大幅提高构造南翼开发井产量，牛东110块47口井投入生产，新建产能12.72万吨，投产初期单井日产油17.9吨，含油范围进一步扩展，实现与主体连片含油，石炭系新增探明石油地质储量2121万吨。（9）大港孔南地区实现规模效益增储。东关潜山枣1508区块投产油井7口，投注水井2口，砂岩油藏平均单井日产油16.01吨，安山岩油藏平均单井日产油29吨，新建产能7.83万吨，新增探明石油地质储量464万吨。小集油田官1608井孔一上亚段试油，5毫米油嘴放喷，日产油58.7吨，新增石油地质储量208万吨。（10）华北蠡县斜坡富油区带整体再评价持续深化，完钻评价井4口，开发井3口，老井复查试油2口井均获工业油流，新增探明石油地质储量1097万吨。（11）大庆立体评价龙虎泡地区，新增探明石油地质储量3324万吨。萨尔图油层完钻9口井，8口井获工业油流；葡萄花油层完钻11口井，5口井获工业油流，新增探明石油地质储量750万吨。扶余油层建立缝网压裂先导试验区，探索有效动用方式，完成9口井压裂，6口井见油，平均单井日产油5.6吨，新增探明石油地质储量2574万吨。（12）大庆太平屯扶余油层评价获突破，累计完成探井、评价井22口，获得工业油流井10口，平均单井日产油3.7吨，新增探明石油地质储量868万吨。

【新区原油产能建设工作量】 2016年，动用石油地质储量31831万吨，可采储量5276.8万吨，完钻开发井4920口，进尺1064.3万米，投产油井3749口，投转注水井1198口，平均单井日产油3.9吨，建成产能444.63万吨。完钻水平井439口，平均单井水平段长度664米，投产油井331口，平均单井日产油9.3吨。

【重点项目实施效果】（1）2016年，长庆马岭油田滚动建产、一体化运作，完钻开发井279口，投产油井193口，投注水井85口，平均单井日产油3.47

吨，新建产能 20.1 万吨。（2）长庆姬塬油田产能规模持续扩大。完钻井 1151 口，投产油井 887 口，平均单井日产油 2.6 吨，投注水井 263 口，新建产能 68 万吨。其中，环 307 井区长 6 油藏完钻水平井 13 口，平均单井日产油 8.8 吨。（3）长庆西峰—合水地区超低渗透油藏实现水平井效益开发。完钻井 300 口，投产油井 227 口，平均单井日产油 3.6 吨，新建产能 24.62 万吨。其中，完钻水平井 54 口，投产 50 口，平均单井日产油 7.4 吨。（4）长庆镇北地区超低渗透油藏实现规模建产。完钻井 338 口，投产油井 245 口，投注水井 90 口，平均单井日产油 3.5 吨，新建产能 26.0 万吨。（5）大庆永乐油田葡 47 区块形成浅水域的"八化"开发模式，即井位部署一体化、地面布局最优化、配套工艺个性化、钻井施工工厂化、基建投产协同化、资料录取信息化、生产管理专业化和环境保护生态化。新钻井 127 口，投产油井 115 口，平均单井日产油 3.5 吨，新建产能 12.08 万吨。（6）新疆昌吉油田吉 7 井区采用大井丛布井，部署平台 12 个，征地面积从 3405 亩降到 135 亩，减少投资 4700 万元，完钻新井 161 口，投产油井 111 口，平均单井日产油 4.08 吨，投转注水井 55 口，新建产能 13.6 万吨。（7）塔里木哈拉哈塘油田立足效益开发，提高产建成效。完钻新井 27 口，投产 19 口，平均单井日产油 25.4 吨，新建产能 14.46 万吨。（8）吐哈三塘湖油田向复杂油藏要产能，牛东火山岩油藏完钻水平井 27 口，平均单井日产油 10.4 吨，新建产能 7.5 万吨。条湖组致密油新钻水平井 7 口，平均单井日产油 11.2 吨，新建产能 2.4 万吨。（9）青海扎哈泉油田扎 11 井区采用"平台式、大井丛"部署，工厂化作业，实现高效开发。钻新井 112 口，投产油井 79 口，平均单井日产油 3.5 吨，建成产能 8.3 万吨。

【油藏评价管理】（1）突出效益评价，严控成本，优化年度评价部署。2016 年，在低油价背景下，积极落实集团公司降本增效各项举措，不断强化效益观念，对各油田公司年度油藏评价部署方案进行分阶段审查，进一步优化评价部署，突出中浅层、常规效益储量的评价；突出长庆姬塬、镇北—合水、新疆西北缘红车断裂带、大庆龙西、青海扎哈泉、大港板桥—北大港、华北蠡县斜坡和吉林乾 246 区块等重点规模储量目标的评价。（2）创新管理思路，实现项目高效运行。青海油田实行分级、分层次的项目管理，建立和规范油藏评价管理组织运行机制。设立英西、扎哈泉、砂西、英中、黄瓜峁油藏评价项目，负责钻井工程、测录井、固井及试油作业等监督监理工作，切实加强对工程实行全过程监督，确保工程质量。吉林油田成立致密油开发项目经理部，改变原有的管理模式，简化审批流程，由报批制改为报备制，大幅度提高工作效率，合同审批由原来的 7 天缩短为半天。华北油田在富油区带整体再评价实践中，逐步探索形成"三统一、三结合"的管理模式，评价与建产统一下达任务、统一资金调配、统一部署实施，厂院结合、科研生产结合、地质工程结合，实现评价与产能的一体化部署和分层实施。（3）强化新技术、新工艺攻关，破解评价和开发难题。吉林油田针对致密油形成 5 项特色技术，多参数"甜点"优选分类评价技术；致密油个性化油藏工程方案优化技术；水平井单井个性化设计和导向技术；攻关复杂区块水平井钻完井配套技术，实现平均钻井周期 26.6 天，钻井周期缩短 17 天；优化蓄能式体积压裂方案设计，实现排量优化，单段液量优化，段（簇）间距优化。塔里木油田创新形成断溶体划分和评价方法，按照以断裂为中心、属性定边界、构造作参考、纵向成树形、平面呈带状的原则，对断溶体评价开展动态评价和静态评价，在碳酸盐岩油藏井位部署和储量研究中应用效果明显。长庆油田持续推进地质工艺一体化，稳步提高单井产量。创新形成以"定点射孔、多级压裂、脉冲加砂"为核心的定点多级压裂技术。完井试油 38 口井，平均试油日产量由 10.9 吨提高到 21.2 吨。长 7 段致密油混合水压裂工艺通过持续开展工艺参数优化、规模应用低伤害滑溜水压裂液体系，改造效果稳中有升。2016 年完井试油 72 口井，平均试油日产量 17.9 吨，其中大于 20 吨高产井比例达 47.6%。（4）加大推动力度，富油区带整体再评价迈向新阶段。采取示范先行、逐步推广、全面应用的"三步走"工作模式，实现从试点到全面的推进。先后在大港、华北、辽河、吐哈、玉门、青海等 6 家油田实施 12 个示范项目，成效显著。2016 年"富油气区带开发中后期整体再评价创新体系的构建与实施"获第二十九届全国石油石化企业管理现代化创新优秀成果奖一等奖。

【新区原油产能建设管理】（1）2016 年，积极推进钻井总承包和市场化运作，持续探索降低投资有效途径。吉林油田工程总承包单井投资从 1870 万元下降到 1619 万元，压裂投资从 979 万元下降到 767 万元。新疆油田原油产能钻井工作量 50% 由西部钻探承担，30% 通过招标由改制企业承担，20% 由所有钻探企业共同竞标降低钻井成本；玛 18 井区钻井成本从 2143 元 / 米降到 1465 元 / 米，吉 7 井区从 1448 元 / 米降到795元/米。吐哈油田全年进尺38%由西部钻探承担，其余工作量执行市场化价格，钻井成本同比下降10%。塔里木油田单井钻井承包服务费比油田标价下降30%以上。南方公司单井服务承包费同比下降10%以上。冀东油田总承包标底价格在2015年计价依据上下降20%。青海油田推行钻井总承包，充分发挥市场竞争和"批发整包"优势，产能建设钻井总成本在2015年合同价的基础上再下降5%—10%。（2）推进大井丛、多井型部署和闲置资源利用，化解安全环保压力，降低投资和运行费用。原油产能建设在1893个丛式井平台，新钻井7022口，占年度新钻井的68.4%，新建产能588万吨，占年度新建产能的60%。其中，新建10口井以上的大平台31个，新钻井442口，最大平台为43口井。8个大井丛应用重点工程进展顺利，新建产能12.5万吨。新疆油田在7个区块部署丛式井平台48个，减少征地3000余亩；长庆油田组合6口井以上井场199个，减少土地征借3000余亩，节约投资近亿元。（3）组织召开环玛湖地区规模增储效益开发工作研讨会，推进环玛湖地区勘探开发工作深入开展。2016年8月24日，勘探与生产分公司组织召开环玛湖地区规模增储效益开发工作研讨会，集团公司副总经理赵政璋，勘探与生产分公司有关处室，新疆油田、大庆油田、长庆油田、吉林油田、吐哈油田、勘探院、西部钻探、工程技术分公司等单位领导、专家和技术人员约100人参加会议。

（邢厚松）

采油工程

【概述】 2016年，采油采气系统紧紧围绕上游勘探生产核心业务，以提质增效为目标，坚持走技术与管理并重之路，积极组织攻关发展先进技术，大力推进成熟技术的规模应用，完成井下作业总工作量194420井次。其中，带压作业井5161口，连续油管作业1999井次，油水井大修侧钻井3946口，压裂井550口，试油井1408口（评价井666口）。2016年平均系统效率24.3%。

【井下作业】 2016年，井下作业总工作量194420井次。其中，维护作业124882井次，增产增注措施53674井次，大修3946口，其他11918井次（表8）。

表8　2016年井下作业主要指标

时　间	总工作量（井次）	单井作业次数（井次/口）	维护作业（井次）	维护次数（井次/口）	增产增注措施（井次）	大　修（口）	其　他（井次）
2016年	194420	0.63	124882	0.40	53674	3946	11918
2015年	217436	0.72	141200	0.47	57562	4316	14358
同比增减	-23016	-0.09	-16318	-0.07	-3888	-370	-2440

2016年，在油气水井总数逐年增长的情况下，维护作业工作量、井下作业总工作量、单井作业次数和维护次数实现连续三年下降，为股份公司降本增效做出重要贡献。

带压作业。带压作业是近些年快速发展的一项新技术，各油田公司技术上取得长足进步，工作量迅速增长，获得显著的经济效益和社会效益，为集团公司节能减排和提高综合开发效益做出重要贡献，已成为集团公司转变发展方式的重要抓手。自2010年开始规模推广带压作业技术以来，共实施带压作业24931口，累计减排注水井返出水1462万立方米，提前恢复注水953万立方米。2016年，带压作业工作目标为4400口井，动用带压作业队伍179支，完成带压作业工作量5161口井，其中注水井3596口，油井1407口，气井98口，完成年度目标的117.3%，同比增加694口。减排污水276.6万立方米，提前恢复注水237.4万立方米，增产原油12.4万吨，增产天然气123.4万立方米。

连续油管作业。国内连续油管装备、管材及配套工具取得长足的进步，已具备规模推广条件。

“十二五”以来，共完成各类连续油管作业6536井次，正逐步成为常规作业、水平井作业与油气层改造的利器。2016年加大应用力度，拓展应用领域，应用工艺主要包括：冲砂洗井、排液、速度管柱、测试、通洗井一体化、切割、分段分层压裂、拖动酸化、射孔、钻磨、老井加深侧钻等。2016年应用1999井次，同比增加548井次，增长37.8%。

清洁作业。积极组织贯彻国家新《环境保护法》和《安全生产法》，在环保作业方面做了大量工作，2016年在大庆油田召开的井下作业提质增效现场会上大庆和吉林油田做了经验介绍，会后其他油田陆续派人学习交流，实现共同进步。大庆油田重点开展井口废液收集、地面废液回收、井筒液体控制等环保技术措施，见到明显效果。2016年开展环保作业施工43991井次，累计回收废液132万立方米，少用防渗布1320吨，减少油泥2.2万吨。吉林油田初步形成移动作业平台工艺、井筒除油除蜡密闭回收工艺等2种清洁作业工艺。解决了修井作业过程中产生的污油、污水回收处理难度大的问题，通过阶段推广完善，移动作业平台应用比例87%，井筒除油除蜡密闭回收工艺应用比例3%。2016年完成环保作业工作量11860口，环保作业施工覆盖率90%，年减少油土量1.5万吨。其中，乾安、扶余示范区年工作量6300口，年减少油土量5500吨。

套损井大修。“十二五”以来，油气水井大修技术稳步发展，以大庆油田为代表攻关研究，形成的小通径套损井打通道、膨胀管作业、顶驱修井、小井眼侧钻等主体技术，为油气水井修复利用提供了技术保障。“十二五”以来，累计修复套损井27925口，恢复产油385.6万吨，恢复注水6679万立方米。在恢复生产能力的同时，有效完善开发井网，套损井上升趋势得到遏制。2016年，完成油水井大修侧钻井3946口，修复3846口，成功率97.5%，修复油井恢复产能41.2万吨，注水井恢复注水能力929.8万立方米。大庆油田应用“无崩绳小修作业机＋顶驱修井装置”开展井场受限井大修施工，通过优选改进顶驱修井设备，攻关研究顶驱修井工艺、工具及井口控制等关键技术，形成小修作业机配套顶驱修井工艺技术系列，解决了井场受限套损井的大修难题。截至2016年底，共配备9支顶驱修井队伍，年施工能力300口井以上。2016年完成330口井，平均单井施工时间8.5天，修复成功率85.2%，恢复产油3.7万吨，恢复注水113.8万立方米。从2013年开始试验以来，共完成大修施工717口井，累计恢复产油7.9万吨，恢复注水241.4万立方米，修井作业成本比常规大修施工井降低30%以上，平均单井节约费用25.7万元，累计节约费用1.84亿元以上。吉林油田将顶驱修井技术创新应用于带压大修作业，初步实现注水井带压解卡、打捞、磨铣等大修作业，避免注水井大修泄压影响区块开发效果，2016年完成18口井，2014—2016年完成59口井，累计创效4012万元。

井下作业管理系统。为了加强井下作业管理，勘探与生产分公司从2009年开始组织开发井下作业管理系统，系统共包括计划管理、设计管理、施工管理、队伍管理、效果评价及综合管理等六个功能模块。2016年，完善定型井下作业管理系统1.0版本，重点考虑井下作业主体、通用的功能，个性化功能由各油田公司自行考虑。同时开展与A5项目的融合工作并纳入A5系统一起推广。截至2016年底，井下作业管理系统累计应用573489井次，其中2016年应用189143井次，设计效率提高40%以上，平均单井可节约5小时以上。

井下作业联产承包管理。2016年，井下作业总工作量194420井次，其中维护性作业工作量124882井次，井下作业维护性工作量连续三年下降。与2015年相比，在总井数增加9268口的基础上，井下作业总工作量和维护作业工作量分别减少23016井次和16318井次，节约维护作业费用7.34亿元。大港油田从2006年开始全面开展维护作业承包工作，在机械采油井数逐年上升的情况下，维护作业井次逐年下降。与2006年水平相比，2007—2016年的10年里少修井9495口，节约修井费用4亿元以上。

【机械采油】 2016年，股份公司机械采油井占采油总井数的90%以上，提高机械采油井系统效率对节能降耗意义重大。从“十一五”以来，股份公司大力推进提升机械采油井系统效率工作，通过实施系统效率测试、优化调整等措施，机械采油指标持续向好，2016年平均系统效率达到24.3%，同比提升0.1个百分点。2016年实施系统效率综合测试14.5万井次，优化设计4.8万井次，实施调整3.5万井次，节电1.5亿千瓦·时。

抽油机井减载提效，破解低产井系统效率低的困局。针对占井数1/3的特低渗透低产井（日产液小于3立方米）采油效率低下的困局，创新提出并研发配套“减载提效”技术，打破传统抽油泵结构局限，创新开发出高可靠小直径（直径25毫米、28毫米）抽油泵，从而提高低产井泵效，降低泵上液柱载荷30%—45%；优化低冲次运行，降低系统动载荷

40%—80%；提出并采用小直径抽油杆杆柱轻量化设计方法，降低杆柱重量 15%—30%。统计 1558 口现场实验井效果，平均降低抽油机悬点载荷 16.9%，节电 34.7%，提高系统效率 7.7 个百分点，为低产井采油提效挖潜创出新路子。

无杆泵采油技术日趋成熟。与抽油机相比，电动潜油柱塞泵和电动潜油螺杆泵等新型无杆泵采油技术具有地面设施简单、生产过程无污染无噪声、井下泵效高、节能效果明显、彻底避免杆管偏磨和断脱、自动化程度高和安全性高等优点，尤其适用于大平台从式井和环境敏感区域井。电动潜油柱塞泵采油技术在大庆、吉林、长庆和新疆等油田试验应用 212 口井，最大下泵深度 3488 米，最长检泵周期 1037 天；与同排量抽油机相比节电率 45% 以上。电动潜油螺杆泵采油技术在大庆、长庆、吉林、新疆、吐哈等油田试验应用 60 口井，泵效 70% 以上，最长检泵周期 1047 天。

积极推进柱塞气举技术排水采气，助推见水气田挖潜增效。柱塞气举充分利用地层天然能量，不动管柱作业就可上措施举升排液，投入小、维护少、运行费用低，在西南、长庆苏里格、青海涩北等气田得到很好应用。2016 年，制定中国石油企业标准《柱塞气举技术规范》，为柱塞气举技术的推广应用打下良好基础。

【分层注水】“十二五”期间，全面推广应用大庆油田研发的桥式偏心配水管柱和地面控制机电一体化电缆直读高效测调工艺，截至 2016 年底，应用井数 26950 口，占分注井数的 52%。使分注井测调效率比钢丝投捞测调工艺提高 3 倍以上，大大减轻测调劳动强度，为“注好水、注够水、有效注水”提供有力的技术支撑。为解决偏心分层注水技术在深井、大斜度井和多层小卡距井上测试调配难的问题，长庆油田等开展桥式同心分层注水技术研究与试验。截至 2016 年底，桥式同心分层注水技术在股份公司 10 个油田推广应用，应用总井数 4295 口，进一步提升各油田的分注水平。

发展细分注水工艺，提高水驱控制程度、改善开发效果。大庆油田研发的以低负荷安全解封封隔器和正反导向配水器为主的多级细分注水工艺，满足 7 段及以上分层配水要求。长庆、大港和华北等油田研发的桥式同心分注工艺也为深层和大斜度井细分注水提供技术支撑，最小卡距缩短到 2 米，最多分为 6 段。

开展注水井智能配注技术攻关与试验，实现井下自动配水。将压力流量监测、控制、通信等系统置于井下配水器中，实现生产参数连续监测及自动调配，测试过程无须人工参与，可以任意缩短测调周期，保证注水合格率，是正在发展的第四代分层注水技术。这项分层注水技术集成井下分层流量测试、调配、封隔器验封、分层压降测试和动态参数长期监测功能，提升分层注水精细化水平。截至 2016 年底，在大庆、长庆和华北等油田应用井数超过 130 口，初步实现井下压力、流量等生产参数实时监测和配注量的自动调配，分层注水合格率保持在 90% 以上。

推广电动验封技术，提高验封效率。电动验封技术为验证分层注水管柱有效性提供有力工具，与钢丝投捞相比提高验封效率 1 倍以上。2016 年在大庆和大港等油田应用近 2000 井次，进一步提高验封效率，降低验封成本。

【储层改造】 储层改造自 2006 年启动到 2016 年底，共实施水平井改造 5563 口，2016 年水平井改造 550 口井，其中 5 段以上分段压裂井 465 口，占总压裂井的 84.5%。最大水平井段长 3056 米，单井最多分压 30 段；分压段数逐年增加，2016 年 10 段以上井的比例 37.6%；2016 年自主技术应用 90% 以上；最大排量每分钟 17.8 立方米，液量 5.4 万立方米，砂量 4402 立方米。

2016 年，受产能压缩，压裂井数完成 550 口，占水平井完钻井数比例的 92%。新疆油田玛 18 井区特低渗透储层水平井 MaHW6004 井固井桥塞分 12 级 22 簇压裂，总液量 1.35 万立方米，投产初期日产油 118.8 吨。

2016 年，引进体积压裂改造理念，单井最高分压 13 层。完成直井 5 层以上多层多段改造 825 口井，增产是同区块 2—3 层分压井的 1.5 倍以上。

体积压裂工具、工艺技术水平不断提升。（1）全可溶桥塞在吐哈、大庆、吉林、冀东等油田和页岩气藏开展试验 22 口井 183 段。其中，威 204H11-3 页岩气水平井分压 26 段效果显著。（2）大通径免钻桥塞 + 可溶球在长庆、西南、吐哈、新疆等油气田扩大应用，超过 100 口井。（3）固井可开关滑套分压工具性能不断提高，在吉林油田现场试验 4 口井 49 段，取得成功，具备扩大应用的条件。（4）二氧化碳干法压裂技术进步明显，初步形成微正压砂比控制方法，多角度开展二氧化碳压裂提产试验，在吉林油田开展 9 口井试验取得成功。（5）套管定位球座多段压裂技术试验获得成功。该技术具有适应水平井段长、压裂后井筒全通径及免处理等优势，长庆油田开展 6 口井试验取得成功，成功率 100%。（6）环保压裂液研发方面，针对低成本和环保新要求，研发少水、无水和环保压裂液产品。

水平井重复压裂技术攻关试验取得新进展。（1）开展物理模拟与数值模拟研究，深化重复压裂裂缝转向机理认识，建立基于油藏和应力干扰优化方法，提高重复压裂设计水平。（2）初步形成致密油藏蓄能置换增产机理认识，建立枯竭式开发水平井重复压裂前蓄能模式，保障压裂后稳产水平。（3）大庆、长庆、吉林、吐哈等油田现场试验取得显著效果。吐哈油田马 56-7H 井措施后日产油 12.5 吨，截至 2016 年底日产油 6.5 吨，累计增产油 2168 吨。

持续推动页岩气压裂、排采，重点工作效果明显。推行压裂设计地质工程一体化，持续优化施工参数，压裂后产量不断提高。2016 年，页岩气完成压裂 67 口井、1408 段施工，其中完成压裂测试 43 口井，累计获测试产量 893.16 万立方米，平均单井测试产量 20.77 万立方米，最高单井测试产量 43.3 万立方米。平均单井测试产量由评价期 10.84 万立方米提高到 2016 年的 24.3 万立方米，提高 1 倍以上。

【试油】 2016 年，试油技术能力不断提升，保障作用日益增强。完成试油井 1408 口（评价井 666 口），获工业油气流井 940 口（评价井 506 口），综合探井成功率 52.8%，综合评价井成功率 70.7%。勘探重点工程试油技术攻关取得重要进展。

高温高压含硫化氢储层试油技术不断提升。高温高压试油完井投产一体化技术持续改进、生产时效进一步提高。现场试验 4 口井，封堵和回接均取得成功，有效解决气井压井漏失量大、井控风险大等问题，同时提高试油时效，降低试油、完井投产成本。在华北、西南等油气田全面推广应用负压射孔测试连作技术 49 层，工艺一次成功率 92%，有效解放油气层，为廊固凹陷潜山等勘探突破提供技术支撑。优化配套 140 兆帕超高压集中控制地面测试流程，现场应用 4 井次，确保重点风险高温高压含硫化氢储层试油顺利开展。深入开展高温储层缝网酸压和胶凝酸酸压试验并取得成功，在克深 11、双探 3 等重点探井取得较好地质效果。

复杂岩性低渗透储层试油针对性措施和产能评价技术取得突破。在大庆、新疆等油田开展储层评价和产能预测技术研究，分区域、分层系建立产能预测模型，部分层系的试油结论预测符合率和采油指数预测符合率 75% 以上。采取针对性措施，提高复杂岩性储层改造效果。通过采用变排量液体胶塞、酸性疏水缔合物压裂液等技术，有效解决控制裂缝高度避免沟通下部水层和传统碱性瓜尔胶压裂液发生反胶的问题，提高储层改造效果，实现乌夏断裂带二叠系等区域勘探的突破。

高温高压及高含硫井完整性管理持续推进、安全可控。持续加强高温高压及高含硫井全生命周期的井完整性管理，组织塔里木油田、西南油气田开展井完整性规范编制工作，规范由《高温高压及高含硫井完整性指南》《高温高压及高含硫井完整性设计准则》和《高温高压及高含硫井完整性管理规范》三部分组成，在 2015 年下发执行《高温高压及高含硫井完整性指南》的基础上，2016 年完成《高温高压及高含硫井完整性设计准则》编制和下发，同时对塔里木油田、西南油气田环空带压情况进行月跟踪，发现问题及时与油田沟通，同时督办异常情况的处理，确保高温高压及高含硫井的安全可控。

（赵捍军）

地面工程

【概述】 2016 年，油气田地面建设完成原油产能地面建设 980.7 万吨，天然气产能地面建设 102 亿立方米，地面建设投资 287.4 亿元。建成一批重点工程，西南油气田威 202 井区页岩气集输复线工程、冀东油田老爷庙—曹妃甸输油管道工程、青海油田柴西北油区原油外输管道工程等油气管道工程主体完工和全线贯通，满足原油、天然气输送的需要；辽河油田 80 万米^3/日天然气轻烃回收装置工程等提质增效工程相继投产，经济效益显著；长庆油田 4 套硫黄回收装置建成投产，满足《陆上石油天然气开采工业污染物排放标准》的要求。截至 2016 年底，各油气田累计建成各类站场、管线数量见表 9。

表 9　各油气田累计建成各类站场、管线数量

时间	油田					
	计量站（座）	接转站（座）	注水站（座）	污水处理站（座）	集中处理站（原油联合站）（座）	各类管线（千米）
截至 2016 年底	8424	1739	1322	659	308	249870
截至 2015 年底	8313	1691	1318	638	311	239367
增减	111	48	4	21	–3	10503
时间	气田					
	集（输）气站（座）	清管站（座）	增压站（座）	污水处理站（座）	天然气净化厂（处理厂）（座）	各类管线（千米）
截至 2016 年底	1733	514	264	109	82	65377
截至 2015 年底	1723	509	255	106	81	63674
增减	10	5	9	3	1	1703

【地面建设管理】 2016 年 8—10 月，勘探与生产分公司组织开展油气田地面建设检查活动。各油气田公司均成立以主管领导为组长的自检自查领导小组，对 206 项在建工程进行自检自查，共查出各类问题 1516 项，截至 2016 年底，发现的问题全部整改完毕。

9—10 月，地面建设管理处组织两个检查组，组织开展年度工程质量检查。勘探与生产分公司分两个检查组，对大庆油田等 12 家油气田公司的 12 项在建工程项目进行重点抽查，下发《建设工程整改通知单》12 份，提出建议 97 条，检查发现各类问题共计 508 项，所有检查出的问题都进行核对，截至 2016 年底，全部整改完毕。

2016 年，实施项目 1866 项，正点运行项目 1638 项，项目正点运行率达到 87.8% 的较高水平。

2016 年，受理工程质量监督注册 2314 项，实现监督注册率 100%，监督覆盖率 100%，停监点到位率 100%。提出各类质量问题 7423 个，下发《质量问题处理通知书》1003 份，完成各类工程项目质量等级核定 842 项。

2016 年，油气田新建、改建、扩建工程建设通过严格落实建设项目监理制、工程质量监督制和第三方检测制，强化行为质量和实体质量的控制，现场实测点合格率达 97.3%，工程建设质量逐步提高并稳定在较高的水平，所有工程一次投产成功，生产运行正常（图 1）。

【重点工程】 2016 年，股份公司重点项目 36 项，总投资 89.55 亿元。重点地面项目有序推进，确保按期投产。

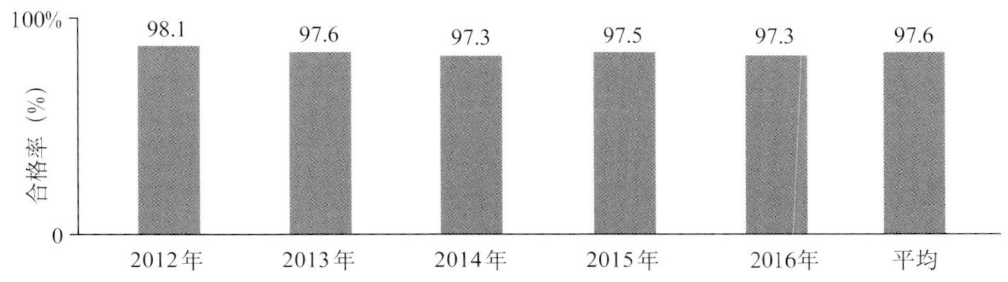

图 1　工程质量年度检查现场实测合格率

油田产能建设重点项目 18 项：大庆油田 15-1 示范区 2015 年产能建设工程，大庆油田北一二排西二类及三类油层产能建设工程（三采），大庆油田喇嘛甸油田北北块一区葡Ⅱ 7—高Ⅰ 5 油层聚合物驱产能建设工程（三采），大庆油田北一区断东东块二类油层上返产能建设工程（三采），大庆油田南六区弱碱三元复合驱产能建设工程（三采），大庆油田萨北开发区北三区东部中区二类油层上返三元驱产能建设工程（三采），大庆油田杏七区东部Ⅰ块三元复合驱产能建设工程（三采），长庆马岭油田长 8 产能建设工程，长庆安塞油田浅层及扩边产能建设工程，长庆绥靖油田老区及浅层产能建设工程，长庆油田胡尖山郝

41 等井区产能建设工程，新疆油田玛 18 区块产能建设工程，塔里木油田哈拉哈塘哈 6 外围区块产能建设工程，塔里木哈得油田开发调整地面工程，塔里木东河塘油田注气开发试验地面工程，新疆油田红浅 1 区火驱工业化开发工程，辽河曙光油田杜 66 断块杜家台油层常规火驱地面工程，玉门鸭儿峡油田产能建设工程等。

天然气产能建设项目 5 项：长庆神木气田产能建设工程，塔里木油田克深 5 试采工程，西南安岳气田高石梯—磨溪区块灯四气藏开发工程，煤层气公司大宁—吉县区块煤系地层立体勘探开发 2 亿立方米试采项目，浙江油田页岩气产能建设工程等。

老油气田调整改造 1 项：吉林新木油田老区调整改造工程。

油气管道项目 5 项：塔里木油田塔中凝析油稳定及储运工程，华北油田阿赛线安全扩能改造工程，西南油气田长宁页岩气集输气干线工程，西南油气田威 202 井区页岩气集输复线工程，青海油田柴西北油区原油外输管道工程等。

其他油气管道、联合站、天然气处理厂等重点工程 7 项。

【项目前期管理】 2016 年，完成项目审查和批复 24 项（其中可行性研究 16 项、初步设计 8 项），提出审查修改意见 849 条。24 个项目上报投资 82.6 亿元，批准投资 66.6 亿元，优化核减 20.0 亿元，核减比例 19.3%。项目审查共减少占地 42 亩，减少临时用地 811 亩，生产运行总能耗指标降低 9265 吨标准煤 / 年。

【水系统管理】 2016 年，水处理站水质合格率 95.82%，同比提高 0.31 个百分点；注水站水质合格率 90.49%，同比提高 0.21 个百分点；井口水质合格率 88.76%，同比提高 0.84 个百分点；注水系统效率 54.83%，同比提高 0.16 个百分点；注水单耗 5.98 千瓦・时 / 米^3，同比上升 0.09 千瓦・时 / 米^3。

2016 年，各油气田合计采出水 93337 万立方米，注水 102721 万立方米，无效回注 2266 万立方米，外排 1224 万立方米，固体污泥处置 59.80 万立方米，锅炉及其他回用 5350 万立方米。与 2015 年相比，采出水增加 1087 万立方米，注水增加 1869 万立方米，污泥处理增加 17.36 万立方米，外排水减少 435 万立方米。股份公司各油田继续加强水系统的运行管理，持续做好滤料更换、再生，沉降罐、过滤罐、管道、井口清洗工作。维修改造水系统站场 193 座，管道 783 千米；检查、维修、清洗各类罐体 6913 座，清洗维修管道 1.49 万千米；制定完善管理制度 189 个，组织培训 554 次，人员 10452 人。

【装置检修管理】 油气生产装置的维护检修涉及压力容器、压力管道、塔类、储罐、机泵锅炉、过程仪表、电气设备等 17 大类，是提高设备使用寿命和可靠性、延长装置运行周期的关键环节。结合 2016 年天然气生产销售情况，组织做好 2016 年油气生产装置的检修工作。2016 年，油气生产装置检修工作完成处理厂97 座，装置 174 套，集气站 241 座，原油处理站 3 座，原稳装置 18 套。检修时间 2569 天，与计划相比节省 368 天，节省 12.5%。完成检修月度报告 59 份，通过优化检修时间，多产天然气 4.53 亿立方米，多产原油 4.75 万吨，减少天然气放空 4700 万立方米，通过利旧及自主维修节约检修成本 7500 万元。

2016 年，重点推行一体化集成回收装置技术，以及减少“跑冒滴漏”为目标的站场日常管理工作，回收放空天然气 2.5 亿立方米，其中塔里木、长庆、西南、吐哈、大港等油气田回收治理效果显著。组织 11 家油气田完成 120 万立方米油品储罐清洗作业，回收罐底原油 2 万吨，实现安全可控、环保达标。

【管道完整性管理】 针对油气田管道和站场“被动的应对管理”现状，编制并对《股份公司油田管道和站场地面生产管理规定》《股份公司气田管道和站场地面生产管理规定》两个规定进行视频宣贯。16 家油气田公司管道和站场地面生产管理的主管领导，主管处室、相关处室人员，以及采油厂、采气厂、集输公司、储运公司的主管副厂长、副经理、技术干部等共 1121 人参加视频宣贯。

2016 年 3 月，在长庆油田组织召开“2016 年油气田管道检测和修复技术交流暨管道完整性管理工作部署会”，22 家单位 119 名代表参加会议。

按照集团公司推进完整性管理要求，各油气田公司逐步开展对油气高风险管道的检测评价和修复工作，2016 年共检测评价管道 3214 条（段）、15266 千米，发现缺陷点 166879 个（处）。对检测出来的缺陷进行分析后，修复严重缺陷 26238 处、6335 千米，其中管道本体缺陷修复 3616 处，外防腐层缺陷修复 22622 处，极大地保证管道运行安全。加大管道日常管理力度，做好管道高后果区的识别，并对识别出来的高后果区管道升级管理，加强日常巡线频率，设置警示装置，并做好管道保护的宣传。2016 年完成 35404 条、81928 千米管道的高后果区识别工作，共识别高后果区管道 24471 段，长度 10607 千米，占识别管道的 12.95%。

【标准化设计】 2016 年，标准化设计工作继续向更深层次、更高水平发展，基础工作进一步完善，模块化建设取得新突破，数字化建设与管理水平有了新提升。油气田地面建设大、中、小型站场标准化设计覆盖率分别达到 77.2%、94.1%、98.8%，规模化采购率 86.8%，预制化率 79.9%。与常规相比，设计工期缩短 27.7%，施工工期缩短 20.6%。

2016 年，实施标准化设计，节约投资 11.5 亿元，节省土地 2784 亩，减少用工 7330 人，节能 37.3 万吨标准煤。2009—2016 年，通过开展标准化设计，节约投资 113.3 亿元，节约土地 9.9 万亩，减少新增生产定员 54991 人，多生产原油 385.8 万吨、天然气 84.9 亿立方米。

2016 年，开发 28 类 130 种一体化集成装置，基本覆盖油气田中小型站场类型。推广应用一体化集成装置 776 套，替代常规中小型站场 240 座。设计工期和建设工期分别缩短 46.2% 和 50.3%，减少用地 1161 亩，减少用工 3130 人，节约投资 2.43 亿元。2010—2016 年，推广应用 6985 套，节约投资 20.03 亿元，减少用工 16831 人，减少占地面积 5072 亩。

2016 年，制定《油气田一体化集成装置设计制造与运行维护规范》等 2 项管理文件与技术规范，各油气田公司新增油田公司级标准化设计有关规定 79 项、定型图 402 套。组织编制并印发《油气田大型厂站模块化建设导则》《316L 双金属复合钢管工程应用导则》《油气田地面工程标准化设计高效非标设备设计导则》《油气田地面工程压缩机选用与运行维护工作指导意见》4 项规定。

2016 年，按照标准继续抓好油气田地面工程视觉形象建设，在不多花投资的情况下，新建各类井场和站厂全部按照视觉形象标准建设，截至 2016 年底，井场和站厂视觉形象覆盖率达 43.6% 和 46.4%，有效提升油气田地面整体形象。

【数字化建设】 2016 年，结合油气生产物联网（A11）等统建信息系统，开展油气田地面工程数字化建设，新增各类数字化井 10916 口、场站 452 座，累计建成各类数字化井 135099 口、数字化站场 5199 座，约占井、站总数的 44.1%、35.1%。长庆、大港、冀东、南方、浙江等油田初步实现全油田地面生产数字化管理。2016 年 12 月，新疆油田与大庆油田 A11 项目试点工程上线验收。

【基础管理】 2016 年，按照“多干打基础、利长远的事”的工作原则，进一步加强基础管理工作。组织制定并发布《油气田地面工程项目管理》《油气田地面建设标准化施工技术手册》《油气田地面建设工程（项目）资料管理》《油气田地面工程标准化设计技术与管理》等 4 本培训教材和《放空天然气回收工程技术规范》《气田集输系统水合物防治技术规范》《油气集输系统用热技术导则》《油气田地面建设工程信息数字化移交规范》等 4 项企业标准的制定。

参与《钢质管道外腐蚀控制规范》《油气田防静电接地设计规范》《油气田工程测量规范》《埋地钢质管道阴极保护技术规范》等 20 多项国家、行业标准修订工作。

组织“油气田地面建设工程项目管理技术”“油气田标准化设计技术与管理”培训班，各油气田公司、相关设计院所等 42 个单位的 199 名学员参加培训。

【工艺技术】 2016 年重点工作：（1）认真做好老油气田地面系统改造，确保老油气田安全稳定生产。（2）强化基础管理，进一步提升油气田采出水处理和注水系统管理水平。（3）积极配合做好 SAGD、二元驱、二氧化碳驱、火驱、空气泡沫驱等重大开发试验地面配套技术的研究工作，组织攻关地面技术瓶颈，做好技术储备，为重大开发试验的大规模推广打好基础。（4）组织一批重点科研项目建设与投产试运。

2016 年，风城高含盐水处理回用中试试验工程、风城油田 SAGD 采出液高温密闭脱水工业化试验工程、辽河 MVC 处理 SAGD 采出水回用汽包锅炉中试工程相继投产开始进行现场试验，取得较好的试验效果；天然气净化厂硫黄回收与尾气处理建成投运并达标排放。

【工程建设承包商管理】 根据集团公司统一部署，2016 年 2—5 月组织 16 家油气田公司开展勘探与生产分公司所属共计 685 家一、二类承包商的年度考核评价工作，考核评价内容包括基本条件、年度业绩、违规违纪、安全质量事故、诚信事项等。经 16 家油气田公司初审、勘探与生产分公司复审并报集团公司承包商领导小组办公室审定，2016 年淘汰 106 家不合格承包商，组织 38 家新增准入承包商的初审、审核、公示等工作。截至 2016 年底，勘探与生产分公司一、二类承包商合计 683 家（一类承包商 66 家、二类 617 家）。组织各油气田共 369 家三类及检维修类承包商准入备案，特别是加强油罐清洗承包商的准入管理等工作。

2016 年 11—12 月，组织 16 家油气田公司油气田工程建设承包商的 HSE 现场检查与考核评价工作，特别是评价检查 16 家油气田公司开展“违法转包、违规分包、违规选商”等情况，发现并处理部分“违法转包、违规分包”的承包商及甲方单位。

（汤　林　苗新康）

海 洋 工 程

【概述】 2016年，辽河、大港、冀东三个滩海油田共生产原油223.15万吨、天然气6.04亿立方米。自营油田生产原油116.36万吨、天然气5.89亿立方米（表10）。海上对外合作区块油田生产原油106.79万吨、天然气1463万立方米（表11）。

截至2016年底，中国石油环渤海滩浅海矿区内共建人工岛（井场）18座、固定钢平台11座、海底管道92.1千米、海底电（光）缆120.06千米。

表10　2016年滩海自营油田原油、天然气产量

时间	辽河滩海		大港滩海		冀东滩海		合计	
	原油（万吨）	天然气（亿立方米）	原油（万吨）	天然气（亿立方米）	原油（万吨）	天然气（亿立方米）	原油（万吨）	天然气（亿立方米）
2016年	11.36	0.2168	25.7	1.42	79.3	4.25	116.36	5.89
2015年	12	0.057	26.3	0.52	94.6	6.19	132.9	6.767
同比增减	-0.64	0.1598	-0.6	0.9	-15.3	-1.94	-16.54	-0.877

表11　2016年海上对外合作区块油田原油、天然气产量

时间	月东	赵东		合计	
	原油（万吨）	原油（万吨）	天然气（万立方米）	原油（万吨）	天然气（万立方米）
2016年	50.57	56.22	1463	106.79	1463
2015年	41.2	73.84	4858	115.04	4858
同比增减	9.37	-17.62	-3395	-8.25	-3395

【冀东原油装船外运】 高尚堡—曹妃甸输油管道及配套工程于2015年2月开始建设，首站于2016年2月19日投产进油，末站于2016年3月4日投产，完成首船装油外运。冀东油田原油经海运至天津港南疆码头，再经由津华线输到华北石化。

【海底管道内检测】 冀东油田完成NP1-3D至NP1-1D混输海管、NP1-2D至NP1-1D混输海管和NP1-1D外输海管等3条海管的内检测工作。大港油田完成《赵东平台至埕海1-1人工岛海底管道内检测实施方案》的编制工作。

【海上应急预案及海洋工程标准体系建设】 2016年，为集团公司《海洋石油勘探开发突发事件专项应急预案》的宣贯和桌演做相应准备工作。完善海洋工程标准体系，制定《滩海人工岛构筑物管理规范》和《海洋管桩三层包覆防腐技术规范》2项集团公司企业标准。

由于海上生产设施和实际弃井工作量增加，在2013年版的基础上，组织大港油田对弃置预备方案进行调整和更新，编制完成《赵东C/D和C-4合作区海上生产设施弃置预备方案（2016年更新版）》。

【路岛工程专题技术研究】 依靠科技进步，提高海上设施本质安全管理水平。2016年，针对中国石油滩海油田实际生产中出现的技术难题和安全隐患，以“为生产服务、为油田服务、保障安全”为目标，组织“路岛工程变形特性及边坡稳定性”专题技术研究，对指导实际和保障设施安全平稳运行具有指导保障作用。

【冬季冰情预报和监测】 做好冬季冰情预报和监测工作。动态掌握冰情信息，从国家海洋预报中心动态、实时，通过传真、邮件和短信等方式获取渤海湾冰情信息，指导冬季油田海上安全生产。2015—2016 年冬季为轻冰年（1.0 级），海上油气生产运行正常。

（苏春梅　沙　秋）

新　能　源

【概述】 2016 年，页岩气按照落实资源、评价产能、攻克技术、效益开发的原则，突出示范区建设，完成产能建设 17.7 亿立方米，生产页岩气 28 亿立方米。煤层气坚持稳中求进、精细化排采的原则，强化生产动态管理，积极推进重点工作，实现商品量 23 亿立方米的工作目标。

【煤层气】 优选富集区建成产能 0.65 亿立方米。其中，沁水煤层气田的郑村区块和郑庄区块共完成钻井 45 口（16 口水平井），建成井口产能 0.52 亿立方米。鄂东煤层气田的临汾区块钻完 3 口水平井，建成井口产能 0.1 亿立方米。

2016 年计划完成煤层气商品气量 21 亿立方米，实际完成 22.93 亿立方米，完成计划的 109%。沁水煤层气田共有排采井 2894 口，产气井 2080 口，井口日产气 243 万立方米；年产量 9.1 亿立方米，年商品气量 10.2 亿立方米（外购 1.4 亿立方米）。鄂东煤层气田共有排采井 2534 口，产气井 1600 口，井口日产气 560 万立方米（含致密气 335 万立方米）；年产量 13.6 亿立方米，完成商品气量 12 亿立方米（致密气 5.3 亿立方米）。蜀南地区筠连区块排采井 342 口，产气井 230 口，井口日产气 24 万立方米，年产量 0.76 亿立方米，实现商品气量 0.73 亿立方米（表 12）。

表 12　2016 年煤层气产量及商品气量

煤层气田和区块	时　间	2016 年	2015 年	同比增减
沁水煤层气田	累计排采井（口）	2894	2850	44
	井口日产气量（万立方米）	243	229	14
	年产气量（亿立方米）	9.1	8.5	0.6
	年商品气量（亿立方米）	10.2	9.7	0.5
鄂东煤层气田	累计排采井（口）	2534	2440	94
	井口日产气量（万立方米）	560	240	320
	年产气量（亿立方米）	13.6	9.35	4.25
	年商品气量（亿立方米）	12	8.5	3.5
蜀南筠连区块	累计排采井（口）	342	300	42
	井口日产气量（万立方米）	24	19	5
	年产气量（亿立方米）	0.76	0.5	0.26
	年商品气量（亿立方米）	0.73	0.4	0.33
合　计	年商品气量（亿立方米）	22.93	18.6	4.33

煤层气勘探开发成果。（1）形成煤层气勘探开发标准体系。设立国际标准化组织煤层气技术委员会（ISO/TC 263），编制煤层气标准 161 项（1 项国际标准），国际标准 ISO 18871 Method of measuring coalbed methane content（煤层气含量测定方法）。（2）积极拓展吉尔嘎朗图新区评价，做好资源准备。吉尔嘎朗图吉煤 4 井日产气 2000 立方米以上，稳产超 4 个月，有力证实低含气量、厚煤层的低阶煤层可以获得高产

工业气流，开辟煤层气勘探开发新领域。（3）通过开展降液、解堵性二次压裂、补层合采、管网改造（直井）以及氮气泡沫解堵、井组降压（水平井）、加密井网等综合治理措施抑制樊庄产量下降幅度，实现郑庄、韩城区块产量回升。针对各开发单元的地质特点和生产动态特征，细化开发单元，分类精细排采控制，科学排采生产，确保实现保德区块高产井稳产、上产井合理增产。

【页岩气】 2016年，组织审查长宁、威远、昭通页岩气第二批开发概念设计和开发方案的审查，结合2015年的方案审查意见和现场施工进度安排，对2016年页岩气开发部署进行优化调整。

截至2016年底，累计开钻井213口，完钻186口，压裂151口。新建增压机组6台、日增压规模195万立方米，新建脱水装置1套，日处理能力280万立方米。累计投运4座脱水站、5条共125千米外输管道，具备980万米^3/日脱水能力、1200万米^3/日输气能力；内部集输和供水工程也陆续建成投运，地面配套建设已具规模。累计建成产能41.28亿立方米，建成配套产能30亿米^3/年。

2016年新投入生产井62口，累计投产井156口，日产气890万立方米，商品量28亿立方米，累计产气41.5亿立方米。

勘探开发成果：（1）评价证实蜀南页岩气可开发地质资源量11.46万亿立方米，3500米以浅可工作面积0.3万平方千米，资源量1.44万亿立方米。（2）形成勘探开发六大技术系列，掌握勘探开发一体化高产井培育方法，单井产量大幅度提升，为埋深3500米以浅页岩气规模动用提供强有力支撑。（3）形成页岩气特色管理的4种体制机制——国际合作、国内合作、风险作业、自营开发，高效勘探开发的五化模式——井位部署平台化、钻井压裂工厂化、采输作业橇装化、工程服务市场化、组织管理一体化。（4）成功试验“高性能水基钻井液”，提高了机械钻速，缩短了钻井周期，降低了环保风险。

（崔光珍　谭　健）

储　气　库

【概述】 2016年，储气库建设工作围绕工程建设、生产运行、动态跟踪等关键环节开展大量工作，第一批6座储气库全部注采运行，实现储气库高效建设和安全平稳运行。

【工程建设】 截至2016年底，累计完钻注采井83口，待实施井5口，完钻监测井及回注井11口，待实施井5口，完成老井处理116口，待实施井1口。6座储气库（群）注采气系统全部建成投运，地面建设完成总体形象进度95%以上。

【生产运行】 2016年，注气期内累计开井66口，注气48.47亿立方米（表13）。采气期内累计开井75口，采气27.88亿立方米。其中，新疆呼图壁储气库采气12.84亿立方米，西南相国寺储气库采气11.46亿立方米，辽河双6储气库采气0.39亿立方米，华北苏桥储气库采气1.28亿立方米，大港板南储气库采气1.45亿立方米，长庆陕224储气库采气0.46亿立方米。

表13　2016年中国石油储气库注气量　　亿立方米

时　间	新疆呼图壁	华北苏桥	西南相国寺	辽河双6	大港板南	长庆陕224	合　计
2016年	17.15	5.62	11.97	8.41	2.20	3.12	48.47
2015年	20.10	4.08	15.28	10.22	2.00	1.38	53.06
同比增减	–2.95	1.54	–3.31	–1.81	0.2	1.74	–4.59

（李　彬）

技术项目

【概述】 2016年，面对低油价形势和集团公司当前任务，围绕当前生产所面临的关键问题有针对性地安排项目，突出重点，加大项目整合力度，勘探着眼几个大盆地的新区、新领域、新层系，加强基础研究，发现风险目标；开发重点增加低渗透、“二三结合”、降本增效研究等项目，减少不能立刻见效项目。全面完成科技立项、任务落实、成果应用及信息化建设等各项工作，为风险勘探与预探新领域新区带新目标优选落实、提高单井产量、降低操作成本、安全生产等方面提供有力的支撑。

【油气勘探研究有形化成果】 编制一批工业化图件，直接服务于生产。2016年，各课题在大量综合研究基础上，强化石油地质基础图件编制，注重研究成果有形化，新编和修编各类工业化图件1472幅，大部分图件可直接应用于勘探部署和风险目标准备。

【油气盆地地质研究新认识】 立足七大盆地，强化综合研究，注重目标性地质综合研究，取得一批创新性认识，有效指导风险领域新发现和勘探新突破。（1）提出四川盆地达州—开江地区震旦—寒武系为继承性隆起区，有利于油气富集成藏；川西南部地区雷四3亚段向上倾方向剥蚀缺失尖灭，可形成大型鼻状地层—构造复合圈闭。（2）提出准噶尔盆地西北缘逆掩带佳木河组是全新的重大战略接替领域；克拉美丽山前石炭系具有古生新储、自生自储、新生古储成藏有利条件；四棵树凹陷高泉构造群为继承性的古隆起，储盖组合配置有利；夏盐—达巴松凸起火山机构发育带西翼存在多个石炭系内部剥蚀尖灭线，具备形成风化型火山岩体地层油气藏。（3）提出塔里木盆地昆仑山前逆冲大断裂下盘具成藏较好的条件，是下一步重要风险勘探领域；东秋段由前陆冲断带与牙哈隆起北斜坡带组成，下盘发育断背斜圈闭，是该区带首选风险勘探领域；南华纪—中寒武世构造沉积演化控制寒武系盐下源储分布，塔中—巴楚隆起东部为寒武系盐下的主攻区带，柯坪—乌什—塔北西部、轮南为两个准备区带。（4）提出鄂尔多斯盆地西部奥陶系存在有利的海相烃源层，局部发育高能的台缘相带沉积因后期差异云化可形成有利的岩性圈闭体，是天然气勘探的有利目标；盆地西缘逆冲推覆断层下盘和大的宽缓向斜带构造变形较弱，仍具有较好的天然气成藏及晚期保存条件；盆地深层的区域地震大剖面也初步揭示元古界发育多个次级裂陷槽，可能发育较好烃源层。（5）提出松辽盆地深层基岩隆起是相对断陷期沉积地层的隆起，受区域差异沉降影响，形成断陷间和洼中两大类隆起；断陷期泥岩和煤是潜山主要气源，中二叠统、上二叠统两套规模性暗色泥岩可作为有效补充气源；松辽盆地基底存在风化壳、内幕两大类储层，其中内幕花岗岩、变质砾岩为储层优势岩性，易形成好的储层。

【油气勘探研究成果应用成效】 突出重点，着力做好风险领域、风险区带和目标的优选评价，为油气发现和突破提供有力支撑。通过一年的研究，地质研究类课题共提出有利风险领域73个，风险区带97个，风险与预探目标93个，有5个风险目标被采纳（风险探井9口），为2017年准备的区带和勘探目标25个。

【高含水油田开发技术】 创新建立“二三结合”潜力评价技术体系。形成以单砂体注采关系识别、各种化学驱技术筛选与评价为基础的评价体系，搭建潜力评价一体化平台。攻关发展层系井网立体重构，井型、井网、井距人机交互快速部署，以及“二三结合”时机优化3项核心技术。应用效果方面：（1）全面评价中高渗透老油田110亿吨地质储量，落实可实施“二三结合”的地质储量56.3亿吨，预计新增可采储量8.5亿吨；（2）用该项技术编制新疆八530井区、青海尕斯中浅层、北大港3个“二三结合”开发方案。

【老区直井/定向井体积改造技术】 （1）形成基于动态地应力场的重复压裂优化设计方法，建立重复压裂选井选层模型和重复压裂地应力场模型，编制软件，为转向压裂和体积改造奠定基础。大型物理模拟、数值模拟研究表明，体积改造比平面双翼裂缝初期日产提高0.3—8.6倍。（2）针对长庆油田水驱剩余油呈侧向条带状分布的现状，研发老井侧向宽带压裂技术，形成全程、动态、缝内缝端多级暂堵工艺，控制裂缝带长、增加裂缝带宽。与同区块常规措施对比，宽带压裂试验井措施后单井产量高出常规措施 0.4—0.8 吨。（3）研发大庆长垣过渡带裂缝控砂体压裂技术，应用效果明显。针对目标区块，建立注入有效体积与裂缝波及范围的关系图版及施工规模与储层 ESRV（缝网压裂有效改造体积）之间的关系图版，明确 ESRV 与压后产能关系，指导优化设计。2016 年累计试验 8 口井，压裂后初期日增油 9.14 吨，是常规压裂的 2.7 倍，阶段累计增油为常规压裂的 10.82 倍。（4）吉林研发集团式干扰压裂再造井网驱替技术，形成油水井综合调整技术模式。现场应用 69 口井，较常规重复压裂平均单井日增油提高 0.5—0.7 吨，有效率提高 12%—35%。（5）研制低成本多功能压裂液和暂堵转向剂。研制的耐高矿化度水低黏高弹压裂液，具有以下特性：属非交联，具有添加剂种类少，可回收利用；减阻率 68%，与常用滑溜水相当；低残渣低伤害，伤害率 15.2%；安全环保，可天然降解等。研制的多种适合中高温储层可完全降解的暂堵剂，封堵性能满足缝端、缝口、缝内暂堵的多级转向需求。（6）研发大通径分层和小尺寸细分层压裂工具，满足多种分层压裂需求。

【低渗透油藏开发技术】 低渗透油藏提高水驱采收率和低品位油藏规模有效动用技术取得明显进展。（1）形成系列认识和技术：揭示特 / 超低渗透油藏 4 种水驱规律；形成裂缝识别、描述及储层非均质性表征技术，建立基质—裂缝双重控制下的 5 种剩余油分布模式；形成特 / 超低渗透油藏井网加密调整 6 种模式及相关技术；形成特 / 超低渗透油藏合理分层注水优化技术政策及图版。在长庆、大庆等油田 4 个区块应用，提高水驱采收率 3—7 个百分点。（2）形成全新的开发方式：在大量数值模拟、物理模拟研究基础上，提出低品位油藏“体积改造 + 有效驱替 + 渗吸采油”全新开发方式。使低品位油藏开发理念发生三个重要转变：由建立孔隙驱替体系向缝网有效驱替转变；由连续强化注水向灵活的渗吸采油方式转变，由缩小井距提高动用储量向体积改造提高缝控储量转变。与长庆油田合作编制的元 284 区块转变开发方式现场试验方案通过审查进入现场实施阶段。与大港油田合作编制的大港官东 6X1 区块试验方案，列入 2017 年工作计划。

【油藏细分注水技术】 第四代精细分层有效注水技术推进注水开发技术升级换代。（1）完成井下一体化配水器优化设计开发，提高可靠性和兼容性。大庆采油一厂在 10 口注水井中首次实现 7 层段注水井分层注水全过程监测与自动控制，全井配注流量与配水间流量误差在 1 米³/ 日以内。（2）井下流量计测量技术进一步取得突破，优化涡街流量计尺寸，数据采集环节增加频谱分析代码，使流量计检测范围由 5—100 米³/ 日扩展到 3—160 米³/ 日，全面满足从低渗透小水量到中高渗透大水量分层配注和测试的生产需求。（3）开展油管内非接触通信分注工艺技术研究，实现带压作业。形成缆控一体化配水器、数字存储式配水器、过电缆封隔器等 6 项有形化产品，试制 100 套配水器及配套工具，开展 25 口井现场试验，技术参数达到设计要求。

【稠油开发技术】 不断深化稠油转换开发方式技术，持续助推提效减排。（1）SAGD 培育日产百吨高产井。注 40 度的过热蒸汽，比注饱和蒸汽的汽腔扩展速率增长 7%，累计产油量增长 20%。在具备供液能力的前提下，首次研制 10 米冲程塔架式抽油机和直径 150 毫米、160 毫米大排量管式泵，填补行业空白，最大理论排量日产液 800 多立方米，共培育日产超百吨油的油井 7 口。（2）火驱技术精细提效。①研发针对不同油品的系列移动式高温电点火技术，及其配套优化设计软件。突破国内整体制作耐高温、小直径、大热流井下点火器的技术瓶颈。现场应用 2 口井均成功，实现重复利用，降低了成本。②分层火驱、高效举升技术。研发新型耐高温封隔器和伸缩式滑动密封井下工具，配套实施分层点火、分层注空气，实现分层火驱，提高纵向剖面动用程度。研发掺液降黏、防气防腐防砂一体化举升管柱，提高举升效率和管柱寿命。截至 2016 年底，辽河油田转火驱 167 个井组，年产量 31.4 万吨。与持续蒸汽吞吐相比，单井日产油、区块采油速度、采收率均实现翻倍式增长。此外，注烃类气体重力气驱油藏提高采收率潜力评价、低成本压裂液研发、抽油机恒功率运行控制技术、电动潜油柱塞泵和液压抽油机研制与现场试验、大型场站模块化信息化建设等一系列降本增效技术研究均不同程度见到实效，为控投资降成本和可持续提供技术支撑。

【技术项目管理】 科技项目顶层设计。按照科研服务于生产的总体要求，2016 年实现集团公司层面统一立项，编制计划大表，形成顶层设计。2016 年计划体现以下特点：（1）将立项聚焦在降本增效等关键生产问题上，突出适用和效益。（2）对关键问题加大攻关力度。通过整合资源，形成平行攻关、各有侧重、相互补充、背对背攻关等课题组合。（3）减少数量，

2016年课题总数在2015年大幅减少的基础上，由76项减少到64项。

科技项目任务落实与生产对接。及时下发任务大表，将研究任务落实到各单位各课题组，协调分工，明确每个课题的研究领域、要解决的关键问题，预期成果和考核指标等。2016年组织跨院、跨所、跨专业、跨学科的课题整合，组织油田与研究机构统一攻关。通过各主管领导协调，明确任务，实现研究与生产有效对接。做好开题设计面上指导、把关和任务落实，促进研究与生产有效对接。勘探通过基础地质综合研究，编制必要的工业化图件（如沉积相图、综合评价图等），最终落实到风险区带和目标上。开发形成有形的技术（如方案、软件、产品、装备、规范、标准等），突出强调成果必须在现场得到应用，有明确的技术指标、应用数量。

技术成果检查交流和生产应用转化。结合勘探、开发、工程各路生产工作，由分管领导根据实际情况听取项目研究进展，进行成果交流与检查，有效指导生产，促进科技成果的应用。

奖项申报推荐与评审。（1）组织开展中国地质学会第八次黄汲清奖、第二届金罗盘奖申报和推荐工作，推荐的4位候选人均获奖。（2）组织开展中国地质学会“十大地质科技进展和十大地质找矿成果”的参评工作，向中国地质学会各推荐一项。（3）组织开展第七届全国优秀科技工作者申报和推荐工作，推荐付锁堂作为候选人。（4）协助集团公司科技管理部组织科技进步奖油气勘探专业组评审，评出一等奖3项、二等奖3项、三等奖6项。

协助集团公司信息管理部完成科技与信息创新大会筹备工作，并组织上游“十二五”信息化建设成果展览。

【勘探生产信息化建设】（1）A11（油气田生产物联网系统）项目建设。为了加快A11项目建设，在试点效果良好的基础上，统筹考虑老油田改造、新区产能建设和信息化建设投资，重新编制2016—2017年整体推广建设方案。截至2016年底，完成对13家油气田推广实施方案的审查，并编制投资计划。项目完成后，将显著减少新增用工总量（完成的试点和示范工程项目，减少新增用工13000余人），减员增效效果明显。（2）A5（采油与地面生产运行管理系统）项目建设。在A5项目面临“两超”（超期限、超投资）情况下，2016年及时对原定计划进行调整，重新确定目标定位，即搭建开放包容的生产运行管理平台，实现采油采气与地面工程领域全系列全要素信息化和一体化管理。建立标准数据库，优化系统功能，大庆油田、辽河油田等4家试点上线验收，推广工作正在进行。（3）启动“勘探开发一体化协同研究及应用平台”项目。上游建成多个独立的信息系统，实现这些系统的互联互通和集成共享，是“十三五”的工作重点。为此上游提出“两统一、一通用”的建设蓝图，即建设统一标准、互联互通的数据库，建设开放兼容高效的一体化统一平台；研发生产经营最核心最通用的功能，实现勘探开发经营的集成共享。完成可行性研究报告的编制和初步审查。（4）召开A1V2.0、ERP两个项目建设推进会，明确整体部署、工作重点、有关要求，确保相关工作按计划进行。（5）A2、A8系统持续运维并加强深化应用，按计划完成年度建设及维护工作。通过系统应用，使得数据资产得以保护并发挥出新的应用价值，提高勘探开发研究和生产管理的工作效率、缩短结算及年报周期并提高准确性、减少现场工作人员，降低运行管理成本及风险。

（丁建宇）

市场管理

【概述】 2016年，勘探与生产分公司下放工程技术服务市场准入管理权限，工程技术服务市场准入由油田公司负责审查。各油田公司审批准入队伍7976支，动用工程服务队伍8603支。2016年各专业队伍动用数量见表14。

表 14　2016 年动用各专业队伍数量　　支

专　业	队伍数量		
	2016 年	2015 年	同比增减
钻井	1493	1621	–128
井下作业	2979	3653	–674
录井	693	1813	–1120
测井	494	740	–246
测试	1218	227	991
酸化压裂	328	222	106
带压作业	172	150	22
固井	75	132	–57
物探（采集）	51	30	21

【市场准入】 2016 年，各油田公司审批准入队伍 7976 支。其中，集团公司内部队伍 3939 支，占比 49%；非集团公司队伍 4037，占比 51%。

【工程服务队伍动用】 2016 年，上游各油气田公司动用工程服务队伍 8603 支。其中，集团公司内部队伍 4927 支，占比 57.3%；非集团公司内部队伍（中国石化和社会）3642 支，占比 42.7%（表 15）。

表 15　2016 年工程技术服务队伍动用情况

专　业	集团公司内部			集团公司外部		
	总量（支）	数量（支）	所占比例（%）	中国石化数量（支）	社会数量（支）	所占比例（%）
物探（采集、解释处理）	788	432	54.8	0	356	45.2
钻井	1493	963	64.5	36	494	35.5
钻井服务	539	302	56.0	0	237	44.0
测井	494	440	89.1	7	47	10.9
固井	75	59	78.7	4	12	21.3
试油	127	123	96.9	2	2	3.1
录井	693	644	92.9	5	44	7.1
测试	1218	800	65.7	7	410	34.2
酸化压裂	328	179	54.6	1	147	45.1
带压作业	172	103	59.9	0	69	40.1
井下作业	2979	1142	38.3	9	1828	61.7
其他	160	15	9.4	0	145	90.6

（由　杰）

第三篇

炼油与化工

第一篇
总　述
第二篇
油气勘探开发生产
第三篇
炼油与化工
第四篇
销　售
第五篇
天然气与管道
第六篇
工程技术与工程建设
第七篇
国际业务
第八篇
科技与信息
第九篇
安全环保与质量节能
第十篇
企业管理与监督
第十一篇
党建、思想政治工作与企业文化建设
第十二篇
机构与人物
第十三篇
企事业单位概览
第十四篇
中国石油天然气集团公司大事纪要
第十五篇
统计数据
第十六篇
附　录

综　述

【概述】 炼油与化工业务是中国石油产业链承上启下、增加价值、提高利润的中间环节，是提高中国石油竞争力的重要领域。中国石油天然气股份有限公司炼油与化工分公司（简称炼油与化工分公司或炼化板块）主要负责中国石油的炼油、化工生产和化工产品销售业务的管理，负责保障上游原油后路、下游成品油市场供应和化工产品供应，是国内第二大成品油生产商和石油化工产品供应商。归口管理24家炼化生产企业，6家油田炼化企业和6家化工销售公司。

2007年以前，炼油与化工业务分立运行，其间，完成兰州、大庆地区炼油业务的整合，庆阳石化、宁夏石化划归中国石油；2007年，炼化和销售业务重组整合，形成现在炼化一体化发展格局；2008年，11家炼化上市企业、未上市企业重组整合，上市和未上市业务实现统一管理；2009年，收购未上市炼化企业与主业关联度高的资产，突出主营业务，减少重复建设，降低管理成本。同年，大庆油田化工有限公司等油田所属炼化业务纳入炼油与化工分公司统一管理，炼化业务实现在同一管理模式下的集中发展和专业化管理。

2007年以来，中国石油统筹国内外两种资源，建立与国内资源和四大战略通道相匹配的炼油化工体系，北方重点是调整结构、优化升级、消除隐患，南方是加快布局、规模发展，相继关停9座小炼油厂，关停炼油能力1105万吨/年，已形成大连石化、抚顺石化、兰州石化、独山子石化、四川石化、广西石化、大连西太平洋石化、吉林石化、辽阳石化9家千万吨级炼油基地，独山子石化、大庆石化、抚顺石化、吉林石化、四川石化、兰州石化和辽阳石化7家乙烯生产基地，宁夏石化、乌鲁木齐石化、塔里木石化、大庆石化、兰州石化5家化肥生产基地，辽阳石化、乌鲁木齐石化2家芳烃生产基地等一批特色炼化企业。

2016年，中国石油国内原油加工量14709.2万吨，占国内原油加工总产量的27.3%；乙烯产量558.9万吨，占国内乙烯总产量的31.2%；生产成品油9932.4万吨，销售化工产品2680万吨，炼化系统资产总额3242亿元，营业收入5285亿元，用工总量22.3万人。

【经营业绩】 2016年，按照“突出质量效益、注重结构调整、向内涵集约式发展转变”的定位要求，以市场导向和效益为原则，不断优化资源流向和产品结构，加大科技攻关提升装置创效能力、增产适销对路的高附加值产品，发挥主观能动性增加盈利，强化成本费用控制，主要技术经济指标好于2015年同期，成为低油价下集团公司盈利的重要支撑。

利润创历史最好水平。2016年，炼化业务实现经营利润390.26亿元，同比增加341.43亿元。其中，炼油业务受益于优化运行、毛利上升，实现经营利润275.65亿元，同比增加228.75亿元；化工业务抓住化工市场好转的契机，不断优化产品结构，增加厚利产品销量，实现经营利润114.61亿元，同比增加112.68亿元。26家生产企业有24家盈利，17家企业盈利超过10亿元，6家化工销售企业全部盈利。

原油加工量、产品产量。2016年，原油加工量14709.2万吨，同比下降2.8%；汽油、煤油、柴油产量9932.4万吨，其中汽油3797.4万吨，同比增长4.1%，煤油931.8万吨，同比增长11.8%，柴油5203.2万吨，同比下降13.8%。乙烯产量558.9万吨，同比增长11.1%；尿素产量190万吨，同比下降11.6%。合成树脂919.9万吨，同比增长10.6%，合成纤维6.1万吨，同比下降6.2%，合成橡胶76万吨，同比增长6.6%（表1）。

安全环保形势向好，主要经济技术指标持续改善。2016年，炼化板块事故起数、亡人数量同比分别下降50%和67%。装置运行平稳率同比提高0.11个百分点。非计划停车减少9次，14家企业未发生非计划停车。16项指标好于2015年同期，炼油综合能耗同比下降0.51千克标准油/吨；乙烯燃动能耗同比下降17.6千克标准油/吨。在加工负荷低，油品质量升级，装置检修、项目投产等变动因素多的情况下，炼油企业现金加工成本同比增加2.13元/吨；化工企业现金加工费减少44元/吨；销售及管理费用减少 7 亿元。

表 1 2016 年原油加工量、产品产量 万吨

项 目	2016 年	2015 年	同比增减
原油加工量	14709.2	15132.3	–423.1
汽油、煤油、柴油产量	9932.4	10369.4	–437
其中，汽油	3797.4	3647.3	150.1
煤油	931.8	833.8	98
柴油	5203.2	5888.4	–685.2
乙烯产量	558.9	503.2	55.7
合成树脂产量	919.9	831.8	88.1
合成纤维产量	6.1	6.5	–0.4
合成橡胶产量	76.0	71.3	4.7
尿素产量	190	256.6	–66.6
合成氨产量	152.9	184.5	–31.6

高效产品产量稳定增长。2016 年，高效产品产量比例提高 5.53 个百分点；航空煤油同比增长 13.4%，95 号以上汽油同比增长 13.5%，芳烃同比增长 13.4%；商品重油同比下降 21.6%。国Ⅴ标准成品油置换按期完成，实现稳定供应；完成京Ⅵ标准油品转产，满足北京的环保要求。柴汽比同比下降 0.24，17 家企业优于年度目标。生产 84 个牌号 103.3 万吨化工新产品，42 个牌号首次工业化。

（汪晓东）

【“十三五”规划要点】 按照集团公司编制“十三五”规划的工作要求，炼化板块 2016 年组织编制完成炼化业务“十三五”发展规划，从炼化业务发展现状、发展环境分析出发，研究确定炼化业务发展定位、发展战略、规划思路、发展目标、重点项目、主要技术经济和经营效益指标等。2016 年 4 月集团公司“十三五”规划编制工作领导小组第三次会议原则批准《炼油与化工业务“十三五”发展规划》，是“十三五”中国石油炼化业务发展的纲领性文件。

“十三五”炼化业务发展定位：炼化业务处于集团公司石油业务链和价值链的中间位置，是承上启下和增值创效的重要环节。在发展过程中要满足以下要求：必须高度重视安全环保，安全环保是提质增效、稳健发展的基础，也是重塑形象的关键；必须保自产、保上游，自产 1 亿吨 / 年原油是中国石油的核心竞争力，进口俄罗斯原油、进口哈萨克斯坦原油和中缅管道原油是国家能源战略的刚性资源，炼化业务必须保障后路畅通；必须实现提质增效，炼化业务承担着增值创效的重要作用，业务本身必须具备较强的竞争力和较高的创效能力；要服从集团公司整体利益，炼化业务作为中间环节，应服从集团公司资源、市场、国际化和创新战略，追求中国石油整体利益最大化；要适应国家能源革命战略要求，中国石油炼化业务作为国内能源供应主体之一，必须大力推进节能降耗，强化低碳技术创新，提升安全清洁生产水平，推进能源生产和消费革命。

“十三五”炼化业务发展战略：按照集团公司战略部署和要求，着力控增量、调结构、提质量、降成本、保安全，突出质量效益、安全环保，适应节能减排、质量升级、依法合规要求，依靠技术创新和深化改革，实现炼化业务由规模扩张向注重结构调整、技术进步的内涵集约式发展转变，提质增效，稳健发展，为提升集团公司整体业务链价值发挥重要作用。

“十三五”炼化业务规划思路：炼油业务重在进一步优化资源配置，根据资源特性特色加工；以增量带存量，推动存量资产的升级利用；优化运行，提高炼油综合商品率、降低能耗物耗、控制炼油完全加工费；按照国家要求，推进质量升级；审慎对待已布点项目，严控产能规模。化工业务重在进一步发挥一体化优势，优化乙烯原料；有进有退，挖掘现有资产潜力，优化调整业务结构；提升装置运行水平，降低能耗物耗；深化产品和应用技术创新，大力开发高端产品，提升产品质量。化工销售业务重在进一步提高营销能力和营销质量，完善稳定受控的化工产品营销网络，优化产品资源流向，积极推价到位，做好新产品开发和技术服务，建立与生产和市场相适应的专业化营销管理模式和运行机制。

（高长锋）

装置及产品

【炼油装置】 2016年，炼化板块26家炼油厂合计加工能力18160万吨，平均规模698万吨/年，其中千万吨级以上炼油厂9家，500万吨/年炼油厂13家，大连石化加工能力超过2000万吨/年。

随着原料劣质化和国内市场对油品质量要求的不断提高，炼油装置深加工、精加工能力继续加强，截至2016年底，共有常减压装置39套，催化裂化装置39套，加氢裂化装置19套，延迟焦化装置19套，连续重整装置22套。

【炼油产品】 炼油产品主要有汽油、柴油、煤油、润滑油、石蜡、沥青、石油焦、液化气等。2016年，生产汽油3797.4万吨，其中国Ⅳ标准汽油1828万吨，国Ⅴ标准汽油1518万吨，95号及以上汽油比例19.83%，同比增长1.68个百分点；生产柴油5203.2万吨，同比减少685.2万吨，其中普通柴油2261万吨，车用柴油2474万吨；国Ⅳ标准柴油1457万吨、国Ⅴ标准柴油1014万吨；生产航空煤油931.8万吨，同比增加98万吨。生产润滑油基础油108.4万吨。

克拉玛依石化、辽河石化生产的沥青具有优良的热稳定性、低温延伸度、黏结性，较低的蜡含量，良好的高低温特性，产品质量优于行业内同类产品；抚顺石化加工的大庆原油和沈北原油是高含蜡原油，具有资源性优势，可生产食品级石蜡和高熔点石蜡产品。

（焦丽菲）

【有机原料】 2016年，股份公司有12套乙烯裂解装置、5套甲醇生产装置、3套丁醇/辛醇生产装置、1套采用异丙苯法生产苯酚/丙酮装置、9套苯乙烯生产装置。生产的有机原料主要品种有：乙烯、丙烯、1-丁烯、丁二烯、苯、甲苯、二甲苯（混合二甲苯、邻二甲苯、对二甲苯）、甲醇、丁醇、辛醇、环氧乙烷、乙醛、醋酸、醋酐、苯乙烯、苯酚、丙酮等。其中，“三烯”（乙烯、丙烯、丁二烯）和“三苯”（苯、甲苯、二甲苯）为基础有机原料，其余为主要中间原料。主要有机原料产量见表2。

表2　主要有机原料产量　　万吨

产　品	2016年	2015年	同比增减
乙烯	558.87	503.20	55.67
丙烯	524.53	495.85	28.68
苯	198.25	192.40	5.85
甲醇	19.65	14.69	4.96
丁醇	33.90	25.61	8.29
辛醇	12.50	7.04	5.46
环氧乙烷	40.10	36.97	3.13
苯酚	8.26	6.52	1.74
丙酮	5.16	4.10	1.06
苯乙烯	102.93	91.36	11.57

【合成树脂】 2016年，股份公司合成树脂产量919.86万吨。涉及聚乙烯（PE）、聚丙烯（PP）、ABS树脂、聚苯乙烯（PS）、SAN树脂五大类（表3）。

表3　合成树脂主要品种产量　　万吨

产　品	2016年	2015年	同比增减
合成树脂	919.86	831.78	88.08
低密度聚乙烯	45.18	44.25	0.93
高密度聚乙烯	212.11	201.62	10.49
线性聚乙烯	214.23	177.71	36.52
聚丙烯	355.65	326.77	28.88
ABS树脂	71.21	63.27	7.94
聚苯乙烯	9.90	8.52	1.38
SAN树脂	9.67	8.15	1.52

聚乙烯（PE）。股份公司有聚乙烯装置23套。按可生产的聚乙烯产品类型，聚乙烯生产装置可分

为高压低密度聚乙烯（HP-LDPE）装置、低压高密度聚乙烯（LP-HDPE）装置、线性低密度聚乙烯（LLDPE）装置和全密度聚乙烯（FDPE）装置。其中，FDPE装置的产品范围可覆盖从低密度的LLDPE到高密度的HDPE整个密度范围的产品。2016年，聚乙烯（PE）产量471.52万吨。股份公司有HP-LDPE装置3套，产量为45.18万吨；LP-HDPE装置9套，产量为212.11万吨；LLDPE装置7套，产量为214.23万吨。

聚丙烯（PP）。股份公司有聚丙烯装置32套，2016年聚丙烯产量为355.65万吨。

ABS树脂。股份公司有ABS树脂装置5套，2016年ABS树脂产量为71.21万吨。

聚苯乙烯（PS）。股份公司有聚苯乙烯装置1套，2016年聚苯乙烯产量为9.90万吨。

SAN树脂。股份公司有SAN树脂装置3套，2016年SAN树脂产量为9.67万吨。

【合成纤维】 股份公司合成纤维业务包括合成纤维单体、合成纤维聚合物和合成纤维。

合成纤维单体。股份公司生产的合成纤维单体有精对苯二甲酸（PTA）、丙烯腈（AN）和乙二醇（EG）等。2016年，生产PTA 8.47万吨，AN 64.95万吨，EG 50.69万吨。

合成纤维聚合物。股份公司生产的合成纤维聚合物产品主要有聚对苯二甲酸乙二酯（PET）。共有2套PET生产装置，2016年产量为1.04万吨。

合成纤维。股份公司生产的合成纤维品种有涤纶、腈纶和丙纶。涤纶生产装置1套，腈纶生产装置1套，丙纶生产装置有1套，2016年合成纤维总产量为6.09万吨，其中腈纶纤维6.09万吨。

【合成橡胶】 股份公司可生产顺丁橡胶、丁苯橡胶、丁腈橡胶、乙丙橡胶和氯磺化聚乙烯五大类橡胶产品。2016年产量为76.02万吨（表4）。

表4　合成橡胶主要品种产量　　万吨

产　品	2016年	2015年	同比增减
顺丁橡胶	28.22	23.15	5.07
丁苯橡胶	26.04	27.83	-1.79
丁腈橡胶	5.08	6.26	-1.18
乙丙橡胶	3.95	3.39	0.56
氯磺化聚乙烯	0.17	0.17	0

【化肥】 股份公司化肥生产包括合成氨、尿素、复合肥及丙烯腈装置副产的硫铵。

合成氨。2016年，股份公司有合成氨装置9套，生产合成氨152.9万吨，同比减少31.6万吨。

尿素。2016年，股份公司有尿素装置8套，生产尿素190万吨，同比减少72万吨。

【精细化工】 股份公司精细化工品主要集中在催化剂（包括助催化剂）、石油添加剂、油田化学品、橡胶助剂、表面活性剂等方面，最主要的是催化剂和表面活性剂。

催化剂。催化剂技术是石油化工的核心技术之一。兰州石化催化剂厂是国内主要的炼油催化剂生产基地。2016年，兰州石化催化剂厂生产催化裂化催化剂4.10万吨，同比减少0.93万吨。

表面活性剂。烷基苯是洗涤剂和农药乳化剂的重要中间体，重烷基苯还是重要的油田助剂。2016年生产烷基苯22.43万吨，重烷基苯2.80万吨。

（董　政）

重点工程

【概述】 2016年，炼化工程建设管理以依法合规管理为基础，以质量和安全受控为前提，全力推进汽油柴油质量升级、环保减排、管道隐患治理项目，有序推进新增炼油能力项目，杜绝“未批先建，未验先投”项目，加快“久投未验”项目验收，确保炼化项目合规建设、合法投产、安全平稳运行。云南石化基本建成，进入开工准备阶段。华北石化、辽阳石化、广东石化有序推进。23个质量升级项目、29个污染物减排项目建成投运。大连石化、吉林石化、大港石化、乌鲁木齐石化、抚顺石化、兰州石化6家企业的

7个项目获石油优质工程金奖，其中5个项目申报国家优质工程。

【工程项目】 油品质量升级项目42项，建成28项。其中，续建5项全部建成；新开37项中23项建成，其他项目主要是提高高标号汽油比例增加效益以及国Ⅴ标准油品兼顾Ⅵ标准油品项目。各炼化企业均实现2017年1月1日起具备供应国Ⅴ标准车用汽油、柴油生产能力。

油品质量升级续建项目5项，国Ⅴ标准汽油质量升级项目3项，锦西石化、锦州石化、抚顺石化全部建成；国Ⅴ标准柴油质量升级项目2项，华北石化、辽阳石化全部建成投产。

油品质量升级新开项目37项，23项建成。其中，国Ⅴ标准汽油质量升级项目30项，涉及18家地区公司，建成18项；国Ⅴ标准柴油质量升级项目7项，涉及7家地区公司，建成5项。

环保减排项目批复可行性研究项目56项。其中，2015年批复36项、2016年批复20项，涉及17家地区公司。上述项目中批复基础设计48项，建成投用29项，其余项目按照计划有序推进。主要内容为锅炉脱硫脱硝、催化烟气脱硫脱硝、硫黄回收装置改造、废气综合治理、污水提标改造等。

长输管道隐患治理项目。2016年，锦州石化在役长输管线安全隐患治理项目、锦西石化碧海公司长输管线隐患治理项目、抚顺石化储运厂长输管线安全隐患治理项目按期完成并投用。

重点项目。云南石化1300万吨/年炼油项目。2016年9月8日，1300万吨/年炼油项目调整可行性研究获批。除新增延迟焦化装置外，项目全部进入试车准备阶段。

辽阳石化俄罗斯原油加工优化增效改造项目。项目计划2018年建成。一次加工能力900万吨/年不变，全厂由延迟焦化—加氢裂化的路线改为渣油加氢—重油催化裂化—加氢裂化。2016年已完成总体部署审批，进行详细设计，长周期设备采购收尾，现场具备开工条件。

华北石化炼油质量升级项目。项目计划2018年建成。详细设计完成75%，长周期设备全部订货完成；大型反应器吊装以及制氢转化炉安装等处于施工阶段，污水处理场投用。

【项目管理】 全过程加强合规管理，基础设计审查严把审查关，加大环境影响评价、安全评价等评价报告及批复意见的落实，变更必须事前向审批单位办理手续。开工前严格开工条件审查关，相关专项报告要求的建设红线外的拆迁不落实不开工；投料前严格投料条件核查关，建设红线外应拆迁的不完成不投料。

加大简政放权力度。采取按照类别下放和“一事一委托”。二类项目开工报告审批全部下放地区公司。委托地区公司审查39项基础设计，委托地区公司组织竣工验收2项。

持续加强工程质量安全管理。针对工程质量安全问题，先后下发《炼化建设项目施工安全管理的紧急通知》《关于进一步加强近期建设项目安全工作的紧急通知》，要求地区公司开展工程质量与HSE自查整改工作；汛期、冬季等特殊时期，对炼化板块所有在建项目开展工程质量与HSE检查，查找问题，做到“警钟长鸣”；发布工艺配管“无土化施工”和标准化脚手架、预制场等示范典型，11项工程质量典型案例警示录，55项较大以上施工安全事故典型案例等，引导企业不断提升工程建设质量安全管理水平；梳理炼化工程质量验收标准，经地区公司工程管理、质量监督及部分设计单位会审，形成炼化工程质量验收标准目录；配合集团公司质量与标准管理部完成对锦西石化、吉林石化2016年在建项目的工程质量检查，督促整改存在问题，及时提交整改情况报告。

做好集团公司工程建设承包商资源库管理工作，完成炼化板块所属地区公司新增一类承包商的初审及报评、新增二类承包商审核准入、承包商信息变更以及承包商年度评价工作。

【竣工验收】 组织并完成27个项目（总投资1亿元以上）竣工验收。其中，总投资10亿元以上项目5个，分别是大港石化产品质量升级项目、大庆石化120万吨/年乙烯改扩建工程主体工程、大庆石化120万吨/年乙烯改扩建工程配套工程、兰州石化70万吨/年乙烯改扩建工程、兰州国家石油储备基地工程。

【工程创优】 乌鲁木齐石化100万吨/年芳烃联合装置及配套工程、大港石化产品质量升级改造项目、大连石化汽油质量升级项目、吉林石化32万吨/年苯乙烯装置工程、吉林石化40万吨/年ABS树脂装置（一期）获国家优质工程奖。抚顺石化扩建80万吨/年乙烯工程、兰州石化300万吨/年柴油加氢及配套工程获石油优质工程金奖。

（张　璞）

化工产品销售

【概述】 2016年，化工产品销售工作以“优化、推广、比价”为主线，以提高客户管理能力、均衡销售能力、紧急处置能力、信息收集分析能力及产品供给能力为重点，以考评打分排名为抓手，狠抓资源优化、均衡销售、新产品开发推广、购销率、直销率、价格到位率、运输优化降费等关键运营指标，落实安全环保、合规管理等重点工作，顺利完成年度各项关键业绩（KPI）指标。销售各类化工产品2680.6万吨。其中：统销化工产品1863万吨，同比增长5.3%；实现购销率101%，同比提高1个百分点；直销率65.9%，同比提高0.5个百分点。6家化工销售企业销量：东北化工销售分公司594.4万吨，西北化工销售分公司340.8万吨，华东化工销售分公司267.4万吨，西南化工销售分公司256.3万吨，华北化工销售分公司250.5万吨，华南化工销售分公司237.5万吨。

【统销业务】 严格执行《中国石油天然气股份有限公司炼油与化工分公司化工销售管理办法（试行）》（油炼化〔2015〕179号）制度，规范销售行为，依法经营，合规管理。严格执行《炼油与化工分公司化工产品买断从量从价管理办法》（油炼化〔2016〕15号），维护生产计划与配置计划严肃性，提高计划准确性和执行率。制定合成橡胶产品客户管理细则，加强对合成橡胶用户的考核与激励，提高合成橡胶产品月度销售均衡性。对大宗已统销液体产品，进行资源、客户和流向的统筹优化。将大港石化、华北石化芳烃产品，哈尔滨石化丙烯产品纳入统销。加强燃料油、液化气、石油焦、石蜡等产品销售的监控、协调与销售管理。

抓住购销率指标，每周对标，每旬、每月考评打分，均衡销售水平明显提高。加大工厂直供比例，优化营销渠道，持续提高产品直销率。各化工销售公司在市场调研的基础上，按照合成树脂等重点产品“2016年直供知名大客户开发计划”实施，为格力集团、海尔集团等知名直供大客户集中采购制定政策、流程，建立灵活、更好地满足客户需求的供货方式；组建特定专业服务小组，为集团大客户提供更好的服务，稳定重点直供大客户。2016年开发直供客户698个，直销量同比增加71.5万吨，直销率提高0.5个百分点。每月召开比价分析会，合成树脂、合成橡胶、液体产品全方位比价，2016年价格到位率99.26%，同比提高1.03个百分点。

推进ERP2.0系统升级与信息化应用集成项目，实现ERP运输、仓储费用明细化管理模块上线运行，完善大客户集中采购ERP业务流程。CRM系统全面应用，树立“大数据”思维，促进对市场、客户和销售行为信息、数据的整合和综合应用。

【化工物流】 持续推进以降低流通费用为目标的运输途径、方式、单位运费优化。有序推进储运销各环节、全覆盖的HSE体系审核，狠抓仓储、运输重点部位的隐患排查整治和现场风险管控，促进HSE管理体系长效机制建立。加强对新投用仓储库房及设施的规范管理，优化仓储结构，逐步淘汰不符合安全标准的仓储库房，杜绝安全环保事故。加大对危险化学品在储运销等各环节的隐患排查力度，建立管控有效的危险化学品储、运、销安全环保管理规范。

【资源配置】 坚持“区内优先、直供优先、高效优先”的原则，加大资源配置优化。以产品效益监控量化模型为依据，以周为单位，动态调整产品配置计划，形成资源向高效市场流动的资源配置机制，发挥市场在资源配置中的主导作用。2016年，向高效市场动态增配资源计划125次，优化资源配置31万吨，实现增效0.46亿元。开发资源配置优化软件，利用信息化手段，提高资源配置优化的效率与效益。2016年，重点加大有机原料产品的资源配置优化，收缩销售半径，加大近距离用户的销售量，优化资源8万吨，节省费用560万元。

【新产品推广】 落实《中国石油天然气股份有限公司炼油与化工分公司新产品推广管理办法（试行）》（油炼化〔2015〕184号），建立产销研用一体化开发并多方共赢的运行机制。根据新产品开发计划组建新产品开发推广小组，通过上下游有机联动，调动各方积极性，提高新产品开发效率，促进新产品快速开发、快速应用、快速推广。2016年，针对15个重点牌号成立15个专项推广小组，确定20个常规推广牌号，产销研紧密结合，做好新产品市场推广。独山子石化茂金属线性 EZP2010HA、抚顺石化 PP 中熔抗冲注塑 FC709M、大庆石化消光膜料 DGDA6097M、兰州石化医用料 RP260、大庆炼化 PPR 管材料 PA14D-2、宁夏石化高熔指聚丙纤维料 NX40S 等 10 个新产品成功推广。

【提升客户服务水平】 2016 年，以市场为核心，以满足客户需求为努力方向，与质量管理部门配合，督促生产企业收窄产品指标宽度，稳定中心值，提高产品质量档次与市场竞争能力，实现由“符合相关标准”向“满足客户需求”转变。推动产品外包装改进工作，2016 年召开包装改进研讨会 3 次，制定包装改进方案，明确橡塑产品包装改进按指令性包装改进、建议性包装改进和管理性包装改进三个层面推进。截至 2016 年底，完成 SODm 尿素包装改进，全新包装产品面世后，受到客户好评；全面启动合成树脂、合成橡胶包装改进工作，吉林石化、大庆石化基本完成包装线改进，其他炼化企业完成可行性研究编制工作。组织完成《中国石油炼化企业石油化工产品手册》的编制工作，满足客户对中国石油化工产品性能执行标准、特点及用途，加工应用、包装储存运输条件及安全环保、应急处置等要求，更好地宣传推广中国石油“昆仑”品牌化工产品。

【化工产品电子商务平台上线运行】 2016 年，适应现代化营销发展需要，利用上海中油石油交易中心有限公司平台，开发建成中国石油化工产品电子商务平台，6 家化工销售企业全部上线运行，实现 11.73 万吨化工产品电子交易。该平台开设“现货专场”“网上商城”“竞价拍卖”三种交易模式，形成集定价、交易、资讯、结算、供应链管理等五个中心，带动和发展金融、大数据、物流供应运营等三项服务。

（范学民）

【市场分析】（1）原油市场。2016 年，国际原油价格呈现年初探底后迅速回升、全年整体震荡上行的格局。年初，欧佩克（OPEC）为争夺市场份额，采用增产策略，导致产油国之间为争夺市场份额而竞相降价，加之担忧美联储持续加息以及伊朗解除经济制裁后产量可能大幅增加，导致原油价格跌至 10 多年来的低点，美国西德克斯轻质原油（WTI）一度跌至 26 美元 / 桶附近。随着油价下降，OPEC 产油国认识到靠低油价迫使其他产油国让出市场份额效果有限，反而自身损失更大，随即展开限产提价磋商，原油市场企稳反弹。二季度原油市场迎来上涨期，油价顺利站上 50 美元 / 桶关口。6 月英国意外退欧，市场避险情绪高涨，加之原油市场基本面开始走弱，国际油价开始新一轮跌势，至 8 月上旬 OPEC 重启冻产谈判，包括伊朗在内的众产油国积极响应，冻产协议框架顺利达成，对市场刺激较大，国际油价强势攀升至 55 美元 / 桶，油价再创年内新高。

2016 年原油供需格局较 2015 年有所收窄，但仍相对宽松。2016 年是沙特、伊朗、伊拉克及俄罗斯增产最迅猛的一年，供应增量抵消了美国、中国等供应减少量，但较 2015 年增速减缓，主要原因是低油价促使非 OPEC 国家原油产量大幅下降，美国页岩油产量下降，中国关闭老旧油田及高成本油田，加拿大因 5 月森林火灾原油产量大幅下降。受全球经济持续低迷影响，原油需求增速也有所放缓，但亚洲原油需求增速放大，其中印度石油需求表现强劲，交通燃料需求飙升。中国逐渐进入工业化后期，产业结构调整，石油消费结构发生改变，柴油消费持续下降，汽油及航空煤油消费保持稳定增长，汽油强劲的需求拉动中国原油消费（图 1、表 5）。

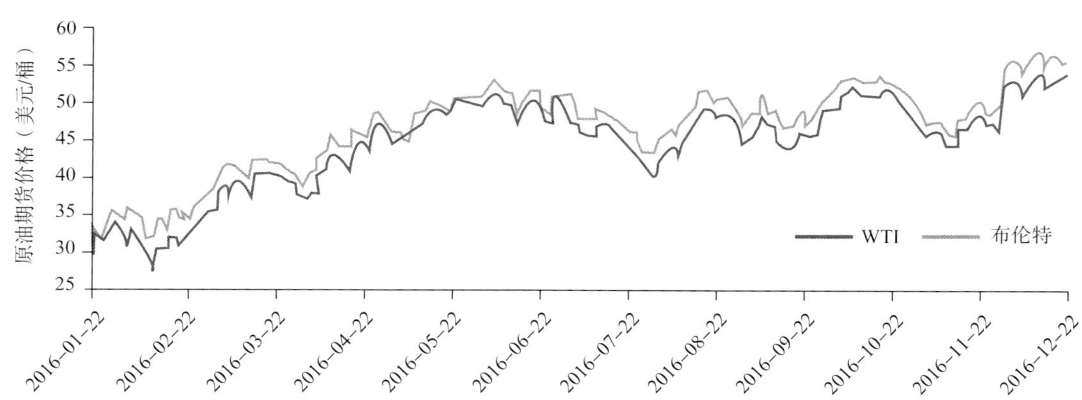

图 1　2016 年国际原油期货价格走势

表 5　2016 年主要油种价格变化　　美元 / 桶

油　种	平均价格	最高价格	最低价格	价格变化
WTI	43.41	54.06	26.54	27.52
布伦特	43.82	55.41	25.99	29.42
迪拜	41.42	53.93	22.80	31.13
米纳斯	44.90	58.67	22.30	36.37

（2）化工市场。2016 年，原油价格持续上涨，化工市场获得成本支撑；国内经济保持中高速发展，结构持续优化。国家密集出台一系列稳增长、调结构、增效益的政策措施，加大关键领域投资力度，企业补库存和投资增速回升，市场交易活跃；人民币大幅贬值抑制产品进口以及期货市场活跃、价格大幅攀升，推动化工市场的繁荣，价格总体处于上行通道，主要化工产品价格指数由 2016 年初 618 点上升至年末的 833 点，涨幅明显（表 6）。

表 6　2016 年主要化工产品价格变化　　元 / 吨（含税）

产　品	平均价格	最高价格	最低价格	价格变化	产　品	平均价格	最高价格	最低价格	价格变化
LDPE	10258	13024	9009	4015	对二甲苯	6311	7200	5690	1510
HDPE（拉丝）	9774	10519	9050	1469	丙烯腈	8970	10375	7805	2570
HDPE（注塑）	9175	10600	8117	2483	醋酸	2132	3061	1710	1351
LLDPE	9127	10315	8474	1841	苯酚	6859	8375	5375	3000
PP（拉丝）	7549	9560	6013	3547	乙二醇	5394	8160	4330	3830
ABS 树脂	11159	16710	8970	7740	辛醇	6362	7613	5463	2150
腈纶短纤（3D）	12313	12550	12000	550	丁醇	5354	6975	4350	2625
顺丁橡胶	11568	18860	7860	11000	苯	5266	8010	4320	3690
丁苯橡胶	11152	18585	8635	9950	苯乙烯	8521	10560	6988	3572
精己二酸	7510	11500	5550	5950	环氧乙烷	8449	9050	6825	2225
甲苯	5048	6157	4583	1574	尿素	1390	1720	1423	297
溶剂级二甲苯	5148	6038	4500	1538					

合成树脂。2016 年，合成树脂市场在油价支撑、期货推涨、检修以及汇率、环保、回料等多重利好因素影响下，价格持续走高，特别是四季度，主要产品价格创近几年新高，高压聚乙烯、聚丙烯、ABS 树脂价格涨幅明显，社会库存维持在 8—9 天的低水平，市场炒作热情高涨，成交火爆（图 2）。

合成橡胶。2016 年，通用合成橡胶市场价格总体呈震荡走高的态势，主要原因是需求拉动下资源供应偏紧。通用橡胶表观消费量同比增长 2.75%，而轮胎产量同比增长 8.6%，其中子午线轮胎同比增长 11.4%。尤其 8—10 月原料丁二烯因装置检修，市场供给资源阶段性严重短缺，导致四季度橡胶价格大幅上涨（图 3）。

有机化工。2016 年，有机化工市场呈现上半年小幅慢涨、下半年大幅快涨的局面。2016 年原油价格涨幅 47%，带动纯苯、苯乙烯、对二甲苯等分别上涨 73%、34%、20%。受集中检修影响，丁二烯价格从年初 6100 元 / 吨到年底上涨到 19500 元 / 吨，上涨幅度 220%。2016 年人民币兑美元贬值幅度 7%，乙二醇、苯乙烯、对二甲苯等进口比重大的产品受到直接影响，进口成本大幅攀升。另外受供给侧、环保督查影响，下半年煤炭、钢铁等基础原料短缺，价格逐步上涨，加之整体需求进入补充库存阶段，基础原料需求大增，纯苯、苯乙烯、丁二烯、乙二醇等价格均大幅上涨 40% 以上（图 4）。

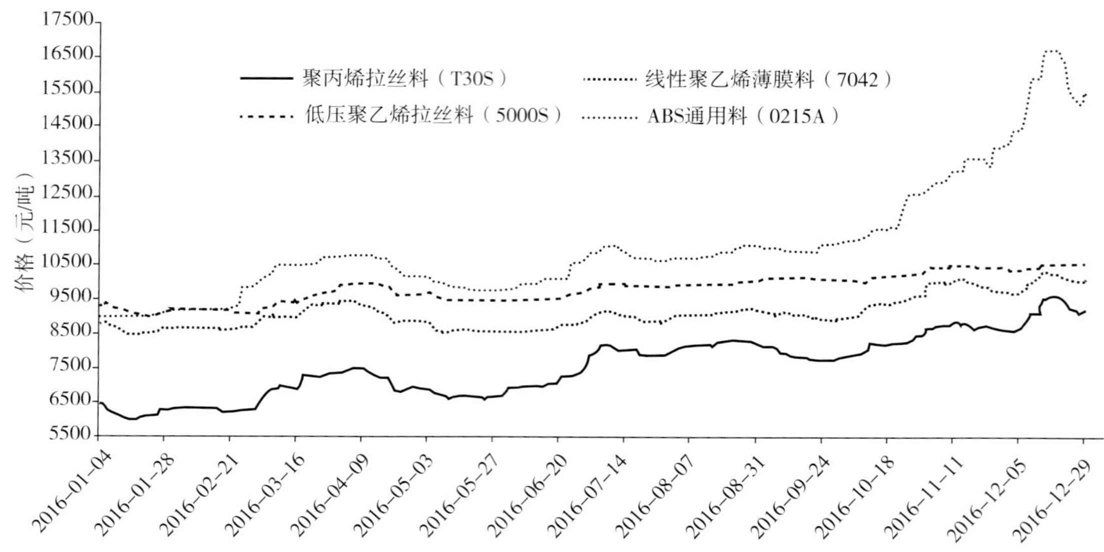

图 2　2016 年主要合成树脂产品价格走势

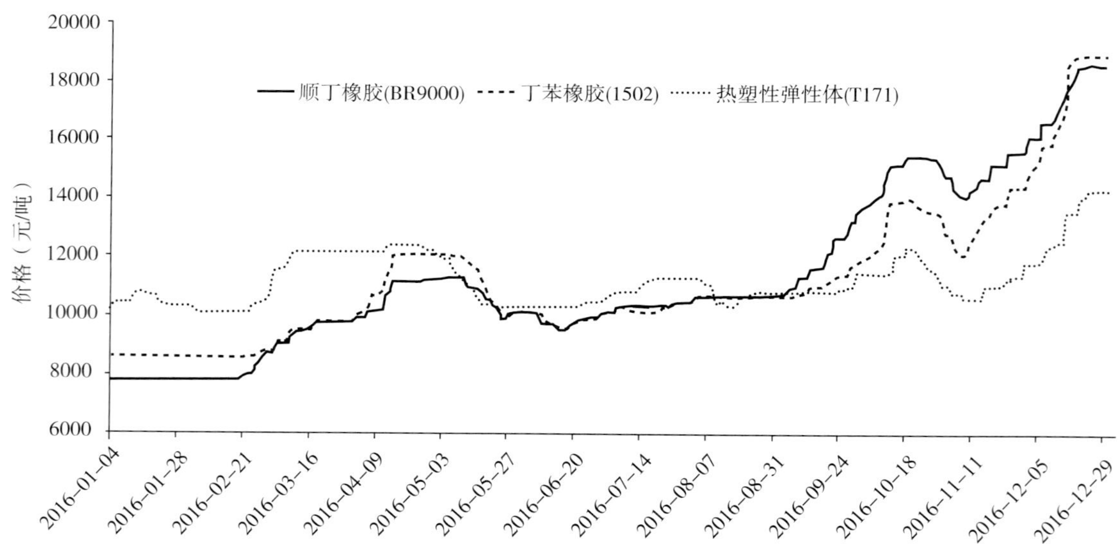

图 3　2016 年主要合成橡胶产品价格走势

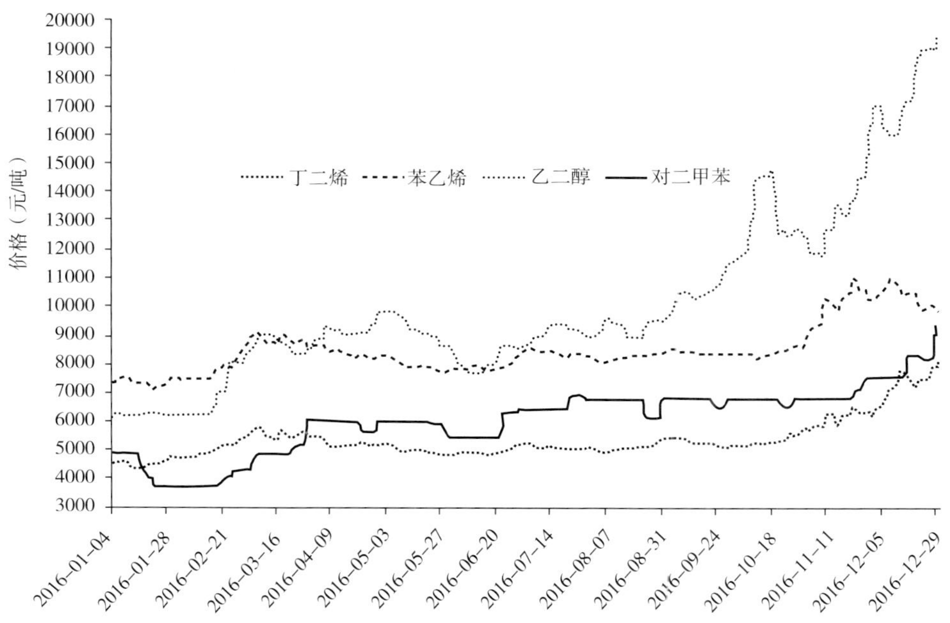

图 4　2016 年主要有机化工产品价格走势

尿素。2016 年，国内尿素市场整体呈现 V 字形走势，年初延续 2015 年低迷走势，2 月初市场跌势放缓，尿素出厂价格低至 1200 元 / 吨。2 月中旬，随着华北、华东农业市场启动，主流出厂价格达到 1300—1380 元 / 吨。4 月下旬以后，市场缺少利好支撑，业内看空后市，下游恐慌抛货，尿素市场下跌走势，7 月价格创下近两年新低至 1100 元 / 吨，行业开工率降至 51%。8 月呈现触底小幅度反弹盘整走势，随着煤炭限产、天然气价格放开、货车限装，行业成本上升，特别是新疆地区铁路运输 25%—30% 优惠取消，造成主要需求地区，尤其是山东、河南、河北等地就近采购高价尿素。在“高成本、低库存、低开工率”等因素影响下，尿素市场呈现供应趋紧局面，10 月各地尿素厂家普遍上涨 150—200 元 / 吨，随后尿素市场保持震荡上扬的走势，在年末创下 1640 元 / 吨新高，年内涨幅近 48%（图 5）。

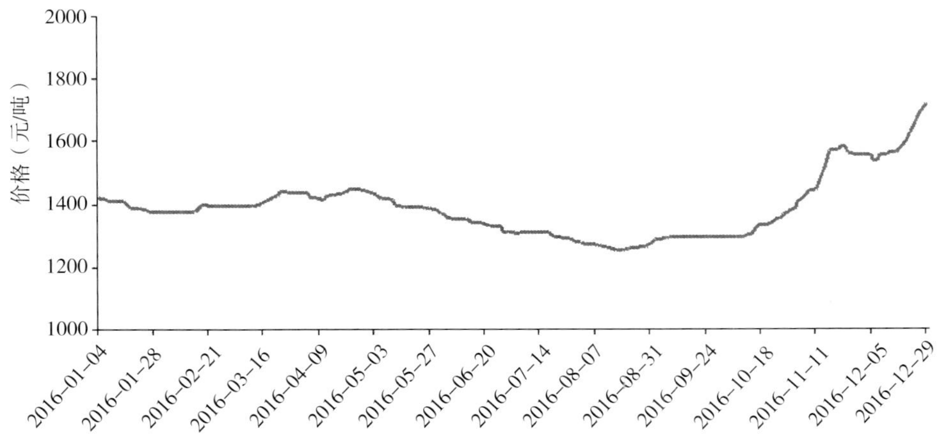

图 5　2016 年尿素产品价格走势

（王　梅）

专业管理

【规划计划管理】 按照“突出质量效益，注重结构调整，向内涵集约式发展转变”的定位要求，2016年炼化板块围绕“坚定安全环保、优化、效益原则不动摇”中心工作，扎实开展简政放权、管理提升、合规办理，推进重大项目、安全隐患治理、环保减排达标、油品质量升级、结构调整、节能降耗等项目前期工作。

编制完成炼化业务“十三五”发展规划。从炼化业务发展现状、发展环境分析出发，确定炼化业务发展定位、发展战略、规划思路、发展目标、重点项目、主要技术经济和经营效益指标等。按照集团公司要求，对所属17家地区公司编制上报的“十三五”业务发展规划批复下发指导意见。

做好重大项目研究工作。组织研究并上报炼化板块对18个一类、二类项目的初审意见，如中俄东方石化（天津）有限公司炼油项目可行性研究报告、独山子石化轻烃利用项目可行性研究报告、辽阳石化俄罗斯原油加工优化增效改造项目最终投资决策报告等。重点推进汽油、柴油质量升级项目前期工作。2016年9月组织召开国Ⅵ标准车用汽油、柴油质量升级方案专项讨论会，与各炼化企业进行方案研究和对接，制定炼化板块国Ⅵ标准车用汽油、柴油质量升级实施方案。截至2016年底，国Ⅴ标准车用汽油、柴油质量升级项目前期工作全部完成。启动润滑油基础油发展项目、航空煤油发展项目的前期工作。组织对中油（长汀）催化剂项目最终投资决策报告的审查，形成意见上报股份公司。

炼化板块对2016年及以后的炼化三类、四类限下结构调整和节能项目投资总额分配给各炼化企业，各企业在分配投资额度内自主决策立项，组织完成项目前期和备案，并负责项目实施全过程管理。炼化板块重点进行方向指导、总量控制、备案管理、下达计划和监督考核。炼化板块负责的第三类项目前期工作，努力做到优化项目方案，提高投资效益。2016年批复可行性研究报告35项，批复投资比上报投资节约6.14亿元，投资核减率20.58%。按照简政放权的工作要求，2016年授权地区公司评估审查批复各类别项目（包括安全、环保、结构调整、节能等）可行性研究报告32项。

严格执行集团公司加强投资控制有关规定，加强超前预知管理，科学合理安排各批次项目建议投资计划，及时转发下达投资计划，优先保证重点工程及安全、环保、油品质量升级、结构调整、节能各专项项目按计划实施，及时提供项目建设资金保障。2016年转发下达6批股份公司投资计划，包括安全、环保、重点工程、油品质量升级、结构调整、节能、物流仓储等各类别项目投资。

（高长锋）

【资源和产品结构优化】 2016年，炼化板块持续优化资源配置，根据需求及企业效益合理安排资源，调整加工负荷，增加大庆石化、抚顺石化、吉林石化、克拉玛依石化原油资源，力争高负荷运行，创造最大效益。努力筹集资源，协调增加兰成线（兰州—成都）长庆原油掺输比例，增加四川原油资源量，保障独山子石化、四川石化加工负荷。做好炼油厂检修期间原油资源优化配置。针对东部地区检修相对集中，制定东部炼油厂检修期间原油优化方案，调整大庆炼化、辽河石化、锦西石化检修时间，确保油田和俄罗斯原油后路畅通。在西部地区炼油厂检修期间协调长庆油田原油、青海油田原油资源平衡，针对乌鲁木齐石化检修复产后运行情况，协调增加克拉玛依石化加工量，确保新疆油田生产后路。

结合市场需求调整炼油产品结构。根据季节、地域不同，制定分厂柴汽比生产方案，合理调整生产柴汽比，柴汽比同比降低0.24。多生产国Ⅴ标准柴油，增产97号汽油、航空煤油、低凝点柴油等厚利产品，减少黑色产品和高燃油税的副产品，高效产品比例同比提高5.53个百分点；航空煤油产量同比增长13.4%，95号以上汽油同比增长13.5%，芳烃同比增长13.4%，商品重油同比下降21.6%。

资源分配向化工倾斜。发挥上下游一体化优势，有效利用油田轻烃、拔头油等资源，推进乙烯原料轻质化，开满开足乙烯及下游装置，提高整体效益。2016年油田轻烃产量171万吨，占裂解原料总量的

10%；安排厂际互供石脑油和拔头油 113.7 万吨。大庆石化将柴油兑入加氢尾油作为裂解原料，以解决柴油出厂困难同时弥补乙烯原料不足，实现炼化整体效益。吉林石化开展不同负荷、原料条件下的装置标定工作，找出最佳运行工况，提高产品收率。持续对化工轻油和石脑油的裂解温度进行调整，摸索最佳的裂解条件，追求目的产物收率最大化。独山子石化继续拓展油田轻烃供应，进行原料结构整体优化，提高乙烯、丙烯收率。四川石化加大原料外购力度，持续优化原料，调整投油结构，强化生产优化和装置调整。全面评价各种裂解原料，对不同裂解条件下的产物收率和分布进行标定，标定结果作为优化和调整依据。乙烯收率从 2016 年初最低的不足 32% 提高至 6 月的 33.4%。乙烯、丙烯收率达到 51%，为开工以来最好水平。

加强产销研衔接，优化化工产品结构。落实新产品推广计划，完成新开发产品工业化试生产，列入推广的产品组织排产，提升产品质量，2016 年生产 84 个牌号 103.3 万吨化工新产品，42 个牌号首次工业化生产。

（楼　森）

【工艺技术管理】 2016 年，炼化板块围绕安全环保、平稳运行和提质增效中心任务，开展工艺技术管理工作。

规范现场工艺管理，抓好生产受控。组织编制《液化烃储罐技术导则》等 11 项技术导则，其中 5 项导则下发征求意见并试行。启动生产受控相关管理制度修订。组织遏制非计划停车视频会和生产受控专题视频会，强化开停工、异常事件和节假日作业等风险管控。组织工艺防腐和催化长周期等系列技术培训。2016 年，非计划停车次数同比下降 28%。

召开工艺防腐推进会，推动企业规范工艺防腐管理；编制《炼油装置工艺防腐运行管理规定（试行稿）》，提升装置防腐技术水平。组织专家开展空冷器和加氢装置防腐专题调研，进行现场诊断。

开展危险化学品仓库安全专项治理，要求企业按照“四查四规范”要求开展检查整改。四查：检查仓库设施设计是否符合标准规范，检查危险化学品品种、数量、存放及储存是否符合本质安全要求，检查日常运行维护是否符合行业管理标准，检查应急管理是否满足安全环保要求。四规范：规范危险化学品安全技术说明书，规范危险化学品台账管理，规范现场日常检查，规范禁令和标识。炼化板块 2016 年初组织对 20 家企业 118 座库房进行专项检查，发现问题 259 项，年底整改率 86.5%，抚顺石化等 14 家企业全部整改完毕。完成《危化品仓库安全运行技术导则》征求意见稿，下发并试运行。编制炼化板块 SDS 手册，举办专题培训班。

发挥工艺技术优势，以炼化物料优化与排产系统（APS）为工具、专有技术为依托，开展优化柴汽比和降低重油收率的技术攻关和优化，2016 年生产柴汽比 1.37，比预算降低 0.22 个单位；减少重油产量 41.7 万吨，同比下降 27.6%。

【装置达标】 2016 年，各炼化企业按照达标方案推进专业和装置分级达标，逐项落实达标措施，稳定装置运行。2016 年参与专业达标考核炼油厂 25 家。其中，四川石化、大连西太平洋石化、独山子石化、大连石化、呼和浩特石化、长庆石化、锦州石化、大港石化、克拉玛依石化、兰州石化、哈尔滨石化、锦西石化、玉门油田公司炼油化工总厂和庆阳石化等 14 家企业实现炼油专业达标，达标率 56%，较 2015 年提高 12 个百分点。125 套炼油装置参与达标，79 套实现达标，达标率 63%，其中常减压 24 套、催化裂化 22 套、加氢裂化 9 套、连续重整 16 套、延迟焦化 8 套。74 套化工装置参与达标，17 套实现达标，达标率 23%，其中乙烯 3 套、合成氨 1 套、聚乙烯 3 套、聚丙烯 5 套、合成橡胶 2 套、丙烯腈 2 套、环氧乙烷乙二醇 1 套。达标工作促进了指标提升，28 项主要经济技术指标中，有 16 项好于 2015 年，炼油高效产品和化工品牌化产品比例、炼油和乙烯能耗及加工损失率等关键指标进步明显，达标工作综合增效 15 亿元以上。

【质量与标准】 推进化工产品质量提升攻关活动，研究合成树脂、合成橡胶分等质量控制办法和优质优价激励机制。收窄聚烯烃的熔融指数、色粒、大小粒、鱼眼等指标。改进橡胶湿斑判定方法。颁布聚乙烯、聚丙烯、尿素、石油苯 -545 内控标准。通过产品分等、指标收窄，提升产品稳定性，市场信誉提高。

协助开展国Ⅴ标准油品质量专项检查和抽查，合格率 100%。组织 27 家企业 655 项产品申报“昆仑”品牌。组织化工销售企业质量管理体系现场评审，指导开展成熟度评价、卓越绩效和客户满意度测评等工作。组织华北石化、辽阳石化航空煤油预评审和扩能认证。到云南石化现场评审新建航空煤油生产流程和质量控制措施。

持续开展标准实施监督抽查工作，对《车用汽油》（GB 17930—2016）等重点标准实施情况进行现场综合检查，大连石化等 4 家企业标准化管理到位，综合评分达到A级。同时检查“聚乙烯、聚丙烯树脂”等内控指标执行情况。

2016年，制修订《丁腈橡胶（NBR)》（Q/SY 139—2012）等3项中国石油企业标准，复审《乙腈》（Q/SY 1491—2012）等6项标准。

组织各企业参加国家和行业标准化工作，2016年完成并发布国家和行业标准11项，新牵头制修订国家和行业标准12项。积极推进国际标准化工作，牵头制修订国际标准2项，通过参加国际会议争取到牵头修订1项、参与制订2项。组织“十三五”国际标准制修订项目规划，确定7个重点培育项目。

参与制修订国Ⅴ及京Ⅵ汽油、柴油标准，车用乙醇汽油调和组分和石化单位产品能耗限额等重要标准，提高国家和行业标准话语权。

【节能节水】 2016年，完成节能量44万吨标准煤，节水量726万立方米，分别完成年度目标的133%、127%（表7）。

表7 炼化企业节能节水情况

指　标	2016年	2015年	同比增减
节能总量（万吨标准煤）	44	61	-17
节水总量（万立方米）	726	968	-242

努力克服油品升级和减排项目实施等不利影响，各项指标持续进步。炼油单因耗能8.08千克标准油/（吨·因数)，同比下降0.24个单位；炼油综合能耗63.51千克标准油/吨，同比下降0.52个单位；炼油新水单耗0.48吨/吨，与2015年持平；乙烯燃动能耗576.41千克标准油/吨，同比下降17.63个单位（表8）。

表8 炼化企业能耗情况

项　目	2016年	2015年	同比增减
炼油单因耗能 [千克标准油/（吨·因数）]	8.08	8.32	-0.24
炼油综合能耗 （千克标准油/吨）	63.51	64.03	-0.52
炼油新水单耗 （吨/吨）	0.48	0.48	0
乙烯燃动能耗 （千克标准油/吨）	576.41	594.04	-17.63

在工业和信息化部等首次公布的能效“领跑者”名单中，独山子石化被评为2016年度乙烯行业领跑者。在国务院国资委2015年中央企业能效对标活动中，宁夏石化被评为炼油企业最佳实践企业，独山子石化和兰州石化被评为乙烯装置最佳实践企业，乌鲁木齐石化和塔里木石化被评为合成氨装置最佳实践企业。

2016年33个节能专项，主要投资方向为加热炉改造、富氢气体回收、蒸汽梯级利用和低温热利用等。开展重点高耗能企业专项治理，组织专家前往四川石化等企业开展能量核查和诊断，落实整改措施。

开展《炼化能源管控技术要求》中国石油企业标准研究，锦州石化正在开展模型搭建、数据收集和培训等试点工作。

（章龙江）

【科技管理】 2016年，按照炼化安全环保、提质增效、合规管理的工作要求，狠抓化工新产品开发，梳理炼化科技创新方向，制定《炼化新产品管理规定》《炼油与化工分公司信息化工作管理细则》《炼油与化工分公司决策支持类软课题科技项目的管理办法》和《炼油与化工分公司科技创新管理办法》。

经过地区公司和石化院等单位密切协作，共实施“四新”（新技术、新工艺、新材料、新设备）技术应用和推广项目35项，超额完成KPI考核指标。其中，22项新技术累计年创效52433万元，13个新产品累计年创效24646万元。经济效益较为显著的“四新”技术有：兰州石化应用延迟焦化掺炼沉降油浆技术应用创效12710万元、独山子石化应用己烯-1成套生产技术增效4565万元、乌鲁木齐石化应用柴油加氢改质催化剂PHU-201增效5248万元、吉林石化ABS喷涂料PT-151创效6393万元。

落实集团公司“十三五”科技和信息规划，组织部分企业以及石油化工研究院、规划总院、寰球工程有限公司等设计院，研讨炼化科技创新方向，确定国Ⅵ标准汽油升级、国Ⅵ标准柴油升级及结构调整、催化裂化工艺工程催化剂、高辛烷值汽油生产技术、炼油特色产品、重油深加工、重整芳烃、合成树脂、合成橡胶、成套技术、化工催化剂、生物能源及碳一化工、炼化优化技术和炼化信息化技术等开发框架，落实目标、研发任务和单位、试验或应用单位。

“大型乙烯装置成套工艺技术、关键装备与工业应用”获得2016年度国家科技进步奖二等奖，“一种碳五加氢石油树脂的制备方法”专利获国家发明专利优秀奖，申请专利276项，授权专利145项。炼化领域“大型炼油基地设计技术升级与提质增效技术开发应用”等 8 个重大科技专项、“国五清洁汽油调和组分长周期工业试验”等 13 个现场试验取得阶段成果。

（王桂轮）

【新产品开发】 2016 年，炼化板块以市场为龙头，采用“产销研用管”五位一体的开发模式，2016 年新产品开发实现三个突破：（1）水平有新突破。兰州石化医用聚丙烯专用料 RP260 制品获得国家药监局的注册认证批复，率先获得行业话语权；大庆石化汽车燃油箱专用料 DMDA-6045 完成油箱试制。（2）技术有新突破。吉林石化攻克乙丙橡胶 J-0010LA 和 J-5105 两个新牌号开发难题，完成下游用户应用测试；采用环保油 TDAE 开发 ESBR1723、ESBR1739 取得成功，在华北地区和华东地区实现销售。（3）开发有新突破。抚顺石化和四川石化成功转产小中空聚乙烯专用料和中低熔指抗冲聚丙烯，兰州石化和独山子石化成功开发三元共聚聚丙烯，宁夏石化借鉴大连石化经验成功转产高熔指纤维专用料，这也是中国石油生产技术共享的又一成功范例；石化院的中试装置完成极低密度聚乙烯和车用抗冲聚丙烯技术储备。2016 年，累计完成化工产品新牌号 84 个，首次工业生产 42 个新牌号，产量 103.28 万吨。其中，聚乙烯 28 个牌号，58.58 万吨；聚丙烯 30 个牌号，20.22 万吨；合成橡胶 16 个牌号，6.47 万吨。

（刘晓舟）

【信息化管理】 2016 年，炼化板块按照“数字化工厂、信息化企业”的目标，有序合规推进信息化建设工作，推进传统产业与信息化技术的融合。按照过程控制、生产执行和经营管理三个层次，炼油生产、化工生产和化工销售三条主线，示范、典型、常规三类企业的信息化建设思路，持续深化已建系统的应用，重点建设 5 家示范企业，为炼化业务安全受控、优化运行、降本增效提供支撑。

坚持“应用主导、见到实效”的原则，推进信息技术应用。炼油与化工应用集成系统（ERP2.0）打通生产和化工销售系统间业务壁垒，支持炼化板块自上而下的业务管控，强化业务集中管理；炼油与化工运行系统（MES2.0）在 26 家企业持续监控生产运行，指导炼化企业开工，提高生产业务自动化水平；炼化物料优化与排产系统（APS2.0）年应用频次 6500 余次，测算方案 1997 套，支持生产排产、计划优化、财务效益测算等工作，促进资源优化和挖潜增效。物联网项目的危险化学品库房信息管理模块在 22 家炼化生产企业全面上线运行，联动报警模块在试点企业试运行，及时掌握现场报警情况，实时管控危险化学情况，提高安全管理效率和水平。化工品资源配置优化系统上线试运行，实现合成树脂多牌号到销售大区的配置优化。

信息化建设规范推进。ERP2.0 项目在大庆石化、独山子石化和辽河石化 3 家试点企业完成上线，在东北化工销售、华北化工销售进行并行验证，启动 9 家生产企业和 4 家化工销售企业实施工作；MES2.0 项目完成项目需求分析和详细方案设计，开展第一批 10 家企业现场实施，准备第二批 16 家企业的软硬件环境搭建工作；先进控制与优化应用系统（APC）完成咨询服务招标，开展总体方案设计、软件和技术服务等招标工作；流程模拟与仿真培训系统完成上线试运行；炼化物联网系统完成独山子石化和广西石化 2 家试点企业全厂试运行。

坚持示范企业为重点，打造信息化企业标杆。推进独山子石化等 5 家示范企业信息化建设，企业主导、专家把关，先后完成项目实施主导的转移，重点项目实施企业的调整，APC、流程模拟等重点项目全面展开。

（李志良）

【设备管理】 2016 年，炼化设备管理围绕“三年（四年）一修”目标，加强制度和标准体系建设，推进设备现场标准化和新一轮短板治理，加强检修质量和安全管理，严格考核非计划停车，加强设备专业化管理，为炼化装置安全平稳运行提供保障。

完善标准体系建设。在完成设备管理制度制修订基础上，加强标准体系建设，制定下发《离心式机组在线监测系统技术规范》《往复式机组在线监测系统技术规范》《接口规范》《炼化企业危险化学品仓库安全运行技术导则》《离心泵检修指导手册》《离心压缩机检修指导手册》《炼化企业高危泵管理指导意见》，下发《进一步加强催化裂化长周期运行管理工作》《关于进一步加强关键机组管理的要求》等通知，为企业设备专业管理提供技术指导。编制完成《炼化装置空冷系统技术导则》和《炼油装置工艺防腐导则》，在炼化企业试行。装置现场标准化完成情况良好，主体装置达标率 75.32%，机泵房达标率 80.66%，罐区达标率 75.08%，设备达标率 92.49%，变电所（配电室）达标率 88.10%，仪表控制室达标率 88.91%，辅助装置达标率 75.74%。

持续加强短板治理。5550 台高危泵密封改造全部完成，551 台液下泵全部改造完成。电气隐患治理 76 个项目中，完成 71 项，完成率 93.4%。2016 年，共发生外部电网停晃电 11 次，内部电网 10 次，造成非计划停车1次，生产波动9次。供电安全可靠性虽有所改善，仍不能满足装置运行要求，需要做进一步努力。联锁、自控率管理成效显著。炼化企业联锁投用率99%，自控回路投用率96%。在用压力容器已全部取证，压力管道已取证74.5%。罐区隐患治理全面实施，集团公司重点项目297项完成73%，已开展工作19%。其中，重大督办项目55项，完成34项，开展工作19项，完成及开展工作的占96%。

完成状态监测系统升级。远程诊断系统升级项目自2015年开始实施，针对远程监测的28家企业关键机组，统一数据接口文件规范，建立静态信息数据库和动态信息数据库，创建动态信息数据接口，将监测数据集中储存到远程诊断中心云平台。建立远程诊断系统新平台，包括系统首页、用户注册登录系统、诊断月报、学习天地、新闻动态、中心简介、组织机构等功能。经过2年努力，建成中国石油实用、高效、先进的关键机组远程诊断平台，更好发挥状态监测和远程诊断作用，提高炼化企业整体设备管理水平。

加强设备专业管理。召开提升炼化企业设备本质安全专题视频会，梳理设备事故，剖析近几年设备原因引起的非计划停车和生产波动案例，从直接原因、间接原因、管理原因等总结，举一反三，针对动设备、腐蚀和电气三大影响因素提出下一步攻关方向。2016年下半年以来，每月动态监测各单位机封检修间隔（即平均故障间隔时间MTBF），督促企业加强设备检维修管理水平，MTBF平均时间大幅提高，部分企业提高30%以上。召开中国石油炼油装置工艺防腐推进会，分析防腐存在问题，明确下一步工作方向及改进措施；召开炼化企业烟气轮机技术交流会，要求各企业加快老旧烟气轮机的技术改造并有序推进烟气轮机专业化维护检修；有效发挥设备管理平台作用，及时分享设备管理经验；持续开展大机组特护技术攻关，对企业突发问题迅速组织技术人员分析研讨，深入解决，不留隐患。

（高俊峰）

【年度检修】 2016年是炼化板块历年检修企业数量最多的一年，共有12家炼化企业涉及455套装置，总检修项目74371项，集团公司级重点项目288项。大检修项目多，隐患治理项目、质量升级项目、环保项目、技改项目、标准化整治项目同步实施，高风险作业多、参加人员多创历年检修之最。检修时间自2016年3月锦州石化开始，到12月广西石化检修完毕，历时10个月，7—8月大庆炼化、哈尔滨石化、辽阳石化、乌鲁木齐石化、兰州石化、玉门炼油厂和格尔木炼油厂7家企业集中检修。为确保顺利完成检修任务，检修企业将安全、质量摆在首位，坚持高标准严管理，有针对性编制检修方案和检修规程，强化“停、检、开”三个过程及两个界面交接管理，建立检修企业、施工单位、第三方以及公司、车间、施工单位、第三方的“三方四级”检修质量安全管理模式，聘请第三方进行质量监督，对检修全过程按检修方案和规程实施管控，扎实推广定力矩紧固工作，控制好作业与验收等各环节，实现安全检修、绿色检修、规范化管理，为装置长周期运行奠定基础。

（高俊峰）

【安全环保】 2016年，炼化板块立足于炼化企业安全环保处于严格监管的阶段性特征，坚持问题导向，抓大抓早，坚守红线，不触底线，狠抓安全环保责任落实，持续深入开展短板治理，全面推进HSE管理体系建设，全员安全意识不断提高，炼化系统安全环保形势持续稳定好转。2016年炼化企业发生亡人事故2起，死亡2人，事故起数和亡人数同比分别下降50%和67%。事故起数、亡人数分别占集团公司事故起数、亡人数的18%和17%。

安全生产。坚持以审促改、以审促管，持续开展一年两次的HSE管理体系审核。2016年上半年共审核炼化生产企业23家、油田炼化企业6家、化工销售公司3家，其中量化审核企业14家。共查出问题1556项，存在31项重大风险和71项严重不符合项，主要包括电气管理、洗罐站和装车栈台问题、设备和管线腐蚀、危险化学品管理、罐区隐患风险等。截至2016年底，整改1492项，整改率95.9%；2016年下半年HSE体系审核是炼化板块组织的第13次全覆盖审核，共计发现问题1802项，严重不符合项46项（其中炼化板块督办的严重不符合项18项）。截至2016年年底，整改1408项，整改率78.1%；整改严重不符合项26项，整改率56%。2016年共计审核出问题3358项，截至年底，整改2900项，整改率86.4%；严重不符合项117项，整改54项，整改率46%。乌鲁木齐石化为集团公司安全环保技术诊断与管理评估企业，对其安全环保风险总体管控情况进行摸底评估，从管理制度、流程、能力、方法上查找管理短板和漏洞。

继续开展危险化学品和厂外烃类管道隐患整改。危险化学品专项检查27家企业，查出问题259项，截至2016年底已整改205项，整改率79.1%。25家炼化企业厂外烃类管道中，排查出隐患3107处，其中重大隐患681处，较大隐患1588处，一般隐患838处。隐患整改完成3047处，整改完成率98.07%。其中：重大隐患整改681处，整改率100%；较大隐患整改1540处，整改率96.98%；一般隐患整改826处，整改率98.57%。全部治理完成企业17家，包括大庆石化、吉林石化、辽阳石化、辽河石化、独山子石化、乌鲁木齐石化、宁夏石化、大庆炼化、锦州石化、锦西石化、哈尔滨石化、大港石化、长庆石化、克拉玛依石化、大连西太平洋石化、玉门炼化总厂及格尔木炼油厂。

按照集团公司《基层站队HSE标准化建设实施意见》的要求和大庆油区基层站队HSE标准化建设现场会精神，学习借鉴先进经验，加快推进HSE标准化建设工作。截至2016年底，炼化装置标准化达标率超过30%，达到集团公司的设定目标。

环保管理。通过下发督办函、现场督查、体系审核、专项检查、工作组督办、明察暗访、文件通报、视频会领导讲话通报、约谈等方式，加强对企业环保依法合规问题整改的督办。重点对企业建设项目环保验收手续办理、锅炉烟气达标改造、中央环保督察组反馈问题整改、审计署提出的相关问题整改落实、地方政府环保部门提出的限期整改或其他重大处罚决定进行定期督办，推动问题整改。对照国家2017年7月1日实施的污染物排放标准，督促企业对外排污水、催化烟气、工艺炉烟气、锅炉烟气、酸性回收装置尾气、污水处理场、有机废气等存在的隐患加快治理，坚决杜绝超标排放、非法转移处置危废、偷排造假、未批先建等违法行为。将炼化企业排放数据纳入集团公司统一管控平台，实施挥发性有机物（VOCs）综合管控。推进兰州石化场地修复、吉林石化填埋场场地修复、庆阳石化老厂区场地修复等土壤修复。

2016年，石油类排放215吨，同比下降13%；COD排放9169吨，同比下降10%；二氧化硫排放38103吨，同比下降27.4%（表9）。

表9　炼化企业主要污染物减排情况　　吨

项　目	2016年	2015年	同比增减
石油类	215	247	-32
COD	9169	10201	-1032
二氧化硫	38103	52486	-14383

（宁绪成）

【专业技术培训】　2016年，炼化业务培训围绕提高员工综合素质、保障生产安全平稳运行的目标，组织开展专业技术培训交流活动，深入推进各炼化企业开展冬季培训，不断提升员工队伍综合素质和一线操作人员技能水平，为炼化业务安全平稳运行提供人才保障。

以企业为主体，以专业技术人员和操作技能人员为重点，以抓好岗位应知应会、操作规程、HSE知识技能培训为指导思想，精心安排培训课程和师资，高质量完成集团公司炼化培训项目计划。2016年共组织炼化企业总工程师培训班、炼化生产运行管理培训班、炼化产品质量投诉处置知识培训班、炼化节能节水技术管理培训班、炼化设备腐蚀与防护培训班、炼化企业提高仪表自控率和联锁投用率培训班、炼化企业设备密封技术培训班、炼化储罐区安全管控培训班、危险化学品安全操作和仓储培训班等11期专业培训，培训人员874人次。

组织炼化企业参加中国石化举办的催化裂化装置专家培训班。为期9个月脱产和不脱产相结合，经过集中授课、现场调研、标定分析、论文答辩四个阶段的学习，7名学员全面完成学习任务并顺利结业，其中大连石化学员获得“优秀学员”和“优秀班干部”称号。

组织好炼化企业冬季培训。培训时间从2016年11月至2017年3月为期5个月。各炼化企业成立冬季培训领导小组，落实培训时间、培训内容、培训师资、培训教材、责任人和考核办法。按照每年的重点工作，结合存在的问题或短板，制定切合实际的培训计划，针对操作维修人员，加强操作规程、检维修作业规程和应知应会为主要内容的岗位培训，提高安全操作和现场应急处置技能；针对班组长，加强系统操作和班组管理为主要内容的岗位培训，提高生产操作监控和应急指挥技能；针对装置生产技术人员，加强同类装置先进技术和科学管理方法的培训，提高装置长周期优化运行管理技能。培训形式不拘一格，利用“五班三倒一培训”“四班三倒付班培训”等机制，开展脱产培训、付班讲座、换岗学习、师徒合同、岗位练兵卡、一日一题、预案演练、操作模拟等丰富多彩的培训活动，保证培训质量。炼化板块在工艺运行、设备管理、建设项目、安全环保等专业方面下发培训要点，逐月跟踪检查并进行总结讲评。经过6年持续推动，冬季培训已纳入企业常态化管理，成为年度培训工作重点之一。

组织集团公司炼化教材编写。《炼化企业员工应急培训教程》《炼化企业电气工程师培训教程》《大型关键机组远程诊断案例集》三本教材完成初稿进入编校阶段。

2016年推动仿真培训子系统项目组对各炼化企业进行系统测试，完成题库和课件制作，各企业开展网络培训和仿真实操考试等工作。

【技术讲座视频培训】 2016年，炼油与化工分公司针对炼化企业装置亟待解决的共性问题，发挥网络信息平台作用，创新性开展全系统技术讲座视频培训。先后组织加氢装置工艺防腐技术、催化裂化长周期优化运行和危险化学品装卸车作业风险分析视频培训三期，邀请系统内专家作专题技术讲座，分享相关安全经验，明确下一步业务要求。培训人员包括各炼化企业主管领导、分厂主管领导、相关业务主管部门负责人及专业技术人员，相关装置技术、设备管理人员及操作骨干，每期均700人以上。组织技术讲座视频培训，不仅扩大培训人员规模，而且抓住核心技术问题，普及专业知识，统一操作规程，标准化管理，以点带面，重点突破，增强培训的针对性和实效性。

（钟艳阳）

第四篇

销　　售

综　述

【概述】 中国石油的成品油、燃料油、润滑油、沥青以及其他炼油小产品的销售和成品油进出口业务由中国石油天然气股份有限公司销售分公司（简称销售分公司，也称销售板块）负责组织管理。

2016年是集团公司销售工作自1998年重组以来运行最为艰难的一年。成品油资源供大于求持续加剧、油价跌破“地板价”至近年新低、消费结构深度调整、市场争夺空前激烈、极端天气多发频发、油品升级任务紧迫等多重因素相互交织，企业增收创效面临空前压力。面对“酷冬”考验，销售工作坚定创新发展、提质增效中心任务不动摇，咬住保后路、增效益、固份额的责任使命不放松，协调推进五大业务，统筹抓好五大工程（物流优化、网络提质、控本提效、管理创新、素质提升），努力防范五大风险（安全环保、资金运行、质量计量、合规管理、舆情舆论），经营业绩符合预期。

2016年营销工作积极主动成效好于预期，物流组织有效保障产业链顺畅运行，网络建设超计划完成全年任务，零售业务创效潜力加快释放，非油品业务保持高效快速增长势头，燃料油、润滑油业务盈利能力稳定提升，企业内部运行平稳有序，安全环保风险总体受控，成本费用保持连续下降，产品及服务质量管理上新台阶，信息化建设积极有效推进，合规管理不断引向深入，销售企业形象进一步彰显。

【经营业绩】 2016年，销售成品油12343万吨，其中国内销售11220万吨，纯枪销售7544万吨；国内市场份额42%。实现非油品收入143.6亿元、利润17.1亿元，同比分别增长15.7%和17.1%。销售燃料油3336万吨，同比增加906万吨。销售润滑油117万吨（表1）。

表1　主要经营业绩

指　标	2016年	2015年	同比增减
炼油产品总销量（万吨）	14637	14192	445
国内成品油销量（万吨）	11220	11570	-350
其中，纯枪	7544	7434	110
批发	3463	4136	-673
燃料油销量（万吨）	3336	2430	906
润滑油销量（万吨）	117	122	-5
税前利润（亿元）	55.1	-39.6	94.7
营业收入（亿元）	6892	7464	-572
其中，非油品收入	143.6	124	19.6
资产总额（亿元）	2637	2449	188

（赵　阳）

【“十三五”规划要点】 到2020年，成品油国内销量1.34亿吨，市场份额41.6%；纯枪销量8605万吨，纯枪比例70.2%；运营加油站2.26万座，年均开发440座，运行油库1716万立方米；人均纯枪销量506吨。

（蔡德洪）

成品油业务

【成品油销售】 2016年，按照“坚持创新驱动、加快转型升级”的发展思路，围绕集团公司整体效益最大化，继续深化市场分析研究，超前研判全年油价走势，灵活运用营销策略，妥善处理竞合关系，把握价格走势，努力抢占市场先机、扩销增效。适时调整奖惩激励机制，有效发挥价格杠杆作用，指导地区公司快速反应，经受住市场剧烈波动的考验，保持市场竞争主动权。持续优化销售结构，提升经营创效能力，努力加大高标号汽油、航空煤油、低凝柴油等高效产品销量，实现98号汽油、高清洁油品等新产品上市，按期圆满完成国V标准油品升级置换任务。统筹利用好国内国外两个市场，发挥出口调节作用，巩固扩大出口业务。积极推进产融结合，对外搭建B2B电子销售系统，加快推进客户管理系统上线，推动内部信息系统面向客户服务、面向直批销售的转型升级，增强直批竞争力。各销售企业克服消费持续低迷、资源过剩等困难和挑战，千方百计扩销增效，较好地完成销售任务。

继续强化产销衔接，牢固树立“一盘棋”思想，突出直炼资源优化，根据市场需求实施油品订单式生产，增强资源保障能力。努力克服库存结构区域性矛盾、炼油厂检修、运力受限等不利因素，超前谋划、合理安排，保持资源均衡稳定供应。坚持“淡储旺销”，大力实施集采集供，努力提升竞争和盈利能力。强化同业合作，扩大互供业务，继续深化与中国石化、延长石油资源串换，优化物流、节省费用。

（董珊珊）

【资源调运】 2016年，成品油运输总量21176万吨，其中一次运量13452万吨、二次运量7724万吨；运费总额208.3亿元，同比减少1.15亿元，比预算低22.59亿元；吨油运费142.71元，同比减少5.61元，比预算低20.12元。连续三年实现运费总额、吨油运费同比双下降（表2）。

表2 2016年成品油调运情况

项 目	2016年	2015年	同比增减
成品油运输总量（万吨）	21176	21963	-787
其中，一次运量	13452	14161	-709
二次运量	7724	7802	-78
成品油运费总额（亿元）	208.30	202.53	5.77
吨油运费（元）	142.71	175.05	-32.34

精心组织，保障集团公司产业链总体平稳有序。继续按照“两保一降”的总体工作要求，加强产销衔接，及时向炼化企业传递市场信息，协调炼油厂合理调整加工量和产品结构，为顺畅调出创造条件。积极协调铁路、管道等运力企业，努力增加运力和流向倾斜，优化运输组织，强化日间运行，提高车船使用效率。面对上游企业库存持续高位局面，适时开展大区收储、省区代储等措施，调节直属炼油厂库存，满足生产需要。实行“一厂一策”，针对运行困难的炼化企业，制订专门运输方案，实行重点监督和保障。2016年直属炼油厂油品调出8718万吨，国内产调率99.4%。

细化对接，确保各地市场稳定供应。切实保障G20杭州峰会期间市场供应，详细制订峰会期间相关地区的保供方案，从资源调运、油品配送、市场营销、加油站销售监控、安全环保等方面对峰会期间油品保供工作进行全面监控，保障峰会期间成品油市场平稳供应，安全环保合规受控。针对南方洪灾，“莫兰蒂”“海马”等数次台风等灾害期间的抢险救灾用油和社会用油需求，加强资源组织，合理调配运力，保证供应充足稳定。针对一季度西南五省资源全面紧张的情况，及时下发调度令，调整运输流向，加大运力协调和转运力度，确保油品供应。配合“三夏”期间农民抢收、抢种，积极协调铁路和管道运力，加大向“三夏”地区的柴油资源投放力度。

持续推进物流优化，深入开展挖潜增效。完善提高DPO优化模型应用，持续优化各流向运输，二次中转量同比减少48万吨。稳步推进补货制试点，通过座谈会、现场调研等方式，先后明确22项问题的解决意见，已在甘肃、宁夏、辽宁、黑龙江、内蒙古、新疆、青海推广实施。强化铁路运输管理，平均单车装载率同比提高0.17个百分点，自备车周转次数同比提高11%；协调减少装车手续费、保价费、变更到站等费用3660万元。推动下海联动工作机制，实现自有及大船运行效率提升，资产型船舶运行同比增长10个航次/17万吨，直接下海比例91%，2万吨以上船舶运输比例同比增长7个百分点，海进江运量同比减少23万吨。继续推动公路运输管理标准化，提高运行效率，公路配送罐车同比减少143辆，标准运行次数同比提高0.17次，平均二配系统上车率64%，加油站液位仪收油率同比提高5个百分点。

（赵天城）

【零售管理】 2016年，运营加油站20895座，完成零售量8018万吨，同比下降0.2%；自营纯枪量占比超过94%，同比增长1.3个百分点，汽油销售同比增长10%；低销站摘帽比例29%。

深化全流程诊断与优化。2016年线下共诊断加油站6881座，优化4728座，诊断率超过30%，优化率60%以上，诊断效果明显。

建立10惠品牌与营销体系，以增加客户黏性为主，策划10惠品牌促销方案，对内积极宣贯并全力推行，对外广泛宣传，吸引更多客户体验。完善四季主题促销，在统一设计、统一形象、统一宣传的基础上，注入地方元素、节日元素，满足地区公司的差异需求。做好与银行、互联网等第三方的跨界营销，以“中油伴YOU”为主题的石油探源丝路行活动很好地宣传了中国石油品牌形象。

ETC卡合作项目。推进与交通运输部路网中心合作，确定三步走方案：一是物理合作，实现一卡双芯片；二是芯片合作，单芯多账户；三是数据合作，形成底层数据共享，达到人、车、卡绑定的目的。2016年，河南销售分公司一卡双芯的昆仑ETC卡，发售卡3万余张，合作效果明显，实现一卡双功能；北京销售分公司与北京速通科技有限公司合作，实现电子标签安装调试、ETC卡储值。

开展自驾游活动。以“回馈客户、突出油味，跨界合作、跨区组织”为原则，总体设计策划自驾游活动，目标建立品牌宣传的Ⅵ（视觉识别）设计和系列活动方案。与云拓整合营销顾问（北京）股份有限公司、汽车生活报、阳光出行网（阳光酒店集团）、中意保险、神州租车、一汽集团等6家单位建立合作伙伴关系。通过“中油伴YOU，畅享旅途每一站，石油探源丝路行”活动，达到品牌传播的目标，提升客户对企业的认可度和满意度，进一步弘扬石油精神和企业文化，树立“中油伴YOU”自驾游品牌形象。

开展神秘顾客访问。完成对20多家单位2000多座加油站的访问。搭建神秘顾客互联网查询网页，地区公司可查询评价结果并申诉，确保沟通的及时性和公平性。核查后形成访问报告，全系统通报，持续跟踪问题整改情况，改进服务提升客户满意度。

开展“双低站”治理工作。召开以“双低站”治理为主题的销售企业精细化管理工作会议。正式印发《关于深化“十三五”期间双低站治理工作的指导意见》；编制《加油站委托管理合同》《加油站出租经营合同》合同模板。创效能力持续提升，2016年纳入治理范围的4713座“双低站”中，摘帽率29%；利润同比增加5.1亿元，同比压缩费用支出3亿元，3777座负效站中874座加油站实现扭亏。“3+1”（目标责任制、委托管理、出租经营、品牌输出）模式持续推进：5644座加油站开展目标责任制，494座加油站开展委托管理，264座加油站开展出租经营，5000吨级以下加油站“3+1”模式应用率45%。通过机制创新，各地区公司累计减员3831人，加油站运作效率进一步提升。

组织第二届加油站经理论坛。评选出论坛优秀选手及优秀团队73个，油品销售先进集体和先进个人418个。编印《加油站经理论坛集萃》口袋书2种，《加油站经理营销技巧（精华本）》《加油站经理论坛演讲材料汇编》通过《油商周刊》“油站梦工厂”专栏持续推广。

（冯　欣）

【市场特点】 2016年，国际油价探底后小幅回升，总体仍在低位徘徊，年均价较2015年下跌。布伦特原油期货2016年均价为45.13美元/桶，同比下降8.47美元/桶，降幅15.80%；WTI原油期货全年均价43.47美元/桶，同比下降5.29美元/桶，降幅10.86%。

国内汽油、柴油价格调整较为频繁，在调价周期内，因挂靠原油价格不足40美元/桶临界线的“地板价”而暂缓调整共6次，因调幅不足50元/吨而搁浅共4次，调价窗口正常开启15次（5次下调、10次上调），累计汽油、柴油分别上调1015元/吨和975元/吨。

国内成品油消费增速放缓，柴油消费持续出现负增长，汽油和煤油消费增速不及预期，国内成品油过剩加剧，主要油品净出口猛增。国内石油市场格局发生重大转变，地炼的原油进口量、原油加工量、开工率、汽油和柴油市场份额增加，而主营单位相对减少，市场竞争愈加激烈。

2016年，成品油消费量2.89亿吨，同比增长5%；成品油产量3.24亿吨，同比增长8%；产需差3505万吨，同比增长46%，创历史新高。消费柴汽比连续7年下行，从2010年的2.03降至2016年的1.27，为工业化周期以来最低水平。

国内汽油消费量1.15亿吨，同比增长12.3%，增速较2015年有所提高；柴油消费量1.46亿吨，同比下降1.2%，较2015年3.7%的降幅有所收窄；煤油表观消费量2853万吨，同比增长11%，连续两年保持两位数增长。

主营单位生产萎缩，地炼份额大幅提升。2016年国内成品油产量虽增长8%，但市场格局并不均衡，主营单位汽油、柴油产量总体减少，中国石化同比减少1%，中国石油同比减少6%。结构上进一步分化，主营单位“增汽减柴”，中国石化及中国石油的汽油产量同比增长4%；而柴油方面，中国石化同比减少4%，中国石油同比减少12%。

全国地炼加工各类原料1.1亿吨，同比增长25.7%。其中，汽油产量同比增长18.7%，柴油产量同比增长22.7%，生产柴汽比1.73。地炼市场份额23.6%，同比增长3.8个百分点。2016年地炼获得进口原油配额6705万吨。

出口规模急速扩大，柴油成为主要品种。2016年我国成品油净出口3358万吨，同比增长58%。其中，汽油净出口949万吨，同比增长68%；煤油净出口961万吨，同比增长8%；柴油净出口1448万吨，同比增长115%，自2000年来，柴油出口规模首次超过汽油。

（韩　冰）

投资管理与网络建设

【概述】 2016年，牢固树立大局意识和责任意识，紧紧围绕网络开发“四大战役”（攻坚战、保卫战、阵地战、挖潜战），增量开发与存量挖潜双驱动，突出开发与投运，推进加油站提质改造，完善投资政策，促进销售业务稳健发展。2016年开发加油（加气）站467座，投运420座，新增零售能力263万吨，同时加快合资合作，推进合规管理，完善制度流程。

【投资管理】 围绕新加油站开发、存量加油站维持、在建项目清理、老加油站挖潜四条主线，“十三五”开局之年网络建设成效显著。2016年开发加油站座数超计划97座，同比增长45%；多措并举稳定租赁站规模，成功续租加油站145座；项目清理扎实推进，委托代建项目清理完成率50%；老加油站挖潜稳步实施，“双低站”治理、防渗改造、“油卡非润”一体化提升稳步开展。

加快合资合作步伐，破解发展瓶颈。持续把扩大开放、务实合作放在重要位置，着力引进社会资本，不断提升市场控制力。2016年批复合资公司34个，引进外部资金5.2亿元，开发加油站60座；推进海南销售和江苏销售的对外合作。

快速推进投资建设专项检查，深入推进合规管理。按照总体安排，认真落实国务院国资委各项要求，深入自查整改，全面推进整改工作。梳理并完善有关流程和制度，制定下发《销售企业油库、加油站证照管理工作指导意见》《关于规范加油站投运管理工作的通知》《加油站专项检查工作手册》等相关文件，建立合规管理长效机制，依托资金安全大检查对22家单位进行现场检查；加强培训，提高履职能力，对投资主管领导和投资处长进行专题培训，并举办第二十期经理人培训班，对东北片区进行投资建设管理专题培训。

进一步完善开发政策和基础管理。开发政策方面，项目财务内部收益率降到8%，价差评价系数同步提高0.1；修订下发《销售公司加油站租赁指导意见》，对于短租站给予充分政策空间；配套编制下发《销售企业投资项目决策权限调整的通知》，赋予各单位更大的管理权限，明晰各专业的管理界面。规范管理方面，修订《中国石油天然气股份有限公司投资管理实施细则》，完善《销售公司管理手册　投资分册》，增加项目最终投资决策环节，明确三类项目概算调整程序，强化股权投资管理，补充企业自行下达支持类四类项目投资计划的相关规范。

（蔡德洪）

【工程建设】 2016年，持续优化库站网络，工程管理进一步规范。实施油库项目16项，新增库容23.5万立方米；启动加油站防渗治理工程，治理加油站1200座。

开展2010版《加油站建设标准》升级工作，首次采用主分册形式编制新标准，形成《加油站建设标准》主册和《便利店与快餐分册》《汽车服务分册》《高速公路服务区分册》《模块化分册》《智慧化分册》《特殊加油站与地区特性化分册》《加气站分册》《造价参考指标分册》8个分册。

依规对入围工程建设承包商进行年度考核评价，淘汰不合格承包商28家，增补二类承包商37家，初步形成以考核为抓手，承包商总量基本稳定，小部分优进劣汰的动态管理机制。

完成卡机连接加油机新一轮定商定价集中采购及昆仑加油卡充值刮刮卡制卡供应商、“油卡非润”营销广告宣传视频拍摄服务、加油站神秘顾客访问项目服务招标；推进地区公司开源节流降本增效工作，2016年集中采购节约资金2.6亿元，平均降本率7.15%。

（苏　敏）

非油品业务

【概述】 2016年，非油品业务主动适应新常态，坚持规模效益并重，以预算为目标，紧抓“转型”和“创新”两个关键，突出便利店、汽车服务、自有商品、新业务、信息系统、队伍建设六项重点，紧贴行业趋势，挖掘顾客需求，对内精细管理优化服务，对外强化合作拓市创效，发展质量持续提升，实现规模和效益的共同增加。

2016年，实现非油品销售收入143.6亿元，同比增长15.7%；利润17亿元，同比增长17.2%；便利店数量超过1.8万座。

【业务拓展】 2016年，便利店质量和效益持续提升。新开便利店1003座，开店率89%。制订厨房工程营销方案并实施，打造3212座放心厨吧门店，同类业务收入同比增长43%。

推进加油站汽车服务业务。完成商务部《加油站汽车维修与服务管理技术规范》报审稿编制。通过行业合作开展2S店建设，新开汽车服务店306座，收入同比增长17倍，开展汽车服务业务的加油站“油非”促效果明显，带动油品销量增长10%以上。

突出专业队伍建设。持续强化专业队伍建设，加强培训及队伍建设，组织10个地区公司开展品类培训，193人获得行业品类管理师资格认证，4名优秀店长当选中国连锁经营协会2016年金牌店长。

（董宇鲲）

润滑油和炼油小产品销售

【概述】 2016年，在油价跌破“地板价”、消费结构深度调整、市场争夺空前激烈的形势下，润滑油和炼油小产品销售业务加强营销组织，优化运行机制，重视科技创新，效益显著提升，专业化经营优势突显。润滑油和炼油小产品实现销售3452.6万吨，利润12.4亿元（表3）。

【润滑油销售】 销售由润滑油公司负责，润滑油销售围绕产销能力提升，持续优化产能布局，提高产品质量，改善销售结构，提升营销水平，严控成本费用，2016年销售润滑油（脂）116.6万吨，实现营业收入91亿元，利润1.6亿元。

车用油销售渠道质量稳步提升，强化核心、钻石经销商的建设，经销商逐步实现从小而多向大而精转变；与省公司业务融合更加紧密，合作成果显著，省公司车用润滑油和车辅产品销量同比分别增

表3　2016年润滑油和炼油小产品销售

项　目	2016年	2015年	同比增减
润滑油和炼油小产品销量（万吨）	3452.6	2552	900.6
其中，炼油小产品	3336	2430	906
润滑油和炼油小产品销售利润（亿元）	12.4	4.8	7.6
其中，润滑油	1.6	-3.9	5.5
炼油小产品	10.8	8.7	2.1
润滑油（脂）销量（万吨）	116.6	127	-10.4
其中，车用油	27.4	27	0.4
工业油	30.1	28	2.1
特种油	42.4	51	-8.6
船用油	2.1	2.5	-0.4
润滑油营业收入（亿元）	91	105	-14

长15%和57%。工业油销售结构不断改善，系统内用油销售实现2.11万吨，27家系统内企业昆仑润滑油占有率75%以上。特种油高端市场继续保持领先地位，加大20号调和变压器油与中低端市场竞争力度，市场地位更加稳固。船用油销售业绩好于预期，成功开发国内支柱型船厂和船运公司7家，销量同比增长10%。科研贡献持续增强，2016年实现科研成果工业转化10项，申报专利11项，发布企业标准76项；兰州研发中心牵头研究的RHY4026复合剂的研制及其应用获得集团公司技术发明奖一等奖，汽轮机油的油泥趋势研究及配方的改进、船用中速机油评定台架的建设及试验方法获得集团公司科学技术进步奖二等奖，符合国家标准《冷冻机油》（GB/T 16630—2012）矿物油型冷冻机油DRA产品研制获集团公司科学技术进步奖三等奖。开源控费降本增效成绩突出，通过产品配方优化、优化生产运行和物流、把握采购节奏等方式，2016年降本控费超过1亿元。

【燃料油、沥青等小产品销售】 面对国家原油进口政策发生重大调整、沥青市场竞争加剧、燃料油市场无序低效的复杂形势，燃料油销售转变思想观念，全面创新原油和馏分油的销售模式，推进生产经营整体优化运行。2016年销售炼油小产品3336万吨，利润总额10.8亿元。

原油贸易仍然保持盈利主体地位，2016年采购原油同比增长34.5%，通过创新原油销售方式和服务方式，重质委油销量同比增长57%，新客户销量比例上升至32%。沥青市场份额稳步提升，2016年销售沥青714万吨，同比增长6.6%；积极开拓国际市场，打通沥青出口渠道，向赞比亚等国家出口沥青，实现沥青出口零突破；国内市场份额达到25%，同比提高1个百分点。实行外采石脑油、蜡油原料一体化运作，进一步挖掘馏分油价值，2016年直销石脑油30.1万吨，增效1.67亿元。生产加工实现安全平稳运行，2016年平均加工负荷87%，单位加工费同比下降16.4%。深入推进产销研一体化运作，以市场为导向开发功能性路面高黏高弹专用沥青等10个新产品，研发催化油浆侧渣油制备防水卷材沥青等新技术，获得发明专利7项、实用新型专利98项。

（辛凤影）

专业管理

【HSE建设与管理】 2016年，坚持以HSE管理体系运行为主线，全面推进HSE建设管理。（1）健全安全环保责任制。以业务职责为基础，印发《机关HSE管理职责规定》，明确主要领导及各部门HSE责任，推进“一岗双责”落地。（2）完善监管工作机制。依托HSE信息、应急预警、视频会议系统，搭建监督检查通报、未遂事件分享、即时信息传递平台，月度视频例会、重大风险会商、专项研讨等工作机制不断完善。（3）加大重点领域监管。突出合规管理，利用信息平台督办119座加油站危险化学品经营许可；吸取天津港“8·12”火灾爆炸事故教训，加强危险化学品管理，对西北彭州、重庆伏牛溪油库开展专项评估，推动海源、璜琅油库生产系统优化；从能力入手，推动非常规作业许可审批人培训考评，认证545名合格审批人，取消24人审批资格；针对油罐“冒顶”风险，启动为期6个月的“杜绝油品冒顶事故”专项整治，6个方面21项具体要求推动工作落实；印发库外管线隐患督办文件，督办34项重大隐患，编制402项隐患清单，73.9%完成整改；强化汛期灾害应对，以企业防灾典型做法为基础开展视频培训，有效应对海南等地暴雨、台风及洪汛灾害，损失降到最低。（4）强化审核质量提升。坚持以《销售企业量化审核工作手册》定制工作量、内容和输出形式，辅助审核进程；坚持审前培训、审后总结，培训骨干160名，总结做法293项；坚持审核组、审核员量化测评，确定52名优秀审核员；坚持直线整改、安全督办，“双闭环”整改审核发现，98%问题已整改。（5）推动库站HSE标准化达标。启动东北销售分公司、黑龙江销售分公司试点，印发108个加油站HSE应知应会培训课件样本，修订《应急处置卡》，验收6742个加油站，达标工作有序推进。（6）积极推进环保治理。全力做好G20杭州峰会安全环保保障，跟进中央环境巡视，及时督办问题整改；编制并落实《大气污染防治强化措施方案》和《京津冀大气污染防治强化措施》，入冬前完成京津冀203台燃煤锅炉清零。（7）加大职业卫生专业管理。积极开展接害人员规范建档，完成9.6万人信息录入，2016年职业健康体检率100%。（8）研究探索HSE管理新模式。运用安全技术分析工具，组织福建销售分公司枋湖加气站安全技术分析；开展东北销售分公司济南油库石油储罐附件检测，提出石油储罐安全附件运行维护建议；利用小煤炉淘汰契机，推动计量仪器安装；组织HSE管理论文评选，157篇参评论文获奖。

2016年，销售企业77人获得集团公司“安全、环保先进个人”称号，36个库站获得集团公司“绿色基层队站”称号，8个地区公司被评选为集团公司“安全生产先进企业”，7个地区公司被评选为集团公司“环境保护生产先进企业”。

（冯　涛）

【财务管理】 2016年，销售企业财务工作始终服从、服务于股份公司总体战略目标，在继承“一个全面、三个集中”（全面预算管理，资金、债务、会计核算三个集中）的基础上，着力构建制度健全、运行规范、过程可控、精干高效的管理体系，发挥重要保障支撑作用。

业务财务深度融合，完善全面预算体系。调整预算运行机制，统筹直炼和外采两种资源，外采业务调整为大区公司集中采购，提高外采创效能力，直炼和外采资源按同一调拨价配送到省区公司。坚持以总毛利最大化为目标，以预算目标引导确定资源配置、调拨价格、外采运作、营销策略等政策，优化业务运行，控本增效，预算管理的引领作用更加明显。

深化问题导向，经营决策支持能力持续提升。突出对标分析，找差距和薄弱环节，提出改善方案。起草《中国石油销售企业对标管理工作指导意见》，将对标层级扩展到省、市、库站，外部对标同行，内部对标可比单位，使对标单位“学有目标、比有指标、改有方向”。坚持月度分析，突出零售、外采、存货、加油卡质量，突出资源、产品、客户、流向效益，为经营决策提供依据，为解决问题找准抓手。

继续深入开展开源节流降本增效工作。牵头优化完善12项70条开源节流降本增效措施，定期通报降本增效成果，地区公司细化执行，定期监控落实情况，全员、全过程、全方位抓好开源节流降本增效。突出费用控制，延续以前连续三年硬下降态势，各环节、各单位成本费用进一步优化压减；严控非生产性费用支出，“五项”费用同比下降5%；坚持低库存、低成本常态化运作，防范跌价风险，减少资金占用，库存规模同比下降12%；POS机交易费率同比下降11%。

完善价格机制，提升价格杠杆调节作用。根据市场供需关系变化，采用“相同毛利”的一省一价，定价政策更加适应市场。积极协调推进内部成品油出厂价机制改革，确保集团公司产业链的运行平稳和直炼后路畅通。按照集团公司扩销降库的部署，通过调拨价落实柴油扩销奖励政策，保证整体运行平稳，实现整体利益最大化，有效激励省市公司和大区公司积极性。

继续深化财务三集中管理，全面提升管控能力。截至2016年底，累计减少资金支付点424个、费用制证点386个，清理冗余账户569个，达到压缩层级、统一标准、规范流程、信息集成、提高效率、降低风险等6项目标。

加大风险管控力度，合规管理形势向好。对资金管控风险进行梳理，坚决制止和严肃处理明令禁止的融资性贸易行为。配合并推动集团公司实施资金管理平台对账及监控系统建设，梳理风险点，研讨对账流程，力争尽早实现系统对账，增强风险防控能力。持续保持资金管理高压态势，组织资金安全及投资工程专项检查，对25家地区公司以及下属的133家地市及控股公司、19个县级经营部、51座油库、620座加油站、487个加油站项目进行现场检查，其余11家单位同步开展自查。对检查的问题逐项研究完善制度流程，明确责任，实行销项管理，促进资金安全和合规管理水平提高。

加强财税政策研究和协调，统筹降低纳税成本。加大国家财税政策研究，积极争取优惠政策，营造融洽和谐的税企关系，大力推广地区公司在降低税费方面好的做法，努力降低税费支出。持续关注税制改革动向，积极主动研究“营改增”和“成品油消费税征收环节后移”等政策，采取有效措施努力降低对业务运行的影响。研究新业务涉税相关问题，对加油卡及其积分业务、加油卡消费发票管理、加油站拆迁补偿等业务进一步规范，有效降低经营和涉税风险。

规范存续企业管理，保持离退休队伍稳定。成功上线存续管理信息系统，集中对离退休人员、费用项目种类、政策依据进行信息化管控，进一步强化审批过程的公开、透明，逐步形成预算、决算管理的一体化、系统化、精细化的管理体系。

重视人才培养，队伍综合素质逐年提高。有针对性地开展业务培训、学习及热点、难点问题研讨，提高财务人员业务能力和综合素质。将财务知识及风险点向业务前端扩展，促进不同管理人员既懂经营，又了解财务管理要求，提高整体管理水平。

（程 勇）

【油库管理】 2016年，开展危险化学品罐区隐患排查治理。（1）继续实施三年库外管线隐患排查与治理，整改完成28家销售企业147条管线、511处隐患点。（2）开展化学品罐区事故隐患排查与专项治理。确定销售企业油库罐区隐患402项，其中重大项目34项、一般项目368项，2016年底前完成300项，超整改计划进度，其中重大隐患项目全部完成。（3）针对南沙油库“8·19”冒顶事故，组织开展专项整治活动，落实高、低液位报警及高高液位联锁要求，强化油罐动转前计量和物料动态平衡，加强电器仪表维护保养和现场值班管理。

确保特殊时期油库运行安全受控。（1）严格落实督办国家反恐怖工作领导小组办公室及集团公司维稳信访工作办公室要求，制定《大厂油库暑期保卫安全防恐工作方案》，确保北戴河暑期会议期间油库安全运行。（2）落实G20杭州峰会期间各项安全环保措施，组织浙江销售分公司、江苏销售分公司、安徽销售分公司对区域内的油库设备设施进行一次系统性的维护保养，对油品出入库、车船装卸作业进行全面监控。

推进油库管控一体化建设和合规经营。（1）继续推动油库下装改造和一卡通自助发油，加强外部车辆入库安检、现场作业监管，对自助发油作业司机进行专项培训。（2）加强油库合规管理，与地方政府相关部门沟通协调，督促落实补办油库运营相关资质证照。

积极推动油库提效，加快低效油库关停退租。结合市场消费柴汽比变化，按照“调整一批、改造一批、扩建一批”的总体思路，对销售企业成品油库容结构、使用效率及优化方向进行分析研究，编制完成《油库汽柴油储存优化方案》，对41座油库进行结构优化，柴汽比由1.72降至0.83。2016年完成关停退租油库25座、库容35.3万立方米。

做好油库运行相关培训。分别于2016年3月、11月完成2期油库经理人培训，累计247名仓储公司经理及油库主任参加。培训内容紧密结合国内行业发生的多起公路地付发油静电着火、爆炸事故，深入分析事故原因，系统梳理相关标准、规范，制定改进措施，取得较好成效。

（赵天城）

【计量管理】 2016年，加强运输过程计量管理，控制运输损耗。公路运输损耗率0.051%，下海油损耗率0.124%，铁路损耗率0.060%；公路运输损耗率同比下降43.3%，下海油损耗率同比下降18.9%，铁路损耗率同比下降24.1%。

【质量与标准化管理】 2016年1月1日起，东部沿海11省市实施国V标准车用汽油、柴油，2017年1月1日起，全国范围实施。2016年，国家质检总局组织对北京销售分公司、天津销售分公司、河北销售分公司、上海销售分公司、江苏销售分公司、贵州销售分公司、山东销售分公司、山西销售分公司、广东销售分公司、江西销售分公司、湖北销售分公司、福建销售分公司、浙江销售分公司、中石油海南销售有限公司、辽宁销售分公司、湖南销售分公司、重庆销售分公司、安徽销售分公司、河南销售分公司开展油品质量监督检查，共抽取170批次油样，合格率100%。

完成《润滑油、润滑脂产品包装规范》《商用车手动变速箱油同步器耐久性的评定 ZF BK117法》《汽油、柴油中氯含量的测定 微库仑法》《车用乙醇汽油中甲醇快速测定 比色法》4项集团公司标准的制修订。

参与《在用发动机油中烟炱含量的测定 傅里叶变换红外光谱（FT-IR）法》《滚动轴承润滑脂寿命的测定 FE9法》《绝缘油中2，6-二叔丁基对甲酚测定法》《润滑油中添加剂元素的测定 能量色散X射线荧光光谱法（EDXRF）》《在用石油基和烃基润滑油硝化状态监测 傅里叶变换红外光谱（FT-IR）趋势分析》5项行业标准的制修订。

销售专业标准委员会归口制定的企业标准《工业闭式齿轮油》被评为集团公司优秀标准一等奖，《成品油库汽车装车自动控制及油罐自动计量系统技术规范》被评为集团公司优秀标准二等奖，《车用汽油烃类组成和含氧化合物的测定（多维气相色谱法）》《重负荷柴油机油综合性能评定法（WD615.963E法）》被评为集团公司优秀标准三等奖。

（李全国）

【信息化管理】 2016年，销售业务信息化工作紧紧围绕成品油销售业务中心工作，坚持采用信息化手段，支撑成品油业务运营和管理工作。不断深化系统应用，加快信息项目建设，加强系统运行维护，销售业务信息化工作又上一个新台阶。

建设方面，完成集团公司和销售板块信息化年度工作计划，应用集成项目实现35家销售企业上线部署工作，在原有集成的基础上，完善集成功能，实现云化迁移，提升系统性能；加油站管理项目完成18632座加油站站级系统部署升级工作，站级系统具备微信和支付宝支付结算功能；物流项目完成物流整体优化、库存优化模型搭建和实施工作，东北销售分公司和西北销售分公司一次物流功能试点上线；客户关系管理项目上线，实现零售、车队和直批客户线上管理，建立360度客户管理视图；集成配套项目梳理指标体系，实现42个主题和361项指标上线，完成协同办公、证照管理和印章管理。电子销售平台开展需求调研工作，针对业务急需开展积分商城和中油好客e站提升工作。

应用方面，销售应用集成系统上线后优化流程，避免重复录入，实现业务联动和闭环管理；加油站管理系统提升上线后新增35种促销类型，支持“油卡非润”组合促销。物流系统提升后，可通过计算机、大屏综合展现炼油厂生产、配置计划、运输计划、库存、运费和实时在途等物流信息，支持成品油调度运输的可视化管理；CRM系统通过智能分析，将客户进行细分，支撑销售企业精准营销工作，2016年开展24次精准营销活动。

运维方面，强化信息系统三级运维体系，进一步明确组织管理和职责分工要求，提供365天×24小时服务，2016年接听400电话102万次，处理事件46.4万件，平均解决率96%。结合建设和迁移，建立应急预案体系，开展5次系统应急演练，提升应对突发故障处理能力；落实集团公司信息系统安全工作要求，组织建立销售信息安全体系，2016年开展4次销售信息和工控系统安全检查。

组织出版《DT时代》期刊，开展前沿信息技术跟踪研究，了解最新信息技术发展情况。组织开展站级WIFI方案和加油站管理系统3.0可行性研究编制工作。

（刘力昌）

【股权管理】 截至2016年底，销售企业股权投资项目697家（含存续企业和三级以下项目），同比增加15家；积极落实《中国石油天然气股份有限公司股权管理办法》股利分配政策，实际分红到账17.1亿元，同比增加1.1亿元，增长7%，为销售分公司全年利润指标做出积极贡献；按照集团公司2016年清理计划，处置完成9家股权企业；36家地区公司实现投资收益23亿元。

（赵飞虎）

【培训工作】 2016年，组织完成集团公司、股份公司B类培训2项，销售板块培训21项，累计培训2.01万人次，其中远程在线培训1.5万人。

集中组织培训项目3个：以投资工程建设为主题的销售经理人培训；零售业务培训师培训，针对新编《加油站管理规范　操作手册》梳理知识点开发编制71个微课件；组织机关管理人员到中油碧辟公司现场培训，提升专业线各级领导人员的管理理念和管理水平；共培训295人。组织对口挂职交流培训4项：组织江苏销售分公司与中石油海南销售有限公司、广东销售分公司与北京销售分公司、辽宁销售分公司与浙江销售分公司、陕西销售分公司与广东销售分公司93名加油站经理对口挂职交流；组织内蒙古销售分公司与广西销售分公司、辽宁销售分公司与北京销售分公司、重庆销售分公司与河南销售分公司、青海销售分公司与安徽销售分公司8家单位26名处级干部对口挂职交流；组织西藏与内地22名干部对口挂职交流；组织31家销售企业101名业务骨干到中油碧辟公司对口培训，分别挂任运作、市场、安全、资产、财务、内控、人力资源和供应配送八个专线的经理助理；共培训242人。通过对口交流和培训，构建起横向交流和大帮扶的格局。协助组织13项业务培训，包括零售业务培训2项、非油品业务培训4项、加油卡业务培训1项、小产品业务培训1项、油库主任培训1项、油品质量管理培训1项、信息系统提升和情报系统培训3项，共培训1745人；组织远程在线培训4项，包括地市经理人培训、考评员培训、零售业务开口营销和油库HSE安全管理等管理规范培训、作业许可人取证考试，共17480人次；组织销售分公司机关人员培训2项，新能源汽车发展与充电站标准讲座、营改增政策解读与宣传贯彻，受训91人次。先进表彰，评选表彰销售企业“十二五”期间的100名优秀培训师和99名优秀考评员。

【技能鉴定】 2016年，组织完成4个工种4个等级的鉴定3.43万人次，合格2.15万人次，合格率62.7%，同比提高10个百分点。其中，完成加油站技师鉴定591人，合格484人，合格率82%。组织加油站操作员工种共12个批次的技师鉴定，有484人鉴定成绩合格。组织考评员和高级考评员远程取证（换证）培训和考试，770人合格获得资格。

截至2016年底，销售企业共有684名技师，其中355人聘任在岗，技师总体评聘比例为52%。销售企业15.56万基层人员中，未获得职业资格证书的员工有5.75万人，未持证率36%。

【劳动竞赛】 完成2015年度劳动竞赛先进单位、先进集体和先进个人的表彰工作，评选出80个先进单位、678个先进集体和1227个先进个人。组织开展“保后路、增份额、增纯枪、增效益”2016年劳动竞赛，竞赛指标共计十一类27项，36家销售企业均纳入股份公司层面竞赛范围，实现全覆盖。

（王晓华）

第五篇

天然气与管道

第一篇
总　述
第二篇
油气勘探开发生产
第三篇
炼油与化工
第四篇
销　售
第五篇
天然气与管道
第六篇
工程技术与工程建设
第七篇
国际业务
第八篇
科技与信息
第九篇
安全环保与质量节能
第十篇
企业管理与监督
第十一篇
党建、思想政治工作与企业文化建设
第十二篇
机构与人物
第十三篇
企事业单位概览
第十四篇
中国石油天然气集团公司大事纪要
第十五篇
统计数据
第十六篇
附　录

综　述

【概述】 在股份公司授权范围内，中国石油的油气调运、天然气销售、项目建设、资产完整性管理四大核心及其他相关业务由中国石油天然气股份有限公司天然气与管道分公司（简称天然气与管道分公司）负责管理。

2016年9月，集团公司全面深化改革领导小组第十二次会议通过《中国石油天然气集团公司天然气销售管理体制改革方案》，11月印发《关于天然气销售与管道业务体制调整的通知》，决定做实天然气销售分公司与中油管道公司，天然气销售与管输业务分立运行。按照集团公司有关工作部署，天然气与管道分公司积极推进改革，注册成立5家区域销售分公司（天然气销售北方公司、东部公司、西部公司、西南公司及南方公司）和储备气分公司。

天然气销售分公司、天然气与管道分公司"一个机构、两块牌子"，代表集团公司履行中石油管道有限责任公司、昆仑能源有限公司出资人管理职责，统筹协调管道规划布局、预算及投资、天然气输销衔接业务等工作。

中石油管道有限责任公司（简称中油管道）为股份公司控股子公司，作为股份公司管道资产管理、运营及投融资平台，对股份公司境内所属天然气干线、支线以及原油、成品油管道业务进行管理。根据工作需要，中油管道设立调控中心，与北京油气调控中心合署办公，业务统一管理。

2017年1月1日起，天然气销售与管道业务按新体制组织生产运行。

（黄献智）

【经营业绩】 2016年，实现营业收入2315.67亿元，完成全年预算的102.3%，同比减少305.82亿元，下降11.7%。账面资产总额4834.23亿元，比期初4932.22亿元减少97.99亿元，同比下降2.0%。资产负债率为22.0%，比期初30.3%下降8.3个百分点。账面利润总额为211.35亿元，比预算增加173.75亿元，同比减少319.43亿元。天然气销售1315亿立方米，同比增加89亿立方米。其中，销售进口天然气457.73亿立方米，包括中亚进口天然气（简称中亚气）341.64亿立方米，进口LNG 74.35亿立方米，缅甸进口天然气（简称缅气）41.75亿立方米。原油管输量8330万吨，同比减少244万吨；成品油管输量2651万吨，同比减少187万吨；天然气长输管道管输量949亿立方米，同比增加36亿立方米（表1）。单位现金成本实现有效管控；新开中俄东线、中卫—靖边联络线、中俄原油管道二线等项目，按计划有序推进陕京四线、锦州—郑州管道等项目，建成投产港清三线、四平—白山管道等项目。节能4.8万吨标准煤，圆满完成节能考核指标。

表1　2016年天然气与管道分公司主要经营（运营）指标

指　标	2016年	2015年	同比增减
原油管输量（万吨）	8330.00	8574.00	-244.00
成品油管输量（万吨）	2651.00	2844.00	-187.00
天然气管输量（亿立方米）	949.00	913.80	35.20
天然气销量（亿立方米）	1315.10	1225.80	89.30
资产总额（亿元）	4834.23	4932.22	-97.99
收入（亿元）	2315.67	2621.59	-305.92
利润（亿元）	211.35	529.90	-318.55

（孙　鲲）

【"十三五"规划要点】 "十三五"是集团公司建设世界一流综合性国际能源公司的关键时期，也是天然气与管道业务转变发展方式、提升发展质量的关键时期。按照集团公司确定的"天然气业务是战略性、成长性业务，低油价下应打造成新的增长极，实现以气补油，必须加快发展"的定位，"十三五"及今后一个时期天然气与管道业务发展思路如下。

全面贯彻落实集团公司规划部署，坚持稳健发展方针，以市场为导向，以销售为重点，以效益为中心，统筹协调天然气业务链生产、贸易、储运、销售、调峰等各个环节，按照"保自产、调进口、强销售、拓终端、优储运"的思路，努力实现天然气业务链价值最大化；强化对集团公司关联业务服务保障作用，按照“增负荷、控成本”的思路，努力实现原油、成品油管输业务有效发展。

“十三五”业务发展规划：（1）销售保持主导地位。天然气销量稳定增长，市场份额保持领先，区域结构和用气结构持续优化，终端销售和直供用户比例提高，营销服务理念全面落实，销售体制机制持续完善。（2）保障能力持续提高。储运设施进一步完善，公平开放体制机制健全，安全运维基础进一步加强，系统运行效率有效提升。2020年运行管理油气管道里程达到6.8万千米。（3）经营效益稳定向好。资源结构持续优化，销售价格进一步理顺，投资规模保持合理，运营成本有效控制。2020年油气管输单位现金成本力争控制在2016年水平，天然气销售业务力争实现盈亏平衡。（4）技术创新成交显著。科技基础得到加强，创新机制不断完善，核心技术取得突破，技术水平持续提升。2020年科技贡献率60%，“十三五”期间关键设备国产化率100%。

（赵　俊）

【油气调运】 以保证上中下游安全平稳运行为重点，做好原油调运工作。进一步加强与中国石油内部相关部门和单位的沟通协调以及铁路、水运等部门的生产衔接，实现对原油调运资源、运输方式和炼油厂需求等各环节的有效控制。针对二三季度炼油厂集中检修的问题，提前制定应急方案，有效保障油田和炼油厂的正常生产。

以保供和努力完成全年销售任务为重点，做好天然气调运工作。以年度计划为基础，通过编制天然气月度运销计划，加强上中下游沟通衔接，不断优化管道运行，加强月度产运销平衡，进一步完善“月计划、周平衡、日指定”的协调机制，严格监测日常调度运行，动态调整，缓解供需矛盾，完成保供和天然气运销任务。为保证全年运销任务顺利完成，合理安排动火和维检修作业计划，及时调整资源供应，在实现安全作业的同时未对上游供应和下游销售产生不利影响。

以提高成品油管输量为重点，做好成品油管输工作。针对管输整体负荷偏低的情况，根据管道输送能力和上下游需求合理安排输送批次，优化维检修作业时间，充分发挥管道输送能力。开展小品种油品管道输送研究，重点就输送技术、管道设计标准和部分管道改造方案等进行研究，西部管道、兰成渝（兰州—成都—重庆）管道实现97号汽油输送，港枣（大港—济南—枣庄）线实现93号车用高清洁汽油输送，克乌（克拉玛依—乌鲁木齐）线及独乌（独山子—乌鲁木齐）线实现航空煤油常态化输送。开展港枣线、吉长（吉林—长春）线、呼包鄂（呼和浩特—包头—鄂尔多斯）线等寒冷地区成品油管道冬季输送0号柴油研究论证，实现冬季输送0号柴油常态化。组织编制成品油管道升级置换方案并持续优化，安排各地区公司严防死守，尽量降低储罐浮盘，减少车用柴油降品损失，2016年底完成国Ⅴ标准油品升级置换。

（管维均）

【重点项目建设】 2016年，新开工中俄原油管道二线、中俄东线试验段、陕京四线、中靖（中卫—靖边）联络线等14个项目，按计划有序推进西气东输三线东段、锦郑（锦州—郑州）线等项目，建成投产西气东输三线东段、宝香（宝坻—香河）西联络线、港清（永清—大港）三线、平山（四平—白山）线等16个项目。组织完成香港支线、涩宁兰（涩北一号气田—兰州）复线等15个项目竣工验收，为项目合法投入运营创造条件。

（谢贤龙）

【天然气销售】 2016年，股份公司销售天然气1315亿立方米，同比增加89亿立方米，长输管道销售占比提升至74%，城市燃气、工业及发电占比提升至90%。

进一步推进管道与销售体制改革，完成天然气销售与管道业务体制相关调整以及昆仑燃气、昆仑能源整合工作。按照区域销售规模基本均衡、与管道系统基本匹配原则，整合华北销售、长输管道销售及油气田天然气销售业务，组建北方、东部、西部、西南、南方5家区域销售分公司以及福建销售分公司和储备气分公司，完善天然气销售两级管理架构，强化天然气销售分公司管理及经营主体责任。

统筹国内国外两种资源，不断优化中亚气和LNG长贸资源到岸，确保国内天然气商品产量980亿立方米任务，大幅降低天然气采购价格。积极应对冬季供需矛盾，多方案制订天然气运销计划及应急预案，提前锁定现货LNG低价资源，建立中亚气周协调工作机制，加强与国家部委沟通汇报，确保冬季平稳保供。加强与中国石化等企业互联互通，适时引进中国石化资源，支持川气东送、榆济（榆林—济南）线管道故障期应急气量，积极推动煤制气价格复议，实现互利共赢。

多措并举提高年度销售量，销售量同比增长7.3%。充分利用价格杠杆调节供需，通过采取淡季降价扩销，实现销售增量20.6亿立方米。持续优化销售结构，长输管道销售占比提升至74%，城市燃气、工业及发电占比提升至90%，高端市场销售量完成980亿立方米，占比超过2/3。积极推动支线管道和新增用户投产，2016年投产新用户116家，槽车外供LNG市场开发初见成效，新用户投产当年销量12.5亿立方米。

持续做好重点管道市场开发工作，对重点市场开展专题研究。继续推进中俄东线、陕京四线、闽粤支干线等项目市场开发。2016年各长输管道销售公司出具支持函186份，与76家用户签订购销意向书。

推动天然气价格市场化进程。建立适应不同供需形势的灵活定价机制，2016年11月20日起首次上浮冬季非居民天然气价格。结合LNG市场走势调整定价策略，维护淡季LNG市场稳定。积极参与上海天然气交易中心组建及交易，2016年完成天然气线上交易89.6亿立方米。

（李　伟）

油气储运

【概述】 2016年，统筹国内外两种资源，加强产运销储贸各环节沟通衔接，充分发挥集中调控优势，优化资源配置，确保油气管网安全、平稳、高效运行，为实现中国石油可持续发展，保障国家能源安全和促进社会经济发展做出应有的贡献。

【原油管输】 在保证东北管网上下游企业正常生产的前提下，优化原油管道运行，为上下游正常生产提供保障。顺利实施津华（天津港—华北石化）线输送冀东原油，保障冀东油田生产和华北石化加工需求。打通锦西石化下海转运大庆原油通道，确保锦西石化检修期间管线安全运行，为炼油厂检修期间铁锦线运行积累宝贵经验。锦州港支线加剂增输，确保了炼油厂检修期间管线安全运行和大连石化加工大庆原油资源。组织协调玉门酒东原油进入西部管道输送工作，保障玉门油田生产，增加四川石化加工资源，提高管输量。2016年完成原油管输量8330万吨，同比减少244万吨。

【成品油管输】 以努力提高管输量为重点，积极做好与成品油销售企业的沟通衔接工作，根据市场需求合理安排成品油输送批次，优化运行方案，系统研究成品油管道增输上量有关问题，提出解决措施，努力疏通瓶颈，化解矛盾，保证市场供应及炼化企业后路畅通。组织编制成品油管网国Ⅴ标准油品置换升级方案，研究成品油管道顺序输送航空煤油相关技术标准及操作规程编制工作。2016年完成成品油管输量2651万吨，同比减少187万吨。

【天然气管输】 优化管道运行，加强月度管输计划管理。不断优化管网运行，通过合理调节天然气管网流向，降低管网能耗，提高管道运行效率。合理控制天然气管网管存，在夏季、“五一”“十一”等重要节点，提前安排，合理控制管存，避免节假日管网管存过高，降低管网运行风险。在冬季保供期间合理控制管存，既为寒流准备合理的库存，又提前为元旦、春节等重要节日期间预留出合理的管存空间。2016年完成天然气长输管道管输量949亿立方米，同比增加36亿立方米。

【节能】 2016年，认真贯彻落实节能降耗的各项方针政策和重要指示精神，积极推动资源节约型企业建设，进一步加强节能管理，科学分解节能量、设定单耗基准值；充分发挥集中调控优势，编制年度、月度管输计划，进一步优化管道运行方案，使管道高效、经济运行；编制节能规划，有效指导天然气与管道业务节能降耗管理工作。

积极推进燃驱压缩机余热利用和LNG接收站冷能利用等重点节能工程的实施，继江苏、大连和唐山等3座接收站LNG冷能利用和西气东输二线（西部管道公司）霍尔果斯首站、西气东输一线（西气东输管道公司）定远和陕京线（北京天然气管道有限公司）榆林站压缩机冷能利用工程相继投产后，西气东输二线（西部管道分公司）连木沁燃驱压气站余热发电项目于2016年8月5日投产，2016年发电1500万千瓦·时。

系统研究油气管道用电问题。组织北京油气调控中心和管道公司等5家管道地区公司，深入各单位站场调研，针对站场用电现状，分析存在的问题，总结成功经验，并结合国家电价政策，提出天然气与管道分公司优化用电的策略及用电成本控制考核等制度建设方面的建议。在保证管道安全、平稳运行的前提下，结合管道运行调整的灵活性，优化西气东输二线机组运行的方案，降低天然气管道运行用电成本。

【油气管网设施公平开放】 按照《油气管网设施公平开放监管办法（试行）》的要求，积极推动信息公开、公平开放、信息报送等相关工作。进一步推进规章制度建设，继续做好油气管网设施公平开放工作，开放唐山LNG接收站和永唐秦（永清—唐山—秦皇岛）管道为北京燃气集团提供服务，与浙能集团商谈新疆煤制气通过西气东输管道输送等，开展欧洲天然气管输合同文本研究。完成向国家能源局市场监管司及其派出机构报送2015年度油气监管信息年报及2016年上半年油气监管信息半年报工作。按照国家能源局要求，在集团公司对外网站上建立油气管网设施公平开放专栏，完成主动公开内容上传，主要包括油气管网设施概况、油气标准目录、计量计价方式、受理流程等非涉密信息。

（管维均）

天然气销售与利用

【概述】 2016年，天然气与管道分公司按照集团公司总体安排，进一步完善天然气销售体制，完成淡季促销和冬季气价上浮工作，加强各类资源统筹协调力度，做好冬季保供和产销平衡工作，强化计划执行、多措并举超额完成销售任务，积极参加天然气交易中心线上天然气交易，推进天然气客户管理系统上线运行等天然气销售基础管理工作。

【天然气销售量】 2016年，在国内气田、进口管道天然气和海上LNG多资源的情况下，股份公司销售天然气1315.1亿立方米，同比增加89亿立方米，同比增长7.3%。受煤改气持续推进影响，采暖季销售量同比保持较快增长；非采暖季期间通过降价促销，下游市场用气积极性有所提高；通过上海天然气交易中心实现线上交易，扩大销售途径，完成天然气线上交易89.6亿立方米。

2016年除西北地区以外，天然气销售量均高于2015年同期。华北天然气销售公司销售量270.2亿立方米，同比增加18.7亿立方米、增长7.4%；西气东输公司销售量420.9亿立方米，同比增加29.3亿立方米、增长7.5%；西南管道公司销售量13.6亿立方米，同比增加1.3亿立方米、增长10.6%；管道公司销售量95.9亿立方米，同比增加14.9亿立方米、增长17.9%；西部管道公司销售量89.9亿立方米，同比增加3.2亿立方米、增长3.7%；西南油气田周边销售量200.8亿立方米，同比增加19.6亿立方米、增长10.8%；长庆油田周边销售量113.1亿立方米，同比增加9.8亿立方米、增长9.5%；塔里木油田周边销售量30.7亿立方米，同比减少2.7亿立方米、下降8.1%（表2）。

表2　2016年天然气销售量 亿立方米

单位 / 地区	2016年	2015年	同比增减
股份公司	1315.1	1225.8	89.3
华北天然气销售公司	270.2	251.5	18.7
西气东输公司	420.9	391.6	29.3
西南管道公司	13.6	12.3	1.3
管道公司	95.9	81.0	14.9
西部管道公司	89.9	86.7	3.2
西南油气田周边	200.8	181.2	19.6
长庆油田周边	113.1	103.3	9.8
塔里木油田周边	30.7	33.4	−2.7

【天然气销售流向及结构】 2016年，股份公司天然气销售已进入全国30个省（自治区、直辖市），包括南方公司供应海南省，管道气已进入29个省（自治区、直辖市），股份公司在环渤海、长三角、西南地区的天然气销售量均超过200亿立方米，是股份公司重要的销售市场。由于政府加大环境治理力度，大力实施锅炉煤改气工程，冬季采暖用气需求旺盛，从而带动环渤海地区天然气销售量快速增长。

2016年，股份公司油气田、周边和长输管道实际销售天然气1315.1亿立方米，按照用途进行分类，城市燃气980.3亿立方米，占总销售量75%，同比下降3.5个百分点；工业用气中化肥用气57.5亿立方米，占总销售量4%，同比下降1.4个百分点；化工行业用气量60.7亿立方米，占总销售量5%，同比提高1.4个百分点；天然气发电用气量108.8亿立方米，占总销售量8%，同比提高4.3个百分点；工业燃料用气量为107.8亿立方米，占总销售量8%，同比下降0.7个百分点（表3）。

【天然气利用】 2016年，完成昆仑燃气和昆仑能源业务整合，终端销售量178亿立方米，运行天然气项目总计346家，业务涉及全国31个省（自治区、直辖市）。

（李　伟）

表3　2016年天然气销售流向

类　别	工　业				民　用	合　计
	化　肥	化　工	发　电	工业燃料	城市燃气	
2016年销售量（亿立方米）	57.5	60.7	108.8	107.8	980.3	1315.1
2016年占比（%）	4	5	8	8	75	—
2015年销售量（亿立方米）	66.2	44.4	45.9	107	962.3	1225.8
2015年占比（%）	5.4	3.6	3.7	8.7	78.5	—
销售量同比增减（亿立方米）	-8.7	16.3	62.9	0.8	18.0	—
占比同比增减（百分点）	-1.4	1.4	4.3	-0.7	-3.5	—

储运设施建设

【概述】 2016年，储运设施建设重点项目新开工4项，续建47项，累计焊接899千米。完工并投产22项，共2133千米。

【项目前期工作】 2016年，天然气与管道分公司围绕油气长输管道、天然气支线管道及城市燃气等项目开展了前期工作，主要项目前期工作进展如下。

天然气管道项目。2016年1月，股份公司批复揭阳天然气管道工程项目可行性研究。5月，天然气与管道分公司批复岳阳—巴陵—长岭—临湘天然气支线管道工程可行性研究。7月，股份公司批复西气东输三线闽粤支干线（广州—潮州段）可行性研究。9月，股份公司批复中俄东线大庆—哈尔滨支线、中俄东线明水—哈尔滨支线、云南天然气支线管道工程红河支线可行性研究。

原油管道项目。2016年4月，股份公司批复俄罗斯原油增输配套新民站工程，庆铁三线、四线站场改造工程可行性研究。

LNG项目。2016年11月，股份公司批复唐山LNG接收站应急调峰保障工程可行性研究。12月，股份公司批复深圳液化天然气应急调峰站项目码头工程（含陆域形成）可行性研究。

液化石油气（LPG）项目。2016年9月，股份公司批复大连液化气储配库工程可行性研究。

城市燃气项目。2016年11月，天然气与管道分公司批复北京市门头沟区天然气利用项目（调整版）可行性研究。

隐患治理项目。2016年4月，天然气与管道分公司批复淮武支线武汉段蔡甸区常福新城开发区管道改线工程可行性研究。10月，股份公司批复西气东输二线、三线果子沟地区风险治理工程可行性研究。11月，股份公司批复兰州站出站三公里管道隐患治理工程可行性研究。

其他项目。2016年11月，股份公司批复管道光传输网络主结构二期建设项目可行性研究。

（顾灵伟）

【天然气管道工程】

1. 西气东输二线管道工程（续建投产）

西气东输二线管道线路总长8600千米（含支

线)。东西段干线、支干线及部分支线于2013年前投产，贵港—玉林支线2016年1月投产。

2. 西气东输三线西段管道工程(续建投产)

西气东输三线西段管道起自新疆霍尔果斯，止于宁夏中卫，全长2400千米。于2014年9月全线投产，设14座压气站，2016年建成投运12座，剩余2座压气站正在建设。

3. 西气东输三线天然气管道东段(吉安—福州段，续建投产)

西气东输三线天然气管道东段(吉安—福州段)线路总长829千米，其中吉安—漳州段长509千米，漳州—福州段长320千米。2016年11月建成投产。

4. 中俄东线(新建)

中俄东线管道全长3405千米，包括1条干线3条支线，其中干线3054千米。工程分为过境段、黑河—长岭、长岭—永清、永清—上海4段，分批建设。截至2016年底，过境段封闭区已完工，黑龙江穿越盾构隧道主、备始发竖井已开始开挖；黑河—长岭段试验段一阶段已开始施工。

5. 陕京四线(续建)

陕京四线全长1120千米，设9座站场。2014年3月26日，控制性工程正式开工建设；2016年7月线路开焊，截至2016年底，累计焊接180千米。宝坻—香河—西集联络线于2016年11月建成投产。

6. 中卫—靖边联络线(新建)

中卫—靖边联络线管道全长376千米，设线路截断阀室13座，改造中卫站和靖边联络站，扩建盐池压气站(新建3台30兆瓦燃驱压缩机组，2用1备)。2016年5月开工，截至2016年底，累计焊接69千米。

7. 大连—沈阳天然气管道工程(续建完工)

大连—沈阳天然气管道包括1条干线和大连、抚顺、辽阳、鞍山4条支线。大连—沈阳天然气管道干线于2011年11月建成投产，2013年抚顺和鞍山支线建成。大连支线全长21千米，于2010年开工，截至2016年底，工程建成待投产。

8. 山东天然气管网工程(续建完工)

山东天然气管网包括泰安—青岛—威海干线和淄博、莱钢、招远、寿光、乳山、日照6条供气支线。干线长度584千米，其中泰安—青岛干线长355千米、青岛—威海干线长229千米。

该工程于2009年9月开工，泰安—青岛段干线于2011年4月建成投产，青岛—威海段于2015年9月建成投产，淄博支线于2013年建成投产。截至2016年底，剩余日照支线完工待投产。

9. 四平—白山供气支线管道工程(续建投产)

四平—白山供气支线管道起自哈尔滨—沈阳输气管道四平分输清管站外，止于吉林省白山市白山末站，管道全长350千米。2013年6月开工建设，2016年8月建成投产。

10. 港清三线输气管道工程(续建投产)

港清三线输气管道起自河北省永清县永清首站，止于大港末站，干线全长162千米。永清首站通过7条联络管道实现与永唐秦天然气管道、陕京三线、陕京二线、陕京一线、京58储气库的相互连通调气。

2013年2月开工建设。霸州—大港段干线2015年11月建成投产，永清—霸州段干线2016年11月建成投产。

11. 兰州—定西输气管道工程(续建完工)

兰州—定西输气管道起自兰州市西固区柳泉乡兰州首站，与涩宁兰输气管道相接，止于定西市安定区定西末站，管道全长139.8千米。2013年8月开工建设，截至2016年底完工待投产。

12. 如东—海门—崇明岛输气管道工程(续建完工)

管道起自如东首站，止于上海市崇明燃气门站。线路全长88.8千米，截至2016年底，建成待投产。

13. 金坛—溧阳供气支线(续建投产)

金坛—溧阳供气支线起自西气东输金坛储气库金坛首站，止于溧阳市南渡分输站，管道全长53千米，2014年9月开工建设，2016年6月建成投产。

14. 济宁市西部五县天然气支线管道二期工程(续建投产)

济宁市西部五县天然气支线管道二期全长153千米。2014年底，济宁市西部五县天然气支线管道一期工程建成投产，二期工程2016年1月投产。

15. 临沂—团林输气管道工程(续建)

临沂—团林天然气管道起自冀宁联络线滕州—临沂支线临沂分输站，止于临沂市临港区团林分输站站外4千米处。管道全长120千米，截至2016年底，已焊接管道112千米。

16. 团林—东港输气管道工程(续建)

团林—东港输气管道全长60千米，截至2016年底，已焊接管道38千米。

【原油管道工程】

1. 中缅原油管道工程（国内段）一期工程（续建完工）

中缅原油管道工程（国内段）一期工程包括：瑞丽—禄丰段干线、安宁支线。

瑞丽—禄丰段干线起自云南省瑞丽市，止于云南省昆明市，管道全长606千米。安宁支线起自禄丰分输站，止于安宁末站，管道全长43千米。瑞丽—禄丰段干线设置5座工艺站场，与安宁支线新建安宁末站均为合建站。

中缅原油管道于2012年4月开工建设，截至2016年底，瑞丽—昆明段（安宁）663千米已建成待投产。

2. 中俄原油管道二线（新建）

中俄原油管道二线起自漠河首站，止于林源末站。线路长度938千米，全线设站场5座，除漠河首站（3套）和加奇泵站（4套）需新增泵机组外，其余3座站仅增加收发球装置。2016年7月开工，截至2016年底累计焊接400千米。

【成品油管道工程】

1. 锦州—郑州成品油管道（续建）

锦州—郑州成品油工程包括1条干线，锦西和华北2条输入支线，秦皇岛、唐山、武清、大厂、石楼、邢台和邯郸7条分输支线。

干线全长1321千米，输入支线共长67千米，7条分输支线共长248千米，干线支线共长1636千米。

锦州—郑州成品油管道于2012年8月开工，截至2016年底，累计焊接1498千米。

2. 云南成品油管道工程（续建）

云南成品油管道工程包括安宁—保山、安宁—蒙自、安宁—曲靖成品油管道等3项管道干线和1条支线，全长951千米。

安宁—保山成品油管道线路全长396千米，安宁—曲靖成品油管道线路全长233千米，安宁—蒙自成品油管道线路全长251千米。截至2016年底，云南成品油管道主体焊接完成。

3. 抚锦成品油管道工程（续建）

抚锦成品油管道全长411千米，其中干线237千米、支线174千米。截至2016年底，累计焊接343千米。

4. 钦州—南宁—柳州成品油管道（续建完工）

钦州—南宁段线路全长170千米，南宁—柳州段线路全长193千米。截至2016年底，钦州—南宁—柳州成品油管道已完工待投产。

【储气库工程】 西气东输金坛地下储气库工程（续建投产）主要包括：改造若干口老腔，新建若干口溶腔、部分输气干线、部分注采气站、集输系统等。金坛地下储气库一期工程主要内容包括：输气干线、东西注采气站、地面配套公用工程设施的建设，部分老腔改造和部分新腔的钻井溶腔以及地面配套部分的建设，一期工程完工后，有效工作气量将显著增加。金坛地下储气库二期工程包括新增若干口造腔井钻井工程。

一期工程2016年12月建成投产；二期工程累计完成99.8%。

【液化天然气接收站工程】 大连液化天然气项目二期工程在一期工程基础上扩建。

在已建3座LNG储罐罐内各新安装1台低压输送泵。外输系统新建2台高压输出泵，增购1台中压泵芯。新建2台开架式汽化器，2台浸没燃烧式汽化器。

装船系统新建1条装船管线，并对一期工程卸船码头及工艺系统进行改造。扩建海水系统、燃料气系统、自控系统和电气系统等，并设监视中心。

2014年9月大连液化天然气项目二期工程开工建设，2016年11月建成投产。

（谢贤龙）

储运设施管理

【概述】 2016年，天然气与管道分公司管理运营的主要油气长输管道54202千米。其中，原油管道9009千米，天然气管道36100千米，成品油管道9093千米。各类油气管道工艺站场1630座、线路截断阀室2375座，500立方米以上原油、成品油储油罐370座，LNG接收站储气罐10具。2016年，经全面推行完整性管理和专项隐患排查整治，油气管道风险得到有效控制，处于安全、可靠、经济的运行状态。

【管道完整性管理】 2016年，天然气与管道分公司按照2016年3月正式实施的《管道完整性管理规范》（GB 32167）要求，组织各地区公司完成完整性管理相关体系文件的梳理，完成高后果区识别等相关文件的修订。5家管道地区公司的56个分公司（管理处）共编制完整性管理方案144个，完整性管理覆盖率100%。各管道地区公司完成一次全面高后果区识别和风险评价工作。天然气与管道分公司总计识别出高后果区6821段，累计长度7329千米（其中Ⅲ级高后果区累计长度1969千米），对已识别高后果区高风险点采取工程治理、维修或加强管理手段等风险治理或控制措施，有效地消减管道泄漏失效风险。

（王东鹏）

【维抢修管理】 截至2016年底，天然气与管道分公司建成18个维抢修中心、37个维抢修队、22个维修队，保驾管道近6万千米。2016年所属管道发生抢修事件14起。其中，打孔盗油4起、自然与地质灾害3起、第三方施工2起、管道本体缺陷2起，施工质量、清管器卡堵、绝缘接头泄漏各1起。经及时、有效应急处置，未对管道运行造成较大影响。

【管道保护管理】 自2013年底开展油气输送管道安全隐患专项排查整治以来，天然气与管道分公司按照国家和集团公司总体部署，研究落实隐患集中整治方案，深入开展隐患整改攻坚，扎实推进隐患整改工作。2016年11月，管道安全隐患专项整治活动中排查出的1637处管道隐患全部整改完成，提前完成隐患整治任务。

（罗　鹏）

【设备管理】 2016年，天然气与管道分公司长输天然气管道有在用压气站71座、压缩机组228套，在用储气库8座、压缩机组33套，总装机功率5083兆瓦，同比增长10%。2016年机组实际利用率31.67%，可用率97.47%，可靠性99.68%。

（谷思宇）

专业管理

【规划管理】 2016年4月，组织完成的天然气与管道业务“十三五”规划获得集团公司批复。其中，天然气业务规划的重点是结合国家关于天然气产业和相关能源的发展政策，进一步落实市场需求，优化国内外资源采购，统筹安排“十三五”期间天然气销售、储运设施建设和天然气管输；原油、成品油管网规划重点是分析国内外原油资源获取情况、炼油厂建设安排、成品油市场需求变化情况，统筹安排原油、成品油储运设施建设和管输。组织编制完成各地区公司“十三五”总体规划和分省天然气业务发展规划，2016年8月底完成规划批复，规划重点是提前部署“十三五”期间的天然气销售、管道建设、天然气下游项目建设等工作。

2016年10月，组织完成2017—2020年天然气产运销平衡研究工作，重点研究冬季用气高峰和夏季用气低谷的供需矛盾，开展管网瓶颈分析，统筹安排储气库、LNG接收站等调峰设施建设，以及管道、站场等适应性改造。

（赵　俊）

【投资管理】 2016年，天然气与管道分公司持续完善规划管理体系，在投资安排上突出规划对投资计划的指导作用，加强规划编制和项目投资安排的联系。同时加强投资全过程管理，明确分阶段投资控制责任主体，通过各种措施实现投资压缩10%的目标。规划阶段优化项目建设规模和节奏，可行性研究和初设阶段注重方案优化比选，实施阶段加强投资管控，严禁超规模、超标准建设；后评价阶段加强分析总结，实现从源头控制和节约投资；坚持项目效益标准，前期工作阶段重视经济评价，对已投资的项目加强效益分析。

2016年，天然气与管道业务投资计划181.33亿元（其中股份公司149.27亿元），各地区公司实际完成投资175.28亿元，占下达计划的96.7%。

（罗文君）

【预算管理】 2016年，天然气与管道分公司财务工作以“提质增效、稳健发展”为中心，以“开源节流、降本增效”为主线，细化预算编制与分解工作、不断强化成本费用控制、完善平台公司建设、持续优化税价结算等工作，引导资源优化配置，为完成全年奋斗目标、实现“十三五”良好开局提供有力保障。

认真做好2016年预算编制与分解。2016年，预算涉及天然气用气结构、销售流向、能耗等变化因素，确定预算指标，并按照天然气与管道业务划转要求相应调整2016年财务预算；组织各相关地区公司按照“一次完成全年分月预算编制、分月根据上月运行情况进行微调”的原则进行月度经营预算的编制，确保预算指标落地；编制完成天然气与管道分公司各个季度预算。

动态分月经营预算，着力加强财务分析。完成分月财务快报及经营情况分析，重点关注生产经营指标完成率、进口气亏损、管输成本等情况，及时发现预算执行过程中存在的问题，提出相关建议，为生产经营决策服务。

大力开展开源节流降本增效工作。面对严峻的生产经营形势，天然气与管道分公司大力开展开源节流降本增效工作，建立上下联动、定期跟踪监控制度，全面围绕实现37.6亿元年度业绩指标和努力完成150亿元效益奋斗目标而展开工作，2016年实现账面利润211.35亿元，超额完成各项指标。

推进BPC预算管理信息系统建设。加快推进BPC预算管理信息系统建设工作，在结合天然气改革调整和天然气销售体制改革调整的基础上，统筹考虑管道多元化架构业务重组情况，完善预算管理信息系统的建设与实施，提前着手，对油气管输与销售业务分立情况留有建设预案。

以效益为中心，做好2017年预算工作。按照全面应对市场变化、增加高效区域销售、积极配合价格改革，强化成本管控、量入为出、薪酬效益挂钩、效益为先，强化战略引领以实现可持续发展等原则，根据2017年产运销计划和生产运行方案，结合2016年管道业务的变化和天然气推价情况，精心组织完成2017年财务预算编制工作。

及时完成业绩考核工作。按照集团公司人事部、财务部关于业绩考核相关工作要求，及时完成2016年天然气与管道分公司及各单位财务业绩指标考核和各季度利润完成情况指标考核工作。

依托信息系统建设，成本数据库建设纵深拓展。对2015年度相关生产经营数据进行录入，重点完善成本分析数据库信息系统的建设，实现数据归集、汇总、分析自动化，将系统应用推广到地区公司，并在年会上进行发布汇报，树立标杆，提高企业成本管控水平。

（王　丹）

【财务管理】 2016年，天然气与管道分公司财务管理工作紧紧围绕“深化改革创新，推进稳健发展”的工作目标，扎实开展各项工作，积极应对改革发展过程中不断出现的问题。不断改进工作方法，提高工作效率，较好地完成各项工作任务。

“开源节流、降本增效”取得较好成效。2016年，面对严峻的生产经营形势，天然气与管道分公司按照集团公司整体工作部署，开展开源节流降本增效工作，及时制定工作实施方案，建立上下联动、定期跟踪监控制度，保障年度目标完成。

配合天然气销售体制改革，促进方案及时出台。天然气与管道分公司落实集团公司天然气销售体制改革安排，以充分服务于改革运行为目标，依据财务管理框架，配合集团公司编制天然气销售体制改革财务运行方案，形成会计报表构架、信息系统、结算等运行模式，编制完成中油管道公司财务管理方案，为天然气销售体制顺利实施提供支持。

抓好审计落实，服务改革发展大局。据审计署驻重庆特派员办事处专项审计要求，组织做好与审计署的沟通与协调工作，与地区公司访谈5次，上报集团公司迎审办审计日报56次，提交审前调查资料清单及材料75份，提交集团公司迎审办上报资料清单26份。同时，积极落实集团公司《审计整改问题工作规定》要求，进行2014年、2015年审计未整改项目督导工作，定期实行整改跟踪，有效落实整改。

优化天然气商务模式，制定天然气内部价格。组织制定天然气内部结算价格，引导资源向价格高、结构优地区倾斜。开展供港天然气商务模式、调峰气价方案、东北原油管网价格以及西气东输三线定价，完成轮库线结算价格调整、云南成品油价格、储气库结算价格制定等工作，解决价格结算中的重难点问题。

探索天然气管输运价率，应对油气储运设施公平开放。适应国家有关天然气管输价格、运输定价成本监管等改革要求，组织开展天然气管道运价率测算与核定研究，为运价率实施奠定基础。

配合完成其他专项工作。配合集团公司财务部完成2016年决算审核及管理报表收集工作，完成尽职调查与路演相关材料准备与提供，配合上海石油天然气交易中心上线提供相关数据、天然气价值链分析研究等有关工作，为各项工作顺利开展提供有力支持。

（袁童玲）

【资产状况】 截至2016年底，天然气与管道分公司固定资产原值3984.97亿元，净值2845.17亿元。其中，2016年增加固定资产原值157.20亿元，净值减少6.79亿元；报废资产原值0.98亿元，净值0.31亿元；计提折旧 163.99 亿元。

（孙　鲲）

【合资公司管理】 加强基础工作建设，做好日常财务核算。合资公司在完成 2015 年度财务决算各项工作的基础上，对 2016 年财务管理信息系统（FMIS）进行初始化操作，完成建账工作。按照股份公司财务部相关规定，按月编制平台公司财务报表。

及时完成合资公司 2015 年度财务报告审计工作。2016 年 1 月完成财务决算工作后，聘请毕马威会计师事务所对合资公司 2015 年度财务报告进行审计，并出具无保留意见的审计报告。

加强合资公司资金管理。按月及时与西部管道分公司进行资金清算，做好资金的上收下拨工作，充分实现资金的时间价值，及时将资金转入委托贷款，增加利息收入。

加强税务沟通，争取税收优惠。合资公司按月及时上缴纳入国家税收管理范围的各项税费，完成研发费加计扣除及残疾人工资加计扣除等优惠备案，完成 2015 年度所得税汇算清缴。

平台公司财务建设工作。中石油管道有限责任公司成立后，依据股份公司现有财务制度，结合中石油管道有限责任公司生产经营实际，完成资金授权及支付管理办法（试行）、预算管理办法（试行）、资产管理办法（试行）以及税务管理办法（试行）等相关文件制度编制。

（周旭宇）

【专业技术培训】 2016 年，按照集团公司培训工作统一部署，天然气与管道分公司紧密结合油气储运、天然气销售与利用、油气储运设施建设、资产完整性管理等核心业务，不断加大培训工作力度，完善培训机制和培训管理制度，努力提高天然气与管道从业人员的业务素质。

2016 年，组织开展油气长输管道安全环保风险管控、天然气市场营销、油气长输管道管理、信息化管理、自控通信业务等培训班 9 期，来自管道地区公司、油气田单位近 900 人参加培训学习。

围绕天然气与管道业务领域核心技术和前沿理论，组织编写《油气长输管道全自动超声检测技术》《油气管道工程环境监理技术》等 4 本员工培训教材。围绕天然气与管道业务发展需要，开展 2017 年员工培训教材编写立项工作，2016 年共立项 6 本，主要涵盖油气管道建设管理、油气管道计量、油气管道环境保护与污染防控技术等。

各管道储运企业按照集团公司及天然气与管道分公司有关培训要求，认真落实全员培训要求，结合生产经营实际，组织开展储运业务和专业技术培训，积极开展天然气与管道业务安全环保培训，扎实推进岗位练兵和职业技能鉴定等工作，培训工作质量有了较大提升，对提升员工队伍整体素质起到积极作用。

（刘克举）

【管道安全】 2016 年，天然气与管道分公司深入学习贯彻集团公司 2016 年工作会议精神，认真落实集团公司安全环保工作会议的具体要求，积极贯彻“环保优先、安全第一、质量至上、以人为本”的理念，紧紧围绕天然气与管道业务安全环保规划和工作要点，以夯实基础和提升管控水平为主线，全面开展安全生产责任制和安全标准化建设，严格风险管控，狠抓隐患治理，保持油气长输管道安全平稳运行。

1. 查找短板，系统改进，QHSE 管理体系有效运行

严格落实集团公司会议要求和领导指示。2016 年天然气与管道分公司先后成功召开 2 次安全生产（QHSE）委员会会议。

持续推进管理体系建设完善。根据集团公司关于天然气销售体制调整的要求，天然气与管道分公司成立体系建设工作组，采用集中办公的方式，通过各处室共同努力，集中开展天然气销售分公司和中石油管道有限责任公司 QHSE 管理体系文件建设，及时完成管理手册、程序文件、作业文件“三层架构”文件编制工作，实现上下职责划分、业务流程和工作标准建立。

全面总结并推广西部管道分公司基础建设试点典型经验，天然气与管道分公司组织所属管道企业召开基础管理体系融合工作现场专题会，统一体系融合的工作思路、工作方法和工作要求。被遴选为集团公司第二批试点单位的北京天然气管道公司以及其他管道地区公司，年内同步完成基础管理体系建设和体系融合信息平台上线运行，提前完成集团公司基础建设试点工作任务。

结合天然气与管道分公司历次 HSE 管理体系审核暴露的站场设备问题，经天然气与管道分公司 QHSE 委员会批准，印发《2016 年天然气与管道业务基层站队巡检标准建设工作指导意见》，由西气东输管道分公司、西部管道分公司分别承担天然气站场、输油站场、石油储库的周期性巡检标准建设，明确具有周期性的巡检内容、标准和巡检管理职责，并在基层站场试点应用。

5家管道地区公司基层站队HSE标准化年度达标率85%，高于集团公司下达的55%考核指标。自2010年一季度以来，各天然气与管道企业HSE信息系统考核均为优秀。

2. 全面梳理、严守红线，安全环保合规管理持续强化

新《安全生产法》和《环境保护法》颁布实施后，组织梳理了2016年国家安全生产监督管理总局、环境保护部发布的《生产安全事故应急预案管理办法》《大气污染防治法》等20余项配套法规并汇编成册。

滚动开展站场污染物排放排查。211台输油站场加热炉排放均符合《工业炉窑大气污染物排放标准》（GB 9078—1996）要求。92台燃油锅炉、水套炉符合《锅炉大气污染物排放标准》（GB 13271—2014）要求。519座输油气站场全部签订危废处置协议。各管道企业均完成大气氮氧化物排放业绩指标年度合同，其中176台长输管道干线燃驱机组氮氧化物排放浓度全部达标。

积极推进建设项目"三同时"（同时设计、同时施工、同时使用）合规管理。由天然气与管道分公司代表集团公司向国家安全生产监督管理总局报审项目的内审工作，实现油气管道建设项目安全评价报告和安全专篇内审机制规范运行。承担国家安全生产监督管理总局委托集团公司编制的《陆上油气管道建设项目安全审查规范》，得到国家安全生产监督管理总局领导肯定，并顺利通过专家审查。2016年共完成33项安全环保审查/批复，其中23项安全审查验收工作，10项环保审查验收工作。

3. 严格安全监督检查，体系审核制度化、标准化

天然气与管道分公司高度重视体系审核工作，成立以股份公司副总裁为组长、班子成员为副组长的坚实领导机构。2016年2次审核，均由班子成员和副总师带队，抽调地区公司专家146名，特别是下半年抽调地区公司副总经理、安全总监任专家组组长，分别对6家管道地区公司及其32个基层站队进行现场审核。充分利用集团公司安全环保A类培训班，集中对《天然气与管道分公司HSE管理体系量化审核标准》进行宣贯培训。2016年对6家管道地区公司开展量化审核，圆满完成集团公司要求量化审核业务和单位"双覆盖"的要求。天然气与管道分公司QHSE委员会听取审核工作汇报，并在全系统组织召开审核通报视频会，会后及时印发审核工作情况通报，明确审核发现问题整改责任大表，切实做到问题闭环管理。

4. 持续完善应急体系，改进应急管理

应急预案发布与配套手册建设。2016年初实施《集团公司天然气与管道业务专项预案》，2月底修订发布配套《应急办公室工作手册》和《现场协调工作组工作手册》。按照集团公司关于中石油管道有限责任公司管控模式要求，以应对生产安全环保突发事件为主，明确自然灾害、公共卫生、社会安全三类事件的应急报告途径，编制完成《中石油管道有限责任公司生产事故应急预案》文稿，下一步与集团公司质量安全环保部协商预案备案等工作事宜。

组织开展一次全覆盖油库火灾应急演练。充分利用国家"安全生产月"应急演练周活动，天然气与管道分公司召开集中演练工作启动会，地区公司应急主管领导任组长，组织对所管辖的48座油库全部按要求完成一次油库消防专项演练，各地区公司机关主管部门参加一级油库演练，演练达到预期成效。

（郑贤斌）

【标准化管理工作】 天然气与管道分公司标准化管理以创新、创效为宗旨，以理论引领、集思广益为方法，标准体系逐步健全完善，标准管理能力与技术水平持续提升，对集团公司主营业务的保障作用日益突出。

标准一体化理论初步建立。率先开展标准一体化理论与方法研究，集成天然气与管道标准一体化技术研究成果、技术标准研制与体系构建经验，探索出一套覆盖管道全生命周期的一体化标准研制思路和方法，优化并形成由18个专业、124项标准组成的一体化标准架构，为深化企业标准体系创新实践奠定坚实基础。

标准化管理质量与效率持续提升。改进标准管理工作模式，以标准起草单位及起草人为核心管理对象，增进标准起草过程中的协调与沟通，完善由资深专家、生产人员、科研人员和标准管理人员等共同参与的标准化协同工作机制；严格执行标准制修订管理程序，严控标准质量。2016年共完成28项集团公司企业标准、6项行业标准的制修订工作。

标准信息与国际化服务能力持续提高。标准揭示系统与管道完整性管理系统（PIS）有效融合，数据覆盖范围扩大至油气管道领域相关法律法规和国外标准，微信公众平台关注人数突破1600人；国际标准培育范围从ISO、NACE扩展至ASTM、API，顺利完成7项ISO与NACE标准的申报与编写。

优秀标准推选工作持续开展。按照集团公司工

作部署，组织开展天然气与管道专业组第三届集团公司优秀标准初审工作，并向集团公司标准化委员会上报评奖推荐名单。经评选，《天然气管道运行规范》（SY/T 5922—2012）被评为第三届集团公司优秀标准一等奖。

（郭晓瑛）

【管道科技】

1. 科技项目奖励情况

“西气东输管道压缩机组安全运行和节能关键技术研究”“地下储气库运行安全保障技术研究”分别获集团公司科学技术进步奖二等奖。

“西气东输管道安全生产配套自动化技术集成研究”“油气长输管道与站场关键设备经济寿命评价研究”“输气管道站场降噪技术及应用研究”分别获集团公司科学技术进步奖三等奖。

“杂散电流干扰模拟与阴极保护评价”获集团公司技术发明奖三等奖。

2. 重点科技项目成果

（1）燃驱压缩机组国产化。

西气东输分公司：2016年5月26日衢州站完成机组整体综合调试，实现首次成功点火。2016年8月19日完成72小时带负荷运行试验。

西部管道分公司：西三线烟墩站3台燃驱机组累计运行时间超过1300小时，运行良好。

（2）输油泵、阀、执行机构、流量计等设备国产化。

管道分公司：10台2500千瓦级输油泵、6台2500千瓦级输油泵配套电机、2台输油调节阀、2台泄压阀、2台变频器、1台电液执行机构顺利通过天然气与管道分公司组织的工业性试验现场验收。垂杨站开关型电液执行机构和林源站电液执行机构顺利开展工业性试验。国产化输油泵、电动机、变频器、调节阀已在庆铁三线和四线对调工程、漠大管道二线批量中标采购111台（套）。

西气东输分公司：3台调压装置关键阀门顺利通过天然气与管道分公司组织的工业性试验验收。超声流量计、涡轮流量计、调压阀等11台（套）设备依托西气东输二线等管道正在开展工业性试验。

西部管道分公司：12台轴流式止回阀及压力平衡式旋塞阀顺利通过天然气与管道分公司组织的工业性试验现场验收。烟墩站56英寸（1英寸=2.54厘米）球阀完成工业性试验。

（3）X90/X100管道延性断裂控制技术研究。

2016年12月16日，在管道断裂控制试验场成功进行OD1219毫米X90钢管全尺寸爆破试验，提出X90管道延性断裂控制方案。开展天然气管道爆炸冲击波、地震波、热辐射等危害效应和安全距离研究。同时进行同沟敷设管道危害试验研究，分析管线爆破对同沟敷设钢管变形和性能的影响规律，提出危害评估方法。

（4）OD1422毫米X80管线钢管应用技术研究。

掌握全尺寸气体爆破试验关键技术，并于2016年11月16日在管道断裂控制试验场开展第二次OD1422毫米X80管道全尺寸气体爆破试验，验证止裂韧性指标。制订OD1422毫米X80管材系列技术条件，并成功开发多种规格的输送钢管以及配套弯管和管件，同时研究完善完整性管理等管道配套技术。课题研究成果已用于中俄东线天然气管道工程。

（5）国产油气管道SCADA系统软件工业试验。

2016年3月完成管道设备模型定义、模型信息封装和模型管理功能优化，完成管道设备画素设计及画素图库二次开发。

2016年4月完成PCS软件中控试验系统和站控试验系统的工程建设和试验室测试，并通过工厂验收。

2016年5月至10月，完成试验系统的现场部署和联合调试。

2016年11月7日，完成中控试验系统及站控试验系统现场调试工作，并通过现场验收。

应用PCS软件完成港枣线（大港—济南—枣庄）成品油管道和冀宁线（河北安平分输站—江苏仪征青山分输站）天然气管道苏北段中控和站控试验系统建设和部署，并于2016年11月21日正式上线开启运行监测，全面开展PCS软件的现场测试和验证工作。

（孙云峰）

【管道信息】 2016年，天然气与管道分公司大力推进信息化建设工作，有力支持业务发展重组，推动主营业务快速发展。

稳步推进以ERP为核心的信息系统建设。ERP应用集成项目实施工作取得阶段成果，完成ERP系统预算管理模块的实施工作，统一预算逻辑和预算模板，实现“单点输入，多点共享”；完成华北天然气销售公司、中石油北京天然气管道有限公司、管道建设项目经理部、北京油气调控中心4家单位ERP应用集成项目实施工作，强化投资管控，推动成本定额管理，实现精细核算，支持天然气清算工作，初步实现ERP与FMIS系统的深度融合。

客户关系管理系统完成试点实施工作，在西部管道分公司和长庆油田天然气销售分支机构成功上线运行，有力支持销售分析与客户服务工作。

持续开展信息化标准体系建设及相关技术研究工作。持续推进数据标准体系研究工作，完成《油气长输管道设备设施数据规范　第1部分：分类与代码》和《油气长输管道设备设施数据规范　第3部分：编码规范》的编制工作并发布试行，进一步规范信息系统的数据架构，促进信息系统数据共享与集成应用。开展“互联网＋天然气”研究工作，提出天然气电子销售平台建设方案，为下一步拓展天然气营销网络、创新商务模式、实现在线交易奠定基础。

（魏　政）

第六篇

工程技术与工程建设

工程技术

【概述】 集团公司于2008年4月组建中国石油天然气集团公司工程技术分公司（简称工程技术分公司，也称工程技术板块），归口管理物探、钻井、测井、录井及酸化、压裂等石油工程技术服务业务；归口管理西部钻探、大庆钻探、长城钻探、渤海钻探、川庆钻探、东方物探、测井公司、海洋工程等企业。同时负责集团公司所属其他工程技术服务企业、科研机构的业务管理、指导与协调。

2016年，工程技术板块积极减控作业队伍规模，优化投资结构，不断提高服务质量和水平，国内市场占有率显著提高，海外市场逆势增长。工程技术板块拥有工程技术服务队伍5988支，业务分布于全球50个国家和地区。工程技术板块实现收入980.6亿元，规模位列世界油服公司第三，经营成效明显优于国外知名油服公司和国内同行企业。完成钻井进尺1950万米，同比减少7%；二维地震采集16.26万千米，三维地震采集5.81万平方千米，同比均增长23%；测井射孔7.92万井次，录井7929口，井下作业11.26万井次，分别同比减少11%、18%和13%。

获得国家科技成果奖2项，集团公司及省部级科技奖励70项，授权专利752件；打造技术利器30项，推广先进技术200余项，实现科技创收60多亿元，其中4项成果入选集团公司年度“十大科技进展”。西部钻探等4家企业获集团公司“安全生产先进企业”，川庆钻探等5家企业获“节能节水先进企业”，川庆钻探等5家企业获“环境保护先进企业”，4家钻探公司和4家油气田企业获“井控工作先进企业”称号。

【市场开发与生产运行】 国内市场开发。实施“一场一策”，坚持关联交易与非关联交易市场并举，服务保障与服务竞争并重，关联交易市场坚持服务保障做贡献，关联交易以外市场依靠服务竞争谋发展，持续开展“比安全、比质量、比速度、比价格”的竞争活动。定期与勘探与生产分公司开展各层次对接，主动走访各油气田企业，努力提供增值服务，促进甲乙方深化合作，集团公司国内市场占有率同比提升7个百分点。截至2016年底，工程技术板块各企业业务国内遍布集团公司所有油气田企业，以及中国石化、中国海油、延长石油等外部市场。

国际市场开发。加大与中国石油天然气勘探开发公司（CNODC）交流力度，满足海外项目技术需求，促进钻机和技术服务市场占有率“双提升”。大力开拓CNODC以外市场，新签阿曼PDO地震勘探采集项目合同，沙特阿拉伯SAUDI ARAMCO S70、S71三维地震项目合同，印度尼西亚深海OBN项目，阿尔及利亚4台钻机钻井服务合同，续签土库曼斯坦阿姆河第五轮钻井总包合同、艾哈代布项目钻井日费合同、巴基斯坦6台钻机合同以及委内瑞拉钻机、钻井液和固井等技术服务合同，国际外部市场新签合同额和收入占比分别为74%和76%。加大市场协调力度，促进各企业合作共赢意识普遍增强，哈萨克斯坦录井、委内瑞拉钻井液、秘鲁钻井液、鲁迈拉钻修井等海外项目投标协调结果执行率100%。2016年，各类海外队伍分布于中东、南美、亚太、非洲等各大区域、50个国家和地区。国际市场中标341亿元，其中外部市场中标同比增长8%。国际业务保持盈利，为弥补国内业务亏损发挥重要作用。

生产组织协调。多次召开专题协调会，全力保障油气田勘探开发；推广“大井丛、多井型、平台式、工厂化”建产新模式，助力油气田节约产能建设投资；瞄准油气田需求，有针对性地开展新技术推介活动。钻井工作总时间421.83万小时，其中生产时间为402.59万小时，占总时间的95.44%。

【经营管控】 节支降耗。2016年，落实五个方面（市场开拓、成本管控、专项治理、技术和管理创新、体制机制优化）22条开源节流降本增效工作措施，变动成本同比下降18%。

经营分析。修订企业绩效合同，出台经营考核政策及实施细则。强化经营分析，完善生产经营周报、月报，建立季度生产经营分析会机制。建立内部清欠结算机制，压控“两金”（应收账款和存货）规模，“两金”和有息负债分别同比减少17%和55%，资产负债率降至32%。

投资管理。控制投资规模，加大优化力度，严禁计划外项目投资，折旧折耗支出同比减少2.3亿元。优化投资结构，坚持有保有压调整投资回报政策，将新增投资回报率列入年度利润考核增项，引导企业投资向钻（完）井液、固井、定向井、酸化压裂、连续油管等高端钻（完）井和优势技术服务业务倾斜，促进企业增产增效。

亏损项目治理。逐一分析海外项目亏损原因，细化落实减亏措施。撤回长期亏损的加拿大测井、新西兰钻井项目，收缩印度尼西亚、哈萨克斯坦钻井和乌兹别克斯坦测井规模，启动大庆委内瑞拉公司注销、东方物探INOVA股权重组谈判工作。长城钻探阿尔及利亚综合项目和伊拉克综合项目、大庆钻探沙特钻井项目、东方物探印尼项目等扭亏为盈。海外亏损项目亏损额同比减少超过50%。

【资质与井控管理】 资质管理。严格资质管理，制定并颁发《钻探企业总承包资质》，修订钻井队伍资质审核标准，严格内外部队伍资质审查，特别是在长庆油田的大力支持下，长庆地区在用队伍全部实现合规管理。实施“内部队伍通过资质管理逐年压减，外部队伍通过业绩考核和招投标优胜劣汰”的措施，压减内外部各类队伍695支，进一步规范市场运行秩序。井控管理。修订井控巡视管理办法，突出抓好塔里木、川渝、青海、渤海湾等地区井控管理，稳步推进国内东部和西部两个井控应急分中心建设，扎实开展井控专家队伍建设、井控培训、年度检查和井控专项巡视。应用新技术，精心设计，严密组织，严格控制，规避各种风险，完成华北油田赵兰庄硫化氢隐患井治理工程。2016年正确处置溢流险情116井次，没有发生井喷失控事故。

（李　晓　卢发掌）

【地球物理勘探】 2016年，工程技术分公司归口管理的工程技术服务企业有大庆钻探物探公司、川庆钻探物探公司及东方物探3个物探专业公司。作业队伍有地震、重力、磁力、电法、化探及VSP队；地震作业方式有井炮、可控震源和气枪震源，地震施工方法有二维、三维和四维地震勘探。专业服务范围包括野外采集、数据处理、资料解释、装备制造、物探软件研制和销售、设备租赁等。

2016年，在全球勘探投资锐减的形势下，工程技术板块在国际市场加强新技术的应用，加大市场开发力度，全力保障集团公司海外投资项目需要，国际市场取得好于预期的效果。（1）强化市场营销，举办第九届国际物探技术与市场研讨会，提升公司的客户认可度。（2）加强市场研究和市场开发各项工作，项目中标率提升14%，突破古巴、埃及、摩洛哥等6个新区物探市场，中标印度尼西亚BP公司1.27亿美元OBN项目，2016年海外完成合同额实现逆势增长。（3）技术研发和推广取得成效，特别是OBN节点处理、Q偏移等技术取得重大进展。（4）狠抓项目运作，在沙特阿拉伯、阿曼、科威特等市场，全面推行升级管理，项目最高日效达到1.8万炮，平均提速超过20%。

1. 人员、队伍状况

2016年，物探专业用工总量为3.21万人。集团公司在册物探队伍197支，其中地震作业队165支，非地震作业队22支，VSP队10支。2016年动用各类作业队315队次，在国内动用地震队162队次（二维地震99队次、三维地震63队次）、非地震队35队次、VSP队8队次。在国外动用地震队93队次（二维地震40队次、三维地震53队次）、非地震队16队次、VSP队1队次（表1）。

表1　2016年物探队伍及动用情况

项　目	2016年	2015年	同比增减
在册物探队伍（支）	197	198	−1
其中，地震作业队	165	166	−1
非地震作业队	22	22	0
VSP队	10	10	0
动用各类作业队伍（队次）	315	203	112
国内，地震队	162	101	61
非地震队	35	17	18
VSP队	8	8	0
国外，地震队	93	62	31
非地震队	16	13	3
VSP队	1	2	−1

2. 装备状况

2016年，有地震仪器180台（套），主机控制单元180个，总道数113.19万道，平均每台仪器6288道，采集站82.58万个。非地震仪器356台，其中重力仪42台、磁力仪77台、电法仪234台、磁化率仪2台、化探仪1台。资料处理计算机1.73万个CPU（10.8万核），资料解释计算机1576个CPU（1.16万核）。有15种型号可控震源582台。车装钻机有24种型号1067台，人抬钻机有12种型号1447台。推土机有11种型号234台。各类物探测量仪器共计4243台，其中卫星定位仪2965台、卫星导航仪599台、全站仪679台（表2）。

表 2　2016 年石油物探装备情况

项　目	2016 年	2015 年	同比增减
地震仪器（台 / 套）	180	187	-7
主机控制单元（个）	180	187	-7
总道数（万道）	113.19	116.31	-3.12
平均每台仪器（道）	6288	6220	68
采集站（万个）	82.58	82.97	-0.39
非地震仪器（台）	356	356	0
其中，重力仪	42	42	0
磁力仪	77	77	0
电法仪	234	234	0
磁化率仪	2	2	0
化探仪	1	1	0
资料处理计算机	1.73 万个 CPU（10.8 万核）	1.63 万个 CPU（10.04 万核）	增加 0.1 万个 CPU（增加 0.76 万核）
资料解释计算机	1576 个 CPU（1.16 万核）	1408 个 CPU（9452 核）	增加 168 个 CPU（增加 2148 核）
15 种型号可控震源（台）	582	612	-30
车装钻机（台）	1067（24 种型号）	1146（24 种型号）	-79（型号增减 0 种）
人抬钻机（台）	1447（12 种型号）	1409（11 种型号）	38（型号增加 1 种）
推土机（台）	234（11 种型号）	209（8 种型号）	25（型号增加 3 种）
物探测量仪器（台）	4243	3675	568
其中，卫星定位仪	2965	2752	213
卫星导航仪	599	226	373
全站仪	679	697	-18

3. 工作量完成情况

地震采集工程。完成二维地震采集 16.26 万千米，其中国内完成 3.59 万千米；完成三维地震采集 5.81 万平方千米，其中国内完成 1.08 万平方千米（表 3）。国内地震采集工作量完成情况：二维地震采集投入施工队 99 队次，获生产记录 142.25 万张，完成地震剖面 3.59 万千米。三维地震采集投入施工队 63 队次，获生产记录 295.29 万张，完成采集工作量 1.08 万平方千米。重磁电野外采集投入 16 个队，获生产记录 7.76 万张，有效剖面 2.71 万千米。VSP 投入 8 个队，完成 VSP 测井 107 口。国外地震采集工作量完成情况：二维地震采集投入施工队 40 队次，获生产记录 493.85 万张，完成地震剖面 12.67 万千米。三维地震采集投入施工队 53 队次，获生产记录 1814.63 万张，完成采集工作量 4.72 万平方千米（表 4）。

表 3　2016 年二维地震、三维地震采集情况

项　目	2016 年	2015 年	同比增减
二维地震采集（万千米）	16.26	13.27	2.99
其中，国内	3.59	2.25	1.34
三维地震采集（万平方千米）	5.81	4.72	1.09
其中，国内	1.08	1.07	0.01

表 4　2016 年国内外物探野外采集工作量

项　目	2016 年	2015 年	同比增减
国内勘探			
二维地震施工（队次）	99	53	46
生产记录（万张）	142.25	92.85	49.40
地震剖面（万千米）	3.59	2.25	1.34
三维地震施工（队次）	63	48	15
生产记录（万张）	295.29	201.63	93.66
采集工作量（万平方千米）	1.08	1.07	0.01
重磁电工作（队）	16	17	-1
生产记录（万张）	7.76	7.04	0.72
有效剖面（万千米）	2.71	2.28	0.43
VSP 工作（队）	8	8	0
VSP 测井（口）	107	131	-24
国外勘探			
二维地震施工（队次）	40	31	9
生产记录（万张）	493.85	445.76	48.09
地震剖面（万千米）	12.67	11.01	1.66
三维地震施工（队次）	53	31	22
生产记录（万张）	1814.63	1471.71	342.92
采集工作量（万平方千米）	4.72	3.65	1.07

地震资料处理情况。从事地震资料处理工作的有东方物探研究院、大庆钻探物探公司和川庆钻探物探公司。2016 年处理二维地震剖面 15.81 万千米，同比增加 7.06 万千米、增长 80.7%；处理三维地震资料 7.44 万平方千米，同比减少 0.6 万平方千米、下降 7.5%。

资料解释及综合研究情况。从事资料解释研究工作的有东方物探研究院、东方物探综合物化探处、大庆钻探物探公司和川庆钻探物探公司。2016 年完成二维地震解释剖面 12600 条，长度 49.21 万千米；完成三维地震解释区块 1006 个、面积 38.83 万平方千米，发现圈闭 4471 个、面积 5.02 万平方千米；复查圈闭 6352 个，面积 6.89 万平方千米。

4. 技术进步

核心软件与装备“两大利器”研发持续深入。（1）GeoEast 软件集成并发布 V3.0 版本。积极探索和研发先进的处理解释门槛和关键技术，突破一批技术瓶颈，有效支撑国际业务的拓展。GeoEast 解释软件在地震导向水平井设计、储层预测、相控属性建模、井震联合层序地层学解释及常规构造解释等方面取得显著进展。形成可用于推广的地震导向水平井设计软件，现场应用效果明显。形成稳定的可用于推广应用的井震联合层序地层学解释软件产品，为 GeoEast 向地质、油藏延伸打下坚实基础。（2）KLSeis Ⅱ开发可控震源实时监控、ADS（-TA、-TE）数据分析、大沙漠清路偏点等功能组件，解决大数据量的传输问题，确保重点采集项目提质提效；开发对气枪激发的 6 个属性进行监控的功能，实现气枪近场子波的实时显示、振幅能量、互相关系数等的监控，新增气枪激发实时监控（KL-AGQC）特色软件；三维波动照明算法和流程进一步优化，计算效率提升数十倍，实现三维体照明的生产化应用。KLSeis Ⅱ V2.0 推广安装 393 套，在 168 个采集项目中得到应用。（3）Geomoutain 软件升级为 3.0 版本，软件系统推广应用取得新进展。起伏地表各向异性叠前深度偏移、初至自动拾取、非线性剩余静校正、裂缝预测、缝洞检测等模块得到推广应用。（4）新型节点仪器和高精度可控震源研制取得重要突破。Eseis 节点仪器研发在充电速度、数据下载速度、采样同步精度等方面取得重要进展。成功研制出技术国际领先的高精度可控震源 EV56，在国内外不同地表和不同施工方式下进行生产应用，为下一步抢占高端物探市场奠定基础。研制的 SN5-5 低频检波器通过集团公司产品鉴定，具有自然频率低、灵敏度高、保真性好等技术特点，在国内实现规模化应用，为获取宽频地震资料提供基础条件。全面提升 G3i 和 Hawk 系统的稳定性、可靠性等，故障率降低 60% 以上，对“提速、提效、提质、降本”起到关键作用。

成长性业务技术研究取得重要进展，为持续发展奠定坚实基础。（1）OBN 深海节点处理取得重大进展。完成数据驱动的三分量检波器定向分析、CRP 面元划分、气泡压制、波场分离、镜像偏移等 11 项关键技术的原型开发，初步形成基于 GeoEast 平台的 OBN 数据处理流程，为深海地震资料处理起到保驾护航的作用。（2）Q 偏移与 Q 建场核心技术取得突破。形成积分法 Q 偏移、单程波 Q 偏移的核心算法，编制试用软件，FWI 及 Q 初始建模技术研发取得阶段性进展。配合 CNODC 在土库曼斯坦应用裂缝储层预测技术，取得多个重大发现。（3）多波处理解释软件取得重要技术进展。针对海洋四分量数据气云成像的迫切需求，研发转换波叠前深度偏移速度初始建模及层析反演技术，已投入试生产；完成多波解释软件的方案设计，转换波 OVT 域时间偏移、转换波叠后反演、纵波与转换波叠后 / 叠前联合叠前反演等完成核心算法的开发。（4）弹性波地震成像技术取得新的进展。突破矢量信号的相对振幅保持处理、混合波场分离的高斯束成像、弹性波叠后联合反演、微震源机制解分析等部分关键技术瓶颈，使弹性波地震成像在矢量信号处理、叠前成像及微震监测方面取得显著进步。（5）页岩气和煤层气储层高精度反演及定量预测取得多项创新。研发形成多波各向异性响应特征等3项基础创新和多尺度裂缝预测等9项技术创新，已在四川、鄂尔多斯、准噶尔等油气勘探开发工程中进行应用。

物探技术不断集成配套，多项关键技术研究取得重要进展。（1）“两宽一高”地震勘探技术。具有自主知识产权技术产品支撑的“两宽一高”地震勘探技术继续在国内外进行规模化推广应用，为国内外重点项目高效运作发挥重要作用。数字化地震队DSS系统持续发展，爆炸机源驱动、震源轨迹导航、震源组合管理、统计分析功能日趋完善。动态扫描等功能陆续投入应用，进行可控震源混采高效采集技术试验，为下一步研究和推广奠定基础；MINI可控震源进行生产试应用，解决了障碍区因空间小、道路窄无法进行常规可控震源作业的难题；电火花震源代替雷管、炸药应用于微测井作业取得较好效果，实现绿色生产。开发应用以“无人机航拍影像”为基础的炮点及轨迹预设计技术，使选点更为合理、环保，行车路线更为安全便捷，有效提高采集效率、降低安全风险。（2）油藏地球物理配套技术。完善发展具有特色的油藏地球物理技术系列和软件，大力推进“井—震—藏—开发动态”一体化的油藏地球物理技术应用研究，在海上配合油田开发全部获得成功，发现新的含油层系。针对塔里木油田CⅠ薄砂层，通过井震联合的沉积微相、砂体构型和小层对比研究，首次发现三角洲末端潮道、修正原先油水倒置关系的认识，利用地质统计学反演，实现3—5米薄砂层的识别。启动GeoEast-RE2.0的研发工作。（3）井中地球物理技术。启动三维VSP处理技术预研，开展三维VSP采集设计技术研究，建立采集设计技术流程。形成微地震地面检测快速、高精度实时自动处理技术及流程，有效提高计算效率，保证反演精度，加强裂缝刻画的合理性，为微地震地面散点的低成本监测模式奠定基础。（4）海洋地震勘探技术。掌握海洋节点地震数据采集设计技术和海洋节点属性及地震数据的质量控制技术，开发相应的软件，为海洋节点地震数据采集项目的实施提供技术支持。拖缆连续记录技术全面推进，通过技术改造，所有深海拖缆船队具备数据连续记录功能，作业效率提高5%—10%。完成立体气枪震源激发技术理论研究，掌握立体震源宽频激发技术。形成海底地震勘探双气枪震源同步激发采集导航控制技术、双气枪震源同步激发采集作业方案、双气枪震源同步激发地震数据分离配套处理技术，采集效率较单源作业提高50%以上，为更高效、经济的海底高密度地震勘探提供技术储备与支撑。形成混源多采集系统数据提取及炮集拼接技术、多类型观测系统衔接及海陆一体化采集技术等四大技术。（5）综合物化探技术。通过加强三维重磁电、时频电磁等重点技术的攻关研究，全面推动井震建模约束反演方法的完善和应用，实现GeoGME全流程项目应用率90%以上，GMECS采集软件项目应用率80%以上，GeoEast全面取代手工解释。海洋电磁海试工作取得初步成效，在浅海和深海成功进行海洋采集站的投放与回收，并采集到能用于资料处理的海洋电磁数据，为下一步整套装备的升级定型及形成生产能力奠定坚实的基础。（6）非常规油气勘探技术。形成以预测非常规储层TOC、脆性、压力、地应力等为核心的“甜点”预测关键方法及配套技术，结合岩石物理建模、裂缝综合预测、OVT域道集保幅处理与解释、地震微地震测井综合解释以及压裂微地震监测等实现以地质/工程“甜点”为核心的一体化技术序列，在页岩气、致密砂岩气等示范区项目得到成功应用。研发形成具有自主知识产权的非常规“甜点”地震预测软件（GeoEast-USP），填补了国内空白，在非常规油气勘探项目中推广应用。

（王悦军）

【测井】 工程技术分公司归口管理的工程技术服务企业中，有6家企业涉及测井业务：测井公司、大庆钻探、西部钻探、长城钻探、渤海钻探及川庆钻探。此外，在上市企业中大庆油田测试公司、大庆油田试油试采公司，分别主要从事生产测井和射孔业务。

2016年，海外测井市场开发进展顺利，新签合同2.3亿美元，完成合同1.4亿美元。在伊拉克、苏丹、南苏丹、土库曼斯坦、伊朗中标多个大型测井项目。高效运作苏丹、伊拉克和伊朗海上等项目。充分发挥海外测井技术支持中心对集团公司海外油气勘探开发的支持作用，承担重点井跟踪、特殊测井资料处理解释、油田生产难点跟进研究等多项工作。

1. 人员、队伍状况

2016年，测井业务用工总量为14087人，同比减少369人。测井专业队伍总量797支，同比减少6支。其中，国内市场663支，同比增加1支；国外134支，同比减少7支，分布在17个国家和地区。

2. 设备状况

主要测井专业设备 901 套，同比增加 2 套。其中，裸眼井测井设备 588 套，同比减少 1 套；生产测井设备 110 套，同比增加 3 套；射孔取心设备 170 套，LWD 设备 33 套，同比持平。

3. 完成工作量

2016 年，完成测井工作量 79231 井次，其中裸眼测井 20060 井次、生产测井 16684 井次、工程测井工作量 19394 井次、射孔 23093 井次。国内工作量 75591 井次，国外工作量 3640 井次。另外因井况、路况测井未成功 6424 井次，占总工作量的 7.5%（表 5）。

表 5　2016 年测井工作量　　井次

项　目	2016 年	2015 年	同比增减
测井工作量	79231	88926	-9695
其中，裸眼测井	20060	22696	-2636
生产测井	16684	18049	-1365
工程测井	19394	21208	-1814
射孔	23093	26793	-3700
国内工作量	75591	83933	-8342
国外工作量	3640	4993	-1353
因故测井未成功	6424	8914	-2490

测井解释工作量。探井 12 万层，开发井 58 万层，解释成果油层 8.2 万层，气层 1.5 万层。老井复查 3985 井次，油气层 4796 层。探井解释符合率 86.47%，开发井解释符合率 95.28%。

4. 技术进展

测井技术。（1）自主创新技术进展。电缆测井技术：测井公司“多频核磁共振测井仪研制与应用”获集团公司科技进步奖一等奖；远探测声波在华北油田和塔里木油田投产应用效果良好；阵列感应测量精度、井筒适应性进一步提高，单边阵列感应全面推广应用；微电阻率扫描实现系列化，对岩性、层理、裂缝等地质特征的刻画直观准确；方位侧向、三维感应、三维声波、模块式地层测试器进入试验阶段。大庆钻探 0.2 米高分辨率测井系列投产应用，装配 10 支队伍，完成 17 井次作业；200 摄氏度小井眼常规测井系列和套管井地层测试器进入现场试验阶段。长城钻探 LEAP800 测井系统推广应用区域稳步扩大，在国外 5 个国家和地区成功推广应用，2016 年完成各类测井作业 292 井次，累计在国内外推广应用 1146 井次，创造产值近 2 亿元。渤海钻探 BH-ARI Ⅱ方位远探测反射波测井仪器实现方位和 40 米远距离探测，成功应用 5 口井；全井况存储式测井仪完成研制，在标准井下井试验获得合格资料；BH-RCT 大直径旋转式井壁取心仪器完成 15 口井施工。川庆钻探存储式阵列声波、阵列感应和能谱完成样机研制，进入对比试验阶段。随钻测井技术：测井公司随钻高速泥浆遥传技术、随钻电阻率成像仪器完成 4 口井现场应用；伽马成像随钻测井仪在青海油田投产应用；随钻侧向电阻率测井仪器完成 2 口井现场试验；随钻中子进入投产鉴定环节；“随钻测录一体化研究与应用”完成样机研制及 3 口井现场试验。长城钻探 6 英寸随钻中子密度、近钻头电阻率进入现场试验阶段。生产测井及测试技术：测井公司脉冲中子伽马全谱测井仪器完成集团公司项目验收；精细注水仪器及工具完成 108 口井测井，效果良好；智能化自动连续测控注水系统投入现场应用。渤海钻探测试公司新型脉冲中子剩余油饱和度测井技术投产应用，在华北油田应用 8 井次。西部钻探研发井口助力系统，成功解决大斜度井环空测试仪器入井难题，完成 7 口大斜度井施工，成功率 100%，为大斜度井环空测试增添新的利器；微波持水率测井仪通过集团公司成果鉴定，投产应用 30 井次。（2）新技术新工艺推广应用。成熟测井技术：测井公司“一串测”仪器规模应用，在长庆、吐哈、青海等油田应用 80 套，完成 5000 余井次，累计节约直接成本近 3000 万元；西部钻探 SEML1000 系列存储式声幅测井仪器在玛湖、金龙、车排子、西泉、吉七等区块优质高效地完成水平井固井质量测井 28 井次，其中钻具传输 20 井次，连续油管传输 8 井次，测井成功率 100%。复杂井测井工艺技术：测井公司开展组合电缆工艺技术研究，突破常规湿接头测井工艺无法完成的技术瓶颈，形成旁通出套管一次对接测井工艺技术，取得 5 项国家发明专利，提高了水平井、大斜度井测井时效，规模应用于大斜度井固井质量和裸眼水平井完井测井中，在长庆油田累计完成裸眼水平井测井 107 口，平均单井作业时效提高 50%；爬行器工艺累计完成 87 口井的水平作业，单井作业时效比常规湿接头测井时效提高 64.1%。大庆钻探过钻杆水平井测井技术，改进井下仪器机械结构，开发通井仪器舱，降低劳动强度，提高现场施工成功率，已有 4 支队伍具备作业能力，完成 45 口井作业。长城钻探完善连续油管测井工艺，在伊朗、伊拉克得到客户认可；连续油管和钻具配接存储式变密度仪器，在辽河油田大位移井、小井眼井和川南页岩气井的固井质量评价上表现出色，作业时效提升50%以上。渤海钻探利用爬行器在冀东、煤层气等作业区测井作业26口井，新型脉冲中子剩余油饱和度测井技术和双持水模式集流产出剖面测井技术在华北油田成功应用。西部钻探制订“3+3”多层次测井技术方案，解决玛湖区块测井遇阻卡问题。根据不同井型、井况制订常规电缆测井技术、钻具传输湿接头技术和LWF过钻杆存储式技术等3套裸眼测井工艺方案，根据井型和地面条件制订常规电缆传输、连续油管传输存储式和爬行器传输3套固井质量测井工艺方案，2016年作业145井次，遇阻卡8井次，阻卡比例由2015年的22%下降为5.5%。

射孔技术。2016年集团公司启动“射孔技术研究重点实验室”建设，为射孔技术从应用型研究向基础应用研究并重的转变搭建了平台，推动射孔工艺技术和射孔器制造的快速发展。（1）建成射孔基础研究装置。川庆钻探依托集团公司射孔技术研究重点实验室建设项目，建成一套三向压力（井筒压力、孔隙压力、围压）状态下射孔性能试验装置（耐温200摄氏度、耐压105兆帕）及射孔弹爆炸冲击参数测试系统，实现实验室、井下、仿真三结合的全方位射孔立体评价，为开展射孔基础研究、技术攻关、技术集成配套及产业化试验提供研究条件。（2）射孔器研制取得重要进展。川庆钻探继89型、121型耐压175兆帕、耐温200摄氏度/100小时后，研制出73型210摄氏度/175兆帕、89型210摄氏度/210兆帕超高温、超高压射孔器，解决“三高井”、小井眼的生产难题；建立超深穿透射孔弹数值计算模型，能分析相同的射孔弹结构下药型罩相对密度100%、相对密度70%、药型罩尖部到口部相对密度从70%至100%递增、药型罩尖部到口部相对密度从100%至70%递减四种工况下射流特征参数，为药型罩压制工艺设计提供工程指导。（3）射孔新技术应用。大庆钻探研发的定射面射孔、定方位定射角射孔技术，投产应用16井次，平均产液能力提高4倍，单井产液能力最高提高4.8倍。川庆钻探研制出89型、102型、127型三种等孔径深穿透射孔器，在威远—长宁及地方的页岩气开发中应用3井次，为储层改造提供技术支撑；在梓潼某井首次应用矩形射孔技术，为后期固井树脂挤注创造条件。（4）射孔工艺技术进一步完善。测井公司电缆—桥塞联作水平井施工技术，应用57口井，点火成功率100%，提高作业时效40%。长城钻探在某平台井连续油管射孔中，首次应用水力震荡器成功完成上倾井首段射孔作业，提升分簇射孔的应急处置能力。渤海钻探研制跨隔测试射孔联作技术工艺，投产应用9井次，提高试油时效。川庆钻探研发的泵送可视化软件投入现场应用，提升泵送过程中管串的安全性。规模应用隔板式连续油管分簇射孔器和智能起爆分簇射孔器，解决电缆输送分簇射孔作业的技术难题；在油管传输中应用增压装置、自动灌液阀、双向减震器和丢手装置等下井工具，提升施工时效和管柱安全性；在桥塞作业中应用液压坐封工艺，既解决复杂井和井筒异常水平井中无法采用电缆输送坐封桥塞的问题，又降低民爆物品的管理风险；在电缆输送射孔中，对磁电雷管的技术进行改进，提高施工安全性。

测井解释评价技术。（1）完善非常规油气测井评价技术。测井公司研究沥青质对非常规储层物性、电性、核磁共振特性的响应规律，为测井资料解释评价提供实验依据；创新可动流体分析法、模糊综合评判法等水淹层定量识别方法，开发一套实用性、扩充性、移植性强的处理解释软件，形成低渗透油藏水淹层测井解释评价技术，解释符合率提高3.2%，有力支持老油田挖潜稳产。大庆钻探形成致密砂砾岩储层岩性定量判别技术，解释致密气井10口，提供151个“甜点”段，试气7口井，其中5口井获工业气流，产能级别符合率88.9%；开展岩石可钻性评价技术研究，建立砂泥岩、砂砾岩、火成岩等岩石硬度、塑性系数和岩石可钻性级值的计算模型，形成一套深层全地层岩石可钻性测井评价技术。长城钻探建立致密油气储层模型和可压性综合评价方法，为储层压裂改造提供更加完备、可靠的工程参数，为压裂选层选段、压裂预测提供重要依据，应用8口井，效果良好。渤海钻探形成集储层参数精确计算、储层有效性准确评价及气层准确识别为一体的煤层气致密砂岩气层测井综合评价技术，完成山西煤层气、中澳煤层气等市场单井评价100余口井，解释符合率91.8%。川庆钻探形成元素测井氧闭合模型、体积方程构建、元素测井识别矿物组分含量等技术，解决生产中ECS测井资料处理难题，生产中应用较好。西部钻探建立浅层水性质评价方法，分区域进行浅层水性质和空间分布评价，为优化钻井井身结构设计和防止浅层淡水资源受到污染提供有力支持，与新疆油田合作在5个区块得到应用，取得良好效果。（2）开发应用特色解释评价技术。测井公司形成阵列感应+核磁共振测井联合、侧向+电成像测井联合计算油气含量的成像测井综合应用技术系列，在长庆、华北、青海、塔里木、玉门、浙江及福山等7个油田266口井中得到应用，解释符合率平均提高7%。基于电成像、核磁及阵列声波的英西灰云岩有效性评价技术成功应用于青海油田，新增相应测井83井次；油藏开发测井测试综合评价技术成功应用于吐哈油田温西三区块，累计完成TNIS、注入剖面、产出剖面、过套管电阻率测井、井间微地震监测等测井97井次。大庆钻探形成长垣油区0.2米高分辨率测井资料水淹层精细处理解释技术，解决地层水电阻率计算与化学驱水淹机理两项关键技术，建立起0.2米高分辨率测井系列水驱、化学驱储层参数计算与水淹判别方法，为油田开发方案编制及射孔方案制订提供有力技术支撑。渤海钻探建立致密油储层综合评价技术，形成一套适合大港油区的复杂储层测井采集—处理—解释一体化技术体系，完成774井次新井精细评价，歧口凹陷复杂油气层评价解释符合率由81.2%提高到88.56%，沧东凹陷复杂砂岩油气层评价解释符合率由67%提高到84.46%，致密油解释符合率由64%提高到82.4%，高含水油藏测井解释符合率由83%提高到91.26%。（3）测井解释软件取得新进展。测井公司数据资源LEAD4.0平台基本定型，包含3大数据库系统、6大成像分析系统、5大综合应用系统，进入试用阶段；随钻LogXD软件远程数据传输稳定，开始推广应用。大庆钻探完成陆相薄层测井资料处理解释软件开发，最优化测井资料处理解释和自研成像类测井仪器资料评价中处理井276井次。基于CIFlog测井平台开发的射孔应用数据管理平台，拥有数据在线录入、审核、存储、人员在线管理、射孔自动校深、电缆输送自动排炮等功能模块，累计测试150余口井。长城钻探继续推广应用CIFlog-GeoMatrix解释处理软件，装机率100%，投产模块使用率100%，生产应用2062井次，科研应用1183井次。渤海钻探构建适应于大港油区复杂储层的高分辨率、高精度采集—处理技术，研发地层元素测井采集处理解释软件。川庆钻探形成基于远探测阵列声波测井资料的反射波提取、偏移成像、井周360度成像、波形叠加、井旁反射体识别等资料处理和评价技术，并开发相应处理解释软件，在23井次获得试油验证。西部钻探KCLog CIS1.0套管井测井解释系统通过集团公司成果鉴定，并被确定为集团公司自主创新重要产品，解释系统在新疆油田推广应用覆盖率100%。

提速提效。（1）复杂测井施工工艺技术日趋成熟。各公司主动适应水平井、大斜度井等复杂测井施工环境，减少应用常规钻具传输测井次数，积极完善过钻杆、爬行器、连续管、存储式和随钻等测井技术工艺，提高单队综合作业能力，减少测井作业占井时间，实现技术提速。测井公司应用爬行器工艺在油井中完成87口井的水平作业，单井作业时效比常规湿接头测井时效提高64.1%。大庆钻探通过应用过钻杆存储式测井技术，降低工程风险，提高测井时效60%。（2）测井队伍综合服务能力大幅提升，各公司积极提升裸眼井综合队、套管井综合队能力，推广应用快测平台测井技术，实施大满贯测井作业，减少测井仪器下井次数，实现测井提速。

（邹　辉）

【录井】 2016年，集团公司从事石油录井工程技术服务的企业有9家，分别是大庆钻探地质录井一公司和地质录井二公司、西部钻探克拉玛依录井公司和吐哈录井工程公司、长城钻探录井公司、渤海钻探第一录井公司和第二录井公司、川庆钻探地质勘探开发研究院、测井公司青海事业部。

2016年，面对录井市场萎缩和服务价格大幅降低等诸多困难，录井企业根据集团公司决策部署，稳健发展，及时调整生产经营策略，科学组织生产，大力开拓市场，全力以赴打好开源节流降本增效攻坚战，在市场开发、录井技术应用、科研创新、降本增效、安全环保等方面取得较好成绩。录井企业面对投资下降的局面，大力开拓海外市场，2016年新签合同0.61亿美元，完成合同0.42亿美元。先后中标委内瑞拉PDVSA FAJA和东部多个录井服务项目、伊拉克绿洲录井服务合同。

1. 人员、队伍状况

2016年，集团公司录井专业用工总量为8945人，同比减少382人、下降4.09%。录井专业队伍1223支，同比减少29支、下降2.31%。其中，综合录井队1138支，气测录井队85支，队伍平均动用率93.62%，平均队年施工209.48天，平均队年录井5.34口（表6）。国内1010支队伍分布在全国19个油区（服务集团公司内983支，服务集团公司外27支），主要在长庆油田、辽河油田、西南油气田、新疆油田、塔里木油田，共657支，占国内队伍总数的65.05%。国外213支队伍服务于亚太、中亚、非洲、中东、美洲等地区的16个国家（其中服务集团公司内部队伍132支，服务集团公司外队伍81支），分布在中亚和中东地区122支，占国外队伍总数的57.3%。

表 6　2016 年录井队伍情况

项　目	2016 年	2015 年	同比增减
录井队伍（支）	1223	1252	−29
其中，综合录井队	1138	1054	84
气测录井队	85	198	−113
平均施工［天 /（队 · 年）］	209.48	223.50	14.02
平均录井［口 /（队 · 年）］	5.34	5.68	−0.34

2. 装备状况

2016 年，集团公司所属录井公司主要录井装备 3202 台，纳入资产管理的综合录井仪 877 台。其中，国产综合录井仪 815 台，进口综合录井仪 62 台。

3. 工作量完成情况

2016 年，完成录井 7929 口。其中，国内录井 7557 口，国外录井 372 口。完成录井 15409 井次。其中，综合录井 2864 口，气测录井 2203 口，地质录井 2862 口。录井仪器（综合录井和气测录井）施工总天数 310077 天（表 7）。

表 7　2016 年录井工作量

项　目	2016 年	2015 年	同比增减
录井数（口）	7929	9718	−1789
其中，国内录井	7557	9067	−1510
国外录井	372	651	−279
录井井次（井次）	15409	18076	−2667
其中，综合录井	2864	2789	75
气测录井	2203	2615	−412
地质录井	2862	4314	−1452
录井仪器施工总天数（天）	310077	351193	−41116

4. 技术应用与科研

地质综合研究和解释评价。2016 年，录井企业充分发挥常规录井技术优势，综合利用各种特色录井技术特点，在搞好单井评价的同时，强化不同区块地质综合研究，积极探索致密油、水淹层解释评价方法等非常规油气藏评价方法研究，在 563 口探井发现并评价油气显示 67849.66 米 /12415 层，在 2908 口开发井发现并评价油气层 354010 米 /35353 层，油气显示发现率 100%，为集团公司的油气储量增长发挥重要作用。

录井现场及远程监控预警功能。2016 年，录井企业通过录井专业的综合录井、预警系统、远程录井监控预警功能，及时提供随钻分析成果，为钻井队制定合理的技术措施提供依据的同时，积极搞好钻井工程异常预报，为及时处理工程复杂情况赢得先机。集团公司所属录井企业共监测到工程异常 7394 次，其中钻具刺 114 次、泵刺 84 次、钻具断 65 次、井漏 1188 次、溢流 102 次、硫化氢异常 46 次，异常预报符合率 99.81%，实现早发现、早报告、早处理的目的，能够节约钻井作业成本，降低钻井风险，提高工程时效和钻井速度，减少经济损失。

特色技术广泛应用，使录井方法多样化。录井企业利用特色录井技术为油气田公司服务，主要推广应用元素录井、核磁录井、三维定量荧光、XRD 衍射分析、岩屑图像分析、录井综合导向等成熟技术，拓宽录井技术服务领域。2016 年，集团公司所属录井企业定量荧光录井 1129 口，核磁录井 232 口，岩屑成像录井 706 口，元素录井 142 口，录井综合地质导向 596 口，远程传输 2537 口，试油录井 38 口。西部钻探克拉玛依录井公司采用 XRD 衍射全岩矿物分析技术，利用不同岩性响应特征差异准确区分不同岩类，对新疆油田勘探开发深层火成岩、碳酸盐岩特殊岩性油气藏，特殊岩性现场识别，地质剖面的准确建立及层位卡取发挥重要作用。2016 年在新疆油田应用 100 口井，特殊岩性识别准确率 85% 以上。长城钻探录井公司在四川威远和宜宾页岩气市场通过地化、气测、元素三项技术综合运用，总结归纳发现优质页岩和跟踪优势储层方法，为地质导向提供依据，优势储层钻遇率 98%。并在钻井现场全部使用远程组网技术，为测井、压裂、测试提供网络环境。渤海钻探第二录井公司先后在山西及吐哈、长庆、华北油田煤层气二连区块等市场获得 40 余口水平井工作量，突破单一录井服务模式，承录的首口井大吉—平 05 井，创造钻井周期最短、钻遇砂层段最长、含气层段最长等多项纪录。2016 年，川庆钻探地质研究院相继在川渝页岩气项目开展 XRF、GR 能谱和地化录井共计 24 井次，对页岩气储层划分、辅助地质导向和储层解释评价提供有力参考。测井公司青海事业部针对英西混积岩岩性识别难题，及时引进 X 射线荧光元素录井仪，重点开展 X 射线荧光元素录井岩性识别方法及应用技术，通过项目技术攻关，基本解决英西地区混积岩岩性识别难题，岩性识别准确率和岩屑录井剖面符合率得到有效提升，为快速准确识别油气显示层段储层岩性及现场勘探决策提供可靠依据。

（刘应忠）

【钻井工程】 工程技术分公司归口管理大庆钻探、长城钻探、渤海钻探、西部钻探、川庆钻探和海洋工程等6家钻井专业公司。

2016年，推动钻井业务总包、钻井工厂化作业、水平井规模应用及深井钻井提速工作，钻井技术进步上新台阶，服务保障能力和核心竞争力进一步提升，钻井工程技术工作取得新进展。拓展国际钻井市场，分别获得阿尔及利亚、伊拉克、委内瑞拉、巴基斯坦、土库曼斯坦等国家的钻井新项目。伊拉克艾哈代布项目和委内瑞拉市场钻机动用率超过90%。在伊拉克西古尔纳Ⅱ区块总包施工中，创出该区块19.23天的最短钻井周期纪录、平均18.34米/时的最快机械钻速纪录。顺利完成伊拉克格拉芙项目20口总包钻井施工，创造区块各种井型最短钻井周期以及最快机械钻速等多项纪录，实现交井合格率100%。

1. 人员、队伍状况

2016年，钻井专业用工总量8.47万人，同比减少4009人。集团公司有钻井队伍1205支，其中陆上钻井队1193支，海洋钻井平台12座。

2. 装备状况

钻机装备。2016年，在用钻机1205部。其中，国内943部，国外262部；陆上1193部，海上钻井平台12座。顶驱421套，同比增加9套。

井控装备。集团公司有各类防喷器5373台。其中，单闸板防喷器1591台，双闸板防喷器2083台，环形防喷器1620台，其他防喷器79台。有控制系统2088套，节流压井管汇2663套。

主要相关技术服务装备。集团公司有地质导向仪器123套，各类水泥车640台，旋转防喷器/旋转控制头145台，制氮装备37套，压缩机169套。

3. 工作量完成情况

2016年，开钻9232口，完钻9328口，钻井进尺1950万米。其中，国内完钻8687口，钻井进尺1796万米；国外完钻641口，钻井进尺154万米（表8）。

表8　2016年钻井工作量

项　目	2016年	2015年	同比增减
开钻井数（口）	9232	9390	-158
完钻井数（口）	9328	9387	-59
其中，国内完钻	8687	8389	298
国外完钻	641	998	-357
钻井进尺（万米）	1950	2089	-139
其中，国内进尺	1796	1838	-42
国外进尺	154	251	-97

钻井工程质量。2016年，井身质量合格率100%。钻井取心进尺2.18万米，取心收获率97.68%，固井质量合格率100%。

钻井生产时效。钻井工作总时间421.83万小时。生产时间为402.59万小时，占总时间的95.44%。

4. 科技研发推广应用

钻井提速工作。井深4000米以上深井提速效果显著。2016年，集团公司完成4000米以上深井527口，平均井深4890米，平均建井周期123.11天，平均钻井周期99.94天，平均机械钻速5.64米/时，平均钻机月速1305米/台。西部钻探承钻的克深131井完钻井深7695米，创克深区块233天进入目的层用时最短、7000米以上盐层204天完钻最快、吉迪克组最高日进尺100米三项纪录。长城钻探在威202、威204区块通过完善钻完井技术模板措施，提高机械钻速，缩短钻井周期，在平均井深4845米的情况下，机械钻速6.31米/时，同比提高24.7%。其中，威202H4-4井井深4908米，机械钻速9.04米/时，钻井周期38.56天；威204H7-4井井深5620米，机械钻速6.8米/时，钻井周期57.83天，均创区块最高纪录。川庆钻探在安岳震旦系完成深井13口，完成井平均井深5460米，平均钻机月速740米/台，同比提高9.3%；平均机械钻速3.46米/时，同比提高15.33%；平均钻井周期177天，同比缩短27.54天。磨溪116井深5475米，钻井周期124天，创磨高区块震旦系五开井的最快钻井周期纪录。磨溪119井钻井周期135.85天，完钻井深5361米，平均机械钻速4.16米/时，创磨高区块震旦系五开井5000米以上井最快钻井周期。双探3井，钻井周期301天，完钻井深7566米，平均机械钻速3.45米/时，平均钻机月速754米/台，创川渝地区完钻井深最深、周期最短、机械钻速最高等多项纪录。该井较双探1井在自流井—须家河井段，钻头消耗下降76%、周期下降68%、钻机月速提高2.3倍。

工厂化作业。大庆钻探平台井工厂化施工成效显著，顺利完成大庆油田首个大平台井组葡47区块5个平台99口井施工任务，平均钻井周期4.39天，平均建井周期6.77天，分别比优化前缩短2.7天和3.8天，32口井钻井周期实现4天以内，12口井实现3天以内，并创出单井钻井周期1.92天、建井周期3.63天高指标。西部钻探在青海油田扎哈泉区块开钻109口，完井109口，完成井钻井进尺28.06万米，同比钻机月速提高10.47%，机械钻速提高11.18%；

平台直井钻井周期 8.23 天，定向井钻井周期 15.43 天，超额实现钻井周期直井 14 天、定向井 16 天的钻井目标。平台井单井平均搬安周期 2.01 天，相比单井搬安周期 3.94 天节约 1.93 天，扎哈泉区块建井周期整体节约 73.34 天，10 部钻机同比单井施工多完成钻井进尺 1.1 万米。长城钻探在神木大平台工厂化作业项目推广应用成熟钻井技术，高效优质地完成该项目施工。2 个平台共计 20 口井，其中，40603 队施工的双 24-19C8 井，完钻井深 3364 米，位移 1530 米，最大井斜 40 度，钻井周期 11.63 天，建井周期 17.9 天，平均机械钻速 18.70 米 / 时，创该区块施工周期最短、平均机械钻速最快施工纪录。渤海钻探在长宁页岩气 H8 平台，实施工厂化钻井模式，圆满完成 H8 平台 6 口井钻井施工任务。H8-2 井井斜最大 98 度、钻井周期 83.9 天，创长宁区块井斜最长、4800 米以上井深钻井周期最短两项纪录；H8-3 井使用 1 只钻头 1 趟钻完 1500 米水平段，创长宁区块钻头最长进尺指标；H8-4 井创长宁区块水平段最长 1900 米纪录；H8-6 井创长宁区块水平井固井封固段最长 3503 米、完井井深最深 5650 米两项纪录。川庆钻探在威远 3 个作业平台，动用钻机 4 部，完钻 11 口井。完钻井平均机械钻速 5.45 米 / 时，平均完钻周期 92.3 天，完成井井筒完整率 100%，定向井中靶率 100%，平均储层钻遇率 96.77%。

特色钻井技术推广成效显著。（1）自动垂直钻井技术。西部钻探在塔里木油田完成克深 907 井、克深 131 井、克深 8-5 井 3 口井 6 井次的垂直钻井技术服务，单套工具井下无故障工作时间超过 200 小时，累计垂直钻井进尺 19401.5 米，平均机械钻速较同区块同井段常规钻井方式提高 1.9—3.6 倍，实钻井斜控制在 0.6 度以内。渤海钻探经过持续技术改进，进一步提升工具在复杂地层的稳定性，工具单趟钻平均入井时间 150—200 小时。2016 年在塔里木油田完成克深 1101、克深 1102、克深 134、神木 6 以及大北 11 井等 5 口井的施工任务，总钻井进尺 9694.5 米，总入井时间 2603 小时。在克深 1102 井二开应用垂直钻井工具，施工井段井斜均控制在 0.5 度以内，比钻井设计提前 10 天完成任务，防斜打直提速效果明显。（2）控压钻井技术。西部钻探在青海油田英西区块实施简易控压钻井 6 口井，其中 5 口井均钻遇良好油气显示，储层保护、发现效果显著。狮 1-3-1 井在盐间Ⅱ -8 层首获高产，证实该层组具备高产能力，试油期间日产油 273 吨，日产气 1 万立方米。预探井狮 52 井，应用简易控压钻井技术发现新的油气聚集区，试油期间日产油 102 立方米。渤海钻探华北、山西、青海、塔里木等市场实施控压钻井 38 井次。其中，在华北安探 1X 井四开溢流压井后采用控压钻井，保障了井控安全，发现并保护了油气层，使该井取得日产天然气 41 万立方米、原油 71 立方米的高产油气流重大油气发现。川庆钻探提前在设计阶段就把精细控压钻井写入复杂地层钻井设计中，在出现漏喷复杂情况前就开始实施精细控压钻井，成功避免因井下复杂情况的发生而带来的井控风险，2016 年提前实施精细控压钻井的磨溪 008-X2、磨溪 52、磨溪 109 井等 20 口井均未发生严重井漏复杂情况。（3）气体钻井技术。川庆钻探针对长宁区块表层井漏频繁，钻井液有进无出的问题，在长宁 H7、YS108H7、YS108H9 平台 $17^{1}/_{2}$ 英寸井眼采用气体钻井治漏提速，钻井周期缩短到 5—7 天，H7 平台平均单井减少漏失量 7300 立方米，极大地避免井漏复杂情况。针对长宁韩家店组—石牛栏组地层可钻性差、机械钻速慢的特点，在 H24、YS108H7、YS108H9 平台累计实施空气 / 氮气钻井 4 井次，平均机械钻速 4.6 米 / 时，平均钻井周期 5.9 天，缩短 5 天以上。在青岛地热 2 井、青岛地热 3 井采用空气锤钻进，总钻井进尺 3388 米，纯钻时间 310 小时，平均机械钻速 10.93 米 / 时，是常规钻井液钻井的 5.1 倍，同时最大井斜仅 0.4 度，提速防斜效果明显。

钻井提速工具应用效果突出。2016 年，大庆钻探在 9 口井推广应用液动旋冲工具 31 套，总钻井进尺 7809 米，累计缩短施工周期 119.8 天，平均机械钻速提高 131%，节约引进费用 795.23 万元。在徐深 6-313 井三开硬地层应用液动旋冲工具 +Q635PDC 钻头，创造单趟钻进尺 1326 米的新纪录，与邻井徐深 6-106 井同深度井相比，单趟钻进尺提高 9 倍，平均机械钻速提高 160%，减少起下钻 5 趟以上，缩短施工周期 23.3 天。吉林探区昌 60 井应用液动旋冲工具，钻井周期 158.69 天，创造该区块深定向井钻井周期最短纪录。西部钻探自主研发的多维冲击钻井工具，综合脉冲射流和冲击振动钻井两类技术优势，兼具轴向和扭转方向冲击功效，能解决硬岩地层提速的难题。经过 9 口井应用，平均机械钻速提高 56%。新疆油田滴西井区提速取得突破，被树为提速标杆。滴西 503 井与同区块邻井相比，在小泉沟群平均提速 127.8%，在梧桐沟组平均提速 138.5%，在石炭系平均提速 66.6%。渤海钻探应用扭力冲击器 19 口井，提速效果明显。其中，安探 1X 井比邻井提速 56.52%，赵 57-96X 井比邻井提速 126%。应用液动冲击器 12

口井 18 井次，有效解决深部硬地层 PDC 钻头黏滑、失效快、寿命短及机械钻速低等难题，使用井段平均机械钻速提高 61.8%。长城钻探自主研制的水力振动工具在辽河油田、吉林油田、冀东油田及苏里格油田、永和气田进一步成功应用，累计使用 9 口井，钻井进尺 3075 米，性能稳定，效果良好。沈 268-H307 井，水力振动工具应用三趟钻，摩阻降低 60%，机械钻速提高 56%。苏 53-66-36H 井，增斜段使用水力振动工具顺利钻至 3524 米，平均复合钻进机械钻速 15.10 米 / 时，滑动钻进机械钻速 2.87 米 / 时，比常规螺杆钻具组合分别提高 94.34% 和 25.33%。渤海钻探完成螺杆式水力振荡器二代产品的优化升级，性能稳定，寿命达到 130 小时以上。应用 25 口井 38 井次，缓解托压效果明显，使用井段平均滑动钻进钻速提高 108.6%，平均滑动钻进机械钻速提高 53.6%。

5. 专业技术服务发展情况

水平井技术服务。（1）旋转导向钻井系统研发取得新进展。渤海钻探完成 3 串推靠式 $12^1/_4$ 英寸井眼旋转导向钻井系统井下样机、1 套地面设备的研制；开发 1 套旋转导向应用软件，具备井眼参数、地层参数的测量，旋转导向的闭环控制执行，地面与井下的双向通信，数据的实时处理、绘图和远传等功能。$8^1/_2$ 英寸井眼旋转导向系统现场先导性试验 6 口井，累计下井时间 491 小时，累计钻井进尺 2330 米，取得较好的效果。（2）水平井钻井刷新一批新纪录，施工能力进一步增强。大庆钻探完成水平井平均钻井周期 22.85 天、建井周期 30.29 天，同比分别缩短 1.92 天和 3.58 天。古 693-78- 平 90 井钻井周期 18.92 天，创该区块纪录；完成深层水平井 5 口，平均井深 4657 米，水平段长 1026 米，平均钻井周期 197.61 天，同比缩短 6.74 天。西部钻探在八区北扩边水平井施工过程中连创区块纪录。HW86001 井完钻井深 3562 米，钻遇多个断层，断层倾角最大 50 度，石炭系长达 1500 米，钻井周期 86 天，比该区块邻井提前 22 天，第一次刷新区块工期纪录。长城钻探在古巴完钻的 SEB-24 井和 VDW-1009 井水平位移超过 6000 米。SEB-24 井完钻井深 7300 米，水平位移 6167 米，垂深 1819 米，水垂比 3.39，最大井斜角 88.7 度，钻井周期 176 天，比设计周期提前 76 天，该井创造了古巴石油史上的七项纪录。VDW-1009 井为三分支水平井，设计井深 8000 米，实际井深 8598 米，最大水平位移 6010 米，水垂比高达 3.74，是古巴近年来施工难度最大的一口井，创造三开 $12^1/_4$ 英寸井眼古巴最深和裸眼井段最长以及四开 $8^1/_2$ 英寸井眼古巴最深纪录。渤海钻探山西煤层气井沁试 12 平 1-H 井，完成 15 个分支和 33 个脉支，总钻井进尺 13270 米，煤层钻井进尺 10288 米，创下煤层气单井总钻井进尺最大、分支井眼数最多、单井煤层钻井进尺最大等多项国内行业新纪录。川庆钻探在昭通区块页岩气水平井 YS108H19-7 井采用自主开发的水平井钻井技术和配套工具，在未使用旋转导向工具的情况下顺利完成超长水平段地质导向钻井任务，大幅度降低页岩气水平段的钻井成本，为页岩气项目降本增效探索出新思路，并创造昭通页岩气水平井最长水平段 2010 米钻井纪录。

固井技术服务。2016 年，集团公司有固井队伍 96 支，水泥车 640 台，完成表层固井 9818 井次，技术套管固井 1211 井次，生产套管固井 9687 井次，特殊工艺固井 929 井次。固井专业化服务能力进一步增强。大庆钻探积极推广应用精细地层压力预测和检测技术、多级划眼井眼净化技术、大位移井套管居中技术、高效固井冲洗隔离技术、高压层固井防窜技术和高渗透层界面增强技术，固井工艺技术不断完善，固井质量优质率创出新高，达到 78.35%，同比提高 5.91 个百分点。川庆钻探针对高磨地区高压气井环空带压问题开展技术攻关，形成一套以韧性水泥浆技术为核心的预防环空带压的配套工艺技术，并完成 11 井次重点井的固井服务，有效地缓解钻完井期间环空窜气现象，固井质量稳中有升。177.8 毫米尾管固井取得突破，尾管段声幅质量平均合格率接近 70%。其中，高石 32 井合格率 89.5%，高石 113 井的合格率 98.1%。

钻井液技术服务。2016 年，集团公司钻井液从业人员 5303 人，平均单队钻井液从业人员 4.25 人。配备钻井液室内主要实验检测仪器 854 台（套），其中：常规仪器合计 705 台（套），占仪器总数的 82.55%；研发评价仪器 145 台（套），占总数的 16.98%。配备固控设备 6328 台，国产化程度达到 93.3%。钻井液技术取得较大进步。长城钻探通过应用 KCL 聚合物高性能水基钻井液技术，成功解决古巴井深 6000 米以上大位移水平井高活性泥岩地层的井壁失稳、大斜度井眼岩屑携带和润滑防卡等技术难点，标志着长城钻探大位移井钻井液技术水平跨入国际先进行列。2011—2016 年先后在 SEB、VDW、GBO 等区块使用 13 口井，其中 2016 年完钻的 SEB-24 井和 VDW-1009 井水平位移超过 6000 米。钻井废弃物处理能力进一步增强。钻探企业组建钻完井废弃物无害化处理队伍 143 支，其中油基钻井液废弃物处理队伍 15 支，水基钻井液废弃物处理队伍 128 支。2016 年，处理油基岩屑 7000 余吨，处理水基钻井液和水基岩屑 90 余万立方米，形成 300 万吨钻完井废弃物处理能力。同时，钻井院成功研发环保型钻井液体系，研发出环保型抗高温（大于 205 摄氏度）、抗饱和盐水的聚合物类降滤失剂、封堵剂和润滑剂，填补了国内空白，可有效替代聚磺钻井液体系中的磺化处理剂，实现废弃钻井液和钻屑达标排放。

（贾平军）

【井下作业】 井下作业是以试油测试、压裂酸化、大修侧钻及油气水井维护作业等为主导的综合性工程技术服务业务。川庆钻探、渤海钻探、长城钻探、西部钻探、大庆钻探、海洋工程等 6 家工程服务企业的井下作业以试油测试、大修侧钻、压裂酸化业务为主；吉林油田、辽河油田、冀东油田、大港油田、华北油田、长庆油田、新疆油田等 7 家油气田企业以油气水井维护作业为主；大庆油田、玉门油田、青海油田及吐哈油田 4 家油田企业从事井下作业综合性服务。

2016 年，井下作业工程技术服务业务克服油价低迷、市场工作量锐减等不利因素，苦练内功，降本增效，走清洁发展之路，注重非常规油气勘探开发技术服务及一体化总承包技术服务，在技术进步及生产经营等方面取得较好的成绩。

1. 人员、队伍状况

2016 年，井下作业业务用工总量为 6.74 万人。井下作业队伍 1914 支。其中：大修队 242 支、侧钻队 60 支、试油队 218 支、小修队 803 支、测试队 359 支、压裂酸化队 117 支、带压作业队 115 支；国内 1676 支，国外 238 支。

2. 装备状况

2016 年，井下作业系统有修（通、钻）井机 2458 台，其中车载修井机 1557 台，占 63.34%。一千型以上压裂泵车 756 台，共计 156.7 万水马力，两千型及以上型号压裂泵车 614 台。连续油管车 68 台，制氮车 40 台，液氮泵车 59 台，带压作业设备 126 套。

3. 工作量完成情况

2016 年，井下作业 11.26 万井次。其中，压裂 9711 井次，酸化 4303 井次，小修 94174 井次，大修 4255 井次，侧钻 200 井次；国内井下作业 11.08 万井次，国外井下作业 1825 井次。试油 8515 层，其中国内试油 5555 层、内外试油 2960 层（表 9）。

国内生产周期：试油 27 天 / 井次，小修 3 天 / 井，大修 22 天 / 井，侧钻 29 天 / 井。国外生产周期：试油 6 天 / 层，小修 6 天 / 井，大修 13 天 / 井。试油平均生产时效 84.6%。交井一次合格率 99.16%，优质井率 97.95%，执行设计符合率 99.95%，资料全准率 99.82%。

表 9　2016 年井下作业工作量

项　目	2016 年	2015 年	同比增减
工作总量（万井次）	11.26	12.89	-1.63
其中，压裂（井次）	9711	12390	-2679
酸化（井次）	4303	4207	96
小修（井次）	94174	107630	-13456
大修（井次）	4255	4395	-140
侧钻（井次）	200	257	-57
试油（层）	8515	7782	733
其中，国内试油	5555	5051	504
国外试油	2960	2731	229
国内井下作业（万井次）	11.08	12.61	-1.53
国外井下作业（井次）	1825	2817	-992

4. 科技研发及推广应用

试油测试技术。2016 年，川庆钻探研制成功无线中继器，形成井下无线中继分时和分频通信传输技术，使全井无线直读技术得到全面升级，工作时间由 9 天提高至 13 天，耐温 200 摄氏度，承压差 100 兆帕，性能指标为国内最优，传输距离越过压裂封隔器超过 5000 米。渤海钻探自主研制成功高温高压封隔器在青海油田施工 20 井次，最高施工井温 199 摄氏度、最高施工压力 120 兆帕，施工成功率 100%，达到国际先进水平。长城钻探配置 PVT 重组分现场分析实验室，解决重组分滞留的定量问题，掌握谱图数据中谷积分和基线积分算法，原油及天然气组分分析能力达国际先进水平，在伊拉克 ADM-5-2H 井、K435 井 PVT 样品分析中成功应用；采用 NAVI 泵与常规的 DST 管柱相配合，具有测试管柱简单、施工方便、测试数据直观可靠等优点，能应用于各种黏度的原油、含砂原油和水层，解决了非自喷井测试求产及确定液性的技术问题，为浅层重质稠油测试提供了可靠的技术手段。西部钻探积极推进“压降试井分析”研究，地层测试、试井工作量在塔里木油田增长一倍，成功完成高温（190 摄氏度）高压（136 兆帕）超深（7676 米）井克深 131 井的试油测试工作；继续推广电动液压电缆桥塞的应用，2016 年应用 310 井次，施工成功率 100%。

压裂酸化技术。川庆钻探在苏里格气田推广应用连续油管带底封环空加砂压裂技术，共试验 16 口井，无阻流量均超 10 万米 ³/ 日，最高 59.3 万米 ³/ 日，增产效果明显，为气井压裂开辟新途径；应用全部自主知识产权的连续油管带底封的喷砂射孔环空分段压裂技术在长庆油田完成 20 口井 80 层（段）压裂施工，单套工具最高完成 8 层（段）的施工，施工效率显著提升。渤海钻探完成长宁 H8 平台 6 口井 147 段压裂，累计注入液 31.2 万立方米、压裂砂 1.45 万吨，其中 H8-4 井创造国内单井压裂段数（29 段）、单井注入液量（66294 立方米）和单井加砂量（3881 吨）3 项纪录。长城钻探自主研发的“GWFR-1”高效减阻剂及滑溜水压裂体系在威 202H6 平台应用 6 井 /125 段，在辽河油田、苏里格气田、吉林气田等应用 13 井 /29 层，应用滑溜水 24.66 万立方米，现场施工降阻率 76.2%，累计增油 13682 吨，累计增气 2698.5 万立方米，增产效果是常规工艺的 3—5 倍；研发出的适用于返排液循环利用的 JK106FC 增稠剂作为国家高新技术产品，通过江苏省经济信息委员会及科技厅组织新产品专家鉴定，一致认为达到国际先进水平，在苏 11 区块 3 口井成功进行现场试验，现场无固体废弃物，返排液利用率 100%。大庆钻探在“工厂化”压裂施工模式基础上开展“区块集团式”压裂施工技术探索，改造理念由单井向多井、由井组向区块整体压裂转变，利用裂缝扩展相互作用增加改造体积，在吉林油田新立 VI 区块开展的区块大规模同步压裂试验中，建立多套连续供水、连续混配、连续泵注、后勤保障、指挥通信等功能性系统，完善定位封堵转向压裂、暂堵细分层压裂两项技术，3 天完成压裂 22 井 /71 层，累计注入支撑剂 1000 立方米，压裂液 1.53 万立方米，平均单日压裂 24 层，压后平均单井日增液 11.1 吨，是同区块常规老井重压的 5.5 倍。大庆油田推广应用坐压 8 层、保护隔层压裂管柱，一趟管柱最多可改造 40 个小层，使 5 段及以上施工井比例再提高 2.2 个百分点、达到 27.7%；采用具有携砂驱油双效作用的压裂液体系，实现压裂携砂和驱油双效合一，提产提效，试验 25 口井，平均单井初期日增油 5.8 吨，10 个月平均单井产油 1740.7 吨，是常规压裂的 1.8 倍。

修井技术。渤海钻探按照“一井一设计，一段一措施，一井一讨论，一井一总结，一井一安排”的总体原则，构建从风险评估、方案论证、施工协调、过程监控、应急处置为一体的“全方位、全过程、全天候”管控模式，通过抓队伍培训、技术方案审核、施工过程监控以及组织与建设方联合应急演练，应用井口冷冻暂堵、带压打孔、冷冻修复井口、在线两次除硫技术，顺利完成赵 12、赵 23 等隐患治理井施工。长城钻探以水平井修井技术为重点攻关方向，硬件装备逐步向规范化、系统化方向发展，软件方面也逐步成熟，研制出适合水平井使用的磨铣、套铣、打捞、增力、套管印证、套管修复、试压、降磨阻、扶正等各类工具 50 余件（套），覆盖水平井打捞、解卡、磨铣、修套、冲砂、找漏、挤封堵等多项施工工艺，成功实现水平井修井工艺技术系列化；研制出水平井找通道 3 类 12 种工具，形成漂浮、搭桥和柔性钻具找通道 3 种配套工艺，克服水平井套损修复难度大、成功率低的技术难点，完成沈平 1 井造斜段套损找通道施工。大庆油田加快水平段套变整形技术攻关，研发改进 3 类 8 种整形工具，形成水平段高效减阻钻盘驱动磨铣、液压挤胀整形等 3 项技术，施工 5 口井，成功率 100%；疑难井修复及套损区治理也取得阶段性成果，2016 年治理各类疑难复杂井 505 口，同比多治理疑难井 198 口。吉林油田扶余地区疑难套返治理工艺技术基本定型，逐渐摸索形成“生产建模”法治理技术，即在救援井完井后先生产排液泄压，待与临井建模成功后再利用新井眼对老井眼进行封井施工，采取该技术成功治理疑难套返井 18 口。

特色技术。（1）气井带压作业技术。2016 年，川庆钻探、长城钻探气井带压作业从工作量、技术水平等取得较大突破。作业压力上：从低压发展到高压（大于 21 兆帕），最高 28 兆帕；作业工艺上：实现从简单完井作业到修井打捞作业，作业管柱从简单起下油管到复杂管柱（射孔抢、双封隔器、三封隔器管柱）起下的突破；内堵工艺配套多样：成熟掌握 70 兆帕冷冻暂堵与带压钻孔作业技术，最高作业压力 35 兆帕。8 支气井带压作业队伍完成 160 口井，气井带压作业的市场前景广阔；吉林油田油水井带压大修基本形成作业能力，完成水井带压大修 19 口井。（2）连续油管技术。青海油田连续油管应用范围进一步拓展，推广应用气举、冲砂、解堵、除垢、替浆通井 5 项技术，试验拓展喷砂切割、速度管柱、径向钻孔 3 项技术，完成连续油管作业 450 井次；连续油管除垢工艺得到规模应用，完成除垢作业 200 井次，成功率 80%；水射流径向钻孔工艺取得阶段性进展，完成 6 口井 27 个孔的现场试验，平均孔长 33.7 米。（3）二氧化碳压裂技术。为发展清洁压裂技术，提高储层改造效果，通过持续攻关，二氧化碳压裂技术在方案设计、装备配套、液体体系研究、施工工艺等方面取得重要进展，二氧化碳增能伴注、泡沫压裂技术基本成熟，二氧化碳干法压裂技术取得较大突破，基本具备大规模推广条件。川庆钻探自主研制的二氧化碳压裂关键装备——二氧化碳密闭混砂装置有效容积20立方米，单台最大输砂速度每分钟0.8立方米，工作压力3.5兆帕；开发二氧化碳压裂液体系，建立二氧化碳干法压裂液实验评价方法，并建成集团公司油气藏改造重点实验室二氧化碳压裂增产研究室，能够完成全工况下的动态仿真模拟实验及设备性能测试。通过现场试验，二氧化碳泡沫压裂完成120井次、干法压裂完成12井次，增产效果明显。

（何昀宾）

工程建设

【概述】 2016年，面对市场寒冬的严峻挑战，工程建设业务认真贯彻落实集团公司各项决策部署，重点围绕深化改革和提质增效两条主线，稳妥有序推进重组改制上市、市场开发、项目管理、安全环保、科技创新等各项工作，深化改革迈出实质性步伐，生产运行总体平稳受控，实现营业收入555.8亿元、利润总额10.1亿元，圆满完成对资本市场的业绩承诺，超额完成集团公司下达的提质增效任务目标，实现“十三五”良好开局。

2016年是工程建设业务全面深化改革之年，集团公司对其实施重组改制上市的重大举措，将原中国石油天然气集团公司工程建设分公司及其归口管理的管道局等6家工程建设企业纳入专业化重组范围，以工程建设分公司为基础组建成立中国石油集团工程有限公司，将原6家工程建设企业为基础组建的5家新专业化公司作为成员企业划入管理，2016年底通过国家监管审核，成功登陆A股市场，翻开工程建设业务发展的新一页。

【深化改革】 在国家积极推进国有企业深化改革的背景下，集团公司提出优化公司治理体系、业务结构和管控模式的改革措施，对服务业务明确实施专业化重组、引入战略投资者进行股份制改造、择机在资本市场上市的改革方向。近年来，工程建设业务内外部环境发生深刻变化，面对市场持续低迷、工作量大幅减少等生存发展的严峻考验，2016年集团公司明确的体制机制改革方向。一方面与国内外同行全面对标，深入分析工程建设企业历史包袱沉重、体制机制不顺、同质化发展及外部项目内部竞争等突出问题和产生的原因，另一方面系统挖掘综合实力、品牌形象等方面多年沉淀积累的经验优势，在经营成果初步达到上市条件的情况下，统筹考虑工程建设业务技术密集、市场化程度高等特点，综合企业品牌商誉、技术实力、竞争能力、历史沿革等因素，经过反复酝酿、研讨和对接，研究确定按专业化进行业务重组、并通过与新疆独山子天利高新技术股份有限公司（简称天利高新）实施重大资产重组实现上市的总体改革路径。这既是应对市场寒冬、破解发展困局的客观要求，也是减少内耗和运营成本、实现转型升级的必然选择，符合国家政策导向、行业发展趋势和广大干部员工期待。工程建设业务深化改革主要分三步走，“重组—改制—择机上市”。

1. 业务重组

以原6家工程建设企业（中国石油天然气管道局、中国石油工程建设公司、中国石油集团工程设计有限责任公司、中国寰球工程公司、中国昆仑工程公司、中国石油集团东北炼化工程有限公司）为主体，按照油气田地面、油气储运和炼化工程三大业务领域，在剥离低效无效及矿区等资产的基础上，打破原有建制、整合优质资源，成立上中下游三家专业化工程公司，并组建从事环境纺织化纤工程和项目管理的两家专业化公司，打造5家业务界面和发展定位更加清晰的工程建设新品牌。

油气田地面工程业务。以中国石油工程建设公司和中国石油集团工程设计有限责任公司为基础，整合油气田地面工程设计及施工业务，组建中国石油工程建设有限公司（简称工程建设公司）。中国寰球工程公司退出油气工程服务上游业务。重组工作完成后，适时注销中国石油集团工程设计有限责任公司。工程建设公司重点发展油气田地面工程、天然气液化工程和海上石油平台工程等业务，打造国际一流的油气田地面工程综合服务商。

油气储运工程业务。以中国石油天然气管道局为基础，设立中国石油天然气管道局工程有限公司（简称管道局工程公司）。管道局工程公司重点发展陆上及海洋管道工程、化工石油储库工程等业务，打造国际一流的油气储运工程综合服务商。

炼油化工工程业务。以中国寰球工程公司和中国石油集团东北炼化工程有限公司为基础，整合炼化设计及施工业务，组建中国寰球工程有限公司（简称寰球工程公司）。原中国石油工程建设公司所属华东设计分公司、新疆设计分公司、大连设计分公司除环境工程外的相关业务及人员，中国昆仑工程公司所属大庆石化工程有限公司、辽宁分公司一并划入。整合原中国寰球工程公司所属辽宁分公司、大连设计院（剥离环境工程业务后）和原中国石油集团东北炼化工程有限公司机关及所属辽阳设计院、葫芦岛设计院、锦州设计院、吉林机械制造分公司，设立新的东北炼化工程公司，列中国寰球工程有限公司所属单位管理。寰球工程公司重点发展炼油工程、石油化学工程、LNG接收存储工程等业务，打造国际一流的炼油化工工程综合服务商。

环境工程业务。以中国昆仑工程公司环境及纺织化纤工程业务为基础，组建中国昆仑工程有限公司（简称昆仑工程公司）。原中国石油集团东北炼化工程有限公司所属吉林设计院环境分院、原中国石油工程建设公司所属大连设计院环境工程相关业务一并划入。昆仑工程公司重点发展环境工程、纺织化纤工程业务，打造国际一流的环境工程综合服务商。

项目管理业务。整合项目管理业务，组建中国石油集团工程有限公司北京项目管理分公司（简称项目管理公司），负责管理原中国石油集团工程设计有限责任公司所属北京兴油工程项目管理有限公司、原中国石油工程建设公司所属北京斯派克工程项目管理有限公司、原中国石油天然气管道局所属廊坊中油朗威工程项目管理有限公司、原中国寰球工程公司所属寰球工程项目管理（北京）有限公司、原中国石油集团东北炼化工程有限公司所属吉林梦溪工程管理有限公司。原中国昆仑工程公司退出项目管理业务。项目管理公司重点发展工程咨询、项目管理、设备监造、设计及施工监理、安全及环境监理、项目竣工验收等业务，打造具有国际竞争力的工程项目管理服务商。

以中国石油天然气集团公司工程建设分公司为基础，组建中国石油集团工程有限公司。将管道局工程公司、工程建设公司、寰球工程公司、昆仑工程公司4家公司划入，作为其子公司管理；将项目管理公司划入，作为其分公司管理。

2. 企业改制

将全民所有制企业改制为公司制企业。组织协调各成员企业先后召开19次职工代表大会、出具方案决议40份，经历4次全面审计、2次资产评估、339个资质转移以及2.6万人的三类人员费用测算。管道局工程公司顺利完成主辅分离后的权属合同变更，累计签订补充协议1090份，确保项目正常履约；工程建设公司召开8次党政联席会研究内部重组整合事宜，顺利完成总部整合以及91名处级干部的安置问题，着力推动管理和文化融合；寰球工程公司有序推进公司总部、二级单位和托管单位之间的制度编制、流程梳理和人员划转等工作，内部整合平稳有序。

3. 融资上市

按照与天利高新实施重大资产重组的上市方案，与集团公司资本运营部经过多方协调和艰苦努力，顺利通过国务院国资委、新疆证监局、上交所等监管机构审核并获得证监会正式批复。2016年12月，根据国务院国有资产监督管理委员会《关于新疆独山子天利高新技术股份有限公司资产重组及配套融资有关问题的批复》（国资产权〔2016〕1102号）、中国证券监督管理委员会《关于核准新疆独山子天利高新技术股份有限公司向中国石油集团公司发行股份购买资产并募集配套资金的批复》（证监许可〔2016〕3161号），办理完成中国石油管道局工程有限公司、中国石油工程建设有限公司、中国石油集团工程设计有限责任公司、中国寰球工程有限公司、中国昆仑工程有限公司、中国石油集团东北炼化工程有限公司、中国石油集团工程有限公司7家企业100%股权由中国石油天然气集团公司转移至天利高新的工商变更登记手续。中国证券登记结算有限责任公司出具证券登记变更证明，完成天利高新向中国石油天然气集团公司发行40.03亿股新增股份登记工作，标志着集团公司工程建设业务在A股市场成功上市，股票代码600339。

【中国石油集团工程有限公司成立】 2016年6月28日，以工程建设分公司为基础，组建中国石油集团工程有限公司，将中国石油天然气管道局工程有限公司、中国石油工程建设有限公司、中国寰球工程有限公司、中国昆仑工程有限公司4家公司划入，作为其子公司管理；将工程项目管理公司划入，作为其分公司管理。中国石油集团工程有限公司在北京市办理注册，机关设办公室（党委办公室）、计划发展部、财务资产部、人力资源部（党委组织部）、市场管理部、工程管理部、质量安全环保部、科技信息部、企管法规部、审计监察部（纪委办公室）、党群工作部（企业文化部）11个部门，机关人数编制控制在75人以内（含公司领导），其中处级职数30人（含总经理助理、副总师职数4人）。暂保留工程建设分公司牌子，归口管理集团公司所属其他未上市工程建设业务。

中国石油集团工程有限公司通过重组整合改制、业务转型升级和打造卓越品牌，理顺管理关系，避免同质化发展，突出发展油气田地面工程、油气储运工程、炼油化工工程、环境工程、项目管理服务五大专业，提供油气行业上中下游全产业链工程建设服务，大力发展工程咨询、EPC总承包、投融资增值、技术转让等高端高效高附加值业务，实现工程咨询、勘察、设计、采购、施工、维护维修、项目管理、无损检测等工程建设业务全价值链协同发展，打造上中下游一体化、国内外一体化、多功能服务一体化、海陆一体化的世界一流油气工程综合服务商。

集团公司对中国石油集团工程有限公司实施战略管控，重点加强对其战略执行、安全环保、经营合规以及“两个主体责任”落实的监督，建立权责对等、运转协调的决策执行监督机制。中国石油集团工程有限公司作为重组后的工程建设业务管理主体，是利润中心和经营管理中心，对所属子公司以战略管控为主、辅以部分运营管控实施分级授权管理，保持所属子公司经营自主权。履行决策（共性的、重大事项）、管理、协调、监督、服务职能。主要承担业务发展规划、战略管理、投资管理、财务管理、市场开发、人力资源、绩效考核、业务重组等重大事项管理。所属各子（分）公司作为市场开发和生产经营主体，是利润分中心和生产经营中心，主要承担生产经营计划与实施、投资计划执行、财务管理、市场开发、技术创新、人力资源、绩效考核、装备及物资管理、质量安全环保、监督约束、资产保值增值、队伍建设、党建等职责。

【市场开发】 将市场开发作为生产经营的头等大事，对内持续夯实市场基础工作，组织开展行业对标分析，建立完善市场管理机制和激励措施，加强海外市场协调和境外工程项目备案管理，研究制定以投融资+EPC等新的商业模式承揽海外项目的指导意见，构建可行性研究、融资、项目执行等全过程服务体系和管理流程，确保风险可控、效益可期；对外积极投入力量，大力捕捉商机，持续深化与俄罗斯、阿联酋、阿尔及利亚、莫桑比克等国家石油公司以及美国福陆公司、意大利塞班公司等国际工程公司合作，与中国建设银行、丝路基金、中投基金等金融机构建立良好关系，围绕“一带一路”等机遇寻求新的市场突破，2016年新签合同额885.2亿元，同比增长1.6%，其中社会市场和海外市场份额占比77%。

各成员企业及时调整营销策略，强化全员市场意识，主动出击、积极作为，努力开辟市场新天地。集团公司内部市场持续巩固，承揽陕京四线、辽阳石化俄罗斯原油加工等项目。社会市场不断扩大，中标浙江石化、湖北国家成品油储备库、大同及襄垣LNG等重大项目。海外市场尤其是高端市场捷报频传，管道局工程公司成功进入沙特阿拉伯、阿根廷市场，中标沙特拉斯坦努拉管道、阿根廷科尔多瓦省天然气管道项目，以投融资模式运作孟加拉单点系泊等项目；工程建设公司成功进入壳牌高端市场签约伊拉克巴士拉BGC项目，俄罗斯阿穆尔天然气处理厂项目获得重大突破，同时成为首个为埃克森·美孚伊拉克项目提供服务的中国工程公司；寰球工程公司成功签署委内瑞拉MPE3二期、马来西亚RAPID高密度聚乙烯项目；昆仑工程公司签约俄罗斯年产150万吨聚酯项目。

【重点工程建设】 加强全过程跟踪和全方位服务，实时优化设计施工方案，统筹调配优质资源，强化质量、安全、环保、采购、承包商等重点领域和关键环节的监督管理，有力保障重点项目顺利执行和履约到位。2016年共承担重点建设工程（合同）60项，其中油气田地面工程13项、长输管道工程29项、炼化工程12项、大型储罐及LNG工程6项。完成各类储罐清洗1257座，合计392万立方米。油气田地面工程方面，南苏丹37区项目机械完工，坦桑尼亚天然气处理厂项目成功实现产品气外输，阿布扎比曼德油田地面1期、委内瑞拉MPE3扩建工程等积极推进。炼化工程方面，长庆石化、大庆炼化、乌鲁木齐石化等项目顺利投产，云南石化、锦州石化等项目实现中交，神华宁煤年产400万吨煤炭间接液化项目一次开车成功并获得国家领导人高度认可，阿尔及尔炼油厂、华北石化千万吨炼油升级改造项目稳步推进。管道工程方面，肯尼亚成品油管线等项目建成投产，中俄原油管道、陕京四线等工程按计划推进，中缅天然气管道工程（缅甸段）获中国建筑行业工程质量最高荣誉“鲁班奖”。储罐及LNG工程方面，俄罗斯亚马尔LNG 3个模块顺利装船，莫桑比克成品油库、晋城华港燃气LNG项目竣工投产，江苏、大连LNG二期一次开车成功。

【基础管理】 组织召开“标准化设计、工厂化预制、模块化施工、机械化作业、信息化管理”工作推进会，交流成果、推广经验，成立各级“五化”工作领导机构，制订实施方案，加快提升工程现代化建设能力。基本建成工程建设标准化体系，涵盖油气田地面、炼油化工、油气储运三大领域的60个专业286项集团公司企业标准颁布实施，并组织召开集团公司工程建设标准化工作会议宣贯推广。持续开展设计质量专项检查和设计回访，深入进行工程建设材料编码体系研究，大力推广三维设计，逐步夯实设计基础、规范设计行为、提高设计质量和效率。组织编制企业质量成熟度评价标准和模型，开展卓越绩效管理模式应用研究，稳步推进工程质量提升。严格规范承包商管理，取消263家承包商准入资格、新增准入148家，承包商质量持续提升。修订集团公司监理业务管理规定，组织漠大长输管道监理项目标准化管理样板工程学习观摩，促进项目监理经验共享。

坚持“安全第一、环保优先、健康至上、预防为主”原则，全面识别风险，排查消除隐患，推行全员履职能力评估，促进员工意识到位、风险防范到位、现场监管到位，努力实现工程建设本质安全。强化HSE体系管理，2016年两次审核发现典型做法66项、查改问题635项。加强基层HSE标准化建设，分专业开展基层标准化建设试点，基层HSE达标率34%。加强炼化检维修及原油、成品油储罐机械清洗作业安全监管，组织对危害因素辨识、风险评价、施工方案等进行审查，确保作业安全受控。加强汛期和冬季等特殊时期安全防范，全面排查整改各类风险隐患，查改问题760余项。严格事故管理，针对管道局兰定线“9·21”火灾事故，认真开展事故调查，严肃追责处理，及时总结教训，严防此类事故再次发生。高度重视海外社会安全风险防范，严格海外工程安保方案审核，针对南苏丹武装冲突等情况，及时做好形势应对和人员撤离，确保员工生命财产安全。

【科技创新】 以市场需求为导向，依托工程建设科研体系平台，分层分级确立科技创新目标，在满足生产急需的同时，前瞻性地组织海洋工程、新能源、机械化施工机具、施工过程信息化等领域的技术交流和科研项目顶层设计。牵头或参与集团公司重大科技专项11项，千万吨级炼油、百万吨级乙烯、低碳与清洁发展关键技术等重大科技专项二期完成课题设计和立项论证，芳烃重大科技专项申请立项。持续抓好统筹科研项目，2016年新开题13项、验收37项，11项纳入集团公司重大科技专项或现场重大工业应用试验项目，5项被选定为集团公司技术利器。积极推进联合攻关，专利设备设计制造、数字化工程设计平台、数字化无损检测技术应用研究等课题取得阶段性成果。2016年共申请专利236件，获得授权专利243件，认定技术秘密116项，获得软件著作权22件；百余项科研成果得到工程应用，创效3亿元。稳步推进信息化建设，工程建设ERP应用集成项目完成试点，按照新的业务管理需求对26个信息化系统分批部署实施。

【降本增效】 2016年，深入贯彻集团公司提质增效工作部署，以在建重大项目为切入点，组织企业分别选取伊拉克纳西里耶储油库、哈萨克斯坦奇姆肯特炼油厂现代化改造、山西大同天然气液化调峰储备集散中心、沙特阿拉伯磷矿选矿、印度聚丙烯、阿尔及尔炼油厂改扩建等6个项目进行试点，通过优化设计采购施工方案和成本集成控制降本节费3.2亿元，通过索赔、变更等方式实现补偿收入6.4亿元。积极推动清欠工作，努力将合同利润落实为企业效益，2016年收回往年欠款共计186亿元。加大“僵尸企业”处置和特困企业治理力度，按要求将江苏德赛、吉林化建、吉林机械厂、寰球沙特阿拉伯项目纳入国务院国资委专项督办，明确处置扭亏户数、目标利润、减亏额、年度分流安置人员等三年治理目标。深入研究“营改增”对工程建设企业的影响和应对措施，2016年实现税收优惠增效1588万元。严控投资规模，2016年下达投资计划4.35亿元，同比下降37%。持续完善预算指标体系，加强企业预算执行与监控分析，通过绩效考核层层分解指标、传递压力、激发活力。

【2016年度石油优质工程奖】 2016年，中国石油工程建设协会组织开展2016年度石油优质工程的评选工作，共评出石油优质工程奖24项。其中，抚顺石化分公司扩建80万吨/年乙烯工程等17个项目获得石油优质工程金奖，土库曼斯坦巴格德雷合同区域自备电站项目等7个项目获得石油优质工程奖（表10）。

表10　2016年度石油优质工程获奖名单

序号	优质工程名称	申报单位	获奖情况
1	抚顺石化分公司扩建80万吨/年乙烯工程	中国石油天然气股份有限公司抚顺石化分公司	金奖
2	乌鲁木齐石化分公司100万吨/年芳烃联合装置及配套工程	中国石油天然气股份有限公司乌鲁木齐石化分公司	金奖

续表

序号	优质工程名称	申报单位	获奖情况
3	大港石化分公司产品质量升级改造项目	中国石油天然气股份有限公司大港石化分公司	金奖
4	中国石油大连石化公司汽油质量升级项目	中国石油天然气股份有限公司大连石化分公司	金奖
5	中国石油吉林石化公司 32 万吨 / 年苯乙烯装置工程	中国石油天然气股份有限公司吉林石化分公司	金奖
6	中国石油吉林石化公司 40 万吨 / 年 ABS 装置（一期）	中国石油天然气股份有限公司吉林石化分公司	金奖
7	铁岭油库工程（80 万立方米库容）	中国石油天然气股份有限公司管道分公司	金奖
8	兰州石化公司 300 万吨 / 年柴油加氢及配套工程	中国石油天然气股份有限公司兰州石化分公司	金奖
9	安岳气田磨溪区块龙王庙组气藏试采净化厂工程	中国石油天然气股份有限公司西南油气田分公司	金奖
10	重 18 井区 2012 年地面建设工程	中国石油新疆油田公司开发公司	金奖
11	风城稠油外输工程	新疆石油工程建设有限责任公司	金奖
12	聚喇 170 转油放水、污水站及喇 5 号配制注入站工程	大庆油田建设集团有限责任公司	金奖
13	南五区二类油层聚合物驱产能建设工程（新南 3-1 脱水站、聚南 5-3 转油站、聚南 5-4 转油站）	大庆油田建设集团有限责任公司	金奖
14	大庆油田同江救灾援建工程	大庆油田工程有限公司	金奖
15	中缅天然气管道工程（缅甸段）	中国石油集团东南亚管道有限公司	金奖
16	土库曼斯坦巴格德雷合同区域 B 区集输工程	中国石油工程建设公司	金奖
17	乌兹别克斯坦天然气管道 C 线工程	中国石油天然气管道局	金奖
18	杏十五 -Ⅰ含油污水处理站工程	大庆油田建设集团有限责任公司	优质工程奖
19	北Ⅱ-7-5 三元注入站一期、北Ⅱ-5 三元转油放水站工程	大庆油田建设集团有限责任公司	优质工程奖
20	喇 I-1 含油污水深度处理站工程	大庆油田建设集团有限责任公司	优质工程奖
21	聚中二二元调配站工程（一）	大庆油田建设集团有限责任公司	优质工程奖
22	杏北 701 转油站改扩建及系统工程	大庆油田建设集团有限责任公司	优质工程奖
23	土库曼斯坦巴格德雷合同区域自备电站项目	中国石油工程建设公司	优质工程奖
24	塔二联合站工程（一期）	大庆油田建设集团有限责任公司	优质工程奖

（吴晓利）

第七篇

国际业务

第一篇 总　述

第二篇 油气勘探开发生产

第三篇 炼油与化工

第四篇 销　售

第五篇 天然气与管道

第六篇 工程技术与工程建设

第七篇 国际业务

第八篇 科技与信息

第九篇 安全环保与质量节能

第十篇 企业管理与监督

第十一篇 党建、思想政治工作与企业文化建设

第十二篇 机构与人物

第十三篇 企事业单位概览

第十四篇 中国石油天然气集团公司大事纪要

第十五篇 统计数据

第十六篇 附　录

海外油气业务

【概述】 2016年，面对国际低油价的严峻挑战和错综复杂的发展环境，海外油气业务以“四个全面”及“一带一路”倡议布局为引领，围绕集团公司建设世界一流综合性国际能源公司的奋斗目标，坚持稳健发展方针和质量效益优先原则，大力实施资源、低成本和创新战略，深入推进开源节流降本增效工作，油气储量和产量稳步增长，提质增效工作成效显著，国际化经营管理水平持续提高，核心竞争力得到进一步提升。有效应对加拿大森林火灾、南苏丹“7·8”撤离等突发事件，全面完成各项生产经营任务，实现“十三五”的良好开局。

截至2016年底，海外油气业务遍及全球35个国家和地区，油气项目数量91个，上下游一体化的完整产业链已经形成，中亚、中东、非洲、美洲和亚太五大海外油气合作区以及横跨我国西北、东北、西南和东部海上四大油气运输通道基本建成，为保障国家油气供应安全做出重要贡献，在业务规模增长的同时，取得良好的投资效益。

2016年，海外完成油气作业当量产量14631万吨；完成油气权益当量产量7600万吨，同比增长5.5%；输送原油2593万吨，天然气439亿立方米；炼化项目加工原油1029万吨，目标利润完成年度考核指标的279.6%；自由现金流同比增加6.53亿美元；海外资产总额同比下降2.9%。海外HSSE业绩保持良好，全年未发生较大及以上安全环保事故。

【海外油气勘探】 2016年，海外油气勘探突出效益勘探，在工作量大幅调减情况下，勘探部署向规模优质可快速动用储量倾斜。深水勘探、滚动勘探、风险勘探等多领域取得突破和进展。巴西里贝拉项目西北区多井测试获高产，其中NW-3井折算单井原油产能超万吨，NW-2井发现油层超400米，基本探明12亿吨级地质储量的世界级巨型整装大油田。乍得项目基岩潜山领域发现多个新油藏，希望油田西斜坡岩性勘探获高产、塔克尔构造发现新苗头，印度尼西亚项目Jabung西部隆起带开发井兼探发现新层系，厄瓜多尔安第斯、哈萨克斯坦PK、阿曼等项目均实现高效增储。土库曼斯坦阿姆河天然气项目甩开发现西召拉麦尔根和莫拉珠玛气藏，东部气藏评价取得新成果，二厂供气和“东气中送”资源基础不断夯实。苏丹6区项目Sufyan凹陷南部陡坡带风险勘探取得重要突破、萨加隆起带首次发现Amal组新含油层系。此外，尼日尔、缅甸等项目义务工作量减免和勘探延期取得重要进展。

【海外油气开发生产】 2016年，海外油气开发生产坚持以效益为中心，动态调整开发工作部署，强化油田精细管理与生产组织，完善单井效益评价体系，推动边际效益区块产量优化，完成油气作业当量产量14631万吨，权益当量产量7600万吨，均创历史新高。

中东公司加强生产组织，及时联投新井，加大停产井恢复力度，稳步实施注水工程，完成原油权益产量3183万吨；哈萨克斯坦公司优化钻井工作量，提升新井投产效果，控减低效无效措施，加大转投注步伐，完成油气权益当量产量1676万吨；尼罗河公司克服安全形势不稳、物资供应受阻、油田递减加快等困难，努力保障平稳生产，完成原油权益产量608万吨；拉美公司加大委内瑞拉MPE3项目稀释剂保障力度，推动委内瑞拉陆湖项目湖上油田压缩机安装，完成油气权益当量产量661万吨；阿姆河天然气公司紧抓2016年上半年量价齐高有利时机，优选合理措施提高单井产量，完成天然气权益产量138亿立方米，为完成冬季保供任务做出贡献。乍得、加拿大、印度尼西亚、尼日尔和澳大利亚等项目公司通过优化生产流程、细化生产管理等举措，分别完成油气权益当量产量287万吨、140万吨、135万吨、55万吨和42万吨。此外，蒙古塔木察格、新加坡SPC项目加强生产组织管理，分别完成油气权益当量产量104万吨和46万吨。

【海外重点工程建设】 2016年，海外重点工程建设通过重点强化科学管理，取得积极进展。澳大利亚箭牌能源项目Daandine扩建工程2016年3月28日整体投产，为完成合同供气任务奠定基础；伊朗北阿扎德甘项目2016年4月13日实现原油外输，11月15日首船200万桶权益油运抵大连港，进入实质性回收阶段；南苏丹37区项目去瓶颈工程2016年6月15日机械完工，彻底解决油田液处理能力不足问题；加拿大麦肯河油砂项目一期工程2016年8月1日整体机械完工，12月1日启动注蒸汽，为2017年实现市场销售奠定基础。此外，俄罗斯亚马尔LNG项目整体进度完成75%，一期工程进度88%；乍得项目2.2期、阿姆河天然气项目萨曼杰佩增压工程、委内瑞拉MPE3项目16.5万桶/日扩建等重点工程按计划推进。

【海外管道运营及炼油化工】 2016年，海外管道加强统筹协调，运营安全平稳。加大油气源筹措力度，强化安全运行，2016年输送原油2593万吨、天然气439亿立方米。中哈原油管道项目加强隐患排查治理，实现1008万吨原油安全输送；中缅原油管道项目运输协议和港口监管协议完成小签，2016年11月30日成功实现水联运。中亚天然气管道项目C线完成乌兹别克斯坦天然气接入，三线总输气能力提升至510亿米^3/年，2016年实现输气357亿立方米；中缅天然气管道项目加强协调，2016年输气42亿立方米。炼化项目2016年加工原油1029万吨。苏丹炼油项目顺利完成股权转移和管理权移交；尼日尔津德尔炼油厂项目与尼日尔石油产品公司（SONIDEP）外销权及成品油价格谈判取得突破性进展，2016年8月签署新销售协议；乍得恩贾梅纳炼油厂项目克服销售不畅造成的多次停工困难，确保安全生产。

2016年，管道炼化工程建设进展顺利。中亚天然气管道项目C线哈萨克斯坦段4号及8号压气站具备持续运行条件，乌兹别克斯坦段完成线路及站场的国家验收，哈萨克斯坦南线巴佐伊压气站EPC总进度96.3%，2号压缩机2016年11月24日成功点火。截至2016年底，实现60亿米^3/年输气能力；加拿大激流管道项目一期工程冬季施工段全部完成，夏季施工段进度90%，站场建设基本结束；哈萨克斯坦卡沙甘项目油田海底油气管线修复工作完成，首批原油成功外运；哈萨克斯坦奇姆肯特炼油厂项目升级改造一期工程EPC综合进度93.9%，二期工程完成设备的技术协议签署、授标和订货。

【海外新项目开发】 2016年，新项目开发及合资合作力度持续加大，业务布局进一步优化。充分发挥在伊拉克的一体化优势及与伊拉克政府建立的互信关系，积极推动中东一号、二号等大型一体化新项目开发；利用伊朗新石油合同即将推出的有利时机，与伊朗政府签署南帕斯11气田开发框架协议；成功中标哈萨克斯坦5区块勘探项目；顺利获得阿布扎比2014项目8%权益的排他性意向书。灵活使用多种方式，推动合资合作工作取得新进展。中亚天然气管道顺利完成股权转让。伊拉克616项目，英国赛宁公司成功实现股权转让；伊拉克216、缅甸AD-1/6/8、加拿大四方LNG等项目合资合作积极推进。

【海外直属项目运行】

1. 中亚俄罗斯地区重点项目

（1）阿塞拜疆KK项目。2016年，阿塞拜疆KK项目将影响和制约项目发展的当地义务油（LMO）合同条款问题上升到项目生存与发展的战略高度，主动把握有利时机，通过采取有效工作手段，促成资源国政府同意修改合同、取消LMO合同条款，并成功追溯至2016年1月1日起执行。2016年，完成原油产量16.9万吨，超产0.9万吨，超产率5.63%，综合递减率5.25%。完成原油销售16.59万吨，原油商品化率98.1%。

（2）乌兹别克斯坦项目。丝绸之路项目卡拉库里气田开发前期准备工作取得进展，完成乌兹别克斯坦可行性研究报告的编制，并顺利通过乌兹别克斯坦政府的行政审批，获得带有最佳税收优惠条款的总统令。

明格布拉克项目重点完成项目可行性研究报告更新，包括新勘探开发方案编制工作，完成项目勘探开发潜力及新井井位研究，完成修井设计及工程技术研究工作。

咸海项目2016年控减投资达20%，并顺利启动退出程序。

（3）塔吉克斯坦博格达项目。2016年，塔吉克斯坦博格达项目加紧地震、非地震资料处理与解释工作，加强地质综合研究，初步完成区块潜力评价，完成二维地震资料处理826千米、三维地震资料处理8000平方千米及MT资料处理588千米。针对特提斯公司不按时履行筹款义务、塔吉克斯坦税务委员会不遵守PSC条款以及道达尔公司拟退出的现实状况，项目及时停止实物工作量投入、大幅度减少股东派员并妥善关闭联合公司，大幅降低人工成本和管理费用。并通过密切伙伴关系，主动与政府及有关主管部门沟通，合理应对税务危机并予以妥善解决。

2. 非洲地区重点项目

（1）乍得项目。2016年，乍得项目实现新增可采地质储量176.9万吨；完成原油作业产量285万吨，同比增长9.6%；输送原油283万吨；实现油气销售收入6.96亿美元；单位操作成本3.43美元/

桶，同比下降9%；全年累计实现安全作业850万人工时。

2016年，乍得项目加快动用Baobab潜山油藏，加强Bongor盆地勘探潜力研究。重点油田工程Phoenix区块实现快速投产。有效应对炼油厂项目停产和外输瓶颈影响，实现产输平衡；按照坚定不移走低成本发展之路，积极扩销推价，原油贴水降幅明显，同比下降3美元/桶。从合同复议、修旧利废、加强生产组织管理、应用新技术新工艺、优化方案设计等方面精打细算、挖掘潜力，共取得120个有效案例，实现降本增效金额5905万美元。

（2）尼日尔上游项目。2016年，尼日尔上游项目沉着应对尼日尔大选以来的复杂局面，全力防控恐怖组织造成的安保风险，项目实现安全平稳运行。全年新增探明石油地质可采储量475万吨；完成原油作业产量83万吨，超计划13万吨；原油单位操作成本8.10美元/桶；实现原油销售收入2.73亿美元，其中中方权益销售收入1.78亿美元。

2016年，尼日尔上游项目积极推进效益勘探，不断优化部署方案。Agadem区块优选5口探井全部完钻。其中Ngourti E-1井解释油层20米，24/64英寸油嘴试油自喷日产油1353桶，探井成功率80%。Agadem区块三维地震采集工作量从原计划的200平方千米压缩到191.5平方千米，采集单价也一再下降。以原油稳产为核心，坚持开发研究与现场管理紧密结合，Sokor油田、Agadi油田和Goumeri油田均实现高效开发。

（3）尼日尔津德尔炼油厂项目。2016年，津德尔炼油厂项目完成原油加工量83万吨，销售成品油71.17万吨，实现成品油销售收入3.8亿美元。维权工作取得突破性进展，项目公司与SONIDEP、尼日尔石油部、尼日尔商务部共同签署新的内外销协议，明确津德尔炼油厂与SONIDEP分别享有50%的油品外销权，内外销产品价格予以上涨，项目公司收益略有增加。

（4）阿尔及利亚项目。2016年，阿尔及利亚项目公司转变思路、升级合作理念，各项重点工作均得到稳步推进。阿达尔炼油项目严格履行服务协议，合作内容全面升级，圆满实现“双百”目标（即人员当地化100%，欠款回收100%），成为中国石油海外油气业务领域首个100%在中方指导下实现本地化的炼油厂合作项目，也为中阿双方在能源领域的成功合作树立里程碑式的典范；438b项目创新思路、克服困难，完成FEED、钻井大包及相关服务等重大项目的招标研究，共享设施地面工程方案取得重要进展，438b项目开发方案（FDP）更新工作也在有条不紊地开展。

（5）突尼斯项目。2016年，突尼斯项目NK勘探区块全部工作完成，SLK油田开发生产工作良好运行。2016年生产原油27万桶，中方权益原油产量6万桶，超产30%以上。

（6）莫桑比克4区项目。2016年5月，在中国国家主席习近平和莫桑比克总统纽西的共同见证下，中国石油和莫桑比克国家石油公司签署《合作框架协议》，标志着双方油气合作进入新的发展阶段。

2016年，莫桑比克4区项目Coral一期的开发方案获莫桑比克政府批准，项目可行性研究方案获集团公司批准，重大合同招评标结果较预算节省近2.8亿美元。与英国国家石油公司（BP）签署关于Coral一期LNG的销售购买协议，实现20年所生产全部LNG照付不议销售。Mamba一期建设有序推进；4区联合作业公司通过加大招标环节中的竞标和议价力度，控减合同金额68%。通过持续开展合同价格复议，实现合同降价1536万美元，占合同总金额的7%。

3. 美洲地区重点项目

（1）加拿大油砂项目。2016年，加拿大油砂项目完成2015—2016年冬季地质评价工作并优化上报评价报告；开展区域地质研究，完成大油砂区域构造图、编制油砂信息图册；试验新技术，完成麦凯河油砂项目资源评价；完成麦凯河油砂项目一期达产方案编制；SAGD井预热投产进展顺利。2016年8月1日，麦凯河油砂项目一期实现机械竣工；11月27日提前3天实现蒸汽首次投产；12月7日，第一对井注汽，圆满完成油砂项目2016年各项工作任务。

（2）加拿大白桦地天然气项目。加拿大白桦地天然气项目划分为5个含气区，共241个权益单位，总面积约628平方千米，可采资源量约10万亿立方英尺（1立方英尺=28.32立方分米）。2016年完钻新井8口，钻井进尺38846米；生产井开井360口，日产气25400万立方英尺，日产凝析油521桶；完成白桦地天然气项目的可行性研究报告；开展是否继续参与四方LNG项目、集输处理费重谈以及不做任何投资等多种情景的评价研究工作。2016年完成天然气权益产量6.2亿立方米，凝析油及NGL（天然气凝液）权益产量1.64万吨。

（3）加拿大都沃内天然气项目。加拿大都沃内天然气项目租地区从北到南依次是 Simonette，Pinto，Edson 和 Willesden Green，其中大规模开发活动主要集中在 Simonette 的北块和南块。截至 2016 年底，基本建成 5-31、15-31 和 10-29 三座处理厂，形成天然气日处理能力 15500 万立方英尺、凝析油日处理能力 3 万桶（折合年综合处理能力 245 万吨油当量）；建成 38 个生产平台（每个平台一般钻 8—14 口井）、1 个营地；完成道路修建、压裂完井供水设施建设等。主力开发区域 Simonette 开发评价认识和配套钻井、完井工艺取得明显突破；完成项目可行性研究，并上报国家发改委。2016 年，钻井 143 口，完井 137 口，投产 133 口；油气产量 175 万吨，同比增长 66%。

（4）加拿大中加公司项目。麦凯Ⅲ是中国石油加拿大多佛—麦凯河—麦凯Ⅲ“大油砂”项目的重要组成部分。2015—2016 年 12 口新钻评价井的情况与设计完全吻合。与 N-SOVE 开展的符合溶剂开发技术可行性研究成果表明，麦凯Ⅲ是开展复合溶剂开发的理想实验区，是近期麦凯河Ⅰ期稳产补充资源的现实区。Hoole 勘探项目继续保持停产状态，只开展提高产量的技术探讨。2016 年，加拿大中加公司项目实现原油销售 0.20 万吨，天然气 0.04 亿立方米。

（5）加拿大激流管道项目。2016 年，激流管道工程建设顺利推进，麦凯支线，第 1、2、3A、3B、4、8TUC 标段及麦凯连接线的管道冬季施工完成；第 5、6A、6B、7、8South 标段的管道夏季施工完成；站场施工按计划如期展开，麦凯河首站工程建设完成；中间泵站 Thornbury 和 Grassland 试运完成；Heartland 终端机械完工。积极引进第三方油源，增加管输收益，合作共建的 KinderMorgan 连接线工程和麦凯河首站 35 万桶混合油储罐工程进展顺利。

（6）加拿大四方 LNG 项目。2016 年，加拿大四方 LNG 项目完成中方下一步执行策略；完成 LNG 项目可行性研究报告；组织 FEED（前端工程设计）设计文件的技术审查，并得到联合公司对审查意见积极正面的答复；完成《关于加拿大（四方）LNG 工厂项目建设合同策略的报告》；进一步落实中方权益上游供气和 LNG 销售市场，完成与中国石油国际事业加拿大公司（PCIC）供气条款清单签署；项目公司与 Trans Canada 管道公司（TCPL）就 CGL 管道中方担保一事获得圆满解决。

4. 亚太地区重点项目

（1）印度尼西亚项目。2016 年，印度尼西亚项目面对油气产量不断递减和持续低油价的严峻形势，重点保障并优化主力区块开发工作量，进一步优化和压缩其他区块开发工作量，实现效益开发，超额完成产量业绩指标。2016 年完成评价井钻探和试油 1 口，获得油气新发现；完成三维地震采集 150 平方千米；完成作业油气当量产量 407.7 万吨，其中生产液烃 262.7 万吨、天然气 18.2 亿立方米。

印度尼西亚项目以实现本质安全为目标，加强安全培训与教育，强化安全检查与整改，完善安全规定与制度，夯实安全管理基础，项目公司安全环保及安保形势稳定，无事故、无污染、无伤害的 HSSE 业绩得以保持，实现连续安全生产 5310 天。

（2）新加坡 SPC 项目。2016 年，新加坡 SPC 项目贯彻落实“以降本增效为核心的低成本发展战略”，并创造性应用在非作业者小股东项目的运行管理中，针对各区块油气田特点综合性施策、差异化管理，实现全年目标。2016 年完成油气作业当量产量 288.72 万吨，其中生产原油 206 万吨（权益产量 25.34 万吨）、天然气 10.34 亿立方米（权益产量 3.31 亿立方米）；完成 10 口井的钻探，钻井进尺为 2.36 万米；完成 11 口井的增产措施修井作业。

（3）澳大利亚箭牌项目。2016 年，澳大利亚箭牌项目生产煤层气作业产量 13.2 亿立方米。完成新钻气井 24 口，钻井进尺 21.6 千米，完成水样检测井 8 口、修井 75 口、弃井 91 口，全年钻完井作业无任何重大安全和井控事故。Daandine 扩建工程按期实现全面投产，为国内供气业务实现收支平衡打下坚实基础；北部 Node 4 工程 8 月成功投产，北部供气压力得以缓解；PTL 项目获得股东批准进入执行阶段，正在进行详细设计；Kogan North 9 口新井实现完全投产；Tipton 扩容项目完成综合技术审查；Tipton 地区完成二维地震采集 100 千米，并完成资料处理及解释工作，完成 2015 年度 SEC 储量评估工作。

（4）澳大利亚哈科特项目。2016 年，澳大利亚哈科特项目资产处置工作取得显著成效。相继完成工作策略优化调整、潜在买家梳理、资产评估和相关专项审计、提升潜力买家报价、确认性尽职调查、股权出售协议及沟通交流等一系列工作。顺利进入股权出售协议的最终谈判签署阶段。

哈科特项目在 2016 年进一步加强投资和成本控

制。项目进一步压缩人工成本，同比人工薪酬支出下降41%。第二次获得政府对义务工作量的延期申请批准，钻井义务工作量延期两年。优化合同配置，大幅度减少政府报告等支出，较年初计划节约逾70%。实现全年实际投资同比下降31%。

（5）澳大利亚布劳斯项目。2016年1—3月，澳大利亚布劳斯项目完成浮式液化天然气方案下的FEED研究成果的股东联合审查，3月布劳斯项目合作伙伴一致决定放弃FLNG（浮式液化天然气）方案，结束FEED。4月22日，重新进行开发概念选择工作。成立布劳斯项目股东联合工作组，完成开发概念准备（A阶段）、完成开发概念粗选（ B阶段），选出10个方案进入开发概念精选（C阶段）定量分析筛选阶段。波塞冬项目，参与作业者组织的股东会议，协助配合作业者康菲石油公司完成区块的勘探许可证续期，提交油气发现申报并获得政府批准，同时提交保留租区的申请。

（6）缅甸AD1/6/8项目。2016年，缅甸AD1/6/8项目严格按照“6月搞清成藏模式、9月提出意向井位、12月完成井位论证”三个关键时间节点，顺利实现AD1/6/8三个区块勘探期延期两年取得“勘探方向明确、钻井井位基本锁定”的重要阶段成果。

2016年，项目深化地质研究，转变勘探思路，明确“两带一坡”是区块下一步勘探的主攻方向，基本锁定勘探目标，完成2016年度勘探研究和评价工作；及时提出新项目开发建议，参与技术交流、商务支持，推进合资合作进展；结合项目深水钻井实践经验，参与编写完成《中国石油天然气勘探开发公司深海钻井管理指南》；编写并发布《社会安全三级文件》和《突发事件应急预案》，完善HSE管理体系；逐项细化研究课题，严控研究合同招标成本，规范库房管理，实施低成本精细管理，开源节流降本增效显著。

【海外经营管理】 2016年，海外油气业务全面深入推进开源节流降本增效工作，积极落实扩销推价、合同复议、减员增效等10个方面29项举措，主要成本指标大幅下降，抗风险能力进一步增强，累计实现综合增效6.46亿美元，取得较好成绩。

海外油气业务改革创新与综合管理有序推进，综合协调及支持服务能力进一步提升。完善共享服务中心顶层设计，全面协调推进共享服务体系建设。人力资源共享服务分中心挂牌独立规范运行，出国事务、培训实施、社保事务等三个模块交付运行；财务、IT、行政共享服务方案编制完成，开始落地实施；HSSE、商务、技术等共享服务组建筹备工作小组，启动方案设计；乍得国别共享管理平台成功获得乍得政府许可，实现平稳运行。中油锐思公司依托技术支持力量，打造商务运作合规平台，为海外项目提供技术支持和商务服务，完成206位员工家属天津落户，并在复合热载体发生器的联合研制中为海外板块首次取得10项实用新型专利。人才选拔和人员轮换取得积极进展，制定出台《干部竞争上岗实施办法》和《干部管理办法（试行）》。科技和信息化工作成效显著。阿姆河、苏丹37区等4项国家重大科技攻关和示范工程项目顺利通过验收；11项科技创新成果获省部级科技奖励，创历年获奖数量之最；精细控压钻井技术、LVR-60R催化剂等10项新技术和新产品在海外成功推广应用并取得良好效益。有序推进海外ERP系统及数字油气田建设，推动OA系统在海外纯中方机构的应用，提升海外信息化水平。股东事务管理体系进一步健全，加强建章立制，修订完善《股东事务首问首办负责及限时办理实施办法》，优化调整项目中方股东代表，加强项目行权管理，有效落实中方股东意图。

【海外HSSE与风险防控】 2016年，海外HSSE业绩继续保持良好水平，全年未发生较大及以上安全环保事故。HSSE管理水平持续提升，通过ISO 14001-2015和OHSAS 18001体系国际认证，制定《海外HSSE控制框架》等6项制度，完成钻修井等6项主要业务HSE指南评审，开展海外项目HSE体系审核、社会安全管理体系和应急预案备案评审，有效应对加拿大森林火灾、南苏丹“7·8”撤离等突发事件，举办各类培训班82期次，提高员工的HSE管理能力和水平。

2016年内控与风险管理稳步开展。完成管理层测试及机关本部、尼日尔等项目内控体系自我测试，修订完善“三重一大”制度。投资管理和战略策略研究扎实推进。规范履行核准备案程序，严格把控方案审批，加大老项目补报力度，确保项目合规运行；系统开展“十大战略”课题研究，项目经营策略研究实现两年全覆盖。资金管控和税收保险管理有效加强。稳步开展审计工作。全力配合完成国家审计署审计工作；完善项目公司审理体系，严控审计质量，促进审计成果转化，2016年完成16个项目审计，审计发现及披露事项158个，完成审计整改事项81个。加强海外法律风险监测与防范，强化对重大决策和纠纷处理的法律把关。大力加强依法治企和合规管理，推动合规平台建设，组织开展合规管理培训，切实提升合规管理水平。

（刘　贤）

国内油气勘探开发国际合作

【概述】 2016年，在国际油价低迷、国内天然气销售不畅、业务管理体制调整、项目矛盾凸显等复杂内外部环境下，国内对外合作各项工作有序推进，全面完成年度各项生产经营任务，为集团公司全面深化改革与稳健发展做出重要贡献。

2016年，国内对外合作油气产量连续三年保持900万吨油当量以上高峰水平，生产油气912.6万吨油当量，其中原油312.6万吨，天然气75.3亿立方米。中方账完成销售收入72.08亿元，实现税前利润20.95亿元。完钻勘探（评价）井、开发井146口，钻井进尺44.29万米。截至2016年底，在执行对外合作项目38个，全部是产品分成合同。

2016年5月24日，中国石油天然气股份有限公司印发《关于调整勘探开发对外合作业务管理体制的通知》（石油人事〔2016〕131号），宣布调整国内油气勘探开发对外合作业务管理体制，由勘探与生产分公司统筹管理国内油气勘探开发对内、对外合作业务；对外合作部不再列总部机关职能部门，使用“对外合作经理部”牌子开展工作，列股份公司直属单位序列，业务由勘探与生产分公司归口管理。

【原油项目运作】 截至2016年底，共有在执行原油项目15个，其中赵东、孔南、冷家堡九$_1$—九$_5$、州13（1–2）、州13（3–6）、肇413、海月、高升、大安、莫里青、庙3、民114和两井等14个项目处于生产期，扶余1号项目处于开发期。

1. 大港赵东项目

进入开发中后期的赵东项目，受原油价格影响，以及确保回收投资和获取收益，2016年度未开展钻新井及措施井作业。本着“安全环保优先，设备改造次之，未来开发配套居后”的原则，将海洋工程建设项目进行分类并设定实施的优先顺序，对拟立项目逐一进行必要性和经济效益分析，取消或暂停低油价下无效益或经济效益低下的项目，大幅减少投资。

2016年完成原油产量56.16万吨，外输天然气1473万立方米。开展赵东合作区2016—2020年开发调整规划方案（IDP16）的补充修改完善工作。自2015年4月5日中国石油正式接管赵东项目作业权以来，项目总体运行平稳，安全生产无事故。

2. 大港孔南项目

项目通过采取相应降本增效、投资控制措施，持续优化改进，强化管理创新创效，未实施钻井和压裂措施，项目2016年完成原油产量6.70万吨。

3. 辽河冷家堡项目

2016年完成原油产量55万吨、商品量49.16万吨。投产新井8口（含2015年遗留），新建产能1.6万吨，年产油1.1万吨。

项目难采储量评价取得新进展。通过评价冷东内带滚动勘探潜力，部署实施侧钻水平井1口，实现增储58万吨；雷41块通过实施侧钻水平井2口，动用难采储量252万吨，区块产量稳步提升。

4. 辽河海月项目

2016年，海月项目生产原油45.67万吨，原油商品量43.26万吨。在无新井产能接替的情况下，依靠老井吞吐热采和高含水井综合治理措施实现产量基本稳定，开展吞吐注汽试验58口井，累计注汽7.06万吨，注汽后产量平均翻了近一番，吞吐注汽增产明显，58口吞吐井年累计增油9.04万吨。

通过加强地质油藏综合研究，不断加深地质认识，寻求储量、产量增长点，提升油田开发管理水平。通过加强岛体、海管海缆检测以及隐患治理工作，确保海上生产设施安全。通过实施全面预算管理，2016年压缩费用8406万元，有效控制生产作业支出和开发支出。

5. 辽河高升项目

2016年2月23日，高升项目合同者联合石油天然气投资有限公司致函中国石油，提出退出该项目合同区生产。中国石油依据石油合同，回函同意将2016年3月31日作为外方放弃生产区之日，合同区生产作业于此日移交给中方自营，宣告合同生产期同时结束。

截至2016年3月31日，高升项目一季度完成原油净产量2.88万吨，原油商品量2.74万吨。2016年未实施新钻井，仅完成侧钻井3口，投产2口，火驱注空气0.48亿立方米，吞吐注蒸汽2.50万吨，新转火驱井3口。

6. 新疆九$_1$—九$_5$项目

2016年生产原油70.9万吨，连续19年年产原油70万吨以上。在九浅4井区T_2k层、J384井区J_3q_3层和T_2k层评价出有效面积3.32平方千米，估算地质储量474.17万吨，预计部署开发井326口，建产能13.44万吨。

开展齐古组J_3q_2层稠油油藏开发技术效果专题研究，提炼出油藏精细描述及开发部署技术、汽驱整体开发工艺配套技术、汽驱不同开发阶段跟踪调整技术三大特色技术。截至2016年底，齐古组J_3q_2层油藏汽驱阶段采出程度30.78%，总体采出程度49.52%。

项目通过新疆油田安全环保健康考核，为新疆油田“健康安全环境（HSE）模范单位”五家之一并受到表彰，实现新疆油田安全生产十七颗星、合作项目连续安全生产20年的目标。

按照石油合同相关约定，合作双方同意新疆九$_1$—九$_5$项目于2016年8月31日生产期到期终止。

7. 大庆州13项目［包括州13（1-2）区块、州13（3-6）区块和肇413区块］

2016年未安排钻井、投产工作量，完成转注井6口；考虑油田平稳生产，后期新增安排压裂10口，完成原油产量和商品量19.27万吨。面对低油价的严峻挑战和开发效益的压力，项目在油田生产、地面工程、HSE管理、控本增效、生产管理等方面做了大量工作，各项应对措施积极有效，顺利完成全年生产经营目标。

8. 吉林大安项目、莫里青项目

2016年，大安项目完成原油产量59.01万吨，莫里青项目完成原油产量9.80万吨。大安项目安排并完成侧钻水平井2口，新井投产完成1口，措施井完成21口，转投注井完成3口；莫里青项目完成1口油井转注、1口油井大修。

9. 吉林庙3项目

2016年，庙3项目完成原油产量2.25万吨。钻井、投产工作量均未实施，完成调剖井1口，油转注井1口，普通压裂井1口。

10. 吉林民114项目

2016年，民114项目完成原油产量4.39万吨。为降本增效，取消实施新井钻探和大规模压裂增油措施。

11. 吉林两井项目

2016年，全部为老井自然产量，完成原油产量1.0万吨。全年未组织实施地面建设、老井措施、油藏检测，地面辅助工作量也大幅度调减。

12. 吉林扶余1号项目

项目把降本压费作为工作重点，实物工作以基本建设为主，加强基础地质研究，选取2口井进行热采先导实验。2016年基本完成联合管理委员会确定的各项工作目标，实现安全环保无事故。

【天然气项目运作】 截至2016年底，共有在执行天然气项目13个，其中长北、苏里格南、川中、迪那1和吐孜项目处于生产期，川东北项目处于开发期，金秋项目处于评价期，西昌、梓潼、喀什北、富顺—永川、内江—大足、荣昌北项目处于勘探期。

1. 长北项目

2016年1月1日，中方正式接管长北项目一期生产作业权，成为项目一期作业者。接管作业权后，长北项目继续保持安全平稳运行，2016年生产天然气35.85亿立方米，商品气34.09亿立方米，天然气产量连续8年突破33亿立方米。2016年中方利润20.91亿元。截至2016年3月，长北项目一期按照已批准开发方案的开发工作量全部完成。长北项目补充开发项目（长北二期）总体开发方案编制完成并提交中国石油审查。2016年8月，由勘探与生产分公司组织完成长北二期方案初审，2016年12月上报集团公司履行重大项目投资决策审查程序。

2. 苏里格南项目

2016年，苏里格南项目生产天然气13.62亿立方米，商品气12.97亿立方米。全年项目动用钻机11部，钻井60口，压裂100口井，连井107口，速度管柱安装192口井。

3. 川中项目

2016年，川中项目继续加强精细化管理，创新技术增效益、整改老井挖潜力，超额完成全年各项经营业绩指标，生产天然气2.0亿立方米、凝析油3027吨。HSE继续保持优良纪录，截至2016年12月31日，连续685天无损失工时事故。

4. 迪那1项目

迪那1项目生产运行平稳，2016年生产天然气3.38亿立方米、凝析油1.68万吨。

5. 吐孜项目

吐孜项目生产运行平稳，区块14口生产井，

2016年生产天然气6.78亿立方米、凝析油2594吨，钻完井4口。

6. 川东北项目

在中国石油、雪佛龙公司高层的高度关注下，在川东北项目管理团队、施工方及地方政府的共同努力下，2016年1月25日川东北项目罗家寨气田净化厂第一列装置首次产出合格商品气，第二列、第三列装置分别于4月7日和5月27日投产，项目达到30亿米^3/年的生产能力，2016年生产原料气14.37亿立方米，商品气11.27亿立方米。

7. 金秋项目

2016年1月，合作者壳牌公司正式提出终止项目。

8. 富顺—永川项目

2016年3月，合作者壳牌公司正式提出终止项目。

9. 内江—大足及荣昌北页岩气项目

2016年3月31日、7月27日，中国石油和BP公司分别签订内江—大足、荣昌北页岩气项目的产品分成合同。按照合同约定，内江—大足、荣昌北页岩气项目分别于2016年5月1日、8月1日开始正式执行，BP公司作为合同者承担全部勘探投资，中国石油担任作业者。

西昌项目、梓潼项目开展合同终止相关工作，塔里木喀什北项目无对外合作实物工作量。

【煤层气项目运作】 截至2016年底，共有煤层气项目10个，其中6个处于勘探期，1个处于生产期，1个处于开发期。

1. 马必项目

马必项目2016年实现商品气量0.17亿立方米；完成勘探井3口，试采井5口；压裂投产井50口，排采勘探井14口。马必区块南区10亿立方米产能开发方案通过集团公司审查，具备上报国家发改委核准条件。

2. 成庄项目

成庄项目2016年完成商品气量0.95亿立方米；合作双方就区块商品气销售协议达成一致意见，合同者同意全部销售给中国石油。

3. 三交项目

2016年，三交项目煤层气开发引进4分支水平井，全部下玻璃钢筛管技术取得一定成效，并且加强排采精细化管理，继续落实“一井一策”排采制度，制定合理的分阶段定量排采控制方法，确定合理的降压和增产速度，单井排采平稳生产，区块产量稳步提升。排采井75口，产气井68口，日产超万立方米水平井也由年初的6口增长到8口，日产气量由年初17.56万立方米增长到20.31万立方米，增长15.7%。2016年生产煤层气6900万立方米，销售煤层气5019万立方米。三交项目开发补充协议合作双方已基本达成一致。

4. 韩城项目

2016年，韩城项目区块新增煤层气探明储量100.3亿立方米，累计提交探明地质储量205.17亿立方米。2016年11月30日，中国石油与龙门汇成投资有限公司签署《中华人民共和国陕西省韩城地区煤层气资源开采产品分成合同第四次修改协议》。

5. 三交北项目

2016年，三交北项目在区块西北部本溪组砂岩获得勘探突破，进一步落实本溪组砂体的展布特征。2016年12月1日，中国石油与中澳煤层气能源有限公司签署《中华人民共和国山西省三交北地区煤层气资源开采产品分成合同第十次修改协议》。

6. 保田青山项目

2016年，保田青山项目不断优化压裂工艺和排采制度，煤层气井排采初见成效，结束长期有井排采无井持续产气的历史，6口井稳产近1000立方米，为区块提交新增探明地质储量提供了依据。

7. 石楼南项目

2016年7月20日，中国石油与瑞弗莱克油气有限责任公司签署《中华人民共和国山西省石楼南地区煤层气资源开采产品分成合同第三次修改协议》。

8. 紫金山项目

2016年7月20日，中国石油与亚太石油有限公司签署紫金山项目补充作业延长等事项的备忘录。

硫磺沟项目进行国际仲裁工作。沁南项目无对外合作实物工作量。

【联合研究】 2016年4月6日，中国石油天然气集团公司与壳牌中国勘探与生产有限公司签署《新疆CCUS联合研究合作的谅解备忘录》，拟在新疆油田开展二氧化碳提高采收率的合作。

【人员培训】 2016年，利用对外合作项目提供的培训费和培训资源，组织国内培训61批、国外培训14批，参加人数2850余人次。

（赵进锡）

国际贸易

【概述】 中国石油的原油、成品油、天然气、石化产品及节能减排国际贸易业务，中国石油海外份额油的销售及原油、成品油、天然气境外期货业务，海外集贸易、加工、运输、仓储为一体的油气运营中心建设和运营管理由中国石油国际事业有限公司（中国联合石油有限责任公司，简称国际事业公司）统一管理和组织实施。国际事业公司是中国石油外经外贸专业公司。2016年，国际贸易公司大力推进改革创新，有效控制各类风险，全面超额完成各项工作任务。

2016年，国际事业公司境内外分支机构42家，在国内70多个口岸开展通关服务，贸易范围遍及全球80多个国家和地区，基本覆盖全球主要油气资源地和市场地，经营油气种类上百种。国际事业公司基本形成集贸易、加工、仓储、运输“四位一体”的综合性国际能源贸易公司。

2016年，国际贸易量继续大幅增长，实现贸易量4.5亿吨，销售收入6221亿元，实现安全环保运行。

【原油进出口及国际贸易业务】 2016年，原油业务调节保供和优化资源能力不断提升。充分利用全球营销网络加大海外权益油销售力度，伊朗北阿扎德甘项目提油销售实现零突破。积极推进国内地炼市场开发，降低物流成本，拓宽销售品种，合理布局库存资源。

【成品油进出口及国际贸易业务】 2016年，全力以赴组织成品油出口，努力开拓高端高效市场，超额完成年度来料加工返出成品油计划。积极推动成品油一般贸易出口退税政策落地，完成该项下首船出口，丰富了出口贸易方式。积极开拓终端零售市场，重点开发船加油、机场加油、加油站零售业务，机场加油业务拓展至全球6个国家和地区的17座机场，在新加坡、哈萨克斯坦和中国香港地区加油站零售市场占有率分别为21%、16%和12%。

【化工品进出口及国际贸易业务】 2016年，聚集主营产品，集中发展PX、PTA和甲醇等具备套期保值功能的产品，贸易技术含量和一体化运作水平持续提升，在郑州商品交易所PTA期货合约交割量名列第一，市场影响力稳步提高。为系统内炼油厂直供甲醇，满足生产原料需求，确保高标号汽油投放市场。承接商务部津巴布韦尿素项目，帮助宁夏石化尿素产品进入非洲市场。

【天然气进口及国际贸易业务】 2016年，统筹优化管道气和LNG资源，通过调减管道气和LNG进口量，维护集团公司整体利益。协调土库曼斯坦天然气冬季超计划供应，积极应对乌兹别克斯坦天然气停供、哈萨克斯坦超量下载、对中国香港供气中断等问题，优化LNG船期，开展LNG紧急采购和紧急转售，为国内冬季天然气平稳供应发挥重要作用。

【海运业务】 2016年，积极与中国远洋海运集团和招商局集团合作扩大运输量。多措并举降低运输成本，与全球40家船东建立直接合作关系，租船直接成交运输量占比50%，为炼化企业有效降低运费成本。加强航运安全管控，建立海运事故分析及整改反馈流程，实现安全运营。

【海外油气运营中心建设】 2016年，继续提升亚洲、欧洲、美洲三大油气运营中心在贸易、加工、仓储和运输“四位一体”中的作用。新加坡公司不断提升市场影响力，占马来西亚船加油市场的55%，在缅甸、斯里兰卡成品油市场份额超过40%，在伊朗汽油市场份额超过25%。中标埃塞俄比亚2017年成品油供应合同，占该国成品油市场份额超过35%。普氏窗口成功运作埃尔沙辛原油，成为该品种最大的经销商，汽油、燃料油交易量居前两位。日本大区公司成功开发日本昭和壳牌客户，首次将大连库存原油出口至日本市场。哈萨克斯坦大区公司积极配合西部油气管道资源落实，运作哈萨克斯坦液化气供应独山子石化业务，弥补国内需求缺口，保持哈萨克斯坦第三大成品油零售商地位。伦敦公司进一步提升布伦特基准油和柴油基准油运作能力，创造良好效益。加强区域和本地市场开拓，运用成品油贸易长约掌控资源与市场。美洲公司开拓石蜡对美国、化肥对巴西的直销业务，获取阿根廷石油焦和巴西塑料资源。抓住美国原油出口解禁机遇，成功采购WTI原油销至委内瑞拉。

【经营管理】 2016年，组织分解国际贸易“十三五”发展规划指标，落实责任，确保规划落地。以“十三五”发展规划为基础，突出战略管控和业务优化发展，编制完成《2017年国际贸易生产经营和投资框架建议计划》。

加强财务管理，提升专业化服务水平。优化整合授信额度，实现区域额度灵活调剂的共享。积极推进资产轻量化工作，制定未来3年"压缩管理层级，减少法人户数"计划，2016年压减任务全部完成。修订固定资产、股权、资金、报销等项规章制度，提高财务规范化管理水平。

完善选人用人机制，优化人力资源配置。通过做好组织机构加减法提升发展质量。完善薪酬、干部、奖惩、招聘及出国（境）管理等人事制度，通过进一步规范薪酬结构，持续完善激励约束机制。完善全员考核办法，依据业务关联完善考核测评模式，将业务单元由360度测试调整为根据实绩直接评分，提升考核客观性。持续完善干部选拔任用机制，推进干部管理分级授权，收到良好成效。持续对新任职中层干部进行试用期考核，组织地区公司领导班子年度考核测评及后备干部推荐，促进各单位班子履职能力的提升。统一全球招聘流程，推动人力资源管理规范化、国际化。创新培训方式，突出重点培训项目，引入员工帮助计划（EAP），提供员工心理咨询服务，搭建"知鸟"移动培训平台，强化培训效果。

信息化建设有序推进。中油e贸网"信息服务、用户服务、交易服务"三项核心功能上线运行，并顺利完成多笔交易，为客户获取信息、研判市场、开展业务搭建重要平台。先锋系统实现对原油、化工品及部分成品油、天然气业务的支持。

完善制度流程，加强合规管理。对国际事业公司内部开展审计和联合监督检查，强化基层单位合规经营的意识和管理水平。持续优化业务流程，制定发布《2017年内控手册》，修订《合同管理办法》，扩大地区公司合同审批权限，提升工作效率。加强合规管理，完善国际事业公司各项规章制度，2016年制定和修订规章制度20项，为国际事业公司发展提供制度保障。

【HSE管理与风险防控】 2016年，修订和完善国际事业公司《2016年度安全环保责任书》及《考核实施细则》，组织自评价和现场考核。继续在中层以上领导干部中推行《个人安全行动计划》。组织开展"安全生产月"、基层站队标准化建设、油气储罐隐患治理和实体资产单位安全互检互查等工作，有效提升安全管理水平。组织召开海外反恐防恐视频会议，安排部署相关工作，确保人身、资产安全。

加强风险防控。认真落实集团公司风险管理办法，积极参与海外风险管理工具开发，固化风险评估程序，增强风险分析能力。组织2017年度重大风险评估，全面分析风险应对措施。动态跟踪客户风险，积极推进信用风险转移措施。

（中国石油国际事业有限公司）

国际业务与外事外联管理

【概述】 2016年，国际油价呈震荡回升走势，全球政治、经济、能源领域"黑天鹅事件"频出，英国脱欧、拉美政治转向、恐怖袭击频发等一系列现象，反映出全球政治局势碎片化、社会动荡长期化、恐怖主义扩散化、合作政策随意化趋势日趋明显，集团公司国际业务积极应对低油价挑战，坚持稳健发展方针，全面开展开源节流降本增效工作，深入推进"一带一路"油气合作，实现"十三五"良好开局。截至2016年底，集团公司在全球38个国家和地区管理运作95个油气投资合作项目，在72个国家和地区开展工程技术服务和工程建设业务，形成涵盖上中下游的完整油气产业链和工程服务业务链，基本建成中亚—俄罗斯、中东、非洲、美洲和亚太五大油气合作区，初步构筑起西北、东北、西南和东部海上的四大油气战略通道，以及亚太、欧洲、北美三大油气运营中心，国际业务中方员工1.76万人，当地和国际化雇员9.32万人，本土化率84.12%。面对低油价挑战和错综复杂的发展环境，借力国家"一带一路"倡议深入实施，围绕"十三五"发展规划部署以及建设世界一流综合性国际能源公司战略目标，集团公司高效推进国际业务、外事外联、海外社会安全与HSE管理工作，国际化经营规模实力、国际影响力和品牌形象持续提升。

【"一带一路"油气合作】 国家提出"一带一路"倡

议以来，集团公司迅速响应、积极筹划、统一部署，根据国家相关部委要求，2016年下发《关于成立中国石油天然气集团公司“一带一路”油气合作领导小组的通知》（中油人事〔2016〕405号），成立集团公司“一带一路”油气合作领导小组，负责统筹协调油气合作对内对外两方面工作，审议集团公司“一带一路”油气合作战略规划、重大投资项目、重大政策及相关专题研究方案。领导小组下设办公室，办公室设在集团公司国际部（外事局）。

为深入贯彻中央方针政策、推进构建各专业领域与“一带一路”国家油气合作支持保障体系，下发《关于进一步明确“一带一路”油气合作专业工作小组职责及构成的通知》（国际〔2016〕356号），在集团公司“一带一路”油气合作领导小组下进一步明确规划编制、油气合作、贸易与通道、工程技术、工程建设与装备制造、投资环境与安全保障等6个专业工作小组。围绕国家关于“一带一路”建设的“五通”（政策沟通、设施联通、贸易畅通、资金融通、民心相通）要求，印发《集团公司加快推动“一带一路”油气合作“十三五”行动方案》，充分发挥集团公司“一带一路”油气合作中取得的先发优势，不断巩固和扩大区域油气合作规模。

20世纪90年代中期，集团公司开始在“一带一路”区域内重点资源国开拓业务，是最早在“带”内开展投资合作的中国企业之一。截至2016年底，集团公司在“一带一路”范围内建成中亚俄罗斯、中东和亚太三大油气合作区，在俄罗斯、哈萨克斯坦、土库曼斯坦、伊拉克、伊朗、印度尼西亚、新加坡等19个国家运营管理着49个油气合作项目。海外8个千万吨级大型油气生产项目中有6个位于“一带一路”区域内，2016年“一带一路”内油气权益当量产量超过5900万吨，占集团公司海外权益总产量的75%以上，累计投资超过510亿美元，投资和产量规模均占到中国企业在“一带一路”区域内油气投资和产量的一半以上，具备较大规模和较强实力，成为“一带一路”区域内最重要的油气生产商之一。建成中亚天然气管道、中哈原油管道、中俄原油管道、中缅油气管道等油气战略通道，原油输送能力4800万吨。天然气输送能力562亿立方米，分别占集团公司海外油气输送能力的56%和100%。建设中俄东线天然气管道、中俄东线原油复线，设计新增原油、天然气供应能力1500万吨/年和380亿米^3/年。

2016年，集团公司在“一带一路”地区完成油气贸易量2.15亿吨，占油气贸易总量的48%；从“一带一路”地区进口原油4639万吨、天然气464亿立方米，分别占中国石油进口总量的63%和99%；工程服务业务（含工程技术、工程建设和装备制造业务）在“一带一路”地区完成合同额51.9亿美元，占海外合同总额的65.3%。“一带一路”是集团公司海外核心油气合作区，是海外油气产量和经济效益的主要来源地，集团公司在合作基础、业务规模、投资回报、互利共赢等方面均走在中央企业“一带一路”建设的前列，拥有相当的先发优势。

【配合国家能源外交活动】 2016年，借力国家能源外交、“一带一路”等机遇，以党和国家领导人出访以及中东、非洲政要来访等为契机，推动海外重大油气合作取得多项突破，协调推动国家间、集团公司与国外能源矿产部、石油企业之间的一系列重要协议的签署。协调俄罗斯中俄东线、中俄西线、远东供气项目、天然气发电、地下储气库、天然气用作发动机燃料、预付款增供原油、亚马尔项目、天津炼油厂等项目的谈判，与俄罗斯天然气工业股份公司签署《中国石油和俄气公司关于标准化和一致性评估领域的合作协议》《开展天然气发动机燃料领域可行性研究合作的备忘录》《人文和信息交流领域合作的协议》《中国石油与俄气公司关于天然气发电和地下储气库合作的谅解备忘录》等多项协议文件；稳步开展中土天然气贸易、中乌天然气贸易及上游合作项目的谈判；稳妥做好中亚D线开工及供气时间推迟的解释和说明工作；与阿塞拜疆国家石油公司签署上下游一体化的合作备忘录；根据与阿联酋阿布扎比国家石油公司达成的上中下游全面战略合作共识，推动落实议定事项并研究制定下一步合作计划；与沙特阿美石油公司签署新的《战略合作框架协议》《科技合作谅解备忘录》；在中国、莫桑比克两国元首见证下，集团公司与莫桑比克国家石油公司签署合作框架协议，推动成立集团公司莫桑比克协调领导小组，组织高级代表团成功访莫桑比克探讨落实合作项目，开启中莫全面油气合作的新篇章；积极推进与肯尼亚石油与能源部签署的地热开发和发电项目，促成对双方备忘录内容的补充修订，扩大项目的地热资源基础，拟采用的发电方式更成熟稳定；与阿尔及利亚国家石油公司签署合作备忘录，协调推动建立联合工作机制，研究探讨下一步合作项目。

【外事外联与对外合作交流】 2016年，集团公司持续深化和扩大国际交流与合作，有序组织对外宣传和公共外交活动，实现依法合规管理，持续提升在各领域交流平台的话语权、品牌形象和国际影响力。

严格贯彻落实中央和国家部委相关外事管理规

定，认真执行中共中央办公厅、国务院办公厅等政府有关部门关于因公出国、对外公务活动、外国政要来访及相关外事管理规定，严肃外事纪律，规范外事外联活动，强化集团公司外事工作的统一归口管理。积极稳妥做好与外交部等上级政府部门的沟通联络和请示报告，确保所有重大外事活动顺利进行。

2016年，集团公司累计安排领导国内外事活动166次，重点协调出访团组36个，成功接待莫桑比克总统、乍得总统、秘鲁总统、苏丹总统助理等一批重要来访贵宾，组织接待包括苏丹油气部长、伊拉克石油部副部长、尼日尔能源和石油部部长、肯尼亚能源和石油部部长等外国重要来访团。2016年完成外事活动英文口译任务100余场，翻译审核、起草领导往来信函100余封，提供项目会谈口径和背景材料200余份。

集团公司组织代表团参加2016剑桥能源周（CERAWEEK）、SPE亚太水力压裂技术大会、阿布扎比国际石油展览暨会议（ADIPEC）、第十届国际石油技术大会（IPTC）等重点会议以及各类综合性国际展会8个、200人次。协调所属企事业单位出国参加国际会议和展览项目317个、1006人次。举办与国际石油公司、国家石油公司和政府机构的专题研讨会和技术交流会13个、280人次。批准人才引进项目9个。推进并落实与BP、道达尔等国际石油公司战略合作协议签署及合作协议项下的各领域合作事项。强化与俄罗斯天然气工业股份公司、GE、西门子、斯伦贝谢、ABB等国际石油公司、国家石油公司以及服务公司的伙伴关系，加强科技合作与交流，组织专题研讨会，共享科技创新降本增效的实践经验和方法。组织出版多期《国际合作与交流专刊》，传播国际会议报告、技术综述以及有关学会组织最新研究成果动态。

加强与世界石油理事会（WPC）、国际石油工程师学会（SPE）、国际天然气联盟（IGU）、油气行业气候倡议组织（OGCI）、国际原油管道运输商协会等国际组织和学术团体的紧密联系；组织与乍得媒体代表团、非洲27国记者代表团、阿曼青年才俊访华团、中国—阿拉伯语国家发展合作部级官员研讨班等团组的交流与互动，接受俄罗斯主流媒体采访，借助各领域交流平台开展对外交流与宣传工作。完成五种语言的《中国石油天然气集团公司2015年度报告》编辑、出版和发行工作，中文成稿字数45000字、发行12000册。做好集团公司英文和俄文网站的日常运维和管理，完成集团公司西班牙文网站建设。与苏丹油气部完成第四次培训协议续签，为南苏丹、古巴等资源国举办专题培训班5期、50人次。编制出版乌兹别克语、土库曼语、俄语情景会话手册。充分发挥中加中心与加拿大阿尔伯塔省业界的桥梁纽带作用，组织8批出国培训团组和多期生产管理技术交流活动。

【国际业务管理】 2016年，扎实抓好国际业务和海外工程服务项目市场协调与备案工作，明确主体责任优化海外市场协调管理，加强对竞争较突出的专业和地区的事前协调力度，多渠道、多层面协调推动解决重点地区、重点项目发展运作瓶颈问题，促进国际业务可持续发展，海外市场秩序保持稳定有序。

深入贯彻落实习近平、李克强关于采取有效措施、遏制恶性竞争的重要批示，以及国务院国资委关于规范中央企业境外经营行为、加强中央企业境外机构和人员行为监管等一系列文件精神，组织集团公司涉外业务单位认真开展自查与整改，组织召开专题会布置落实工作，切实做好境外风险管控，坚决杜绝违法违规行为。探索加强市场开发统筹协调的管理机制和手段，研究以市场开发计划为基础的境外项目分类分级协调备案审批办法；明确海外市场协调参与主体的职责，协调、指导专业分公司、集团公司驻外地区协调组和办事处切实履行市场协调相应责任，提高集团公司海外市场协调管理的效率，组织对重点项目进行协调，有效防止内部无序竞争，引导部分项目实现内部联合。2016年办理境外工程技术服务项目备案1200多件。

利用政府间双边、多边合作和对话机制，保持与外交部、国家发改委、商务部、国家能源局等政府部门的密切沟通，及时报告重大合作进展，促成瓶颈问题解决，积极维护集团公司权益。协调推动中俄东线封闭区建设审批、所需物资免交关税和进口增值税等问题；推动解决在哈萨克斯坦油气项目的石油合同延期、降低中国石油在哈萨克斯坦参股企业原油内销比例等问题；推动将苏丹、南苏丹区块延期、欠款清偿等事宜列入中苏能源合作委员会首次会议议题；推动影响苏丹项目可持续发展的重大问题解决；推动促成在G20杭州峰会期间乍得总统会晤集团公司领导，就影响西非项目原油外输、尼日尔—乍得管道修建及乍得—喀麦隆管道改建等交换意见并达成共识；通过中国—委内瑞拉高级混合委员会推动解决委内瑞拉MPE3项目税收问题；推动修订中厄两国政府间投资保护协定；推动解决加拿大非常规资源项目劳工准入和管道沿线原住民利益协调等问题；推动解决澳大利亚煤层气项目环保及劳工签证等问题。

持续加大工程服务企业“走出去”的政策支持和重点地区、重点国家的合作战略研究。协调组织集团公司领导主持召开服务企业“走出去”政策支持座谈会，汇总、起草包括投资、融资和资金支持等十二个方面的内容政策支持意见。做好对集团公司国际业务的战略引领和决策支持，持续跟踪中亚—俄罗斯地区俄罗斯、土库曼斯坦，中东地区伊拉克、伊朗、沙特阿拉伯，非洲地区苏丹、南苏丹、乍得、尼日尔等重点资源国地缘政治形势和投资经营环境变化，持续加强海外投资环境研究；与国内外知名学术科研单位合作，开展《非洲油气合作商业模式总结》《土库曼斯坦经济形势分析》《天然气进口价格发现机制》《中亚国家双边关系研究》《俄罗斯国家石油公司管理体制和国际化经营战略》等研究，完成对俄罗斯国家石油公司股份私有化问题、与沙特阿美石油公司开展油气合作的策略分析及建议研究报告。

2016年9月8日，组织召开集团公司“一带一路”油气合作工作推进会和落实习近平总书记“8·17”讲话的部署会议，举办深化“一带一路”油气合作专题培训班暨研讨会。按照中央和国家相关部门关于推动“一带一路”建设的部署要求，全面梳理集团公司在“一带一路”地区油气业务现状，深入推进集团公司“一带一路”油气合作建设。及时向国家能源局、国家发改委、外交部和商务部等国家有关部委报告集团公司“一带一路”油气合作现状与未来发展。开展对“一带一路”重点资源国投资环境的专题研究，并编制国别报告。设立集团公司“一带一路”油气合作专栏，加强对国家相关合作政策的宣传贯彻和信息共享，完善资料数据库建设。

【海外防恐安全和HSE管理】 2016年，集团公司全面加强海外社会安全风险管理，以“保证人员安全，保持生产稳定，保障集团利益”为中心目标，成功应对多起危机与挑战。

成功处置和应对多起突发事件和重大危机。2016年7月，面对南苏丹首都朱巴再次爆发大范围武装冲突，集团公司迅速启动应急预案，海外应急救援中心实行24小时值班，密切联系、多方联动，落实具体应对措施，制订资产保全方案。在维持油田基本生产的前提下，5天内组织包机12架次，有序撤离中方员工348名（含非中国石油员工166名）。面对委内瑞拉治安环境日趋恶化的形势，分步实施、多方案并行，加强信息收集研判，制订人员精简方案并督促落实，实地踏勘和验证水陆空三种撤离路线，落实各类应急资源。针对中亚国家接连发生暴恐事件，短时间内地区安全风险突升，多次组织专题研讨会，及时分析局势变化。实施分区域安保负责制，从人员控制、信息搜集等方面全力加强风险管控。

深化社会安全管理体系运行。开发《社会安全风险评估审核备案流程》等9个文件，修订《保安力量管理》等程序文件，组织更新体系文件部分专项应急预案内容。组织对17家主要涉外单位本部的社会安全管理体系建设与运行情况开展飞行审核，发现问题123项，提出改进建议167条。发布《国际业务社会安全管理体系建立与实施规范》《国际业务社会安全管理体系审核规范》两项标准。以海外钻修井业务为试点，启动海外HSE管理体系统一建设。根据年度体系审核计划，完成对俄罗斯亚马尔、苏丹、伊拉克哈发亚和鲁迈拉、哈萨克斯坦项目的审核。

全面加强社会安全风险防控。定期发布《海外项目所在国家社会安全局势分析年度报告》《海外社会安全形势周报》，动态更新风险级别。组织召开“中东中亚地区政治安全形势分析讲座”等专家研讨会10余次，研究分析重点国家安全形势。密切监控伊拉克、南苏丹等国家安全局势变化，加强风险评估和预警，2016年发布安全提示55次。加强风险源头管控，审核安保方案490个，提出整改意见110多条，审核出国团组1800个，因安全原因取消或暂停团组70多个。完成海外社会安全和HSE信息系统初始化，涉及7家专业分公司共33家涉外企业，建成统一的HSSE和应急信息平台，开发海外风险预警APP平台，推动安全管理信息化建设。

加强环境保护和职业健康管理。组织对阿塞拜疆K&K项目环境风险和管理情况进行调查评估。编写完成《集团公司国际业务环境保护管理办法（初稿）》。发布《境外项目健康风险与医疗人员能力评估指导意见》，建立具有中国石油特色、行业领先的健康风险量化评估方法和现场医疗人员配置矩阵。完成尼日尔、哈萨克斯坦项目远程会诊平台功能测试。推进海外心理健康服务（EAP），组织专题培训和讲座87场，2016年EAP咨询热线咨询个案数量416个，总时长826小时，建成中国石油EAP项目第一间全系列服务心理减压室，员工帮助计划服务项目获2016年国际EAP质量奖。

强化项目人员安全防范意识与技能。按照“不培训不派出”要求和“专职管理人员、现场管理人员、现场施工人员”层次划分，2016年组织防恐安全培训264期、16000余人。组织赴伊拉克、乍得等国家现场开展“送教海外”活动，累计培训人员1513人次。与俄罗斯天然气工业股份公司成立职业健康管理联合工作组，确定互派专家讲学、人员交换研修的工作机制，制订工作方案和计划进度。与BP、壳牌公司开展多次国际业务安保管理研讨和座谈。加强与国际专业安保公司的交流，组织“2016全球政治安全局势与风险展望发布会”“海外项目危机管理培训班”等论坛或培训，提高海外项目管理人员的风险防控意识和危机应对能力。

提升突发事件应对能力。以东南亚管道有限公司为试点，组织专家开展社会安全突发事件应急预案的现场验证，促进涉外单位应急预案与集团公司应急预案实现有效衔接。整理南苏丹、利比亚、伊拉克项目成功撤离“实例”，分析总结撤离经验，梳理处置流程和处置方式，研究编制包含四种类型的“因武装冲突导致大规模人员撤离的情景模拟”配套方案，提出分级决策和分层负责新理念。与深圳金鹿航空救援公司、泛爱（Falck）国际紧急救援集团签订合作框架协议，获得最优惠费率，利用其业务网络、包机资源以及在不同地区（国家）的运营优势，扩大突发事件转运覆盖国家及资源，提高转运效率和资源协调能力。

【出国（境）管理与服务】 2016年，坚持“统一领导、归口管理、分级负责、协调配合”基本原则，严格执行有关出国（境）的各项管理规定，持续完善集团公司出国管理体系，严格出国（境）费用控制，不断提高集团公司因公出国（境）管理与服务水平。

加强集团公司因公出国（境）统一归口管理。按照外交部《关于启用自办单位因公电子护照管理系统的通知》要求，组织集团公司单位内所有护照清查及管理数据的补登工作，开发因公护照管理数据上传客户端，实现与外交部护照管理系统对接。将吉林化工集团公司、中国寰球工程公司的出访来访外事审批权纳入集团公司统一管理，完成出国管理基础数据导入、出国管理系统软件使用及业务对接工作。

严格出国（境）管理各项规章制度。实行因公出国公示，审核取消无实质性任务的出访团组169个，对376个团组在外时间、派出人数进行压缩调整。编制《2016年度领导班子成员因公出国（境）计划》，涉及集团公司140个所属企事业单位837项计划，根据相关控制原则消减310项计划，领导人员出访计划性得到提高。实施《因公出国（境）管理持续改进计划》，发布调查问卷，征集174条反馈意见，落实改进措施26项。

组织编写《因公教育行前培训大纲》，完成海外人员管理系统英文、俄文版开发工作。召开海外人员派出工作座谈会，解决各企事业单位存在的困难和问题，优化项目人员派出管理工作。完成因公出国（境）管理系统移动应用方案设计。起草因公护照电子信息采集规范，规范集团公司各电子护照授权采集点的信息采集工作，保证电子护照信息采集质量。

严格控制出国（境）费用。累计受理出国项目申请7528个，办理护照9891本。赴港澳通行证116本；办理签证11687人次，出境证明7412人次。共计派出10805批41740人次。其中，境外项目类派出35860人次，占85.91%；经济贸易类、国际会议类、培训留学类及考察访问类共派出5880人次，占14.09%，同比下降9.88%。2016年，集团公司国际会议、经济贸易、考察访问三类出国项目费用控制目标为12970万元，累计支出9124.11万元，占全年控制目标的70.35%。

做好集团公司因公出国（境）支持服务。与法国航空公司、美国联合航空公司、沙特阿拉伯航空公司、埃及航空公司等26家签订大客户协议，有效降低国际机票采购成本。进一步完善出国管理系统，对出国立项审批、护照管理、护签送办等进行13次系统升级，新增功能、修复系统漏洞等126项，完成6个外事管理系统云服务器迁移工作。

【外事队伍建设】 2016年，集团公司加大外事系统员工的素质和能力培养，举办第七届俄语翻译提高培训班等多期培训班，达到预期培训效果。开展集团公司翻译人员晋级体系调研工作，将翻译胜任素质模型及晋级体系作为重点课题组织立项研究，建立集团公司英语、俄语等语种的翻译人才数据库。

【集团公司国际业务与外事管理工作会议】 本着“务实会风、精简办会”的原则，2016年5月9日，集团公司组织召开五年一度的国际业务与外事管理工作会议。会议对“十二五”期间集团公司国际业务与外事管理工作进行系统总结，分析国际化经营面临的内外部形势，提出“十三五”及2016年国际业务与外事管理重点工作安排。10家企事业单位作会议书面交流。会议表彰集团公司“十二五”及2015年度国际业务管理、外事管理和社会安全管理等方面的先进单位、先进集体和先进个人（表1）。

表 1　国际业务与外事工作先进集体

奖　项	单　位
集团公司“十二五”和2015年度国际业务工作先进单位	中国石油天然气勘探开发公司、中国石油国际事业有限公司（中国联合石油有限责任公司）、中国石油天然气集团公司尼罗河公司、中国石油天然气集团公司哈萨克斯坦公司、大庆油田有限责任公司、中国石油集团长城钻探工程有限公司、中国石油集团东方地球物理勘探有限责任公司、中国石油工程建设公司、中国寰球工程公司、中国石油技术开发公司
集团公司“十二五”和2015年度外事工作先进单位	中国石油天然气股份有限公司海外勘探开发分公司、大庆油田有限责任公司、中国石油天然气股份有限公司新疆油田分公司、中国石油天然气股份有限公司西南油气田分公司、中国石油天然气股份有限公司玉门油田分公司、中国石油天然气股份有限公司抚顺石化分公司、中国石油天然气股份有限公司兰州石化分公司、中国石油天然气股份有限公司北京油气调控中心、中石油中亚天然气管道有限公司、中国石油集团东南亚管道有限公司、中国石油集团西部钻探工程有限公司、中国石油集团长城钻探工程有限公司、中国石油集团渤海钻探工程有限公司、中国石油集团川庆钻探工程有限公司、中国石油工程建设公司、中国石油技术开发公司、中国石油国际事业有限公司（中国联合石油有限责任公司）、中国石油天然气股份有限公司勘探开发研究院、中国石油集团渤海石油装备制造有限公司、中国华油集团公司
集团公司“十二五”国际业务社会安全先进集体	中国石油天然气股份有限公司海外勘探开发分公司、中国石油天然气集团公司中东公司、中国石油天然气集团公司尼罗河公司、中国石油集团东南亚管道有限公司、中国石油集团东方地球物理勘探有限责任公司、中国石油工程建设公司
集团公司2015年度国际业务社会安全先进集体	中国石油天然气股份有限公司海外勘探开发分公司、中国石油天然气集团公司中东公司、中国石油天然气集团公司尼罗河公司、中国石油集团东南亚管道有限公司、中国石油集团东方地球物理勘探有限责任公司、大庆油田有限责任公司、中国石油集团川庆钻探工程有限公司、中国石油集团渤海钻探工程有限公司、中国石油天然气管道局、中国石油工程建设公司、中国石油集团工程设计有限责任公司、中国石油技术开发公司
集团公司“十二五”国际业务生产安全先进集体	中国石油天然气股份有限公司海外勘探开发分公司、中国石油天然气集团公司哈萨克斯坦公司、中石油阿姆河天然气勘探开发（北京）有限公司、中石油中亚天然气管道有限公司、中国石油集团长城钻探工程有限公司
集团公司2015年度国际业务生产安全先进集体	中国石油天然气股份有限公司海外勘探开发分公司、中国石油天然气集团公司哈萨克斯坦公司、中国石油天然气集团公司中东公司、中石油阿姆河天然气勘探开发（北京）有限公司、中石油中亚天然气管道有限公司、中国石油集团西部钻探工程有限公司、中国石油集团长城钻探工程有限公司、中国寰球工程公司、中国石油集团东北炼化工程有限公司、中国石油天然气运输公司
集团公司“十二五”国际业务环境保护先进集体	中国石油天然气集团公司拉美公司、中国石油集团川庆钻探工程有限公司、中国石油集团渤海钻探工程有限公司、中国石油集团东方地球物理勘探有限责任公司、中国石油天然气管道局
集团公司2015年度国际业务环境保护先进集体	中国石油天然气集团公司拉美公司、中国石油天然气集团公司俄罗斯公司、中国石油国际事业有限公司（中国联合石油有限责任公司）、中国石油天然气股份有限公司大港油田分公司、中国石油集团渤海钻探工程有限公司、中国石油集团东方地球物理勘探有限责任公司、中国石油集团海洋工程有限公司、中国昆仑工程公司、中油国际（印度尼西亚）公司、中石油国际投资（加拿大）公司
集团公司“十二五”国际业务健康管理先进集体	大庆油田有限责任公司、中国石油集团西部钻探工程有限公司、中国石油集团工程设计有限责任公司
集团公司2015年度国际业务重大突发事件应对先进集体	中国石油天然气集团公司尼罗河公司、中国石油集团东方地球物理勘探有限责任公司、中国石油工程建设公司、中国华油集团公司、中油国际（尼日尔）公司

（陆如泉）

第八篇

科技与信息

第一篇
总　述
第二篇
油气勘探开发生产
第三篇
炼油与化工
第四篇
销　售
第五篇
天然气与管道
第六篇
工程技术与工程建设
第七篇
国际业务
第八篇
科技与信息
第九篇
安全环保与质量节能
第十篇
企业管理与监督
第十一篇
党建、思想政治工作与企业文化建设
第十二篇
机构与人物
第十三篇
企事业单位概览
第十四篇
中国石油天然气集团公司大事纪要
第十五篇
统计数据
第十六篇
附　录

综　述

【概述】 2016年，集团公司科技工作紧紧围绕战略目标和发展需要，持续推进科技进步，科技整体水平位居中央企业前列，为主营业务发展提供了有力支撑。集团公司进一步完善以“研发组织、科技攻关、条件平台、科技保障”为核心的“一个整体、两个层次”科技创新体系。重大基础理论技术攻关取得阶段性成果，形成一批重大装备　软件和产品，成果转化与新技术推广成效显著，创新机制体制改革激发活力动力。集团公司拥有85家科研院所、47个具有国际先进水平的重点实验室和试验基地、18个国家级科技基础条件平台，在国家石油科技创新体系中占主导地位。

【重要成果】 持续推进“优势领域持续领先、赶超领域实现跨越、储备领域抢占制高点”科技创新三大工程，深化科技体制机制改革，为集团公司提质增效、稳健发展提供强力支撑。成功举行中国石油“十二五”科技成就新闻发布会，“十二五”期间新技术创效超千亿元。评选出中国石油2015年十大科技进展，24项重大装备、产品及软件取得重大进展，获得国家科技进步奖二等奖2项、技术发明奖二等奖1项，中国专利金奖1项、优秀奖5项。

（张程光）

【科技与信息化创新大会】 2016年4月28—29日，集团公司科技与信息化创新大会在北京召开。集团公司领导、股份公司管理层，总部机关各部门、各专业分公司、所属企事业单位主要负责人及相关负责人共计400余人参加会议。

会议的主要任务是，深入贯彻落实党中央、国务院部署要求，全面总结集团公司“十二五”科技与信息化工作成果，安排部署“十三五”重点任务，动员全体干部员工认清形势、明确任务，大力实施创新战略，加快推进科技创新与信息化建设，提升自主创新能力和核心竞争力，为建设世界一流综合性国际能源公司、推动国家能源革命做出新贡献。

集团公司党组书记、董事长王宜林作题为《大力实施创新战略，引领集团公司稳健发展》讲话，副总经理汪东进主持会议，副总经理喻宝才作《强化科技引领，加快信息化步伐，努力建成国际知名的创新型企业》工作报告。

会议表彰大庆油田、长庆油田等90个科技与信息化工作先进单位，勘探开发研究院热力采油研究所、东方物探信息技术中心等160个科技与信息化工作创新团队，魏铁锋等580名先进科技工作者，熊华平等390名信息化工作先进个人，骆科东等30名杰出青年创新人才。

大会期间，成功举办科技与信息化成果展览，包括国家部委、中央企业、高校院所在内的近5000人次参观展览，2万余人次通过信息门户访问网上展厅，集团公司科技与信息化的丰硕成果得到广泛赞誉。

（任　勇）

【“十三五”规划要点】 全面落实创新战略，发挥科技创新在全面创新中的引领作用。到2020年，核心技术全面达到国际先进水平，拥有一批行业领先的主导技术和特色技术。陆上常规油气勘探开发及管道总体技术水平保持国际领先；非常规油气及深海油气勘探开发技术实现快速追赶；工程技术保持国际先进水平；炼油化工技术实现跨越式发展，主体技术达到国际先进水平。继续保持在国家石油创新体系中的主导地位，科技实力位居中央企业前列。

遵循突出国家项目和集团公司项目一体化设计、突出满足主营业务重大需求、突出增强科技长远发展能力、突出促进科技成果转化应用的项目部署原则，按照“基础超前与颠覆性、技术攻关与试验、配套推广与产业化”三个层次，部署实施50个重大科技项目。

进一步推进科技体制机制创新。按照一个整体、两个层次的布局，完善层次清晰、分工明确、精干高效的技术创新组织体系，优化整合国内外科技优势资源；创新科技项目管理制度，建立统一的项目评估与监管机制和动态调整与终止机制，对共性技术和重大装备研发项目采取招投标方式，推行项目经理公开竞聘，实行项目经理负责制；完善人才培养和激励机制，积极推进“双序列”改革，完善专业技术人员的考核评价体系、薪酬和奖励制度，打造一支结构合理、国际一流的科技创新人才队伍；完善科技成果应用推广和利益分享机制，加大科技成果转化推广在绩效考核中的比重；构建开放包容的科技基础条件平台，充分发挥昌平科技园区融合创新等示范作用，科学布局、建设和完善重点实验室和试验基地，鼓励多学科联合、开放式研究，加强与国际大石油公司、国内外知名科研机构和高校的交流合作；稳定科技经费投入，调整优化结构，加大经费监管力度。

（张程光）

科技发展

【概述】 2016年，科技工作深入贯彻国家创新驱动发展战略和集团公司创新战略，扎实推进科技体制机制改革，大力实施科技创新三大工程，全面聚焦集团公司发展技术瓶颈，着力攻克关键核心技术，狠抓成果转化与新技术推广，强力支撑集团公司主营业务稳健发展。集团公司拥有85家科研院所，其中总部直属院所8家、企业院所77家。拥有科研人员33092人，硕博士占比达33.8%；包括18名院士、11名国家“千人计划”引进专家、446名集团公司高级技术专家、2356名教授级高工、1496名享受政府特殊津贴专家。

【年度科技计划】 按照“基础超前与颠覆性、技术攻关与试验、配套推广与产业化”三个层次，部署国家专项、集团公司专项、重大试验、超前储备和新技术推广五类50个重大科技项目。

【国家级科技项目】 全面实现“十二五”攻关任务和目标，形成20项重大技术，研制13项重大装备，建设22项示范工程，有力保障国家油气战略实施。在国家“十二五”科技创新成就展上，国家油气专项重大成果得到党和国家领导人充分肯定。牵头编制的“十三五”规划通过国务院审查。启动实施36个项目、16个示范工程，其中集团公司牵头承担18个项目、8个示范工程。国家重点研发计划项目有序开展，在智能分层注水、采油技术装备等方面取得良好进展。

【集团公司重大科技项目】 2016年，狠抓理论技术创新，取得系列重大创新成果，有力支撑主营业务稳健发展。（1）前陆冲断带深层油气成藏理论与勘探技术。创新盐相关构造地质建模与深层天然气成藏认识，实现勘探深度和巨厚盐层工程技术重大突破，钻探深度从4000米拓展到8000米，有力支撑塔里木克深构造带万亿立方米大气区建设。（2）玛湖斜坡区砾岩成藏理论与勘探技术。构建碱湖烃源岩高效生油、大型浅水扇三角洲大面积成藏模式，创新砾岩压裂配套技术，指导玛湖凹陷勘探持续发现。（3）特低—超低渗透油气藏勘探开发理论与技术。创新延长组油气成藏理论、薄互层地震预测技术，创新多井型丛式井组及高性能压裂液、低密度支撑剂等关键技术，有力支撑长庆油田5000万吨效益稳产。（4）深层碳酸盐岩气藏开发技术。创新碳酸盐岩气藏微裂缝网络渗流理论，攻克古岩溶储层高产富集区预测核心技术，支撑安岳气田快速建产。（5）炼油系列催化剂技术。降低柴汽比、提高汽油辛烷值系列催化剂应用效果显著，固定床渣油加氢系列催化剂工业试验成功，强力支撑炼油产品结构调整和降本增效。（6）高附加值聚烯烃新产品。开发燃气管料、医用料、车用料及高档膜料等聚烯烃新产品，产量50余万吨，实现高端定制化生产，取得显著经济效益。（7）高端合成橡胶成套技术及新产品。成功开发稀土顺丁橡胶成套技术，丁腈、溶聚丁苯橡胶新产品开发成效显著，与国内知名轮胎企业建立联合研发模式，推进产品在高性能轮胎中应用。（8）海外大型生物碎屑灰岩油田开发关键技术。创新海外碳酸盐岩油藏高渗透层和隔夹层精细刻画、稀井网控压稳产模式等核心技术，支撑北阿扎德甘油田产能建设，加快中东合作区原油作业产量持续上升。（9）低频可控震源。形成低频可控震源及配套处理技术，新一代宽频激发源实现升级换代，在新疆、吐哈等8个油田应用，提高油气检测可靠性和储层预测符合率。（10）随钻成像测井系统。随钻成像测井系统现场试验，实现井周旋转扫描成像，提高水平井复杂储层钻遇率；在长庆、青海等14个油田推广随钻测井仪器300余支，节约引进成本1/3。（11）水平井一趟钻钻井技术。创新水平井一趟钻技术，2016年长庆地区油井一趟钻超过40%、气井一趟钻超过25%，最长水平段2590米，同比钻井周期缩短10%—20%。（12）长输天然气管道关键技术与装备。创新X80钢级、1422毫米天然气管道建设技术，实现30兆瓦级燃驱压缩机组、大功率输油泵机组等16类装备国产化，支撑中俄东线等重大工程建设，降低成本30%以上，持续保持国际领跑地位。

【科技成果推广转化】 2016年，多层次进行成果转化与新技术推广155项，为集团公司降本增效发挥作用。将120项新技术推广纳入企业领导人员业绩考核指标。实施带压作业技术、连续油管作业技术等4项重大推广专项，落实18项自主创新重大技术装备推广计划，取得显著成效。认定自主创新产品79项。持续推进限制与禁止技术目录实施，完善实施细则，滚动编制技术目录，为推动新技术应用提供保障。更新完善100余项特色技术有形化，启动22项重大标志性技术有形化集成，形成覆盖11个专业领域的技术树，为科技成果的推广、传承创造条件。开展技术价值评估与认定，完成G3i、微地震监测、气举等9项技术产品价值评估，为技术成果商业化应用奠定基础。

【科技改革】 2016年，发布《深化科技体制机制改革完善创新体系方案》，明确科技改革的目标、重点任务和保障措施。落实国家《促进科技成果转化法》，研究制定集团公司科技成果创效奖励规定，建立统一的科技管理信息系统。推进勘探院和管研院综合改革，业务整合与机构优化、“双序列”、完全项目制等改革措施取得实质性进展。转变职能，简政放权，经费预算调整、项目过程检查、合作单位管理等均下放由项目牵头单位和项目经理负责。引入竞争机制，优选承担单位和项目经理，15个项目和35个课题经理实行公开招聘。

【重点实验室和试验基地建设】 加强国家级科技平台的完善建设，国务院国资委批复启动煤层气开发利用国家工程研究中心创新能力建设项目。2016年，完善47个集团公司重点实验室和试验基地，开发139项实验功能，新增209项实验方法。搭建集团公司统一开放的科研设施与仪器网络管理平台，初步形成重点标志性仪器设备开放共享管理办法，提高实验室、试验基地开放程度和实验设备、试验装置利用率。

【国际科技交流与合作】 2016年，与壳牌、通用电气等国际知名公司合作，在页岩油地下原位改质、稠油污泥处理等方面取得重要进展。与中国科学院、国家自然科学基金委员会等机构合作，推进理论技术原始创新。休斯敦技术研究中心建设卓有成效，国际化企业研发模式基本形成，国际化水平显著提升，获多项国际专利，研发的非平面齿PDC钻头在塔里木油田应用创多项纪录，米进尺钻头费用降低显著。推荐10位高端人才在国际学术组织和学术会议任职，推动集团公司科技人才国际化队伍建设。

【知识产权管理】 围绕集团公司知识产权资产评估与维持放弃机制、知识产权运营模式、科技奖励政策等开展研究，为集团公司修订完善知识产权管理制度及系统管理平台升级、推动知识产权管理改革创新打下基础。加入中国专利保护协会，开展知识产权宣传周活动，营造知识产权工作良好环境。2016年申请专利5017件，其中发明专利2797件；授权专利4855件，其中发明专利1205件，专利质量持续提升。

【科技奖励】 2016年，获得国家科学技术进步奖二等奖2项，技术发明奖二等奖1项（表1）；中国专利金奖1项、优秀奖5项。评选出集团公司科学技术进步奖特等奖3项、一等奖17项（表2）；技术发明奖一等奖3项、二等奖5项（表3）。评选出中国石油2015年十大科技进展（表4）。

表1　2016年度获国家科技奖励

序　号	项目名称	主要完成人	完成单位	获奖类别
1	复杂结构井特种钻井液及工业化应用	蒋官澄　孙金生　蒲晓林　高德利　王　玺	中国石油大学（北京）、中国石油集团钻井工程技术研究院、西南石油大学	技术发明奖二等奖
2	古老碳酸盐岩勘探理论技术创新与安岳特大型气田重大发现	杜金虎　李鹭光　魏国齐　徐春春　伍贤柱　邹才能　何海清　沈　平　杨　雨　张晓斌	中国石油天然气股份有限公司西南油气田分公司、中国石油天然气股份有限公司勘探开发研究院、中国石油集团川庆钻探工程有限公司、中国石油集团东方地球物理勘探有限责任公司	科学技术进步奖二等奖
3	大型乙烯装置成套工艺技术、关键装备与工业应用	张来勇　罗自坚　杨庆兰　朱连勋　孙长庚　梁顺琴　姜　妍　邱　彤　李秀伟　李锦辉	中国寰球工程公司、中国石油天然气股份有限公司大庆石化分公司、中国石油天然气股份有限公司石油化工研究院、沈阳鼓风机集团股份有限公司、清华大学、中国石油天然气股份有限公司抚顺石化分公司、中国石油天然气股份有限公司兰州石化分公司	科学技术进步奖二等奖

表 2 2016 年集团公司科学技术进步奖

序号	项目名称	主要完成单位	主要完成人	获奖等级
1	磨溪龙王庙组大型碳酸盐岩气藏高效开发理论与关键技术	中国石油天然气股份有限公司西南油气田分公司、中国石油天然气股份有限公司勘探开发研究院廊坊分院、中国石油集团川庆钻探工程有限公司	马新华 谢 军 熊建嘉 乐 宏 杨洪志 汤 林 雍 锐 杨长城 李熙喆 余忠仁 任 东 郭贵安 陈 敏 肖富森 宋 彬 马辉运 李 勇 王业众 刘义成 刘海峰 冯 曦 朱 进 袁 权 白 璟 彭 先 石 映 岑兆海 于 磊 万玉金 陈 文	特等奖
2	中缅天然气管道设计施工及重大安全关键技术研究与应用	中国石油天然气管道局、中国石油天然气管道建设项目经理部、中国石油集团石油管工程技术研究院	张文伟 孙志军 吉玲康 李国辉 隋永莉 张永江 高剑锋 廖宇平 李可夫 陈宏远 刘 宇 余志峰 王平国 王学军 王衡岳 刘文乐 张 倩 王 鹏 左雷彬 靳海成 白港生 穆树怀 李晓鹏 吴 文 曾德军 霍锦宏 佟 雷 黄运祥 范玉然 黄呈帅	特等奖
3	古老含气系统源灶多途径规模生气机理与成藏地位	中国石油天然气股份有限公司勘探开发研究院	张水昌 王晓梅 苏 劲 赵文智 胡素云 何 坤 王华建 汪泽成 米敬奎 胡国艺 王 宇 王铜山 张 斌 王汇彤 李永新 李建忠 黄 凌 王兆云 管树巍 秦胜飞 帅燕华 谷志东 倪云燕 田 华 黄士鹏 张立平 赵振宇 石书缘 魏彩云 石雨昕	特等奖
4	萨北开发区特高含水期层系井网优化调整技术研究与应用	大庆油田有限责任公司	姜振海 林 立 曹明君 谷庆杰 范景明 王文军 白军辉 陈宝玉 冷延明 王 彪 金海军 陈喜波 宋晓东 焦艳丽 高 睿	一等奖
5	高含水油田节能节水关键技术研究	大庆油田有限责任公司	李杰训 刘 琴 赵雪峰 张德实 张宏奇 吴载全 陈 超 冯 涛 李春红 古文革 李庆国 宗继东 王再强 侯 宇 冷冬梅	一等奖
6	IPv6 技术在油气生产中的应用研究	大庆油田有限责任公司	许代红 王庆生 朱庆军 冯 梅 陈 靓 叶 铭 朱 光 关庆学 王春信 胡 威 李东旭 宋春光 杨庆明 陈绍辉 纪德伟	一等奖
7	环江大油田勘探发现与规模建产关键技术	中国石油天然气股份有限公司长庆油田分公司、低渗透油气田勘探开发国家工程实验室	席胜利 赵继勇 姚泾利 喻 建 徐黎明 屈雪峰 刘显阳 牛小兵 何崇康 王 芳 程玉梅 王海红 梁晓伟 周 虎 雷启鸿	一等奖
8	EM 系列高性能可回收利用压裂液体系研发与工业化应用	中国石油天然气股份有限公司长庆油田分公司、低渗透油气田勘探开发国家工程实验室	赵振峰 温哲豪 柴瑞林 朱天寿 丁 里 白建文 薛小佳 邝 聃 牟春国 吴 江 薛亚斐 李小玲 梁凌云 李 楷 刘小静	一等奖

续表

序号	项目名称	主要完成单位	主要完成人	获奖等级
9	哈拉哈塘碳酸盐岩百万吨油田的发现及勘探开发技术	中国石油天然气股份有限公司塔里木油田分公司、中国石油天然气股份有限公司勘探开发研究院、中国石油集团东方地球物理勘探有限责任公司	王招明　杨海军　张丽娟　郑多明　史鸿祥　蔡振忠　朱光有　李国会　马培领　高宏亮　陈利新　赵宽志　周　翼　杨春林　朱永峰	一等奖
10	天然气价格理论研究与实践	中国石油天然气股份有限公司西南油气田分公司	姜子昂　何春蕾　段言志　王良锦　曹志民　李　仲　熊　伟　任丽梅　王　径　邹晓琴　李　臻　项之能　刘　军　杨再勇　刘用成	一等奖
11	ABS成套技术开发及工业应用	中国石油天然气股份有限公司大庆石化分公司、中国石油天然气股份有限公司吉林石化分公司、中国石油集团东北炼化工程有限公司	孟凡忠　娄玉良　李江利　赵万臣　李国锋　宁书贵　陆书来　张红梅　白延军　刘　爽　李洪权　韩洪义　张　柳　孙文盛　赵丽萍	一等奖
12	高黏度指数润滑油基础油高压加氢工艺与产品方案研究	中石油克拉玛依石化有限责任公司	李　辉　李　静　孙进法　熊春珠　王雪梅　尹　宏　黄新平　胡志军　朱路新　秦海燕　郑海琼　董跃辉　刘　钊　李红霞　伍三军	一等奖
13	阿姆河右岸二期工程多类型气田整体上产稳产关键技术研究及应用	中石油阿姆河天然气勘探开发（北京）有限公司、中国石油天然气勘探开发公司、中国石油天然气股份有限公司勘探开发研究院、中国石油集团川庆钻探工程有限公司	郭春秋　张文彪　张培军　马文辛　陈鹏羽　冷有恒　张良杰　郑　可　程木伟　李洪玺　雷惠博　邢玉忠　柴　辉　魏占军　费怀义	一等奖
14	成对水平井钻井轨迹磁定位精确控制系统	中国石油集团西部钻探工程有限公司	陈若铭　罗　维　唐　亮　宋朝晖　孟现波　王　新　罗　亮　林　晶　徐广飞　刘　琛　于洋飞　周　强　孙　鹏　胡新兴　马红滨	一等奖
15	105MPa/200℃深井完井试油配套技术	中国石油集团川庆钻探工程有限公司、中国石油天然气股份有限公司西南油气田分公司	张明友　贺秋云　邓传光　刘　飞　刘　强　张　娟　舒小波　庞东晓　贾　海　林铁斌　赵世华　潘　登　潘　宁　曾小军　戴　强	一等奖
16	微地震实时监测技术研究及应用	中国石油集团东方地球物理勘探有限责任公司、中国石油集团川庆钻探工程有限公司	尹　陈　李彦鹏　丁云宏　李亚林　徐　刚　巫芙蓉　王熙明　曹立斌　储仿东　康　亮　陈春华　容娇君　秦　俐　张彦斌	一等奖
17	多频核磁共振测井仪研制与应用	中国石油集团测井有限公司、中国石油大学（北京）、廊坊中石油科学技术研究院	汤天知　李梦春　肖立志　刘　卫　陈江浩　朱万里　孙　威　陈　涛　陈乐乐　杨居朋　钟　剑　方　璐　廖广志　张本庭　王瑞清	一等奖

续表

序号	项目名称	主要完成单位	主要完成人	获奖等级
18	产水气田高效低成本排水采气技术与工业化应用	中国石油天然气股份有限公司勘探开发研究院	曹光强 郭东红 熊春明 李 隽 杨晓鹏 武俊文 张建军 欧阳坚 李文魁 李 楠 徐文龙 魏铁军 王 云 贾 敏 辛浩川	一等奖
19	高汽油收率低碳排放系列催化裂化催化剂研制与工业应用	中国石油天然气股份有限公司石油化工研究院、中国石油天然气股份有限公司兰州石化分公司、中国石油天然气股份有限公司广西石化分公司	高雄厚 田文君 张向阳 张忠东 秦 松 韩 勇 汪 毅 熊晓云 齐铁忠 刘 涛 杨 玥 段宏昌 尤兴华 许世龙 孙书红	一等奖
20	高液收的延迟焦化（HLDC）新技术开发与工业应用	中国石油天然气股份有限公司石油化工研究院、中国石油天然气股份有限公司辽河石化分公司、中国石油工程建设公司、中国石油大学（华东）、中石油克拉玛依石化有限责任公司	蔺爱国 王宗贤 谢崇亮 张 峰 张东明 熊良铨 侯经纬 许 斌 张艳梅 范海玲 庄 野 郭爱军 于志敏 董 罡 田凌燕	一等奖
21	齐家地区高台子油层致密油地震岩石物理分析及薄储层叠前预测	大庆油田有限责任公司	赵海波 裴江云 沈加刚 陈 斌 李奎周 唐晓花 丁吉丰 乔 卫 关晓巍 成德安	二等奖
22	等壁厚定子螺杆泵采油技术	大庆油田有限责任公司	杨 野 王凤山 何 艳 孙延安 盖伟涛 魏纪德 王国庆 孙春龙 高 宇 陈广伟	二等奖
23	聚合物驱全过程分注及电动直读测调技术	大庆油田有限责任公司	周万富 蔡 萌 高光磊 李海成 莫爱国 马 强 唐俊东 李啸峰 韩振国 梁福民	二等奖
24	大庆油田自主油藏数值模拟技术研发与应用	大庆油田有限责任公司	赵国忠 尹芝林 张 乐 匡 铁 石 亮 孙文静 何 鑫 安艳明 李椋楠 贺联勤	二等奖
25	大型一体化油气藏研究与决策支持系统（RDMS）	中国石油天然气股份有限公司长庆油田分公司、低渗透油气田勘探开发国家工程实验室、中国石油集团东方地球物理勘探有限责任公司	王 娟 程启贵 杨 倬 石玉江 姚卫华 邹永玲 王铁成 李 良 陈 亮 梁鸿军	二等奖
26	套管环氧涂层加牺牲阳极外防腐技术研究与应用	中国石油天然气股份有限公司长庆油田分公司、低渗透油气田勘探开发国家工程实验室	周志平 李琼玮 姜 毅 郑明科 程碧海 李成龙 孙雨来 马 亮 张鑫柱 张 营	二等奖
27	塔里木超深高温高压井全生命周期完整性关键技术研究与应用	中国石油天然气股份有限公司塔里木油田分公司	彭建新 刘洪涛 何银达 杨向同 滕学清 龙 平 周理志 刘明球 曾 努 景宏涛	二等奖

续表

序号	项目名称	主要完成单位	主要完成人	获奖等级
28	超深高温高压油藏动态监测技术研究与应用	中国石油天然气股份有限公司塔里木油田分公司、中国石油集团测井有限公司	张　强　伍轶鸣　昌伦杰　刘　勇　苟柱银　刘　敏　于志楠　李　洪　田新建　王　霞	二等奖
29	砾岩大油田理论技术创新与克拉玛依十亿吨级储量发现	中国石油天然气股份有限公司新疆油田分公司、中国石油天然气集团公司咨询中心、中国石油集团东方地球物理勘探有限责任公司、中国石油天然气股份有限公司杭州地质研究院	雷德文　支东明　何文渊　瞿建华　王小军　梁则亮　李学义　秦志军　邓　勇　陈能贵	二等奖
30	常规油田注汽锅炉高干度改造及节能技术研究	中国石油天然气股份有限公司新疆油田分公司	万喜军　张茂桐　林森明　张　胜　周建平　岳　军　张晓彩　潘立生　王　斌　袁淑良	二等奖
31	大港中深层钻井提速配套技术研究与实施	中国石油天然气股份有限公司大港油田分公司、中国石油集团渤海钻探工程有限公司	周宝义　窦同伟　刘天恩　闻国峰　高学生　邢金生　王立辉　张海军　董　超　王长在	二等奖
32	廊坊—固安复杂断陷整体勘探理论技术创新与规模储量高效发现	中国石油天然气股份有限公司华北油田分公司、中国石油集团渤海钻探工程有限公司	张锐锋　田建章　赵伟森　曹兰柱　崔永谦　赵学松　李小冬　王元杰　周从安　吴章武	二等奖
33	冀东油田大斜度井分注配套工艺技术研究与应用	中国石油天然气股份有限公司冀东油田分公司、中国石油天然气股份有限公司勘探开发研究院	李良川　肖国华　张立民　陈仁保　裴晓含　宋显民　孙福超　王金忠　张建忠　耿海涛	二等奖
34	老君庙油田北部构造带滚动开发研究与实践	中国石油天然气股份有限公司玉门油田分公司、中国石油天然气股份有限公司勘探开发研究院	侯秀林　胡灵芝　何　欣　肖毓祥　吕剑锋　李　君　刘金曼　王秉合　卢望红　任利剑	二等奖
35	海南钻井废弃物随钻处理技术研发与资源化利用	南方石油勘探开发有限责任公司、中国石油天然气股份有限公司勘探开发研究院	李英涛　秦自强　葛建国　李鹏洋　秦广山　耿东士　李淑白　符劲敏　娄序光　冯文彦	二等奖
36	高强度薄膜专用树脂GDB6097的工业化生产与应用	中国石油天然气股份有限公司大庆石化分公司、中国石油天然气股份有限公司华北化工销售分公司、中国石油天然气股份有限公司华东化工销售分公司	张洪达　宫向英　马振航　王景良　李社青　陈　雷　李学军　辛治溢　刘显圣　魏凌峰	二等奖

续表

序号	项目名称	主要完成单位	主要完成人	获奖等级
37	抗熔垂高性能聚乙烯管材料开发及应用	中国石油天然气股份有限公司独山子石化分公司、中国石油天然气股份有限公司华南化工销售分公司、中国石油天然气股份有限公司华北化工销售公司、中国石油天然气股份有限公司西北化工销售分公司	于 强 周 豪 赵新亮 县银霞 朱 堃 杨丽芳 席 军 吴利平 刘继新 乔亮杰	二等奖
38	抗盐聚合物配方开发	中国石油天然气股份有限公司大庆炼化分公司	吴金海 逯德成 李艳梅 杨怀宇 马天祥 董 亮 杨清华 宋 武 张 金 殷秋艳	二等奖
39	汽轮机油的油泥趋势研究及配方的改进	中国石油天然气股份有限公司润滑油分公司、中国石油天然气集团公司润滑油重点实验室	孙大新 杨 丽 金琴华 王 辉 郑延波 刘红辉 吴 磊 刘中国 杨 超 苗新峰	二等奖
40	船用中速机油评定台架的建立及试验方法研究	中国石油天然气股份有限公司润滑油分公司、中国石油天然气集团公司润滑油重点实验室	黄胜军 翟月奎 付代良 于 滨 赵 玺 于 洋 常 啸 王 南 刘延辉 蒋朝贵	二等奖
41	油气长输管道建设项目全过程造价管理体系关键技术与方法研究	中国石油天然气股份有限公司管道分公司、中国石油天然气股份有限公司西部管道分公司	梁 鹏 赵延芳 王言新 及立民 张 萍 李宝忠 范宇涛 高爱茹 张媛媛 张忠东	二等奖
42	西气东输管道压缩机组安全运行和节能关键技术研究	中国石油天然气股份有限公司西气东输管道分公司	周书冲 郭 刚 侯大立 王世君 蒋 平 朱贵平 王久仁 吕文娥 吕开钧 郝一博	二等奖
43	南图尔盖走滑裂谷盆地高效滚动勘探技术及实践	中国石油天然气集团公司哈萨克斯坦公司、中国石油天然气股份有限公司勘探开发研究院	阿布都热西提·吐尔逊 尹继全 秦宏伟 张明军 尹 微 陈素考 郭建军 葛 晖 盛晓峰 浦世照	二等奖
44	8000 米超深井射孔技术研究及成套装备工业化应用	中国石油集团川庆钻探工程有限公司	任国辉 陈建波 李奔驰 陈 锋 陈华彬 王海东 唐 凯 罗宏伟 杨登波 郭廷亮	二等奖
45	21MPa 气井带压作业技术与装备	中国石油集团川庆钻探工程有限公司、中国石油天然气股份有限公司西南油气田分公司	杨令瑞 冉金成 罗 园 王祖文 唐 庚 张 平 谢意湘 徐迎新 刘正连 覃 芳	二等奖
46	西南、塔里木深层油气藏固井关键技术开发及应用	中国石油集团川庆钻探工程有限公司	李美平 曾凡坤 刘世彬 邹祥富 严海兵 赵常青 冷永红 聂世均 张成金 唐 欣	二等奖
47	GeoEast-EasyTrack 触控解释软件研发及应用	中国石油集团东方地球物理勘探有限责任公司	詹士凡 陶春峰 李 磊 万忠宏 冯许魁 于宝利 陈茂山 冉贤华 赵佳瑜 刘永雷	二等奖

续表

序号	项目名称	主要完成单位	主要完成人	获奖等级
48	企业信息系统管理技术的研究及应用	中国石油集团东方地球物理勘探有限责任公司	娄宏骏　陆春阳　谢银飞　王立福　安向哲　高　鹏　开北强　张　硕　胡乃一　童青竹	二等奖
49	大输量油气管道工艺控制安全技术应用	中国石油天然气管道局	聂中文　王　彦　朱坤峰　王怀义　刘芳芳　王冰怀　高　原　耿传贵　李　岩　陈子赓	二等奖
50	MTP 工业化集成技术及工程化应用技术开发	中国寰球工程公司	王　勇　张　勇　李玉鑫　张来勇　曹新波　岳国印　张晨露　张　扬　魏　毅　朱为明	二等奖
51	硫酸法碳四烷基化成套技术	中国寰球工程公司、中国石油天然气股份有限公司兰州石化分公司、中国石油天然气股份有限公司石油化工研究院	张小平　刘大江　李秀强　邸振春　慕仁社　贾　盼　刘　贺　童俊国　许永莉　刘　阳	二等奖
52	6CFC 高速大功率往复活塞式压缩机	中国石油集团济柴动力总厂、中国石油天然气股份有限公司西南油气田分公司	刘　勇　李德禄　秦飞虎　向　超　何　伟　杨　金　王永波　邓　晶　李　鹏　张发奎	二等奖
53	管道定向钻穿越用超高强度钻杆	中国石油集团渤海石油装备制造有限公司、中国石油集团石油管工程技术研究院、中国石油天然气管道局	陈长青　王显林　王新虎　李　松　纪海涛　王青林　孔令楠　李　真　张德旺　李　慧	二等奖
54	致密砂岩储层品质测井多属性评价关键技术	中国石油天然气股份有限公司勘探开发研究院、中国石油天然气股份有限公司长庆油田分公司、中国石油天然气股份有限公司吐哈油田分公司	李长喜　李潮流　刘忠华　胡法龙　宋连腾　李　霞　王昌学　周金昱　程相志　刘东付	二等奖
55	高性能聚丙烯薄膜系列产品自主技术开发与工业应用	中国石油天然气股份有限公司石油化工研究院、中国石油天然气股份有限公司抚顺石化分公司、中国石油天然气股份有限公司大连石化分公司	志　飞　张　云　苏战国　义建军　祖凤华　孙　阁　陈元琦　王　莉　张明革　崔　亮	二等奖
56	《苯乙烯—丁二烯生橡胶皂和有机酸含量的测定》国家标准研制	中国石油天然气股份有限公司石油化工研究院	耿占杰　范国宁　翟月勤　吴　毅　薛慧峰　王　芳　李晓银　李淑萍　魏玉丽　笪敏峰	二等奖
57	加强中央企业技术创新体系建设战略研究	中国石油集团经济技术研究院	吕建中　杨　虹　袁　磊　司云波　杨　艳　赵　星　何艳青　孙乃达　李新锐　徐金红	二等奖

续表

序号	项目名称	主要完成单位	主要完成人	获奖等级
58	8000米钻机开发及应用	中国石油集团钻井工程技术研究院、中国石油天然气股份有限公司塔里木油田分公司、宝鸡石油机械有限责任公司、中国石油集团渤海钻探工程有限公司	方太安 马洪钟 周志雄 石 林 李循迹 黄悦华 贾应林 雷先革 周清平 王世军	二等奖
59	海底管道腐蚀控制技术研发及应用	中国石油集团石油管工程技术研究院、中国石油集团海洋工程有限公司、石油管材及装备材料服役行为与结构安全国家重点实验室	李发根 杨耀辉 韩 燕 张红磊 吕乃欣 张盈盈 张娟涛 蒋林林 王 远 魏 斌	二等奖
60	地下储气库运行安全保障技术研究	中国石油集团石油管工程技术研究院、中国石油天然气股份有限公司西气东输管道分公司、中石油北京天然气管道有限公司、石油管材及装备材料服役行为与结构安全国家重点实验室	罗金恒 李丽锋 赵新伟 李方坡 杨海军 岳克敬 杨锋平 李 祥 张 斗 张 良	二等奖
61	松辽盆地北部致密油水平井体积压裂试油配套技术研究	大庆油田有限责任公司	金成志 杨 东 王秀臣 牛丽娟 王发现 张玉广	三等奖
62	大庆长垣萨葡高油层单砂体沉积分布规律研究与应用	大庆油田有限责任公司	何宇航 于德水 王庆宇 王志强 宋保全 王加强	三等奖
63	扶杨油层难采储量直井压裂现场试验	大庆油田有限责任公司	汪玉梅 杨 光 张有才 兰中孝 兰乘宇 王 刚	三等奖
64	大庆深层气井高效安全钻完井配套技术研究与应用	大庆油田有限责任公司	郭盛堂 齐 悦 吕长文 孙 妍 郑国涛 徐永辉	三等奖
65	辽河坳陷砂砾岩体勘探关键技术研究及规模发现	中国石油天然气股份有限公司辽河油田分公司	李晓光 胡英杰 刘兴周 单俊峰 刘宝鸿 李 理	三等奖
66	稠油热采井污油泥调剖技术研究与应用	中国石油天然气股份有限公司辽河油田分公司、国家能源稠（重）油开采研发中心	张 波 徐风廷 孙守国 滕立勇 沈文敏 李 瑞	三等奖
67	靖边地区上古生界成藏富集规律与规模储量发现	中国石油天然气股份有限公司长庆油田分公司、低渗透油气田勘探开发国家工程实验室	左智峰 刘新社 黄道军 王康乐 胡爱平 孙 磊	三等奖
68	神木多层系致密气藏高效开发关键技术	中国石油天然气股份有限公司长庆油田分公司、低渗透油气田勘探开发国家工程实验室	李天才 王少飞 郝玉鸿 王东旭 冯永玖 王 冰	三等奖
69	苏里格气田大井组立体开发技术	中国石油天然气股份有限公司长庆油田分公司、低渗透油气田勘探开发国家工程实验室	李跃刚 李进步 王继平 王 华 张 吉 吴革生	三等奖

续表

序号	项目名称	主要完成单位	主要完成人	获奖等级
70	长庆天然气净化厂低含硫酸气处理工艺技术及关键设备研究及应用	中国石油天然气股份有限公司长庆油田分公司	王登海　李时宣　郑　欣　刘子兵　张文超　乔光辉	三等奖
71	水平井“裸眼封隔器 + 滑套”分级压裂工具自主研制与应用	中国石油天然气股份有限公司新疆油田分公司	谢　斌　杨新克　田志华　贾久波　赵云峰　韩光耀	三等奖
72	安岳气田储层有效性与产能级别测井评价技术	中国石油天然气股份有限公司西南油气田分公司	周　肖　赖　强　谢　冰　梁　涛　黄　科　刘兴刚	三等奖
73	德惠断陷重点区带火山岩层序地层学研究与应用	中国石油天然气股份有限公司吉林油田分公司	胡　佳　王玉宏　刘　野　王　伟　叶　雄　王洪星	三等奖
74	CO_2 驱高油气比油井安全高效举升工艺技术研究	中国石油天然气股份有限公司吉林油田分公司	陈丙春　张应安　王　峰　张德平　路大凯　潘若生	三等奖
75	黄骅坳陷南部地区精细勘探暨效益规模增储	中国石油天然气股份有限公司大港油田分公司	陈长伟　时筱淞　杨　朋　周立宏　刘国全　岳云福	三等奖
76	复杂断块油田生产作业中油层保护一体化技术研究与规模应用	中国石油天然气股份有限公司大港油田分公司	樊松林　杨小平　韩项勇　刘延平　董　军　陈建光	三等奖
77	上第三系复杂断块特高含水油田长期稳产开发技术攻关与应用	中国石油天然气股份有限公司大港油田分公司	王宏伟　周福双　张祖峰　武　玺　李淑静　王清东	三等奖
78	青海油田复杂区块钻井提速提效配套技术研究与应用	中国石油天然气股份有限公司青海油田分公司、中国石油天然气股份有限公司勘探开发研究院	赵元才　陶永金　于文华　贾锁刚　谯世均　张国辉	三等奖
79	涩北气田均衡采气技术研究	中国石油天然气股份有限公司青海油田分公司	华锐湘　王小鲁　杨喜彦　刘俊丰　温中林　王贵冬	三等奖
80	华北油区老油田稳产对策及配套技术研究与应用	中国石油天然气股份有限公司华北油田分公司	吕传炳　郭发军　孟庆春　余东合　宋社民　郭志强	三等奖
81	昭通国家级示范区黄金坝建产区页岩气地质工程一体化综合研究	中国石油天然气股份有限公司浙江油田分公司、中国石油天然气股份有限公司杭州地质研究院	梁　兴　李德旗　张介辉　王高成　徐政语　舒红林	三等奖
82	法兰螺栓定力矩紧固扭矩及科学方法实验研究	中国石油天然气股份有限公司大庆石化分公司	谭国明　黄　磊　黄静安　戚仁峰　常广冬　王文峰	三等奖
83	综合石化废水深度处理工艺开发及应用	中国石油天然气股份有限公司吉林石化分公司	郭树君　蒲文晶　杜尚臣　高兴波　耿长君　韩文举	三等奖
84	32 万吨 / 年苯乙烯装置关键技术开发及应用	中国石油天然气股份有限公司吉林石化分公司	谷长洪　王静涛　刘树东　贾洪义　张景涛　霍其雷	三等奖

续表

序号	项目名称	主要完成单位	主要完成人	获奖等级
85	苯及重芳烃烷基转移催化剂工业试生产及工业应用试验	中国石油天然气股份有限公司辽阳石化分公司、中国石油天然气股份有限公司抚顺石化分公司	李凤生 南圣林 翟长军 王铁锋 陈洁静 王 博	三等奖
86	新型重油催化裂化催化剂成套工程化技术开发	中国石油天然气股份有限公司兰州石化分公司	张吉华 陈 军 秦浩杰 王福善 雷永奎 钱 勇	三等奖
87	聚烯烃产品加工应用性能质量监测体系构建及数据库系统开发应用	中国石油天然气股份有限公司独山子石化分公司	朱 军 刘宏伟 关 莉 胡 斌 刘广宇 杨 欢	三等奖
88	炼化装置开停工过程优化技术研究及应用	中国石油天然气股份有限公司独山子石化分公司	卢光明 刘维坚 张振华 曾飞鹏 马新文 常权民	三等奖
89	MTBE 原料 C_4 降硫方案研究与应用	中国石油天然气股份有限公司华北石化分公司	李胜昌 孙玉虎 孙立峰 齐建勋 梅 蕊 彭 勇	三等奖
90	MTBE 脱硫技术工业应用	中国石油天然气股份有限公司庆阳石化分公司	魏治中 朱根荣 雷红星 赵庆胜 孟 平 何鸿娥	三等奖
91	加油站自助类设备研发与应用	中国石油天然气股份有限公司北京销售分公司、中国石油天然气股份有限公司规划总院	唐守玉 许 涛 李亚东 柴先锋 朱 斌 郝士龙	三等奖
92	中国石油销售企业财务集中管理研究与应用	中国石油天然气股份有限公司湖北销售分公司、中国石油天然气股份有限公司山东销售分公司	陈 桢 朱 华 谢兴庆 黄 瓒 王志胜 孙 雷	三等奖
93	符合新国标 GB/T 16630 矿物油型冷冻机油的对策研究——DRA 产品研制	中国石油天然气股份有限公司润滑油分公司	王 鹏 李雁秋 张 涛 蒙 猛 张秀娟 张宜涛	三等奖
94	在役管道环焊缝缺陷检测与评价技术研究	中国石油天然气股份有限公司管道分公司、中国石油天然气集团公司油气储运重点实验室	王富祥 陈 健 王 婷 冯庆善 玄文博 雷铮强	三等奖
95	西气东输管道安全生产配套自动化技术集成研究	中国石油天然气股份有限公司西气东输管道分公司	田家兴 彭太翀 王多才 赵廉斌 梁建青 王 磊	三等奖
96	永 22 高含硫碳酸盐岩储气库脱硫优化运行及安全保障关键技术研究	中石油北京天然气管道有限公司	吴中林 阳小平 王 健 何学良 李 悦 陆 忠	三等奖
97	北阿扎德甘湿地大型碳酸盐岩含硫油田丛式井钻完井与酸化配套工程技术研究与应用	中国石油天然气集团公司中东公司、中国石油集团长城钻探工程有限公司	徐中军 范洪祖 李 荣 于成金 姜 治 郤学智	三等奖

续表

序号	项目名称	主要完成单位	主要完成人	获奖等级
98	哈萨克斯坦复杂油气藏水平井200万吨产能建设开发关键技术与应用	中国石油天然气集团公司哈萨克斯坦公司、中国石油天然气股份有限公司勘探开发研究院	许安著　曹克川　张祥忠　赵　伦　范子菲　倪　军	三等奖
99	伊拉克哈法亚大型生物碎屑灰岩油藏精细描述方法研究与应用	中国石油天然气集团公司中东公司、中国石油天然气股份有限公司勘探开发研究院	赵丽敏　温道明　段天向　欧　瑾　郭　睿　韩海英	三等奖
100	猎鹰（KCLOG）套管井成像测井系统研制	中国石油集团西部钻探工程有限公司	隆　山　陈　斌　余　刚　李雨田　郭双生　刘旭春	三等奖
101	吐哈水平井固井配套技术研究与应用	中国石油集团西部钻探工程有限公司、中国石油天然气股份有限公司吐哈油田分公司	王　军　李　辉　樊天朝　周芝琴　王恩合　杨　勇	三等奖
102	泛哈拉哈塘区块钻完井提速技术研究与优化	中国石油集团渤海钻探工程有限公司	何选蓬　程天辉　崔永林　王树超　王学龙　王福合	三等奖
103	GeoSNAP 石油物探测量导航与定位技术研究及应用	中国石油集团东方地球物理勘探有限责任公司	易昌华　孙绍斌　方守川　伍运德　秦学彬　任文静	三等奖
104	碎屑岩储层测井产能预测技术	中国石油集团测井有限公司、中国石油集团西部钻探工程有限公司	杨　林　章海宁　冯春珍　成志刚　祇淑华　于红果	三等奖
105	委内瑞拉东部油气田固井技术研究与应用	中国石油集团海洋工程有限公司、中国石油集团渤海钻探工程有限公司	霍明江　王海平　刘　勇　杜建平　尹学源　赵宝辉	三等奖
106	地下水封石洞液化石油气储库成套技术	中国石油工程建设公司	夏喜林　张东焱　韩立亮　郑娟娟　张　莉　周　璇	三等奖
107	油田采出水化学调控与密闭注水工艺技术研究	新疆石油工程设计有限公司、中国石油集团工程设计有限责任公司	杨萍萍　刘国良　梅　俊　曾玉彬　郑　帅　付　蕾	三等奖
108	耐腐蚀 X65MS 埋弧焊管	宝鸡石油钢管有限责任公司	牛　辉　刘耀民　黄晓辉　户志国　赵红波　李　颖	三等奖
109	BH105SS-3 抗硫钻杆研制	中国石油集团渤海石油装备制造有限公司	姜荣凯　刘　聪　陈玉松　左　斌　陈　旭　刘安建	三等奖
110	地震沉积分析软件系统（GeoSed）研制与工业应用	中国石油天然气股份有限公司勘探开发研究院西北分院	陈启林　苏明军　刘化清　徐云泽　倪长宽　洪　忠	三等奖
111	库车盐下超深层低孔砂岩储层高产稳产机理、评价预测技术及应用	中国石油天然气股份有限公司杭州地质研究院、中国石油天然气股份有限公司塔里木油田分公司	张荣虎　雷刚林　高志勇　张惠良　王俊鹏　刘　春	三等奖

续表

序号	项目名称	主要完成单位	主要完成人	获奖等级
112	中东及中亚复杂碳酸盐岩油田高效改造技术研究与应用	中国石油天然气股份有限公司勘探开发研究院廊坊分院、中国石油天然气集团公司哈萨克斯坦公司	崔明月　蒋卫东　黄先雄　梁　冲　邹洪岚　齐晓成	三等奖
113	中国石油管道生产管理系统（2.0）建设项目	中国石油天然气股份有限公司规划总院、中国石油天然气股份有限公司北京油气调控中心	林　杨　邓　辉　刘银亮　张　曦　樊　禹　金洪秋	三等奖
114	集团公司“十三五”总体规划关键问题和工具方法研究	中国石油天然气股份有限公司规划总院	杜国敏　刘蜀敏　周　颖　曹　斌　张　震　张福琴	三等奖
115	高熔指聚丙烯纤维料低气味控制技术	中国石油天然气股份有限公司石油化工研究院、中国石油天然气股份有限公司广西石化分公司	黄　强　王艳芳　李新昌　张治军　李颖超　闫功臣	三等奖
116	乳聚丁苯橡胶含磷废水处理技术开发及工业应用	中国石油天然气股份有限公司石油化工研究院、中国石油天然气股份有限公司吉林石化分公司	刘发强　王小雄　张　媛　陈　浩　李洪国　何　琳	三等奖
117	辽阳石化乙烯装置关键工艺脱瓶颈技术研究	中国石油天然气股份有限公司石油化工研究院、中国石油天然气股份有限公司中国石油天然气股份有限公司辽阳石化分公司、	李建忠　赵晶莹　何英华　刘振宏　侯　维　吴　伟	三等奖
118	油气藏型储气库井密封完整性研究与应用	中国石油集团钻井工程技术研究院、中石油北京天然气管道有限公司	袁进平　曲从锋　付家文　陈　俊　王兆会　陶志刚	三等奖
119	集团公司应急管理系统研发与建设	中国石油集团安全环保技术研究院、中国石油天然气管道局	厉彦柏　刘　涛　于丽丹　赵　刚　李　锐　郭泓宇	三等奖
120	集团公司油气输送管产业发展方向与策略研究	中国石油集团石油管工程技术研究院、石油管材及装备材料服役行为与结构安全国家重点实验室	池　强　杜　伟　张继明　李鹤林　李炎华　胡美娟	三等奖

表 3　2016 年集团公司技术发明奖

序号	项目名称	主要发明人	推荐单位	获奖等级
1	水平井高效分段压裂技术与工具	钱　斌　张道鹏　潘　勇　邓小强　张毅超　曹　欣	中国石油集团川庆钻探工程有限公司	一等奖
2	应用 CT 分析及核磁测井预测储层产气量的新方法	李　宁　王克文　武宏亮　冯庆付　冯　周　赵太平	中国石油天然气股份有限公司勘探开发研究院	一等奖

续表

序号	项目名称	主要发明人	推荐单位	获奖等级
3	RHY4026复合剂的研制及其应用	伏喜胜　华秀菱　糜莉萍　续　景　张　杰	中国石油天然气股份有限公司润滑油分公司	一等奖
4	油田井场作业废水及油泥的利用与处理技术	周立辉　任建科　冀忠伦　张海玲　蒋继辉　任小荣	中国石油天然气股份有限公司长庆油田分公司	二等奖
5	天然气高效集输与处理技术	计维安　刘其松　唐　飞　高晓根　何金龙　唐　蒙	中国石油天然气股份有限公司西南油气田分公司	二等奖
6	电缆电动液压桥塞坐封工具	谭文波　贾武强　魏少波　王新河　李国亮　魏雪泉	中国石油集团西部钻探工程有限公司	二等奖
7	BH系列水平井分段酸压工具	王益山　程智远　周俊然　冯　强　詹鸿运　刘志斌	中国石油集团渤海钻探工程有限公司	二等奖
8	基于应变的稠油蒸汽热采井套管柱设计方法及工程应用技术	韩礼红　王建军　王　航　李东风	中国石油集团石油管工程技术研究院	二等奖
9	稠油热采高温化学剂	张世民　王德伟　高玉军　马春宝　韩　松　刘长环	中国石油天然气股份有限公司辽河油田分公司	三等奖
10	欠注井增注新方法和降压增注新药剂	张随望　陆小兵　王　勇　陆红军　李建山　何汝贤	中国石油天然气股份有限公司长庆油田分公司	三等奖
11	浅层超稠油光纤温压实时监测系统	潘　勇　芦志伟　胡承军　李士建　努尔买买提　王金龙	中国石油天然气股份有限公司新疆油田分公司	三等奖
12	完井修井过程中保护储层技术	胡成亮　熊　英　何丕祥　葛红江　雷齐玲　宋玉文	中国石油天然气股份有限公司大港油田分公司	三等奖
13	MCM-49分子筛合成异丙苯催化剂放大研究	赵　胤　邓广金　崔　龙　李　正　肖　冰　焦立平	中国石油天然气股份有限公司吉林石化分公司	三等奖
14	天然气管道缓蚀型减阻剂研制	郭海峰　李春漫　常维纯　杨法杰　刘玮莅　高艳清	中国石油天然气股份有限公司管道分公司（管道销售分公司）	三等奖
15	高压大输量天然气组合式过滤分离装备关键技术及应用	杨云兰　邹　峰　姬忠礼　李　猛　熊至宜　冯艳丽	中国石油天然气管道局	三等奖
16	一体式油套管头井口装置	张　川　刘　义　刘　鸣　郑　泳　肖力彤　杜文波	宝鸡石油机械有限责任公司	三等奖
17	CT90变壁厚连续管	张锦刚　余　晗　汪海涛　毕宗岳　鲜林云　张晓峰	宝鸡石油钢管有限责任公司	三等奖
18	大管径大壁厚X80直缝埋弧焊管关键制造技术研究	王　旭　赵　波　张志明　陈小伟　张　红　杨玮玮	中国石油集团渤海石油装备制造有限公司	三等奖
19	页岩气含气量测试技术及装备	刘洪林　赵　群　王红岩　刘德勋　李晓波　郑德温	中国石油天然气股份有限公司勘探开发研究院廊坊分院	三等奖
20	含缺陷钢质管道复合修复技术改进及工程应用研究	马卫锋　蔡　克　陈志昕　戚东涛　白真权　张淑慧	中国石油集团石油管工程技术研究院	三等奖

表 4 中国石油 2015 年十大科技进展

序号	名 称	简 介
1	致密油地质理论及配套技术创新支撑鄂尔多斯盆地致密油取得重大突破	创新致密油地质理论与认识，形成致密油勘探开发关键技术，支撑鄂尔多斯盆地致密油勘探开发取得重大突破，为长庆油田5000万吨/年持续稳产提供技术保障
2	含油气盆地成盆—成烃—成藏全过程物理模拟再现技术有效指导油气勘探	自主研发形成含油气盆地成盆、成烃、成藏多组分全过程物理模拟新技术，实现油气成藏要素模拟定量化、可视化和规范化，为揭示复杂盆地油气成藏规律、指导油气勘探部署提供新手段
3	大型碳酸盐岩油藏高效开发关键技术取得重大突破，支撑海外碳酸盐岩油藏高效开发	伊拉克碳酸盐岩油藏为大型生物碎屑灰岩油藏，是海外油田开发遇到的新类型。经过多年攻关，揭示水驱油机理，攻克整体优化部署及注水开发难题，支撑海外碳酸盐岩油藏高效开发
4	直井火驱提高稠油采收率技术成为稠油开发新一代战略接替技术	创新室内实验手段，揭示原油火烧机理，攻克井下大功率电点火、火线前缘调控等重大技术难题，直井火驱技术在现场得到工业化应用，将成为稠油开发新一代战略接替技术
5	开发地震技术创新为中国石油精细调整挖潜提供有效技术支撑	在大庆、冀东、新疆等多个探区实施精细开发地震技术研究，在数据采集、处理等方面取得重大突破，为老油田精细调整挖潜提供有效技术支撑
6	随钻电阻率成像测井仪器研制成功	研制成功随钻方位侧向电阻率和方位电磁波电阻率成像测井仪器，为快速评价复杂储层和水平井地质导向提供新技术，进一步缩小随钻测井技术与国外先进水平的差距
7	高性能水基钻井液技术取得重大进展，成为页岩气开发油基钻井液的有效替代技术	针对页岩垮塌和摩阻大等问题，大力推进页岩气水平井高性能水基钻井液研发，成功开发出CQH-M1、DRHPW-1两套体系，为解决页岩气开发普遍采用的油基钻井液成本高、对环境不友好及影响开发效益的技术难题提供了一种新的技术途径
8	X80钢级1422毫米大口径管道建设技术为中俄东线管道建设提供强有力技术保障	通过对X80钢级1422毫米管道建设技术的攻关，形成第三代大输量天然气管道建设配套技术，并将首次应用于中俄东线天然气管道项目建设中，刷新国内高压大口径天然气管道建设纪录
9	千万吨级大型炼厂成套技术开发应用取得重大突破	联合开发出具有自主知识产权的千万吨级大型炼厂成套技术，标志着中国石油完全具备千万吨级大型炼厂总体设计和所有主要工艺装置自主设计能力，补齐炼油设计技术短板
10	稀土顺丁橡胶工业化成套技术开发试验成功	“1.5万吨/年稀土顺丁橡胶工业化试验”通过现场验收，成功试产出合格的BR9101稀土橡胶，开发出具有自主知识产权的5万吨/年稀土顺丁橡胶成套技术，标志着中国石油掌握顺丁橡胶稀土催化剂体系制备和稀土顺丁橡胶工业化生产成套技术

（张程光）

标准化工作

【概述】 2016年，集团公司标准化工作以国家关于深化标准化工作改革方案为指引，认真贯彻落实集团公司工作会议精神，围绕“统一、先进、国际同行认可”的标准体系建设目标，推进标准化“十三五”规划实施，加强标准制定、实施和实施监督工作。完成制修订国家行业标准161项，新提出国际标准提案6项，组织开展企业标准自我声明公开工作，不断提升标准服务公司发展的能力，取得较好工作成效。

【标准制修订】 2016年，集团公司牵头完成制修订国家标准14项、行业标准147项，新牵头承担国家标准17项、行业标准121项制修订任务，所属单位制修订集团公司企业标准131项；重点协调和参与车用汽油、车用柴油等国家、行业和地方标准的制订。公布企业标准复审结论129项，废止标准8项，确保标准实施的有效性。加强企业标准制修订管理，调整集团公司企业标准编号规则，突出标准的专业化管理。

【标准实施监督】 根据国家对企业产品和服务标准自我声明公开的要求，2016年发布集团公司《产品和服务标准自我声明公开工作实施方案》，开展企业标准自我声明公开工作，推进各级标准依法合规使用。推进重点标准实施工作，确定9个专业共27项重点实施标准任务。开展标准化培训，举办集团公司标准化管理干部培训班、标准起草人培训班，提升标准化从业人员职业技能和专业素养。

【标准化工作研究】 2016年，调研“一带一路”沿线重点国家和地区标准使用情况，以及集团公司海外项目标准使用状况，梳理海外项目在用标准1.3万余项，收集中文标准翻译需求470余项，分别在国家标准化管理委员会和集团公司内部进行软科学研究课题立项。

【国际标准化工作】 2016年，集团公司国际标准制修订步伐加快，新提出国际标准（含国外先进标准）提案6项，承担国际标准制修订项目20项。推进与俄罗斯气天然气公司的标准化合作，配合完成公司间《标准与合格评定结果互认合作协议》的正式签署，并在国家层面推动政府间建立油气领域标准化合作互认机制。根据集团公司《国际标准化工作管理规定》，成立非常规油气、勘探与生产、炼油与化工3个国际标准化工作组，推动国际、国内标准化一体化运作。

（汪　威）

信息化工作

【概述】 2016年，信息化工作按计划持续推进，完成人力资源管理系统2.0、流程模拟与仿真培训系统等12个项目建设，持续推进采油与地面工程运行管理系统、加油站管理系统2.0等19个项目实施，ERP应用集成建设取得显著进展，物联网覆盖范围进一步拓展，云技术平台建设应用继续深化，信息化基础能力不断增强，有效支持企业提质增效、转型升级。

【信息系统建设】 ERP应用集成建设取得显著进展。搭建完成ERP2.0、系统集成、决策支持和用户访问四大平台，成功部署在云计算环境中运行，并完成ERP系统在未上市业务、炼化领域的实例整合。截至2016年底，ERP应用集成系统在海外勘探开发、装备制造两个业务领域全面建成，累计在长庆油田等100家企事业单位上线运行。项目建设中累计集成各类信息系统189个，梳理业务流程3023个，形成关键业务指标1678个，日处理业务单据87万条，推进了相关业务、相关应用系统之间的流程贯通和数据共享。

ERP应用集成建设中突出了九条主线。其中，财务共享与控制主线通过ERP与FMIS融合，取消95%以上对照表，大幅提高凭证传输性能和效率；人力资源管理主线实现国内外百万员工“选、用、育、留、退”全职业生命周期管理，组织、编制、薪酬等业务全部实现线上管理；资产全生命周期主线实现全集团公司范围内资产在系统中管理、有效利用；投资项目一体化主线2016年运行投资项目近万个，实现投资计划一本账管理；物资供应链管理主线支持需求计划、供应商货源、采购执行的全过程管理；油气价值链管理主线面向6个业务领域，搭建生产经营共享与协同工作平台；企业风险管理主线通过对40亿条业务数据的量化分析，初步掌控企业运营关键风险；设备全生命周期管理主线设计运用9个核心解决方案，促进设备精细化、集成化、闭环化管理；项目建设全过程管理主线将项目管理的各个环节连接成一个整体，促进业务协同、高效运营。

2016年，物联网覆盖范围进一步拓展。油气生产物联网系统全面完成在大庆油田、塔里木油田、新疆油田、西南油气田、青海油田、吐哈油田和南方石油勘探开发公司7家油气田企业的示范建设，启动在大港油田、华北油田等6家油气田的推广实施，新增4000余口油气水井、近300座站库现场实施和数据接入。通过物联网应用，优化生产组织方式，有效减少一线员工配置，改善员工工作和生活条件，大幅提高劳动生产率，人均管井数由实施前的1.9口增加至3.1口，年均节省生产运行费用上亿元。工程技术物联网系统累计在2482支作业队伍实施，覆盖3000口井的钻井、录井、井下作业施工，36个物探施工现场项目，4.9万井次测井施工，川庆钻探等单位建成两级远程监控指挥中心。炼化物联网系统在独山子石化、广西石化试点上线，在大连石化、乌鲁木齐石化、四川石化和宁夏石化推广实施，搭建覆盖全厂的4G网络，部署智能终端、传感器等数据感知设备3000余台（套），实现人员定位、智能巡检、联动报警以及危险化学品库房管理。车辆管理系统入网车辆由2.2万辆增加至4.3万辆，有效提升车辆安全管理和运输效率，车吨产量同比提高9.8%。

云技术平台建设应用持续深化。重点在云平台架构设计、软件研发、安全加固、资源纳管以及云服务开发等方面进行提升完善，具备2200台服务器、4.5拍字节（PB）存储的服务能力，累计供给1.6万个虚拟机，形成能源行业最大的企业云。ERP、加油站管理等40个核心应用系统成功云化，实现资源共享、按需调度，处于全球石油公司领先水平。利用云技术平台转变信息化建设模式，新项目不再单独采购基础软硬件，全部纳入云计算项目年度计划，按照“统一标准、统一采购、统一配置、统一供给”的策略，由云技术平台为应用系统按需提供灵活共享的软硬件资源服务。

【信息系统应用】 2016年，各部门、各专业分公司、各地区公司积极推进信息系统深化应用，大幅提高企业管理水平和效率效益。

勘探与生产领域，信息系统实现32万余口油气水井生产数据的采集、处理发布等一体化管理，累计存储近60年的单井、区块数据30亿条；为勘探开发研究提供地震、井筒等各类数据服务200太字节（TB）以上；支持勘探开发项目全过程管控和实时评价，项目跟踪报表全自动生成，提高效率60%；利用33个远程交互工作环境，实现生产动态监控、信息综合展示和远程协调指挥。

炼油与化工领域，信息系统管理1200多套装置的生产运行业务，辅助10套新建装置开工投产，支持12家炼化企业检修复产过程的装置监控、计量数据自动采集；2016年形成生产优化和效益测算方案6200个，有力支持资源优化和挖潜增效，重点开展降低柴汽比优化分析，促进整体柴汽比降低14%，增效2.6亿元。

销售领域，累计发售加油卡超过1亿张，沉淀资金280亿元，微信、支付宝等互联网支付累计消费12亿元，提升客户体验，增强客户黏性；实现成品油一次、二次物流整体优化，加油站、客户日配送计划优化，提高配送运行效率。广东销售等单位通过信息系统实现精准营销、挖掘潜在商机、提升售后服务。

天然气与管道领域，信息系统新增实施管道1000多千米，服务天然气终端用户30多万个，有效支持油气管输计划、运销、计量、能源管理，扩大集中统一调度范围，提升管道完整性管理水平，提高客户服务质量。

海外勘探开发领域，持续深化勘探、炼化、管道等信息系统应用，有效支持海外业务拓展。

工程技术领域，将物探、钻井、录井、测井、井下作业等纳入系统管理，覆盖近4000支国内外作业队伍，管理各类作业118万余次，提高从生产准备到完工的工作效率，增强跨专业协作能力，通过优化单井项目结构，细化单井成本核算层级，实现3.6万个项目成本精细化管理。

工程建设领域，信息系统覆盖油气田地面、管道工程等7类核心业务，支持工程建设项目从前期、启动、执行监控到竣工验收的全过程管理。

装备制造领域，信息系统为生产管理人员提供科学分析手段，为车间操作人员提供便捷、高效的业务工具，支持跨地区协同设计，缩短产品研发周期 20% 以上。

办公管理方面，电子公文、集中报销、合同管理、档案管理、安全环保、监察审计、外事、维稳等系统用户总数达到 60 余万个，大幅提升日常办公效率。信息门户、视频会议、电子邮件、即时通信等系统应用持续深化，大幅提升信息传递效率。移动应用系统覆盖集团公司有关部门、专业分公司和 120 余家企事业单位，由日常办公向市场营销、生产管控、决策支持拓展，支持员工随时随地办公需求。

【信息系统维护】 东方物探、规划总院等 15 家内部支持队伍 2016 年解决信息系统应用和运行问题近 40 万个，提升系统功能 2169 个。企业信息系统管理平台接入全部统建信息系统，监控服务器、网络设备、操作系统、数据库等运行状态指标 5800 余个，管理运维工单累计 100 万余条。帮助热线为用户提供技术支持服务 18 万次，实现从业务受理到服务质量监控的全过程管理。有关部门、各专业分公司及各运行维护队伍定期组织信息系统应急演练，不断提升应对突发事件、保障业务连续性的能力。

【信息技术基础设施建设】 覆盖全球业务的网络持续完善。2016 年，内网总传输带宽 314 吉字节每秒（Gbps），互联网出口带宽 26.7Gbps。国内外 10 座卫星主站、810 座卫星小站总体运行稳定，卫星链路可用率 99.7%。油气调控中心积极推进管道光纤综合利用，用于信息化的链路总带宽达到 7GB。在大庆油田实施的下一代互联网 IPv6 项目通过国家验收。

具有云计算能力的数据中心运行平稳有序。抓好信息系统云化实施，23 个系统、558 个机柜完成数据中心之间的搬迁工作。东方物探、吉林石化、勘探开发研究院认真组织数据中心运行，昌平、吉林、勘探院 3 个数据中心累计部署机柜 3491 个。克拉玛依数据中心提供 10 个模块空间、共计 1440 个机柜的物理环境，增强基础保障能力。

【信息安全建设】 2016 年，充分利用计算机网络信息安全监测平台对互联网出口外发文档进行内容监测，建立定期通报机制，不断提升各单位信息安全意识，违规外发信息同比下降 88%。按照国家有关部委要求，多次组织开展信息系统安全检查，重点排除私建互联网出口、信息系统高危漏洞、工业控制系统漏洞等隐患，持续提升信息安全防护能力。

【信息标准化建设】 依据信息技术标准规划，2016 年制定企业信息标准 7 项，修订企业信息标准 2 项、行业信息标准 1 项，累计发布企业信息标准 117 项。公共数据编码平台涵盖人力资源、投资项目、物资供应链等主题域的数据治理与共享服务，统一管理 15 大类、68 项公共数据，数据总量 1100 万条。

【信息化管理】 为贯彻落实科技与信息化创新大会精神，结合各业务发展和新技术应用的迫切需求，2016 年组织编制建设“共享中国石油”工作方案，新增设备运行管理系统等 3 个项目，调整 4 个项目建设范围和 63 个项目建设进度，充分发挥信息化在提质增效、转型升级中的作用和价值。

在信息化建设过程中，与中国移动、大唐电信等知名企业以及国家信息安全机构加强合作，组织与协议到期的供应商续签战略合作协议，不断提升信息化建设水平。同时，升级软件正版化推广平台，加强软件资产管理，细化正版软件分发；加强正版软件应用培训，支持地区公司正版软件推广，帮助解决软件版权争议。

【信息技术培训】 2016 年，组织 900 余人次参加 ERP 应用集成、信息安全、新技术应用、信息化管理等集中培训，各项目组织大量专项技术培训，进一步提升信息技术人员的专业技能。开展信息技术骨干英语强化培训，组织到国外知名信息技术公司进行专项培训，着力培养高层次人才。开展信息化工作考核评比，评选出 60 个信息化工作创新团队、10 名信息化杰出青年创新人才和 390 名信息化工作先进个人。新评聘 7 名信息技术骨干为集团公司高级技术专家，专家总数达到 26 名，这些专家在规划设计、方案论证、项目建设等方面发挥重要作用。

（任　勇）

第九篇

安全环保与质量节能

安全生产

【概述】 2016年，集团公司认真贯彻落实党中央、国务院关于安全生产工作的一系列决策部署，安全生产工作紧密围绕集团公司生产经营中心工作，坚持HSE体系建设、落实安全责任、强化制度执行、夯实管理基础，安全生产工作稳中推进，圆满完成既定目标和重点任务，安全业绩实现历史最好水平。

【安全生产责任制】 2016年，集团公司持续把安全与生产经营同部署、同落实、同检查，全面落实“党政同责、一岗双责、失职追责”的安全生产责任体系和“管工作必须管安全”的直线管理要求，大力推进领导干部安全履职能力评估，持续加强安全生产责任落实。集团公司连续10年与各专业分公司和企事业单位党政主要领导签订安全环保责任书，层层分解责任指标。加强领导干部个人安全行动计划落实，强化事故责任追究，全面开展安全生产过程考核，确保安全生产履职到位。突出加强承包商安全监管，加大对承包商事故甲乙双方的查处力度，开展承包商监管安全评估，组织对违法发包、转包、分包、挂靠、借用资质等违法违规行为全面检查，确保承包商项目全过程安全监管责任落实。

【安全监管】 2016年，集团公司继续突出重点风险领域，着重发现管理短板，跟踪解决突出问题，全面加强风险领域安全监管工作。对主要生产经营企业开展危险化学品、特种设备、承包商、海上作业以及敏感时期、汛期和冬防等10次专项安全检查，抽调各方面专家133人次先后对12家企业及重点项目开展安全环保技术诊断与管理评估，并对部分企业同步开展承包商监管专项诊断评估，对倾向性问题和重大风险隐患及时进行跟踪督办。进一步加强危险化学品监管，成立集团公司危险化学品安全技术中心。针对部分炼化企业开展安全和职业卫生防护距离的定量风险评估，完成92家企业危险化学品生产储存设施外部安全防护距离合规性排查。加强油气管道隐患治理，与有关地方政府建立地企联动机制，全面完成国家督办的7475处长输管道隐患治理工作。进一步加大油库罐区隐患治理力度，总部督办的792项油库罐区隐患整改完成率72.98%，超过70%的年度目标，其中120项重大隐患整改完成率79.17%。召开集团公司安全监督工作会议，全面总结分析2004年以来监督工作经验和问题，推进监督机制体制建设和监督方式方法创新，加大重点领域监督力度，提升监督工作水平。加强建设项目安全“三同时”管理，西气东输三线西段、西气东输三线中段、西气东输三线东段、陕京四线输气管道、中俄原油管道二线等5个项目安全设施设计专篇获得国家安监总局批复。

【事故管理】 2016年，集团公司杜绝较大及以上生产安全事故，事故起数与2015年持平，死亡人数同比下降20%；百万工时生产安全事故死亡率同比下降16.7%。持续开展季度事故案例教育和警示活动，坚持召开事故单位进京检查和事故分析会，强化事故教训汲取，对防范措施和责任追究落实情况开展现场核查。对承包商事故实行“一事双查”“一案双查”“一票否决”。加强百万工时安全指标统计和生产安全事件管理，强化事故预防和事故苗头规律统计。充分利用各类事故资源，深刻汲取国家部委通报的有关生产安全重大、特大事故教训，组织开展事故分析讨论，切实落实“一厂出事故，万厂受教训”要求。

【消防安全】 2016年，集团公司组织对专职消防队进行专业化建设工作业务考核，促进专职消防队灭火救援能力全面提升。成功承办第二届全国危险化学品救援技术竞赛，大庆油田、新疆油田和大港石化代表队分别获得团体第一名、第三名和第八名，大庆油田代表队包揽个人全能前六名，并有5名选手获得“全国青年岗位能手”称号。

【交通安全】 2016年，集团公司开展车辆管理系统（2.0版）项目的应用推广，组织完成辽河油田、新疆销售等26家地区公司的实施运行，系统累计上线车辆达5万余辆，基本完成第一期推广应用工作，实现对危险化学品运输车等重点运输车辆的动态监控，有效降低道路运输事故发生率。针对危险化学品道路运输风险，组织开展危险化学品道路运输安全专项督查，抽查运输公司在北京、山东、河南、宁夏所属6个配送中心，针对驾驶员管理、车辆监控及运行过程安全管控、事故事件管理等方面共28项问题进行专项检查，促进危险化学品道路运输风险管控措施落实。

【海洋安全监管】 2016年，集团公司强化海洋安全规章制度建设，发布实施《集团公司码头安全环保管理办法》《海洋石油安全生产许可证办理指南》《海洋石油主要负责人和安全管理人员培训考核指南》。以风险管控为核心，开展春季开工和海上油气生产、船舶运输、码头专项检查，督促整改问题隐患。加强合规性管理，37家涉海企业申办海洋石油企业安全生产许可证。组织开展海上安全培训，举办企业主要负责人和安全管理人员安全资格培训班3期，培训考核351人，组织安全救生培训12期，培训1049人。开展区域海上应急演习、提升协同救援能力，参加“2016年西北太平洋行动计划中韩海上溢油应急联合演习”。

【2016年度集团公司安全生产先进企业】 2016年度集团公司安全生产先进企业名单见表1。

表1　2016年度集团公司安全生产先进企业名单

企业类别	公司名称
油气田企业（11家）	辽河油田分公司、塔里木油田分公司、新疆油田分公司、西南油气田分公司、吉林油田分公司、大港油田分公司、华北油田分公司、吐哈油田分公司、玉门油田分公司、浙江油田分公司、中石油煤层气有限责任公司
炼化企业（12家）	大庆石化分公司、吉林石化分公司、抚顺石化分公司、独山子石化分公司、宁夏石化分公司、大连石化分公司、锦西石化分公司、哈尔滨石化分公司、广西石化分公司、中国石油四川石化有限责任公司、大港石化分公司、华北石化分公司
销售企业（8家）	润滑油分公司、四川销售分公司、北京销售分公司、黑龙江销售分公司、中石油新疆销售有限公司、江苏销售分公司、广西销售分公司、福建销售分公司
天然气与管道储运企业（4家）	管道分公司、西气东输管道分公司、中石油北京天然气管道有限公司、西南管道分公司
海外企业（6家）	中石油中亚天然气管道有限公司、中石油阿姆河天然气勘探开发（北京）有限公司、拉美公司、哈萨克斯坦公司、中东公司、中国石油集团东南亚管道有限公司
工程技术服务企业（4家）	中国石油集团西部钻探工程有限公司、中国石油集团长城钻探工程有限公司、中国石油集团东方地球物理勘探有限责任公司、中国石油集团海洋工程有限公司
工程建设企业（2家）	中国石油工程建设公司、工程设计有限责任公司
装备制造企业（2家）	宝鸡石油钢管有限责任公司、中国石油集团渤海石油装备制造有限公司
其他单位（1家）	中国石油集团安全环保技术研究院

注：资料来源于中国石油天然气集团公司文件（中油质安〔2017〕43号）。

（齐俊良　常宇清）

环境保护

【概述】 2016年，集团公司严格遵守新《环境保护法》的要求，积极贯彻落实党中央、国务院生态文明建设工作部署，坚持“绿水青山就是金山银山”的绿色发展思想，深入开展环境保护工作，严格控制环境风险，加大信息公开力度，奠定“十三五”良好开局。化学需氧量、氨氮、二氧化硫、氮氧化物4项主要污染物排放量同比分别下降0.23%、2.1%、10.5%、11.2%，全面完成年初制订的主要污染物排放总量控制目标。持续开展加油站油气回收设施建设督办和运行检查，积极部署落实国家G20杭州峰会空气质量保障工作，圆满完成空气质量保障任务。加大环境事故事件责任追究力度，2016年未发生较大及以上环境污染或生态破坏事故。深度参与油气行业气候倡议组织（OGCI）国际合作，与OGCI成员公司联合签署发布《OGCI 共同宣言》，承诺应对气候变化。

【污染防控】 集团公司继续落实污染物排放总量控制目标责任制，制订2016年主要污染物排放总量控制计划，将4项主要污染物排放总量控制目标纳入各专业分公司、各地区公司主要负责人业绩合同，推动污染物排放达标升级改造和污染治理设施优化运行管理。结合新《环境保护法》，国务院大气、水、土壤3个污染防治行动计划以及石油炼制和石油化学工业污染物排放新标准，制定并实施集团公司《污染物排放达标升级计划》，确立油田外排污水综合利用、炼化企业点源污水治理及污水处理厂提标改造、锅炉烟气污染治理、炼化企业工艺加热炉大气污染治理、催化裂化再生烟气污染治理、硫黄回收尾气治理、关停并转分散与小型燃煤燃油锅炉、炼化企业工艺废气污染防治、厂界及敏感区噪声治理、钻井废物及作业废液无害化处理及资源化利用、危险废物贮存场、填埋场建设12个重点治理方面，部署“十三五”达标升级重点工程422项。严格污染源在线监测管理，持续对307个重点污染源监测点进行24小时实时监控，对超标数据、异常数据进行实时分析、现场核实，监督企业加强生产控制，平稳操作，优化运行。加快落实国家大气污染防治强化措施，制定印发集团公司《京津冀大气污染防治强化措施实施方案》，召开大气污染防治核心区企业专项推进会，落实燃煤小锅炉淘汰工作，260台燃煤小锅炉淘汰229台，完成国家环保部要求的所有催化装置脱硫改造和170台锅炉减排改造，并对剩余8台锅炉改造进行强化督办。

【环境风险控制】 2016年，集团公司组织勘探、炼化、管道、工程技术等重点企业，落实国家环境风险评估工作要求，全面开展环境风险评估，实施环境风险“分层管理、分级防控”。组织危险废物和放射源专项排查。开展两期全系统 HSE 审核，对高风险企业开展安全环保诊断评估，不定期组织“四不两直”（不发通知，不打招呼，不听汇报，不用陪同接待；直奔基层，直插现场）检查，提高企业环境风险意识，强化环境风险防控措施落实。

【建设项目环境管理】 2016年，集团公司将重点建设项目环保验收进展情况纳入 HSE 信息系统进行管理，加大专项督办力度。多次组织召开重点建设项目环保验收进展协调会，有25个项目获得国家环保部环保验收批复。中俄东线天然气管道、云南1000万吨/年炼油优化调整、陕京四线输气管道工程变更等3个项目环境评价报告获得国家环保部批复。

【环境保护宣传与培训】 集团公司持续深化 HSE 文化，有效促进全员理念提升和观念转变。2016年“6·5”世界环境日期间，广泛组织开展环保宣传活动，公开发布《2015年度环境保护公报》，展示负责任的大公司良好形象。连续6年获得由中国新闻社举办的“低碳发展·绿色生活”公益影像展“中国低碳榜样”奖。举办“环境管理人员”培训班，共培训勘探、炼化、销售、管道、工程技术、工程建设、物资装备等企业的环境管理人员160余人，进一步提升专业人员素质和能力。

【应对气候变化】 2016年，集团公司认真贯彻国家有关部署，开展温室气体排放核算与报告工作。建设运行温室气体排放管控信息平台，积极参与国家石化行业碳排放基准值研究，国内企事业单位完成2013—2015年温室气体排放核算，拟纳入全国碳排放权交易体系的企业完成温室气体排放核算和报告。

【2016年度集团公司环境保护先进企业】 2016年度集团公司环境保护先进企业名单见表2。

表2　2016年度集团公司环境保护先进企业名单

企业类别	公司名称
油气田企业（11家）	大港油田分公司、塔里木油田分公司、青海油田分公司、冀东油田分公司、西南油气田分公司、新疆油田分公司、辽河油田分公司、华北油田分公司、吐哈油田分公司、南方石油勘探开发有限责任公司、浙江油田分公司
炼化企业（14家）	兰州石化分公司、独山子石化分公司、辽阳石化分公司、大港石化分公司、中国石油四川石化有限责任公司、锦西石化分公司、中石油克拉玛依石化有限责任公司、辽河石化分公司、华北石化分公司、锦州石化分公司、广西石化分公司、哈尔滨石化分公司、大连西太平洋石油化工有限公司、庆阳石化分公司
销售企业（7家）	浙江销售分公司、上海销售分公司、广东销售分公司、天津销售分公司、中石油海南销售有限公司、河南销售分公司、重庆销售分公司

续表

企业类别	公司名称
天然气与管道储运企业（4家）	西南管道分公司、西气东输管道分公司、西部管道分公司、中石油北京天然气管道有限公司
海外企业（5家）	中国石油天然气勘探开发公司、哈萨克斯坦公司、俄罗斯公司、尼罗河公司、中东公司
工程技术服务企业（5家）	中国石油集团川庆钻探工程有限公司、中国石油集团长城钻探工程有限公司、中国石油集团渤海钻探工程有限公司、中国石油集团海洋工程有限公司、中国石油集团西部钻探工程有限公司
工程建设企业（3家）	中国石油天然气管道局、中国昆仑工程公司、中国石油工程建设公司
装备制造企业（1家）	中国石油集团济柴动力总厂
其他单位（1家）	中国石油集团安全环保技术研究院

注：资料来源于中国石油天然气集团公司文件（中油质安〔2017〕43号）。

（梁兵兵　史　方）

HSE体系管理

【概述】 2016年，集团公司深入推进HSE体系量化审核，强化基层站队标准化建设和HSE履职能力评估，继续深化职业健康管理和信息化建设，促进HSE管理水平持续提升。

【HSE制度标准】 2016年，集团公司制定《职业卫生管理办法》《码头安全管理办法》《环境事件管理办法》，修订《HSE培训管理规定》。协调确定2016年度HSE制修订标准计划，制修订项目9项、复审项目32项。开展集团公司HSE优秀标准评选工作，《石油天然气钻井、开发、储运防火防爆安全生产技术规程》被评为一等奖，《基层岗位HSE培训矩阵编写指南》等2项标准被评为二等奖，《危险源早期辨识技术指南》等3项标准被评为三等奖。

【HSE宣教培训】 2016年，集团公司组织完成安全处长、安全管理干部、体系审核员、安全师资、HSE咨询师、HSE管理体系管理者代表、HAZOP分析师以及注册安全工程师继续教育培训班，培训各类人员3900余人。培训中，强化培训教师业务技能培养，充分发挥集团公司内外专家作用，注重讲授HSE管理理念、工具方法和技能技巧，进一步提升培训效果。

【HSE体系审核】 2016年，集团公司继续坚持组织一年两次HSE体系审核。抽调审核专家2282人次，对114家主要生产经营单位开展HSE体系审核，审核作业现场1936个，发现问题11427个，提出改进建议3185项。其中量化审核企业93家，实现生产企业量化审核全覆盖。紧盯重大风险，聚焦重点领域，深入基层，服务企业，由总部机关安全环保业务人员带队组成7个审核组，对风险较大的14家企业开展全要素量化审核。强化审核发现问题闭环管理，跟踪整改、销项督办。进一步加强海外项目HSSE体系建设，制定《国际业务社会安全管理五维绩效考核暂行办法》，对17家涉外单位本部开展HSSE体系审核验证。

【HSE标准化建设】 2016年，集团公司继续深入推进基层站队HSE标准化建设，培育示范典型。建立加油站、油库、集输站、钻修井、炼化装置等主要队种标准化建设样板，组织拍摄基层站队标准化建设视频。截至2016年底，主要生产经营企业的34717个基层站队标准化建设达标率41%。积极推进安全环保履职能力评估，企业关键岗位、处科级干部履职能力评估率63%，超过50%的年度目标。

【HSE咨询合作】 2016年，集团公司继续组织炼化企业HSE咨询项目工作例会，督促杜邦公司、安全环保研究院与合作企业协调配合，推进项目顺利实施。承包商安全管理、工艺与设备变更管理、基层安全自主管理建设、领导干部HSE履职能力评估等32个咨询项目专题进行评审验收。分3批组织炼化企业相关人员前往杜邦公司中国工厂参观学习与交流。

【HSE信息管理】 2016年，优化应用HSE信息系统，新增企业安全生产许可证管理、罐区重点隐患排查治理、安全监督管理机构、环境年报、环境风险库、政府部门环保检查、污染源在线监测子系统等22项功能模块。定期编制集团公司月度事故事件百万工时、油气输送管道隐患和政府部门环保检查数据等统计分析报告92份。完成“三位一体”放射源智能受控解决方案的技术研发，并在西部钻探和渤海钻探进行现场验证，实现有效控制放射源散失风险。

（王　戎）

节能节水

【概述】 2016年，集团公司深入开展节能节水工作，制定《关于推进能源管控工作的意见》《2016年节能降耗降本增效实施方案》，积极开展节能评估、节能统计分析、节能监测工作，完善节能标准规范，加大节能技术改造和存量挖潜力度，推广应用先进节能技术，持续提高能源利用效率。2016年，集团公司综合能源消费量同比下降1.42%，用能总量连续两年下降。2016年实现节能量95万吨标准煤，节水1339万立方米。

【能源管控】 2016年，集团公司制定《关于推进能源管控工作的意见》，明确能源管控的基本原则、主要目标、主要任务和保障措施。在长庆油田、锦州石化、川庆钻探开展能源管控建设试点。

【重点节能节水项目】 2016年，集团公司安排10.66亿元节能专项资金，重点实施油气田机械采油系统、地面系统、集输系统等节能改造和炼油厂氢气回收、全厂低温热利用、蒸汽系统优化等43项节能改造项目。

【节能节水型企业建设】 2016年，集团公司积极推进节能节水型企业建设，评选表彰节能节水先进企业、基层单位和个人，充分调动广大企业和员工节能节水的积极性。7月27日，中国石油和化学工业联合会召开“十三五”石油和化工行业节能节水与低碳工业促进会暨2015年能效“领跑者”发布会，大庆油田等15家中国石油企业被授予“‘十二五’全国石油和化工行业节能先进单位”称号。

【节能节水统计监测】 2016年，集团公司实施节能节水定期统计制度，对能源利用状况和节能节水量逐月进行统计分析。对油气田、炼化、管道、工程技术等企业1778台（套）抽油机、注水泵机组、锅炉、加热炉、输油泵、压缩机组、柴油机、钻机、变压器等耗能设备进行节能监测评价。举办节能节水统计业务培训班，170名从事节能节水统计和节能节水管理工作人员参加培训学习。

【节能节水标准化建设】 2016年，集团公司发布《燃煤电站锅炉节能监测方法》（Q/SY 09001—2016）、《气田固定资产投资项目节能评估文件编写规范》（Q/SY 09002—2016）、《炼油化工装置节能监测方法》Q/SY 09062—2016）、《固定资产投资工程项目可行性研究及初步设计节能节水篇（章）编写通则》（Q/SY 09064—20016）、《天然气凝液回收装置能源消耗指标计算方法》（Q/SY 09065—2016）5项集团公司节能节水标准。完成《石油企业用变频调速拖动系统节能测试方法与评价指标》《油田热采注汽系统节能监测规范》等石油天然气行业节能标准制修订任务。

【2016年度集团公司节能节水先进企业】 2016年度集团公司节能节水先进企业名单见表3。

表3　2016年度集团公司节能节水先进企业名单

企业类别	公司名称
油气田企业（13家）	大庆油田有限责任公司、辽河油田分公司、长庆油田分公司、新疆油田分公司、塔里木油田分公司、吉林油田分公司、大港油田分公司、西南油气田分公司、华北油田分公司、青海油田分公司、吐哈油田分公司、玉门油田分公司、冀东油田分公司
炼化企业（19家）	辽阳石化分公司、独山子石化分公司、锦州石化分公司、乌鲁木齐石化分公司、吉林石化分公司、大连石化分公司、中国石油四川石化有限责任公司、兰州石化分公司、大庆炼化分公司、大庆石化分公司、哈尔滨石化分公司、宁夏石化分公司、抚顺石化分公司、锦西石化分公司、大连西太平洋石油化工有限公司、呼和浩特石化分公司、广西石化分公司、大港石化分公司、辽河石化分公司
销售企业（4家）	河北销售分公司、内蒙古销售分公司、中石油燃料油有限责任公司、东北销售分公司
天然气与管道储运企业（5家）	西部管道分公司、西气东输管道分公司、管道分公司、中石油北京天然气管道有限公司、西南管道分公司
工程技术服务企业（5家）	中国石油集团川庆钻探工程有限公司、中国石油集团西部钻探工程有限公司、中国石油集团渤海钻探工程有限公司、中国石油集团长城钻探工程有限公司、中国石油集团东方地球物理勘探有限责任公司
工程建设企业（1家）	中国昆仑工程公司
装备制造企业（3家）	宝鸡石油钢管有限责任公司、宝鸡石油机械有限责任公司、中国石油集团渤海石油装备制造有限公司

注：资料来源于中国石油天然气集团公司文件（中油质安〔2017〕43号）。

（李武斌）

应急管理

【概述】　2016年，集团公司按照“夯实基础、突出重点、稳步推进”的原则，继续以应急管理体系建设为主线、风险管理为核心、基层建设为重点，以系统提升应急响应救援能力为着力点，持续加强应急管理体系建设。集团公司认真宣贯《生产安全事故应急预案管理办法》（国家安全监管总局令第88号），组织起草《生产安全事故应急预案管理办法》。

【应急预案】　2016年，认真贯彻新《安全生产法》和《环境保护法》要求，结合集团公司实际，发布包括总体预案和22个专项预案的新版《中国石油天然气集团公司突发事件应急预案》。组织部分企业召开“一案一卡”经验总结交流专题会，在基层单位和重点岗位全面推行“一案一卡”，持续增强基层应急预案和岗位应急处置卡的针对性、实用性和可操作性。

【培训演练】　2016年，集团公司举办应急管理业务、消防队长和应急预案审核员培训班7期，培训学员890人。落实国家安监总局要求，针对中朝原油管道存在的重大风险，组织开展管道溢油应急演练。2016年组织开展各层级应急演练87000多次。

【保障能力建设】　2016年，集团公司积极争取国家政策资金支持，大庆油田、新疆油田、抚顺石化和兰州石化获得国家危险化学品应急救援基地建设项目，管道局获得国家油气管道应急救援基地建设项目，大庆油田获得国家危险化学品应急救援实训基地建设项目，项目建成后将全面提升集团公司区域应急救援综合实力。

组织完成涵盖井控救援队伍配套建设、海上工程应急救援响应中心建设和溢油处置物资装备布点配套的集团公司《强化应急救援能力建设方案》的编制工作，推动集团公司级专业应急救援队伍能力建设和资源优化配置。

（张作庆）

职业健康

【概述】 2016年，集团公司进一步加强职业健康基础管理，持续改善员工生产作业环境，提升海外员工医疗健康保障能力。2016年未发生较大及以上职业病危害事故，海外项目未发生恶性传染病危害事故和心理问题引发的意外伤害事件。

【职业健康管理】 2016年，集团公司强化基础管理，对职业病危害严重的油气田和炼化企业24000多个岗位的职业病危害因素进行梳理，对各企业建设项目职业病防护设施“三同时”的开展情况进行全面检查。开展专项治理，通过技术改造、撤人、关停等措施，重点解决粉尘和毒物超标危害问题。强化职业健康分层级培训，总部举办企业职业健康负责人培训研讨班2期，培训104人；企业组织专项培训班1097期，培训18235人。加强海外医疗健康保障能力建设，完成尼日尔、哈萨克斯坦等项目远程医疗会诊平台功能测试，在尼日尔、乍得等地区疟疾高发期派出专家团队进行现场和远程督导，中方员工疟疾发病率下降70%。组织专家赴海外6个国家（地区）以及国内15家涉外单位，开展危机应对、压力管理、家庭建设等专题培训讲座87场，热线咨询案例416个，积极为海外员工及家属心理健康提供保障。

【职业健康监护与监测】 2016年，集团公司大力推广野外队伍上门体检、网上预约体检等举措，提升员工体检满意度，职业病危害因素检测率和职业健康体检率持续保持在98%以上。通过专项治理和信息系统数据追踪，三年来职业禁忌证和疑似职业病降低44%，体检异常率降低了37%。

（王　戎）

质量管理与监督

【概述】 2016年，集团公司坚持“诚实守信，精益求精”的质量方针，以提高供给质量为主线，切实发挥质量工作的基础性和支撑性作用，不断提升质量管理水平，着力提升产品、工程和服务质量。

【基础建设试点】 2016年，集团公司推进总部管理规范平台试点，完成试点部门业务指导手册编制。组织对西部管道基础管理体系融合情况检查，探索多体系联合审核的方式方法。第二批5家试点单位完成体系融合工作。2016年12月，根据总部改革要求，将基础建设试点工作移交法律事务部。

【制度建设】 2016年，集团公司制定《工程建设项目质量监督管理规定》《工程建设项目焊工准入管理规定》，修订《石油天然气工程质量监督站资质及工程质量监督人员资格管理规定》，为进一步规范工程质量监督管理工作奠定基础。

【质量管理体系建设】 2016年，集团公司持续推进企业质量管理体系建立和认证，开展质量管理体系推进评审，强化管理评审和外审整改的实效性，不断提高质量管理体系运行有效性。充分发挥第三方认证机构的作用，收集认证机构在审核过程中发现的问题，作为推进评审审核内容之一，推进企业及时整改存在问题。质量管理体系通过第三方认证的企业数量达113家，圆满完成年初确定的认证目标。

【油品质量控制】 2016年，集团公司围绕油品质量升级，开展多轮次、全覆盖的专项抽查。针对东部11省、市和全国实施国Ⅴ标准两次油品质量升级以及外采油、质量月等特殊油源和特殊时期，组织开展4次油品质量专项抽查，覆盖被抽查企业所有油库和所有地市公司加油站，采取抽检分离、盲样检验等措施，确保抽查结果科学、公正，有效防止不合格油品流入市场、损害公司形象事件的发生。在"中国石油绿色发展"新闻发布会上专题发布《中国石油"十二五"清洁油品发展及"十三五"展望报告》。

【品牌整合】 2016年，集团公司积极组织培育名牌产品，提升产品品牌知名度。组织召开2016年度品牌使用审查会，对26家企业申请使用"昆仑"品牌的647个产品进行审查，对"中国石油装备"背书品牌产品进行复审。兰州石化、渤海钻探获2016年度中国石油和化工联合会"工业品牌培育示范企业"称号；渤海钻探获2016年度中国石油和化工行业"质量标杆"。

【产品质量认可】 2016年，集团公司对338家油化剂生产企业申请的2960项产品进行产品质量认可。经过评审，共有276家生产企业生产的2200项产品获集团公司产品质量认可证书，企业通过率81.66%，产品通过率74.32%。继续推行石油石化用化学剂产品质量认可黑名单制度，提升认可工作效率。

【产品驻厂监造】 为保证油气输送管道工程、油田产能建设工程、炼化工程项目质量，2016年集团公司相关企业对项目中采购的大型设备、长输管线及防腐等进行驻厂监造。各企业共实施监造项目327个，提高重大采购产品的质量。对暂停资质的2家和到期复查的3家产品驻厂监造单位进行审查。截至2016年底，取得集团公司产品驻厂监造资质的单位27家。

【产品质量监督抽查】 2016年，集团公司改进产品质量监督抽查方式，监督抽查有效性显著提升。将监督抽查工作思路从关注产品合格率的高低转变为关注问题发现率的多少。按照"四不两直"的要求，直奔被检单位采购产品库房进行全面抽查，提高监督抽查的覆盖面。通过网站及时发布集团公司和各地区公司抽查结果，增强监督抽查威慑力。在抽查总量同比减少13%的情况下，发现不合格产品数量增加136%。对不合格产品供应商采取退货、索赔、停止采购等措施，挽回企业的经济损失。

【工程质量管理】 2016年，集团公司实施重大工程质量隐患定期报告制度，上网共享典型工程质量问题案例。配合中俄原油管道二线、陕京四线、中靖线等管道工程全面推广全自动焊接技术，开展相关技术标准、检测人员上岗前培训、相控阵超声检测设备校验等组织协调工作。召开工程质量监督技术交流会，围绕监督程序、查找重大工程质量隐患、提升监督技术水平等方面进行交流研讨。2016年，对7家先进监督站和46名先进个人进行表彰。

【工程项目质量监管】 2016年，集团公司工程质量监督机构对1206项在建工程项目实施监督。继续强化集团公司总部层面工程质量监管，坚持"四不两直""查深查透"的组织方式，组织完成对陕京四线、中俄原油管道二线等7项在建工程的质量检查。合理调配监督系统内部人才资源，采取"日常监督+专家检查式监督"的模式，对15项重点工程实施异地监督。

【质量管理培训】 2016年，集团公司举办质量管理培训班，讲授集团公司发展形势、"十三五"质量计量标准化规划、质量制度、西门子质量管理经验等，各所属企事业单位质量管理部门140人参加培训。举办工程质量管理培训班，培训工程质量管理人员112名。

【群众性质量活动】 2016年9月，以"提升供给质量，建设质量强国"为主题，组织开展集团公司"质量月"活动，在集团公司网站开辟"质量月"专栏，在《中国石油报》和《石油商报》印发专版。组织开展QC小组、质量信得过班组、全面质量管理知识普及教育培训等一系列活动。2016年，共注册QC小组12542个，取得成果9521项，15.66万人参加活动；获"全国优秀QC小组"称号62个，"全国质量信得过班组"称号22个，"全国优秀企业"称号4家。组织召开QC小组活动成果发表会，表彰150项集团公司QC小组活动成果和85个集团公司质量信得过班组，交流发表优秀成果51项。组织质量管理知识普及教育培训，培训员工1万多人。

（祁国栋　卓文滨　董淑芹）

计量工作

【计量基础管理】 2016年，集团公司总结"十二五"计量工作成效，编制形成《2016中国石油计量发展报告》，展示集团公司计量工作成效与进展。研究石油专用计量标准适用性及建设问题，拟定石油专用计量标准装置布局方案。完成超声流量计测量原油、天然气能量计量、天然气发热量直接测定等研究，推进天然气计量检验标准国际对标，油气计量技术能力稳步提升。

【交接计量管理】 2016年，集团公司组织调查火车运输原油交接计量情况，分析差量产生原因，提出争议处理意见和改进建议。制定发布企业标准《用科里奥力流量计测量液体化工产品流量》（Q/SY 14001—2016），液体化工产品交接计量进一步规范化。举办油气交接计量规定和标准培训班，来自专业分公司和地区公司的260人参加培训。

【计量检定校准能力】 组织召开国家石油天然气大流量计量站业务工作会，总结“十二五”期间工作成效，安排部署检定任务、推进能力建设、提升技术水平、增强服务能力等工作。组织推进天然气计量检定站点建设，广州分站完成建站考核，乌鲁木齐分站完成施工开始测试。

【重大工程项目协调】 协助西南管道公司组织中缅原油管道瑞丽计量站专项验收，计量站基本具备海关和检验检疫监管条件。组织跨国管道边境计量站相关单位梳理存在问题，研究提出加强海关监管场所合规运营工作建议。参与对土库曼斯坦康采恩170亿立方米供气计量站天然气流量计检定的现场见证，参与中俄东线进口天然气交接计量站设计图纸和技术文件的审查及谈判。

【计量技术交流】 会同国家质检总局团组赴俄罗斯参加中俄能源计量分组第五次会议，代表中方在会上做6个天然气计量检测对标报告，在政府层面持续推进天然气计量检测互认。组织各地区公司参与油气计量技术论坛论文发布，集团公司45篇论文获奖，其中一等奖2篇、二等奖4篇、三等奖7篇。

（焦学锋）

第十篇

企业管理与监督

第一篇
总　述
第二篇
油气勘探开发生产
第三篇
炼油与化工
第四篇
销　售
第五篇
天然气与管道
第六篇
工程技术与工程建设
第七篇
国际业务
第八篇
科技与信息
第九篇
安全环保与质量节能
第十篇
企业管理与监督
第十一篇
党建、思想政治工作与
企业文化建设
第十二篇
机构与人物
第十三篇
企事业单位概览
第十四篇
中国石油天然气
集团公司大事纪要
第十五篇
统计数据
第十六篇
附　录

集团公司法人治理

【概述】 2014年6月20日，国务院国资委召开中国石油建设规范董事会工作会议，标志集团公司董事会正式成立。2015年7月31日，董事会按照国务院国资委批复完成换届。第二届董事会根据《中国石油天然气集团公司章程》(简称《集团公司章程》)《董事会工作规则》《战略发展委员会工作规则》《提名委员会工作规则》《薪酬与考核委员会工作规则》《审计与风险管理委员会工作规则》《总经理工作规则》《董事会秘书工作制度》《董事会授权管理办法》等9项制度文件规范有效运作。董事会下设战略发展委员会、提名委员会、薪酬与考核委员会、审计与风险管理委员会等4个专门委员会，为董事会重大决策提供咨询、建议。

集团公司设监事会，由国务院国资委代表国务院向集团公司派出，对国务院负责。监事会设监事会主席，由国务院任命。监事会成员由国务院国资委代表国务院派出的监事和职工代表监事组成，其中职工代表监事由集团公司职工民主选举或其他民主方式产生。监事会依照《中华人民共和国公司法》《中华人民共和国企业国有资产法》和《国有企业监事会暂行条例》等有关法律、行政法规履行职责，对董事会和经理层依法依规履职情况进行监督评价。

集团公司由国家单独出资，不设股东会。国务院国资委依照《中华人民共和国公司法》《中华人民共和国企业国有资产法》等法律、行政法规，以及国务院国资委有关规范性文件的规定，代表国务院履行出资人职责。

【集团公司董事会运作】 2016年，集团公司第二届董事会认真贯彻落实中央有关文件要求和国务院国资委各项工作部署，严格按照《集团公司章程》履行职责，坚持规范有效运作，面对油气需求增速放缓和市场竞争加剧等不利形势，准确预判形势，保持战略定力，着力稳增长、调结构、补短板、提效益、防风险，制定并启动实施“十三五”发展规划，积极推动提质增效各项任务措施的全面落实，有力促进集团公司生产组织协调和市场快速应对能力的有效提升，保证集团公司超额完成国务院国资委下达的业绩考核指标。

1. 制度建设情况

董事会认真贯彻落实中央有关文件和习近平总书记在全国国有企业党的建设工作会议上的重要讲话精神，按照国务院国资委《关于将中央企业党建工作要求纳入公司章程有关事项的通知》要求，组织集团公司有关部门在反复征求各方意见的基础上，对《集团公司章程》进行全面修订，并在第二届董事会第十次会议审议通过《集团公司章程(修订稿)》。修订后的《集团公司章程》明确集团公司党组在集团公司法人治理结构中的法定地位，把党的领导融入公司治理各环节，将集团公司党组研究讨论作为生产经营重大事项决策的前置程序，使集团公司党组发挥领导核心作用组织化、制度化、具体化，为集团公司建设中国特色现代国有企业制度奠定坚实基础。

2. 董事会和专门委员会会议情况

2016年共召开董事会会议7次，审议并通过议案25项，听取集团公司生产经营报告3次、董事会授权行权结果报告1次。召开董事会战略发展委员会会议5次、审计与风险管理委员会会议3次，分别就各自职责范围内拟提交董事会审议的事项进行研究并向董事会提交审阅意见和建议报告。

3. 董事履职尽职情况

集团公司8名董事充分发挥自身专业优势，履行忠实、勤勉义务，全部出席或以委托方式出席各次董事会会议和专门委员会会议，履职时间达到国务院国资委规定要求。

独立审慎审议议案。全体董事每次会前均认真审阅议案材料，结合实际提出专业见解和质询意见，听取集团公司相关部门的汇报和解释，在会上结合各自专长，发表独立、明确、具体的意见，审慎决策提交议案，分析可能面临的风险和挑战，并就议案执行中可能遇到的问题提出明确具体意见。

深入基层调查研究。外部董事到集团公司所属企事业单位集中调研4次，利用其他公务活动间隙独立调研4次。每次集中调研结束后都形成调研报告，由董事长批转经理层阅研，在管理过程中予以关注。

多渠道了解集团公司信息。通过每周两期《外部董事专供信息》、月度《生产经营完成情况报告》，随时了解集团公司各项业务的生产经营动态，通过《中国石油报》和移动办公终端掌握集团公司及各企业层面情况，通过阅读上级有关文件关注改革发展、行业政策和生产经营管理要求。

积极参加董事培训。董事会十分注重董事履职能力的提升，不仅随时按董事需求提供各类资料，还积极组织董事参加国务院国资委各次履职培训。集团公司董事先后参加国务院国资委有关部门组织的提质增效、金融创新等培训，促进了决策目标与国家大政方针及国企改革发展实践的有机统一，提高了决策水平和履职能力。

【集团公司董事会会议】 集团公司第二届董事会第四次会议于2016年3月17日召开，审议通过2项议案：

（1）关于集团公司"十三五"发展规划；

（2）关于聘任徐文荣为集团公司副总经理的议案。

集团公司第二届董事会第五次会议于2016年4月28日召开，听取2015年董事会授权行权结果的报告、2016年一季度任务完成情况及二季度安排的报告，审议通过4项议案：

（1）集团公司2015年度财务报告；

（2）集团公司2015年度审计工作报告；

（3）集团公司2016年度风险管理报告；

（4）集团公司董事会2015年度工作报告。

集团公司第二届董事会第六次会议于2016年6月8日召开，审议通过关于建设陕京四线输气管道工程的议案。

集团公司第二届董事会第七次会议（书面）于2016年6月24日召开，审议通过有关海外项目融资、对外捐赠事项等2项议案。

集团公司第二届董事会第八次会议于2016年7月19日召开，听取2016年上半年任务完成情况及三季度安排的报告，审议通过6项议案：

（1）关于聘任章建华为集团公司总经理的议案；

（2）关于增补集团公司董事会战略发展委员会委员的议案；

（3）集团公司工程建设业务重组上市方案；

（4）集团公司金融业务整合上市方案；

（5）关于2016年在集团公司境内未上市全资企业开展清产核资工作的议案；

（6）集团公司2016年中期审计工作报告。

集团公司第二届董事会第九次会议于2016年10月18日召开，听取2016年前三季度生产经营完成情况及四季度安排的报告，审议通过有关海外油气开发项目的议案。

集团公司第二届董事会第十次会议于2016年12月2日召开，审议通过9项议案：

（1）2017年业务发展与投资计划；

（2）2017年度预算报告；

（3）2017年生产经营计划；

（4）关于2017年度发行债务融资工具一般性授权的议案；

（5）关于聘任集团公司2016—2018年度财务决算审计会计师事务所的议案；

（6）《中国石油天然气集团公司章程（修订稿）》；

（7）有关海外开发项目、履约担保、融资方案和融资担保事项等3项议案。

（龙海涛）

股份公司法人治理

【概述】

1. 公司治理的完善情况

2016年，股份公司按照境内外监管规定，规范运作。依据《中国石油天然气股份有限公司章程》（简称《股份公司章程》）、相关法律、法规和公司上市地证券监管规则等规定并结合股份公司实际情况，不断制定、完善和有效执行董事会及所属各专门委员会的各项工作制度和相关工作流程。股份公司治理的实际情况符合各上市地监管机构及证券交易所发布的有关上市公司治理的规范性文件要求。股份公司通过股东大会、董事会以及相应的专门委员会、监事会和总裁负责的管理层协调运转，有效制衡，使股份公司内部管理运作进一步规范，管理水平不断提升。

2. 内部控制制度的完善情况

股份公司十分重视内部控制及风险管理，遵照不同上市地的监管要求，建立并有效运行了内部控制体系。

2016年，股份公司按照《企业内部控制基本规范》及其配套指引要求，持续完善内部控制体系及风险管理体系，通过评估风险，强化管控措施，加强监督评价等手段，使股份公司各项工作更加规范化、制度化、科学化。

3. 独立董事履行职责的情况

2016年，股份公司独立董事严格按照境内外有关法律、法规及《股份公司章程》规定，勤勉履职，积极参加现场调研履行职责及培训工作，认真审阅股份公司提交的各项议案及相关文件，积极参加股东大会、董事会会议及专门委员会会议，独立及客观地发表意见，维护全体股东，尤其是广大中小股东的合法权益。

4. 股东与股东大会

为保障股份公司所有股东享有平等地位并有效行使股东权利，2016年5月25日股份公司在北京汉华国际饭店召开2015年度股东大会，股东以二分之一以上赞成批准7项普通决议，以三分之二以上赞成批准1项特别决议。2016年10月20日，股份公司在北京汉华国际饭店召开2016年第一次临时股东大会，股东以同意票数超过二分之一通过并批准1项普通决议。

5. 董事会的运作

股份公司董事会由股东大会选举产生，并向股东大会负责，其基本责任是对股份公司进行战略性指导和对管理人员实行有效监督，确保股份公司的利益并对股东负责。董事会和管理层的职权已在《公司章程》中进行明确规定，以确保为良好的股份公司管治和内部控制提供充分的平衡和制约机制。根据《公司章程》或股东大会授权，若干重大事项由董事会做出决定，包括：年度经营计划和投资方案；年度股份公司执行机构成员的业绩考核指标和年度薪酬计划方案；中期利润分配方案；机构调整等重大事宜。股份公司董事及董事会认真负责地开展股份公司的治理工作，全体董事能够以认真负责的态度出席董事会，认真、勤勉地履行董事职责，确定股份公司重大决策，任免和监督股份公司执行机构成员。股份公司管理层在股份公司总裁的领导下，负责执行董事会做出的各项决议，组织股份公司的日常经营管理。

股份公司建立了独立董事制度，董事会成员中有4名独立非执行董事，符合监管有关独立非执行董事人数的最低要求。股份公司已经收到4名独立非执行董事根据《联交所上市规则》第3.13条规定给予的独立性确认函，并认为4名独立非执行董事完全独立于股份公司及主要股东及关联人士，完全符合《联交所上市规则》对独立非执行董事的要求。股份公司独立非执行董事张必贻具备适当的会计及财务管理专长，均符合《联交所上市规则》中第3.10条的要求。

4名独立非执行董事并没有在股份公司担任任何职务。独立董事按照《公司章程》及有关法律、法规的要求，认真履行职责。

股份公司董事会下设提名委员会、审计委员会、投资与发展委员会、考核与薪酬委员会和健康安全与环保委员会。上述委员会的主要职责是为董事会决策提供支持。参加专门委员会的董事按分工侧重研究某一方面的问题，为股份公司管理水平的改善和提高提出建议。

2016年，按照《中国石油天然气股份有限公司董事会议事规则》规定，股份公司董事会共召开4次董事会例会、3次临时董事会会议，通过28项董事会决议。

【股份公司股东大会、董事会决议】

1. 股份公司2016年召开的股东大会

2016年，股份公司根据《股份公司章程》规定共召开两次股东大会。

2016年5月25日，股份公司在北京汉华国际饭店召开2015年度股东大会。会议以投票方式表决，以二分之一以上赞成批准7项普通决议，以三分之二以上赞成批准1项特别决议。普通决议7项：

（1）股份公司2015年度董事会报告；

（2）股份公司2015年度监事会报告；

（3）股份公司2015年度财务报告；

（4）股份公司2015年度利润分配方案；

（5）关于授权董事会决定股份公司2016年中期利润分配方案的议案；

（6）关于聘用股份公司2016年度境内外会计师

事务所并授权董事会决定其酬金的议案；

（7）关于选举股份公司董事的议案。

特别决议1项：《关于给予董事会股票发行一般授权事宜的议案》。

2016年10月20日，股份公司在北京汉华国际饭店召开2016年临时股东大会。会议以投票方式表决，以二分之一以上赞成批准1项普通决议：《关于选举章建华先生为公司董事的议案》，选举章建华为公司董事。

2.股份公司2016年董事会例会、董事会临时会议

按照《中国石油天然气股份有限公司董事会议事规则》规定，股份公司董事会2016年召开董事会会议7次。其中4次董事会例会、3次临时董事会会议，共形成28项董事会决议。

股份公司董事会2016年第一次会议于2016年3月22日召开。会议审议通过以下11项决议：

（1）关于2015年度总裁工作报告的决议；

（2）关于股份公司2015年度财务报告的决议；

（3）关于股份公司2015年度利润分配预案的决议；

（4）关于股份公司2015年度报告及业绩公告的决议；

（5）关于总裁2015年度经营业绩考核及2016年度业绩合同制订情况报告的决议；

（6）关于提请股东大会授权董事会决定公司2016年度中期利润分配方案的决议；

（7）关于提请股东大会给予董事会发行股票一般授权事宜的决议；

（8）关于股份公司2015年度内部控制工作报告的决议；

（9）关于股份公司2015年度《可持续发展报告》的决议；

（10）关于股份公司“十三五”发展规划的决议；

（11）关于召开2015年度股东大会的决议。

股份公司董事会2016年第二次会议（临时）于2016年4月28日以传签方式召开。会议审议通过3项决议：

（1）关于股份公司2016年第一季度报告的决议；

（2）关于股份公司2015年度20-F年报的决议；

（3）关于推举徐文荣先生为股份公司董事的决议。

股份公司董事会2016年第三次会议于2016年6月22日召开。会议审议通过关于董事会部分专门委员会成员调整的决议。

股份公司董事会2016年第四次会议（临时）于2016年7月28日以传签方式召开。会议审议通过关于股份公司放弃对中油财务有限责任公司同比例增资的决议。

股份公司董事会2016年第五次会议于2016年8月23日召开。会议审议通过6项决议：

（1）关于股份公司2016年中期财务报告的决议；

（2）关于股份公司2016年中期利润分配方案的决议；

（3）关于股份公司2016年半年度报告及中期业绩报告的决议；

（4）关于股份公司申请与北京燃气集团有限责任公司持续性关联交易上限相关事项的决议；

（5）关于推举章建华先生为股份公司董事候选人的决议；

（6）关于召开股份公司2016年临时股东大会的决议。

股份公司董事会2016年第六次会议（临时）于2016年10月28日以传签方式召开。会议审议通过4项决议：

（1）关于股份公司2016年第三季度报告的决议；

（2）关于选举章建华先生为股份公司副董事长的决议；

（3）关于董事会健康安全与环保委员会组成人员调整的决议；

（4）关于刘宏斌先生不再兼任股份公司副总裁的决议。

股份公司董事会2016年第七次会议于2016年11月29日召开。会议审议通过以下2项决议：

（1）关于股份公司2017年度业务发展与投资计划的决议；

（2）关于股份公司2017年度预算报告的决议。

【监事会运作】 2016年，监事会严格执行资本市场监管规定，按照《中华人民共和国公司法》《公司章程》和《监事会组织和议事规则》赋予的职责，坚持勤勉尽职、客观公正的原则，务实有效地开展各项工作。

1.监事会会议召开情况

2016年监事会召开4次会议，顺利完成对股份公司2015年度报告和2016年第一季度报告、半年度报告、第三季度报告的审查工作，并按监管部门要求，提供相关披露信息。

监事会2016年第一次会议于2016年3月21日召开。会议审议通过《监事会关于股份公司2015年度财务报告审查意见书》《监事会关于股份公司2015

年度利润分配预案审查意见书》《监事会关于股份公司总裁2015年度经营业绩考核意见书》《关于聘用股份公司2016年度境内外会计师事务所的议案》《股份公司2015年度监事会报告》《股份公司监事会2015年度工作总结和2016年工作计划》《股份公司2015年度可持续发展报告》《股份公司2015年度报告及摘要》等8个议案。

监事会2016年第二次会议于2016年4月28日以书面传签的方式召开。会议审核股份公司2016年第一季度报告，形成会议决议，认为报告及审核程序符合法律、行政法规和中国证监会的有关规定，真实、准确、完整地反映股份公司的实际情况。

监事会2016年第三次会议于2016年8月22日召开。会议审议通过《监事会关于股份公司2016年中期财务报告审查意见书》《监事会关于股份公司2016年中期利润分配方案审查意见书》《股份公司2016年半年度报告及中期业绩公告》等3个议案，并形成会议决议。

监事会2016年第四次会议于2016年10月28日以书面传签的方式召开。会议审核股份公司2016年第三季度报告，形成会议决议，并按规定进行披露。

2. 监事会参加其他会议及其他工作开展情况

先后列席4次董事会会议，听取审议有关事项，发表意见书5份。

2016年3月22日列席股份公司董事会2016年第1次会议。听取董事会审议股份公司2015年度总裁工作报告、财务报告、利润分配预案、年度报告及摘要、“十三五”发展规划说明等12个议案。会上，监事会主席郭进平宣读了《监事会关于股份公司2015年度财务报告审查意见书》《监事会关于股份公司2015年度利润分配预案审查意见书》《监事会关于股份公司总裁2015年度经营业绩考核意见书》，向股份公司提出“积极稳妥推进股份公司深化改革、提高各级管理人员责任意识和管理能力、整合监督资源”等建议。

2016年6月22日列席股份公司董事会2016年第3次会议。听取董事会审议《股份公司2015年度储量评估特别报告》《关于股份公司董事会部分专门委员会成员调整的议案》《股份公司董事会审计委员会意见书》。

2016年8月23日列席股份公司董事会2016年第5次会议。听取董事会审议《股份公司2016年中期财务报告》《股份公司利润分配方案》《股份公司2016年半年度报告及中期业绩公告》《股份公司申请与北京市燃气集团有限责任公司持续性关联交易上限有关事项》等6个议案。会上，郭进平宣读《监事会关于股份公司2016年中期财务报告审查意见书》《监事会关于股份公司2016年中期利润分配方案审查意见书》，向股份公司提出“适应外部环境变化，进一步深化公司体制机制改革，提高公司综合竞争力”和“进一步研究解决影响规范管理的深层次问题，持续完善公司规范管理的长效机制”等工作建议。

2016年11月29日列席股份公司董事会2016年第7次会议。听取董事会审议《股份公司2017年度业务发展与投资计划议案》和《股份公司2017年度预算报告》。

监事会2016年参加股东大会2次，2016年5月25日参加股份公司2015年度股东大会。向大会提交《股份公司2015年度监事会报告》和《关于聘用公司2016年度境内外会计师事务所并授权董事会决定其酬金的议案》；10月20日参加股份公司2016年临时股东大会，听取审议《关于选举章建华先生为公司董事的议案》。

组织开展财务抽样调查1次，对西南油气田、独山子石化、华北天然气销售和福建销售4家地区公司的财务进行抽样调查，共反映问题82项，提出建议41条。调查结束后，监事办起草《股份公司2015年度财务抽样调查报告》。在此基础上，对涉及4家地区公司问题整改进行落实跟进，并完成《关于落实监事会2015年财务抽样调查发现有关问题整改的报告》，进一步强化监督检查实效。

根据监事履职管理要求，2016年8月9—13日，股份公司监事会主席郭进平、职工代表监事刘宪华与审计部、改革与企业管理部、法律事务部、监事会办公室相关负责同志一起组成巡视组，对辽河油田、抚顺石化、辽阳石化、大连石化、东北销售和辽宁销售6家地区公司进行巡视。巡视组分别听取各单位在制度建设、合规管理和生产经营形势等方面情况，了解基层单位取得的成绩和面临困难问题，并围绕建立完善规范管理的长效机制进行深入探讨交流。巡视结束后，起草巡视报告。特别是针对抚顺石化反映的突出问题和困难，股份公司监事会主席在机关总部主持召开现场协调会，以督促研究落实整改工作。

【股份公司2015年度业绩发布路演】 2016年3月23日，股份公司在香港特别行政区召开2015年度业绩路演发布会，股份公司董事长王宜林、副董事长兼总裁汪东进、副总裁孙龙德、董事会秘书吴恩来、财务总监赵东以及相关部门人员出席业绩发布会和路演活动。股份公司业绩发布后，副总裁孙龙德、财务总监赵东、香港代表处总代表魏方分别率3个路演组会见股份公司重要股东和投资机构。

【股份公司2016年中期业绩发布路演】 2016年8月24日，股份公司公布2016年中期业绩，25日在香港特别行政区召开2016年中期业绩发布会，并于26日在香港特别行政区进行业绩路演。股份公司董事长王宜林、副董事长兼总裁汪东进、董事会秘书吴恩来、财务总监赵东以及相关部门人员出席业绩发布会和路演活动。股份公司业绩发布后，董事会秘书吴恩来、财务总监赵东和财务部总经理柴守平分别率3个路演组会见股份公司重要股东和投资机构。

【股份公司H股股价月度表现】 2016年中国石油股份H股与恒生指数走势见图1。

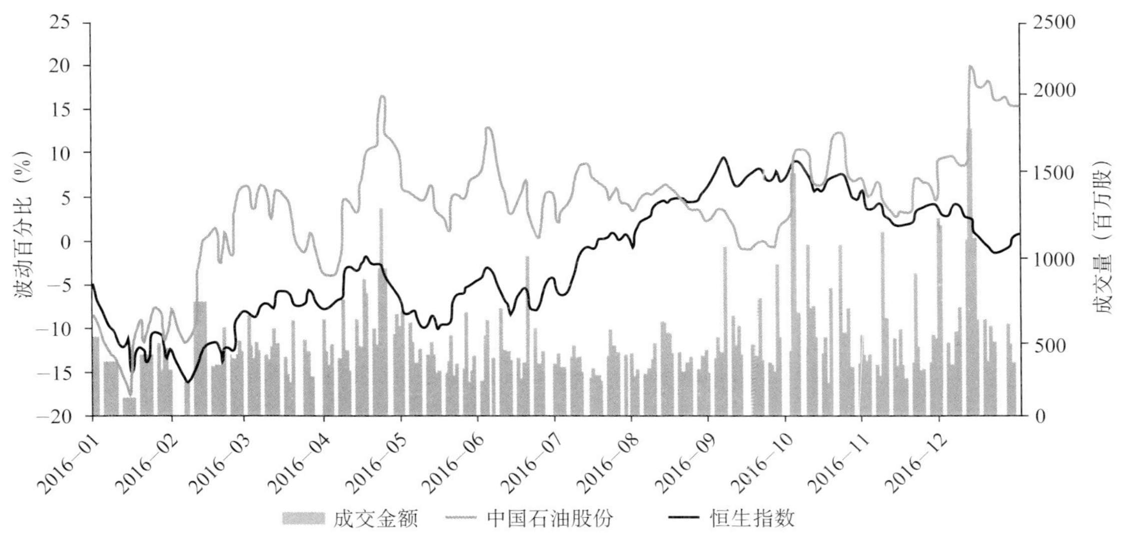

图1　2016年中国石油股份H股与恒生指数走势图

1月，中国石油股份股价震荡下行。月初，人民币持续贬值、油价走低及A股实施熔断机制，引发港股急挫。月中，油价进一步探底，加之市场对环球经济前景忧虑，大市进一步下挫，恒生指数更跌至近三年半以来新低。至最后一周，市场憧憬主要产油国将同意减产，加之外围市况转稳，港股出现反弹。中国石油股份股价跟随大市波动，本月开盘5.02港元，报收于4.75港元，月跌幅为5.68%。全月最高为1月4日的5.02港元，最低为1月21日的4.18港元。

2月，中国石油股份股价震荡上扬。月初，受到外围股市急挫以及油价持续走低影响，恒生指数急跌。月中，由于内地股市在复市后未受外围影响而大幅波动，中国1月新增人民币贷款增速高于预期，且市场憧憬主要产油国达成减产协议带动油价急涨，刺激港股大幅攀升。月末，受到内地股市走低且油价下跌影响，港股出现调整，但中国人民银行官员在G20杭州峰会上称中国仍具备进一步宽松政策的空间，提振投资者情绪，加之国际油价回升，带动大市回升。受国际油价回升影响，中国石油股份股价波段上涨，开盘4.61港元，报收于4.99港元，月涨幅为8.24%。全月最高为2月23日的5.18港元，最低为2月3日的4.38港元。

3月，中国石油股份股价震荡下行。月初，受惠人民银行降低准备金及全国“两会”开幕等利好消息，港股明显反弹。虽然中国出口数据远逊预期，但并未对股市产生重大影响。月中，美联储宣布维持利率不变，消息带动港股向好。月末，多只蓝筹业绩并未带来惊喜，加之复活节假期令市场观望气氛浓厚，港股表现维稳。中国石油股份股价受大势影响震荡下行，另外由于本月23日公布的全年业绩逊于预期，股价再次受到影响。本月公司股价开盘5.16港元，报收于5.16港元，月跌幅为0。全月最高为3月11日的5.42港元，最低为3月29日的

4.99 港元。

4 月，公司股价持续走高。月初，因内地传出债转股消息及外围股市下跌，恒生指数走势疲弱。月中，内地经济数据胜预期，且油价屡创本年度新高，刺激外围股市向好并带动港股显著反弹。月末，市场观望美国、日本议息结果，美联储决定不加息，日本央行意外地拒绝加大宽松措施，港股表现靠稳。并未受到股份公司首季业绩亏损的影响，中国石油股份股价表现良好，平稳微扬。本月公司股价开盘 5.07 港元，报收于 5.71 港元，月涨幅为 12.62%。全月最高为 4 月 28 日的 5.92 港元，最低为 4 月 6 日的 4.85 港元。

5 月，公司股价持续下行后小幅回升。月初，受累于中国及外围经济数据表现较差，且中国 4 月官方制造业采购经理指数（PMI）逊预期，引发市场忧虑，加之香港 PMI 连续 14 个月收缩，港股持续承压。月中，港股出现技术性反弹，港股上扬。其后美联储暗示美国下月加息机会增加，港股应声急挫。月末，港股回升。中国石油股份股价月末受深港通消息影响，小幅回升，本月股价开盘 5.63 港元，报收于 5.34 港元，月跌幅为 5.15%。全月最高为 5 月 3 日的 5.63 港元，最低为 5 月 24 日的 5.13 港元。

6 月，中国石油股份股价跟随大市震荡下行。月初，鉴于美国加息预期降温，全球股市气氛良好，港股随外围股市回升。月中，美国指数编制公司（MSCI）宣布延迟纳入 A 股，但消息并未令港股大幅波动；美联储计划 2016 年加息两次，加之日本央行维持货币政策不变致日元汇率急升，避险情绪升温，港股持续受压。月末，英国留欧派议员遭枪杀，致留欧派支持度上升，加上港交所宣布测试深港通系统，市场憧憬深港通将开通，港股向好，惟本月 24 日英国公投决定脱欧，全球股市随即暴跌，恒生指数更一度急挫逾 1200 点，其后市场逐渐消化消息，加上深港通利好因素，港股在最后两个交易日回升。本月公司股价开盘 5.37 港元，报收于 5.29 港元，月跌幅为 2.42%。全月最高为 6 月 8 日的 5.72 港元，最低为 6 月 28 日的 5.06 港元。

7 月，公司股价大幅上涨。月初，内地公布中国制造业 PMI 数据符合预期，港股出现反弹，但其后市场对全球经济忧虑再度升温，港股出现回吐。月中，受惠美国就业数据良好，加上多家金融机构业绩均胜于预期，为美股带来支持，道琼斯指数和标准普尔指数均创新高，外围利好因素带动港股向上。月末，市场憧憬各国将推出宽松措施，美联储维持利率不变，港股持续向上。随后投资者忧虑全球供应过剩，国际油价跌至三个月低位，外围股市一度受压，港股稍有回吐。中国石油股份股价表现跟随并优于大市，本月开盘 5.35 港元，报收于 5.26 港元，月跌幅为 1.68%。全月最高为 7 月 18 日的 5.50 港元，最低为 7 月 6 日的 5.14 港元。

8 月，中国石油股份股价维持平稳态势。月初，市场期待全球央行的货币政策往量宽减息负利率等方向走，投资者对深港通寄望较高，且英国宣布减息等诸多利好因素驱动港股向上。月中，深港通获国务院批准实施，且内地资金南下投资高息股及消费、科技类股带动港股上扬，多只蓝筹股收市创 52 周新高。月末，港股受压，但其后受深港通概念股带动回升。中国石油股份股价保持平稳，并未受深港通利好消息影响，本月开盘 5.31 港元，报收于 5.18 港元，月跌幅为 2.45%。全月最高为 8 月 16 日的 5.39 元，最低为 8 月 31 日的 5.18 元。

9 月，中国石油股份股价先抑后扬。月初，美国就业报告逊预期，联储局 9 月加息的机会再降温，加上内地宣布批准保险资获准参与沪港通后，市场憧憬逾千亿险资南下入市刺激港股利好。月中，美联储官员分别表示须收紧利率政策，加息预期升温，且假期前港股交投淡静，压抑港股表现。月末，美联储公布维持利率不变，加上欧佩克出乎市场预期达成减产协议，消息刺激石油股急升，带动港股走高，但市场忧虑德意志银行财政危机扩大，令港股受压。中国石油股份股价持续下跌后缓慢攀升，本月开盘 5.14 港元，报收于 5.09 港元，月跌幅为 0.97%。全月最高为 9 月 5 日的 5.24 港元，最低为 9 月 15 日的 4.96 港元。

10 月，中国石油股份股价上升后震荡回落。月初，港股继经历德意志银行风暴震荡后，重拾升势。月中，英镑一度急跌，影响大市投资气氛，加上 11 月初美联储议息会议及总统大选临近，恒生指数表现趋淡。月末，港股踏入季绩高峰期，周一复市后受 A 股造好带动向上，然而，受人民币汇价持续贬值忧虑等负面因素影响，港股连跌多日。公司股价走势与国际油价大致相同。本月开盘 5.12 港元，报收于 5.34 港元，月涨幅为 4.30%。全月最高为 10 月 24 日的 5.69 港元，最低为 10 月 3 日的 5.12 港元。

11 月，中国石油股份股价先扬后抑。月初，特朗普支持率变化引发投资者忧虑加之人民币持续贬值带动港股下跌。随后，港股随希拉里胜算提高而波动上升，然而特朗普的意外胜出引发港股急跌。

月中，深港通月内开通的消息带动港股微升。月末，美国“黑天鹅”事件风暴过后，避险情绪急降，美股再创新高，带动港股上扬。受惠于冬季天然气价格上涨，中国石油股份股价大幅回升，之后下跌，本月股价开盘5.40港元，报收于5.27港元，月跌幅为2.41%。全月最高为11月1日、8日、12日的5.40港元，最低为11月14日的5.13港元。

12月，中国石油股份股价大幅上涨后维持平稳。月初，深港通开通带来一定利好，但意大利公投失利，市场预计将对欧盟整体局势产生负面影响，拖累港股表现。月中，港股持续下行，因内地股市疲软且传言称中央“叫停”企业的海外并购计划。月末，受到加息消息影响及假期入市意愿低迷的影响，市场淡静，港股走势平稳。中国石油股份股价表现优于大市，并达到本月小高峰，本月开盘5.52港元，报收于5.78港元，月涨幅为4.71%。全月最高为12月14的6.02元，最低为12月9日的5.44元。

【股份公司A股股价月度表现】 2016年中国石油A股与上证指数走势见图2。

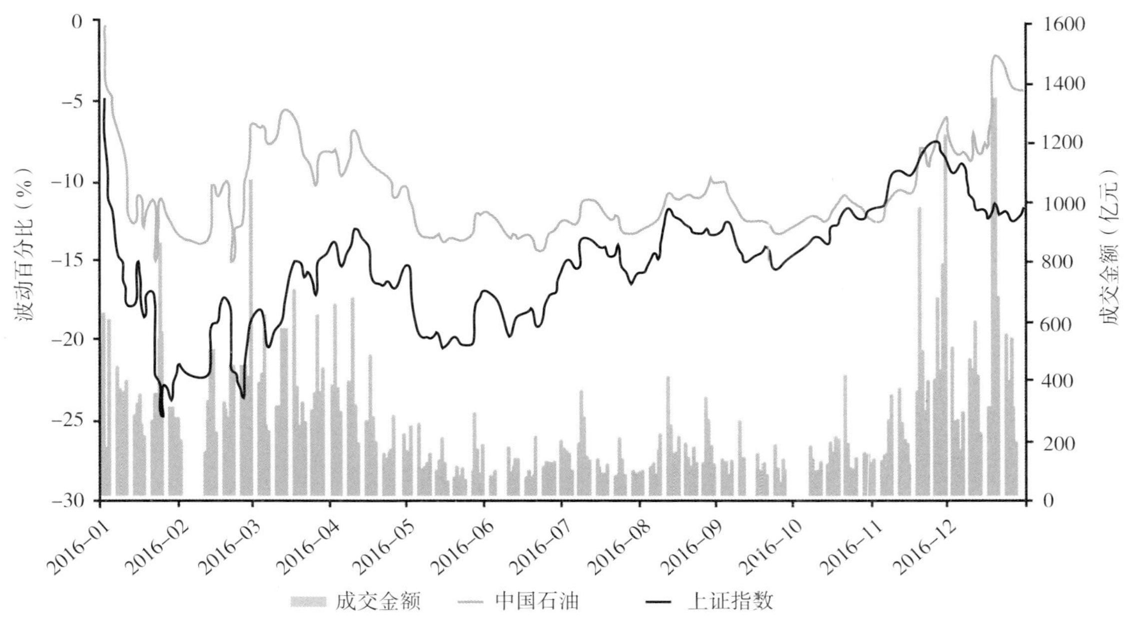

图2　2016年中国石油A股与上证指数走势图

1月，中国石油股价跟随大盘下跌。月初，熔断机制生效后多次触发阈值被紧急叫停，两市下跌幅度较大。尽管在原油价格企稳、中国人民银行“人民币保卫战”、大规模资金净投放等因素下两市暂时企稳，但月末在外资做空传闻、两融余额连续下降、农行票据窝案等利空因素影响下，市场恐慌情绪蔓延，两市再度下滑。中国石油股价跟随大盘波动，走势略强于大盘。中国石油股价开盘8.29元，报收于7.42元，月跌幅为10.66%。全月最高为1月4日的8.33元，最低为1月27日的6.95元。

2月，中国石油股价先扬后抑。月初因海外货币宽松加码、人民币汇率趋稳、中国人民银行持续投放流动性等一系列积极信号的释放，沪指开始企稳反弹；春节假期过后国内股市逐步企稳、亚太市场展开强劲反弹，加上信贷数据超预期、管理层加大稳增长力度、中国人民银行继续呵护市场资金面等利好因素作用，市场信心渐渐回暖；月末，市场流动性紧张，创业板全面停止审核等传言加重市场担忧，A股再现千股跌停，虽然证监会次日清晨即出面澄清传言，但市场情绪并未明显恢复，股指继续走弱。中国石油股价开盘7.36元、报收于7.24元，月跌幅为2.41%。全月最高为2月24日的7.56元，最低为2月25日的7.03元。

3月，中国石油股价跟随市场上涨。上旬，A股市场借全国“两会”东风开启维稳行情，各方对经济平稳形成共识，市场情绪企稳。下旬，注册制延后、融资融券业务逐渐恢复等利好消息稳定投资者情绪，两市企稳回升。中国石油股价开盘7.19元，报收于7.57元，月涨幅为4.53%。全月最高为3月16日的7.90元，最低为3月1日的7.13元。

4月，中国石油股价缩量盘整。上旬，“营改增”、债转股、去产能等利好政策频出，但债券违约事件影响市场流动性预期及风险偏好，两市小幅下滑。下旬，节前效应抑制投资者交易情绪，市场持续低迷，场外资金继续观望，场内资金活跃度降低。中国石油股价开盘7.54元，报收于7.38元，月跌幅为2.50%。全月最高为4月14日的7.81元，最低为4月29日的7.34元。

5月，市场人气不足，中国石油股价继续缩量盘整。月初，中共中央政治局会议明确资本市场重要性的表态刺激A股放量走高，但随后市场传言证监会探讨给借壳降温，壳资源概念股重挫带动市场跳水。月中，《人民日报》引述“权威人士”言论表示经济将呈L型运行，暗示2月以来稳增长政策告一段落，而监管层进一步释放监管增强的信号，市场情绪遭到破坏；但蓝筹股估值处于历史低位锁住了指数下跌的空间，A股在急跌后陷入缩量震荡。月末，市场对监管政策产生一定预期，情绪逐渐平稳。中国石油股价开盘7.36元，报收于7.33元，月跌幅为0.67%。全月最高为5月3日的7.47元，最低为5月18日的7.07元。

6月，中国石油股价企稳回升。上旬，美联储加息、A股纳入MSCI指数事件未定，市场观望气氛浓厚。下旬，英国脱欧“黑天鹅”事件导致外围市场、大宗商品、货币等尽数下跌，受外围市场影响，两市一度快速下滑，但在央行加大流动性投放力度后两市逐渐企稳回升。中国石油股价开盘7.32元，报收于7.21元，月跌幅为1.63%。全月最高为6月13日的7.37元，最低为6月24日的7.06元。

7月，中国石油股价冲高回落。上旬，万科A复牌令市场担忧落地，两市小幅放量上涨，但随后欣泰电气退市、首次公开募股（IPO）专项核查、打击题材炒作等一系列事件抑制市场投资热情。下旬，银行理财监管新规传言引发市场恐慌，两市放量下跌。中国石油股价开盘7.20元，报收于7.20元，月跌幅为0.14%。全月最高为7月13日的7.42元，最低为7月1日的7.17元。

8月，中国石油股价走势强于大市。上旬，市场上地方国企改革再掀热潮，多家上市公司宣布停牌引发国企改革概念股表现活跃，随后，受煤炭和钢铁行业试点债转股、银监会继续以可续贷支持煤炭和钢铁行业去产能、恒大地产连续举牌多家上市房企、深港通等消息影响，煤炭、钢铁、银行、地产为代表的大盘股表现活跃，轮番推动股指上行；下旬，市场传言万能险陆续撤出A股市场、被险资举牌的房地产、银行等陆续出现调整、市场资金面偏紧，市场情绪谨慎，短期陷入震荡调整格局。中国石油股价开盘7.19元，报收于7.52元，月涨幅为4.43%。全月最高为8月31日的7.52元，最低为8月1日的7.15元。

9月，中国石油股价跟随市场下跌。上半月，美联储鹰派言论引发美国股市、债市和原油市场集体暴跌，新兴市场资产和股市也面临自英国退欧以来最惨烈的下跌；而证监会推出“IPO绿色通道”、证监会主席强调严监管等多个利空消息令A股承压，两市中秋节前跳空低开，持续走弱，上升动能不足。下半月，美联储议息会议结果公布，令市场谨慎情绪再次弥漫，沪指进入横盘模式。月末，受国庆长假节前效应及房地产市场火热态势等因素影响，投资者观望情绪延伸，两市指数和成交量整体表现低迷，沪指一度跌破3000点。中国石油股价开盘7.50元，报收于7.22元，月跌幅为3.98%。全月最高为9月1日的7.52元，最低为9月27日的7.16元。

10月，中国石油股价先扬后抑。月初，国庆假期期间，多个城市密集出台房地产市场调控政策，加上10月起人民币正式纳入特别提款权（SDR），深港通开通在即，外围市场走稳等，节后A股实现开门红；月中，国务院关于降低企业杠杆率和市场化债转股的意见出台，加之多项宏观经济数据出现好转，推动股指继续震荡走高；月末，人民币汇率连续贬值、市场资金面紧张、美联储加息预期升温等，令市场谨慎情绪再起，股指缓慢回调。中国石油股价开盘7.33元，报收于7.34元，月涨幅为1.66%。全月最高为10月24日的7.46元，最低为10月17日的7.25元。

11月，中国石油股价单边上涨。月初，中央强调抑制资产泡沫、12月美联储可能加息、外围市场集体大跌等消息并未带动A股下跌，两市指数在权重板块带领下回暖；月中，特朗普当选“黑天鹅”事件引发全球市场动荡，沪指当天走出“深V”并以阴线报收，而IPO发行速度加快、美国加息预期增强、人民币汇率下跌等消息也对市场产生一定利空影响，市场整体承压，表现相对稳定；月末，市场消化特朗普当选的利空影响后出现反弹，而安邦系举牌中国建筑、恒大举牌万科使得“举牌概念”再起，蓝筹股成市场热点并带动市场情绪，沪指连创新高，全月收阳。中国石油股价开盘7.32元，报收于7.62元，月涨幅为3.81%。全月最高为11月29日的7.80元，最低为11月3日的7.24元。

12月，中国石油股价脱离大市上涨。月初，因11月末证监会主席刘士余谴责险资恶意举牌影响，A股因险资举牌概念股等板块拖累出现下滑，随后在深港通开通等利好带动下小幅止跌回升；月中，美联储宣布加息、国内债市出现恐慌式下跌，再加上保监会出台多项政策限制险资举牌，A股市场受到较严重打击，股指加速下跌；月末，尽管中国石油发布混合所有制改革指导意见使国企改革概念股上涨并带动大盘翻红，但市场资金面紧张、元旦假期临近等因素抑制投资者热情，市场人气低迷，A股陷入调整。中国石油股价开盘7.85元，报收于7.95元，月涨幅为4.33%。全月最高为12月22日的8.28元，最低为12月7日的7.52元。

【中国石油在资本市场获奖情况】 2016年中国石油在资本市场获奖情况见表1。

表1 2016年中国石油在资本市场获奖情况

奖 项	评选机构	评选结果
全球企业2000强	福布斯	第17位
最具价值全球品牌100强	BrandZ	第83位
最具价值中国品牌100强	BrandZ	第14位
世界企业500强	财富	第3位
中国企业500强	财富（中文版）	第2位
全球能源企业250强	普氏能源	第16位
全球能源企业250强(亚洲)	普氏能源	第5名
亚太区一体化石油及天然气公司	普氏能源	第3名
中国企业500强名单	中国企业联合会	第2位
世界油企50强	石油情报周刊	第3位

（曲 鹏）

品牌与社会责任

【概述】 中国石油自2004年标识统一以来，以建设“诚信、创新、安全、卓越”的国际知名品牌为目标，把全面加强品牌建设作为企业战略层面的重要部署着力推动。

先后颁布实施《集团公司关于加强品牌建设工作的指导意见》《集团公司履行社会责任指引》《标识管理暂行办法》《集团公司商标管理办法》《企业标识应用规范》等一系列制度与标准，从顶层设计到工作职责与流程，实现了品牌管理的系统化、规范化、专业化。

建立以中国石油标识——为统领的石化产品、装备产品、专业服务主营业务品牌体系，以及个性化的非主营业务品牌体系，共同构成了中国石油品牌架构，品牌协同效应有效发挥，市场影响力大幅提升。

先后发布视觉形象识别手册（9个分册），从办公用品、企业名称、户外环境、加油（气）站、专业服务、劳动防护服装、昆仑石化产品与装备制造产品包装形象等领域进行规范，形成了完善的公司视觉形象识别体系。2012年7月，发布《中国石油企业形象识别系统手册》，内容包括企业宗旨、企业价值观、企业精神为核心的理念识别体系和涵盖QHSE、资产保护等领域的行为识别体系，形成了理念、行为、视觉三大识别体系构成的企业形象识别系统。

中国石油在世界品牌实验室编制的2016年世界品牌500强中排名第209位，同比提升9位。2016年7月，中国石油获国务院国资委“中央企业十大品牌建设优秀企业”奖。

【品牌】

1. 品牌管理

通过组织召开集团公司品牌管理委员会工作会和品牌建设工作研讨会、编发年度工作要点、按季督办落实等系列举措，将品牌管理融入研发、生产、销售、服务等生产经营管理各环节，细化到部门业务工作中。2016年完成6175座油气田站场、2万余座加油站视觉形象规范统一；中国石油加油站顾客满意度在国内同行业位居第一，在中国标准化研究所测评中，“品牌形象”指标获“五星”好评；43家企业1200余种产品获“昆仑”商标使用授权；“昆仑”以134.92亿元品牌价值位列世界品牌实验室“中国500最具价值品牌”排行榜第252位。

2. 自主公益品牌

“益路同行”是中国石油依托移动互联网开发建设的创新型公益平台，旨在支持平民微公益，传递“人人公益”理念。该平台2016年1月1日上线，全年完成17期公益创想征集评选活动，共征集公益创想221个。其中173个获得资助，分别来自北京、内蒙古、甘肃、四川、贵州等24个省（自治区、直辖市），覆盖高校学生、社区居民、行业协会等多种群体，项目涵盖青少年教育、社区发展、古迹保护等领域（图3）。

“旭航”助学是中国石油专注于教育领域的公益项目，通过奖学金及助学金帮助贫困学生完成学业。截至2016年底，“旭航”项目已为1000名贫困高中生提供资金支持，400名高中毕业生中300余人考上大学。策划开展的“高考爱心助考”“石油体验日”“勤工俭学”等系列主题活动，通过培育健康心理、提高综合能力素质，助力特困学子更好成长成才（图4）。组织开展的“一升油、一生情”加油配捐主题活动，线下百余座万吨级加油站、超过500万社会公众和消费者共同参与；线上众筹活动1.2万网友为项目捐款，在腾讯公司“微信运动”平台上获得200万公众捐步支持。

益路同行 v3.1.0

图3　“益路同行”项目二维码

图4　“旭航”助学项目二维码

3. 微信传播

与媒体合作运营的能源话题微信号已成为中国石油官方微信的有效补充。2016年推送话题148篇，阅读量超过26万人次，传播能源知识、解读社会热点，达到与公众有效沟通的目的，增进理解和认同。

【社会责任】　坚持将企业发展与业务所在地可持续发展结合起来，关注民生和社会进步，与当地分享发展机遇和资源价值，积极参与社会公益，促进经济和社会和谐发展。2016年，中国石油在全球主要公益总投入超过6亿元，惠及数亿人。

带动地方发展。中国石油在上中下游领域全面扩大与国有资本、社会资本和国外资本的合资合作，通过项目运作，支持地方建设，在建设运营中培养本地供应商和承包商，创造就业岗位，带动关联产业发展，回馈当地民众。

倡导文明风尚。中国石油弘扬和倡导志愿精神，鼓励和支持员工积极参与服务社区和服务社会的志愿者活动，为精神文明建设做出贡献。2016 年，中国石油的青年志愿者队伍达 6892 支 18.4 万人，累计志愿服务时长达 42.1 万小时，相继开展了捐助困难群体、无偿献血、植树造林、救助野生动植物、保护自然和文化遗产等活动。

关注教育领域。中国石油持续通过设立石油奖学金、互助金、公益项目等多种方式，支持国内教育事业。2016 年为国内 13 所高校的 635 名学生颁发 399 万元中国石油奖学金；实施“益师计划”，将先进的教学理念和教学方法带到贫困地区，改善当地教师的业务素质和教学水平。

海外社区建设。中国石油致力于成为当地社区的优秀企业公民，尊重业务所在地的文化习俗，与东道国建立长期稳定的合作关系，推动东道国经济社会全面发展。2016 年，凭借本土化运营方面的卓越表现，获得印度尼西亚政府授予的 2015 年度印度尼西亚本土化份额履行承诺奖。凭借在中哈油气合作、促进哈萨克斯坦社会经济绿色可持续发展、增进两国人民友谊等方面做出的突出贡献，获得哈萨克斯坦总统纳扎尔巴耶夫签发的哈萨克斯坦共和国国家二级“友谊勋章”。

社会责任报告发布。2016 年，中国石油连续第 11 年发布社会责任报告，并发布行业内首份扶贫开发社会责任专题报告——《中国石油扶贫开发（2006—2015）企业社会责任专题报告》。以“行稳致远、共享发展”为主题，组织召开 2015 年度社会责任报告暨扶贫开发专题报告发布会，利益相关方代表百余人出席，超过 300 家主流媒体对报告发布进行报道和转载。发行《中国石油优秀社会责任实践案例集》，多渠道沟通、多角度展示中国石油履责业绩（表 2）。

表 2　2012—2016 年集团公司社会公益投入　　万元

业绩指标	2012 年	2013 年	2014 年	2015 年	2016 年
主要公益总投入	93645	85089	100759.27	136603.62	62140.6
扶贫帮困	26341	22744	20686.75	34109.93	19767.4
赈灾捐赠	2487	7487	16865.78	588.45	191.9
支持教育	19648	25365	12816.86	23803.41	8955.9
公益捐赠	28674	16340	39525.73	63202.74	23984.5
环保公益	16495	13153	10864.15	14899.09	9240.9

【定点扶贫与对口支援】 中国石油聚焦民生、产业、智力、医疗四大领域，结合集团公司业务和受援地资源、市场优势，创新模式、精准扶助，帮助当地获得经济自我发展能力。2016 年，集团公司继续开展定点扶贫和对口支援，在中国新疆、西藏、青海、重庆、河南、江西、贵州 7 个省（自治区、直辖市）13 个县（区）投入 7599 万元开展基础设施改造、教育培训和健康医疗等扶贫项目 40 个，数万人从中受益。举办扶贫培训班 5 期，培训受援地干部、致富带头人、教师及医护工作者 700 多人次，15 名挂职干部完成换届工作。

【获奖情况】 2008—2016 年中国石油品牌及社会责任工作获奖情况见表 3。

表 3　2008—2016 年中国石油品牌及社会责任工作获奖情况

序　号	奖　项	颁发机构	颁发时间
1	中央国家机关单位定点扶贫工作先进单位	国务院扶贫开发领导小组	2008 年 12 月
2	中国企业优秀社会责任实践单位	国务院国有资产监督委员会	2009 年 11 月
3	全国扶贫开发先进集体	国务院扶贫开发领导小组	2011 年 12 月
4	中央企业扶贫开发工作先进单位	国务院国有资产监督委员会	2013 年 1 月
5	定点扶贫先进集体	国务院扶贫开发领导小组	2014 年 1 月
6	第九届中华慈善奖	民政部	2015 年 12 月
7	品牌建设优秀企业	国务院国有资产监督委员会	2016 年 7 月

（袁　静）

规划计划

【概述】 2016 年是“十三五”规划开局之年，面对复杂严峻的内外部形势，集团公司着力抓好“十三五”规划发布和落地实施工作，加强投资效益管控和结构优化，坚持稳健发展，推进改革创新，超前谋划新业务发展，较好地发挥决策参谋、综合平衡、协调服务、检查监督职能，实现“十三五”规划的良好开局。

（陈慧敏）

【战略研究和中长期规划】

1. 全面完成集团公司“十三五”发展规划制定和发布工作

作为指导未来 5 年集团公司稳健发展的纲领性文件，“十三五”发展规划经过专题研究、多轮对接讨论、评估、广泛征求意见、高层研讨、党组会审议等程序，2016 年 3 月 17 日，经集团公司第二届董事会第 4 次会议审议批准。3 月 28 日，集团公司正式下发《集团公司“十三五”发展规划纲要》（中油计〔2016〕88 号）。根据规划编制工作总体安排和股份公司章程有关要求，编制形成股份公司“十三五”发展规划，3 月 22 日股份公司董事会 2016 年第 1 次会议通过关于公司“十三五”发展规划的决议。4 月，集团公司“十三五”规划编制工作领导小组集中对 11 个专业规划、12 个专项规划进行会议审议，并以集团公司办公会议纪要形式批准专业、专项规划，领导小组办公室对 11 个专业规划、12 个专项规划下发书面审查意见。6 月，领导小组办公室对 6 个区域规划、31 个分省（区）市规划和 13 个专题规划集中进行会议审查，以领导小组办公室会议纪要（计划〔2016〕265 号）形成审查意见。专业分公司按照领导小组办公室的要求，完成所属地区公司企业规划的审批工作。7 月，总部层面 75 个规划全部编制完成，领导小组办公室统一排版、印刷和存档，规划成果呈报集团公司领导并分送集团公司总部机关相关部门和专业分公司。集团公司“十三五”发展规划编制工作圆满完成。

“十三五”发展规划得到国务院国资委的充分肯定。11 月，国务院国资委对集团公司滚动规划进行评议，专家组对集团公司规划给予高度评价，认为集团公司规划思路清晰、重点突出、措施有力、文字流畅，是一个由规模发展向质量发展、有所为有所不为、有进有退、有保有压的规划。集团公司承担的中国石油“一带一路”油气合作专项规划项目收到国家能源局国际司专门发来感谢信。

为表彰“十三五”发展规划工作中的先进典型，鼓舞激励广大规划计划工作者为“十三五”发展规划落地实施做出更大贡献，对51家单位和299名个人进行表彰。

2. 着力抓好“十三五”发展规划落地实施工作

（1）加强与国家能源“十三五”发展规划等相关专项规划和各省（自治区、直辖市）规划的衔接。集团公司“十三五”发展规划按期完成并上报国务院国资委、国家能源局，积极参加国家石油、天然气、“一带一路”等专项规划编制工作，通过对国家部委相关“十三五”发展规划征求意见稿提出意见建议，多种方式加强规划对接，完成与31个省（自治区、直辖市）规划的对接，将集团公司规划重大项目、重大政策纳入国家和地方的规划中，为集团公司“十三五”发展规划落地实施创造好的条件。（2）着力抓好“十三五”发展规划宣贯工作。编制集团公司“十三五”发展规划纲要（公开宣贯版），在4月举行发布会，下发“十三五”发展规划纲要简明读本，通过报刊专栏、微信微博等新媒体进行广泛宣贯；6月16日，集团公司召开“十三五”发展规划纲要宣贯视频会，从“形势研判、发展目标、发展方针、发展战略、规划部署、重大举措”6个方面对规划进行详细解读；通过加大宣贯力度，使全体干部员工了解规划，自觉把思想、行动、目标、任务统一到公司“十三五”发展规划上来。（3）推进“十三五”发展规划各项目标任务有效落实。建立和完善规划实施机制，系统梳理和凝练集团公司“十三五”发展规划主要目标、重点任务等核心内容，明晰分工安排，下发集团公司“十三五”发展规划主要目标和重点任务分解表，明确主体责任，强化规划对年度计划的指导和约束，加强规划实施过程中的监测评估，确保规划贯彻实施。（4）发挥好“十三五”发展规划的引领作用。强化规划对年度计划的指导和约束，推广应用平衡计分卡，制订行动计划表，将规划任务目标与年度计划、业绩考核有效衔接，坚持以规划为引领制定2016、2017年业务发展和投资计划，做到规划与计划有效衔接。（5）通过研究大庆油田及其地区可持续发展等重大问题来推进“十三五”发展规划实施。落实国家新一轮东北振兴战略，针对长期低油价对上游业务可持续发展的重大影响，及时组织研究大庆油田及其地区可持续发展问题，提出当好科学生产、科技创新、国企改革、弘扬石油精神4个标杆目标，以及将大庆油田海外业务发展上升到集团公司整体战略，加大大庆油田新建产能项目投资支持等政策意见，推动大庆油田“当好标杆旗帜、建设百年油田”目标的实现。开展新疆地区油气当量5000万吨上产工程、辽河油田自主经营试点等一系列专题调研，进一步推进规划任务目标的实施。

3. 抓好重大战略课题的研究和组织工作

首先对2014—2015年的“十三五”发展规划编制重大课题研究成果进行完善和整理，对已经验收专题组织修改完善成果择要，并作为集团公司“十三五”发展规划成果结集印发。2016年新立项9个课题，研究范围包括形势变化跟踪研究、规划工具研究、重点专业问题研究、价值链优化研究等4个方面，实现重大问题和宏观形势常态化、日常化研究。在原油、天然气价值链分析研究方面，初步搭建价值链优化模型，为集团公司油气业务发展提供决策支持。

4. 积极争取政策支持

积极参与国家、省（自治区、直辖市）油气行业发展规划和相关政策、标准的研究制定，在上报国家规划和征求意见等工作中，积极向国家争取对致密油气开发、天然气产业发展、“一带一路”油气合作等支持政策，争取国家加大成品油市场监管力度，推进供给侧结构性改革，化解炼油过剩产能，进一步简化油气管道核准手续等，为集团公司发展争取更加有利的外部环境。

（张礼安）

【项目管理】

1. 勘探开发项目管理

国内项目核准备案。2016年，16家油气田自营区303个产能建设项目获国家能源局备案，其中原油项目249个、新建原油产能1525万吨（实际建成产能1032.3万吨），天然气（含煤层气、页岩气）项目54个、新建天然气（含煤层气、页岩气）产能55亿立方米（实际建成产能109.4亿立方米），为产能建设创造良好的外部条件。

项目管理。组织审查长宁、威远、昭通3个页岩气开发项目和鲁克沁稠油拟合资合作开发方案，批复长宁、威远2个页岩气田2016—2017年工作量及投资，以及长宁、昭通2个页岩气开发项目概念设计，委托勘探与生产分公司批复长宁页岩气田集输气干线工程可行性研究报告；完成塔里木油田凝析气轻烃深度回收项目最终投资决策审批。对外合作坚持“三严格”原则（审批程序、前期工作质量、评估论证），强化依法合规管理和过程监管，明确对外合作项目总体开发方案需经过勘探与生产分公司初审、中方参与比例应在总体开发方案中一并论证的程序要求，有效规避对外合作项目缺少业务主管部门初审以及中方参与开发期投资决策程序不够严谨的投资、审计风险。2016年受理对外合作项目4个，包括马必区块南区10亿米³/年煤层气开发项目、长北区块天然气补充开发项目（长北二期）总体开发方案、成庄区块煤层气总体开发方案等。

下放审批权限。研究和调整下放对外合作项目审批权限，将国内新建规模20万吨/年以下的对外合作原油开发项目、国内新建规模5亿米³/年以下的天然气（含煤层气、页岩气）对外合作开发项目，以及不超过国家核准投资的10%或增加额不超过3亿元的对外合作项目开发方案的调整方案的审批权限授权给勘探与生产分公司，简化较小规模对外合作项目开发方案的审批流程，加快方案批复速度，提高外方投资积极性，推进项目实施。

（徐　婷）

2. 海外勘探开发项目管理

抓好项目前期管理。2016年，集团公司组织开展莫桑比克4区、中东1号、加拿大都沃内、阿联酋阿布扎比陆海等14个项目前期审查工作。其中：完成审查7个（莫桑比克4区科洛尔气田一期、哈萨克斯坦曼格什套项目提请集团公司董事会审议通过）；因项目效益较差，海外勘探开发分公司正进一步优化项目3个；因上报文件多处关键问题需进一步落实澄清，要求海外勘探开发分公司补充完善后重新上报项目2个；新项目提前介入项目2个。组织上报国家发改委申请核准（备案）项目6个，其中哈萨克斯坦PK、北布扎奇、苏丹6区、俄罗斯亚马尔LNG项目外部融资担保等4个项目获备案。

做好重大事项研究。组织完成9个海外重大事项研究工作，包括加拿大步锐能源公司麦凯河油砂项目一期工程投产、向伊拉克石油部提交“中东1号”项目合作意向协议、乌兹别克斯坦卡拉库利区块勘探转开发项目评估情况、莫桑比克4区块Coral气田一期LNG购销协议、境外投资项目上报国家发改委申请核准（备案）所需附件事宜等。

提升海外项目图册编制质量。编制和更新集团公司海外油气业务的全球、五大区、31个重点国家的油气合作项目形势图，形成图件40张、文字4万余字；新增全球油田及重点含油盆地分布图、全球气田及重点含气盆地分布图、中国石油“一带一路”图。编制完成集团公司海外油气业务发展情况报告，总结分析项目发展存在的问题，涵盖五大合作区、32个国家和81个项目，并根据项目最新进展实时滚动更新。

（李建卫　刘瑞杰）

3. 炼油化工项目管理

重点项目进展顺利。2016年，集团公司启动独山子石化、四川石化、兰州石化等乙烯原料优化项目前期工作，继续开展大庆石化1000万吨/年炼油扩能项目和中俄天津东方石化等重点项目前期工作。继续落实云南石化1300万吨/年炼油项目核准调整工作，经国家发改委授权，云南省完成项目调整核准变更批复。辽阳石化俄罗斯原油加工优化增效改造项目最终投资决策报告通过集团公司董事长办公会审议，正式进入建设阶段。继续开展云南石化、广东石化、华北石化千万吨炼油项目建设工作。

高效开展成品油质量升级工作。按照国家成品油质量升级工作进度安排，在完成东部11个省（自治区、直辖市）国Ⅴ标准升级的基础上，全力推进国Ⅴ标准汽油、柴油质量升级项目实施，2016年底前按期顺利完成集团公司国Ⅴ标准汽油、柴油质量升级工作。落实成品油质量升级项目贷款贴息申报工作，积极争取国家专项资金支持。

（张桐郡）

4. 油气储运项目管理

2016年重点工程项目建设有序推进，油气骨干管网不断完善。西气东输三线东段、大连LNG二期、江苏LNG二期、如东—海门—崇明岛天然气管道、港清三线、宝坻—香河—西集联络线、宁夏石化成品油外输管道等一批重大项目顺利建成投产；西气东输三线西段压气站、陕京四线、中卫—靖边联络线、中俄原油管道二线、铁大线鞍山—大连段安全改造、锦州—郑州成品油管道、云南成品油管道等项目有序建设。2016年开展一系列油气管道项目前期工作。

完成中俄原油管道二线、陕京四线、西气东输三线中卫—靖边联络线等3个项目最终投资决策报告的批复，庆铁三线四线站场改造、俄罗斯原油增输配套新民站、华北石化—北京新机场航空煤油管道、管道光传输网络主结构二期等4个项目可行性研究报告的批复，以及中俄东线配套楚州盐穴储气库预可行性研究报告的批复。

开展西气东输三线闽粤支干线、中俄东线（北段）黑龙江两条支线（明水—哈尔滨、大庆—哈尔滨）、唐山LNG新增4座储罐、忠武线忠县站增压工程、淮武线蔡甸区常福新城开发区管道改线工程、秧田冲油库至昆明长水机场航空煤油储运工程、乌兹别克斯坦加兹里储气库利用等 8 个项目的前期论证，其中 5 个项目已由天然气与管道分公司完成可行性研究批复。

5. 油气管道项目核准管理

2016 年，油气管道项目核准工作充分发挥集团公司整体优势，强化立体式攻关协调机制，保证油气管道项目核准进度，核准工作取得新进展。

核准工作成果。2016 年，共有 4 个油气管道项目获得国家发改委核准，包括中俄原油管道二线、西气东输三线中段核准延期、楚雄—攀枝花天然气管道投资主体变更、哈尔滨—沈阳天然气管道工程方案变更。铁大线鞍山—大连段安全改造工程、俄罗斯原油增输配套新民站工程等 6 个项目获得省级发改委核准（备案）。

核准基础工作建设。按照国家发改委要求，组织上报集团公司油气资源保障及油气网络重大工程项目建设月度报告 12 期，及时反映问题，努力为项目建设创造条件；继续加大国家部委协调力度，促成西气东输四线、港清三线、锦州—郑州成品油管道、西气东输三线东段等 4 个项目核准及建设问题纳入国务院办公厅督查室督办项目清单，项目历史遗留问题正在逐步获得解决。

（王　博）

6. 销售项目管理

专项规划和战略研究。2016 年，按照集团公司“十三五”发展规划总体部署，完成销售和国际贸易业务“十三五”发展规划印发前的审核和校对工作，完成了广西、福建、江西、山东和安徽 5 个分省规划与地方对接以及印发前的审核和校对，修改完善的报告中充分吸纳地方政府和地区分公司意见；按照“十三五”发展规划配套课题研究部署，正在开展中国石油“互联网 + 营销”研究，拟通过顶层设计，推动油品销售经营模式的创新、转型。

项目管理。严格履行项目前期管理程序，完成内蒙古赤峰迁建油库项目可行性研究批复工作，开展东莞油库同舟码头二期等项目前期研究工作。

在国内成品油资源严重过剩、地炼低价资源持续冲击市场、集团公司零售能力不足的形势下，为维持集团公司成品油产销基本平衡，直属炼油厂被迫较低负荷运行，不利于集团公司产业链整体效益发挥。为补强销售短板，保障集团公司上下游协调发展，研究将加油站项目技术评价参数由 8% 调降至 6%，进一步简政放权，将销售分公司审批加油站新建和收购权限调至 2 亿元以下，激励和促进销售分公司充分参与市场竞争，同时及时帮助地区分公司反馈发展中亟须解决的问题，借此推动其业务持续发展。

（徐克琪）

7. 信息项目管理

2016 年，集团公司组织开展投资项目一体化管理系统建设，项目前期、投资计划、后评价、系统集成、用户访问及标准化等相关模块全面实现上线运行，工程造价、经济评价业务模块实现试点上线运行，初步建成投资项目一体化管理应用平台。

组织落实“十三五”信息化建设规划实施。贯彻集团公司科技与信息化创新大会精神，落实“共享中国石油”建设方案，积极协调解决 2016 年信息投资安排。会签审查信息项目可行性研究报告 5 项，协调讨论、研究处理项目实施建设内容调整、节余资金使用、系统运维支持等问题 5 项。协调组织各系统项目组对接交流相关业务 ERP 系统、生产运行管理系统基本功能、数据指标清单等，参加推进 ERP 应用集成系统深化应用研讨会，加深理解投资项目一体化管理系统建设的重要意义。

（栾向阳）

8. 工程技术服务项目管理

“十三五”发展规划。按照统一部署，2016 年集团公司开展工程技术“十三五”发展规划和装备制造业务转型升级两个课题研究，为编制工程技术和装备制造业务“十三五”发展规划奠定基础，研究成果在规划中得到充分应用。全力做好工程技术和装备制造“十三五”发展规划编制工作，做好与总体规划、分省规划的衔接与审核，并与相关部门、专业分公司、地区公司深入对接和修改完善，圆满完成工程技术和装备制造“十三五”发展规划的编制和审批发布工作。着力抓好规划宣贯和落地，指导并配合工程技术、装备制造板块完成对板块直属企业规划的审查和批复，积极把地区公司的思想行动统一到规划的部署上来，推动工程技术服务业务稳健发展。

项目管理。贯彻稳健发展方针，按照“严控钻机、地震仪更新，适度提高储层改造能力和水平，严控装备制造产能扩张，优化调整产业结构”要求，坚持“市场导向、质量为本、效益优先”原则，突出“控规模、调结构，保高端、压低端，控常规、增特色”，加强项目全过程管理，严格履行项目论证审批程序，抓好项目向国家备案，共批复压裂车组、LWD 生产保障基地可行性研究报告 2 个，组织开展可行性研究项目 5 个，报国家发改委备案项目 3 个，有力促进企业实现效益发展。

（刘　颖）

9. 装备制造项目管理

“十三五”发展规划。按照集团公司对装备制造业务的发展定位，充分发挥企业、研究机构和行业专家等多方面力量，编制完成《装备制造业务“十三五”发展规划》，全面总结装备制造业务专业化重组以来的发展成果和主要问题，深入研究“十三五”面临的形势并与国内外装备制造企业进行对标分析，明确装备制造业务“十三五”发展思路、发展战略、工作目标、重点部署和保障措施，研究确定投资总量和规划项目，推动装备制造业务协调稳健可持续发展。

项目管理。加强项目规范化、科学化管理，严控投资规模，坚持突出战略、突出高端、突出效益原则，充分发挥投资导向作用，支持重点企业和主导产品发展，加快推动装备制造业务转型升级，提高市场竞争力和盈利能力。突出做好重点项目研究论证，组织开展宝鸡石油钢管公司西安石油专用管二期合资建设、海洋工程公司青岛海工建造基地项目建设优化调整方案审查及勘探开发公司哈萨克斯坦大口径焊接钢管制造项目备案等工作。

（王　琪）

【用地预审管理】 2016 年，西气东输四线、中俄东线黑河—长岭段等 2 个项目用地预审获得国土资源部批复。

积极配合国土资源部组织对建设项目优化用地预审、报批程序的摸底工作，8 月 19 日，在国土资源部组织研讨会上提交集团公司对改进项目用地预审工作有关建议材料并进行充分交流。为进一步简化建设用地预审审查内容，减少审批要件，提高审批效率，11 月 25 日国土资源部第 4 次部务会议审议通过关于修改《建设项目用地预审管理办法》的决定，取消适用建设用地指标情况、补充耕地初步方案等审查内容，有效提升集团公司油气管道项目用地预审工作效率。

（王　博）

【年度业务发展计划】 2016 年，集团公司按照“稳增长、调结构、补短板、提效益、防风险”总体要求，坚持稳健发展，坚持规划引领，树立底线思维，压减低效油气勘探开发项目，不新开增加炼油能力建设项目，加强油气销售网络项目建设，严控非生产性投资和低效无效投入，禁止新建楼堂馆所和新购小汽车，投资向油气上游业务、盈利能力强业务和补短板业务倾斜。根据油价和市场变化，经过持续优化，2016 年 6 批投资计划共下达 2109 亿元（其中国内外上游占比 72.3%），比年度投资控制目标 2600 亿元减少 491 亿元，下降 8%；同比减少 495 亿元，下降 19%。

2016 年，集团公司下发《中国石油天然气集团公司投资管理办法》。采取培训班授课、座谈等多种形式，大力宣贯新发布的投资管理办法。按照新办法遵循的“一统一、三控制、两挂钩”原则，进一步规范项目审查和计划管理程序，严格项目实施条件审查，开展建立投资增效考核机制的研究，加强投资效益管控，并根据集团公司全面深化改革的精神，下放部分二类项目审批权限和四类项目投资计划管理权限，确保程序合规、管理有序、投资有效。

（李建卫）

【概算管理】 严格建设项目估算概算审核。注重突出质量效益，在以投资对标控制为抓手、严把建设标准、以效益指标约束工程投资等措施的基础上，利用信息化技术管控设备材料价格，运用工程量清单计价管控建筑安装费用，实现建设项目投资控制的精细化管理。2016 年，集团公司审查和复核项目估算、概算 62 项，综合核减率 21%。

持续更新和完善工程计价依据体系。下发《石油建设项目工程量清单编制规则》，全面完成“十二五”期间的公司工程计价依据修编工作，基本建立覆盖石油建设全领域、适应建设项目全过程、科学规范的石油工程计价依据新体系；加强工程计价依据的动态管理，对现行预算定额的部分子目和机械台班单价水平进行重新测定和调整。

全面推进工程量清单计价管理。创新技术手段，组织专家支持组编制炼油化工项目主要装置、长输管道项目清单模板和清单招投标合同模板；在工程造价信息模块构建过程中，预先考虑与清单计价的衔接，清单项目结构设置与概预算 WBS 分解结构保持一致，实现概算和清单的转换，为工程量清单计价推广应用提供技术支持。

着力提升工程造价管理信息化水平。投资项目一体化管理系统工程造价信息模块构建基本完成，建立设备主材价格库，利用设备主材价格信息分类编码规范设备主材的来源，做到造价编制取费与物资采购目录价格的对接，实现管理规范化、编审网络化、操作透明化、查询动态化。

注重政策和造价专题研究。适应国家税制改革要求，制定下发《关于全面推开营业税改征增值税试点后工程建设项目增值税有关事项的通知》，实现集团公司工程建设项目的全覆盖，有效降低项目建设投资压力；积极服务地区公司需求，针对液压紧固设备的不同技术参数、不同施工方案，通过现场实测，合理配置人员、机器资源和消耗量，及时制订并发布液压紧固设备施工指导价，解决甲乙双方工程结算的争议。

夯实基础管理工作。修订《项目投资审查统一规定》，发布4期《设备材料综合参考价格》（3040条价格信息）和6期《钢材价格分析及预测简报》；完成两期造价专业人员岗位培训，录制专家授课标准课件并上线远程培训网，首次实现在线远程培训功能。

（张建斌）

【石油工程建设】 2016年办理所属企业各类资质18项，其中工程咨询资格3项、特种设备设计许可资质11项、施工总承包资质4项。截至2016年底，集团公司拥有国家工程勘察设计资质的单位35家，其中工程设计综合甲级6家、行业甲级11家、专业甲级8家、乙级10家（工程勘察综合甲级3家，专业甲级3家）。拥有建筑施工总承包和专业承包企业50家，其中施工总承包企业40家，包括特级资质4家、一级资质25家、二级资质9家、三级资质2家；专业承包企业10家，包括一级资质8家、二级资质1家、三级资质1家。

（丁金林　周　波）

【后评价管理】 强化实际效果，不断提升后评价价值。（1）强化闭环管理成效。在地区公司项目自评价报告、咨询单位独立后评价报告、地区公司整改落实报告的基础上，2016年集团公司完成25个典型项目独立后评价意见反馈工作，业务涵盖勘探、开发、炼化、储运、销售和环保等多类项目。通过与项目建设单位反复沟通，与咨询单位深入研究，高质高效完成独立后评价计划下达、自评价报告和独立后评价报告编制、后评价意见反馈以及问题的整改落实工作。全部项目涉及总投资767.5亿元，总结经验39项、发现问题111项、提出意见和建议66项，落实整改措施65项，有效提高集团公司投资建设项目的管理水平。（2）推进后评价年报制度化。在总结9年来后评价年报编制经验的基础上，组织起草完成2016年投资项目后评价情况通报，通过对项目进行系统梳理分析，共总结出全过程管理5个方面的成功经验及存在问题，并提出4个方面的措施建议。（3）及时对最佳实践和重大问题开展专题研究。针对LNG业务购销价格倒挂、未来勘探开发逐步向非常规转变、催化烟气脱硫脱硝除尘等环保减排项目亟须总结经验、天然气调峰保供能力不足，以及销售业务高速公路加油站的开发运营等焦点、热点问题，组织开展专题调查研究，形成致密油、储气库、LNG等7个专题报告，共提出30余项建议，通过报送集团公司管理层，对相关业务领域的发展起到较好的指导作用，进一步提升后评价工作价值。

加强管理，不断完善后评价工作体系。（1）全面建立“两中心，一平台”后评价工作体系。通过与地区公司相结合，利用其区位优势和咨询力量，成立西北后评价中心，从源头夯实后评价工作基础；利用规划总院内外部专家资源，建立中国石油后评价中心作为专业化后评价队伍，全面提升后评价工作质量；通过后评价信息管理系统上线运行，促进集团公司后评价工作制度化、标准化、常态化。通过后评价项目评价、理论研究、信息系统维护、现场培训检查指导能力等工作的开展，进一步理顺工作模式，明确职能定位，形成两个中心“各司其职、各负其责，优势互补、协同推进”的协调机制，发挥其对后评价业务的高效支撑和推进作用。（2）完成后评价管理办法实施细则及后评价指标体系的完善修订工作。以提升项目后评价工作制度化、规范化、专业化、信息化水平为目标，以细化后评价管理与监督为重点，对原集团公司投资项目后评价管理办法实施细则进行修订；结合公司当前业务发展新变化，配合后评价信息系统上线，对原后评价指标体系进行更新完善，有效满足新形势下集团公司业务发展对后评价管理规范和标准的新要求。（3）完成后评价管理信息系统优化应用工作。通过系统优化、人员培训等工作的推进，2016年后评价信息系统实现全面上线试运行，通过系统录入存量后评价项目800余个。（4）指导地区公司业务培训。围绕勘探开发项目后评价细则及实践，以及后评价信息管理系统应用，2016年组织40余家地区公司，共计700余人次开展后评价业务培训，取得良好的效果。

（邵　阳）

【综合统计】 积极服务生产经营和重大决策，有效提升统计工作高度。2016年，着力提高统计数据和报告质量，定期和动态发布集团公司《月度生产经营完成情况报告》和《集团公司季度生产经营分析报告》等综合统计信息与分析报告，有效支撑集团公司的生产经营重大决策。

创新开发高端信息产品，有效增强统计工作深度。加强统计信息的综合分析和开发利用，提升成果层次，开发统计信息精品和高端产品，不断丰富统计年报和统计摘要内容，编写《中国石油与各省领导会谈背景材料》《公司领导到各省调研背景材料》等资料，为集团公司生产经营管理决策提供可靠依据。

不断夯实管理基础，有效提高统计工作水平。完成统计核算指标解释修订，使核算方法具体明确、易理解、好操作，指标解释更加专业、科学；根据集团公司体制机制改革、业务范围拓展等情况，优化统计调查制度，使统计调查更加规范实用；举办集团公司统计业务培训班，完成中国石油学会石油统计专业委员会换届工作，积极为广大统计工作者搭建专业交流平台。

努力满足外部信息需要，有效拓展统计工作广度。完成国家主管部门下达的统计调查任务和集团公司对资本市场披露信息，为国家宏观调控和投资者服务，为集团公司争取国家政策支持、畅通资本市场信息沟通渠道做出积极贡献。

持续推进信息化建设，有效减轻统计工作强度。完成系统与集团公司统一身份认证平台的集成，提升系统的安全性、效率和功能；加强系统运维建设，完成硬件升级、数据中心迁移、系统评估检查和性能优化工作；探索研究统计信息系统与投资管理信息系统、ERP 系统等集团公司统建系统之间信息源的有效集成和共享。

（肖修文）

财务资产管理

【概述】 2016 年，集团公司财务工作面对极其严峻复杂的生产经营形势，集团公司财务部积极推进落实中央提出的“三去一降一补”结构性改革和集团公司全面深化改革决策部署，以提高质量效益为中心，继承创新财务管理理念和管控模式，深入扎实推进开源节流降本增效，牵头组织协调亏损企业专项治理、处置“僵尸企业”和特困企业专项治理、压缩管理层级减少法人户数 3 项专项工作，有序推进财务共享管理平台建设，持续创新完善预算管理机制，不断提升会计信息质量，大力实施资产结构调整优化，进一步强化财务合规管理，狠抓财务队伍建设，有效发挥了战略服务、绩效引领、价值导向、决策支持和风险管控作用，为集团公司圆满完成 2016 年效益目标、持续提质增效稳健发展做出贡献。

（鞠慧敏　周小顺）

【开源节流降本增效工作】 2016 年，集团公司连续 3 年开展开源节流降本增效工作，明确强改革、促创新、调结构、压投资、降成本、减冗员、紧债务、去库存、轻资产、治亏损、补短板等 12 个方面 36 条重点举措。开源节流降本增效实现增利 288 亿元，其中开源 146 亿元、节流 142 亿元，有力支持集团公司在低油价下稳健发展。（1）树立底线思维，牢牢守住“公司整体不亏损和自由现金流为正”两条底线，努力保持稳健发展势头。（2）坚持问题导向，聚焦制约可持续稳健发展的“短板”问题，多措并举，持续严控投资总量、优化投资结构，确保成本费用“硬下降”，大力压缩用工总量和人工成本。（3）注重结构优化，立足产业链整体协调，大力开拓市场，扩大有效增量；深度调整产业结构、产品结构、产量结构，持续优化存量；坚决去产能，实施资产结构调整优化，全面启动矿区“三供一业”分离移交，积极主动减量。（4）加快瘦身健体，多管齐下，突出抓好亏损企业专项治理；分类施策，深入开展处置“僵尸企业”和特困企业专项治理；突出重点，持续压缩管理层级减少法人户数。（5）深化企业改革，健全以战略和市场为导向的经营激励约束机制，突出全面预算的战略导向和价值引领作用，加大效益挂钩力度，实施封顶保底、以丰补欠政策，健全炼、销、贸一体化运行考核机制，着力增强经营活力和动力。（6）突出创新引领，全面实施创新战略，积极推进重大科技专项攻关和现场试验，加快信息化与企业管理深度融合。（7）推进管理提升，抓好安全隐患治理，推进绿色发展，严格控制用能总量；强化合规管理，堵塞各领域跑冒滴漏风险，夯实稳健发展的基础和质量。

通过集团公司上下共同努力，开源节流降本增效工作取得新的进展和显著成效。2016 年超额完成国务院国资委下达的业绩考核目标，10 个板块 8 个盈利。年末有息债务余额和资产负债率、资本负债率均控制在奋斗目标以内，自由现金流连续三年为正。投资总额同比下降 19%，主要成本费用指标持续“硬下降”：其中，油气单位操作成本同比下降 10.1%，吨油完全加工费同比下降 0.4%，吨油营销成本同比下降 3.6%，销售管理费同比未增，“五项”费用同比下降 4.7%，人工成本同比下降 1.6%。三项专项工作扎实推进，取得阶段性成效。

（杨惠明　黄思良）

【预算管理】 组织编报集团公司 2016 年中央企业预算。根据集团公司 2016 年预算方案，按照国务院国资委《关于印发 2016 年度中央企业预算报表的通知》（国资发评价〔2015〕122 号）要求，完成集团公司 180 多家上市、未上市二级单位的国务院国资委报表审核和校验工作，编制集团公司 2016 年度国资委预算报表，按时向国务院国资委上报并一次性审查通过。

集团公司“十三五”财务专项规划优化、定稿。根据优化调整后的“十三五”投资规划、产销量安排和调整后天然气价格体系，及时优化调整财务指标测算模型，按照油价高、中、低三种情景，对“十三五”财务规划方案进行优化完善，并对相关财务指标进行重新调整测算，最终形成集团公司“十三五”财务专项规划，相关财务指标实现了与集团公司总体规划的全面对接和统一，并于 2016 年 4 月 29 日经集团公司规划编制领导小组审议通过，圆满完成集团公司首次五年财务专项规划编制。

科学组织集团公司 2017 年预算编制工作。2016 年 7 月底下发《关于启动 2017 年预算编制有关事项的通知》，明确预算编制原则和编制要求，编制预算方案草案，于 11 月 8 日提交董事长办公会审议。根据董事长办公会审议意见和对国际油价的预期，及时编制 2017 年预算调整方案，于 11 月 15 日前按时完成向国务院国资委进行预报，12 月 2 日报集团公司董事会第二届第三次会议审议通过。

持续深化未上市业务预算管理。按照集团公司开源节流降本增效工作部署，根据实际油价变化对预算指标进行动态调整，确定未上市业务低油价下开源节流降本增效工作目标。加强矿区业务预算管理，在原定压减集团公司总部补贴的基础上，进一步明确 2016 年压减集团公司总部补贴 15 亿元的奋斗目标。积极配合“三供一业”移交工作，认真审查移交方案，及时预拨改造资金。

（王爱华　张　展）

【会计报表及核算】 2016 年，集团公司平稳高效完成财务决算。编写下发《2016 年度中国石油财务决算指导手册》，不断优化决算审核模式，简化审核流程，提高工作效率；全面采用网上审阅方式，提高效率，节约成本；充分发挥预审作用，安排中介机构在年度中期进驻被审核单位进行预审，提前发现和解决问题，确保决算工作顺利完成。按时保质保量编制完成集团公司财务报告，顺利通过董事长办公会、审计与风险管理委员会、董事会的审议，并获得一致好评。以立信会计师事务所为主审所的 7 家会计师事务所对集团公司和所有二级子企业均出具了标准无保留意见的审计报告。2016 年决算共上报 1037 户子企业决算报表，顺利通过国务院国资委、财政部决算现场审核，获得高度评价。

持续加强财务决策支持。密切跟踪外部环境和集团公司生产经营变化，深化财务分析，充分发挥决策支持作用。每月出具财务动态、生产运行及经营效益分析，及时发现集团公司发展中存在的问题和需要关注的事项，揭示经营短板，推广先进经验；每季度出具集团公司生产经营分析汇报材料，深刻挖掘数据背后的生产经营状况，为集团公司优化生产经营、合理配置资源、开源节流降本增效等提供切实可行的对策建议。在优化投资、原油和天然气产业链价值分析、优化炼化产品结构、进口天然气效益分析、加强“两金”管控及开展亏损企业治理等方面，提出了合理化建议，决策支持的针对性和时效性不断提升。

注重加强会计政策研究筹划。制定管道平台财务运行方案，成立平台公司财务工作小组，集团公司财务部牵头组织资金部、财税价格部、天然气与管道分公司制定平台公司财务运行方案，指导并配合平台公司做好实施，确保管道重组项目的顺利开展。针对工程建设改制建账有关财务会计工作方案提出建议，并对主辅分离、改制评估及业务划转等重要事项提出会计核算要求，配合工程建设板块按计划完成标准化梳理、辅业建账及相关账务处理工作，为工程建设业务重组改制顺利推进提供有效支撑。研究金融业务重组上市相关财务会计工作方案，明确交割时点及会计核算要求，配合中油资本完成相关账务处理工作，确保集团公司金融业务重组上市工作顺利开展。研究制定天然气销售体制改革会计核算方案，指导并配合有关地区公司做好实施工作，为天然气销售体制改革财务工作顺利开展奠定基础。

（杨晓红　范　暄）

【会计准则体系建设】 2016 年，集团公司修订《会计手册》相关内容。根据财政部和国家税务总局发布的财税法规、集团公司部门文件以及地区公司反馈意见，结合集团公司实际，于 2016 年 12 月正式下发《中国石油天然气集团公司会计手册解释第三号》，该文件规范了集团公司及地区公司在“三供一业”分离过程中，对国家补助资金收拨、资产移交等方面的财务操作流程，统一了油气田企业在对外合作项目协议终止后，对外方移交资产的账务处理，进一步明确销售企业提取安全生产费用、地区公司收到稳岗补贴、成品油销售企业配送试点单位运费等业务的会计核算。

积极组织编写管理会计应用指引。2016年3月，受财政部委托，集团公司参与起草《管理会计应用指引》，负责编写绩效管理相关应用指引，包括绩效管理、关键业绩指标法、经济增加值法、平衡计分卡、股权激励、绩效棱柱模型、360度绩效评价等7项指引。在《管理会计应用指引》的编写过程中，系统梳理并总结了国内外大量研究资料和实务经验，在多次调研和讨论的基础上，确定相关管理会计应用指引的主要范围和内容，并征求部分地区公司、高等院校和咨询公司的意见，组织来自社会各界的专家进行多次座谈，形成《管理会计应用指引》讨论稿，修改完善后于9月将绩效管理、关键业绩指标法、经济增加值法、平衡计分卡等4项指引提交财政部。

（姜　艳　朱　兰）

【资本市场信息披露】 组织完成股份公司2016年度法定披露报告。按照三地上市监管要求，全面高效地完成年度报告及业绩公告、美国版20-F年报、季度报告、半年度报告及业绩公告的编写及披露工作，并就2016年度报告和2016年半年度及季度报告填写上交所XBRL报送系统。依托股份公司年度和半年度业绩实际，积极跟进市场关注点，编写完成2016年度及中期路演数据本、业绩发布幻灯片及路演相关问题等路演资料，配合完成2016年度及半年度业绩发布及路演工作，为更好地回报股东，2016年股份公司首次派发中期和末期特别股息，切实维护广大股东的利益。积极配合中国证券登记结算有限公司上海分公司和香港证券登记有限公司，圆满完成2015年度末期及2016年度中期股息派发工作。股份公司年度财务报告连续第18年获得外部审计师出具的标准无保留意见审计报告。

（姚显虎）

【资产管理】 2016年，集团公司推进资产结构优化调整，不断完善资产管理体系建设，加强和改进国有资产监督管理，加大低效无效资产清理处置力度，努力提高资产运营效率效益。（1）持续推进资产结构优化调整，通过压缩投资、处置低效无效资产、盘活运营土地资产、闲置资产调剂、“三供一业”资产移交、优化物资采购管理等措施，2016年实现轻资产1083亿元。（2）扎实规范开展清产核资，严格履行审批程序、积极协调沟通，顺利取得国务院国资委对集团公司2015年清产核资的批复，对67家企业的320.9亿元资产损失予以冲减国有权益，夯实了企业资产，减轻了企业负担。（3）完善资产管理体系建设，印发集团公司资产评估项目公示规定，稳步推进集团公司固定资产管理办法修订、固定资产目录及转资指南修编以及闲置资产调剂平台建设工作，研究制定集团公司资产转让进场交易管理办法，研究固井压裂设备资产折旧年限调整，客观反映资产实际使用情况。（4）强化国有资产监督管理，印发《关于贯彻落实〈国务院办公厅加强和改进企业国有资产监督防止国有资产流失的意见〉的通知》，并分别向中央改革办和国务院国资委就集团公司加强和改进企业国有资产监督管理情况进行专题汇报。（5）积极推动合资合作混合所有制改革工作，组织金融业务重组上市项目、工程建设企业改制和重组上市项目、海南销售公司等重点项目的重组改制评估备案工作，全程参与天然气销售体制改革财务管理方案制定、江苏销售合资合作以及“僵尸企业”治理工作。（6）坚决贯彻执行国务院国资委资产评估管理要求，不断加大资产评估项目监督审查力度，严防国有资产流失，实现资产评估管理制度化、流程化、规范化。2016年签发资产评估报告审核意见516份，完成资产评估备案项目383项，评估前净资产1258亿元，评估增值523亿元，增值率42%。（7）全面参与油气合资合作项目清理规范工作，针对存在的问题研究整改方案，对重点企业、重点问题的整改方案与相关部门、地区公司进行深入讨论，赴地区公司进行现场指导。

（王秀华　侯建春）

【关联交易】 圆满完成股份公司2015年报及2016年中期报告关联交易信息披露相关工作，包括：提交路演数据本、董事会报告所需关联交易相关数据；完成股份公司2015年报及2016年中期报告关联交易部分；完成股份公司董事会审计委员会、监事会2015年度及2016年度中期持续性关联交易情况报告；完成管理层致独立董事、独立董事致股东2015年度关联交易确认函；完成关于提请股份公司管理层审定2015年度管理层声明书及审计师意见函的报告。顺利完成北京燃气关联交易上限申请工作。根据2015年度决算数据，按股份公司与北京市燃气集团有限公司（简称北京燃气）之间交易额进行的有关比率测试，股份公司须申请与北京燃气关联交易上限。组织股份公司与北京燃气《产品和服务协议》的签订工作，以及股份公司与北京燃气2016年和2017年关联交易上限测算工作，相关议案在8月23日召开的股份公司董事会2016年第五次会议上获得通过。完成风险作业服务价格调整工作。针对实际工作中出现的矛盾问题，经过认真分析研究，充分协调各方利益，提交《关于明确苏里格气田风险作业服务结算工作有关问题的请示》《关于调整威远页岩气风险作业服务结算价格的请示》，下发《关于明确苏里格气田风险作业服务结算工作有关问题的通知》（财务〔2016〕97号）和《关于调整威远页岩气风险作业服务结算价格的通知》（财务〔2016〕96号），并持续跟踪掌握文件执行情况。参与资本运营相关工作。2016年，集团公司对燃气、金融和工程建设等业务持续开展大规模重组，先后参与中油工程、中油资本与集团公司系列关联交易协议的起草审核工作，以及“ST济柴”“ST天利”重组协议的审核工作，还对昆仑能源规模急剧扩大后关联交易的合规运行进行业务指导，并针对关联交易工作的新形势，起草《关于集团公司持续进行业务重组对关联交易工作影响的分析报告》，对关联交易工作的变化和风险都进行了分析，提出了相关建议。完成BEPS相关工作。在财务部BEPS专项工作领导小组的组织领导下，先后按计划完成资料收集、相关制度文件梳理、地区公司调查等一系列工作，关联交易转让定价政策对外披露文稿完成一轮讨论修改。“中石油应对BEPS行动计划策略研究”课题已完成。

（辛　欣）

【财务管理信息系统建设】 扎实推进ERP与FMIS融合，2016年，集团公司分4批累计启动97家单位推广实施，完成80家单位的并行验证工作并成功切换，实现ERP与FMIS标准的严格统一，财务业务信息进一步共享，实现未上市财务数据的集中管理。稳步开展集团公司会计一级集中核算，制定总体方案，全面梳理未上市企业责任中心架构，完善统一会计科目体系，推进未上市企业财务数据集中，统一定制未上市企业报表计算公式和校验公式，优化完善集团公司内部交易平台，梳理对账签认规则，提高集团公司合并报表内部抵消数据的准确程度。持续开展财务信息系统整合提升。完成司库子系统2.0项目立项、流程设计、系统研发测试、硬件准备并完成试点实施，推进集中报销系统在海外项目应用，开展司库平台、集中报销、会计电子档案与FILENET系统集成工作，实现财务系统影像数据统一管理、共享使用。开展财务共享服务顶层设计。与4家非石油公司现场交流，收集整理17家国内外公司案例，参加2016年全球财务共享论坛掌握共享发展趋势；与109家地区公司座谈，摸清基层重点关注事项，反复斟酌集团公司实际情况和基础条件，形成方案初稿。配合集团公司重组改制，开展财务系统建账工作，主要包括昆仑能源与昆仑燃气重组、中油工程重组、中油资本重组、天然气销售与管道业务体制调整等。开展系统云化迁移。有序进行财务账套云化数据迁移演练、问题处理、正式迁移、数据核对、系统切换、优化调整、跟踪支持等工作，完成集团公司总部和未上市企业42个账套的云化迁移工作。配合国家部委开展标准研制。参加财政部组织的会计软件数据接口国家标准研究制定工作，协助完成标准征求意见和国家标准化管理委员会评审。开展财务信息系统培训工作。组织3期财务信息系统培训班，培训系统管理员及业务骨干260人次，提高了系统管理员专业知识水平和业务能力。

（吴雪鹤　王　亚）

【审计监督检查】 配合国家审计署完成经济责任审计。2016年5—7月，国家审计署派出审计组对集团公司原法定代表人周吉平同志任职期间履行经济责任情况开展审计，过程中同时开展提质增效和会计信息质量专项核查工作。2016年12月，下达了《关于中国石油天然气集团公司原法定代表人周吉平同志经济责任审计报告》（审经责报〔2016〕10号）。财务部组织相关部门和单位，按照整改要求和时限，及时组织审计发现问题整改工作。完成国务院国有重点大型企业监事会专项检查的协调沟通工作。按照《国有企业监事会暂行条例》，2016年8月国务院派驻集团公司监事会进行换届，根据《关于派驻中国石油天然气集团公司监事会的通知》（国资发监督〔2016〕222号），杜渊泉为集团公司新一届监事会主席，监事会第14办事处换届为第29办事处，先后调研检查大庆油田等11家地区公司。

（李　森　张春梅）

【机关财务管理】 2016年，集团公司强化预算控制与分析。认真贯彻落实集团公司领导关于预算工作的指示精神，持续强化集团公司总部机关预算管理与服务，通过耐心细致地解释沟通说明工作，将集团公司面临的严峻经营形势传达到各预算单位，将集团公司的开源节流降本增效工作部署落到实处。建立预算控制分析机制，定期核对集中报销平台与FMIS数据差异，做到财务事前参与、事中控制、事后分析，从源头做好财务管理工作，为领导决策提供财务信息支持。进一步加强总部经费、薪酬与投资管理。加强费用管控，严格执行中央八项规定精神和集团公司党组二十条要求，2016年总部机关“五项”费用支出同比继续下降。强化资金风险管理，确保资金安全受控。持续强化合规管理，确保按照集团公司合同管理、招标管理及工程审计管理等要求规范财务结算。持续做好外事财务管理。持续为集团公司总部及企事业单位做好外事财务服务和管理工作。进一步加快结算进度，2016年结算出国费用同比上升0.1%，累计收回出国费垫款同比上升2.5%。进一步加强集团公司总部税务管理。根据国家《关于全面推开营业税改征增值税试点的通知》精神，讨论制定了总部机关费用报销及经费拨款要点，顺利完成集团公司总部机关营业税改增值税业务梳理和政策宣贯工作。做好集团公司总部公共运行。配合相关部门加强广州石油大厦入驻单位租赁合同审核，积极采取多种方式催收大厦租金欠款，完成广东寰球公司2013—2015年度租金清欠工作。

（机关财务处）

【财务制度建设】 2016年，集团公司持续推进财务规章制度的规范化、信息化、体系化建设。（1）强化制度有效性管理。形成《2016年财务制度制修订计划》，组织修订财务制度3个，废止22个，提升财务制度的时效性。在深入分析、反复讨论和多轮次征求意见的基础上，修订发布了新的集团公司《因公出国费用管理办法》，统一因公出国费用标准，规范费用报销流程。做好福利费管理办法修订的前期工作，向地区公司下发调查问卷，收集整理有关热点难点问题，征求各方面意见建议，形成修订稿。（2）健全规章制度在线发布平台。全面梳理集团公司财务规章制度，区分现行有效制度、无效制度，按照预算、会计、资产、信息、稽查、综合等业务分门别类整理，通过部门辅助管理信息系统的制度平台予以发布，实现在线查询使用。（3）强化制度体系化管理。编写发布集团公司《财务管理制度汇编》，采用统一编码，按集团公司财务制度篇、股份公司财务制度篇、相关单位及部门篇进行编制，将现行有效制度按照预算、会计、资产、费用、信息、稽查、综合等7类汇编，并对近年已废止的制度进行梳理，形成废止制度清单。编写印发《财务制度应用指引》，打破制度条文间的界限，将规范同一业务的相关制度文件串联整合，标识出最新的规定，更好地指导实际业务。

（杨惠民　鞠慧敏　马平原）

【财务队伍建设】 根据中央和集团党组统一部署，认真组织“两学一做”学习教育，深入学习宣传贯彻党章、两个准则和两个条例，深入学习领会习近平总书记重要讲话精神，推动党内教育由领导干部向普通党员延伸。认真学习十八届六中全会、全国国有企业党的建设工作会议和集团公司领导干部会议精神，传承弘扬“石油精神”，继续开展重塑形象大讨论活动，切实提升全体党员干部的政治意识、大局意识、核心意识、看齐意识，做到讲规矩守纪律明底线，自觉维护总部机关良好作风形象。加强部门党建工作，按照上级党组织要求，认真组织开展党员组织关系集中排查、党费收缴专项检查、基层党组织换届选举等工作，规范党内组织生活，切实发挥党支部战斗堡垒作用。

持续加强财务系统业务培训和部门内部培训，分层次做好各类财务管理人才培养，不断提升财务队伍综合业务素质。集团公司财务系统培训方面，认真落实年初制定的培训计划，2016年累计组织企事业单位总会计师培训班1期、财务处长培训班2期、财务骨干培训班3期、信息系统培训班3期，培训总会计师113人次、财务处长290人次、财务骨干525人次、财务信息系统管理人员200人次。继续抓好国际财务管理人才培训，为提升集团公司财务管理国际化水平提供人才支持。部门内部培训方面，坚持80学分制度，组织开展“十三五”规划、管理会计、国际财务管理、混合所有制改革等部门内部培训讲座，着力打造学习型团队。

（鞠慧敏　周小顺）

资金管理

【概述】 2016年，集团公司资金管理工作紧紧围绕集团公司发展战略和经营目标，深入落实全面深化改革要求，充分发挥上市未上市、本外币、境内外3个“一体化”优势，统筹境内外两个资金池，优化本外币筹融资，强化汇率利率风险管控，确保集团公司生产经营资金需求和财务状况总体稳健，从根本上解决集团公司重组上市以来资金头寸分散、存贷双高及运营效率效益低的问题，连续3年实现集团公司整体自由现金流为正和资产负债率、资本负债率、财务费用3项指标硬下降，切实保证资金安全高效运转，为改革发展和生产经营提供有力的资金服务保障。

（程小舟）

【资金计划管理】 加强资金头寸调拨与资金计划、融资的协同合作，结合生产经营变化提前筹划重大资金安排，关注每日资金收支和银行头寸情况，灵活利用循环委贷、银行法人透支额度等措施调配资金，有效保障地区公司生产经营用款需求。2016年，在集团公司原油结算价格同比下降21.4%，净利润同比减少291亿元的不利情况影响下，实现自由现金流120亿元、同比增加119亿元。

改进优化股权投资资金审批流程，将年度股权投资计划纳入整体资金预算，实施股权投资“一本账”管理，做好总量控制，有效解决多年来股权投资支出敞口问题。2016年办理股权投资支付25笔，拨付资金75亿元。

加强现金流分析管控，将自由现金流考核指标纳入专业分公司领导班子业绩考核，确保自由现金流为正底线不突破。强化宣贯自由现金流为正理念，在《中国石油报》发表专题文章，对自由现金流指标概念、沿革及计算方法等进行解析。

（张　旭　杜　阳）

【货币资金管理】 深化资金紧平衡管理，加强资金存量运作，强化资金头寸精细化管理，进一步提高资金保障能力。截至2016年底，集团公司货币资金余额3762亿元，同比增加334亿元，其中现金及存放外部商业银行存款3253亿元，央行存款准备金509亿元；集团公司所属企业（不包括金融企业）在外部商业银行沉淀资金928亿元，比年初增加232亿元，增长33.4%。

加强银行账户监管，严格执行账户审批流程，规范账户使用；推行销售企业集中支付管理，逐步清理企业冗余账户，实现银行账户数量硬下降；持续优化完善账户功能，推广银企直联应用，不断提高银企直联代发工资比例，切实提高信息准确率和工作效率。

（朱　雷）

加强操作性风险管控，快速应对资金安全风险事件，及时启动应急预案，掌握资金账户方风险事项，严格落实资金重大事项报告制度，切实保障资金安全，最大程度降低对正常生产经营的影响。2016年妥善处理内蒙古税务局涉税资金扣划、北京市东城区人民法院受山东潍坊人民法院委托冻结股份公司总部账户等事件。

（洪海军）

【内部结算管理】 2016年，配合集团公司天然气销售体制改革，结合天然气销售公司对所属区域公司及省级销售机构的授权方式和业务定位，研究设计包括账户搭建、计划运行、司库管理以及结算模式的资金运行整体方案，保证集团公司重大体制改革顺利到位。

鉴于中缅原油管道货主不可转售及原油进口贸易落地云南等新情况，综合考虑上下游板块衔接、结算环节最少等因素，及时优化变更资金结算方案，研究确定铺底油资金来源，下发《关于〈关于中缅管道进口原油结算相关问题的通知〉的变更通知》，为云南石化顺利开工做好前期结算准备。

（杜玉涛）

【“两金”压控】 为贯彻落实国务院国资委《关于印发〈2016年中央企业“两金”压控工作方案〉的通知》（国资发评价〔2016〕82号）精神，切实完成集团公司“两金”压控目标，成立中国石油天然气集团公司“两金”压控工作领导小组，负责集团公司“两金”压控工作，组织制定集团公司“两金”压控工作方案，将国务院国资委“两金”压控方案3个单项指标纳入集团公司清欠考核指标。

加大海外欠款和关联交易清欠力度，积极推进对朝鲜出口油欠款回收，组织召开地区公司联合清欠，有效缓解地区公司资金紧张局面，同时积极探索利用应收账款保理业务等多元化金融手段解决欠款问题。积极协调新疆燃气欠款问题，分析欠款形成原因，与西部管道公司、天然气管道公司共同研究新疆燃气欠款解决方案，拟定《关于新疆燃气集团欠款清收问题的请示》，并向新疆维吾尔自治区政府发函恳请解决。截至2016年底，集团公司存量应收账款压降71.5%、一年以上应收账款下降11%、增量应收账款降幅8.1%（比营业收入降幅7.1%低1个百分点），均完成国务院国资委下达的管控目标。

（王洪军　牛庆超）

对集团公司存货占用情况进行调查摸底，研究上报集团公司存货情况及压降措施的报告，制定下发《关于下达2016年末存货压控指标的通知》，细化分解指标，逐家落实任务，对大额项目及存货余额较大的单位实施监控，将存货压控情况与业绩考核、资金计划、各级领导班子薪酬挂钩。对存货超额占用资金执行差异化负息资金政策，运用资金手段助力存货压控，引导地区公司提升“两金”压控意识。截至2016年底，集团公司存量存货压降63.8%、非正常存货余额下降10%、增量存货降幅14.9%（比营业收入降幅7.1%多降7.8个百分点），均完成了国务院国资委下达的管控目标。

（张　旭　杜　阳）

【境内融资管理】 按照“对外融资从宽、对内支付从紧”原则，制定2016年融资方案，根据市场情况，灵活掌握发行节奏，有效降低融资成本。2016年，集团公司、股份公司共计发行债券1150亿元，偿还到期债务1600亿元，挖掘存量偿还450亿元，同比减少发行债券200亿元；发行利率实现央企同期低水平，2016年有息负债加权平均利率为3.38%，比年初下降0.21个百分点。截至12月底，集团公司有息债务规模6639亿元，比年初6644亿元减少5亿元，控制在7000亿元的目标范围内；资产负债率和资本负债率分别为39.9%和21.3%，分别比年初下降0.6和0.4个百分点，控制在42%和25%目标范围；财务费用同比减少141.8亿元，下降340%。

调整内部存贷款利率政策，对上存资金利率机制进行调整，由人民币一年期存款基准利率上浮10%调整为上浮20%，有效增加企业资金效益。让国家降低企业融资成本的政策惠及每一个成员企业。可为上市、未上市企业有效降低财务费用负担，减轻成本压力，引导企业开源节流降本增效。

为发挥交易所市场及银行间市场产品各自的优势，利用集团公司、股份公司优异的信用资质，完成跨市场额度注册工作，实现银行间市场“打包注册、储架发行”和交易所市场400亿元公司债发行额度，对公司及时把握融资窗口、灵活选择融资工具具有重要意义。

（何　涛　纪伟钰）

【境外资金管理】 加强外汇资金池流动性管理，动态监测境外资金池有息负债水平，科学控制银行借款和定期存款水平，合理调节资金池头寸，有效控制资金池有息负债规模，节约企业资金成本和税负，适度提高外汇资金池整体收益。截至2016年12月底，集团公司外汇资金池有息负债165.71亿美元，同比下降12.07亿美元，2016年外汇资金池实现综合效益7.4亿美元。

（唐　臻）

按照国家外汇管理局对财务公司结售汇业务提出的具体管控要求，结合集团公司整体结汇、购汇情况，进一步强化企业结售汇管理，实施结售汇计划管理和额度控制，下发《关于进一步加强结汇购汇管理的通知》，指导相关企业积极落实管控要求，进一步加强企业结售汇管理。截至2016年12月底，中油财务公司为所属企业办理外汇交易422.69亿美元，其中即期结售汇累计275.3亿美元、外币兑换累计10.95亿美元、衍生品交易累计136.43亿美元，为集团公司及成员企业节约外汇交易成本共计8146万美元。

（任克娟）

落实国家外汇管理局加强企业货物贸易和对外直接投资等业务真实性审核要求，发布《关于加强跨境资金管理的通知》，督导企业加强外汇资金合规性管理，要求企业办理购付汇、跨境人民币和外币资金结算、境外放款和对外投资等业务时，加强与外汇主管部门的沟通，严格审核业务真实性，确保资金出入合法合规。

（刘　远）

【境外融资管理】 2016年6月25日，亚马尔LNG项目中资银行首次提款协议在中俄两国领导人的见证下签署，标志着由资金部牵头、历时3年、融资规模184亿美元的项目融资完美收官。经历国际油价暴跌、美国对俄罗斯最严厉经济制裁以及俄方股东担保能力不足等困难局面，及时引进中资银行担任财务顾问，拒绝卢布贷款，增加人民币贷款，坚持按股比提供担保，多途径保护集团公司利益，确保融资成本总体可行，既保证了项目按期建成投产，也推进了人民币国际化。6月29日，中资银行首次放款，有效保证项目建设资金需求。

（陈克全）

助力“一带一路”战略，适时在海外项目中引入丝路基金有限责任公司和国新国际投资有限公司，探讨设立油气国际合作基金，进一步拓宽融资渠道；优化低油价下投资和经营策略，压缩融资额度，降低有息负债；利用贬值货币贷款，避免汇兑损失，获取汇兑收益，2016年为俄罗斯、哈萨克斯坦等7个国家的10个项目安排融资共计254.34亿美元，其中项目融资198.54亿美元，项目贷款42.99亿美元，流动资金贷款12.47亿美元，协助融资0.34亿美元。

（韩　宇）

组织开展标普、穆迪、惠誉三大国际评级机构对集团公司的国际信用评级年度复评工作。三家国际评级机构从国家风险、企业风险、竞争风险、业务风险和财务风险等方面，结合政府对集团公司的支持等因素，最终确认集团公司主体评级均与国家主权级保持一致，没有降级，确保集团公司主体评级稳定，为后续境外融资奠定良好基础。

（乔　宁　唐　臻）

【汇率风险管理】　2016年，在美元贬值，欧元对美元和人民币升值，委内瑞拉多汇率体系核算以及卢布、坚戈等货币大幅波动综合影响下，集团公司组织相关单位积极匹配外币货币性资产与外币负债规模，努力控制汇率风险敞口，最终实现汇兑净收益为正。集团公司2016年美元资产净敞口共计2400亿元，实现账面汇兑净收益251.7亿元，比上一年同期账面汇兑净收益124.3亿元增利127.4亿元，增长102.5%，为集团公司2016年经营业绩做出较大贡献。

根据美联储加息动态与资源国汇率走势，加强事前管控，及时发布汇率风险预警提示；适度调整海外债务币种结构，合理选取记账本位币，降低汇率风险敞口；加强汇率走势分析研判，研究海外甲乙方汇率风险统筹管理策略与应对方案，确保集团公司海外资产安全。

全面梳理与监控集团公司所属企业外汇衍生品使用现状，提前锁定套期保值工具与现货的成本收益，对汇率、利率风险敞口进行合理控制。截至2016年底，集团公司所属企业境内外持仓的衍生品合约金额共计49亿元，所开展的衍生品交易均为套期保值业务，交易风险基本可控。

（张　昕）

【资金政策研究】　2016年，以提升资金管理水平、优化资金管理体制为目标，积极落实集团公司创新战略，向改革要红利，向创新要效益。提出资金配置政策优化调整方案，通过资金配置机制改革，有效解决企业经营主体意识弱化、内生发展动力不足、经营管理积极性下降问题、从根本上改变“要钱”机制，逐步引导企业自觉坚持“量入为出、以收定支”理念，实现各业务板块自由现金流稳定向好，进一步解决集团公司资金来源结构与配置结构不匹配、企业权益资本金与有息债务配置比例失衡的问题。

（张　旭　王　强）

9月14日，“集团公司营运资金管理绩效提升研究”课题通过专家组终期评审。通过对营运资金管理理论的提升创新，进一步引导企业强化营运资金的绩效管理，促进企业通过压控“两金”等方式提升企业资金运营效益。

（何　涛）

【票据管理】　持续推进电子商业汇票系统开发，组织召开多期商信通业务研讨会，确保系统于2016年2月顺利上线运行，提高票据传递、背书、贴现的便捷性和安全性；大力推进商业票据开立，简化票据背书、贴现流程，有效缓解资金支付压力。集团公司累计开立商业汇票603.6亿元，背书转让252.6亿元，2016年收取商业汇票696.3亿元，净支出商业汇票159.9亿元，扭转多年来商业汇票收支倒挂的不利局面，节约财务费用6亿元，减少资金备付80亿元。2016年商信通业务给昆仑银行带来有效客户1200多户，平均日存款50亿元，贴现和抵押贷款180亿元，实现收益1.2亿元。

（史孝成）

【年金管理】　企业年金投资坚持“安全至上、稳健增值”原则，积极应对市场变化，完善投资监管政策，强化投资风险控制，加强业务交流和团队建设，持续提升受托管理能力，经受住了“股灾”和“债灾”等极端市场环境的考验，总体运行平稳；强化主动管理，积极与石油主业对接，参与*ST济柴定向增发，确保实现保值增值目标。截至2016年底，集团公司企业年金规模809亿元，实现收益率1.91%，增值14.5亿元，年金基金累计收益215亿元。

2016年，中国石油企业年金理事会作为中国社会保险学会社会保险基金投资管理专业委员会（简称中国社会保险学会投管委）委托人和理事会专业委员会首任主任委员，与中国社会保险学会投管委共同举办3次理事会和委托人专业委员会会议，深入交流企业年金管理经验，就信用债风险控制措施、战略资产配置、投资管理人考核评价、控制组合回撤和波动、养老金产品选择等问题进行探讨，发挥年金专业委员会搭建委托人、受托人交流平台的功能，推进行业健康发展，扩大集团公司年金理事会的市场影响力。

为适应集团公司企业年金发展的需要，进一步理顺企业年金券商管理关系，更好地履行企业年金受托管理职责，降低企业年金投资交易成本，通过公开招标择优选择中信证券、中银国际、海通证券、申万宏源、安信证券、国泰君安为集团公司2017—2019年企业年金服务券商。2016年12月，经公开招标，增选平安养老、招商基金、国寿养老、工银瑞信为企业年金投资管理人。

（李红娜　张金卉）

【授信管理】 截至2016年底，集团公司获得综合授信额度共计15429亿元，其中外资银行授信总额为458.9亿元，2016年办理综合授信业务9081笔，金额7581亿元，为所属企业办理授信业务平均减少保证金占用约478亿元，节约财务费用及手续费约19.56亿元。预切分授信额度1773亿元，所属企业使用预切分额度办理授信业务超过8600笔、5490亿元。集团公司期末担保余额3140亿元，其中为股份公司所属企业担保1642亿元。

（孙庆华）

【司库建设】 强调业务驱动，组织完成中国石油司库平台2.0升级业务需求方案、流程设计、方案设计和系统开发等工作，新增功能点318个，提升功能点197个，顺利完成在西南油气田、辽河石化的试点测试工作。系统运行平稳，基本达到预期目标，为下一步的全面推广上线打下了坚实的基础，同时启动中国石油司库平台3.0升级研发。

加强司库优化升级宣贯和业务研讨，2016年先后举办8期司库平台优化升级方案研讨会，宣贯司库平台优化整体方案，介绍异名账户架构、先付款后凭证的结算流程，讨论资金核算、资金计划管理、付款流程、银行账户撤并和设立等内容提升优化，共有100余家地区公司600余人参加研讨会。

（黄　海）

【金融业务管理】 按照集团公司金融业务“十三五”发展规划和财务重点工作部署，研究提出既能满足集团公司整体发展需要，又能与重组上市要求相匹配的集团公司金融业务管控模式；积极做好重组过程中涉及的政策机制研究、金融风险评估、外部监管机构沟通等工作，认真研究金融业务“十三五”发展规划和2016年业绩指标预测衔接，保证集团公司金融业务整合上市工作顺利开展。截至2016年12月底，金融企业表内资产总额9930亿元，管理总资产12048亿元，净资产1133亿元，实现利润总额152.37亿元，较2015年实际利润总额140.5亿元增长8.4%，超额完成年初下达的利润指标。

（王允星）

组织编写集团公司《金融企业2015年行业对标分析报告》，主要包括宏观形势分析、2015年金融企业经营情况、各家金融企业对标分析、各家主要存在问题、发展建议等内容。

坚持战略引领、业务主导的原则，从业务实际出发，充分考虑集团公司金融业务上市后对效益稳定增长的需求，重点关注利润增速、净资产收益率（ROE）、人均利润、风险控制、行业排名等主要参考指标，编制完成金融企业2017年预算。

（田　娜）

持续完善保险管理制度建设，推进标准化投保管理，对已经形成的井喷控制费用保险、综合责任保险、现金保险等持续投保险种方案持续优化，合理提升保障水平。积极推进重点保险赔案的协调处理，针对积压的历史遗留赔案和当年的重大赔案，积极与保险公司沟通，协调企业及时提供资料，实质性推进理赔进度；集中开展长输管道财产险、雇主责任险和综合责任险的分地区、分年度专项赔案清理工作，结案速度大幅度提高。

（金莉莉）

【资金稽查】 全面贯彻落实集团公司2016年度财务工作会议精神，在全系统组织开展资金管理业务专项检查，了解地区公司资金管理现状，查找资金管理工作中存在的问题和风险，并对中纪委开展“整治公款存储利益输送潜规则专项治理”涉及内容、国务院国资委关注并禁止开展的“贸易性融资”问题、经济责任审计问题整改情况等重大事项进行抽查。通过对13家企业现场监督检查，未发现存在公款存储涉及利益输送和贸易性融资情况，共检查出个性化问题15个，共性问题46类143个，现场督促立行整改问题22个，共提出管理建议63项。通过检查及后续的监督整改，有助于管控资金运行风险，进一步提升公司资金管理水平。

（程小舟）

【资金管理队伍建设】 举办1期集团公司资金业务处级人员培训、2期资金业务骨干人员培训和1期外汇资金管理业务培训，解读集团公司发展特别是资金管理面临的新形势、新战略、新挑战，听取开源节流降本增效好措施、好建议，进一步提高集团公司资金管理水平。

深入开展授信远程培训持续教育，邀请信用证专家录制授信业务远程培训课件，组织开展有授信业务的企业经办人员参加远程培训及考试，坚持推行授信业务经办人员持证上岗。2016 年，共有 580 人报名考试，488 人参加考试，459 人成绩合格，考试通过率 94%。

（程小舟）

【中国石油集团资本有限责任公司成立】 为进一步理顺金融业务管理体制，整合资源，增强协同，规范运作，防控风险，提升助力主业服务保障能力和市场竞争实力，打造金融业务统一管理平台，完善集团公司金融业务管理体制，2016 年 10 月 28 日成立中国石油集团资本有限责任公司（简称中油资本），原资金部负责的金融企业管理职能调整至中油资本有限责任公司，原资金部承担的集团（股份）公司商业保险集中管理职能由集团公司财务部归口管理。

集团公司将持有的昆仑银行股份有限公司、中油资产管理有限责任公司（昆仑信托有限责任公司）、中意人寿保险有限公司、中意财产保险有限公司、中银国际证券有限公司、中债信用增进投资股份有限公司等企业的全部股权无偿划转中国石油集团资本有限责任公司；将持有的中油财务有限责任公司 28% 股权、昆仑金融租赁有限责任公司 60% 股权、中石油专属财产保险股份有限公司 40% 股份无偿划转该公司。

中国石油集团资本有限责任公司为集团公司金融业务管理的专业化公司，是集团公司金融业务整合、金融股权投资、金融资产管理和监督、金融业务风险管控的平台，统筹金融业务发展和监督，优化整合金融资源，统一风险控制制度体系，为油气主业提供特色化金融服务，积极开拓社会市场，提升股东回报，实现金融业务健康可持续发展。

9 月 6 日，集团公司对 *ST 济柴进行重大资产置换，将中国石油集团资本有限责任公司 100% 股权置入 *ST 济柴，并于 12 月 15 日获得证监会无条件审核通过。本次重组成功，置入资产 755.1 亿元，是 2016 年注入作价最高的并购重组案例，也是资本市场有史以来最大的重组案之一，更是第一家登录 A 股的全牌照央企金控平台，有助于提高国有资产配置效率，实现高效的资金融通，做大做强国有资产。

（程小舟）

财税价格

【概述】 集团公司财税价格工作主要包括财政、税收、价格和土地业务管理，是落实国家财税法规政策、维护企业合法权益、为国家和企业创造价值的重要环节。2013 年底，集团公司成立财税价格部，归口管理财税价格各项工作。所属企业设立财税价格管理机构或岗位，配备专职或兼职人员，负责本企业财税价格工作。集团公司在国内外设立税收区域协调组，加强区域统筹协调，截至 2016 年，国内成立 36 个、海外成立 45 个税收区域协调组。集团公司财税价格工作形成统一管理、分级负责、区域协调的管理模式。

2016 年，面对低油价冲击、经济下行压力和财政紧张形势，集团公司努力争取国家财税政策支持，落实成品油一般贸易出口退税等政策，积极应对税基侵蚀和利润转移（BEPS）行动计划，不断加强依法纳税筹划和税收风险管理，推动天然气价格市场化和内部价格改革，开展土地资产盘活处置，为企业增加现金流入，减轻税费负担，有效促进集团公司稳健发展和提质增效。2016 年，在国际油价大幅下跌、营业收入和利润大幅下降的情况下，集团公司国内上缴税费 3029 亿元，同比下降 16.8%，约占全国财政收入的 1.9%。

（路云鹏）

【财政政策与管理】 2016 年，集团公司落实进口天然气增值税先征后返政策，规范申领先征后返资金，部分弥补进口天然气业务亏损。落实油气田企业生产自用成品油消费税返还政策，规范申领返还资金。落实成品油质量升级项目贷款贴息补助政策。落实首台（套）重大技术装备保险补偿政策，组织所属企业上报首台（套）重大技术装备保险补偿申报资料和

2016年装备目录更新资料，规范申领补偿资金。

规范执行油气科技重大专项政策。取得科技重大专项资金支持，并围绕加强科研经费监督管理、提高资金使用效益开展年度收支审计和以前年度发现问题整改工作，确保专项资金使用的合规性和安全性。

（刘彩玲）

【税收政策与管理】 争取汽油、柴油、航空煤油一般贸易出口退税政策。2016年11月4日，财政部、国家税务总局联合下发《关于提高机电、成品油等产品出口退税率的通知》（财税〔2016〕113号），明确汽油、柴油、航空煤油出口退税率提高至17%。

争取“营改增”政策和原有政策平稳衔接。2016年3月23日，财政部、国家税务总局联合下发《关于全面推开营业税改征增值税试点的通知》（财税〔2016〕36号），自2016年5月1日起，在全国范围内全面推开营业税改征增值税试点。在“营改增”改革方案中，明确“营改增”期间延续管道运输企业增值税实际税负超3%返还政策，明确油气田企业增值税管理办法与财税〔2016〕36号文税率统一政策。

延续陆上特定地区开采石油（天然气）进口物资减免税政策。2016年12月29日，财政部、海关总署、国家税务总局联合下发《关于“十三五”期间在我国陆上特定地区开采石油（天然气）进口物资税收政策的通知》（财关税〔2016〕68号），自2016年1月1日至2020年12月31日，对在我国陆上特定地区的石油、天然气勘探开发项目进口符合规定的设备物资免征进口关税和进口环节增值税。

明确2015年及以后年度进口天然气增值税返还收入纳税地点。2016年12月13日，国家税务总局下发《关于中国石油天然气股份有限公司进口天然气增值税返还收入企业所得税纳税地点问题的批复》（税总函〔2016〕658号），规定中国石油国际事业有限公司及所属企业2015年及以后年度收到的进口天然气增值税返还税款应作为代收款项，不作为其收入，该款项拨付至天然气销售分公司后，应作为股份公司的收入，在其注册地北京统一计算缴纳企业所得税。

落实石脑油免征消费税政策。向国家税务总局上报2016年度石脑油定点直供计划及调整计划，落实石脑油连续加工乙烯、芳烃免征消费税政策。

实施水资源税改革试点。2016年5月9日，财政部、国家税务总局联合下发《关于全面推进资源税改革的通知》（财税〔2016〕53号），自2016年7月1日起，在全国范围内实施资源税从价计征改革，并在河北省开展水资源税改革试点。2016年5月9日，财政部、国家税务总局、水利部印发《水资源税改革试点暂行办法》（财税〔2016〕55号），对水资源税纳税人、征税对象、计征方式、税额标准等做出明确规定。

建立参与国家税收立法的研究工作机制。与北京大学成立税收立法研究课题组，吸纳有研究能力的所属企业参与，在每一项税收法案立法前提出相关建议，在税法征求意见阶段再研究提出税法修改建议，反映企业的意见和诉求。2016年参与税收征管法、环境保护税法、船舶吨税法和耕地占用税法立法研究，部分意见和建议得以采纳。

（李　柯）

研究推动免税法。借鉴国外实行免税法的经验，通过多渠道建议国家财税主管部门尽快启动免税法研究，对我国企业境外所得实施免税法。与工商咨询理事会（BIAC）税收委员会就共同推动免税法达成共识，拟通过BIAC向B20、G20、OECD等国际组织提出免税法相关建议。

加强税收筹划。参与中油工程、中油资本等重大项目税收筹划，提出专业税收筹划建议。指导所属企业在生产经营和重组中开展纳税筹划，强化海外企业重组纳税筹划，参与中亚天然气管道股权转让等境外纳税筹划事项。

优化海外投资架构。按照国务院国资委压缩管理层级、减少法人户数工作要求，组织海外企业梳理投资架构，规范壳公司管理，压缩海外企业股权层级。

（顾　翀）

国际税收事项协调。跟进中哈天然气管道增值税退税事宜，哈萨克斯坦国家收入委员会按季度正常履行增值税返还计划，截至2016年底完成三年返还计划，累计退税803亿坚戈（约合2.55亿美元），其中2016年返还211亿坚戈（约合6214万美元）。

全球税收信息模块建设。将税收信息模块中的国家（地区）扩展到集团公司所有业务所在国，方便企业填报所涉及国家（地区）税收信息。优化海外税收风险事件数据库建设，完成海外税收风险事件情况报告，各单位上报风险事件涉及16个国家（地区）、115个事项。完成税收数据地图建设，优化地图功能。

国际避免双重征税问题研究。分析我国境外所得税收抵免政策存在的问题，收集、梳理几个主要经济体样本国家（地区）采用抵免法和免税法避免重复征税的做法，提出启动免税法研究并率先对石油企业实行免税法试点的政策建议。

（刘立旺）

【价格政策与管理】 2016年1月13日，国家发改委印发《关于进一步完善成品油价格形成机制有关问题的通知》（发改价格〔2016〕64号），决定进一步完善成品油价格机制，并进一步推进价格市场化，同时印发《石油价格管理办法》。设定成品油价格调控下限，下限水平定为每桶40美元，即当国内成品油价格挂靠的国际市场原油价格低于每桶40美元时，国内成品油价格不再下调。建立油价调控风险准备金，当国际市场原油价格低于40美元调控下限时，成品油价格未调金额全部纳入风险准备金，主要用于节能减排、提升油品质量及保障石油供应安全等方面。放开液化石油气出厂价格，由供需双方协商确定。简化成品油调价操作方式。

2016年10月9日，国家发改委印发《天然气管道运输价格管理办法（试行）》和《天然气管道运输定价成本监审办法（试行）》（发改价格规〔2016〕2142号），采用国际上通用的服务成本法，对各法人单位投资运营的管道依照准许成本和合理收益制定管道运价率。

2016年10月15日，国家发改委印发《关于明确储气设施相关价格政策的通知》（发改价格规〔2016〕2176号），明确储气服务价格可以由供需双方协商确定，实行市场定价，允许供应方在国家规定的门站价格之外单独收取储气费用。

2016年11月5日，国家发改委印发《关于推进化肥用气价格市场化改革通知》（发改价格〔2016〕2350号），明确自2016年11月10日起全面放开化肥用气价格，由供需双方协商确定。

2016年11月11日，国家发改委印发《关于福建省天然气门站价格政策有关事项的通知》（发改价格〔2016〕2387号），决定在福建省开展天然气门站价格市场化改革试点，西气东输管道供福建省天然气门站价格由供需双方协商确定。福建省成为全国首个门站价格完全放开的省份。

2016年12月15日，财政部、国家发改委印发《油价调控风险准备金征收管理办法》（财税〔2016〕137号），规定风险准备金全额上缴中央国库，纳入一般公共预算管理，列“其他专项收入”，统筹用于节能减排、提升油品质量、保障石油供应安全，以及应对国际油价大幅波动，实施保障措施的资金来源。

2016年12月22日，财政部印发《关于做好2016年油价调控风险准备金收缴工作的通知》（财税〔2016〕142号），明确成品油生产经营企业（仅限上市公司）已将应当计提的风险准备金计入企业当期收入的，可选择由其所属集团公司从“税后利润”中替代上缴，2017年以后按《油价调控风险准备金征收管理办法》（财税〔2016〕137号）执行。

理顺内部价格机制。制定内部汽油、柴油出厂价按基础量、额外量分别定价政策；出台汽油、柴油出口价格激励政策；按照市场化方向放开油田轻烃和液化气价格。有效发挥价格杠杆作用，促进炼油厂生产柴汽比下降，促进内部资源优化配置和上下游协调运行。

（杜　波）

【土地政策与管理】 2016年，集团公司落实国土资源部要求，指导油气田企业就“十三五”发展规划产能建设项目与所在地人民政府对接用地规划。组织编报2017年独立选址项目新增用地计划。

推动油气产能建设用地报批工作，积极开展陕京三线、西气东输四线等重点管道项目用地问题协调。编制完成《石油天然气工程项目用地控制指标》，由国土资源部发布实施。提出的“国家核准备案项目用地指标由国土资源部统筹解决”政策建议，被国土资源部《土地利用年度计划管理办法》（国土资源部令第66号）采纳。

采取多种方式盘活处置土地，完成年度存量土地处置任务。下发简化“三供一业”分离移交涉及的土地处置事项审批程序的文件。建立土地经纪公司中介机构备选库，推进土地处置合规管理。

（李　丽）

【财税制度建设】 2016年，集团公司制定发布《中国石油天然气集团公司税收政策》和《中国石油天然气股份有限公司税收政策》，向各国税务机关公开说明中国石油的税收管理原则和理念，树立公司诚信纳税形象。

制定印发《中国石油天然气集团公司税收管理办法》（中油税价〔2016〕264号）和《中国石油天然气股份有限公司税收管理办法》（石油税价〔2016〕189号），明确税收管理原则、机构及职责、纳税基础工作管理、纳税筹划管理、纳税风险管理等事项。规定在项目重大决策前，必须进行税收分析和筹划，使税收管理由事后应对向事前筹划和事中控制转变。

制定印发《中国石油天然气集团公司税收区域协调管理办法》（中油税价〔2016〕368号），明确税收区域协调管理的原则、机构及职责、协调运行机制等事项，通过建立税收区域协调机制，发挥集团公司整体优势，实现税收管理资源整合和信息共享，维护集团公司合法权益。

编制《分国别纳税筹划指引》。组织编制巴西、新加坡、莫桑比克三个国家纳税筹划指引，为海外企业纳税筹划提供框架性制度指导。修订下发《土地管理手册（2016）》，夯实土地管理业务基础。

（顾　翀　刘立旺　李　丽）

【BEPS 行动计划应对】 2016 年，集团公司研究制定关联申报和同期资料编制工作方案。按照国家税务总局《关于完善关联申报和同期资料有关事项的公告》（国家税务总局公告 2016 年第 42 号）要求，形成集团公司关联申报和同期资料编制工作方案，明确工作内容、职责和分工，建立工作机制，推动各相关部门和专业分公司落实 BEPS 应对工作安排。

根据 2015 年数据开展同期资料试编工作。一是完成集团公司 2015 年度国别报告试编工作。审核汇总集团公司 766 家各级单位填报的国别报告信息，涉及 78 个国家、2418 个成员实体；分国别、分业务类型、分单位开展税收风险分析。二是组织研究本地文档试编工作。研究经合组织（OECD）本地文档要求，组织拟定本地文档编制模板及编制说明；组织审核 14 家二级单位、146 家明细级单位上报的本地文档。通过试编工作，揭示企业存在的税收风险，查找编制工作存在的问题，提前采取应对措施，同时加深企业对 BEPS 行动计划的认识，增强风险意识，为 2017 年正式编报打下坚实基础。

开展课题研究。聘请中国国际税收研究会开展“中国石油应对 BEPS 行动计划策略研究”。

（顾　翀　刘立旺）

【发展中国家税务官员到中国石油参观交流】 2016 年 5 月 30 日，配合商务部、国家税务总局组织 2016 年发展中国家税收征管与纳税服务研修班税务官员赴中国石油参观交流，来自哈萨克斯坦等 19 个国家的 46 名税务官员参加本次活动。财税价格部介绍集团公司基本情况、税收管理工作情况、集团公司税收管理原则和政策，并向东道国税务机关提出四点呼吁；与研修班税务官员就低油价对中国石油的影响、新能源开发、海外业务运营面临的挑战等问题进行交流。研修班税务官员还参观了中国石油昌平科技园区科技信息展。本次活动有效促进相关国家为集团公司提供公平、合理、稳定的税收环境。

（刘立旺）

【“十二五”财税价格工作先进单位和先进个人评选】 开展集团公司“十二五”期间财税价格工作先进单位、先进个人评选，经各单位推荐和集团公司综合评比，2016 年 6 月授予 50 家单位“中国石油天然气集团公司‘十二五’财税价格工作先进单位”荣誉称号，授予 282 人“中国石油天然气集团公司‘十二五’财税价格工作先进个人”荣誉称号。

（路云鹏）

人事管理

【概述】 2016 年，面对错综复杂的经济环境和前所未有的困难与挑战，集团公司人事工作认真贯彻落实党组决策部署，坚持“改革创新、激发活力、依法合规”工作主线，大力加强领导班子和人才队伍建设，持续深化管理体制和三项制度改革，健全完善选人用人、劳动用工、绩效考核和薪酬分配机制，不断提升人事管理基础工作水平，机构数量、员工总量和人工成本实现硬下降，基层一线员工人均收入水平稳中有增，赢得“十三五”人事工作良好开局。与 2015 年末对比，处科级两级机构总量净减少 549 个，用工总量减少 4.60 万人，人工成本减少 36 亿元。

【人事制度改革】 根据国务院国资委关于进一步深化中央企业劳动用工和收入分配制度改革的有关要求，2016 年，集团公司在前期深入研究、广泛调研基础上，组织起草《关于进一步深化人事劳动分配制度改革指导意见》，明确人事、劳动、分配制度改革的指导思想、基本原则和主要目标，围绕深化管理人员能上能下、员工能进能出、收入能增能减制度改革，提出 11 个方面改革具体措施和 8 项重点推进的改革新举措，为下一步全面深化三项制度改革提供基本遵循。稳妥推进集团公司总部机关改革和职能优化调整，组织召开 3 个座谈会，分别听取总部机关部门和专业分公司意见建议，研究提出机关职能优化与机构改革意见，将质量与标准管理部、安全环保与节能部整合为质量安全环保部，撤销装备制造分公司，机关部门内设处室、人员编制分别压减20%。

【领导班子建设】 针对干部新老交替、班子结构优化、业务重组整合，组织开展6次考核调整，2016年集团公司共调整任免干部454人次，其中提拔134人，平级调整211人次，退休、退出、调出等109人，一批年富力强、干事创业、担当作为的干部走上领导岗位。积极配合推进业务整合和组织机构调整，完成天然气销售、油气管道集输、工程建设、中东公司等20余家企业上百名领导班子成员的职务调整。从严管理监督干部，改进领导班子年度考核方式，强化日常考核，对不在状态的领导干部和不团结的领导班子及时提出调整意见。开展因私出国（境）监督检查，深化“裸官”专项治理，落实领导干部个人事项报告制度，扎实开展选人用人专项检查，建立选人用人问题反馈、通报、整改工作机制。推进干部制度改革创新，采取公开招聘形式在全系统择优选拔9个单位总会计师。按照“双向进入、交叉任职”要求，探索建立精干、高效、务实、清廉的企事业单位领导体制，持续完善班子运行机制和相关配套政策。协助完成集团公司领导班子及成员任期（2013—2015年）综合考核评价、中央企业总会计师交流人选推荐和石油石化央企副职公开遴选工作，完成集团公司定点扶贫与对口支援干部选拔，以及西部地区和其他少数民族地区干部到集团公司挂职等工作任务。

【人才队伍建设】 2016年，集团公司着眼于高层次领军科技人才队伍建设，组织制定《石油科学家培育计划》《青年科技英才培养工程》，以创新人才发展体制机制为突破口，以重大科技专项和重大工程项目为依托，分两个层次着力培养一批有影响力的石油科学家及后备人才队伍。持续推进专业技术岗位序列制度改革，84家科研机构均已实施，71家单位完成岗位聘任工作，整体进展顺利。加强培训制度体系建设，制修订“十三五”员工培训规划、员工教育培训工作管理办法等7个制度性文件，组织50余家单位开展远程培训新系统应用，远程培训达到43万人次。精心抓好年度培训计划实施，组织实施企业党委书记培训班、纪委书记培训班、党校培训班等重点项目163个，培训人数达2万余人。启动操作技能人才培养开发工程，制定下发操作员工技能晋级计划、创新创效能力提升计划和“石油名匠”培育计划实施方案，组织两批102人次技能专家到长庆油田、川庆钻探、长庆石化等6家企业开展现场问诊，解决企业实际问题70余项。组织参加5项国家和行业技能竞赛，在第八届石油和石化行业职业技能竞赛、第二届全国危险品抢险竞赛中蝉联团体和个人第一名，获得第四届吊装大赛和中国青工职业技能大赛个人第一名。公开发布112家单位2016届高校毕业生招聘需求信息，经集中面试考核、录用公示等环节招聘录用3000余人，全国重点高校和石油石化专业毕业生占比73%。完善人才流动机制，建立内部人才流动平台，协调安置500余名海外对口支持人员返回原单位工作。

【组织机构管理】 2016年，集团公司理顺天然气销售及管道储运业务管理体制，组建天然气销售分公司，整合长输管道天然气销售业务和油气田天然气销售业务，设立北方、东部、西部、西南、南方等5家区域天然气销售分公司和天然气销售储备气分公司；成立中油管道公司，统筹负责境内所属天然气干线、支干线，以及原油、成品油管道业务管理，实行集中调控、区域化管理；调整管道建设管理体制，实行“谁使用、谁建设”管理模式。整合昆仑能源公司与昆仑燃气公司，将京唐、大连、江苏3个液化天然气公司纳入昆仑能源公司管理，统一天然气终端利用业务。重组工程建设业务，成立中油工程公司，将6家工程建设企业整合为5家专业化公司，打造上中下游一体化、国内外一体化、多功能服务一体化、海陆一体化的世界一流油气工程综合服务商。重组金融业务，成立中油资本公司，优化整合金融业务资源，统筹金融业务发展，统一风险控制制度体系。调整国内勘探开发对外合作业务管理体制，实施勘探开发上游合资合作一体化管理。优化中亚地区管道专业化运营管理，将哈萨克斯坦公司管理的中哈、西北原油管道纳入中亚管道有限公司管理。

【劳动用工管理】 2016年，集团公司持续加大对亏损企业特别是连续三年亏损企业劳动用工定向压减力度，深入开展企业内部挖潜和企业之间余缺调剂，积极推进业务外包和运营模式转换，压缩直接用工规模，全面完成135万人总量控制任务。制定印发《关于结构调整中人员分流安置的指导意见》，按照“先挖渠后放水”原则，提出以内外部转岗安置为主、离岗兜底保障基本生活的“4个一批、8项措施”的人员分流安置意见，并于7月召开专题视频会议进行政策宣讲解读和工作动员部署，已审核回复81家企业实施方案，分流人员3.5万人，为各项改革工作的顺利实施提供有力支撑和保障。持续规范劳动用工管理，以人力资源管理系统新功能上线为契机，完善合同管理平台，规范劳动合同文本，为推进契约化管理奠定基础。

【员工绩效考核】 2016年，集团公司围绕整体效益最大化，深化一体化联动考核，在炼化和销售两家专业分公司设置炼销一体化利润指标，并在炼化和销售地区公司分别设置生产计划执行率指标和配置计划完成率指标；在炼油与化工分公司增设生产柴汽比指标，有效引导炼化板块适应市场变化以销定产；在国际事业公司和大连石化等5家炼化企业增设成品油出口计划执行率指标，增强资源平衡能力，缓解国内需求不足压力。突出重点，采取切实措施，调动企业扭亏增盈积极性，在勘探与生产分公司、海外勘探开发分公司及其地区公司，新增“带动内部作业工作量增长率”奖励指标，鼓励内部甲乙方企业抱团取暖；调增天然气销量指标权重，引导企业努力扩销增效，缓解天然气产进销矛盾；提高金融保险企业利润目标的挑战性，增设“内部服务保障”和“外部市场收入占比”指标，鼓励其发挥优势开拓内外部市场、勇挑重担多创效益。集团公司实现2015年度和第四任期考核结果均保持A级的目标，并获“业绩优秀企业”“科技创新优秀企业”“品牌建设优秀企业”3项优秀企业奖。

【薪酬保险管理】 2016年，集团公司调整完善工效挂钩办法，进一步盘活工资存量，以2015年工资的90%作为基数，集中10%存量用于挂钩，同时对自然减员按照80%的比例收回工资，对措施减员和内部退养不予减资，鼓励企业依靠控员来提高人均工资水平。加大激励约束力度，将盈利和亏损企业的工资增幅封顶线由2015年的10%（亏损企业6%）调高为13%（亏损企业8%），对利润贡献在板块特别突出的企业另行奖励1%的增幅，对完不成目标的单位不再设置保底线，打破平均主义和“大锅饭”，有效发挥薪酬的激励和保障作用。深入开展收入分配问题专项治理，2015年检查发现的7.8亿元工资外津补贴全部得到整改，领导人员自行取酬全部退交。选择昆仑银行等3家金融企业开展工资总额预算制试点。人事部配合科技部制定出台科技成果转化奖励办法，研究起草以增加知识价值为导向的分配专项工作方案。积极克服困难，主动协调做好社保移交工作，大港油田、吉林石化、东方物探等9家单位的社会保险已纳入地方管理，总体运行平稳。应对企业重组和股权多元化等形势变化，组织开展企业年金分配、大病保险等相关政策研究，企业补充保险的激励保障作用日益凸显。

（于维海）

生产经营

【概述】 2016年，面对国际油气价格低位运行，国内成品油需求低迷，天然气市场峰谷差扩大的严峻形势，集团公司充分发挥一体化优势，统筹优化油气两条业务链，根据油价走势和市场需求及时优化经营策略，精心组织生产经营，全面实施开源节流降本增效，实现生产经营平稳受控运行，较好地完成了全年生产经营任务。

【生产经营计划】 2016年加强形势研判，增强生产计划编制的前瞻性。强化市场预测研究，每季度组织召开国内外市场形势分析会，研判下一季度国内外经济形势、油气市场和油价走势，提高生产经营计划编制的前瞻性和预见性。创新工作方法，提高生产计划的科学性。充分利用原油资源整体优化模型集中开展年度、季度和月度计划，以及20多个专题的优化测算，为科学制定集团公司生产经营计划提供有效支撑。统筹优化国产气和进口气，提升集团公司效益。根据国内市场需求，及时调整国内自产气和进口气运行节奏，保证天然气产进销平稳运行，2016年天然气销售量同比增长7.2%；优化储气库注采方案，在消费淡季努力增加注气量，2016年超计划注气11亿立方米，为提升天然气业务效益做出贡献。统筹平衡管道进口气和进口LNG资源，加强与合同方的沟通协调，在保证全年照付不议合同量的同时，进口中亚气和LNG长期贸易合同资源向冬季倾斜，进口气资源冬夏季相差1亿米^3/日左右，为缓解淡季国内天然气产销矛盾、保障冬季供应发挥积极作用。发挥集团公司一体化优势，完善油品储罐清洗计划管理。推进油品储罐机械化、专业化清洗，统一下发集团公司2016年油品储罐清洗计划，合理匹配清罐队伍能力和工作量，2016年完成清罐量675万立方米，内部队伍承接清罐量占总量的96%，机械清罐量占总量的90%以上。

【资源优化配置】 2016年，统筹平衡原油资源配置，实现优化高效运行。按照自产原油全产全销、积极扩大哈萨克斯坦原油进口、按计划进口俄罗斯原油、严格控制海上一般贸易进口、优先保障直属炼油厂加工的原则，整体优化原油资源配置。炼化业务突出结构优化调整，盈利能力大幅提升。

在优化加工方面，统筹考虑效益、资源和市场，加强分油种加工效益测算，按照效益排队优化安排加工量。提前谋划、整体优化，实现科学安排炼油厂错时、错峰检修。锦州石化、锦西石化、辽阳石化、兰州石化、长庆石化等11家炼油厂顺利完成年度检修，广西石化检修有序进行，为上、中、下游产业链平稳运行创造有利条件。

在产品结构调整方面，坚持市场导向和效益原则，大力优化运行方案和产品结构，努力降低生产柴汽比，2016年柴汽比1.37，同比降低0.25个单位，较消费柴汽比降幅多降0.09个单位，有效促进产销衔接。强化整体效益导向，大力优化乙烯原料，积极推进柴油做乙烯原料，7家乙烯生产企业利用柴油馏分同比增加155万吨，同时加大油田轻烃液化气供应和化工原料互供，保障乙烯等装置高负荷运行，乙烯装置负荷率95%以上。大力增产高效高附加值产品。2016年航空煤油产量同比增长11.5%，高标号汽油生产比例19.6%，合成树脂、合成橡胶等高效化工产品产量同比增长11.1%。

加强天然气资源平衡，实现天然气淡季促销和冬季保供有序运行。针对天然气资源总体宽松、峰谷差加大的不利形势，按照保自产、调进口、强销售、拓终端、优储运的总体思路，优化自产气和进口气资源配置，开展淡季促销和冬季保供工作。淡季在保证进口气长期贸易合同量的情况下，优化增加国产气资源，在东部高端市场开展促销工作，不断优化储气库注气方案，超额完成储气库注气计划，超计划注气11亿立方米；冬季组织国内气田满负荷生产，加大进口资源的筹措力度，最大限度地挖掘储气库采气能力，保障冬季供暖季等重点时段天然气安全平稳供应。

【生产运行协调】 2016年，油气生产坚持质量效益，实现科学平稳运行。国内开发业务坚持效益原则，优化产量结构，调减低效无效产量，有保有压、油减气增。统筹市场需求、成本效益及气田产能建设等因素，优先保障国产气增产增效，2016年国内生产天然气980亿立方米、同比增长2.6%。

成品油销售积极扩销降库，提质增效取得明显成效。深化“油卡非润”一体化营销，完善加油站营销平台功能，组织开展主题促销、“10惠”品牌促销（每月10日进行油品与非油品业务互动，通过加油对非油品业务给予优惠），充分挖掘加油卡媒介作用，丰富网上充值、积分兑换功能，“油卡非润”业务联动互促、效果明显。2016年纯枪销量同比增长1.2%，其中汽油纯枪销量增长9.3%；高标号汽油销量同比增长21%，98号汽油销售量同比增加31.2万吨。加大网络开发力度，着力提升零售能力。2016年开发加油站375座，新增零售能力220万吨/年，加油站开发结构持续改善。“互联网+”营销取得新突破。新开通手机QQ“交通出行”频道加油卡充值业务，全国推广微信支付，在超过1万座加油站开通互联网支付业务。

天然气与管道业务统筹资源和市场，淡季促销和冬季保供有序运行。根据国内市场需求，及时调整国内自产气和进口气运行节奏，保证天然气产销平稳运行，2016年销量同比增长7.3%；不断优化储气库注采方案，在消费淡季努力增加注气量、减少国产气压减、缓解产销矛盾发挥重要作用。多次协调长庆、塔里木及青海油田天然气生产后路不畅问题，通过优化区域系统运行方案，协调天然气销售公司增加销售量、进一步压减进口气资源，以及争取当地政府对油田周边用户补贴和实施促销政策，减少了气田限产。积极组织落实天然气资源，协调国内气田在满负荷生产情况下努力增加应急调峰产量，协调国际事业公司加大进口气谈判力度，同时加强与中国石化和中国海油等兄弟单位沟通，保证应急情况下市场稳定供应和管网安全平稳运行。

国际贸易以优化油气进口和成品油出口为重点，有效统筹两种资源两个市场。兼顾炼油厂检修与换剂需求、自产油配置和国际油价走势，合理把握进口油采购节奏，优化长期贸易合同中海上进口俄罗斯油配置，抓住低油价时机增加原油进口，有效降低原油采购成本。积极衔接协调，千方百计加大成品油出口，开通辽河石化成品油出口渠道，最大限度优化利用广西石化码头设施，大连石化海上进口原油全部做来料加工，2016年成品油出口同比增长14.2%，尤其是柴油出口同比增长21%，为缓解柴油产销矛盾、减少批发亏损发挥重要作用。

服务业务与油气核心业务协调运行，共渡低油价难关。服务业务发挥公司一体化优势，与油气业务抱团取暖，不断提升竞争力和服务能力。油田技术服务进一步加强与油气田企业的交流合作，千方百计降低成本，坚守经营不亏损底线。工程建设统筹处理好改革发展稳定关系，有序推进重组整合，不断加强市场开发，安全平稳组织重点项目建设，2016年海外和国内外部市场新签合同额比例60%。装备制造加强顶层设计，扎实推动亏损企业专项治理，加强产品全生命周期管理，推进服务型制造，不断提升核心竞争力。

【对外沟通协调】 2016年，充分利用参加国家"四部两局（署）一协会"7项会议的时机，在控制炼油能力建设、加强原油成品油进口管理和成品油市场监管等方面积极向国家建言献策，在加强成品油市场监管和地方炼油厂督查等方面得到了国家部委的积极回应。积极向国家发改委、商务部申请并获得成品油出口配额1400万吨，有力保障成品油出口业务顺利开展。特别是国家出台成品油一般贸易全额退税政策后，第一时间申请获得一般贸易出口配额，并组织炼油厂打通出口流程，为进一步扩大出口规模创造条件。协调铁路总公司增加铁路运力，全力保障原油外运。克服铁路运力紧张、卸车困难和恶劣气候等影响，确保长庆、青海、华北二连、大庆塔木察格等油田在炼油厂检修期间及冬季后路畅通。积极与交通运输部、天津市政府沟通冀东油田原油下海船运事宜，打通冀东油下海至华北石化通道，连通天津港南一至南二码头联络线，开辟辽河石化、锦州石化船运通道，2016年实现冀东油田原油全产全销。加强与国家发改委、能源局等部委沟通汇报，就天然气调峰气价、居民和非居民气价格并轨、加大储气库建设等政策积极争取国家支持，以及就冬季天然气区域市场保供、降低冬季用气峰值等问题争取给予协调解决，实现安全平稳供气。

【运行机制完善】 推进集团公司内部成品油市场化改革，2月出台按照基础量、额外量制定汽油、柴油出厂价格的政策，引导炼油厂贴近市场，合理安排汽油、柴油产量。2016年柴油产量同比减少697万吨，大幅缓解柴油产销矛盾，减少柴油批发亏损。积极推进集团公司国Ⅴ标准车用汽油、柴油质量升级工作，克服时间紧、任务重的困难，以西部成品油管道系统为重点，细化制定转产、置换升级方案，推动置换升级工作顺利开展，确保2017年1月1日加油站全部销售国Ⅴ标准车用汽油、柴油，完成国家成品油质量升级任务。

（张东波　王庆生　李石大　乔　跃）

资本运营

【概述】 2016年，集团公司加强资本运作，重点完成两个重大重组上市项目和一系列内部整合项目，择机实施国际收购兼并和国内股权投资；完成混改指导意见的制定和混合所有制改革试点；推进并落实国务院国资委压缩法人层级减少法人数量等重点工作；通过灵活运用资本市场操作为集团公司获取经济效益；推进股权投资授权，落实简政放权；完善股权管理体系，促进经营公司治理水平和创效能力进一步提高，为"保增长、保效益"，实现跨越式发展做出新成绩。

（岳松伟）

【收购兼并】 2016年，积极研究海外业务重组，完成集团公司与国新国际投资有限公司中亚天然气管道合资合作项目；完成大庆油田收购中石油国际投资有限公司所持伊拉克哈法亚项目51%股权；批准同意东南亚管道公司股权整体划转方案。

批准国际事业有限公司所属Singapore Petroleum E&P (Indonesia) Holding Ltd.关闭清算、大庆油田终止印度尼西亚里茂油田化学驱三次采油项目、华油集团乍得阳光国际工业园项目清理清退、寰球公司出售澳大利亚LNGL公司剩余股份等项目，均及时止损或获取了较好收益。

（李　致　徐贝妮）

研究分析昆仑能源有限公司收购股份公司所持中石油京唐液化天然气有限公司51%股权项目和集团公司所持内蒙古西部天然气股份有限公司42%股权项目，确定收购方案、内外部审批程序、优先购买权、操作路径等问题。

（胡晓云　张　倩）

【资本运营战略企划】 2016年，启动可转债和可交换债研究，努力扩宽融资渠道。为补充长期资金，改善资本结构，满足集团公司发展战略需要，开展股份公司发行可转债、集团公司发行可交换债的研究。先后组织中介机构就相关产品发行方案进行探讨，并就发行涉及的土地、房产瑕疵率调查及环保核查开展相关工作，同时对中国铁建、中国中车H股可转债案例进行对比分析。

（夏　颖　岳松伟）

【股权投资】 2016年，加强股权投资源头和规模控制，优化投资结构。按照集团公司严格控制投资总量要求，通过深化项目前期工作，严格可行性论证和审查，尽可能地减少股权投资项目数量和降低投资额；针对集团公司现金流紧张现状，采取分批出资方式，减缓现金流出速度；通过增加存量资产出资比重，尽可能减少现金出资。重点完成了设立新疆塔里木轻烃合资公司、重庆中油诚源公司持股比例调整及增资、合资组建四川页岩气勘探开发公司、西气东输盛大置业债转股等项目。

推进股权投资授权，落实简政放权要求。积极落实简政放权和“三重一大”要求，销售方面，选择福建销售作为3000万元股权投资转授权试点，并逐步推广到整个销售地区公司；天然气方面，选择天然气与管道分公司、昆仑能源和西南油气田作为试点；未上市企业，选择东方物探、技术开发公司、渤海装备等企业作为试点逐步推进；境外投资方面，对国际事业公司境外股权收购事务，给予5000万美元授权。从机制上激发企业借助合资合作方式增强业务发展的动力。

推动存量股权优化整合。将僵尸企业处置、亏损企业减亏、低效资源盘活、存量股权优化与新增投资增量有机结合，通过引入外部资金、转让控股权、用资产设立合资公司开展新业务、对现金流富余公司减资等多种方式，积极推动存量股权的优化整合。

积极捕捉市场机会，推进股权清理与处置，盘活存量资产。按照资产轻量化工作安排，结合当前房地产市场行情，对部分条件较好的办公楼、酒店等资产进行研究，提出对外出售上海瀚海明玉大酒店、上海中油阳光大酒店、广州阳光酒店、三亚和怡阳光大酒店、深圳市中油阳光大酒店等股权，增加经济效益和现金流。针对互联网、云计算、大数据等行业飞速发展，市场对数据传输需求急剧增加，长输管道光纤的战略价值日益显现的现状，积极推动组建合资公司开发利用现有管道光纤资源，在满足集团公司安全自用基础上适度向社会提供有偿服务，提高闲置资产利用率，创造经济效益。

（晁建东　胡晓云）

【股权管理】 2016年，进一步夯实产权登记基础。克服人员少、工作量大的困难，为132个二级单位手工办理1480户企业的占有、变动和注销产权登记，完成国务院国资委产权登记核查以及工程建设、金融2个板块的产权登记，已有2862个法人纳入产权登记系统。根据国务院国资委通报的核查结果，集团公司产权登记完整率100%，数据准确率97.06%，获得国务院国资委认可。

进一步推进全面量化考核机制，明确预算考核机制。按照实事求是、科学合理、操作性强的原则，推进全面的股权项目量化考核机制，将全部影响因素纳入量化考核。2016年，明确股权投资收益预算审核机制及确认方式，并以上一年度预算数作为对比标准，减少填报时的人为影响。在此基础上，在审核时抓住重点单位、抓重点项目，收到较好效果。

做好股利分配工作。按照新修订的股利分配管理实施细则，2016年起将各级独资公司纳入股利分配范围，集团公司各级独资企业股利分配比例20%—30%，股份公司各级独资企业股利分配比例30%—40%。

进一步提升信息系统功能，优化流程，提高工作效率。为提高财务信息质量，股权管理信息系统建立了与集团公司及股份公司财务管理信息系统的数据转传方式。通过全线升级改版，进一步优化业务流程和系统应用，提升决策支持功能。配合压减工作要求，开发压减工作模块，使各二级单位及下属授权单位通过信息化手段及时上报压减工作进展，进一步夯实数据质量。

（苇成江）

【专职董监事制度】 加强对控参股公司的管控。2016年集团公司资本运营部参加中国石油总部直接管理的控参股公司“三会”58次，审核议案209项，共提交工作报告46份，提出意见和建议67条，在规范控参股公司重大决策、管控运营风险、提升发展质量等方面发挥积极作用。

调整完善专职董监事制度。将专职董事和专职监事岗位合并为“专职董监事”，根据委派需要即可担任控参股公司的董事，也担任监事，由人事部门根据相应的行政级别进行管理。下发《中国石油天然气集团公司控参股公司董事会、监事会和股东会议案管理细则》。

严格落实集团公司关于控参股公司利润分配的规定。按照修订的关于控参股公司利润分配的原则规定，从拟定分红方案、推动利润分配决议的通过到资金的按时回收，全程跟踪，及时协调，确保集团公司关于控参股公司利润分配的规定得到不折不扣的落实。2016年6月30日前，集团公司总部直接管理的29家公司现金红利全部收缴到账，有效维护了集团公司的股东权益。

（丁　泉）

【资本运营专项项目】 为落实党中央和国务院《关于国有企业发展混合所有制经济的意见》，深化国有企业改革，2016年4月25日，集团公司金融、工程建设上市项目同时启动；12月26日，同日交割；12月28日，金融项目完成190亿元的3年期定价配套融资，2017年1月17日，工程建设项目完成60亿元的1年期竞价配套融资，9个月内实现金融、工程建设业务的快速上市。

金融项目。集团公司通过重大资产重组方式，将所属的中国石油集团资本有限责任公司（以下简称中油资本）100%股权注入下属上市公司*ST济柴（000617.SZ），实现金融业务板块整合上市。中油资本是集团公司的综合性金融管理公司，持有中油财务公司、昆仑银行、昆仑金融租赁、昆仑信托、中意人寿等10家金融公司股权。项目先后完成了无偿划转、特殊分红、增资、模拟审计、评估、尽职调查、海外核查、债权人同意函、上市公司董事会及股东大会审批、向证监会提交重组方案申请、反馈问题答复、并购重组委审核、工商变更、配套融资等重点工作。

工程建设项目。集团公司通过重大资产重组方式，将工程建设核心优质业务注入下属上市公司*ST天利高新（600339.SH），并将天利高新更名为中国石油集团工程股份有限公司（简称中油工程），作为工程建设业务的上市平台。该项目是集团公司2016年全面深化改革五项重点工作之一，并被国家发改委纳入混合所有制改革试点，对于减少工程建设板块内部同业竞争，解决重复投入、业务同质化起到积极作用。项目先后完成改制、主辅分离、无偿划转、会计建账、两次审计评估、尽职调查、海外核查、“三类人员”费用测算、收入确认、债权人同意函、行政处罚核查、上市公司董事会及股东大会审批、国务院国资委及证监会审批、工商变更、配套融资等重点工作。

集团公司充分利用面临退市风险的两家下属上市公司资源，9个月内同时完成两大上市项目，顺应混合所有制改革的趋势导向，再次在资本市场树立优质蓝筹股的形象，获得包括国务院国资委、证监会、保监会、银监会、地方政府等监管机构的大力支持，也获得资本市场的积极评价和正面回应，两家上市公司股价涨幅明显，实现国有资产的增值，增强了国有经济活力，放大了国有资本功能。

两大项目拥有多个亮点：（1）重组上市后的中油资本，持有财务公司、商业银行等9项金融牌照，是A股市场持有金融牌照数量最多的上市公司。（2）按照置入资产规模计算，金融项目是2016年A股市场交易规模最大的重组案例，按照市值计算，在深交所上市公司中排名前五。（3）重组上市后的中油工程，业务分布在国内28个省（自治区、直辖市）及海外29个国家和地区，成为亚洲最大、全球前十的石油工程建设公司。

（程　凯　张舒婷）

法律工作

【概述】 2016年，集团公司法律工作贯彻中央企业法治工作会议精神，落实国务院国资委《关于全面推进法治央企建设的意见》，围绕集团公司改革发展中心任务，深化依法合规管理，强化法律职能业务和基础建设，各项工作扎实推进。

【依法治企】 在集团公司工作会议上和“十三五”发展规划纲要中对依法治企做出具体部署。2016年，集团公司法律工作会从突出抓领导干部关键少数、突出制度根本性作用、突出守法合规基本要求、突出法治文化建设4个层面对依法治企做出具体安排。落实中央和国务院国资委法治宣传教育规划要求，制定印发集团公司“七五”普法规划，为法治宣传教育深入开展提供遵循。坚持领导干部带头学法用法，坚持各级党委中心组法治学习制度，把法治知识作为党校班、中青班等领导干部培训的必备内容，持续开展法治理念培育、法治文化建设和法律知识普及活动。坚持将“依法合规经营”纳入所属企业主要负责人绩效合同，并层层转化落实。

【合规管理】 2016年，将合规管理列入集团公司软课题研究计划，组织专门力量，开展合规管理课题研究，先后组织与国际大公司、其他央企、咨询机构等单位交流研讨12次，系统收集研究相关信息资料总计30余万字。系统梳理各业务领域强制性、禁止性法律规定，为明确各项业务重点合规要求提供依据。持续开展集团公司《诚信合规手册》宣贯学习，及时向新入职员工发放，组织专题学习和承诺签订，做到手册发放、学习宣贯、签订承诺三个全覆盖。编制集团公司统一的合规培训课件和考试题库，通过合规管理信息平台完成全员合规培训年度任务。逐步开展合规审查、评价、档案等工作，加强对交易对方合规审查、合规协议签订等工作，取得初步成效。部分所属企业建立领导例会合规案例分享机制，组织合规专题培训，开展“合规管理提升年”、合规讨论、学习征文、知识竞赛等活动，促进合规要求深入人心。

【制度管理】 2016年，制订制度建设“十三五”发展规划，并首次作为集团公司“十三五”发展规划专项内容。组织开展以“四对照、四检查”为重点的制度清理规范，即对照国家法律法规及政府监管要求，对照科学治理及管理提升的新要求，对照巡视、审计、内控发现的问题，对照制度制定权限，系统检查制度合规性、科学性、覆盖面和权限依据方面是否存在问题。总部层面根据清理情况，废止制度186项；所属企业针对清理规范中发现的问题，有针对性采取措施，推进制度体系更好地适应科学治理、规范管理要求。加强制度制修订，完成集团公司总部层面制度制修订21项、所属企业层面制度制修订4000余项，制度质量稳步提升。

【法律业务】 2016年，集团公司总部法律人员参与重大涉法事项42项、出具法律意见185份，所属企业法律人员参与重大涉法事项2300余项、出具法律意见2100余份，通过严格法律论证把关从源头保障依法决策、风险受控。持续提升合同管理标准化、信息化水平，根据需要组织对合同示范文本进行修订完善，有序推进合同管理信息系统与ERP、资金管理、审计等系统对接，系统运行质量、集成性和运行效果稳步提高。突出“五看”，组织开展各类重大长期合同清理，主要是看合同是否需要变更、看执行中是否存在问题、看违约事项是否有补救预案、看合同主体责任是否得到落实、看违反合同制度的情形是否得到追责。通过清理，若干合同问题隐患和风险苗头得到整改，降低交易成本、保障交易安全。强化纠纷案件处理和管理，妥善处理重大纠纷案件，维护集团公司合法权益。加强工商、商标等法律业务，集团公司总部制订落实解决重组整合涉及工商登记问题的措施意见，所属企业开展打击商标侵权活动500余项，维护集团公司商标权益。加强立法研究和参与，对《中华人民共和国民法总则》《中华人民共和国水污染防治法》等20余项法律法规草案提出意见建议，不少得到采纳。

【基础工作】 2016年，集团公司明确将法律队伍建设纳入专业管理人才培养总体规划。在集团公司法律工作会上明确要求提高法律人员“三种能力”，即研判与应对法律环境变化能力、重大决策法律论证把关能力和处理复杂法律问题能力。按照中央关于建立完善企业法律顾问制度、公司律师制度有关要求，将法律职业资格培训纳入集团公司培训计划，研究拟定加强企业总法律顾问制度建设、严格法律人员准入等措施。坚持企业总法律顾问和法律机构负责人年度培训制度，组织对130余名企业法律工作领导骨干开展为期5天的培训；有针对性地组织法律人员专题培训和业务学习，加强海外、知识产权、金融、资源税费等专业人才培养，收到较好效果。

（黄珍涛）

物资采购

【概述】 2016年，集团公司物资采购工作坚持“合规、质量、效率”理念，围绕开源节流降本增效中心工作，把统一管理、集中采购作为深化物资采购改革的核心，全面提升物资采购与招标管理水平。2016年，集团公司物资采购总额1144.56亿元，集团公司两级集中采购度98.73%，采购资金节约额87.27亿元、采购资金节约率 7.62%，物资招标率 85.01%。

【授权集中采购】 集团公司全面完成 2016 年度 37 个项目授权集中采购工作，涉及品种涵盖 19 个大类，16 个授权管理小组，平均采购资金节约率 12.82%。通过物资采购管理信息系统上报，经集团公司总部审批后由招标中心统一组织实施，评审专家在专家库统一抽取，整个组织过程实现公开、公平、公正的阳光操作。通过集中采购，成本得到有效控制，特别是一些重点物资，集中采购价格始终保持与市场变化同步运行，体现出规模采购优势及效益。强化集中采购管理精细化、标准化、规模化和信息化，推进供应链和全生命周期管理。开展一级物资价格管理工作，科学制定价格调整机制，及时跟踪市场行情，同步调整网上目录价格，2016 年发布 39 项（次）价格调整公告，涉及 27 个集中采购品种。

【招标管理】 2016 年，集团公司在工程、物资和服务领域全面推行公开招标，探索集中规模招标采购模式，减少招标采购频次。坚持依法合规和公开原则与导向，对于不招标事项，分级分类扩大范围推进信息公示制。2016 年在中国石油招标投标网上发布各类招标信息 45190 条，其中可不招标信息 6388 条，向中国采购与招标网推送公开招标公告及结果公告 14000 余条。集团公司共受理一类招标项目招标方案、招标结果和可不招标事项的审批、备案业务 62 项，涉及金额 334 亿元。其中，招标 47 项、涉及金额 294 亿元、可不招标 15 项、涉及金额 40 亿元。发布 2016 年集团公司认可的招标专业机构名单，其中内部招标专业机构 34 家。以中国石油电子招标投标平台列入国家试点为契机，整合完善电子招标功能，全力配合电子招标平台建设，全面推行电子招标。组织开展大庆地区试点应用全流程电子招标，电子招标平台与国家公共服务平台交互数据超过 5000 条。

【物资采购管理信息平台】 2016 年，集团公司完善提升物资采购管理信息系统功能性能，增强开发采购计划管理、供应商管理、一级物资带量计划、集中储备价格联动等功能。编制系统运行管理规范，明确工作职责范围和运维流程。2016 年从 ERP 接受采购计划 233.50 万条，形成采购方案 13.30 万条，发布一、二级目录 3874.41 万条，执行目录采购 9.03 万笔，形成采购结果 12.30 万笔，传输到 ERP 的采购订单 20.62 万笔，实现电子采购交易 1061.58 亿元。

【供应商管理】 2016 年，集团公司修订下发《中国石油天然气集团公司物资供应商管理办法》，出台配套的标准文本模板并固化在物资采购管理信息系统。完成一级采购物资供应商管理流程优化，实现供应商日常业务全流程在线管理。加强供应商关系管理，与杭州华三通信技术有限公司、紫光集团有限公司签订战略采购协议。完成 2016 年度集团公司一级采购物资供应商新增准入，由集团公司招标中心对供应商评审委员会集中审定批准的 30 个项目开展新增准入公开招标资格审查，涉及 22 个物资大类、195 个标包，投标供应商 764 家，评审专家 410 名；各一级采购物资供应商管理专业工作组对通过公开招标资格审查的拟准入供应商开展全面现场考察并确定年度新增准入供应商名单。

【机电产品进口管理】 2016 年，集团公司充分利用鼓励发展项目减免税、特定地区减免税、重大装备进口减免税和进口贴息等政策，降低进口采购成本。组织开展重要进口物资、主要设备备件集中采购，签订 2016 年进口化工催化剂集中采购框架协议，涉及 4 个品种 18 种牌号、8 家炼化企业。认真履行集团公司机电产品进出口管理职能，监督管理国际招标项目 181 项，项目金额 2.02 亿美元，中标金额 1.43 亿美元，节约率 29.2%，节约采购成本 5900 万美元。审批不招标事项 24 项，审核签发自动许可机电证 23 份、涉及进口设备 546 台（套）、用汇 2128 万美元。

【石油物资分类与代码】 2016 年，集团公司推动在采购中心建立物料分类与代码专业机构。研究制定专业化管理工作方案。协调专业工作组和物料分类专家加快审核时效，协调公共数据平台（MDM）项目组提高配码效率，加强数据质量审核，退回不符合属性规范要求的物料明细数据 1.6 万余条次。组织普通钢材、电力电工设备等授权集中采购管理小组完善物料的数据标准，清理相关重错物料编码 3000 余条。

【境外项目物资采购管理】 2016 年，集团公司与鞍山钢铁集团公司、南阳防爆集团股份有限公司、山西风雷钻具有限公司和渤海能克钻杆有限公司等 59 家具有优势产品的供应商签署境外项目《国际货物与服务采购框架协议》。初步拟定中东地区境外项目物资区域采购中心的设立方案，并与中国石油中东公司交流，推动在境外项目物资区域采购机构在迪拜实现挂牌成立并试运行。

【绩效管理】 聚焦采购管理各关键环节，突出降本增效、突出效率效益，优化调整绩效考核指标及目标值设置。2016 年集团公司企事业单位领导人员业绩合同的“控制类”指标中新增“采购管理”指标，将指标细化为物资两级集中采购度、物资采购招标率、物资采购资金节约率、新增积压物资量四项考核内容，未达到目标要求的，扣减综合业绩分值1—5分。发挥绩效考核在业务管理上的激励约束作用，逐级落实责任，推动管理水平提升。

【物资仓储管理】 推行零库存目标管理，控制增量、减少存量，会同财务部门研究库存物资处置方式。积极开展企业间积压物资调剂，2016年公布12家企业的物资调剂信息6092项，4.5亿元库存积压物资调剂信息，引导企业开展积压物资调剂工作。组织开展集团公司物资仓储资源管理现状及库存情况摸底调查。探索研究区域代储代销工作实施方案。开展物资仓储管理工作等级评价，提升仓储业务精细化、专业化和现代化水平，不断优化集团公司整体库存结构，提高劳动效率和资产效率。

【集中储备与代储代销】 集团公司开展的中厚钢板、无缝钢管、镀锌卷薄板、储气库压缩机备品配件、烟气轮机配件等物资集中储备工作是企业解决零星和紧急需求的主渠道，在降低集团公司库存总体规模、保障生产建设方面发挥积极作用。2016年集中储备物资总供货批次1.2万次，保障企业生产建设物资供应2.96亿元。组织召开区域集中储备和代储代销工作研讨会，总结工作经验、分析问题，深入讨论集中储备方案的拓展和区域集中储备和代储代销工作推进方案。

（左　莹）

纪检监察

【概述】 2016年，集团公司各级党组织认真贯彻党的十八大和十八届三中、四中、五中、六中全会精神，认真贯彻习近平总书记系列重要讲话精神，坚决落实全面从严治党各项要求，切实扛起管党治党责任，大力加强党的建设，努力营造风清气正的政治生态，重塑企业良好形象。各级纪检监察机构全面履行监督责任，聚焦监督执纪问责，党风廉政建设和反腐败工作取得新进展、新成效。

【落实全面从严治党责任】 充分发挥党组织领导核心和政治核心作用。把加强党的领导与完善集团公司治理紧密结合，明确集团公司党组在集团公司法人治理结构中的法定地位，将党组工作原则、职责权限、党建工作总体要求等列入集团公司章程，确保党组发挥领导核心作用组织化、制度化、具体化。把党风廉政建设和反腐败工作纳入“十三五”发展规划纲要，以加强党的建设为主题召开领导干部会议，研究制定落实全面从严治党要求加强党的建设的意见，调整充实反腐倡廉建设工作领导小组，健全党组工作部门，明确工作任务和责任分工，统筹推进集团公司党的思想建设、组织建设、作风建设、反腐倡廉建设和制度建设。各企事业单位党委坚决贯彻党组部署，紧密结合实际，瞄准突出问题，细化工作措施，主动担当尽责。

加强反腐倡廉制度建设。以党章党规党纪为根本遵循，修订党风廉政建设责任制，细化考核指标体系，逐级签订责任书，层层落实责任；制定集团公司党组落实中央八项规定精神实施细则，印发党组管理干部亲属经商办企业、操办婚丧喜庆事宜规定，修订集团公司管理人员违纪违规行为处分规定，设定底线、划出红线，固化纪律要求，扎紧制度笼子，进一步规范权力运行。加强制度宣贯、执行落实、监督检查等工作，严肃处理顶风违规违纪行为；对上一年度发生重大违纪违法问题的企事业单位领导班子，严考核、硬兑现，促进管党治党责任落到实处。

严明干部选拔任用和换届纪律。坚持正确用人导向，严守用人纪律和用人规矩，健全规范选人用人提名和考察程序，落实“凡提四必”要求，严格做到“三个不上会”，即党组讨论决定时，没有按规定进行酝酿动议、民主推荐、组织考察的不上会，没有按规定核实清楚有关问题的不上会，没有按规定向上级报告或报告后未经批复同意的干部任免事项不上会。对拟提拔党组管理干部、企业纪委委员候选人和地方“两代表一委员”候选人的党风廉政情况进行审查，对不如实报告个人事项、问题线索具体的党员干部，暂缓提拔使用或严肃处理。

业务主管部门的系统监管进一步细化靠实。集团公司总部机关部门坚守责任担当，把认真履行监管责任纳入部门职责、融入业务流程，针对党内巡视、执纪审查、专项检查等发现的突出问题和薄弱环节，强化风险防控和上对下的业务指导，加强对分管业务领域的日常管理和监督检查。特别是人事部、科技管理部和销售分公司，分别在企业领导人员薪酬管理、科研经费管理、销售企业投资与工程管理等领域组织开展专项治理，促进了规范管理。

【纠正“四风”】 实行提醒预警常态化。坚持把正风肃纪作为一项经常性工作和制度性安排，紧盯年节假期，紧盯违规接待、公款旅游、公车私用等问题，提前发通知提醒、强化纪律要求；针对子女升学等特殊时段，采取集体谈话、签承诺书等形式，进行告诫提醒；对婚丧喜庆等事宜，严格执行事前、事后报告制度，做到常抓不懈。

实行监督检查常态化。开展“四风”问题整治情况“回头看”，速查速办问题线索，促进各企事业单位修订作风建设相关制度。开展深入落实中央八项规定精神纠正“四风”情况调研检查，组建10个检查组，抽查、访谈机关部门和企事业单位。对油气田企业驻京办及所属企事业单位开展突击检查，部分单位与地方有关部门联合开展明察暗访，严查隐形变异“四风”问题。

实行查处通报常态化。通过内部巡视、信访举报、专项检查等途径，及时发现“四风”问题线索，特别是对不收敛不收手、顶风违纪的，从严从重查处追责。始终保持力度不减、尺度不松，建立重大节日落实中央八项规定精神监督检查情况报告及通报制度，在集团公司点名道姓通报“四风”典型问题，所属企事业单位也对内部查处的“四风”问题进行通报曝光。经持续正风肃纪，“四风”现象明显减少，领导干部作风形象明显改善，凝聚起了推动企业稳健发展的正能量。

【创新合规管理监察】 推进重大投资项目专项审计监察。突出信息共享、协调配合、发挥合力，建立审计部门重在发现违规问题、监察部门重点关注问题背后违纪甚至涉嫌违法行为的分工协作机制，对云南石化、唐山LNG等14个重大投资项目开展专项审计监察，建立问题、线索和问责三个清单，做到问题整改、责任追究、警示教育三个到位。总结通报共性问题，督促各单位自查自纠，堵塞漏洞，规范管理。

推进重点业务领域在线实时监督。运用“制度+科技”手段，有效发挥联合监督信息系统自动预警、风险提示、咨询服务的功能，在物资采购、油品销售、工程建设、化工产品销售等9个业务领域，对关键环节合规情况进行在线实时监督，及时发现问题。推进集团公司总部机关监察部门、业务主管部门和企事业单位三级应用。

推进分行业分领域廉洁风险防控。突出主营业务，在油气田、炼化、管道、销售、工程技术服务等5个领域，针对投资并购、改制重组、产权交易、招标投标、海外资产经营等关键环节，梳理权力清单，排查廉洁风险点，制定防控措施。采取区域推进会、经验交流会等形式，推广经验做法，与专业分公司共同深入研究固化风险防控的制度要求。

【深化政治巡视】 推进专项巡视全覆盖。突出政治巡视工作定位，紧扣“六项纪律”，紧盯党的领导弱化、党的建设缺失、全面从严治党不力等方面的突出问题，组建8个巡视组，3轮巡视59个国内单位；拓展巡视领域，组建2个海外巡视组，巡视10个海外业务单位。截至2016年底，累计巡视118个单位，为完成3年巡视全覆盖目标迈出坚实步伐。

推进巡视工作规范化。充实调整巡视工作领导小组，健全工作机制，在每轮巡视结束后，党组及巡视工作领导小组专门听取情况汇报，专题研究线索处置和成果运用，由党组领导专项推进分管领域的问题整改。修订集团公司巡视工作规定，完善配套制度，提高巡视工作流程化、制度化、规范化水平。加强巡视队伍建设，完善巡视人员选拔办法，任命正局级专职巡视员，建立巡视人员库，注重培训，强化督导，切实把巡视组打造成发现问题的“体检队”、干部成长的“培训队”、重塑形象的“宣传队”。

推进问题整改见实效。建立“三位一体”成果运用机制，向党组汇报后，一般性问题由被巡视单位立行立改，系统性全局性问题由集团公司总部机关业务部门牵头完善制度、规范管理，移交的问题线索由纪检监察机构分类处置、严肃查处。通报上一年度巡视发现共性问题，推动各单位即知即改、先行整改。开展巡视“回头看”，对不落实整改责任，甚至顶风违纪的单位党委主要领导予以严肃处理，撤销其党内外职务。巡视成果的有效运用，有力促进被巡视单位“两个责任”落实和班子整体功能提升，有力促进合规管理上水平。

2016年，50个企事业单位积极开展巡视工作，巡视下属单位434个，有力推动全面从严治党向基层延伸。

【实践监督执纪“四种形态”】 突出党纪条规，把纪律立起来严起来。把严明党的纪律规矩作为落实全面从严治党要求的重要举措，坚持高标准和守底线相结合，通过“两学一做”学习教育、中心组学习、“三会一课”等，组织领导干部认真学习廉洁自律准则和纪律处分条例；注重任前廉洁谈话和提醒，分4批对

170 名新提任集团公司党组管理干部开展“六个一”教育。制定把握运用“四种形态”实施意见，深入阐明“四种形态”的丰富内涵、政策界限和适用原则，推进实践运用；在企事业单位党委书记和纪委书记培训班上分别进行专题辅导，提出工作要求，强化责任担当。

突出抓早抓小，让红脸出汗成为常态。明确党组和各级党委落实“第一种形态”的责任和具体任务，制定关于加强和规范党组管理干部谈话工作的实施办法。对反映的一般性问题，出现的倾向性苗头性问题，以及轻微违纪问题，及时谈话提醒、约谈函询、纠错诫勉。

突出实践运用，提高执纪审查综合效果。认真贯彻“惩前毖后、治病救人”方针，根据错误事实、具体情节、本人态度和改错行动等，准确定性量纪，严格执纪审理，规范“四种形态”转化的审核程序，严格把握转化条件，对认错悔错、积极改错的给出路，对不认错不改错甚至抵触对抗的严肃处理，做到依纪依规、不枉不纵。改进和落实执纪审查回访、干部处分期内回访制度，了解执纪审查的综合效果，掌握受处分人员思想动态，促其诚心认错，以实际行动真心改错。

【严格执纪审查】 坚持鲜明立场，坚决肃清重大违纪违法案件恶劣影响。党组坚决同以习近平同志为核心的党中央保持高度一致，全面肃清周永康、蒋洁敏、廖永远、王永春等人重大违纪违法案件的恶劣影响。本着惩处和教育相结合的原则，对中央专案处理人员，依据司法文书及时给予纪律处分；对中央专案涉案人员，结合情节、后果、态度等因素，给予党纪政纪处分和组织处理，并予以通报，体现了党组认真落实全面从严治党主体责任、坚决惩治腐败的鲜明态度，体现了组织对党员干部的从严要求和关心爱护。

坚持执纪必严，始终保持惩治腐败高压态势。紧盯党员领导干部这个“关键少数”，有线索必核、有问题必究、有贪腐必惩。2016 年，各级纪检监察机构共受理信访举报 4970 件，立案 809 件，纪律处分 1276 人，通过执纪审查，挽回经济损失 3.72 亿元。

坚持依纪依规，严格规范执纪审查。制修订问题线索处置指导意见、执纪审查业务管理规程、纪律审查成果运用实施办法及相关制度，明确职责权限，规范工作流程。在问题线索集中管理、集体研判处置、及时跟踪督办、执纪审理等环节，加强管控和监督，执纪审查质量和效率明显提升。对企事业单位开展 2012—2015 年纪律处分执行情况专项检查，及时通报检查情况，督促整改纠正。

坚持警钟长鸣，充分发挥典型案例警示作用。把典型案例作为反面教材，收集部分中央专案涉案人员和集团公司移送司法机关人员反省材料，汇编成《忏悔录》，发放给集团公司党组管理干部；剖析集团公司发生的典型案例，组织编写《党员领导干部违纪违法典型案例警示录》，发给处级以上党员干部，人手一册开展学习教育；分 3 批点名道姓通报党员干部违纪违规问题，用身边事教育身边人。

【加强队伍建设】 领导班子和队伍履职能力建设取得新进展。充实调整党组纪检组、监察部和各纪检监察中心领导班子及人员力量，优化调整内设机构，科学配置处室工作职能。继续推进纪委书记专职化，监督力量明显加强。集中组织开展纪委书记年度述职工作，进一步强化责任意识。制定加强改进纪检监察干部培训工作指导意见，分层次开展全员岗位轮训，举办 6 期培训班，协调指导片区开展联合培训和专题讲座；结合实践锻炼，分批调训基层业务骨干；加强实践总结，组织撰写论文进行交流研讨，各级纪检监察干部综合素质和业务能力明显提升。

思想政治和纪律作风建设见到新成效。深入开展“两学一做”学习教育，全体纪检监察干部认真学习贯彻习近平总书记系列重要讲话精神，自觉增强“四个意识”，在思想上政治上行动上同以习近平同志为核心的党中央保持高度一致，积极践行忠诚干净担当。认真落实集团公司党组书记王宜林提出的“严守底线、严于律己、严明作风、严格执纪”要求，坚决执行“三个严禁”规定（严禁利用中国石油平台为亲属和特定关系人谋利，严禁利用纪检监察工作权力谋利，严禁办人情案、关系案、金钱案），树立发扬严、实、深、细工作作风，做严守纪律、拒腐防变的表率。突出“内抓规范、外树形象”，健全完善党组纪检组工作职责和管理制度，规范工作流程标准，强化内部监督，做到依纪依规文明执纪。坚持执纪者更要守纪，严肃查处工作弄虚作假、不如实申报个人事项、执纪审查跑风漏气等问题，保持队伍纯洁。

（监察部）

内部审计

【概述】 2016年，集团公司审计工作紧紧围绕建设世界一流综合性国际能源公司目标，以提高公司发展质量和效益为中心，牢固树立创新、服务、共享理念，统筹内外部审计资源，加大审计监督服务工作力度，强化审计成果综合应用，取得显著成效。

2016年底，集团公司有审计机构356个，其中一级审计机构3个、二级审计机构194个、三级及以下审计机构159个。从业人员1885人，其中一级机构154人、二级机构1239人、三级及以下机构492人。

【重要审计项目】 2016年，集团公司组织实施审计项目1927项，审计资金1.80万亿元，促进增收节支和避免损失40.45亿元，出具审计报告、专项分析报告、要情及信息3306份，被采纳审计建议7510条，促进企业完善规章制度378个，人均直接经济成果215万元，内部审计查错纠弊、决策支持和价值增值作用有效发挥。

加大管理效益审计力度。针对影响和制约集团公司提高质量效益的重点难点问题，组织实施管理效益审计614项。分类细化编制和充实管理效益审计方案，为有效发现企业管理上存在的重大缺陷和风险提供指导。首次尝试对销售企业、海外项目和股权投资企业开展管理效益审计，全方位挖掘影响效益的关键因素并分析揭示特困企业存在的问题和面临的困境。对油田、炼化、销售、天然气与管道储运等122家企业存货管理情况进行专项审计，揭示低效无效存货和工程物资，找出制约集团公司存货有效下降的影响因素。对8家工程技术服务企业“十二五”期间的非安装设备开展投资绩效审计，分析钻机、修井机及其他设备利用情况，揭示投资计划管理不规范、设备管理制度不完善等问题。开展加油卡管理审计，督促企业认真组织整改落实，审计成果得到有效转化，起到“审计一点、规范一片”的作用。

加大经济责任审计力度。坚持“离任必审、强化任中”的原则，2016年审计各级领导干部775人，查出违规违纪问题6982个。注重向主要业务领域经济责任人延伸，不断丰富、深化审计内容和重点，把权力约束在制度的“笼子里”，促进领导人员守法、守纪、守规、尽责，实现对任期6年以上企业主要领导人员进行审计的目标。进一步明确审计发现3个责任的标准，并开展对2家企业的副总经理进行经济责任审计试点，提高审计效率和层次，促进企业领导人员科学决策、防范风险。

加大投资建设审计力度。紧紧围绕控制投资成本、提升管理水平的部署，共开展基本建设工程审计477项，涉及项目投资1863亿元，抽审金额744亿元。为弥补内部审计力量的不足，通过购买服务完成审计项目69项、涉及投资71亿元，投入产出比1∶14。根据审计服务单元的不同特点，相应调整项目管理侧重点，审计内容向揭示安全环保和质量风险防控延伸，进一步提升审计广度和深度，不断提高项目管理的科学化水平。

【审计管理】 加强审计质量管理。进一步优化审计项目管理和作业流程，强化项目实施全过程质量管控，着力构建审计项目质量控制有效机制。增强审计定性的严肃性、客观性，强调既不以新制度规定衡量老问题，也不生搬硬套或机械使用不符合改革发展要求的旧制度规定衡量当前创新实践。组织开展审计质量大检查，对发现的问题进行梳理，明确措施，落实责任，并在全系统进行讲评。对整改情况进行跟踪检查，把审计质量意识贯彻到审计实施全过程，审计项目质量和效率不断提高。

加强审计规章制度建设。开展审计制度及标准体系顶层设计，系统梳理完善以审计基本制度、管理制度和工作规范为主要内容的制度框架，制定下发《集团公司审计项目计划管理暂行办法》《关于总部审计项目流程试运行的通知》等制度性文件，编印《内部审计管理制度标准汇编》，审计制度体系逐步完善。

统筹协调相关资源。统筹调配总部、审计中心、地区公司审计机构力量，采用大兵团、联动式审计组织模式，集中资源开展重大专项审计。主动借助外部资源，组织开展交叉审计，并将相关专业人员纳入到项目组。积极组织和参与联合监督，与监察部等部门共同完成14个重点建设项目专项审计监察，实现监督资源的协同运作。

【审计信息化】 加强审计信息化建设，开发完成审计决策支持系统首期设计内容，持续优化完善审计管理系统基础功能，确定财务管理系统（FMIS）审计模块功能随系统同步升级的方案，满足管理业务开展对信息化的需求，为两级审计用户业务开展提供保障。强化系统应用，开展信息化业务培训，定期组织上线情况检查，督促各单位更有效地利用信息系统资源。配合国家审计署做好数据采集，共收集提供财务决算报表等13大类电子数据，同时加强内部审计数据中心建设，搭建内部审计数据库。积极开展信息化理论研究，审计部与辽河油田、青海油田共4项成果获中国内部审计协会“内部审计信息化优秀成果奖”。

【审计整改】 强化审计整改，审计成果转化能力进一步提高，审计发现问题整改工作取得较大突破，整改制度得到有效落实，审计整改长效机制全面建立。各业务主管部门和专业分公司按照“谁管业务谁负责”的原则，认真研究部署审计整改工作任务，明确责任分工和阶段性整改目标，积极推动审计整改。各企事业单位认真执行审计决定，及时研究制定整改方案，落实整改措施，推动问题立查立改、边审边改或限期整改，积极落实整改主体责任。

2016年集团公司审计发现问题整改率91%，2014—2015年发现问题累计整改率93%；审计发现问题一次整改率由2014年的65%、2015年的78%，提高到2016年的89%，审计整改工作形成业务部门主导、企业具体整改落实、审计部门督促检查的联动工作机制，步入制度化、规范化、常态化轨道。

【优秀审计项目和论文】 组织开展优秀审计项目评审，经各单位推荐、网上初评、专家集中评审，评选出集团公司2016年优秀审计项目60个，其中国家油气重大科技专项支出审计、大庆油田矿区服务事业部行政正职经济责任审计、辽河油田部分单位物资管理审计等11个项目获一等奖，19个项目获二等奖，30个项目获三等奖。

组织开展优秀审计论文评审，经片组初评和专家现场评审，评选出集团公司2016年优秀审计论文85篇，其中《浅谈新常态下如何以科学理念引领油田审计工作创新发展》《低油价形势下石油企业内部审计的应对策略》《探索新形势下审计计划管理新模式》等15篇论文获一等奖，30篇论文获二等奖，40篇论文获三等奖。

【审计队伍建设】 各级审计部门认真贯彻中央八项规定和审计“十不准”工作纪律，着力打造政治强、业务精、作风优、纪律严的审计铁军，审计队伍素质和能力持续提升。2016年举办各类审计培训班68期，培训审计人员2095人次，审计人员业务水平进一步提升。加强学习交流和经验推广，编辑出版4期《中国石油审计》，每周推出1期“中国石油审计”微信精选内容，出版2015年度优秀审计论文集，印发2014—2015年度优秀审计项目选，为审计人员职业发展创造条件。

2016年底，审计队伍中大学及以上学历1556人，占总人数82.55%；中高级职称1445人，占总人数76.66%；具有注册会计师、国际注册内部审计师、注册造价师等职业资格929人，占总人数49.28%。

（白雪莲）

改革与企业管理

【概述】 2016年，改革与企业管理工作全面贯彻集团公司党组部署，建立集团公司层面改革基础框架，统筹推进全面深化改革工作，贯彻落实创新战略，以管理创效为目标加快构建集团公司管理创新体系，积极推进未上市托管业务深化改革、“僵尸企业”及特困企业专项治理，促进企业瘦身健体、降本增效，进一步优化业务流程管理，强化测试与监督，完善内控体系建设，推动风险与业务融合，持续强化全面风险管理。

【深化改革】 2016年，搭建完成集团公司层面改革基础框架。围绕推进公司治理体系和管控能力现代化国际化目标，制定“十三五”改革专项规划，出台全面深化改革实施意见，制定管理体制、市场化、人事劳动分配制度、混合所有制、党的建设制度等一系列专项改革方案，建立集团公司改革基础框架，形成指导和推进集团公司深化改革的“路线图”和

“施工图”。

统筹推进全面深化改革工作。将年度改革工作要点细化分解为61项具体任务，建立任务台账，明确责任部门和进度安排，按计划组织推进，顺利完成年度业绩考核目标。组织召开8次全面深化改革领导小组会议，审议通过16项改革方案。组织开展公司制改制、各专业领域商业模式创新、区域协调机制、管理创新体系、国有企业党的建设与现代企业制度融合等重点难点问题研究，为制定专项改革方案提供有力支撑。积极参与国家油气体制改革方案研究，从有利于促进油气产业健康可持续发展和保障国家能源安全角度，书面反馈60余条建设性意见建议。

出台《集团公司管理体制改革框架方案（试行）》。建立“总部—专业公司—地区公司”三级管理架构，明确集团公司功能定位和各层级职能定位，完善集团公司及所属子公司两个层级公司治理体系，实施运营、战略偏运营、战略等三类差异化管控，着力构建符合业务特点的分级授权管理体系。

持续推进扩大经营自主权改革试点。在油田技术服务、装备制造等业务领域进一步拓展试点，推进东方物探扩大经营自主权试点。按照“充分授权、配套政策支持、完善约束机制、加强监督监管、强化绩效考核”的思路，推动装备制造企业“五自”（自主经营、自负盈亏、自担风险、自我约束、自我发展）经营深化改革。

持续推动简政放权工作。开展第四批调整和下放管理审批权限工作，确认调整和下放管理审批权限23项，包括投资项目管理、外汇资金管理、股权投资授权管理等7个方面，对激发企业动力活力起到很好促进作用。

持续推进宾馆酒店清理处置。建立宾馆酒店整改台账和数据库，搭建资产处置服务平台，加大社会推介及合资合作力度，定期汇总分析工作进展，及时协调解决各类问题，2016年完成119家宾馆酒店清理处置工作，分流安置4650人，减亏增效3亿多元。

积极推进天然气销售管理体制改革。出台《集团公司天然气销售管理体制改革方案》，建立“天然气销售分公司—区域天然气销售分公司—省级天然气销售机构”三级管理架构，成立天然气销售分公司及5家区域分公司，理顺中石油管道有限责任公司、天然气销售储备气分公司管理体制，实现油气管输和销售业务分开独立运营，为天然气业务发展提供体制保障。

研究制定多种经营业务深化改革若干意见。研究提出“巩固发展一批、重组整合一批、清理退出一批”3个方面改革举措，重点围绕员工持股、职业经理人制度等探索激励政策，转换经营机制，优化管控模式，致力于将多种经营企业打造成为“五自”市场主体。

【管理创新】 2016年，集团公司开展管理创新体系研究。明确集团公司管理创新目标、体系架构和建设路径，制订制度体系建设计划，制定《集团公司管理创新成果总结与申报工作指引》，推动管理创新成果总结与申报工作规范化标准化。

推动管理创新成果有形化。深入基层开展调研，深入挖掘并总结提炼扩大经营自主权改革试点、扭亏解困、精细化管理、供给侧结构性改革、内部市场化等一系列先进管理经验，供各企事业单位学习借鉴。

加强企业管理经验交流与推广。以“精细化管理”和“岗位责任制”为主题，组织召开2次企业管理创新经验交流会，18家企业介绍管理创新先进经验和主要做法，共有124家单位145名代表参会。

以“管理创新与稳健发展”为主题，开展管理创新成果和论文征集评审。76家单位推荐353项管理创新成果和681篇论文，评选出集团公司2016年度管理创新优秀成果68项，其中一等奖7项、二等奖21项、三等奖40项；管理创新优秀论文42篇，其中一等奖5篇、二等奖10篇、三等奖27篇；10家管理创新与实践工作优秀组织单位。

完善丰富管理提升交流平台。进一步完善集团公司管理提升专栏，在原有5个一级栏目、15个二级栏目和2个专项栏目基础上，增设“企业管理工作简报”和“成果公布”2个二级栏目。加大力度收集发布企业管理动态信息，2016年共有60家企业报送企业管理动态960篇，同比增长62%，经优选后发布320篇，点击率突破2.2万人次。

【经营管理】 2016年，集团公司积极推进未上市托管业务改革。出台未上市托管业务深化改革指导意见，明确到“十三五”末总体消除经营性亏损目标。完成对全部托管企业深化改革方案批复。2016年，托管业务剔除资产减值损失等考核因素后同比减亏50亿元，下降87%。推动西南油气田消除托管业务，协助完成通信业务回购。

全面部署“僵尸企业”及特困企业专项治理。制订集团公司“僵尸企业”及特困企业筛查标准，59家单位上报340家“僵尸企业”与特困企业，国务院国资委挂牌督办困难企业79家，其中“僵尸企业”26家、特困企业53家。出台集团公司处置“僵尸企业”和特困企业专项治理工作方案，明确加快“僵尸企业”重组整合和市场出清，使“僵尸企业”户数每年减少三分之一，特困企业亏损额和亏损面同比缩减50%，用3年左右时间，基本完成处置任务。到“十三五”末，原则上总体消除经营性亏损。

扎实推进企业发展能力评价工作。研究绩效评价数据模块开发系统设计，完成2015年度评价结果测算。设定海外项目发展能力评价指标，开展数据收集与评价测算。制定2016年扩大经营自主权改革试点企业发展能力评价考核细则，并在企事业单位年度综合业务考核中执行。

有效开展经营管理协调工作。制定储气库业务运营方案，推动2016年储气库结算。跟进“玉门油田资源枯竭油田可持续发展”课题研究，提出产业链延伸或产业结构调整思路，为资源型企业可持续发展提供借鉴。统筹协调润滑油内部产品使用，2016年集团公司润滑油内部采购量达77.9%，同比增加26%。深入研究分析国家电力体制改革相关政策，调研集团公司用发电管理现状，提出建立统一购售电平台，统一购电分区域售电，发挥用电规模和集中采购优势；协助制定大庆油田电力改革实施方案。

【内控体系建设】 加强业务流程管理。按照“依法合规、突出重点、简洁高效、权责一致”原则，开展合同管理流程和二级物资采购管理流程优化简化，厘清业务流程全貌及管理范围，明确业务管理过程重要风险及管控重点，解决流程中管理界面不清晰、责任主体不明确等问题，从设计层面提升流程运行效率、降低业务运行成本、保障提质增效目标顺利实现。

强化管理层测试。按照“以风险为导向”原则，分析集团公司监管环境变化，查找识别出项目管理、资金管理、资产管理、采购管理、合同管理、存货管理、销售管理、人力资源管理等重要风险领域，制订存货管理、销售管理、人力资源管理三大领域测试指南，指导内部控制测试发现深层次管理问题，着力揭示并规避重大风险，进一步提升测试整体质量和效果，确保体系运行有效。

落实例外事项整改。针对测试发现问题，逐一进行分析并提出整改要求，逐家下达改进意见书，建立整改进度定期上报制度，将例外事项分专业分领域进行通报，形成联动机制，加强顶层制度设计，从源头上规范，从不同层面推动例外事项整改。通过持续改进机制，测试发现的重要例外事项得到有效整改。

内控体系运行持续有效。股份公司董事会按照监管要求对内部控制进行评价，认为截至2016年12月31日内控有效。外部审计师毕马威华振会计师事务所（特殊普通合伙）对股份公司财务报告相关内部控制出具标准无保留审计意见。股份公司内控连续11年通过外部审计。集团公司内控连续5年有效运行。

【风险管理】 强化风险监督管理。2016年，集团公司将风险管理纳入董事会和审计委员会审议，审核年度重大风险评估结果和风险管控措施落实情况。制定集团公司风险管理办法，明确“谁主管业务、谁控制风险”管控原则，健全公司风险评估、监督和预警机制，完善风险管控措施。

强化风险基础建设。制订风险事件分类分级、风险分类分级规范标准，满足内外部监管需要，为规范风险管理工作提供依据。开展风险管理信息系统建设，完成15个功能模块原型搭建。设计开发海外风险数据库工具，有效支持海外单位重大风险管理工作。

强化风险动态管理。2016年收集内部风险事件1398起，持续开展风险分析。在塔里木油田、宁夏石化和独山子石化3家单位开展试点，设计形成15个风险预警通用指标。组织开展重大风险量化分析研究，从风险对标、风险溯源、风险预判3个维度建立重大风险量化分析框架，形成量化分析工作程序、工具与模板。

强化风险与业务融合。选择10个投资项目开展专项风险评估和程序性审核试点，完成7个项目专项风险评估报告和程序性审核。

强化重大风险评估和风险报告编制。组织集团公司重大风险评估，确定价格波动、健康安全、地缘政治经济和安全等十大风险，重大风险评估工作实现业务全覆盖、关键岗位全参与。组织管理部门逐项制订风险管控方案，形成年度重大风险管控方案运行表。编制2016年度集团公司风险管理报告。

【培训及队伍建设】 组织实施2016年集团公司企业管理处长培训班，119名各企事业单位企业管理部门负责人参加培训；组织实施2016年集团公司改革业务与政策培训班，143名各企事业单位改革业务部门负责人参加培训；进一步推动和促进集团公司深化改革与企业管理工作。

举办企业管理创新培训班，有99家企事业单位116人参加。举办未上市托管业务深化改革实施方案编制培训班，有24家企事业单位69人参加。举办3期业务流程与测试培训班，共有83家企事业单位144人参加。举办中国石油风险管理信息系统原型功能培训，有30家企事业单位53人参加。提高专业人员技能水平、业务能力和综合素质，促进各企事业单位提升工作效率和效果。

（刘　影　李　娟）

矿区服务

【概述】 2016年，集团公司矿区服务系统认真贯彻落实集团公司党组的决策部署，扎实履行三大职责，积极推进改革创新，全面启动剥离企业办社会职能，建立完善经营矿区长效机制，各项工作取得显著成效，实现了“十三五”良好开局。截至2016年底，矿区服务系统从业人员13.72万人，其中合同化职工9.84万人。矿区服务居民总户数131万户，物业服务面积1.44亿平方米，供暖面积1.37亿平方米，2016年供水1.91亿立方米，供电29.41亿千瓦·时，医疗诊疗1494万人次，服务离退休人员62.42万人。

【“三供一业”分离移交】 国家在部分省、市进行试点的基础上，2016年全面推开国有企业“三供一业”分离移交工作。先后下发文件明确国有企业到2018年底前基本完成“三供一业”分离移交，到2020年基本完成剥离企业办社会职能和解决历史遗留问题。按照国家部署和要求，集团公司紧密结合企业实际，牢牢把握政策机遇，有序稳妥推进矿区“三供一业”分离移交工作。

强化组织、加强督导。2016年7月26日，集团公司召开全面推进“三供一业”分离移交视频会议，传达贯彻国务院国资委会议精神，全面部署安排“三供一业”分离移交工作。要求以2018年底基本完成任务为工作目标，倒排时间表，制定工作方案，加快工作进展。在集团公司层面成立推进领导小组，在全国各地区分片区成立区域协调组，指定组长单位，统筹协调推进“三供一业”分离移交工作。从9月下旬到11月，集团公司矿区服务工作部三位领导分头行动、分片包干，深入到60余家相关企业进行工作对接，逐一指导方案编制，进行政策宣讲，听取意见和建议。加强分离移交项目的跟踪督导，将所属企业800多个“三供一业”分离移交项目全部导入信息系统，实现项目运行的跟踪管理。

健全完善配套政策。在总结试点工作经验的基础上，落实国家有关文件精神，集团公司印发《关于推进“三供一业”分离移交工作的指导意见（修订版）》，细化相关支持政策。为鼓励地区公司积极开展分离移交工作，解决历史包袱，矿区服务工作部与人事部、财务部等相关部门沟通协商，出台《矿区业务社会化相关支持政策》，明确资产无偿划转、移交设施维修改造、低效无效资产优先处理等10项配套措施。集团公司实施投资倾斜，将“三供一业”分离移交配套实施的固定资产改造投资列为年度重点投资方向，按照项目分类实施费用支持政策。2016年12月，经集团公司全面深化改革领导小组第十四次会议审议通过，集团公司发布实施《深化矿区服务业务改革实施方案》，将“三供一业”作为深化矿区改革的一项重要任务进行统筹安排。集团公司将分离移交工作纳入2017年和2018年地区公司主要领导业绩考核指标，强化考核激励，督促企业积极推进工作。

强化重点难点攻关。按照国务院国资委要求，加快推进大庆油田的企业办社会职能分离移交，集团公司党组专题研究确定大庆油田企业办社会职能分离移交实施方案，2016年11月23日正式上报国务院国资委。为解决分离移交过程中找不到合适的接收方的问题，集团公司积极搭建平台，协调国家电网、清华同方、北控集团、新星公司、昆仑能源、华油集团等相关专业公司参与业务承接，有效推动工作进展。

2016年，集团公司预支改造费用4.5亿元，申请落实国家专项补助资金4.6亿元，实施水电气暖社会化项目23个，完成700万平方米供暖、10多万户供水供电供气社会化。

【医疗托幼及公共服务社会化】 按照国务院国资委《关于调查国有企业办医疗机构有关情况的通知》的要求，2016年集团公司完成医疗业务摸底调查，开展医疗改革政策研究，提出矿区医疗改革初步方案，结合集团公司实际提出医疗改革的意见建议。召开主力医院院长座谈会、辽宁地区医疗改革座谈会，开展东北、华北地区医院改革调研，强化敦促指导、政策宣讲。2016年完成8家医院社会化，其中4家实行股份合作，2家移交地方政府，2家关闭撤销。西南油气田因地制宜，多措并举推进医疗改革，将油田总医院等4家医院打包与中信医疗进行股份合作。独山子石化将医院移交克拉玛依市政府管理，渤海装备与地方政府达成医院移交协议。大庆油田下放管理权限，在油田总医院、龙南医院实行扩大经营自主权试点。矿区托幼改革加快推进，完成17所幼儿园社会化。公共服务社会化初见成效，大庆油田垃圾处理业务交由政府负责，华北油田5条市政道路移交地方政府管理，管道局与地方政府签署廊坊基地社区活动中心、卫生服务站移交协议；吐哈油田编制社区管理社会化实施细则，19项社区服务逐步移交政府管理。

【矿区管理体制和业务结构优化调整】 2016年，集团公司着眼于矿区业务提质增效和可持续发展，矿区服务系统不断调整优化矿区管理体制和业务结构。西南油气田、新疆油田、玉门油田撤销矿区服务事业部，成立或明确归口管理矿区业务部门。西南油气田整合物业服务业务，组建“四川川油物业有限公司”，按照完全市场化的方式承接矿区办公物业、生活物业和资产租赁等业务，转移安置员工1615人。吉林石化、大庆石化、辽阳石化压缩矿区服务事业部机关，精简机构和人员。青海油田重组基层单位，减少处级机构2个、科级机构6个，撤销驻外办事处4个。矿区服务系统2016年压减处级机构55个、科级机构177个，减少用工12422人，用工总量同比下降8.3%。

【开源节流与降本增效】 2016年，集团公司矿区服务系统牢固树立经营矿区理念，通过深入开展对标分析，明确开源节流降本增效的目标方向，制定并落实针对性措施。通过规范矿区业务核算，实施量价分离，完善价格体系，为下一步可持续运行奠定良好基础。研究下发矿区系统开源节流降本增效工作方案，部署10项重点措施。建立月报分析制度，跟踪各单位预算进度及收支情况，实施运行动态管控。开展成本费用分析，厘清矿区业务成本构成和成本核算。组织居民水电气暖物业收费摸底调查，为分类推进矿区收费货币化改革奠定基础；建立市场化价格体系，明确缴费主体，实施量价分离、有价结算，做到应收尽收。各矿区单位在全面控制成本费用的同时，积极拓展工业物业、办公物业、延伸生活服务等，努力增收创效。矿区业务转型取得积极进展，工业物业、办公物业及新型业务收入同比增长近6亿元，水电气暖供应等传统业务逐步萎缩。塔里木油田工业物业收入达1.9亿元，同比增长7000万元。长庆油田、西南油气田、兰州石化门面房租赁收入稳步增长。2016年矿区服务系统社会化收入130亿元，同比增长近4亿元；总支出同比下降21.7亿元，超额完成成本和补贴压减目标。

【矿区安全环保和维稳工作】 2016年，集团公司矿区服务系统深入宣传贯彻新《安全生产法》和《环境保护法》，持续推进HSE管理体系建设，突出强化风险排查和隐患治理，依法合规加强矿区安全环保工作。自7月中旬至8月底，组织开展系统承包商安全管理专项检查，查出并整改问题1400余个。精心组织“安全生产月”活动，召开安全生产专题会议，举办安全管理干部培训班，强化安全法律知识宣传教育，安全管理基础工作得到加强。针对防洪防汛严峻形势，及时制定预案、落实队伍、备齐物资，确保矿区平稳度汛。积极推进京津冀大气污染防治治理，编制完成京津冀大气污染防治强化措施实施方案，组织完成18台燃煤锅炉改造，32台燃煤锅炉纳入改造计划并开展前期工作。加强与政府、街道、社区、公安司法等合作，拓宽信访渠道，加强矛盾纠纷排查，持续开展扶贫帮困，确保矿区大局稳定。组织居民群众开展丰富多彩的文化体育活动，弘扬主旋律，传播正能量，矿区和谐氛围更加浓厚。大庆油田开展“相约四季，乐满家园”文化节，组织文化活动200场次，参与员工群众30万人次。

【基础管理和服务水平提升】 2016年，集团公司矿区服务系统突出标准的引领作用，狠抓标准宣贯，组织完成《员工公寓服务规范》等3项标准复审工作，完善矿区投资计划和项目管理内控流程，不断优化矿区建设投资管控，矿区管理基础得到进一步夯实。按照国家有关政策要求，研究出台规范企业领导人员易地交流期间周转住房管理和住房分配货币化改革政策文件，加强周转房和住房补贴合规管理。以建设信息系统、数字社区、智能矿区为抓手，推进矿区业务信息化，提升管理效率和服务质量。强化服务监督管理制度落实，规范测评组织流程，严格实施矿区居民综合服务满意度量化考核。2016年各矿区单位下发满意度测评问卷14.6万份，召开座谈会600余场，居民满意度调查、投诉检查、用户回访和一对一窗口服务评价基本全部覆盖矿区主要业务，畅通居民意愿反馈主渠道，有效强化矿区自我约束能力。矿区管理创新成果“石油矿区服务质量评价体系的构建与实施”获集团公司2016年度管理创新优秀成果奖。矿区服务系统通过开展“和谐示范小区”“绿化模范小区”“服务示范窗口”“服务明星”“绿化劳动模范”

等评比，打造服务标杆，选树服务典型，实现服务质量和水平提档升级，居民服务满意度稳中有升。2016年，经企事业单位推选申报和集团公司审核评定，14家单位、38个基层单位或管理部门和62人分别获得集团公司矿区服务系统3项基础工作先进单位、先进集体和先进个人荣誉称号。

【民生工程建设】 2016年，集团公司坚持市场化途径，通过持续推进多种形式的职工住房建设和团购商品房方式，帮助职工解决住房困难。充分利用矿区建设资金和国家对分离移交的财政投入，加强矿区配套设施改造、隐患治理，不断改善矿区居住环境。积极争取国家和地方政府政策支持，将青海油田、兰州石化、辽阳石化、吉林石化等单位纳入棚户区改造范围，改造项目有序推进。吉林油田向吉林省争取资金3.6亿元，实施“暖房子”改造工程，并同步完成4.2万户供水供暖单栓入户改造。新疆油田对340栋住宅楼进行房屋维修和供暖系统改造。持续推进生态矿区、绿色家园建设，2016年共有64.7万人次参加义务植树活动，植树388万株。矿区新增绿地面积374万平方米，生产生活环境不断改善。10月24日至11月16号，全国绿化委员会办公室部门（系统）造林绿化检查督导组到大庆油田、辽河油田、华北油田和兰州石化进行现场检查，对集团公司矿区绿化工作给予高度评价。

（刘　煜）

维稳信访与综治保卫

【概述】 2016年，集团公司维稳信访、综合治理与保卫工作按照党组的决策部署和总体要求，始终以为集团公司改革发展营造平安和谐稳定的环境为目标，以维护各个重点时期的大局平安稳定为己任，全面推动维稳信访、综合治理与保卫长效机制建设，强化基础工作，促进管理提升，推进各项工作的有序开展，圆满完成维稳信访、综合治理与保卫各项工作任务。

（黄晓雯）

【维稳信访】 2016年，集团公司维稳信访工作以党的十八大和十八届系列全会精神为指导，深入贯彻落实集团公司党组关于维护企业稳定、保障改革发展一系列重要决策部署，紧紧抓住围绕中心、服务大局这一主线，坚持问题导向，深化责任制落实，聚焦风险防控，强化源头管控，工作取得积极成效。

组织责任。集团公司党组认真贯彻落实习近平总书记等中央领导同志关于弘扬石油精神，维护企业稳定的决策部署，始终将维护国家能源安全、保障职工群众合法权益作为首要政治任务。坚持定期听取维稳信访工作汇报，及时研究、解决维稳信访工作中的重大问题，坚持做到将维稳信访工作同中心工作同部署、同安排、同考核，从多方面给予维稳信访工作最有力的政治和组织保障，帮助企业协调解决涉及稳定的棘手问题。集团公司和股份公司领导的总体思路、指示要求、工作作风和身体力行，有力保证2016年维稳信访任务的全面完成，有力推动工作的深入开展。

畅通渠道。企业上下各级信访部门坚持畅通渠道、疏导情绪，排查纠纷、化解矛盾，狠抓基层、夯实基础，广泛实行信访案件的挂牌接访、首问负责和全程办理，立足于“双向规范”，积极实施依法逐级走访，积极推进信访积案攻坚化解，从信访事项的受理、办理、督办、终结等项工作程序入手，层层规范信访工作程序，加强信访工作流程的管理和管控，以扎实的信访业务规范建设推动和提高企业信访工作整体上水平，进一步提高了信访事项办理全过程的规范化、制度化。2016年各企业累计处理解决职工群众反映的大小信访问题11.8万个，一大批信访疑难案件实现息诉罢访。

信息排查。各企业坚持把信息作为做好稳定工作的前提，放在突出位置，建立完善立体信息网络，及时搜集、获取各类信息，企业上下四级多源头信息网络充分发挥积极作用，确保对各类不稳定苗头动向的企业上下同步掌握。强化信息汇总分析研判，对苗头倾向信息做到第一时间发现、第一时间会商，对可能出现的不稳定问题逐项进行分析预测，制定针对性措施和工作预案，做到稳定风险有预测、稳定问题有对策、防范预案可操作，在源头上有效防止和避免不稳定因素的发生。坚持阶段性定期排查和滚动式排查相结合，集中开展矛盾纠纷不稳定隐患大排查活动，做到横向到边、纵向到底，分级排查、分级建账，覆盖全部所属企业，把不稳定苗头隐患全部纳入视线和调控范围，牢牢把握工作主动。

扶贫帮困。各级组织建立并形成覆盖企业矿区的综合性帮扶保障工作体系，形成“员工同心互助金”常态工作机制，覆盖全系统矿区内各个群体困难人员和特困家庭，帮扶一大批群体困难人员，切实有效缓解化解大量矛盾和问题。紧紧扭住利益这个核心，建立覆盖企业矿区的社会保险接续和综合性帮扶保障工作体系。截至2016年底，19.7万名有偿解除劳动合同人员实现再就业和享受困难补助，17.5万人已办理退休，综合救助率达95%。18万名退养家属纳入各地基本养老保险统筹，参保率达98%。13.9万名大集体困难人员基本生活得到保障。16.9万名1992—1998年提前退休人员采取加发补贴落实“缴费年限短、养老金偏低”的问题。

筑牢基础。各企业明确目标、落实责任、完善机制，工作职责履行到位。根据矛盾问题不同特点，对可能出现不稳定问题的人员结成基层包保对子，建立起帮扶、稳控和化解的多层级责任网络，不断筑牢企业矿区的稳定基础。坚持企业党政主要领导共同担负维护稳定第一责任，党政同责、一岗双责、齐抓共管，总经理和党委书记亲自抓，分管领导具体抓，相关部门抓落实，主体单位严问责。坚持将维稳信访工作开展情况纳入各单位领导班子、党政主要负责人的经营业绩考核，对规模性群体进京访实行一票否决，有力促进稳定目标任务的落实。

（崔守全）

【综合治理与保卫】 2016年，集团公司党组从维护国家能源安全、生态安全和公共安全的高度出发，不断加强治安保卫工作组织领导和力量充实，充分协调全国油气田及输油气管道安全保护工作部际联席会议和有关地方党委政府给予有力支持，把油区治安整治与平安油区建设紧密结合，统筹谋划，有序推进，做出了一系列重要部署。特别是2月21日习近平总书记等中央领导同志对打孔盗油问题做出重要批示后，集团公司党组明确要求，要将习近平总书记等中央领导同志重要批示精神作为做好当前和今后一个时期油气安保工作的基本遵循和行动指南，油气生产治安秩序明显好转。

油区安保与治安防范工作。集团公司保卫工作坚决贯彻落实部际联席会议和集团公司党组各项部署，组织召开辽吉黑蒙、陕甘宁新和津冀鲁豫等重点地区专项行动推进会，部署配合围歼涉油违法犯罪。全面摸排涉油犯罪信息线索，累计摸排非法涉油厂点76个，非法贩运被盗原油“地下通道”80条，提供便于公安机关设卡查控的收费站、路口等163处。全力推进体系化建设，2016年6月颁布施行《油气田、炼油化工、销售、工程技术服务和运输企业安保防恐风险等级及防范标准（试行）》，努力推进标准化、规范化。积极配合公安部、国家反恐办开展跨国管道安全保护国际交流合作，确保“无缝对接”。狠抓重点时期油气安保防范，对重要油气设施开展督导检查，对公安部通报的9项隐患问题，分别向6家所涉企业下发《督办通知》，逐项跟踪督办落实。深入开展“反内盗”工作，召开全系统“反内盗”视频会议，严防企业员工参与涉油违法犯罪，2016年共发生内盗案件14起，被清退或刑拘涉案员工22名，案件数量同比下降52%，涉案人数下降63%。重点强化集团公司总部机关治安防范，以集团公司总部办公区为核心面，四周街道为防线，执勤岗位为监控点，建立“网格化”警力部署和预警体系。完善在京单位安保管理，重要敏感时期和重大活动时期制定专项工作方案，定期监督检查，确保平稳安定。

2016年油气安保防恐工作取得显著成效。平安和谐企地关系全面建立，各油气田和管道企业全部纳入涉油地方省市县三级联席会议平台，黑龙江省大庆市、辽宁省盘锦市、甘肃省庆阳市、陕西省榆林市等涉油问题突出地区治安状况不断改善。油气生产治安环境显著好转，2016年打孔盗油和开井盗油案件分别下降到42起、186起，较2002年高峰时期的6937起、25183起，分别降低99.3%、99.6%，8.2万千米长输管道仅发生打孔盗油案件4起。涉油气暴恐活动得到有效防范，坚决保障全国“两会”、十八届六中全会、G20杭州峰会、北戴河暑期等重大活动和重要敏感节点期间重要油气设施安全平稳运行。

（乔旭烁）

离退休职工管理

【概述】 截至2016年底，集团公司所属企事业单位离退休职工总数507341人。其中，离休干部3517人，占0.69%；退休干部171639人，占33.83%；退休工人332185人，占65.48%。离退休管理工作人员7259人，其中专职6150人、兼职1109人。集团公司离退休系统设有党委141个、党总支305个、党支部3628个，离退休职工党员总数为213160人。全系统有离退休职工活动中心（站、室）1370个，老年大学总校61所、分校101所。

【离退休职工思想政治建设和党支部建设】 2016年，集团公司按照中央文件精神，在离退休职工党员中开展“两学一做”学习教育。举办集团公司机关离退休职工党员培训班1期，开展“两学一做”学习答卷活动2期，发放学习资料8300余册。离退休职工党支部通过召开党员大会、举办专题党课等形式，组织离退休职工党员学习党章党规和习近平总书记系列重要讲话。开展党费收缴工作专项自查，组织工作人员为集团公司机关784名离退休职工党员逐一计算党费补缴数额，按时完成党费收缴工作。

【离退休职工待遇落实】 2016年，集团公司坚持政治上尊重关心老同志，生活上关怀照顾老同志，严格落实离退休职工各项待遇政策。在元旦、春节、“五一”“七一”、国庆、重阳等节日期间，开展走访慰问离退休职工活动，向广大离退休职工传递集团公司党组和各级党委的关怀与祝福，2016年慰问离退休职工9.83万人次。在纪念红军长征胜利80周年之际，按照中央组织部通知要求，为4名符合条件的集团公司离休干部颁发纪念章和慰问金。按照集团公司党组要求开展离退休职工节日慰问金发放标准调整工作，完成3次集团公司离退休职工节日慰问金发放工作。严格执行离退休干部阅读文件、参加重要活动、通报情况等制度，全系统召开离退休职工座谈会、报告会、情况通报会等1892场，参会3.82万人次；举办各类离退休职工培训班940场，培训3.64万人次；组织离退休干部参观工农业生产107次。

【离退休职工活动中心和老年大学建设】 2016年，集团公司以“建设老有所学、老有所乐、老有所为的精神家园”为目标，持续改善离退休职工活动中心和老年大学的软硬件条件，提升服务管理水平。举办集团公司离退休职工门球交流活动，来自企事业单位和总部机关的11支代表队、96名离退休职工参加比赛。中国石油老年人体育协会组织大庆油田等19家企事业单位220余名离退休职工，参加柔力球、门球、健身秧歌、太极拳（剑）、气排球、健步走等19项全国老年人体育交流活动，获得优胜奖10项。组织宁夏石化等6家企事业单位27名离退休职工和离退休工作人员，参加全国老年人气排球、柔力球、健身球操、健步走等4个项目的教练员裁判员培训班。各离退休协作区组织成员单位广泛开展文体活动，举办象棋、桥牌、门球、乒乓球等多项交流活动，460余名离退休职工参加。全系统共举办各类离退休职工文化体育活动1万余场，近10万名离退休职工参加活动，离退休职工活动中心和老年大学的日均活动人数达16万人次。

【开展“为党的事业和集团公司改革发展增添正能量”活动】 2016年，集团公司按照中央组织部关于开展为党的事业增添正能量活动要求，结合离退休工作实际，印发《关于深入开展“为党的事业和集团公司改革发展增添正能量”活动的通知》。召开离退休系统为党的事业和集团公司改革发展增添正能量活动推进会，总结正能量活动阶段性成果，交流经验和做法。开展“我看从严治党新气象”主题调研、“重塑形象·金秋添彩”征文、“万人随手拍——我身边的正能量”摄影比赛、“石油健康老人”评选等正能量系列活动，得到集团公司广大离退休职工积极参与，共收到征文稿件428篇、摄影作品900余件，评选表彰集团公司第三届“石油健康老人”108名。大庆油田退休职工苏秀琴被全国老龄办评为“全国老有所为楷模”。出版发行《金秋岁月石油情征文选》《第三届石油健康老人事迹汇编》《重塑形象·金秋添彩——中国石油离退休员工风采录》。开通“石油金秋”微信公众号，向离退休职工推送集团公司重大部署和重要活动，弘扬石油精神，传递正能量。

【离退休职工管理队伍建设】 2016年，集团公司按照习近平总书记对离退休干部工作提出的“需要付出、需要奉献”和“爱岗敬业、任劳任怨”的工作要求，持续加强离退休工作部门建设和队伍建设。组织离退休工作系统传达学习《关于进一步加强和改进离退休干部工作的意见》（中办发〔2016〕3号）和全国老干部工作“双先”表彰大会精神，通过召开集体学习会、专题研讨会、调研座谈会等形式，组织指导各级离退休工作部门深入学习贯彻。新疆油田离退休职工管理中心获“全国老干部工作先进集体”称号，大庆油田离退休职工管理中心主任王书田获“全国先进老干部工作者”称号。开展“两学一做”学习教育，举办专题党课提高党员思想认识，召开专题研讨会交流党员学习体会。举办集团公司第22期离退休业务培训班和离退休职工管理信息系统操作与统计培训班，培训企事业单位离退休工作人员310余人。开展2015年度离退休工作优秀论文评选工作，表彰优秀论文62篇，出版发行《中国石油离退休工作优秀论文集》。离退休职工管理局（老干部局）赴西南油气田、宁夏石化、内蒙古销售等12家单位开展调研，了解基层离退休工作现状，听取离退休职工和基层工作人员意见与建议。

【关心下一代工作】 2016年，集团公司关心下一代工作紧密结合企业实际，发挥“五老”（老党员、老专家、老教师、老战士、老模范）优势，弘扬“石油精神”，倡导文明风尚，帮扶困难群体。印发《集团公司2016年关心下一代工作要点》，编印中国关心下一代工作委员会党史国史教育经验交流会精神传达学习提纲，组织企事业单位关心下一代工作委员会在广大青工和少年儿童中开展党史、国史、厂史教育活动。集团公司“旭航”项目持续推进，依托“一升油、一生情”主题公益活动筹集善款，向河南信阳新县高中和驻马店上蔡县一中、四川巴中通江县中学和阿坝州小金县中学的贫困高中生发放助学金，每人每学年2000元。项目累计资助贫困高中生800名，为298名贫困毕业生提供一次性升学奖励。开展迎“六一”关爱助学活动，向华北油田两所学校捐赠图书1000册、体育用品230件，向北京石油幼儿园赠送教学用品。

【离退休职工先进典型】 大庆油田退休职工苏秀琴是一位有47年党龄的老党员，退休后创建“爱心大姐工作室”。2016年，全国老龄工作委员会办公室授予苏秀琴“全国老有所为楷模”称号。

大庆师范学院退休教师李广智，退休后热心于公益事业，积极参与关心下一代工作，获“全国关心下一代工作先进工作者”“中国石油天然气集团公司关心下一代工作先进个人”等称号。2016年，中国关心下一代工作委员会授予李广智全国关心下一代“最美五老”提名奖。

（王冀新）

保密管理

【概述】 集团公司始终高度重视保密工作，坚持把保密作为关系国家安全和企业发展的基础工程，突出服务保障主线，着力在体制、机制、制度上下功夫，保密工作受到空前重视，保密工作基础进一步夯实。集团公司年度工作会议主题报告明确指出“网络信息安全和保密管理得到加强”。经过持续完善，形成了在集团公司党组领导下，保密委统一负责，以保密办为总协调、以保密工作机构为核心依靠、以保密成员单位为重要支撑、以区域协作组为骨干力量的大保密工作格局。加强顶层设计，构建了以规定为总纲、细则办法为支撑、图表流程为抓手的保密管理制度体系。持续加大投入，建成以办公专网、广域网与IP电话、6209局电话、密码传真电话相互补充的“两网三线”保密通信网络格局，办公专网通过分级测评，搭建了本质安全的工作环境。将保密意识、保密常识教育作为经常性、基础性工作常抓不懈，研究制订《集团公司保密干部全员培训工作实施方案》，长期订阅《保密工作》杂志、保密知识读本，为集团公司总部机关制发保密提醒牌、警示牌、鼠标垫，经常下基层宣讲保密法规，员工的保密意识、保密常识逐步提高。

【组织领导】 各级党委加强对保密工作的政治领导、思想领导和组织领导，把保密工作纳入重要议事日程和工作规划，定期听取工作汇报，支持保密部门履行职责。2016年9月29日，集团公司在中央和国家机关保密教育实训平台组织党组中心组扩大学习，党组书记王宜林做出了“始终坚持党管保密，始终坚持依法治密，始终坚持管业务必须管保密，坚决打赢网络保密攻坚战”的重要指示。3月11日，集团公司召开2016年保密委会议，传达学习全国保密工作会议精神，审议通过《集团公司保密管理规定》《商业秘密分级保护目录》，听取保密办、科技管理部、信息管理部、国际部的保密工作汇报，研究部署2016年重点工作。7月14日，集团公司在中央企业率先设立保密总监，由董事会秘书、办公厅主任王志刚兼任，提升了保密管理的层级。国家保密局局长工作报告对此给予充分肯定。

【责任落实】 认真落实党政领导干部保密工作责任制规定，进一步明确党政主要领导、分管保密工作领导、分管业务工作领导的不同责任，逐级签订保密责任书和承诺书，推动形成齐抓共管的强大合力。2016年，经集团公司党组研究同意，保密履职情况首次纳入企业领导年度绩效考核，作为约束性指标，最多扣5分，保密工作第一次与领导业绩实质性挂钩。配套制订18条红线指标，重点考核涉密文件、密码设备、办公专网、广域网、互联网等5个方面，从严查处违规行为，以考核促管理，有效发挥负激励作用，促进保密工作与业务工作同规划、同部署、同落实。

【制度建设】 2016年，集团公司认真贯彻落实国家保密法，坚持制度先行，积极运用法治思维和合规方式管理秘密。制修订《集团公司保密管理规定》《集团公司商业秘密分级保护目录》《集团公司定密管理办法》《集团公司机要文件保密管理办法》等根本性、源头性制度，贯穿了“分级管理、分类施策”的理念和“保核心、保重点”的要求。组织起草《集团公司信息系统商业秘密安全保护技术规范》，被评为集团公司优秀软课题，并通过集团公司企业标准审查，解决了商业秘密合规运行的依据问题。总部相关部门结合业务特点，组织制定了专业性保密管理制度，防止出现系统性风险。

【队伍建设】 坚持以人为本，努力造就忠诚可靠、勇于创新、业务精湛、作风优良的现代保密人才队伍。将区域协作组作为一级组织，纳入保密管理体系。《集团公司保密管理规定》第10条规定：区域协作组按照区域设立，由相关企事业单位组成，负责开展区域保密检查、经验交流和业务研讨。2016年8月25日，在西安召开集团公司保密工作区域协作组第一次会议，就推动协作组工作规范化、活动专业化做出安排部署，进一步激发协作组的活力和潜力。依托信息技术服务中心和大庆油田，成立保密检查组、信息监测组，通过优化审计策略、月度通报核查、重点单位约谈等措施，违规存储事件和违规外发事件大幅降低。

【监督检查】 围绕加速形成“有能力防范、有能力检查、有能力补救”三大基本防控能力的要求，瞄准保密工作全过程，做好监督检查，确保不留死角盲区，努力做到保密制度不落实不撒手、保密隐患不消除不罢休。2016年7月14日，启动保密制度执行情况专项检查评价工作，总计抽查12家企业，访谈领导14名，检查计算机213台。持续深化网络保密检查，2—3月开展门户网站违规发布涉密资料检查，5—7月开展新媒体、电子邮箱和办公自动化系统违规存储、处理、刊载国家秘密信息检查，7月底引进专业筛查系统进行技术排查，及时整改消除隐患。认真开展保密管理自查自评工作，对标完善相关制度和资料台账，顺利通过国家保密局现场督查。

【宣传培训】 深入抓好保密意识、保密常识教育，重点开展“两线”教育，既让大家掌握保密意识和保密常识，更要牢记保密工作红线，坚守保密工作底线，帮助员工将“保密是硬道理”的思想印入脑海中、融入血液里、落到行动上。2016年，组织编写《保密工作培训教材》，围绕保密“是什么”“保什么”“怎么保”，构建完整的保密知识体系，共计11章26万字，收入《集团公司办公室业务丛书》。制作《办公室的一天——机关工作人员保密应知应会》动漫片，集中展现日常办公中的应知应会以及容易出现的违规行为。举办两期信息化条件下保密技防技能培训班（项目编号B1），共计380人参加培训。9月18—19日，总部机关处级以上领导干部和关键岗位人员835人到中央和国家机关保密教育实训平台现场轮训，机关员工参训率51.5%，其中局级干部68人，参训率53%。

（李　峰）

档案管理

【概述】 2016年，集团公司档案工作牢牢把握服务企业发展的宗旨，以档案工作“十三五”规划纲要为指导，持续推进资源体系、利用体系和安全体系建设，组织管理、规范化建设、基础业务、信息化建设、开发利用等方面持续加强，管理水平与服务能力持续提升，为集团公司各项事业稳健发展提供有力支撑。

【组织管理】 集团公司和各企事业单位、总部各部门、专业分公司领导同志重视和支持档案工作。集团公司董事长、党组书记王宜林多次对包括档案业务在内的办公厅工作作出指示，为档案工作的开展指明了方向。集团公司副总经理、党组副书记徐文荣到中国石油档案馆现场调研，详细了解功能布局、设备配备、安全保护及管理运行等情况。集团公司董事会秘书、办公厅主任王志刚主持召开专门会议，听取档案工作汇报，多次对做好档案工作做出批示。2016年，集团公司通过召开工作会议、印发年度工作要点、完善规章制度、开展评价与检查等多种措施，有力提升了业务指导能力。各单位对档案工作重视程度普遍增强，组织管理水平不断提高。长庆油田创新管理机制，开展区域档案中心试点，初步实现档案工作集约化、专业化管理；乌鲁木齐石化、大连西太平洋石化、管道公司等单位召开档案工作会议，推动档案工作健康发展；海外勘探开发分公司、东方物探、管道局等单位将档案工作纳入考核体系，保障档案管理职能的有效发挥；宁夏石化、四川销售、云南销售、测井公司等单位持续开展档案评价，有力促进整体工作水平的提高。

【规范化建设】 制定《集团公司档案工作“十三五”规划纲要》，明确档案工作“十三五”时期的总体思路、基本原则、主要目标、主要任务和保障措施，为促进集团公司档案工作整体协调发展提供指导。2016年，各单位认真贯彻落实集团公司《档案工作规定》《建设项目档案管理规定》《境外档案管理办法》等规章制度，不断提升档案工作规范化水平。吐哈油田将“文件归档”纳入各业务流程，增强归档制度的执行效果；吉林石化编制建设项目档案管理手册，提高项目档案管理质量；安全环保院将档案管理纳入QHSE管理体系，提升档案工作标准化水平；庆阳石化、上海销售、运输公司等单位不断完善本单位档案工作标准规范，增强制度的执行性；尼罗河公司、中亚管道、东南亚管道、技术开发公司等单位健全境外档案管理制度体系，保障境外档案工作的有效开展。

【基础业务】 各单位将收集作为第一要务，大力加强档案资源建设。2016年，大庆油田、华北油田、吉林油田等单位积极推进档案资源整合；工程建设公司、华服总等单位及时做好改革中的档案处置；玉门油田、广西销售、拉美公司等单位有针对性地开展史料征集，不断丰富馆藏。各单位不断加强重点建设项目档案管理，为工程竣工验收和运行保障提供有力支撑。辽阳石化、西气东输、西部管道等单位不断加强项目档案的过程控制与同步管理，项目档案管理水平不断提升；大庆石化120万吨/年乙烯改扩建工程、唐山液化天然气工程、西气东输二线西段管道工程等18个项目顺利通过集团公司档案专项验收。

【信息化建设】 2016年，根据国内外档案业务发展趋势和集团公司档案工作实际，编制完成以满足数字档案馆建设、电子文件集成管理、档案信息资源利用等为目标的档案系统2.0可行性研究报告。按照财政部、国家档案局联合印发的《会计档案管理办法》，制定《推进电子会计资料归档工作的方案》，组织集团公司财务系统和档案管理系统的接口建设工作，同时以辽宁销售公司会计资料归档业务为基础，推进电子会计资料归档试点工作。各单位围绕数字档案馆（室）目标，加快数字化步伐，加强电子档案管理，不断深化应用档案管理系统，档案工作效率和服务水平明显提高，2016年档案系统利用突破200万人次。

【机关文件材料归档工作】 修订《集团公司机关文件材料归档范围和档案管理期限表》，为实现文件材料应收尽收、应归尽归奠定基础；完善《管理类文件归档整理规则》，发布归档整理工作指南，采取集中培训、个别指导、电话咨询、现场示范答疑等多种方式，指导总部机关44个立档单位和9家驻石油大厦在京单位完成归档工作。总部机关各部门、专业分公司认真贯彻落实《集团公司机关档案管理办法》，将归档作为基础工作的一部分，纳入岗位职责与流程，并将评价结果作为相关人员考核内容，有力推动归档质量的提高，2016年归档及时率100%，全部达到A级水平。

【档案信息资源开发利用】 2016年，集团公司办公厅组织开展中国石油展览厅调改工作，在调改方案编制过程中，牢固树立政治意识、大局意识和精品意识，系统总结集团公司发展成果，广泛开展资料和图片征集，深入发掘新措施、新亮点，对原有内容进行调整和更新，根据展示内容的需要在展示形式和方法上进行了局部优化。11月7日，集团公司董事会秘书、办公厅主任王志刚主持召开会议，专门听取展厅调改工作汇报，明确调改工作的总体思路、原则和重点。12月底完成展厅调改方案的编制工作，报送集团公司领导审定。

各单位牢固树立服务宗旨，加强利用服务体系建设，通过各种形式大力开发档案信息资源。长庆油田历时4年多完成《长庆油田志（1986—2013）》编纂出版；新疆油田加大史料征集力度，建立多种类型的《个人专档》；西南油气田出版《四川油气田年鉴（2015）》和《四川省志·石油天然气志（1986—2005）》，并获四川省地方志优秀成果一等奖；吉林石化建设网上网下两个历史陈列馆并编撰系列吉林石化口述史。

【档案馆建设】 按照集团公司董事会秘书、办公厅主任王志刚提出的“瞄准世界一流推进档案馆建设”要求，2016年，集团公司办公厅分管领导带队赴上海、苏州先进地方档案馆考察调研，进一步完善档案馆功能布局和组织运行方案，优化设施设备配置，制定进馆规则和搬迁方案，确保档案馆建成后尽快投入运行。2016年12月，档案馆竣工。

（中国石油档案馆）

第十一篇

党建、思想政治工作与企业文化建设

党建工作

【概述】 2016年，集团公司各级党组织深入贯彻党的十八大和十八届三中、四中、五中、六中全会精神，深入学习贯彻习近平总书记系列重要讲话精神，始终坚持党的领导，充分发挥党组织的领导核心和政治核心作用；始终坚持强“三基”、固堡垒，创新方式方法，增强工作活力，充分发挥党支部的战斗堡垒作用；始终坚持抓好党员教育管理，引导党员增强“四个意识”，践行“四讲四有”标准，做到“四个合格”，充分发挥先锋模范作用。

2016年，集团公司持续开展“两学一做”学习教育，学习贯彻全国国有企业党的建设工作会议精神，印发《关于落实全面从严治党要求加强党的建设的意见》，研究制定《深化党的建设制度改革实施方案》，举办所属企事业单位党委书记培训班，持续加强基层党组织建设，党建工作得到进一步加强。在全国国有企业党的建设工作会议上，兰州石化党委作为唯一的央企基层党组织发言。

截至2016年底，集团公司有各级党委2376个、党总支2826个、党支部33948个、党员总数700217人，其中女党员167228人、在岗党员505859人、退休党员182543人。

【“两学一做”学习教育】 集团公司党组按照中央的统一部署和中共中央组织部、国务院国资委党委的要求，紧密结合实际，精心组织推动，坚持把贯彻中央精神同立足企业实际相结合、抓好“关键少数”同覆盖全体党员相结合、提升理论武装同强化实践锻炼相结合，在集团公司掀起学党章党规、学系列讲话的持续热潮，形成争当“四讲四有”合格党员的浓厚氛围。

党组高度重视，组织工作有力。集团公司党组把开展“两学一做”学习教育作为落实全面从严治党要求的重要工作和党建领域的龙头任务来抓，作为严肃党内政治生活、加强党内监督的重要实践来推进，积极履行主体责任。加强组织领导，成立以党组书记王宜林为组长的学习教育协调领导小组及办公机构，周密做好筹划准备工作，2016年4月11日正式启动集团公司“两学一做”学习教育，印发学习教育实施方案，召开安排部署视频会议。加强督查指导，通过党组领导深入基层调研、举办骨干培训班、分片召开座谈会、进行月度统计等多种形式，推动学习教育规范有序开展，在各企事业单位形成党委书记亲自抓、责任部门牵头抓、相关部门共同抓的工作格局。加强宣传引导，及时开通专题网站、报纸专栏、微信平台、手机报等，刊载有关文件要求，编发情况通报和动态信息，搭建政策平台、学习平台、交流平台，营造浓厚的学习教育氛围。加强载体推动，组织开展党支部书记优秀党课评选，促进基层党课质量提升，形成一批既接地气又鼓干劲的党性教育优秀成果；组织开展主题知识竞赛，有65.3万人次参与微信答题和纸媒答题，优秀率92.1%。学习教育开展以来，共产党员网、党建网、光明网和国务院国资委“两学一做”专题网站多次刊载集团公司学习教育的消息。集团公司分别在中组部召开的部分企业“两学一做”学习教育座谈会和中央党的建设工作领导小组秘书组联系点工作暨课题研究成果交流座谈会上介绍主要做法和成效，得到肯定和好评。

领导干部带头，表率作用突出。党组领导从自身做起，带头学习党章党规和习近平总书记系列重要讲话精神，按照总书记对国有企业“六个力量”全新定位，明确做出“努力把中国石油建设成为党和国家最可信赖的基本队伍、基本力量”的政治表态和庄严承诺。党组成员带头落实双重组织生活制度，全部以普通党员身份参加所在党支部学习研讨并带头讲党课谈体会，参加所在党支部组织生活会。按照国务院国资委党委部署，围绕“增强‘四个意识’，严守政治纪律政治规矩”主题，率先召开“两学一做”学习教育专题民主生活会；按照中纪委、中组部要求，以学习贯彻党的十八届六中全会精神为主题，召开2016年度民主生活会。各级党员领导干部主动参加学习教育，带头学、带头讲、带头做，学在前、做在前、改在前，建立学习教育联系点4.3万个，努力把联系点建成示范点，形成层层示范学、逐级带动做的良好局面。

紧密结合实际，注重教育实效。各级党组织注重把“学、做、改、促”贯穿起来，学做互进、改促并举，确保学习教育落地生根。坚持把学党章党规与学系列讲话统一起来、坚持把“四讲四有”作为合格共产党员标尺、坚持把问题导向贯穿学习教育全过程、坚持把学习教育同做好改革发展稳定各项工作结合起来，全面开展了“党员责任区”和“党员先锋岗”、党建“三联”责任示范点、主题实践、承诺践诺、劳动竞赛等活动，积极搭建党员发挥作用平台。认真做好党员组织关系排查、党代会代表和党员违纪违法未给予相应处理排查清理、基层党组织按期换届专项检查、党费收缴工作专项检查等基层党建重点任务，取得明显成效。

发挥支部作用，促进常态长效。各级党组织牢牢把握向广大党员拓展、向经常性教育延伸的要求，充分发挥党支部的主体作用和基本功能，确保规定动作不走样、自选动作有创新。广泛开展党支部书记等基层骨干培训，充分运用“三会一课”等基本制度，以建立“党员组织活动日”为契机，以“规定动作+自选动作”为主要形式，赋予基层党组织“处方权”，区分党员领导干部、机关党员干部、基层党员干部、海外党员干部等不同层次，把学习内容具体化、精准化、差异化。通过支部书记领学、精品党课教学、网络平台自学、答题竞赛促学，领导干部深入基层讲、党校教师送课上门讲、支部书记围绕专题讲、身边党员现身说法讲等创新方式，强化领学促学作用。通过打造“指尖上的课堂”，组织开展“线上”学习交流，扩大学习教育覆盖面。通过支委会制定支部学习教育方案、党员大会专题讨论、党小组会集中学习等方法，扎实做好六个规定动作。各级党组织累计组织学党章党规15.3万场次、习近平总书记系列重要讲话17.2万场次，开展专题研讨14.1万场次，讲党课9.1万场次，广大党员先锋模范作用发挥突出，工作勤奋务实，带动员工爱岗敬业、履职尽责。

【学习贯彻党的十八届六中全会精神】 党的十八届六中全会召开后，集团公司党组分别召开党组会议、党组扩大会议、党组中心组扩大学习会议专题传达学习，集中学习习近平总书记在全会上的重要讲话精神和《关于新形势下党内政治生活的若干准则》《中国共产党党内监督条例》，号召广大党员干部进一步增强“四个意识”，坚定不移维护以习近平同志为核心的党中央权威。下发《关于认真学习贯彻党的十八届六中全会精神的通知》进行总体安排部署，深入开展六中全会精神学习培训。各级党组织迅速兴起学习宣传贯彻党的十八届六中全会精神的热潮，采取中心组学习、专题研讨、党课、辅导讲座等多种形式在广大党员和员工群众中开展学习宣传贯彻活动，用党的十八届六中全会精神指导推动各项工作。

【学习贯彻全国国有企业党的建设工作会议精神】 全国国有企业党的建设工作会议召开后，集团公司党组把学习贯彻会议精神作为重要政治任务，第一时间传阅习近平总书记在会议上的重要讲话原文，第一时间召开党组扩大会议传达学习习近平总书记重要讲话精神和刘云山同志总结讲话精神，要求全体干部员工深刻理解总书记对国有企业“六个力量”（即通过加强和完善党对国有企业的领导、加强和改进国有企业党的建设、使国有企业成为党和国家最可信赖的依靠力量，成为坚决贯彻执行党中央决策部署的重要力量，成为贯彻新发展理念、全面深化改革的重要力量，成为实施“走出去”战略、“一带一路”建设等重大战略的重要力量，成为壮大综合国力、促进经济社会发展、保障和改善民生的重要力量，成为我们党赢得具有许多新的历史特点的伟大斗争胜利的重要力量）的全新定位。牢牢把握新形势下加强国企党建“四个坚持”（坚持党对国有企业的领导不动摇、坚持服务生产经营不偏离、坚持党组织对国有企业选人用人的领导和把关作用不能变、坚持建强国有企业基层党组织不放松的总体要求），把高的标准、严的要求、实的措施落实到加强和改进企业党建工作中。研究制定《贯彻全国国有企业党的建设工作会议精神工作方案》，从思想、组织、作风、反腐倡廉、制度、党建责任等6个方面提出27条具体措施，确保党建工作有抓手、不落空、见成效。各级党组织采取中心组学习、座谈会、研讨会、专题宣讲等多种形式，逐级传达全国国有企业党的建设工作会议精神，层层传递动力，查找自身不足，研究改进措施。各级宣传部门突出抓好教育引导和舆论宣传，利用门户网站、报刊专栏等多种媒介，深度宣传报道企业党建工作，专题介绍基层党建经验，营造学习贯彻会议精神的良好氛围。

【中央党的建设工作领导小组秘书组联系点工作】 认真完成中央党的建设工作领导小组秘书组下达的情况调研和开展“提高领导班子和领导干部专业化水平若干问题研究”的重点课题研究任务。在中央党的建设工作领导小组秘书组联系点工作暨课题成果交流座谈会上，集团公司做了联系点工作情况和课题研究情况汇报，与会领导对中国石油“严字当头，实处着力，持续推动企业党的建设”的做法和课题研究成果予以充分肯定。

【2016年集团公司领导干部会议】 集团公司2016年领导干部会议于7月28—30日在黑龙江大庆召开。会议以“加强党的建设，弘扬石油精神”为主题，深入学习贯彻习近平总书记系列重要讲话精神和中央领导同志重要指示批示精神，按照中央全面从严治党要求，研究部署集团公司加强党的建设工作，围绕建设世界一流综合性国际能源公司的目标，确立了“一个坚持、一个弘扬、四个要求、六个强化”的总体思路和重点安排，即坚持党的领导作为重大政治原则，大力弘扬“石油精神”，突出全面从严、强化融入中心、注重改革创新、发挥“四个作用”，强化思想建设、组织建设、作风建设、反腐倡廉建设、制度建设和责任落实。会议总结表彰了党建工作先进集体和先进个人，通报了上半年生产经营情况，部署下半年重点工作任务，动员全体干部员工大力弘扬“石油精神”，坚定信心，奋力拼搏，重塑良好形象、推进稳健发展，不断开创改革发展和党建工作新局面。这是集团公司重组改制以来首次以党建为主题召开的领导干部会议。会后，印发了《党组关于落实全面从严治党要求加强党的建设的意见》(简称《意见》)。

《意见》于2016年7月25日经集团公司党组会议审议原则通过，7月28—30日集团公司领导干部会议审议，修改完善后于8月9日印发，共11章36条，从加强企业党的建设的总体要求、强化思想政治建设、严肃党内政治生活、加强党的领导与完善公司治理相统一、从严选好管好干部、加强基层党组织和党员队伍建设、狠抓作风建设、深入推进反腐倡廉建设、健全制度体系、加强统战和群团工作、落实党建工作责任制等方面做出了安排。

【党委书记(副书记)培训班举办】 为贯彻落实集团公司领导干部会议精神，适应中央全面从严治党要求和集团公司加强党建工作新形势，2016年9月5日—9日，集团公司举办所属企事业单位党委书记培训班，133名党委书记参加了培训。党组书记王宜林以“全面落实从严治党主体责任，努力争做优秀党委书记”为题授课，培训中邀请中央国家机关有关领导进行辅导和政策解读，进行基层单位实践经验分享，促进党委书记全面准确领会中央全面从严治党新要求，准确把握集团公司加强企业党建的思路目标和重点部署，了解掌握新时期党建工作的理论和方法，进一步提高党委书记的履职能力。随后，集团公司还举办所属单位党委副书记培训班，对119名党委副书记进行培训。

【开展“两优一先”评选表彰】 结合纪念建党95周年，组织开展“两优一先”评选推荐和表彰宣传。中国石油2名员工被评为全国优秀共产党员，大庆油田公司井下作业分公司修井107队党支部被评为全国先进基层党组织。在中央企业“两优一先”评选表彰中，集团公司有1名同志被评为中央企业优秀共产党员标兵、4名同志被评为优秀共产党员、4名同志被评为优秀党务工作者、4个集体被评为先进基层党组织。肉孜麦麦提·巴克作为中央企业优秀共产党员标兵，在国务院国资委党委庆祝建党95周年暨中央企业“两优一先”表彰大会上做典型发言。集团公司党组表彰311名优秀共产党员、214名优秀党务工作者、216个先进基层党组织。在深入宣传以铁人王进喜、“新时期铁人”王启民、“大庆新铁人”李新民“三代铁人”为代表的先进典型群体的同时，通过中央电视台、《人民日报》等中央主流媒体集中宣传报道了王杰、肉孜麦麦提·巴克和修井107队先进事迹，通过集团公司内部媒体对“两优一先”进行广泛宣传报道，为广大党员和基层党组织树立起学的榜样、做的标杆。

【深化党的建设制度改革】 把深化党的建设制度改革纳入企业改革“1+9”总体框架，成立党的建设制度改革专项小组，坚持从严治党、问题导向、继承创新、服务发展原则，研究制定《深化党的建设制度改革实施方案》，明确深化思想政治建设制度改革、党的组织制度改革、干部管理制度改革、党的基层组织建设制度改革、人才发展制度机制改革、党风廉政建设和反腐败工作制度机制改革、新闻宣传工作制度机制改革等11个方面50项重点任务，推动建立系统完备、科学规范、运行有效的党建工作制度体系，2016年完成8项。同时紧跟党和国家以及企业改革发展的新形势，加强理论和实践探索，及时研究新情况、解决新问题，确保各项改革举措有效对接、协同推进。围绕改革的重点难点问题，确立专项课题，加强前瞻性、系统性研究探索。

【基层党组织建设】 认真贯彻落实集团公司党组《关于落实全面从严治党要求加强党的建设的意见》，持续加强党委领导班子建设，扎实开展“两学一做”学习教育，深化“六个一”党支部、“四优”共产党员、“五心”党支部书记等争创活动和党建“三联”责任示范点工作。坚持按“三同时”原则建立健全基层党组织，深化落实“四同步”“四对接”要求，继续保持党组织建立健全率100%。严格落实“三会一课”等党内组织生活制度，落实中央关于新形势下加强发展党员和党员管理工作的精神，提高发展党员质量，优化党员队伍结构，加强党员教育管理，继续保持党员教育管理覆盖率100%。结合实际开展具有行业特点的党员责任区和党员先锋岗活动，教育引导党员立足岗位做表率、当先锋。

（王德伟）

【直属党组织建设】　截至2016年底，党的组织关系隶属于直属党委管理的机关部门、专业分公司和直属单位共83家，有党委197个、党总支207个、党支部2334个，党员总数达43015人。其中：在岗党员38574人，占在岗职工的31.6%；具有大专以上学历党员36860名，占党员总数的85.7%；35岁以下党员16187名，占在岗党员的37%。2016年，突出抓好“两学一做”学习教育。结合实际，制定《总部机关开展“两学一做”学习教育具体安排》，细化学习研讨会主题和内容，并对在“做”上下功夫提出明确要求。各直属党组织按照规定学习内容，坚持每月两次集中学习、一次专题讨论，并组织党员撰写交流学习体会。印发《直属各单位领导干部参加所在党支部党课学习的通知》，在集团公司党组领导带头示范下，党组成员、管理层领导都参加了所在支部的组织生活，结合分管工作，谈体会、讲党课，各党组织书记、委员及优秀党员带头讲党课，形成层层示范学、逐级带动学的良好局面。结合纪念建党95周年，开展“两学一做”主题知识竞赛，请金一南教授做题为《做合格党员的思考：中国共产党为什么能够胜利》专题讲座，召开优秀共产党员、党务工作者代表座谈会，并向直属机关全体党员发出“亮身份、做承诺、见行动、树形象，做合格党员”的倡议。突出抓好基层党组织建设。直属机关按照“组织要健全、制度要落实、活动要正常、作用要发挥”的要求，积极在夯实党建基础工作上下功夫。根据职能优化和机构调整，及时将党组织关系、基层党组织调整到位，并对党组成员、管理层领导的党组织关系按工作分工进行调整，对支部委员分工、党小组划分进行规范。印发《党支部工作手册》，对领导干部执行双重组织生活制度、参加支部活动情况进行督促，对基层党组织落实“三会一课”制度进行抽查。建立党建工作汇报评价机制，搭建网络展示平台，通过集团公司总部机关（专业分公司）党组织书记月度例会、直属单位党群部门负责人季度例会、所属企业党委书记半年研讨汇报会等制度，定期了解各单位加强党的建设、开展“两学一做”学习教育等情况，并对发言单位工作情况进行量化评价打分，有效增强党组织负责人“一岗双责”意识，推动党建工作责任制有效落实。突出抓好党建四项重点任务。大力推进四项基层党建重点任务落实，专题向中组部督查调研组进行汇报，并分别召开7个座谈会。经过逐级开展组织关系集中排查，排查出461名问题党员，清退不合格党员127名。经过对党代会代表和党员违纪违法未给予相应处理情况的排查清理，未发现应处理而未处理的情况，推动了党纪处理落实到位。经过对基层党组织按期换届情况的排查，33个机关部门和专业分公司基本做到按期换届，16家直属单位进行了换届。制定党费收缴工作专项检查工作方案、召开专题会议进行部署，并以党支部为基本单位组织开展调查摸底、思想发动、自查自改，促进党员认真履行基本义务。

（王玉杰）

思想政治工作

【概述】　2016年，集团公司坚持抓生产从思想入手、抓思想从生产出发，坚持贴近实际、贴近基层、贴近员工，着眼团结、稳定、鼓劲，深入贯彻落实党的十八大和十八届三中、四中、五中、六中全会精神及习近平总书记系列重要讲话精神，深入开展思想政治工作，融入中心、服务大局、以人为本、继承创新、务求实效，做到知员工情、答员工疑、解员工难、聚员工心，不断提高员工的思想、政治、道德素质和科学文化水平，巩固员工团结奋斗的共同思想基础，充分调动员工的一切积极性和创造性，努力打造一支有理想、有道德、有文化、有纪律的铁人式员工队伍，为集团公司稳健发展提供坚强的思想政治保障、精神动力和舆论支持。

【第十四次“形势、目标、任务、责任”主题教育】　以宣传贯彻集团公司工作会议精神为重要内容，集中时间、集中力量，认真组织开展了第十四次“形势、目标、任务、责任”主题教育。2016年3月，制定下发《关于结合重塑良好形象大讨论活动开展第十四次“形势、目标、任务、责任”主题教育活动的通知》，号召各企事业单位以创先争优引领党员干部带头攻坚、以工团活动引领岗位员工创新创效、以优良传统引领石油员工干事创业。各单位面对“低油价”给企业生产经营、重塑形象和稳健发展带来的巨大挑战，结合自身实际，深刻剖析困难和问题，把形势和任务摆出来；务实开展教育宣讲，把压力和信心讲出来；深化全员讨论，把精神和士气提起来，逐级传递压力和信心，引导百万石油员工立足岗位、苦练内功，千方百计开源节流降本增效，共同为“打赢低油价挑战这场硬仗”贡献力量。主题教育活动的扎实推进，促进了广大干部员工思想和行动的统一，为全面落实集团公司工作部署，持续深化开源节流降本增效，重塑中国石油良好形象提供了有力保障。

【深入推进“重塑中国石油良好形象”工作】 在2015年开展“重塑中国石油良好形象”大讨论活动的基础上，2016年下发《进一步把重塑中国石油良好形象大讨论活动引向深入的通知》。各级党组织坚持把问题导向贯穿始终，通过广泛组织集中学习、个人自学、宣讲辅导、座谈交流，举办各类主题论坛、大讲堂、小讲堂、微讲堂，积极引导干部员工围绕“企业形象是什么”“形象受损为什么”“重塑形象靠什么”“我为重塑形象做什么”等话题展开讨论，认真查找问题，抓好整改落实，影响企业形象的突出问题得到有效解决。研究制定《关于深入推进重塑公司良好形象工作的意见》，确定每年6月第一周为“弘扬石油精神、重塑良好形象”活动周，努力推进形象建设常态化长效化。

【意识形态工作责任制】 2016年，集团公司贯彻中央关于落实党委（党组）意识形态工作责任制的部署和要求，组织各级党组织认真学习文件精神，明确工作任务，落实工作责任，开展工作调研，查找突出问题，抓好整改落实，切实加强意识形态阵地管理。组织开展落实意识形态工作责任制专题研究，制订落实意识形态工作责任制的具体措施，组织起草集团公司落实意识形态工作责任制实施细则并形成送审稿。

【企业宣传】 2016年，围绕集团公司重大战略、重点工程、重大活动、重大典型、重大措施、重大业绩，通过组织内外部媒体深入采访报道、召开新闻发布会等多种形式，积极策划专题报道、开展正面宣传，扩大影响力、提升企业形象。坚持以科技创新为重点，组织召开“中国石油‘十二五’科技创新成就新闻发布会”、报道“王德民星”命名仪式、技术人员参加人民网“对话新国企，科技创新主力军”网络访谈等活动，塑造“创新中石油”形象；坚持以绿色发展为重点，以“6·5”世界环境日为契机，组织“绿色发展主题宣传月”活动、召开“中国石油绿色发展”新闻发布会、与有关方面共同策划组织“万里海岸护鸟行”大型公益宣传活动等，塑造“绿色中石油”形象；坚持以社会责任为重点，策划开展天然气冬季保供主题宣传活动、“温暖回家路·铁骑返乡”宣传活动、采访宣传集团公司履行社会责任的典型做法和显著效果、“开源节流降本增效”主题宣传等，塑造“责任中石油”形象；坚持以基层一线为重点，组织中央主流媒体集中宣传全国优秀共产党员王杰、肉孜麦麦提·巴克和全国先进基层党组织大庆油田修井107队党支部以及留学回国创业就业典型的国家千人计划专家李向阳，策划开展“感知中国石油——能源专家行”活动，与中国劳动保障报社共同策划组织“石油百工”宣传活动等，塑造“奉献中石油”形象。

【舆情应对】 2016年，集团公司加强与新闻主管部门、重点媒体的汇报沟通，提升媒体关系质量，增强负面舆情处置的及时性和有效性。有效应对处置一季度亏损、原部分高管案件涉及人员处理、长庆油田多次漏油、炒作中国石油吃国家巨额补贴等20余起负面敏感舆情。修改完善舆情危机预案，构建危机管理体系，做好重大敏感信息发布前的媒体应对准备，在可能引起重大舆情的信息和举措公布前，与有关部门积极研判，制定应对处置方案，有效防范和化解重点舆情的发酵。积极设置话题引导舆论，邀请专家、媒体、企业三方的代表进行交流研讨，再通过媒体进行传播，形成热点，从而纠正媒体与公众之前的误解误读，传播理性观点和客观意见。持续完善舆情管理基础工作，转变舆情监测思路，改版舆情快报，将过去只注重负面舆情监测向正负面并举监测转变；持续完善舆情案例库建设，定期汇编下发，指导地区公司舆情管理工作；开通“舆情管理”微信工作群，搭建起舆情管理上下联动的平台。建立完善集团公司舆情危机应对管理办法等制度，组织新闻发言人、新闻工作机构负责人培训，为做好舆情应对打基础。

【新闻传播】 2016年，集团公司系统策划，创新形式，以点带面打造新闻传播体系。积极协调采写5篇国内动态清样。协调新华社支持，采写5篇内参稿件向中央高层反映石油石化行业在低油价时代的困难与奋斗情况，内参稿件受到中央高层的高度重视，习近平总书记等6位党和国家领导人做出了批示，习近平总书记做出的弘扬以“苦干实干”“三老四严”为核心的“石油精神”的重要批示已成为凝聚石油战线广大干部职工战胜低油价挑战、再创石油工业辉煌的强大精神动力。持续打造“加油体验”品牌活动。组织召开广西石化以“现代化炼厂管理”为主题、抚顺石化以“扭亏解困提质增效”为主题、锦州石化以“生产高品质油品助力大气污染治理”为主题、锦西石化以“安全管理机制创新保障本质安全”为主题、云南石化以“讲述能源与环境和谐共生的故事”为主题、云南销售以“民族特色站建设提升营销档次”为主题、辽宁销售以“非油业务助推油品销售”为主题的7场新闻发布会，把“加油体验”活动打造成为流动的发布平台和形象展示窗口。构建全面和谐的媒体关系，开办“北大央企论坛”。通过平台化、项目化、联盟化形成与合作媒体的紧密伙伴关系，把“北大央企论坛”打造成为舆论引导的平台、媒体资源整合和信息分享的平台、构建新型媒体关系和实现媒体合作的平台，建立较为完整的企业话语体系。

【网站和新媒体建设】 加强网站内容建设管理，重点做好集团公司重大事件、重要会议、专项活动等信息审核发布工作。2016年，中国石油网月均开设专题专栏51个，日均发布信息2.8万篇，日均访问量约376万人次，日均审核企事业单位报送信息1500篇、日均发布960篇，审核发布集团公司领导及相关部委领导重要活动信息550余篇，做到准确、及时。组织完成内外网主站改版工作，与新媒体形成合力，发挥新闻宣传主阵地作用。5月1日，新版中国石油内外网主站以及新闻中心和石油百科子站正式上线运行。注重与主流网络媒体的合作，有效提高对外舆论引导能力。2016年向国务院国资委及外部主流媒体报送信息近500篇，每月约40多篇被外部主流媒体转发或引用。2016年编发《中国石油网运行月报》12期，及时分析和通报中国石油网建设管理和运行维护情况。印发《关于开展中国石油网信息安全大检查活动的通知》，组织各级企事业单位对6000个网站群开展信息安全大检查活动，确保各级门户网站安全、平稳、规范运行。加大新媒体主题宣传策划力度，组织开展万里海疆护鸟行、行走石油等专题活动，策划系列主题传播30个，集团公司官方微信在全国企业中排第24名、中央企业中排第7名、能源行业排名第1名，获“中央企业最具影响力新媒体账号”“能源行业最具影响力公众号”称号；加强网站和新媒体编辑队伍培训和指导，组织2期网站和新媒体培训班，55家企事业单位开通官方微博微信，开展“重塑形象，从心出发”集团公司首届新媒体内容创作大赛，征集选编的4部微电影获得国内9个作品奖和单项奖；研究印发《集团公司网络评论工作考核管理办法（试行）》《集团公司网络评论稿酬激励实施细则》《集团公司网络评论包保工作制度》，组织开展3期网络评论员培训，初步建立一支3700多人的全天候在线、全业务覆盖、全媒体渗透的网评员队伍，网络评论引导工作初见成效。

【中国石油党建思想政治工作研究会】 2016年，编印第八届（2014—2015年度）党建思想政治工作优秀研究成果选编，推广各单位在党建思想政治工作方面的实践和理论成果。78家会员单位共申报496篇成果参加评选，有398个成果获奖，其中党建思想政治研究成果特别奖1个、特等奖2个、一等奖40个、二等奖80个、三等奖122个、优秀奖153个，获奖数量和研究质量都有很大提高。“发挥企业党委政治核心作用探索与实践”获全国党建优秀课题研究成果三等奖、“落实全面从严治党要求的思路与着力点”获中央企业党建思想政治工作优秀研究成果一等奖。

（程心能）

【总部机关作风建设】 2016年，集团公司总部机关持续推进“门难进、脸难看、事难办”作风问题专项整治，认真落实首问首办责任、办结时限和服务承诺，并对30多项审批权项进行下放；部分单位通过组织专家组、抽调工作骨干、带案走访等方式深入基层，帮助企业组织开工、协调资源配置、解决突出问题，受到基层好评。狠抓元旦、春节等关键节点进行的正风肃纪，认真开展“四风”问题整治情况“回头看”和“四风”问题专项调研检查，严肃处理顶风违纪问题。大力压缩会议文件、精简庆典仪式和评比表彰。通过努力，作风建设的制度机制日臻完善，机关作风、干部作风持续好转。

（王玉杰）

企业文化建设

【概述】 2016年，集团公司认真贯彻落实《中国石油企业文化建设工作条例》和企业文化建设“十三五”发展规划，大力弘扬以“苦干实干”“三老四严”为核心的石油精神，努力建设符合企业发展方向、具有鲜明时代特征和石油特色的企业文化。大力实施文化强企战略，内强素质，外塑形象，不断增强企业凝聚力，提高企业竞争力，努力实现企业文化与企业战略的统一、企业发展与员工发展的统一、企业文化优势与竞争优势的统一，充分发挥文化优势，提升企业管理水平和核心竞争力。

【社会主义核心价值观培育和践行】 2016年，集团公司深入贯彻落实《关于进一步培育和践行社会主义核心价值观的实施意见》，把培育和践行社会主义核心价值观融入思想政治建设全过程，以社会主义核心价值观引领石油文化，广泛开展践行社会主义核心价值观的各项活动，凝聚员工共识，引导员工积极投身到世界一流综合性国际能源公司建设中。制定下发《关于学习宣传贯彻习近平总书记重要批示凝聚新时期干事创业精神力量的通知》，开展系列学习宣传活动和石油精神时代新内涵研究；举办“弘扬石油精神、推进稳健发展”“弘扬石油精神、重塑良好形象”等巡回报告会，进一步组织《中国石油企业文化辞典》编撰工作，实施企业精神教育基地上网工程，完善讲述石油人故事、弘扬石油文化的微信平台“油微感觉”，不断夯实百万石油员工团结奋斗的共同思想基础。

【精神文明建设】 2016年，集团公司持续深化“道德讲堂”建设，广泛开展群众性精神文明创建活动，以3月5日学雷锋活动日为契机集中组织中国石油“宝石花”青年志愿服务活动。坚持办好“最美一线石油工人”电视栏目，制作全国优秀共产党员王杰、肉孜麦麦提·巴克和全国先进基层党组织大庆油田公司井下作业分公司修井107队电视片和《弘扬石油精神推进稳健发展》专题片、组织拍摄《阿敦础鲁》微电影，并在相关传媒和场合播放，产生良好社会效应。《阿敦础鲁》在第三届中国梦劳动美全国职工微电影大赛中获得12个奖项、获得第二届金鸡百花电影节国际微电影展播优秀作品奖。组织全国石油职工围棋象棋东西部赛、全国石油职工“辽河杯”网球邀请赛和首届协作区乒乓球总决赛。持续开展“送欢乐下基层”文化惠民活动，共演出21场次。组织石油作协、石油美协和石油舞协等9个专业协会勇于创新创作、力推精品力作，推荐44部作品参加“创新·创业·时代之歌——全国企业书法美术摄影创作系列活动精品展”，其中29部作品获奖。

【中国石油英模群体】 2016年，中国石油大力推进先进典型培养选树表彰，英模群体进一步壮大。中国石油某海外公司副总工程师王杰、新疆油田公司重油开发公司采油作业五区采油班六班班长肉孜麦麦提·巴克分别被授予“全国优秀共产党员”称号，大庆油田公司井下作业分公司修井107队党支部被授予“全国先进基层党组织”称号，中央电视台等主流媒体进行了集中宣传报道。大庆油田公司井下作业分公司作业二大队204队等10个单位被命名为2015—2016年度“全国青年文明号”。北京销售公司北苑加油站被命名为2015—2016年度全国青年文明号特别推报集体。西藏销售公司那曲销售分公司那曲油库职员卢婷被授予“全国优秀共青团员”称号，大庆油田公司团委副书记李德财、宁夏石化公司团委副书记杨贵云分别被授予“全国优秀共青团干部”称号，兰州石化公司团委被授予“全国五四红旗团委”称号，青海油田公司采油一厂采油技能专家史昆被授予“全国向上向善好青年”称号。大庆油田公司第六采油厂地质大队副总地质师兼大队长王朋等3人被授予“全国青年岗位能手标兵”称号，华北油田公司采油三厂地质研究所副所长何得海等19人被授予“全国青年岗位能手”称号。新疆油田公司重油开发公司采油作业五区采油六班班长肉孜麦麦提·巴克被授予“中央企业优秀共产党员标兵”称号，中国石油某海外公司项目总经理助理、作业区经理王煜等4人被授予“中央企业优秀共产党员”称号，大庆油田公司第四采油厂党委书记张超等4人被授予“中央企业优秀党务工作者”称号，东南亚管道公司党委等4个基层党组织被授予“中央企业先进基层党组织”称号。

（程心能）

【直属机关企业文化建设】 2016年，集团公司直属机关结合学习贯彻习近平总书记重要讲话和弘扬石油精神，开展“弘扬优良传统、重塑良好形象”征文活动，共收到来稿320篇，并评选出一等奖10个、二等奖20个、三等奖30个。积极发挥先进典型示范引领作用，评选表彰112个先进基层党组织、251名优秀共产党员、108名优秀党务工作者，并选取劳动模范、先进和优秀青年代表召开劳动模范座谈会。在中国石油门户网站部门主页开设“光荣榜”专栏，刊登集团公司总部机关各类先进集体53个、先进个人430多个，搭建了总部机关学习宣传各类先进、弘扬劳动模范精神、传播正能量的有效平台。

（王玉杰）

【海外企业文化建设】 2016年，集团公司海外油气业务单位认真落实全面从严治党要求，不断加强海外党的建设和企业文化工作。组织专题学习研讨、开展专题知识竞赛。从“两学一做”学习教育、弘扬“石油精神”、重塑良好形象等重点工作入手，着力打造坚强有力的领导班子，培育勇于创新的人才队伍，为海外企业稳健发展提供有力的思想保障和文化支撑。印发落实两个责任《实施细则》，组织签订党风廉政建设责任书和承诺书；持之以恒落实中央八项规定精神，开展“四风”问题整治情况“回头看”；配合集团公司完成海外板块本部及印度尼西亚、尼日尔公司专项巡视工作，积极推进巡视反馈问题整改落实；利用各种媒介开展反腐倡廉宣传，推进廉洁文化建设。

（刘　贤）

基层建设

【概述】 2016年，弘扬石油工业优良传统，认真贯彻落实《集团公司基层建设纲要》，以加强党支部建设为核心，以夯实基础管理为重点，以提高员工基本素质为根本，以促进企业与员工的共同发展为目标，统筹推进“三基”工作。持续抓好“六个一”党支部创建、标准化“五型”班组建设和队伍建设，发挥“百面红旗”“百个标杆单位”示范引领作用，深入挖掘“千队示范”好经验好做法，促进基层建设提档升级。

【群众性经济技术创新活动】 2016年，集团公司进一步深化以新技术、新工艺、新材料、新装备、新方法和小革新、小发明、小改造、小设计、小建议为主要内容的“五新五小”群众性经济技术创新活动，持续开展全员、全过程、全方位开源节流降本增效工作，强化责任意识、担当意识，提升创新创效能力，进一步激发和调动干部员工的积极性、主动性、创造性。长城钻探钻井一公司组织开展群众性经济技术创新交流，大庆油田第四采油厂、辽河油田欢喜岭采油厂等6家企业代表出席，并共同签订了《协作单位创新性经济技术创新协议》。

【送书工程】 2016年，集团公司进一步完善送书工作流程，坚持工作抓早，按照要求严格审定书目，年初排定全年送书工作内容和时间节点。针对送书经费下调的实际情况，为保质保量完成送书任务，经过反复测算，确定为每个基层队配送15种纸质图书和5种电子图书，并且全部选用石油工业出版社有限公司本版图书，做到配送的图书更适合基层员工。为各单位承担送书工作的部门配发图书，在图书配送前下发工作通知，确保图书安全及时送达基层。2016年为基层队站（车间）配送图书43346套，顺利完成配送任务。进一步完善移动阅读服务，不断优化数字化移动阅读平台，基层员工可通过微信公众号和手机APP客户端阅读所送书目。

【职业道德规范确认书签订】 2016年，组织104名新进领导班子成员签订高级管理人员职业道德规范确认书，毕马威华振会计师事务所对集团公司职业道德建设情况进行了审计。

【扶贫帮困送温暖活动】 2016年，开展集团公司困难职工帮扶工作专项调研，走访25家企事业单位，组织召开座谈会、研讨会、汇报会19场，对集团公司困难人员的基本情况、近年来帮扶工作取得的经验和成效、帮扶资金的管理使用情况、帮扶工作存在的主要问题及下一步做好精准帮扶工作的措施进行分析和梳理，形成《集团公司帮扶工作调研报告》。修订

《中国石油天然气集团公司帮扶工作管理办法》，抓好帮扶资金管理，进一步提升困难职工帮扶工作的管理水平。积极组织在岗员工"扶贫帮困献爱心"捐款，充分发挥"员工同心互助金"的作用。认真做好2016年元旦、春节、中秋和国庆期间扶贫帮困送温暖活动，切实做到每个困难家庭生活有保障、每个困难员工看得起病、每个困难家庭子女上得起学，把集团公司党组的关心关怀传达到百万石油员工。

群团工作

【概述】 2016年，集团公司认真贯彻中央关于加强党的群团工作的意见，坚持全心全意依靠工人阶级办企业的根本方针，加强对工会、共青团等群众组织的领导，支持群众组织按照法律和各自章程创造性地开展工作，充分发挥组织群众、引导群众、服务群众、维护群众合法权益的作用，动员广大职工群众积极投身建设世界一流综合性国际能源公司的实践。

【厂务公开民主管理工作】 深入研究完善《集团公司厂务公开民主管理实施办法》，进一步规范厂务公开内容，切实维护职工合法权益，推进厂务公开民主管理工作制度化、规范化。尊重职工群众主体地位，认真落实职工代表大会制度，依法保障职工权益，帮助员工建立和谐劳动关系。持续深化劳动竞赛活动，结合2016年"形势、目标、任务、责任"主题教育，在油品销售系统开展"保后路、增份额、增纯枪、增效益"主题劳动竞赛，充分发挥广大职工在重点工程、重大项目建设和生产经营任务中的主力军作用。

【"青字号"岗位建功活动】 2016年，深入推进石油青年大讲堂、小讲堂、微讲堂、主题知识竞赛、青工岗位讲述系列活动，各级团委举办青年大讲堂1650余场，团支部举办青年小讲堂2200余场。结合集团公司安全生产、市场开拓、管理提升、技术研发、降本增效等实际需要，持续开展青年创新创效、青年安全生产示范岗创建工作，组织和引导广大团员青年立足岗位、建功立业。开展"一红两优"团内评选表彰、青年文明号命名活动，评选、推荐并表彰了一批全国和集团公司"五四红旗团支部（总支）""优秀共青团员""优秀共青团干部"和"青年文明号"。

【群众团体工作】 2016年，集团公司各群众团体结合自身实际，进一步健全组织、完善制度、理顺流程、创新载体，按照各自章程有效开展工作。

石油文联持续开展"送欢乐下基层"文化惠民活动，认真组织中俄第十届文化展演活动，深入组织各专业协会开展创新创作；做好中国文联第十届全国委员会委员候选人建议人选推荐提名工作，中国石油产生委员会委员2人、代表大会代表3人；协办中央企业文学专业委员会2016年工作会议。

石油体协坚持"多样化、基层化、业余化、经常化、群众化"，推动石油企业全民健身运动广泛开展，组织召开中国石油信鸽协会三届一次理事会，将中国石油信鸽协会移交给吉林油田公司；组织开展石油行业相关体育赛事，举办篮球裁判员骨干培训班；按照国家体育总局有关通知要求，完成石油体协脱钩相关工作。

影视中心持续做好《中国石油报道》和石油网络电视，及时发布集团公司重要新闻和专题节目，坚持办好"一线记者走基层"等栏目；圆满完成集团公司科技信息化创新大会、国家重大专项——大型油气田及煤层气开发等多项重大专题片的制作，以及2017年新年音乐会录制、《阿敦础鲁》微电影拍摄等任务。

（程心能）

【直属工会工作】 2016年，集团公司直属工会利用验收职工之家等机会，对推进职代会建设、厂务公开、落实职工民主管理进行检查督促。按照集团公司党组"开源节流、降本增效"要求，开展"我为公司发展献一策"金点子征集、"五新五小"活动，共收到668条金点子。坚持把关爱职工作为工作重点，探索精准帮扶工作机制，协助解决职工子女入学问题，组织大龄青年联谊活动，建立职工家长微信群、邀请名师微信授课，2016年组织32次线上活动。首次举办直属机关"歌颂伟大祖国，弘扬石油精神"迎国庆歌咏比赛，举办集团公司总部机关春秋两季健步走、直属机关游泳比赛等文体活动和太极拳、书法、声乐等培训班，受到职工广泛欢迎。

【直属共青团与青年工作】 2016年，集团公司直属共青团深入开展青年文明号创建和“号手”联动工作，分4个组开展青年文明号检查验收，进一步提升创建水平。组织直属机关“第八届青年英语演讲比赛”，近千名青年参与活动，70余名青年参加预赛和决赛。围绕国际油价、中国共产党为什么能够胜利、“石油精神”等主题举办4场青年大讲堂，两万多名青年受益。组织直属机关团干部培训班、直属机关共青团工作研讨会、“直接联系青年，提升服务青年水平”座谈会，不断加强团干部队伍建设，提高直属共青团工作水平。

（王玉杰）

光　荣　榜

【2016年全国优秀共产党员（2人）】

王　杰　中国石油某海外公司副总工程师

肉孜麦麦提·巴克（维吾尔族）　中国石油新疆油田公司重油开发公司采油作业五区采油六班班长

【2016年全国先进基层党组织（1个）】

中国石油大庆油田有限责任公司井下作业分公司修井107队党支部

【2015—2016年度全国青年文明号（10个）】

中国石油大庆油田有限责任公司井下作业分公司作业二大队204队

中国石油玉门油田公司建筑安装工程处安装二队

中国石油渤海石油装备制造有限公司中成机械公司电泵电缆制造厂挤制班组

中国石油长城钻探工程有限公司泰国项目GW80队青年集体

中国石油抚顺石化公司烯烃厂储运车间火炬管廊班组

中国石油渤海钻探工程有限公司第四钻井工程分公司30605钻井队

中国石油西南油气田公司川中油气矿龙岗采油气作业区001-8-1井

中国石油长庆油田公司第三采气厂苏里格第二天然气处理厂

中国石油吉林销售公司长春销售分公司东岭加油站

中国石油新疆油田公司工程技术公司（低效油田开发公司）带压大修DY60181队

【2015—2016年度全国青年文明号特别推报集体（1个）】

中国石油北京销售公司北苑加油站

【2015年度全国优秀共青团员（1人）】

卢　婷（女）　中国石油西藏销售公司那曲销售分公司那曲油库职员

【2015年度全国优秀共青团干部（2人）】

李德财　中国石油大庆油田有限责任公司团委副书记

杨贵云（回族）　中国石油宁夏石化公司团委副书记

【2015年度全国五四红旗团委（团支部）（1个）】

中国石油兰州石化公司团委

【2016年全国向上向善好青年（1人）】

史　昆　中国石油青海油田公司采油一厂采油技能专家

【2014—2015年度全国青年岗位能手标兵（3人）】

王　朋　中国石油大庆油田有限责任公司第六采油厂地质大队副总地质师兼大队长

孙可心　中国石油集团东北炼化工程有限公司吉林化建工程有限公司安装二公司电焊工

雷少华　中国石油宁夏石化公司电仪部技术组长

【2014—2015年度全国青年岗位能手（19人）】

何得海　中国石油华北油田公司采油三厂地质研究所副所长

苏春利　中国石油内蒙古销售公司赤峰销售分公司松山零售片区燕山街加油站经理

王　位（满族）　中国石油吉林油田公司红岗采油厂采油二队作业监督员

王天明　中国石油大庆油田公司工程建设公司安装公司第四工程部电焊工

张红伟　中国石油大庆油田公司钻探工程公司钻井二公司30920钻井队队长

朱振家　中国石油昆仑燃气有限公司兰州输配分公司第三管线所运行维修工

刘福强　中国石油青海油田公司采油二厂昆北第二采油作业区采油班班长

廖聪敏　中国石油乌鲁木齐石化公司化肥厂尿素车间尿素操作工

祝希望　中国石油新疆油田公司工程技术公司数控车工

徐　慧（女）中国石油西部钻探工程有限公司国际钻井公司 40679 钻井队泥浆技术员

卢永旺　中国石油寰球工程有限公司第六建设有限公司焊工

崔小燕　中国石油大港油田公司第一矿区管理服务公司高层物业前厅经理

冯喜龙　中国石油大庆油田有限责任公司消防支队萨南消防队战斗六班班长

刘海波　中国石油大庆油田有限责任公司消防支队敖南消防队队长

王慎吟　中国石油大庆石化公司消防支队消防员

邢洪源　中国石油吉林石化公司消防支队五大队一中队中队长

包香文　中国石油大庆油田有限责任公司钻探工程公司钻技一公司南苏丹 3/7 区固井项目部项目经理

农华科　中国石油寰球工程有限公司第六建设有限公司技师

薛琳娜　中国石油青海销售公司西宁分公司五四加油站经理

【2016 年中央企业优秀共产党员标兵（1 人）】

肉孜麦麦提·巴克（维吾尔族）中国石油新疆油田公司重油开发公司采油作业五区采油六班班长

【2016 年中央企业优秀共产党员（4 人）】

王　煜　中国石油某海外公司项目总经理助理、作业区经理

苏俊青　中国石油大港油田公司勘探开发研究院技术总监

尹建荣（女）中国石油北京销售公司第四分公司加油站管理部副经理、稽查大队队长

胡永乐　中国石油勘探开发研究院副总工程师、开发规划所所长

【2016 年中央企业优秀党务工作者（4 人）】

张　超　中国石油大庆油田有限责任公司第四采油厂党委书记

贤凤文　中国石油吉林油田公司乾安采油厂党委书记、厂长

任　巍　中国石油湖北销售公司武汉物资公司党委副书记

张人才　中国石油大港石化公司维护车间（莱特公司）党支部书记、副主任（副经理）

【2016 年中央企业先进基层党组织（4 个）】

中国石油东南亚管道公司党委

中国石油长庆油田公司第二采气厂党委

中国石油长城钻探工程公司钻井一公司党委

中国石油华东化工销售公司上海仓储分公司党支部

【2016 年集团公司优秀共产党员（311 人）】

大庆油田有限责任公司

付朝军、苏立飞、许传迅、宫啸鸣、仇　凯、高　飞、李清华、薄其贵、吴俊海、冷小勇、孙成岩、李延辉、杨凤娟（女）、来海雷、何立平、秦大鹏、刘文生、邓凡良、朱　丽（女）、王丽娟（女）、殷　响、李相国、高　波、高纯良

辽河油田公司

韩柏东、顾百峰（满族）、杜祥森、周振莹、马　刚、董　亮、尤　勇、胡振龙（蒙古族）、张洪波、王艳红（女）、王宇珍（女）、谢桂森、李登俊、欧　洲

长庆油田公司

呼成刚、黄胜军、刘敏达、刁向东、杨小春、常岚钧、张立明、王荣敏、刘建军、王俊涛、惠彭菊（女）、黄　彬、王旭鹏

塔里木油田公司

张　明、王西林、刘洪涛、邱　斌

新疆油田公司

王延明、王进俭、买尔当·吐尔逊（维吾尔族）、张　辉（女）、陈新如、邓　琴（女）、王秀艳（女）、宋林佳、张　鑫、陈刚强

西南油气田公司

舒万兵、周廷国、付　新、袁拥军、彭　先、丁川江、庞　宏（女）、李红亮、文　明、贺志明

吉林油田公司

王　颖（女）、王大彪、李边生（满族）、郑金义、左松波、高兴业、曹亚祥

大港油田公司

赵昕铭（女）、张宏伟、尤立忠、李　敏（女）、王建东（回族）、邓　荣、王春玲（女）

青海油田公司

杨永磊、石　勇、张俊峰、李杰山、王永生、高虎子

华北油田公司

李　鑫、周玉萍（女）、郭发军、王　鑫、冷　雪、张艳军、宁志海、王　勇、杨兴国、徐艳新（女）

吐哈油田公司

徐志民、赵良喜、周　燕（女）

冀东油田公司

张　梅（女）、凌红军

玉门油田公司

张育红、吕剑锋、杜丽萍（女）

浙江油田公司

胡百中

中石油煤层气有限责任公司

王玉斌

南方石油勘探开发有限责任公司

叶帅斌

大庆石化公司

刘树青、林　洋、李宏伟、贾洪彬

吉林石化公司

薛兰茁、王正伦、蒋　蔺、曹　朋、刘金刚

抚顺石化公司

范　宏、郑　雷、张茂林、刘继有

辽阳石化公司

苏保权、刘玉龙

兰州石化公司

杨晓光、宋振华（女）、吴多文、张益峰

独山子石化公司

程乐威、周树祥、阿力木江·阿布力米提（维吾尔族）

乌鲁木齐石化公司

韩兴贵、木合塔尔·阿不都卡德尔（维吾尔族）、周智敏

宁夏石化公司

张宏涛

大连石化公司

文道余

大连西太平洋石油化工有限公司

董克林

锦州石化公司

于希水（满族）、边　疆、王宝成

锦西石化公司

江　波、李高峰、宫建国

大庆炼化公司

于宪帝、徐言彪

哈尔滨石化公司

谢孝文

广西石化公司

祝春强

中国石油四川石化有限责任公司

刘孟德

广东石化公司

唐晓林（女）

中石油云南石化有限公司

包永新

大港石化公司

孙　辉

华北石化公司

付　科

呼和浩特石化公司

张东升

辽河石化公司

孙　伟

长庆石化公司

李　莹（女）

中石油克拉玛依石化有限责任公司

辛根源

庆阳石化公司

李　军

东北化工销售公司

崔军锋（朝鲜族）

西北化工销售公司

郝　金

华北化工销售公司

韩鹏程

华东化工销售公司

李　俊

华南化工销售公司

姜言庆

西南化工销售公司

陈效军

东北销售公司

许　峰

西北销售公司

蔚永婧（女）

中石油燃料油有限责任公司

张　超
润滑油公司
李劲夫、张海忠
四川销售公司
扎西彭措（藏族）、余兴武
辽宁销售公司
徐义龙、邵　娟（女）
广东销售公司
冯彦韬
内蒙古销售公司
曹秀丽（女）、李红霞（女）
中石油新疆销售有限公司
王　芬（女）、孔繁盛
陕西销售公司
张英莉（女）、党　勇
甘肃销售公司
赵文学
山东销售公司
黄　瓒
江苏销售公司
刘　闯
河北销售公司
张　存（女）
北京销售公司
尹建荣（女，回族）
上海销售公司
刘宏伟
黑龙江销售公司
姜艳玲（女）
吉林销售公司
房明明
河南销售公司
李彦文
云南销售公司
杨兴林
重庆销售公司
张甲川
湖北销售公司
王汉来
广西销售公司
李玉英（女）
浙江销售公司
周爱娣（女）
安徽销售公司
陈　梅（女）
福建销售公司
肖保军
湖南销售公司
邓科文
宁夏销售公司
杜光道
贵州销售公司
王小静（女）
山西销售公司
赵润梅（女）
青海销售公司
申海宏
江西销售公司
朱汉超
天津销售公司
汪　帆（女）
西藏销售公司
明玛平措（藏族）
中石油海南销售有限公司
张　洋（女）
大连海运公司
徐　成
北京油气调控中心
檀俊铭
管道建设项目经理部
余志光
管道公司
李大东、李景昌
西气东输管道公司
赵　旭
中石油北京天然气管道有限公司
陈　俊
西部管道公司
吴　旗
西南管道公司
罗　杰
昆仑能源有限公司
鲁革新、何宇鹏、刘金宇、水明星、成永强、梅　丽（女）
华北天然气销售公司
安军平
中国石油天然气勘探开发公司
林香成、张　林

中东公司
王 煜、王建军
哈萨克斯坦公司
王岩峰、王永岩
尼罗河公司
聂志泉、程卫明
拉美公司
胡 泉
中石油阿姆河天然气勘探开发（北京）有限公司
雷惠博
中石油中亚天然气管道有限公司
辛世磊
中国石油集团东南亚管道有限公司
李广波
俄罗斯公司
黄绪春（女）
中国石油集团西部钻探工程有限公司
王斌华、罗 维、濮 洪、朱 杨
中国石油集团长城钻探工程有限公司
张士和、王丽娜（女）、舒政清、刘学彬
中国石油集团渤海钻探工程有限公司
庄建山、石丰甫、康 辉、刘健壮
中国石油集团川庆钻探工程有限公司
蒲含科、张 旻、李雪岗、左庆渝、邓俊华
中国石油集团东方地球物理勘探有限责任公司
赵院成、徐长峰、张志伟、张旭东、邹雪峰
中国石油集团测井有限公司
罗菊兰（女）
中国石油集团海洋工程有限公司
张新伟
中国石油天然气管道局
段丙权、马春青、郑前运、崔 凯、黄 飞、王建才
中国石油工程建设公司
曹 阳、管松军
中国石油集团工程设计有限责任公司
熊新强、李 唯
中国寰球工程公司
甘生江、宋 清
中国昆仑工程公司
王晓峰
中国石油集团东北炼化工程有限公司
闫 岩（满族）
中国石油技术开发公司
李积科
中国石油集团渤海石油装备制造有限公司
王文栓
宝鸡石油机械有限责任公司
席建秋
宝鸡石油钢管有限责任公司
彭建文
中国石油集团济柴动力总厂
胡志峰
勘探开发研究院
胡永乐、李 勇、王居峰
规划总院
赵忠德
石油化工研究院
张海涛
中国石油集团经济技术研究院
何艳青（女）
中国石油集团钻井工程技术研究院
余金海
中国石油集团安全环保技术研究院
耿 宝
中国石油集团石油管工程技术研究院
杨红兵
北京石油管理干部学院
李晗茹（女）
中国石油报社
孟庆璐
石油工业出版社有限公司
张红军
中国石油审计服务中心
宋纪元
广州培训中心
肖斌涛
中国石油国际事业有限公司
朱文晋、盖俊才
中油财务有限责任公司
吴林才
昆仑银行股份有限公司
阮开奎
昆仑信托有限责任公司
陈 勇
昆仑金融租赁有限责任公司
张 阳
中石油专属财产保险股份有限公司

张建平
中国石油天然气运输公司
杨德亮
中国华油集团公司
杜　磊
北京华油服务总公司
杨金峰
中国石油物资采购中心
郎伟峰（满族）
集团公司机关
李　炯、张军贤、吕春阳

【2016 年集团公司优秀党务工作者（214 人）】

大庆油田有限责任公司
黄　磊（女）、王　飞、任鸿涛、孟　苹（女）、王亚楠（女）、赵　柱、姜喜庆、张锦诚、荀永刚、于忠莲（女）、车立新、于春红（女）、李红星、杜颖霞（女）、高　辉、吴海波（女）、肖爱莉（女）、张保林、刘　石
辽河油田公司
金昌山、高树林、李洪博、王越卿（蒙古族）、霍长军（满族）、尤士鹏（满族）、刘春林（满族）、肖　文、张建军、赵世雄
长庆油田公司
安　宁、贾广东、范玺权、周晓惠、潘　丹、王志刚、丁小虎、闫苏斌、杨伯炜、张　璇（女）
塔里木油田公司
朱卫红、潘　娜（女）
新疆油田公司
蒲丽萍（女）、崔　利、吴继业、许新蓉（女）、章　蕾（女）、韩先淮、陈志刚、李万青、梁　旭
西南油气田公司
程艳燕（女）、杨水清、赵　虹（女）、刘　禹、陈　涛、蒋　彦（女）
吉林油田公司
唐绍兰（女）、齐跃春、杨立国、周文胜、朱艳华（女）、薛　强
大港油田公司
刘　鹏、张青斌、徐鲁林、孟　闯、万俊峰、薛善福
青海油田公司
毛留密、宫志宏（女）、崔忠诚、赵海琪
华北油田公司
韩　飞、程玮东、霍恚明、齐翠娟（女）、魏小敏、窦　武、冯　玲（女）
吐哈油田公司
王金虎、杨　震
冀东油田公司
贺松波
玉门油田公司
陈志平（女）
浙江油田公司
罗怀忠
中石油煤层气有限责任公司
曹代功
大庆石化公司
王立军、戴　岩
吉林石化公司
赵权利、王小利、周丽平（女）
抚顺石化公司
赵宝红（女）、陈风华、马巨龙（满族）
辽阳石化公司
张　琨、孔美珍（女）
兰州石化公司
顾卫东、孙明新、张玉杰
独山子石化公司
白云仙、马士斌（回族）
乌鲁木齐石化公司
王文英（女）、黄　智
宁夏石化公司
毛玉峰
大连石化公司
孟繁有
大连西太平洋石油化工有限公司
陈永军
锦州石化公司
单　伦
锦西石化公司
刘迎涛（女）
大庆炼化公司
杜洪伟
哈尔滨石化公司
林光仁
广西石化公司
曾　斌
中国石油四川石化有限责任公司
李景耀
中石油云南石化有限公司

张　彬
大港石化公司
吴　萌
华北石化公司
谭　东
呼和浩特石化公司
王世明
辽河石化公司
宫树和
长庆石化公司
刘彦荣
中石油克拉玛依石化有限责任公司
刘　强
庆阳石化公司
李举会
东北化工销售公司
李万颖
西北化工销售公司
毛　军（女）
华东化工销售公司
廉火升
华南化工销售公司
程开宏
东北销售公司
李　鹏
西北销售公司
佘小林
中石油燃料油有限责任公司
李爱成
润滑油公司
张玉龙
四川销售公司
韩前灯、陈建林
辽宁销售公司
敦奎文、范　森
广东销售公司
王胜杰
内蒙古销售公司
高　强
中石油新疆销售有限公司
艾尼瓦尔·依迪力斯（维吾尔族）
陕西销售公司
董继华（女）
甘肃销售公司
柴　蕊（女，藏族）
山东销售公司
罗　天
江苏销售公司
祝荣梅（女）
河北销售公司
林　森（满族）
北京销售公司
李胜兰（女）
上海销售公司
毛福胜
黑龙江销售公司
唐兴旺
吉林销售公司
赵树和
河南销售公司
赵海龙
云南销售公司
潘竟忠
重庆销售公司
杨　华（女）
湖北销售公司
颜永涛
广西销售公司
李静波（女）
浙江销售公司
方　敏
安徽销售公司
耿保忠
福建销售公司
魏文秀（女，满族）
湖南销售公司
李志林
宁夏销售公司
何彦亮
贵州销售公司
陆茂高
山西销售公司
张云燕（女）
青海销售公司
孙尚云
江西销售公司
周啟春
天津销售公司

潘海军
西藏销售公司
吕向明
中石油海南销售有限公司
李陇秦（女）
管道建设项目经理部
张明星
管道公司
赵慧颖（女）、金　哲
西气东输管道公司
刘　毅
中石油北京天然气管道有限公司
王德才
西部管道公司
王仁举
西南管道公司
魏振宏
昆仑能源有限公司
刘　刚
中国石油天然气勘探开发公司
孙志华
中东公司
汪　华
中国石油东南亚管道有限公司
张立岩
中国石油集团西部钻探工程有限公司
高成军、刘　珍
中国石油集团长城钻探工程有限公司
郝新颖（女）、郑玉龙（满族）、李利华
中国石油集团渤海钻探工程有限公司
张秀森、高和记、张其祥
中国石油集团川庆钻探工程有限公司
高　剑、曾　翀、白文兵、彭加才
中国石油集团东方地球物理勘探有限责任公司
李　鹏、何永臻、徐　涛、焦运山
中国石油集团测井有限公司
周　广
中国石油集团海洋工程有限公司
王远志
中国石油天然气管道局
张　瑾、曹国瑞、黄　征、黄　红（女）
中国石油工程建设公司
孙从明、周帅平
中国石油集团工程设计有限责任公司
程　实
中国寰球工程公司
万　方
中国昆仑工程公司
郑宝山
中国石油集团东北炼化工程有限公司
万春阳
中国石油技术开发公司
左世云（女）
中国石油集团渤海石油装备制造有限公司
方志福
宝鸡石油机械有限责任公司
郝向斌
宝鸡石油钢管有限责任公司
张淑娟（女）
勘探开发研究院
赵永义
规划总院
郑　雷
石油化工研究院
赵向阳
中国石油集团钻井工程技术研究院
徐正富
中国石油国际事业有限公司
朱　磊
昆仑银行股份有限公司
张　力
中国石油天然气运输公司
马　淼（回族）
中国华油集团公司
施　荣
北京华油服务总公司
吴胜利
中国石油物资采购中心
张小锋
集团公司机关
胡东晖

【2016 年集团公司先进基层党组织（216 个）】

大庆油田有限责任公司
井下作业分公司修井一大队修井 107 队党支部
钻探工程公司钻井一公司 70168 钻井队党支部
钻探工程公司测井公司研究一所快测平台室党支部
钻探工程公司钻井生产技术服务一公司

GJ32008 队党支部
第三采油厂第五油矿北十五联合站党支部
第四采油厂第二油矿五区三队党支部
第五采油厂电力维修大队党委
第六采油厂第一油矿喇 1-1 联合站党支部
海拉尔石油勘探开发指挥部塔 21 区块作业区党支部
采气分公司第一作业区采气 101 工区党支部
天然气分公司油气加工三大队北 I-1 深冷站党支部
工程建设有限公司安装公司第十四项目部党支部
勘探开发研究院勘探研究一室党支部
电力集团燃机电厂党委
矿区服务事业部物业管理二公司乘风物业二分公司乘新一小区客服部党支部
装备制造集团力神泵业有限公司电泵制造厂党总支
化工有限公司轻烃分馏分公司轻烃分馏车间党支部
创业集团华谊实业公司井下作业分公司党总支

辽河油田公司

钻采工艺研究院压裂酸化技术研究中心党支部
欢喜岭采油厂党委
高升采油厂党委
勘探开发研究院党委
兴隆台公用事业处党委
兴隆台采油厂采油作业五区党总支
金海采油厂采油作业一区党总支
锦州采油厂采油作业一区 104 中心站党支部
中油辽河工程有限公司油气管道所党支部
振兴公用事业公司物业服务二公司党支部

长庆油田公司

第五采油厂堡子湾采油作业区耿 44 应急班党支部
第一采气厂党委
第二输油处党委
水电厂党委
第一采油厂招安采油作业区招 04 井区党支部
第十采油厂华庆采油作业区庆三接转站党支部
第十一采油厂太白梁采油作业区镇五注生产单元党支部
油气工艺研究院采气工艺研究室党支部
通信处银川总站党支部
矿区事业部兴隆园物业服务处离退休（公益）服务部离退休职工第八党支部

塔里木油田公司

勘探开发研究院党委
库车油气开发部钻完井工程部党支部
塔中油气开发部塔中作业区第一联合站党支部

新疆油田公司

采油一厂党委
燃气公司营销中心党支部
克拉玛依红山油田有限责任公司党委
准东采油厂沙南作业区沙采二队党支部
采气一厂地质研究所党支部
陆梁油田作业区陆梁集中处理站党支部
勘探开发研究院勘探研究所党总支
油气储运分公司总站党支部
接待服务总公司克拉玛依宾馆党支部

西南油气田公司

输气管理处党委
蜀南气矿党委
重庆天然气净化总厂党委
工程技术研究院党委
川中油气矿遂宁采油气作业区磨溪党支部
勘探开发研究院天然气勘探研究所党支部

吉林油田公司

扶余采油厂党委
新民采油厂党委
消防支队党委
松原采气厂长岭天然气处理中心党支部
英台采油厂采油二队党支部
江南物业管理公司望湖社区党支部

大港油田公司

第一采油厂第二采油作业区党支部
勘探开发研究院党委
滩海开发公司党委
第二采油厂党委
第一矿区管理服务公司党委
第三采油厂第一采油作业区第四采油管理站党支部

青海油田公司

采气一厂党委
采油五厂党委
井下作业公司党委
采油一厂尕斯第一采油作业区党支部
勘探开发研究院边远油田开发研究室党支部

华北油田公司

苏里格项目部苏 75 采气作业区党支部
二连分公司党委
山西煤层气分公司党委
通信公司党委
友信勘探开发服务公司杨井作业区项目部党支部
水电厂工程大队工程施工党支部
华兴综合服务处第三社区服务站社区党支部
吐哈油田公司
井下技术作业公司党委
勘探开发研究院地质勘探研究三所党支部
冀东油田公司
陆上油田作业区党委
玉门油田公司
油田作业公司党委
水电厂热工工区党支部
浙江油田公司
西南采气厂党委
中石油煤层气有限责任公司
忻州分公司党委
南方石油勘探开发有限责任公司
第三党支部
大庆石化公司
塑料厂低压聚乙烯车间党支部
实业公司党委
物业管理中心龙凤保洁公司党支部
吉林石化公司
合成树脂厂党委
炼油厂党委
乙烯厂高密度聚乙烯车间党支部
抚顺石化公司
洗涤剂化工厂生产分厂党支部
烯烃厂党委
工程建设有限公司党委
辽阳石化公司
烯烃厂裂解车间党支部
兰州石化公司
炼油厂党委
建设公司安装公司党支部
幼教中心天鹅湖幼儿园党支部
独山子石化公司
炼油厂第二联合车间党总支
乙烯厂乙烯一联合车间党总支
乌鲁木齐石化公司
炼油厂炼油一车间党支部
宁夏石化公司
炼油厂党总支
大连石化公司
大连石油化工建筑安装工程总公司党委
大连西太平洋石油化工有限公司
运行三部党支部
锦州石化公司
加氢改质车间党支部
锦西石化公司
焦化车间党总支
大庆炼化公司
炼油一厂党委
哈尔滨石化公司
质检计量部党支部
广西石化公司
生产一部第二党支部
中国石油四川石化有限责任公司
生产四部党支部
广东石化公司
四川实习管理部党总支
中石油云南石化有限公司
生产四部党总支
大港石化公司
第三联合车间党支部
华北石化公司
一联合运行部党支部
呼和浩特石化公司
第一联合车间党支部
辽河石化公司
第二联合运行部党支部
长庆石化公司
运行二部党支部
中石油克拉玛依石化有限责任公司
炼油第一联合车间党总支
庆阳石化公司
质检计量部党支部
华东化工销售分公司
上海仓储分公司党支部
东北销售公司
大连分公司党委
西北销售公司
陕西分公司党委
中石油燃料油有限责任公司

佛山高富中石油燃料沥青有限公司党委
润滑油公司
北京中石油润滑油有限公司党委
四川销售公司
成都销售分公司党委
辽宁销售公司
锦州销售分公司王屯油库党支部
广东销售公司
东莞销售分公司合禾加油站党支部
内蒙古销售公司
呼伦贝尔销售分公司党委
中石油新疆销售有限公司
伊犁分公司党委
陕西销售公司
渭南销售分公司富平片区党支部
甘肃销售公司
酒泉销售分公司玉门甘店子加油站党支部
山东销售公司
烟台销售分公司党委
江苏销售公司
仓储管理分公司党委
河北销售公司
承德销售分公司党委
北京销售公司
质量安全环保处党支部
上海销售公司
宝嘉分公司党支部
黑龙江销售公司
哈尔滨销售分公司党委
吉林销售公司
白城销售分公司党委
河南销售公司
中联公司第二联合党支部
云南销售公司
普洱销售分公司党委
重庆销售公司
永川分公司江津经营部党支部
湖北销售公司
恩施销售分公司党委
广西销售公司
百色销售分公司党委
浙江销售公司
宁波销售分公司党委
安徽销售公司
合肥销售分公司党委
福建销售公司
矿泉水项目经理部党支部
湖南销售公司
常张分公司党委
宁夏销售公司
固原销售分公司党委
贵州销售公司
黔南销售分公司党总支
山西销售公司
运城销售分公司党委
青海销售公司
西宁销售分公司党委
江西销售公司
九江销售分公司党总支
天津销售公司
富民路加油站党支部
西藏销售公司
仓储分公司拉萨铁路接卸油库党支部
中石油海南销售有限公司
琼海分公司党支部
大连海运分公司
大连中石油海运有限公司党支部
管道公司
秦皇岛输油气分公司党委
沈阳输油气分公司铁岭输油站党支部
西气东输管道公司
生产运行处党支部
中石油北京天然气管道有限公司
陕西输气管理处党总支
西部管道公司
新疆输油气分公司哈密维抢修队党支部
西南管道公司
兰州输油气分公司党委
昆仑能源有限公司
大庆中石油昆仑燃气有限公司党委
保定市中茂能源有限公司党支部
中国石油天然气勘探开发公司
中油国际（乍得）公司炼油机动部党支部
中东公司
哈法亚项目油田现场党支部
中国石油集团东南亚管道有限公司
马德岛管理处党总支
中国石油集团西部钻探工程有限公司

井下作业公司党委
青海钻井公司 30554 钻井队党支部
试油公司塔里木试修分公司党支部
中国石油集团长城钻探工程有限公司
钻井一公司党委
伊拉克综合项目部党工委
测井公司危险品管理中心女子装炮队党支部
中国石油集团渤海钻探工程有限公司
第四钻井工程分公司 40689 钻井队党支部
国际工程分公司党委
职工教育培训中心党委
第一钻井工程分公司 40617 钻井队党支部
中国石油集团川庆钻探工程有限公司
地球物理勘探公司物探 207 队、252 队项目部党支部
长庆石油工程监督公司乌审旗监督部党支部
四川蜀渝石油建筑安装工程有限责任公司重庆分公司党委
钻井液技术服务公司重庆管理部党支部
中国石油集团东方地球物理勘探有限责任公司
国际勘探事业部阿曼项目经理部党总支
研究院地质研究中心敦煌分院解释党支部
塔里木物探处党委
新兴物探开发处党委
中国石油集团测井有限公司
吐哈事业部党委
中国石油集团海洋工程有限公司
海工事业部金属结构制造分公司党支部
中国石油天然气管道局
中国石油管道应急抢险中心党委
第六工程公司党委
管道设计院工艺室党支部
第四工程分公司（中国石油天然气管道局穿越分公司）盾构（顶管）工程二处党支部
中国石油工程建设公司
第一建设公司党委
苏丹分公司三七区区域项目部党支部
中国石油集团工程设计有限责任公司
新疆石油工程建设有限责任公司党委
中国寰球工程公司
设计部管道室党支部
中国昆仑工程公司
党群行政党支部
中国石油集团东北炼化工程有限公司
吉林设计院管道室党支部
中国石油集团渤海石油装备制造有限公司
第一机械厂党委
宝鸡石油机械有限责任公司
精密加工厂党总支
宝鸡石油钢管有限责任公司
中油宝世顺（秦皇岛）钢管有限公司党委
中国石油集团济柴动力总厂
热处理分厂党支部
勘探开发研究院
亚太研究所党支部
规划总院
综合办公室党支部
石油化工研究院
渣油加氢研究室党支部
中国石油集团经济技术研究院
综合办公室党支部
中国石油集团钻井工程技术研究院
北京石油机械厂党委
中国石油集团安全环保技术研究院
HSE 信息中心党支部
昆仑银行股份有限公司
运营服务中心党委
中国石油天然气运输公司
新疆成品油配送分公司党委
中国华油集团公司
阳光国际商务有限公司苏丹分公司党支部
北京华油服务总公司
中石油（北京）科技开发有限公司党支部
中国石油物资采购中心
党群法律处党支部
集团公司机关
政策研究室党支部

【2014—2015 年度集团公司五四红旗团支部（团总支）（123 个）】

大庆油田有限责任公司第七采油厂电力维修大队电工二队团支部

大庆油田有限责任公司油田设计院油气集输室团支部

大庆油田有限责任公司水务公司西水源水厂团支部

辽河油田有限责任公司兴隆台采油厂采油作业五区团总支

辽河油田公司总医院渤海院区第二团支部

长庆油田公司第二采油厂西峰采油三区西二转井

区团支部

长庆油田公司第四采气厂作业一区团支部

塔里木油田公司塔石化分公司尿素生产部团支部

新疆油田公司采气一厂玛河采气作业区团支部

西南油气田公司天然气研究院油气田开发化学研究所团支部

吉林油田公司红岗采油厂油气处理一站团支部

大港油田公司第三采油厂作业一区管理四站团支部

青海油田公司格尔木炼油厂生产运行二车间团支部

华北油田公司第一采油厂工程技术研究所团支部

吐哈油田公司鄯善采油厂油藏工程室团支部

冀东油田公司南堡作业区采油三区团支部

玉门油田公司水电厂电气工区团支部

浙江油田公司苏北采油厂采油一队团支部

中石油煤层气有限责任公司临汾分公司第一团支部

大庆石化公司腈纶厂毛条二车间团支部

吉林石化公司合成树脂厂 SAN 车间团支部

抚顺石化公司工程建设有限公司第二分公司仪表车间团支部

辽阳石化公司芳烃厂重整车间团支部

兰州石化公司合成橡胶厂丁腈橡胶二车间团支部

独山子石化公司乙烯厂烯烃二联合车间团支部

乌鲁木齐石化公司设备安装公司安装一公司团支部

宁夏石化公司炼油厂团总支

大连石化公司第三联合车间团总支

大连西太平洋石油化工有限公司联合一团支部

锦州石化公司二催化车间团支部

锦西石化公司物资采购部团支部

大庆炼化公司炼油一厂汽柴油加氢车间团支部

哈尔滨石化公司质检计量部团支部

广西石化公司储运一部团支部

中国石油四川石化有限责任公司生产六部团支部

大港石化公司储运车间团支部

华北石化公司检维修公司团支部

呼和浩特石化公司第一联合车间团支部

辽河石化公司研究院团支部

长庆石化公司运行一部团支部

中石油克拉玛依石化有限责任公司炼油化工研究院团支部

庆阳石化公司质检计量部团支部

中石油云南石化有限公司生产一部团支部

东北化工销售公司营口分公司团支部

华东化工销售公司第一团支部

华南化工销售公司第二团支部

西南化工销售公司第三团支部

东北销售公司南京分公司临江油库团支部

西北销售公司玉门分公司团总支

北京销售公司第一分公司科大方兴加油站团支部

上海销售公司浦东团总支

湖北销售公司十堰销售分公司发运团支部

广东销售公司肇庆（区域）销售分公司云城团支部

云南销售公司德宏销售分公司瑞丽加油站团支部

辽宁销售公司沈阳销售分公司东陵油库团支部

吉林销售公司白城销售分公司机关团支部

黑龙江销售公司哈尔滨分公司友谊加油站团支部

天津销售公司机关团总支

河北销售公司邯郸分公司马庄供销社加油站团支部

山西销售公司港盛油库团支部

内蒙古销售公司海陈零售片区团支部

陕西销售公司渭南分公司高田油库团支部

甘肃销售公司天水销售分公司秦州片区团支部

青海销售公司格尔木销售分公司沱沱河团支部

宁夏销售公司吴忠分公司利通片区团支部

中石油新疆销售有限公司喀什分公司环城销售片区团支部

重庆销售公司伏牛溪团支部

四川销售公司旌阳经营部团支部

贵州销售公司黔南公交加油站团支部

江苏销售公司无锡销售分公司机关团支部

浙江销售公司金华分公司大学生多彩加油团支部

安徽销售公司芜湖销售分公司团总支

福建销售公司三明销售分公司城区团支部

江西销售公司南昌分公司团总支

山东销售公司淄博销售分公司中部片区团支部

河南销售公司郑州分公司第一加油站团支部

湖南销售公司怀化分公司鹤祥团支部

海南销售公司海口销售分公司团支部

润滑油公司兰州润滑油厂调合装置团支部

北京油气调控中心调度一处第二团支部

管道公司山东盐山团支部

西气东输管道公司郑州管理处团总支

西部管道公司独山子输油气分公司霍尔果斯作业

区团支部

西南管道公司昆明维抢修分公司封堵队团支部

中石油京唐液化天然气有限公司生产运营中心第二团支部

中石油大连液化天然气有限公司接收站团支部

中石油江苏液化天然气有限公司检维修中心团支部

华北天然气销售公司团总支

中石油昆仑燃气有限公司抚宁分公司团支部

中石油昆仑燃气有限公司新疆鄯善分公司团支部

中国石油天然气勘探开发公司总部机关团总支

中石油中亚天然气管道有限公司哈地区团支部

中国石油集团东南亚管道有限公司马德岛管理处团总支

中国石油集团西部钻探工程有限公司国际钻井公司50068钻井队团支部

中国石油集团长城钻探工程有限公司工程技术研究院采油技术研究所团支部

中国石油集团渤海钻探工程有限公司井下作业分公司酸化压裂作业部团支部

中国石油集团川庆钻探工程有限公司地球物理勘探公司物探一分公司团支部

中国石油集团东方地球物理勘探有限责任公司新疆物探处2125队团支部

中国石油集团测井有限公司华北事业部冀中测井项目部团支部

中国石油集团海洋工程有限公司海工事业部建造安装分公司团支部

中国石油集团海洋工程有限公司工程技术研究院海洋工程团支部

中国石油天然气管道局第四工程分公司工程机械处团支部

中国石油工程建设公司北京设计分公司团总支

中国石油集团工程设计有限责任公司新疆油建公司油田事业部团支部

中国寰球工程公司采购部团总支

中国昆仑工程公司大庆分公司工艺室团支部

中国石油集团东北炼化工程有限公司吉林梦溪塔里木分公司团支部

中国石油技术开发公司装备部联合团支部

宝鸡石油机械有限责任公司研究院团总支

宝鸡石油钢管有限责任公司西安专用管公司热处理分厂团支部

中国石油集团济柴动力总厂动力装备研究院团支部

中国石油集团渤海石油装备制造有限公司潜油电泵制造厂团支部

勘探开发研究院杭州地质院矿权储量技术研究所团支部

石油化工研究院兰州中心合成橡胶团支部

中国石油集团钻井工程技术研究院江汉机械研究所连续管中心团支部

中国石油集团安全环保技术研究院HSE信息中心团支部

中国石油集团石油管工程技术研究院隆盛公司团支部

北京石油管理干部学院团总支

中国石油物资采购中心沧州公司团支部

中国石油天然气运输公司西北石化公司团总支

华油北京服务总公司物业管理有限责任公司团总支

昆仑银行股份有限公司西安分行兴隆园支行团支部

昆仑金融租赁有限责任公司团总支

【2014—2015年度集团公司优秀共青团员（110人）】

罗艳林（女） 大庆油田有限责任公司第五采油厂试验大队团委书记兼工会干事

于　淼（女） 大庆油田有限责任公司矿区服务事业部大庆龙南医院脑科医院神经内科护士

梁　帅 大庆油田有限责任公司文化集团有线电视中心文艺部主持人

丁道龙 辽河油田公司金海采油厂采油作业一区团总支书记

李若懿（女） 辽河油田公司勘探开发研究院海外所团支部书记

许声瑞 长庆油田公司第三采油厂红井子作业区技术管理室副主任

张佩玉 长庆油田公司第三输油处吴定首站司炉岗员工

黎　立（女） 塔里木油田公司勘探开发研究院勘探所员工

王科霖 新疆油田公司工程技术司二分公司团总支书记

汪年斌 西南油气田公司重庆净化总厂引进分厂天然气净化操作工

孙　钊 吉林油田公司汽机分厂运行值班员

段文杰（女） 大港油田公司第五采油厂第一采

油作业采油工
郑旭伟 青海油田公司采气一厂采气工艺研究所管理岗
张 岩 华北油田公司二连分公司工程技术研究所采油室科员
周 瑛 吐哈油田公司供水供电处变电运行部技术员
刘 飞（女） 冀东油田公司陆上油田作业区采油一区柳15采油队资料员
石 蕾（女） 玉门油田公司综合服务处祁连宾馆职工餐厅厨师
傅尔达 浙江油田公司页岩气勘探开发项目经理部员工
贾 萌（女） 中石油煤层气有限责任公司三交联合项目部综合管理部副主任
申洪源 南方石油勘探开发有限责任公司综合办公室主办
孟维阳 大庆石化公司热电厂仪表车间助理工程师
于凡钧 吉林石化公司乙烯厂乙烯车间操作工
李 侃 抚顺石化公司热电厂锅炉车间运转员
于晓龙 辽阳石化公司烯烃厂乙二醇车间操作工
侯秀斌 兰州石化公司乙烯厂乙烯车间运行工程师
贺小玄（女） 乌鲁木齐石化公司化肥厂水处理车间精制水岗位操作工
侯 亮 宁夏石化公司化肥二厂员工
郑 楠 大连西太平洋石油化工有限公司运行五部设备工程师
张 楠 锦州石化公司计量部仪表保养员
刘博宁 锦西石化公司气体车间团支部书记
唐业龙 大庆炼化公司聚合物二厂磺酸盐研究所工艺技术员
赵晓东（满族） 哈尔滨石化公司第二联合车间团支部组织委员
宋 鹏 广西石化公司生产二部设备管理岗
张俊猛 中国石油四川石化有限责任公司生产一部操作工
梁 娜（女） 大港石化公司商业储备油库油槽工
闫春雷 华北石化公司三联合运行部助理工程师
马海龙 呼和浩特石化公司第三联合车间操作工
方 焜（女） 辽河石化公司第四联合运行部团支部书记
王 阳 长庆石化公司运行四部安全工程师
唐延文 庆阳石化公司企业文化处宣传管理岗位
袁一涵 中石油云南石化有限公司公用工程部水系统、管网、空分、空压操作人员
吴 双（女） 东北化工销售公司大连分公司财务结算部出纳
王 瑛（女） 西北化工销售公司财务处会计核算科保险管理
严江长 华东化工销售公司宁波销售分公司销售业务岗
黄德宏 华南化工销售公司质量安全环保处安全环保综合管理岗
宋小莹（女） 西南化工销售公司四川分公司销售业务员
孙 剑 东北销售公司南京分公司安全管理岗
乔 丹（女） 西北销售公司郑州分公司员工
汤 晶 北京销售公司第四分公司中大加油站前庭主管
王欢欢（女，满族） 上海销售公司宝嘉分公司便利店主管
徐 攀（女） 湖北销售公司黄冈销售分公司黄州新港加油站经理助理
吴雅倩（女） 广东销售公司天泓油库开单员
杨志燕（女，彝族） 云南销售公司红河销售分公司弥勒服务区加油站副经理
李东旺 吉林销售公司延边销售分公司珲春经营处匠丁加油站副站经理
孟祥天 黑龙江销售公司绥化分公司海伦片区第一加油站团支部加油员
薛 骁 河北销售公司保定分公司石油化工加油站值班经理
樊宇男 内蒙古销售公司通辽销售分公司奈曼分公司通赤高速奈曼服务区加油站核算员
王 甜（女） 陕西销售公司咸阳分公司秦都南关加油站便利店营业员
孙磊年 甘肃销售公司嘉峪关销售分公司办公室科员
刘晓瑛（女） 青海销售公司海东销售分公司综合科科员
张拖弟（女） 宁夏销售公司固原分公司隆德片区联财加油站便利店员
王 琴（女） 中石油新疆销售有限公司乌鲁木齐分公司机关团支部委员

彭琳俨　重庆销售公司涪陵分公司人事科科员
罗丹丹（女）　江苏销售公司盐城销售分公司综合办公室档案管理岗
孙烈秀（女）　浙江销售公司宁波富春江加油站加油员
周　洁（女）　安徽销售公司滁州分公司明光栖凤湖服务区东侧加油站核算员
朱迎迎（女）　福建销售公司福州分公司仙岐加油站经理
谢志鹏　江西销售公司抚州分公司党群干事
王晴晴（女）　河南销售公司开封分公司非油销售专员
曹潇雅（女）　湖南销售公司三间路加油站综合管理岗
张　琦　海南销售公司海口琼州加油站经理
宗皓男　润滑油公司大客户销售项目经理
王雪莹（女，满族）　大连海运公司安全环保技术处主办
王　宁　管道公司技术服务中心自动化仪表科主办
朱婧婧（女）　西气东输管道公司苏北管理处输气工
王天鹏（满族）　中石油北京天然气管道有限公司石家庄输气管理处生产科设备工程师
华有军　西部管道公司塔里木输油气公司库尔勒作业区操作工
周　放　西南管道公司销售处主办
王若凡　中石油京唐液化天然气有限公司生产运营中心运行监督
刘海越　中石油大连液化天然气有限公司办公室科员
曹　中　中石油江苏液化天然气有限公司接收站操作员
李世一　中石油昆仑燃气有限公司工程管理岗
刘　宽　中国石油天然气勘探开发公司机关财务部
牟　博　中石油中亚天然气管道有限公司中乌项目助理主办
刘　超　中国石油集团东南亚管道有限公司地泊泵站副站长
于海龙　中国石油集团西部钻探工程有限公司试油公司塔里木试修分公司技术室副主任
贾建英　中国石油集团长城钻探工程有限公司钻具公司欢喜岭项目部车工
李梦楠　中国石油集团渤海钻探工程有限公司第四钻井公司 40686 队责任工程师兼副队长
骆新颖（女）　中国石油集团川庆钻探工程有限公司钻采院钻完井设计中心助理工程师
姚婧超（女）　中国石油集团东方地球物理勘探有限责任公司采集技术支持部团总支委员
苏　帅　中国石油集团测井有限公司长庆事业部 61101 作业队操作工程师
郑会锴　中国石油集团海洋工程有限公司渤星公司塔里木固井分公司固井工程师
左涛涛　中国石油天然气管道局第二管道分公司 CPP-514 机组技术员
张　涛　中国石油工程建设公司哈萨克斯坦分公司 PKOP 炼油厂项目部计划控制部计划控制总监
杨　阔　中国寰球工程公司华北规划设计院工艺安装室助理工程师
杨从善　中国昆仑工程公司辽宁分公司施工开车部
张　博　中国石油集团东北炼化工程有限公司葫芦岛设计院团委书记
段毅诚　中国石油技术开发公司物流分公司业务员
张龙军　宝鸡石油钢管有限责任公司宝鸡输送管公司技术员
郎振宇　中国石油集团济柴动力总厂河北分公司团支部组织委员
满志慧　中国石油集团渤海石油装备制造有限公司钻机总装厂技术员
李婷婷（女）　勘探开发研究院塔里木分院员工
丁文娟（女）　石油化工研究院战略与信息室员工
付　晋　中国石油集团钻井工程技术研究院海外钻井技术研究所员工
徐　媛（女）　中国石油集团安全环保技术研究院环保技术研究所综合技术室综合管理岗
武文婷（女）　北京石油管理干部学院计划财务处主办
侯晓明　中国石油物资采购中心上海公司主办
岳东升　中国石油天然气运输公司辽宁分公司锦

州配送中心安全设备员
高可扬（女）　华油北京服务总公司科技开发有限公司财务资产部员工
彭　博（女）　昆仑金融租赁有限责任公司资产管理部业务经理

【2014—2015年度集团公司优秀共青团干部（120人）】

赵　丹（女）　大庆油田有限责任公司团委青工办公室主任
王雪莹（女）　大庆油田有限责任公司第一采油厂团委书记
赵宇阳　大庆油田有限责任公司钻探工程公司钻井三公司团委副书记
王　欢（女）　大庆油田有限责任公司第四采油厂团委干事
刘晓东　辽河油田公司华油实业公司团委副书记
张平安　辽河油田公司团委组织部部长
崔敏莉（女）　长庆油田公司团委组织干事
李　亮　长庆油田公司第五采油厂团委副书记
尚成震　塔里木油田公司塔中油气开发部塔中作业区团总支书记
李　鹏　新疆油田公司石西油田作业区团委书记
王　奕（女）　西南油气田公司华油公司团委副书记
徐　鑫　西南油气田公司川中油气矿团委副书记
郭浩宇（女）　吉林油田公司团委干事
宗　囡（女）　大港油田公司团委办公室高级主管
赵　鹏　大港油田公司团委青工组织部高级主管
曲建国　青海油田公司机械厂团委负责人
王全玉　华北油田公司总医院内科系统团支部组织委员
许旗成　吐哈油田公司机械厂团委书记
刘　畅　冀东油田公司勘探开发研究院团委书记
王志中　玉门油田公司炼化总厂团委副书记
赵广安　浙江油田公司团委副书记
陈晓阳　中石油煤层气有限责任公司团委干事
李明国　大庆石化公司团委组宣办主任
刘欣雨　吉林石化公司燃料乙醇公司团委书记
张　博（女）　抚顺石化公司石油二厂团委书记
史佳俊　辽阳石化公司烯烃厂团委书记
孙旭林　兰州石化公司设备维修公司团委书记
王作恺　兰州石化公司油品储运厂团委副书记
周宝文（女）　独山子石化公司热电厂团委书记
郑　雷　乌鲁木齐石化公司热电厂团委书记
谢媛媛（女，回族）　宁夏石化公司储运部团支部书记
尹　峰　大连石化公司第一联合车间团总支书记
杜安群　大连西太平洋石油化工有限公司团委书记
江善睿　锦州石化公司团委干事
董　博　锦西石化公司团委干事
马　萍（女）　大庆炼化公司团委干事
刘程清　哈尔滨石化公司质检计量部团支部书记
于现华　广西石化公司团委委员
朱晓琪　中国石油四川石化有限责任公司生产三部团支部书记
刘艳华（女）　大港石化公司直属中心联合团支部书记
贾鹏飞　华北石化公司一联合运行部团支部组织委员
孟祥宝　呼和浩特石化公司第二联合车间团支部书记
关雨豪（满族）　辽河石化公司团委干事
梁　勇　长庆石化公司运行二部团支部书记
段　强　中石油克拉玛依石化有限责任公司团委委员
黄小莉（女）　庆阳石化公司团委副书记
徐　明　中石油云南石化有限公司团委负责人
娄俊龙　东北化工销售公司团委副书记
郑　逸　华东化工销售公司第四团支部书记
蒋润生　华南化工销售公司第一团支部组织委员
付　阳　西南化工销售公司团委委员
徐艳玲（女）　东北销售公司吉林分公司团委书记
张　鹏　西北销售公司机关团总支文体委员
陈禹彤　北京销售公司第二分公司团委书记
傅建平（女）　北京销售公司第三分公司团委书记
徐延龙　上海销售公司团委干事
柳　凯　湖北销售公司孝感销售分公司团委委员
陈　萍（女）　广东销售公司团委副书记
宗　瑶（女）　云南销售公司仓储分公司团委书记
杨　宏（女）　辽宁销售公司铁岭销售分公司团委书记
徐　洋　吉林销售公司团委书记
刘春雨　黑龙江销售公司团委副书记
王　枚（女）　天津销售公司静海分公司团总支书记
李　寒　河北销售公司团委负责人
杨　刚　山西销售公司临汾销售分公司团总支副书记

燕昊亭　内蒙古销售公司包头销售分公司团委书记
焦　峰　陕西销售公司延安分公司团委书记
王　虹（女）　甘肃销售公司酒泉销售分公司金塔片区团支部书记
李　春（女）　青海销售公司西宁分公司团委书记
李世杰　宁夏销售公司石嘴山分公司团委书记
薛　贺　中石油新疆销售有限公司仓储分公司团委书记
张渝敏（女）　重庆销售公司万州分公司机关团支部书记
陈　娟（女）　四川销售公司油料分公司团委书记
杨　慧（女）　贵州销售公司贵阳分公司团委书记
张　旬　江苏销售公司宿迁销售分公司团委书记
孙　伟　浙江销售公司嘉兴销售分公司团委书记
王晓燕（女）　安徽销售公司合肥分公司团总支书记
刘红艳（女）　福建销售公司团委书记
李从义　江西销售公司赣州分公司团总支书记
袁慧娟（女）　山东销售公司烟台销售分公司团委书记
张　浩（女）　河南销售公司开封分公司团委副书记
甄　娜（女）　湖南销售公司潭株分公司团委书记
董玉杰（女）　海南销售公司三亚销售分公司团总支书记
郭悠悠（女）　北京油气调控中心调度二处团总支书记
刘　宁（女）　管道公司西安输油气分公司团委负责人
李诗睿　西气东输管道公司机关党群部门联合团支部宣传委员
石康兵　中石油北京天然气管道有限公司团委书记
孙延斌　西部管道公司团委副书记
张　琳（女）　西南管道公司兰成渝输油分公司团委书记
陈俊东　中石油昆仑燃气有限公司大庆燃气公司团委副书记
王汐予（女）　中石油昆仑燃气有限公司液化气分公司团委书记
刘　杰　中国石油天然气勘探开发公司团委书记
郭　俊　中国石油集团西部钻探工程有限公司吐哈钻井公司团委书记
刘　淼　中国石油集团长城钻探工程有限公司团委书记
闫洋洋　中国石油集团长城钻探工程有限公司录井公司团委负责人
万喜千　中国石油集团渤海钻探工程有限公司井下作业分公司团委副书记
宋　森（女）　中国石油集团渤海钻探工程有限公司团委干事
李泓伸　中国石油集团川庆钻探工程有限公司井下作业公司团委副书记
罗　丹（女）　中国石油集团东方地球物理勘探有限责任公司装备服务处团委书记
张丽兰（女）　中国石油集团测井有限公司塔里木事业部团支部书记
庄　涛　中国石油集团海洋工程有限公司团委副书记
冯传宝　中国石油天然气管道局团委办公室主任
韩　芸（女）　中国石油工程建设公司第一建设公司团委副书记
吕书娟（女）　中国石油工程建设公司华东设计分公司团委书记
张大津　中国石油集团工程设计有限责任公司团委委员
郑　涛　中国寰球工程公司项目管理（北京）有限公司团委书记
徐　峰　中国石油集团东北炼化工程有限公司团委书记
曹立新（蒙古族）　中国石油技术开发公司团委组织委员
史　亮（女）　宝鸡石油机械有限责任公司团委副书记
娄喆雄　宝鸡石油钢管有限责任公司团委委员
赫俊博（满族）　中国石油集团济柴动力总厂团委委员
张保明　中国石油集团渤海石油装备制造有限公司第一机械厂团委书记
魏　东　勘探开发研究院廊坊分院团委副书记
何　颖（女）　石油化工研究院兰州中心团委书记
王金宏（女）　中国石油集团钻井工程技术研究院机关团支部书记
易文斌　中国石油集团安全环保技术研究院 HSE 信息中心团支部委员
孙联昌　中国石油集团石油管工程技术研究院机关二团支部书记

刘　阳（女）　中国石油天然气运输公司山东分公司团支部宣传委员

才雨萌（女）　华油北京服务总公司机关服务中心幼儿园团支部书记

刘万里　昆仑银行股份有限公司克拉玛依分行团委书记

【2014—2015 年度集团公司青年文明号（195 个）】

大庆油田有限责任公司钻探工程公司钻井四公司30579 钻井队

大庆油田有限责任公司第三采油厂第四油矿采油404 队

大庆油田有限责任公司第四采油厂第一油矿北十六队

大庆油田有限责任公司第八采油厂第四油矿采油406 队

大庆油田有限责任公司井下作业分公司修井一大队修 107 队

大庆油田有限责任公司电力集团供电公司星火工区星火一次变电所

辽河油田公司曙光采油厂采油作业七区 703 中心站

辽河油田公司沈阳采油厂采油作业五区 502 队法九计

辽河油田公司钻采工艺研究院油井防砂中心机械防砂室

辽河油田公司数字油田研发中心王冲创新工作室

辽河油田公司振兴公用事业公司物业服务二公司文化小区项目部

长庆油田公司第十一采油厂太白梁作业区镇二联合站生产单元

长庆油田公司第十二采油厂板桥采油作业区庄六增压站

长庆油田公司第一采气厂第二净化厂

长庆油田公司第六采气厂苏南 18 站

长庆油田公司第二输油处曲子输油站

塔里木油田公司天然气事业部迪那作业区运行部

塔里木油田公司油气工程研究院井筒工艺研究室

新疆油田公司重油开发公司采油作业二区张辉班

新疆油田公司准东采油厂火烧山作业区采油四队沙北油田班组

新疆油田公司工程技术研究院非常规资源开采技术研究所

西南油气田公司川中油气矿磨溪开发项目部西北区集气站

西南油气田公司川西北气矿双流采气作业区白浅103 井中心增压站

西南油气田公司安全环保与技术监督研究院管道及特种设备检测评价中心

吉林油田公司勘探开发研究院天然气勘探所

吉林油田公司消防支队驻长庆油田第二采气厂米脂消防中队

大港油田公司第二采油厂第一采油作业区注采三组

大港油田公司第一矿区燃气服务公司安检班

青海油田公司采油五厂英东第一采油作业区

青海油田公司井下作业公司连续油管作业大队

华北油田公司通信公司物联网青年创新工作室

华北油田公司第三采油厂肃宁工区王四联合站

吐哈油田公司鲁克沁采油厂油藏工程室

吐哈油田公司三塘湖采油厂油藏工程室

冀东油田公司井下作业公司作业一队

冀东油田公司油气集输公司老爷庙联合站

玉门油田公司清洁能源开发公司酒泉分公司

浙江油田公司西南采气厂黄金坝作业区

中石油煤层气有限责任公司韩城分公司第一采气作业区

中石油煤层气有限责任公司临汾分公司第一采气作业区

大庆石化公司炼油厂加氢二车间

大庆石化公司化工一厂乙烯车间

大庆石化公司职工医院内一科

吉林石化公司炼油厂联合芳烃岗位

吉林石化公司化肥厂苯乙烯车间总控岗位

吉林石化公司动力二厂电气主控岗位

抚顺石化公司石油二厂重油催化车间

抚顺石化公司烯烃厂低密聚乙烯装置造粒岗位

抚顺石化公司乙烯化工厂环氧乙烷乙二醇车间

辽阳石化公司炼油厂加氢一车间加氢裂化反应操作岗

辽阳石化公司设备检修部尼龙起重班

兰州石化公司炼油厂 300 万吨 / 年柴油加氢装置

兰州石化公司幼教中心天鹅湖幼儿园保教四组

兰州石化公司油品储运厂油品调合车间 29 调合加铅汽油岗位

独山子石化公司乙烯厂乙烯一联合车间

独山子石化公司动力公司变电站西区变电站

独山子石化公司矿区服务事业部新闻传播中心电视新闻部

乌鲁木齐石化公司炼油厂二车间

乌鲁木齐石化公司消防支队一中队

宁夏石化公司园林工程公司中卫碳减排基地

宁夏石化公司水汽部一化四班

大连石化公司350万吨/年重油催化裂化装置

大连石化公司建安公司仪表车间维护三班

大连西太平洋石油化工有限公司连续重整及重整汽油分离联合装置

锦州石化公司加氢改质车间

锦州石化公司兼职讲解队

锦西石化公司维修车间

大庆炼化公司聚合物一厂丙烯腈车间

广西石化公司第七联合渣油加氢装置

中国石油四川石化有限责任公司生产二部

大港石化公司第二联合车间

大港石化公司第四联合车间

华北石化公司三联合运行部S Zorb装置

呼和浩特石化公司志愿讲解服务队

辽河石化公司第三联合运行部

长庆石化公司油品运行部铁路专线运行队

中石油克拉玛依石化有限责任公司炼油第一联合车间

庆阳石化公司动力运行部甲班

中石油云南石化有限公司储运部常压班组二班

东北化工销售公司辽西分公司

华东化工销售公司合肥分公司

西南化工销售公司重庆分公司

东北销售公司营口分公司质量计量科

西北销售公司武汉分公司武汉油库运行班

北京销售公司第二分公司中博加油站

北京销售公司第三分公司利易泰加油站

北京销售公司仓储分公司晟德油库

上海销售公司浦西分公司虹莘梅莘加油站

湖北销售公司宜昌分公司绿萝路加油站

湖北销售公司武汉分公司盘龙大道加油站

广东销售公司东莞分公司厚街北加油站

云南销售公司文山分公司骏城加油站

云南销售公司普洱分公司东海加油站

辽宁销售公司大连分公司太山加油站

辽宁销售公司鞍山分公司甘泉服务区加油站

辽宁销售公司辽宁营口分公司院内加油站

吉林销售公司四平分公司电厂加油站

吉林销售公司白山分公司华山加油站

黑龙江销售公司润滑油分公司昆仑润滑油经营部

天津销售公司滨海分公司老弯道加油站

天津销售公司蓟县分公司迎宾路加油站

河北销售公司保定分公司新五洲加油站

河北销售公司石家庄分公司赵县服务区加油站

山西销售公司晋中分公司榆次第十一加油站

内蒙古销售公司赤峰分公司阿鲁科尔沁旗天通加油站

内蒙古销售公司锡林郭勒分公司锡林浩特市第一加油站

内蒙古销售公司包头分公司新大新加油站

陕西销售公司西安公司西南片区高新加油站

陕西销售公司高速分公司武功服务区加油站

甘肃销售公司兰州分公司桃树坪加油气站

甘肃销售公司武威分公司城关加油站

青海销售公司湟源分公司汇源加油站

宁夏销售公司银川分公司广场东路加油站

中石油新疆销售有限公司伊犁分公司天山加油站

中石油新疆销售有限公司石河子分公司新城加油站

重庆销售公司江北分公司五里店加油站

四川销售公司自贡分公司仁和加油站

四川销售公司成都分公司燕塘加油站

贵州销售公司贵阳分公司观山加油站

江苏销售公司常州分公司五角场加油站

江苏销售公司仓储分公司淮安油库

浙江销售公司温州分公司新城加油站

安徽销售公司仓储分公司三山油库

安徽销售公司合肥分公司南天加油站

福建销售公司漳州分公司龙兴加油站

福建销售公司龙岩分公司小洋加油站

江西销售公司景德镇分公司白鹭加油站

山东销售公司济宁分公司长青路加油站

山东销售公司烟台分公司第7加油站

河南销售公司新乡分公司第四加油站

河南销售公司南阳分公司第二十五加油站

湖南销售公司长沙分公司青山加油站

海南销售公司海口分公司海港加油站

润滑油公司大庆润滑油二厂大庆油田用油专业化服务中心

管道公司大庆（加格达奇）输油气分公司漠河输

油站

西气东输管道公司郑州管理处郑州分输压气站

西气东输管道公司南昌管理处南昌分输压气站

中石油北京天然气管道有限公司山西输气管理处阳曲压气站

中石油江苏液化天然气有限公司检维修中心机械维修班

中石油昆仑燃气有限公司安徽分公司滨湖新区天然气门站

中石油昆仑燃气有限公司西北分公司中宁门站

中石油昆仑燃气有限公司华东分公司常熟公司门站

中国石油天然气勘探开发公司财务部

中石油中亚天然气管道有限公司中哈项目 CS2 站

西部管道公司乌鲁木齐输油气分公司王家沟作业区调度运行岗

西部管道公司新疆输油气分公司哈密维抢修队

西南管道公司德宏输油气分公司瑞丽输油气站

中国石油集团西部钻探工程有限公司克拉玛依钻井公司 40628 钻井队

中国石油集团西部钻探工程有限公司青海钻井公司 40521 钻井队

中国石油集团西部钻探工程有限公司吐哈录井工程公司综合 18 小队

中国石油集团长城钻探工程有限公司钻井一公司长庆项目部 50689 队

中国石油集团长城钻探工程有限公司钻井二公司 50276 队

中国石油集团长城钻探工程有限公司国际钻井公司委内瑞拉项目 GW31 队

中国石油集团渤海钻探工程有限公司泥浆技术服务公司钻井液研发中心

中国石油集团渤海钻探工程有限公司第二固井公司完井工艺研究所

中国石油集团川庆钻探工程有限公司川东钻探公司 70175 队

中国石油集团川庆钻探工程有限公司川西钻探公司 50635 队

中国石油集团川庆钻探工程有限公司长庆井下技术作业公司 S00563 队

中国石油集团东方地球物理勘探有限责任公司矿区服务事业部涿州基地管理处城区动力维修服务中心

中国石油集团东方地球物理勘探有限责任公司青海物探处 294 地震队

中国石油集团东方地球物理勘探有限责任公司信息技术中心云计算业务部

中国石油集团测井有限公司国际事业部 60352 作业队

中国石油集团测井有限公司油气评价中心西部项目部柴达木评价组

中国石油集团海洋工程有限公司钻井事业部中油海 16 平台

中国石油集团海洋工程有限公司船舶事业部中油海 282 船

中国石油天然气管道局管道设计院线路室

中国石油天然气管道局第六工程公司 CPP-603 机组

中国石油天然气管道局泰国那空沙旺天然气管道 EPC 项目部

中国石油工程建设公司第一建设公司大型设备吊装运输分公司 5000 吨作业队

中国石油工程建设公司第七建设公司云南项目部安全科

中国石油工程建设公司华东设计分公司工艺室

中国石油集团工程设计有限责任公司油气加工二室

中国石油集团工程设计有限责任公司新疆设计分公司天然气工艺所

中国寰球工程公司兰州寰球工程公司设计院油气储运室

中国昆仑工程公司工艺系统设计部

中国石油技术开发公司阿布扎比分公司

中国石油集团东北炼化工程有限公司吉林设计院管道室

中国石油集团东北炼化工程有限公司锦州设计院设备室

宝鸡石油机械有限责任公司成都宝石装备制造分公司广汉钻采设备厂闸门车间车工班

宝鸡石油钢管有限责任公司中油宝世顺（秦皇岛）钢管有限公司螺旋工厂

中国石油集团济柴动力总厂液力传动装备厂液力传动装置产品研发组

中国石油集团渤海石油装备制造有限公司渤海装备华油钢管扬州分公司技术质量部

中国石油集团渤海石油装备制造有限公司兰州石油化工机械厂金工车间数控班

勘探开发研究院石油地质研究所海相碳酸盐岩勘探项目组

勘探开发研究院西北分院哈拉哈塘碳酸盐岩油气藏高产稳产地质评价与关键技术研究项目组

石油化工研究院大庆中心炼油所加氢中试基地组

中国石油集团钻井工程技术研究院北京石油机械厂顶驱中心工程部

中国石油物资公司招标二处西安工作组

中国石油集团石油管工程技术研究院国家质检中心

中国石油天然气运输公司华北运输公司三大队五分队

中国石油天然气运输公司准噶尔分公司油田客运二大队

中国石油天然气运输公司黑龙江分公司大庆石化车队

华油北京服务总公司北京华服物业管理有限责任公司金融街项目部

华油北京服务总公司机关服务中心通信处运行科

昆仑银行股份有限公司运营中心客户服务中心

（程心能）

第十二篇

机构与人物

中国石油天然气集团公司

组织机构

（机关职能部门 23 个、专业分公司 2 个、控股子公司及直属企事业单位 61 个）

单　位		地　址
一、集团公司机关职能部门（23 个）		
1	办公厅（党组办公厅、董事会办公室）	北京市
2	政策研究室	北京市
3	规划计划部	北京市
4	财务部	北京市
5	资金部	北京市
6	财税价格部	北京市
7	人事部（党组组织部）	北京市
8	生产经营管理部	北京市
9	资本运营部	北京市
10	法律事务部	北京市
11	质量安全环保部	北京市
12	科技管理部	北京市
13	信息管理部	北京市
14	物资装备部	北京市
15	国际部（外事局）	北京市
16	党组纪检组、监察部（监察局）	北京市
17	审计部	北京市
18	改革与企业管理部	北京市
19	矿区服务工作部	北京市
20	思想政治工作部（党组宣传部、企业文化部、新闻办公室）	北京市

注：本篇资料截至 2016 年 12 月 31 日。

续表

单　位		地　址
21	维稳信访工作办公室（综合治理办公室、保卫部）	北京市
22	直属党委	北京市
23	离退休职工管理局（老干部局）	北京市
二、专业分公司（2个）		
1	工程技术分公司	北京市
2	工程建设分公司	北京市
三、控股子公司（4个）		
1	中国石油天然气股份有限公司	北京市
2	中国联合石油有限责任公司	北京市
3	中国石油集团资本股份有限公司	山东省济南市
4	中国石油集团工程股份有限公司	新疆维吾尔自治区克拉玛依市
四、企事业单位（57个）		
（一）油气田企业（9个）		
1	大庆石油管理局	黑龙江省大庆市
2	辽河石油勘探局	辽宁省盘锦市
3	长庆石油勘探局	陕西省西安市
4	新疆石油管理局	新疆维吾尔自治区克拉玛依市
5	四川石油管理局	四川省成都市
6	吉林石油集团有限责任公司	吉林省松原市
7	大港油田集团有限责任公司	天津市大港区
8	华北石油管理局	河北省任丘市
9	吐哈石油勘探开发指挥部	新疆维吾尔自治区哈密市
（二）炼化企业（10个）		
1	中国石油大庆石油化工总厂	黑龙江省大庆市
2	吉化集团公司	吉林省吉林市
3	中国石油抚顺石油化工公司	辽宁省抚顺市
4	中国石油辽阳石油化纤公司	辽宁省辽阳市
5	中国石油兰州石油化工公司	甘肃省兰州市

续表

单　位		地　址
6	新疆独山子石油化工总厂	新疆维吾尔自治区克拉玛依市独山子区
7	中国石油乌鲁木齐石油化工总厂	新疆维吾尔自治区乌鲁木齐市
8	中国石油大连石油化工公司	辽宁省大连市
9	中国石油锦州石油化工公司	辽宁省锦州市
10	中国石油锦西炼油化工总厂	辽宁省葫芦岛市
（三）工程技术企业（7个）		
1	中国石油集团西部钻探工程有限公司	新疆维吾尔自治区乌鲁木齐市
2	中国石油集团长城钻探工程有限公司	北京市
3	中国石油集团渤海钻探工程有限公司	天津市
4	中国石油集团川庆钻探工程有限公司	四川省成都市
5	中国石油集团东方地球物理勘探有限责任公司	河北省涿州市
6	中国石油集团测井有限公司	陕西省西安市
7	中国石油集团海洋工程有限公司	北京市
（四）装备制造企业（5个）		
1	中国石油技术开发公司	北京市
2	宝鸡石油机械有限责任公司	陕西省宝鸡市
3	宝鸡石油钢管有限责任公司	陕西省宝鸡市
4	中国石油集团济柴动力总厂	山东省济南市
5	中国石油集团渤海石油装备制造有限公司	天津市
（五）海外企业（8个）		
1	中国石油天然气勘探开发公司	北京市
2	中亚管道有限公司	北京市
3	中国石油天然气集团公司拉美公司	
4	中国石油天然气集团公司尼罗河公司	
5	中国石油天然气集团公司哈萨克斯坦公司	
6	中国石油天然气集团公司中东公司	
7	中国石油天然气集团公司俄罗斯公司	
8	中国石油集团东南亚管道有限公司	北京市

续表

单　位		地　址
（六）科研及事业单位（10个）		
1	中国石油集团经济技术研究院	北京市
2	中国石油集团钻井工程技术研究院	北京市
3	中国石油集团安全环保技术研究院	北京市
4	中国石油集团石油管工程技术研究院	陕西省西安市
5	中国石油天然气集团公司休斯敦技术研究中心	美国休斯敦市
6	北京石油管理干部学院	北京市
7	石油工业出版社有限公司	北京市
8	中国石油报社	河北省涿州市
9	中国石油审计服务中心	河北省廊坊市
10	中国石油天然气集团公司广州培训中心	广东省广州市
（七）其他单位（8个）		
1	中国石油天然气集团公司咨询中心（中国石油集团工程咨询有限责任公司）	北京市
2	中国石油物资采购中心（中国石油物资公司）	北京市
3	中国石油天然气运输公司	新疆维吾尔自治区乌鲁木齐市
4	中国华油集团公司	北京市
5	北京华油服务总公司	北京市
6	中国石油天然气香港有限公司	香港特别行政区
7	中国石油学会	北京市
8	中国石油企业协会	北京市

（刘　巍）

中国石油天然气集团公司组织机构见图1。

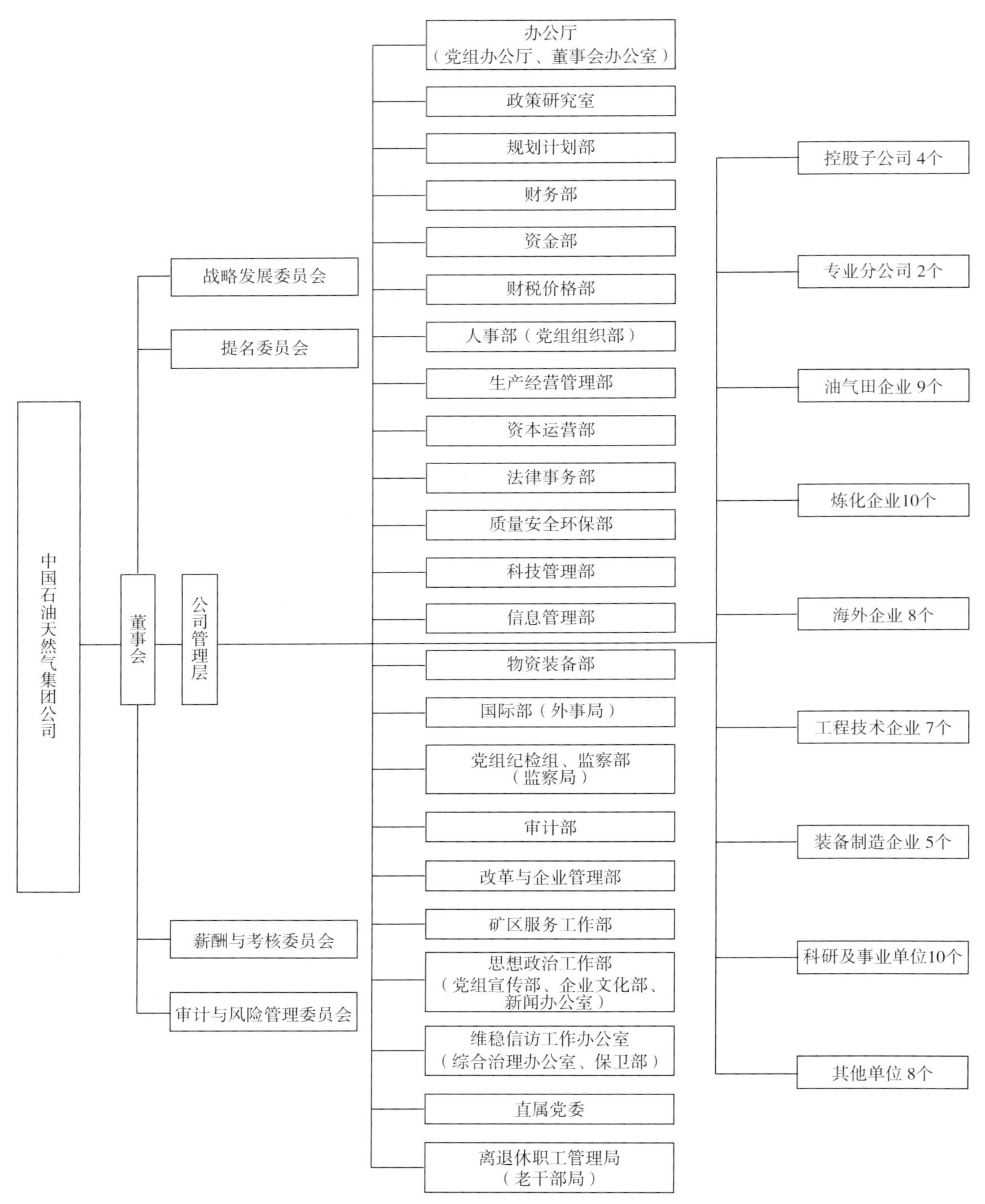

图1　中国石油天然气集团公司组织机构图

董事会成员

序　号	姓　名	职　务
1	王宜林	中国石油天然气集团公司董事长
2	章建华	中国石油天然气集团公司董事
3	路耀华	中国石油天然气集团公司外部董事
4	李庆言	中国石油天然气集团公司外部董事
5	李毓华	中国石油天然气集团公司外部董事
6	金克宁	中国石油天然气集团公司外部董事
7	黄　龙	中国石油天然气集团公司外部董事
8	汪世宏	中国石油天然气集团公司职工代表董事

董事会秘书

姓　名	职　务
王志刚	中国石油天然气集团公司董事会秘书

监事会成员

序　号	姓　名	职　务
1	杜渊泉	中国石油天然气集团公司监事会主席（国务院国资委派出）
2	李迎珠	中国石油天然气集团公司监事会监事（国务院国资委派出）
3	周正良	中国石油天然气集团公司监事会监事（国务院国资委派出）
4	邢胜强	中国石油天然气集团公司监事会监事（国务院国资委派出）
5	仇　凯	中国石油天然气集团公司监事会监事（国务院国资委派出）
6	王国山	中国石油天然气集团公司监事会监事（国务院国资委派出）
7	徐新福	中国石油天然气集团公司监事会职工代表监事
8	姜　凯	中国石油天然气集团公司监事会职工代表监事

集团公司领导

序　号	姓　名	职　务
1	王宜林	中国石油天然气集团公司党组书记、董事长
2	章建华	中国石油天然气集团公司董事、总经理、党组副书记
3	徐文荣	中国石油天然气集团公司党组副书记、副总经理
4	汪东进	中国石油天然气集团公司党组成员、副总经理
5	喻宝才	中国石油天然气集团公司党组成员、副总经理
6	沈殿成	中国石油天然气集团公司党组成员、副总经理兼安全总监
7	刘跃珍	中国石油天然气集团公司党组成员、总会计师
8	刘宏斌	中国石油天然气集团公司党组成员、副总经理
9	赵政璋	中国石油天然气集团公司党组成员、副总经理
10	徐吉明	中国石油天然气集团公司党组成员、党组纪检组组长

总经理助理、副总师

序　号	姓　名	职　务
1	郭进平	中国石油天然气集团公司总经理助理、总法律顾问
2	汪世宏	中国石油天然气集团公司总经理助理
3	李鹭光	中国石油天然气集团公司总经理助理
4	王铁军	中国石油天然气集团公司总经理助理
5	李正光	中国石油天然气集团公司副总经济师
6	张凤山	中国石油天然气集团公司安全副总监

机关部门主要领导

序　号	单　位	总经理（主任、局长、书记、组长）
1	办公厅（党组办公厅）	王志刚（兼）
2	政策研究室	张华林

续表

序　号	单　位	总经理（主任、局长、书记、组长）
3	规划计划部	侯启军
4	财务部	柴守平
5	资金部	陆　凌
6	财税价格部	刘　戬
7	人事部（党组组织部）	刘志华
8	生产经营管理部	苏　俊
9	资本运营部	贾忆民
10	法律事务部	郭进平（兼）
11	质量安全环保部	张凤山（兼）
12	科技管理部	隋　军
13	信息管理部	刘希俭
14	物资装备部	于洪金
15	国际部（外事局）	李越强
16	党组纪检组、监察部（监察局）	马自勤
17	审计部	李庆毅
18	改革与企业管理部	姜力孚
19	矿区服务工作部	刘自强
20	思想政治工作部（党组宣传部、企业文化部、新闻办公室）	曲广学
21	维稳信访工作办公室（综合治理办公室、保卫部）	李若平
22	直属党委	李正光（兼）
23	离退休职工管理局（老干部局）	张亚成

专业分公司主要领导

序　号	单　位	总经理、党委书记
1	工程技术分公司	秦永和、茅启平
2	工程建设分公司	白玉光

所属企事业单位主要领导

序　号	单位名称	总经理（局长、指挥、厂长、院长、主任、社长）	党委书记
一、控股子公司（4个）			
1	中国石油天然气股份有限公司	汪东进（兼）	
2	中国联合石油有限责任公司	赵　勇（兼）	王立华（兼）
3	中国石油集团资本股份有限公司	蒋尚军	
	（1）中油财务有限责任公司	兰云升	王　亮
	（2）昆仑银行股份有限公司	佐　卫	闫　宏
	（3）昆仑信托有限责任公司（中油资产管理有限公司）	吴　妍	肖　华
	（4）昆仑金融租赁有限责任公司	贺金霞	桂王来
	（5）中石油专属财产保险股份有限公司	魏国良	潘国潮
4	中国石油集团工程股份有限公司	白玉光（兼）	白玉光（兼）
	（1）中国石油管道局工程有限公司	赵玉建	孙全军
	（2）中国石油工程建设有限公司	侯浩杰	迟尚忠
	（3）中国寰球工程有限公司	王新革	李利民
	（4）中国昆仑工程有限公司	周华堂	沈　钢
	（5）中国石油集团工程有限公司北京项目管理分公司	孔繁瑾	孔繁瑾
二、油气田企业（9个）			
1	大庆石油管理局	孙龙德（兼）	
2	辽河石油勘探局	张志东（兼）	
3	长庆石油勘探局	杨　华（兼）	
4	新疆石油管理局	杨学文（兼）	
5	四川石油管理局	马新华（兼）	
6	吉林石油集团有限责任公司	张德有（兼）	
7	大港油田集团有限责任公司	赵贤正（兼）	
8	华北石油管理局	袁明生（兼）	
9	吐哈石油勘探开发指挥部	徐可强（兼）	

续表

序　号	单位名称	总经理（局长、指挥、厂长、院长、主任、社长）	党委书记
三、炼化企业（10个）			
1	中国石油大庆石油化工总厂	王德义（兼）	
2	吉化集团公司	孙树祯（兼）	
3	中国石油抚顺石油化工公司	李天书（兼）	
4	中国石油辽阳石油化纤公司	白雪峰（兼）	
5	中国石油兰州石油化工公司	李家民（兼）	
6	新疆独山子石油化工总厂	陈俊豪（兼）	
7	中国石油乌鲁木齐石油化工总厂	王红晨（兼）	
8	中国石油大连石油化工公司	段良伟（兼）	
9	中国石油锦州石油化工公司	陈　志（兼）	
10	中国石油锦西炼油化工总厂	吕文军（兼）	
四、工程技术企业（7个）			
1	中国石油集团西部钻探工程有限公司	马永峰	马永峰
2	中国石油集团长城钻探工程有限公司	王忠仁	冯艳成
3	中国石油集团渤海钻探工程有限公司	周宗强	秦文贵
4	中国石油集团川庆钻探工程有限公司	胥永杰	李爱民
5	中国石油集团东方地球物理勘探有限责任公司	苟　量	苟　量
6	中国石油集团测井有限公司	李剑浩	杨再生
7	中国石油集团海洋工程有限公司	刘圣志	张宝增
五、装备制造企业（5个）			
1	中国石油技术开发公司	赵　国	李　伟
2	宝鸡石油机械有限责任公司	郭孟齐	范瑞丰
3	宝鸡石油钢管有限责任公司	舒高新	惠　龙
4	中国石油集团济柴动力总厂	吴根柱	吴根柱
5	中国石油集团渤海石油装备制造有限公司	白功利	杨跃东
六、海外企业（8个）			
1	中国石油天然气勘探开发公司	吕功训（兼）	王仲才

续表

序　号	单位名称	总经理（局长、指挥、厂长、院长、主任、社长）	党委书记
2	中亚管道有限公司	孟繁春	孟向东
3	中国石油天然气集团公司拉美公司	叶先灯	张　兴
4	中国石油天然气集团公司尼罗河公司	贾　勇	刘英才
5	中国石油天然气集团公司哈萨克斯坦公司	卞德智	赵　颖
6	中国石油天然气集团公司中东公司	祝俊峰	祝俊峰
7	中国石油天然气集团公司俄罗斯公司	蒋　奇	蒋　奇
8	中国石油集团东南亚管道有限公司	姜昌亮	姜昌亮
七、科研及事业单位（10 个）			
1	中国石油集团经济技术研究院	李建青	钱兴坤
2	中国石油集团钻井工程技术研究院	石　林	石　林
3	中国石油集团安全环保技术研究院	闫伦江	于国文
4	中国石油集团石油管工程技术研究院	张冠军	张冠军
5	中国石油天然气集团公司休斯敦技术研究中心	张国珍（兼）	
6	北京石油管理干部学院	谢文虎	肖建军
7	石油工业出版社有限公司	张卫国	张卫国
8	中国石油报社	邱宝林	邱宝林
9	中国石油审计服务中心	李庆毅（兼）	李庆毅（兼）
10	中国石油天然气集团公司广州培训中心	李光华	李光华
八、其他单位（8 个）			
1	中国石油天然气集团公司咨询中心（中国石油集团工程咨询有限责任公司）	刘宏斌（兼）	
2	中国石油物资采购中心（中国石油物资公司）	王光军	刘文成
3	中国石油天然气运输公司	孙晓岗	魏国庆
4	中国华油集团公司	周永强	石清俊
5	北京华油服务总公司	宋泓明	高栋平
6	中国石油天然气香港有限公司	黄维和（兼）	
7	中国石油学会	赵政璋（兼）	
8	中国石油企业协会	沈殿成（兼）	

（徐　晓　王洪伟）

中国石油天然气股份有限公司

组 织 机 构

（总部机构和职能部门 20 个、专业分公司 6 个、企事业单位 93 个）

单　位		地　址
一、股份公司总部		
（一）董事会、监事会机构（2 个）		
1	董事会秘书局	北京市
2	监事会办公室	北京市
（二）职能部门（18 个）		
1	总裁办公室	北京市
2	规划计划部	北京市
3	财务部	北京市
4	资金部	北京市
5	财税价格部	北京市
6	人事部	北京市
7	生产经营管理部	北京市
8	资本运营部	北京市
9	法律事务部	北京市
10	质量安全环保部	北京市
11	科技管理部	北京市
12	信息管理部	北京市
13	物资装备部	北京市
14	国际部	北京市
15	监察部	北京市

续表

单　位		地　址
16	审计部	北京市
17	改革与企业管理部	北京市
18	企业文化部	北京市
二、专业分公司（6 个）		
1	中国石油天然气股份有限公司勘探与生产分公司	北京市
2	中国石油天然气股份有限公司炼油与化工分公司	北京市
3	中国石油天然气股份有限公司销售分公司	北京市
4	中国石油天然气股份有限公司天然气与管道分公司	北京市
5	中国石油天然气股份有限公司海外勘探开发分公司	北京市
6	中国石油天然气股份有限公司国际贸易分公司	北京市
三、油气田企业（17 个）		
1	大庆油田有限责任公司	黑龙江省大庆市
2	中国石油天然气股份有限公司辽河油田分公司	辽宁省盘锦市
3	中国石油天然气股份有限公司长庆油田分公司	陕西省西安市
4	中国石油天然气股份有限公司塔里木油田分公司	新疆维吾尔自治区库尔勒市
5	中国石油天然气股份有限公司新疆油田分公司	新疆维吾尔自治区克拉玛依市
6	中国石油天然气股份有限公司西南油气田分公司	四川省成都市
7	中国石油天然气股份有限公司吉林油田分公司	吉林省松原市
8	中国石油天然气股份有限公司大港油田分公司	天津市
9	中国石油天然气股份有限公司青海油田分公司	甘肃省敦煌市
10	中国石油天然气股份有限公司华北油田分公司	河北省任丘市
11	中国石油天然气股份有限公司吐哈油田分公司	新疆维吾尔自治区哈密市
12	中国石油天然气股份有限公司冀东油田分公司	河北省唐山市
13	中国石油天然气股份有限公司玉门油田分公司	甘肃省酒泉市
14	中国石油天然气股份有限公司浙江油田分公司	浙江省杭州市
15	中石油煤层气有限责任公司	北京市
16	南方石油勘探开发有限责任公司	广东省广州市

续表

单　位		地　址
17	中国石油天然气股份有限公司对外合作经理部	北京市
四、炼化企业（30 个）		
1	中国石油天然气股份有限公司大庆石化分公司	黑龙江省大庆市
2	中国石油天然气股份有限公司吉林石化分公司	吉林省吉林市
3	中国石油天然气股份有限公司抚顺石化分公司	辽宁省抚顺市
4	中国石油天然气股份有限公司辽阳石化分公司	辽宁省辽阳市
5	中国石油天然气股份有限公司兰州石化分公司	甘肃省兰州市
6	中国石油天然气股份有限公司独山子石化分公司	新疆维吾尔自治区克拉玛依市独山子区
7	中国石油天然气股份有限公司乌鲁木齐石化分公司	新疆维吾尔自治区乌鲁木齐市
8	中国石油天然气股份有限公司宁夏石化分公司	宁夏回族自治区银川市
9	中国石油天然气股份有限公司大连石化分公司	辽宁省大连市
10	中国石油天然气股份有限公司锦州石化分公司	辽宁省锦州市
11	中国石油天然气股份有限公司锦西石化分公司	辽宁省葫芦岛市
12	中国石油天然气股份有限公司大庆炼化分公司	黑龙江省大庆市
13	中国石油天然气股份有限公司哈尔滨石化分公司	黑龙江省哈尔滨市
14	中国石油天然气股份有限公司广西石化分公司	广西壮族自治区钦州市
15	中国石油四川石化有限责任公司	四川省成都市
16	中国石油天然气股份有限公司大港石化分公司	天津市
17	中国石油天然气股份有限公司广东石化分公司	广东省揭阳市
18	中石油云南石化有限公司	云南省昆明市
19	中国石油天然气股份有限公司华北石化分公司	河北省任丘市
20	中国石油天然气股份有限公司呼和浩特石化分公司	内蒙古自治区呼和浩特市
21	中国石油天然气股份有限公司辽河石化分公司	辽宁省盘锦市
22	中国石油天然气股份有限公司长庆石化分公司	陕西省咸阳市
23	中石油克拉玛依石化有限责任公司	新疆维吾尔自治区克拉玛依市
24	中国石油天然气股份有限公司庆阳石化分公司	甘肃省庆阳市
25	中国石油天然气股份有限公司东北化工销售分公司	辽宁省沈阳市

续表

单　位		地　址
26	中国石油天然气股份有限公司西北化工销售分公司	甘肃省兰州市
27	中国石油天然气股份有限公司华东化工销售分公司	上海市
28	中国石油天然气股份有限公司华北化工销售分公司	北京市
29	中国石油天然气股份有限公司华南化工销售分公司	广东省广州市
30	中国石油天然气股份有限公司西南化工销售分公司	四川省成都市
五、销售企业（36 个）		
1	中国石油天然气股份有限公司东北销售分公司	辽宁省沈阳市
2	中国石油天然气股份有限公司西北销售分公司	甘肃省兰州市
3	中国石油天然气股份有限公司北京销售分公司	北京市
4	中国石油天然气股份有限公司上海销售分公司	上海市
5	中国石油天然气股份有限公司湖北销售分公司	湖北省武汉市
6	中国石油天然气股份有限公司广东销售分公司	广东省广州市
7	中国石油天然气股份有限公司云南销售分公司	云南省昆明市
8	中国石油天然气股份有限公司辽宁销售分公司	辽宁省沈阳市
9	中国石油天然气股份有限公司吉林销售分公司	吉林省长春市
10	中国石油天然气股份有限公司黑龙江销售分公司	黑龙江省哈尔滨市
11	中国石油天然气股份有限公司天津销售分公司	天津市
12	中国石油天然气股份有限公司河北销售分公司	河北省石家庄市
13	中国石油天然气股份有限公司山西销售分公司	山西省太原市
14	中国石油天然气股份有限公司内蒙古销售分公司	内蒙古自治区呼和浩特市
15	中国石油天然气股份有限公司陕西销售分公司	陕西省西安市
16	中国石油天然气股份有限公司甘肃销售分公司	甘肃省兰州市
17	中国石油天然气股份有限公司青海销售分公司	青海省西宁市
18	中国石油天然气股份有限公司宁夏销售分公司	宁夏回族自治区银川市
19	中石油新疆销售有限公司	新疆维吾尔自治区乌鲁木齐市
20	中国石油天然气股份有限公司重庆销售分公司	重庆市
21	中国石油天然气股份有限公司四川销售分公司	四川省成都市

续表

	单 位	地 址
22	中国石油天然气股份有限公司贵州销售分公司	贵州省贵阳市
23	中国石油天然气股份有限公司西藏销售分公司	西藏自治区拉萨市
24	中国石油天然气股份有限公司江苏销售分公司	江苏省南京市
25	中国石油天然气股份有限公司浙江销售分公司	浙江省杭州市
26	中国石油天然气股份有限公司安徽销售分公司	安徽省合肥市
27	中国石油天然气股份有限公司福建销售分公司	福建省福州市
28	中国石油天然气股份有限公司江西销售分公司	江西省南昌市
29	中国石油天然气股份有限公司山东销售分公司	山东省青岛市
30	中国石油天然气股份有限公司河南销售分公司	河南省郑州市
31	中国石油天然气股份有限公司湖南销售分公司	湖南省长沙市
32	中国石油天然气股份有限公司广西销售分公司	广西壮族自治区南宁市
33	中石油海南销售有限公司	海南省海口市
34	中国石油天然气股份有限公司润滑油分公司	北京市
35	中石油燃料油有限责任公司	北京市
36	中国石油天然气股份有限公司大连海运分公司	辽宁省大连市
六、天然气管道储运企业（2个）		
1	中国石油天然气股份有限公司天然气销售分公司	北京市
	（1）中国石油天然气股份有限公司天然气销售北方分公司	北京市
	（2）中国石油天然气股份有限公司天然气销售东部分公司	上海市
	（3）中国石油天然气股份有限公司天然气销售西部分公司	新疆维吾尔自治区乌鲁木齐市
	（4）中国石油天然气股份有限公司天然气销售西南分公司	四川省成都市（由西南油气田分公司管理）
	（5）中国石油天然气股份有限公司天然气销售南方分公司	广东省广州市
	（6）中国石油天然气股份有限公司天然气销售储备气分公司	北京市
2	中石油管道有限责任公司	北京市
	（1）中国石油天然气股份有限公司管道分公司	河北省廊坊市
	（2）中国石油天然气股份有限公司西气东输管道分公司	上海市
	（3）中国石油天然气股份有限公司西部管道分公司	新疆维吾尔自治区乌鲁木齐市

续表

单　位		地　址
2	（4）中国石油天然气股份有限公司西南管道分公司	四川省成都市
	（5）中石油北京天然气管道有限公司	北京市
	（6）中国石油天然气股份有限公司北京油气调控中心	北京市
七、海外企业（1 个）		
1	中石油阿姆河天然气勘探开发（北京）有限公司	
八、科研及事业单位（3 个）		
1	中国石油天然气股份有限公司勘探开发研究院	北京市
2	中国石油天然气股份有限公司规划总院	北京市
3	中国石油天然气股份有限公司石油化工研究院	北京市
九、其他单位（3 个）		
1	中国石油国际事业有限公司	北京市
2	中国石油天然气股份有限公司信息技术服务中心	北京市
3	中石油香港有限公司	香港特别行政区

（刘　巍）

中国石油天然气股份有限公司组织机构见图 2。

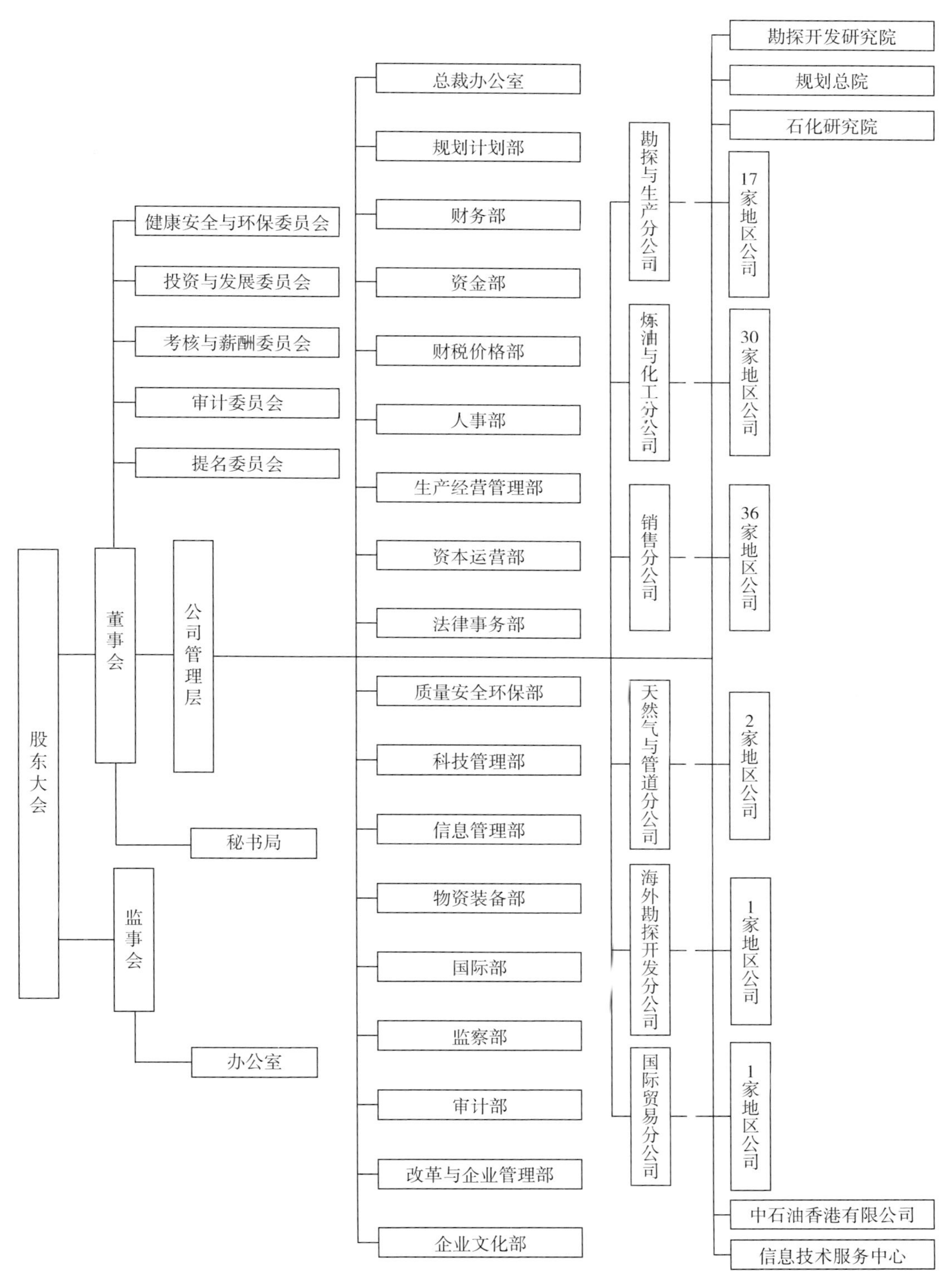

图 2　中国石油天然气股份有限公司组织机构图

董事会成员

序　号	姓　名	职　务
1	王宜林	中国石油天然气股份有限公司董事长
2	章建华	中国石油天然气股份有限公司副董事长
3	汪东进	中国石油天然气股份有限公司副董事长、执行董事
4	徐文荣	中国石油天然气股份有限公司非执行董事
5	喻宝才	中国石油天然气股份有限公司非执行董事
6	沈殿成	中国石油天然气股份有限公司非执行董事
7	刘跃珍	中国石油天然气股份有限公司非执行董事
8	刘宏斌	中国石油天然气股份有限公司非执行董事
9	赵政璋	中国石油天然气股份有限公司执行董事
10	陈志武	中国石油天然气股份有限公司独立非执行董事
11	理查德·马茨基	中国石油天然气股份有限公司独立非执行董事
12	林伯强	中国石油天然气股份有限公司独立非执行董事
13	张必贻	中国石油天然气股份有限公司独立非执行董事

董事会秘书

姓　名	职　务
吴恩来	中国石油天然气股份有限公司董事会秘书

监事会成员

序　号	姓　名	职　务
1	郭进平	中国石油天然气股份有限公司监事会主席
2	张凤山	中国石油天然气股份有限公司监事会股东代表监事
3	李庆毅	中国石油天然气股份有限公司监事会股东代表监事
4	贾忆民	中国石油天然气股份有限公司监事会股东代表监事

续表

序　号	姓　名	职　务
5	姜力孚	中国石油天然气股份有限公司监事会股东代表监事
6	杨　华	中国石油天然气股份有限公司监事会职工代表监事
7	李家民	中国石油天然气股份有限公司监事会职工代表监事
8	李文东	中国石油天然气股份有限公司监事会职工代表监事
9	刘宪华	中国石油天然气股份有限公司监事会职工代表监事

总裁班子成员

序　号	姓　名	职　务
1	汪东进	中国石油天然气股份有限公司总裁（兼）
2	赵政璋	中国石油天然气股份有限公司副总裁（兼）
3	孙龙德	中国石油天然气股份有限公司副总裁
4	黄维和	中国石油天然气股份有限公司副总裁
5	徐福贵	中国石油天然气股份有限公司副总裁
6	蔺爱国	中国石油天然气股份有限公司总工程师
7	王立华	中国石油天然气股份有限公司副总裁
8	吕功训	中国石油天然气股份有限公司副总裁
9	田景惠	中国石油天然气股份有限公司副总裁

机关部门主要领导

序　号	单　位	总经理（主任）
1	总裁办公室	王志刚（兼）
2	规划计划部	侯启军
3	财务部	柴守平
4	资金部	陆　凌
5	财税价格部	刘　戬
6	人事部	刘志华

续表

序　号	单　位	总经理（主任）
7	生产经营管理部	苏　俊
8	资本运营部	贾忆民
9	法律事务部	郭进平（兼）
10	质量安全环保部	张凤山（兼）
11	科技管理部	隋　军
12	信息管理部	刘希俭
13	物资装备部	于洪金
14	国际部	李越强
15	监察部	马自勤
16	审计部	李庆毅
17	改革与企业管理部	姜力孚
18	企业文化部	曲广学
19	保卫部	李若平
20	直属机关党委	李正光（兼）
21	董事会秘书局	吴恩来（兼）

专业分公司主要领导

序　号	单　位	总经理、党委书记
1	勘探与生产分公司	赵政璋（兼）、吴　奇
2	炼油与化工分公司	徐福贵（兼）、杨继钢
3	销售分公司	田景惠（兼）
4	天然气与管道分公司	黄维和（兼）、凌　霄
5	海外勘探开发分公司	吕功训（兼）、王仲才
6	国际贸易分公司	赵　勇、王立华（兼）

所属企事业单位主要领导

序　号	单位名称	总经理（院长、主任）	党委书记
一、油气田企业（17个）			
1	大庆油田有限责任公司	孙龙德（兼）	王广昀
2	中国石油天然气股份有限公司辽河油田分公司	张志东	任芳祥
3	中国石油天然气股份有限公司长庆油田分公司	杨　华	冯尚存
4	中国石油天然气股份有限公司塔里木油田分公司	李鹭光（兼）	宋文杰
5	中国石油天然气股份有限公司新疆油田分公司	杨学文	陈新发
6	中国石油天然气股份有限公司西南油气田分公司	马新华	马新华
7	中国石油天然气股份有限公司吉林油田分公司	张德有	张德有
8	中国石油天然气股份有限公司大港油田分公司	赵贤正	张晓东
9	中国石油天然气股份有限公司青海油田分公司	付锁堂	付锁堂
10	中国石油天然气股份有限公司华北油田分公司	袁明生	周荣学
11	中国石油天然气股份有限公司吐哈油田分公司	徐可强	娄铁强
12	中国石油天然气股份有限公司冀东油田分公司	齐振林	杨盛杰
13	中国石油天然气股份有限公司玉门油田分公司	陈建军	陈建军
14	中国石油天然气股份有限公司浙江油田分公司	修景涛	汪鉴定
15	中石油煤层气有限责任公司	匡立春	匡立春
16	南方石油勘探开发有限责任公司	夏义平	夏义平
17	中国石油天然气股份有限公司对外合作经理部	李庆平（兼）	
二、炼化企业（30个）			
1	中国石油天然气股份有限公司大庆石化分公司	王德义	杨大明
2	中国石油天然气股份有限公司吉林石化分公司	孙树祯	邱　克
3	中国石油天然气股份有限公司抚顺石化分公司	李天书	钱新华
4	中国石油天然气股份有限公司辽阳石化分公司	白雪峰	李　军
5	中国石油天然气股份有限公司兰州石化分公司	李家民	李家民
6	中国石油天然气股份有限公司独山子石化分公司	陈俊豪	任军革

续表

序　号	单位名称	总经理（院长、主任）	党委书记
7	中国石油天然气股份有限公司乌鲁木齐石化分公司	王红晨	郝新刚
8	中国石油天然气股份有限公司宁夏石化分公司	陈　坚	陈　坚
9	中国石油天然气股份有限公司大连石化分公司	段良伟	李善春
10	中国石油天然气股份有限公司锦州石化分公司	陈　志	陈　志
11	中国石油天然气股份有限公司锦西石化分公司	吕文军	吕文军
12	中国石油天然气股份有限公司大庆炼化分公司	万志强	姜国骅
13	中国石油天然气股份有限公司哈尔滨石化分公司	庞晓东	王金娥
14	中国石油天然气股份有限公司广西石化分公司	雍瑞生	方栋良
15	中国石油四川石化有限责任公司	王　彬	陈位强
16	中国石油天然气股份有限公司大港石化分公司	杨　健	杨　健
17	中国石油天然气股份有限公司广东石化分公司	魏　强	魏　强
18	中石油云南石化有限公司	金彦江	于明祥
19	中国石油天然气股份有限公司华北石化分公司	张栋杰	张栋杰
20	中国石油天然气股份有限公司呼和浩特石化分公司	姜　文	刘至祥
21	中国石油天然气股份有限公司辽河石化分公司	李京辉	刘德佳
22	中国石油天然气股份有限公司长庆石化分公司	李汝新	李汝新
23	中石油克拉玛依石化有限责任公司	许立甲	默新社
24	中国石油天然气股份有限公司庆阳石化分公司	赵玉军	张豫锋
25	中国石油天然气股份有限公司东北化工销售分公司	裴宏斌	裴宏斌
26	中国石油天然气股份有限公司西北化工销售分公司	陈　磊	高志文
27	中国石油天然气股份有限公司华东化工销售分公司	崔柳凡	崔柳凡
28	中国石油天然气股份有限公司华北化工销售分公司	刘　杰	阎智才
29	中国石油天然气股份有限公司华南化工销售分公司	马宗立（副总经理，主持工作）	
30	中国石油天然气股份有限公司西南化工销售分公司	孙克栋	孙克栋
三、销售企业（36 个）			
1	中国石油天然气股份有限公司东北销售分公司	吴　汉	于　力
2	中国石油天然气股份有限公司西北销售分公司	刘守德	刘守德
3	中国石油天然气股份有限公司北京销售分公司	朱圣珍	王力国
4	中国石油天然气股份有限公司上海销售分公司	杨昌陶	杨昌陶

续表

序号	单位名称	总经理（院长、主任）	党委书记
5	中国石油天然气股份有限公司湖北销售分公司	王建国	王长根
6	中国石油天然气股份有限公司广东销售分公司	李占宁	朱荣生
7	中国石油天然气股份有限公司云南销售分公司	兰建彬	赵剑春
8	中国石油天然气股份有限公司辽宁销售分公司	刘宪华	冀玉军
9	中国石油天然气股份有限公司吉林销售分公司	严文年	刘兴忠
10	中国石油天然气股份有限公司黑龙江销售分公司	刘　刚	刘　刚
11	中国石油天然气股份有限公司天津销售分公司	朱喜龙	张安平
12	中国石油天然气股份有限公司河北销售分公司	杜丽学	杜丽学
13	中国石油天然气股份有限公司山西销售分公司	陈望远	张国宏
14	中国石油天然气股份有限公司内蒙古销售分公司	高殿龙	金安耀
15	中国石油天然气股份有限公司陕西销售分公司	李长安	杨子清
16	中国石油天然气股份有限公司甘肃销售分公司	刘建明	张国祥
17	中国石油天然气股份有限公司青海销售分公司	刘星国	虎仁山
18	中国石油天然气股份有限公司宁夏销售分公司	蒋杨贵	蒋杨贵
19	中石油新疆销售有限公司	悦仲林	王智利
20	中国石油天然气股份有限公司重庆销售分公司	刘　杰	蔡向阳
21	中国石油天然气股份有限公司四川销售分公司	付　斌	田玉军
22	中国石油天然气股份有限公司贵州销售分公司	曹景军	曹景军
23	中国石油天然气股份有限公司西藏销售分公司	刘华治	梁生光
24	中国石油天然气股份有限公司江苏销售分公司	佟福财	张　永
25	中国石油天然气股份有限公司浙江销售分公司	李　多	李　多
26	中国石油天然气股份有限公司安徽销售分公司	张用军	李向宇
27	中国石油天然气股份有限公司福建销售分公司	王广生	王明富
28	中国石油天然气股份有限公司江西销售分公司	张文荣	张文荣
29	中国石油天然气股份有限公司山东销售分公司	刘德祥	刘德祥
30	中国石油天然气股份有限公司河南销售分公司	马生荣	张海云
31	中国石油天然气股份有限公司湖南销售分公司	徐毅	陈建志
32	中国石油天然气股份有限公司广西销售分公司	高贤才	栾永江
33	中石油海南销售有限公司	赵尔全	赵尔全

续表

序　号	单位名称	总经理（院长、主任）	党委书记
34	中国石油天然气股份有限公司润滑油分公司	肖宏伟	肖宏伟
35	中石油燃料油有限责任公司	火金三	刘合合
36	中国石油天然气股份有限公司大连海运分公司	李俊海	贠广瑞
四、天然气管道储运企业（2个）			
1	中国石油天然气股份有限公司天然气销售分公司	黄维和（兼）	凌　霄（兼）
	（1）中国石油天然气股份有限公司天然气销售北方分公司	刘　志	刘　志
	（2）中国石油天然气股份有限公司天然气销售东部分公司	侯创业	侯创业
	（3）中国石油天然气股份有限公司天然气销售西部分公司	吴双全	吴双全
	（4）中国石油天然气股份有限公司天然气销售西南分公司	马新华	马新华
	（5）中国石油天然气股份有限公司天然气销售南方分公司	陈正惠	陈正惠
	（6）中国石油天然气股份有限公司天然气销售储备气分公司	林长海	白　玉
2	中石油管道有限责任公司	凌　霄（兼）	凌　霄（兼）
	（1）中国石油天然气股份有限公司管道分公司	丁建林	丁建林
	（2）中国石油天然气股份有限公司西气东输管道分公司	李文东	李文东
	（3）中国石油天然气股份有限公司西部管道分公司	闵希华	闵希华
	（4）中国石油天然气股份有限公司西南管道分公司	伍志明	伍志明
	（5）中石油北京天然气管道有限公司	张　余	张　余
	（6）中国石油天然气股份有限公司北京油气调控中心	黄泽俊（兼）	黄泽俊（兼）
五、海外企业（1个）			
1	中石油阿姆河天然气勘探开发（北京）有限公司	邓民敏	邓民敏
六、科研及事业单位（3个）			
1	中国石油天然气股份有限公司勘探开发研究院	赵文智	赵文智
2	中国石油天然气股份有限公司规划总院	王功礼	王功礼
3	中国石油天然气股份有限公司石油化工研究院	蔺爱国（兼）	何盛宝
七、其他单位（3个）			
1	中国石油国际事业有限公司	赵　勇	王立华（兼）
2	中国石油天然气股份有限公司信息技术服务中心	王同良（兼）	
3	中石油香港有限公司		赵永起

（徐　晓　王洪伟）

专家队伍

中国石油天然气集团公司两院院士

序　号	姓　名	院士类别	单　位
1	李德生	中国科学院院士	中国石油勘探开发研究院
2	王德民	中国工程院院士	大庆油田有限责任公司
3	翟光明	中国工程院院士	中国石油天然气集团公司咨询中心
4	郭尚平	中国科学院院士	中国石油勘探开发研究院
5	李庆忠	中国工程院院士	中国石油集团东方地球物理勘探有限责任公司
6	戴金星	中国科学院院士	中国石油勘探开发研究院
7	胡见义	中国工程院院士	中国石油勘探开发研究院
8	李鹤林	中国工程院院士	中国石油集团石油管工程技术研究院
9	邱中建	中国工程院院士	中国石油天然气集团公司咨询中心
10	韩大匡	中国工程院院士	中国石油勘探开发研究院
11	贾承造	中国科学院院士	中国石油天然气股份有限公司总部机关
12	苏义脑	中国工程院院士	中国石油钻井工程技术研究院
13	袁士义	中国工程院院士	中国石油天然气集团公司咨询中心
14	童晓光	中国工程院院士	中国石油天然气勘探开发公司
15	孙龙德	中国工程院院士	中国石油天然气股份有限公司总部机关
16	胡文瑞	中国工程院院士	中国石油天然气股份有限公司总部机关
17	黄维和	中国工程院院士	中国石油天然气股份有限公司总部机关
18	赵文智	中国工程院院士	中国石油勘探开发研究院

注：按当选时间先后排序。

（曹　月）

中国石油天然气集团公司在聘高级技术专家

序　号	工作单位	姓　名	专　业
1	大庆油田有限责任公司	金成志	地质勘探
2	大庆油田有限责任公司	黄　薇	地质勘探
3	大庆油田有限责任公司	蒙启安	地质勘探
4	大庆油田有限责任公司	冯子辉	地质勘探
5	大庆油田有限责任公司	门广田	地质勘探
6	大庆油田有限责任公司	牛丽娟	地质勘探
7	大庆油田有限责任公司	印长海	地质勘探
8	大庆油田有限责任公司	杜庆龙	油气田开发
9	大庆油田有限责任公司	庞彦明	油气田开发
10	大庆油田有限责任公司	兰中孝	油气田开发
11	大庆油田有限责任公司	杨　野	油气田开发
12	大庆油田有限责任公司	程杰成	油气田开发
13	大庆油田有限责任公司	伍晓林	油气田开发
14	大庆油田有限责任公司	周万富	油气田开发
15	大庆油田有限责任公司	王渝明	油气田开发
16	大庆油田有限责任公司	李杰训	油气田开发
17	大庆油田有限责任公司	王凤山	油气田开发
18	大庆油田有限责任公司	黄有泉	油气田开发
19	大庆油田有限责任公司	赵国忠	油气田开发
20	大庆油田有限责任公司	方　庆	油气田开发
21	大庆油田有限责任公司	朱　焱	油气田开发
22	大庆油田有限责任公司	姜洪福	油气田开发
23	大庆油田有限责任公司	宋承毅	工程建设与储运
24	大庆油田有限责任公司	陈忠喜	工程建设与储运
25	大庆油田有限责任公司	李玉春	工程建设与储运
26	大庆油田有限责任公司	赵雪峰	工程建设与储运

续表

序　号	工作单位	姓　名	专　业
27	大庆油田有限责任公司	李学军	工程建设与储运
28	大庆油田有限责任公司	刘兴斌	物探与测井
29	大庆油田有限责任公司	陈树民	物探与测井
30	大庆油田有限责任公司	王建民	物探与测井
31	大庆油田有限责任公司	王宏建	物探与测井
32	大庆油田有限责任公司	谢荣华	物探与测井
33	大庆油田有限责任公司	杨智光	钻　井
34	大庆油田有限责任公司	熊华平	信息工程
35	大庆油田有限责任公司	许代红	信息工程
36	中国石油辽河油田公司	陈　勋	钻　井
37	中国石油辽河油田公司	宋启辉	安全环保与质量标准
38	中国石油辽河油田公司	李晓光	地质勘探
39	中国石油辽河油田公司	陈振岩	地质勘探
40	中国石油辽河油田公司	单俊峰	地质勘探
41	中国石油辽河油田公司	张洪君	油气田开发
42	中国石油辽河油田公司	孙厚利	油气田开发
43	中国石油辽河油田公司	龚姚进	油气田开发
44	中国石油辽河油田公司	王立军	油气田开发
45	中国石油长庆油田公司	张文正	地质勘探
46	中国石油长庆油田公司	姚泾利	地质勘探
47	中国石油长庆油田公司	包洪平	地质勘探
48	中国石油长庆油田公司	赵振峰	油气田开发
49	中国石油长庆油田公司	李宪文	油气田开发
50	中国石油长庆油田公司	赵继勇	油气田开发
51	中国石油长庆油田公司	郑明科	油气田开发
52	中国石油长庆油田公司	石玉江	物探与测井
53	中国石油长庆油田公司	王大兴	物探与测井
54	中国石油塔里木油田公司	潘文庆	地质勘探

续表

序　号	工作单位	姓　名	专　业
55	中国石油塔里木油田公司	张丽娟	地质勘探
56	中国石油塔里木油田公司	肖香姣	油气田开发
57	中国石油塔里木油田公司	段文胜	物探与测井
58	中国石油塔里木油田公司	滕学清	钻　井
59	中国石油塔里木油田公司	李循迹	机　械
60	中国石油塔里木油田公司	谢会文	地质勘探
61	中国石油塔里木油田公司	韩剑发	地质勘探
62	中国石油塔里木油田公司	杨海军	地质勘探
63	中国石油塔里木油田公司	肖承文	物探与测井
64	中国石油塔里木油田公司	彭更新	物探与测井
65	中国石油新疆油田公司	阿布力米提	地质勘探
66	中国石油新疆油田公司	唐　勇	地质勘探
67	中国石油新疆油田公司	许长福	油气田开发
68	中国石油新疆油田公司	钱根葆	油气田开发
69	中国石油新疆油田公司	潘竟军	油气田开发
70	中国石油新疆油田公司	章　敬	油气田开发
71	中国石油新疆油田公司	覃建华	油气田开发
72	中国石油新疆油田公司	孙中春	物探与测井
73	中国石油新疆油田公司	石国伟	信息工程
74	中国石油西南油气田公司	温崇荣	石油炼制
75	中国石油西南油气田公司	向启贵	安全环保与质量标准
76	中国石油西南油气田公司	罗　勤	安全环保与质量标准
77	中国石油西南油气田公司	杨　光	地质勘探
78	中国石油西南油气田公司	洪海涛	地质勘探
79	中国石油西南油气田公司	冯　曦	油气田开发
80	中国石油西南油气田公司	何金龙	石油化工
81	中国石油西南油气田公司	李万俊	安全环保与质量标准
82	中国石油吉林油田公司	江　涛	地质勘探

续表

序号	工作单位	姓名	专业
83	中国石油吉林油田公司	魏兆胜	油气田开发
84	中国石油吉林油田公司	张应安	油气田开发
85	中国石油吉林油田公司	孙锐艳	工程建设与储运
86	中国石油吉林油田公司	张大伟	物探与测井
87	中国石油大港油田公司	王振升	地质勘探
88	中国石油大港油田公司	周建生	地质勘探
89	中国石油大港油田公司	周立宏	地质勘探
90	中国石油大港油田公司	肖敦清	地质勘探
91	中国石油大港油田公司	李洪香	地质勘探
92	中国石油大港油田公司	蔡明俊	油气田开发
93	中国石油大港油田公司	刘延平	油气田开发
94	中国石油大港油田公司	任宝生	油气田开发
95	中国石油大港油田公司	马先平	油气田开发
96	中国石油大港油田公司	祝文亮	物探与测井
97	中国石油青海油田公司	刘云田	地质勘探
98	中国石油青海油田公司	马达德	地质勘探
99	中国石油青海油田公司	汪立群	地质勘探
100	中国石油青海油田公司	贾锁刚	油气田开发
101	中国石油青海油田公司	胡　杰	物探与测井
102	中国石油华北油田公司	金凤鸣	地质勘探
103	中国石油华北油田公司	王　权	地质勘探
104	中国石油华北油田公司	肖　阳	地质勘探
105	中国石油华北油田公司	梅永贵	油气田开发
106	中国石油华北油田公司	胡书宝	油气田开发
107	中国石油华北油田公司	梁星如	油气田开发
108	中国石油华北油田公司	吕传炳	油气田开发
109	中国石油华北油田公司	冯玉敏	信息工程
110	中国石油吐哈油田公司	刘德基	油气田开发

续表

序　号	工作单位	姓　名	专　业
111	中国石油冀东油田公司	王晓文	地质勘探
112	中国石油冀东油田公司	陈仁保	油气田开发
113	中国石油冀东油田公司	刘泉海	油气田开发
114	中国石油冀东油田公司	冯京海	钻　井
115	中国石油玉门油田公司	孙梦慈	钻　井
116	中石油煤层气有限责任公司	温声明	地质勘探
117	中国石油大庆石化公司	张春刚	石油炼制
118	中国石油大庆石化公司	王　震	石油炼制
119	中国石油大庆石化公司	朱连勋	石油化工
120	中国石油大庆石化公司	王景良	石油化工
121	中国石油大庆石化公司	戴建军	机　械
122	中国石油大庆石化公司	张弘旻	信息工程
123	中国石油吉林石化公司	陆书来	石油化工
124	中国石油吉林石化公司	蔡小平	石油化工
125	中国石油吉林石化公司	王　硕	石油化工
126	中国石油吉林石化公司	陈光岩	石油化工
127	中国石油吉林石化公司	肖建文	石油化工
128	中国石油吉林石化公司	王建民	信息工程
129	中国石油抚顺石化公司	李洪国	石油化工
130	中国石油辽阳石化公司	王　健	石油化工
131	中国石油辽阳石化公司	张元礼	石油化工
132	中国石油辽阳石化公司	赵建国	石油化工
133	中国石油兰州石化公司	王福善	石油化工
134	中国石油兰州石化公司	赵东波	石油化工
135	中国石油兰州石化公司	张　霖	石油化工
136	中国石油兰州石化公司	张君屹	石油炼制
137	中国石油兰州石化公司	齐永新	石油化工
138	中国石油兰州石化公司	张守汉	石油化工

续表

序　号	工作单位	姓　名	专　业
139	中国石油独山子石化公司	任　斌	石油炼制
140	中国石油独山子石化公司	赵　敏	石油炼制
141	中国石油乌鲁木齐石化公司	蔡海军	石油炼制
142	中国石油乌鲁木齐石化公司	徐亚荣	石油化工
143	中国石油大连石化公司	程　驰	石油炼制
144	中国石油大连石化公司	吴　宇	石油炼制
145	中国石油锦州石化公司	荆军航	石油化工
146	中国石油锦州石化公司	张玉东	石油化工
147	中国石油大港石化公司	季德伟	石油炼制
148	中国石油广东石化公司	连传敏	石油炼制
149	中国石油辽河石化公司	黄　鹤	石油炼制
150	中国石油克拉玛依石化公司	甄新平	石油炼制
151	中国石油克拉玛依石化公司	熊春珠	石油炼制
152	中国石油克拉玛依石化公司	熊良铨	石油炼制
153	大连西太平洋石化公司	姚元勋	石油炼制
154	中国石油管道公司	李国平	工程建设与储运
155	中国石油管道公司	冯庆善	工程建设与储运
156	中国石油管道公司	艾慕阳	工程建设与储运
157	中国石油管道公司	陈朋超	工程建设与储运
158	中国石油管道公司	谭东杰	工程建设与储运
159	中国石油管道公司	安绍旺	信息工程
160	中国石油集团西部钻探工程有限公司	陈　斌	物探与测井
161	中国石油集团西部钻探工程有限公司	陈若铭	钻　井
162	中国石油集团西部钻探工程有限公司	宋朝晖	钻　井
163	中国石油集团西部钻探工程有限公司	许树谦	钻　井
164	中国石油集团长城钻探工程有限公司	伍　东	物探与测井
165	中国石油集团长城钻探工程有限公司	王廷瑞	钻　井
166	中国石油集团长城钻探工程有限公司	赵齐辉	钻　井

续表

序　号	工作单位	姓　名	专　业
167	中国石油集团长城钻探工程有限公司	高远文	钻　井
168	中国石油集团长城钻探工程有限公司	张振华	钻　井
169	中国石油集团长城钻探工程有限公司	李建成	钻　井
170	中国石油集团长城钻探工程有限公司	李连江	钻　井
171	中国石油集团渤海钻探工程有限公司	柴细元	物探与测井
172	中国石油集团渤海钻探工程有限公司	王益山	钻　井
173	中国石油集团渤海钻探工程有限公司	马金山	钻　井
174	中国石油集团渤海钻探工程有限公司	张民立	钻　井
175	中国石油集团渤海钻探工程有限公司	陶瑞东	钻　井
176	中国石油集团渤海钻探工程有限公司	宋元洪	钻　井
177	中国石油集团渤海钻探工程有限公司	陈世春	钻　井
178	中国石油集团渤海钻探工程有限公司	魏春明	钻　井
179	中国石油集团川庆钻探工程有限公司	宋振云	油气田开发
180	中国石油集团川庆钻探工程有限公司	何洪勇	工程建设与储运
181	中国石油集团川庆钻探工程有限公司	陈　锋	物探与测井
182	中国石油集团川庆钻探工程有限公司	罗宏伟	物探与测井
183	中国石油集团川庆钻探工程有限公司	何光明	物探与测井
184	中国石油集团川庆钻探工程有限公司	巫芙蓉	物探与测井
185	中国石油集团川庆钻探工程有限公司	张晓斌	物探与测井
186	中国石油集团川庆钻探工程有限公司	齐宝权	物探与测井
187	中国石油集团川庆钻探工程有限公司	王长宁	钻　井
188	中国石油集团川庆钻探工程有限公司	孙海芳	钻　井
189	中国石油集团川庆钻探工程有限公司	韩烈祥	钻　井
190	中国石油集团东方地球物理勘探有限责任公司	王学军	地质勘探
191	中国石油集团东方地球物理勘探有限责任公司	康南昌	地质勘探
192	中国石油集团东方地球物理勘探有限责任公司	孙卫斌	物探与测井

续表

序　号	工作单位	姓　名	专　业
193	中国石油集团东方地球物理勘探有限责任公司	詹仕凡	物探与测井
194	中国石油集团东方地球物理勘探有限责任公司	李彦鹏	物探与测井
195	中国石油集团东方地球物理勘探有限责任公司	文佳敏	物探与测井
196	中国石油集团东方地球物理勘探有限责任公司	邓志文	物探与测井
197	中国石油集团东方地球物理勘探有限责任公司	李培明	物探与测井
198	中国石油集团东方地球物理勘探有限责任公司	全海燕	物探与测井
199	中国石油集团东方地球物理勘探有限责任公司	冯许魁	物探与测井
200	中国石油集团东方地球物理勘探有限责任公司	王成祥	物探与测井
201	中国石油集团东方地球物理勘探有限责任公司	戴晓云	物探与测井
202	中国石油集团东方地球物理勘探有限责任公司	柯本喜	物探与测井
203	中国石油集团东方地球物理勘探有限责任公司	赵　波	物探与测井
204	中国石油集团东方地球物理勘探有限责任公司	罗国安	物探与测井
205	中国石油集团东方地球物理勘探有限责任公司	陶知非	物探与测井
206	中国石油集团东方地球物理勘探有限责任公司	刘云祥	物探与测井
207	中国石油集团东方地球物理勘探有限责任公司	倪宇东	物探与测井
208	中国石油集团东方地球物理勘探有限责任公司	何永清	物探与测井
209	中国石油集团东方地球物理勘探有限责任公司	钱忠平	物探与测井
210	中国石油集团东方地球物理勘探有限责任公司	李阳明	信息工程
211	中国石油集团东方地球物理勘探有限责任公司	张志伟	信息工程

续表

序　号	工作单位	姓　名	专　业
212	中国石油集团东方地球物理勘探有限责任公司	王学军	信息工程
213	中国石油集团测井有限公司	岳爱忠	物探与测井
214	中国石油集团测井有限公司	贺　飞	物探与测井
215	中国石油集团测井有限公司	肖　宏	物探与测井
216	中国石油集团测井有限公司	孙宝佃	物探与测井
217	中国石油集团测井有限公司	朱　军	物探与测井
218	中国石油集团测井有限公司	包德洲	物探与测井
219	中国石油集团测井有限公司	李安宗	物探与测井
220	中国石油集团测井有限公司	章海宁	物探与测井
221	中国石油集团测井有限公司	陈　鹏	物探与测井
222	中国石油集团测井有限公司	李传伟	物探与测井
223	中国石油集团测井有限公司	万金彬	物探与测井
224	中国石油集团测井有限公司	余春昊	物探与测井
225	中国石油集团测井有限公司	陈　宝	物探与测井
226	中国石油集团海洋工程有限公司	韩文礼	工程建设与储运
227	中国石油集团海洋工程有限公司	李春润	工程建设与储运
228	中国石油集团海洋工程有限公司	刘爱萍	钻　井
229	中国石油天然气管道局	徐昌学	石油化工
230	中国石油天然气管道局	史　航	工程建设与储运
231	中国石油天然气管道局	董　旭	工程建设与储运
232	中国石油天然气管道局	廖宇平	工程建设与储运
233	中国石油天然气管道局	郭书太	工程建设与储运
234	中国石油天然气管道局	隋永莉	工程建设与储运
235	中国石油天然气管道局	张文伟	工程建设与储运
236	中国石油天然气管道局	孟凡彬	工程建设与储运
237	中国石油天然气管道局	白世武	工程建设与储运
238	中国石油天然气管道局	余志峰	工程建设与储运
239	中国石油天然气管道局	张　锋	机　械

续表

序　号	工作单位	姓　名	专　业
240	中国石油天然气管道局	聂中文	信息工程
241	中国石油工程建设公司	韩　冰	石油炼制
242	中国石油工程建设公司	谢恪谦	石油炼制
243	中国石油工程建设公司	谢崇亮	石油炼制
244	中国石油工程建设公司	任建生	石油炼制
245	中国石油工程建设公司	张香玲	石油炼制
246	中国石油工程建设公司	林洪俊	工程建设与储运
247	中国石油工程建设公司	夏志远	工程建设与储运
248	中国石油工程建设公司	薛金保	工程建设与储运
249	中国石油工程建设公司	朱元洪	安全环保与质量标准
250	中国石油集团工程设计有限责任公司	张　红	工程建设与储运
251	中国石油集团工程设计有限责任公司	谌贵宇	工程建设与储运
252	中国石油集团工程设计有限责任公司	陈运强	工程建设与储运
253	中国石油集团工程设计有限责任公司	姜　放	工程建设与储运
254	中国石油集团工程设计有限责任公司	汤晓勇	工程建设与储运
255	中国寰球工程公司	鞠林青	石油炼制
256	中国寰球工程公司	王秋枫	石油化工
257	中国寰球工程公司	郭俊玲	石油化工
258	中国寰球工程公司	刘　博	工程建设与储运
259	中国寰球工程公司	郑建华	工程建设与储运
260	宝鸡石油机械有限责任公司	王定亚	机　械
261	宝鸡石油机械有限责任公司	黄悦华	机　械
262	宝鸡石油机械有限责任公司	刘宏亮	机　械
263	宝鸡石油机械有限责任公司	温宏伟	机　械
264	宝鸡石油机械有限责任公司	牛　辉	机　械
265	宝鸡石油机械有限责任公司	毕宗岳	机　械
266	宝鸡石油机械有限责任公司	杨忠文	机　械
267	中国石油集团济柴动力总厂	王令金	机　械

续表

序　号	工作单位	姓　名	专　业
268	中国石油集团渤海石油装备制造有限公司	王　旭	机　械
269	中国石油集团渤海石油装备制造有限公司	付彦宏	机　械
270	中国石油集团渤海石油装备制造有限公司	王树龙	机　械
271	中国石油集团渤海石油装备制造有限公司	张玉峰	机　械
272	中国石油集团渤海石油装备制造有限公司	田　鹏	机　械
273	中石油阿姆河天然气勘探开发（北京）有限公司	吴先忠	钻　井
274	中国石油勘探开发研究院	侯连华	地质勘探
275	中国石油勘探开发研究院	郑俊章	地质勘探
276	中国石油勘探开发研究院	董大忠	地质勘探
277	中国石油勘探开发研究院	寿建峰	地质勘探
278	中国石油勘探开发研究院	赵孟军	地质勘探
279	中国石油勘探开发研究院	李　剑	地质勘探
280	中国石油勘探开发研究院	李小地	地质勘探
281	中国石油勘探开发研究院	张水昌	地质勘探
282	中国石油勘探开发研究院	魏国齐	地质勘探
283	中国石油勘探开发研究院	张光亚	地质勘探
284	中国石油勘探开发研究院	袁选俊	地质勘探
285	中国石油勘探开发研究院	潘校华	地质勘探
286	中国石油勘探开发研究院	李建忠	地质勘探
287	中国石油勘探开发研究院	王红军	地质勘探
288	中国石油勘探开发研究院	张义杰	地质勘探
289	中国石油勘探开发研究院	汪泽成	地质勘探
290	中国石油勘探开发研究院	沈安江	地质勘探
291	中国石油勘探开发研究院	王兆云	地质勘探
292	中国石油勘探开发研究院	朱怡翔	油气田开发

续表

序　号	工作单位	姓　名	专　业
293	中国石油勘探开发研究院	刘　合	油气田开发
294	中国石油勘探开发研究院	贾爱林	油气田开发
295	中国石油勘探开发研究院	冉启全	油气田开发
296	中国石油勘探开发研究院	秦积舜	油气田开发
297	中国石油勘探开发研究院	胥　云	油气田开发
298	中国石油勘探开发研究院	吴向红	油气田开发
299	中国石油勘探开发研究院	陈和平	油气田开发
300	中国石油勘探开发研究院	卢拥军	油气田开发
301	中国石油勘探开发研究院	何东博	油气田开发
302	中国石油勘探开发研究院	裴晓含	油气田开发
303	中国石油勘探开发研究院	杨贤友	油气田开发
304	中国石油勘探开发研究院	李秀峦	油气田开发
305	中国石油勘探开发研究院	常毓文	油气田开发
306	中国石油勘探开发研究院	高兴军	油气田开发
307	中国石油勘探开发研究院	王皆明	工程建设与储运
308	中国石油勘探开发研究院	甘利灯	物探与测井
309	中国石油勘探开发研究院	王才志	物探与测井
310	中国石油勘探开发研究院	杨午阳	物探与测井
311	中国石油勘探开发研究院	胡　英	物探与测井
312	中国石油勘探开发研究院	周灿灿	物探与测井
313	中国石油勘探开发研究院	冯　梅	信息工程
314	中国石油勘探开发研究院	龚仁彬	信息工程
315	中国石油勘探开发研究院	陶士振	地质勘探
316	中国石油勘探开发研究院	姚根顺	地质勘探
317	中国石油勘探开发研究院	朱如凯	地质勘探
318	中国石油勘探开发研究院	卫平生	地质勘探
319	中国石油勘探开发研究院	张志伟	地质勘探
320	中国石油勘探开发研究院	郭秋麟	地质勘探

续表

序　号	工作单位	姓　名	专　业
321	中国石油勘探开发研究院	张兴阳	地质勘探
322	中国石油勘探开发研究院	陈启林	地质勘探
323	中国石油勘探开发研究院	胡永乐	油气田开发
324	中国石油勘探开发研究院	熊春明	油气田开发
325	中国石油勘探开发研究院	丁云宏	油气田开发
326	中国石油勘探开发研究院	马德胜	油气田开发
327	中国石油勘探开发研究院	郭　睿	油气田开发
328	中国石油勘探开发研究院	李熙喆	油气田开发
329	中国石油勘探开发研究院	叶继根	油气田开发
330	中国石油勘探开发研究院	朱友益	油气田开发
331	中国石油勘探开发研究院	吴淑红	油气田开发
332	中国石油勘探开发研究院	田昌炳	油气田开发
333	中国石油勘探开发研究院	王红岩	油气田开发
334	中国石油勘探开发研究院	王红庄	油气田开发
335	中国石油勘探开发研究院	丁国生	工程建设与储运
336	中国石油勘探开发研究院	雍学善	物探与测井
337	中国石油勘探开发研究院	张　研	物探与测井
338	中国石油勘探开发研究院	曹　宏	物探与测井
339	中国石油勘探开发研究院	高建虎	物探与测井
340	中国石油勘探开发研究院	李劲松	物探与测井
341	中国石油勘探开发研究院	石玉梅	物探与测井
342	中国石油勘探开发研究院	李　宁	物探与测井
343	中国石油勘探开发研究院	王克文	物探与测井
344	中国石油勘探开发研究院	冯庆付	物探与测井
345	中国石油勘探开发研究院	时付更	信息工程
346	中国石油勘探开发研究院	高圣平	安全环保与质量标准
347	中国石油规划总院	张福琴	石油炼制
348	中国石油规划总院	杨维军	石油炼制

续表

序　号	工作单位	姓　名	专　业
349	中国石油规划总院	赵忠德	工程建设与储运
350	中国石油规划总院	孙春良	工程建设与储运
351	中国石油规划总院	吴　浩	工程建设与储运
352	中国石油规划总院	和冬梅	信息工程
353	中国石油规划总院	袁维宁	信息工程
354	中国石油规划总院	王　华	信息工程
355	中国石油规划总院	骆科东	信息工程
356	中国石油规划总院	杨文军	信息工程
357	中国石油规划总院	段　伟	安全环保与质量标准
358	中国石油规划总院	陈由旺	安全环保与质量标准
359	中国石油规划总院	余绩庆	安全环保与质量标准
360	中国石油规划总院	于景琦	安全环保与质量标准
361	中国石油石油化工研究院	刘宏海	石油炼制
362	中国石油石油化工研究院	李文乐	石油炼制
363	中国石油石油化工研究院	胡　胜	石油炼制
364	中国石油石油化工研究院	张学军	石油炼制
365	中国石油石油化工研究院	张艳梅	石油炼制
366	中国石油石油化工研究院	李雪静	石油炼制
367	中国石油石油化工研究院	朱博超	石油化工
368	中国石油石油化工研究院	龚光碧	石油化工
369	中国石油石油化工研究院	谭都平	石油化工
370	中国石油石油化工研究院	李振宇	石油化工
371	中国石油石油化工研究院	王斯晗	石油化工
372	中国石油石油化工研究院	张文成	石油炼制
373	中国石油石油化工研究院	高　飞	石油炼制
374	中国石油石油化工研究院	张忠东	石油炼制
375	中国石油石油化工研究院	赵愉生	石油炼制
376	中国石油石油化工研究院	高雄厚	石油炼制

续表

序　号	工作单位	姓　名	专　业
377	中国石油石油化工研究院	胡长禄	石油炼制
378	中国石油石油化工研究院	刘从华	石油炼制
379	中国石油石油化工研究院	白跃华	石油炼制
380	中国石油石油化工研究院	兰　玲	石油炼制
381	中国石油石油化工研究院	张志华	石油炼制
382	中国石油石油化工研究院	庞新梅	石油炼制
383	中国石油石油化工研究院	李建忠	石油炼制
384	中国石油石油化工研究院	义建军	石油化工
385	中国石油石油化工研究院	梁　滔	石油化工
386	中国石油石油化工研究院	梁顺琴	石油化工
387	中国石油石油化工研究院	钱　颖	石油化工
388	中国石油石油化工研究院	邹恩广	石油化工
389	中国石油集团经济技术研究院	何艳青	油气田开发
390	中国石油集团经济技术研究院	杨　虹	物探与测井
391	中国石油集团钻井工程技术研究院	孙金声	钻　井
392	中国石油集团钻井工程技术研究院	周英操	钻　井
393	中国石油集团钻井工程技术研究院	贺会群	钻　井
394	中国石油集团钻井工程技术研究院	葛云华	钻　井
395	中国石油集团钻井工程技术研究院	盛利民	钻　井
396	中国石油集团钻井工程技术研究院	汪海阁	钻　井
397	中国石油集团钻井工程技术研究院	申瑞臣	钻　井
398	中国石油集团钻井工程技术研究院	刘硕琼	钻　井
399	中国石油集团钻井工程技术研究院	王　玺	钻　井
400	中国石油集团钻井工程技术研究院	赵　庆	钻　井
401	中国石油集团钻井工程技术研究院	马青芳	机　械
402	中国石油集团安全环保技术研究院	冒亚明	信息工程
403	中国石油集团安全环保技术研究院	卢　明	信息工程
404	中国石油集团安全环保技术研究院	邓　皓	安全环保与质量标准

续表

序　号	工作单位	姓　名	专　业
405	中国石油集团安全环保技术研究院	仝　坤	安全环保与质量标准
406	中国石油集团安全环保技术研究院	王其华	安全环保与质量标准
407	中国石油集团安全环保技术研究院	杜卫东	安全环保与质量标准
408	中国石油集团安全环保技术研究院	王嘉麟	安全环保与质量标准
409	中国石油集团安全环保技术研究院	刘光全	安全环保与质量标准
410	中国石油集团安全环保技术研究院	王占生	安全环保与质量标准
411	中国石油集团安全环保技术研究院	裴玉起	安全环保与质量标准
412	中国石油集团安全环保技术研究院	熊运实	安全环保与质量标准
413	中国石油集团安全环保技术研究院	雷文章	安全环保与质量标准
414	中国石油集团安全环保技术研究院	杜　民	安全环保与质量标准
415	中国石油集团安全环保技术研究院	李兴春	安全环保与质量标准
416	中国石油集团石油管工程技术研究院	罗金恒	机　械
417	中国石油集团石油管工程技术研究院	赵新伟	机　械
418	中国石油集团石油管工程技术研究院	戚东涛	机　械
419	中国石油集团石油管工程技术研究院	白真权	机　械
420	中国石油集团石油管工程技术研究院	池　强	机　械
421	中国石油集团石油管工程技术研究院	王新虎	机　械
422	中国石油集团石油管工程技术研究院	韩礼红	机　械
423	中国石油集团石油管工程技术研究院	吉玲康	机　械
424	中国石油集团石油管工程技术研究院	马秋荣	机　械
425	中国石油集团石油管工程技术研究院	熊庆人	机　械
426	中国石油润滑油公司	李韶辉	石油炼制
427	中国石油润滑油公司	马书杰	石油炼制
428	中国石油润滑油公司	糜莉萍	石油炼制
429	中国石油润滑油公司	伏喜胜	石油化工
430	中国石油拉美公司	林金逞	地质勘探
431	中国石油尼罗河公司	王国林	地质勘探

注：表中所列为截至2016年底集团公司在聘高级技术专家。

（曹　月）

中国石油天然气集团公司技能专家

序　号	单　位	姓　名	专　业	工　种
1	大庆油田有限责任公司	任相财	采油采气	采油工
2	大庆油田有限责任公司	高亚全	采油采气	采油工
3	大庆油田有限责任公司	宋颜生	采油采气	采油工
4	大庆油田有限责任公司	贾福林	采油采气	采油工
5	大庆油田有限责任公司	何显斌	采油采气	采油工
6	大庆油田有限责任公司	宋宝玉	采油采气	采油工
7	大庆油田有限责任公司	刘　丽	采油采气	采油工
8	大庆油田有限责任公司	刘艳红	采油采气	采油工
9	大庆油田有限责任公司	张有兴	采油采气	采油工
10	大庆油田有限责任公司	杨海波	采油采气	采油工
11	大庆油田有限责任公司	刘洪俊	采油采气	采油工
12	大庆油田有限责任公司	赵海涛	采油采气	采油工
13	大庆油田有限责任公司	张朋娟	采油采气	采油工
14	大庆油田有限责任公司	王维民	测　井	测井工
15	大庆油田有限责任公司	张光洲	测　井	测井工
16	大庆油田有限责任公司	刘秀庆	测　井	测井工
17	大庆油田有限责任公司	许　斌	机械制造	车　工
18	大庆油田有限责任公司	倪来兴	工程施工	电焊工
19	大庆油田有限责任公司	刘忠波	工程施工	电焊工
20	大庆油田有限责任公司	郭建明	工程施工	电焊工
21	大庆油田有限责任公司	刘永庆	工程施工	电焊工
22	大庆油田有限责任公司	都宏海	工程施工	电焊工
23	大庆油田有限责任公司	王召军	工程施工	电焊工
24	大庆油田有限责任公司	江成明	集　输	集输工
25	大庆油田有限责任公司	王运成	集　输	集输工

续表

序　号	单　位	姓　名	专　业	工　种
26	大庆油田有限责任公司	罗贤银	集　输	集输工
27	大庆油田有限责任公司	张艳华	集　输	集输工
28	大庆油田有限责任公司	胡延军	集　输	集输工
29	大庆油田有限责任公司	付荣娟	集　输	集输工
30	大庆油田有限责任公司	杜景田	集　输	集输工
31	大庆油田有限责任公司	王惠玲	集　输	集输工
32	大庆油田有限责任公司	王　汀	供　电	继电保护工
33	大庆油田有限责任公司	孙玉才	井下作业	井下作业工
34	大庆油田有限责任公司	赵春海	井下作业	井下作业工
35	大庆油田有限责任公司	李旭东	井下作业	井下作业工
36	大庆油田有限责任公司	杨怀宇	机械制造	钳　工
37	大庆油田有限责任公司	张肃江	井下作业	潜油电泵作业工
38	大庆油田有限责任公司	赵福前	测　井	射孔取心工
39	大庆油田有限责任公司	于维敏	工程施工	石油金属结构制作工
40	大庆油田有限责任公司	齐志民	钻　井	石油钻井工
41	大庆油田有限责任公司	孙景阳	钻　井	石油钻井工
42	大庆油田有限责任公司	刘可夫	供　电	维修电工
43	大庆油田有限责任公司	邢恩福	仪器仪表安装修理	仪表安装工
44	大庆油田有限责任公司	张振增	工程施工	油气管线安装工
45	大庆油田有限责任公司	孔德生	工程施工	油气管线安装工
46	大庆油田有限责任公司	田兆义	钻　井	钻井液工
47	大庆油田有限责任公司	徐义千	钻　井	钻井液工
48	中国石油辽河油田公司	吴晓媛	供　电	变电站值班员
49	中国石油辽河油田公司	李　云	供　电	变电站值班员
50	中国石油辽河油田公司	杨振东	采油采气	采油工
51	中国石油辽河油田公司	高文斌	采油采气	采油工
52	中国石油辽河油田公司	单忠利	采油采气	采油工

续表

序　号	单　位	姓　名	专　业	工　种
53	中国石油辽河油田公司	姬梦阳	采油采气	采油工
54	中国石油辽河油田公司	朱明哲	采油采气	采油工
55	中国石油辽河油田公司	徐志强	采油采气	采油工
56	中国石油辽河油田公司	代新勇	采油采气	采油工
57	中国石油辽河油田公司	束滨霞	采油采气	采油工
58	中国石油辽河油田公司	郭发德	采油采气	采油工
59	中国石油辽河油田公司	赵奇峰	采油采气	采油工
60	中国石油辽河油田公司	曹建新	采油采气	采油工
61	中国石油辽河油田公司	杨　波	采油采气	采油工
62	中国石油辽河油田公司	柳转阳	采油采气	采油工
63	中国石油辽河油田公司	陈伟东	采油采气	采油工
64	中国石油辽河油田公司	徐贻文	采油采气	采油工
65	中国石油辽河油田公司	于增杰	采油采气	采油工
66	中国石油辽河油田公司	张金平	工程施工	电焊工
67	中国石油辽河油田公司	张殿杰	工程施工	电焊工
68	中国石油辽河油田公司	孙　洁	集　输	集输工
69	中国石油辽河油田公司	周　渝	井下作业	井下作业工
70	中国石油辽河油田公司	李桂库	井下作业	井下作业工
71	中国石油辽河油田公司	于占勇	供　电	配电线路工
72	中国石油辽河油田公司	张　云	采油采气	热注运行工
73	中国石油辽河油田公司	安宝奇	工程施工	油气管线安装工
74	中国石油长庆油田公司	程少春	采油采气	采油工
75	中国石油长庆油田公司	杨　玲	采油采气	采气工
76	中国石油长庆油田公司	刘美萍	采油采气	采油工
77	中国石油长庆油田公司	丁巨龙	采油采气	采油工
78	中国石油长庆油田公司	梁庆辉	采油采气	采油工
79	中国石油长庆油田公司	曹振峰	采油采气	采油工
80	中国石油长庆油田公司	孟亚莉	采油采气	采油工

续表

序　号	单　位	姓　名	专　业	工　种
81	中国石油长庆油田公司	张卫玲	采油采气	采油工
82	中国石油长庆油田公司	李永宏	采泊采气	采油工
83	中国石油长庆油田公司	于建平	采油采气	采油工
84	中国石油长庆油田公司	赵瑞元	井下作业	井下作业工
85	中国石油长庆油田公司	巩继云	井下作业	井下作业工
86	中国石油长庆油田公司	杨义兴	井下作业	井下作业工
87	中国石油长庆油田公司	梁东平	井下作业	井下作业工
88	中国石油长庆油田公司	李庆峰	井下作业	作业机司机
89	中国石油长庆油田公司	詹　斌	工程施工	电焊工
90	中国石油塔里木油田公司	徐　静	钻　井	钻井液工
91	中国石油塔里木油田公司	王爱民	化　肥	合成氨装置操作工
92	中国石油塔里木油田公司	张　明	供　电	电　工
93	中国石油新疆油田公司	杨　豪	集　输	输油工
94	中国石油新疆油田公司	肖　刚	集　输	输气工
95	中国石油新疆油田公司	陈林政	采油采气	热注运行工
96	中国石油新疆油田公司	靳光新	集　输	集输工
97	中国石油新疆油田公司	丁　建	集　输	集输工
98	中国石油新疆油田公司	卢风光	集　输	集输工
99	中国石油新疆油田公司	颜福新	采油采气	采油工
100	中国石油新疆油田公司	史建国	采油采气	采油工
101	中国石油新疆油田公司	陈其亮	采油采气	采油工
102	中国石油新疆油田公司	朱安江	采油采气	采油工
103	中国石油新疆油田公司	叶长新	采油采气	采油工
104	中国石油新疆油田公司	寇秀玲	采油采气	采油工
105	中国石油新疆油田公司	肉孜麦麦提·巴克	采油采气	采油工
106	中国石油新疆油田公司	魏昌建	采油采气	采油工
107	中国石油新疆油田公司	林　伟	采油采气	采油工

续表

序号	单位	姓名	专业	工种
108	中国石油新疆油田公司	张　军	采油采气	采油工
109	中国石油新疆油田公司	李海军	采油采气	采油工
110	中国石油新疆油田公司	朱建雄	采油采气	采气工
111	中国石油西南油气田公司	曾刚勇	集　输	油气管道保护工
112	中国石油西南油气田公司	李　强	化　工	天然气压缩机操作工
113	中国石油西南油气田公司	唐　军	化　工	天然气压缩机操作工
114	中国石油西南油气田公司	李爱民	天然气加工	天然气净化操作工
115	中国石油西南油气田公司	徐　飞	天然气加工	天然气净化操作工
116	中国石油西南油气田公司	曾云东	天然气加工	天然气净化操作工
117	中国石油西南油气田公司	谢宗宝	集　输	输气工
118	中国石油西南油气田公司	王　帅	工程施工	电焊工
119	中国石油西南油气田公司	李忠良	采油采气	采油工
120	中国石油西南油气田公司	林大川	仪器仪表安装修理	采输气仪表工
121	中国石油西南油气田公司	陈兴平	采油采气	采气工
122	中国石油西南油气田公司	夏仲华	采油采气	采气工
123	中国石油西南油气田公司	刘　辉	采油采气	采气工
124	中国石油西南油气田公司	姜婷婷	采油采气	采气工
125	中国石油吉林油田公司	左松波	供电	维修电工
126	中国石油吉林油田公司	李玉福	工程施工	石油金属结构制作工
127	中国石油吉林油田公司	杨化凤	采油采气	采油工
128	中国石油吉林油田公司	于淑华	采油采气	采油工
129	中国石油吉林油田公司	宋成立	采油采气	采油工
130	中国石油吉林油田公司	景　伟	采油采气	采油工
131	中国石油吉林油田公司	王瑞东	采油采气	采油工
132	中国石油吉林油田公司	张海山	采油采气	采油工
133	中国石油吉林油田公司	高兴业	供　电	变电检修工
134	中国石油吉林油田公司	王长海	供　电	变电检修工

续表

序　号	单　位	姓　名	专　业	工　种
135	中国石油大港油田公司	左学同	供　电	变压器检修工
136	中国石油大港油田公司	刘淑梅	采油采气	采油工
137	中国石油大港油田公司	赵常明	采油采气	采油工
138	中国石油大港油田公司	苏建斌	采油采气	采油工
139	中国石油大港油田公司	尤立红	采油采气	采油工
140	中国石油大港油田公司	周小东	采油采气	采油工
141	中国石油大港油田公司	李　健	集　输	集输工
142	中国石油大港油田公司	邓鲁宁	井下作业	井下作业工
143	中国石油大港油田公司	张树起	供　电	维修电工
144	中国石油大港油田公司	王普军	供　电	维修电工
145	中国石油大港油田公司	方继信	供　电	维修电工
146	中国石油大港油田公司	周忠军	采油采气	注水泵工
147	中国石油青海油田公司	张华先	采油采气	采油工
148	中国石油青海油田公司	姜　宏	集　输	集输工
149	中国石油青海油田公司	杨永磊	工程施工	电焊工
150	中国石油青海油田公司	陈向平	化　工	甲醇装置操作工
151	中国石油华北油田公司	李彦超	供　电	变电站值班员
152	中国石油华北油田公司	郭连升	采油采气	采油工
153	中国石油华北油田公司	匡　凯	采油采气	采油工
154	中国石油华北油田公司	杨培伦	采油采气	采油工
155	中国石油华北油田公司	胡东华	采油采气	采油工
156	中国石油华北油田公司	金海亮	供电	电　工
157	中国石油华北油田公司	冉俊义	工程施工	电焊工
158	中国石油华北油田公司	任绍全	供　电	电气试验工
159	中国石油华北油田公司	何　群	集　输	集输工
160	中国石油华北油田公司	邵明汝	供　电	继电保护工
161	中国石油华北油田公司	田　巍	供　电	继电保护工

续表

序　号	单　位	姓　名	专　业	工　种
162	中国石油华北油田公司	黄　祥	井下作业	井下作业工
163	中国石油华北油田公司	黄　树	井下作业	井下作业工
164	中国石油华北油田公司	孙连会	井下作业	井下作业工
165	中国石油吐哈油田公司	赵剑伟	采油采气	采油工
166	中国石油吐哈油田公司	徐志民	采油采气	采油工
167	中国石油吐哈油田公司	顾仲辉	采油采气	采油工
168	中国石油吐哈油田公司	陈　述	集　输	集输工
169	中国石油吐哈油田公司	江　龙	集　输	集输工
170	中国石油吐哈油田公司	吴占关	井下作业	井下作业工
171	中国石油冀东油田公司	赵松柏	采油采气	采油工
172	中国石油玉门油田公司	刘春杰	采油采气	采油工
173	中国石油玉门油田公司	富玉新	采油采气	采油工
174	中国石油玉门油田公司	沈庆华	机械修理	柴油机修理工
175	中国石油玉门油田公司	陈全柱	井下作业	井下作业工
176	中国石油大庆石化公司	包忠臣	炼　油	催化裂化装置操作工
177	中国石油大庆石化公司	贾洪彬	发　电	锅炉运行值班员
178	中国石油大庆石化公司	潘大龙	仪器仪表安装修理	仪表维修工
179	中国石油大庆石化公司	左成玉	化　工	乙烯装置操作工
180	中国石油大庆石化公司	刘铁彬	化　工	乙烯装置操作工
181	中国石油吉林石化公司	李宏光	化　工	二甲苯装置操作工
182	中国石油吉林石化公司	赵景林	化　肥	合成氨装置操作工
183	中国石油吉林石化公司	薛兰苗	机械修理	机泵维修钳工
184	中国石油吉林石化公司	李永翔	机械制造	钳　工
185	中国石油吉林石化公司	侯英杰	仪器仪表安装修理	仪表维修工
186	中国石油吉林石化公司	姜　涛	化　工	乙烯装置操作工
187	中国石油抚顺石化公司	田　军	化　工	丙烯腈装置操作工
188	中国石油抚顺石化公司	贾　亮	炼　油	常减压蒸馏装置操作工
189	中国石油抚顺石化公司	李　俊	炼油	催化裂化装置操作工

续表

序　号	单　位	姓　名	专　业	工　种
190	中国石油抚顺石化公司	郭建勇	机械修理	机泵维修钳工
191	中国石油抚顺石化公司	边　江	炼　油	酮苯脱蜡装置操作工
192	中国石油抚顺石化公司	张凤光	仪器仪表安装修理	仪表维修工
193	中国石油辽阳石化公司	刘　牧	工程施工	电焊工
194	中国石油辽阳石化公司	徐艳敏	科研与分析化验	化工分析工
195	中国石油辽阳石化公司	岳景春	机械修理	机泵维修钳工
196	中国石油辽阳石化公司	崔启福	炼　油	加氢裂化装置操作工
197	中国石油辽阳石化公司	郝冠杰	供　电	维修电工
198	中国石油辽阳石化公司	张海献	炼　油	延迟焦化装置操作工
199	中国石油兰州石化公司	巩国平	炼　油	常减压蒸馏装置操作工
200	中国石油兰州石化公司	吕仲光	工程施工	电焊工
201	中国石油兰州石化公司	张志强	化　工	丁苯橡胶装置操作工
202	中国石油兰州石化公司	杨子海	发　电	锅炉运行值班员
203	中国石油兰州石化公司	郭　星	科研与分析化验	化工分析工
204	中国石油兰州石化公司	尹金明	机械修理	机泵维修钳工
205	中国石油兰州石化公司	王忠民	仪器仪表安装修理	仪表维修工
206	中国石油兰州石化公司	吉　宁	仪器仪表安装修理	仪表维修工
207	中国石油兰州石化公司	孙青先	化　工	乙烯装置操作工
208	中国石油兰州石化公司	黄开炳	化　工	乙烯装置操作工
209	中国石油独山子石化公司	徐凯军	炼　油	常减压蒸馏装置操作工
210	中国石油独山子石化公司	张健新	炼　油	催化重整装置操作工
211	中国石油独山子石化公司	谷　刚	工程施工	电焊工
212	中国石油独山子石化公司	潘志强	科研与分析化验	化工分析工
213	中国石油独山子石化公司	陈文忠	机械修理	机泵维修钳工
214	中国石油独山子石化公司	祝雄心	机械修理	机泵维修钳工
215	中国石油独山子石化公司	杜胜利	炼　油	加氢裂化装置操作工
216	中国石油独山子石化公司	张全军	化　工	聚乙烯装置操作工
217	中国石油独山子石化公司	薛　魁	化　工	乙烯装置操作工

续表

序　号	单　位	姓　名	专　业	工　种
218	中国石油独山子石化公司	赖亚洲	工程施工	油气管线安装工
219	中国石油乌鲁木齐石化公司	胡志林	炼　油	催化裂化装置操作工
220	中国石油乌鲁木齐石化公司	张红梅	科研与分析化验	化工分析工
221	中国石油乌鲁木齐石化公司	许战军	化　工	精对苯二甲酸装置操作工
222	中国石油乌鲁木齐石化公司	李华山	仪器仪表安装修理	仪表维修工
223	中国石油宁夏石化公司	杨学智	化　肥	合成氨装置操作工
224	中国石油大连石化公司	荣　征	炼　油	催化裂化装置操作工
225	中国石油大连石化公司	张守前	炼　油	催化裂化装置操作工
226	中国石油大连石化公司	曹善志	机械修理	机泵维修钳工
227	中国石油大连石化公司	隋广鑫	化　工	聚丙烯装置操作工
228	中国石油大连石化公司	崔　健	炼　油	酮苯脱蜡装置操作工
229	中国石油大连石化公司	刘丛堂	仪器仪表安装修理	仪表安装工
230	中国石油锦州石化公司	盖保权	炼　油	催化裂化装置操作工
231	中国石油锦州石化公司	褚继勇	炼　油	催化重整装置操作工
232	中国石油锦州石化公司	徐　凯	机械修理	机泵维修钳工
233	中国石油锦西石化公司	王尚典	机械制造	车　工
234	中国石油锦西石化公司	荀　巍	机械修理	机泵维修钳工
235	中国石油大庆炼化公司	王东华	炼　油	催化裂化装置操作工
236	中国石油大庆炼化公司	张世凯	机械修理	机泵维修钳工
237	中国石油大庆炼化公司	王　健	供　电	维修电工
238	中国石油大庆炼化公司	何　琳	科研与分析化验	油品分析工
239	中国石油哈尔滨石化公司	刘　强	炼　油	催化裂化装置操作工
240	中国石油哈尔滨石化公司	林树国	供　电	维修电工
241	中国石油四川石化有限责任公司	张林涛	化　工	乙烯装置操作工
242	中国石油大港石化公司	王　峰	炼　油	催化裂化装置操作工
243	中国石油辽河石化公司	肖国营	炼　油	延迟焦化装置操作工
244	中石油克拉玛依石化有限责任公司	陈淑建	炼　油	催化重整装置操作工
245	中石油克拉玛依石化有限责任公司	段　猛	炼　油	润滑油加氢装置操作工

续表

序　号	单　位	姓　名	专　业	工　种
246	中石油克拉玛依石化有限责任公司	于红伟	炼　油	酮苯脱蜡装置操作工
247	中石油克拉玛依石化有限责任公司	马晓伟	炼　油	制氢装置操作工
248	中国石油集团东北炼化工程有限公司	刘延虎	工程施工	安装起重工
249	中国石油集团东北炼化工程有限公司	高振杰	工程施工	电焊工
250	中国石油集团东北炼化工程有限公司	郑秋林	工程施工	电焊工
251	中国石油集团东北炼化工程有限公司	徐龙杰	工程施工	电焊工
252	中国石油管道公司	尤庆宇	集　输	输油工
253	中国石油管道公司	孙福增	仪器仪表安装修理	仪表维修工
254	中国石油西部管道公司	黄　伟	机械修理	机泵维修钳工
255	中国石油集团西部钻探工程有限公司	谭忠斌	钻　井	固井工
256	中国石油集团西部钻探工程有限公司	谭文波	井下作业	井下作业工具工
257	中国石油集团西部钻探工程有限公司	武东生	钻　井	石油钻井工
258	中国石油集团西部钻探工程有限公司	张耀先	钻　井	石油钻井工
259	中国石油集团西部钻探工程有限公司	高永杰	钻　井	石油钻井工
260	中国石油集团西部钻探工程有限公司	妥　红	测　井	综合录井工
261	中国石油集团西部钻探工程有限公司	赵　峰	钻　井	钻井柴油机工
262	中国石油集团西部钻探工程有限公司	廖　明	钻　井	钻井柴油机工
263	中国石油集团西部钻探工程有限公司	周哲文	钻　井	钻井液工
264	中国石油集团西部钻探工程有限公司	王德平	钻　井	钻井液工
265	中国石油集团长城钻探工程有限公司	吴依东	测　井	测井工
266	中国石油集团长城钻探工程有限公司	徐长岗	仪器仪表安装修理	测井仪修工
267	中国石油集团长城钻探工程有限公司	黄　鹤	钻　井	石油钻井工
268	中国石油集团长城钻探工程有限公司	鲁政权	钻　井	钻井液工
269	中国石油集团渤海钻探工程有限公司	赵增权	井下作业	井下作业工
270	中国石油集团渤海钻探工程有限公司	张　勇	钻　井	石油钻井工
271	中国石油集团渤海钻探工程有限公司	李爱忠	钻　井	石油钻井工
272	中国石油集团渤海钻探工程有限公司	王金广	钻　井	钻井柴油机工

续表

序 号	单 位	姓 名	专 业	工 种
273	中国石油集团渤海钻探工程有限公司	杨砚杭	钻 井	钻井柴油机工
274	中国石油集团渤海钻探工程有限公司	王 信	钻 井	钻井液工
275	中国石油集团渤海钻探工程有限公司	王俊星	钻 井	钻井液工
276	中国石油集团川庆钻探工程有限公司	汪 敏	测 井	采气测试工
277	中国石油集团川庆钻探工程有限公司	熊 伟	测 井	测井工
278	中国石油集团川庆钻探工程有限公司	冉 鹏	供 电	电 工
279	中国石油集团川庆钻探工程有限公司	杨 平	工程施工	电焊工
280	中国石油集团川庆钻探工程有限公司	方福君	井下作业	井下作业工
281	中国石油集团川庆钻探工程有限公司	王 峰	井下作业	井下作业工
282	中国石油集团川庆钻探工程有限公司	田 军	井下作业	井下作业工
283	中国石油集团川庆钻探工程有限公司	田永彬	物 探	石油地震勘探工
284	中国石油集团川庆钻探工程有限公司	周 彬	物 探	石油物探测量工
285	中国石油集团川庆钻探工程有限公司	郑家志	物 探	石油物探测量工
286	中国石油集团川庆钻探工程有限公司	李 缨	钻 井	石油钻井工
287	中国石油集团川庆钻探工程有限公司	张 勇	钻 井	石油钻井工
288	中国石油集团川庆钻探工程有限公司	闵光平	钻 井	石油钻井工
289	中国石油集团川庆钻探工程有限公司	刘贵义	钻 井	石油钻井工
290	中国石油集团川庆钻探工程有限公司	高 强	钻 井	石油钻井工
291	中国石油集团川庆钻探工程有限公司	许绍俊	仪器仪表安装修理	仪表维修工
292	中国石油集团川庆钻探工程有限公司	郑 永	仪器仪表安装修理	仪表维修工
293	中国石油集团川庆钻探工程有限公司	王亚红	钻 井	钻井柴油机工
294	中国石油集团川庆钻探工程有限公司	朱亚峰	钻 井	钻井柴油机工
295	中国石油集团川庆钻探工程有限公司	李 刚	钻 井	钻井柴油机工
296	中国石油集团川庆钻探工程有限公司	唐润平	钻 井	钻井液工
297	中国石油集团川庆钻探工程有限公司	王国锋	井下作业	作业机司机
298	中国石油集团东方地球物理勘探有限责任公司	李福海	交通运输	汽车修理工
299	中国石油集团东方地球物理勘探有限责任公司	杨新勇	交通运输	汽车修理工

续表

序　号	单　位	姓　名	专　业	工　种
300	中国石油集团东方地球物理勘探有限责任公司	楚建设	物　探	石油地震勘探工
301	中国石油集团测井有限公司	刘百舟	测　井	测井绘解工
302	中国石油天然气管道局	吴宝华	工程施工	电焊工
303	中国石油天然气管道局	孔繁荣	工程施工	电焊工
304	中国石油天然气管道局	邵洪波	工程施工	电焊工
305	中国石油天然气管道局	张福强	工程施工	电焊工
306	中国石油天然气管道局	牛连山	工程施工	电焊工
307	中国石油天然气管道局	刘汉国	工程施工	电焊工
308	中国石油天然气管道局	高继宏	工程施工	电焊工
309	中国石油天然气管道局	邓隆庆	工程施工	工程电气设备安装调试工
310	中国石油天然气管道局	刘春肖	供　电	配电线路工
311	中国石油天然气管道局	孙洪业	工程施工	气焊工
312	中国石油天然气管道局	李济昌	机械制造	钳　工
313	中国石油天然气管道局	饶雪飞	工程施工	石油金属结构制作工
314	中国石油天然气管道局	白喜章	通　信	线务员
315	中国石油工程建设公司	赵承先	工程施工	电焊工
316	中国石油工程建设公司	丁自力	工程施工	电焊工
317	中国石油工程建设公司	慕香奎	工程施工	电焊工
318	中国石油工程建设公司	曹遂军	工程施工	电焊工
319	中国石油工程建设公司	董留寨	工程施工	电焊工
320	中国石油工程建设公司	刘新海	工程施工	电焊工
321	中国石油工程建设公司	王俊峰	工程施工	电焊工
322	中国石油工程建设公司	裴先峰	工程施工	电焊工
323	中国石油工程建设公司	刘新儒	工程施工	石油金属结构制作工
324	中国石油工程建设公司	王业民	技术监督	无损探伤工
325	中国石油集团工程设计有限责任公司	冯忠银	工程施工	电焊工
326	中国寰球工程公司	张仕经	工程施工	安装起重工

续表

序　号	单　位	姓　名	专　业	工　种
327	中国寰球工程公司	赵　辉	工程施工	电焊工
328	中国寰球工程公司	王兴平	工程施工	电焊工
329	中国寰球工程公司	陈君龙	工程施工	电焊工
330	宝鸡石油机械有限责任公司	谢碎祥	工程施工	电焊工
331	宝鸡石油机械有限责任公司	纪　林	机械制造	钢丝绳制造工
332	宝鸡石油机械有限责任公司	马新平	工程施工	石油金属结构制作工
333	宝鸡石油钢管有限责任公司	曹文军	机械制造	卷管成型工
334	宝鸡石油钢管有限责任公司	胡德虎	机械制造	埋弧焊管自动焊工
335	宝鸡石油钢管有限责任公司	强会明	技术监督	无损探伤工
336	中国石油集团济柴动力总厂	张传勇	机械制造	加工中心操作工
337	中国石油集团济柴动力总厂	樊少华	机械制造	内燃机装调工
338	中国石油集团济柴动力总厂	肖文光	机械制造	内燃机装调工
339	中国石油集团渤海石油装备制造有限公司	赵晓伟	机械修理	柴油机修理工
340	中国石油集团渤海石油装备制造有限公司	白国文	机械制造	车　工
341	中国石油集团渤海石油装备制造有限公司	刘子彦	机械制造	车　工
342	中国石油集团渤海石油装备制造有限公司	吴建文	机械制造	车　工
343	中国石油集团渤海石油装备制造有限公司	郎书科	工程施工	电焊工
344	中国石油集团渤海石油装备制造有限公司	王海生	工程施工	电焊工
345	中国石油集团渤海石油装备制造有限公司	伍华北	机械修理	机修钳工
346	中国石油集团渤海石油装备制造有限公司	厉彦东	机械制造	钳　工
347	中国石油集团渤海石油装备制造有限公司	高增志	机械制造	钳　工
348	中国石油集团渤海石油装备制造有限公司	石运超	机械制造	钳　工
349	中国石油集团渤海石油装备制造有限公司	王文卿	机械制造	钳　工
350	中国石油集团渤海石油装备制造有限公司	王栓海	机械制造	铣　工
351	中国石油天然气运输公司	宋光熙	机械修理	机修钳工
352	中国石油天然气运输公司	刘　东	交通运输	汽车修理工

注：表中所列为2015年集团公司评聘技能专家。

（何　波）

国家级技能大师工作室

序　号	单　位	工作室名称
1	大庆油田有限责任公司（3个）	任相财采油技能大师工作室
2		刘永庆焊接技能大师工作室
3		王汀电工技能大师工作室
4	中国石油辽河油田公司（2个）	束滨霞采油技能大师工作室
5		李桂库井下作业技能大师工作室
6	中国石油长庆油田公司（1个）	梁东平井下作业技能大师工作室
7	中国石油新疆油田公司（1个）	新疆油田储运技能大师工作室
8	中国石油大港油田公司（1个）	周小东技能大师工作室
9	中国石油大庆石化公司（1个）	左成玉技能大师工作室
10	中国石油抚顺石化公司（1个）	抚顺石化机械密封技能大师工作室
11	中国石油兰州石化公司（1个）	孙青先技能大师工作室
12	中国石油集团川庆钻探工程有限公司（1个）	冉鹏电工技能大师工作室
13	中国寰球工程公司（1个）	赵辉技能大师工作室

集团公司技能专家工作室

序　号	单　位	工作室名称
1	大庆油田有限责任公司（3个）	王召军焊接技能专家工作室
2		刘丽采油技能专家工作室
3		齐志民钻井技能专家工作室
4	中国石油辽河油田公司（1个）	张云热注运行技能专家工作室
5	中国石油长庆油田公司（2个）	丁巨龙采油技能专家工作室
6		梁庆辉采油技能专家工作室
7	中国石油塔里木油田公司（1个）	张明电工技能专家工作室
8	中国石油新疆油田公司（2个）	新疆油田采油技能专家工作室
9		新疆油田采气技能专家工作室
10	中国石油西南油气田公司（3个）	西南油气田采气技能专家工作室
11		西南油气田天然气净化技能专家工作室

续表

序　号	单　位	工作室名称
12	中国石油西南油气田公司（3 个）	西南油气田输气技能专家工作室
13	中国石油大港油田公司（2 个）	邓鲁宁井下作业技能专家工作室
14		赵常明采油技能专家工作室
15	中国石油青海油田公司（1 个）	杨永磊设备维修技能专家工作室
16	中国石油华北油田公司（2 个）	华北油田采油集输技能专家工作室
17		华北油田井下作业技能专家工作室
18	中国石油吐哈油田公司（2 个）	吐哈油田采油技能专家工作室
19		吐哈油田井下作业技能专家工作室
20	中国石油玉门油田公司（2 个）	玉门油田采油技能专家工作室
21		玉门油田井下作业技能专家工作室
22	中国石油抚顺石化公司（1 个）	抚顺石化机泵维修钳工技能专家工作室
23	中国石油辽阳石化公司（1 个）	辽阳石化机泵维修钳工技能专家工作室
24	中国石油兰州石化公司（1 个）	吕仲光技能专家工作室
25	中国石油独山子石化公司（1 个）	谷刚焊接技能专家工作室
26	中国石油乌鲁木齐石化公司（2 个）	李华山仪表维修技能专家工作室
27		许战军化工技能专家工作室
28	中国石油锦西石化公司（1 个）	锦西石化机泵维修钳工技能专家工作室
29	中国石油大港石化公司（1 个）	陈军舰机电仪技能专家工作室
30	中国石油集团西部钻探工程有限公司（1 个）	武东生打捞技能专家工作室
31	中国石油集团长城钻探工程有限公司（2 个）	长城钻探钻井技能专家工作室
32		长城钻探测井技能专家工作室
33	中国石油集团渤海钻探工程有限公司（1 个）	渤海钻探钻井技能专家工作室
34	中国石油集团东方地球物理勘探有限责任公司（3 个）	楚建设电子设备维修技能专家工作室
35		杨新勇汽车修理技能专家工作室
36		李福海汽车修理技能专家工作室
37	中国石油集团测井有限公司（1 个）	刘百舟测井解释技能专家工作室
38	中国石油工程建设公司（1 个）	董留寨焊接技能专家工作室
39	中国寰球工程公司（1 个）	张仕经起重技能专家工作室
40	中国石油集团东北炼化工程有限公司（2 个）	徐龙杰焊接技能专家工作室
41		刘延虎起重技能专家工作室

（何　波）

中国石油

大庆油田有限责任公司

铁人手扶刹把花岗岩雕像

大庆油田1959年发现、1960年开发，是我国目前最大的油田，也是世界上为数不多的特大型砂岩油田之一，由萨尔图、杏树岗、喇嘛甸等52个油气田组成，含油面积6000多平方千米。勘探范围包括黑龙江省全境，内蒙古海拉尔，吉林延吉、珲春，新疆塔里木东部等16个盆地，登记探矿权面积16.4万平方千米。现有二级单位52个，员工23.6万人，资产总额3738亿元。业务范围主要包括勘探开发、工程技术、工程建设、装备制造、油田化工、生产保障、矿区服务、高等教育、城市公交、多种经营等，具有较为完整的业务体系。

大庆油田开发建设57年来，在党和国家的亲切关怀下，在全国各条战线的大力支持下，一代又一代大庆人艰苦奋斗、顽强拼搏，创造了举世瞩目的历史成就，建成了我国最大的石油生产基地。累计探明石油地质储量64.71亿吨，生产原油23.06亿吨，上缴税费及各种资金2.6万亿元，为

大庆油田售电有限责任公司是大庆石油管理局全资子公司，也是中国石油第一家售电公司，由中国石油投资成立，注册资本金22000万元，资产原值157092万元，净值100446万元。具有配网运营权，主要以购售电和配电网运营为核心，同时覆盖清洁能源项目开发建设、新能源技术开发等范围，承接大庆油田配电网运营、收费及代理油田大用户购售电等业务，按照成立条件不受限制购买电量，现已成为全国105个增量配电网试点之一。已在天津、广西、内蒙古等省（市、区）成立11个售电分公司

维护国家石油供给安全、支持国民经济发展做出了高水平贡献。孕育形成了“爱国、创业、求实、奉献”的大庆精神，同井冈山精神、长征精神、延安精神、“两弹一星”精神、雷锋精神、改革开放精神等七大精神，构成了中国共产党的伟大精神，也是中华民族伟大精神的重要组成部分。创造了领先世界的陆相油田开发技术，主力油田采收率突破50%，比国内外同类油田高出10—15个百分点，先后荣获一次国家自然科学奖一等奖和3次国家科技进步奖特等奖，油田勘探开发与“两弹一星”等共同载入我国科技发展的史册。打造了过硬的铁人式职工队伍，涌现出铁人王进喜、新时期铁人王启民、大庆新铁人李新民为代表的一大批先进模范人物，锤炼了一支敢打硬仗、永创一流的英雄队伍。大庆油田的开发建设，发挥了国有大企业的辐射拉动作用，有力地带动了地方经济社会发展，促进了区域经济社会的繁荣发展。

地址：黑龙江省大庆市让胡路区
邮编：163002
电话：0459-5936660
传真：0459-5973125

中国石油天然气集团公司科学技术进步奖
CNPC Science and Technology Progress Award Certificate

证 书

为表彰中国石油天然气集团公司
科学技术进步奖获得者，特颁发此证书。

获奖项目：高含水油田节能节水关键技术研究

获奖单位：大庆油田有限责任公司
奖励等级：一等奖
证 书 号：2016-J-1-02-D01

2016年12月8日

“高含水油田节能节水关键技术研究”获中国石油天然气集团公司科学技术进步奖一等奖

荣誉证书

大庆油田有限责任公司：

你单位烷基苯磺酸盐研制及工业化生产项目，荣获黑龙江省“十二五”科技成果产业化突出贡献奖。

特颁此证，以资鼓励。

中共黑龙江省委办公厅　黑龙江省人民政府办公厅

二〇一六年八月

烷基苯磺酸盐研制及工业化生产项目获黑龙江省“十二五”科技成果产业化突出贡献奖

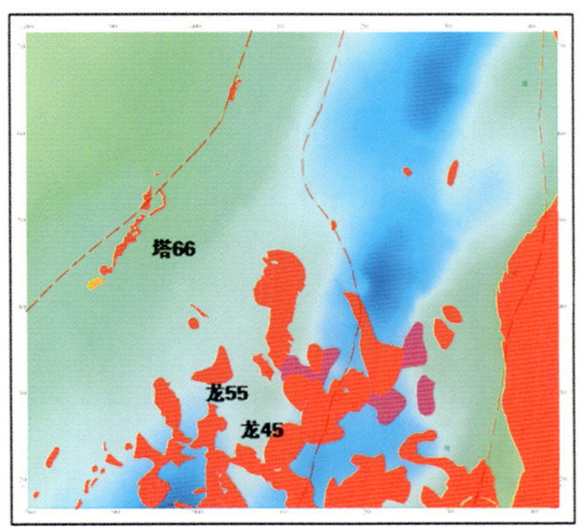

大庆油田针对成熟勘探区，开展富油凹陷再评价，加强构造、沉积、储层、成藏“四个精细”研究，重新认识资源潜力和有利目标，推进多层位立体精细勘探，老探区再现新活力，时隔多年再现高产井，龙西地区塔66、龙45、龙55井分获59、54、38立方米高产油流，龙西地区整体展现亿吨级规模，坚定了成熟勘探区寻找大发现的信心

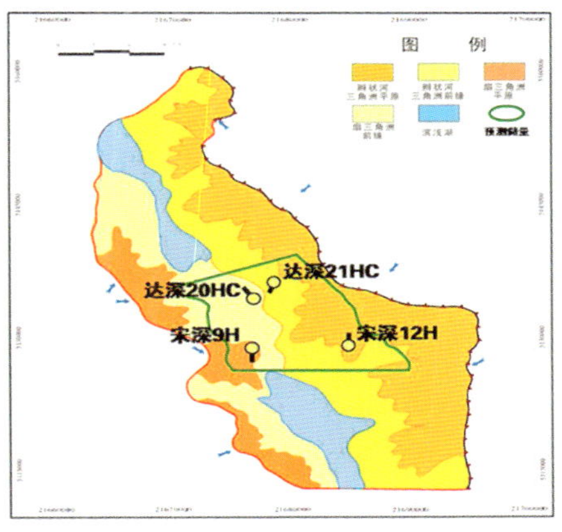

大庆油田通过精细研究、科技攻关，深层致密气勘探取得新成果。继宋深9H、宋深12H等4口水平井突破后，安达断陷南北拓展，两年提交预测储量868亿立方米，安达沙河子致密气展现千亿立方米规模

中国石油辽河油田公司

努力实现有质量、有效益、可持续发展

中国石油辽河油田公司隶属中国石油，地跨辽宁省、内蒙古自治区的12个市、32个县（旗），机关位于辽宁省盘锦市，是全国大型的稠油、高凝油生产基地。至2016年底，拥有员工90608人，各类设备23万台（套），固定资产原值1602亿元、净值483亿元；主要从事油气勘探开发、工程技术、工程建设、燃气利用、多种经营和矿区服务等业务。

勘探开发建设以来，累计在辽河盆地陆上、滩海和外围地区发现油气田40个，探明含油面积1099.06平方千米，探明石油地质储量24.12亿吨、可采储量6.05亿吨，投入开发建设油田35个、可采储量5.26亿吨；累计生产原油45.03亿吨、天然气863.05亿立方米；累计向国家和集团公司上缴利税费2800多亿元，始终位于辽宁省纳税企业前列，为保障国家能源安全和促进地方经济社会发展做出积极贡献。先后荣获“全国五一劳动奖状”“全国先进基层党组织”“中国企业管理杰出贡献奖”“全国精神文明建设先进单位”“中央企业先进集体”“中国管理竞争力百强企业”“全国职业安全健康先进单位”等荣誉称号。

形成中深层稠油蒸汽驱、蒸汽辅助重力泄油等多种具有国际领先水平的优势技术

集团公司董事长王宜林、总经理章建华到辽河油田调研，对辽河油田取得的工作成果和队伍整体面貌给予充分肯定和高度评价

2016年，面对国际油价持续走低的巨大挑战，辽河油田公司认真贯彻集团公司党组和辽宁省委省政府工作部署，全力攻坚克难，适时调整生产经营策略，各项工作在克服困难中取得新业绩、新进展，改革、发展、稳定迈出坚实的步伐，顺利实现“十三五”良好开局和扩大经营自主权3年改革试点圆满收官。

面对新形势、新任务，2017年辽河油田公司着眼履行政治、经济和社会“三大责任”，全面落实集团公司工作部署，坚持稳中求进总基调和稳健发展总方针，突出原油千万吨稳产和提质增效两条主线，着力深化改革，着力细化管理，着力强化创新，着力维护和谐稳定，着力加强党的建设、弘扬石油精神，保持稳中向好的发展态势，全面超额各项业绩指标，为集团公司持续稳健发展做出新的贡献。

建设安全、环保、和谐稳定的辽河油田

坚持深化改革，推进管理创新

地址：辽宁省盘锦市兴隆台区石油大街93号　　邮编：124010

电话：0427-7298001　　传真：0427-7822545

中国石油长庆油田公司

中国石油长庆油田公司总部位于陕西省西安市，是中国石油的地区分公司，主营鄂尔多斯盆地油气及伴生资源的勘探、开发、生产、储运和销售等业务。2013 年建成西部大庆以来，长庆油田公司紧紧围绕持续稳产和提质增效两大目标，突出油气勘探，着力夯实稳产资源基础；突出质量效益，着力提升油气开发水平、技术创新能力和经营管控水平；突出固本强基，着力抓好安全环保、党的建设、队伍建设、文化建设和反腐倡廉建设；突出和谐稳定，着力营造良好发展环境，努力推动新常态下企业发展转型升级，为集团公司有质量、有效益、可持续发展做出新贡献。

长庆油田公司开发的鄂尔多斯盆地，是典型的“三低”（低渗透、低压、低丰度）致密性油气藏，被称作“磨刀石”，开发属于世界难题。40 多年来，广大干部职工以“我为祖国献石油”的高度责任感和使命感、“敢为人先、挑战极限”的发展意识和“攻坚啃硬、拼搏进取”的实干精神，解放思想、挑战极限，克服重重困难推进技术创新、管理创新，形成具有长庆特色、代表低渗透油田先进水平的开发技术和管理模式，实现了长庆油田发展的历史性跨越，2013 年油气当量突破 5000 万吨，建成西部大庆。西部大庆的如期建成，是继 20 世纪 60 年代大庆油田开发建设以来，我国石油工业发展史上又一座具有标志性意义的里程碑，对保障国家能源安全、优化能源结构、促进国民经济快速发展具有重要意义。

地址：陕西省西安市未央路151号　　邮编：710018
电话：029－86596666　　传真：029－86599999

中国石油首套 30 万吨／年一体化集成橇装联合站

干净、整洁的丛式井组

中国石油西南油气田公司

中国石油西南油气田公司是隶属于中国石油的地区公司，主要负责四川、西昌盆地油气勘探开发、管输和销售业务，以及中国石油阿姆河项目天然气采输及净化生产作业。四川盆地天然气资源丰富，是世界上最早开采利用天然气的地方，也是新中国天然气工业的摇篮。西南油气田公司及其前身四川石油管理局在四川盆地半个多世纪的油气勘探开发历程中，建成了国内较早的天然气工业基地，建成了国内首个百亿气区和首个以生产天然气为主的千万吨级大油气田。

西南油气田公司具有天然气上、中、下游一体化完整产业链的鲜明特色和发展优势。在四川盆地及其周缘拥有油气勘查开采矿权 132 个、面积 16.7 万平方千米。截至 2016 年底，累计获得天然气探明储量 2.5 万亿立方米（含页岩气 1108 亿立方米），累计探明石油地质储量 8118 万吨，形成了良性循环的资源序列。在重庆、川中、蜀南等地有 5 个生产单位，生产井 1400 余口，投入生产的主要气藏为龙王庙组、石炭系、二叠系、三叠系礁滩等。已获气田 114 个，已开发气田 110 个，2016 年天然气工业产量 194.8 亿立方米，位列中国石油前列。天然气历年累计产量约 4000 亿立方米，约占同期全国天然气产量的 1/4，目前年产能 200 亿立方米。已获油田 5 个，全部投入开发，2016 年石油液体产量 10 万吨。历年产量 533 万吨，目前年产能 10 万吨。

建成了“三横、三纵、三环、一库”的骨干管网系统，并与全国管网连接，成为西南能源战略通道枢纽。集输气管道总长 2.07 万千米，干网输配能力达 300 亿米^3/年。通过中贵线、忠武线与全国管网连接，2012 年 7 月开始从中贵线下载气量。相国寺储气库库容 42.6 亿立方米，2013 年 6 月开始注气，2016 年库容达到 38.7 亿立方米。

强化产运销联动，安全平稳供气，2016 年销售天然气 40 亿立方米，实现收入 90.6 亿元

全力推进国家页岩气示范区建设，长宁、威远区块新井测试产量大幅提高

地址：四川省成都市府青路一段五号　邮编：610051
电话：028-86011689　传真：028-86011777

高磨地区震旦—寒武系勘探获得股份公司天然气勘探重大发现特等奖，川西北部上古生界勘探再获重要新进展

始终坚守安全环保红线，狠抓履职监督和责任落实，有效杜绝安全生产和环境污染事故

稳步推进龙王庙组气藏建设，圆满完成龙王庙组特大型气田产能建设任务，年生产能力达 110 亿立方米

合力推进川东北高含硫项目达产，罗家寨气田净化厂按计划成功投运并满负荷生产

天然气供应川、渝、云、贵等四省、市千余家大中型工业用户和 1500 多万户居民家庭以及 1 万多家公用事业用户，还外输至两湖等地。天然气在川渝地区一次能源消费结构中约占 12%，高于全国 5.9% 的平均水平，行业利用率 80%。川渝地区市场占有率 75% 以上。

建成最具特色的覆盖天然气全产业链的“油公司”研发体系。形成国家、四川省、集团公司、西南油气田“四位一体”重点实验室基础平台创新体系，建设水平位列集团公司前茅。在天然气产业从上游到下游的八大专业领域形成 12 大技术系列、96 项特色技术，23 项技术达到国际先进或国际领先水平，整体达到国内领先水平。

中国石油吐哈油田公司

中国石油吐哈油田公司隶属于中国石油天然气股份有限公司，是在20世纪80年代末国家提出“稳定东部、发展西部”石油发展战略的大背景下，按照“新体制、新技术，高水平、高效益”两新两高体制，开发建设起来的现代化油田。主要生产生活区域横跨丝绸古道重镇吐鲁番、哈密两地，北依北天山，南抵觉罗塔格山，东临文化艺术圣地敦煌，西接新疆维吾尔自治区首府乌鲁木齐市，交通便利，地域特色鲜明。

吐哈油田探区包括吐哈、三塘湖、银额等6个中小盆地，探矿权面积4.6万平方千米。自1991年2月正式开发建设，26年来在吐哈和三塘湖盆地落实7个亿吨级油气富集带，探明油气田23个；累计生产油气当量7517万吨，实现销售收入1428亿元、利润331亿元，上缴各项税费258亿元，已发展成集油气勘探与生产、工程技术服务于一体的现代化油田。先后荣获“全国五一劳动奖状”“全国文明单位”“全国模范劳动关系和谐企业”等60多项荣誉。现有员工13550人，资产总额221亿元。

由于油价大幅下跌，2016年是油田开发建设以来生产经营非常困难的一年。面对前所未有的压力与挑战，吐哈油田公司认真贯彻落实集团公司工作部署，深入开展开源节流降本增效活动，着力增资源、转方式、控投资、

台参1井

稠油开发

标准化压裂

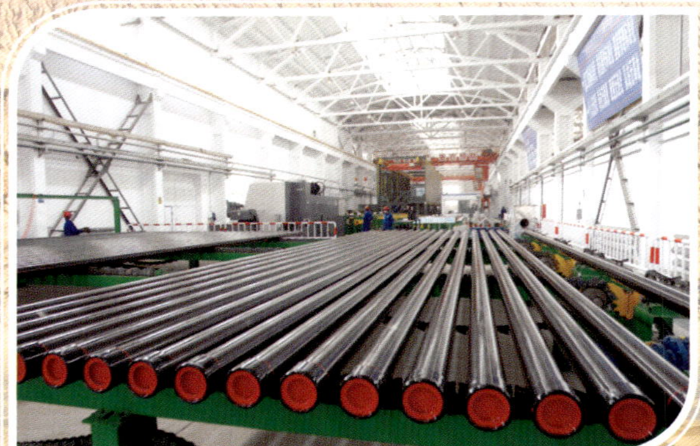
规范化生产

降成本、调结构、治亏损、严招标、促营销，有效应对了低油价冲击，取得好于预期的生产经营成果。全面完成储量产量任务，油气单位操作成本和完全成本分别较预算下降 9.2% 和 8.8%，账面税前利润较集团公司考核指标减亏 12.4 亿元，连续 13 年实现安全生产。党的建设、队伍建设、和谐油田建设取得新进展。

当前，国家深化国企改革和实施“一带一路”战略为吐哈油田发展带来良好机遇。吐哈油田公司将认真贯彻落实集团公司工作部署，坚定稳健发展目标，实施油气增长、低成本发展和创新驱动三大战略，推进结构优化、资产轻量化、人才强企、三大基础工程、企业党建工作五项举措，全面完成各项生产经营任务。同时认真履行三大责任，为新疆维吾尔自治区经济社会繁荣稳定发展做出新贡献。

地址：新疆维吾尔自治区鄯善县火车站镇
邮编：838202
电话：0995-8371354

全员健步走

精细操作

大漠勘探

中国石油冀东油田公司

塔式抽油机

中国石油冀东油田公司是中国石油天然气集团公司下属地区公司，主营业务包括油气勘探、开发、科研、油气集输、油气销售，以及油田工程技术、工程建设、机械制造、物资供应、电力通信、油田化学、矿区服务等为油田配套、保障、支持和服务业务。冀东油田成立于1988年4月，设16个机关处室、4个直属部门、23个二级单位（分公司）。

冀东油田总部机关坐落于渤海之滨、燕山南麓的京津唐“金三角”地带——河北省唐山市，勘探区域包括冀东探区和庙岛群岛探区，登记探矿权面积9846平方千米。其中，冀东勘探区域主要集中在唐山市东南部（包括渤海湾海域部分）和秦皇岛市南部辽东湾海域。唐山勘查区域位于渤海湾盆地黄骅坳陷北部，勘探面积4240平方千米；秦皇岛勘查区域位于渤海湾盆地渤中坳陷北部和辽东湾坳陷西南部，勘探面积2380平方

油气水密闭集输管道

精细油藏描述

地址：河北省唐山市新华西道51甲区　　邮编：063004
电话：0315-8766065

形势任务宣讲报告会

千米。庙岛群岛探区位于山东蓬莱与辽宁大连之间、渤海与北黄海交界处海域，勘探面积 3225 平方千米。自成立以来，冀东油田已发现并投入开发了高尚堡、柳赞、老爷庙、唐海、南堡 5 个油田。

面对新形势、新任务、新要求，冀东油田将深入学习贯彻十八大、十八届历次全会及习近平总书记系列重要讲话精神，认真落实集团公司党组的战略部署，加强党的建设，弘扬“石油精神”，坚持稳健发展方针，坚持“十三五”任务目标，坚持“硬增储、稳上产、提效益”根本任务，坚守“四个定力”，持续深化改革，强化安全、环保，重塑良好形象，实现质量效益发展。

冀东原油首次海运津门

“新远”牌真空加热炉远销埃及

绿色井场

中国石油抚顺石化公司

中国石油抚顺石化公司是我国炼油工业的摇篮，有 89 年的发展历史，是集“油化塑洗蜡剂”为一体的大型石油化工联合企业，下辖 23 家基层单位。现有全民员工 2.16 万人，集体企业职工 6000 余人。总占地面积 1270 万平方米，资产总额 311 亿元，年销售收入 500 亿元以上。主要生产装置 76 套，辅助及配套装置、设施 100 余套，原油一、二次加工能力 1150 万吨 / 年，化工产品生产能力 360 万吨 / 年。生产 300 多个牌号的石油化工产品，产品远销世界 50 多个国家和地区，是世界上独具特色的石蜡、烷基苯、贵金属催化剂生产基地。

抚顺石化科学管理、改革创新、逆势突围，一举摘掉连年巨额亏损的帽子，全面打赢了扭亏解困攻坚战，提前 4 年完成了国务院国资委下达的重点亏损企业 5 年减亏目标。2016 年盈利 39.5 亿元，同比增加 39.2 亿元，由业绩考核 C 级企业跃居至一类 A 级企业。综合管理水平显著提高，干部员工工作状态持续向好。

近年来，抚顺石化先后荣获“全国五一劳动奖状”“中央企业先进集体”“国家重合同守信用企业”“全国基层先进党组织”“全国精神文明建设单位”“中国 AAA 级信用企业”“全国企业文化示范单位”等荣誉称号；涌现出全国学习型十大标杆班组、全国职业道德建设百佳班组和党的十四、十六、十七、十八大代表，以及全国人大代表、全总

80 万吨 / 年乙烯联合装置

800 万吨 / 年常减压蒸馏装置

员工文艺汇演

地址：辽宁省抚顺市新抚区凤翔路45号　　邮编：113008

传真：（024）52420988　　电话：（024）52421988

十五大代表、全国劳动模范、中央企业“巾帼文明岗”、全国五一劳动奖章等一大批先进集体和个人，涌现出“王海班”、中转站、赵林源等一大批全国基层建设先进典型。

“十三五”时期抚顺石化将实现“4321”发展目标，即：强化四项基础工程——作风建设树立形象，人才强企激发活力，强化管理筑牢根基，安全环保稳定创造和谐。做好三篇文章——产业布局和结构调整更加科学合理，科技创新和产品研发更加增强核心竞争力，品牌价值和企业文化更加凝聚发展合力。实现两个确保——三大责任全面履行，改革发展成果惠及广大员工。完成一大目标——建成规模适度、特色突出、效益明显、指标先进的一流的现代化炼化企业。

员工安全技能趣味夺标赛

创建花园式工厂

装载首次进口石脑油的油轮驶入营口港

抚顺石化东部厂区鸟瞰图

中国石油兰州石化公司

中国石油兰州石化公司是集炼油、化工、装备制造、工程建设、检维修及矿区服务为一体的大型综合炼化企业，是中国西部重要的炼化生产基地，能源战略地位非常突出。公司地处甘肃省兰州市，现有土地总面积 30 平方千米，在册合同化员工 2 万人，总资产 261 亿元。

兰州石化的前身兰州炼油化工总厂、兰州化学工业公司均是国家“一五”期间 156 项重点工程项目，是新中国第一个现代化炼化生产企业，历来以出产品、出技术、出人才、出经验著称。目前，通过新建、改扩建一批装置，原油一次加工能力达到 1050 万吨 / 年，乙烯产能 70 万吨 / 年、化肥产能 52 万吨 / 年、

安全技能比武提升员工技能素质

精准操作、精细管理、精益运行

西藏那曲义务巡诊

文化活动丰富职工生活

地址：甘肃省兰州市西固区玉门街10号　邮编：730060
电话：0931-7933707　传真：0931-7561499

召开 2016 年度党风廉政建设和反腐败工作会议，筑牢廉洁底线

高效污水处理保障清洁生产

合成树脂产能 122 万吨 / 年、合成橡胶产能 22 万吨 / 年、炼油催化剂产能 5 万吨 / 年。现有主要炼化生产装置 90 余套，加工 7 种原油，能生产汽油、煤油、柴油、润滑油基础油、化肥、合成树脂、合成橡胶、炼油催化剂、精细化工、有机助剂等多品种、多牌号、多系列石化产品。拥有汽油加氢、丁二烯抽提、丁苯橡胶、丁腈橡胶、碳五加氢石油树脂成套技术，炼化主要工艺技术和炼油催化裂化催化剂领域达到国内领先水平。拥有石油化工工程施工总承包一级资质、大型炼油化工施工能力，以及完备的矿区配套系统和综合服务业务。

展望未来，兰州石化将按照中国石油的总体部署，坚持稳健发展的要求，坚持“问题思维、缺陷管理、持续改进”的管理理念，运用“定标准、建机制、抓考核”的管理方法，实施“技术进步、人才强企、企业文化、可持续发展”四大战略，努力实现“做特做精，做优做强，加快建成国内一流综合性炼化生产企业”的总体目标。

产运销高效衔接

46 万吨 / 年乙烯装置

中国石油乌鲁木齐石化公司

中国石油乌鲁木齐石化公司地处乌鲁木齐市米东区。其前身筹建于1971年1月，始建于1975年4月，是集炼油、化肥、芳烃、塑料加工于一体的综合性石油化工基地，为中国石油天然气集团公司一类企业。

至2016年底，拥有炼油生产装置34套，可生产30余种石油化工产品，具备国Ⅴ标准汽油、柴油生产能力。原油一次加工能力为1000万吨/年，对二甲苯生产能力为100万吨/年。化肥厂可年产75万吨合成氨、130万吨尿素。化纤厂可年产13万吨化工产品。塑料厂可年产3240万条塑料编织袋。热电厂产汽能力1670吨/时，发电能力175兆瓦。净化水厂工业废水处理能力1326米^3/时。具有石油化工工程设备制造安装维修、工程监理、分析测试、计量检定、设备检验、公路、铁路运输、物资供应等生产保障业务职能，以及幼教医疗、离退休管理、社区服务等社会职能。

2016年，员工总数10686人，有固定资产原值234.61亿元。2002年正式通过ISO 9001、ISO 14001、OHSAS 18001三项体系认证。

2016年，中国石油乌鲁木齐石化公司完成集中检修和基建项目建设，实现国Ⅴ标准汽油、柴油质量升级，全年加工原油556.92万吨，整体实现营业收入233.75亿元，盈利8.21亿元，实现“十三五”开门红。

历时113天，完成建厂史上规模较大的装置检修

生产出国Ⅴ标准汽油、柴油，油品质量升级，环保清洁生产跃上新水平

科研成果丰硕。图为20万吨/年富芳烃装置建设现场。该装置投产后形成完全自主知识产权的国Ⅴ标准汽油组合工艺路线

2016年12月16日，中共乌鲁木齐石化公司第二次代表大会隆重召开

2016年11月30日，举办“民族团结一家亲”活动结对认亲仪式，公司领导带头结对认亲

地址：新疆维吾尔自治区乌鲁木齐市米东区　邮编：830019
电话：0991—6901522　传真：0991—6908888

中国石油宁夏石化公司

中国石油宁夏石化公司位于美丽的“塞上湖城”——宁夏回族自治区银川市，是集石油炼制、化工及化肥生产为一体的大型石化企业，具备年加工原油 500 万吨、生产尿素 130 万吨、复合肥 40 万吨、聚丙烯 10 万吨的生产能力。

2016 年，宁夏石化面对国内经济放缓、油价继续低位、市场持续不振、改革任务艰巨等多重挑战和考验，认真贯彻落实集团公司工作会议精神和炼化板块工作要求，坚持稳健发展不动摇，紧紧围绕提质增效中心工作，强化安全环保管理，全面优化生产装置运行，持续推进开源节流、降本增效，顺利完成了全年目标任务。全年加工原油 442.8 万吨、生产尿素 52.6 万吨，实现销售收入 206 亿元，上缴税费 95 亿元，荣获宁夏十佳企业、集团公司安全生产先进单位、全国石油和化工行业“十二五”节能先进单位等荣誉，炼油装置继续蝉联全国重点耗能产品能效“领跑者”标杆称号。

面对新形势、新任务，宁夏石化将抓住国家加快建设“一带一路”及新一轮西部大开发战略机遇，坚持稳健发展，深化精细管理，不断增强企业综合实力，为集团公司全面建成世界一流综合性国际能源公司做出新的贡献。

新牌号聚丙烯产品 NX40S 成功投放市场，有力提升产品市场竞争力

开展化肥装置长周期运行攻关，截至 2016 年底，一化肥长周期运行突破 380 天

年产 500 万吨炼油装置全年长周期运行，经济技术指标持续优化，顺利完成国 V 标准汽柴油质量升级换代

厂区夜景

地址：宁夏回族自治区银川市西夏区北京西路1338号　邮编：750026
电话：0951-2972361　传真：0951-2021379

中国石油锦西石化公司

锦西石化厂区

中国石油锦西石化公司的前身始建于1939年，1953年恢复生产，1960年6月大庆油田第一列原油就是在这里炼制的，1975年7月又成为全国第一家炼制辽河原油企业。现有员工8703人，主要装置19套，固定资产原值116亿元，原油加工能力650万吨/年;以加工大庆原油、辽河原油为主，另有部分海洋原油与进口油;主要产品有汽油、柴油、航空煤油、苯乙烯、聚丙烯等。

“十二五”以来，锦西石化坚持用发展目标凝聚人心，用先进理念引领进步，用严细管理推进工作，用阳光文化净化心灵，老企业焕发出新生机，呈现出稳健发展的良好局面。

企业发展方向定位明晰。提出“做好安全发展稳定文章，实现做强做大做美目标”的工作思路。以隐患治理为重点的“做强”、以质量升级项目为重点的“做大”、以现场环境整治为重点的“做美”的目标基本实现，企业生存发展的根基显著增强。

安全环保工作扎实推进。树立安全是各项管理综合体现的理念，建立会议协调、问题倒查、安全预警、安全能力培训等行之有效的工作机制。基于对安全发展阶段的客观研判，内建安全监督中心，外引专业HSE管理团队，形成安全监管的高压态势。加强工艺变动管理和维修电器仪表系统的巡检，确保日常变更操作规范受控。

锦西石化首批京VI标准汽油直供北京

锦西石化打通航空煤油海运销售通道

加强吊车和脚手架作业监督管理，确保工程及检维修项目安全受控。启动体系管理思维，安全环保工作由问题思维转向体系思维。重点环保项目如期达标投产，环保总量控制指标全部实现，连续获得集团公司安全环保双先进。

盈利创效能力不断增强。通过加强精细化管理，努力挖掘计划、生产、销售等环节隐藏的效益，挖潜增效成果逐年提升。引进外部智力资源，完成用能优化方案，能耗大幅下降，科技创效显著增强。2014 年 7 月，作为唯一一家炼化企业在中国石油天然气集团公司领导干部会议上做挖潜增效经验介绍。

管理思路不断创新。以思路创新带来管理上的新提升、工作上的新变化。在合规管理上，将“问题导向型管理模式”和基于岗位的“制度流程标准”梳理相结合，加速合规化进程；在业务合作上，树立选择低端就是与隐患为伍的观念，引入优秀基因和服务；在处理企地关系上，从利益相关方出发，推动企地关系良性发展，赢得了应有的尊重和支持。

党群组织优势充分发挥。锦西石化党委围绕生产经营建设中心不断加强党建工作，牢牢把握企业正确的发展方向。创新党组织和党员发挥作用的形式和载体，坚持开展“创先争优”等党建活动。组织各级党组织扎实开展“两学一做”教育活动。阳光文化建设深入推进，思想政治工作富有特点。充分发挥媒体作用，传递企业声音，树立公司形象。严明政治纪律和政治规矩，深入落实党风廉政建设“两个责任”，保持风清气正的良好政治生态。群团组织工作有声有色。

2016 年锦西石化完成全面大检修，消除了大量安全隐患。汽油、柴油质量全部达到新的标准，增强了公司竞争力。面对新形势新任务，锦西石化坚持一张好的蓝图干到底，稳扎稳打，真抓实干，牢牢把握各项工作主动权，推进锦西石化的稳健发展，为中国石油建设世界一流综合性国际能源公司做出新贡献。

集团公司董事、总经理、党组副书记章建华来公司调研

集团公司副总经理、安全总监段良伟来公司调研

中国共产党锦西石化公司第三次代表大会召开

锦西石化工人王尚典当选全国人大代表

地址：辽宁省葫芦岛市连山区新华大街42号
邮编：125001
电话：0429-2178015
传真：0429-2175888

中国石油大庆炼化公司

2016年，面对油品高库存、装置三年一次大检修等困难挑战，中国石油大庆炼化公司各项工作措施到位、执行有力、效果显著，安全环保基础持续巩固，降本增效成果不断攀升，创新型企业建设步伐加快，装置检修水平大幅提升，党建工作再上新台阶。全年共加工原油514.25万吨，实现营业收入263.54亿元，税费94.62亿元；实现利润27.58亿元，创公司成立以来较好水平。

标准化管理库房

推进全面成本管理

不断进行创新钻研

打牢安全环保基础

地址：黑龙江省大庆市让胡路区马鞍山　邮编：163411
电话：0459-5689275　传真：0459-5616111

中国石油辽河石化公司

2016年4月20日，集团公司董事长、党组书记王宜林到辽河石化慰问调研

2016年11月10日，集团公司党组副书记、总经理章建华到辽河石化调研指导工作

中国石油辽河石化公司坐落在素有“鹤乡”之称的辽宁省盘锦市，经过1970年始建以来的不断发展建设，已成为原油加工能力520万吨/年、固定资产56亿元的炼化企业，拥有常减压蒸馏、催化裂化、连续重整、汽柴油加氢、润滑油加氢、延迟焦化、润滑油糠醛白土联合精制、气体分馏、聚丙烯、制氢、硫黄回收、酸性水汽提、干气及液化气脱硫等28套生产装置以及完善的公用工程系统和辅助生产设施。2016年，加工原油470.5万吨，销售收入139亿元，上缴税费41亿元，实现利润1324万元。在册员工2766人，下设11个机关处室、6个机关附属机构、5个直属部门、15个二级机构。

辽河石化主要加工低凝环烷基原油、混合稠油、超稠油、石蜡基原油和进口稠油，是以加工稠油为主的炼化企业。经过几代人的技术攻关，形成了资源、产品、技术三大特色。从轻质油到超稠油，从国内原油到进口原油，实现了原油分输、分储、分炼，使稠油资源得到合理应用。开发出具有特色的重交道路沥青、机场沥青、水工沥青、改性沥青等产品，沥青产能已达到200万吨/年，是中国大型的沥青生产基地。

不忘初心，砥砺前行

特色精品，稳健发展

在稠油加工上形成了独特的工艺技术，成功地生产出市场前景广阔的产品。在重油加工工艺、设备防艺、设备防腐、环保等方面都有创新技术，承担了中国石油“劣质重油轻质化关键技术研究”重大科技专项60%的科研项目，填补了国内委内瑞拉超重油渣油延迟焦化加工的空白，提升了中国石油劣质重油加工的技术水平，是中国石油较具特色的炼化企业之一。

辽河石化在中国石油推进世界一流综合性国际能源公司建设的进程中，以“建设稠油加工基地，打造现代化特色精品企业”为目标，遵循“特色化、差异化、高端化”的发展定位，以建设素质好、贡献大、受尊重、可信赖的优秀企业为阶段目标，建设“精品炼厂、效益炼厂、绿色炼厂”，实现“吃粗粮、产精品、高效益”。大力弘扬石油精神，形成以“聚合光热、播撒欢喜”为核心内容的特色精品文化。先后荣获中国质量万里行五年回顾展荣誉企业、辽宁省文明单位、辽宁省标准化管理先进企业、辽宁省安全文化建设示范企业、中国石油安全生产先进企业、中国石油环境保护先进企业、中国石油“十二五”科技工作先进单位、国家工商行政管理总局“重合同守信用”企业、CCPC十年发展卓越贡献单位、全国企业文化建设优秀单位、辽宁省思想政治工作先进企业等荣誉称号。

科技引领，创新发展

以人为本，质量至上

地址：辽宁省盘锦市兴隆台区新工街 邮编：124022 电话：0427-7658699 传真：0427-7823962

安全第一，环保优先

生产运行，平稳高效

中国石油长庆石化公司

中国石油长庆石化公司始建于 1990 年，位于陕西省咸阳市渭城区，毗邻西咸新区，原油加工能力 500 万吨 / 年，主要生产装置 16 套，辅助设施 13 套，固定资产原值 48 亿元，在册员工 1157 人，平均年龄 37 岁，大专以上文化程度占 76%。

长庆石化为燃料型炼厂，产品以国Ⅴ标准、国Ⅵ标准车用汽柴油、航空煤油、液化石油气为主，有少量的丙烯、工业硫黄、石油苯、道路沥青等化工产品。

长庆石化经营业绩良好，经济规模和纳税连续多年位居咸阳市之首、陕西省工业企业十强。2016 年，加工原油 435.2 万吨，实现销售收入 188.8 亿元，税费 82.6 亿元，账面利润 17.1 亿元，超额完成业绩指标和奋斗目标。

着眼未来，长庆石化将贯彻绿色可持续发展的理念，突出安全环保、景观美化、效益创造，提振干事创业的精气神，聚焦生产经营组织，大力推进安全环保稳定、现场标准化、全厂总图整治、净化周边、员工职业化和数字化工厂等六大基础工程，力争用 5 年左右时间初步打造一个上级放心、公众安心、员工满意、社会认可的示范型城市炼厂，为集团公司实现稳健发展做出贡献。

140 万吨 / 年柴油加氢装置

120 万吨 / 年加氢裂化装置

公众开放日活动

储罐区

璀璨的炼厂夜色

地址：陕西省咸阳市金旭璐　邮编：712000
电话：029-86509125　传真：029-86509123

中国石油广西石化公司

中国石油广西石化公司筹建于2005年5月，坐落在山清水秀、物阜民丰，被国务院批准为中国第六个保税港区，坐拥中国—马来西亚钦州产业园区，素有北部湾天然良港之称，栖息着“海上大熊猫”中华白海豚的广西壮族自治区钦州市钦州港经济技术开发区。

广西石化秉承“采用世界先进技术、引入国际领先设计、借鉴国际工程管理、建设世界一流炼厂”的理念，致力于建设“国内领先，世界一流”现代化炼厂。炼厂定位于“大规模、短流程、燃料型”，总加工方案采用全加氢型工艺流程，主要工艺技术从美国UOP公司、DOW化学公司等公司引进。炼厂一次规划、两期建设，目前已全面完成了两期建设任务，完全具备了加工高硫、高酸等各种劣质原油的能力。加工的原油全部从海外进口，主要产品有汽油、柴油、航空煤油、聚丙烯、丙烷、液化气、燃料油、石脑油、芳烃（苯、甲苯、混合二甲苯）、硫黄、液氨等，油品质量全部达到国Ⅴ标准，产品远销新加坡、澳洲、美洲等国际市场。2016年加工原油（料）815万吨，生产产品742万吨，实现营业收入208亿元，上缴税费94亿元；超额完成集团公司下达的利润指标，实现了投产6年来首次全面盈利，彻底打赢了扭亏为盈的翻身仗。

好帆凭借力，正当击浪时。广西石化将充分发挥在21世纪海上丝绸之路战略布局中得天独厚的区位优势，再接再厉，再创佳绩，再续辉煌。

原油过驳

1000万吨/年常减压装置

350万吨/年重油催化裂化装置

400万吨/年渣油加氢脱硫装置

地址：广西壮族自治区钦州港经济技术开发区　邮编：535008
电话：0777-3885138　传真：0777-3885139

中国石油庆阳石化公司

产品分析

技能比武

中国石油庆阳石化公司的前身是随着长庆油田开发于1971年9月成立，隶属原庆阳地区管理。1984年5月划归甘肃省石化厅行业管理。2001年8月整体划转中国石油天然气集团公司。2004年12月划转中国石油天然气股份有限公司。2010年10月原150万吨老厂关停，300万吨新厂建成开工，生产及生活区整体从庆城县三十里铺镇搬迁至庆阳市西峰区。2016年5月25日甘肃省和集团公司核定加工能力370万吨/年，10月18日起，庆阳石化汽柴油产品迈入国Ⅴ排放标准。

庆阳石化为炼化一体化企业，主辅装置16套，主要产品汽油、柴油、航空煤油、聚丙烯等9大类16种。共设机关管理部门10个、直属部门6个、二级单位10个，现有在册员工1305人。

“十二五”期间庆阳石化累计加工原油1588.78万吨，营业收入969.92亿元，税费228.73亿元，利润16.85亿元，盈利能力进入炼化板块前列。目前是庆阳革命老区生产规模大、实现利税多的工业企业。在实现企业持续发展的同时，认真履行经济、政治、生态、社会“四大责任”，积极参与“精准扶贫”工作，被评为国家“支持老区建设先进单位”，公司3次荣获“全国五一劳动奖状”，获“第十届全国职工职业道德建设十佳单位”和“全国文明单位”荣誉称号。

2016年，庆阳石化深入贯彻落实集团公司党组和炼化板块决策部署，坚持“专业化管理、属地化运行、一体化管控、精细化考核”基本工作方向，抓实“安全环保、平稳运行、提质增效、稳健发展”工作重点，实现了零事故、零污染、零伤害、零投诉。加工原油343.36万吨，比业绩指标高13.36万吨；营业收入155.53亿元，比业绩指标低7.49亿元；税费72.11亿元，比业绩指标高5.53亿元；利润总额20亿元，比业绩指标高6亿元；吨油利润579.62元/吨，比业绩指标高100.34元/吨，吨油盈利能力居中国石油炼化一体化企业首位。

庆阳石化将继续深入学习贯彻党的十八届六中全会精神，大力弘扬石油工业传统，全面贯彻落实集团公司“十三五”及今后一个时期的指导思想、发展方针、发展战略和目标任务，发扬成立46年来形成的优良作风，以“精益管理，卓越运营，绿色和谐，稳健发展”为企业愿景，以“行业尊重，社会认同，上级放心，员工幸福”为指引，坚定信心，扎实工作，开拓进取，把庆阳石化全面建成行业尊重的实力新庆化、社会认同的和谐新庆化、上级放心的奋进新庆化、员工幸福的人文新庆化，为中国石油建设世界一流综合性国际能源公司做出新的更大贡献。

革命教育

员工培训

地址：甘肃省庆阳市西峰区董志镇　邮编：745002
电话：0934-8368106　传真：0934-8368582

企地联合消防演练

集中巡检

清管作业

创新项目攻关

公司机关庆祝建党96周年暨创先争优表彰、新党员宣誓大会

“小菜地”活动——收获的喜悦

西气东输三线东段工程（福建段）投产

中国石油管道公司

中国石油管道公司是隶属于中国石油天然气股份有限公司的地区公司。总部机关位于河北省廊坊市，主营业务涉及原油、天然气、成品油管道运输，管道运输的原油和天然气销售，油气管道运营服务、科研服务等。下辖输油输气、管道项目建设管理、管道科技研究中心、压缩机组维检修、油气储运技术服务、矿区后勤服务等 27 个处级生产经营单位，管辖业务单位分布在全国 14 个省（区、市）。

截至 2016 年底，管道公司在役油气管道 13136 千米。年输送原油能力 9250 万吨，年输送成品油能力 1921 万吨，年输送天然气能力 412 亿立方米。拥有林源、铁岭等多处大型储油库区，储油能力 585 万立方米。按照"谁使用、谁建设"的管理模式，在做好自建项目的同时，承担了中俄原油管道二线、中俄天然气管道东线等大型项目建设工作。

原油管道 5081 千米，主要管道包括漠大线、庆铁三线、庆铁四线、长吉线、中朝线、鞍大线、铁抚线、铁锦线、津华线、惠宁线、惠银线、石兰线、长呼线、日东线；成品油管道 3921 千米，主要管道包括兰郑长线（宝鸡—长沙）、港枣线、呼包鄂线、宁石化外输线、吉长线；天然气管道 4134 千米，主要管道包括沧淄线、泰青威线、冀宁线（枣庄—衡水）、平泰线（菏泽—泰安）、秦沈线、长长吉线、哈沈线（沈阳—长春）、大沈线、平山线。

管道公司积极探索油气管道现代运营管理模式，按照"集中巡检、集中监视、远程控制、运检维一体化"原则，开展生产运行区域化管理，即在各站场实行集中巡检、集中监视的基础上，按照有效管控幅度，选择一座中间站作为中心站，与相邻的站场、线路阀室组成一个管理单元，即作业区。按照运检维一体化作业方式，对生产运行、设备维护实行统一集中的作业区管理，通过区域内人员和资源的优化整合，实现集约化管理。作业区建设重点是"突出设备设施预知性维护维修，提高设备设施可靠性；突出运维管理人员综合技能，提高应急处置能力"。

"中国梦·管道魂·新形象"劳模、先进人物事迹报告会

漠河输油站获得集团公司与黑龙江省委"龙江最美人物（石油人）"称号

动火施工现场

中俄天然气管道东线维抢修配套设备机具调研

施工现场巡护

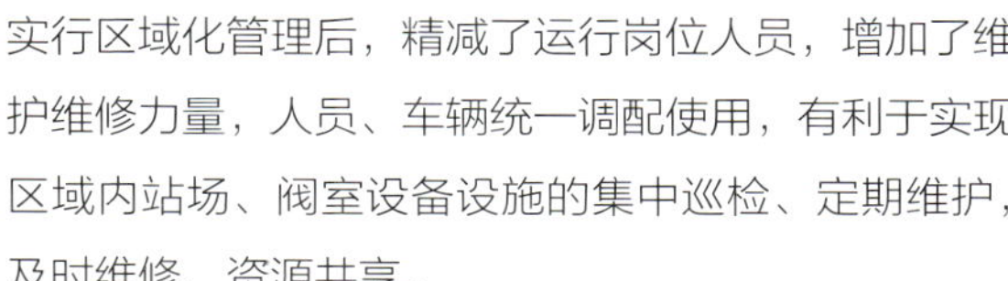

实行区域化管理后，精减了运行岗位人员，增加了维护维修力量，人员、车辆统一调配使用，有利于实现区域内站场、阀室设备设施的集中巡检、定期维护，及时维修、资源共享。

在保证维抢修队伍正常训练的基础上，管道公司根据在役管道动火施工计划安排及作业特点，统筹安排基层单位维抢修队参与动火施工作业，以实战锻炼队伍。利用现场实际操作机会，对维抢修队技术工人开展岗位轮训和技能考核，切实提高队伍实战水平。

2016 年，管道公司被授予“全国安康杯竞赛示范单位”“集团公司安全生产先进单位”称号；所属大庆（加格达奇）分公司漠河输油站获得集团公司与黑龙江省委“龙江最美人物（石油人）”称号；获得集团公司科技进步奖二等奖、三等奖和技术发明奖三等奖各 1 项；获得集团公司首届新媒体内容创作大赛一等奖 1 项、二等奖 1 项、三等奖 2 项。

鞍大线连接小松岚站顶管穿越工程

中俄原油管道二线施工现场

中国石油集团川庆钻探工程有限公司

中国石油集团川庆钻探工程有限公司成立于 2008 年 2 月，由原四川石油管理局、长庆石油勘探局及塔里木油田的工程技术等相关业务单位组建而成，是集团公司全资拥有的工程技术服务企业，享有独立对外经济贸易和经济技术合作业务权。

川庆钻探主营地震勘探、钻井工程、井下作业、测井射孔、录井、油气田地面建设、油气合作开发等业务，具有油气工程技术服务完整的业务链。在国内主要服务于西南油气田、长庆油田、塔里木油田，分布于四川、重庆、陕西、甘肃、宁夏、内蒙古、新疆、青海等省（区、市）。海外市场主要集中在土库曼斯坦、巴基斯坦、厄瓜多尔等国家。年营业收入 300 亿元左右，资产总额 418.76 亿元，所有者权益 265.67 亿元。现有二级单位 25 个，用工总量 3.86 万人，主要工程技术服务队伍 800 余支，主要设备 1.7 万台（套）。

川庆钻探是国家高新技术企业，具有丰富的“高压、高产、高含硫”天然气和“低压、低产、低渗透”油气田的勘探开发工程技术和经验，在山地物探、复杂深井超深井钻完井、储层改造、地面建设等领域发展形成一批国内领先的新技术、新产品。承担或参与“863”课题等 15 项国家科研项目以及 85 项集团公司科技项目，获国家技术发明奖二等奖 1 项、国家科技奖 6 项，省部级科技奖 120 项；获授权专利 1666 件，其中发明专利 474 件；获国家战略新产品 1 项、国家自主创新产品 3 项、集团公司自主创新产品 20 项。建有国家油气田救援广汉基地和中国石油井控应急救援响应中心。拥有享受国务院特殊津贴专家 8 人、集团公司专家 40 人，1 人入选国家“百千万人才工程”，建成博士后科研工作站；拥有低渗透油气田国家工程实验室等一批国家工程实验室 5 个，集团公司级实验室及试验基地 5 个。

新疆库车县东秋 8 三维地震采集项目作业现场

2016 年 1 月 27 日，集团公司党组书记、董事长王宜林到川庆钻探调研慰问

川庆钻探引进的亚洲第一台自动化全液压智能钻机 TI-350T 在威远页岩气钻井作业

2016 年 1 月 8 日，“山地复杂构造精确地震成像与气层识别技术及工业化应用”获国家技术发明奖二等奖

2016 年 1 月 20 日，“CQH-M1 高性能水基钻井液体系”入选集团公司 2015 年十大科技进展

井控突发事件应急演练

丰富多彩的员工文体活动

川庆钻探坚持以服务油气发展为己任，在国内外完成一批重大工程。在川渝地区，保障 300 亿战略大气区建设，支撑龙王庙组气藏发现、探明和快速上产，有效服务威远—长宁及昭通国家页岩气示范区建设。在长庆地区，发挥主力军作用，为长庆油田上产稳产 5000 万吨做出积极贡献。在新疆地区，发挥深井技术优势，率先在国内实施油气产能建设总包，推进新疆油田、塔里木油田油气发展。在海外地区，积极服务中土天然气合作开发，高效完成阿姆河气田产能建设、南约洛坦 100 亿 EPC 总包项目，保障中亚天然气管道气源地开发。先后高效完成西气东输、中贵、兰成、中缅等油气管道建设任务，累计建成管道 3 万多千米。

地址：四川省成都市成华区猛追湾街 6 号
邮编：610056
电话：028-86011661
传真：028-86013997
邮箱：ccde@cnpc.com.cn

威 204H6 井页岩气压裂施工

中国石油集团济柴动力总厂

中国石油集团济柴动力总厂（简称济柴）前身始建于1920年，是集团公司下属唯一的动力装备研发制造企业，是中国唯一获得大功率发动机金牌产品的动力装备企业，也是中国气体发动机行业中具影响力品牌。目前，济柴已经发展成为世界主流石油钻井动力服务商、中国气体发动机行业装机容量较大企业、国家重要场合和重大项目发电设备主要供应商、中国海军定型舰船指定供应商。

经过近百年发展，济柴现已打造形成以发动机（发电机组）、压缩机为主导，延伸液力传动、燃气动力集成、电气控制、再制造等多个业务板块的动力装备产品家族。进入新时期以来，济柴抢抓战略机遇，大力推动“制造+服务”转型发展，积极探索融资租赁、以租代售、整体打包、全生命周期运行维护等服务新模式，具备提供多样化动力装备解决方案的营销服务实力。

济柴依托研发创新，不断丰富旗下主导产品。发动机方面，现已开发出140系列、175系列、190系列、260系列、320系列五大缸径系列产品；压缩机方面，现已开发整体式、电驱分体式、燃气分体式、气体钻井、车载移动式5个系列100多种规格型号以及储气库用大功率压缩机组，部分产品技术填补国内空白，可完全替代进口同类产品。

济柴持续加强技术攻关，产品在功率范围、参数配置、适用介质和应用领域选择等方面实现了系列化。产品功率系列化。发动机功率覆盖范围200—9000千瓦；压缩机向整体式和分体式两个方向进行拓展，功率覆盖范围10—6000千瓦。产品配置个性化。主导产品以满足个性化需求和追求性价比为目标，大力开展适应性研究，实现了高、中、低端产品配置的纵向延伸，充分响应不同客户的不同需求，提高了市场适应能力。适用介质多元化。发动机方面，研发出适用于柴油、重油、天然气、煤层气等多种燃料介质的产品集群；压缩机方面，研发出适用于天然气、页岩气、LNG等多种工作介质的产品集群。应用领域多样化。经过优化设计，推出了可应用于油气产业上中下游、社会、船舶、军用等各个领域的通用型发动机产品；通过功能延伸，开发了可应用于油田集气、加气、气举、集输、钻井、储气库等各个领域的多用途压缩机产品。

内燃机、压缩机产品集群

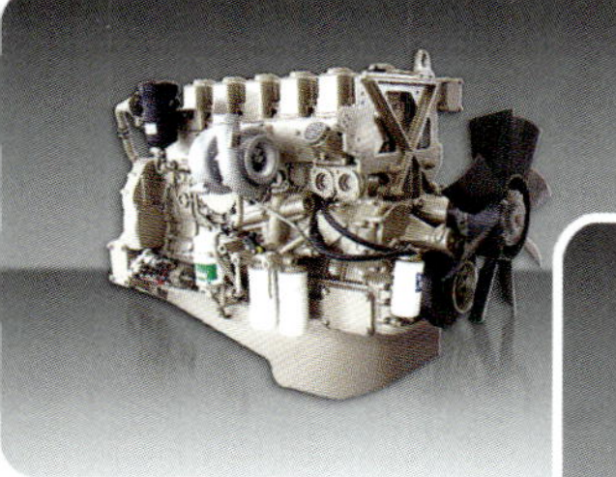

140系列内燃机
功率范围：300—914千瓦

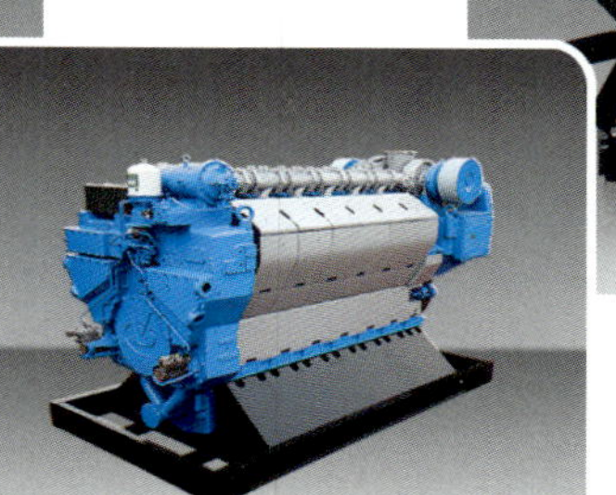

260系列内燃机
功率范围：
1860—6255千瓦

190系列内燃机
功率范围：60～2200千瓦

气体钻井成套设备

燃气内燃机驱动压缩机组

储气库用高速分体式压缩机

175系列内燃机
功率范围：731—2740千瓦

320系列内燃机
功率范围：2000～9000千瓦

济柴拥有国内领先、国际一流的制造、试验及检测实力。产品制造方面，建成了以五面体加工中心为主的机体生产线，以大型车铣复合加工中心为主的曲轴、凸轮轴、连杆生产线，以立卧式加工中心为主的气缸盖生产线，以可控气氛多用炉为主的热处理生产线，并拥有高柔性、数控化、信息化的发动机装配线。产品试验方面，建成了集团公司动力装备试验基地，配备国际先进试验设备，可测试从单缸机到6000千瓦发动机的各项性能指标。产品检测方面，建立了高标准计量与理化中心，拥有各类先进检测设备40余台（套），能够开展各种几何误差、温度、力值等精密检测。

作为国家高新技术企业，济柴始终重视科技创新，企业技术中心现为国家企业技术中心，拥有45项国家专利，27项国家及行业标准制定权，国家SAC/TC372标委会、SAC/TC177/WG2工作组、SAC/TC96工作部均设在济柴。企业先后通过ISO 9001质量管理体系和HSE管理体系认证，具备国家武器装备科研生产资质，产品分别通过了欧盟安全认证、法国和俄罗斯海洋船级社等国际认证。

实施科技创新，加快产品升级

为用户提供一体化保姆式服务

地址：山东省济南市长清区经十西路11966号
邮编：250306
电话：0531-87422202
传真：0531-87423366
网址：www.cnpc.com.cn/jichai

质量在我手中，用户在我心中

中国石油集团
渤海石油装备制造有限公司

中国石油集团渤海石油装备制造有限公司是中国石油天然气集团公司所属全资子公司，是中国较大的综合性石油装备制造企业。2008 年 4 月重组成立，注册在中国经济新的增长极——天津市滨海新区。公司厂区主要分布于天津市滨海新区，河北省沧州、承德市，辽宁省盘锦市，江苏省南京、扬州市，甘肃省兰州市，新疆维吾尔自治区乌鲁木齐市，福建省福州市等地。所属 17 家企业，大多数都有 30 年以上的发展历史。

渤海装备公司以油气输送装备、钻采装备、海工装备、炼化装备四大类产品为主营业务。现有渤海华宇、渤海巨龙、渤海能克、渤海中成、渤海卡瑞特、渤海司达、渤海飞雁、渤海华重八大知名品牌。公司有 36 种产品取得 API 认证，20 种产品获"中国石油装备"背书品牌授权，19 种产品荣获国家和行业名牌产品称号。渤海华宇、渤海巨龙牌钢管，享誉国字号工程和国际管道项目。渤海中成牌节能采油装备获全国用户满意名牌，并畅销北美高端市场。渤海飞雁牌烟气轮机占国内市场的 90%，占全球总量的 56%。直缝钢管、螺旋钢管、弯管管件、螺杆钻具、钻杆、钻头、节能型"三抽"设备、潜油电泵、专用电动机、热采设备、海洋平台、工程船舶、烟气轮机、特种阀门等产品处于国内领先、国际先进水平。产品行销至全国各大油气田、炼化项目、管道工程，以及亚、非、欧、美、澳等 40 多个国家和地区，在保障中国石油油气主营业务和国家重点工程项目中发挥了重要作用。

螺旋钢管制管机组

自动化液压钻机

CP300 自升式钻井平台

烟气轮机

地址：天津市经济技术开发区第二大街83号中国石油天津大厦　　**邮编：**300457
电话：022-59839191　　**传真：**022-59839199

API 钻杆

油气输送钢管

模块固控系统

B8 全焊接高压球阀

渤海装备公司具有雄厚的研发实力、制造实力和实验检测实力。公司现有国家科技进步奖 7 项、省部级科技进步奖 35 项、专利 489 项，其中发明专利 47 项、国际专利 4 项；拥有十余条先进生产线，拥有一万多台（套）大型先进制造设备；拥有国家钢管研发实验平台、金属材料及制品检验中心等十个重点实验室和若干中试基地。

渤海装备公司连续 6 年营业收入在百亿元以上，实现了有质量、有效益、可持续发展，被国家发改委、科技部、财政部、海关总署、国家税务总局等五部委认定为国家企业技术中心，被评为中国企业文化建设先进单位。

渤海装备公司制定了中长期发展思路，将万众一心、团结奋斗，发扬大庆精神铁人精神，保障主业，服务市场，追求价值，诚信回报，牢固树立“用人品创造产品打造精品”的理念，努力把公司建设成为国内领先、国际一流的综合性石油装备制造企业，为中国石油建设世界水平的综合性国际能源公司做出积极贡献。

昆仑信托有限责任公司
（中油资产管理有限公司）

信誉无价，托付有道

信仰——源远流长，薪火传承

作为金融街上的石油人，昆仑信托有限责任公司（中油资产管理有限公司）始终坚持“我为祖国献石油”的热血情怀，坚持“与时俱进、勇立潮头”的时代精神，以诚树人，以实立业，以信兴企，不断锻造“诚信稳健，分享共赢，服务社会，造福民生”的企业品格，倡导“信誉无价，托付有道”的品牌理念，初步形成了以“信”为核心的企业文化。

信任——分享共赢，携手同进

中国石油作为昆仑信托控股股东，不仅拥有雄厚的资金实力，更有众多高端人才储备和广阔的产业链客户支持。昆仑信托坚持“低风险偏好”的风控理念，建立健全了“三纵三横”的风险控制体系，不断创新业务模式，扩大业务领域，优化战略布局，通过“信托＋基金”“信托＋资产支持证券的双 SPV”“互联网＋信托”等创新业务模式，在能源、基建、资产管理、智慧交通、新媒体、旅游开发等项目上的投资均获得稳健收益。昆仑信托还入股华能投资管理有限公司、山东信托、中国信托业保障基金、中国信托登记有限责任公司等诸多资产管理及金融机构。随着昆仑信托投资布局的日益扩大、业务领域的不断延伸，在投资市场、客户市场、营销渠道等方面建立更为广泛的金融合作，行业地位、信托规模显著提升。

信誉——大信有成，广播天下

多年以来，昆仑信托坚持以“信”为本，恪守商业价值，信守契约，风格稳健，一诺千金。通过高水平、高质量、高标准的金融服务，为企事业单位、社会大众带来稳固的财富回报。同时，作为国有企业，勇于承担社会责任，服务社会需求，改善民众生活，积极参与社会公益事业，培养员工感恩之心。在组织员工“慈善一日捐”、抗旱救灾、爱心捐赠、扶贫帮困、无偿献血等慈善公益活动外，发挥信托优势，推出了“仁爱”系列慈善信托计划，与宁波市慈善总会联合设立“昆仑信托慈善基金”，广泛用于安老、扶孤、助残、助医、助学、济困等慈善公益活动，让慈善的阳光温暖更多的心灵。

信念——不忘初心，谱写新篇

不忘初心，方得始终。2017 年，昆仑信托踏上了增资上市的新征程，昆仑信托借中油资本上市东风，注册资本已超百亿元，跃居行业前列。制定创新驱动、人才强企、区域发展和规模提升四大战略，推进两地六大中心建设，逐步形成辐射全国的业务网络。站在新起点，昆仑信托撸起袖子描绘新蓝图，激发新活力，干部员工为开创新局面加油干！正如陈毅元帅赞誉昆仑山的诗句“驱遣江河东入海，控制五岳断山横”！曾经，中国石油人“头顶天山鹅毛雪，面对戈壁大风沙。嘉陵江边迎朝阳，昆仑山下送晚霞”，终于把“贫油的帽子甩到了太平洋”！而今，金融街上的石油人闻鸡起舞、栉风沐雨、砥砺前行、再创辉煌！

信，诚也，人以言立，是为信，信有成者，行天下。

昆仑信托——信誉无价，托付有道。

宝鸡石油机械有限责任公司

宝鸡石油机械有限责任公司是中国石油天然气集团公司的全资子公司。经过 80 年的发展，宝石机械已发展成为集研发、制造、集成、销售、服务为一体的综合性油气装备企业。现有员工 6887 人，主要生产设备 2400 余台（套），总占地面积 250 万平方米，年营业收入 60 亿元左右。

宝石机械主导产品包括陆地和海洋石油钻采装备、重要场合用钢丝绳、牙轮及 PDC 钻头、井口井控设备、压裂机组、油田用特种车辆、电气控制设备等，产品覆盖 50 多个类别、1000 多个品种规格，其中 13 大类 52 项产品获得美国石油学会 API 会标使用权，远销中东、美洲、非洲、欧洲、大洋洲、中亚、东南亚等 60 多个国家和地区。

宝石机械是国家油气钻井装备工程技术研究中心的依托单位，承担着国家钻机标准化工作部、国家海洋钻采设备标准化工作部秘书处工作，并正在积极推进博士后科研工作站建设任务。截至 2016 年底，承担国家科研项目 70 多项，获国家和省部级科技奖项 104 项，拥有授权专利 993 件，制修订各类标准 132 项。

在集团公司的正确领导下，宝石机械秉承“把责任留给自己、把满意留给用户”的经营理念，不断开创服务型装备制造企业建设新局面，竭力为集团公司建设世界一流综合性国际能源公司做出自己应有的努力和贡献。

配有举升式海洋钻井系统的“海洋地质十号”综合地质调查船

GJC100-30 型固井水泥车

QDP-3000 钻井泵

填包塑电铲钢丝绳

自主研制新产品 3000 型压裂泵组

地址：陕西省宝鸡市东风路2号　邮编：721002
电话：0917-3462000　传真：0917-3462024

第十三篇

企事业单位概览

油气田企业

大庆油田有限责任公司
（大庆石油管理局）

【概况】 大庆油田有限责任公司（大庆石油管理局）简称大庆油田，是集团公司所属骨干企业，业务范围主要包括石油天然气勘探开发、工程技术、工程建设、装备制造、油田化工、生产保障、矿区服务、多种经营等，具有较为完整的业务体系。大庆油田1959年发现，1960年开发，是中国最大的石油生产基地，也是世界上为数不多的特大型砂岩油田之一，由萨尔图、杏树岗、喇嘛甸等52个油气田组成，含油面积6000多平方千米。勘探范围包括黑龙江省全境，内蒙古自治区海拉尔，吉林省延吉、珲春，新疆维吾尔自治区塔里木东部等16个盆地，登记探矿权面积16.4万平方千米。有二级单位52个，员工23.6万人，资产总额3738亿元。

大庆油田开发建设57年来，创造了举世瞩目的历史成就。累计探明石油地质储量64.71亿吨，生产原油23.06亿吨，上缴税费及各种资金2.6万亿元。创造了领先世界的陆相油田开发水平。主力油田采收率突破50%，比国内外同类油田高出10—15个百分点。

2016年，是大庆油田发展史上具有里程碑意义的一年。全国“两会”期间，习近平总书记强调指出：“大庆就是全国的标杆和旗帜，大庆精神激励着工业战线广大干部群众奋发有为。”集团公司党组召开扩大会议，专题研究大庆油田及其地区可持续发展问题，出台《关于大庆油田当好标杆旗帜建设百年油田的意见》，明确提出当好标杆的总体要求。油田上下贯彻习近平总书记讲话精神，按照集团公司党组的部署要求，发扬大庆精神，直面低油价挑战，着力抓好以油气生产、提质增效为重点的各项工作，生产经营及改革发展不断取得新的成效。2016年，完成国内外油气当量产量4441.5万吨，其中国内原油产量3656万吨、海外权益产量485万吨，生产天然气37.7亿立方米。实现营业收入1367.23亿元，税费158.04亿元（表1）。

表1　大庆油田主要生产经营指标

指　标	2016年	2015年
国内原油产量（万吨）	3656.03	3838.60
海外权益产量（万吨）	485	0
天然气产量（亿立方米）	37.70	35.32
二维地震（千米）	3394.6	2298.0
三维地震（平方千米）	1889.8	1353.0
探井（口）	153	103
开发井（口）	3458	2339
钻井进尺（万米）	489.78	335.98
勘探投资（亿元）	27.25	22.67
开发投资（亿元）	162.35	155.11
资产总额（亿元）	3738.34	3728.53
收入（亿元）	1367.23	1552.70
利润（亿元）	−138.98	102.14
税费（亿元）	158.04	357.60

【振兴发展】 2016年，大庆油田立足当好标杆旗帜，振兴发展战略体系逐步完善。抓住党和国家实施新一轮东北振兴战略的有利时机，编制形成《大庆油田振兴发展报告》，明确提出“当好标杆旗帜，建设百年油田”的奋斗目标，以及三年滚动、中长期发展的分阶段规划部署，并立足推进各项业务整体协调发展，制定24个专项配套规划。油田战略体系进一步完善，发展方向更加明确，愿景目标更加清晰，实施路径更

加靠实，有效地引领和推动可持续发展实践。

【油气勘探】 2016年，大庆油田坚持资源为王，重点领域油气勘探喜获丰收。立足提交规模效益储量，大打油气勘探进攻仗，无论是勘探程度较高的老探区，还是新领域新层系，都取得一些具有标志性意义的重大突破。中浅层常规油勘探，塔66井、龙45井、龙55井获高产油流，龙西地区时隔多年再现高产井，整体展现亿吨级规模。致密油勘探，敖平6井压裂后日产油22吨，芳38区块平均初期日产油8.2吨，落实了资源潜力，开发动用试验取得好效果。深层天然气勘探，继宋深9H井、12H井突破后，宋深10井压裂后日产5.7万立方米工业气流，安达沙河子致密气展现千亿立方米规模。松北双城、海拉尔呼和湖两个新凹陷取得战略发现，双66井、和17井获工业油气流，勘探领域进一步拓展。2016年新增石油三级储量2.14亿吨，天然气探明储量524亿立方米，超额完成各级油气储量任务。

【油气开发】 2016年，大庆油田实施油田精准开发，主要技术指标再创新水平。面对产量、效益的双重压力，在精细开发的基础上向精准开发迈进，探索老油田持续有效开发的新途径。开发指标稳步向好。水驱自然递减率、综合递减率分别控制在6.87%和4.12%，年均含水保持较低增长速度，水驱分注率、注水合格率大幅提升，创历年最好水平。产量结构持续优化。水驱控水挖潜成效显著，低成本未措施产量占水驱产量的95%以上；三次采油连续15年保持1000万吨以上，其中聚驱产油855.2万吨、超产7.1万吨，复合驱提高采收率20个百分点以上，年产油406万吨，再创历史新高；长垣外围产量连续10年保持在500万吨以上，海塔盆地开发克服不利因素影响，产量总体保持稳定。天然气上产步伐加快，产量、销量同比增长6.8%和5.4%，当量产量突破300万吨，跨上新的台阶，稳油增气迈出坚实步伐。

【未上市业务】 2016年，大庆油田统筹协调各项业务，未上市业务五年来首次总体盈利。发挥一体化优势，多措并举加大扭亏解困力度，未上市业务总体经营状况持续改善。工程技术方面，大力推进均衡生产、钻井提速、技术创新、市场开发工作，钻机整体运行效率提高10%，发展质量效益不断提升。工程建设方面，坚持服务油田、面向市场、提升能力、拓展空间，在内部市场工作量下降较多的情况下，国内市场逆势增长。装备制造方面，面对工作量减少、产品价格下降等影响，全员发动跑营销、走用户、签订单，努力开源增收。油田化工方面，注重强化技术提效、管理降本、市场挖潜等工作，加大减亏力度。水、电、信、物资等服务保障能力持续增强，物业、公交、医疗、教育、文化、保险、多种经营等业务平稳发展。

【海外业务】 2016年，大庆油田推进海外战略，走出去实现重大历史性跨越。坚持“两种资源、两个市场”谋发展，加大力度、加快步伐走出去，顺利完成海外项目股权收购，获得海外权益产量485万吨。进一步加大市场开发力度，持续积累技术和管理经验，加强引进和储备国际化人才，先后中标伊拉克、土库曼斯坦等国家的油田维护、集输站场建设项目，以及中俄原油管道二线、陕京四线等一批重大项目。

【科技进步】 2016年，大庆油田加快科技创新，核心技术攻关取得新的突破。勘探技术实现新突破。小断层精细解释及微幅构造识别、高分辨率保幅处理和“甜点”识别等技术创新完善，认识程度、识别效率进一步提升。开发技术实现新突破。水驱精细挖潜技术，在分层监测、增油增注方面见到显著成效；聚驱优化提效技术，自主研制的中低分抗盐聚合物，室内实验多提高采收率4.5个百分点；三元复合驱规模应用技术，实现向弱碱领域的拓展。工程技术实现新突破。创新发展深井提速、水平井压裂新技术，自主研发LWD仪器和慧眼2000成像测井系统，施工效率进一步提高。信息化技术实现新突破。A5、A11项目通过上线验收，勘探与生产技术数据等管理系统建成应用，促进生产经营与信息化的有效融合。2016年获省部级以上科技奖励14项、国家发明专利33项，其中“烷基苯磺酸盐研制及工业化生产项目”获黑龙江省“十二五”科技成果产业化突出贡献奖，“高含水油田节能节水关键技术研究”等3项成果获集团公司科学技术进步奖一等奖。

【企业管理】 2016年，大庆油田经营管理措施有力，提质增效工作见到显著成效。制定《开源节流降本增效工作实施方案》，突出重点，深挖潜力，努力在低油价下减亏增效。加强投资管理，严格产能项目效益评价，加大方案设计优化简化力度，抓好投资全过程控制，进一步提高投资效率。加强成本管理，严控材料费支出，强化工厂化施工及作业成本控制，加强非生产性支出预算控制，油气单位完全成本、操作成本均降，未上市业务变动成本同比下降0.4个百分点。加强物资管理，推行集中招标和代储代销，集中采购度97.45%，采购资金节约率6.22%。加强资产设备管理，开发应用“油田资源淘宝系统”，推进资产轻量化工作，加大闲置低效资产盘活利用，全面推广设备润滑专业化；加强内部审计与合规监察，合同、招投标、土地征用、法律事务管理进一步规范，2016年清理法人实体5家，破获涉油案件525起，收缴被盗原油1万余吨，有力保障企业利益。

【企业改革】 2016年，大庆油田稳妥深化改革，企业发展内生动力不断增强。落实全面深化国企改革的部署要求，研究制定《大庆油田全面深化改革指导意见》，加强顶层设计，稳步实施，企业改革迈出新的步伐。在电力业务改革方面，获得电力业务许可证，成立中国石油首家售电公司，企业产业链和效益链进一步延伸。在分离“三供一业”及企业办社会方面，制定实施方案，明确时间表和路线图，得到国务院、国资委、集团公司和省市地方政府的理解、帮助与支持。在精简机构、减少用工方面，调整完善机关机构设置，推进相关业务重组整合，优化外围采油单位管理模式，进一步挖掘人力资源潜力。在深化管理提升方面，专业化、标准化、信息化持续推进，扩大经营自主权试点初见成效，企业运行效率效益显著提升。

【基础工作与民生建设】 2016年，大庆油田全面加强基层建设，各项管理基础日益巩固夯实。立足实现安全发展、绿色发展、和谐发展，着力固本强基，夯实基础工作。安全环保平稳受控。贯彻实施新《安全生产法》和《环境保护法》，注重监管实效，突出隐患治理，143处管道占压隐患治理全面完成，百万工时死亡率、万台车死亡率等关键指标同比大幅下降，主要污染物全部达标排放。质量计量标准化管理不断加强。质量监督综合合格率99.34%，计量、标准化体系进一步完善，实现重特大质量、计量“零”事故，节能11.75万吨标准煤。员工培训持续深入。组织开展多层次、分类别专业素质培训，新技术、高技能人才创新创效培训，以及青年骨干技术培训，进一步提升队伍素质。民生建设扎实推进。在投资成本十分紧张的情况下，推进奔二小区、东湖三区专项整治，北四路、东二路改造升级，龙南医院医疗服务楼维修改造，八百垧湖畔综合体、庆新综合体规范化标准化建设，以及油田生态治理工程，员工群众的生活居住环境进一步改善。

【党群工作】 2016年，大庆油田充分发挥政治优势，党建思想政治工作持续加强。巩固深化党内集中教育成果，开展“两学一做”学习教育，推进干部队伍作风持续改进。落实党风廉政建设主体责任和监督责任，贯彻中央八项规定，加强党内巡视工作，强化监督执纪问责，提升党风建设和反腐败工作水平。开展“石油魂”宣讲，组织“龙江最美石油人”“最美青工”“油田工匠”评选，加快新媒体建设步伐，重塑中国石油良好形象，释放大庆精神铁人精神的正能量。发挥工会、共青团组织优势，突出开源节流、降本增效，广泛开展劳动竞赛、巾帼建功和青年创新创效活动，营造立足岗位、争做贡献的良好氛围。关心离退休老同志，开展困难群体帮扶，做好维护稳定工作，巩固发展团结和谐的大局。

（陈立民　李淑杰）

中国石油天然气股份有限公司辽河油田分公司（辽河石油勘探局）

【概况】 中国石油天然气股份有限公司辽河油田分公司（辽河石油勘探局）简称辽河油田，成立于1970年4月，主要从事油气勘探开发、工程技术、工程建设、燃气利用、多种经营和矿区服务等业务，是中国最大的稠油、高凝油生产基地。总部在辽宁省盘锦市，业务地跨辽宁省、内蒙古自治区的12个市（地）32个县（旗）。用工总量90608人，其中上市单位用工44127人，未上市单位用工46481人。有固定资产原值1602亿元，净值483亿元，有设备23万台（套）。截至2016年底，辽河油田在辽河盆地陆上、滩海和外围共发现油气田40个，探明含油面积1099.06平方千米，探明石油地质储量24.12亿吨，可采储量6.05亿吨。投入开发建设油田35个，动用石油地质储量19.98亿吨，可采储量5.34亿吨，投产油井19843口，开井11029口，日产油水平26531吨。

2016年，生产原油974.11万吨，完成原油商品量951.3万吨；生产天然气4.64亿立方米（表1）。实现营业收入417亿元，其中上市业务收入165亿元，同比减少34亿元；未上市业务收入153亿元，同比减少25亿元；多种经营收入99亿元，同比减少6亿元。2016年上缴税费31亿元，其中上市业务上缴税费20亿元，同比增加1亿元，未上市业务上缴税费11亿元，同比减少3亿元。

表1　辽河油田主要生产经营指标

指　标	2016年	2015年
原油产量（万吨）	974.11	1037.07
天然气产量（亿立方米）	4.64	5.77
新增探明石油地质储量（万吨）	1692	1278.2
新增控制石油地质储量（亿立方米）	4855	4111
二维地震（千米）	499.6	248.3
三维地震（平方千米）	200	210
探井（口）	85	32
开发井（口）	562	509
钻井进尺（万米）	109.03	90.09
勘探投资（亿元）	14.2	62.18
开发投资（亿元）	37.2	44.54
资产总额（亿元）	606.96	810.1
收入（亿元）	417	377.7*
利润（亿元）	-225.46	-102
税费（亿元）	30.85	33

注：* 未含多种经营。

【油气勘探】 2016年，辽河油田以寻找优质储量为重点，精细油气勘探工作，新增探明石油地质储量1692万吨、控制储量4855万吨、预测储量4679万吨，超额完成增储任务。推进精细勘探、效益勘探，加大稀油、高凝油和中浅层油气藏勘探力度，新增三级储量1.12亿吨，其中稀油、高凝油占新增探明储量的90%、控制储量的100%、预测储量的68%。大洼—海外河立体勘探获得新发现，6口探井获工业油流，其中海57井在沙三段压裂后8毫米油嘴日产油近百吨；新增三级储量近7000万吨，获股份公司油气勘探重大发现成果一等奖。大民屯凹陷勘探实现新拓展，东胜堡潜山东斜坡胜29区块落实预测储量1415万吨；部署在韩三家子潜山带的哈39井、哈42井均在太古宇获工业油流，展示出较大潜力。红星沙三段碎屑岩勘探有新突破，红34井和驾33井2口探井获高产工业油流，沙三段碎屑岩新增控制储量1558万吨。牛居中浅层勘探展现新前景，部署的3口探井均获工业油流，牛101井在沙一段日产油超百吨，储量规模达4000万吨，成为2017年有利勘探目标。奈曼凹陷勘探获得新发现，部署在东部斜坡带的奈13井在九佛堂组获工业油流，实施三维地震采集200平方千米，推动奈曼凹陷的勘探进程。评价、滚动勘探取得新成果，双229区块、洼77区块等3个区块评价增储1291万吨，于606区块、洼60区块等4个区块滚动勘探增储401万吨，双229区块实现当年上报控制储量、当年探明储量升级、当年开发建产。新能源勘探取得积极进展，推进深海区域勘探研究。通过优化部署勘探思路、精细开发过程管理，2016年节约钻井进尺2685米，探井成功率68%，创近年勘探最好水平。

【油气开发】 2016年，辽河油田以经济开发、能力稳产为主线，优化开发生产组织，圆满实现产量目标。按照集团公司部署，兼顾市场规律、开发规律和油价走势，调整减少无边际贡献产量50万吨，将年度目标由1024万吨调整为974万吨，加大开发生产组织和经济评价研究，顺利完成全年生产任务，实现千万吨稳产。产能建设实现提质、提速，自营区优化新井117口、完钻395口，新建产能64.2万吨、年产油29.3万吨。方式转换按效益推进实施，新转井组29个、累计达627个，年产油281.3万吨、占总产量的28.8%；SAGD开发日产水平连上2个百吨台阶，新增百吨井1口。注水油田坚持优化产量不减工作量，日产水平稳定在万吨；稠油吞吐通过优化工作量，油汽比由0.29提高到0.31。老井复产和措施增油实施措施井5661井次，增油154.1万吨，其中复产老井506口、增油14.3万吨。

【科技进步】 2016年，辽河油田加强科研攻关和新技术推广，发挥创新驱动作用。注重解决勘探增储、开发生产、降本降耗、开拓市场的技术瓶颈问题，取得科技成果84项，获省部级以上奖励5项，国家授权专利354件，增强科技支撑作用。完善勘探开发技术，多元结构潜山储层预测和“两宽一高”成像等技术取得进展，支持复杂目标区域精细勘探；完善低成本复合驱油、水淹油藏火驱等技术，促进稠油经济开发。推动移动点火、可调分层注汽等技术，促进低成本开发。提升工程施工技术，成熟推广复杂套损井修复、大修提速提效等5项关键配套技术，提高作业时效20%。热采井带压作业技术取得突破，进入现场试验阶段。高寒地区管道全自动焊接、多点网状输气工艺等5项技术应用效果显著，油田建设工程施工技术在漠大（漠河—大庆）二线实施全自动焊接130千米，成本降低10个百分点。绿色低碳技术效果良好，完成稠油污泥非蒸发干燥技术中试，油泥减量80%以上，原油回收率90%以上。完善低成本调剖等7项自主知识产权技术，回用污泥8.4万立方米、增油4000吨以上。地热综合利用取得实质性进展，废弃井改地热井供暖。数字油田建设成效显著。全面推进以ERP、物联网为重点的信息化系统集成应用，促进提高管理效率效能。与中国工商银行合作打造油区社保“一卡通”，基本完成与中国移动、中国电信合作开展的民用宽带网提速工程，入户改造7.5万户。加强科研综合管理，全面启动国家稠油/超稠油开发技术示范工程，顺利通过集团公司千万吨稳产重大专项现场核查，推进国家能源稠（重）油开采研发中心建设，深化实施科研机构“双序列”改革，完善科技管理和激励机制，增强科技创新驱动作用，支撑油田主营业务发展。

【经营管理】 2016年，辽河油田面临国际油价持续走低的严峻考验，全面落实资源、市场、国际化和创新战略，根据油价走势和形势发展变化，以新发展理念为引领，以经济效益为中心，适时调整生产经营目标和策略，全面推进开源节流、降本增效工作，制订并推动6项35条开源节流、降本增效措施和13项降低成本工程，多措并举提质增效，在控制亏损基础上超额完成全年经营业绩。

加强投资管理，压减年度勘探开发、安全环保等投资规模，暂缓实施低效产能新井、方式转换等项目。推行钻井、地面建设标准化设计，盘活老井场、老设备，开放外围钻井市场，推行钻井总承包，优化内蒙古奈曼地区44口新井集输方案。严格成本动态预算和刚性控制，优化产量降低折耗；坚持生产开发全过程降低成本，通过优化运行、削减低效注汽量、调整燃料结构、推行低温预脱水等措施，实现材料费、燃料费、动力费、作业费等重点费用稳中有降，操作成本同比下降10.8个百分点；严控非生产性支出，两级机关管理费用同比下降10个百分点。深化节能挖潜工作，坚持“自己能干的活自己干”，努力提高内部市场占有率，其中资产内修率提高11个百分点。开展分质分销，增销稀油、高凝油110万吨，推进节能和资源高效利用，实现节能5.24万吨标准煤、节水65.8万立方米、节约土地7.2公顷（7.2万平方米），深化“两省一增”和资产调剂、公车拍卖处置，挖潜1.7亿元；推进财务“两金”治理（应收账款清收和存货占用资金压减），外部应收账款、原材料及库存商品资金占用分别下降18个百分点和14个百分点。严格落实“三控制一规范”，深化“五定”工作，推动富余人员显性化管理，出台分流安置意见，2016年组织内部劳务3941人，清理长期不在工作岗位人员、解除劳动关系88人。用工总量净减少2380人，人工成本下降4.2个百分点。深化合规管理，出台全面依法治企实施意见，重大法律事项审查实现全覆盖，依法维权避免损失540多万元，进入国家央企“六五”普法先进行列。深化内控流程管理，以“零例外”通过外审和管理层测试。完善审计、概预算、市场、招投标和结算管理，推进质量、计量、标准化工作，有力维护企业利益。

【市场开发】 2016年，辽河油田以外部市场为依托，加大“走出去”步伐，提升创收、创效能力。发挥优势开拓市场与引进资源开放市场相结合，领导带头、各方联动、政策激励多管齐下，初步构建横贯东西、地跨南北、延伸海外的市场开发格局，形成上市与未上市、机关与基层、主体与多种经营共同闯市场的局面。

2016年新增合作企业9个，外部市场用工总量超过7000人。巩固塔里木、新疆、吐哈、长庆、冀东等国内油气田市场，深化劳务输出、技术服务、施工总包、采油管理等合作模式。与浙江、吉林、青海等油气田和运输公司、钻井院、燃料油公司等签订合作协议，成立东部项目部，统筹推进东西部油气田市场，其中西部市场2016年实现收入1.8亿元、新增合同额7.6亿元。油田机关对口支持浙江油田，实现机关人员闯市场的历史性突破。加强开拓重点领域社会市场，工程建设业务中标漠大二线、陕京四线、宝香西支线等重点项目，完成市场开发工作量同比增长66.3%；燃气利用业务新增贸易用户42个，天然气输销13.8亿立方米，LNG销售4.73万吨。抓住海外目标市场，整合归口管理部门，成立国际事业部，完善市场开发方向，抓好苏丹、哈萨克斯坦等国家稠油技术服务项目，成功签订乍得油田1.1亿美元项目合同；参与俄罗斯北高加索地区老井复产项目、签订框架协议，实现海外市场开发工作量稳中有升。

【企业管理】 2016年，辽河油田深化扩大经营自主权试点，以破解体制、机制障碍为关键，深化企业改革，增强企业发展活力。认真落实集团公司改革部署，优化组织机构、业务结构，完善政策机制，平稳推进各项改革措施，改革红利不断显现。推进机关“瘦身”，将勘探处与勘探项目部、政法委和武装部、文体中心与工会进行整合。对二级单位进行持续重组，将金马油田公司与浅海石油开发公司、辽河石油报社与辽河油田电视台、工程技术部与进出口及第三方服务业务进行整合。2016年减少处级机构6个，压缩科级及大队级单位130个，压缩基层站队39个，压缩管理和专业技术人员编制429人，压缩科级干部职数146人。顺利完成天然气销售划转工作。推进油田驻外部宾馆、办事处专项治理，北京广安宾馆对外承包租赁、年增利润1100万元，沈阳辽油宾馆、大连海蓝宾馆进入拍卖程序，辽河宾馆通过深化“四自”经营模式，提升创效能力。积极推进“三供一业”社会服务职能分离移交盘锦市管理，辽河油田成立领导小组加强工作对接，矿区社会化供暖面积累计达88%；组织水电及市政设施分离移交盘锦市管理，初步形成医疗社会化改革方案。推进公用系统改革工作，执行集团公司三年治理目标任务，以深化改革为抓手，编制完成未上市业务深化改革、特困企业专项治理方案；完成再生资源利用公司股权调整，为发展混合所有制经济探索新路径。推进工效挂钩，突出效益导向，完善激励政策，加大增储、超产、增效、闯市场单位人员奖励力度，向生产一线、艰苦和科研岗位倾斜，拉大分配档次，凸显贡献价值，发挥薪酬激励作用。改革、发展、稳定工作迈出坚实的步伐，各项工作取得新业绩、实现新进展。

【安全环保】 2016年，辽河油田以体系建设为重点，加强安全环保管理，保持安全形势稳定。推进HSE体系精细化建设，坚持安全大检查常态化管理，实施全方位、全过程查隐患、堵漏洞、补短板，实现风险可控、受控。落实管理责任，严格“党政同责、一岗双责”管理，领导干部带头实施个人安全行动计划、安全生产大检查等工作，79名处级干部接受考评，各单位行政正职、安全总监主动接受HSE培训，加强安全环保工作的领导力。完善监管体系，强化HSE分委会建设，促进落实直线责任，对修井作业、非烃类驱、炼化轻烃天然气系统重大风险开展“专家会诊”。坚持常态监督和特殊时段监管并重，保证井控、海上、联合站、轻烃厂、炼化装置、外部施工等重点领域及关键环节平稳受控。深入开展隐患治理，投入专项资金治理井口装置和违章占压等类隐患283项，油气长输管道隐患治理率100%，80万立方米轻烃项目和储气库建设工程安全投产。推进污水、油泥治理，落实污染减排措施，化学需氧量、氨氮、氮氧化物分别减排295.55吨、11.4吨和167.37吨。巩固基础管理工作，开展量化审核与专项审核，深化标准化站队建设。开展安全环保新《安全生产法》《环境保护法》宣传教育，狠抓“三违”和“低老坏”整治，提升基础管理水平。

【党建工作】 2016年，辽河油田党委以政治文化优势为保障，加强党的建设、弘扬石油精神，凝聚形成推动企业发展的整体合力。用党的建设的政治优势、石油精神的文化优势抓班子、带队伍，为各项事业发展提供坚强保证。全面加强党的建设，扎实开展“两学一做”学习教育，组织召开辽河油田第二次党员代表大会，完成二级单位党组织换届，完善构建党建工作体系，初步形成“大党建、大政工、大宣传、大监督”格局。注重优化各级班子结构，强化跨系统交叉任职；注重树好选人用人风向标，坚持好干部标准，打造素质过硬的干部队伍。深化“重塑中国石油良好形象”大讨论，形成问题分析报告和整改提升方案；开展“讲好石油故事、重塑良好形象”主题宣讲；加强石油精神宣传教育、“辽河榜样”评选，增强“苦干实干”“三老四严”工作认同感。通过超额完成业绩指标、巩固和谐稳定形势、积极履行社会责任等全方位措施，提升辽河油田影响力和信誉度。认真整改集团公司巡视发现的问题，组织开展三轮内部巡视，加大监督检查、合规管理监察和执纪审查力度，查处违反中央八项规定的问题党员干部，保持反腐败高压态势。努力提高员工素质，深化形势任务主题教育和季度劳动竞赛，推进“双千双亿”挖潜和青工油水井分析等活动，形成转观念、担责任、比贡献的正能量。深化“基本素质达标工程”，举办第九届员工职业技能大赛，完善技能人才选聘标准，推进技能专家工作室、劳动模范创新工作室建设。

【和谐矿区建设】 2016年，辽河油田以维护全员利益为根本，积极构建平安和谐矿区，努力共享发展成果。始终将发展作为构建和谐的必要条件，顶住生产经营压力，尽力做好员工利益保障工作，积极履行社会责任，共同维护和谐稳定局面。推进矿区建设，投入3亿多元，完成节能减排和安全环保隐患治理项目11项，实施供暖分户改造1.8万户，阳台维修、屋面防水近800栋、维修翻新离退休活动场所4个。完成绿化、美化工程29项，矿区绿化覆盖率41.1%。3个住宅小区被集团公司评为“和谐示范小区”。实施兴隆新城搬迁项目，解决9个外围偏远小区1700户居民搬迁问题。累计完成69个小区7.5万户居民燃气改造，完成率67.3%；矿区供暖业务社会化及分离移交完成率近90%；累计完成近9万户居民燃气改造，燃气业务社会化率超过80%。社会化服务托幼园所13所，托幼业务社会化率60%以上。全力维护各类群体利益，慰问困难家庭9921人次，大病救助1284人，助学818人，生活帮扶6169人。坚持政策解释与有效管控相结合，突出解决热点问题，针对多种经营企业经营状况和队伍现状，通过市场倾斜、改革推动、政策兜底多管齐下，保持队伍总体稳定。打造平安矿区建设，强化矿区社会治安综合治理，净化油区生产、生活环境。构建和谐油地关系，参与盘锦市创建“全国文明城市”行动，集中整治油区市容环境；落实“精准扶贫”要求，加大锦州市义县、阜新市阜新蒙古族自治县苍土乡对口帮扶力度，产生良好的社会效应。

（田　英　刘凤英）

中国石油天然气股份有限公司长庆油田分公司（长庆石油勘探局）

【概况】 中国石油天然气股份有限公司长庆油田分公司（长庆石油勘探局）简称长庆油田，成立于1970年，主营鄂尔多斯盆地油气及伴生资源的勘探、开发、生产、储运和销售等业务，工作区域横跨陕西、甘肃、宁夏、内蒙古、山西5省（自治区），登记矿权面积20.67万平方千米。长庆油田是近年来中国陆上油气储量、产量增长速度最快的油田，承担着向京津和华北地区以及陕西、内蒙古等省（自治区）安全稳定供气的重任。有采油单位13个、采气单位8个、输油单位3个以及其他科研、生产辅助、矿区服务单位，用工总量7万余人。

2016年，生产原油2392.01万吨、天然气365亿立方米（表1），油气当量5300万吨，实现5000万吨以上连续4年稳产。实现营业收入953.13亿元，税前利润85.54亿元，税费129.98亿元，净现金流49.11亿元，完成业绩合同经营考核目标。

【油气勘探】 2016年，长庆油田新增探明石油地质储量3.68亿吨，天然气探明加基本探明储量6415亿立方米，新增油气三级地质储量当量连续10年突破10亿吨，2016年达19亿吨，占中国石油当年新增油气地质储量的一半以上，新增油气地质储量继续保持高峰增长态势。“陇东地区石油勘探”“苏里格东南区天然气勘探”“中东部新层系天然气勘探”获中国石油年度油气勘探重要成果奖。

【油田开发】 2016年，长庆油田立足精细注水，实施油藏分类分级管理，建立油藏预警机制，深化油藏认识，精细注采调控，强化重点油藏综合治理，加强长停井及低产低效井治理，老油田稳产基础更加夯实。新区产能建设突出质量效益，坚持勘探开发一体化，从层系、区块、井型和技术政策4个方面优化方案部署，确保单井产量不降。持续推广大井丛组合+高效钻井压裂技术，钻试周期进一步缩短，井筒作业和地面建设投资有效控降。2016年，6口井以上井场199个，组合井数1470口，覆盖产能150万吨，减少土地征借3000余亩，节约投资近亿元。

表1　长庆油田主要生产经营指标

指　标	2016年	2015年
原油产量（万吨）	2392.01	2480.81
天然气产量（亿立方米）	365	374
新增原油产能（万吨）	266.6	228.8
新增天然气产能（亿立方米）	46.32	70.2
新增探明石油地质储量（万吨）	36834.42	36475.70
新增探明天然气地质储量（亿立方米）	6415	6928
二维地震（千米）	7300	4000
三维地震（平方千米）	210.83	0
探井（口）	7887	7490
开发井（口）	45597	45148
钻井进尺（万米）	1442.17	1356.31
勘探投资（亿元）	59.11	59.54
开发探资（亿元）	286.24	338.77
资产总额（亿元）	3314.83	3189.68
收入（亿元）	953.13	1127.05
利润（亿元）	215.52	258.43
税费（亿元）	129.98	204.72

【气田开发】 2016年，长庆油田推进气井分类精细管理，充分挖掘低产井潜力，加大排水采气技术推

广，现场应用6300余口井，全年增产气量18亿立方米。产能建设坚持效益优先，精细地质研究，优化地面设计，突出个性化井位部署与差异化井型组合，全面推广多层系、大井组开发，新建站场大幅度减少，节约土地3500多亩（230多万平方米）。神木气田建成“双16气煤同采”示范区，苏东南区高效建成30亿立方米规模水平井整体开发示范区。全力组织冬季保供，最高日产量突破1.1亿立方米，实现用气高峰安全平稳供气。

【经营管理】 2016年，长庆油田围绕生产经营各个环节，制定开源节流88条措施，持续打好提质增效攻坚战，经营管理水平全面提升。百万吨产能投资比2016年初安排节省7.2%，油气操作成本总额、单位油气操作成本、运行成本实现“硬下降”，管理性支出降低10%以上。推进资产轻量化，优化盘活闲置资产，加强低效无效资产处置，资产创效能力进一步增强。

【科技创新】 2016年，长庆油田特低渗透油藏空气泡沫驱、聚合物微球等现场试验降递减成效明显，含水上升有效控制，为提高水驱开发效果提供新的技术方向。致密砂岩气藏排水采气创新研发水平井自缓冲柱塞、固体和液体泡排剂系列，形成下古生界气藏速度管柱技术。油田30万吨橇装化联合站、气田5亿立方米橇装化处理站建成投运，提高建设效率、控制用工总量、降低运行成本。20项科研成果获省部级奖励，获授权专利231件，其中发明专利101件。

【管理创新】 2016年，长庆油田制定精细管理三年规划，扎实推进规章制度“立改废”，新增制度25项、修订30项、废止33项。全面加强物资采供、监督检测、设备资产、造价监理、油气合作、法律事务、审计监察和保密管理，风险防范和管控能力进一步提高。积极推进提效放权业务改革，调整和下放8个方面29项管理审批权限。做好特困企业专项治理，2家特困单位如期完成减亏利润指标。稳步推进矿区服务社会化市场化改革，推进水电气暖供应移交社会管理。

【安全环保】 2016年，长庆油田持续完善HSE体系管理，突出抓好挂牌督办项目整体推进。加强油气管道隐患整治，完成管道隐患治理484项。严格作业许可管理，强化承包商过程监管，促进施工过程安全。强化天然气净化厂尾气处理、作业废水处理和突出以油泥为重点的固废管理，确保环境风险受控。开展安全大检查，做好中央环保督察巡查问题整改，一批重大隐患得到有效治理，全员安全环保意识和岗位操作能力显著提升，安全环保和节能减排工作基础进一步夯实。

【党建工作】 2016年，长庆油田落实全面从严治党要求，推进“两学一做”学习教育，大力开展“三亮四比一创建”活动，各级党员领导干部带头讲党课4060场次。严格落实党内政治生活，完成公司党委换届工作。切实加强党风廉政建设，全面履行“两个责任”，分两轮对30个单位进行专项巡视，发现问题371个。把握和运用监督执纪“四种形态”，立案查处违纪违规问题28件，处分违纪人员43人。

【矿区建设】 2016年，长庆油田召开惠民工程推进会，7大惠民工程43项措施扎实有序推进。建成医疗点108个，改造站点员工宿舍183个、一线食堂199个、淋浴房和卫生间281个，6000多处绿色井站遍布油区，一线生产生活条件进一步改善。老年康复中心项目整体完工，西安长庆老年公寓入住老人155人，2500名留守儿童得到帮扶，“一老一少”“两小一全”服务逐步完善。油田单位和员工群众充分享受驻地政府各类惠民待遇，惠民政策覆盖率95%。油田社区网格化管理实现全覆盖，矿区综合服务与政府公共服务、社会服务等多种资源有效融合，管理与服务水平有效提升。

（沈　阳　柴君旺）

中国石油天然气股份有限公司塔里木油田分公司

【概况】 中国石油天然气股份有限公司塔里木油田分公司（简称塔里木油田）前身是1989年4月成立的塔里木石油勘探开发指挥部，主营业务包括油气勘探开发、炼油化工、油气销售、科技研发，是中国石油的地区分公司。总部位于新疆维吾尔自治区巴音郭楞蒙古自治州库尔勒市，作业区域遍及塔里木盆地周边20多个县市，有探矿权面积15.1万平方千米、采矿权面积8824平方千米。2016年底，塔里木油田设机关职能处室15个，直属机构3个，附属机构8个，二级单位28个；合同化员工总数10327人，其中女员工3798人、少数民族员工2670人。

2016年，塔里木油田贯彻集团公司“发展西部”

的战略部署，围绕“十三五”规划目标，坚持稳健发展方针，坚持走低成本发展之路，加快落实建产资源，着力夯实开发基础，全面深化企业改革，持续强化科技攻关，狠抓安全环保和安保维稳工作，不断加强党建工作，完成年度主要生产经营任务指标。2016年油气储量继续保持高峰增长，生产原油550.01万吨、天然气235.62亿立方米，油气当量产量2427万吨。投资资本回报率9.87%，实现收入343.85亿元（表1）。

表1　塔里木油田主要生产经营指标

指　标	2016年	2015年
原油产量（万吨）	550.01	590.01
天然气产量（亿立方米）	235.62	235.52
新增原油产能（万吨）	44.31	70.08
新增天然气产能（亿立方米）	14.01	18.10
二维地震（千米）	3274	1973
三维地震（平方千米）	1125	1810
作业探井（口）	74	81
作业开发井（口）	136	212
钻井进尺（万米）	67.97	116.72
勘探投资（亿元）	32.61	42.12
开发投资（亿元）	64.36	108.52
原油加工量（万吨）	12.66	0
尿素产量（万吨）	62.20	107.80
资产总额（亿元）	903.62	885
工业总产值（亿元）	323.64	437.72
投资资本回报率（%）	9.87	22.70
收入（亿元）	343.85	463.99
税费（亿元）	63.15	82.31

【油气勘探】 2016年，塔里木油田按照“坚持三大阵地战、加强区域风险勘探”的部署思路，突出效益勘探、规模勘探、精细勘探，完成二维地震3274千米、三维地震1125平方千米，完成探井40口、进尺24.27万米，在21口井获工业油气流，油气勘探获得多项成果。库车山前克深北部逆掩叠置带获得重大突破，克深10井、克深11井两口井分别获工业气流，新发现两个气藏。台盆区寒武系白云岩潜山天然气勘探获重大突破，其中塔中东部的中古58井获工业油气流，为塔中东部潜山勘探时隔27年取得的重大发现；位于巴楚隆起—麦盖提斜坡上的罗斯2井获工业油气流，取得该地区继和田河发现20年来的重大发现。库车山前地区克深13区块与博孜1区块气藏评价、塔北哈拉哈塘油田碳酸盐岩一体化评价、塔北西部白垩系碎屑岩勘探评价、塔中西部碳酸盐岩勘探评价均取得新进展，新增三级油气地质储量。吐孜4井在侏罗系阿合组氮气钻井获高产气流，满加4井在奥陶系鹰山组见到良好油气显示，获得油气勘探两个发现苗头。

【油气开发】 2016年，塔里木油田抓住原油产量调减的有利时机，着力转变开发方式，夯实开发基础，完成油气当量产量2427万吨。其中，生产原油550.01万吨，销售原油549.64万吨；生产天然气235.62亿立方米，销售天然气223.4亿立方米（其中西气东输销售192.7亿立方米）。在开发管理方面，高效组织生产，6月底完成年度井位部署，全年投产新井140口，新增原油生产能力44.31万吨、天然气生产能力14.01亿立方米；实施措施井179次，措施有效率89.4%，累计增油21.6万吨、增气1.84亿立方米。精细碎屑岩剩余油挖潜，加强长停井治理，加大注水调整、注气提高采收率和滚动开发，原油综合递减率13.35%，自然递减率17.13%，综合含水率70.99%。科学安排克拉2、迪那2、英买力及牙哈等气田产气量，控制大北、克深2及克深8等区块生产负荷，延长新区产能评价井测试周期，天然气生产平稳受控。

【炼油化工】 2016年，塔里木油田统筹经济效益、环境效益和社会效益，合理调控炼化装置生产，加工原油12.66万吨，生产尿素62.20万吨。炼油系统加快装置安全隐患整改，完成国V标准汽油、柴油装置升级改造，6月30日投料开工，8月生产出合格产品，生产汽油4.78万吨、柴油5.52万吨。化肥系统加强生产全过程监控，狠抓产品质量攻关，突出控本降亏。塔里木石化装置1—7月平稳运行，8月15日停工，2016年生产尿素47.8万吨，合成氨综合能耗32.55吉焦/吨、原料和燃料天然气消耗1110.58立方米/吨氨，尿素氨耗567.49千克/吨，尿素产品优级品率100%。塔西南化肥装置为保证南疆天然气供应，冬季停工，2016年生产尿素14.4万吨，合成氨综合能耗46.51吉焦/吨、原料和燃料天然气消耗1480.81立方米/吨氨，尿素氨耗571.8千克/吨，尿素产品优级品率98.23%。

【科技创新】 2016年，塔里木油田坚持生产导向和问题导向，集中力量和资金开展目标性地质综合研究和针对性工程技术攻关。自主创新三维速度建场、断层空间力学活动性预测、多属性隔夹层地震预测技术，强化有利目标评价。推广适用物探采集技术，精细老资料目标处理和解释，持续深化成藏富集规律研究，指导井位部署。推广应用PowerV垂直钻井+油基钻井液、涡轮+孕镶钻头等集成提速技术，平均建井周期同比缩短15.9%。优化储层改造方式，克深905井、克深907井酸化压裂后平均无阻流量提高9.5倍，博孜104井加砂压裂后无阻流量提高10倍以上。加快完善分层注水配套技术，扩大轮南深部调驱规模，实施东河注气辅助重力驱、牙哈注气开发试验和碳酸盐岩注气替油试验，开发提采技术攻关取得新成效。2016年塔里木油田计划投入科技项目资金47122万元，实际支出39673万元，获省部级科技成果奖13项；申报专利282项、软件著作权54项，获专利授权72项、软件著作权30项。

【塔里木油田凝析气轻烃深度回收工程开工建设】 塔里木油田凝析气轻烃深度回收工程是集团公司贯彻中央新疆工作座谈会精神、落实中国石油与新疆合资合作框架协议、助力新疆经济社会发展的重点工程，被塔里木油田列为“十三五”时期“一号工程”。工程批复总投资17.5亿元，由股份公司和巴音郭楞蒙古自治州共同出资并筹建合资公司进行管理，厂址位于轮南集气总站南700米处，设计规模为年处理天然气100亿立方米、转化天然气2.16亿立方米、消耗燃料气0.346亿立方米，生产液化气38.19万吨、Ⅰ号稳定轻烃7.11万吨。2016年5月10日，巴音郭楞蒙古自治州政府和塔里木油田在轮南共同举行工程开工仪式。截至2016年底，工程总体形象进度45%，其中厂站建设完成46%、管道建设完成54%、电力建设完成39%。

【哈拉哈塘油田二期产能建设地面主体工程投产】 哈拉哈塘油田二期产能建设地面工程包含新垦、热瓦普和金跃3个区块，设计新建热普、新垦2座转油站、2座清管站和相应集油气管线、注水管线，建成产能70万吨/年。工程于2015年9月2日正式开工建设，2016年6月24日通过初步验收，6月27日热普转油站、1号清管站、2号清管站进油投产，7月4日新垦转油站进油投产。截至2016年底，综合公寓和三标段道路尚在建设，其余工程已建成投产。

【机构重组】 2016年，塔里木油田完善管理体制，多方面推进机构重组。突出专业化分工，成立勘探事业部、开发处、招标中心、工程技术处、设备管理处等部门。优化开发生产单元，将塔北勘探开发项目经理部开发管理业务职能和人员以及哈拉哈塘作业区、东河作业区划给开发事业部。压缩管理层级，撤销塔中作业区机关，将“塔中油气开发部—作业区—基层站队”三级管理压缩为二级管理。按集团公司要求推进辅助业务改革，制定矿区“三供一业”分离移交方案，完成宾馆酒店专项整改。

【业务流程优化】 2016年，塔里木油田在前期学习考察、专题研讨的基础上，按照“运行高效、管控到位”的原则，全面开展业务流程优化工作。4月14日，召开业务流程优化启动会，印发《油田公司业务流程优化实施方案》，明确油田公司、部门（单位）两级流程的划分标准和优化保障措施。各单位、各部门梳理所有业务链条职责界面和工作分工，优化流程结构、环节和节点，明确各流程节点的时限要求、工作标准、制度规范和工作表单，制定《业务流程节点运行说明表》，进一步提高流程的实用性。通过本次流程优化，“分级管理”的流程管理理念得到宣贯，公司级流程数量减至451个，同比下降53%。

【新疆塔中西部油田有限责任公司开始运营】 新疆塔中西部油田有限责任公司为中国石油天然气股份有限公司与阿克苏鹏达投资有限责任公司共同出资设立的合资公司，主要经营塔中西部合作区块的油气资源勘探开发、油气产品销售。注册资本20亿元，其中中国石油出资18亿元、占比90%，阿克苏鹏达投资有限责任公司出资2亿元、占比为10%。2016年2月26日，在乌鲁木齐正式挂牌成立。4月1日，开始投入运营，属法人企业，财务实施独立核算。5月12日，召开第一届董事会第二次会议，审议公司2016年工作计划、投资方案及经营预算、基本管理规章制度，聘任公司管理层成员。截至2016年底，生产原油9.56万吨、天然气0.23亿立方米，销售收入1.93亿元，应缴税费1265万元。

【新疆巴州塔里木能源有限责任公司开始运营】 新疆巴州塔里木能源有限责任公司是中国石油天然气股份有限公司与新疆巴州国融投资有限公司共同出资设立的合资公司，主要负责塔里木油田凝析气轻烃深度回收工程建设及投产运营工作。2016年1月18日，完成工商注册登记，注册资本10.5亿元。其中：中国石油出资9.45亿元，占比90%；新疆巴州国融投资有限公司出资1.05亿元，占比10%。2月25日，召开第一次股东会议，选举公司董事会和监事会成员；2月26日，董事会召开第一次会议，选举产生董事长，聘任公司总经理和财务总监。3月，取得营业证照，完成银行账户开立，资本金催缴、税务登记。5

月13日，董事会召开第二次会议，审议并通过《关于轻烃回收项目建设期间的管理方式的议案》等6项议案。截至2016年底，塔里木油田凝析气轻烃深度回收工程尚在建设。

【信息化与工业化融合管理体系初步建成】 2016年，塔里木油田加快应用物联网、云计算、大数据等新技术，持续推动信息化和工业化“两化”深度融合，初步建成具有塔里木特色的“两化”融合管理体系。经过内部评审、管理评审、外部审核、评估整改、资料上载、工业和信息化部复审，6月获由工业和信息化部颁发的体系评定证书，成为中国石油继大港油田之后第2家通过认证的两化融合管理体系贯标试点企业。

【“民族团结进步年”活动】 2016年4月1日，塔里木油田召开民族团结进步创建工作启动会，总结油田民族团结工作成果，交流工作经验，部署民族团结进步创建重点工作。5—6月，按照新疆维吾尔自治区开展“民族团结进步年”活动的有关要求，塔里木油田相继制定《油田公司民族团结进步创建工作实施方案》和《油田公司民族团结进步年实施方案》，明确民族团结进步七大工程46项工作任务，提出2016年完成各单位内部创建工作体系建设。根据方案安排，油田开展全员参与“结对认亲”活动，4852名干部员工与4978名少数民族、困难家庭、“四老”人员等员工群众结成对子，其中2126名少数民族员工全部参与活动。开展“师带徒”“一帮一”“实践式”民汉传帮带活动，从互学操作术语、安全技能等方面入手，将“民汉一家亲”理念融入日常工作生活。2016年，塔里木油田公司机关党委等23家单位被巴音郭楞蒙古自治州命名为民族团结进步模范单位，塔西南勘探开发公司等25家单位获塔里木油田公司“民族团结进步模范单位”称号。

【部署全面从严治党加强党的建设工作】 2016年12月30日，塔里木油田召开党工委全委（扩大）会议，总结油田党建工作成绩，分析油田面临的形势，对当前和今后一个时期深入推进全面从严治党、加强党的建设进行再动员再部署。会议制定下发《中共塔里木油田公司工作委员会关于落实全面从严治党要求加强党的建设的实施细则》，会议要求各单位党组织围绕建设世界一流大油气田的发展目标，着力深化思想建党、组织强党、纪律管党、制度治党、为民立党、实干兴党，为油田科学健康发展提供坚强保证和强大动力。

（张　露）

中国石油天然气股份有限公司新疆油田分公司（新疆石油管理局）

【概况】 中国石油天然气股份有限公司新疆油田分公司（新疆石油管理局）简称新疆油田，前身是1950年成立的中苏石油股份公司，主要从事准噶尔盆地及其外围盆地油气资源的勘探、开发、集输、销售及生产服务、矿区服务和其他辅助业务，总部位于新疆维吾尔自治区克拉玛依市。2016年底，设机关处室17个，机关直（附）属单位11个，基层单位41个；用工总量42695人，其中管理和专业技术人员15880人、女员工17200人。

2016年，新疆油田以经济效益为中心，围绕“掌控资源、配套技术、控制成本”3项核心任务，实施“6+1”战略工程，优化储量产量和业务人员结构，强化技术和管理创新，推进低成本发展、精细化管理，加强投资成本和安全环保管控，打好开源节流降本增效攻坚战，完成各项生产指标。截至2016年底，累计探明石油地质储量25.85亿吨、天然气地质储量2017.5亿立方米，油气资源探明率分别为29.8%和8.1%；累计生产原油3.53亿吨、天然气770.29亿立方米。形成环准噶尔盆地油气输送环网，原油输送管道46条，总长2374千米，年输送能力2060万吨；天然气输送管道54条，总长1663千米，年输送能力120亿立方米。2016年，生产原油1113万吨、生产天然气28.55亿立方米（表1）。

【油气勘探】 2016年，新疆油田坚持效益勘探，突出规模现实和浅层高效领域，推进勘探开发、地质工程、技术经济一体化融合。玛湖东斜坡在百口泉组首次获得突破，达13井、盐北4井获高产，落实三级储量9154万吨，继玛湖西斜坡后，成为又一个百里油区。风南401井等16口井在侏罗系、三叠系中浅层获突破。在玛湖凹陷勘探领域构建大型浅水扇三角洲沉积模式。玛湖大油区战略发现获股份公司重大油气发现奖特等奖。红车拐地区18口井在中浅层获新发现，落实三级储量1亿吨，获股份公司重要成果一等奖。克百断裂带石炭系，北三台凸起石炭系、二叠系、三叠系勘探获得发现，准噶尔盆地腹部石603井、盐131井获工业油流。滴南凸起南带滴探1井、美6井天然气勘探获高产，南缘齐古断褶带齐古1井获工业气流。

表1 新疆油田主要生产经营指标

指 标	2016年	2015年
原油产量（万吨）	1113	1180
天然气产量（亿立方米）	28.55	28.4
新增原油产能（万吨）	111.87	225.86
新增天然气产能（亿立方米）	2.84	2.55
探明石油地质储量（万吨）	8089	9045
二维地震（千米）	2282	1600
三维地震（平方千米）	1980	2050
勘探投资（亿元）	36.9	36.2
开发投资（亿元）	66.9	96.9
资产总额（亿元）	1161.36	1274.53
收入（亿元）	326.35	377.82
利润（亿元）	−123.77	−62.05
税费（亿元）	30.89	53.34
油气单位操作成本（美元）	14.68	17.67

【油气田开发】 2016年，新疆油田优化原油产能产量结构，调增稀油产能18万吨，压减稠油无效益产量68万吨，稀油产量占比增长3.2个百分点。新建原油产能112万吨，新井产油30万吨。推广“多井丛—大平台”工厂化、标准化建产模式，建产能31.6万吨，减少征地3700亩。实施老井试油、新钻控制（试验）井94口，落实原油产能176万吨。优化注水注汽，减少低效、无效注水110万立方米，节约蒸汽616万吨，稀油自然递减率降至9%，稠油油汽比提升至0.138。实施压裂、上返补层等增产措施，增油21万吨。推进化学驱、超稠油SAGD、火驱等重大开发试验，产油110万吨，SAGD产量同比增长16万吨。综合递减率下降0.2个百分点，含水上升率控制在1%。天然气超产0.5亿立方米，商品量同比增加4.6亿立方米。呼图壁储气库运行平稳，注气17.2亿立方米，采气12.8亿立方米。

【工程技术】 2016年，新疆油田推进钻井提速，风南4井区钻井工期由99天缩短至61天，八区530、吉7、车210等区块综合提速30%以上。推广标准井设计，节约钻井投资8500万元。建成长输管道及天然气站场完整性管理体系。推广带压作业、连续油管、冷冻暂堵等技术1169井次，同比增长16%。在阿姆河、阿克纠宾等海外油田提供技术服务，创效1.66亿元。完成常规小修3.8万标准井次。生产井口、抽油机1900台（套），挖潜利用闲置设备107台。

【科技创新成果】 2016年，新疆油田持续推进“大科技工程”，投入科研经费3.9亿元，科技项目攻关32项。前陆冲断带勘探技术、二氧化碳驱油示范工程等国家级重大科技项目顺利开题，“新疆大庆”重大科技专项“新疆和吐哈油田勘探开发关键技术研究与应用”通过股份公司验收。在环玛湖地区推广水平井+体积压裂建产模式，配套固井完井分级压裂技术，玛18、玛东2等15个区块单井平均日产油27.8吨。配套完善老油田开发稀油“二三结合”、超稠油SAGD驱泄复合等立体综合增储提效技术。研制三维火驱物理模拟试验装置，试验周期较国内外同类装置缩短50%。推进智能化油田建设进程，节约用工1400人，试点应用勘探开发一体化云平台，提高科研效率。2016年获省部级科技成果18项，申请专利163件，获得软件著作权9件。数字油田项目入选2016年国家智能制造试点示范项目，成为石油石化行业唯一入选企业。集团公司A11示范工程——新疆油田采油二厂油气生产物联网示范工程正式转入生产运行，人均管井由3.5口提高到11.5口，为老油田数字化改造起到示范作用。

【企业管理】 2016年，新疆油田完善“十三五”投资规划，落实投资及费用168.8亿元。实施8大类36项提质增效措施，节约挖潜资金24.3亿元。推行标准化设计、市场化运作，有效控减投资。争取原油品质价差调整政策，落实财税优惠政策29项，减免税费6.4亿元。推进资产轻量化，加大历史陈欠收回、清理力度。推进精细成本管控，开展全员成本大调查，分类施策，节约成本1.9亿元。物资采购价格下降10%，节约费用2.4亿元。开展降库利库工作，降库率55%。招标率提高8.1个百分点，节约资金4.9亿元。率先开展投资项目风险评估试点，优化财务管理内控流程253项，加强法律风险防控，避免经济损失0.25亿元。实施经济责任、工程投资、管理效益审计34项，涉及资金8.3亿元。开展合规管理监察88项，整改各类问题168个。获全国守合同重信用企业公示证书、新疆维吾尔自治区守合同重信用企业公示证书，并获新疆维吾尔自治区2016年度“纳税信用等级A级企业”等称号。

【企业改革】 2016年，新疆油田实施4大类10项改革任务，推进“瘦身健体”提质增效。分离移交矿区服务业务，供水、供电、供热、燃气4项业务移交克拉玛依市属国有企业，涉及员工3495人、资产19.1亿元。克拉玛依报社移交克拉玛依市政府，有线电视业务移交新疆广电网络股份有限公司。实现彩南油田作业区和准东采油厂一体化管理，合并乌鲁木齐地区未上市及矿区业务，实现乌鲁木齐地区业务一体化管理，合并新疆培训中心和新疆技师学院，整合行政管理、集中招标代理和克拉玛依地区物业业务，减少副局级机构1个、处级机构4个。抓好低端低效业务退出工作，编制实施特困企业专项治理方案，完成4家驻外机构资产移交和5家宾馆酒店关停退出，压减常规井下作业队伍12支，社会通信退出比例达37%。

开展“五定”工作，厘清管理界面，机关部门职能和管理流程由279条优化精简为264条。矿区服务事业部由8部1室整合为1个直属机构，勘探处与勘探公司合并成立勘探事业部，质量节能处、设备管理处合并为质量设备节能处，审计处、审计中心合署办公，公建公司整建制并入开发公司，党群机构数量由克拉玛依市党委、新疆油田公司党委分设前的10个减少到6个。减少处级及以上机构22个（副局级1个）、减少处级职数55人，分别下降44.9%和35.5%。优化机构编制，机关减少科级机构110个、编制定员239人，分别下降43%和24.4%。所属二级单位机关减少科级机构47个、编制定员792人，分别下降14%和26.8%。上市业务实现超额考核利润11.43亿元；未上市业务减亏7.5亿元，减少业务7项；员工总量减少1931人。

【安全环保】 2016年，新疆油田加强新《安全生产法》《环境保护法》宣传贯彻，强化HSE体系建设、安全文化培育、隐患防范治理，提高本质安全水平。加强应急救援能力建设，代表新疆维吾尔自治区参加全国第二届危险化学品应急救援技术竞赛，获团体第三名。完成职业病危害因素检测1016处，开展职业健康体检6525人次，初步建成沙漠腹部单位远程医疗系统。制定“三废”治理规划，落实专项资金2.5亿元，实施污水减排工程9项、污油泥治理工程2项，消除“两漏”648处，完成风城稠油外输后端掺柴工艺改造。实施重点节能技术改造5项，完成锅炉大气污染达标治理。一体化整合《质量计量标准化节能》等22项管理制度、体系文件。采购产品抽检合格率97.4%，工程质量监督覆盖率100%。被评为新疆维吾尔自治区2016年度自治区安全生产目标管理先进企业，集团公司2016年度安全生产先进企业、环境保护先进企业、节能节水先进企业。

【矿区建设】 2016年，新疆油田投用呼图壁储气库公寓、风城油田作业区实训基地，完成前进锅炉房“煤改气”改造。建成保障房1146套，燃气入户安检6.1万户，水质合格率99.9%，供暖合格率99.4%，矿区服务综合满意度95.3%。新增医保异地结算医疗机构6家。义务植树4.3万株，矿区绿化覆盖率39.6%。加强重点生产区域和要害部位安保防范，开展“严厉打击整治打孔盗油违法犯罪”专项行动，追缴各类被盗油品2600余吨，挽回经济损失350万元。

【履行社会责任】 2016年，新疆油田切实履行社会责任，依法缴纳税费30.56亿元，其中上缴克拉玛依市财政12.72亿元，剔除油价、产量下降因素，同口径增加2.6亿元。积极发展混合所有制经济，推进油气合作开发，生产原油130.5万吨。支持地方企业发展，帮助地方企业取得集团公司市场准入资格和一级物资供应商准入资格。共同推进工程教育基地建设，中国石油大学（北京）克拉玛依校区顺利启用。投入资金1800万元，实施地方扶贫援建项目14个。开展南疆“访惠聚”住村帮扶工作，实施民生项目14个，援助资金330万元。发挥驻疆企业协调组工作职能，促进区域政策平衡统一。持续推进意识形态领域反分裂斗争，做好“去极端化”工作，遏制宗教极端思想渗透蔓延，维护大局和谐稳定。

【党群工作】 2016年，新疆油田党委推进“两学一做”学习教育，开展“四讲四有”专题研讨4300余次。召开中共新疆油田公司第十一次党员代表大会，选举产生中共新疆油田公司第十一届委员会和纪律检查委员会。出台加强党建工作实施意见，开展党组织负责人抓基层党建工作述职评议考核，构建“三级联述联评”机制。基层党组织星级创建率74%。修订党风廉政建设责任制实施细则，制定25项严守纪律规矩“负面清单”。完善企校联合培养机制，实施“大培训”工程，培训员工3.3万人次。推进“双序列”改革，选聘一级技术专家5名。开展“形势、目标、任务、责任”主题教育和“重塑中国石油良好形象”大讨论活动，组织宣讲800余场、参加3.5万余人次。打造“101窑洞遗址”企业精神教育基地。开展“民族团结一家亲”融情系列活动，处级及以上领导干部、南疆“访惠聚”住村工作人员结对认亲覆盖率100%。员工肉孜麦麦提·巴克获“全国优秀共产党员”称号，肉孜麦麦提·巴克家庭获第一届全国文明家庭。新疆油田被评为全国“互联网+时代”企业文化创新优秀单位。

【新疆油田公司党委与克拉玛依市委分开运行】 2016年，按照国家政企分开的总体要求，新疆油田党委和克拉玛依市委结束保持近60年的党委合一体制。9月28日，集团公司党组印发关于调整新疆油田分公司党委领导体制的通知，克拉玛依市和新疆油田公司党委分开运行，中共新疆油田公司委员会由常委制调整为委员制。在分开运行过程中，双方相互协商、相互支持、相互理解，员工队伍保持稳定。秉承“业务上分、工作上合，职责上分、思想上合”思想，继续主动承担央企的经济、政治、社会责任，继续推动克拉玛依市地方经济发展。

【“中国石油在新疆”专栏登录天山网】 2016年，中国石油驻疆企业协调组11家驻疆局级单位共同筹建的天山网“中国石油在新疆”专栏正式对外发布。专栏分设企业要闻、企业动态、央企责任、访惠聚、社会环境、民族团结、模范引领、视频展示、石油百科等栏目。展示驻疆企业在履行三大责任，推动社会和谐稳定发展等方面所做的工作，搭建中国石油驻疆企业信息互通、经验互享交流平台。

【井下光纤压裂裂缝监测技术填补业内空白】 2016年，新疆油田依托股份公司重大专项课题“昌吉油田致密油储层改造关键技术研究与现场试验”，在红山嘴油田红29井区hD0562井、h0558井进行监测井与压裂裂缝监测试验，监测信号清晰明显、数据丰富，与压裂过程吻合良好，微地震事件记录完整，标志新疆油田拥有自主知识产权的井下光纤微地震监测工艺、仪器、工具和软件技术，填补国内石油行业技术空白，推动行业技术进步。

【外部市场创效能力持续增强】 2016年，新疆油田依托技术、人才和地缘优势，强化技术服务核心竞争力，配套制定对外创收激励政策，外部市场开发向一流水平、多元领域发展。全年通过对外提供技术服务、装备加工、项目研究与培训、劳务输出、油品销售及原油代输等，实现外部市场创收逾3.1亿元，其中国内市场收入2.71亿元、海外市场收入4689.8万元。

【二元复合驱工业化试验取得成效】 2016年，股份公司重大开发试验项目“新疆克拉玛依油田七中区克下组油藏二元复合驱工业化试验”推进顺利，通过不断调整配方及优化注采参数，累计注剂0.51孔隙体积，含水率由95%降至54.5%，日产油由13吨升至54.6吨，阶段采出程度12.8%，预计提高采收率18%，超方案设计2.5个百分点。

【地面建设标准化】 2016年，新疆油田推进地面工程标准化，形成适应新疆油田的标准化设计系列，标准化设计覆盖原油产能1432万吨、天然气产能24亿立方米，大、中、小型站场覆盖率分别达70%、95%、100%，较常规建设降低投资4.3%，减少用工11%，节约用地面积5.2%，提高新井产能贡献率5.7%，推动产能建设降本增效。

【余热利用技术降耗减排】 新疆油田2010年起，开展注汽锅炉烟气冷凝、分离式热管换热采暖等余热利用技术研发，并在注汽锅炉、燃气压缩机、稠油站场实施应用，累计节约天然气1.5亿立方米、标准煤20万吨，减排二氧化碳31.4万吨，创效逾2亿元，在国内首次运用注汽锅炉烟气冷凝技术和燃气压缩机冷凝化余热利用技术，为行业发展提供借鉴。

【精细成本管控】 2016年，新疆油田编制精细成本管控管理办法、实施方案和考核细则，落实12项管控措施、35项年度工作任务目标，通过开展全员成本大调查、“四比四创”精细成本管控劳动竞赛活动，细化管理层级，深化区块（单井）效益评价，加强对标管理与全过程成本管控，增加效益1.65亿元，促进新疆油田持续稳健发展。

（杨　波）

中国石油天然气股份有限公司西南油气田分公司（四川石油管理局）

【概况】 中国石油天然气股份有限公司西南油气田公司（四川石油管理局）简称西南油气田，隶属于中国石油的地区公司，成立于1999年，主要负责四川盆地的油气勘探开发、天然气输配与终端销售，以及与之配套的矿区服务等业务。2016年底，下辖二级单位41个，合同化员工3.04万人，资产总额近千亿元，年经营收入400亿元左右。有四川盆地16.67万平方千米的勘查开采矿权；累计探明天然气储量2.3万亿立方米；天然气SEC储量3700亿立方米，储采比21∶1，具有良好的资源接替潜力。有川中、重庆、蜀南、川西北、川东北5个主力产区，开发气田111个，生产井1400余口，天然气年生产能力超过200亿立方米；累计生产天然气4095亿立方米，占到国内同期天然气产量的1/4。在川渝地区建成国内最完备的天然气输配系统，有“三横、三纵、三环、一库”的骨干管网，集输和配气管道4.2万千米，年综合输配能力300亿立方米以上；区域管网通过中贵线和忠武线与中亚、中缅、西气东输等骨干管道连接，是中国能源战略通道的西南枢纽；建成西南地区首座地下储气库——相国寺储气库，日调峰能力超过1400万立方米，最大应急采气能力2000万米^3/日，在冬春用气高峰发挥重要的调峰保供作用。西南油气田是川渝地区主要的天然气生产商和供应商，市场占有率75%。2016年，原油产量10.04万吨，天然气产量191.68亿立方米（表1）。

表1　西南油气田主要生产经营指标

指　标	2016年	2015年
原油产量（万吨）	10.04	13.7
天然气产量（亿立方米）	191.68	154.8
新增天然气产能（亿立方米）	31.22	37.26
新增探明天然气地质储量（亿立方米）	1527.84	3294.09
二维地震（千米）	3301.86	2621
三维地震（平方千米）	747.98	1827
完成探井（口）	18	21
完成开发井（口）	40	55
钻井进尺（万米）	27.68	37.51
勘探投资（亿元）	26.85	28.06
开发投资（亿元）	48.78	54.01
资产总额（亿元）	948.52	950.85
收入（亿元）	381.35	389.66
利润（亿元）	15.41	39.56
税费（亿元）	35.19	30.37

【油气勘探】 2016年，西南油气田完成二维地震3301.86千米、三维地震747.98平方千米，新开钻探井11口，完成探井18口、获工业气井14口，井均测试日产量19.8万立方米。全年新增探明天然气地质储量1527.84亿立方米、SEC储量326亿立方米，提交三级储量3127亿立方米，连续13年实现储量高峰增长。高磨地区震旦—寒武系勘探获股份公司天然气勘探重大发现成果特等奖，灯四段台缘带新获工业气井11口，井均测试日产量18万立方米。川西北部上古生界勘探再获重要新进展，双探3井首次在四川盆地发现新的工业油气层系——泥盆系观雾山组，栖霞组测试获高产工业气流。川中古隆起外围战略拓展勘探获新发现、新苗头，磨溪52井钻获优质滩相储层并测试获工业气流。

【油气开发】 2016年，西南油气田新增配套产能50亿立方米，年底配套产能达230亿立方米，实现天然气净产量191.68亿立方米，同比增加36.88亿立方米，超额完成生产任务。推进龙王庙组气藏建设，续建7口开发井均获高产，井均测试日产量115.5万立方米；推行“六化”建设模式，完成龙王庙组特大型气田产能建设任务，年生产能力达110亿立方米，2016年生产天然气82.5亿立方米。推进国家级页岩气示范区建设，累计建成25亿立方米年产能，超额完成各项示范任务；持续攻关页岩气高产井培育技术，长宁、威远区块新井测试产量大幅提高，2016年超产8亿立方米，实现3500米以浅资源规模效益开发；持续开展3500米以深资源地质评价和工程技术攻关。开展高石梯震旦系试采评价，攻克提高单井产量的技术瓶颈，累计建成投产13口井，配套井均产能21万立方米。推进川东北高含硫项目达产，罗家寨气田净化厂按计划成功投运并满负荷生产，实现900万米^3/日的达产目标，2016年生产商品天然气11.4亿立方米。实施老气田生产调整，降低综合递减率5个百分点；加大老区滚动勘探开发力度，新获工业气井5口，井均测试产量57.4万立方米。

【市场营销】 2016年，西南油气田突出市场研判，优化营销策略，强化靶向施策、精准营销，全年销售天然气204.6亿立方米，同比增长11.5%，全面完成销售奋斗目标，市场份额提高1.8个百分点，达76.8%。强化产运销联动，科学调配六大气源，合理安排检维修及停气碰头，确保安全平稳供气。实施淡季促销政策，激活14家大用户增产复产，扭转销量下滑势头、实现逆势增长，2016年促销6亿立方米，增加销售收入8.7亿元。加强与政府和客户的沟通协调，取消化肥用气调峰价格优惠，2016 年实现增收 5 亿元。积极推动煤改气、分布式能源项目建设，2016 年增加销量 3 亿立方米。加大解决上产区块外输通道与输送“瓶颈”问题，努力扩大区外市场空间，2016 年通过忠武线外输天然气 3.8 亿立方米。有序推进相国寺储气库建库达容工作，优化注采运行管理，2016 年增压注气 12 亿立方米、调峰采气 11.5 亿立方米，日应急调峰能力达 2000 万立方米。加快发展终端市场，适度下放价格决策权限，2016 年销售天然气 40 亿立方米，实现收入 90.6 亿元，实现净利润 7.6 亿元。

【安全环保】 2016 年，西南油气田坚守安全环保红线，抓好履职监督和责任落实，杜绝安全生产和环境污染事故。抓好安全责任制落实，设置全员安全环保风险控制奖，优化完善 QHSE 职责，建立配套履职考核清单，推动全员风险防控责任落地。抓好隐患排查治理及完整性管理，突出隐患井和管道隐患整治，治理 A 类隐患井 50 口，排查管道隐患 873 处、治理 830 处，治理完成率 95%，本质安全水平进一步提高。狠抓 QHSE 体系审核，突出闭环管理，完成 80 项突出问题的深度剖析、挂牌整改和现场验证，QHSE 管理水平持续提升。狠抓环境保护和节能减排，开展环境风险排查，评估出 51 个重大环境风险并制定防控措施；持续开展能效对标，大力实施节能技改，实施天然气余压回收利用，2016 年节能 0.87 万吨标准煤、节水 15.8 万立方米，获全国“十二五”石油和石化行业节能先进单位和四川省节能评价考核第一名。

【科技与信息】 2016 年，西南油气田投入科研及现场试验经费 2.7 亿元，实施科技项目 203 项，获省部级及以上科技奖励 12 项。科技成果“古老碳酸盐岩勘探理论技术创新与安岳特大型气田重大发现”获国家科学技术进步奖二等奖，“磨溪龙王庙组大型碳酸盐岩气藏高效开发理论与关键技术”获集团公司科学技术进步奖特等奖，“四川长宁—威远国家级页岩气示范区建设关键技术研究”获四川省科学技术进步奖一等奖。加强地质综合评价和研究，在超深井优快钻井技术、气井完井技术、试油及储层改造技术等攻关试验中见到成效，双探 3 井、龙岗 70 井先后两次刷新中国石油在四川盆地超深井纪录。搭建开放共享科研平台，扩大与国内知名院校和科研机构的技术合作交流，支撑持续上产。加强知识产权保护和科技成果有形化，2016 年获授权专利 19 件，国家软件著作 6 项，申报专利 73 项（其中发明专利 55 项）申报总数和发明专利数均创历史新高。召开科技与信息化创新大会，明确“建成国际一流的天然气勘探开发生产创新型企业”等战略目标。推进数字化气田建设，利用“互联网 + 油气开采”，建成“SCADA、DCS、生产物联网”系统，覆盖 82% 的生产现场，形成“电子巡井 + 定期巡检 + 周期维护”的运行新模式，推动一线生产组织方式的转型升级。

【经营管理】 2016 年，西南油气田开展开源节流降本增效，制订实施 64 项针对性措施，实现全年投资、单位操作成本、桶油完全成本、员工总量“四个硬下降”的工作目标，超额完成年度效益指标，完成税前利润 15.4 亿元，位居勘探与生产板块前列。坚持按效排产，优先安排高磨地区自产气以及页岩气生产，2016 年自营产量较计划超产 1.25 亿立方米，增效 1.46 亿元。加强绩效考核针对性，对生产、科研、终端及服务分类考核，设立超盈特别贡献奖，调动全员积极性。加强投资成本控制，减少投资需求 9.9 亿元。加强资金管理，严格资金占用考核，合理控制付款节奏，同比增加利息收入 1500 万元。加强工程竣工项目审计，实现工程审减 3145 万元。加强成本写实与效益评价，关停无效井 50 口、低效高耗装置 16 座，节约成本 4500 万元。加强物资采购管理，两级物资集中采购度 99%，节约采购资金 6450 万元，超额完成考核指标。抓好集约节约用地，采取丛式井、水平井、“先临时后征地”、盘活闲置土地等一系列措施，2016 年节约用地 413 亩（约 27.5 万平方米），实现收益 3900 万元。

【企业改革】 2016 年，西南油气田全面深化矿服系统改革，持续优化组织机构，减少处科级机构 98 个，转岗分流 1968 人。加快“三供”业务分离移交，完成矿区燃气业务移交。推进石油小区分类分级管理，川油物业公司成功挂牌运营，矿区办公物业、生产物业逐步移交。推进石油医院社会化转型，4 家医院与中信医疗集团达成合资合作协议，2 家医院关闭注销，1 家医院实施资产移交。优化配置国际合作业务，集中整合 8 个国际合作项目，切实解决好合作项目之间资源共享难、员工管理难等问题。完善管道管理组织结构，在五矿集团及三大终端公司增设管道管理部门，有效充实管道管理力量。强化生产运行保障、专业服务能力支撑，将通信公司、物资公司、汽车服务中心纳入上市序列，增强一体化管理运营优势。整合市场资源，将五矿集团托管的 28 家终端公司，调整至华油公司与川港公司管理，提升城市燃气业务竞争力。大力推进专业技术岗位序列改革，在 5 个科研院所全面实行“双序列”管理模式，聘任企业一级技术专家 4 人、企业二级技术专家 12 人、各级工程师779人。配合开展销售管理体制改革，组建天然气销售西南分公司，完成五矿集团218人的整体划转。有序推动混合所有制改革，实施重庆管道公司、四川中油管道公司、四川空港燃气公司等一批合资合作项目，企业发展活力得到提升。

【党群工作】 2016年，西南油气田开展二级单位党组织书记专项述职，公司党委领导、党群部门负责人现场评议，"一述两评一约谈"党建模式获得集团公司肯定。深入推进党风廉洁建设和反腐败工作，加大纪律审查力度，2016年立案18件，结案20件，处分违纪违规人员30人。加强廉洁从业教育和执纪监督，抓好集团公司专项巡视整改，135项整改问题完成127项，问责29人。深入开展"两学一做"学习教育，坚持学做结合、以上率下，通过领导带头讲党课、参加支部学习、到基层单位督导学习等方式，有效引导提升全体党员干部党性修养。持续推进基层服务型党组织建设，输气管理处成都作业区党委"建阵地、抓队伍，用全心服务打造输气品牌"的先进党建经验，受到四川省国资委领导充分肯定。召开西南油气田公司第二次党员代表大会，提出"六大党建工程"，从严从实加强党的建设。采取专题学习、巡回演讲等方式，深入开展"重塑中国石油良好形象"和弘扬"石油精神"主题教育。邀请新华社等主流媒体对"最美川油人"开展集中报道，强化对外宣传，展示良好企业形象。

（廖　星）

中国石油天然气股份有限公司吉林油田分公司（吉林石油集团有限责任公司）

【概况】 中国石油天然气股份有限公司吉林油田分公司（吉林石油集团有限责任公司）简称吉林油田，为中国石油下属的地区公司，总部位于吉林省松原市。勘探开发和生产区分布在吉林省37个市、县（区）。吉林油田于1959年9月29日发现，1961年1月17日建矿并正式投入开发建设。2016年底，有机关职能处室16个、机关附属机构3个、直属机构7个、矿区事业部机关1个，所属二级单位55个。用工总量41712人，其中合同化员工35121人。2016年是吉林油田扩大经营自主权改革试点收官之年，也是实施"十三五"发展规划开局之年，统筹推进6个方面106项工作。完成原油产量404.5万吨；完成天然气产量11.37亿立方米，销售8亿立方米（表1）。

表1　吉林油田主要生产经营指标

指　标		2016年	2015年
原油产量（万吨）		404.5	466
天然气产量（亿立方米）		11.37	13.23
新增原油生产能力（万吨）		14.58	32.48
新增天然气生产能力（亿立方米）		0.75	0.66
新增探明石油地质储量（万吨）		1663.73	1280.28
新增探明天然气地质储量（亿立方米）		141.43	3.15
二维地震（千米）		307.88	416
三维地震（平方千米）		543.17	441
石油钻井（口）		348	869
钻井进尺（万米）		68.81	148.26
资产总额（亿元）	上市业务	639	678
	未上市业务	75.99	81.37
收入（亿元）	上市业务	79	113
	未上市业务	44.28	56.87
利润（亿元）	上市业务	−58	−49
	未上市业务	−7.77	−6.78
应交税费（亿元）	上市业务	8	20
	未上市业务	2.78	3.38

【油气勘探】 2016年，设立松辽盆地南部石油勘探项目、松辽盆地南部天然气勘探项目和东部盆地群油气勘探项目3个预探项目。完钻探井31口，进尺10.11万米，完成二维地震508千米，完成三维地震600平方千米。2016年油气勘探取得以下成果。

扶余油层致密油资源量10亿吨，是吉林油田近期石油勘探开发的主要领域。2016年扶余油层致密油通过加强地质研究，提交探明石油地质储量1136.31万吨，完成预测石油地质储量任务。另外，在新北、余字井地区逐步开展致密油研究及攻关试验，突破产能关。吉林油区致密油勘探成果获股份公司2016年勘探发现奖一等奖。

英台断陷北部龙深3区块营二段致密气开展增产改造技术攻关，4口井实施复杂缝网压裂，其中龙深3平4井压裂后日产天然气超过10万立方米。加强研究英台断陷南部致密气富集成藏主控因素，龙深9区块营二段提交预测储量。

德惠断陷面积3553平方千米，天然气资源量约3000亿立方米。明确油气富集成藏主控因素，登楼库组—泉头组碎屑岩气藏、营城组火山岩气藏、火石岭组—沙河子组致密气藏和基岩气藏等4个效益区带展现千亿立方米的勘探潜力。部署探井8口，6口井获工业气流。华家构造带登娄库组展现1000万吨效益勘探潜力。登娄库组油藏埋深小于2000米，农49井、农53井和德深36井均获工业油流，具有千万吨的效益勘探潜力。

梨树断陷面积3300平方千米，天然气资源量7000多亿立方米。其中，中国石油矿权面积1100平方千米，其余为中国石化的矿权。苏家和怀德两个有利区带具有千亿立方米（油气当量）的勘探潜力。

伊通盆地拓展基岩勘探，莫里青断陷展现5000万吨勘探潜力。见油气显示井22口，3口井试油突破工业油流关。其中伊56-2井获得日产24立方米高产油流，初步落实具有一定的储量规模。探索外围新区，在通化盆地完钻地质孔8口，在三棵榆树坳陷钻探的3个地质孔和预探井（通参1井）钻遇油气显示，初步落实一个面积为150平方千米的油气勘探有利区。

【油田开发生产】　截至2016年底，吉林油区探明油田26个，探明石油面积2844平方千米，探明石油地质储量15.33亿吨，技术可采储量3.35亿吨，标定采收率23.12%。开发油田25个（永平油田未投入开发），动用石油地质储量10.22亿吨，探明石油地质储量动用率66.68%，动用石油可采储量2.36亿吨，已开发油田绝大部分属低渗透或特低渗透油藏。已探明的油田中，长春油田和莫里青油田位于伊舒地堑，套保油田位于松辽盆地西部斜坡区，四五家子油田位于松辽盆地东南隆起区，其余油田均位于松辽盆地中央凹陷区。

截至2016年底，累计生产原油16280.5万吨，累计产液77941万吨，累计注水114918万立方米，累计注采比1.22。地质储量采出程度16.16%，剩余可采储量7319万吨，可采储量采出程度69.3%，综合含水率89.26%，储采比18.09。

2016年，油区有采油井26926口、开井18189口，地质储量年产油速度0.4%。生产原油404.5万吨，产液3504万吨，注水5783万立方米，注采比1.35。全油田老井措施增油8.16万吨，油井免修期650天，同比延长21天。分注率由2015年94.8%提高到95.1%，同比提高0.3个百分点；有效注水合格率86.4%；井口水质达标率90.2，同比提高3.2个百分点。

开发形势分析。（1）储采状况形势严峻，新区资源品质日趋变差，提高储量有效动用技术及手段不适应，新区产能建设规模减少，储采平衡系数下降；老区主要通过钻井加密调整和强化措施增油，全年增加可采石油地质储量59万吨，相对较少，需要进一步加大提高采收率工作力度。（2）控制自然递减和含水上升效果较好，主要通过开展精细注水年活动，深挖注水潜力，把有效注水作为老区稳产的关键，2015—2016年自然递减减缓至11.5%，对比2014年减缓1.2个百分点；近两年来油田综合含水率稳中略升，含水上升率得到有效控制。（3）地层压力总体保持较好，主要通过推进有效注水，完善注采井网、改善注入水质等，宏观上注够水，微观上注好水，各主力油田地层压力明显回升，平均地层压力恢复至原始地层压力的80%。

【天然气开发生产】　截至2016年底，吉林油区探明天然气地质储量1345.28亿立方米，技术可采储量677.54亿立方米。已开发油气田7个，动用天然气地质储量827.57亿立方米，探明储量动用率61.52%，动用天然气可采储量442.07亿立方米，已开发油田绝大部分属火山岩气藏或致密砂岩气藏。已探明的油气田中，长春油气田位于伊舒地堑，英台气田位于松辽盆地西部斜坡区，其余油气田均位于松辽盆地中央凹陷区。累计生产天然气176.59亿立方米，已开发气层气可采储量采出程度34.83%，已开发气层气剩余可采储量采气速度4.81，已开发气层气储采比20.77。

2016年，油区有气井398口，开井183口，生产烃类气11.36亿立方米。新建产能1.0亿立方米，年底气层气配套能力11.14亿立方米，负荷因子0.96。

【工程技术管理】　2016年，吉林油田在乾安、红岗、新立等7个地区完成开发井钻井160口，总计进尺26.91万米，平均机械钻速9.86米/时，固井合格率96.88%，井身质量合格率98.75%。在产能建设中规划5个大平台，累计部署井位90口井。油藏开发井累计压裂施工706口/1148层，压裂一次成功率96.2%。区块集团压裂、二氧化碳无水蓄能压裂技术应用取得较好效果。机采系统效率达22.1%，同比提高0.2%。抽油机井泵效稳步提升，2016年达42%，同比提高

0.7%。注水井分注率 80.6%，同比提高 0.5%；地质需求有效注水合格率 86.5%。油井大小修 11714 井次；水井大小修 1534 井次，带压作业 907 口。其中，油井带压作业 83 口，水井带压作业 819 口，天然气井带压作业 5 口。全年未发生井喷失控事故和因井控相关工作管控不到位引发的环境事件。

【科技创新】 2016 年，吉林油田开展重大科技专项 8 项，下设课题 59 项；承担国家、中国石油课题专题 9 项。获授权专利 8 项，其中发明专利 1 项。

拓展莫里青基岩勘探，形成致密气藏物探、气藏精细描述及致密气提产技术；明确乾安地区致密油藏分布规律，部署探井 11 口、评价井 20 口，建议老井试油 28 口。突出油藏研究、井网重组、精细注水、综合挖潜，形成单砂体刻画、重复压裂选井选层、注水技术政策 3 项技术流程；优化调整后气藏稳产期增加 3 年，气田产量递减控制在 11.4%，气田生产能力递减率控制在 8.0%；优选实施 27 井次措施挖潜，提升日产气能力 11.6 万立方米，累计增气 550 万立方米；明确可实施三次采油潜力面积 377.91 平方千米，储量 22596 万吨，增加可采储量 1671.2 万吨。作业装备增加到 24 部，达到年施工 900 井次的作业能力；初步形成施工压力低于 14 兆帕的气井不压井作业装备。研制成功 3 种小直径油管堵塞器、完井预置式工作筒等工具。拓展定点多簇固井滑套应用范围，现场试验水平井完井并压裂 3 口 34 段，压后均自喷生产，平均日产油 6.7 吨。完成二氧化碳干法压裂现场试用 13 口井，平均单井日增油 1.2 吨，天然气压后返排率较常规压裂提高 37%。完善并应用低密度支撑剂 221 井 376 层，共计 1.4 万立方米，节约成本约 230 万元。

通过吉林油田信息化建设及技术攻关，初步形成物联网建设技术模式现状报告和 6 种单井建设技术模式。加快“停井报警仪”的成果转化和市场化应用，已经在 7000 余口油井安装。完成智能控制器和电子眼硬件定制和配套软件开发。开展中国石油地理信息系统（A4）吉林油田分中心建设，为 5 套系统提供 GIS 服务。开展数字吉林油田指挥中心平台（集成应用）建设，开展云平台技术应用为核心的基础设施建设。

【企业管理】 2016 年，吉林油田紧密结合集团公司深化改革部署，研究制定薪酬分配及绩效考核实施办法。从 4 个方面对开拓外部市场和边远单位及集体企业下放审查审批权限；开展对标活动，18 个专业部门完善核心对标指标。开展管理升级活动，分级分类查摆问题 7049 个。有 6 项成果和论文获 2016 年度行业部级企业管理现代化创新成果二等奖、三等奖。深化人力资源改革，科学调整机构设置，内挖潜力、外闯市场，3 年累计向长庆油田、中国石化等单位劳务输出 2554 人。

【安全环保与质量节能】 2016 年，吉林油田未发生一般 A 级及以上工业生产安全事故和环境事件、井喷失控事故，无新增“职业病”病例。发生一般 C 级工业生产责任事故 5 起，轻伤 5 人。发生一般 B 级火灾 2 起，重伤 1 人。坚持自主管理工作导向，持续深化风险分级防控，强化基层标准化站队建设；围绕“岗能匹配”稳步推进全员 HSE 能力建设；运用问题追溯方法开展安全环保诊断和量化审核，坚持重心下移、严格监管，着力推动监督责任落实；坚守“依法合规”底线，全力推动环保措施落实，安全环保业绩持续提升。HSE 管理体系量化审核评级由基础级 C1 档晋升到良好级 B2 档。获集团公司“安全生产先进企业”称号。

2016 年，完成技术措施节能量 16834 吨标准煤，完成节水量 14.50 万立方米。发电业务综合能耗 10.55 万吨标准煤，同比减少 6.69 万吨标准煤。供热 635.97 万吉焦，同比减少 232.76 万吉焦；上网电量 29238 万千瓦·时，同比减少 20030 万千瓦·时。采购产品质量监督抽查计划完成率为 100%，采购产品综合合格率为 99.8%；重点标准配备率、实施率为 100%；强制检定计量器具周检率为 100%。

【和谐企业建设】 2016 年，吉林油田党组织健全率和覆盖率保持 100%。扎实开展“两学一做”学习教育，建立党员责任区 5000 多个，结对帮扶 6000 多人。深化民主管理与监督，推进厂务公开，开展员工代表巡查，1 个所属单位获吉林省“民主管理厂务公开示范单位”称号。推进群众性经济创新创效，建设创新创效工作站 10 个，直接参与创新活动 500 余人，立项推广成果 200 余项，创效 3000 万元。吉林油田获吉林省“安康杯”竞赛活动优胜单位称号，新木采油厂油气处理站集输班获优胜班组称号。开展扶贫帮困送温暖活动，救助各类困难户 16027 户次，救助金额 2521.15 万元；救助 182 人，救助金额 41.95 万元。矿区平安和谐稳定，完成水暖单栓改造 41766 户、供热供水外网改造 237 千米，外墙保温施工 535 栋。

（李冬梅）

中国石油天然气股份有限公司大港油田分公司（大港油田集团有限责任公司）

【概况】 中国石油天然气股份有限公司大港油田分公司（大港油田集团有限责任公司）简称大港油田，是中国石油所属的以油气勘探开发为主营业务，集科研攻关、工程技术、物资供销、信息通信、水电供应、医疗卫生、矿区服务、多元投资等业务于一体的地区分公司。总部位于天津市滨海新区。大港油田勘探开发建设始于1964年1月，探区位于渤海湾盆地黄骅坳陷中南部，矿权面积18717平方千米，分为陆地、滩海和极浅海三大勘探领域，包括黄骅坳陷中、南部陆地，滩海海域以及沧县隆起东半部、埕宁隆起北半部的陆地部分，地跨津、冀、鲁3省市的25个区市县。2016年底，有员工2.6万人，设16个机关部门、3个附属单位、6个直属单位、26个所属单位以及1个矿区服务事业部，资产总额531.09亿元。

2016年，面对复杂严峻的外部形势和提质增效的巨大压力，大港油田以“开源节流、降本增效”为主线，大力推进实施资源、创新、市场、一体化战略，圆满完成各项生产经营任务，取得符合预期、更好于预期的工作成效（表1）。

【油气勘探】 2016年，大港油田围绕规模增储和效益建产，以多层系潜山内幕和多类型斜坡带为主攻方向，港北潜山预探取得重要突破，发现3套新的含油层系并首获百吨高产，其中石炭系突破华北地区工业油流关，形成3000万吨级规模增储规模场面；东关火山岩潜山预探获得重要发现，落实2000万吨级效益增储区；板桥、埕北斜坡预探收获重要成果，形成2000万吨级高效增储建产区；段小叶地区展现良好前景，官1608井孔二段致密油获高产油流、孔一段钻遇百米厚油层。2016年，大港油田新增三级储量6984万吨、SEC储量190万吨，分别完成计划的107%和106%；在新增储量区整装建成2个百吨区块，产油6.1万吨。

【油气开发】 2016年，大港油田面对减投资、控产量的不利局面，积极转方式、调结构，着力夯基础、蓄后劲。大力优化产能建设结构，新井建产42.5万吨、老井复产10.6万吨；深入实施精细注水治理，增加水驱控制储量512万吨，自然递减率下降1.25%；持续深化二次开发，实施区块采收率平均提高5.6%；扎实开展三次采油推广试验，阶段净增油7.5万吨；深入挖掘天然气开发潜力，始终保持旺盛的产气能力；着力强化生产保障与储运平衡，扎实推动对外合作效益开发，整体实现均衡效率运行。2016年生产原油407.87万吨，完成计划的100.7%；生产天然气4.73亿立方米，超产1.2亿立方米。

表1　大港油田主要生产经营指标

指　标	2016年	2015年
原油产量（万吨）	407.87	444.10
天然气产量（亿立方米）	4.73	5.13
新增原油产能（万吨）	50.80	76.00
新增天然气产能（亿立方米）	1	1.9
新增探明石油地质储量（万吨）	1515.56	1076.89
三维地震（平方千米）	390.5	253.1
石油钻井（口）	313	441
钻井进尺（万米）	80.29	104.93
勘探投资（亿元）	11.59	12.51
开发投资（亿元）	18.07	36.84
资产总额（亿元）	531.09	531.84
收入（亿元）	121.80	153.54
利润（亿元）	−51.19	−29.84
税费（亿元）	7.08	7.35

【工程技术】 2016年，大港油田持续加强固井技术优化与过程控制，固井质量优质率69.75%，同比提升6.29个百分点。围绕勘探评价部署，在北大港潜山板桥深层及沧东凹陷等地区实施压裂23层次，13层次获工业油流，压前平均日产液1.32米^3/日，压后平均日产液19.2米^3/日，增产14.5倍。科学分析、精准施策，规模治理低效疑难井1089井次，累计节电502万千瓦·时、增油9522吨，纯抽泵效52.5%，系统效率28.6%。全面推进老油田优化简化工程，27

个老油田撤销计量站 301 座、配水间 292 座，优化接转站、注水站 20 座，停用设备设施 364 台（套），减少油田生产管道 2566 千米。

【科技创新】 2016 年，历经 3 年时间攻关的股份公司重大科技专项形成多项新成果，并顺利通过中期评估。富油气凹陷和多层系内幕潜山基础地质研究获得新认识，科学指导预探突破与增储建产。中高渗透高含水油田提高采收率和中深层低渗透油田改善开发效果攻关取得新进展，有效支撑老油田稳产提效。三次采油、油层保护等工艺配套技术水平实现新提升，有力保障油气勘探开发。勘探开发协同研究云、“王徐庄模式”及大数据等信息技术推广应用见到新成效，达到“提效率、上水平、降成本”目的。大港油田 2016 年获省部级科技奖 22 项，获国家知识产权授权 118 件，其中发明专利授权 42 件。

【开源节流】 2016 年，大港油田把“开源节流、降本增效”贯穿生产经营全过程，外闯市场创收 42.7 亿元，多元投资创效 1700 万元；优化方案设计节约投资 4%，钻井工程结算价格下降 11% 以上；集中采购物资价格整体下降 11%，节约资金 1.6 亿元；控减高成本措施费 7400 万元，天然气自发电节支 1.3 亿元，压缩非生产性支出和“五项”费用 3000 万元，收回陈欠款 5000 万元，修旧利废创效 4000 万元，投资、单位操作成本、桶油完全成本、员工总量实现“四个硬下降”。大港油田四大业务板块 2016 年营业收入 121.80 亿元、利润 -51.19 亿元，预算同口径减亏 5.6 亿元，上缴税费 7.08 亿元。

（刘朝晖）

中国石油天然气股份有限公司青海油田分公司

【概况】 中国石油天然气股份有限公司青海油田分公司（简称青海油田）前身为 1955 年 6 月 1 日成立的青海石油勘探局，经营范围包括石油天然气勘探开发、工程技术、工程建设、装备制备、炼油化工、生产保障、矿区服务和多种经营等业务，建成敦煌教育生活科研基地、格尔木炼油化工基地、花土沟原油生产基地。

青海油田是中国四大天然气区之一，是中国石油资源战略接替区。主要勘探开发领域——柴达木盆地，是中国七大内陆含油气盆地之一，地理面积约 25 万平方千米，沉积岩面积 12 万平方千米。油气总资源量 70.3 亿吨，其中石油资源量 38.17 亿吨（包含致密油 8.58 亿吨），天然气资源量 32126.99 亿立方米。工作区域平均海拔 2900 米以上，是国内自然条件、工作环境最艰苦的油田之一，是青海省财政支柱企业和第一利税大户。

主力油田有尕斯库勒、花土沟、昆北、英东等油田，主力气田有涩北一号、涩北二号、台南、东坪等气田。年原油生产能力 235 万吨、天然气生产能力 77 亿立方米，原油加工能力 150 万吨。建成 9 条输油气管线，年输油能力 300 万吨、输气能力 107 亿立方米，天然气远输到西宁、兰州、银川等地。

2016 年底，青海油田有合同化员工 14077 人（不包括市场化用工），其中男员工 9497 人、女员工 4580 人。党员 12833 人，其中新发展党员 222 人。

2016 年，青海油田新增油气三级地质储量 2.3 亿吨，其中探明石油地质储量 5247 万吨、控制石油地质储量 3727 万吨、预测石油地质储量 6181 万吨，探明天然气地质储量 179.6 亿立方米、控制天然气地质储量 271.9 亿立方米、预测天然气地质储量 337.6 亿立方米，油气三级地质储量连续 7 年保持在 2 亿吨以上，油田连续 8 年获股份公司油气勘探重大发现成果一等奖。生产原油 226.3 万吨，生产天然气 60.8 亿立方米，油气当量产量达 711 万吨。加工原油 147 万吨。实现收入 167.41 亿元，实现利润 16.01 亿元（表 1）。经营效益位列集团公司上游企业第三，排名创油田历史最好水平。英西深层石油勘探获 2016 年股份公司油气勘探重大发现成果一等奖；“柴达木盆地英西地区勘探突破与配套技术”获 2016 年度青海省科学技术进步奖一等奖；《英东油田砂 37 区块 N21-N22 油气藏新增石油、天然气探明储量报告》获 2016 年度全国石油天然气优秀探明储量报告一等奖。杨永磊获“全国五一劳动奖章”；王玉珍获“全国五一巾帼标兵”称号。

【油气勘探】 2016 年，青海油田在英雄岭构造带实现重大突破，获股份公司油气勘探重大发现成果一等奖，形成英雄岭构造带“一体两翼、连片突破”格局。英西钻获 3 口千吨井，狮 205 井完井测试日产原油 1108 立方米、日产天然气 21.7 万立方米，半年生产原油 6.7 万吨、天然气 1135 万立方米，创青海油田单井产量最高、稳产时间最长、投资收益最好纪录。英西深层钻遇5套含油层系，发现4个含油区带，落实两个高产区块，新增含油面积74.9平方千米，新增油气三级地质储量1.18亿吨。

表1　青海油田主要生产经营指标

指　标	2016年	2015年
原油产量（万吨）	226.3	223.00
天然气产量（亿立方米）	60.8	61.37
新增原油产能（万吨）	35.07	35.93
新增天然气产能（亿立方米）	4.87	5.30
新增探明石油地质储量（万吨）	2801	6104.0
新增探明天然气地质储量（亿立方米）	15.97	42.95
二维地震（千米）	1053.00	621.86
三维地震（平方千米）	599.00	777.02
探井（口）	53	43
开发井（口）	503	464
钻井进尺（万米）	84.20	89.93
收入（亿元）	167.41	236.45
利润（亿元）	16.01	48.89

阿尔金山前带获得重大发现。深化研究气藏分布规律，甩开预探坪西、牛东，风险勘探尖北，牛6井、牛106井、东坪15井、东坪173井等9口井获工业气流，实现尖北新区、坪西三号、牛东二号三大发现，坪西一号新增控制天然气地质储量218亿立方米。尖探1井日产天然气15.6万立方米，无阻流量高达77万立方米。

扎哈泉“甜点”区储量升级与外围甩开勘探同步推进，新增含油面积32.6平方千米，新增探明石油地质储量2112万吨。

昆北地区坚持基岩油藏评价试采一体化，切十二区新增探明石油地质储量554万吨，柴西南基岩首次实现规模增储和规模建产。

冷湖马仙构造仙西1井、仙西101井见到良好显示，展现中浅层较好的勘探前景。深化南八仙气藏认识，开展老区老井精细评价，5口井试采投产，新建天然气产能1亿立方米。

【油气开发】　2016年，青海油田开展综合治理、油藏精细描述和长停井恢复等工作，尕斯中浅层、昆北切十二区等5个油藏自然递减率11.95%、综合递减率8.15%，治理工作见到成效，递减率控制在计划范围之内。开展老气田可疑气层精细解释，确定有利井区，措施增产，抓好补产扩能和均衡生产，开发指标平稳，老区产量稳定，涩北气田平均单井日产气2.54万立方米，连续5年综合递减率控制在8%以内。

产能建设方面，坚持勘探开发一体化，拓展新区，滚动上产。全面推行项目管理，采取钻井大包、区块总包等方式，新建原油产能39万吨、天然气产能5亿立方米。

注水治水方面，加强精细注水，狠抓注水工具管理、沿程水质监测和分注工艺优化等工作，地层能量得到补充。2016年，水井措施符合率91.7%，水质达标率92%。加大气田整体治水力度，坚持动态预判、防水为先、控排结合、砂水同治，递减率降低3.4个百分点。

【炼油化工】　2016年，青海油田深化对标管理，强化组织生产，格尔木炼油厂优化产品结构，炼油化工装置安全、平稳、长期满负荷优良运行，炼化装置平稳率达99%以上，实现“安、稳、长、满、优”运行，超额完成加工任务，优化运行参数，低凝点柴油比例、高效产品收率和柴汽比等指标名列中国石油同行业前茅，炼化装置大检修一次开车成功，国Ⅴ标准汽油产品质量升级项目顺利投产。

【油气管输】　2016年，青海油田油气管输推行“四不两直”（不发通知、不打招呼、不听汇报、不用陪同接待，直奔基层、直插现场）管理，实施安全监督检查192次，查出问题216项，整改率96.2%。识别危害因素257项，制订控制措施，强化风险管控能力。管道巡护现场检查18次，制止第三方施工破坏22起，管道99个月无打孔盗油事件。保持“安全零事故、人员零伤害、环境零污染、操作零违章、管道零破坏、计量零亏损”工作目标。2016年，花土沟—格尔木管道输油量214.38万吨，创造投产以来年度输油量最高纪录；年输气量12.27亿立方米；输油商品率99.978%；输气商品率为100%；输油综合能耗为218.81千克标准煤/（万吨·千米）；完成挖潜增效456万元。

【工程技术】　2016年，青海油田优化钻井设计，强化生产组织，平均机械钻速同比提高23.6%，钻井周期同比缩短3.6天，万吨产能投资同比下降7%，实现效益建产。

钻井工艺方面，动用钻机71部（西部钻探37

部、长城钻探6部、川庆钻探9部、渤海钻探12部、民营7部），开钻577口，完井574口，钻井进尺103.89万米（开发井开钻528口、完井535口、进尺87.79万米，预探评价井开钻49口、完井39口、进尺16.10万米）。集团公司内部钻探公司开钻550口，完井548口，进尺99.52万米，占95.79%。

采油气工艺方面，完成油井措施612井次（主要措施：压裂82井次、酸化119井次），增油12.05万吨；其中老井措施492井次，有效395井次，平均措施有效率80.28%，增油10.46万吨。气田完成措施作业108井次，有效90井次，措施有效率83.33%，增气13204万立方米。平均机采井系统效率为25.45%，比2015年下降0.13个百分点。

井下作业方面，青海油田队伍完成投产维护作业1857井次，同比增加242井次；大修155井次（含侧钻），同比增加13井次；试油气140层组，同比持平；压裂325层段，同比减少31层段；酸化329井次，同比减少37井次。

【精细管理】 2016年，青海油田突出投资切块管理，杜绝计划外和超投资项目，压减辅助性项目和非生产性支出，主营业务投资占比达95.3%。强化降本增效措施，严格成本刚性管理，深挖内部潜力，实现投资、单位操作成本、桶油完全成本和员工总量“四个硬下降”。坚持节约创效，伴生气综合利用、设备修旧利废等措施，提高资源利用率。实施物资集中管理，节约采购资金9.46%。采取调剂、转让、出售等方式，妥善处置低效无效资产，物资库存下降12%。

【深化改革】 2016年，青海油田加大改革力度，优化业务结构，成立油田、气田开发事业部，整合工程建设、对外合作、档案管理、后勤服务等业务，划转天然气销售业务，实行公务用车集中管理，减少处级机构5个、科级机构46个，两级机关定员编制压缩10%，机构压缩10%，提高管理效率。推进矿区业务改革，坚持市场化、社会化、专业化方向，出台“三供一业”分离移交等6项改革方案，洽谈签署石化基地供水等4项分离移交框架协议。

【科技兴油】 2016年，青海油田攻克油气藏关键瓶颈技术，丰富咸化湖盆成藏理论，完善疏松砂岩气藏高效开发和长井段薄互层油藏细分开发等技术体系，开展科技攻关项目173项，获省部级以上奖励9项，申报专利44项，进一步提升自主创新能力和核心竞争力。实施人才强企战略，持续吸引、选拔、培养创新人才，充实两级专家队伍，坚持项目带动，培养一批科技带头人和创新团队。

【信息化建设】 2016年，青海油田坚持做好顶层设计，制定《“十三五”信息化发展规划》，召开青海油田科技与信息化工作大会，规划信息化建设，部署发展任务。组织开展勘探与生产系统（ERP）应用集成项目的推广，实现系统功能提升和优化。按期完成勘探开发生产管理系统A1（2.0）推广上线工作。全面启动国家发改委重大专项、油气生产物联网（A11）推广项目，完成6个TD-LTE基站和164口新建产能井自动化设备安装。采油与地面工程运行管理系统（A5）、勘探开发一体化、存储虚拟化项目完成前期阶段性任务。勘探开发生产管理系统（A1）整理录入勘探历史数据，加载11284口井720万条钻井数据、1.3万条测井曲线、24个地震工区文档。开展“青海油田勘探开发一体化平台”项目建设，搭建平台基本架构，完成数字井史系统建设。保障油田2377台（套）GPS运维服务，完成35台“两客一危”车辆北斗/GPS双模改造，实现车辆联网联控和服务提升。

【安全管理】 2016年，青海油田持续推进风险防控体系建设，完善双重预防机制，开展体系量化审核和履职能力评估，推行基层队站标准化建设，实施井控、交通等专项整治，严格安全绩效考核，加大资金投入力度，整改安全问题1782个，治理隐患34项，夯实安全基础。加强安全预警防范和升级管理，实施风险分级防控，坚持源头防范，所有竣工项目实现“三同时”，提升安全管理水平。加强安全文化建设，组织事故案例教育835场，举办安全培训239期，增强全员安全意识。

【矿区服务】 2016年，青海油田坚持“440”及时受理平台工作法，规范“一卡通”收费管理，创新上门服务、网络缴费等方式，服务及时率100%。开展“三好一满意”活动，优化诊疗服务流程，投运影像体检中心，完成格尔木基地定点医院和药店设定，居民医疗保险参保率99%以上，医疗条件得到保障。发挥老年大学作用，丰富文化娱乐生活，退休人员安居乐业。深化幼儿特色教育，保教质量稳步提高。矿区服务水平持续提高，问题投诉同比下降31%，表扬信同比增长7%，综合服务满意度91.8分。

【民生工程】 2016年，青海油田坚持以人为本、发展惠民，薪酬向业绩贡献单位和一线艰苦岗位倾斜，职工收入实现稳中有增。开通花土沟—敦煌通廉航班，一线员工的交通和生产条件持续改善。争取地方政策支持，落实青海省棚户区改造、援企稳岗、学前教育普惠性补助及税收返还等政策资金，支持矿区建设。

多方筹措资金，完成10项民生建设改造项目。敦煌基地东坪油苑一期1628套住宅全面竣工，二期1166套住宅开工建设，敦煌基地7180户住宅棚户区改造有序推进，格尔木石化基地南区、敦煌基地昆仑小区、医院小区平面化改造按期完成，北京离退休基地活动设施和锅炉房改造完工投用，职工家属的生活水平不断提高。推进企地共建和驻矿共管，开展环境容貌秩序“百日整治”，实施亮化、美化、净化、绿化工程，完善步行街改造、防护林带绿色健身长廊、小区管网、市政道路等基础设施。

【党建工作】 2016年，青海油田开展两级党委中心组学习、处级干部轮训以及党委书记、纪委书记、党支部书记培训，引导广大党员牢记党的宗旨，坚定理想信念，增强“四个意识”。“两学一做”学习教育推进有力，各级党组织带着问题学，针对问题改，“规定动作”不走样，“自选动作”有创新，开展专题学习研讨1835次，讲党课1350次。

召开青海油田第二次党员代表大会，明确加强油田党建工作总体思路。注重基层党组织战斗力提升，深入盆地一线召开基层党建工作座谈会，组织开展党费收缴使用专项检查、党员组织关系集中排查等4项重点工作，夯实基层党建工作基础。41家二级单位党委（直属党总支）、66个基层党支部完成换届选举，油田党组织健全率100%。

【廉洁建设】 2016年，青海油田坚持把纪律和规矩挺在前面，落实党委主体责任和纪委监督责任，组织党委书记、纪委书记述职述廉87人次，签订党风建设责任书和廉洁自律承诺书1.5万余份，提高廉洁从业意识。健全纪检监察机构，完善工作职责，加强专职干部队伍建设，成立党委巡视办公室，配备专职纪委书记19人。开展纪检监察业务培训，增强纪检队伍力量。加大教育预防力度，首次运用函询、提醒警示等方式，针对苗头性倾向性问题，开展谈心谈话120人次，做到早发现、早提醒、早纠正。发挥巡视利剑作用，采取“一次一授权”和“一托二”的方式，对8个单位进行巡视，开展工程建设、招标采购、“小金库”等领域专项治理。加大执纪审查力度，2016年，给予党纪、政纪处分42人次，移交司法机关处置4件。

【社会责任】 2016年，青海油田积极配合地方政府做好支持新农村建设和扶贫工作，在人力、资金、技术等方面不断加大投入力度，投入帮扶资金399.599万元。油田结合青海省、甘肃省扶贫帮扶相关文件要求，确立年度对外捐赠帮扶项目，对青海和甘肃2省7市的镇、村开展定点扶贫和对口帮扶工作，安排格尔木市精准扶贫联村帮户等对外扶贫捐赠项目7个。

（曹　芳）

中国石油天然气股份有限公司华北油田分公司（华北石油管理局）

【概况】 中国石油天然气股份有限公司华北油田分公司（华北石油管理局）简称华北油田，总部位于河北省任丘市，前身为1976年1月成立的华北石油会战指挥部，主要从事石油天然气和煤层气勘探开发、储气库建设管理运营、燃气市场开发利用、对外技术服务与劳务承包、多种经营以及与之配套的矿区服务、社会服务等业务。油气勘探区域主要集中在冀中、内蒙古中部和山西沁水盆地等三大探区。截至2016年底，有油气资产原值591.56亿元，净值282.02亿元。累计探明石油地质储量13.9亿吨、天然气地质储量313.38亿立方米。累计生产原油2.74亿吨，天然气123.15亿立方米。累计煤层气产量43.99亿立方米。设组织机构73个，其中机关职能部门13个，机关附属单位2个、直属单位12个，二级单位46个。有员工3.79万人，其中管理人员8264人、专业技术人员7788人、技能操作人员21811人，研究生以上学历人员700人，大学文化程度人员11713人。

2016年，生产原油410.9万吨、天然气2.071亿立方米、煤层气商品量8.774亿立方米，实现收入145.12亿元、利润-37.02亿元（表1），比集团公司下达的利润指标减亏4.3亿元。其中，上市业务按每桶38.68美元的实际结算油价，实现收入92.78亿元、利润-37.15亿元；未上市业务实现收入52.34亿元、利润0.1亿元；集体投资业务实现收入67.9亿元、利润0.13亿元。

表 1　华北油田主要生产经营指标

指　标	2016 年	2015 年
原油产量（万吨）	410.96	420.10
天然气产量（亿立方米）①	10.85	10.86
新增原油产能（万吨）②	47.82	65.34
新增天然气产能（亿立方米）③	1.29	1.32
新增探明石油地质储量（万吨）	2554.06	2533.93
新增探明天然气地质储量（亿立方米）④	154.18	0
二维地震（千米）	640	520
三维地震（平方千米）	655	636
探井（口）	96	92
开发井（口）	199	508
钻井进尺（万米）	73.72	124.80
勘探投资（亿元）	13.72	12.44
开发投资（亿元）	28.48	29.43
资产总额（亿元）	529.9	538.86
收入（亿元）	145.12	175.49
利润（亿元）	-37.02	-7.93
税费（亿元）	12.92	22.08

注：①③④含煤层气；②不含合作。

【常规油气勘探】　2016 年，华北油田坚持科学勘探、精细勘探，立足富油凹陷，突出富烃洼槽，打好勘探进攻仗，新增探明、控制、预测石油地质储量分别为 2554 万吨、3303 万吨、4352 万吨；探明天然气地质储量 37 亿立方米。廊固凹陷杨税务潜山风险勘探实现新突破，安探 1X 井喜获高产油气流，展示冀中北部奥陶系深潜山良好勘探前景，获股份公司油气勘探重大发现成果一等奖。蠡县斜坡整体再评价取得新进展，整装上报探明石油地质储量 1635 万吨，获股份公司油气勘探重大成果二等奖，富油区带整体再评价工作经验在股份公司推广。二连新区勘探获得新发现，乌兰花凹陷形成整装规模储量接替区。

【常规油气开发】　2016 年，华北油田坚持效益开发、精细开发，在大幅压投资、降成本的情况下，通过优化开发部署、调整产量结构、加强生产管理，老井自然产量、措施产量超线运行，措施有效率提高 2.9%，油气生产平稳有序，全面完成产量任务。产能建设强化经济评价，压减低效产能，打破新老区界限，整体效益排队，方案部署不断优化，2016 年完成开发井 180 口，利用闲置井 39 口，建产能 47.8 万吨。持续深化精细注水减缓自然递减工程，12 个重点治理区块增油 5.6 万吨，自然递减率下降 5.6%，综合递减率下降 8.1%，华北油田整体自然递减率保持在 12.2%，开发水平持续向好。

【新兴产业发展】　2016 年，华北油田加快推进煤层气、城市燃气、储气库、对外合作等新兴产业发展，着力突破瓶颈，实现规模效益发展。煤层气业务突出技术创新、产能扩大、区域拓展，煤层气勘探开发理论、提高单井产量技术实现突破，樊庄产量稳中有增，郑庄产能提升实验获得成功，马必东区块提交优质探明天然气地质储量 116 亿立方米。吉煤 3 井、吉煤 4 井喜获超过 2000 立方米高效工业气流，标志二连盆地低煤阶煤层气勘探取得重大进展。大探 7 井日产 2700 立方米，展现出河北大城中煤阶煤层气勘探开发的良好前景。城市燃气业务山西 LNG 工厂、任丘 LNG 工厂二期先后投产，资源保障实现多元化，高效市场继续扩大，2016 年销售管道气和 CNG 8.5 亿立方米、LNG60 万吨，实现收入 40 亿元、利润 1.02 亿元。储气库业务一期工程向京津冀地区季节性供气，2016 年注气 5.62 亿立方米、采气 1.27 亿立方米，应急调峰作用开始发挥。对外合作业务加大市场开发力度，巩固国内、突破海外，苏 75 区块产气量连续 6 年稳中有升，南方油田市场实现区块整体承包升级，与中石油拉美秘鲁公司、保利协鑫公司签署海外业务战略合作框架协议，外部市场创收 11.6 亿元，从业人员达 3260 人。

【企业经营管理】　2016 年，华北油田全面加强企业运营管控，积极向经营管理要质量效益，提质增效成果显著。加强综合施策，制定实施 12 个方面 29 项系统性措施，分解落实责任，强化预警监控，开展治亏帮扶，实现全员全方位全过程提质增效。加强投资管理，严格投资立项，严控投资规模，通过压减低效产能控减投资 9.1 亿元，百万吨产能投资从计划的 40.5 亿元降到 38.5 亿元，非生产性投资同比压减 20%。加强成本费用管理，油气完全成本、操作成本分别比预算降低 4.91 美元 / 桶和 0.56 美元 / 桶。优化业务运行，通过降低生产能耗增效 3.6 亿元，扩大油气销售增效 2800 万元，处置积压物资、盘活闲置资产创效 5200 万元，深化“三集中”“网上超市”采购节约资金 7400 万元。加大审计、合规管理监察等工作力度，规范法律事务、招投标、土地等专项管理，招标平均节资率 11%，妥善处理法律纠纷案件 239 起，收回土地处置资金 3000 万元，维护企业利益。

【改革调整】 2016 年，华北油田紧跟国家和集团公司改革部署，强化顶层设计，编制完成“三供一业”分离移交、特困企业专项治理、未上市业务深化改革等方案。成立勘探、开发、销售、煤层气 4 个事业部，初步建立起以事业部为生产经营主体的油公司运行模式。大力推进亏损企业治理和机构重组撤并，完成器材供应处、长治煤层气分公司、北戴河疗养院等单位改革调整，减少处级单位 3 个、科级机构 26 个，分流安置富余人员 560 人。实行科研单位内部模拟市场机制，调动服务油田生产的积极性主动性。加大生产经营一体化考核力度，实施分段工效挂钩和联动考核，强化考核激励作用。

【科技创新与信息化建设】 2016 年，华北油田始终把创新作为科研工作的主旋律，依托重大科技专项攻关，着力突破勘探开发关键技术，丰富断陷洼槽区油气成藏等 3 项理论认识，发展完善砂岩油藏改善水驱等 9 项关键技术，攻克煤层气水平井钻完井一体化等 5 项技术难题。加快推进智慧油田建设，二连高寒油田数字化示范区建设逐步深化，冀中地区数字化示范工程稳步实施，利用信息化改变传统生产管理方式初见成效。2016 年获省部级以上科技奖励 27 项、国家授权专利 138 项，被集团公司评为科技、信息先进单位，创新活力日益增强。

【安全环保与节能减排】 2016 年，华北油田严格贯彻新《安全生产法》《环境保护法》，强化责任落实，狠抓风险防控、源头治理，加大节能减排措施力度，全面完成集团公司下达的健康安全环保控制指标，连续 8 年被集团公司评为安全生产先进企业。深化 HSE 体系建设，梳理修订岗位职责，全面推行量化审核，整改各类问题 7405 个。加强重大风险管控，实施挂牌督办，完成赵兰庄地区含硫化氢井、油气管道占压等隐患治理。加强井控管理，全年未发生井喷事故。深入开展全员履职能力评估，对 309 名处级干部和 1830 名科级干部进行评估测试，促进能岗匹配。强化应急管理，完善应急预案，组织应急演练 840 次，应急处置能力进一步增强。扎实开展基层队站 HSE 标准化建设，达标率超过 30%。大力推进节能减排，强化节能监测，完善管理措施，加大工艺改造和系统优化力度，总能耗同比下降 1.4 万吨标准煤，“三废”达标排放。

【和谐矿区建设】 2016 年，华北油田着力保障和改善民生，积极推进美丽矿区建设，不断提高综合服务水平，油田环境日益改善，员工居民生活品质持续提升。扎实推进各项民生工程，创业家园 B、E 区及阳光小区实现交房，“东风新区”开始配套施工，“石油 · 孔雀城”项目开工建设，华盛油建社区棚改项目完成交房，华达东风社区、华美局机关棚改项目有序推进。住房公积金支持购房力度不断加大，购房提取 3.7 万人次 8.8 亿元，审批发放贷款 1910 户 5.93 亿元。华佳、华苑大社区改造进展顺利，创业公园完工投用。为矿区参保单位落实稳岗补贴资金 1.198 亿元，工伤保险费率调整机制进一步理顺，大病保险制度健全完善。总医院纳入首批京津冀区域医疗机构检验结果互认范畴，签约北京 999 航空医疗救援联盟。加大关爱帮扶力度，救助各类困难人员 2.5 万人次，发放救助金 1600 万元，重度残疾人“两补”待遇等一批政府惠民政策在矿区落地。认真抓好综治、维稳工作，打击整治打孔盗油违法犯罪专项行动成效显著，打掉犯罪团伙 10 个，抓获犯罪嫌疑人 145 人，涉油案件同比下降 50%。在重点敏感时期严密防控不稳定因素，受到集团公司通报嘉勉。

【党建和精神文明建设】 2016 年，华北油田着力推进全面从严治党，全面加强精神文明建设，党建科学化水平进一步提高，企业始终保持较强的凝聚力，确保改革发展中干部员工队伍稳定。充分发挥政治核心作用，党的建设科学化水平进一步提高。深入开展“两学一做”学习教育，突出经常教育、以上率下，增强广大党员干部践行“四讲四有”的思想自觉和行动自觉。扎实推进“两个责任”落实，建清单、强考核、明载体、抓运行，强化阶段推进和典型引路，把党风建设和反腐败工作进一步引向深入。深化领导班子建设，改进年度考核工作，加大年轻干部培养选拔力度，2016 年提拔、调整、交流和退出处级岗位共计 136 人。认真抓好党组织换届、党费收缴、党员违纪违法排查处理、不合格党员处置，严格落实双重组织生活、“三会一课”等制度，党支部战斗堡垒作用和党员先锋模范作用得到有效发挥，8 个基层党组织、19 名党员和党务工作者获省部级表彰。大力弘扬“石油精神”，巩固深化“重塑中国石油良好形象”大讨论成果，广泛开展形势任务主题教育、深化改革政策宣传，精心组织纪念华北油田勘探开发 40 周年系列活动，强化干部员工推动改革发展的主旋律、正能量。

【气化农村】 2016 年，华北油田抓住京津冀环境污染治理和河北省加快推进“煤改气”机遇，依托燃气产业全产业链规模发展优势，积极与沧州、廊坊、保定、邢台等地方政府合作，全面启动实施气化农村项目。以任丘市为示范点，创新实践以“标准化设计、专业化施工、信息化管理、规范化服务”为核心的“四化”建管模式，全力打造全国第一个天然气全覆盖、无死角的气化农村“煤改气”典范。2016年，华北油田“气化农村”项目，实现360个村开工建设、260个村3.9万户通气。国家部委、河北省、沧州市及集团公司等多位领导现场指导工作并给予高度评价。气化农村得到广大地方村民充分肯定，收到村民感谢锦旗16面，为河北省能源消费结构优化、大气环境治理做出积极贡献。

（鲜　勇　杨　英）

中国石油天然气股份有限公司吐哈油田分公司（吐哈石油勘探开发指挥部）

【概况】 中国石油天然气股份有限公司吐哈油田分公司（吐哈石油勘探开发指挥部）简称吐哈油田，是集油气勘探与生产、石油工程技术服务、矿区后勤服务等多种业务于一体，跨国、跨地区经营的石油企业，前身为1991年2月成立的吐哈石油勘探开发会战指挥部，总部位于新疆鄯善县火车站镇，有机关职能部门14个、机关附属机构5个、直属机构8个、二级单位34个。主要从事油气勘探开发、科研服务、井下作业、石油化工、油田建设、水电通信保障、机械制造、物资采购等业务。吐哈油田勘探领域包括吐哈、三塘湖、民和、银额、总口子、六盘山等6个中小盆地，盆地总面积22万平方千米，登记15个探矿权区块，探矿权面积4.63万平方千米。截至2016底，用工总量13550人，有合同化员工10351人、市场化员工3199人。累计探明石油地质储量57371.93万吨（含凝析油），探明天然气地质储量1218.71亿立方米（含溶解气）；累计生产原油5233.7万吨、天然气235.45亿立方米；上市业务资产总计179.71亿元，未上市业务资产总计41.22亿元。

2016年，吐哈油田开展开源节流降本增效工作，着力增资源、转方式、控投资、降成本、调结构、治亏损、严招标、促营销，应对低油价挑战，取得好于预期的生产经营成果。探明石油地质储量2121万吨、控制石油地质储量2679万吨、预测石油地质储量3114万吨，新增扩边新发现SEC储量当量279万吨。生产原油200万吨，生产天然气7.25亿立方米。上市业务平均结算油价35.73美元/桶，实现账面税前利润-27.59亿元，比集团公司下达提质增效目标减亏8.26亿元；未上市业务实现税前利润-7.99亿元，实现考核利润1268万元（表1）。吐哈油田连续11年获集团公司安全生产先进单位，连续6年获集团公司节能节水先进单位，连续4年获集团公司环保先进单位，连续13年获新疆维吾尔自治区安全生产目标管理考核先进单位。鲁克沁采油厂获“全国五一劳动奖状”，鄯善采油厂等5个单位获全国和新疆维吾尔自治区“安康杯竞赛优胜集体”，牛圈湖联合站等3个集体获新疆维吾尔自治区“工人先锋号”称号，3

表1　吐哈油田主要生产经营指标

指　标		2016年	2015年
原油产量（万吨）		200	210.02
天然气产量（亿立方米）		7.25	9.1
新增原油生产能力（万吨）		30.48	54.94
新增天然气生产能力（亿立方米）		1	2
新增探明石油地质储量（万吨）		2121	3830.57
二维地震（千米）		1509.2	0
三维地震（平方千米）		0	301.41
完成钻井（口）		244	386
钻井进尺（万米）		74.91	113.55
勘探投资（亿元）		9.44	9.17
开发投资（亿元）		23.79	37.87
资产总额（亿元）	上市	179.71	207.46
	未上市	41.22	51.55
营业收入（亿元）	上市	46.93	64.49
	未上市	29.33	38.41
利润（亿元）	上市	-27.59	-37.66
	未上市	-7.99	0.4
税费（亿元）	上市	3.02	5.2
	未上市	4.02	5.11

名员工获新疆维吾尔自治区“劳动模范”称号和“开发建设新疆奖章”。

【油气勘探】 2016年，吐哈油田突出规模发现和效益勘探，完成二维地震1509.2千米、非地震时频电磁170千米；油气预探完钻探井30口，探井进尺10.57万米，试油交井23口38层，新获工业油气井10口，探井成功率30.3%；油藏评价完成钻井24口，进尺7.77万米，完成试油交井18口，年度末下油层套管井6口，新获工业油气井12口，评价井成功率50%。

条湖—马朗凹陷多层系勘探成果获股份公司油气勘探重要成果二等奖。三塘湖盆地勘探开发一体化部署，在牛东南翼落实牛东110、牛东202两个石炭系火山岩风化壳油藏；围绕马56致密油建产区块扩展勘探新发现芦104、马706两个新的接替区块；攻关评价牛圈湖西山窑组低压砂岩油藏获高产，盘活已发现未动用储量近2000万吨。加强吐哈盆地精细勘探，在台北凹陷发现连北4、温13等优质稀油建产区块，为老区稳产提供资源；扩展勘探鲁克沁稠油带，发现玉北10新区块，为稠油持续上产奠定资源基础。加大新区勘探力度，银额盆地天草凹陷天6井在白垩系获工业油气流，实现新区盆地勘探突破，为油田资源接替准备出新的领域。

【油气开发】 2016年，吐哈油田坚持及时优化和效益上产。油气开发以效益上产为工作重心，优化方案部署，强化生产组织，提高原油采收率矿场试验取得重要进展。鲁克沁中区三叠系油藏开展13注38采氮气泡沫驱试验，井组见效率74%，初期平均单井日增油5.5吨，含水率下降23%；开展氮气吞吐试验50井次，初期平均单井日增油6.1吨，含水率下降54%，形成以注水为主、氮气泡沫驱和注气吞吐为辅的“二三结合”开发技术路线；三塘湖致密油、火山岩油藏开展注水/氮气吞吐试验，实施52井次，有效率100%，平均单井日增油6.2吨，初步形成5项技术对策，推动非常规油藏由衰竭式开发向注水/注气吞吐+水驱开发方式转变。通过提高采收率矿场试验，实现日增油410吨，年累计增油5.6万吨。

精细注水坚持注水指标与产量指标按同等权重考核，强化单砂体精细刻画、分层潜力评价和剩余油研究，推进以井网层系调整、分层调控和酸化增注为重点的专项治理，强化井筒治理和水质管控，分注率、分注合格率分别为73.4%和85%，欠注率同比下降3.1%，水驱自然递减率控制在11.4%。

重点区块产能建设突出效益建产，强化单井评价，优化建产方案，加大丛式井、水平井推广应用力度，新钻井150口，投产油井130口，初期平均单井日产油7.8吨，新建产能30.5万吨，方案符合率85%。

【党群工作】 2016年，吐哈油田开展“两学一做”学习教育，突出“五个坚持”，抓好“六项规定动作”，确保党的思想政治建设抓在日常、严在经常。弘扬“石油精神”，开展石油工业优良传统再学习再教育，宣传劳动模范、吐哈榜样等先进典型事迹，丰富完善以“苦干实干”“三老四严”为核心的“石油精神”体系。召开第二次党员代表大会，明确今后5年党建工作思路和目标任务。开展“凝心聚力、共渡难关”主题教育活动，推进服务型党组织建设，举办纪念中国共产党成立95周年暨油田开发建设25周年系列活动，评选表彰先进基层党委、先进党支部、优秀共产党员和油田开发建设25周年劳动模范。加强领导班子建设，表彰“四好”领导班子13个、优秀处级干部79名，对5个处级班子和26名处级干部诫勉谈话，干部履职尽责意识增强。落实党风廉政建设“两个责任”，整改集团公司巡视反馈的7个方面25个问题，整改“四风”问题专项检查发现的7个方面108个问题；强化执纪问责，对20名党员干部给予党纪政纪处分。加强新闻宣传，实施新闻精品工程。强化安保防恐维稳工作，深化企地联防联动，维护了油区稳定；坚持每季度召开员工座谈会、每月开展“党委书记接访日”活动，协调解决员工实际困难，确保队伍和谐稳定。开展主题劳动竞赛、“青年建功”“全员健步走、每天一万步”等活动，充分调动广大员工的工作积极性。

【降本增效】 2015年，吐哈油田推进开源节流降本增效活动，实现投资、单位操作成本、油气完全成本硬下降。

有效控制投资规模。优化投资结构，坚持效益标准，严控非生产性项目，完成投资34亿元，勘探开发投资占98.7%，保障油气主业的发展。压缩各单项工程成本，推进关联交易价格市场化，钻井成本实现硬下降，探井、评价井综合成本同比下降10%，开发井综合成本同比下降3.8%。通过优化产能地面建设方案、调剂闲置抽油机等措施，节约投资1.37亿元用于生产建设。

油气单位操作成本和完全成本分别比预算下降9.2%和8.8%。全方位全要素全过程强化成本管控，材料费同比下降10%、燃料费下降31%、外包劳务费下降23%、井下作业费下降12%，油气操作成本控制在15.05美元/桶；销售及管理费下降10%、财务费用下降8%，折旧折耗控制在29.1亿元；勘探费用化控制在7.1亿元，完全成本控制在57.27美元/桶。

营销增效和市场创效5.2亿元。应用原油混掺规划求解软件科学调配原油密度，提高轻质油销量；加强原油及副产品价格走势预测，坚持高价多销、低价多储，实现原油品质增效和价格增效4.7亿元。外部市场增收、创效力度加大，在塔里木油田、西部管道等国内市场签订工程项目合同金额1.1亿元，创效1000万元；哈萨克斯坦、乌兹别克斯坦、伊朗、苏丹等海外市场签订合同金额1729万美元，创效3500万元。

【管理创新】 2016年，吐哈油田优化业务结构，合并鄯善、丘东、温米3个采油厂，优化井位部署、轻烃装置及管网系统运行，节约投资成本2.2亿元。优化组织机构，减少处级机构4个、机关科室17个、基层队站22个，减少科级职数64人、机关人员编制114人，组织机构更加精干高效。优化队伍结构，总量控制与余缺调剂相结合，减少用工2070人，员工总量同比下降13.3%。优化采购体系运行，采购成本同比下降8.3%，节约资金5.48亿元。优化盘活闲置设备和物资，调剂闲置设备166台（套），节约投资7300万元；出租设备198台（套），创效2688万元；调剂闲置物资6325万元。优化电力运行，通过申请直购电配额、峰谷分时计量用电等措施，节约购电成本2500万元。加快宾馆业务转型，资产对外租赁，增效619万元。推进资产轻量化，报废低效无效资产或计提减值12.49亿元。

【人才队伍建设】 2016年，吐哈油田强化经营管理人才队伍建设，严格按干部管理制度程序选拔处级干部6人、调整交流42人。加强管理提升、项目管理、业务知识等培训，培训各级管理人员3750人次。强化专业技术人才队伍建设，在勘探开发研究院和工程技术研究院推行“双序列”改革，公开竞聘23名吐哈油田一、二级技术专家担任重点科研项目经理，535名科研人员全部通过竞聘进入技术序列岗位，建立不论资历、论能力的政策导向，调动专业技术人员科技攻关积极性。勘探开发研究院开展专家主导和去行政化试点，撤销8个研究所，设立科研项目组，由技术专家担任项目经理，实行完全项目制管理，实现专家主导。拉开技术序列和行政序列之间、技术序列岗位之间薪酬待遇，推行任期考核管理，动态调整技术人员序列等级，“岗位靠竞争、收入凭贡献”激励约束机制初步建立。加大专业技术人员培养力度，通过送外培训、技术交流等方式，培训2640人次。强化技能操作人才队伍建设，完成67个工种1886名员工职业技能鉴定，新聘技师、高级技师21人；推进技能专家工作室建设，深入开展采油、集输、井下作业等技能专家创新创效项目，获国家实用新型专利7项，产生经济效益450万元。

【合规管理】 2016年，吐哈油田合规管理体系建设稳步推进，完成7类主要业务制度流程体系“四化”建设，122个配套流程全部上线运行。完成其余13类业务制度修订和流程再造，将141项制度整合为78项，配套业务流程162个，实现与7类主要制度流程有效衔接，制度流程全面覆盖、规范有序。强化审计监督和合规监察，发现并整改问题185个，有效防范经营风险。

【科技创新】 2016年，吐哈油田承担的“新疆大庆”3个重大科技专项课题、参与的5个课题攻关研究全面完成。勘探丰富完善中小型叠合盆地含油气系统、低煤阶煤系成烃2项地质理论，形成深层冲断带地震成像、山地大斜度优快钻井等3项关键技术，以及叠合含油气系统评价、叠合盆地多类型油气藏立体勘探评价等4项配套技术。开发形成稀油高含水期剩余油描述、注采结构调整等5项技术，形成火焰山冲断带二叠系深层稠油油藏经济有效开发主体技术路线，基本配套致密油、火山岩油藏水平井+体积压裂工艺技术系列。获省部级科学技术进步奖6项，新疆维吾尔自治区专利奖1项，授权国家专利22件，其中发明专利2件。推进信息化建设，完成集团公司统建系统配套建设8项、自建系统4项，信息化水平不断提升。

【安全环保】 2016年，吐哈油田开展HSE体系全要素量化审核，发现并整改问题2190个，获勘探与生产分公司量化审核评估B2级，量化得分居油气田企业前列。推进基层队站HSE标准化建设，达标率35%，超额完成勘探与生产分公司下达指标。组织安全环保检查17次，查处问题1740项，安全环保风险得到有效管控。开展科级干部和安全管理人员HSE履职能力评估，提高各级干部HSE履职能力。加强应急体系建设，成功处置果八站“9·24”雷击着火事件。加强机构整合过程中的安全管理，健全安全环保监督机构，修订安全管理制度，确保安全平稳受控。强化安全环保隐患治理，完成吐鲁番采油厂泄漏管道更换、鲁中干化池维修等16个项目。

强化节能减排工作，节能1.06万吨标准煤、节水25.51万立方米。废水、废气、固体废物全部实现规范处置，排放率100%达标。

【民生工程】 2016年，吐哈油田实施矿区服务业务社会化市场化改革，完成哈密基地供热业务移交工作，供气系统改造加快推进，供水供电业务初步完成移交方案编制，有序推进哈密石油基地住房产权登记、供暖及物业服务货币化补贴等配套改革方案。哈密基地5个社会化管理综合服务大厅建成投运，社区合署办公实现全覆盖，矿区居民享受到政府最低生活保障、城镇医疗保险、15年免费教育、恶性肿瘤患者住院免费诊疗等惠民利民政策。完成哈密基地足球场和部分小区场坪维修改造、鄯善基地部分区域绿化补植和西林带改造，鄯善基地路灯全部改用低能耗高亮度LED光源，更换员工宿舍空调、卧具等设施，解决240户员工家庭住房问题。投入564万元开展扶贫帮困、大病救助和金秋助学，帮助1144户困难家庭渡过难关。走访慰问离退休员工2.9万人次，发放慰问金和疗养费3491万元。推进鲁克沁油田合资合作属地注册工作，促进油地融合发展；开展“民族团结一家亲”活动，吐哈油田公司两级领导班子成员与地方少数民族群众结亲戚、交朋友、解难题，增进民族感情。完成“访民情惠民生聚民心”三年阶段性任务，先后选派15名优秀干部到喀什地区疏附县开展驻村工作，投入资金125万元，实施精准扶贫项目，对口帮扶的乌普拉特村被新疆维吾尔自治区列入“放心村”。

（李 勇 朱晓龙 肖玉娟）

中国石油天然气股份有限公司冀东油田分公司

【概况】 中国石油天然气股份有限公司冀东油田分公司（简称冀东油田）成立于1988年4月，总部位于河北省唐山市。冀东油田勘探区域包括冀东探区和庙岛群岛探区，登记矿权面积9846平方千米。冀东探区集中在唐山市东南部（包括渤海湾海域部分）和秦皇岛市南部辽东湾海域，庙岛群岛探区位于山东蓬莱与辽宁大连之间、渤海与北黄海交界处海域。2016年底，冀东油田主营业务包括油气勘探、油气开发、科研、油气集输、油气销售以及油田工程技术、工程建设、机械制造、物资供应、电力通信、油田化学、矿区服务等业务。设24个二级单位（分公司）、16个机关处室、4个附属机构、4个直属机构，有员工7255人（合同化员工4905人、市场化员工2289人、其他用工61人）。

2016年，在国际油价持续低迷、产能投资压缩的情况下，探明石油地质储量1108万吨、控制石油地质储量1060万吨、预测石油地质储量1514万吨；生产原油135万吨，生产天然气4.62亿立方米，油气当量171.8万吨；持续加强开源节流、降本增效，总体经营业绩好于预期，实现收入38.00亿元（表1）。

表1 冀东油田主要生产经营指标

指 标	2016年	2015年
原油产量（万吨）	135	160
天然气产量（亿立方米）	4.62	6.65
新增原油生产能力（万吨）	32.97	32.01
新增天然气生产能力（亿立方米）	—	0.86
新增探明石油地质储量（万吨）	1108	590
三维地震（平方千米）	131	—
钻井（口）	165	147
钻井进尺（万米）	62.58	56.73
勘探投资（亿元）	7.02	7.12
开发投资（亿元）	20.62	26.52
资产总额（亿元）	230.28	254.14
收入（亿元）	38.00	52.55
利润（亿元）	–28.01	–36.79
税费（亿元）	3.63	7.18

【油气勘探】 2016年，冀东油田持续加强勘探工作，增加证实已开发储量（PD）203.32万吨。“南堡凹陷南部物源断槽区构造岩性油藏勘探”获股份公司重要发现二等奖。

南堡凹陷南部斜坡带断槽区风险勘探获得重要发现，堡探3井压裂获高产工业油气流，日产油96立方米、天然气1.34万立方米，首次在南堡1号、南堡2号构造发现南部物源东三下亚段新的含油层系，揭示南部物源东三段新的勘探潜力。

南堡5号构造天然气勘探获突破，南堡5-29井在沙三段获高产气流，折合日产气10.7万立方米，冀东油田首次在厚层玄武岩储层获得高产。

深化深层低渗油藏储层精细评价，以认识非常规油藏的思路指导高北斜坡区深层沙三段Ⅳ、Ⅴ油组地质综合研究与储层微观特征研究，在高北斜坡和高82等井区刻画10个有利岩性圈闭。其中，高166X3井、高23X6井、高126X1井改造后均获得日产20立方米以上的试油产量。

精细勘探中浅层构造油藏，可动用石油地质储量持续增加。在南堡2号构造东一段落实有利圈闭面积7.3平方千米；2015—2016年，南堡2号构造整体部署钻探4口评价井，均获得工业油流，落实可动用石油地质储量386万吨；南堡4号构造中浅层落实有利圈闭面积5.63平方千米，拓展可动用石油地质储量规模。

深化秦皇岛探区东升4号构造精细评价研究，明确油气成藏主控因素，初步落实控制石油地质储量492万吨、预测石油地质储量1068万吨，开启外围资源储备。

【油气田开发】 2016年，冀东油田精心组织油气开发，基础工作不断夯实。强化生产组织管理，注水606万立方米；生产油气当量171.8万吨。

优化产能建设部署，百万吨产能投资由2015年的57.52亿元下降到2016年的47.67亿元，降幅17%。新建原油产能33万吨，产能到位率70%，新井当年贡献率39.6%。

精细油藏描述工作持续深化，描述单元由小层细化到单砂体，其中浅层细化到单砂体内部构型。结合低级序断层的精细解释，深化注采连通关系认识，有效指导注采关系的精细调控。

加强开发大调查与老区综合治理，稳产基础进一步夯实。推进井网持续完善，加大水质改善、分注、细分、增注、调剖调驱、油层改造、精细测调等工作力度，开发指标持续向好。水驱储量控制程度、动用程度分别达64.9%和46%，同比分别提高3.2个百分点和3.1个百分点；自然递减率同比下降1.8个百分点。综合含水得到有效控制，含水上升率-2.8%；注水开发区块欠注层措施增注14.5万立方米，地层压力系数0.82。

钻井、井下作业提速提效成效显著。同比钻完井周期平均减少4.73天，井下作业实现提速2.17%。

采油精细化管理水平持续提高。推广应用耐磨衬里油管、防污染管柱等，偏磨检泵井比例同比下降7.4个百分点，检泵周期延长29天；治理低泵效井155口，平均泵效50.3%，同比提高0.2个百分点，增油7700吨；长期停产的柳202、高65断块实施压裂后恢复生产，平均日增油51.5吨；治理长停井92口，增油1.5万吨；推广缩短产量恢复周期技术，完成不洗压井检泵作业109井次，单井产量恢复期缩短4天；完成带压作业106井次，减少放压排水4.5万立方米。

【工程技术】 2016年，冀东油田开展“瓶颈”技术攻关，进一步提升油田开发技术水平。冀东油田机械公司获集团公司自主创新重要产品认定3项，冀东油田瑞丰化工公司承建的“河北省油田化学剂工程技术研究中心”挂牌运行。

复杂断块油藏精细描述技术取得重要进展。自主研发反Q滤波高分辨率处理软件，基本形成低级序断层精细识别地震配套技术，浅层断层识别精度达10米，中深层达20米。砂体规模定量化描述与井间连通关系判识取得进展，浅层砂体定量刻画精度达10米。

复杂断块油藏精细注水开发技术不断配套完善。改进桥式同心分注工艺，采用双阀控制，实现恒流可调，提高测调效率和精度。初步形成高压增注配套工艺、注水井压裂工艺等技术系列。

浅层特高含水油藏控水稳油、提高采收率技术研究及应用取得阶段成果。二氧化碳协同吞吐提高采收率技术进一步配套完善，实施协同吞吐112井次/29井组，增油1.79万吨。氮气采油技术研究与应用取得进展，明确氮气泡沫控抑边底水、氮气复合吞吐、氮气泡沫调剖及氮气增能技术的攻关方向和潜力。改进酚醛交联体系，研制两性离子甜菜碱类表面活性剂、耐120摄氏度高温氮气泡沫体系，完善三元复合驱和氮气驱体系。

开展压裂技术攻关，构建低渗透油藏注水和吞吐两套压裂开发模式，配套管内机械分层压裂、快钻桥塞套管压裂等4项压裂技术。开展水平井分段多簇+泵送桥塞压裂技术现场试验，为特低渗透水平井压裂开发提供技术储备。实施老井压裂改造89口井（油井75口，水井14口），阶段累计增油2.3万吨，增注6.8万立方米。

钻井新技术、新工艺研究和应用效果显著，研发无荧光高效润滑剂、降摩减扭接头、复合钻头、高温乳化沥青等产品，缩短钻完井周期。

【科技创新】 2016年，冀东油田大力推进科技创新，有力驱动主营业务发展。承担国家和集团公司级科研项目6项，冀东油田自主开展技术攻关项目及子课题 195 项，获省部级科学技术进步奖 2 项，获计算机软件著作权 8 项，在国家级刊物发表科技论文 72 篇，涌现群众性技术革新成果 35 项。

地质理论研究与油藏认识持续深化。（1）发展南堡凹陷南部斜坡带中深层构造—岩性油气成藏理论，扎实开展关键环节的系统研究，进一步落实有利储层发育区。（2）深层低渗透油藏储层精细评价，为效益勘探开发提供理论依据，深化地质、地震一体化预测研究，在高北斜坡带落实一系列岩性圈闭。（3）深化中浅层构造油藏地质认识。攻关低幅度构造和层间断层、层间圈闭的准确刻画以及低对比度油层的精细识别等关键技术，实现南堡凹陷 2 号、4 号中浅层精细勘探，并持续滚动实现效益增储。（4）发展深层天然气勘探理论，明确南堡 5 号构造沙三 1 顶部与沙三 2 上部为主力含气层系及火山岩优势储层发育模式，并通过储层展布特征和成藏主控因素研究，初步落实气藏有利勘探面积 15.8 平方千米。（5）秦皇岛探区综合地质研究取得认识，开展辽西南洼与邻区生油凹陷对比，利用低井控区烃源岩评价技术与方法，进一步证实辽西南洼的资源潜力。

着眼于构建智慧油田经营管理模式，加快推进油田信息化建设。启动“十三五”信息化建设规划顶层设计，全面分析勘探、开发、经营等 11 个专业需求，形成各专业的建设规划，明确信息化建设构架及愿景。深入开展信息化基础调查，强化数据资源建设，加大基础数据治理力度，覆盖 1361 井次，增加 4.1 万项资料、99.7 万条记录。启动老爷庙联合站三维可视化、开发生产智能管理系统 2 个试点项目。初步建成拥有 12 台服务器、608 核计算能力、66 太字节（TB）存储的云计算平台，部署 27 套应用系统，支撑生产指挥、地面动态静态数据库等重要信息系统的运行。

【安全环保】 2016 年，冀东油田全面强化管理，重点推进治理，安全环保形势平稳受控，实现安全生产零事故的目标。节能 5933 吨标准煤、节水 2300 立方米。化学需用量、氨氮、二氧化硫、氮氧化物排放量与控制指标相比，分别减排 151.7 吨、17.8 吨、0.3 吨、2.5 吨。

扎实推进基层站队标准化建设和“安全环保免检单位”试点创建工作，编制《基层管理手册》《岗位工作手册》《现场管理指南》，修订制度标准 101 项，建立岗位操作规程 440 项，辨识风险危害因素 3260 项，制定应急响应和处置程序 146 个，基层安全环保工作基础得到夯实，12 个基层站队达到“安全环保免检站队”标准。

强化风险防控和隐患治理，投入 7679 万元治理重大隐患 48 项。重点加大油气管道、海底管线、海缆、导管架、人工岛检测和隐患治理力度，专项开展高压油气井、高压注水井、二氧化碳驱井隐患排查与治理，全面开展设备设施及化学品罐区隐患排查与治理，保障生产安全平稳运行。

全面开展环境风险评估，加大环保技术研究与应用力度，重点推进高 75、高 88、高 37 等环境治理工程，钻井施工推广废弃物不落地技术，井下作业固体废弃物产生量同比下降 80% 以上。

强化应急力量建设和能力提升，完善应急预案 22 个，开展井喷、溢油等突发事件应急演练 80 次，锻炼队伍应急处置能力。

规范 HSE 基础工作，优化简化 HSE 基础台账 164 项，取消 103 项，提高管理效率。注重基层 HSE 管理人员能力培训，培养油田 HSE 咨询师 26 名。

【企业管理】 2016 年，冀东油田全力开源节流、降本增效，经营状况总体稳健。在投资规模同比压减 24.6%、结算油价 42.4 美元 / 桶的情况下，实现总收入 50.08 亿元，其中油气主营业务收入 38 亿元。

控制投资总量，优化投资结构。注重项目前期管理，科学组织论证，优化方案设计，压减投资 1.6 亿元。优化地面工程方案设计、强化现场监督管理和修旧利废，节约投资 3700 万元。推行钻井总承包，优化简化井身结构，推广网电钻井技术，优化施工工艺，节约投资 2.6 亿元，其中预探井单位钻井成本同比下降 1004 元 / 米，节约勘探投资 9600 万元。

精细成本管理，控制费用支出。强化措施投入的经济评价，减少无效措施 74 井次，规避无效投入 3305 万元。公务车费用同比降低 14.2%，减少支出 1248 万元。在整体工作量增加的情况下，对外委托支出同比下降 4933 万元。加强天然气销售管理，动态调整天然气管网，减少天然气放空，建成天然气脱碳及二氧化碳回收利用工程，天然气集气率 96.2%。加强天然气资源潜力调查与措施挖潜，年增气 5800 万立方米。减少自用气量，增加销售量 650 万立方米。优化集输装置流程，动态调整参数，增加轻烃产量 1.06 万吨。推进凝析油、液化气市场化销售，同比增加销售收入 3849 万元。南 71 平台供电系统工程建成投产，节约柴油发电费用 800 万元。研制燃气冷凝式加热炉，热效率达 95%，现场应用 3 台，年节气 39 万立方米。推广票据商信通业务，节约财务费用 864 万元。

持续推进资产轻量化，调剂使用抽油机、注水泵、加热炉247台，节约资金8244万元。剥离公共服务业务资产原值9242万元，开展市政设施、闲置房屋等资产评估处置工作，取得资产收益7940万元。

积极争取财税政策，开展闲置土地处置工作，节约土地使用税4815万元；生产用电直接向电厂采购，节约动力费200万元。

多元经济企业市场开发取得进展，机械公司、瑞丰公司外部市场收入分别达2042万元和1749万元。

全力推进管理提升，企业管理、财务、审计、纪检、造价等系统发挥监督与管控合力，严格招标投标与合同履行过程控制，公开招标率74%，招标工作节约投资成本1.02亿元，审计、造价共核减资金3.65亿元。

【企业改革】 2016年，冀东油田顺应发展形势需要，企业改革持续深化。稳步推进机构改革调整，管理体制不断完善。调整勘探开发项目建设运行模式，以专业项目部为板块，以项目为单元，成立勘探开发建设工程事业部，进一步清晰项目投资控制、风险管控、运行协调、过程管理等责任主体。撤销油气销售公司建制，重组整合油气销售体系，理顺油气销售管理体制。加快推进油田信息化、数字化进程，强化专业化队伍建设，成立油田信息中心。调整外围勘探评价项目经理部职能，增加天然气勘探业务。理顺油管管理业务，减少内部流通成本，实现油管集中统一管理。按照集团公司矿区业务改革部署，“三供一业”（供水、供电、供气和物业管理）、托幼服务等职能社会化、市场化改革平稳推进。退出宾馆业务，成立东升环保科技公司，转型发展环保产品、饮用水、公寓、食堂等业务。加强薪酬调控，深化工效挂钩，绩效考核更加注重效益导向，薪酬分配继续向科研、生产一线和艰苦岗位倾斜。

【队伍建设】 2016年，冀东油田持续推进人才强企，队伍建设进一步加强。坚持正确用人导向，选优配强各级领导班子，二级单位副总师以上中层干部选拔、调整79人，其中横向与纵向交流37人，因年龄退出领导岗位12人，新提拔30人（40岁以下的青年干部14人，占新提拔干部的46.7%）。加强专业技术人才队伍建设，培养集团公司高级技术专家4人；专业技术岗位序列改革启动实施，选拔油田首席专家4人、特聘专家1人；70名博士、博士后和307名硕士在科研、技术及管理岗位发挥核心人才骨干作用；240名青年大学毕业生走上工程师、助理工程师、技术员等技术岗位，在油田195项科研攻关项目中，132名青年技术人才担任项目长、课题长领军攻关。注重技能核心人才队伍培养，评聘油田技能专家21人，技能骨干61人；以岗位技能需求为导向，加强教育培训、技能鉴定和实践锻炼，组织采油、注水、集输等9个工种技能培训班32期，培训2250人次，新评选技师8人；开展采油、电工等6个工种技能竞赛，评选6个优秀基层队、2名技术能手和39名优秀技能人才；开展一线员工创新成果评选，涌现30项技术创新优秀成果，油田职工创新工作室达到33个，其中13个获唐山市“职工创新工作室”称号。

【和谐企业】 2016年，冀东油田坚持以人为本，千方百计将改革发展成果惠及员工家属，保障矿区基础设施配套与维修的投入，推进各项民生工程，确保企业平安和谐。

深化“标准化管理、亲情化服务”，员工食堂、医疗卫生、离退休管理和生活服务更加便民，矿区服务管理日益人性化、精细化，员工家属幸福感不断增强。推行“爱心工作室”建设，开展爱心志愿服务活动80余次，形成崇德向善的良好氛围。冀东油田老年大学加入“中国老年大学协会”，开设7个专业课程，丰富离退休老同志文化生活。

关注员工身心健康，加强全员健康体检管理，落实带薪休假制度，开办健康养生系列讲座。与25家三甲医院建立稳定的医疗合作关系，聘请23名医疗专家来冀东油田诊疗742人次，满足员工家属个性化就诊需求。劳动保护工作更加贴近岗位和生活实际，将“防霾”纳入劳动保护范畴。

推进民生工程建设，改造居民区治安防范监控系统、石油家园污水管道等，矿区配套功能不断完善。建立海陆交通信息发布平台，根据气象、海况变化及时调整通勤运行。搭建职业培训平台，为部分油田子女提供双向选择的社会化就业岗位。

开展精准扶贫、“金秋助学”工作，发放慰问金117.5万元，帮扶困难员工392人次，缓解贫困家庭生活压力。积极履行企业社会责任，援建帮扶2个贫困村。

【党建工作】 2016年，冀东油田始终坚持“围绕发展抓党建，抓好党建促发展”方针，找准与生产经营的契合点，增强党建思想政治工作的生命力，汇聚发展正能量。

扎实开展“两学一做”学习教育和“重塑中国石油良好形象”大讨论活动，各级党组织开展专题学习研讨611次，党支部书记讲党课270场，队伍思想认识和精神面貌得到新的提升。

弘扬“石油精神”，深入开展“克时艰·谋发展”

主题教育活动，举办 7 场形势任务报告会，强化正面舆论宣传，面向基层讲好“冀东故事”，极大鼓舞队伍士气。“市场化国际化背景下中国石油企业文化研究”等 7 项党建与思想政治研究成果获省部级奖励。

强化基层党组织建设，24 个二级党委（党总支、直属党支部）和 206 个基层党支部全部换届。加强基层党建考核评价，严格党员教育管理，严肃党费补缴工作。

强化监督执纪问责，深化党风建设和反腐败工作。全力配合集团公司巡视组工作，逐项逐条制定问题整改措施。强化党内巡视工作，对 8 个单位进行巡视监督，形成财务、人事、纪检、审计联动的监督格局。

发挥工会、共青团组织优势，深化凝聚工程，突出降本增效，广泛开展劳动竞赛和青年创新创效活动，营造立足岗位、争做贡献的浓厚氛围。

（刘东宇）

中国石油天然气股份有限公司玉门油田分公司

【概况】 中国石油天然气股份有限公司玉门油田分公司（简称玉门油田）主要开展勘探开发、炼油化工、井下作业、水电供应、机械加工、建筑安装、综合服务、物资供应、通信信息、保卫消防、物业管理等业务。玉门油田开发于 1939 年，是新中国第一个天然石油基地。先后投入开发的油田有老君庙、鸭儿峡、石油沟、白杨河、单北、青西、酒东等 7 个油田。在酒泉、民乐、潮水、武威、雅布赖、南祁连等盆地内有 17 个矿权区块。2016 年底，玉门油田在册员工 11716 人，其中合同化员工 9662 人（在岗人员中管理人员 1846 人、专业技术人员 2163 人、技能操作人员 4233 人），市场化用工 2054 人（在岗人员中管理人员 15 人、专业技术人员 1 人、技能操作人员 2027 人）。机关设 14 个职能处室、4 个直属机构，基层设 25 个二级单位。2016 年提交控制石油地质储量 287 万吨、预测储量 239 万吨，生产原油 38.00 万吨，加工原油 175.12 万吨，没有发生工业生产一般 A 级及以上事故和影响较大的环保事件（表 1）。

表 1　玉门油田主要生产经营指标

指　标	2016 年	2015 年
原油产量（万吨）	38.00	44.00
天然气产量（万立方米）	581	841
新增原油生产能力（万吨）	11.0	19.04
二维地震（千米）	—	245
石油钻井（口）	50	75
钻井进尺（万米）	11.54	17.27
营业收入（亿元）	93.65	108.58
利润（亿元）	-17.66	-22.10

2016 年，玉门油田分公司炼油化工总厂重整—苯抽联合三班获全国“工人先锋号”称号。玉门油田分公司获甘肃省厂务公开民主管理工作示范单位，玉门油田分公司工会获甘肃省“安全生产·有你有我”主题竞赛活动优秀组织奖，玉门油田分公司工会女职工委员会获甘肃省“安全生产·有你有我”主题竞赛活动优秀奖。建筑安装工程处安装二班电焊工王昆获甘肃省五一劳动奖章；炼油化工总厂何娟获甘肃省五一巾帼奖。玉门油田分公司获中国石油天然气集团公司 2016 年安全生产先进企业、节能节水先进企业。油田作业公司党委、水电厂热工工区党支部获中国石油天然气集团公司先进基层党组织。勘探开发研究院“石北古近系油气勘探新发现”项目获中国石油天然气股份有限公司 2016 年油气勘探重要成果三等奖。张岩采写的通讯《污油桶传承一厘钱精神》获 2015 年度中国企业报新闻奖一等奖。

【油田勘探】 2016 年，玉门油田立足酒泉盆地富油凹陷“七带两层”（窟窿山构造带、老君庙构造带、509 复式油气聚集带、白杨河构造带、长沙岭构造带、金佛寺构造带、青西凹陷西部斜坡带，古近系、白垩系）寻找规模和效益储量，以地质认识的突破指导勘探突破，以风险勘探的意识甩开预探，实行领导组织、研究部署和建产增储一体化，打开勘探工作新局面。（1）酒东油气勘探取得重要突破。长沙岭构造带长 2 区块部署长 19 井获 24 吨 / 日的高产油流，油压稳定在 20 兆帕，累计产油 1928 吨，预测 K_1g_1 油藏面积与 K_1g_3 油藏相当，形成千万吨级的勘探场面，有望再发现一个酒东油田。长 19 井的突破，是继 2009 年长 7 井在 K_1g_3 勘探发现 6 年后，酒东油气勘探最重要的发现。（2）重新勘探窟窿山构造带见到好苗头。时隔 10 年重新认识、重新勘探青西窟窿山冲断带，在东翼部署的窿17井钻进过程中油气显示强烈，试油获油气流。（3）鸭儿峡白垩系勘探取得重要进展。鸭西12区块部署的鸭西14井、104井、105井等井均获工业油流，鸭西1-2井获自喷高产油气流，油压14.9兆帕，日产油18.4吨，累计生产原油2050吨，$K_{1}g_{1}$油藏含油面积7.8平方千米、储量规模1000万吨，“甜点”面积3平方千米。（4）单北古近系勘探取得发现。按照整体研究、整体部署、整体控制白杨河构造带的思路，部署单东2井等4口井，获工业油流，完钻的单东201水平井日产油7.5吨，提交控制、预测石油地质储量526万吨，该项成果获集团公司2016年度勘探成果三等奖。

【油田开发】 2016年，玉门油田开展技术创新和管理创新，用38万吨投资和成本完成43万吨产量，比计划产量超产5万吨，实现投资规模、桶油完全成本、单位操作成本和用工总量4个“硬下降”。（1）优化调整产能建设规模。优先在庙北冲断带、鸭儿峡白垩系、酒东$K_{1}g_{3}$油藏等有利区块建产，打出鸭西1-2井、长3-15井、I317-16井等优质高产井，开发井高产率、成功率和产能建设到位率大幅提高，新井产油2.8万吨，在产能建设投资下降40%的情况下，达到与以往相同的产能建设效果。（2）优化调整措施结构。大力压缩低效无效措施，2016年实施进攻性措施74井次，比方案工作量压减56.5%，节约费用5700万元，取得良好增油效果。（3）优化调整原油产量结构。深入开展油水井状况大调查，恢复经济有效产能，基础产量稳定在39.2万吨；在仅影响日产量37吨的情况下关停低效无效井160口、新增间开井82口，降低生产成本3108万元。（4）稳产基础得到夯实。加强注水综合治理，酒东实现注够水，青西注采矛盾有效缓解，老君庙和鸭儿峡注水井网持续完善，水驱开发效果稳步提升；鸭儿峡减氧空气驱等三个重大开发试验稳步推进，井组增油效果显现，展现良好推广潜力。

【炼油化工】 2016年，玉门油田炼油化工优化加工创造佳绩，实现扭亏为盈历史跨越。炼化业务盈利2.82亿元，实现自1999年以来首次扭亏为盈，摘掉特困企业帽子。持续推行EPC项目管理模式，40万吨/年汽油加氢、50万吨/年柴油改质国Ⅴ标准适应性改造和15万吨/年轻汽油醚化等装置顺利建成投运，汽油、柴油产品达到国Ⅴ标准。认真执行炼油化工检修规范，严格现场作业风险管控和质量监督，用2个月时间完成“三年一修”，并同步实施除盐水分级利用改造等22个技改项目，为实现长周期平稳运行打下基础。大力实施结构优化，扎实落实挖潜增效措施，高效组织产销衔接，轻油收率、综合能耗、高效产品比例等指标进一步改善，吨油利润在炼化板块排名前进1位、达到第16名。加强环保装置、污染源治理和污染物全过程管控，完成酸性水汽提及硫黄回收环保隐患整治项目，“三废”全面实现达标排放，污水净化基本实现零排放。

【工程技术】 2016年，玉门油田工程技术转型升级，挖掘内部市场潜力，最大限度减少主营业务投资费用大幅压缩对工程服务带来的冲击。（1）清理整顿规范内部市场。制定并严格实行《加强经营管理实施方案》《内部市场管理办法》等5项规章制度，重新划分内部市场，实行职能部门归口管理，坚持先内后外原则，清退外部服务单位44家，减少内部市场工作量流失。（2）提升内部市场占有率。在玉门油田管理推动和政策驱动下，各单位抱团取暖、一体化发展大局意识明显增强，主营单位主动为服务单位承揽工作量创造条件，工程服务单位做到自己能干的全部自己干，有效维护油田整体利益。2016年工程建设投资减少对外发包8000万元，市场占有率从2015年的31.2%提高到42.7%；勘探开发板块设备维修支出同比减少14.38%，市场占有率从2015年的19.37%提高到27.04%；运输市场外租外协同比减少60%，对外结算费用由2015年的4988万元下降到1850万元。（3）稳步拓展外部市场。承担西部管道和昆仑燃气供电、巡护、仓储、消防、通信等服务优质高效，实现对外创收1968万元，龙源风电电量置换增收1926万元，塔里木修井实现盈利606万元。

【乍得项目】 2016年，乍得项目对口支持与中国石油天然气勘探开发公司合作逐步深化，实现创收8000余万元，赢得项目公司肯定，玉门油田获集团公司“十二五”外事工作先进单位。（1）乍得采油厂原油产量再创新高。1期和2.1期油田开发指标平稳，2.2期油田产能建设稳步推进，集输装置通过调整优化处理能力实现300万吨以上平稳运行，提前18天完成年产270万吨原油生产计划。（2）乍得炼油厂保运实现安全平稳。克服市场环境多变、柴油憋库的不利影响，实现在低负荷下开停车安全、装置操作平稳和油品质量稳定可靠，加工原油57.3万吨，是中国石油天然气勘探开发公司海外项目中为数不多的盈利炼油厂之一。（3）综合研究项目进展顺利。勘探项目完成对Doseo-Salamat和West Doba盆地地质综合研究工作，Doseo盆地准备出2个重点勘探目标区，提交的2块三维地震部署获得实施，West Doba盆地优选出2个有利区带；开发项目提出的措施和井位部署有效率和成功率均达到100%，其中P1-1井获日产油245吨高产。（4）油田作业公司清蜡项目配合紧密。完成清蜡任务1210井次、测压45井次，工作量同比增长2.7%，实现产值217万美元。

【开源节流】 2016年，投资总额在年初计划基础上压减5%以上、人工成本同口径下降4.71%、油气单位操作成本比预算下降3.44美元/桶。（1）投资成本管控有力。多方案优化投资方案，严格项目前期管理和工作程序，严控投资高、效益差的低产低效项目，投资管理水平不断提高。增强预算刚性控制，强化预算限额控制及动态管理，主要生产经营指标全面受控。狠抓成本控制，通过招投标和合同谈判降低清水和污水运输价格30%、节约物资采购成本8000万元，通过清仓利库调剂再用各类库存物资855万元。（2）挖潜增效深入开展。制定和落实10项勘探针对性措施，钻井总成本降低2000万元；大力减少低效益和高风险开发项目投入，各类措施投资压缩3.13亿元，成本降低8700万元；炼化着力提升高附加值产品收率，优化用能系统，吨油利润同比增加242元/吨；工程服务精打细算降本控费，较好完成提质增效奋斗目标。

【深化改革】 2016年，玉门油田稳妥推进7项改革，取得不同程度进展。优化调整内部市场管理和运行方式，盘活内部工程、服务和人力资源，减少对外支出近1.2亿元。"三供一业"改革制订分离移交实施方案及配套措施、物业公司自主经营改制及扭亏工作方案，实现物业费的"暗补变明补"。宾馆酒店转变经营方式，对成都金玉阳光酒店、上海瀚海明玉酒店、兰州石油大厦实行对外租赁经营，妥善平稳安置相关人员。"双序列"改革研究制订方案和配套措施准备实施。基层单位计划财务经营权下放完成方案制订。"两网"（家庭宽带网、私费固定电话网）业务移交社会化运营，家庭宽带网费下降48%。僵尸企业处置及特困企业专项治理，压缩管理层级、减少法人户数专项工作和"一厂一策"扭亏方案酝酿制定。

【安全环保】 2016年，玉门油田加大源头防范和治理力度，严格考核，严肃追责，全年发生一般B类事故1起、C类事故6起，同比减少36%，四项污染物减排总量全部达标，总体形势平稳可控。严格执行新《安全生产法》《环境保护法》狠抓责任落实，持续深化HSE量化审核和问题整改，建成HSE标准化队站39个，整改HSE体系审核问题576项，围绕生产关键环节开展现场检查7339次、查改问题1965项。强化安全风险管控，完善重点领域分级管理、重点时段升级管理，成立安全监督中心，加强承包商全过程监管，应用交通安全视频监控系统，风险管控能力稳步提高。狠抓重大隐患整治，加大环境保护力度，加强危险废物和放射辐射污染防治，老君庙采油厂绿色矿山建设通过甘肃省矿业联合会评估验收。加大节能节水技术改造和存量挖潜力度，实现节能1.06万吨标准煤，节水8.23万立方米。

【科技创新】 2016年，"玉门油田重上百万吨勘探开发关键技术研究"重大科技专项顺利完成自验收，形成7大勘探开发技术系列、11项核心技术；成功实施2项股份公司级、34项公司级科研项目，授权2项实用新型专利和1项发明专利，"老君庙油田北部构造带滚动开发研究与实践"项目获集团公司科学技术进步奖二等奖；推广PDC钻头复合钻井等主体技术，钻井平均机械钻速同比提高3.7%；油层专打和近平衡钻井技术应用效果良好，13井次转向压裂试验获得成功。信息化建设持续推进，勘探与生产技术数据管理系统完成推广应用，采油与地面工程运行系统开始推广实施。

【民生工程】 2016年，玉门油田在油价持续低迷、行业整体效益下滑的严峻形势下，坚持以工作业绩保员工收入，2016年集团公司要求各单位工资总额按2015年实发数的90%安排，同时对减人不减资政策作出调整，减人工资总额的60%上交集团公司，40%留企业。按此政策玉门油田工资总额将减少1.2亿元，人均减少1.17万元。同时，集团公司出台业绩增加、工资总额增加政策，鼓励企事业单位多创效，盈利企业工资加分最高线13%，亏损企业加分最高线8%进行奖励。玉门油田2016年签订的业绩目标是亏损13.28亿元，经过全体员工努力，全年实际上游减亏3.58亿元，下游实现盈利2.82亿元，全年实际亏损为9.38亿元，整体减亏3.9亿元。玉门油田预考核成绩达到97.2分，接近亏损企业最高考核分值，员工收入下降幅度降到最小。积极落实社会普惠政策，为10761名离退休人员和工农业家属工调整养老金，保证离退休人员和工农业家属工既得利益不受损失。在投资成本紧张的情况下，投入3400多万元实施矿区基础设施改造、酒泉基地园区环境治理等项目，员工生产生活条件持续改善。

【党群工作】 形势任务宣讲。2016年，玉门油田组织开展"源泉——玉门优良传统"主题宣讲，在油田和15家兄弟单位宣讲51场次，12960多人接受优良传统教育。制作《源泉——中国石油工业的摇篮》专题片，主流媒体点击量超过6万人次。全面开展弘扬石油精神、学习603岗位优良传统专项活动，先后有2096人现场观摩学习。

基层党建工作。召开建党95周年座谈会，推广交流基层党建工作经验。完成22个二级单位党委和届满到期党支部换届改选。严格落实党组织工作制度，恢复党委书记例会。完成民主生活会、组织生活会、民主评议党员等工作。整改两级领导班子民主生活会，查摆问题221个，督导检查“三会一课”等，规范党内政治生活。开展党员组织关系集中排查，严格标准发展新党员134名，稳妥处置不合格党员10名。举办第19期入党积极分子培训班。慰问困难党员和老党员250名。

班子队伍建设。加强领导班子和干部队伍思想、能力和作风建设，2015年油田领导班子建设考核排名在集团公司143家企事业单位中由第103名上升到第29名，在16家油气田企业中由15名上升到9名。严格标准程序选拔任用干部，提拔任用10人、调整交流2人；建立160余人干部后备队伍，选人用人满意度97.42%。举办2期领导干部培训，培训202人次；外派40人进行政治理论和领导力轮训；完成48个班子、150名处级干部年度履职测评；组织选人用人专项检查，开展干部个人重大事项报告及抽查核实。

党风廉政建设。制定《“两个责任”清单》等8项制度，构建权责对等、清晰明确的责任体系；开展15000多人次廉洁教育，完成责任落实情况检查考核，责任追究2人。配合集团公司党组第四巡视组完成专项巡视，核查巡视移交的22件问题线索；研究制定《巡视反馈意见整改落实方案》及运行计划，定期通报进展，反馈的40个问题整改34个。制定《贯彻落实中央八项规定精神实施细则》，开展“四风”问题整治情况“回头看”，推进“三超”治理，规范单项奖发放，持续开展公款吃喝、公款旅游和廉洁过节等监督检查，强化党员干部操办婚丧喜庆事宜申报和管理。开展油田运输服务市场等2项合规管理监察和处分执行情况等4项专项检查，发现问题17个，提出建议16条，完善规章制度4项，避免和挽回经济损失58万元。做好信访举报受理和执纪审查，受理信访举报73件、办结68件，立结案7件，给予党纪政纪处分10人。

“两学一做”学习教育。成立领导小组和工作机构，制订实施方案和运行大表，开展4轮次检查督导。组织党员干部深入学习党章党规和系列讲话，完成4个专题研讨，开展党课辅导、“三会一课”案例征集、撰写心得体会等特色学习活动，集中学习1558场次、研讨969场次、上党课892场次、撰写心得体会3000多篇，2篇党课材料获集团公司表彰。认真查找自身问题，查找党员队伍和党组织建设等5个方面202个问题，整改180个。

思想政治工作。开展“形势、目标、任务、责任”主题教育，举办主题宣讲、政策报告等30多场次。开展《三个一体化：厚植发展力量》等重点报道和《崭新的跨越—炼厂扭亏盈利》等系列报道，唱响共谋发展主旋律。精心做好节日慰问、日常帮扶、大病救助和“金秋助学”等，救助慰问各类人员8486人次、发放资金1081.6万元。

群团工作。深入推进厂务公开民主管理工作，征集办理职工提案7项，被评为甘肃省厂务公开民主管理示范单位。开展“坚决打赢提质增效攻坚战”和“炼化大检修”劳动竞赛、“工人先锋号”创建等活动，3个集体分获全国和甘肃省“工人先锋号”“五一劳动奖状”，新创劳动模范工作室3个、技术成果55项，其中3项获省总工会表彰。开展首届青年学术交流、岗位讲述、“导师带徒”和青年突击队等活动，3个集体分获甘肃省“五四红旗团委”和集团公司“青年文明号”“五四红旗团支部”。开展“建功十三五、巾帼在行动”劳动竞赛和“培育好家风”主题实践活动，组织女职工参加“写家书传亲情”活动，提升素质、建功立业。

（王得虎　鲁建祥）

中国石油天然气股份有限公司浙江油田分公司

【概况】 中国石油天然气股份有限公司浙江油田分公司（简称浙江油田）于2005年7月由浙江勘探分公司与浙江石油勘探处二次重组成立。2009年11月，行政级别调整为副局级。主营业务涵盖原油、天然气、非常规天然气勘探、开发、生产、储运和销售等。2016年底，设12个机关处室、11个二级单位（其中 10 个正式机构、1 个临时机构）；用工总量 489 人。有探矿权项目 10 个，分布在云南、贵州、广西、四川等南方 7 省（自治区），跨越 1 个小型盆地和 4 个坳陷。勘查矿权面积 37927.63 平方千米，其中 2016 年新增煤层气探矿权 63.02 平方千米。具有苏北陆相高凝油、南方海相常规气和非常规气（页岩气和煤层气）等三大勘探领域；累计获原油三级地质储量 1943.37 万吨、探明页岩气地质储量 527.16 亿立方米、探明煤层气地质储量 93.84 亿立方米（表 1）。

表 1　浙江油田主要生产经营指标

指　标	2016 年	2015 年
原油产量（万吨）	3.00	5.00
天然气产量（亿立方米）	5.79	2.17
新增原油产能（万吨）	—	2.01
新增天然气产能（亿立方米）	2.55	4.67
新增探明天然气地质储量（亿立方米）	93.84（煤层气）	527.16（页岩气）
三维地震（平方千米）	243.97	225.74
探井（口）	18	19
开发井（口）	25	81
钻井进尺（万米）	12.52	14.62
勘探投资（亿元）	1.44	2.89
开发投资（亿元）	10.05	4.24
资产总额（亿元）	42.42	42.92
收入（亿元）	7.22	4.60
利润（亿元）	0.15	-9.85
税费（亿元）	0.51	0.22

2016 年，浙江油田以“三抓一有、三做一推”为指导，以质量、效益、可持续发展为中心，坚持稳油快气发展战略，抓油气田开发精细管理，生产原油 3 万吨、页岩气 5.02 亿立方米、煤层气 0.77 亿立方米。油气当量达到 50 万吨规模，较 2015 年翻一番，取得“五个首次，五项新成果”（首次扭亏为盈，提质增效取得新成果；首次达到 50 万吨油气当量规模，稳油快气取得新成果；首次获得煤层气探矿权，矿权管理取得新成果；首次全方位推进效益开发，关键指标优化取得新成果；首次实施全员个性化培训，培训提素取得新成果）。

【油气勘探】 2016 年，浙江油田突出效益勘探，落实规模储量，强化技术攻关，新增煤层气探矿权 63.02 平方千米。完成 5000 平方千米优质煤层气和页岩气矿权新增上报及 5435 平方千米无效矿权核减。完成荆门三维地震勘探 196 平方千米，苏北高凝油探井 3 口，评价井 3 口，昭通页岩气评价井 7 口，煤层气评价井 5 口。优选出苏北致密油、昭通常规气老井复查各 2 口并分别实施酸化试气。推进苏北低渗透高凝油储量拓展和单井提产，2 口探井见到较好油层，连片含油面积扩大，单井产能有望进一步提高。滇黔北紫金坝和大寨 2 口井页岩气评价试气见到较好页岩气层，基本落实两块新有利建产区。浙江油田首次向全国矿产储量委员会提交筠连煤层气探明地质储量 93.84 亿立方米，为浙江油田依法合规开采煤层气奠定基础，筠连地区煤层气勘探开发新成果获股份公司油气勘探重大发现成果三等奖。滇黔北立体勘探常规气见到好苗头，YS117 等井在浅层石牛栏组试气或中途测试见到气流，展示良好勘探前景。

【油田开发】 2016 年，浙江油田实施“稳油快气”发展战略，实现 50 万吨油气当量跨越和生产平稳效益开发。苏北高凝油立足“稳”字，开展开发基础年活动，年产量由 5 万吨主动调整为 3 万吨，向效益开发迈进。西南非常规气立足“快”字，加快黄金坝 5 亿立方米稳产、紫金坝—大寨 10 亿立方米上产等产能建设工程，为产量“换字头”谋篇布局。全方位推进效益开发，关键开发指标持续向好。苏北按照“四个精细”的标准，强化地质研究，大力开展减氧空气驱和机械解堵等新工艺新技术试验、脉冲注水等工作，综合含水率下降 1.5 个百分点。页岩气探索形成高产井精致培育等“五精”特色技术体系，开发井一类储层钻遇率由 2015 年的 89.4% 提高到 95.6%，新投产的 8 口井中，一类井占 50%；单井递减由方案设计的 79% 控制在 45%—50%，EUR 可采储量提高 10.5%。常规气、致密油试采在黄金坝、大寨和苏北等区块拉开序幕，“稳油快气”战略再添新保障。煤层气坚持精细排采总原则，持续完善“一井一策”精细排采措施，单井产量与总产量稳步提高，逐步由规模开发向规模效益开发转变。

【提质增效】 2016 年，浙江油田实现销售收入 7.22 亿元、税前利润 1500 万元，超额完成集团公司考核指标，扭转公司成立 11 年来始终亏损的困局。坚持深入实施“五个一块”精细投资成本管控措施，投资成本硬降“两个亿”。苏北区块通过优化产量结构等措施，压减投资 1.30 亿元；西南区块推行“五化”产建模式，投资硬降 1.26 亿元。其中：优化方案控一块，页岩气井单段压裂费用、单井钻井费用，同比分别下降37.5%和14%。精细管理抠一块，关停低产低效井、调减无效产量，桶油完全成本、油气单位操作成本同比分别降低53.1%和32.29%；积压物资库存同比降低993万元。创新机制省一块，创新实施钻井一体化总包和风险合作等措施，单井投资控制到4500万元，同比下降10%；苏北区块采取业务总包和捞油等措施，开发生产各项费用同比硬下降20%。招投标降一块，完成招标项目62个，节约投资8914万元，节资率9.91%。绩效考核增一块，充分调动全员降本增效积极性，苏北区块通过岗位挖潜力、挤“水分”，“五项”费用同比下降6%；西南区块采取排采制度优化等措施，天然气操作成本降至0.22元/米^3，同比下降24%。

【科技创新】 2016年，浙江油田强化针对性生产性科技攻关，基本形成配套非常规气高效开发技术。着眼突破瓶颈，推进技术创新，充分利用国家、股份公司重大专项及浙江油田2016年19个科研项目，聚焦勘探开发重点领域目标评价和关键技术难题，攻关瓶颈技术与非常规气“甜点”制约，深化非常规气钻采工程技术现场试验应用，加快成熟技术集成配套和成果转化。提高技术的针对性实施效果和施工效率，降低建产成本和操作成本；提高单井产量、井控储量和EUR可采储量。提出并采纳勘探评价井位22口，于2016年实施的6口探井见到良好油气显示。集成创新形成南方海相盆外高原走滑山地页岩气一体化开发技术体系和高效开发管理模式，包括地质工程一体化综合“甜点”评价、工厂化长水平进驻钻井、工厂化水平井大型体积压裂和以控压生产为核心的开发技术在内的四大技术系列29项专项技术；提出一套以效益产量为导向，从研究评价、工程实施、气井生产到项目组织管理的山地页岩气产建一体化高效开发模式——IPDP模式（Integrated Project Development by Production）。获中国科学技术协会全国科技工作者创新创业大赛金奖1项，集团公司2016年科学技术进步奖三等奖1项。

【中国南方首个煤层气效益开发基地建成】 2016年，浙江油田完成沐爱2亿立方米产能开发生产试验区建设。筠连新建1亿立方米煤层气开发方案得到集团公司批准。提交的新增煤层气探明储量报告通过国土资源部储量评审，成为中国南方地区第一份煤层气探明储量报告，突破煤层气规模效益开发的“南方禁区论”，拓展外围煤层气“甜点”勘探评价，建成中国南方首个煤层气效益开发基地。

【企业管理】 2016年，浙江油田以加强顶层设计为切入点，以深化改革为重点，持续完善推动发展的“五项体系”，努力形成有效的体制机制。员工平均收入稳步提高约38%，一线艰苦岗位平均收入提高51%，分配体系更加公平公正。增机构、扩编制、调职能，新成立2个职能处室，调整和新设立4个临时机构，调整原勘探开发项目部和工程技术中心职能定位并更名，规范高效的组织体系初步建立。改革奖金考核分配机制，坚持“奖勤罚懒”，奖金由“发”变“挣”，激励作用得到充分发挥；设立季度HSE递进式绩效奖，全员安全环保意识提高，激励体系更加科学有效。按照管、建分开的思路，优化调整采气厂与事业部工作职责，形成生产组织“目标倒逼”机制；坚持“大外协”工作思路，上产运行体系更加顺畅高效。采取战略合作、风险合作、业务总包等合作模式，利用集团公司内部各种优势资源，取得良好实效，合作体系更加多元务实。2016年获全国石油石化企业管理现代化创新优秀论文一等奖1项。

【员工培训】 2016年，浙江油田启动实施《浙江油田“十三五”全员教育培训方案》，成立员工培训中心。开展全员履职能力评估，建立培训需求矩阵，首次实施全员个性化培训。推进苏北、西南“两大培训基地”和“四大课程体系”建设，全面落实培训直线责任和属地负责制，“直线驱动、属地负责”的大培训格局初步形成，培训效果不断提高。2016年共举办各类培训班106个，培训2180人次，干部员工业务能力和综合素质不断提升。

【质量安全环保】 2016年，浙江油田HSE工作全面加强，体系运行水平有新提高。推进“大安全”体系建设，实施HSE业绩考核、风险管控、审核检查、HSE履职能力评估、HSE标准化队伍建设及安全科技六项管理创新，提升HSE管理水平。强化HSE培训、交通管理、监督管理、承包商管理、环保管理、隐患治理六个领域工作，夯实HSE管理基础。完成两次体系量化审核，推行专家检查制度，开展首次安全审计，推进安全环保“三同时”管理，全面加强安全文化建设。推进“大监督”体系建设，增加质量安全环保处和安全环境监督中心人员配置。采油厂、采气厂增设安全副总监岗位；生产一线成立“三心一站”（风险管控中心、应急值班中心、交通管理中心和安全文化站）。转变监督方式方法，使监督工作由“只挑刺、不拔刺”转变为“既挑刺、又拔刺”，一些反复出现的问题得到有效遏制。健全管理制度，完成浙江油田65项已有HSE制度评审工作，新制修订HSE

制度 17 项，废止 1 项，发布《安全生产和环境保护责任制实施细则》，明确各部门单位 HSE 责任清单，安全环保基础持续夯实。组织召开第一届 QC 成果发布会和第四届安全环保知识竞赛活动。

【选人用人】 2016 年，浙江油田公司党委落实好干部“二十字”标准和“三严三实”要求，将 7 名引进的技术、管理干部，以保留职级、挂职锻炼考察的方式安排到亟需岗位，为后续任用提供依据。调整中层干部 30 人次，其中提拔 10 人次，平调、兼职等 14 人次，免职 3 人次，考察使用 3 人次；调整科室长 43 人次，其中提拔 33 人次，平调 4 人，免职 2 人次，考察使用 4 人次；调整虚拟机构负责人 18 人次。打破传统“身份”界限，拓宽选人视野，把能力突出、表现优秀，能干、肯干的优秀青年员工提拔到管理岗位上。新提拔的中层干部中“80 后”2 人，三级科室长中“80 后”23 人，分别占同层级提拔人数的 20% 和 69.70%。浙江油田中层领导中 45 岁以下的 21 人，占 41.20%。三级科室长中 35 岁以下的 28 人，占 53.80%，有 7 名 30 岁以下年轻人走上科室长岗位，成为干部队伍中的生力军。

【党群工作】 2016 年，召开中国共产党浙江油田公司第一次代表大会，选举产生第一届党委委员和纪委委员，提出党建“五年发展规划”和“五大强党”任务目标。深入开展“两学一做”学习教育，党委班子成员带头讲专题党课 9 场次，创建党建园地微信公众号平台。参加集团公司“两学一做”学习教育知识竞赛活动优秀率 90% 以上，排在集团公司前列。筠连作业区党支部报送的《基层党员如何践行“两学一做”》党课获集团公司“两学一做”学习教育党支部书记优秀党课二等奖。全体党员严格按照“四讲四有”标准，扎实开展民主评议工作。选派 10 名基层支部书记参加轮训班，新增 3 名专职支部书记，充实基层一线党务工作力量。印发《支部建设实用工作手册》、党建工作记录本，“三会一课”得到全面落实。制定下发《关于开展基层党组织建设达标活动的实施方案》，明确“四强”基层党委、“六个一”党支部及“四优”党员考核细则。紧密围绕“五大工程”，扎实开展“党员责任区”“党员示范岗”创建活动。4 人获集团公司、省直“优秀共产党员”“优秀党务工作者”称号，西南采气厂党委获集团公司“先进基层党组织”称号。

推进党风廉政建设和反腐败工作。配齐配强基层纪委书记，健全基层纪委工作机构；出台《党风廉政建设主体责任实施细则》和《监督责任实施细则》，细化党委主体责任清单 6 项 17 条，纪委监督责任清单 6 项 24 条，制定《党风廉政建设约谈制度》等 6 项制度，建立健全责任体系。

召开浙江油田公司三届一次职工（工会会员）代表大会，选举新一届工会委员，完成 6 个基层工会委员会的换届改选。召开浙江油田首届劳动模范座谈会，推动石油精神和“六个始终”的劳动模范精神成为浙江油田发展的精神动力。持续深化“建成 5 亿方、岗位建功立业”主题劳动竞赛活动，基层工会积极开展员工技能比武、实训基地创建、大会战等活动，努力营造比、学、赶、帮、超的浓厚氛围。

召开共青团浙江油田公司第一次代表大会，选举产生新一届共青团委员会，设立专职基层团委书记 2 名，增强共青团工作力量。组织“青春宝石花、闪亮你我他”征文演讲比赛，举办青年科技成果交流会，开展浙江油田首届十大优秀青年、青年文明号评选活动。黄金坝作业区团支部被评为集团公司“青年文明号”。

【民生工程】 2016 年，坚持让浙江油田发展成果更多更公正地惠及全体员工。实行就餐“一卡通”等惠民举措。员工子女入托报销标准进一步提高，独生子女员工退休一次性奖励措施得到落实。筠连作业区员工宿舍楼顺利完工，投入近 400 万元完成员工公寓维修改造等 21 项民生工程。发放帮扶资金 65.3 万元、助学资金 22.5 万元，帮扶困难员工 369 人、资助困难学生 47 人。带薪休假和全员体检等惠民工程继续得到全面落实。

（张　兰　唐　立）

中石油煤层气有限责任公司

【概况】 中石油煤层气有限责任公司（简称煤层气公司）2008 年 9 月成立于北京，经营范围包括煤层气资源的勘探、开发，对外合作进行煤层气勘探、开发，煤层气田范围内的浅层气勘探、开发，煤层气勘探、开发工程施工，设备租赁，技术服务、技术咨询、信息咨询，勘探开发技术培训，销售机械电器设备等。作业区域遍及山西、陕西、新疆、内蒙古等煤层气资源富集省区，主力生产区块位于鄂尔多斯盆地东缘。

2016年底，机关设11个职能部门、4个直属机构、2个附属机构；设6个分公司（韩城分公司、山西分公司、吕梁分公司、临汾分公司、忻州分公司、陕西技术服务分公司），1个项目经理部（新疆项目经理部）、1个研究院（勘探开发研究院）、2个联合项目部（三交联合项目部、韩城联合项目部）、1个控股公司（管输公司）；按照股份公司授权，负责管理煤层气开发利用国家工程研究中心。用工总量1251人。

2016年，煤层气公司积极应对市场滞销、价格下滑等严峻挑战，推进上产扩销、提质增效会战，超额完成年度考核指标，实现“十三五”良好开局。全年实现煤层气商品量6.64亿立方米、煤系地层天然气商品量5.37亿立方米（表1）；实现收入16.51亿元，同比增长23.3%；税前利润7325万元，完成年度预算的118.8%。与大港油田、勘探院、钻井院、安全环保院等单位签署战略协议，与测井公司共建煤层气测井评价中心，与新疆、贵州等地方政府和有关企业开展合作，营造良好的发展氛围。

表1　煤层气公司主要生产经营指标

指　标	2016年	2015年
煤层气产量（亿立方米）	7.29	6.91
煤系地层天然气产量（亿立方米）	5.37	1.83
煤层气商品量（亿立方米）	6.64	6.62
煤系地层天然气商品量（亿立方米）	5.37	1.83
新增煤层气产能（亿立方米）	0	0.4
新增煤系地层天然气产能（亿立方米）	1.2	1.6
二维地震（千米）	332	—
钻井（口）	42	89
钻井进尺（万米）	9.14	18.57
勘探投资（亿元）	1.78	3.01
开发投资（亿元）	5.04	6.05

【煤层气勘探】　预探方面，新疆后峡区块发现煤层气有利勘探区，预测资源量千亿立方米，有望实现煤层气战略接替新突破；大宁—吉县区块黄河以西地区预测煤系地层天然气资源量2000亿立方米，是煤系地层天然气的现实接替区。评价勘探方面，大吉3–2井试气获百万立方米高产工业气流，首次发现本溪组高压富气“甜点区”，实现鄂东煤系地层立体勘探新领域的重大突破，新增探明地质储量近千亿立方米，实现历史性突破，获股份公司油气重大发现奖二等奖。

【煤层气开发】　煤层气生产，保德区块煤层气年产气量突破5亿立方米，成为中国煤层气规模开发的标杆项目。煤系地层天然气开发建产，大吉5–6井区采用丛式井+水平井方式滚动建产，产销量首次突破100万立方米，投产井单井平均日产量1.65万立方米，实施效果好于方案设计。完成大吉5–6井区煤系地层天然气5亿米^3/年、吉4井—吉10井区煤层气3亿米^3/年开发方案编制。

【对外合作】　2016年，煤层气公司执行山西省吕梁三交煤层气对外合作项目、陕西省韩城煤层气对外合作项目等6个对外合作项目和山西省石楼西、内蒙古自治区格日勒敖2个国内合作项目。合作区块日销量突破280万立方米，年销售量接近10亿立方米，连续3年实现产销量翻番。石楼西区块新增天然气探明地质储量635.26亿立方米。三交项目采用水平井与丛式井相结合的开发方式，日产量突破20万立方米。三交北、石楼南等项目合同谈判进展顺利，证照办理有序开展，合作项目依法合规运行。

【市场销售】　2016年，煤层气公司按照“优先当地、余量外输、确保民用、发展工业”的市场开发策略，依托晋陕地方管网及韩渭西煤层气管道资源，发展下游用户21家，重点用气项目31个，建成投产项目28个，年总用（输）气能力15亿立方米。面对市场供大于求、用户开停频繁、销售价格下调的困难局面，优化营销策略和促销方案，变“坐商”为“行商”，新增60万立方米的用气市场，争取到95万立方米的供气指标政策，减少放空，2016年促销增量2.6亿立方米，缓解了销售被动局面。加快外输管网建设和利用，完成韩渭西管道与西气东输二线连接工程；从陕西省气关中环线下载天然气，保障韩城市区、合阳等县居民的冬季用气；规划山西各区块外输连接管道项目，为“晋气出晋”打下基础。冬季非居民用气价格上调15%，保证了煤层气公司销售收益。

【科技进步】　“鄂尔多斯盆地东缘煤层气规模开发与技术应用”项目获中国石油和化学工业联合会科学技术进步奖一等奖。煤层气勘探开发技术成为集团公司22项重大标志性技术之一。2016年获专利授权12项，同比增加50%；发布行业标准11项。（1）多项重大技术攻关取得关键性突破。煤层气公司牵头承担的国家科技重大专项“大型油气田及煤层气开发”项目“煤层气排采工艺与数值模拟技术”和示范工程“鄂尔多斯盆地东缘煤层气开发示范工程”被评为国家科技重大专项“大型油气田开发及煤层气开发”七大标志性成果之一。股份公司重大科技专项“煤层气勘探开发关键技术研究与示范应用”通过验收，创新完善3项理论，鉴定取得44项专有技术。国家创新能力平台建设项目成功获批，基础实验研究和产品质量检验能力进一步提高。（2）一系列新技术在生产应用及现场试验中见到显著成效。推广煤层气多级压井和杆式泵不压井修井技术，单井检泵周期平均延长52天。国内首次应用全通径储层改造工艺获得成功，煤层气井油管内衬管、双控制逐级排采法等新技术新产品推广取得实效。推进以ERP为核心的信息系统应用集成，加强各业务领域信息系统建设，“数字气田”基础不断筑牢。（3）全员创新氛围日益浓厚。中国石油学会非常规油气专业委员会落户煤层气公司。召开煤层气公司第三届科技大会，评选13项优秀创新成果，科技工作先进集体和个人获得表彰，培养形成一支优秀的科技人才队伍。

【降本增效】 2016年，煤层气公司大力开展开源节流降本增效活动，连续第3年保持盈利。利用煤层气开发利用补贴和财税优惠政策，增收1.96亿元。强化工程造价全过程管理，煤层气、煤系地层天然气钻井系列工程价格分别同比下降11%和7%，地面建设工程综合单价同比下降12%。严格招标管理，节省投资3000万元。内部挖潜，外包排采价格下降2%，2016年节约费用491万元。推进资产轻量化，关停低效无效井9口，节约开支60万元。推进实物代储代销、平库利库和调剂积压物资，减少资金占用1038万元。修旧利废节约生产成本1240万元。

【合规管理】 2016年，煤层气公司以整改巡视发现问题为契机，严格落实《财经纪律禁则》，加强风险管理、内部审计与合规监察，保障企业利益。宣贯诚信合规手册，全员合规培训率100%。开展规章制度“四检查四对照”，新增制度26项、业务流程33个，删除流程25个。推进承包商管理标准化和年度评价管理，开展违法转包等违法违规行为自检自查，清退不合格承包商24家。推行年度集中采购，2016年物资集中采购率95%。强化合同管理，签订及时率100%。档案、保密管理规范有序，未发生失泄密事件。

【安全环保】 2016年，煤层气公司未发生一般B级及以上安全事故和一般及以上环保事件，实现“五杜绝、四实现”目标，被评为集团公司“2016年度安全生产先进企业”。推行“党政同责、一岗双责、齐抓共管、失职追责”，细化HSE责任和属地管理界面，实施HSE履职能力评估，各层级、各岗位HSE职责履行更加规范，安全责任落实更加到位。体系审核、风险控制和隐患排查治理常态化，2016年开展HSE审核督导和迎审8次，排查并整改隐患3526项，投入资金436.5万元，治理五型抽油机横梁连杆隐患等11项重点隐患。开展HSE监督检查222次，查处“三违”行为4起，督促整改问题453项。8个建设项目中，4个已建成项目通过安全、环保和职业卫生竣工验收，4个在建、新建项目获得环境预评价，杜绝未批先建和未验先投。采出水治理取得实效，达标排放率持续提高。职业卫生、井控、洪汛、交通、应急和事故事件管理进一步加强。

【质量节能】 2016年，煤层气公司组织开展体系内审和外审，整改9项不符合项并落实管理提升建议；组织开展“质量月”活动和QC小组活动，发布课题24个；完成检定压力表11891台、流量计797台、温度计1176台、气体报警仪166台。开展优化井场电网、抽油机改造、采出水和生活水重复利用等节能节水措施，完成股份公司下达指标。

【党建工作】 2016年，煤层气公司从严完成党员组织关系、党费收缴、基层党组织按期换届等专项排查，成功召开公司第一次党员代表大会，选举产生新一届党委班子和纪委委员。推进“两学一做”学习教育，开展“四风”问题“回头看”，各级班子整体功能增强，支部建设走向规范，队伍思想作风、精神面貌、工作干劲不断提升。推进党风廉政建设，“两个责任”实施细则进一步落实，初步形成“四种形态”下纪检工作新局面。形势任务教育深入开展，“重塑中国石油良好形象”活动持续深入，石油精神传承弘扬，宣传思想工作得到加强，工团活动深入开展，营造立足岗位、争做贡献的浓厚氛围。员工生产生活条件持续改善，困难群体得到帮扶救助，幸福指数进一步提高。

（白　勇）

南方石油勘探开发有限责任公司

【概况】 南方石油勘探开发有限责任公司（简称南方公司）是中国石油天然气集团公司下属的油气田企业，总部位于广州，勘探区域覆盖广东、海南、广西三省、自治区。其前身为中国石油天然气勘探开发公司，于1985年在北京注册成立，1991年迁至广州；1995年以“南方石油勘探开发有限责任公司”名称在广州注册；1997年划入中国石油天然气勘探开发公司管理；2008年9月，调整为中国石油天然气集团公司直属单位，业务上归勘探与生产分公司管理；2011年10月，中国石油天然气股份有限公司正式完成对南方公司的股权收购。

南方公司设9个直属机构。2016年在职员工177人，其中合同化员工105，市场化员工72人，平均年龄41岁，其中党员占49%，本科及以上学历占58%，中级及以上职称占52%，高级职称占26%，教授级高工3人。

截至2016年底，南方公司有探矿权4个，勘查面积4954平方千米，其中海南2个、广东1个、广西1个；另有采矿权1个——海南北部湾盆地花场凝析油气田，开采面积38平方千米；国土资源部油气储量评审办公室登记的南方公司探明石油地质储量2754万吨，探明天然气地质储量121亿立方米。

2016年生产原油29.48万吨，天然气1.38亿立方米；钻井43口，进尺14.21万米；投资4.98亿元；实现营业收入7.93亿元，税前利润0.24亿元；上缴税费总额0.80亿元（表1）。

表1　南方公司主要生产经营指标

指　标	2016年	2015年
原油产量（万吨）	29.48	30.05
天然气产量（亿立方米）	1.38	1.41
新增原油产能（万吨）	3.45	5.57
新增天然气产能（亿立方米）	0.05	0.12
新增探明石油地质储量（万吨）	609.22	357.88
新增探明天然气地质储量（亿立方米）	49.11	3.3
探井（口）	14	16
开发井（口）	20	32
评价井（口）	9	8
钻井进尺（万米）	14.21	18.75
勘探投资（亿元）	1.64	2
开发投资（亿元）（含安全其他费用）	2.59	4.07
评价投资（亿元）	0.75	0.87
资产总额（亿元）	43.23	42.25
收入（亿元）	7.93	9.51
利润（亿元）	0.24	1.95
税费（亿元）	0.80	1.06

【油气勘探】 2016年，南方公司新增探明油气地质储量当量1000.53万吨，超额完成控制+预测600万吨的储量任务；油气三级储量突破1亿吨当量。福山凹陷朝阳构造钻探取得新发现，初步展现2000万吨整装储量规模。美亭地区在流二段、流三段发现一系列火山岩刺穿侵入遮挡圈闭，初步落实400万吨的效益增储区。花东5-2X井钻遇百米油层，进一步证实花场—白莲构造北部具有满断块含油特点。三水盆地勘探竹13井和宝25井钻遇油层，展示了宝竹背斜翼部有一定的勘探潜力。外围新区广西崇左盆地探矿权获批、发证。2016年南方公司获股份公司油气勘探重要成果三等奖。

【油气田开发】 2016年，南方公司钻产能井17口，平均单井钻遇油层11.4米/4.3层，差油层14.2米/8.8层，平均单井日产油气7吨，新建产能3.5万吨。通过补孔、大修等低投入措施恢复长停井产能，在完成的9口中，成功恢复8口，平均单井日增油气8吨，恢复新建产能0.55万吨，全年累计增油0.2万吨，累计增气500万立方米。日注水能力由2015年的589立方米提高到805立方米，日产油稳定在410吨以上，综合含水21.5%。2016年共计生产原油29.48万吨，生产天然气1.38亿立方米，分别完成计划的101.7%和138.1%。原油、天然气自然递减率为16.9%和14.3%。

【工程技术】 2016年，南方公司钻井方面，全年开钻43口井，完井38口，进尺14.2万米。平均完井周期 37.2 天，同比缩短 6.3%。一次电测成功率 78.4%，同比提高 7.8%。固井质量优质率 58.8%，同比提高 28.4%。井下作业方面，首次应用暂堵转向、前置液投球分层等复合技术进行压裂改造，共实施 18 井次，其中 16 口井增产效果显著，压后平均单井日增油气 8.3 吨，2016 年累计增油 1.8 万吨，增气 1400 万立方米。采气工艺方面，推广柱塞气举排液采气技术，15 口井累计增气约 1200 万立方米。采油工程方面，组织大斜度抽油机井产液剖面测试工艺，推广 5 口井，最大井斜 43 度，测试成功率 100%。地面工程方面，新建集输管线 18 条，总长 60 千米，为历年之最。井站设计时间由 10 天缩短为 7 天，施工周期由 60 天降至 52 天，新井采油时率达 49%，同比增加 1.5%。

【数字油田建设】 2016 年，南方公司油气生产物联网系统建设完成 233 口生产油井、34 口注水井和 5 座大中型站库的数据接入，井站值守人员减少 15%；新投产的永 4、永 15、永 16 井实现无人值守。勘探开发数据一体化系统通过验收。国家发改委 4G 示范项目、云灾备系统建设、无人机应用等项目如期完成。ERP 系统应用平均考核成绩在 16 个油气田中排名第一。档案数字化基本完成。连续 3 年在国土资源部油气地质资料委托保管工作复检中获评“优秀”。

【科技创新】 2016 年，南方公司承担上级下达科技项目 3 项，自立项目 17 项，投入经费 2540 万元。其中“钻井废弃物随钻处理及资源化利用”“火山岩发育区地球物理勘探关键技术研究”2 项科技成果，分别获集团公司科学技术进步奖二等奖和中国石油与化学工业联合会科学技术进步奖三等奖。

【安全环保】 2016 年初，南方公司召开 HSE 管理委员会会议，安排部署 2016 年 HSE 重点工作，签订安全环保责任书。完成福山油田油气管线隐患治理工程。对 10 家主要钻井、试油、采油等生产作业承包商 412 人进行 HSE 履职能力评估，取消胜利钻井承包商入网资质。开展生产设施设备安全检查，发现整改各类问题隐患 6925 项，累计巡查 1922 个现场，纠正违章行为 6338 项。修订《南方公司突发事件总体预案》和《环境事件应急预案》，编制《西部干线应急处置预案》和《作业区现场处置预案》，开展油气管线泄漏等应急演练。完成 9 个井场累计 84.62 亩的退地还林工作。作为国内首家开展排污许可证试点申报油田企业，率先完成申报工作。6 月在海南召开新闻发布会，展示绿色发展成就，新华社、《海南日报》、凤凰网等 14 家媒体出席并报道。

【经营管理】 2016 年，南方公司在框架计划基础上压减投资 6150 万元，全年完成投资 4.98 亿元；审退不符合投资或超预算项目 10 个，审减资金 6355 万元；新建产能内部收益率 12.66%。签订各类合同 490 份，金额 15.4 亿元，法规审查率 100%，履约率 100%。执行各类招标项目 62 项，涉及金额 4.3 亿元，招标合同支出资金同比上涨 10%。物资入库 6835 万元，出库 7142 万元，期末库存金额 1708 万元，同比下降 15%，实现连续 5 年库存下降。开展存货管理、科研经费使用等 6 个专项审计，涉及金额 5.55 亿元，发现问题 30 项。2016 年销售及管理费（国际准则）同比降低 240 万元，下降 8%；业务外包支出同口径同比降低 530 万元，下降 7.6%。三亚项目通过降低采购成本、提升销售价格、拓宽供气渠道、灵活用气调度等措施实现创效 925 万元，同比增长 105%。2016 年实现营业收入 7.93 亿元、税前利润 2359 万元，全面完成降本增效任务，实现账面盈利，现金流为正。

【党群工作】 2016 年，南方公司开展“两学一做”学习教育，组织各项学习研讨活动 82 次。首次召开专题处级以上党员领导干部民主生活会、党支部组织生活会和民主评议党员活动。完成党费补缴工作及各党支部的按期换届。成立“生产作业党总支”和“采油厂党总支”2 个基层党总支，开展班组文化建设，实现党员管理全覆盖。党委出台《落实党风廉政建设主体责任实施细则》等 8 项管理制度，纪委组织“中秋”“国庆”双节期间违反中央八项规定问题专项检查，落实“两个责任”。2016 年开展党建廉政建设公开讲座 11 次、青年大讲堂活动 2 次、青年素质训练 2 次、职工文体活动 27 次，帮扶困难职工 10 人次，走访慰问老党员老同志 5 次。有 19 个单位、集体和 30 余人次获得集团公司、专业公司及政府部门表彰，其中国家级奖励 2 项。

（叶帅斌）

炼油化工企业

中国石油天然气股份有限公司大庆石化分公司（中国石油大庆石油化工总厂）

【概况】 中国石油天然气股份有限公司大庆石化分公司（中国石油大庆石油化工总厂）简称大庆石化，是股份公司的地区分公司，始建于1962年，历经半个多世纪发展，成为东北地区资源条件好、社会环境优、业务门类多的国有炼化企业。2016年底，有二级单位27个，员工2.75万人，有生产装置、公用工程及辅助设施155套，可生产54个品种438个牌号的产品，具有原油一次加工能力1000万吨/年，120万吨/年乙烯、45万吨/年合成氨、80万吨/年尿素、111万吨/年聚乙烯、10万吨/年聚丙烯、8万吨/年丙烯腈、20万吨/年丁辛醇、19万吨/年苯乙烯、10.5万吨/年ABS树脂、16万吨/年顺丁橡胶、6.5万吨/年腈纶丝等产能规模。

2016年，大庆石化积极应对成品油过剩、生产经营任务繁重等考验，全年加工原油646.19万吨，生产合成氨44.84万吨、乙烯110.76万吨，乙烯产量再创历史新高。52项能耗物耗指标好于2015年、20项创历史最好水平，24种产品产量好于2015年同期、11种创历史最好水平。实现营业收入435.39亿元、账面利润31.65亿元（同比增加44.09亿元）、上缴税费90亿元（表1）。

表1　大庆石化主要生产经营指标

指　标	2016年	2015年
原油加工量（万吨）	646.19	575.1
汽油产量（万吨）	157.7	137.4
柴油产量（万吨）	175.7	208.8
航空煤油产量（万吨）	28	24.3
润滑油产量（万吨）	1.03	4.7
乙烯（万吨）	110.8	84
丙烯（万吨）	53.5	39.5
苯类（万吨）	32.8	24.1
聚丙烯（万吨）	11.4	10.5
ABS树脂（万吨）	10.4	9.4
聚乙烯（万吨）	108.5	81
顺丁橡胶（万吨）	14.2	10.2
合成氨（万吨）	44.8	46.4
尿素（万吨）	51. 2	62.3
资产总额（亿元）	222	225
营业收入（亿元）	435.39	386
利润（亿元）	31.65	−13
税费（亿元）	90	95

【安全环保】 2016年，大庆石化持续推进HSE体系建设，建立HSE审核管理系统，开展公司级HSE审核2次。加强基层车间HSE标准化建设，与HSE量化审核有机结合，达标率37.76%。大力开展风险辨识，风险管理系统正式投入运行，233个基层车间完成风险评价。投资4457万元，对46项安全环保隐患进行集中治理，风险防控能力持续增强。加大安全环保监督检查力度，突出对高处临边等危险作业以及承包商的全过程监督，反违章防控机制有效落实。开展公司级安全生产大检查13次，查改各类问题1178项，本质安全水平进一步提升。坚决守住环保“红线”，对重大环保隐患实行持续跟踪、销项管理，加强污染源在线监控系统建设，加大排污口监督检查力度，持续推进VOCs综合整治，主要污染物减排指标全面完成，2016年外排污水2039万吨、COD1171吨、氨氮总量35吨，分别同比下降0.68%、32.12%、81.55%，外排污水合格率100%；加快环保项目建设步伐，热电厂4号、5号、7号锅炉脱硫脱硝改造、

炼油厂动力站燃油锅炉烟气净化等达标治理项目建成投用，炼油和化工污水提标改造工程土建及主要设备安装顺利完成。全年未发生亡人及以上安全生产事故和环境污染事件，安全环保绩效持续改进。

【生产经营】 2016年，大庆石化多方协调原料进厂，原油进厂量超计划6.49万吨，油田轻烃进厂量114.07万吨，创历史最好水平，保证装置高负荷生产。充分发挥炼化一体优势，突出抓好厂际间原料互供，实现资源利用最大化。坚持资源向效益好的装置倾斜，停产没有边际效益的装置，增产2420D、T38F等高效产品，实现装置运行最优化。精心组织生产运行，不断强化工艺指标和操作变更管理，实时监控生产装置及公用工程运行，主要生产装置操作平稳率99.64%，E1、E3装置实现零非计划停车，高压（一）、全密度（一）等装置创造新的长周期运行纪录。开展标准化和无泄漏装置创建活动，451个泵房、51个罐区、177个变电所、92个仪表控制室达到创建标准，芳烃联合等5套装置实现9个月零泄漏。突出抓好产销衔接，克服市场过剩、铁路运力紧张等困难，加强与炼化板块、销售公司和下游客户的沟通协调，实施保价推价，统筹车辆调运流向，成品油、石蜡、橡塑等产品销售量同比大幅增长，畅通生产经营后路。

【科技创新】 2016年，大庆石化以结构调整、产品研发、质量升级、节能减排等为实施重点，为长远发展谋篇布局。推进炼油改扩建项目，多次修改可行性研究报告，上报集团公司等待批复。成品油质量全部达到国Ⅴ标准，柴汽比降至1.11。开展富余乙烯加工方案等专题规划5项，跟踪中俄原油管道东线天然气情况，完善俄罗斯天然气中轻烃利用方案。加快自主创新步伐，国家级科技支撑项目“百万吨级乙烯成套工艺技术、关键装备研发及示范应用”通过验收，获集团公司科学技术进步奖特等奖、国家科学技术进步奖二等奖。集团公司现场重大试验装置——SAN装置顺利投产，高腈SAN及板材ABS树脂成套技术工业化试验、烯烃新产品开发研究与工业应用等项目取得实质性进展，PE100专用料具备生产条件，茂金属薄膜专用料、汽车油箱料开发稳步推进。加强产品研发及放大生产，开发消光膜专用聚乙烯树脂DGDA6097M、土工膜专用树脂DQTG3912两项新产品，汽车油箱专用树脂DMDA6045、PERT管材专用树脂DQDN3711等产品性能测试工作持续推进；放大生产新产品39.7万吨，高强度膜料DGDA6097、聚乙烯注塑料DNDA8320、热收缩膜专用料2420D等3项产品实现万吨级以上规模。

【企业管理】 2016年，大庆石化压缩机构编制，精简处级单位5个、车间级单位34个，减少二级单位科级职数64个、机关管理岗位21个，共减少定员编制1240余人。实施岗位退出机制，员工总量同比减少830人、劳务用工同比减少300余人，用工总量实现硬下降。优化人力资源配置，实施二、三线人员向一线生产岗位和缺员岗位的调剂工作，共优化调剂464人。把依法治企贯穿于企业管理全过程，健全完善企业重大风险控制文档59个，优化物资采购业务6项。推动集团公司电子招标投标交易平台试点，合规管理水平明显提升。推进资产轻量化，“僵尸企业”等专项治理稳步实施，龙凤宾馆和雅迪威商务酒店资产进入转出租程序，企业法人数量持续减少。加快实施信息化建设，大庆石化成为炼化板块首家“炼油与化工应用集成系统”上线运行单位，信息化水平切实提升。推进矿区“三供一业”移交，供电系统改造施工全面铺开，供热系统改造资金到位，兴卧地区给排水移交工作按计划实施，医疗、通信等公共服务社会化进程进一步加快，矿区服务系统改革取得实质性进展。

【挖潜增效】 2016年，大庆石化挖掘内部潜力，实施开源节流降本增效项目4大类220项，实现挖潜增效8.98亿元。把生产优化作为增效重点，通过加大油田轻烃进厂和利用、增产尾油等措施，实现原料结构优化增效7020万元。落实蜡脱油装置加工减二线、减三线原料、石蜡系统原料罐区配套流程改造等措施，石蜡同比增产6.47万吨，实施ABS装置化学附聚单元醋酸进料系统改造等项目，优化聚乙烯和聚丙烯产品，实现产品结构优化增效1.76亿元。通过乙烯稳产高产、阶段性停产尿素和控制尿素负荷增加液氨出厂等措施，实现生产方案优化增效5亿元。通过优化气电平衡和能源利用，实现节能1.69万吨标准煤、节水73.49万吨，能源优化增效1965万元。加强费用管控，“五项”费用同比减少897万元，比预算减少1306万元。通过对外开具商业承兑汇票、延长付款期限、加快票据顺转、减少资金占用等措施，财务费用同比减少6189万元，比预算减少4667万元。加强资产管理，处置积压物资和低效无效资产2347万元。提高“三剂”计划准确率，严格控制“三剂”消耗，优化库存管理，节约“三剂”费用9480万元。严格工程造价和预决算管理，工程结算审定12.7亿元，审减金额1亿元。

【未上市业务】 2016年，大庆石化制定“检修100条”在集团公司推广，内外部项目管理实现统一筹划，内蒙古、辽宁、云南等外部市场持续巩固，四川石化保运项目再次中标，承担的云南石化加氢和双脱装置建设项目圆满中交，保持目标市场稳健发展态势。装备制造业务在重要设备和关键配件研发领域取得实质性进展，超大规格管束加工制造创下全工序自行加工制造新纪录，高效换热器等3个项目被列入集团公司自主创新重大技术装备推广应用计划，新产品工业化市场化前景更加广阔。检测业务技术服务保障水平明显提升，气体泄漏检测技术成熟应用，周边及外部检验市场开拓成效显著，无损检测和计量检定市场竞争力不断增强。信息技术业务积极拓展信息化项目、IT技术支持与运维服务，成功中标广西石化个人信息工作平台项目，煤化工等外部市场开拓效果明显，大庆金桥“三剂”管理系统等5个产品获软件著作权。通信业务全面完成光纤转网计划，营销策略更加精准，经济效益持续向好。集体企业加快产业结构调整和产品服务提档升级，迈出自强发展的新步伐。

【党建工作】 2016年，大庆石化组织开展“两学一做”学习教育，大力弘扬石油精神，抓好形象重塑，与践行“忠诚、务实、简单”员工核心价值观高度融合，与倡导工匠精神劳模精神有机结合，扎实开展形式多样的主题实践活动。开展融智学堂、“双十”读书活动，打造“一报、一微、一端”新媒体矩阵，弘扬企业发展主旋律。持续深化“四好”班子、“六个一”党支部和“三联示范点”活动，23个单位达到“四好”班子创建标准，副处级以上领导干部共深入联系点3448人次，帮助解决问题919个。制定实施《公司领导干部管理规定》《公司领导干部选拔任用规范》，推进领导班子和领导干部绩效考核，开展领导干部履职测评和选拔任用“一报告两评议”，加强后备干部管理，提高年轻干部比例。持续推进管理、技术、操作和党务“四支人才队伍”建设，加强两级机关人员任职交流，推荐集团公司技术专家8名，完成35名技师、高级技师和31名两级技能专家考评工作，发挥“左成玉大师工作室”示范带头作用，为公司发展提供可靠智力支持和人才保证。修订完善《公司领导班子议事规则》《三重一大决策制度实施细则》，明确决策事项范围、职权分配和议事程序。深入推进党风廉政建设和反腐败工作，狠抓“两个责任”落实，纠正“四风”，组织开展巡察、合规管理监察、岗位廉洁风险排查等重点工作。

12月20日，召开中共大庆石化公司第三次代表大会。

【群众工作】 2016年，大庆石化推进以职工代表大会为基本形式的民主管理，投用“职工代表”和“总经理民主联系人”微信群和QQ群，民主管理水平不断提升。成功举办大庆石化第31届生产技术运动会，“咱们工人有绝活”叫响大庆，“石化工匠大讲堂”活动深入开展，群众性技术创新活动成效显著。开展走访慰问、应急救助、“金秋助学”等活动，慰问困难家庭4060户，发放慰问金453.53万元、助学金9.1万元。做好维稳信访工作，突出“事要解决”，开展风险评估，畅通信访渠道，来访总量同比下降54%，办结信访问题67件。深入开展青年素质提升、青年英才培养、创新创效等主题实践活动。认真落实“两项待遇”，抓好“两个阵地”建设，积极推进“为党的事业和集团公司改革发展增添正能量”主题活动，离退休老同志的晚年生活更加幸福充实。坚持把发展成果惠及员工群众，修缮厂西、兴化一区等老旧小区；维修萨卧路等破损道路7.1万平方米，实施化工路南段照明改造；推进数字化小区建设，增加视频监控点；栽植树木17万株，新增绿地面积4.66万平方米，生活区绿化覆盖率46.7%；完成老年活动场所维修项目36个，全面升级老年人学习和活动场所。

（钟国强）

中国石油天然气股份有限公司吉林石化分公司（吉化集团公司）

【概况】 中国石油天然气股份有限公司吉林石化分公司（吉化集团公司）简称吉林石化，办公地点位于吉林省吉林市，前身是吉林化学工业公司，是国家“一五”期间兴建的以“三大化”为标志的第一个大型化学工业基地。1954年开工建设，1957年建成投产，1998年上划中国石油天然气集团公司，1999年重组为中国石油吉林石化公司、吉化集团公司，2000年吉化集团公司与吉林石化公司正式分立运行，2007

年吉林石化公司与吉化集团公司整合管理。2010年中国石油授权吉林石化对吉林燃料乙醇有限责任公司实施一体化管理。

吉林石化作为新中国化学工业长子，新中国的第一桶染料、第一袋化肥、第一炉电石就诞生在这里。60多年来，吉林石化先后为全国各地输送和培养各类人才6万多人，累计向国家上缴利税超1000亿元，取得科研成果近800项，获国家级荣誉100多项，为中国化学工业和国民经济发展做出突出贡献。

2016年底，吉林石化原油加工能力1000万吨/年、乙烯生产能力85万吨/年、燃料乙醇生产能力60万吨/年。生产装置74套，能够生产汽油、柴油、航空煤油、聚乙烯、ABS树脂、丙烯腈、乙丙橡胶、丁苯橡胶、甲甲酯等115种主要石油化工产品。总资产242.59亿元。设机关职能处室15个，机关附属机构6个，直属机构4个，二级单位41个；在册合同化员工2.49万人。

2016年，吉林石化坚持苦练内功、精细管理、改革创新、提质增效，突出“六位一体”（安全环保、生产经营、科技发展、队伍建设、和谐稳定、重塑形象），一张蓝图绘到底，一项一项抓落实，顺利实现“五有目标”（安全有信心、投资有回报、产品有市场、经营有利润、收入有保障），全面打赢质量效益翻身仗。加工原油910.19万吨，生产乙烯80.74万吨，完成商品总量960.86万吨，实现主营业务收入492.55亿元。炼化业务盈利23.26亿元、同比增加40.86亿元，未上市业务盈利1.69亿元、同比增加1.64亿元，全面完成集团公司下达的考核指标（表1）。

表1　吉林石化主要生产经营指标

指　标	2016年	2015年
原油加工量（万吨）	910.19	800.19
乙烯产量（万吨）	80.74	66.68
汽油产量（万吨）	170.57	142.28
柴油产量（万吨）	312.38	303.45
航空煤油产量（万吨）	28.22	21.61
合成树脂产量（万吨）	115.01	97.65
合成橡胶产量（万吨）	10.71	10.36
资产总额（亿元）	242.59	270.87
收入（亿元）	507.99	484.68
利润（亿元）	15.17	-35.77
税费（亿元）	129.24	112.19

【安全环保】　2016年，吉林石化坚持“抓安全不松劲、抓效益不蛮干”，强化责任落实，突出重奖重罚。落实领导干部安全联系点制度，细化“叫停”“退守”和特殊时期升级管理要求，实施安全阶梯奖励、专项奖励、分级处罚、逐级追责，激发干部员工抓安全、管安全的积极性。按照“现场环境有显著改善、基层管理有本质提升、员工素质有明显提高”的要求，建成HSE标准化装置22套。加大治污减排力度，加快锅炉烟气治理，稳定污水处理、脱硫脱硝等环保设施运行，“三废”全部实现达标排放。杜绝重伤及以上事故和重大环境污染事件，连续5年无工业生产亡人事故，安全环保形势稳中向好。

【生产优化】　2016年，吉林石化坚持面向现场抓管理、市场导向抓生产，深入开展装置和设备长周期运行攻关，严格执行生产作业管理规定，强化“唱票”确认减少误操作和生产波动，计划外生产调整同比下降49.2%，操作平稳率99.79%。严格执行装置开停修计划，完成26套装置换剂、周期性清洗等检修工作，防止装置“带病运行”；开展机电仪技术攻关，强化设备包机管理，全部设备完好率99.96%。深入挖掘炼化一体化创效潜力，实施75项优化项目，创效4亿元以上；组织15万吨/年乙烯装置检修复产及稳定运行，增效2.5亿元以上。通过全方位生产优化，2016年吨油边际贡献达900元，吨乙烯边际贡献超过6000元；ABS树脂、聚乙烯、丙烯腈等重点创效装置负荷率、产品产销量均创历史新高，2016年化工业务边际盈利超过70亿元。

【降本增效】　2016年，吉林石化坚持精打细算降成本，严格消耗定额管理，深入开展对标达标工作，优化公用工程系统运行，全年有879项消耗指标同比稳定降低，699项保持历史最好水平，同比节能降耗1.5亿元，节约电费超亿元。深化“三个分析”（指标分析、差距分析、专题分析），严格成本费用控制，减少财务费用等支出3亿元。优化用工管理，促进富余人员向一线流动。严格公开招标，扩大集中采购范围，物资采购综合招标率82%以上；优化大宗原料燃料、化工“三剂”和机电仪采购，实现降采2.6亿元；加强库存物资管理，实现降库1.9亿元。坚持“用户认可、质量优良、真诚服务、员工支持”，持续开展产销研一体化攻关，ABS树脂产品质量达到国内一流，产销量突破61万吨，产品供不应求。聚乙烯管材料质量达到国际先进水平，成为行业用户首选，产销率100%。乙丙橡胶国内市场占有率由8%提高到20%，丙烯腈、甲甲酯、丁苯橡胶等产品性价比优于其他企业同类产品，保持了较强的市场竞争力。

【发展改革】 2016年，吉林石化践行“五大发展理念”，谋划长远发展，“十三五”目标方向更加明确。坚持“投资有回报”，推进项目负责制，强化项目过程管理，高质量完成汽油国Ⅴ标准质量升级、催化裂化烟气脱硫脱硝、乙二醇改产环氧乙烷等7个重点项目建设，实施“十大”技术改造攻关、“十大”科技瓶颈攻关项目35个，开发9个牌号新产品，投资回报率15%以上。扎实推进内部改革和管理提升，完善以“效益奖、增效奖、安全奖”为核心，以“专项奖、兑现奖、总经理嘉奖”为重点的“3+3”奖励分配体系，强化“三倾斜一接轨”（奖励分配向生产一线班组长、主操等关键岗位倾斜，向机电仪等生产辅助中的骨干岗位倾斜，向管理和专业技术人员中的核心岗位倾斜；控制非稀缺性易替代岗位的奖金发放水平，逐步实现与劳动力市场价位接轨），薪酬分配导向和激励作用更加突出。持续推进扩大经营自主权改革，8家试点单位同比减亏增效4000多万元。加快供热、物业及公共设施分离移交，探索医疗服务社会化路径，促进矿区服务业务转型。坚持依法从严治企，强化制度和规矩执行，突出物资管理等重点领域审计监察，建档销号、建章补漏，定期“回头看”，构建良好的经营管理秩序。

【党建工作】 2016年，吉林石化落实国有企业党建工作要求，召开吉林石化第二次党代会，明确党建工作目标方向。强化党建与生产经营融合，推进“十佳党支部书记”等品牌建设，增强基层党组织活力。狠抓党风廉政建设，落实“两个责任”，强化联合监督、党内巡视和执纪审查，完善和落实办公用房、公务接待等制度，营造风清气正环境。大力弘扬“石油精神”和吉林石化“四种精神”（“背山精神”“麻袋毛精神”“矛盾乐精神”“登天精神”），突出宣传一线班组和基层员工，讲好吉化故事、传播吉化声音、丰富吉化典型，重塑企业形象。坚持每年开展一次员工思想动态分析，每季度开展一次形势任务教育，贯穿全年开展三个赛季主题劳动竞赛，开展青年活力工程，调动全员提质增效积极性。坚持“以人为本、依法依规、带着感情”做好维稳信访工作，解决疑难问题，妥善化解矛盾，信访总量同比下降36%。全心全意做好矿区服务、离退休管理、后勤保障、健康疗养、扶贫帮困、治安保卫、统一战线等工作，企业更关心员工，员工更热爱企业，促进和谐稳定。

（林　业）

中国石油天然气股份有限公司抚顺石化分公司（中国石油抚顺石油化工公司）

【概况】 中国石油天然气股份有限公司抚顺石化分公司（中国石油抚顺石油化工公司）简称抚顺石化，是中国炼油工业的“摇篮”，是集“油、化、塑、洗、蜡、剂”为一体的大型石油化工联合企业，位于辽宁省抚顺市。占地面积1270万平方米，有在籍全民员工2.3万余人，集体企业在职职工7792人。资产总额311亿元，年销售收入500亿元以上，能够生产300余个牌号的石油化工产品，是世界上独具特色的石蜡、烷基苯、贵金属催化剂生产基地，产品畅销全国并远销到世界50多个国家和地区。

抚顺石化主要生产原料为大庆原油和沈北原油，原油一次加工、二次加工能力均为1150万吨/年，化工产品生产能力为360万吨/年。主要生产装置76套，辅助及配套装置、设施100余套。设备21.39万台，固定资产新度系数为0.61。能够生产汽油、航空煤油、柴油、润滑油基础油、石蜡、烷基苯、聚乙烯、聚丙烯、丁苯橡胶等300多个牌号石油化工产品。

2016年，抚顺石化面对国际油价持续走低、国内成品油供大于求等诸多困难和严峻挑战，坚持以市场为导向，以效益为中心，开源节流、提质增效，实现效益增长的跨越式转变。加工原油842万吨，同比增加32万吨；汽油、航空煤油、柴油总量405万吨，减少3.8万吨；化工商品总量355万吨，增加31万吨。销售收入395.67亿元，同比减少11.69亿元。实现利润39.5亿元，增加39.2亿元；税费105.3亿元，同比增加8.9亿元。上缴地方税费18.9亿元。炼油全口径加工费311.8元，同比降低12.9元；化工单位现金加工费926.8元，同比降低68.5元。

在中国石油27家炼化企业中利润排名由倒数第1名跃居至第3名。139项经济技术指标中的95%以上明显好转，在中国石油8家千万吨级炼化企业炼油综合指标排名第1名，7家炼化企业大乙烯综合指标排名第1名；吨油边际贡献在加工大庆原油炼化企业中排名由倒数第1名跃居至第1名。业绩考核由C级跃居至一类A级。在中国石油147家单位中领导干部年度综合考核得分排名由第120名前进至第14名，在炼化板块31家企业中由第27名跃居至第1名。实现从巨额亏损到大幅盈利的跨越式转变，步入持续盈利的新常态。

2016年，抚顺石化获全国石油优质工程金奖，全国石油和化工行业党建及思想政治工作先进单位；集团公司统计工作先进单位、“六五”普法先进单位、招标管理先进单位、“十三五”规划编制工作先进单位、信息化工作创新团队；辽宁省思想政治工作先进单位、统计先进单位、平安建设示范单位等称号。

【生产运行】 2016年，抚顺石化优化生产运行成效显著。树立“大优化出大效益”理念，抓住两头，优化中间，发挥炼化一体化整体优势。以市场为导向，怎么赚钱怎么排产，对从原油到产品所有加工路线的效益动态排序，形成最佳效益路线，宜油则油、宜化则化、开稳开满、全面优化。多渠道外购石脑油、液化气等原料，大乙烯装置负荷最高达到106%。适时组织南催化、烷基化等4套装置开工，柴汽比降低1个单位，增效4.8亿元。恢复6万吨/年石蜡加氢装置及配套设施，增产石蜡10万吨，增效2.5亿元。最佳效益路线上的主力创效装置负荷率100%以上。强化装置“安稳长满优”运行，装置平稳率99.80%，同比提高0.88个百分点，非计划停工下降53%。加强设备管理，设备完好率98.68%，主要设备完好率100%。大型关键机组故障率为零，联锁投用率99.34%。临时作业许可下降70%。主体装置在中国石油炼化企业中首家实现“四年一修”。炼油综合商品率95%，同比提高0.4个百分点；综合损失率0.4%，同比下降21.6%；单因能耗7.36千克标准油/（吨·因数），同比下降0.08个单位；新鲜水单耗0.29吨/吨，同比下降14.7%。乙烯加工损失率0.22%，同比下降21%；乙烯燃动能耗570.89千克标准油/吨，同比下降0.27个单位。节能量1.7万吨标准煤，节水62.9万吨。燃料费、“三剂”费用同比分别降低6789万元、7852万元。加热炉平均热效率92.31%，同比提高0.51个单位。139项主要经济技术指标中60%以上好于同期。

【安全环保】 2016年，抚顺石化安全环保态势总体良好。组织开展“百日安全无事故”“安全生产月”等系列活动。顺利通过炼化分公司HSE体系审核，审核问题和建议整改完成78.33%。开展炼化装置HSE标准化建设工作，38套试点装置通过验收。组织安全、环保现场督查675次，发现问题1793项，整改1764项，整改率97.4%；发掘基层单位安全工作亮点324项，提出建议472项，作业违章率下降33.3%。469点厂外油气输送管道隐患整改完成99.6%，37项化学品罐区隐患治理项目整改完成27项。热电厂“以大代小”扩能改造工程、100万吨/年乙烯技术改造工程通过环保验收。开展应急预案演练1101次，参演19479人次。开展危害介质大排查，绘制《危害介质可能泄漏点分布图》，下发《危害介质安全知识手册》。编制《“停止作业卡”使用情况分析报告》，“停止作业卡”制止违章行为235起。分类分级管理各类污染源，化学需氧量、氨氮、二氧化硫、氮氧化物等主要污染物排放量同比分别下降23.27%、57.11%、38.15%、1.56%。

【节能减排与科技创新】 2016年，抚顺石化节能减排技术创新步伐加快。组织开展资本性支出项目126项，完成投资5.9亿元。其中2016年落实投资3.9亿元，同比增加1.5亿元。高质量完成抚顺石化“十三五”发展规划编制工作。启动“油蜡联产”、成品油国Ⅵ标准质量升级、罐区隐患治理、VOC环保治理、结构调整和节能等专项投资项目前期工作，完成60万吨/年酮苯脱油装置扩能改造、通用加氢催化剂技术升级改造等项目可行性研究编制。乙烯河西罐区新建轻烃卸车配套设施、石油一厂成型车间增加两台成型机组、储运厂长输管线安全隐患治理、乙烯裂解炉增设空气预热器节能改造等重点项目建成投用。开展挖潜增效项目14项，创效6025万元。股份公司级项目“固定床渣油加氢催化剂（PHR系列）工业应用试验”“二甲苯异构化、重芳烃脱烷基等芳烃生产技术开发”“新材料化工催化剂基地”等通过集团公司验收。新型FCC汽油加氢改质催化剂FO-35M拓展技术应用市场，烷基化装置废硫酸再生工艺专利技术实现再次转让。成立新产品开发委员会，开发生产11种牌号新产品，增利1.1亿元。其中DFDC7050、FC709M、FHP5050成为特色优势产品。大力推进数字化工厂建设，产品计量出厂一卡通、大数据经营预警分析系统、视频监控集成平台等项目稳步推进，MES、综合应用办公系统、ERP等系统运行稳定顺畅。

【挖潜增效】 2016年，抚顺石化通过多种形式深入开展挖潜增效工作，促进经营管理水平持续提升。建立“日核算、周测算、月分析，实时优化、快速决策”经营预警机制，让每个人的工作发挥最大效力、每台设备达到最佳状态、每吨原油产生最大效益。以效益为中心、问题为导向，开展全方位分析，与国内外一流企业对标，将各项工作、指标与效益一一对应，找出短板、瓶颈。各层级开展经济活动分析上万次，效益测算无死角，装置对标全覆盖。建立内部模拟市场化价格核算体系，按照实际流程和最新价格体系开展效益日核算，即时反映生产经营状况，找出增减利因素。加强成本费用管控，可控费用降低2553万元，“五项”费用降低200万元。清欠1.62亿元。积极采取灵活营销策略，淡储旺销，扩销推价，自销产品累计调整产品价格385次，产销率101%。统销产品按计划足额出厂。强化物资管理，物资采购招标率75.77%，节约资金2.29亿元。取消物资以领代耗，积极推进修旧利废，领用3年以上不动物资1221万元。加强煤质管理，煤炭卸车平均热值与炉前平均热值差同比缩小217.66千焦/千克，创历史最好水平，节约7151万元。专项审计和资本性支出、修理费等工程项目概结算审减8503万元。

【企业管理】 2016年，抚顺石化企业管理规范有序。建立绩效考核整体架构，完善“六级”目标考核体系，实施差别化奖励分配机制。成立未上市托管业务深化改革领导小组。将营销调运部、物资采购部、信息管理部调整为直属单位，机关部门由原来的22个减少到19个。成立纪检监察中心、环保督查中心、档案中心。对矿区服务业务和机构进行整合调整。全面开展整章建制，将两级2435项规章制度按编撰法重新进行顶层设计，优化为公司级制度20篇。签订合同6203份，总金额135.78亿元，事后合同率同比下降42.5%。处理法律纠纷案件26起，涉及标的额5645.36万元，挽回经济损失701.03万元。强化准入商资质审查和考评监督，淘汰承包商与服务商40家，新增14家。启动基层建设星级评比竞赛活动。

2016年，抚顺石化队伍建设不断加强。组织完成领导班子和领导干部民主测评与考核，调整处级干部97人次。完成机关部门科室长理顺工作。举办公司直管干部培训班和中青年骨干培训班。实施百名技术拔尖人才工程，评选技术专家10人、技术带头人30人、专业技术骨干60人。引进教授博士21人到抚顺石化挂职。为生产和科研单位配备总工程师11人，副总工程师20人。实施千名班组长大轮训。连续3年承办集团公司炼化企业班组长综合能力提升示范培训班。加强员工培训，举办各类培训班900期，培训3.6万人次。举办第9届操作服务人员职业技能竞赛。在第8届全国石油和化工行业职业技能竞赛中，抚顺石化获团体一等奖，1人获“全国石油石化行业技术能手”称号。挖掘人力资源潜力，减少用工总量1425人。

【党建工作和企业文化建设】 2016年，抚顺石化企业文化建设和党建工作取得新进展。“两学一做”学习教育扎实开展。胜利召开抚顺石化第二次党代会。进一步推动基层党组织换届选举、民主评议党员、组织生活等党内制度的严格化、规范化。“塑良好形象、创一流业绩”主题教育活动深入开展。“双增双节”“共产党员工程”“六个一党支部创建”等基层党建特色工作成为新亮点。持续开展员工明星评选。全方位加强内外宣传工作，弘扬正能量、展示好形象。严格落实党风廉政建设党委主体责任、纪委监督责任和部门监管责任。开展专项巡察，发现7个方面88项问题。开展合规管理监察22项，实现效益1300余万元。大力开展领导干部廉洁从业“六个一”和违反中央八项规定精神案例警示教育，处分33人。群团组织桥梁纽带作用有效发挥，工会组织开展“三比一争”生产劳动竞赛和“我为重塑形象进一言”合理化建议征集等工作，激发劳动热情，深挖员工的智慧与潜能。各级团组织开展青年大讲堂42次、小讲堂191次、微讲堂235次，强化思想引领，团组织的吸引力和凝聚力大幅提升。坚持依法维稳，努力化解积案，全国“两会”期间首次实现“无群体进京、无有影响的个人进京访”目标，重要敏感时段维稳安保工作得到集团公司电报嘉勉和省市的充分肯定。

【矿区服务】 2016年，抚顺石化和谐企业建设扎实推进。员工收入同比增长3.5%。对员工住房公积金进行调整，同比人均增长2%。按规定标准调整企业年金、社会保险、医疗保险缴存基数。关心关爱特殊群体，健全帮扶工作长效机制，修订《爱心基金使用管理办法》。30516名员工进行健康体检。矿区服务社会化、市场化进程加快，供电、物业等分离移交工作有序推进，天然气入户改造工程完成总体进度的70%。利用闲置资产改造的葛布文体活动场馆向员工及家属免费开放。继续推进“花园式工厂”建设，种植树木5.8万株，花卉5万平方米，草坪21万平方米，野花组合花卉种植8万平方米，扩建、拆建绿化场地10万平方米。真情关心服务离退休员工。启动实施全民健身计划，组织开展大型员工安全趣味运动会、文艺汇演等文体活动。

（孙　丽）

中国石油天然气股份有限公司辽阳石化分公司（中国石油辽阳石油化纤公司）

【概况】 中国石油天然气股份有限公司辽阳石化分公司（中国石油辽阳石油化纤公司）简称辽阳石化，是特大型石油化工联合生产企业。2016 年底，设 14 个职能处室、10 个生产厂和 17 个直属单位，在岗员工 1.54 万人。

辽阳石化位于辽宁省辽阳市，于 1972 年经国家批准筹备建设，1974 年正式动工。经过 40 多年的发展，有炼油、芳烃、烯烃等主要生产线，炼化主体生产装置 58 套，辅助生产装置 38 套。其中，炼油部分有加工俄罗斯原油的全加氢炼厂，原油加工能力达到 1000 万吨 / 年，为中国石油第 8 家千万吨级炼油基地，可年产优质柴油 530 万吨、汽油 80 万吨、航空煤油 50 万吨。芳烃及衍生物生产能力位居全国前列，可年产 70 万吨对二甲苯、40 万吨苯、6 万吨邻二甲苯、80 万吨 PTA、30 万吨聚酯、14 万吨精己二酸和 18 万吨硝酸。烯烃部分以 20 万吨 / 年乙烯裂解装置为核心，可年产 7 万吨聚乙烯、20 万吨环氧乙烷 / 乙二醇。

2016 年，因 7—8 月进行装置停产大检修，全年加工原油 441.66 万吨，销售炼化产品总量 409.18 万吨，其中柴油 207.97 万吨（含出口 36.22 万吨），汽油 37.27 万吨（含出口 31.39 万吨），航空煤油 24.16 万吨，三苯 46.00 万吨。实现营业收入 154.65 亿元（其中上市部分 143.84 亿元、未上市部分 10.81 亿元），上缴税费 39.66 亿元（其中上市部分 37.89 亿元、未上市部分 1.77 亿元）（表 1）。

【生产经营】 2016 年，辽阳石化建立两级优化体系，以系统优化统筹产供销各环节，主体装置在低负荷状态下保持平稳优化运行。推进装置对标达标工作，炼油重石收率、渣油收率以及聚乙烯综合能耗、尼龙线综合能耗等经济技术指标持续改善。强化产销衔接，增加高效产品销售比率，销售京Ⅴ、国Ⅴ、国Ⅳ标准汽油、柴油 111.90 万吨，-35 号柴油 33.78 万吨，环氧乙烷 13.85 万吨，聚乙烯 4.85 万吨。扩大俄罗斯原油来料加工业务规模，来料加工俄罗斯原油 84.30 万吨，出口成品油 67.61 万吨。

【安全环保】 2016 年，辽阳石化以 HSE 体系建设为抓手，强化安全管理职责落实，推进从严精细化管理；发挥三级安全监督监管职能，强化不间断巡查，开展百日安全生产无事故竞赛活动，实现生产和作业整体受控。推进隐患排查整治，VOCs 治理和第二轮油气储罐隐患治理工作全面启动，135 项长输管道隐患按期整改完成。全年杜绝一般 A 类及以上安全环保事故，外排污水综合合格率和总量双达标，辽阳石化被集团公司评为环境保护先进单位和节能节水先进单位。

表 1　辽阳石化主要生产经营指标

指　标		2016 年	2015 年
原油加工量（万吨）		441.66	537.90
汽油产量（万吨）		38.30	32.39
柴油产量（万吨）		207.59	280.42
航空煤油产量（万吨）		22.31	23.87
对二甲苯产量（万吨）		32.45	40.64
环氧乙烷产量（万吨）		13.85	17.25
聚乙烯产量（万吨）		4.42	4.15
上市业务	资产总额（亿元）	103.61	95.82
	收入（亿元）	143.84	196.90
	利润（亿元）	-49.58	-33.78
	税费（亿元）	37.89	52.14
未上市业务	资产总额（亿元）	26.08	24.73
	营业收入（亿元）	10.81	10.23
	利润（亿元）	-1.48	-2.05
	税费（亿元）	1.77	1.81

【科技创新】 2016 年，辽阳石化成功生产国Ⅴ标准 98 号汽油和京Ⅵ标准柴油。新产品光学膜聚酯生产和市场开发取得新进展，产品质量得到下游用户认可。超高分子量聚乙烯专用料开发成功，产品性能达到用户使用要求。成功试用 LY-2010 新型重整原料预加氢催化剂，运行效果达到预期。申报专利 30 项，

获授权21项。“苯及重芳烃烷基转移催化剂工业试生产及工业应用试验”项目获集团公司科学技术进步奖三等奖。

【规划发展】 2016年6月21日，辽阳石化俄罗斯原油加工优化增效改造项目总体设计获得批复。8月19日，项目基础设计获得批复。9月18日，项目最终投资决策报告通过集团公司董事长办公会议审查，项目正式转入全面实施阶段。20万吨/年高性能聚丙烯项目、己二酸装置降本增效项目、27万吨/年PTA装置转产IPA及原料配套项目前期工作有序推进。

【挖潜增效】 2016年，辽阳石化实施49项公司级挖潜增效措施，深入排查效益流失环节，累计增效3.27亿元。发挥炼化一体化优势，实施160万吨/年加氢裂化装置改造等措施，柴汽比由8.71降到5.42。以大宗原料采购管理为降本突破口，液氨采购与集团公司内部单位达成互供协议。

【企业管理】 2016年，辽阳石化完成规章制度、管理类规范性文件的全面评价，有针对性开展制修订工作。开展制度识别工作，建立车间适用规章制度目录清单。强化岗位责任制落实，组织3次公司级体系审核。整改集团公司巡视反馈问题，建立内部巡视工作机制并开展首轮巡视。开展审计和合规管理监察，堵塞管理漏洞。落实“三重一大”决策制度实施细则，防范管理风险。实施104个管理提升项目，提高专业管理水平。

【内部改革】 2016年，辽阳石化按照集中集约、管办分开、压缩层级的原则，将设备检修部、机械厂重组合并为机械检修部，将各厂分析业务重组划转到生产监测部，强化生产服务的专业化管理。将物资仓储业务划入储运厂，实现物资采购与质量验收、仓储与领用的分离。深化矿区业务改革，撤销4个处室及物资供应中心建制，保卫部划入直属管理，供水、供电、供暖和物业“三供一业”分离移交工作稳步推进。

【精神文明建设】 2016年，辽阳石化落实全面从严治党要求，开展“两学一做”学习教育，持续加强公司党的思想建设、组织建设、作风建设和党员的党性修养。强化思想引领，开展主题教育活动，组织“转观念、明责任、抓落实”大讨论。加大“四风”问题检查整改力度，运用执纪监督“四种形态”，营造风清气正从业氛围。持续深化放心型工厂建设，基层自主管理和员工自我管理进一步加强。机械检修部“庞云华班组”获“全国工人先锋号”称号，产品销售部、动力厂污水处理三车间获辽阳市“五一劳动奖状”，顾盼、王景岐、杨国军、任海峰获辽阳市“五一劳动奖章”。开展“我为扭亏献一计”合理化建议征集活动，广大干部员工积极建言献策，形成群策群力促扭亏的良好氛围。《辽化人的足迹》一书正式发布。

【和谐稳定】 2016年，辽阳石化以生活区采暖系统改造为重点，完成六号热力站西环采暖系统节能改造和67栋住宅楼一户一阀采暖系统维修改造，改善供暖设施条件。关注民意，召开各类人员座谈会，及时答复和解决员工提出的问题。支持集体企业发展，亿方公司同比减亏10%，生产保持平稳，队伍和谐稳定。与沈阳工业大学共建的“大学生校外化工装置工程实践教育中心”挂牌运营。

【第一次党代会召开】 2016年12月15日，中国共产党中国石油辽阳石化公司第一次代表大会召开，来自所属各单位192名党员代表参加会议。会议选举产生中国共产党中国石油辽阳石化公司第一届委员会和纪律检查委员会。审议通过《中国共产党中国石油辽阳石化公司第一次代表大会关于党委工作报告的决议》和《中国共产党中国石油辽阳石化公司第一次代表大会关于纪委工作报告的决议》。

（张军明）

中国石油天然气股份有限公司兰州石化分公司（中国石油兰州石油化工公司）

【概况】 中国石油天然气股份有限公司兰州石化分公司（中国石油兰州石油化工公司）简称兰州石化，始建于1958年，地处甘肃省兰州市，是集炼油、化工、装备制造、工程建设、检维修及矿区服务为一体的大型综合炼化企业，是中国西部重要的炼化生产基地，能源战略地位非常突出。2016年底，占地总面积30平方千米，在册合同化员工2万人，总资产261亿元。

通过新建、改扩建一批装置，兰州石化原油一次加工能力达1050万吨/年，乙烯产能70万吨/年、化肥产能52万吨/年、合成树脂产能122万吨/年、合成橡胶产能22万吨/年、炼油催化剂产能5万吨/年。有各类炼化生产装置90余套，可加工7种原油，能生产汽油、航空煤油、柴油、润滑油基础油、化肥、合成树脂、合成橡胶、炼油催化剂、精细化工、有机助剂等多品种、多牌号、多系列石化产品。有汽油加氢、丁二烯抽提、丁苯橡胶、丁腈橡胶、碳五加氢石油树脂成套技术，炼化主要工艺技术和炼油催化裂化催化剂领域达到国内领先水平。有石油化工工程施工总承包一级资质、大型炼油化工施工能力以及完备的矿区配套系统和综合服务业务。

2016年，兰州石化坚持稳健发展方针，狠抓保安环、增效益、调结构、促改革、抓管理、夯基础、惠民生各项举措，安全环保整体趋稳，生产经营平稳有序，深化改革稳步推进，装置大检修全面完成，员工队伍保持稳定，“十三五”开局良好。加工原油823万吨，同比减少14.89%。生产汽油、航空煤油、柴油总量572万吨，同比下降16.86%；乙烯51.7万吨，同比下降19.22%；合成树脂85.5万吨，同比下降20.83%；合成橡胶11.9万吨，同比下降8.3%；炼油催化剂4.1万吨，同比下降18%。实现营业收入412亿元，同比下降21.67%；上缴税费133亿元，同比下降22.67%；实现利润5.38亿元。其中炼化盈利7.63亿元、未上市减亏3400万元，实现2014年以来首次整体盈利，全面完成集团公司下达的年度各项业绩指标。技术经济指标不断改善，162项生产经营管理类一级、二级对标指标中，一级指标完成率70.7%、二级指标完成率62.5%，15项指标创历史最好水平。11万吨/年聚丙烯装置能耗等6项关键指标稳定保持集团公司前三名。46万吨/年乙烯装置在国务院国资委央企对标中获最佳实践企业荣誉。24万吨/年乙烯装置通过节能改造能耗下降94个单位、达694.2千克标准油/吨。4套装置成为中国石油炼化板块标杆装置。

【安全环保】 2016年，兰州石化持续夯实安全环保基础，不断靠实各级安全环保责任。修订一批适应新《安全生产法》《环境保护法》要求的安全环保制度、管理标准和责任清单，进一步明确各岗位安全环保职责。分层、分级、分类强化安全环保履职能力评估，评估率95.8%。调整明确兰州石化5个HSE专业分委会职责，分层级全面签订HSE目标责任书，强化事故事件追责问责，追究处理17人。全面管控风险，完成2.8万人次外来人员安全教育，落实安全技能大赛、挂职锻炼、典型事故案例分享等重要举措，有效落实以班组为主的各类应急演练，提升全员安全环保技能。突出专业系统、装置重点、项目驻点、区域日常、关键要害部位的专项监督，抓实承包商全面监督，危险作业实现100%监督，督促整改各类问题4600余项。开展关键装置、危险化学品等领域安全风险排查和三年一轮的重大危险源评估，排查整治现场“低老坏”“常见病”问题1.4万余项。规范HSE体系运行，建立143套装置的HSE个性化创建标准，创建优胜装置12套、达标装置41套，完善HSE体系量化审核方法，完成QHSE体系换版。精细环保管控，深入推进“321”清洁生产工程和环保“十大体系”建设，强化日常监督、专项检查和异常排放管控，大乙烯项目通过国家竣工环保验收，顺利完成1.5万吨/年硫黄等环保升级项目，全面开展VOCs泄漏检测与修复。强化隐患治理，开通绿色通道，实施清单销项，加强全过程督办。完成小乙烯裂解气压缩机、罐区综合治理、界区外烃类管道等79项隐患项目治理，以及300万吨/年重催装置余热锅炉等5个环保达标升级项目。安全事故起数同比下降60%，COD、氨氮、二氧化硫、氮氧化物和石油类等排放量分别同比下降2.0%、14.7%、17.9%、19.9%和2.7%。

【生产经营】 2016年，兰州石化全面做好资源保供，积极盘活内部资源、拓展外部资源，紧盯日加工量精心协调原油进厂，采用公开招标拓展外部乙烯原料，实施催化油浆全部进焦化装置加工、轻柴油补充乙烯原料等措施，炼化原料互供214万吨，在资源紧缺情况下保证乙烯高负荷生产。灵活调整产品结构和生产运行方案，优化工艺操作，深度抓好黑色产品再加工，动态调整柴汽比，落实烷基化、催化、醚化保效益最大化的“三化保一化”举措，98号汽油填补西部高端市场空白，航空煤油、丁腈橡胶、高压聚乙烯、车用聚丙烯、丙烯酸等厚利产品产量同比显著增长。优化产运销衔接，加大与大区销售公司、铁路系统的高效衔接，统销产品做好量价配合，自销产品执行“一品一策”，统销、自销产品产销率及价格执行到位率分别达100.4%、99.2%、99.8%，发挥烃重组装置作用，汽油辛烷值提高6—7个单位。在烃重组装置首次应用抽提脱硫改造技术，实现以单套常减压、一套催化、连续重整、汽油抽提脱硫、柴油精制为主的炼油单系列生产运行，在保证资源平衡和市场需求基础上，避免装置大检修期间效益锐减，增效3.2亿元。抓实节能降耗，深化能量优化和梯级应用，节能1.55万吨标准煤、节水50.5万吨，完成集团公司下达的考核指标。落实“3621”挖潜增效行动，开展“开源节流、挖潜增效、全员发动、比做贡献”活动，挖潜增效11.76亿元。

【装置大检修】 2016年，兰州石化科学统筹精细组织装置大检修，抓好装置检修、环保改造、质量升级、隐患治理四条主线，精心论证检修方案和网络计划，做到统筹、设计、方案精准有效。精细管控检修过程，严格落实四级包保责任，狠抓施工方案、现场施工、作业监督、质量验收、检查考核等环节标准化管理，实现安全、环保、质量、进度和投资全面受控。强化应用新方法新技术，首次推行以项目为单元的标准化检修，首次实行检修项目全面公开招标，首次应用一批先进技术和工法。分三大战区协同推进，经过万人参与、百天会战，消除大、小乙烯等一批装置运行瓶颈，全面完成装置改造、环保升级和隐患治理目标计划。300万吨/年重油催化裂化装置余热锅炉整体平移创造多项国内第一，64套检修装置复工开车一次成功，实现“四好六保证一实现”目标。强化设备管理，狠抓设备长周期运行攻关，加强公用工程系统保障，强化“机电仪管操”五位一体的大机组日常维护保养，损工时数同比减少1053小时。

【规划发展】 2016年，兰州石化编制完成“十三五”规划，全面分析国内外前沿技术，认真研判原油资源、炼化产品市场趋势，完成“十三五”总体规划、5项职能规划和7项专项规划，持续完善企业内部“十大工程”方案，明晰发展方向。深入推动炼化结构调整，建成投用汽油、柴油国Ⅴ标准升级项目并启动油品国Ⅵ标准质量升级项目方案研究，完成烷基化装置扩能改造、新建催化柴油加氢改质等项目前期方案论证，完成40万吨/年润滑油加氢异构脱蜡、机场航空煤油管道项目可行性研究，福建长汀催化剂项目基础设计获批。投资22.8亿元，如期建成各类项目40项，国Ⅴ标准油品质量升级项目提前3个月建成投运，汽油、柴油全牌号、全系列产品达到国Ⅴ质量标准，比国家规定时间提前51天完成厂内和销售分公司置换工作。

【科技创效】 2016年，兰州石化大力推进产品研发，53项公司级创新创效项目得到落实，新产品总量达10.8万吨。铬系聚乙烯、三元热封料、耐热家电料、环保丁腈橡胶等16个新优特产品实现工业化稳定生产，地暖管料、铬系膜料、多级孔催化剂等19个产品实现首次试生产，有序推进集团公司聚烯烃新产品研发重大专项，完成医用料洁净化改造。“大型乙烯装置成套工艺技术、关键装备与工业应用”成果获2016年国家科技进步奖二等奖，并获国家优秀专利奖1项和集团公司科学技术进步奖一等奖1项，医用聚烯烃树脂产业化技术开发及安全性评价取得重大突破，被评为集团公司2016年十大科技进展。扎实推进信息化建设，全面统筹信息化长远规划，炼化工程项目管理系统实现上线试运行，完成MES2.0炼化装置技术分析项目基础设计和ERP集成应用，实现38个制度“五化”项目的流程信息化与考核自动化。

【企业管理】 2016年，兰州石化深入推进精细管理，深化“定标准、建机制、抓考核”管理方法应用，强化3200余项工作标准、16套专业管理标准和一批有效机制在管理中的执行落实，“‘定标准、建机制、抓考核’管理创新成果”获国家管理创新成果二等奖。提升制度质量，落实制度修订计划，强化制度后评价，一批制度“五化”项目取得突破。进一步夯实基础管理，持续推动强专业、强基础、强基层，挖掘“三基”工作典型经验和先进事迹，抓实岗位责任制检查与专业咨询诊断。推进计量管理信息化、精细化，加快计量仪表更新，加强贸易计量管理，数据自采率提升到60.5%。推进以“精益、精准、精细、精品”为内容要求的质量“四精”管理，紧盯原材料“三剂”、生产过程、产品出厂等环节强化检测分析，提高在线质量仪表替代率，产品质量中控合格率、优级品率分别达99.18%、99.97%。全面加强合规管理，构建统一的合规评价运行体系。推动制度、内控风险、法律事务、财务、审计及纪检监察的职能优化和高效联动。抓好五项清理整顿“回头看”，严格工程结算审核，强化合同管理及风险管控，加强物资采购供应商评价和管理，推进全面公开招标，持续深化对集体、改制企业股权管理和财务监督，有效控制各类经营风险。线下合同大幅下降，招标率提高到78%。企业管理实现阳光透明、合规高效。

【深化改革】 2016年，兰州石化稳步推进企业内部深化改革，全面落实集团公司深化改革方案，动员广大干部员工统一改革认识、深度开展调研、反复对接具体改革方案，明确18项重点改革任务。着力盘活人力资源，持续优化管控模式，整合精简组织机构和定员编制，撤销3个处级建制、核减15个科级机构，优化压缩操作服务岗位定员1063个、管理及专业技术岗位定员692个，初步建立内部人力资源交流市场。提升人才培养效果，出台青年技术人才创新成长、专家及骨干人才管理考核等配套政策，创新“星级工”、专家劳动模范工作室、名师带高徒等技能培训方式。完善绩效考核机制，持续扩大全口径工效挂钩考核范围，激活薪酬分配，试行减员留薪，突出对机关部门管理效能考核，促进管理效能提升。积极推进成熟业务社会化市场化改革，加快“三供一业”分离移交政策对接，完善各类改革基础数据，完成企业医院与甘肃省康复中心医院合作办院、宾馆出租招标，退出天水疗养院、刘家峡培训中心业务，持续完善物业、采暖市场化和幼教业务改革方案。

【民生保障】 2016年，兰州石化持续改善居住环境，落实国家5098万元资金推进棚户区改造，文化街区2栋住宅楼主体完工、11栋住宅楼全面开工建设，完成20栋住宅楼外墙保温、67栋住宅楼供暖管网改造和拆除区800余户居民动迁安置。做好惠民服务，生活区运行调度指挥中心和视频监控系统实现试运行，新建居务服务大厅21个，改建老年日间照料中心17个，基本实现警务、医疗、居务、法制维稳和养老服务“五进社区”。持续开展帮扶救助送温暖活动，2016年慰问救助各类人员4万余人次，使用专项资金2288万元。维护企业和谐稳定，改进群众利益诉求受理和督办，打造网上信访主渠道，阳光信访、法制信访取得进展。全力推进联防联动，加强辖区治安巡逻和示范门岗建设，深入开展打非治违专项行动，有效维护正常生产生活秩序。

【社会责任】 2016年，兰州石化积极承担和履行企业社会责任，投入1500余万元建成帮扶点“双联”项目11个，投入300万元在周边山区建成2所学校，继续向13个贫困县区发放阳光奖学金、资助辖区中小学建设。组建医疗队奔赴西藏那曲双湖县开展为期18天的医疗援助和义务巡诊，帮扶救治病患群众440余人，发放价值5万余元的药品，代表中国石油较好履行社会责任。加大绿化美化力度，大力推动厂容治理和生活区清洁管理，新增绿化面积3.4万平方米，花园式工厂建设取得新进展，南山省级森林公园成为居民休闲生态园区，获全国绿化委员会工作督察组好评，清洁生产更加有力，有效维护“兰州蓝”。

【党建和思想政治工作】 2016年，兰州石化全面加强和改进企业党的建设，扎实推进“两学一做”学习教育，以“学”为基础、以“做”为关键，创造性开展“三带头三联系三促进”和“六个一”活动，两级党委班子成员带头示范，累计讲授党课563场次，参加基层党组织学习研讨2012次。广大党员戴徽亮身份、承诺亮责任、谈心亮思想，组织义务劳动2389次，解决实际问题4040项，完成各类攻关难题643项，开展为民服务项目41项。全面落实从严治党要求，明确今后5年党建“围绕一条主线、落实五项任务、实现五大目标、实施‘十大行动’”的纲领。制定党支部阵地建设、“三会一课”等管理规定和标准规范。全面推行党建目标管理，实施党委书记现场述职，突出“两书七单九项制度”靠实各级党风责任。加大定密、网络、涉密人员管理，持续深化“五型”机关创建，强化干部考核结果应用。诫勉谈话34名、诫勉处理6名，降免职处理5名处科级干部。大力弘扬优良传统，深入开展“弘扬光荣传统、重塑良好形象”大讨论，持续开展“我为祖国献石油、我为石化做贡献”主题教育实践活动，采取宣讲报告会、定期编发资料等形式深化形势任务教育，发布新版《企业文化手册》，推举宣传“最美一线员工”，蓬勃开展标准化“五型”班组、青年文明号创建等活动，汇集企业正能量，广大干部员工的主人翁责任感普遍增强，凝心聚力促生产的氛围更加浓厚。兰州石化作为集团公司地区企业代表在全国国有企业党的建设工作会议上作经验交流发言。中共中央政治局常委刘云山到兰州石化调研视察并给予充分肯定。兰州石化在甘肃省党的建设工作座谈会上向中央党建工作领导小组进行工作汇报。中央电视台《焦点访谈》专题宣传报道兰州石化党建工作。召开第二次党代会，5名同志同时提任并充实到兰州石化领导班子，员工卢朝鹏作为一线工人代表当选为甘肃省总工会兼职副主席。

（焦丛春）

中国石油天然气股份有限公司独山子石化分公司（新疆独山子石油化工总厂）

【概况】 中国石油天然气股份有限公司独山子石化分公司（新疆独山子石油化工总厂）简称独山子石化，位于新疆维吾尔自治区克拉玛依市独山子区，前身是1936年10月成立的独山子炼油厂。历经80年发展，成为西部重要的石化基地，油气引进、加工和输转的战略枢纽。有员工1.3万人，大专以上学历占69%，有硕士、博士206人。资产总额266亿元，资产负债率14.3%。具备1000万吨/年原油加工、122万吨/年乙烯生产、45万千瓦/时发电和500万立方米原油储备能力，可生产燃料油、聚丙烯、橡胶等26大类600多种石化产品。独山子石化获全国"守合同重信用企业""绿化先进单位"及"'十二五'石化行业环保先进单位"等荣誉，连续3年被评为"全国乙烯生产能效领跑者"第一名，2次被国务院国资委评为"中国石油炼油乙烯业务最佳实践标杆企业"。

2016年，面临原油资源不足、产销矛盾突出、降本增效艰巨、维稳形势复杂的严峻形势，独山子石化认真落实集团公司工作部署，实施"资源、人才、创新"战略，落实"三增两降两优化"生产经营策略，保安全、提环保、增效益，深化改革创新，全面完成年度考核指标（表1）。

表1　独山子石化主要生产经营指标

指　标	2016年	2015年
原油加工量（万吨）	793.29	732.74
汽油产量（万吨）	86.43	65.67
柴油产量（万吨）	264.28	297.85
航空煤油产量（万吨）	30.31	26.58
乙烯产量（万吨）	130.80	109.11
聚乙烯产量（万吨）	113.73	95.65
聚丙烯产量（万吨）	61.22	51.98
橡胶产量（万吨）	20.31	18.18
资产总额（亿元）	268	434
营业收入（亿元）	375	361
利润（亿元）	45.8	16.2
税费（亿元）	102.3	93.3

【生产运行】 2016年，独山子石化坚持"大平稳就是大效益"，持续开展蒸馏、裂解等关键装置和聚乙烯5条生产线长周期运行攻关，优化生产运行和产品结构。提前投运原油接卸设施，拓宽原油进厂渠道，引进加工45万吨牙哈原油。加大乙烯原料外采力度，2016年外采乙烯原料78万吨，同比增长22%。炼油保持安全负荷运行，实施蒸馏减压深拔，优化馏分油加工路线，增产乙烯原料。汽油、航空煤油、低凝柴油等高效产品同比分别增产32%、14%和34%。柴汽比3.06，同比降低1.48。乙烯新区8台裂解炉完成全投料试运行，攻关延长轻烃炉运行周期，树脂、橡胶等厚利产品同比增产22%、11%。高密度聚乙烯、聚丙烯234线、SBS满负荷运行，茂金属膜料实现批量生产，厚利产品PPR管材料产量是2015年的5.3倍，PE100管材料同比增产91%，专用料比例达84%。热电厂强化设备隐患治理和锅炉防泄漏攻关，保持动力站1号炉连续稳定运行10个月，达到行业先进水平。

【安全环保】 2016年，独山子石化落实新《安全生产法》《环境保护法》，优化审核评估，加强分级防控，注重事故事件规律分析，提前预警提示。组织职业健康、事故事件管理等8个专项审核，发现并整改问题449项。深入开展作业许可专项整治，作业票差错率从11.3‰下降到1.1‰。开展员工行为安全规范化大讨论，组织"签发作业票不到现场""能量隔离不彻底"等重大不安全行为专项治理。完善16个公司级专项预案，组织17次公司级、42次分厂级、2206次车间级应急演练，提升员工应急处置能力。完成62套装置第二轮HAZOP分析，消除罐区、电网、危险化学品存储等方面隐患39项。实行关口前移、上游控制，建立大气、水体、土壤多维立体保护框架。优化脱硫脱硝、污水处理、危险废物焚烧等环保设施运行，Ⅱ催化装置再生烟气脱硫脱硝改造完成，VOCs综合整治完成72万个点位检测消漏、12座储罐蜂窝浮盘改造，实施4个点源治理，二氧化硫、氮氧化物、烟尘排放量比大项目投产前分别降低72%、41%、56%。

【节能减排】 2016年，独山子石化积极挖掘热联合装置节能潜力，采取系列节能减排措施，降低乙烯损失及综合能耗。炼油单因能耗7.41千克标准油/（吨·能量因数）、新水单耗0.40吨/吨，乙烯燃动能耗518.97千克标准油/吨，热电厂供电耗标准煤309.60克/（千瓦·时）、供热耗标准煤35.68千克/吉焦，均较好完成指标。2016年节能4.31万吨标准煤，节水109.28万立方米。

【挖潜增效】 2016年，独山子石化坚持低成本发展，积极开展开源节流降本增效活动。实施"三剂"国产化、压缩"五项"费用等47项措施，增效7.1亿元，炼油、化工单位加工费比预算分别节约1.03元/吨、18.54元/吨。集中管理公务用车，处置富余车辆149辆，运输费用较预算指标节约7679万元。实施未上市部分14项扭亏增盈措施，增效8749万元。强化对标管理，30项重点监控指标中14项进入炼化板块前三，新区乙烯燃动能耗全国第一。

【工程建设】 2016年，独山子石化加工哈萨克斯坦100万吨/年轻烃炼油乙烯优化调整项目列入集团公司“十三五”规划，可行性研究报告通过股份公司评估。完成100万吨/年蜡油加氢装置改造，成功实现国Ⅴ标准汽油、柴油质量升级，经济和社会效益显著。积极推进重点工程建设，金沟河引水工程获新疆维吾尔自治区批准建设，铁路电气化改造项目线路成型、进度过半，原油火车卸车设施改造投用，成为加工多样性原油的重要保障。

【科技创新】 2016年，独山子石化原油评价二期项目、新材料实验基地通过集团公司验收，合成橡胶基地、橡塑重点实验室研发能力中国石油领先。承担国家科技支撑项目1项、股份公司科研项目15项，获得专利7项、省部级科技奖5项。实施关键装置长周期运行等18项攻关，裂解汽化器改造等27项技术措施，开发PE100管件混配料、锂电池隔膜料等8个新产品。TUB121N3000/B入选PE100+协会优质产品名录，HD5420GA、K9928H等成为王牌产品，环保橡胶2557S、2564S进入普利司通等知名轮胎企业采购名录。信息化建设提速，ERP应用集成项目、MES2.0系统、炼化物联网上线运行，52套装置实现黑屏自动化操作。独山子石化被评为集团公司科技和信息化先进单位。

【队伍建设】 2016年，独山子石化强化人力资源开发。推进全员培训，举办管理、技术、操作服务培训班254期，累计培训1万余人次。坚持以赛促训，成功组织独山子石化职业和安全技能竞赛，10人晋升技术能手。参加全国石化行业技能竞赛，获团体和个人二等奖。有两级专家22人，技术能手55人，技师、高级技师506人，人才方阵初具规模。

【改革发展】 2016年，独山子石化完成营销运输、原料采购、信息通信等业务专业化整合。顺利实施科研人员“双序列”改革，聘任专业技术岗位146人。推进资产轻量化改革，处置低效无效资产5.1亿元。稳妥推进改革，未上市业务深化改革实施方案获得集团公司批复，“三供一业”社会化市场化改革取得实质性进展，职工医院移交政府托管，社会供电移交中国国电集团公司运营，供水、供暖、物业明确移交时间节点。

【企业文化】 2016年，独山子石化以纪念创业80周年为契机，回顾创业历程，展示发展成就。举办石油英模事迹报告、原创诗歌朗诵、职工运动会、文艺汇演等系列活动，传承创业优良传统，弘扬以“苦干实干”“三老四严”为核心的“石油精神”，凝聚发展共识。保护历史遗址，展览馆参观人数达3.7万人次，成为爱国爱企教育重要阵地。实施民生工程，有序推进老区供热管网、暖气分户改造、屋面防水。扶贫帮困450万元，“访惠聚”工作受到当地政府和群众赞誉。

【安保维稳】 2016年，独山子石化把防控风险、服务发展、破解难题和补齐短板摆在突出位置，扎实做好维稳工作。与基层单位签订维稳责任书，明确各基层负责人维稳职责。排查厂区外系统管廊风险隐患6项，全部落实整改措施。强化闭环管控帮教，规范重点人员管理，排查建档列管帮教人员181人，有效掌控不稳定因素。强化实战演练，提高反恐处突能力。举办各类法制宣讲教育活动，听众达9000余人次，全员法制意识有效提升。开展民族团结教育月活动，公司领导带头结对认亲1162对。处理解决信访事项110件，来访总数同比下降12.6%、人次同比下降44.3%。实行企地联防联控，大局保持和谐稳定。独山子石化被新疆维吾尔自治区评为2012—2016年度社会治安综合治理先进单位。

（郭　楷）

中国石油天然气股份有限公司乌鲁木齐石化分公司（中国石油乌鲁木齐石油化工总厂）

【概况】 中国石油天然气股份有限公司乌鲁木齐石化分公司（中国石油乌鲁木齐石油化工总厂）简称乌鲁木齐石化，地处新疆维吾尔自治区乌鲁木齐市米东区，占地18平方千米。前身为乌鲁木齐石油化工厂，筹建于1971年1月，始建于1975年4月，是集炼油、化肥、芳烃、塑料加工于一体的综合性石油化工基地。2002年正式通过ISO 9001、ISO 14001、OHSAS 18001三项体系认证。

2016年底，乌鲁木齐石化有员工10686人。其中，少数民族员工占19.48%，女员工占33.03%。有13个职能部门，8个机关附属机构，设工程管理部等7个直属部门，炼油厂、化肥厂、化纤厂、热电厂等21个二级单位及矿区服务事业部。固定资产原值234.61亿元。设备总台数149367台（套），主要设备1869台（套）。炼油生产装置34套，原油一次加工能力为1000万吨/年，对二甲苯生产能力为100万吨/年；2套合成氨、2套尿素装置，可年产75万吨合成氨、130万吨尿素；精对苯二甲酸、三聚氰胺2套生产装置，可年产13万吨化工产品；可年产3240万条塑料编织袋；产汽能力1670吨/时，发电能力175兆瓦，工业废水处理能力1326米^3/时。具有石油化工工程设备制造安装维修、工程监理、分析测试、计量检定、设备检验、公路运输、铁路运输、物资供应等生产保障业务职能，以及幼教医疗、离退休管理、社区服务等社会职能。

2016年，乌鲁木齐石化可生产30余种石油化工产品，具备国Ⅴ标准汽油、柴油生产能力。主要产品有车用汽油、车用柴油、普通柴油、液化石油气、石油苯、石油对二甲苯、石脑油、聚异丁烯、重交道路沥青、道路石油沥青、石油焦、工业硫黄、工业用精对苯二甲酸、聚丙烯树脂粉料、间歇式液相本体法聚丙烯树脂粒料、副产硫酸铵、集装袋、塑料编织袋、复合塑料编织袋等。涉及石油燃料油、石油气体、化工原料、石油沥青、化工、化肥、塑料等石油化工7个专业领域。其中，尿素产品曾获“中国名牌产品”称号，车用汽油、车用柴油、尿素、精对苯二甲酸等产品先后获得国优、部优和省优名牌产品称号。2000—2016年，取得151项省部级以上科研成果，曾多次获国家、新疆维吾尔自治区、中国石油颁发的新产品开发奖、科学技术进步奖，并申请多项专利。先后获“全国五一劳动奖状”“全国文明单位”“全国民族团结进步模范单位”“全国环境优美工厂”等称号。

2016年，乌鲁木齐石化完成集中检修和基建项目建设，实现国Ⅴ标准汽油、柴油质量升级，全年加工原油556.92万吨，整体实现营业收入233.75亿元，盈利8.21亿元（表1）。

乌鲁木齐石化100万吨/年对二甲苯芳烃联合装置及配套工程获石油工程建设行业的最高质量奖“石油优质工程金奖”及2016—2017年度“国家优质工程奖”。

【生产运行】 2016年，乌鲁木齐石化优化原油加工工艺和产品结构，完善APS数据库，精准排产，严抓分储分炼，落实分子级汽油加工路线，采取加氢裂化侧抽低凝柴油等措施，努力增加高标号汽油、航空煤油等高效产品产量，有效降低柴汽比。全年汽油、航空煤油收率同比分别提高12.92%、11.93%，柴油收率同比下降4.69%，石脑油和拔头油销量同比减少8.63万吨，柴汽比累计值降至2.49，同比降低0.46，创历史新水平。针对原油日趋重质化现状，优化炼油装置流程，突出抓好蜡渣平衡，综合协调100万吨/年加氢裂化装置、100万吨/年蜡油催化装置、150万吨/年重油催化裂化装置、120万吨/年延迟焦化装置优化运行，实现催化裂化原料轻质化、延迟焦化原料重质化，促使两套催化裂化装置汽油硫含量、催化剂单耗等指标得到优化。改善产品结构，增加吨油产品收入，液化气、石油焦收率同比分别降低4.89%、15.86%。优化汽油调合组分，最大限度增加碳五、碳六的调入量。投用气体分馏装置原料至芳烃跨线，MTBE年平均收率同比提升5.07%，为乌鲁木齐石化增产汽油提供有力的辛烷值支持。优化公用工程系统，有效降低水、电、汽、风、氢气等能耗、物耗，炼油厂富氢气体二单元氢气质量收率同比提高12.36%，化肥厂实现气化炉连通切换，全年化肥厂、热电厂锅炉装置停运消缺实现安全无事故，全力加强冬季汽、电平衡管理，公用工程系统的安全性和经济

表1　乌鲁木齐石化主要生产经营指标

指　标	2016年	2015年
原油加工量（万吨）	556.92	718.09
汽油产量（万吨）	112.86	127.7
柴油产量（万吨）	280.59	376.16
航空煤油产量（万吨）	17.67	20.17
沥青产量（万吨）	2.89	5.98
苯产量（万吨）	14.02	17.36
对二甲苯产量（万吨）	29.58	39.76
聚丙烯产量（万吨）	4.81	6.93
合成氨（万吨）	14.64	25.02
尿素（万吨）	24.16	42.65
资产总额（亿元）	117.64	123.72
营业收入（亿元）	233.75	322.1
利润（亿元）	8.21	−0.52
税费（亿元）	89.35	110.41

性得到增强。严抓原油交接质量复检，原油进厂损失率同比下降0.03%。加大供产销衔接力度，首次实现石油焦零库存。适应乌鲁木齐市安保维稳新要求，实行夜间装车举措，投用自主开发的建南装车台“一卡通”发运系统，日装车效率同比提高30%，有效提高产品发运效率，为提升高效产品在乌鲁木齐—昌吉地区的市场占有率赢得主动、抢占先机。严格质量管理，持续推进QC活动，乌鲁木齐石化质量标准化管理获A级评定，全年产品出厂合格率和上级部门抽检合格率均达100%，有效维护乌鲁木齐石化良好的品牌形象。

【安全环保】 2016年，乌鲁木齐石化深化HSE体系建设，推进基层站队HSE标准化建设和员工安全履职能力评估，完善验收标准，规范建设要求，对9个试点单位14套装置（车间）进行现场验收，提升基层的自我约束和风险防控能力。坚持问题导向，开展17套在役装置的危险与可操作性分析（HAZOP分析），落实112项工作风险削减措施，消除71套操作规程2657项问题，提高作业和操作受控水平。汲取事故教训，统一体系管理思路，全面推行“工作安排定量化、检查确认定量化、责任追究定量化”工作要求，强化对现场安全工作的抽查验证，层层传递安全压力，确保风险受控。逐步统一事故事件、隐患管理标准，全面整改完成国家第十二督察组查出的问题，整改完成2项重大隐患。加强集中大检修安全管控，分级成立安全检查组，首次引入第三方安全监督，每天对检修现场进行全覆盖检查。推行教学结合，将票证审核、风险辨识等安全培训内容纳入各单位施工现场安全管控实训中，把“纸上教学”转变为实际操作，提升员工的安全技能。强化“情景构建”模式应急演练，2016年参加人员达5.82万人次，提高演练后的讲评总结和整改水平。推进桌面推演，提升员工应急处置综合能力。加强环保日常监测，深化废水、废气、废渣治理，有毒有害作业现场工业卫生检测覆盖率98.6%，检测合格率99.5%。对重点污染源24小时不间断监测、监管，完成水质监测数据64818个，大气质量监测数据110个，固定污染源监测数据1007个，环境噪声监测数据862个。委托处置危险废物5562吨。开展环保设施运行监督检查，保证污染源在线监测仪表的完好运行。未发生新增职业病案例。

【装置检修】 2016年，乌鲁木齐石化历时113天，完成72套装置、9972项检修计划、42项技改专项计划任务，发生检修及技改费用6.32亿元。以《炼化装置大检修规范化管理100条》为指导，以150万吨/年重油催化裂化装置节能改造为主线，检修重点计划执行率达100%，消除100万吨/年蜡油催化裂化装置反再系统、关键机组隐患等瓶颈问题。完成150万吨/年重油催化裂化装置工艺结构重大改造，2016年9月16日实现开车一次成功。开展细小接管检验、装置腐蚀检查等工作，完成7144条压力管道、2666台压力容器检验工作。首次全面开展定力矩紧固和衬里施工监理，落实定力矩紧固的1673对法兰无一处泄漏，关键部位的施工质量得到保证。超常规完成120万吨/年延迟焦化装置抢修工作。

【节能减排】 2015年，乌鲁木齐石化节能3.045万吨标准煤，完成考核目标的101.5%；节水54.2万吨。

在减排工作上，强化源头控制，加强生产装置岗位之间的沟通，完善检验方法和控制措施，严控各装置排放指标，对超标排放、数据失效等按照生产事故管理程序分析原因，严防发生各类环保事故事件，彻底扭转被动应急管理的局面，实现环保风险点的有效受控。建成投用100万吨/年蜡油催化裂化装置、150万吨/年重油催化裂化装置2套装置的脱硝项目，规范处置生产及大检修危险废物6036吨。推进锅炉外排烟气可视性攻关，优化工艺操作，加强环保仪表维护，强化超标参数分析讲评和考核，化肥厂单台锅炉运行期间烟气可视化效果明显改善，装置氨耗连续下降。开展含油污泥排放减量等攻关活动，油泥实现零外送，2016年实现减排化学需氧量103吨、氨氮33吨、二氧化硫2973吨、氮氧化物623吨。

【挖潜增效】 2015年，乌鲁木齐石化着眼内部，推进开源节流降本增效活动，量入为出，精打细算，严格成本费用管控，同比预算，炼油完全加工费降低0.12元/吨、化工现金加工费降低9元/吨、化工销售管理费用降低177万元，实现成本硬下降。持续推进矿区业务改革，落实资产轻量化等措施，未上市部分全面完成扭亏奋斗目标。充分发挥第三利润源作用，扩大代储代销和年度框架协议范围，充分利用工程建设及大检修平库利库2963.12万元。2016年节资率10.67%，直采率73.24%，获集团公司“招标管理先进集体”称号。利用国家“营改增”新政策，降低税负成本425万元。推进直购电交易，节约购电成本1864万元。挖掘内部潜力，自主安装大型扁丝机组，节约安装费用85万元。推进人员分流举措，调整435人支援安保维稳、炼油生产等工作，2016年用工总量同比减少508人。发挥法律、审计、监察、造价、财务等监管职能，合同审核及时率同比提高50%；注销乌鲁木齐石化总厂驻北京办事处、驻上海联络处，免除上海联络处房产变更税费1060万元；强化对工程项目、存货管理等的审计工作，查找管理短板，促进整改落实，乌鲁木齐石化依法合规管理能力进一步增强。

【科技进步】 2016年，乌鲁木齐石化结合原料和装置结构，与技术提供方合作开发适合高硫、高烯烃炼油生产，具有完全自主知识产权，国内领先的国Ⅴ标准汽油组分生产工艺路线。以60万吨/年汽油加氢改质装置、40万吨/年轻汽油醚化装置以及40万吨/年烃重组装置为依托，扩建重汽油加氢脱硫单元，实现催化裂化轻、重汽油分别加氢处理，成功实现硫含量满足国Ⅴ标准要求的清洁汽油调和组分的生产。自主开发醚后碳四异构+MTBE脱硫组合工艺，在油品超深度脱硫、降低辛烷值损失方面取得新突破，实现国Ⅴ标准清洁汽油的生产，在全国炼化行业具有极高的示范推广价值，被集团公司确定在中国石油国Ⅵ标准产品质量升级中推广应用，展示乌鲁木齐石化的技术研发实力。乌鲁木齐石化在2016年底成为新疆维吾尔自治区首家生产供应98号汽油的企业，产品各项指标均达到国Ⅴ标准。

针对100万吨/年对二甲苯芳烃联合装置原料短缺矛盾，乌鲁木齐石化积极开展苯甲醇烷基化、甲醇制芳烃催化剂和工艺技术的研究。苯与甲醇烷基化项目完成催化剂小试、中试、工业放大，同时进行工业现场试验的建设工作。该项目申请发明专利7项，技术秘密5项。甲醇制芳烃项目开展催化剂研究，获催化剂制备技术，并自主开发移动床甲醇制芳烃工艺路线，为项目工业化奠定技术基础，项目申请专利3项。

2016年，有4项专利申报中国专利，2项实用新型专利获得专利授权；1项自主开发的计算机软件申报著作权登记，4项计算机软件著作权获得国家版权登记号；12项技术秘密申报股份公司认定。

【党群工作】 2016年，乌鲁木齐石化党委全面落实党建工作主体责任，召开第二次党员代表大会，筑牢全面从严治党的思想基础和组织基础。扎实开展“两学一做”学习教育，全年通过专题党课、中心组学习、专题民主生活会等活动载体，开展“四风”问题整治“回头看”等活动，严肃监督执纪问责。大力弘扬“石油精神”，挖掘基层工作经验，充分运用微信等现代化信息手段，强化宣传阵地建设；迎接乌鲁木齐市“创全国文明城市、创国家卫生城市”检查，推进文明创建和环境整治，认真开展“民族团结一家亲”活动，深入推进帮扶救助送温暖活动。开展“访惠聚”驻村工作，加强驻村党组织建设，推进精准扶贫，驻村工作得到村民的赞誉，青河县扶贫项目得到集团公司的肯定。开展“开门红”“双过半”等劳动竞赛，通过月度讲评、红旗榜展示，推动各项工作顺利开展。加强法制教育，推进安保基础设施建设，进一步完善安保防恐体系，有效维护乌鲁木齐石化地区的稳定和谐局面。

（董　琦）

中国石油天然气股份有限公司宁夏石化分公司

【概况】 中国石油天然气股份有限公司宁夏石化分公司（简称宁夏石化）始建于1985年，是集炼油、化工和化肥生产为一体的大型石化企业，具备500万吨/年原油加工能力，10万吨/年聚丙烯、130万吨/年尿素生产能力。主要产品为汽油、柴油、聚丙烯、航空煤油、尿素及合成氨。2016年底，资产总额92亿元，设13个机关处室，9个直属部门，17个二级单位以及1个矿区服务事业部。在册员工5263人，其中在岗员工4956人；大专以上学历员工3123人，具备初级以上职称员工1002人。

2016年，宁夏石化加工原油442.8万吨、合成氨30万吨、甲醇3.3万吨，实现销售收入206亿元、税费95亿元（表1）。纳税总额居宁夏规模以上企业首位。

【生产运行】 2016年，宁夏石化开展生产系统优化、装置长周期运行攻关，炼油、化肥业务主要生产装置保持稳定、长周期运行，各项指标持续提升。其中，吨油利润在炼化板块26家企业排名第一，吨油收入排名第二，经济效益持续改善。500万吨/年炼油装置第二周期生产保持连续运行，在炼化板块的工艺指标平稳率监控中，累计平稳率99.97%，位列炼化板块第一名，达到历史最好水平。化肥装置实现跨年度连续长周期运行380天，是国内化肥装置运行最好水平，合成氨装置A类长周期运行创建厂30年来最好纪录。宁夏石化积极实施节能改造，调整用能结构，2016年节能1.03万吨标准煤，节水量47.4万立方米，完成年度节能减排指标。持续开展设备现场标准化评比、短板整治和隐患专项治理，对关键设备、工业管道及储罐定点测厚5000多点次，对高温设备及管线在线测厚2200个点，及时消除0102-E_5出口管线泄漏和4118-P_3机封泄漏等设备隐患，2016年设备完好率98.9%，仪表自控率92.23%，高压锅炉连续长周期供汽527天，电仪系统零事故，气化炉烧嘴创266天历史最好运行纪录。

表1 宁夏石化主要生产经营指标

指 标	2016年	2015年
原油加工量（万吨）	442.8	448
汽油产量（万吨）	187.7	187
柴油产量（万吨）	164	176
航空煤油产量（万吨）	19.6	14
聚丙烯产量（万吨）	10	10
尿素产量（万吨）	52.6	44
液化气产量（万吨）	16.4	14
资产总额（亿元）	92	96
营业收入（亿元）	206	221
利润（亿元）	15.2	7.91
税费（亿元）	95	91.8

【安全环保】 2016年，宁夏石化跨年度安全生产5860天，安全管理实现“六个杜绝”，百万工时总可记录事件率（TRIR）0.91，较2015年1.54减少0.63，各类事故事件总数较2015年下降11%。围绕新《安全生产法》《环境保护法》，2016年组织HAZOP分析及实战演练培训班、防御性驾驶培训班16期，管理人员和承包商培训2079人次，三级应急演练8000多人次。加快推进HSE标准化创建，累计完成100个标准化班组、20个标准化装置、14个标准化罐区、35个标准化泵房、34个标准化变（配）电室、30个标准化仪表间的建设命名。累计排查隐患12195项，整改率92.16%。迎接各级产品质量抽检8次，合格率100%。科学安排健康体检，举办健康讲座，邀请专家现场坐诊，职工医院基层巡诊，服务员工近7000人次。先后完成化肥三级防控、烟气脱硫碱渣、挥发性有机物（VOCs）管控等项目，被宁夏回族自治区环境保护厅确定为全区危废管理标杆企业。获国家首批“安全生产标准化一级企业”“宁夏十佳企业”，“集团公司安全生产先进单位”，“全国石油和化工行业‘十二五’节能先进单位”等称号。

【管理提升】 2016年，宁夏石化持续改进优化“1331”综合管理体系，新增28个业务流程图，合并64个业务流程图，识别646个风险点，制修订发布规章制度41项，企业标准5项，职责和流程更加清晰，过程风险更加可控。企业多管理体系整合工作被集团公司定为试点单位，首次通过HSE、质量、能源、测量以及内控等所有外部审核，获全国石油石化企业管理创新成果一等奖。继续加大巡视问题整改落实，规范招标采购行为，招标率97%。健全合规管理制度体系，强化法律风险防控、内控体系和审计监察，细化“三重一大”决策清单，有效防范经营风险、决策风险。完善绩效管理，优化考核指标和权重设置，健全考核程序，员工收入和指标紧密挂钩。加强投资计划管理，历史遗留问题基本清理完毕。加强生产计划管理，2016年生产计划执行率99.06%。建成中国石油炼化企业首家企业级中心数据库和信息化集成平台，完成工业电视监控系统升级和智能导向巡点检项目，开发网上超市和车辆智能管理系统。法律纠纷管理、档案管理、保密管理各专业管理对生产经营的指导支撑作用得到发挥，公司运营效率稳步提高。

【挖潜增效】 2016年，宁夏石化大力实施低成本发展战略，持续开展“开源节流、降本增效”活动，累计创效近1亿元。炼油装置通过优化产品结构，生产厚利产品，实现增效5747万元。化肥装置通过长周期运行攻关，杜绝非计划停工，减少开停工、检维修损失，增效409万元。回收投用工艺尾气、炼油干气、减少天然气和重油掺烧等生产优化措施，降低吨蒸汽成本，增效120万元。严控“五项”费用、加大库存物资利用、强化招标管理、推行集中采购代储代销、降低采购成本、处置报废物资，同比节约成本费用2000万元。进一步优化管理，2016年修理费和矿区维修费降低690万元，开展“商信通”业务，节约财务费用200万元。安装检修公司、工业公司、新型建材厂、园林公司、物业公司、宁华宾馆等在履行生产保障职责的同时，实现对外创收582万元。

【科技创新】 2016年，宁夏石化下达节能降耗、产品结构调整和质量升级科技开发项目13项，总投资1322万元。实现汽油、柴油国V标准升级，完成国产化大化肥智能装备专项、炼油第二循环水系统优化、炼油能量系统优化、液化气脱硫技术攻关、硫黄造粒系统优化、炼油硫平衡技术攻关等项目。成功开发高溶脂NX40S聚丙烯新产品，开展车用尿素、冲施肥、高纯苯等新产品研发，优化产品结构，开拓市场空间，提升竞争能力。启动炼油污水低成本升级达标排放、污泥减量化处理、工艺加热炉和动力锅炉尾气治理、硫黄尾气综合治理、第三化肥厂尾气治理等项目，2016年申请专利权6项，获得专利权5项。参与开发应用的汽油加氢改质技术获集团公司科学技术进步奖一等奖。

【党建和企业文化】 2016年，宁夏石化以“两学一做”学习教育为主线，深入推进党的建设和企业文化建设。召开第二次党员代表大会，选举产生新一届党委委员和纪委委员，完成各基层党组织换届选举，发展党员33人。严格管控“三公”经费支出，完成25辆公车拍卖处置，公车租赁及管理费同比减少150万元。严格干部管理，2016年提拔使用干部18人，16名青年干部走上领导岗位，调整充实5名基层党支部书记。扎实推进反腐倡廉建设，健全党委主体责任和纪委监督责任体系，加强廉洁从业教育，强化执纪监督问责，抽查各类合同134份，开展各类预防提醒谈话604人次。坚持弘扬石油精神，持续开展“重塑中国石油良好形象”大讨论活动，确立中卫碳减排基地为企业精神教育示范基地，思想文化研究课题获第八届中国石油党建思想政治优秀研究成果二等奖和优秀奖。企业民主管理持续推进，六届一次职工代表大会征集员工意见建议23条，全部得到落实，劳动模范创新工作室发展到11个。

（张国荣）

中国石油天然气股份有限公司大连石化分公司（中国石油大连石油化工公司）

【概况】 中国石油天然气股份有限公司大连石化分公司（中国石油大连石油化工公司）简称大连石化，是中国石油所属的大型骨干炼化企业，前身为1933年成立的“满洲石油株式会社大连制油所”，中华人民共和国成立后先后更名为“大连石油厂”和“石油工业部大连石油七厂”等，1983年划归中国石油化工总公司，1998年划归中国石油天然气集团公司。长期以来，大连石化为国家炼油工业培养输送大量的管理和技术人才，被誉为中国炼油工业的“人才摇篮”。

大连石化有炼油化工主体装置37套，占地318万平方米，具备2050万吨/年的原油加工能力和27万吨/年的聚丙烯生产能力，主要生产汽油、航空煤油、柴油、润滑油基础油和石蜡、芳烃、聚丙烯等4大类129种石化产品，其中汽油、柴油全部达到国Ⅴ标准。大连石化有油品装卸码头5座，5000—100000吨级泊位15个，年吞吐能力超过2300万吨，85%的产品通过船运销往华东、华中、华南等市场。

2016年底，大连石化设13个机关处室、5个直属单位、21个二级单位，在册员工6325人（上市公司4631人、未上市公司1694人）；固定资产原值296.14亿元（上市公司226.32亿元、未上市公司69.82亿元）；固定资产净额83.49亿元（上市公司60.93亿元、未上市公司22.56元）。

2016年，加工原油1678万吨，销售产品1550万吨，实现营业收入568亿元，利润52亿元，税费214亿元。加工量、营业收入、利润居集团公司炼化企业首位。

【生产运行】 2016年，大连石化强化生产受控管理，全面提升巡检监盘质量，各类生产突发问题得以及时发现、有效处理，顺利完成1000万吨/年常减压蒸馏、220万吨/年连续重整、350万吨/年重油催化裂化等装置的计划消缺和抢修工作，生产运行质量持续改善。结合市场变化和生产过程中出现的各种问题，积极应对、主动调整，做好全过程系统优化，生产统筹作用显著增强，运行效率持续提高，产品结构持续优化。优化汽油调合流程，开发95号、98号乙醇汽油高端汽油产品。完成航空煤油扩容改造项目，开展航空煤油生产优化攻关和加氢航空煤油生产军用航空煤油攻关，增产航空煤油54.3万吨。落实降低柴汽比方案，通过优化重质柴油去向、优化汽油调合、增加航空煤油出口等措施，柴汽比同比降低0.24个单位。通过优化调整，聚丙烯产品实现增产，石蜡产品扩大国内销量，芳烃产品实现尽产尽销，重油外售量同比减少41%。完成汽柴油调合系统升级，在集团公司炼化板块率先建成并上线应用MES2.0信息系统，深化信息化在生产运行上的有效应用。编制《2017年大连石化公司停检总体方案》《2017年大连石化公司停检网络图表集》等，全面完成2017年停工检修各项准备工作。

【安全环保】 2016年，大连石化围绕“安全环保和质量效益”中心工作，深入推进精细化管理，实现安全环保业绩稳定可控。有效落实安全生产责任。完成1270余个岗位安全生产责任修订，印制岗位安全生产责任胸卡，有效开展班组安全活动，持续加大对“三违”行为的检查讲评考核力度，组织领导干部安全履职能力评估，广泛开展“无事故无违章无违纪”天数累计目视化活动，安全生产责任逐级落实，安全生产氛围日益浓厚。持续推进HSE体系建设。全面推进炼化装置HSE标准化建设工作，完成28套（占比60%）装置HSE标准化达标验收，继续做好HSE体系审核工作，2016年审核发现问题7552项，整改6579项，完善HSE分委会工作机制，征集并落实改进安全环保管理提案52项，安全生产智囊团作用有效发挥。强化风险管控，大力开展标本兼治遏制重特大事故工作，建立各级风险点清单数据库。开展厂内车辆交通安全、危险化学品存储安全等专项治理，落实企业安全承诺公告制度，建立风险研判机制，风险管控能力有效增强。积极推进隐患治理。结合各级检查问题，有序实施航空煤油储运系统隐患治理、防腐保温修复、港务车间隐患整改、10号罐增上消防喷淋等一批隐患整改项目，安全风险进一步消除。持续强化作业监管。属地单位充分落实安全和质量管理主体责任，选取骨干员工充实现场监护力量，专业部门加强现场作业的监督检查讲评，保持严抓严管态势，确保热电厂烟气脱硫脱硝项目、60台储罐检修检验等大量的施工作业安全。加大环保减排工作力度。按期建成投运热电厂烟气脱硫脱硝项目，烟气排放指标优于国家标准。完成污水场异味除臭单元升级改造和2具石脑油储罐密封改造，建设投用3套油气回收设施，完成5套装置泄漏检测与修复，VOCs综合整治取得阶段性进展，厂区空气质量持续改善。顺利完成中水一期生化池改造和污水处理场一期预处理单元改造，水处理能力稳居行业领先水平。对照“气十条”“水十条”“土十条”减排行动计划，成立“十三五”污染减排工作领导小组，积极推进污染物减排和达标排放提标升级工作，为实现绿色发展夯实基础。

【挖潜增效】 2016年，大连石化以抓好安全平稳优化运行为前提，深入开展产品结构、装置运行、节能降耗、原油采购和精细化管理等环节的优化增效工作。各部门抢前抓早，密切联动，系统筹划；各车间自加压力，主动挖潜，精细管理。通过动态管理、扎实推进，动态激励、及时兑现，调动员工参与优化工作的积极性，提高优化工作的效率。2016年实现增效额13.7亿元，其中热电厂烧油浆替换出催化料27万吨，年增效6.76亿元，增效额逐年上升；增销大宗高效汽油、航空煤油、柴油和特色高效石蜡产品，实现增效1.73亿元；通过开满开优重整和催化装置，优化蒸馏、加裂和渣油等重点装置运行，实现增产芳烃，降柴汽比等一系列优化目标，实现增效2.61亿元；通过在全系统开展节能降耗，节汽节电，实现增效0.97亿元；通过优化原油采购实现增效1.32亿元；通过深入推进精细化管理实现增效0.31亿元。

【节能降耗】 2016年，大连石化通过强化节能管理、落实节能措施为手段，提高能源管理水平，单因耗能7.47千克标准油/（吨·因数），同比降低0.1个单位。（1）完善机制，提高全员节能意识。分解节能节水指标，建立计划指标管理体系，细化到每套装置，持续跟踪考核。设立“节能措施增效”奖励机制，每月考评兑现，促进各单位强化节能管理。开展“提高加热炉热效率，争创红旗炉”劳动竞赛活动，激发全员节能降耗积极性。（2）优化控制，提高资源利用效率。通过优化控制加热炉“三门一板”，调节烟气氧含量，全厂加热炉平均氧含量3.1%，同比下降0.1%，提高加热炉热效率。优化热电联合车间机组运行，增开2号凝汽机组，每小时增加发电量2万千瓦·时，2016年累计增加发电3906万千瓦·时，降低电费930万元。（3）落实措施，充分回收装置余热。通过更换1000万吨/年常减压蒸馏装置常减压炉前置空气预热器，提高入炉空气温度，降低燃料消耗0.7吨/时。通过增上管壳式换热器，解决400万吨/年柴油加氢干燥塔底油与热媒水换热器泄漏问题，回收柴油余热折合蒸汽8吨/时。

【科技创新】 2016年，大连石化科技开发项目计划17项。其中，新开项目3项，接转项目14项（股份公司级项目3项、炼化分公司级项目2项、地区公司级项目9项），使用科技开发经费394.25万元。（1）国产聚丙烯催化剂PSP-01应用取得较好效果。2016年使用PSP-01催化剂共生产T36FD产品4.11万吨。（2）催化装置长周期攻关项目取得良好效果。先后查清并控制、解决催化油浆固体含量超标、待生立管输送不畅、催化剂跑损增加等可以直接导致非计划停工的异常问题，及时解决高温烟道衬里脱落、中压蒸汽系统泄漏和解吸塔底重沸器泄漏等安全隐患，明确和验证350万吨/年重油催化裂化装置烟机振动高的原因，采取有效措施加以缓解。（3）提高催化汽油辛烷值取得好成绩。先后采用辛烷值助剂、调整主催化剂配方和优化操作条件等措施，使3套催化装置汽油辛烷值分别提高1—2个单位，加氢后混合汽油辛烷值损失从2016年初的0.8—1.3个单位降低至11月的0.3—0.8个单位，保证汽油生产效益。

【锅炉烟气脱硫脱硝装置建成投用】 2016年10月26日，大连石化热电联合车间5号、6号锅炉烟气脱硫脱硝装置一次开车成功。该项目为大连石化环保减排重点建设项目，于2015年12月正式启动，烟气脱硝采用SCR和SNCR技术，烟气脱硫采用湿法文丘里洗涤（WGS）技术，能有效降低热电联合锅炉烟气中二氧化硫和氮氧化物含量。项目投用后，该装置烟气中二氧化硫和氮氧化物的脱除效率均可达95%以上，满足《火电厂大气污染物排放标准》要求，清洁生产水平进一步提高，为推进环保减排发挥重要作用。

【汽油质量升级项目获国家优质工程金奖】 2016年12月，大连石化“汽油质量升级项目”获2016—2017年度国家优质工程金奖，这是继“350万吨/年催化裂化装置改造项目”2016年获国家优质工程银质奖后，在炼化装置建设领域再获殊荣。大连石化汽油质量升级项目包括225万吨/年催化汽油加氢脱硫和100万吨/年轻汽油醚化2套炼化装置，主要由中国石油天然气第一建设公司承建。项目2012年8月破土动工，2013年5月建成投产，投产后大连石化汽油产品全部达到国Ⅴ标准。

（肇　蕾）

大连西太平洋石油化工有限公司

【概况】 大连西太平洋石油化工有限公司（英文简称WEPEC，简称大连西太平洋石化）是经国务院批准、由中法两国股东共同投资兴建的中国第一家大型中外合资石化企业，也是国务院授权、由中国石油全权经营管理的一家合资企业，成立于1990年11月，总投资10.13亿美元，占地面积2.5平方千米，1992年动工建设，1996年投料试车，1997年底全面投产，一次原油加工能力1000万吨/年。股东为中国石油天然气股份有限公司、大连市建设投资有限公司、中国中化集团公司、中化（香港）石油国际有限公司、道达尔股份有限公司。建有18套高水平的生产装置及配套的公用工程系统、辅助生产设施，以加工高含硫原油为主，产品全部加氢精制，其中1000万吨/年常减压、300万吨/年催化裂化、220万吨/年重油加氢脱硫、150万吨/年加氢裂化等均为中国单体能力加工较大的生产装置之一。形成系列无铅汽油、轻质柴油、航空煤油、聚丙烯、硫黄、苯、混合二甲苯、重交通道路沥青等19大类、50多个牌号产品的生产能力。各种产品畅销国内市场及远销东南亚、澳大利亚、中东、非洲等10个国家和地区。其中聚丙烯、硫黄、航空煤油、重交通道路沥青等产品被评为辽宁省、大连市的名牌产品。

2016年，大连西太平洋石化通过强管理、拓市场、深挖潜、全优化，生产经营取得了可喜成绩，安全环保继续保持良好态势，主要经济技术指标显著提升，全年加工原油902.24万吨，实现营业收入190.29亿元，上缴税费50.76亿元，利润总额14.75亿元，在“十三五”开局之年实现三大历史性突破：加工原油量首次突破900万吨、经营效益创历史最好水平、主要经济技术指标实现新突破（表1）。

表1　大连西太平洋石化主要生产经营指标

指　标	2016年	2015年
原油加工量（万吨）	902.24	774.04
营业收入（亿元）	190.29	183.38
利润（亿元）	14.75	–9.84
税费（亿元）	50.76	46.19
出口创汇（亿美元）	5.60	7.49
汽油、航空煤油、柴油总量（万吨）	629.60	532.52
化工产品总量（万吨）	55.08	32.32

【安全环保】 2016年，大连西太平洋石化强化受控管理，安全生产继续保持良好业绩。认真贯彻集团公司、地方政府和行业法律法规，严格执行“四有工作法”，落实遏制重特大事故工作方案，加强操作变动、电子巡检、规范交接班管理，强化生产受控、全流程过程优化，深刻吸取各类事故教训，狠抓施工及设备基础管理，引入监理，推动部分设备厂家保运，完善固定资产管理程序，确保经营管理依法合规。从严落实反违章要求，加强两级岗检，HSE标准化建设和低

标准问题整改有序推进，2016年投入安全整改专项资金超过1.4亿元。加强特殊时段、重点领域和关键环节的升级管理，确保不发生任何有社会影响的安全环保事故事件。

【生产经营】 2016年，大连西太平洋石化优化经营运作，切实降低原油采购成本。继续实施“大负荷、重质化、低库存、全销售”经营策略，抓住降低原油成本的关键，实现“重者更重”“轻者更轻”目标，提升原油加工量。加工巴士拉重质原油，重油加工比例达33%，原油API密度降到31.97，同比降低0.36。生产沥青66万吨，同比增加20万吨，实现全产全销。加工凝析油43.7万吨，提升重整负荷。外购蜡油进厂加工，扩大原料来源，进一步提高加氢裂化负荷。完善重大风险预警机制，优化控制动态库存，适当锁定价差，保证经营风险始终可控。

【挖潜增效】 2016年，大连西太平洋石化深入挖潜增效，努力提升经济技术指标。全年实施16项公司级、32项部门级挖潜增效和运行优化项目。通过新建膜分离、增加外引氢气用量和内部氢气系统优化，停运高能耗的制氢装置。开展全流程过程优化，仪表自控率高于95%。改造催化B炉，优化A、B炉运行工况。优化汽油加氢醚化单元运行，提高甲醇转化量。优化瓦斯流程和火炬系统运行，提升加热炉热效率。同时加强对标达标工作，在做好与设计条件、国内最好水平对标的基础上，启动第三阶段与索罗门体系的对标，实现专业全部达标，成为中国石油第一群组千万吨级炼油厂唯一一家专业达标优胜单位，常减压、连续重整等主体装置实现达标，体现较高的综合管理水平。

【发展规划】 2016年，大连西太平洋石化完成“十二五”项目竣工验收，积极谋划“十三五”发展。按照董事会要求，加快推进连续重整、汽油分离、催化汽油加氢等“十二五”项目竣工验收工作，完成专业验收和专项验收，并通过综合验收和财务决算审计。在国家成品油质量升级贷款贴息补贴政策实施过程中，大连西太平洋石化成为全国第一家公示、第一家获批的石化企业，获得补贴资金8556万元，充分体现管理工作的依法合规和高效率。加快编制和修订“十三五”规划纲要，提交工程监督委员会审议，轻重石脑油分离、液化气精分、异构化等项目前期工作加快推进。

【精细管理】 2016年，大连西太平洋石化加强基础管理，打造科学化规范化精细化管理新高度。在合同管理系统、指纹门禁系统、电子巡检系统、办公自动化等管理系统的基础上，新上线ERP系统，智能化工厂管理能力进一步提升。系统提升基础管理水平，为各单位配备生产统计人员、档案资料员，加强生产运行、统计分析、设备、仪电管理、现场施工、基层班组等标准化管理。强化合规管理，修订招标管理规定，每周办公会通报招标结果，杜绝事后合同。加强内部审计，梳理优化管理流程，进一步提升各项费用的归口管理水平。

【企业党建】 2016年，大连西太平洋石化加强党建和企业文化工作，推进和谐企业发展。召开第二次党代会，完成党委、纪委换届选举，加强合资企业党建工作，开展党员民主评议活动，设立机关党总支和基层党总支，推进党建工作向基层延伸。规范选人用人机制，完成新一轮干部换届调整，干部队伍的年轻化、专业化、梯队化初步形成。配合集团公司党组第五巡视组巡视工作，做好问题整改。深入开展“两学一做”学习教育及“重塑中国石油良好形象”大讨论等活动。围绕开工投产20周年，简洁而隆重地举办纪念大会、百名员工家属参观企业、主题征文、千名员工签名、诗歌朗诵、书画展等一系列纪念活动，建成厂史展厅，进一步丰富企业文化教育阵地和内容，起到凝聚力量、鼓舞士气、提升员工自信心和自豪感的作用。

（杜安群）

中国石油天然气股份有限公司锦州石化分公司（中国石油锦州石油化工公司）

【概况】 中国石油天然气股份有限公司锦州石化分公司（中国石油锦州石油化工公司）简称锦州石化，始建于1938年，是一家以炼油为主、化工为辅的燃料化工型炼油企业。是中国重要的润滑油添加剂科研生产基地和辽西地区最大的原油、成品油储备基地，也是国内首家生产国Ⅳ标准汽油、京Ⅴ标准汽油的炼油企业。新中国第一滴人造石油、第一块合成顺丁橡胶都在这里诞生。2016年底，有62套炼油化工生产装置，原油一次加工能力750万吨/年，固定资产总额126亿元，可生产53个品种81个牌号的石油化工产品。有长输管线、铁路、陆路、海上“四位一体”输出通道，产品畅销国内外。有员工7920人，设12个处室、53个基层单位。

2016年，面对成品油市场需求增速放缓、产品输出严重受阻等内外部挑战，完成原油加工量490万吨，生产汽油、航空煤油、柴油374万吨，炼油完全加工费312元/吨，全面完成生产经营任务，超额完成年度利润考核指标和奋斗目标，赢得“十三五”良好开局（表1）。

表1　锦州石化主要生产经营指标

指　标	2016年	2015年
原油加工量（万吨）	490	600.35
汽油、航空煤油、柴油产量（万吨）	374	459.76
汽油产量（万吨）	178	201
柴油产量（万吨）	148	198
航空煤油产量（万吨）	48	60
化工添加剂产量（万吨）	18	21
资产总额（亿元）	77.89（主营）	75.82（主营）
营业收入（亿元）	181.2（主营）	219（主营）
利润（亿元）	5.6	—
税费（亿元）	70	81

【生产运行】　2016年，锦州石化生产经营实现平稳高效。突出质量效益原则，紧盯市场变化，充分发挥设备、技术和质量优势，灵活优化调整，强化产销联动，实现最大效益。坚持生产“大平稳”。对操作规程和工艺卡片进行滚动修订，狠抓操作变动计划性管理，实现生产受控。开展装置平稳率考核，利用MES系统扩大指标监控范围，收窄考核参数限值。以故障管理为核心，持续推进设备精细化管理。主要生产装置平稳率99.94%。股份公司炼油专业8项指标全部达标，5套装置实现股份公司达标，32套装置实现锦州石化内部达标；推进装置“大优化”。利用生产模型工具，调整物料配比，保证催化、苯乙烯满负荷生产，增加高效产品产量。优化连续重整、汽油加氢操作条件，增产高标号汽油产品。加大催化裂化和加氢裂化反应深度，增产汽油、丙烯、重石脑和航空煤油产品。调整加氢改质反应苛刻度，减少氢气消耗。提高焦化加热炉出口温度，提高装置液收率；质量标准“再升级”。汽油产品全部实现国Ⅴ标准。2016年生产国Ⅴ标准汽柴油172万吨。

【安全环保】　2016年，锦州石化安全环保管控能力持续增强。加大源头防范和治理力度，严格考核、严肃追究，实现生产安全受控。落实“党政同责、一岗双责、齐抓共管、失职追责”责任制，组织全员逐级签订安全环保责任书，将安全环保责任分解落实到岗位。持续优化HSE量化审核和问题整改，深入推进装置HSE标准化建设，苯乙烯和加氢改质两套试点装置顺利通过炼化板块专家组审核。26套装置完成内部达标验收。对小事件、小波动进行总结分析，深挖问题根源，堵塞管理漏洞。继续实施双向激励，2016年发现隐患、纠正违章2542次，奖励金额71万元。治理各类安全环保隐患49项。2套稳高压消防水系统高标准投运，企业消防应急保障能力显著提升。二催化裂化再生烟气脱硫脱硝、三催化裂化再生烟气脱硝、热电燃煤锅炉新建脱硝装置等辽宁省“蓝天工程”重点项目相继建成投用，大气污染物减排效果明显，二氧化硫和氮氧化物排放量分别同比下降17%和18%。

【装置检修】　2016年，锦州石化组织完成建厂以来的首次停工大检修。检修任务重、时间跨度大、参战人员多，通过深化严、细、实管理，狠抓停、修、开各环节风险管控，实现“停得环保、交得干净、修得到位、开得安全”目标，做到“油不落地、气不上天、声不扰民”。按照该修必修、修必修好的原则，累计完成各类检修项目11000余项。对10台塔器、14台储罐和53台冷却器管束进行更换或防腐处理，对492套高压电缆中间接头进行维修改造，对1800米高温环烷酸腐蚀部位管线进行材质升级，消除一大批设备腐蚀、磨损、老化等安全隐患。对水、氮、汽、风、瓦斯五大系统管网和全厂电力系统进行全面检修消缺，9套仪表控制系统实施升级完善，解决制约装置长周期运行的瓶颈问题。经过81天的艰苦奋战，安全、优质、高效地完成大检修任务，28套主要生产装置和23套系统单元全部实现一次开车成功。

【工程建设】　2016年，锦州石化在抓好大检修工作的同时，重点建设项目顺利实施。空分制氮装置一次开车成功。汽油加氢脱硫装置改造项目按计划中交投产。大鹤管装车系统整体投用。催化轻汽油醚化项目破土动工。烷基化项目进入可行性研究编制环节。催化汽油加氢脱硫装置顺利实现工程交接。在役长输管线安全隐患治理项目成功贯通，长输管线1023处隐患整治完成。瓦斯系统隐患治理项目投入运行，低压瓦斯系统、火炬系统和氢气系统安全隐患彻底消除，2套常减压装置瓦斯系统达到相关环保法规的要求。厂区高压消防水隐患治理项目新建消防泵房2座，泡沫泵房1座，新敷设消防水线总长24289米、新装消防井712个。含硫污水汽提除臭建设项目投产运行。瓦斯气中氢气回收项目控制室、配电间主体完成，钢结构安装80%。全厂低温热利用项目全部投用。

【降本增效】 2016年，锦州石化开源节流降本增效成绩显著。按照“先精算、再实干”的原则，原油优化工作小组联合办公，密切关注市场走势，合理选择原油品种，及时优化原料配比，按照效益排序和市场需求调整生产方案，全年资源优化增效显著。通过管网改造、技改技措、流程优化，提高能源资源利用效率。完成5项技术攻关，节约蒸汽、循环水、瓦斯，减少能耗物耗支出。优化油品装卸方案，加强现场采样分析，降低海上原油损耗，降低原油综合损失。严细预算审核，实施全过程跟踪审计，降低大修成本。优化资金运作，严控用工总量，降低期末库存资金占压，非生产性支出等可控费用大幅度降低。

【科技创新】 2016年，锦州石化创新驱动和管理提升工作深化提速。“集团公司重大科技专项二期——能源管控中心建设”完成装置在线监控和系统建模，在集团公司范围内首次实现对公用工程和生产装置的在线优化，能源利用效率大幅提升。原油快评项目基本实现原油性质2—3日快速评价，开始为生产优化提供数据支持。主导修订《工业异丙醇》国家标准，巩固国内异丙醇产品龙头地位，为提质增效、抢占市场赢得先机。稀土顺丁橡胶技术开发项目中试结束。物资寄售管理系统通过验收。档案数字化和预决算系统技术服务全部完成。涵盖全部地上管网和80%地下管网信息总图管理系统上线运行。

【企业管理】 2016年，锦州石化加强质量计量管理，出厂产品合格率、计量准确率达100%。完善制度体系，提高内控质量，梳理部门职责347项、工作流程459项、考核细则377项，修订规章制度163项，制定重大风险管控方案7个。优化职能配置和绩效考核，成立联合调度指挥中心，理顺质量、标准、法律等管理业务，组织机构更加精干高效。班组绩效管理系统推广应用，50套装置实现班组成本管理上线运行。扩大招投标范围，实行网上招标公示，全年招标数量同比增加一倍。依法开展项目和特种设备许可管理，取得环境影响评价及消防等政府部门项目批复104个，完成2636台压力容器、6070条压力管道注册取证。

【廉洁建设】 2016年，锦州石化廉洁建设全面加强。修订“三重一大”等7项党内规章制度，恢复成立党校并高质量运行，组织各级各类培训700余人次，进一步坚定党员理想信念，提升党纪党规意识和干事创业、开拓进取的精气神。持续强化党风廉洁建设，严格落实“两个责任”，细化党风廉洁建设责任清单，推行党风廉洁建设责任区与HSE责任区融合运行新模式。认真开展巡视反馈问题整改和“四风”问题回头看，深化反腐倡廉教育和廉洁文化建设。增强纪检干部队伍力量，向权力集中、资金密集的部门派驻纪检组。建立内部监督工作体系，强化对关键部门、重点岗位的有效监督。

【精神文明建设】 2016年，锦州石化按照集团公司党组关于“两学一做”学习教育部署安排，制订公司“两学一做”学习教育实施方案，召开动员部署会，成立协调领导小组，组织指导基层党组织制订学习教育计划并按计划开展活动。开展“四讲四有”四个专题研讨、基层党组织书记专题培训及党务骨干重点培训、主题“精品党课”评比及主题知识竞赛等系列活动，促进全体党员争做合格党员。发挥宣传工作优势，围绕企业中心工作，坚持宣传正能量，发出好声音，2016年在锦州石化门户网站发布稿件2450篇，编辑出版《锦州石化报》81期，刊发稿件4000余篇。在外部媒体刊发稿件750篇。开通“两微”平台，微信公众号被评为“能源行业百强微信”，作品获“能源行业好文TOP10”。利用集团公司举办的第四季“加油体验”第二场活动，集中推送企业发展成效，得到《人民日报》、新华网、凤凰网等中央媒体和主流门户网站的广泛宣传。利用员工教育基地弘扬企业文化，培养员工爱企情怀，2016年先后接待20余个参观团体近400人，企业的一滴油、一块胶精神得以重放光彩。持续开展“月评一流”和“五个一”亲情活动，为360个家庭寄送亲情家书。持续开展重大节日对困难职工走访和资金救助，共为2200余人次发放困难补助和救济金300万元，使困难职工及家属感受到企业大家庭的温暖。开展为困难职工子女助学活动，2016年新增助学21名，全程助学65人，发放困难职工子女助学金11万余元。组织“全员健身共创和谐”拔河比赛、艺术作品展等各类文体活动，丰富员工精神生活。发挥共青团桥梁纽带作用，开展大修立功竞赛、青年突击队、创新创效、“学规程·画流程”及“青年大讲堂”等活动，引导青年员工奋发有为、建功立业，让青年更好地融入企业、服务企业、奉献社会。

（曹继辉）

中国石油天然气股份有限公司锦西石化分公司（中国石油锦西炼油化工总厂）

【概况】 中国石油天然气股份有限公司锦西石化分公司（中国石油锦西炼油化工总厂）简称锦西石化，始建于1939年，1953年恢复生产。有员工8703人（上市5777人、未上市2926人），直属单位62个，固定资产116亿元。主要装置19套，原油加工能力650万吨/年。原油来源以大庆油田、辽河油田为主，直接管输进厂，另有部分进口原油及中国海油原油，由锦州港上岸。主要产品有汽油、柴油、航空煤油、苯乙烯、聚丙烯、煅烧焦等。

2016年，锦西石化加工原油431.73万吨，营业收入172.6亿元；上市未上市合计缴纳税费73亿元；上市部分盈利4.93亿元，同比增加15.27亿元；炼油综合能耗、柴汽比、高效产品比例、综合损失率等10项指标均好于2015年。锦西石化获集团公司“安全生产先进企业”和“环境保护先进企业”称号。全厂大检修和重点项目顺利完成，汽油、柴油质量全部达到国Ⅴ标准，部分达到京Ⅵ标准（表1）。

表1　锦西石化主要生产经营指标（上市部分）

指　标	2016年	2015年
原油加工量（万吨）	431.73	557.28
汽油产量（万吨）	146.03	175.96
柴油产量（万吨）	149.20	213.70
航空煤油产量（万吨）	16.61	20.56
资产总额（亿元）	91	68.70
营业收入（亿元）	172.6	211.91
利润（亿元）	4.93	-10.34
税费（亿元）	71.27	79.51

【全面检修】 2016年，锦西石化装置按计划进行全面停车检修。按照“停车阶段重在环保、检修阶段重在质量、开车阶段重在安全”指导思想，精心筹划、强力协调、科学施工，历时73天，全面完成各项任务，所有装置一次开车成功。增设临时设施，进行化学清洗和除臭处理。催化及焦化装置通过完善工艺措施杜绝轻烃携带，实现停开工不放火炬。气分装置回收停工残存轻烃，减少火炬排放。统筹考虑污水平衡，未发生污水外排超标问题。物资采购工作坚持“质量第一”采购原则，选择优秀供应商和优质设备材料。施工坚持专业化方向，大机组、特阀检修请专家全程指导，重整反应器等关键设备由厂家施工，恒力矩紧固安排专业队伍。首次聘请上海金申监理公司提供质量检查，连同属地单位发现问题及时进行整改；对承包商电焊工、电工进行考核，所有焊口100%无损检测。加强承包商队伍管理，加大现场监督力度，未发生一起事故。

【安全环保】 2016年，锦西石化各类上报事故为零，新改扩建项目“三同时”完成率100%，“三废”处置达标排放，无环境污染事件。HSE管理审核问题同比下降4.6%，在炼化板块HSE体系审核中排名第一。

锦西石化采取属地单位自查、直线部门和安全环保处、安全监督中心、上海博柯四级监管模式，现场监督检查由结果追责向过程追责转变，发现违章问题属地单位、直线部门承担连带责任。加强工艺和设备安全管理。完成碧海长输管道、两套催化氮氧化物减排等安全环保隐患治理项目。启动VOCs污染源排查治理工作。

【项目建设】 2016年12月，锦西石化汽油国Ⅴ标准质量升级烷基化—废酸项目开车投产，汽油产品全部达到国Ⅴ标准。柴油国Ⅴ标准质量升级加氢精制改造项目，借检修窗口期完成，柴油产品提前实现国Ⅴ标准。碧海长输管道隐患整改项目，全长51千米，2016年8月8日中交，8月31日原油、汽油、柴油、航空煤油4条新建管线全部投用，彻底解决旧管道安全隐患问题，提升原油和成品油输送能力。完成重催污水汽提改造、两套催化裂化烟气脱硝、连续重整改造、两套催化烟机双级改单级、LTAG增产汽油等项目。

【生产管控】 2016年，锦西石化推进精细化管理，装置运行平稳率99.56%。加工路线以提高北蒸馏加工量、两套催化装置满负荷生产为主，减少焦化装置加工负荷，降低黑色产品产量。保证尿素、航空煤油加氢、MTBE、苯乙烯等装置原料供应，确保高效产品产量。强化转动设备管理，设备故障率连续3年下降10%以上。静设备抓好防腐，动设备抓好润滑。开展压力管道全面清查、注册，实现特种设备依法管理。持续对电气设备进行隐患治理。催化气分等装置，实施控制器优化技术。加强新项目用剂管理，确保用剂合理有效。推进信息化建设，完成生产工艺管理系统升级等项目，发挥信息化支撑作用。

【优化创效】 2016年，锦西石化步入盈利企业行列，实现质的飞跃。创新经营活动分析，上市业务从原油线和产品线入手，未上市业务和集体企业从资产线和人员线入手，针对生产经营短板，制定降本增效方案，月分析、季考核，引领创效工作全面展开。平衡原油资源，结合实际研究最优加工量。陆上原油严格按计划进度进厂，减少进口原油采购量。在满足生产平衡基础上坚持原油低库存管理。通过高标号汽油、国Ⅳ和国Ⅴ标准柴油增产，柴汽比降低，催化油浆进焦化回炼，聚丙烯装置恢复开工和苯乙烯装置优化运行等多项措施增加效益。抓高效产品出厂，实现销售结构优化增效。严控对外付款、减少资金占用等措施，降低财务费用。矿区严格用工管理，强化能源稽查，完善收费制度，加快存量房销售，千方百计挖潜增效。工程总公司立足保运业务，处置低效无效资产。机械厂利用“一岗多能”机制，确保垫片、阀门打压等业务工作量饱满。汽运中心按单车核算运营效益，研究建立内部模拟市场管理机制。

【管理提升】 2016年，锦西石化树立依法合规观念，明确管业务必须管合规。强化招标工作，做到公开公平公正。把法律工作纳入日常管理之中，严控法律风险。严格新项目“三同时”管理，补齐已建项目历史欠账，解决外部安全防护距离问题，为企业生产经营提供安全保障。发挥纪检监察和审计监督作用。围绕物资采购、工程建设、产品销售等重点领域，开展合规管理和网上监察。强化内部监督，开展廉洁风险辨识，规范权力运行。全面清查“小金库”“四风”问题，对矿区、华亿首次内部巡视。审计监督向纵深推进。完成低效无效资产清理方案、特困企业专项整治方案、未上市托管企业深化改革实施方案。稳妥推进“三供一业”工作。

【党群工作】 2016年，锦西石化召开公司第三次党代会。推进“两学一做”学习教育，全面开展讲党课、知识竞赛等活动。落实《基层党群组织工作职责清单》，每月检查考核，奖惩兑现。加强现场文明管理，开展配电间、机柜室、杂草清理等专项检查。党群系统制定实施29项服务大修计划，推动大修工作顺利进行。开展“形势、目标、任务、责任”主题教育活动，发挥思想文化优势。完成“加油体验走进辽宁”活动，宣传企业良好形象。认真整改集团公司专项巡视问题，开展警示教育，加强纪律审查，推动“两个责任”落实。发挥群团组织桥梁纽带作用，持续开展避免事故竞赛、“五新五小”技术创新、青年志愿者等活动，为企业发展助力。做好维稳工作，实现特别重点阶段工作目标，保持稳定大局。

（吴丽平）

中国石油天然气股份有限公司大庆炼化分公司

【概况】 中国石油天然气股份有限公司大庆炼化分公司（简称大庆炼化）于2000年10月由原大庆油田化工总厂和林源石化公司重组成立，2006年2月与林源炼油厂进行二次重组。占地12.1平方千米，员工总数1.05万人，固定资产总额182亿元，生产装置54套，具有600万吨/年原油一次、二次配套加工能力和20万吨/年润滑油、60万吨/年聚丙烯、15万吨/年聚丙烯酰胺、12万吨/年石油磺酸盐、15万吨/年石蜡等产能规模，可生产39个品种236个牌号的石油化工产品。汽油、柴油达到国Ⅴ标准生产能力，聚丙烯酰胺和石油磺酸盐主要用于大庆油田三次采油，聚丙烯PA14D成为中国石油拳头产品，润滑油基础油用于昆仑高档润滑油生产，先后获国家“守信用重合同企业”“全国五一劳动奖状”等30多项荣誉。

大庆炼化坚持稳健发展方针，以安全环保为前提，以质量效益为中心，以创新驱动为支撑，积极推进“中国石油精品炼油、中国石油油田化学品、高品质聚丙烯和高档润滑油基础油”四大生产基地建设，打造有质量、有效益、可持续的优秀炼化企业。

2016年，加工原油514.25万吨，实现营业收入263.54亿元，上缴税费94.62亿元，实现利润27.89亿元，创大庆炼化成立以来盈利最好水平（表1）。

表1　大庆炼化主要生产经营指标

指　标	2016年	2015年
原油加工量（万吨）	514.25	547.52
汽油产量（万吨）	188.63	198.2
柴油产量（万吨）	168.51	177.49
润滑油基础油产量（万吨）	9.46	9.94
石蜡产量（万吨）	13.51	14.64
聚合物产量（万吨）	15.8	15.84
聚丙烯产量（万吨）	46.61	42.36
营业收入（亿元）	263.54	292.2
利润（亿元）	27.89	17.23
税费（亿元）	94.62	101

【安全环保】　2016年，大庆炼化坚持严格管理，注重环保减排，安全保障能力持续提升。责任落实持续深入，修订新增岗位和工作内容变化岗位的安全环保职责，制定检修现场安全禁令等制度7项，突出管专业必须管安全，切实体现“党政同责”“一岗双责”。标准化建设持续推进，按照先试点、后推广模式，完成二套常减压、石脑油罐区HSE标准化建设试点单位的标准编制、发布实施等创建工作，装置HSE标准化建设达标率35.1%。应急能力持续增强，开展安全环保履职能力评估，组织安全经验分享和行业事故教训讨论，完善应急预案和应急物资储备，建立应急救援队伍，开展应急演练321次，提高员工的安全能力和突发事件处理能力。隐患治理持续见效，实施危险化学品罐区及仓库、报警器增设、监视系统完善等21项安全环保隐患治理项目，有效消除风险隐患。监督检查持续发力，严格现场作业和劳动纪律等监督检查，强化承包商人员素质审查与安全能力考核，查处现场低标准、承包商违规等问题329项，并进行相应考核，进一步规范作业行为。环保减排持续跟进，强化在线监测和环保设施运行管理，推进VOC项目综合治理，完成2套ARGG再生烟气脱硫脱硝、动力锅炉烟气脱硫脱硝和加热炉低氮燃烧改造项目，实现安全绿色生产。

【挖潜增效】　2016年，大庆炼化全面落实各项挖潜增效措施，挖潜3.95亿元。改进系统运行成本，根据糠醛抽出油、油浆和天然气市场价格，及时测算调整自用燃料构成，降低燃动成本2281万元。结合原料价格变化，测算调整汽油、柴油加氢、醚化等装置负荷，优化资源配置，增效2961万元。优化装置操作增效，优化2套ARGG装置操作，降低装置干气、烧焦和柴油产量等措施，增效5560万元。优化PSA装置操作，实施加氢改质富余氢气外送改造等措施，减少外购氢气0.35万吨，增效4136万元。调整产品结构创收，降低柴汽比提高汽油产量，增产高标号汽油、高端牌号聚丙烯、石蜡等高附加值产品，增效7589万元。优化储罐运行和装卸车管理，强化产销衔接、打通销售渠道、化解库存危机，保证生产后路畅通。控制费用消耗，降低水、电、汽、风消耗，增效3978万元。减少采样、脱水带油、火炬排放、装车等损失，综合损失率降至0.36%，增效580万元。严格控制修理费支出，按照专业厂、车间、项目逐级对修理费进行细化分解考核，节约费用1448万元。合理控制催化剂、添加剂消耗，降低费用3022万元。加大招标力度，扩大招标范围，增加框架合同，积极推进电子商务采购。

【科技创新】　2016年，大庆炼化全员创新热情持续提升，创新成果不断涌现，创新型企业建设氛围浓厚。科研攻关开展顺利，承担国家首批“十三五”重点项目、集团公司重大现场实验项目和重点科研项目3项，含油废水预处理工艺技术等40项新科研项目积极推进。耐温耐盐聚丙烯酰胺放大合成技术研究，完成反应液配制工艺研究和配方优化工作。产品开发推进有序，开发生产研磨油、导热油、正己烷、甲基叔戊基醚、超低温热封专用料RC1908等新产品，丰富产品种类，培育效益增长点。聚丙烯酰胺优级品率97.75%、同比提高3.22个百分点。技术改造实施到位，实施二套ARGG旋流快分、重整装置加热炉空冷器、聚丙烯酰胺直燃炉等68项技术改造，解决影响装置安全、生产、成本等瓶颈问题。

【企业管理】　2016年，大庆炼化企业管理科学化、规范化水平持续提高。管理体系有效运行，开展管理体系审核，针对制度、流程、标准化、合规管理等问题，运用PDCA循环管理办法不断改进提高，完善管理制度45项，优化流程58项，实现闭环管理、持续提升。生产组织平稳受控，以《生产运行管理手册》为指导，凡是安全生产和其他管理事件坚持“一查二问三改”的管理方法，强化生产异常管理，以数据指导优化生产，操作平稳率99.9%。标准化建设扎实开展，员工行为标准化达标车间68个、奖励1915万元，设备管理、“三剂”加剂、HSE、现场管理、库房管理等标准化建设水平持续提高，员工自主管理能力大幅提升，员工之间互相提醒、监督成为常态，既促进安全生产，又提高管理水平。全面成本管理成果明显，逐一考量所有成本要素，将其构成划分为最小单元，采用“鱼骨图”分析方法，研究分析最小单元成本影响因素，推算其成本目标管理值，制定落实保障和改进措施，使成本费用由被动式管控模式向主动式管理模式转变，降低成本 1.5 亿元。

【企业改革】 2016 年，大庆炼化结合企业实际，稳步推进内部改革，增强企业发展动力。模拟市场持续深化，扩大模拟市场经营范围，考核体系构成进一步丰富，员工积极性进一步调动，使结构性冗员变为创效的资源，增效 4865 万元。组织机构有效精简，对业务相近、职能交叉的机构，坚持成熟一个整合一个，先后对相应车间组织机构进行调整。人力资源不断优化，制定《人工成本考核办法》，严格控制编制定员和员工总量，鼓励主动优化人力资源，盘活用工存量。结合综合人才培养考核结果，优化合并岗位 145 个。制定科学可行的结构调整人员分流安置工作指导意见，提高人力资源效能。

【装置检修】 2016 年，大庆炼化创新开停工及检修工作方式方法，检修组织、开工统筹、费用控制到位，为大检修工作积累宝贵经验。组织方式高效简洁，成立大庆炼化领导班子统一领导，分管生产、设备的副总经理分别负责开停工和检修工作，相关单位各负其责的开停工及检修组织机构，理顺工作机制，缩短工作流程，提升工作效率。考核机制科学有效，制定《开停工及检修工作考核细则》和作息时间安排，对计划优化、施工组织、检修质量、安全环保和开停工检修进度进行细化分解与考核，保证安全、质量、进度全面受控。员工主动承担任务，广大员工积极参与装置检修，努力承担检修任务，降低机组、静设备等外委工作量，优质完成 1.1 万项自检项目，延时或加班 23.6 万工时，为装置大检修做出努力。管控效果充分彰显．同比 2013 年大检修，减少开停工物料损失 1282 吨，节约压缩风 144.5 万标准立方米，节约氮气 64.8 万标准立方米，节约新鲜水 1.03 万吨，节约蒸汽 1.31 万吨，机组效率大幅提升，装置检修达到预期效果。

【党建工作】 2016 年，大庆炼化全力加强企业党建工作，把党要管党、从严治党落到实处。组织开展弘扬石油精神、“重塑中国石油良好形象”大讨论、“形势、目标、任务、责任”教育等活动。组织制度建设进一步推进，加强领导班子和领导干部业绩、从严管理、敢于担当考核，深入推进三支人才后备库建设，开展管理和专业技术人员能力建设，实施员工分级分类和综合人才培训，构建“六个一”党支部量化考评体系，领导班子、人才队伍和基层组织建设水平稳步提升。完成第三次党员代表大会换届选举，开展党群制度梳理，党建工作更加科学规范。反腐倡廉建设进一步强化，推进制度建设，制定党委主体责任、纪委监督责任实施细则等制度，以立规矩、细标准、明职责来压实责任。强化监督管控，以抓早、抓小、抓过程管控为切入点，积极整改专项巡视反馈问题和巡视反馈合规监察共性问题，有效推动合规管理。

【关心关爱员工】 2016 年，大庆炼化效益完成较好，员工收入得到增加。员工权益得到维护，畅通民主管理渠道，处理员工信箱来信 36 件，落实职工代表提案 5 项。完善生产区操作室工作环境，修缮矿区房屋、道路、停车场等基础设施，员工工作和生活环境得到改进。困难员工得到帮扶，通过日常帮扶、节日慰问等形式，困难员工充分感受到企业温暖。员工健康得到关爱，开展员工体检、健康疗养，有毒有害岗位员工疗养 15 批、1400 余人。创新全员健身运动会等系列活动，首次举办冬季冰雪运动会，员工文体生活得到丰富，企业向心力持续增强。

（贾　楠）

中国石油天然气股份有限公司哈尔滨石化分公司

【概况】 中国石油天然气股份有限公司哈尔滨石化分公司（简称哈尔滨石化）是以石油炼制为主的炼化企业，总部位于黑龙江省哈尔滨市，是黑龙江省百强企业、哈尔滨市财源骨干企业。前身为哈尔滨炼油厂，1970 年筹建，1976 年建成投产，1983 年划归中国石油化工总公司管理，1998 年划归中国石油天然气集团公司管理，1999 年重组为中国石油天然气股份有限公司哈尔滨石化分公司和哈尔滨石油化工服务公司（2000 年更名为哈尔滨炼油厂），2005 年与哈尔滨炼油厂整合重组为中国石油天然气股份有限公司哈尔滨石化分公司。

2016年底，哈尔滨石化设11个机关职能部门、5个直属机构、8个二级机构。有员工1923人，其中管理人员196人，专业技术人员331人，技能操作人员1338人。机关119人，机关附属机构124人，直属单位360人，二级单位1164人，二级单位直属机构156人。有各类生产装置24套，分别是450万吨/年常减压蒸馏装置、120万吨/年重油催化裂化装置、150万吨/年汽油脱硫脱硫醇装置、20万吨/年干气脱硫精制装置、35万吨/年液态烃脱硫精制装置、4000吨/年硫黄回收装置、1万吨/年硫黄回收装置、60吨/时酸性水汽提装置、100吨/时酸性水汽提装置、60万吨/年重油催化裂化装置、75万吨/年连续重整装置、80万吨/年中压加氢裂化装置、90万吨/年催化汽油精制装置、100万吨/年柴油加氢精制装置、20万吨/年催化重整装置、50万吨/年催柴加氢精制—临氢降凝装置、10万吨/年苯抽提装置、5万吨/年特种环保溶剂油装置、10000标准米^3/时PSA装置、35万吨/年气体分馏装置、5万吨/年甲基－叔丁基醚装置、15万吨/年饱和烃脱硫精制装置、4万吨/年甲乙酮装置和8万吨/年聚丙烯装置等。能够生产满足国家标准的汽油、柴油、航空煤油、石脑油、液化石油气、饱和烃、丙烷、丁烯、MTBE、苯、甲乙酮、硫黄以及聚丙烯等20类36种产品。

2016年加工原油351.16万吨，同比增加2.44万吨；实现营业收入142.43亿元，同比减少14.29亿元；实现账面利润12.89亿元，同比增加7.42亿元，较集团公司2016年初下达的预算指标增加6.39亿元，创历史最好水平；实现炼油完全单位加工费306.77元/吨，同比降低11.96元/吨；上缴税费59.21亿元，同比增加0.07亿元（表1）。

表1　哈尔滨石化主要生产经营指标

指　标	2016年	2015年
原油加工量（万吨）	351.16	348.72
汽油产量（万吨）	118.89	120.18
柴油产量（万吨）	108.48	113.70
航空煤油产量（万吨）	27.09	26.72
资产总额（亿元）	45.22	44.80
营业收入（亿元）	142.43	156.72
利润（亿元）	12.89	5.47
税费（亿元）	59.21	59.14

【安全环保】　2016年，哈尔滨石化推进HSE体系量化审核，内审问题320项，整改完成315项，炼化板块审核96项问题，整改完成86项，未完成问题全部落实整改责任。石脑油储罐、27单元汽油罐腐蚀隐患、电气系统孤网运行隐患整改全面完成。组织修订专项应急预案12项、应急操作卡406项，与哈尔滨市政府开展政企联动应急演练，提高应急联动能力。着力解决项目“三同时”遗留问题，确保项目合规运行，常减压节能改造、航空煤油管线隐患治理等32个项目通过“三同时”验收。开展检测与修复，检测密封点16.2万处，修复泄漏点源621处，实现VOCs减排88.5吨/年。完成CFB锅炉脱硝改造项目，投用后氮氧化物减排145吨/年。

【优化产品】　2016年，哈尔滨石化装置操作平稳率99.98%，同比提高0.27%；设备故障率同比下降45%，未发生非计划停车事件。生产国Ⅴ标准汽油25.14万吨、国Ⅴ标准柴油8万吨；增产高标号汽油、低凝柴油及航空煤油，实现高效产品收率50.51%，同比提高0.14个百分点，增效2862万元。其中生产95号以上高标号汽油46.8万吨，同比增加52.3%；生产航空煤油27.09万吨，同比增加0.37万吨。首次生产98号国Ⅴ标准汽油，开发2-丁烯新产品。优选催化剂、增产低碳烯烃，聚丙烯、甲乙酮等高效化工产品同比增产1.06万吨，年增效1529万元。

【技术攻关】　2016年，哈尔滨石化开展加热炉能效问题分析与攻关，利用大修消除柴油加氢改质装置反应炉、催化装置余热锅炉等能耗瓶颈，加热炉热效率全面达到92%以上。实施蒸汽动力系统、燃料气系统、电力系统优化项目，合计增效988万元。消化因装置大修、新增质量升级装置能耗增加的压力，2016年实现炼油能耗64.15千克标准油/吨，同比降低3.34千克标准油/吨；实现新鲜水单耗0.48吨/吨，同比降低0.02吨/吨；实现节能1.42万吨标准煤，节水6.73万立方米。

【装置大检修】　2016年，哈尔滨石化组织装置停工大检修，完成4012项检修项目，同步实施质量升级、环保减排、技术改造技术措施等71个项目，对1203台设备进行腐蚀检查，完善在线腐蚀监测系统，更换常压塔油气管线，实施Ⅰ催化装置三级冷却系统改造等项目，解决制约安全平稳运行的隐患瓶颈，检修后装置全部一次开车成功，为实现“三年一修”和420万吨/年达标运行提供支撑。

【企业管理】　2016年，哈尔滨石化梳理生产管理活动中薄弱环节和潜在风险点，制度总数由275项整合简化为174项。完成集团公司下达的各项业绩指标，保持集团公司业绩考核结果A级。南直社区卫生服务中心社会化移交取得阶段性成果。外购燃料费用同比降低2740万元，下降22.67%；外购动力费用同比降低1226万元，下降6.44%；财务费用同比降低212万元，下降74.49%。湖滨山庄、驻京办事处、芳烃抽提装置等资产处置有序推进。

【队伍建设】 2016年，哈尔滨石化调整选拔任用干部71人次，全部严格执行民主推荐、组织考察、党委会议研究等干部选任程序。对6名机关高级主管、25名主管进行公开选聘。新增3名高级技师和6名技师，畅通人才成长渠道。建立林树国技能专家工作室，发挥师带徒、传帮带作用，夯实人才队伍建设基础。选派62名管理人员赴北京石油管理干部学院培训。利用大检修，将培训课堂搬到大检修现场，"检修课堂"开课41期，培训800余人次。举办193期培训班6104人次参加，确保各装置安全平稳过冬。坚持岗位成才、以赛促培，在第十四届哈尔滨市青工技能大赛中取得佳绩，5人获哈尔滨市"青年岗位能手"称号。

【党建工作】 2016年，哈尔滨石化党委开展"两学一做"学习教育和"重塑中国石油良好形象"大讨论活动，组织党委中心组集中学习22次，基层党支部讲党课116次，开展学习研讨198次。坚持弘扬传统、典型引路，以"知形势、重责任、提效益""弘扬石油精神，做合格石油人"为主题开展教育活动，开展主题宣讲40余场，直接受教育员工1900人次。贯彻中央八项规定精神，做好集团公司专项巡视的迎检和问题整改，广大党员的政治意识、大局意识、核心意识、看齐意识不断增强，不敢腐、不能腐、不想腐的良好环境逐步形成。

（杨岸冰）

中国石油天然气股份有限公司广西石化分公司

【概况】 中国石油天然气股份有限公司广西石化分公司（简称广西石化）成立于2005年，经过12年的建设生产，具备加工高硫高酸等各种劣质原油的能力。厂址位于广西壮族自治区钦州市钦州港经济技术开发区。主要装置有1000万吨/年常减压蒸馏、350万吨/年重油催化裂化、400万吨/年渣油加氢脱硫、220万吨/年蜡油加氢裂化、240万吨/年柴油加氢精制、200万吨/年柴油加氢改质、220万吨/年连续重整、60万吨/年气体分馏、20万吨/年聚丙烯、120万吨/年汽油精制、100万吨/年汽油加氢脱硫、40万吨/年轻石脑油异构化、10万吨/年MTBE、80万吨/年航空煤油加氢精制、27万吨/年硫黄回收、50万吨/年轻汽油醚化、14万标准立方米/时制氢、氢气回收等24套主体生产装置，以及公用工程、罐区、码头及码头库区、铁路专用线、100万立方米原油商业储备库等配套工程。代管广西中石油储备有限公司和广西东油沥青有限公司。设10个机关处室，12个直属部门，员工总数946人。

【生产运行】 2016年，广西石化生产运行10个月（11—12月停工大检修），加工原油（料）815万吨，生产产品742万吨。国内销售产品484万吨，实现营业收入208亿元，上缴税费94亿元。来料加工复出口成品油254万吨，产值111亿元。国内账户盈利7.3亿元，海外账户盈利7.9亿元，出口补差8.7亿元，超额完成利润指标，实现投产6年来首次全面盈利（表1）。

表1 广西石化主要生产经营指标

指 标	2016年	2015年
原油加工量（万吨）	815	951.4
汽油产量（万吨）	241.6	288.9
柴油产量（万吨）	276.2	379.9
航空煤油产量（万吨）	8.75	10.57
聚丙烯产量（万吨）	17.52	17.86
资产总额（亿元）	193	217
营业收入（亿元）	208	310.6
利润（亿元）	7.3	-10.1
税费（亿元）	94	100.6

【停工大检修】 2016年，广西石化完成全厂停工大检修，涉及22套生产装置及公用工程、储运系统，常规项目3782项，8480个分项，压力管道检验检测730千米，工艺管线焊接当量近15万寸口，工作量是第一次大检修的2倍。同步实施336个技术改造

技术措施项目，夯实4年长周期运行、优化创效的基础。

【经营管理】 2016年，广西石化形成以市场为导向、以效益为中心、以生产平稳为基础的经营管理格局。绩效考核体系日臻完善，激励引导作用得到有效发挥。合规管理进一步加强，公开招投标率不断提高，法律、纪律风险显著降低。落实优化运行措施，围绕增产化工产品、降低柴汽比两条主线，优化产品结构。加强设备管理，操作、监控、巡检、维护、检修五位一体，推行“预知、预制、预约”检维修管理体系，持久巩固“5S”管理成果，并逐步向深层次推进。

【安全环保】 2016年，广西石化安全环保全面受控，强化红线思维和底线意识，落实有感领导、属地管理和直线责任。全面推进安全管理提升活动，升级安全、工艺、设备等管理程序，严格质量与标准。安全管理实现由“全员参与”向“全员管理”转变。个人安全行动计划全面落实，安全观察与沟通2260次。组织HSE体系内部审核，完成244项问题整改。开展专项应急演练24次，提升全员应对突发事件的处置能力。“三废”全部达标排放、处理。污泥干化设施投入运行，实现减量化。二氧化硫、颗粒物、氮氧化物、COD减排效果明显。开展VOCs治理，完成项目可行性研究报告编制，开展码头油气回收项目前期工作。

【工程建设】 2016年，广西石化实施催化烟气脱硝项目，为环保排放合格创造条件。12月25日，氢气回收项目竣工，年回收高纯度氢气4万吨、尾气20万吨。30万吨码头原油管道项目完成可行性研究批复。动力站锅炉烟气净化项目获批复，并完成工艺包采购。烷基化项目获批复。启动氢回收二期项目的前期工作。5号、6号液体散货泊位工程通过竣工验收。

【党建工作】 2016年，广西石化优化组织、加强党建。对生产部门管理单元进行调整优化，成立18个联合装置管理单元，修订完善广西石化《中层管理人员选拔任用规定》《中层管理人员管理规定》，选人用人的标准、程序更加规范、严谨。开展公开竞聘选拔8次，补充处级、科级干部59人。强化各类人员培训，不断提高员工整体素质，向海外PK炼厂输出技术和劳务。参加全国化学检验工职业技能竞赛，广西石化代表队获团体三等奖。对基层党组织进行调整，统一规范设立13个党总支和34个党支部，健全机构、配齐人员。认真开展“两学一做”学习教育及“重塑中国石油良好形象”大讨论活动，党委中心组开展12次集中学习，开展征文评比和主题实践活动，发扬“苦干实干”“三老四严”石油精神。积极履行社会责任，扎实做好定点扶贫、捐资助学、献爱心志愿者活动。

（胡　林　王洪娟）

中国石油四川石化有限责任公司

【概况】 中国石油四川石化有限责任公司（简称四川石化）是由中国石油天然气集团公司和四川省人民政府合资组建的西南地区首个特大型石油化工企业，于2007年成立，总投资373亿元，股比90∶10，建设规模包括1000万吨/年炼油和80万吨/年乙烯两部分，厂址位于四川省成都市所辖彭州市，总占地400余万平方米。

四川石化炼化一体化项目总计21套主体装置，同时承担国家100万立方米原油商业储备库建设运营任务。设计年产汽油、航空煤油、柴油600余万吨，化工产品300余万吨。

四川石化坚持走现代企业管理道路，主厂区有员工1550人，实行机关处室—联合装置两级架构，全面推行组织机构扁平化，并采取检维修、辅助操作、后勤服务劳务外包一体化模式。

2016年加工原油696万吨，生产汽油、航空煤油、柴油451万吨、化工产品260万吨；实现销售收入376亿元，税费84亿元，账面利润34.8亿元，是炼化板块年度盈利超过30亿元的五家企业之一，利润排名炼化板块第4位；创造社会贡献值95.8亿元，规模企业工业增加值142亿元。

【企业经营】 与市场紧密贴合，坚持“先算后干”，勤算账、细算账、精算账，以市场需求和产品价格为导向，以不断优化加工路线和产品结构为手段，深入实行“月分析、周测算、日调整”，全面形成“财务测算—计划统筹—生产调整—销售协调反馈”的常态化经营模式，切实探索出实现经济效益最大化的有效路径。

2016年初，四川石化共制定9大类90项挖潜增效措施，经过各生产部、职能处室的全力奋斗，全年总计增效9.3亿元，超预期目标2.3亿元，内涵发展对公司效益的强力提升起到重要的保障作用。2016年，外购原料81万吨，炼油二次加工负荷提高6—10个百分点；实现乙烯装置满负荷、芳烃高负荷运行，乙烯年产量84万吨，首超设计值；PX年产量57.5万吨，同比增产10万吨，合计增效6亿元。充分利用地方政府直购电政策，降低用电成本，增效1.4亿元，相应做法得到集团公司肯定，成功经验在集团公司推广。全面推行“分子炼油”理念，将炼油区燃料气管网中碳二以上组分全部回收用于乙烯原料，裂解料进一步优化。新建汽油加氢、MTBE装置成功投产，汽油、柴油较国家执行时限提前半年达到国Ⅴ标准。大力增产高标号汽油、芳烃、聚烯烃、顺丁橡胶、环氧乙烷等高附加值产品，柴汽比降低至1.15，高标号汽油生产比例达55%，位列炼化板块第一。新开发7个聚烯烃新牌号，并加大市场开拓力度，高标号汽油、化工产品区内市场份额分别达85%、75%。

【生产运行】 2016年，四川石化本着“大平稳出大效益”的理念，强化生产运行管理，严格落实生产受控“四有一卡”要求，对生产变更实行全面监督管理。认真贯彻“四不操作”要求，加强工艺管理，操作平稳率99.9%以上。加强生产平衡控制，生产优化调整始终围绕效益测算进行。公用工程系统全年平稳运行，艾尔普合资公司制氢装置和空分装置实现可靠运行。运用设备状态监测系统和设备信息化管理系统，进一步加强设备管理，并启动基于风险的检验（RBI）体系建设，设备运行可靠性有效提升，全面实现“安稳长满优”生产。

加强设备检维修工单管理，严格执行检维修规程，保证检维修质量，常减压装置减压塔底抽出口堵塞，自备电站1号、2号发电机解体大修等25项计划检修和抢修任务高效率完成，生产瓶颈及时消除。建立生产难点攻关机制，深入开展渣油加氢装置长周期攻关、蜡油加氢装置新氢机运行可靠性攻关等20个生产难点攻关活动，装置运行稳定性大幅提升。

瞄准先进，深化与国内先进企业对标力度，装置达标工作进一步抓实，各项经济技术指标稳步优化，加快向国内先进水平靠齐。2016年实现综合商品率96.41%，炼油加工损失率0.37%，乙烯加工损失率0.18%，单因能耗7.79千克标准油/吨，乙烯能耗565.67千克标准油/吨，双烯收率49.07%，均位列炼化板块前列，全面优于集团公司业绩考核指标；生产三部芳烃装置能耗、生产五部线性低密度聚乙烯装置能耗、生产六部顺丁橡胶装置能耗实现国内领先。

【HSE管理】 2016年，四川石化树立底线意识，以系统化管理思维，进一步深化HSE管理体系建设，广大干部员工安全环保意识显著增强。坚决贯彻安全生产“党政同责、一岗双责”要求，新增6项、修订3项HSE管理制度，安全生产岗位责任制有效落实。领导干部全部通过HSE任职能力上岗评估，HSE任职能力全面提升。围绕“管理合规、设备完好、操作规范、场地整洁”，HSE标准化站队建设有序推进。广大员工自觉深化安全环保认知，对“两个愿意”“四个不干”“五个不让干”“四不操作”等安全理念的认识更加深刻，2016年查找隐患278项，上报事件1053项，奖励金额20万元。推行全厂区定时、定点集中动火管理，实现动火作业全过程受控。顺利通过集团公司2016年两次HSE体系量化审核，查出问题174项，按期整改完成152项。新一轮HSE 3项专项内部审核圆满完成，在工艺报警和联锁管理、生产受控管理、装卸车管理、特种设备管理等方面复审出410个不符合项并完成整改，安全风险隐患管理更加严密。严防地下水污染，地下水防渗攻关深入开展。对照国家新的环保排放标准，确立15个环保提标项目，环保提标治理加快进行。

【企业管理】 2016年，四川石化全面实行检维修作业、重大操作、监督指挥等重要环节第一责任人制度，深入推行领导班子、专业部门、基层单位各负其责的三级责任体系，并新编及修订管理制度61项，工作责任、流程和界面进一步落实和明确。严格执行工效挂钩政策，将业绩指标层层分解，持续深化绩效考评工作，绩效考评与深化管理、与挖潜增效、与提升效益结合更为紧密，“我的奖金我争先”的理念得到广大员工认可，广大员工创效积极性进一步提高。落实ISO 9001质量管理体系要求，所有出厂产品质量100%合格，并成立产品售后服务中心，产品市场跟踪服务工作全面加强。物资采购严格招投标，2016年招标率92%，节省资金5000余万元。深化外包一体化管理，经规范化招标，新一批外包单位择优选定并实现平稳交接，外包服务更加专业化、经济性。南充炼油厂“僵尸企业”处置工作加快推进，资产处置报告获集团公司批复；到彭州厂区轮岗人员全力保障检维修、装卸车、原油罐区管理等业务顺利运行；南充PTA项目开工各项准备深化推进。

【党建工作】 2016年，四川石化认真配合完成集团公司党组第三巡视组专项巡视四川石化工作，对照查出的5个方面27项问题，多次召开党委会、党委扩大会，细致制定64条专项整改措施，并在规定时限内全部整改完成。坚持党要管党、从严治党，深刻认识新体制新机制下加强党建工作的迫切性，与深入开展“两学一做”学习教育相结合，进一步强化基层党组织建设，严肃“三会一课”等党委工作制度。修订完善“三重一大”决策制度，不间断、多形式开展廉洁教育，党纪政纪处分4人，风清气正、守法合规的发展环境进一步形成。以主动开放态度，加强宣传工作，先后接待现场参观超千余人次，并利用四川石化官方微博、外网等平台，全员行动，广泛宣传企业发展成果，进一步树立四川石化良好形象。行政后勤系统群策群力，二届二次职工代表大会上提出的5件好事实事基本办结。着眼密切企地关系，深化与周边村镇联系，全面建成投用石化大道天桥、路灯等惠民工程。大力强化餐饮、通勤、保卫保洁等后勤业务管理，有力保障四川石化生产经营正常进行。

（朱　磊）

中国石油天然气股份有限公司广东石化分公司

【概况】 中国石油天然气股份有限公司广东石化分公司（简称广东石化）是股份公司下属的地区分公司，负责广东石化项目的建设工作。

广东石化项目是由中国石油天然气股份有限公司和委内瑞拉国家石油公司（PDVSA）共同出资建设，按照股份制企业模式进行管理和生产的企业，股份比例为中国石油占60%，PDVSA占40%。2009年5月20日，广东石化项目筹备组成立，项目选址于广东省揭阳市大南海石化工业区。2016年底，广东石化在册员工832人，其中管理及专业技术人员198人，操作技能人员634人。设10个机关处（部）室、5个直属单位（中心）、11个基层项目管理组（PMT）。固定资产1585万元，无形资产10.5亿元。

2016年，广东石化结合集团公司“十三五”发展规划，综合炼油行业发展趋势，持续开展方案优化，为总部领导决策提供可靠依据，重点开展不同资源、不同市场、不同方向的多方面比选论证，取得实质进展，基本确立“2000万吨/年炼油—芳烃—化工一体化方案”。与海外板块成立联合工作组，一体化推进合资谈判，达到签署合资合同的工作深度。坚持以工程建设进度计划为主线，紧盯设计、采购、施工3个关键环节，狠抓现场管理，各项工作全面受控。坚持进度计划导向，有序推进现场施工。其中，产品码头累计完成59%；原油码头累计完成39%；行政办公楼、会议中心、员工宿舍及食堂主体框架、砌筑、外墙砖、屋面、门窗安装等施工完成；2016年完成投资9.69亿元，累计完成投资95.74亿元。

【安全环保】 2016年，广东石化从严抓实安全质量。逐级签订《安全环保责任书》，深入宣传贯彻新《安全生产法》《环境保护法》，积极推进全员履职能力评估，修订“1+14”应急预案，开展专项应急演练，全员安全意识和防范能力提升。深入开展HSE管理体系审核，提高系统性和操作性，现场监管坚持全区域、全过程、全覆盖，充分识别施工作业重大风险。建立样板工程，推广成熟经验。全面落实第三方检测策略，形成有效监督。

现场管理方面，坚持“四不两直”方式开展安全、质量、标准化及文明施工检查。加强现场成品及半成品保护，严格施工许可管理和现场监督，实行节假日3级值班制度和施工升级管理，成功应对“海马”等台风袭击，累计实现安全工时2700万小时。

【企业管理】 合规管理。增补修订制度15项、流程45项，新增流程44个，全面开展风险评估，加强法律风险防控。搭建合规管理平台，集中力量开展合规梳理。

成本管理。深入开展对标管理，研究制定全项目方案投资控制措施，对PMC人员和费用根据工作量采取弹性管理，大幅降低人工成本。坚持过紧日子思想，强化预算执行严肃性。

绩效管理。按照PDCA原则，依托“两书一表”，建立以月保季、以季保年、以年保关键业绩指标的工作机制。自上而下签订绩效合同，明晰直线责任和属地责任，将组织绩效合同与工程管理指标挂钩，突出工程进度绩效考核，实行公司领导与主管部门挂钩兑现，有效传导压力。

信息化建设。将信息化建设作为加强基础管理的重要手段，不断完善项目管理平台，开发投资完成额及付款统计台账等功能。继续推进三维数字化工厂建设，完成原油罐区基础等工程建模及校核。开展信息安全保密大检查，持续改善网络安全环境。

【队伍建设】 2016年，广东石化以“两学一做”学习教育和“重塑中国石油良好形象”大讨论活动为突破口，加强队伍作风建设。通过思想上作风上的集中加油补钙，有效传递正能量，起到凝心聚力、鼓舞干劲的作用，干部员工思想认识和精神状态持续向好。

立足广东石化驻地及四川、广西实习地两个阵地，加强队伍职业化建设。严格履行规定程序，及时补充干部，完成职称评审。建立周二、周四常态化培训机制。加强实习地建设，四川、广西实习管理部充分发挥组织协调作用，狠抓制度建设、职业技能鉴定、安全管理等工作，取得长足进步。

【党建工作】 2016年11月，集团公司党组对广东石化党委班子进行调整，新班子迅速进入状态，形成坚强有力的领导集体。全年组织党委中心组学习12次，2名班子成员参加集团公司党校班学习。召开党委会、党政联席会、总经理办公会39次，做到科学决策和民主决策。严肃落实双重组织生活制度，增强班子自我净化自我提高能力，树立新风，弘扬正气，为项目建设提供坚强的思想政治和组织保障。

印发党建工作部署，明确年度工作思路，深入学习贯彻党的十八届六中全会精神。召开建党95周年庆祝表彰大会。成立广西实习管理部党支部及下属党、工、团组织，深入贯彻“三会一课”等工作机制，加强对各支部政治理论学习、党员管理、维稳等工作的指导、检查。

抓好党风廉政建设主体责任和监督责任落实，“一岗双责”纳入绩效考核。坚持廉洁案例分享和专题教育，建立“两学一做”等网上专栏。开展“三重一大”决策制度执行情况检查，完成地管阴极保护工程效能监察。

思想政治工作优势和工团组织职能有效发挥，项目内外部环境和谐稳定。

【企业文化】 2016年，广东石化牢牢把握正确舆论导向，坚持团结、稳定、鼓劲、正面宣传为主，积极开展“政策宣传，舆论引导，典型塑造，形象传播”工作。开展捐资助学和慰问驻军活动，展示企业良好形象。开展书法比赛、摄影比赛、新春大合唱等活动，推动企业文化建设，丰富员工的文化生活。民主管理持续深化，工会及各协会活动持续开展，扶贫帮困进一步深入。组织开展广东石化2015年度先进集体、优秀管理干部、先进工作者的评选表彰活动。

（杨　昕）

中石油云南石化有限公司

【概况】 中石油云南石化有限公司（简称云南石化）成立于2011年5月25日，位于云南省昆明市安宁市，主要承担云南炼油项目的建设和运营任务，是中国四大油气进口通道之一——中缅油气管道的重要配套项目。设计原油加工能力为1300万吨/年，建有常减压蒸馏、重油催化裂化、渣油加氢脱硫、蜡油加氢裂化、硫黄回收等17套主要工艺装置，有完备的环保、消防、储运、公用工程及辅助设施，是一座燃料型炼油厂。主要生产装置采用UOP、雪弗龙、德希尼布、KTI等国际先进技术，可生产符合国Ⅴ标准的汽油、柴油及航空煤油等清洁燃料，产品主要服务于云南省，辐射西南地区。实行扁平化管理模式，设10个机关处室、2个机关附属机构、3个直属部门和10个二级单位。2016年底，定员790人，实有人数771人，本科及以上学历402人，平均年龄35岁，其中经营管理人员165人、专业技术人员103人、技能操作人员503人。有党员353人。

2016年，按照“设定节点、盯住重点、保证内部、协调外部”的总体工作思路，推进“工程建设、生产准备、合规报批”三条主线，克服新企业用工总量少，工程建设、生产试车任务重，安全环保管理难度大等压力和挑战，圆满完成全年各项工作。

【生产准备】 2016年，云南石化以“严密、细致、科学、合理”为目标，推进生产准备工作。《总体试车方案》完成内部讨论、审查，各装置系统单机试车、联动试车、投料试车方案及操作规程等技术方案完成内外部初步审查。开工所需物资物料、备品备件已完成采购，按需到货；1万吨开工柴油接卸完成。坚持合规报批，50项开工手续，办理完成32项。原油采购由买断模式变为代理模式，开展原油管输费定价机制谈判，取得合理的投资回报定价结果。以“安全、平稳、有序、受控”为目标，统筹协调、统一指挥、稳扎稳打、步步为营，完全依靠自身力量，生产试车取得重大进展。截至2016年底，生活水、生产水、消防水、除盐水、净水、再生水、循环水系统投用正常；空分、空压、动力站运行正常；低压、中压蒸汽系统管线完成吹扫、打靶；氮气、天然气、燃料气、火炬气系统完成吹扫、气密和氮气置换，投用正常；厂区内系统工艺管线完成吹扫、冲洗。常减压、催化裂化、连续重整、加氢裂化等主要装置完成吹扫、水冲洗、水联运、初级气密等工作。33 台加热炉中的 24 台完成烘炉；77 台大机组中的 70 台完成单机试运。

【工程建设】 2016 年，云南石化优化项目管理体制机制，细化落实工程安全、质量、进度、投资管理要求，除新开工的延迟焦化、醚化和 PSA4 项目外，项目总体进度达 99.9%，累计完成投资 234.77 亿元，项目由工程建设全面转入生产试车阶段。6 月 18 日，常减压装置等 31 个单元高水平中交。8 月 27 日，重油催化裂化装置等 15 个主项工程中交，标志项目主体装置及系统工程优质完工。截至 2016 年底，70 个主项工程中的 64 个主项实现高标准中交。推行工程建设质量示范化管理，强化源头管控，焊工入场考试 6133 人，合格 4974 人；工程焊接累计拍片近 80 万张，一次合格率 98.62%；完成近 4000 个试压包的试压工作，一次合格率 98.6%。

工程结算、档案收集和转资工作同步开展，中交装置主合同结算完成 169.4 亿元，项目档案归档完成 5177 卷（件），工程完成 63 个单元预转资。

扎实开展“三查四定”“PSSR 检查”等工作，“三查四定”发现问题 27700 余项，“PSSR 检查”发现问题 23800 余项，“小接管变更专项施工”发现问题 1700 余项，“低标准排查”发现问题 152500 余项，综合整改完成率 98%。针对回填区域发生的不均匀沉降现象，严格制定一整套治理、监测、评估、预防等措施，形成科学的地基沉降处理方案和应急预防措施。截至 2016 年底，污水处理场、厂区部分外管等建（构）筑物基础以及延迟焦化、硫黄回收地基沉降处理全部完成，经检测，地基沉降变化数值在规范许可范围之内。

【安全环保管理】 2016 年，云南石化安全环保投入超过 38 亿元，约占总投资的 13%。完善并培育安全环保管理思想体系，牢固树立“任何作业都有风险、任何风险都可管控、任何事故均可避免”的安全理念，“油气不上天、油污不落地、排放不超标”的环保理念和“付出一万的努力、防止万一的发生”的安全思想，严格执行“五有、三不、叫停、退守、三必须”“三不让”的安全环保管理要求以及“十条禁令”相关规定。

践行有感领导、直线责任、属地管理，逐级签订责任书，全员开展安全承诺，责任和压力层层传递。以 HSE 体系建设和风险防范为主线，全面实施 HSE 标准化施工和 HSE 达标考核活动。强化现场班组规范施工，狠抓作业票和监护人的管理。推行隐患排查积分奖励，相继开展临时用电、高处作业、受限空间作业、吊装作业、梯子平台等专项整治活动，安全环保有效受控，2015 年 4 月至 2016 年 12 月，累计实现 3602.21 万安全工时。

2016 年，建成国内炼油厂流程最长、单元最全的污水处理系统，污水回用率 80%。

【绿色共建咨询委员会成立】 2016 年 3 月 29 日，云南石化在昆明召开“绿色共建 · 圆桌对话”会议，发起成立“云南石化绿色共建咨询委员会”。委员会成员由周边居民代表、企业代表、环保专家、人大代表、政协委员、政府代表等 17 名各界人士组成，自然之友、环友科技、北京公众环境研究中心、绿色昆明、大众流域、昆明市中华环保联合会等代表以观察员身份参加活动。委员会坚持“请进来、走出去”，打造开放式炼油厂，2016 年，先后组织 7 次“公众开放日”活动，300 多名群众走进云南石化。组织专业人员走进小学、社区、街道开展科普宣传。发布 3 期委员会活动简报，及时公布重大生产、环境信息。绿色共建是云南石化回应社会关切、加强公众沟通的创新活动载体。

（邰鸿慧　伍尚任）

中国石油天然气股份有限公司大港石化分公司

【概况】 中国石油天然气股份有限公司大港石化分公司（简称大港石化）是中国石油直属的炼化地区公司之一，地处天津市滨海新区南港工业区，始建于 1965 年。2016 年底，有员工 2384 人，其中管理和技术人员 700 人。原油加工能力 500 万吨 / 年，固定资产原值 75 亿元，净值 40 亿元，厂区占地面积 193.63 万平方米。全年加工原油 441.32 万吨，加工成品油 351.45 万吨，实现营业收入 185.40 亿元，完成利润 22.55 亿元，上缴税费 87.26 亿元（表 1）。

【安全环保】 2016 年，大港石化修订完善岗位安全环保责任制，推进HSE标准化建设。加强HSE体系审核及问题整改，推行施工作业标准化，加大现场“低老坏”监督整治力度，实施罐区、雨排隐患治理等项目。加强应急预案实战演练和定期抽查考核，成功应对“9·1”大面积晃电等突发状况。优化催化裂化再生烟气脱硫、硫黄回收、污水处理等环保装置运行管理，成立莱特环保技术研究所集中力量开展污水污泥处理技术攻关，加强VOCs点源治理，安全环保工作形势稳定受控。

表1 大港石化主要生产经营指标

指　标	2016年	2015年
原油加工量（万吨）	441.32	433.16
汽油产量（万吨）	126.99	110.84
柴油产量（万吨）	224.46	235.47
资产总额（亿元）	60.31	61.11
营业收入（亿元）	185.40	192.69
利润（亿元）	22.55	18.61
税费（亿元）	87.26	85.13

【装置长周期运行】 2016年，大港石化转变设备检维修模式，抓关键设备特保特护管理，开展设备故障和漏点治理，设备完好率99.77%。组织催化裂化装置停工清焦和电脱盐在线清洗等工作。发现处置减压炉进料控制阀风线脱落、制氢装置原料气压缩机入口缓冲罐法兰加强筋断裂等生产问题65项。开展装置达标及常压塔长周期运行等十大技术攻关，实施重整还原氢气增设脱氯罐等技术改造技术措施项目24项，治理工艺、设备等短板问题34项，主要装置全部实现达标。实现装置安全平稳长周期运行。

【产品销售】 2016年，大港石化生产计划执行率保持在98.5%以上。完善产销协调机制，产销率100%，客户满意度保持在99%以上，出厂产品质量合格率保持在100%。抓住东部11省（直辖市）实施国Ⅴ标准汽油、柴油的时机，与销售企业协作，打通油品南下海运通道，2016年国Ⅴ标准汽油、柴油销售比例达35.34%，比计划提高16.97个百分点。攻关生产95号京Ⅵ标准汽油2.78万吨，直供北京。产销衔接组织保持顺畅。

【节能降耗】 2016年，大港石化择机购进商储原油61万吨、进口原油13万吨，在弥补原油资源缺口的同时，最大限度降低原油成本。实施催化油浆、污油进焦化回炼，全年回炼油浆4.9万吨、污油1.2万吨，累计增效9200多万元。优化催化裂化、加氢裂化、连续重整装置操作，柴汽比由2015年的2.12降低到1.77，累计增效7400万元。创新应用“三泥”雾化技术，实现“三泥”进焦化回炼，累计增效2300多万元。实施炼化能量系统优化、乏汽回收等项目，2016年节能1.25万吨标准煤，单因能耗降至7.98千克标准油/（吨·因数）。加强水系统运行管理，开展雨水回收利用，全年节水13.41万吨，新鲜水单耗降至0.52吨/吨。

【党建工作】 2016年，大港石化党委下属基层党组织28个，其中机关党总支1个，所属党支部5个；基层党支部22个；党员801人。制定《关于落实全面从严治党要求加强党的建设实施方案》。扎实开展“两学一做”学习教育。组织开展23个基层党支部换届选举。围绕“安全环保、降本增效”开展“两保两创”活动。加强《中国共产党廉洁自律准则》和《中国共产党纪律处分条例》宣传贯彻及典型案例教育。工团组织开展“五比一创”劳动竞赛、金点子合理化建议征集、青年志愿服务HSE标准化建设、青年岗位讲述大赛等活动，激发员工工作积极性、主动性和创造性。

【产品质量升级改造项目评优】 2016年，产品质量升级改造项目是大港石化提升创效能力和核心竞争力，有效履行社会责任、环保责任的重点工程。项目位于大港石化厂区东南角，批复投资15.34亿元，新建总占地面积6.53万平方米。

项目包括新建60万吨/年连续重整装置、220万吨/年汽柴油加氢精制装置和1万吨/年硫黄回收联合装置（包括140吨/时酸性水汽提装置和200吨/时溶剂再生装置），改造90万吨/年脱硫醇装置、5万吨/年MTBE脱硫装置、75万吨/年催化汽油加氢脱硫装置及部分公用工程。主要工程量为混凝土4.3万立方米，钢结构7569吨，工艺设备676台（套），工艺管线16.3万米，主要电气设备1026台（套），电力电缆25.3万米，主要自控设备902台（套），仪表电缆43.6万米。

2016年6月产品质量升级改造项目被中国石油工程建设协会授予“石油优质工程金奖”称号。12月被中国施工企业管理协会授予“国家优质工程奖”称号。

【开放日活动】 2016年，大港石化以“守渤海碧水、护津门蓝天”为主题组织“奉献清洁能源、建设绿色石化”开放日活动，邀请环境保护部、天津市政府有关部门人员，10余家中央及地方媒体，天津市党代表、人大代表、居民代表共计150余人走进装置生产现场，感受企业绿色发展成果，大港石化现场标准化建设和VOC达标排放等工作受到大家认可，人民网、新华网、光明网、央广网等媒体进行专题报道。举办“京Ⅵ油品进京”见面会，向媒体介绍大港石化在产品质量升级、建设环境友好型企业等方面所作的工作，向公众展示中国石油在责任担当，安全环保，节能减排等方面所做的贡献，为公众了解中国石油搭建平台，彰显中国石油企业的自信。

【96101工程纪念活动】 “96101”工程是大港石化发展的重要机遇，在工程竣工20周年之际，搜集“96101”工程建设期间视频，制作“96101”工程回顾宣传片《不忘初心再创辉煌》，邀请当年参加“96101”工程建设的公司老领导及参建干部员工代表讲述工程建设的艰辛过程和难忘瞬间，激发全体干部员工不忘初心，继承发扬艰苦奋斗优良传统，在新的发展征程上再创辉煌的工作热情。组织开展以“风雨二十年我与‘96101’共成长”为主题的纪念活动。采写《辉煌丰碑——“96101”工程竣工投产二十年》通讯稿，激发干事创业激情。开展“96101”工程竣工投产征文，举办“96101”工程文化艺术作品展示，使干部员工了解“96101”工程重要作用，感受那个年代干部员工苦干实干、敬业爱企的奉献精神。举办“忆往昔、看今朝”座谈，畅谈“96101”工程意义和精神。

【托管单位情况】 2016年，中俄炼化项目可行性研究报告评估基本完成，开展7套关键装置技术交流，进行项目优化。商储油公司围绕安全环保、规范运作等中心工作，加强监管、完善机制，各商储库运行状况明显改善。

（韩建立　蔡宇丽）

中国石油天然气股份有限公司华北石化分公司

【概况】 中国石油天然气股份有限公司华北石化分公司（简称华北石化）位于河北省任丘市，占地面积约107万立方米。2016年底，机关处室10个，直属部门5个，二级单位10个；有员工1958人，员工平均年龄40.1岁，大专以上学历占67.32%；资产总额87.77亿元；有常减压、重油催化、加氢、重整、催化汽油吸附脱硫等主要生产装置22套。主要产品有汽油、柴油、液化气等30余种。2016年，华北石化坚定“一二三四五”战略任务，各项事业全面实现“大变样”。有效应对国际油价低位振荡、成品油市场低迷，实现利税历史性突破“百亿元”大关；严格执行新《安全生产法》《环境保护法》，加强管控，将“安全风险单位”帽子彻底摘掉；全员弘扬石油精神，开拓进取，良好形象稳步树立。2016年，在集团公司的正确领导下，在省市各级组织和社会各界的大力支持下，在全体干部员工的共同努力下，“123555”建设发展工程各项目标任务全面实现，开创“十三五”的良好开局。

2016年，华北石化加工原油440.01万吨，营业收入183.53亿元，连续12个月持续盈利，实现利税破百亿元（表1）。

【生产经营】 2016年，华北石化牢固树立“生产为经营成果负责，经营工作服从服务于生产运行”的理念，管好炼好“500万吨”，取得增收节支创效攻坚战的胜利。引导全员过紧日子，实施“零起步、砍三刀、四清理、压五费”，深度挖潜，实现增利2.17亿元，节约投资0.75亿元。全力推进对标达标，细化对策，10项指标同比提升，管理创效水平不断增强。积极开展生产优化，改进结构，落实措施87项，增利1.8亿元。不断强化产销衔接，紧盯市场、科学排产、发挥效能、疏通渠道，克服憋罐涨库、高质低售、限排减产的不利局面。

表1　华北石化主要生产经营指标

指　标	2016年	2015年
原油加工量（万吨）	440.01	438.29
汽油产量（万吨）	159.35	158.06
柴油产量（万吨）	161.31	164.48
合成树脂产量（聚丙烯）（万吨）	8.47	0.32
资产总额（亿元）	87.77	72.22
营业收入（亿元）	183.53	197.28
利润（亿元）	14.57	0.53
税费（亿元）	85.75	82.86

【安全环保】 2016年，华北石化从严推进HSE体系建设，健全完善HSE责任，量化指标、层层分解、

逐级靠实，做到“谁主管谁负责，谁的属地谁负责”。开展 HSE 履职能力评估，坚持标准、不留死角，实现全员“能岗匹配”。推行 HSE 量化审核，升级量化、全程细化，弥补“管理短板”。推进 HSE 标准化装置创建，建立试点、逐步推进，完成 12 套装置的“创建目标”。从严抓好安全日常管理，强化全员安全教育培训，全天候加强承包商监管，全面落实“四不作业”，全方位开展隐患排查治理，整改问题 19643 项，隐患 94 项，共处罚款 10.93 万元。从严落实环保减排管理，强化重污染天气应急响应，强化在线监测和环保设施运行，强化废水废气点源治理、过程管控，强化固废依法合规处置，坚决杜绝一切偷排、乱排、超排行为，工业废水、废气、固废、噪声等各类污染物排放合格率 100%。被集团公司授予“2016 年度安全生产先进企业”和“2016 年度环境保护先进企业”双先进称号。

【项目建设】 2016 年，华北石化确立以“‘国际先进、国内一流’精品炼厂”为总体目标，“狠抓‘一个核心’——投资控制；强化‘五大管理’——设计、安全、质量、进度、采购”为核心的项目建设理念体系。效益工程高效组织，建成投用航空煤油加氢装置，完成产品认证，累计生产航空煤油 6399 吨，填补华北石化产品空白。烷基化项目、至首都新机场航空煤油管道可行性研究获批复，修订完善的火车编组站和南库搬迁工程可行性研究上报总部，异构化项目可行性研究根据专家内审意见修订完善。千万吨项目实现突破，2016 年共获 5 批、25 亿元投资，完成总体设计进度 65%，新污水处理场、全厂性仓库建成并投用。新东和新西 110 千伏变电所、给水及消防加压泵站、道路、地管建成。核心装置渣油加氢及蜡油加氢裂化反应器全部吊装就位，制氢炉安装 70%，主体装置桩基施工完成 90% 以上（图 1）。

图 1　2016 年 8 月 2 日，华北石化千万吨升级改造项目 290 万吨 / 年蜡油加氢裂化装置加氢裂化反应器 R–101B 吊装现场（汪博摄）

【人力资源改革】 2016 年，华北石化健全人才发现、培养、储备、使用机制，完善干部选拔任用工作规范，加强关键岗位干部交流、后备干部管理，优化领导班子配比组合。完成 50 名干部的选拔任用及交流，15 名 80 后优秀人才走上副科级以上管理岗位。启动专业技术人员“双序列”改革，建立激励评价机制，开辟技术人才成长的“新通道”。加大技能人才培养力度，开展以“强技能、比水平”为主题的星级员工达标工作，打造复合型技能人才队伍。推进绩效管理体系改革，突出效益优先、发展优先，优化指标及权重，发挥激励作用，注重结果应用，纵向到底、横向到边、公平公正、公开透明，增添绩效管理补短板、提效益、防风险的“新动力”。

【企业管理】 2016 年，华北石化开展知法守法培训、合规登记报告、法律案件分享，员工合规意识显著提升。推进法律风险防控评价，强化风险岗位防控指引。完善制度流程，严格起草、会签、审核发布程序，新增制度 31 项，修订 188 项。完成招标代理机构评价及签约，大力推行公开招标，严格把控可不招标。加强合同管理，严格资料审查，规范签约授权，狠抓合同履行、事后合同大幅减少。加强内控管理，规范财务管理专业流程，以零例外事项通过集团公司 2016 年度财务报告内控测试。开展“‘三基’建设年”活动，计量仪表完好率、使用率达 99% 以上，产品出厂合格率 100%，“五型”班组达标率提高到 69%，科学的理念、标准、方法体系不断完善。加强巡视问题整改，6 个方面 32 项问题，整改完毕 26 项，2 项问题完成部分整改，4 项问题需要长期整改，确保集团公司巡视反馈问题整改踏点运行、稳步推进。

【科技创新】 2016 年，华北石化筛选归纳编辑出版《中国石油华北石化公司技术纲要》，形成核心技术、特色技术、主体技术、储备技术指导文献。“一种复合溶剂萃取精馏分离重整抽余油的方法”取得国家发明专利，“MTBE 原料碳四降硫方案研究与应用”获 2016 年集团公司科学技术进步奖三等奖。围绕以千万吨优化为重点的项目建设，先后组织 30 次技术交流，论证 5 个项目技术方案，确定硫黄尾气达标等 3 项大型技术方案，采用超重力碱液再生、浓盐水蒸发结晶技术，有效解决内陆炼化企业碱渣、浓盐水环保排放难题。围绕 500 万吨运行，研究开发 HB28F、非税沥青、京Ⅵ标准汽油等产品，采用 LN–3 醚化等一系列破解难题、消除瓶颈的技术为华北石化提质增效提供可靠保障，构建包容开放的技术格局。信息化管理逐步改进，为生产经营服务保障、决策支持发挥重要作用。

【党建和企业文化】 2016年，华北石化深化“两学一做”学习教育和“重塑中国石油良好形象”大讨论活动，召开中共华北石化公司第五次代表大会，组织党委中心组集中学习16次，开展建党95周年系列活动。推进党建品牌创建，坚持员工思想动态调研和民主联系人座谈会制度，将解决思想问题与解决实际问题相结合。拍摄6期喜迎党代会宣传片，开通官方微博、微信公众号，将镜头对准基层和企业改革发展的亮点、重点。加大企业文化宣贯力度，设计《企业文化手册》《员工礼仪手册》。开展“我为三年大变样敬一言”征集活动，做好岗位职责上墙工作。发挥群团工作密切联系员工的优势，通过健康向上的文体活动、第三届职工运动会等形式凝聚人心，通过“三年大变样”劳动竞赛、“五型”班组创建、青字品牌活动等形式服务生产经营，通过总经理民主联系人座谈会、帮扶资金管理专项调研，拓宽员工行使民主权利、反映热点问题的渠道，提升民主监督管理的水平。聚焦中心工作，开展廉洁文化建设，强化监督执纪问责，有效推动“严、细、实”作风在华北石化落地生根。

【和谐企业建设】 2016年，华北石化成功研发京Ⅵ标准产品作为先锋油保供北京市场（图2）。全年节水6.6万吨，节能0.69万吨标准煤，污染物排放总量同比下降23.33%，面对重度污染天气，宁误加工量、宁误效益、不误环境、降量减排，为驱散雾霾、大气环境改善做出突出贡献。促进河北省和两级市经济社会发展，2016年实现税费85.75亿元；突出精准扶贫，完成围场满族蒙古族自治县两个行政村扶贫项目24个，实现脱贫220户770人。注重民生的不断改善，增加员工福利，改善劳保质量、提高体检标准，提升全员健康水平。改善工作环境，推进厂区园林化、公园化建设，新增绿地面积3万多平方米。心系员工生活，提高配餐质量，控制菜品价格，为千万吨项目部等增设配餐场所。提升小区服务质量，改善绿植、调解纠纷、维修住房，解决居民后顾之忧。解决近50名员工子女的入学和就业等问题。

图2　2016年11月23日，华北石化生产的全国首批京Ⅵ标准汽油从任丘火车站驶出，发往北京（汪博摄）

（郑晓云）

中国石油天然气股份有限公司呼和浩特石化分公司

【概况】 中国石油天然气股份有限公司呼和浩特石化分公司（简称呼和浩特石化）位于内蒙古自治区呼和浩特市，始建于1992年，占地200万平方米，是内蒙古自治区境内唯一的一家炼油企业。

炼油加工规模500万吨/年，固定资产原值80.44亿元，14套炼油装置、1套化工装置及配套系统。配套建设有长庆—呼和浩特原油管道和呼和浩特—包头—鄂尔多斯成品油管道。主要生产车用汽油、车用柴油、航空煤油、燃料油、液化石油气、聚丙烯树脂、石油苯、工业硫黄等6大类13种产品，主要满足内蒙古自治区、山西及周边地区市场需求，并出口蒙古。在册员工2010人，大专以上学历1188人。设11个机关处室、4个直属单位、12个二级单位、9个基层单位。

2016年，呼和浩特石化面对国内经济下行、原油资源紧张、市场需求不旺等严峻的生产经营形势，坚持稳健发展方针，强化经营策略分析研究，密切产运销衔接，注重质量效益，加强精细管理，实现安全环保生产，取得良好的生产经营业绩。加工原油409万吨，实现轻质油收率79.64%，综合商品率91.96%，炼油综合能耗69.03千克标准油/吨原油，新鲜水单耗0.51吨/吨原油，综合损失率0.59%。实现营业收入187.08亿元，上缴税费86.37亿元，实现盈利20.84亿元（表1）。11月，获“全国‘互联网+时代’创新文化建设30标杆企业”称号，2016年内蒙古自治区“30强企业”称号，全国“安康杯”竞赛

"安全文化宣传先进单位"称号，全国"安康杯"竞赛"优胜集体"称号。

表 1　呼和浩特石化主要生产经营指标

指　标	2016 年	2015 年
原油加工量（万吨）	409	369.44
汽油产量（万吨）	176.14	146.96
柴油产量（万吨）	138.52	141.48
航空煤油产量（万吨）	14.22	9.13
有机原料产量（苯）（万吨）	2.37	2.08
合成树脂产量（聚丙烯）（万吨）	13.78	9.4
资产总额（亿元）	66.76	72
营业收入（亿元）	187.08	177.32
利润（亿元）	20.84	6.08
税费（亿元）	86.37	72.53

【生产运行】 2016 年，呼和浩特石化严肃工艺纪律和生产指令，加大对重要操作参数、重点指标的监控和管理力度，及时排查设备故障，对重要设备、重要机组采取重点监控措施。坚持每月对各装置平稳率进行统计，通过分析影响平稳率的因素，完善 MES 平稳率考核，提高装置平稳运行水平。开展装置自控优化工作，2016 年呼和浩特石化仪表完好率 99.91%、使用率 99.85%、控制率 90.85%。常压蒸馏、聚丙烯等装置开始模拟黑屏自动化操作，生产平稳运行水平逐步提高。

【安全环保】 2016 年，呼和浩特石化落实安全环保责任。动员广大干部员工认清形势，统一思想、履职尽责，确保安全生产。呼和浩特石化坚持领导每天早上碰头会制度，坚持安全生产联系点、各级领导干部每天夜间值班值守等制度，强化有感领导，落实直线、属地管理责任。坚持重大安全隐患公司领导挂牌督办、员工发现隐患避免事故按月奖励兑现，组织开展冬季安全生产劳动竞赛，完善安全监督方法，加强定性分析和动态跟踪，保障安全平稳生产。

作业受控和应急管理。严格施工和作业界面的交接管理，加强作业前安全分析，认真执行作业许可制度，加强对用电、用火、动土、进入有限空间等特殊作业现场检查确认，实行节假日动火升级管理，强化作业风险控制。加强承包商管理，严格资质审查，投用指纹识别系统，加强施工人员入厂检查和安全培训，强化现场作业监护，保证施工作业安全，2016 年进行入厂人员安全培训 1588 人次。强化应急管理体系建设，组织公司级应急演练 2 次，基层演练 54 次，提高员工应急处置能力。

HSE 体系建设。通过安全经验分享、事故案例学习等方式方法，牢固树立"环保优先、安全第一、质量至上、以人为本"HSE 管理理念，增强员工安全环保意识。按照炼化板块的要求，呼和浩特石化分专业多层次组织开展 HSE 体系审核评估，规范 HSE 管理体系运行，认真组织对炼化板块 HSE 体系审核问题整改，从思想认识、工作作风、管理责任等方面分析原因，举一反三，强化问题整改。2016 年炼化板块体系审核 105 个问题，完成整改 89 个，其余 16 个正在落实整改。

环保达标。重视污染减排工作，加强环保设施运行管理。落实污染物减排控制措施，利用在线监测设备，强化重点污染源监控，完成呼和浩特石化"泄漏检测与修复（LDAR）项目"实施并通过专家评审验收。完成炼化板块 2016 年污染物排放分解指标，其中 COD 排放量 33.35 吨，氨氮排放量 1.93 吨，二氧化硫排放量 63.18 吨，氮氧化物排放量 572 吨，实现"三废"达标排放。

推进 500 万吨/年炼油扩能改造项目环境影响评价验收工作。对安全防护距离拆迁情况加强沟通和督办，与内蒙古自治区环保厅、呼和浩特市环保局沟通，做好验收前的各项准备工作，并按照集团公司安排做好个人和社会可接受风险评估和卫生防护距离测算工作。

【节能减排】 2016 年，呼和浩特石化炼油综合能耗为 69.03 千克标准油/吨原油，单因能耗累计完成 7.61 千克标准油/（吨·因数），位居炼化板块第 7 位，新鲜水单耗累计完成 0.51 吨/吨原油，在 2016 年累计二次加工比例高于 2015 年 11 个百分点的情况下，完成节能量 1.2 万吨，节水量 12.8 万立方米，节能量和节水量全面完成炼化板块下达指标。全厂 17 台工艺加热炉热效率全部达标。发电 13162 万千瓦·时，同比增加 4657 万千瓦·时。全厂变频投用率 90% 以上。回收凝结水 140.6 万吨，同比增加 37 万吨。除盐水系统产水率保持在 80% 以上。污水回用率 57%，同比提高 29 个百分点。

【挖潜增效】 2016 年，呼和浩特石化及时调整产品结构，通过加入新催化剂并调整操作，实现目标产品最大化，大幅降低催化装置烧焦和油浆收率，提高烯烃产率、丙烯收率、MTBE 收率及催化汽油辛烷值。全年生产聚丙烯 13.78 万吨。生产 97 号汽油 28.26 万吨。MTBE 装置及轻汽油醚化装置甲醇转化率大幅提高，同比增加 1.9 万吨，增效 3800 万元。开好变频电机，提高加热炉热效率，做好蒸汽发电机组维护工作，2016 年发电 1.31 亿千瓦·时。享受电力多边交易优惠政策，6—12 月电费支出中，节约电费 600 万元。

【工程建设】 2016 年，呼和浩特石化设计、采购、施工各部门密切配合，强化项目全过程管理。2016 年投资 7133 万元，实施 VOCs 减排治理项目，完成汽油国Ⅴ标准质量升级、呼和浩特石化含氢尾气氢气回收改造项目建设，并实现成功投用。推进信息化系统建设与应用，完成安全受控系统等项目的组织实施，优化系统运行，提高工作效率。

【产销衔接】 2016 年，呼和浩特石化完成国Ⅴ标准汽柴油质量升级置换工作，满足市场需求。协调销售板块打开甘肃、宁夏、青海等地市场，拓宽公路配送范围，启动汽车散装向山西晋北地区加油站跨区配送业务。积极推动呼和浩特—包头—鄂尔多斯成品油管道常态化运行，有效缓解成品油出厂的紧张局面。争取价格政策，确保小产品买断价格到位率。加大新产品市场占用率，提供及时有效的产品售后服务，实现聚丙烯 HT07FC 常态化生产，并试生产 HT16G、HT03L 等 4 种新产品，为 2017 年常规化生产奠定基础。

【基础管理】 2016 年，呼和浩特石化严格内控指标，产品出厂合格率 100%。推进出厂计量自动化，严密计量数据监控，计量精细水准逐步提升。定期组织开展专业流程梳理，2016 年梳理流程 309 个，增强流程管理的有效性和可控性。建立健全规章制度，加强梳理、评价、建设和执行工作，规章制度涵盖各个业务层面，做到各项工作有据可依，合规管理意识加强。

【队伍建设】 2016 年，呼和浩特石化畅通晋升渠道，为管理人员成长成才创造条件，12 名年轻干部走上车间领导岗位。有效利用激励机制，鼓励技术人员学知识、学技术，实行通岗培训，106 人取得跨装置操作证。组织开展技师和操作技能骨干考核聘任工作。聘任 4 名高级技师、56 名技师、357 名操作技能骨干。开展员工培训工作，培训员工 47675 人次，促进员工技术素质提升。

【党建工作】 2016 年，呼和浩特石化各级党组织坚持融入中心，服务大局，抓好班子，带好队伍，落实党建工作目标考核机制。顺利完成党支部换届选举工作，增强党组织活力。深入开展“两学一做”学习教育，各级党组织坚持问题导向，抓住学、做、改、促四个关键环节，围绕“干、实、严”，突出日常性、经常性教育，确保学习教育取得实效。2016 年各级党组织书记讲党课 81 场，组织学习讨论会 133 次。严明政治纪律和政治规矩，深入推进党风廉洁建设“两个责任”落实，形成责任清单，强化责任保障。积极推进巡视问题整改，确保事事有回音、件件有落实。

持续巩固“重塑中国石油良好形象”大讨论活动成果，从思想根源上转变观念、查摆问题，为呼和浩特石化稳健发展打牢思想根基。以“聚焦提质增效，强化严细管理”为主题开展“形势、目标、任务、责任”教育活动，坚持正面宣传，做好新闻报道工作，统一思想，振奋精神，激发员工工作热情。开展企业文化转型升级活动，引导员工在完成生产经营任务中实现自身价值。

各级工会组织主动强化服务职能，不断完善职工代表大会和民主联系人制度，积极开展合理化建议征集和劳动竞赛活动。团委以创建“青年文明号”为抓手，引导团员青年立足岗位争做贡献，凝聚推动呼和浩特石化发展的正能量。

【和谐企业】 矿区服务。矿区服务系统认真履行“三保障、三服务”工作职责，增强服务意识，端正服务态度，完成水、电、汽、暖供应任务。认真做好降本增效工作，积极催缴矿区运行分担费用，及时收缴房屋租赁收入。从民生的热点和难点问题入手，加强多方沟通协商，有效解决矿区历史遗留问题。

民生工程。呼和浩特石化克服困难筹措资金，积极开展扶贫帮困送温暖和金秋助学活动，妥善处理特殊困难群体的应急救助，2016 年帮扶困难人员 393 人次，发放帮扶资金 153.5 万元，为困难员工送去组织的温暖。关心退休职工生活，落实政治和生活“两项待遇”。认真落实员工定期体检、带薪休假制度，组织特殊岗位员工健康疗养。

综治维稳。加强信访流程和制度建设，变坐等上访为主动下访，引导各类群体理性有序表达诉求，从源头上维护稳定。加强与公安部门的联动，突出人防、物防、技防、信息防，着力做好安保防恐工作。对重点区域、重点部位加大监控力度，及时发现问题，采取防范措施，营造良好的治安环境。

（何淑华）

中国石油天然气股份有限公司辽河石化分公司

【概况】 中国石油天然气股份有限公司辽河石化分公司（简称辽河石化）位于辽宁省盘锦市，始建于1970年，1971年建成投产，是原油加工能力520万吨/年、资产总额56亿元的炼化企业。设11个机关处室、6个机关附属机构、5个直属部门、15个二级机构，在册员工2766人。有常减压蒸馏、催化裂化、连续重整、汽柴油加氢、润滑油加氢、延迟焦化、润滑油糠醛白土联合精制、气体分馏、聚丙烯、制氢、硫黄回收、酸性水汽提、干气及液化气脱硫等28套主体装置以及完善的公用工程系统和辅助生产设施。主要加工低凝环烷基原油、混合稠油、超稠油、石蜡基原油和进口稠油，主要产品有汽油、柴油、润滑油、沥青、聚丙烯、石油焦、液化气、工业硫黄等30余种。沥青产品产能达200万吨/年，是中国最大的沥青生产基地，环保型橡胶填充油等特种润滑油系列产品打入国际市场，是中国石油以加工稠油为主最具特色的炼化企业之一。

辽河石化遵循“特色化、差异化、高端化”的发展定位，以“合规强管理，优化增效益，特色促发展”为重点，以建设素质好、贡献大、受尊重、可信赖的优秀企业为目标，在弘扬“石油精神”基础上，构建以“聚合光热、播撒欢喜”为核心内容的特色精品文化体系。提质增效，稳健发展。2016年，稠油定价机制在重质油贴水基础价、重质油结算吨桶比和原油品质差系数3个方面进行调整，使稠油价格上涨，同比增加原油成本7.5亿元。全年加工原油470.5万吨；生产沥青177万吨；销售收入139亿元；实现账面利润0.13亿元，剔除原油调价减利因素及来料加工海外账户盈利，实现考核利润4.7亿元，超额完成4亿元责任目标；上缴税费41亿元（表1）。获集团公司“十二五”期间科技工作先进单位、环境保护先进单位、统计工作先进单位，国家工商行政管理总局“重合同守信用”企业、CCPC十年发展卓越贡献单位、辽宁省平安示范单位等称号。“与供给侧结构改革相适应的新产品开发体系建设”获2016年度全国国企管理创新成果一等奖。

【生产运行】 2016年，辽河石化加强产销衔接，严格执行炼油与化工分公司加工计划，全年计划执行完成率99.59%。严控生产波动，装置平稳率99.76%。有效发挥“日优化、周评价”体系的作用。优化原油组织，合理使用进口原油，增效5896万元。积极优化工艺流程和产品结构，增产-35号柴油等高效产品。优化利用丁脱沥青，研发高附加值产品增效。提升重整负荷，提高氢气产量，停开1号制氢装置，降低氢气成本。优化偨化等装置运行，增效2292万元。实施蜡油组分深加工，增效3492万元。增加高附加值产品调运计划量，减少柴油额外量。通过扩销增效，保证生产后路畅通。投用柴油地付扩能设施，提高柴油市场占有率。推进汽油地付，开拓周边地区市场。打通进口原油来料加工流程，实现成品油首次出口（汽油1.59万吨、柴油1.09万吨），创效325.8万美元。

表1　辽河石化主要生产经营指标

指　标	2016年	2015年
原油加工量（万吨）	470.5	483
汽油产量（万吨）	57	54
柴油产量（万吨）	132	143
石油焦产量（万吨）	24.28	20.56
润滑油产量（万吨）	13	18.78
沥青产量（万吨）	177	173
苯类产量（万吨）	13.15	12.07
聚丙烯产量（万吨）	2.35	2.25
资产总额（亿元）	56	55
营业收入（亿元）	139	164
利润（亿元）	0.13	1.03
税费（亿元）	41	54

【安全环保】 2016年，辽河石化通过集团公司HSE体系两次审核，结合审核清单，严肃整改，逐项销号。完成南蒸馏等装置HSE标准化建设试点施行。开展各级应急预案演练383次。组织开展关键岗位干部HSE履职能力评估。实施风险作业每日公告制，2016年公告并严控风险作业7647项次。严格审查评定承包商资质，加强施工过程管理。加强“五大”纪

律管理，落实岗位责任制，每周检查讲评。圆满完成鲅鱼圈长输管道隐患治理工作。组织开展各类安全检查 17 次，查出并整改各类问题 365 项。有序推进催化再生烟气脱硝、CAST 池封闭改造、东西区火炬联网等项目，整治环保缺欠。开展在运项目安全环保手续清理整顿，与地方政府协调解决项目验收具体问题，完成重整等装置的环保验收，全部清理环保“三同时”历史欠账。推进环境监测站标准化建设，通过国家认可委标准认证审核。加大空气环境风险管控力度，组织开展装置泄漏检测与修复，实施挥发性有机物污染源摸底排查。污水场新浮选机投用，效果良好。持续开展清洁生产审核，各类污染物持续达标排放。

【设备管理】 2016 年，辽河石化完成 24 套关键机组和 233 台主要机泵、风机日常监测诊断工作，发现机组故障 3 起、故障隐患 48 台次；成功诊断出机泵故障 22 起，故障隐患 115 台次，对监测发现的故障及隐患及时做出诊断报告或提出建议，转动设备故障率同比降低。完成润滑油系统检修，其中检修项目 635 项，技术改造技术措施及安全隐患整改项目 34 项。完成脱酸仪表 ESD 升级改造，将南蒸馏装置、糠醛白土装置 DCS 系统迁移至中央控制室。开展“四新”技术应用，实施南蒸馏加热炉空气预热器改造等项目，效果良好。节约挖潜修旧利废，旧阀门维修再利用节约费用 90 万元。引入安全阀在线风险分析技术，节约费用 170 万元。2016 年设备完好率 99% 以上，静密封点泄漏率控制在 0.1‰以内，自控率 92.44%。

【节能减排】 2016 年，辽河石化完善用能制度，层层落实责任指标。强化节能降耗，积极做好天然气、电力、氢气、氮气、蒸汽的平衡优化。大力压缩成本，严控动力费、辅材消耗。实施重整装置解析气压缩机余隙无级调节节电优化和催化热进料节能优化。2016 年初制定 18 项“双优化”节能项目，其中指标类 5 项，改造类 13 项。截至 2016 年底，改造类项目完成 7 项，剩余 6 项处于实施流程中，年增效益 400 余万元。组织相关人员参加炼油生产装置与公用系统相关的节能优化软件培训，提升技术人员使用节能优化软件的能力，为装置的后续改造及优化工作提供技术支持。对在册耗能设备进行列表，制订淘汰计划，完成国家发改委分配的任务。2016 年辽河石化通过国家对“十二五”期间完成节能量的企业验收抽查，“十二五”期间完成 1.18 万吨标准煤节能量，先后通过辽宁省及盘锦市节能监察中心的核查。

【挖潜增效】 2016 年，辽河石化全面落实优化措施。推进“9+46”（9 大增效措施、46 个“双优化”项目）项开源节流降本增效项目，抓好双优化项目落实，全年累计增效 2.5 亿元。坚持“优势指标保持领先，中等指标全力赶超，劣势指标自我提升”的原则，抓好经济技术指标优化。主要经济技术指标中，计划执行率、原油综合损失率位居炼化板块第一位，有 7 项指标（计划执行率、原油综合损失率、原油加工损失率、石油产品高效产品收率、新鲜水单耗、石油产品综合商品收率、单位能量因数耗能）位居炼化板块前六位。与 2015 年相比，有 6 项指标得到提升。其中，石油产品高效产品收率 59.32%，同比上升 5.15 个百分点；原油加工损失率 0.29%，同比下降 0.01 个百分点；原油综合损失率 0.3%，同比下降 0.07 个百分点；计划执行率 99.59%，同比上升 0.01 个百分点；单位能量因数能耗 7.59 千克标准油 /（吨 · 因数），同比下降 0.38 千克标准油 /（吨 · 因数）；石油产品综合商品收率 95.05%，同比上升 0.01 个百分点。

【工程建设】 2016 年，辽河石化正式启动催化装置改造项目前期工作，处理能力将由 80 万吨 / 年升级到 100 万吨 / 年，解决二次加工不配套问题。环烷基润滑油高压加氢项目通过可行性研究审查。2 号硫黄回收装置一次开车成功。2 号酸性水汽提装置建设改造完成中间交接。15 万吨 / 年汽油醚化施工、1 号柴油加氢改质装置改造项目准备工作有序推进。2016 年完成 11 个建设项目，包括 1.5 万吨 / 年硫黄装置、100 吨 / 时酸性水装置、硫黄与酸性水系统配套工程、西区火炬联网工程、研究院办公楼改造收尾工程、厂区正门安全隐患治理工程、西区三级防控 2 个 20000 立方米事故水罐外围管架抬高及消防道路收尾工程、原催化裂化装置内的老汽油醚化和产品精制设施拆迁工程、鲅鱼圈长输管线较大隐患治理收尾工程、15 万吨 / 年汽油醚化装置土建工程和物资采购部老库区部分库房拆除工程，完成总投资近 2.05 亿元。

【科技创新】 2016 年，辽河石化召开科技创新会议，确定“十三五”期间科技工作“创新引领、科技对标、特色赶超”的总体思路。承担 7 个股份公司级项目，10 个地区公司级项目。“劣质重油加工工业化成套技术开发”和“辽河稠油优化加工成套技术开发与工业应用”项目通过科技管理部年度评估。“雾封层专用沥青及环保沥青的技术开发与应用”项目完成雾封层沥青和环保沥青的实验室研究工作和工业化实验，实现应用。开展沥青和润滑油等新产品技术开发及技术攻关研究工作。实现行标（A级）沥青生产新突破，成功批量生产90号A级沥青，并应用在京新、沈四高速公路等重点工程中。研发生产出防水卷材沥青、汽车阻尼板沥青、50号A级沥青，制定发布《防水卷材沥青》企业标准。成立沥青销售技术服务小组，拓展新型沥青市场。推进新型改性水工沥青、机场改性沥青的市场开发与应用，创效300余万元。完成环保油中试装置试验任务，生产出合格的高芳烃环保油。生产销售中芳烃环保橡胶油、SBR1778E环保充油胶专用油1.5万吨，创效4600万元。积极推进特色产品市场开发，制订环保油提质与扩大市场销售总体方案。组织航空煤油新产品开发，试生产出3号喷气燃料。大比重喷气燃料的研发取得新进展。

辽河石化研究院分析室通过国家认可委的现场审查，取得国家实验室认可资格，列入《国家认可实验室名录》，沥青产品分析数据得到国际间同类实验室的认可。研究院新试验厂房正式投入使用。组织20人的中试装置开工队伍，相继完成300千克/时糠醛中试装置、5千克/时溶剂脱沥青装置、100毫升两反串联高压加氢装置的开工任务，具备焦化、加氢、溶脱等工艺的试验能力，试验装置由过去8套增加到15套，均完成安装调试，具备与公司工艺相配套的试验能力，2016年各试验装置安全平稳运行累计200余天。

【党建与政研工作】 2016年，辽河石化党委以“七抓七促”为工作主线，大力弘扬“石油精神”和“聚合光热，播撒欢喜”特色精品文化理念，将企业文化建设和队伍建设有机融合，队伍活力得到进一步提升。中共中国石油辽河石化公司第三次代表大会召开，选举产生新一届党委、纪委领导集体。举办形势任务专题报告会、毛丰美先进事迹报告会和“纪念建党95周年，向党代会献礼”系列活动。在盘锦市第九届职业技能竞赛中，辽河石化取得团体第一名和钳工个人项目第一名的优异成绩。持续开展员工健康管理工程，尝试推进蓝卡医疗模式进公司。为员工生日送祝福，完善大病帮扶救助政策。组织开展游泳比赛、趣味运动会等丰富多彩的文体活动。做好扶贫帮困工作，两级班子走访慰问困难员工275人次。加强综治和维稳工作，开展综治宣传月活动，坚持及时就地解决问题和教育疏导相结合的维稳信访原则。以创建平安单位为中心、突出政治稳定和治安稳定，为生产发展营造稳定和谐的治安环境。辽河石化被授予辽宁省“平安建设示范单位”称号。

做好集团公司级政研工作，深入调查研究、认真撰写课题报告。在中国石油第八届党建思想政治工作优秀研究成果评比中，辽河石化上报的课题“企业自办媒体的作用发挥研究”获二等奖，课题“新形势下提高基层党组织战斗力问题研究”“企业党组织落实党风廉政建设主体责任对策研究”获三等奖，课题“深入推进全面从严治党研究”“新形势下思想政治工作作用及规律研究”获优秀奖。

（马德君）

中国石油天然气股份有限公司长庆石化分公司

【概况】 中国石油天然气股份有限公司长庆石化分公司（简称长庆石化）位于陕西省咸阳市，始建于1990年，1992年投产，固定资产原值48亿元，主要生产装置16套，原油加工能力500万吨/年。长庆石化为燃料型炼油厂，产品以国Ⅴ标准车用汽油、柴油，航空煤油，液化石油气为主，有少量的丙烯、工业硫黄、石油苯、道路沥青等产品。设9个机关职能处室、5个直属机构、7个二级单位和3个机关附属机构，并托管综合服务处，在册员工1157人，平均年龄37岁，大专以上文化程度占76%。

2016年，加工原油435.2万吨，实现营业收入188.8亿元，税费82.6亿元，利润17.1亿元（表1），超额完成业绩指标和奋斗目标。

【企业经营】 2016年，长庆石化抓好生产计划管理，坚持市场导向，科学计划排产，优化产品结构，以周测算保月计划、以单品种保总效益，资源向高效厚利产品倾斜，全年高效产品比例同比提高0.4个百分点，95号国Ⅴ标准汽油产销突破10万吨。加强营销工作，坚持以销定产、以产促销，强化每周产运销储衔接统筹协调，落实配置计划，做好量价配合，克服成品油需求低迷、夏季拔头油流向单一和咸阳油库检修公路停运等困难，确保后路畅通，并创造单日铁路装车301节的历史新纪录，实现增产、增收、增效。

表 1　长庆石化主要生产经营指标

指　标	2016 年	2015 年
原油加工量（万吨）	435.2	497.31
汽油产量（万吨）	143.04	158.74
航空煤油产量（万吨）	30.25	33.08
柴油产量（万吨）	191.24	219.6
资产总额（亿元）	50.2	44.7
营业收入（亿元）	188.8	233.8
利润（亿元）	17.1	13.57
税费（亿元）	82.6	93.5

【安全环保】 2016 年，长庆石化加大新《安全生产法》《环境保护法》学习贯彻，重新修订 343 个岗位的安全职责，实现安全生产责任无盲区。引入杜邦管理，实施 HSE 管理整体提升项目，策划三年关键工作 24 项，启动 19 项，形成 9 个方面 40 项成果。集中做好集团公司体系诊断评估、审核问题整改，保证安全生产责任体系有效落实。强化现场管理，建立隐患排查机制和监督检查机制，有效跟踪整改，实现隐患问题闭环管理。深化应急管理，将装置紧急退守权力下放至班组长，以“班组三分钟，横班五分钟”的应急处置为核心，提高对初期事故、事件应急状态的处置水平。组建专职消防队，通过日常培训演练和大修、技术改造备勤，消防保障能力得到持续锻炼和有效加强。

重视环保减排，坚持源头治理和末端控制相结合，突出强化生产全过程的环保管理，进一步完善环保设施，实施新增隔油池、雨水提升池、在线监测等 9 个环保减排项目，污水系统运行有所改善，主要污染物达标排放。按期完成 VOCs 污染源排查和排放核算。

【生产运行】 2016 年，长庆石化强化生产受控管理，编制总体提升方案，重点推进 12 项生产受控工作。全面树立调度指挥系统的权威性，持续加强标准化巡检、监盘管理，加强工艺纪律、操作纪律和劳动纪律检查，装置平稳率 99.94%。强化装置达标对标工作，细化指标设定方法和工具，实现炼油专业和炼油装置双达标。加强生产优化调整，柴汽比降低至 1.34，汽油、柴油全部实现国Ⅴ标准出厂，综合商品率 94.64%、高效产品比例 59.32%，双双创出历史新高，累计优化增效 2.2 亿元。开展节能节水优化攻关，反渗透水（RO）产量同比增长 17%，实施加热炉节能改造等 5 个节能节水项目，完成节能节水业绩指标，综合能耗实现 64.98 千克标准油 / 吨。强化辅材及各种添加剂管理，全方位压本降费，杜绝以领代耗，实现完全单位加工费在检修年不超预算目标。

【设备管理】 2016 年，长庆石化导入 MIQA 理念，强化设备保障，落实属地责任，改进关键机组特护管理模式，设备完好率 99.85%，关键机组未发生计划外停机事故。强化电仪管理，开展自控率提升到攻关，装置平均自控率由 2016 年初的 33% 提升到 95% 以上，自保联锁投用率实现 100% 目标。成立设备检测中心和检修管理中心，开展大检修项目后评估、设备隐患排查等多项工作，全员设备管理、设备全生命周期管理进一步深化。开展标准化建设，拆除 6 套老旧装置，完成 3 个外操室集中整治和 5 套试点装置及 17 台加热炉的现场标准化，现场管理提升初见成效。

【大修和技术改造】 2016 年，按照炼化板块的统一部署，完成长庆石化建厂以来投资最多、时间最长、组织难度最大、参战人员最多的大修技术改造任务，实施检修项目 1024 项，同步完成催化防结焦技术改造、国Ⅴ标准质量升级以及中控室改造等重点工程。检修全过程实现安全优质绿色检修目标，首次做到“气不上天、油不落地、声不扰民”，催化装置创造开停工期间不放火炬的新纪录，为示范型城市炼油厂建设打好第一仗。检修期间创造的安全管理“三个模式”、质量管控“三个首次”和“七个零容忍”等管理经验，确保检修过程全方位受控。复工后装置运行平稳，综合商品率、轻质油收率创历史新高，损失、能耗等指标也有不同程度改善，成本优势和创效能力得到体现，装置本质安全和环保排放水平明显提升，现场面貌显著改观。经过精心组织和艰苦努力，实现当年大修当年完成结算目标。

【企业管理】 2016 年，长庆石化明确发展定位，成立示范型城市炼油厂建设领导小组，完善工作机制，从总体策划、理论研究、基础建设三个方面全面推进。初步完成示范型城市炼油厂顶层设计，确定建设目标、实施路径及主要内容等核心构架。进一步理顺组织机构，统一二级单位专业组运行模式；调整机泵维修力量，推行检维修外包模式。深化制度管理“五化”建设，修订制度 94 项，梳理流程 275 个，采取处长讲制度、现场考试等方式强化制度执行力。加强生产经营全过程风险管控，识别公司层面重大风险 9 项，制定防范措施 44 条，实现风险动态管理和有效防控。积极推进全面预算管理，开展往来结算清理，规范会计核算，做好税赋筹划，高质量完成资产清查工作，财务规范化管理水平显著提升。规范和强化公开招标，降低采购成本。加强工程造价管理，细化估算、概算审查，规范预算行为，严把结算审核关，费用控制效果明显提升。审计工作坚持问题导向和风险导向，完成审计项目6个，发现问题91个，提出审计及流程优化建议31条。

【队伍建设】 2016年，长庆石化员工职业化工程有序推进，完成第一阶段工作，构建素质模型和职业发展通道，并将职业化与绩效考核、员工培训、薪酬激励紧密结合，取得明显成效。突出重点培训项目，依靠外部培训机构举办两期处科级干部培训班；选送30多名一线班组长参加炼化企业班组长培训，均达到预期效果。落实属地主体责任，完成岗位培训和练兵918场次，参训近2.7万人次。有序进行职业技能鉴定，完成常减压蒸馏装置操作工等21个工种的技能鉴定工作，考试通过率和工种覆盖率均达90%以上；长庆石化主要负责人、安全管理人员、特种设备作业人员培训取证工作按期完成。长庆石化首个劳动模范（技师）创新工作室挂牌成立。

【科技信息】 2016年，长庆石化加大科研项目推进实施力度，负责和参与股份公司级科技项目7项，其中重油催化裂化沉降器结焦机理研究项目完成全部工作，等待集团公司统一验收；炼化能量系统优化项目在罐区和连续重整等4套装置现场应用，节能增效明显。围绕生产瓶颈，开展全厂氯平衡、水平衡分析，为强化专业管理提供技术支持。落实科技创新创效举措，评选奖励优秀论文和专利，发行长庆石化科技论文专刊。全面推进信息化建设，初步完成个人工作平台和移动办公平台搭建，实现18套常用系统单点登录，提高业务办理效率。加强信息技术应用，以用户需求为切入点，建设物资仓储、火车调运和绩效考核3个管理系统，促进企业管理水平提升。

【党建与思想政治工作】 2016年，长庆石化加强基层党组织建设，新组建党支部14个，完成党委所属28个党（总）支部换届选举，召开党员代表大会。扎实推进“两学一做”学习教育，与重塑形象、弘扬石油精神和大修技改等重点任务紧密结合，专题学习研讨、创新方式讲党课和立足岗位做贡献等8个规定动作落到实处。加强领导班子建设，严格管理干部，出台对中层干部从严经济处罚的六条规定。落实管党治党主体责任和监督责任，建立“两个责任”清单140项；开展廉洁风险识别，梳理廉洁风险点171个，制定防控措施246项；深入学习《中国共产党廉洁自律准则》《中国共产党纪律处分条例》，严肃查处各类违纪违规行为。持续推进“重塑中国石油良好形象”活动，开展“公众开放日”活动，传播企业好声音，集聚企业正能量。共青团开展青年志愿者岗位讲解、青年突击队竞赛等活动，为公众开放日和大修、技术改造贡献青春的力量。

【矿区服务】 2016年，长庆石化推进送温暖工程，使用帮扶资金50万元，慰问困难员工、离退休人员等175户。关注员工健康，开辟绿色就医通道，首次实现个性化体检和体重干预工作。更新操作室办公家具，改善员工工作环境。组织员工代表参与工服招标、工鞋选样等，维护员工权益。发挥各文体协会的作用，开展各类丰富多彩的业余活动，提升员工的凝聚力、向心力。全面加强矿区管理，加大民生工程投入，制定矿区三年规划方案，实施7项重点矿建项目。完成单身公寓楼整修，配全服务设施，单身员工的居住环境焕然一新；实施小区绿化改造工程和街区化建设，优化小区路网，完成住宅楼防护网、路灯改造，更换单元门及对讲系统，员工生活环境进一步改善，小区面貌发生明显变化。

（邱　宇）

中石油克拉玛依石化有限责任公司

【概况】 中石油克拉玛依石化有限责任公司（简称克拉玛依石化）始建于1959年，利用新疆油田环烷基原油资源，发展成为中国石油重要的高档润滑油和沥青生产基地，也是西北地区低凝柴油、喷气燃料的主要生产基地，加工能力600万吨/年。按照深化合资合作框架协议，于2015年7月完成中国石油与新疆维吾尔自治区合资合作工作。由中国石油天然气股份有限公司克拉玛依石化分公司正式更名为中石油克拉玛依石化有限责任公司。2016年底，设机关处室12个、附属机构6个、直属机构3个，二级机构20个。有员工3635人，其中少数民族员工516人、女员工1567人。有主体装置34套，资产总额83.49亿元，可生产各类石油化工产品160多种，主导产品40多种。自备热电厂产汽能力500吨/时，发电能力24兆瓦/时。

2016年，克拉玛依石化加工原油557.01万吨，同比增加7.04%，其中稠油364万吨。铁路专用线发运沥青、润滑油等各类货物79.1万吨。实现营业收入202.27亿元，上缴税费88.55亿元（表1）。

2016年，股份公司及炼化板块下达投资计划项目13项（炼化项目5项、安全环保隐患治理项目8项），下达投资计划2.39亿元；完成2项，完成投资2.3亿元。

表1　克拉玛依石化主要生产经营指标

指　标	2016年	2015年
原油加工量（万吨）	557.01	520.38
汽油产量（万吨）	102.67	88.26
柴油产量（万吨）	186.94	172.03
航空煤油产量（万吨）	22.36	18.11
润滑油产量（万吨）	49.75	45.57
沥青产量（万吨）	84.83	82.14
资产总额（亿元）	83.49	67.91
营业收入（亿元）	202.27	204.09
利润（亿元）	29.53	22.51
税费（亿元）	88.55	79.02

2016年，克拉玛依石化被评为新疆维吾尔自治区2016年度安全生产目标管理先进单位、2016年度集团公司环境保护先进单位。工会连续3年被中华全国总工会评为全国“安康杯”竞赛优胜单位。

【安全生产】 2016年，克拉玛依石化全面实现新疆维吾尔自治区、集团公司下达的年度HSE指标。完成杜绝一般事故A级及以上生产安全事故、杜绝一般及以上环境污染责任事件、新改扩建项目安全环保健康“三同时”执行率100%、职业健康体检率大于98%、职业病危害检测率大于98%的HSE工作目标。分级签订HSE目标管理责任书；编制印发《公司2016年HSE重点工作计划》，包括18个方面111项工作；领导编制个人行动计划2769项次，继续在各单位定期开展安全观察与沟通和安全经验分享活动。对照集团公司《炼化HSE审核标准》，认真开展评估转化，形成公司五层框架的量化审核标准，并首次组织开展内部HSE量化审核。全面启动炼化装置HSE标准化建设，2套试点装置实现HSE标准化达标，其他10套装置HSE标准化建设工作有序推进。做好隐患排查奖励工作，2016年针对252人次发现的249起隐患，奖励6.485万元。评选出年度“十佳除隐患安全卫士”，并给予人均5000元奖励。持续开展对2013—2016年评估的224项隐患项目挂牌督办并按月通报。2016年完成计划演练620次。开展岗前、岗中及离岗员工职业健康体检、对比评价及措施制订工作，2016年合计体检2136人。

【节能减排】 2016年，克拉玛依石化抓好既定节能节水项目的实施，并通过优化运行，有效提高水处理效率，减少污水外排量。完成照明灯具节能改造项目的技术方案论证，并以能源合同管理的模式开展实施。按计划积极推进能源管理体系认证工作，组织19个相关处室和单位、30套装置完成能源评审并提交能源评审报告，克拉玛依石化能源管理体系通过中国船级社质量认证公司认证并取得认证证书。2016年完成节能量0.53万吨标准煤、节水量6.16万立方米。

【环境污染事故为零】 2016年，克拉玛依石化“三废”（废水、废气、固体废弃物）排放得到控制和削减，处理工业废水389.1万吨，排放废水225.9万吨，废水处理、排放全部达标，3套污水深度回用装置回用污水163.2万吨。有控废气排放综合合格率100%，厂界噪声合格率100%，各加热炉所用燃料气均为脱硫后硫含量小于50毫克/升的燃料气，4000吨/年硫黄回收装置回收硫黄5685吨，热电厂烟气脱硫装置累计减排二氧化硫1473吨，烟气脱硝装置减排氮氧化物1650吨，完成二氧化硫、氮氧化物、COD及氨氮4项污染物总量控制指标。产生工业废渣6.0万吨，综合利用率100%，处置率100%。

【产品分析检测】 2016年，克拉玛依石化完成各项分析任务，馏出口、半成品、产品出厂分析准确率分别为99.95%、100%、100%；盲样抽查准确率100%。顺利完成汽油、柴油的产品升级，四季度开始生产国Ⅴ标准的车用汽油和车用柴油。

【工程建设】 2016年，克拉玛依石化共组织实施各类工程建设项目20项，其中60万吨/年连续重整装置自动反冲洗过滤器项目等14个项目按期实现中交，1万吨/年硫黄回收、全厂氢气系统优化项目基本建成。项目管理体系进一步完善，施工质量、费用等管控不断加强，2016年单位工程质量合格率100%，优良率保持90%以上。超稠油加工技术改造项目完成项目资源的对接落实，与中国石化春风油田正式签订原油供应意向协议书，编制完成《项目管理手册》及初步实施方案，各项准备工作进一步落实。

【科技创新与标准化工作】 2016年，克拉玛依石化承担的包括11个集团公司级重点科研项目在内的47

个科研项目基本完成研究计划，其中BS光亮油工艺优化及接替资源研究、变压器油基础油生产新工艺开发取得良好成效，以MOA基质沥青和氧化沥青为原料的SBR改性沥青生产取得圆满成功。累计研发生产320号工业白油、DRG10H冷冻机油、西藏专用SBR改性沥青等10余项新产品，国Ⅴ标准汽油、柴油质量升级顺利完成，加氢航空煤油生产认证按期完成。2016年获授权发明专利13件。

2016年，克拉玛依石化负责组织制订的国家标准《橡胶增塑剂 芳香基矿物油》（GB/T 33322—2016）和行业标准《橡胶增塑剂 环烷基矿物油》（HG/T 5085—2016）发布，公司标准升级完成。参加行业标准《工业白油》的修订；制定公司级《重交通道路沥青》和《石油焦》2项标准。

【设备管理】 2016年，克拉玛依石化修订完善《设备标准化管理办法》，开展7次设备标准化月度主题活动。69个机泵房、8个罐区、37个变配电室、28个仪表控制室、25套装置实现标准化装置目标。依法合规做好特种设备管理工作，完成在用压力管道（总计4762条）注册登记表填报。开展起重设备及电梯、气瓶储存、运输等方面专项检查；开展系统天然气管线、液氨管线及火炬线完好性的专项检查。积极推行预知维修与计划维修，加强设备运行及维修管理，完成30多项设备隐患整改工作，深度消除设备隐患，提高设备可靠性。

【物资采购管理】 2016年，克拉玛依石化签订采购合同963份，总金额4.46亿元；到货入库物资额4.29亿元，出库物资额4.61亿元；年底物资库存余额1.38亿元；周转次数为2.6次。编制完成《危险化学品采购储运安全管理实施细则》，规范危险化学品辨识、采购和储运的管理。修订《物资采购管理办法》，规范各种采购方式的应用。代储代销物资品种在原来基础上扩展到煤炭和十六烷值改进剂，代储代销金额同比提高4657.2万元。集团公司物资采购管理信息系统得到全面应用，物资通过网上采购率100%，物资通过网上招标率90%；按集团公司物资采购管理提升对标工作安排，开展自评工作，制定整改措施和实施计划，实现大检修物资计划准确率95%以上；严格执行物资入库检验制度，实现入库物资检测率100%，一次质检合格率99.53%。

【企业管理】 2016年，克拉玛依石化以组织绩效、全员绩效合同的建立、实施为抓手，健全和完善专业管理考核标准，落实关键绩效指标过程监督与考核，提升公司绩效管理水平。全年共检查办公室、规划计划、企管法规、人事、机动设备等14个专业规章制度管理情况，未发现规章制度在运行中存在问题。新建各类制度19项，修订现行制度39项，废止55项。组织开展基础管理体系融合工作，完成前期调研、方案制定、摸底调查及组织编写、修制订制度、编制综合手册、发布实施、接受认证等工作。审查签订各类经济合同1081份，合同总量同比下降84%；平均单份签约金额300.7万元，同比下降5.4%。坚持机关科级以上领导下基层活动，提出各类管理问题357个，绝大部分问题得到解决。QHSEM体系有效运行。编制、上报《内部控制有效性自我评价报告》，完成2016年度风险报告编制，完成《内控手册》修订及培训。

【财务管理】 2016年，克拉玛依石化围绕生产经营目标进行预测分析，提高决策支持能力。加强与业务融合、提高测算效率。通过财务与生产、计划、科技、销售等部门协同联动，研究制定降本增效建议并调整测算模型，为优化原油及产品结构、实现效益最大化提供可靠支撑。根据股份公司项目竣工决算审计安排，完成“铁路专用线”“柴油质量升级改造”和“劣质稠油废水抗冲击能力改造”等累计总投资9.1亿元的9个项目决算审计，清理应结未结施工费624万元，核实实物资产1947台（套）。完成所得税优惠政策申请备案工作，积极推进个人所得税的纳税改革，顺利完成“营改增”工作。

2016年，克拉玛依石化深化开源节流降本增效活动，制定挖潜增效方案208项，完成率92.3%，全年增效约3.4亿元。

【审计工作】 2016年，克拉玛依石化完成专项审计7项，发现问题54个，提出审计处理意见54条，审计建议25条。专项审计计划完成率和工程项目结算审计覆盖率均为100%。专项审计取得经济成果1498万元，工程结算审计核减金额165万元。

【党群工作】 2016年12月20日，组织召开中共中石油克拉玛依石化第二次党员代表大会，选举产生新一届党委和纪委领导班子。完成6个党支部支委的增补工作，19名预备党员转正为正式党员。扎实开展“两学一做”学习教育，成立学习教育领导小组，制定实施方案，并结合公司实际，每月下发一次学习教育工作安排，对克拉玛依石化所有党组织学习、研讨等相关内容提出明确要求，督促和指导各级党组织开展学习教育、讲党课、“两学一做”答题、知识竞赛等活动，确保学习教育落到实处。

2016年，克拉玛依石化工会征集职工提案127条，全部答复。为900多人次办理发放扶贫帮困资金

140多万元。为5户困难职工按月发放困难补助。

团委开展“安全生产、青年当先”安全主题活动，开展青年创新创效活动，收集90多项“五小成果”（小发明、小创造、小革新、小设计、小建议），进行评比表彰奖励。

【访惠聚工作】 2016年，克拉玛依石化选派12名党员干部组成两个工作组分别到南疆莎车县艾力西湖镇17村、18村驻村一年。全年累计投入各类资金333万元，村内基础设施全面改善，农作物产业结构调整进一步规范合理，群众增收基础不断夯实，宗教极端思想得到有效遏制，村党组织凝聚力战斗力明显增强，为促进当地社会稳定和长治久安做出贡献。

【人事管理】 2016年，克拉玛依石化任免干部48人，其中提拔副处级以上领导11名。完成7名公司学科技术带头人、20名公司装置技术带头人聘任及聘期年度工作任务书签订工作。确认通过2015年职称评审的工程、政工、经济系列的初级、中级、高级专业技术人员共45人的技术职称任职资格，聘任符合技术职称条件的46名专业技术人员。

2016年，根据集团公司人事部相关工作要求，对克拉玛依石化炼油化工研究院进行“双序列”改革，并按管理权限完成企业一级技术专家、企业二级技术专家、炼油化工研究院一级工程师的选拔聘任工作。

【教育培训】 2016年9月，中国石油克拉玛依石化职业技能鉴定站正式成立。全年共鉴定人员412人，其中炼化工种共319人由克拉玛依石化自行鉴定，包括初级工89人、中级工85人、高级工120人、技师17、高级技师8人。开展各类岗位技能集中培训1420余项，培训46200余人次，网络培训230余项，仿真培训累计10500多分钟。网络考试430余次，8800余人次。新开发的催化裂化装置、常减压蒸馏装置等6套仿真软件经过安装、测试正式上线运行，主体生产装置基本实现仿真模拟软件全覆盖。

【纪检监察】 2016年，克拉玛依石化纪委受理举报12件，按照干部管理权限规定，1件报送集团公司监察部处置，6件自办信访件完成初核工作并做了结，5件办理中。深入开展合规管理监察，对工程建设、工程技术、化工及炼油小产品销售、物资采购等4个业务领域进行筛查，围绕疑似问题开展专项检查，查出疑似问题25项，下发监察通知书12份；合规管理监察查出问题6项，下达监察建议书6份。修订印发《公司党政领导班子成员党风廉政建设责任范围清单》，进一步明确各级党组织、纪委和各部门在纪律建设中的责任，构建党委、纪委和各部门合力抓纪律建设的工作格局。组织召开克拉玛依石化2016年党风建设和反腐败工作会议，各基层单位领导等124人参加会议。会上，公司党政正职领导与班子成员、二级单位和基层单位正职领导班子成员按照分工与机关处室正职签订党风廉政建设责任书共41份。各单位（部门）参加全国“两会”精神学习讨论共829人，逐级签订党风廉政建设责任书356人，实现党风廉政责任书逐级签订全覆盖。落实党风廉政建设约谈制度，公司党委书记、纪委书记和纪委副书记采取集中和个别约谈方式，共进行47人次约谈提醒。深入开展“党规党纪”专项学习教育活动、“六个一”廉洁从业教育和专项整治工作。

【企业文化建设】 2016年，克拉玛依石化持续开展“形势、目标、任务、责任”主题教育活动、“重塑中国石油良好形象”大讨论活动、政研课题研究活动、大庆精神铁人精神再学习再教育活动，启动“向不安全行为告别”活动，并建立安全文化建设工作通报机制。落实“五必三关注”制度，持续抓好文明单位创建工作，开展“公民道德月”“学雷锋月”“我们的节日”“道德讲堂”“最美克拉玛依人”等各类主题活动。完成新疆维吾尔自治区文明单位“零基启动”申报及新疆维吾尔自治区文明单位迎检工作。

2016年，克拉玛依石化按照新疆维吾尔自治区党委和克拉玛依市委开展“一家亲”活动的部署和安排，制定《中石油克拉玛依石化有限责任公司开展“一家亲”活动的实施方案》，对开展“一家亲”党员干部结对子活动进行部署，在抓好安全生产和经营管理的同时，通过开展党员干部带头与各族群众结对结亲、互帮互助活动，引领党员干部围绕民族团结进步多做实事好事，带动各族干部群众在相互交往中加深了解，增加感情。

（王金平）

中国石油天然气股份有限公司庆阳石化分公司

【概况】 中国石油天然气股份有限公司庆阳石化分公司（简称庆阳石化）位于甘肃省庆阳市西峰区董志镇

工业园区，占地面积1360亩（约91万平方米）。前身为庆阳石油化工厂，随着长庆油田开发于1971年9月成立，隶属原庆阳地区管理。1984年5月划归甘肃省石化厅实行行业管理。2001年8月整体划转中国石油天然气集团公司。2004年12月划转中国石油天然气股份有限公司。2010年10月，原150万吨/年老厂关停，300万吨/年新厂建成开车，全体职工及家属整体搬迁至庆阳市西峰区。2016年5月25日，甘肃省和集团公司认定庆阳石化加工能力370万吨/年。2016年10月18日，庆阳石化汽油、柴油产品迈入国Ⅴ标准时代。设机关管理部门10个，直属部门6个，二级单位10个，在册员工1305人。庆阳石化为炼化一体化企业，主辅装置16套，主要产品有汽油、柴油、航空煤油、聚丙烯等9大类16种。

2016年，庆阳石化坚持"专业化管理、属地化运行，一体化管控、精细化考核"基本工作方向，抓好"安全环保、平稳运行"和"提质增效、稳健发展"，实现零事故、零污染、零伤害、零投诉。加工原油343.36万吨，营业收入155.53亿元，实现税费72.11亿元，利润总额20亿元，吨油利润579.62元/吨（表1）。

表1　庆阳石化主要生产经营指标

指　标	2016年	2015年
原油加工量（万吨）	343.36	257.10
汽油产量（万吨）	136.87	99.86
航空煤油产量（万吨）	14.11	9.49
柴油产量（万吨）	142.65	109.11
资产总额（亿元）	51.21	52.11
营业收入（亿元）	155.53	121.38
利润（亿元）	20.00	6.11
税费（亿元）	72.11	52.12
吨油利润（元）	579.62	234.46

【生产运行】 2016年，庆阳石化加强工艺技术管理，树立全流程优化、从源头控制、一体化解决理念，抓好精细化管控。对370万吨负荷下物料平衡等进行专业分析、综合调整，装置提量过程安全平稳。细化生产受控管理，严格落实"四有"工作法，精细平稳率、工艺纪律管理。强化生产运行产、供、销、运、储及服务保障全过程管控。编制全厂长周期运行大纲，强化运行部管理能力，强化生产指挥体系建设，发挥信息化数字化智能化的作用，支撑生产优化，装置运行平稳率99.9%以上，自控投用率保持95%以上，连锁投用率100%，加工损失创历史最好水平，炼油生产和装置实现双达标。

【安全环保】 2016年，庆阳石化以体系推进、现场管理、能力提升、风险辨识、隐患排查、问题整改、标准化站队建设为主要抓手，从依法合规、靠实责任、体系完善、流程优化、人员培训、设备可靠、生产受控、作业许可、应急体系、外部监管、隐患治理、工作外安全等12个方面夯实HSE管理基础。开展HSE体系文件评审，完成体系文件框架确定及修订工作。举办HSE管理知识、施工与检维修作业风险识别、特种作业人员取复证等培训班71期，培训4136人次。成立安全监督部，引入第三方监督单位，实现监管分离，修订《工程建设承包商管理办法》，建立承包商淘汰机制；建立志愿消防队伍，培训志愿消防员109名。整改评估诊断、量化审核、体系审核及各类监督检查等1511项问题，依法合规、安全平稳、节能减排、达标排放、质量抽查合格率100%。

【节能减排】 2016年，庆阳石化落实环保减排措施，完成催化烟气脱硝、污水预处理、液化气脱硫恶臭气体治理等减排项目建设，积极开展VOCs监测与修复，消减污染物排放总量。持续开展清洁生产审核，顺利通过甘肃省环保厅组织的现场审核验收。巩固水、电、燃料、辅材分析成果，分装置（单元）计量，调度每班统计、跟踪监控，每周进行对比分析，制定措施，主风机用电单耗同比降低1.05千瓦·时/吨，余热发电机组运行创历史最好，同比增加发电量1600万千瓦·时，柴油加氢余隙改造节电效果显现，用电单耗同比降低1.39万千瓦·时/吨。

【设备管理】 2016年，庆阳石化加强设备基础管理，建立设备防腐监测中心、动设备状态监测中心、大检修准备中心，以此为核心建立2+1三级设备管理体系，并理顺工作职能和机制，丰富和强化监测手段，建立健全监测体系，强化数据收集、分析及应用水平，依托信息化建立设备管理大数据平台，提高数据的利用率。狠抓现场作业管理，推行工单制，使设备管理逐步向有计划、能受控的方向迈进。立足自身力量做强做好仪电运维，动、静设备维保稳步实现专业化外委，签订长期维保合同，谁维保谁大检修，谁大检修谁继续维保，为安全生产平稳运行到2018年大检修提供基础。

【提质增效】 2016年，庆阳石化完成原油进厂量

342.37万吨，同比增长32.19%。完成成品油产量293.63万吨，同比增长34.42%。优化产品结构，柴汽比1.04，同比降低0.05。加强“三剂”对标管理，有效控制“三剂”单耗和费用，吨油辅材14.88元/吨，节约成本556万元；吨油燃动62.08元/吨，节约成本165万元。稳步推进“营改增”工作，专有技术加计扣除税前列支190.48万元。申请取得西部大开发税收优惠政策，减免企业所得税6038万元。落实“开源节流降本增效”20项45条措施，2016年实际增效25048万元，其中增收16523万元、节支8525万元，超额完成目标任务。

【改革创新】 2016年，庆阳石化调整公司管理组织架构和机构设置，推进专业化管理，规范业务管理，提高机制运行效率。引进专业咨询公司，全面梳理、规范、优化各项制度流程，将原有318项制度合并为154项，重新修订完善发布。在全公司推行框架协议，稳定货源渠道，降低采购成本，提高工作（运行）效率。严格招标监管，坚持“管、办、监分开”的管控体制，推行“业务驱动，归口管理，协同监督”管控。规范24小时生产运行控制及指挥体系；建立健全监管分开的安全环保监管体系；优化调整生产生活服务保障体系；全面调整装置维修检修保运体系；积极推进“三供一业”分离移交及矿区服务改革。

【重点项目】 2016年，庆阳石化370万吨/年加工能力标定取得集团公司核定和甘肃省批复。建成投运40万吨/年柴油加氢精制单元，庆阳石化全部汽油、柴油产品达到国Ⅴ标准。聚丙烯装置复产、中水回用及加热炉改造项目有序推进。围绕370万吨效能最大化释放和国Ⅵ标准升级要求，稳步推进“异构化+醚化+烷基化”国Ⅵ标准车用汽油、柴油质量升级各项工作，完成可行性研究上报，航空煤油提质改造完善工作有序进行。催化裂化烟气脱硝、液化气深度脱硫2项技术成果通过鉴定并交流推介。瞄准“四年一修”目标，2018年大检修准备工作全面启动。600万吨方案优化工作全面展开。

【党建工作】 2016年，坚持党委中心组学习，集中学习12次，发布学习文章55篇，按照“456686”主线（学习目标实现“四个进一步”，基本原则做到“五个坚持”“六个结合”，教育结果见到“六个实效”，方法措施抓好“八项具体工作”，做实“六个规定动作”）扎实推进“两学一做”学习教育，大力弘扬“苦干实干”“三老四严”石油精神，以“传承、改革、创新、奋进”为基调，开展纪念建厂45周年系列活动，以党建和群团工作促进生产经营安全平稳高效运行，召开庆阳石化加入中国石油以来第二次党员代表大会，完成党委和纪委换届工作。一名基层一线女工获甘肃省“五一巾帼奖”。充分调动工青妇团组织力量，深入开展“重塑中国石油良好形象”大讨论和“让损害公司形象的行为不再发生”征文活动，编印《劳动者之歌》，对外媒体宣传报道发稿40多篇，舆情积极正面。

【人才队伍建设】 2016年，庆阳石化系统规划3+1四支队伍建设，成立培训中心，设置专职培训员，选聘兼职培训师39名，组建培训师队伍。与西北大学合作启动管理干部系统培训，开展为期4个月的第一阶段管理干部系统培训，强化技术领军人才培养和技术骨干队伍建设，对12513人次进行规章制度、业务技能、安全技术、管理能力等多方位培训。组织催化裂化等23个工种、347名岗位操作人员分批次进行技能鉴定考核，员工上岗持证率100%，特种作业人员持有效证件率100%。深化干部人事制度改革，形成干部能上能下、能进能出工作机制，2016年退出岗位中层管理人员3人，内部退养中层管理人员3人，累计优化调整各类人员210人次。2016年共有25人晋升中、初级职称。

【民生保障】 2016年，庆阳石化引入专业化食堂管理团队，提供丰富配餐和一线岗位送餐，改造完善中控室、外操室功能及设施，为员工新建投用厂前区更衣室，配发高质量劳动保护装备，投用管控中心负一楼健身活动室，配备健身活动器材60件，为各基层单位工会配置健身器材658件。完善员工补充医疗保险和意外险，提高补充医疗保险缴费比例和门诊药费报销限额，为394名在册女职工续办特殊疾病互助保障，从根本上解决在职和退休员工看病就医及意外事故等后顾之忧。开展扶贫帮困工作，2016年发放困难救助金131.40万元，222人（户）得到庆阳石化的帮扶救助。

【社会责任】 2016年，庆阳石化以社会认同，提高全员归属感和幸福感，切实履行企业“四大责任”，积极参与甘肃省、庆阳市“双联”行动，投入259万元继续对环县5个贫困村实施帮扶项目，资助贫困乡村学生529名，向贫困村捐赠《农业实用技术系列丛书》200套，128名干部自费为帮联村购置化肥及火炉。216名员工参加庆阳市无偿献血活动，献血66800毫升。继续保持企地深度融合发展的良好形势。

（何宇春）

中国石油天然气股份有限公司东北化工销售分公司

【概况】 中国石油天然气股份有限公司东北化工销售分公司（简称东北化工销售）成立于2006年6月，主要负责中国石油东北地区10家炼化企业化工产品销售、东北区域外销售产品调运组织和区协产品互供管理等业务。机关驻地在辽宁省沈阳市，设机关职能部门17个，基层分公司7个。合同化员工总数459人，固定资产总额8.65亿元。截至2016年底，累计销售化工产品4463.4万吨，完成产品调运量8026万吨，实现营业收入2717亿元，实现利润12.36亿元，调运计划完成率100%。

【市场营销】 2016年，东北化工销售站在新的起点上，深入推进资源优化、市场增量、客户服务、策略营销四大工程，实现产品销量、经济效益双丰收。

深入推进资源优化工程。积极协调炼化板块和生产企业，努力争取适销对路资源，多产多配高效产品，2016年增加橡塑产品配置量96658吨。坚持"区内优先、直供优先"二次配置原则，以客户需求为主导，形成资源向高效市场流动和以效益为导向的资源分配机制。着力均衡销售和低库存运行，坚持"即采即销"，及时将产能转化为效益，产品库存始终处于合理水平。深入推进销售计划纳入ERP关联管理工作，丁醇、甲苯、烷基苯等7大类9个品种成功上线运行，涉及海运销售品种实现全覆盖。

深入推进市场增量工程。按照"主动增量尽全力、被动增量主动抓"的总体原则，坚持"走出去"，深入推进"门口销售""就近销售"。2016年共开发高效市场客户150家，实现区内高效市场销量416.02万吨，直销率74.94%。全力开展主动增量类产品市场调研，千方百计摸透东北地区橡胶、塑料产品的市场状况、资源需求和客户特点，针对性制定营销策略，出台《日均衡出货控制》及《客户分类奖励办法》，积极做好战略客户资源保供、技术服务等工作，全力提升东北高效市场占有率，东北化工销售橡胶、塑料类产品销量历史性突破百万吨大关，同比增加18.36万吨。深入推进被动增量类产品销售半径优化，对东北、华北、华东市场梯次饱和开发，先后与营口康辉、吉神化工等招商企业签订供应协议，乙二醇、丙烯等产品效益提升明显，2016年创效915万元。顺应市场变化，积极推进营销布局优化调整，重新厘清各销售主体的区域分布和权责分配，全力保供划转客户，及时解决各类问题，顺利实现平稳过渡，2016年橡胶、塑料产品战略客户直供率同比提高12%，市场占有率上升6%。

深入推进客户服务工程。坚持"重资质、低门槛、严考核、动态化"的原则，制定出台《客户管理办法》，简化客户入网流程，实施动态管理，冻结2年以上未发生业务的客户2564家。根据合同履约情况建立评价机制，按照客户等级落实资源、价格、服务政策，保证资源向优质市场倾斜。突出工业直供户这个"关键少数"，积极为盘锦金田、鞍山现代等战略客户做好资源保供，高效解决"销用"环节各类问题350余次，累计增销产品6.8万吨，客户满意度达96%。积极应对生产波动及突发事件，依靠稳定的客户群体，有效解决堵罐危机，实现平稳顺畅销售。

深入推进策略营销工程。持续深化对产品价格的研判分析，构建"一委两办"价格管理体系，进一步理顺调价流程，抓住"价格、时点、销量"三个关键，紧盯市场趋势变化，盯紧市场公允价格，牢牢掌控销售节奏，看市场、比出厂，低时削谷、高时增峰，量价匹配。遵循稳健操作原则，紧跟市场变化，对纯苯、二甲苯等产品实施全新营销策略，确保产品效益最大化。创新实施"互联网+"营销模式，积极推进电商平台应用，全流程于8月初顺利打通，实现电商销售2245吨。

【调运组织】 2016年，东北化工销售以正向物流为原则，突出"产销运储"整体协同运作，把握效率、追求效益，积极助推营销主业快速发展。

狠抓物流结构优化。持续强化产销协调，根据装置开停车、产品库存等情况灵活调整运输方式，2016年实现统销产品运量398.13万吨，公路、铁路、海运比例10：56：34。高效利用铁运资源，顺利开通华南区域部分到站铁路运输，有效缩短运输周期，提高铁路运力。站位全局，据实磋商，海运战略合作谈判取得实质性进展，平均费用同比下降12元/吨，年节约运输费用1500万元。

狠抓销运环节配合。打破固有限制，以市场为导向，围绕哈大铁路"生命线"，设立长春仓储库房。坚持"销运"一体，深化销运协同联动，以丙烯产品为试点，稳步推进自销产品配送，初步搭建起东北化工销售配送体系流程框架。深入推进产品库房纳入ERP关联管理，打通客户就近提货流程，灵活实施“销售订单两日内提货有效”，为营销工作贡献更大能量。以液体产品及时到港、及时装卸为重点，进一步提升发运效率，规避跌价风险。千方百计满足客户需求，顺利开通营口罐区乙二醇地付作业流程，力保高效份额不丢，2016年地付乙二醇27105吨。

狠抓运输过程管控。以装车、装箱、卸车、拆箱等为重点，进一步强化物流节点管理，提高运输质量，减少商务纠纷。2016年共发生商务案件7759起，商务量680.51吨，同比分别下降21.16%、9.27%，商务案件发生率降低至0.17‰。持续深化危险化学品运输管理，加强公路配送安全监管与考核，重点加强车辆运输资质和现场充装作业审查，2016年审核通过车辆3254台次。突出营口分公司中转、蓄水、应急作用，有效提升三醇、烷基苯等产品市场竞争力，2016年实现自销产品周转量103万吨。充分发挥自备车自有资源优势，努力提高可控节点运行效率，2016年发车16959车，实现租金收入6635万元，自备车运用率42.4%。积极协调，快速推进，顺利完成大庆油田化工100台冰醋酸自备车资产划转工作。

【企业管理】 2016年，东北化工销售着力精细管理，切实强化改革创新引领作用，全方位、全要素、全过程提升企业运营管控水平。

着力深化企业改革。从解决制约营销业务发展矛盾入手，积极推进营销格局调整，有力调动各销售主体积极性。2016年有机类、橡胶和塑料类产品销量分别同比提高4.9%、23%，营销改革成效明显。精心调研、认真谋划、适时出台计划管理、价格管理等系列改革方案，关键节点控制水平得到有效提升。积极推进干部岗位交流，因时制宜、因人制宜优化人力资源配置，交流部分关键岗位人员58人。

着力提高基础管理水平。深入推进基础管理体系建设，科学搭建公司体系能力框架，全面开展程序文件和岗位职责修订工作，促进各项管理工作合规运行。结合东北化工销售安全生产和HSE体系运行实际，持续深化安全监督与检查，2016年共组织安全专项检查3次，安全联系点检查28次，查改问题47项，提出安全管控建议6条，顺利通过炼化板块HSE体系量化审核和北京三星九千认证中心质量、HSE体系复审认证工作。着力打造标准化库房、放心罐区，强化营口分公司现场整治和施工、生产等关键环节的安全管理，切实将风险防控常态化。

着力加强营销过程控制。深化工效挂钩考核激励机制，完善专项奖励措施并强化考核兑现，2016年发放专项考核奖励26万元。着力强化经济运行分析与调整，紧紧抓住销量、库存、利润、费用、量价配比等关键要素深层次对标分析，为公司正确决策、科学组织运营创造条件。严格执行规定，戒奢从简，大幅度削减费用支出，“五项”费用同比下降9.5%。

着力开展“开源节流、降本增效”活动。严格落实集团公司总体部署，紧紧扭住成本控制的“牛鼻子”，针对经营过程中的突出矛盾和重点问题，科学审定立项43项，精心组织实施，注重过程管控，2016年累计创效4046万元。

【党群工作】 2016年，东北化工销售聚焦“两学一做”教育及“重塑中国石油良好形象”大讨论等，学做结合、塑形攻坚、创先争优，始终以企业改革发展成果检验党建工作水平。

系列主题活动扎实推进。以党支部为主阵地，全面开展“两学一做”学习教育，2016年各级党组织集中学习489次，研讨97次，组织党课51场，向辽宁省国资委报送《学习教育动态》18期，有2篇优秀党课获集团公司通告奖励。紧扣关键，深入推进“重塑中国石油良好形象”大讨论活动，狠抓学习讨论、问题查找与整改提升，开展专题讨论102场、进行专项培训辅导52次，梳理查找影响企业形象问题23类91项。积极开展“强化文明服务”专项整治，修订完善党建规章制度11项，《塑形规范》正式发布实施。

管党治党要求有效落实。建立党员活动日制度，开展党费专项审查和补缴工作。以“六好”党支部创建活动为依托，积极推进标准化党组织建设，选树辽宁省国资委企业级党支部规范化示范点3个。精心抓好基层党组织换届，严格督导、规范程序，有序推进。严把党员培养关、考察关和发展关，2016年新发展党员4名。

干部队伍建设有效加强。深化“四好班子”创建，强化日常教育、管理、考核机制建设，2016年组织公司两级班子集体学习103次。严格领导干部轮训制度，举办干部培训班2期，65人参加培训。深化干部人事制度改革，修订《干部管理暂行规定》，2016年组织竞聘上岗2次，提拔任用干部21人。建立岗位交流制度，实现销售岗位全岗轮换、科级岗位和销售岗位跨部门交流。

思想政治工作持续有力。围绕公司改革、发展、塑形等中心任务，启动新一轮形势任务教育。坚持不懈抓好“石油精神”传承落地教育，聚焦“加强党的建设，弘扬石油精神”主题，组织开展“五个一”文化系列教育。认真办好《企业动态》专栏，及时展示东北化工销售深化改革、优化管理、提升业绩经验成果，2016年刊发稿件189篇。

党风廉政建设不断深化。推进“两个责任”体系建设，强化主体责任落实，实施责任清单考核办法。严格落实约谈、报告制度，2016年组织干部集中约谈2次，约谈处级以上干部18人次，收到书面报告14份。围绕廉洁从业、合规经营，开展选人用人、非标产品销售和管理费运行等专项审计，发现整改问题37项。创新运用财务FMIS7.0审计辅助系统，实现远程审计监督。抓好执纪问责，2016年查办集团公司党组纪检组、监察部转办件5件，对2名处级干部进行诫勉谈话。

群团组织工作广泛开展。广泛开展“稳增销、多创效、降成本、提管理”劳动竞赛和“我为公司发展献一策”合理化建议活动，2016年评选表彰竞赛红旗单位18个，征集合理化建议66条，5条优秀合理化建议参加集团公司金点子评选。严格落实员工慰问、疗养、体检和休假制度，投入专项资金5.15万元，发放员工健康疗养费90.42万元。保障员工知情权和参与权，组织员工代表审议通过公司结构调整中人员分流安置办法。以“青年文明号”创建为主线，组织开展“青”字号系列活动，助推青年员工成长成才。

（卢　曦）

中国石油天然气股份有限公司西北化工销售分公司

【概况】 中国石油天然气股份有限公司西北化工销售分公司（简称西北化工销售）成立于2006年6月8日，总部设在甘肃省兰州市，整合了中国石油在西北地区的化工营销资源和网络，主要负责兰州石化、独山子石化、乌鲁木齐石化、宁夏石化、庆阳石化等企业生产的合成橡胶、合成树脂、合成纤维产品在甘肃、青海、宁夏、新疆、内蒙古乌海市以西的市场营销业务；负责上述石化公司和塔里木石化公司生产的化肥、丁腈橡胶和其他液体化工产品在国内部分市场的营销业务；负责上述石化公司生产的化工产品向各地区化工销售公司的运输、配送任务。

2016年，完成产品销售总量344.73万吨，其中区内销量251.84万吨。产品调运量556.7万吨，其中调运区外化工销售公司产品232.7万吨。区外产品铁路运输比例100%，调运计划完成率100.6%。产品购销率105.39%，直销率66.31%，价格到位率100%，互供计划完成率91.97%。单位营销成本47.51元/吨（不含运杂费），同比降低0.62元/吨，下降1.29%。营业收入140.15亿元，实现利润2.73亿元，同比增长56.9%，创历史最好水平。2016年基本保持月月盈利，扭转多年来始终是“上半年盈利下半年亏损”的经营态势，实现平稳均衡受控。

【高效产品增量增效】 2016年，西北化工销售建立“日测算、周优化、月分析、季方案”的决策管控机制，化肥转变销售思路和策略，产品总销量147.76万吨，其中区内销量120.41万吨，出口化肥产品9554.5吨。综合施策合成树脂抵御煤化工冲击，实现总销量81.86万吨，其中区内销量76.39万吨，同比增长5.9%。积极压缩合成橡胶中间环节，实现总销量12.22万吨，其中区内销量4.58万吨，同比增长33.5%，产品直销率58.81%，同比提高23.02个百分点。合成树脂、合成橡胶产品区内销量均创历史新高。合成纤维全力支持区内客户稳定生产，产品总销量25.65万吨，其中区内销量10.81万吨，同比增长14.65%。化工原料全力保障生产后路，产品总销量77.25万吨，同比增长4.7%。打通出口渠道，开展套期保值业务，出口橡塑产品7017.34吨，同比增加6456.34吨，其中出口委内瑞拉的3095吨丁苯橡胶1712实现纯盈利547万元。客户对公司满意度评分为94.37分。

【高端产品实现销售突破】 2016年，西北化工销售授牌建设膜料、管材料应用推广示范基地。对“京新高速”使用SBS产品开展现场驻点服务，SBS产品销量同比增长62.9%。配合兰州石化成功开发地暖管专用料PERTL5050。医用料在新疆华世丹药业股份有限公司成功推广使用。铬系产品投放市场后实现快速销售。配合宁夏石化成功开发生产聚丙烯高熔指纤维料NX40S。实现固特异专用丁苯橡胶1723稳定销售7468吨。组织韩泰轮胎专用溶聚丁苯开发，德国大陆集团已通过丁苯橡胶1502的认证。

【保调运降库存】 2016年，西北化工销售实施“门对门”配送，与铁路部门沟通争取车源，平均承认车兑现率 85%。产品铁路发运比例 73%。固体化工产品专用线发运比例 62.05%，同比提高 1.78 个百分点。独山子石化产品专用线发运比例 74%，同比提高 5.58 个百分点。与乌鲁木齐铁路局签订战略合作协议。开展“提升产品运输质量、减少商务理赔纠纷”全过程服务活动，理赔笔数、商务量同比分别下降 25%、21%，理赔费用同比减少 206 万元。坚持低库存运作，平均存货周转次数同比增加 6.95 次、增长 36%。平均库存商品金额同比减少 2.33 亿元、下降 32%。2016 年底产品库存 5.72 万吨，为历史最好水平。

【降本增效】 2016 年，西北化工销售实施开源节流降本增效项目 23 项，降本增效 1.14 亿元，完成 2016 年初计划值的 182.9%。优化产品销售组织，增销增效 3610 万元。积极争取化肥产品运费阶段性优惠政策，降费 2082 万元。对橡塑产品实施批量零散货物快运，降费 297 万元。优化自备车调配、运行线路、检修安排和路径，封存冗余车辆，降费 1400 万元。充分利用生产企业库容，撤销商业库房 14 个，与区外公司共用库房，降低仓储费 950 万元。财务费用同比减少 1326 万元，“五项”费用降低 488 万元。

【管理改革】 2016 年，西北化工销售开展“制度流程体系建设，扎实推进合规管理”专项活动，制修订制度 70 项。成立合成树脂二处，完成 15 个销售部（代表处）业务人员划转，员工总数比 2016 年初减少 46 人。扎实推进安全管理和体系融合，全年没有发生安全环保事故。完善中层领导人员绩效考核，强化管理监督，组织开展中层领导人员个人有关事项报告自查整改。组织中层领导人员培训，首次举办青年骨干培训班。创新后备干部和人才的综合遴选模式，建立从总经理助理到科长 4 个层级 70 余人的后备干部梯队、分专业分领域的 52 名青年骨干人才库和 40 名专家人才库。评选“十大营销服务案例”“十大先进管理方法”“十大新产品开发推广成果”“十大党建创新成果”“宝石花贡献奖”和“西北化销十佳青年”。

【党群工作】 2016 年，西北化工销售组织召开第二次党员代表大会，明确党建工作总思路、工作方针和重点措施。层层签订党风廉政建设责任书 185 份。完成集团公司党组专项巡视反馈问题的 64 项集中整改措施。扎实开展“两学一做”学习教育，督促党员领导人员参加双重组织生活。

2016 年，西北化工销售开展“重塑中国石油良好形象”大讨论活动，组织集中学习和专题学习 28 次、专题讨论会 21 场，参加“重塑石油形象大讲堂”。公司领导班子成员专题调研 12 次、到基层宣讲 6 次，组织总部 205 名员工进行现场承诺签名。开展“庆祝公司成立十周年”系列评选表彰。组织“庆祝公司成立十周年”系列评选表彰，在《中国石油报》、中国石油网等行业主流媒体发稿 68 篇，拍摄西北化工销售成立 10 周年专题宣传片，完成企业文化展厅基础施工和平面内容设计，编纂印发“西北化销好声音”系列丛书之《影志讲述发展》，完成《企业文化手册》修订。开展“扶贫帮困送温暖”活动，慰问 126 人次，发放慰问补助 14.2 万元。实施学历奖励 39 人次，发放职工子女高考入学奖励 22 人次。开展羽毛球比赛、健步走等多种形式的文体活动。公司员工在珠穆朗玛峰登顶，成为中国石油登顶第一人、甘肃省女性登顶第一人。2 名员工参加兰州国际马拉松比赛。开展青工 QC 小讲堂活动，建立团委（青工委）微信平台。公司及所属单位、个人获“全国模范职工小家”等省部级以上先进荣誉 24 个。

【社会责任】 2016 年，西北化工销售抓好精准扶贫“双联”行动，为甘肃省武山县孙白村建设 1.5 千米水泥硬化路，投资 56.6 万元。为甘肃省东乡县大树村和武山县孙白村捐赠地膜 16.1 吨，价值 19.32 万元。为大树村“2215”生态绿化工程购买果树苗捐助 5 万元。

（杨　成）

中国石油天然气股份有限公司华北化工销售分公司

【概况】 中国石油天然气股份有限公司华北化工销售分公司（简称华北化工销售）成立于 2006 年 2 月，总部设在北京市，主要负责中国石油所属企业生产的石油化工产品在华北区域的统一销售业务，销售网络全面覆盖北京、天津、河北、河南、山东、山西、湖北、内蒙古 8 省（自治区、直辖市），主要经销合成树脂、合成纤维、液体化工和合成橡胶共四大类、数十个品种、上百个牌号的产品，产品销量和销售收入逐年增长。

华北化工销售机关设 15 个处室，下辖湖北、河南、山东、天津、内蒙古 5 个分公司，任丘、沧州、太原、临沂 4 个销售部，以及秦皇岛代表处和大港调运部。员工总数 200 人，其中党员 129 人，本科及以上学历占 80%，中级以上职称占 66%。固定资产总额 12.95 亿元。

2016 年，华北化工销售销售各类化工产品 250.57 万吨，同比增长 10.02%，实现销售收入 190.19 亿元，账面利润 3.34 亿元；购销率 100.66%，超指标 1.66 个百分点；直销率 55.9%，超指标 1.9 个百分点；价格到位率 100.02%；全面完成 KPI 指标（表 1）。获集团公司"十二五"科技工作先进单位和信息化工作先进单位。

表 1　华北化工销售主要经营指标

指　标	2016 年	2015 年
化工产品销量（万吨）	250.57	227.75
销售收入（亿元）	190.19	171.80
利润（亿元）	3.34	0.87
税费（亿元）	1.69	1.70
资产总额（亿元）	12.95	16.17

【市场营销】 2016 年，华北化工销售坚决贯彻执行集团公司打赢应对低油价攻坚战部署，着力做强做优销售，注重质量效益，提升发展能力，发挥化工销售在化工业务增值中的关键作用，继续增强责任意识、担当意识，提升能力，做好优化，全力挖掘效益增长点，夯实有质量有效益可持续发展基础。

持续做好计划优化，实现资源创效。2016 年配置资源 274 万吨，完成预算的 119%，买断产品 248.90 万吨，超预算进度 7.99%，产品买断率 90.81%。

持续强化市场研判能力，实现市场创效。通过科学分析预判，有效指导 3—4 月和 7—8 月两次市场上涨行情期间的销售，期间实现创效近 1.9 亿元。

持续加强产品结构优化，实现重点产品创效。推进吉林石化与山东道恩集团有限公司 ABS 树脂产品定制化，满足客户对高端化、差异化专用料产品的需求。重点产品同比增加 9.27 万吨，其中 ABS 树脂产品增长 71%、抚顺石化低压拉丝产品增长 8%、PE 管材料增长 9%、PP 共聚产品增长 11%、PP 纤维料增长 6%、PP 管材料增长 25%，实现增效 4919 万元。

持续推进协作机制优化，实现新产品创效。扎实推进"走市场、选产品、定措施、见成效"工作思路，开发推广兰州石化和独山子石化三元 CPP 膜料、独山子石化和吉林石化 PE100 管件专用料、大庆石化土工膜专用料和兰州石化 PE-RT Ⅱ 型专用料，2016 年实现新产品销量 10.96 万吨。成立石化院驻华北公司技术服务工作站，进一步深化协作交流机制。

持续提升价格管控能力，实现政策创效。研究完善定价策略和优惠政策，强化价格过程管控，深化对标比价，2016 年华北化工销售与中石化北京公司 18 个牌号产品进行价格对比，累计比价 165 次，其中高出占 58%、持平占 10%、低于占 32%。

持续提高客户管理服务水平，实现渠道创效。牢固树立"客户第一"思想，切实提高管理服务水平。定期组织召开客户专项会议，积极推进 CRM（客户关系管理）系统开发与应用，强化客户沟通效率和效果，实现核心用户销量同比增长 8.76 万吨、增幅 6.7%。战略合作伙伴销量同比增长 4.67 万吨、增幅 9.78%。加强商务处理效率，2016 年受理质量投诉 32 起，结案率 100%。

【降本增效】 2016 年，华北化工销售直面低油价"寒冬"，扎实推进改革创新、狠抓提质增效，认真落实开源节流降本增效各项措施，全年降本增效 3700 余万元。

优化仓储物流管理，节约仓储运输费用。扩大铁路批量快运和陆海联运规模，开展辽阳石化氯化聚乙烯产品铁路批量快运发运、呼和浩特石化产品"门到站"业务，加大大庆、吉林和抚顺到山东半岛陆海联运量。推进大庆石化、吉林石化橡胶好运箱业务。合理优化调整仓储布局，新增山东泰强物流有限公司，调整武汉地区 3 个库房入库比例，提高到港到站断卖数量等措施。实现仓储物流降费 1022 万元。

精细日常管理，压缩各项开支。加强合规管理、科学管理，合理压缩日常费用，实现"四项"费用比预算节约 40.5%。

提升财务管控能力，实现降本增效。严格资金计划执行考核，清理长期无动态库存产品，充分挖掘节约潜力，实现财务费用比预算降低 2923 万元，同比降低 2268 万元。

【改革创新】 2016 年，华北化工销售稳妥推进人事劳资改革，优化用工方式和用工结构，增配分公司人员 9 人，首次公开招聘 2 名应届毕业生。完成 24 名中层干部岗位交流和两名分公司负责人配备调整，推荐选拔 27 名中层副职后备干部，并从中选出 13 名担任助理进行挂职锻炼。办理 2 名员工离岗手续。

探索营销模式创新。推进和加快信息化应用，实现电商平台线上销售，开启线上线下同步销售化工产品新模式。探讨与中联油开展化工品期现结合合作机制。与昆仑银行协同推进产融结合业务，实现天津市天塑科技集团有限公司包装材料分公司促销贷业务成功办理，开启产业链合作共赢模式。

持续加强干部队伍和员工队伍建设。组织开展两批中层干部和后备干部赴大庆进行“弘扬石油精神、加强党的建设”专题培训学习；外派员工学习 55 人次，内部培训 233 人次，干部员工业务知识和自身从业能力得到较大提升。

【基础管理】 2016 年，华北化工销售着力强化基础管理，提升管控水平，夯实发展内力。严格安全管理狠抓落实。完成 32 个前沿仓库盘点检查及发现的 35 个问题整改落实，停用仓库 6 个，新增仓库 6 个，完成丙类库达标工作。强化财务管理高效运行。突出预算引领作用，制定包括 29 个大类项目、60 多个明细项目的预算指标体系及配套措施，加强资金过程控制和动态调整，强化资金计划管理，严控资金风险。推进体系建设加快融合。通过质量体系外审和炼化板块 HSE 管理体系量化审核，整改量化审核问题 7 项，举一反三主动整改问题 11 项；修订完善总体应急预案和 9 个专项预案，提高应急预案的实用性和可操作性。加强合规管理严格监督。全面梳理公司层面规章制度，修订 60 个、新建 18 个，现行有效制度数量达 157 个，同时加大制度执行监督力度。积极开展内控管理工作。组织完成整体流程架构调整及《财务内控手册》修订，通过集团公司管理层测试，内控管理工作再上新台阶。有效开展审计监察工作。有序开展天津、河南分公司原总经理离任经济责任审计和存货管理专项审计工作，强化日常监察和风险管控，促进管理水平持续提升。

【党建与思想政治工作】 2016 年，华北化工销售组织召开第二次党员大会，完成公司党委和纪委成员的换届改选工作。加强党支部建设，将原来 9 个党支部调整为 15 个党支部，完成党支部委员换届改选工作。组织党员参加党建讲座和报告会，观看《筑梦中国》和开展缅怀先烈·重温入党誓词等活动，切实提高党员党性修养。

完善党风廉政建设责任制，组织各级领导干部层层签订《党风廉政建设责任书》，注重抓好落实，细化党委和领导班子成员落实党风廉政建设责任分工。全面履行“监督执纪”职责，修订完善纪检监察管理制度。扎实开展“四风”问题整治和“回头看”工作，顺利完成巡视和管理层审计整改任务。

充分发挥工会优势，举办第四次职工运动会。组织参加直属党委直属工会举办的“唱响石油精神，歌颂伟大祖国”主题歌咏比赛，获三等奖。开展先进的选树和表彰工作，获集团公司及上级部门表彰的先进个人 22 人、先进集体 2 个。积极开展“金点子”合理化建议活动，认真做好扶贫帮困和慰问退休职工工作。组织心理健康、摄影等讲座，开展丰富多彩的文体活动。

举办新闻宣传培训，建立网评员队伍，增强舆论导向作用，完成新闻报道 290 篇，向上级报送新闻信息 33 篇。

组织参加直属机关“青年大讲堂”系列活动，开展“唱团歌健步走”“品多姿生活展青春风采”主题分享会、韵律操表演等活动，充分展示青年团员积极向上、奋发拼搏的精神风貌。

（迟云峰）

中国石油天然气股份有限公司华东化工销售分公司

【概况】 中国石油天然气股份有限公司华东化工销售分公司（简称华东化工销售）成立于 2005 年 12 月，是在 2000 年成立的化工与销售华东分公司基础上整合升级而来，总部位于上海市，业务上归口炼化板块管理，主要负责中国石油各炼化企业生产的统销化工产品（合成树脂、合成橡胶、合成纤维、有机化工）在上海、浙江、江苏、江西、安徽的营销工作。

历经 16 年发展历程，华东化工销售已逐步发展成为一个以统销化工产品经营为主，集信息服务、技术服务、仓储服务、石油石化要素市场为一体的综合型石化产品供应商。各项工作相继得到上级肯定，先后获“全国企业文化建设优秀单位”和集团公司“模范职工之家”“企业精神教育基地”等多项殊荣，连续多年获集团公司“安全生产先进企业”称号。2016 年，华东化工销售党委所属上海仓储分公司党支部获国务院国资委“中央企业先进基层党组织”称号。

2016 年底，领导班子成员 5 人、总经理助理 3 人。员工总数 337 人，175 人具有中高级专业技术职称。其中党员 223 人，占员工总数 66%。资产总额 24 亿元，设 8 个职能处室、7 个业务处室、3 个直属单位和受股份公司委托管理的1个全资子公司——上海中油石油交易中心有限公司，在华东地区设有6个销售分公司，在上海市、余姚市设有2个固体仓储库房，总库容4.8万立方米。

2016年，华东化工销售贯彻全面从严治党、加强党的建设，持续深化“十个抓”，克服各种困难和矛盾，经营管理各项工作取得突出成绩。顺利实现新老班子平稳交接，上下同心努力开创新局面，厚植“五种意识”，写好“两篇文章”（做精做优统销业务，做好做大电子商务），全面提升人才、机制、文化三方面水平，继续保持安全环保和谐稳定局面，全面完成各项任务指标，实现“十三五”良好开局。销量270万吨，实现销售收入200亿元，实现利润4亿元，超考核值3.7亿元，创公司历史最好水平，为炼化板块整体完成利润任务，为集团公司应对低油价挑战做出积极贡献（表1）。

表1 华东化工销售主要经营指标

指 标	2016年	2015年
化工产品销量（万吨）	270	267
资产总额（亿元）	24	17.8
营业收入（亿元）	200	198
利润（亿元）	4	0.23
税费（亿元）	1.9	2.3
购销率（%）	100.7	100.3
直销率（%）	61.6	60.7
价格到位率（%）	100.1	100.3
直发、断卖比例（%）	25	18

【经营工作提质增效】 2016年，华东化工销售经营工作提质增效效果好，业绩大幅超出预期。以“十个抓”贯穿经营管理全过程，推进均衡销售，低库存运行。各销售单位抓渠道、强优势，增销增效，全部超额完成利润指标。均衡销售掌控节奏。华东化工销售实现购销率100.7%，超考核值1.7个百分点。在市场行情持续火热，短时期出现需求大于供给的情况下，月平均库存与期初库存没有出现大起大落。新产品开发迈出新步伐。开发的油田非金属输油管、车用聚乙烯树脂、IBC桶专用料和BOPP消光膜料等重点项目取得实质性进展。对标比价追赶效益。价格到位率完成100.1%，超考核值0.1个百分点。产品直销稳中有升。直销率完成61.6%，超考核值3.6个百分点。成功开发安徽全柴动力股份有限公司、连云港柏德实业有限公司、上海翰册塑料科技有限公司等业内知名企业。终端用户占用户总数73%，年销量165万吨，同比增长11万吨。高效产品实现增量。2016年，华东化工销售具有高效产品19个，销量同比增长1.5万吨。

【管理绩效持续提高】 2016年，华东化工销售注重管理管控，管理绩效持续提高，管理成果不断体现。深入推进用户管理，用户群体实现从数量型向质量型转变。调整跨结算主体用户，促进用户产品经营的专业化、区域化。基本形成完整的激励考核体系，促使用户更加重视计划执行率和执行均衡性。以考核促整合，驱动产品向计划执行好的大终端用户倾斜。利用走访沟通、组织座谈会等方式，向用户进一步阐述华东化工销售的营销理念、营销文化和国企的营销底线思维。

经济活动分析数据说话，引导营销取向。制定价格调整后评价体系流程，监督约束价格调整的精准性、合理性、及时性。

深挖管理潜力促进降本增效。保持低库存运行，持续开展物流优化，平均运输周期同比减少1天，存货周转天数同比减少3天，大幅节约二次费用，单位运杂费同比每吨节约19元。狠抓财务管理控制各项开支，“五项”费用较预算节约343万元，财务费用同比减少1420万元，2016年争取税收返还1618万元，继续保持应收账款为零。

守牢安全管理、合规管理底线红线。华东化工销售HSE体系运行良好，取得《安全生产标准化证书》，继续保持安全环保事故为零。进一步突出安全监管，强化细化承包商作业安全受控。强化制度管理促进责任落实。制修订“三重一大”、党风廉政建设、干部监督管理等方面的重要制度22项，保障合规经营。

【电子商务全面推广运营】 2016年，化工产品电子商务平台顺利升级改造为2.0版本，打通关键流程，交易能力得到保障，实现全品种线上成交，并正式向各化工销售大区推介使用。电子商务平台2016年成交11.7万吨，其中华东化工销售公司成交10.1万吨，推价创效108万元。

【“两学一做”学习教育】 2016年，华东化工销售聚焦“基础在学”，以党委中心组和党支部为集体学习单位，利用学习研讨、专题党课等形式学习宣传贯彻《中国共产党章程》和习近平总书记系列重要讲话精神，近50名党员撰写学习体会，坚守理想信念，诠释对党忠诚。聚焦“关键在做”，认真查摆问题，深刻剖析问题根源，制定整改措施，把合格党员的标准内化于心、外化于行，体现到做好履职尽责当中。

【致力培育特色企业文化】 2016年，华东化工销售持续丰富企业文化建设，实施“四心”（得人心、暖人心、稳人心、聚人心）工程，致力于培育具有华东特色的企业文化。充分考虑员工的文化生活需求，持续开展职工运动会、健康走、华东好声音、摄影书法绘画展等品牌文体活动。持续开展扶贫帮困送温暖，组织同心互助56人次，送温暖30人次。113名员工参加健康疗养。

（刘元彪）

中国石油天然气股份有限公司华南化工销售分公司

【概况】 中国石油天然气股份有限公司华南化工销售分公司（简称华南化工销售）前身是中国石油天然气股份有限公司化工与销售华南分公司，于2004年5月18日正式成立，负责中国石油统销化工产品在广东、福建、广西、海南四省（自治区）的市场营销业务和广西石化公司生产的化工产品向各地区化工销售公司的调运任务。

2016年，华南化工销售以稳健发展为指针，以实施精品战略、推进精益管理为主题，以提升质量效益、增强营销能力、夯实管理基础、强化队伍建设为主线，开拓进取，销量大幅增长，效益显著攀升，管理持续深化，队伍和谐稳定，开创提质增效、稳健发展新局面，实现“十三五”开门红。截至2016年底，华南化工销售资产总额17.33亿元，销售化工产品242.18万吨，同比增长13.6%，统销产品销量创历史新高，实现账面利润3.95亿元，同比增长208%，上缴税费1.48亿元，效益创历史最好水平。

【主营业务】 拓宽销售渠道。坚持市场导向，突出渠道建设，实施“市场再开发”战略，2016年新开发客户114家，实现直销率65.56%，同比提高3.18个百分点，创历史同期最好水平，ABS树脂开发模式日趋完善。

密切产销衔接。突出“产销研协同”面对市场，与独山子石化、兰州石化、大庆炼化、吉林石化、石化院等10多家单位联合走访市场，了解需求和信息，明确产品定位，促进产品质量改善和提升，倾力打造中国石油名牌产品。

突出客户管理。修订完善《客户管理与考评办法》，由月考核调整为半月考核，综合半年考评情况实施优胜劣汰。2016年升级客户21家，降级客户88家，剔除客户50家，客户结构进一步优化。推行芳烃产品客户属地化管理，保证区域市场稳定性。

推进新产品市场开发。以专项推广、常规推广和科研开发新产品为重点，成立专项工作组，加快市场开发。抚顺石化FC709M产品一年内实现从启动研发到批量生产，产品质量深受用户好评；吉林石化电镀ABS树脂EP161成品率90%以上。18个重点推广新产品中，有3个牌号产品实现工业化生产、11个牌号产品实现批量生产。其中，0215H站稳白色家电市场，EP300M和H8020成功进入小家电市场。华南化工销售参与的《抗熔垂高性能聚乙烯管材料开发及应用》《高熔脂聚丙烯纤维料低气味控制技术》分获集团公司科学技术进步奖二等奖、三等奖。

保持均衡低库存运行。新增周均衡考核指标，关注每日销量，落实销售计划，销售的均衡性好于同期，2016年实现购销率101.1%。

【降本增效】 2016年，华南化工销售坚持开源与节流并重、降本与增效同抓，推行精细化管理，全年增效12553万元。

向高效市场要效益。以效益最大化为导向，月统筹、周优化，根据盈利能力大小向高效区域倾斜资源。其中，汕头区域聚丙烯产品资源量同比增长17%，南宁区域低压中空产品资源量同比增长52%，通过资源向高效市场倾斜为公司增创效益。

向优化物流仓储要效益。坚持物流成本最低、能直发不转运，累计直发广西石化产品50.8万吨，直发比例同比增长4.2个百分点，芳烃产品自提比例68.11%，同比增长2.5个百分点。橡胶、塑料产品断卖率由31%提高至38%，累计节约仓储费276万元。加强运输协调和监督管理，固体、液体产品损耗率分别降低19.8%和6.2%，广西石化芳烃产品运输全程损耗率降至1.67‰的历史最低值。通过采取以上措施，在销量同比增长30%的情况下，节约运储费1524万元。

向积极推价要效益。库存由2015年同期的11.06万吨降至8.27万吨，下降25%，推价到位率高于系统内平均值0.32个百分点，通过降低库存和积极推价增加效益8237万元。

向增销高效和高端产品要效益。在2016年初炼油与化工分公司确定的25个牌号、总量24万吨的高效产品考核指标基础上，根据华南区域市场特点，增加到30个牌号、总量60万吨。设立34个牌号的公司高端新产品考核指标。2016年销售高效产品59.37万吨、高端产品12.04万吨，分别创效1537万元和577万元。

向压缩成本费用要效益。牢固树立过“紧日子”思想，坚决贯彻落实中央八项规定和集团公司党组实施细则，大力压缩非生产性支出，严格费用管控，化工营销成本总额比预算压减1000万元，减少9.5%，其中“五项”费用在2015年大幅降低的基础上再压缩16%，财务费用节约659万元。

【安全环保】 2016年，华南化工销售以集团公司2016年安全环保工作要点为指引，牢固树立“红线”意识、“底线”思维，突出化工销售企业特点，坚持从严管理，构建安全环保工作长效机制，实现全年零事故、零污染、零伤害。

践行有感领导，优化HSE管理体系运行。各级干部以身作则抓安全，制订并履行个人安全行动计划。开展全员HSE履职考核，梳理完善HSE规章制度，强化对制度执行情况的监督检查。通过HSE量化审核，举一反三，改进管理，促进HSE管理体系有效运行。

加强危险化学品全流程安全监管。结合化工销售业务实际，突出芳烃、硫黄和甲乙酮产品运储销各环节安全监督和管控，强化对业务外包合作单位安全监督，定期开展危险化学品专项检查，确保安全环保合规经营。

提升风险管控能力。修订华南化工销售《突发事件综合应急预案》，开展风险排查、评估和分级分类管理，全员写风险、查隐患，举行SBS产品自燃着火、仓储防汛和办公场所消防应急演练，组建志愿消防队，重点做好汛期防洪防汛防雷工作，成功应对多起强台风侵袭。

【依法治企】 2016年，华南化工销售坚持依法治企、按章办事，全年制修订规章制度32项。紧紧围绕人、财、事、物重点领域和关键环节，制修订监督制约制度22项。健全物资采购与招标制度体系，理顺管理机制，对物流仓储服务、办公资产、劳保用品等实施公开招标、集中采购。启用集团公司合规管理信息平台，推进合规管理信息化进程。立项实施招标管理、液体损耗管理合规监察，开展规章制度执行情况审计、分公司经理离任经济责任审计。

【基础管理】 2016年，华南化工销售立足长期稳健发展，坚持依法经营，不断改革创新，激发内部活力。整合组织机构，优化调整部分处室职能，业务单位负责人刚性交流。发挥绩效考核指挥棒作用，强化工效挂钩，拉开收入差距。重视队伍素质提升，开展一级培训11项、二级培训71项。对分公司进行财务专项稽查，严肃财经法规执行。坚持每月对11个业务单元174个产品开展盈利能力分析，不断丰富经济活动分析内容，深层次剖析盈亏成因，为营销创效提供财务支撑。开展内部市场化成本核算，增强营销业务单元成本意识。完成对65个业务流程梳理，修订并发布华南化工销售2017版《内控手册》，涉及风险247个、关键控制点291个，内控体系管控力持续提升。

【党建和队伍建设】 2016年，华南化工销售深入学习领会习近平总书记系列重要讲话精神，发挥党委政治核心作用，落实全面从严治党要求，大力加强党的建设、班子建设和队伍建设，履行“主体责任”和“监督责任”。

党的建设全面加强。以政治理论学习为基本点，公司党委中心组2016年集中学习28次，二级班子理论学习常态化，增强“四种意识”，坚定理想信念。以履行“两个责任”为关键点，细化落实全面从严治党责任清单。以弘扬“石油精神”为切入点，认真开展“形势、目标、任务、责任”主题教育。以抓基层打基础为着力点，规范“三会一课”，加强党支部工作督导考核，扎实开展“两学一做”学习教育。以提质增效为落脚点，进一步完善创建先进模范党支部、党员先锋岗等党内评先机制。

加强两级领导班子建设，细化“三重一大”决策内容，2016年召开党委会26次、总经理办公会36次，严格执行民主集中制，提高企业科学决策和民主决策水平。坚持党管干部原则，打破资历、学历、职称条框，提拔使用业务骨干，树立鲜明的用人导向。分层分类举办业务培训班，广泛开展业务研讨和合理化建议征集活动，开展岗位练兵和业务人员师带徒，员工队伍呈现好学、务实、拼搏、敬业的良好面貌。

党风廉政建设。履行第一责任，落实“一岗双责”，强化监督责任，深入基层，强化督导。加强党性党风党纪教育，开展“学党章强党性、讲规矩守纪律”纪律教育学习月活动和节日廉洁从业提醒，提高党员干部特别是领导干部的纪律意识、规矩意识，构筑“不想腐”的思想基础。加强“三公”管理，严防发生公车私用、公款吃喝、违规接待等行为，防止“四风”反弹。从责任落实、制度执行、规范管理等方面深入查找苗头性、倾向性问题，将纪律建设和作风建设贯穿在日常工作之中，严防违规违纪风险，促进正风肃纪工作常态化。

“家文化”建设不断丰富。健全完善职工代表大会制度，增强职工民主管理意识，全心全意依靠职工群众办企业。落实“五必访”，及时将关心和温暖送给员工。建设“职工之家”，组织参加驻穗企业“第三届阳光文化活动月”活动，开展形式多样、寓教于乐的文体活动，努力营造快乐工作、快乐生活的良好氛围。

（汤志宏）

中国石油天然气股份有限公司西南化工销售分公司

【概况】 中国石油天然气股份有限公司西南化工销售分公司（简称西南化工销售）2000年按照中国石油化工统销战略部署整合成立，原名为中国石油天然气股份有限公司化工与销售西南分公司，2009年4月机构规格由处级调整为副局级。主要负责中国石油在四川、重庆、湖南、陕西、云南、贵州、西藏7省（自治区、直辖市）的化工产品统销业务，同时承担四川石化以及云南石化投产后的化工产品调运业务，经营中国石油所属炼化企业生产的合成树脂、合成橡胶、工程塑料、有机化工4大类近200个牌号的化工产品。

西南化工销售总部在四川省成都市，设15个职能处室和四川、重庆、湖南、陕西、云南、贵州6个销售分公司及彭州、安宁2个调运部。2016年底，员工总数261人，平均年龄38岁，其中大专以上学历占88%，中高级职称人员占35%。党员164人，占员工总数的63%。

2016年，实现销售总量256.3万吨，同比增长16.7%；实现营业收入161.1亿元，同比增长14.3%；全年完成产品调运量265.8万吨，同比增长14%；实现账面利润4.42亿元；累计购销率101.3%，同比提高1.6个百分点；直销率61.8%，同比提高3.5个百分点；价格到位率100.49%，同比提高0.32个百分点；经营业绩创造历史最好水平，销量增长、利润总额和吨利润等主要指标均位居大区公司第一。

【营销工作】 2016年，西南化工销售科学组织营销工作。坚持大销量低库存策略，按照均衡销售、购销平衡的要求，紧盯市场变化，精准分析研判，每月对销售工作提出具体、明确要求，经营思路和重点举措保持连贯性，销售指令顺畅，执行落实到位。二季度应对市场下行，组织“促销降库、增量增效”劳动竞赛，充分调动业务单位的积极性，促进经营业绩提升。开展重点工作专项考核，把炼化板块考核的8项指标分解到责任部门，把客户开发量化指标纳入分公司考核，推动重点工作扎实开展，2016年炼化板块综合考核排名第二。

推进四川石化产品就地销售。提出“十三五”期间四川石化聚烯烃产品区内销售比例达90%工作目标。2016年，四川石化固体产品买断占比72.9%，同比提高8.4个百分点。其中，线性占比86.1%、提高4.9个百分点；低压占比81.3%、提高20.6个百分点；聚丙烯占比70%、提高3.7个百分点。液体产品方面，持续强化直供企业开发，助推下游工厂增量上产，与重庆蓬威等化工企业的合作取得重要进展，全年区内销售比例达52%。

打造川渝销售主市场。充分依托川渝区位及成本优势，努力增销创效，2016年四川、重庆分公司销量分别突破50万吨、30万吨大关；销售四川石化产品55万吨，占比达62.7%，发挥“压舱石”作用。四川分公司月销量稳定在4万吨以上，列各分公司首位；重庆分公司月均销量2.6万吨左右，同比市场份额从39%跃升到47%。

【“三个优化”工作】 2016年，西南化工销售加强资源配置优化。按照通用料扩销四川石化产品、专用料增配其他企业产品的原则，从源头抓好资源配置，建立月度需求计划二次例会制度，使计划更加符合市场和客户需求。加强公司内部、公司与总部、公司与生产企业三个层面的沟通对接，特别是与四川石化、独山子石化、兰州石化产销衔接取得实效，2016年实现买断资源253万吨、超计划13万吨。

加强产品结构优化。内部大宗资源保川渝，特色资源向高效地区配置，增加东北资源在湖南、西北资源在陕西的销售比例，提升分公司的创效能力。业务部门发挥监督、指导和协调作用，根据各区域市场特点、库存数量和竞争力指数，合理分配资源，做好产品流向优化。炼化板块考核的19个牌号22.8万吨高效产品，2016年完成销量26.9万吨。

加强调运仓储优化。积极协调四川石化、铁路部门和运输合作单位，严肃调运计划执行，四川石化固体产品区内调拨全部实现批量快运，物流费用大幅降低。优化运输方式和流向，直发比例提高到41%，产品周转天数从2015年的18天缩短到13天。2016年自备车发运113万吨，综合周转率达2.7次/月。重新修订合理库存标准，严格警戒库存动态管理，压减仓储费用。重庆仓储中心按期完成竣工验收。

【精细化管理】 2016年，西南化工销售突出财务决策支持和销售导航作用。开展六个区域、各类产品以及大区公司之间的对比分析。每周通报大类产品及分公司效益排名，协助业务部门找差距，指导销售环节提高获利能力。以财务预结算和经营活动分析为抓手，多维度分析量价存等因素变动的影响，形成精准分析、动态监督的经营机制。

深化对标分析和价格管控。持续开展与竞争对手、兄弟大区和内部区域三个层面的对标，及时调整价格和营销策略。加强与总部、炼化信息平台沟通，做好取价、比价和买断价跟踪协调，把价格监管向事前、事中转移。深化市场形势分析和价格走势预测，为销售业务提供信息支持。西南化工销售2016年价格到位率总体较好，与中国石化对标可比的15个主要牌号，8个高于中国石化、占到可比销量的79.5%。

落实开源节流降本增效措施。加强自备车运营管理，2016年自备车创效1871万元。通过低库存运作，压减资金占用，存货占用资金同比降低23.3%。拓宽银行承兑汇票顺转渠道，顺转支付中铁快运等单位运费7.01亿元。引入贴现利率比价机制择机进行票据贴现，及时回笼资金。财务费用同比减少2367万元。坚持精打细算、过紧日子，可控费较2015年同口径下降43%。

【客户开发】 2016年，西南化工销售制定"四个一批"（巩固一批高效客户、抢夺一批重点客户、开发一批潜在客户、培育一批新增客户）的措施，全年累计走访客户800多家（次），新增客户64家，其中终端客户49家，实现增量18.7万吨。聚焦标志性企业和终端大厂，与海尔集团、格力集团等实现合作。利用自身优势争夺大客户，抢夺15家竞争对手的客户。修订《客户管理办法》，增加客户黏性，向终端用户适度倾斜激励政策。积极推介西南化工销售的化工资源，助推地方招商引资，增加区域市场容量，并成功打开西藏市场。

【新产品专用料开发】 2016年，西南化工销售把新产品开发推广作为长期战略。安排"十三五"期间16个项目、20多个牌号的新产品专用料开发推广计划。全年重点推进集团公司重大专项7个品种牌号、与三家生产企业对接的13个重点项目和炼化板块下达的7个课题，销售新产品专用料25个牌号、近30万吨。以石化院在西南化工销售设立科技服务站为契机，积极为用户提供技术服务。组织召开橡胶、管材料两个专题会，大力协调产品质量改进提升。

【云南石化调运准备工作】 2016年，西南化工销售按照机构、人员、方案、运力和管理"五个到位"要求，成立安宁调运部，专门负责云南石化调运业务。加强调运业务现场培训，派员在彭州调运部跟班工作。根据云南石化开工进度，及时完成自备车购置工作。配合云南石化做好丙烯单体、液硫等4个品种直供销售谈判。初步做好混合二甲苯、纯苯等产品外销准备。

【合规管理】 2016年，西南化工销售严守安全环保红线底线。层层分解安全环保责任，狠抓危险化学品储运等重点领域的安全环保工作。推进安全履职能力评估，提升全员安全意识和能力。推行重庆仓储中心标准化管理，加强仓储运输合作方准入监管和考评。深入开展安全生产月活动，查找整改隐患，营造安全的经营环境。以总部HSE量化审核和公司内审为抓手，举一反三，持续改进。

强化依法合规经营。完善《"三重一大"实施细则》《招标管理办法》等23项制度，强化制度执行。以风险防范为导向，开展仓储管理等专项审计。按照"应招必招"原则，精心制定方案，严格依法操作，实现服务采购招标工作全覆盖，完成的15个项目效果良好，年均降费24%。

【营销手段和服务模式创新】 2016年，西南化工销售自主开发"惠塑网"APP技术服务平台功能不断完善，较好发挥技术服务和信息交流作用。稳步推进电子商务业务，实现网上销售4600吨。申报在重庆市设立大商所期货交割库，克服重重困难，2016年12月获得批准并正式签订协议，成为中国石油首家、西南地区唯一一家塑料期货交割库，对于提升区域市场控制力、活跃现货市场、完善客户服务功能将发挥重要作用。

【党建和队伍建设】 2016年，西南化工销售认真传达贯彻十八届六中全会精神，组织学习《中国共产党廉洁自律准则》《中国共产党纪律处分条例》，坚持党要管党、从严治党，切实增强“四个意识”，努力发挥“四个作用”。深入贯彻集团公司领导干部会议精神，全面加强党的建设，大力弘扬石油精神，扎实开展“两学一做”学习教育。全面完成基层党支部换届选举，积极进行党委、纪委换届准备。

加强党风廉政建设。把纪律和规矩挺在前面，筑牢第一道防线。扩大党风廉政建设责任书签订范围，制定领导干部党风廉政建设三个清单，强化“一岗双责”。修订《落实中央八项规定精神实施细则》等规章制度。梳理岗位廉洁风险点164个，提出防控措施。开展廉洁风险警示教育，增强干部员工廉洁从业意识。认真配合开展巡视“回头看”。

加强队伍作风能力建设。要求党员干部牢固树立“四个意识”，努力塑造“忠诚担当、风清气正、守法合规、稳健和谐”良好形象。坚持中心组理论学习、周会集中学习，公司班子成员以身作则，带头转变作风。强化“卖产品要先卖技术”理念，开展多层次技术业务培训，公司领导亲自授课，员工“五种能力”得到提升。

努力为员工办好事实事。解决部分异地任职干部两地生活的困难，真诚为遇到困难的员工排忧解难。认真办理员工合理化建议，组织员工健康体检、节日慰问，加强营养配餐，生活后勤服务持续改进。开展丰富多彩的文体活动，体现人文关怀，传播企业文化，干部员工队伍呈现出良好的精神状态。

（梁　东）

销售企业

中国石油天然气股份有限公司东北销售分公司

【概况】 中国石油天然气股份有限公司东北销售分公司（简称东北销售）组建于1998年6月，是中国石油在东部地区的派出机构，主要负责东部地区13家直属炼化企业和33家地方炼化企业成品油资源的统一采购、配置、调运和结算；负责24个省（直辖市）成品油销售企业和83家专项用户资源的全部或部分供应和一次物流组织；负责销售公司东部地区成品油形式买断出口业务的组织和实施；负责物流区域内沿海、沿江、沿成品油管线具有集散和储备功能的大型油库的建设和管理。总部设在辽宁省沈阳市，机关设13个处室，在黑龙江、吉林、辽宁、河北、天津、山东、江苏、浙江、广东9个省（直辖市）设21家分公司，在职员工2360人。管控油库15座，库容321.21万立方米，其中资产型油库9座，库容226.66万立方米；租赁型油库8座，库容103.55万立方米。管理成品油铁路罐车6466辆，其中产权车4303辆，租赁车2163辆。在用港枣、吉长两条长输管线，管输里程772千米，年输油能力657万吨。作为国内最大的成品油物流中心之一，东北销售多年来始终坚持发挥衔接上下游、协调产运销的物流枢纽作用。销售量约占中国石油成品油年产量的51%，占全国成品油市场表观消费量的18.1%。

2016年，东北销售成品油销量4765.10万吨，利润总额亏损40.98亿元。商流费用总额19.01亿元，吨油运费146.95元（表1）。

【“十三五”规划】 2016年，东北销售坚持把实现集团公司整体效益最大化作为一切工作的中心，发挥两种资源、两个市场优势，建立完善“直炼为主、地炼为辅、串换补充、进出口调剂”的资源保障体系，构建大资源、大物流、大优化、大服务、大效益“五大发展格局”，2020年建成国际水准成品油物流公司。到2020年，资源配置量7200万吨，组织协调出口1500万吨。配置计划兑现率98%以上，产调率100%。二次整体运费吨油173元，吨油商流费34元。掌控油库库容350万立方米，年均周转次数6.3次以上。水运综合损耗率0.1%，铁路综合损耗率0.01%。员工总量控制在2200人之内，人均配置量3.3万吨。杜绝较大及以上生产安全、环境污染和生态破坏事故。杜绝一般工业生产安全事故A级。杜绝造成社会影响的一般环境污染和生态破坏事故。杜绝较大及以上质量计量事故。杜绝重大舆情事件。强化全面从严治党责任和党风廉政建设主体责任，持续强化作风建设，不断提升党建工作水平。

表 1　东北销售主要经营指标

指　标	2016 年	2015 年
成品油销量（万吨）	4765.10	4998.15
汽油销量（万吨）	1887.93	1792.42
柴油销量（万吨）	2606.94	2952.79
煤油（万吨）	264.66	248.26
运费成本（亿元）	69.90	66.51
商流费用（亿元）	19.01	15.22
吨油费用（元）	39.90	30.44
油库数量（座）	17	17
库容（万立方米）	330.21	330.21
资产总额（亿元）	149.58	98.36
油品收入（亿元）	2354.40	2614.44
利润总额（亿元）	-40.98	-53.65
税费（亿元）	1.44	2.56

【服务炼销企业】 2016 年，东北销售面对炼销企业库存持续高位、大量重车重船滞压的严峻形势，强化产销服务，积极履行大区公司职责。丰富服务手段，每日召开调度视频例会，每周通报产销动态信息，每月对接平衡资源，每季召开产销协调会，及时向产销企业传递运行信息，解决运行中存在的难题。加强应急保障，建立三天滚动产销运行应急机制，在运行最为紧张时刻，不惜以车船代库，加大进港中转和油库收储，全力确保炼化企业生产后路。加强资源对接，在“两会”“两节”“春耕”“三夏”“秋收”及油品升级时段，提前组织油品发运，顺利完成国Ⅴ标准油品置换，成功推进京Ⅵ标准油品升级，全力保障重点地区、重点时段的资源供应。坚持靠前服务，深入东部地区 36 家炼销企业及铁路、港口现场办公，解决运行中存在的问题，尽心竭力地服务炼销企业，通过“大服务”体现大区公司的作用和价值。

【统筹资源配置】 2016 年，东北销售发挥两种资源、两个市场优势，统筹资源运作，推进资源创效。在直属炼化企业资源上，全面推进订单式生产，2016 年向炼化企业发送订单联系函 78 份，协调生产适销对路产品 292.7 万吨。其中订单生产低冷滤点 0 号柴油 148.4 万吨，增加销售企业效益 5.2 亿元。抓住直属炼化企业柴油额外量补贴政策，完成柴油额外量 98.1 万吨，增加效益 6.9 亿元。在地方炼化企业资源上，发挥集采议价优势，2016 年集采山东、辽宁地方炼化企业汽油、柴油 117.5 万吨，为销售企业创效 14.5 亿元。在资源出口上，加大成品油出口，换取国内低价地炼资源。2016 年成品油出口 861.8 万吨，同比增加 138.4 万吨，增长 19.1%，占中国石油出口总量的 76.3%，提升销售企业整体效益。

【提升整体效益】 2016 年，东北销售按照炼销一体化考核政策，积极融入东部地区炼销企业发展之中，推进整体效益价值最大化。坚持市场效益导向，支持炼化企业提质增效。积极协调降低柴汽比，提升整体盈利能力。2016 年东部地区炼化企业平均生产柴汽比 1.37，同比降低 0.25，相当于多产汽油 204.6 万吨。大幅增加高附加值产品配置，2016 年国Ⅴ标准汽油、柴油配置同比分别增加 555.5 万吨、272 万吨，分别增长 99.8%、76.8%，为炼化企业增效 21.2 亿元。紧贴市场开展营销，支持销售企业扩销增效。坚决落实上级营销政策，2016 年承担销售奖励补贴 35.37 亿元，全力支持省市公司抢占市场份额、扩销增效。2016 年销售板块完成利润 55.2 亿元，同比增加 94.8 亿元；炼销一体化利润完成 466.2 亿元，比预算增加 291.2 亿元，为产销价值最大化做出最大努力。

【深入挖潜增效】 2016 年，东北销售强化“一切成本都可以下降”的理念，深入开展开源节流降本增效活动。全面推进主动配送，实现东三省和内蒙古东部地区 65 座油库、3788 座加油站的主动配送全覆盖，核减运距 3015 千米，关停区内低效和供应重叠油库 15 座，累计节约运费和油库运行费用 2.52 亿元。加大油品代储，安排省市销售公司代储油品 96.8 万吨，有效利用销售企业库容，节约运费和油库租赁费共计 6084.6 万元。加大损耗管理，全面推广诚信交接，铁路、水路运输损耗同比分别下降 23%、18%，库存商品总体盘盈，合计减少油品损失 1.018 万吨，增效 6100 万元。优化自备车管理，坚持自备车检修“四能四不”原则，2016 年节约费用 214 万元；强化 25 年到期车辆检修安排，减少检修费 1518.55 万元；加强与铁路部门协调，延迟报废自备车 883 辆，为公司增加效益 5916.1 万元。加大“五项”费用管控，2016 年会议费、业务招待费、办公费同比分别下降 85.5%、24.5%、10.87%，出国（境）费用零支出，差旅费在业务增加的情况下保持不增。

【储运建设】 2016 年，东北销售加大储运设施的投入，争取投资金额 7700 万元，用于济南油库、龙凤油库、宁波油库安全隐患治理，顺利完成三江口油库重大隐患治理整改。加强油库管理，全面启动油库标准化暨“9S”管理工作，编制“两个手册”，推行油库达标创先评比，推进“六小工作”实施，加强“两室”建设，油库综合管理水平稳步提升。加强自备车管理，加大对三天未动转车辆分析考核，自备车月均周转率同比提高0.2次，成功引进300辆G80铁路自备车，2016年完成6293辆自备车检修。加强物流信息化建设，销售应用集成系统第一批试点实施，销售物流2.0系统上线应用，局域网改造全面完工，为“大物流”建设提供信息支撑。

【强化安全环保】 2016年，东北销售针对油库规模大、库存高、运行紧张所带来的安全环保压力，认真落实安全环保责任，细化完善各岗位安全环保责任，全员签订安全环保责任书，副科级以上干部制订安全行动计划。加快推进油库HSE标准化建设，龙凤油库完成HSE标准化建设并在集团公司标准化站队现场会上展示，大连、大港、南沙油库HSE标准化建设进入实质阶段。加大重点领域安全环保监管，成立安全环保监督站，开展油库重大作业安全监督、节假日“四不两直”安全检查、重点工程建设项目第三方安全监管。加大安全环保考核力度，重新调整安全奖考核兑现方案，实现向有油库分公司倾斜、向油库一线倾斜。严肃事故事件责任追究，按照“四不放过”原则，对南沙油库“8·19”事故14名责任人分别给予行政处分和经济处罚。着力提升基层现场应急处置能力，开展杜绝油罐冒顶事故专项治理，落实6大类20项具体措施，举办公司级油罐冒顶事故应急演练，推广应用“岗位应急处置卡”，提升岗位职工应急处置能力。

【合规管理】 2016年，编制完成东北销售“十三五”发展规划，引领企业可持续发展。加强综合计划管理，全年调整各类综合计划232项，调增6631.97万元。加强投资与工程的合规管理，编制发布《投资管理实施细则》《工程建设及检维修项目管理手册》，2016年审减预算148.79万元，审减决算463.70万元，完成承包商准入135家。加强质量计量的合规管理，与13家直属炼化企业、33家地方炼化企业签订质量计量交接协议，与7家销售企业签订主动配送、油品代储质量计量协议；开展质量计量专项检查，对23家新入围地炼企业开展质量计量保证能力评估。加强证照合同招标的合规管理，2016年审查合同891份，出具法律意见283条，新制修订规章制度30项，处理证照申请141个，完成21个项目的物采招标。加强审计监察的合规管理，组织开展领导干部离任经济责任审计，组织对3家分公司开展合同合规管理监察，配合集团公司审计中心完成公司原总经理离任审计、存货专项审计。

【全面从严治党】 2016年，东北销售落实全面从严治党要求，明确两级党委班子责任分工。召开第三次党代会，圆满完成两级党委换届任务。开展“强作风、树形象”主题活动，每季度评选奖励5个先进单位和20名文明职工，发挥作风建设带动引领作用。履行党风廉洁建设主体责任，定期听取纪委工作汇报，完成对四家单位的内部巡察，发现问题31项，移交问题线索1个。坚持从严管理干部，实践“四种形态”，2016年党纪政纪处分25人，诫勉谈话7人。落实维稳工作责任，抓好重点不稳定群体排查。大力弘扬“石油精神”，坚持开展重大节日升国旗仪式，凝聚干事创业正能量，提振干部职工干事创业精气神。

（申　增）

中国石油天然气股份有限公司西北销售分公司

【概况】 中国石油天然气股份有限公司西北销售分公司（简称西北销售）于1946年9月在兰州成立，1998年划入中国石油天然气集团公司。1999年重组改制后，作为中国石油销售公司的派出机构，主要负责西部地区14家直属炼化企业成品油资源的产销衔接、收购、调运和结算，以及地炼资源的集中采购；负责中西部21个省（自治区、直辖市）成品油销售企业，以及铁道、民航、兵团等9家专项用户所需资源的均衡稳定供应、物流调运组织、质量计量监督和结算；负责西部沿江、沿成品油管道具有集散和储备功能、需跨省调拨油品大型油库的建设和管理。西北销售设13个职能处室、2个直属单位，在中西部12个省（自治区）设15家直属分公司；管理运营成品油库10座，总库容247.7万立方米；有铁路专用线近20千米，自备罐车5846辆；资产总额120亿元；员工2160余人。

2016年，销售油品4249万吨，调运油品7932万吨，实现销售收入2130亿元，缴纳税费6.3亿元

（表 1）。西北销售 2016 年业绩考核结果在时隔 5 年后重回集团公司 A 级行列。安全环保实现“三个为零”（工业安全生产事故为零、道路交通事故为零、火灾事故为零）。

表 1　西北销售主要经营指标

指　标	2016 年	2015 年
油品销售量（万吨）	4249	4490
调运总量（万吨）	7932	8500
油库总数（座）	10	10
资产总额（亿元）	120	128
销售收入（亿元）	2130	2380
利润（亿元）	-9.55	-40
税费（亿元）	6.3	1.66

【业务运行】 2016 年，西北销售面对西部地区资源增量大、产销结构矛盾突出、油品市场复杂多变、物流优化难度增大等严峻形势，坚决贯彻集团公司“两种资源”“两个市场”战略，牢固树立市场意识、服务意识，坚持“服务创造价值”的核心理念，以全局观念、系统思维，准确预判、综合施策，加强产运销一盘棋运作，及时化解产运销矛盾，努力提高运行质量和效益。注重从源头推进区域产销优化，靠近市场炼油厂增产成品油 15.4 万吨，区内省区配置同比提高 2.7 个百分点，专项配置同比增加 10.8%。坚持以市场为导向，主动协调引导炼销企业进一步优化产销结构，汽油配置完成 1653 万吨，同比增加 3.4%；高标号汽油和航空煤油销售同比增加 16%、14%，98 号汽油在 5 省（自治区）上市销售，产销结构进一步匹配，有力支持炼销企业增销增效。科学统筹直炼、地炼和出口，出口完成 262 万吨，缓解国内运行压力，拓展资源创效空间；深化与延长集团合作，相继开展金澳科技和中燃油外采业务，完成 103.5 万吨，稳定外部资源补充，提高外采效益。积极应对油品质量升级挑战，扎实组织国Ⅴ标准油品升级置换，滚动修订置换方案，精准谋划、精细组织，消化方案预测的 50 万吨降品损失，提前 16 天完成置换任务，整体实现“零降品”。按照“少环节、短流程、低成本、高效率”物流优化原则，推进管道增量增品种输送，顺利投用银巴管道，实现西部管道 -35 号柴油、兰成渝和呼包鄂管道 97 号汽油增输；充分借助 DPO 优化模型，实施“定点、定量、定线路”全程优化，铁路运量同比下降 8%；优化公路配送，一次进站同比增加 3.9%；全力推进“主动配送制”，先后在甘肃省、宁夏回族自治区、新疆维吾尔自治区、青海省 26 座油库实施，累计配送油品 395 万吨，整体库存运作和物流优化水平显著提升。在新疆维吾尔自治区与中国石化完成资源串换 64 万吨，节约运费 2.5 亿元。2016 年配置计划完成率 101.32%，较好地履行“两保”责任，顺利完成全年任务目标。吨油运费 184.28 元，按可比口径实现连续 7 年硬下降。

【安全质计量管理】 2016 年，西北销售按照“党政同责、一岗双责、齐抓共管、失职追责”要求，大力强化“红线”意识和底线思维，进一步落实各级领导的直线责任、基层单位的属地责任、机关部门的监管责任，坚持安全生产严抓严管的态势不放松。加大安全监督力度，采取体系审核、突查、夜查、“四不两直”等方式，发现的各类问题均得到整改，提高 HSE 体系运行的有效性。落实集团公司《基层站队 HSE 标准化建设工作实施意见》，兰州、武汉、永登 3 家试点单位完成 HSE 标准化油库建设要求，岗位、操作、巡检、设备、非常规作业初步实现标准化。在首批 5 座油库实施安全生产监控系统，全面实时监管油库生产运行、设备完整性、非常规作业、施工等情况，油库管理正由结果导向、事后分析向过程控制转变。组织开展“找差距、提素质、强执行、除隐患、保安全”主题活动，夯实油库安全管理基础。加大安全生产和油库检维修技改投入，投资 9846 万元，组织实施项目 77 个，咸阳油库等一批重点安全隐患全面整改，油库自动化、信息化水平进一步提升。针对检查发现的“四屡”问题（屡查屡犯、屡改屡犯、屡禁不止、屡教不改），从属地管理和直线领导两方面，对 4 家单位和部门、29 名个人进行考核追责。加强外采油和代储油品质量管控，签订外采油品计量质量交接协议，规避计量质量风险，国家、地方计量质量抽检合格率保持 100%。组织开展两轮盘库督查，实现对所属油库全覆盖，规避管理风险。开展 QC 小组活动，取得丰硕成果，1 项被评为 2016 年全国优秀质量管理小组成果，1 项获 2016 年集团公司质量管理小组一等奖。开展自动计量技术专项研究，永登油库铁路装车自动交接计量课题形成报告，取得较好测试成效。

【改革创新】 2016 年，西北销售根据内外部环境变化和发展需求，理顺管理体制，改进管控模式，压缩管理层级，完善机关部门及附属机构设置和职能，川渝分公司与彭州油库实现平稳整合，审计监察中心组建运行，长沙分公司、云南分公司、自备车管理部、招标中心正式成立，基层单位机关全部实现“三部一室”

或“两部一室”。按照公平、公开、透明的原则，完善管理岗位竞争上岗机制，两级机关空缺岗位全部实现公开竞聘、择优录用。制定出台领导人员退出领导岗位、人员分流安置等办法，推进人事劳动分配制度改革。以风险受控和效率提升为目标，有效融合质量、HSE、内控、法律风险防控、规章制度体系等管理要求，通过流程优化、制度完善、风险嵌入和系统搭建，开展基于业务流程的风险综合管控体系建设，顺利进入试运行阶段，体现理论创新与管理实践的有机结合。借助“互联网+”，整合资源、调运、安全、油库、质量、自备车运行等营运职能，完成综合营运指挥中心建设，实现大屏展示、物流2.0系统上线、集中请车、自动生成报表、油库实时监控等功能，运营质量和效率进一步提高。理顺和加强科技创新管理，编制《公司科技与管理创新管理程序》，健全创新制度体系，营造鼓励创新、激发创新的环境和氛围；组织对近年来涌现出的经营管理经验和操作方法进行总结提炼，评选表彰“‘设计物流’助推公司业务跃上新台阶”等12项优秀管理案例、“油罐液位仪维护校正操作法”等9项优秀操作方法，共享管理智慧，推动实践创新。完善和规范权限管理，制定《公司领导班子成员业务管理权限指引》，为依规行权、依规履责奠定基础。

【企业管理】 2016年，西北销售强化综合计划管理，制定三个层面的年度综合计划及重点工作网络运行计划，加强计划检查考核，推进工作任务落实，公司层面综合计划完成117项、完成率99.15%，公司领导班子层面计划完成332项、完成率99.4%。依纪从严从细对130名处级干部档案进行专项检查，保证信息完整准确。完善缺陷管理工作机制，建立健全“公司缺陷管理数据库”，为消除“四屡”问题提供基础支撑。实施集中办公、瑞信平台系统，提高办公效率。坚持开展油库综合评价，引导各油库找差距、补短板，推进国际水准油库创建，吨油人工同比下降26%，吨油能耗同比下降6%。深入开展“开源节流、降本增效”活动，推进全员、全过程、全方位成本管控，落实降本增效措施30项，实现降费增效25.78亿元。各分公司在优化运输方式、加强运力组织、提高单车装载率、降低延时费保价费、增加铁路进藏量等方面加大工作力度，取得良好成效。2016年公司运费较预算节约10.57亿元。积极做好税收筹划，取得财政及税费返还1827万元，减免防洪水利基金及其他税费1463万元。严格落实“营改增”政策，节约投资、维修等成本费用1072万元。加强银行承兑汇票流转及商信通票据使用力度，节约财务费用970万元，获得集团公司财务费用奖励219万元。推进资产轻量化，盘活闲置资产，完成公务用车、报废自备车处置和空闲房屋租赁，实现收益908万元。加强结算和资金管理，“两金”压控全面完成，应收账款较考核指标下降56%，库存商品余额同比下降17%，均创历史最好水平。“五项”费用管控到位，同比下降17.6%。规范与集体企业的关联交易，理顺津补贴发放，推进合规管理。

【党建工作】 2016年，西北销售突出全面从严，强化融入中心，大力推进党的思想、组织、作风、制度和反腐倡廉建设，着力在“健全组织、完善制度、建立机制、细化措施、督促落实、务求实效”上下功夫。认真开展“两学一做”学习教育，突出“学、思、查、改、评、促”关键环节，坚持边学边查、边查边改，以改促学、以改促做，认真落实党内组织生活制度，做到思想清、任务明、措施实，广大党员身份意识、党性意识、宗旨意识进一步增强。落实全面从严治党要求，加强基层党组织建设，制定实施《关于进一步加强和改进党的基层组织建设的决定》《关于落实全面从严治党要求加强党的建设的决定》。完成11个基层党组织设置、升格和理顺工作，为6家基层单位选配7名专职党支部书记，党组织健全率100%。完成三级92个党组织换届，召开西北销售第二次党员代表大会，选举产生新一届党委、纪委班子，确立今后一个时期党建“1466”工作部署。加强党建基础工作，认真开展软弱涣散基层党组织整改、党代表和党员违纪违法受处理情况排查、党费专项检查、党员组织关系集中排查、党建基础工作检查等工作。加强党委对企业改革发展的领导，坚持民主集中制，健全完善决策制度，2016年召开党委会23次，审定“三重一大”决策事项42个。扎实做好集团公司党组专项巡视反馈问题整改，巡视反馈的各类问题基本整改完毕。认真落实“两个责任”，坚持“抓早抓小”，贯彻运用“四种形态”，大力开展“六个一”教育、警示教育、专题党课教育和约谈教育，开展经济责任、外采油管理、非经营性租赁业务等审计62项，组织损溢油管理、油库清罐业务等合规监察和公务用车管理等专项检查，提出建议和意见89条。首次对三个单位（部门）党组织进行巡视，反馈意见32条，推进党风建设和反腐败工作深入开展。

【队伍建设】 2016年，西北销售以创建“四好”班子、培养“好干部”为目标，严把选人用人动议、民主推荐、组织考察、讨论决定和公示聘任等环节，推进党管干部与员工广泛参与有机统一。全年共交流调整和提拔处级干部48名，推荐聘任科级干部76名。坚持党管干部、党管人才，深入实施人才强企战略，表彰奖励优秀毕业生，举办青年干部培训班，召开首次人才工作会议，举办人才培养与发展论坛，制定人才开发工作指导意见，确定“十三五”期间队伍建设目标。加强员工队伍培训，举办培训班259期、培训员工5049人次，完成三个主体工种鉴定12批、287次。组织834人次深入炼油厂、加油站跟班作业，进一步增强服务炼销企业的主动性和自觉性。推进岗位管理，制定岗位能力素质模型，完善标准岗位说明书，完成机关及试点分公司500个岗位评价。完善薪酬分配制度，在集团公司大幅压缩人工成本的情况下，保障员工收入基本稳定。

【企业文化和群团工作】 2016年，西北销售以“辉煌、奋进、感恩、成长”为主题，组织开展公司成立70周年系列庆祝活动。编印画册、史志、文集和企业文化手册。建成“石油金桥”展览馆。开展“感恩、成长”演讲比赛，组织职工群众文艺演出，举办西北销售成立70周年庆祝大会，以底蕴深厚的文化载体、丰富多彩的群众活动、隆重热烈的喜庆氛围，回顾创业历史，展示发展成果，讲述石油故事，激发信心豪情，传承“服务创造价值”“四个不变”“五种精神”等优秀文化理念，弘扬以“苦干实干”“三老四严”为核心的“石油精神”。加强宣传工作，利用多种媒体，着力宣传在“两保一降”中的新举措、精细管理中的新经验、从严治党中的新做法、创先争优中的新典型，较好地发挥宣传工作引领思想、解疑释惑、凝聚人心、鼓舞斗志的作用。切实改进和加强工会、共青团工作，推进民主管理，开展思想动态调研，深入开展“五小”活动，抓好劳动竞赛和“青”字号品牌创建，广泛开展文体活动，充分发挥工人阶级主力军、青年员工生力军的作用，凝聚起推动公司稳健发展的强大合力。按照合规管理要求，调整理顺离退休等特殊群体的福利生活待遇发放标准，配套出台《关于进一步加强和改进扶贫帮困工作的决定》和《困难人员帮扶暂行办法》，加强政策宣传、引导和落实，确保企业和谐稳定。认真开展精准扶贫、联村联户工作，西北销售“双联”工作连续第3年被评为优秀。

（陈　斌）

中石油燃料油有限责任公司

【概况】 中石油燃料油有限责任公司（简称燃料油公司）前身是中油燃料油股份有限公司，成立于1997年1月，是中国石油天然气股份有限公司的全资子公司，主要从事重质委内瑞拉原油（重质委油）、其他进口原油、少部分中国石油自产原油在国内市场的销售和配套仓储中转，重质委油一次加工及沥青等产品销售，中国石油炼油小产品统一销售，期货套期保值，催化油浆及重质原油加工技术研究，沥青、船用燃料油产品研发等业务，是一家集资源进口、销售、加工、仓储、物流、期货、服务等为一体的专业化能源公司。有员工2355人，在秦皇岛、佛山、温州、无锡等地经营4个沥青生产企业，年加工能力490万吨；在湛江、青岛、宁波等地有3个仓储公司，库容总量332万吨；在东北、华北、西北、华东、华中、华南、西南布局7个销售公司，还有上海中石油燃料油公司、江苏兴能工程建设公司、研究院3个子公司，参股山东东明石化等5家企业。

2016年进口原油2623万吨，同比增长37.11%。其中，进口重质委油1749万吨，同比增长23.87%。销售各类油品3336万吨，同比增长37.28%。其中，销售沥青714万吨，同比增长5.78%；销售燃料油280万吨，同比增长45.83%；统销直属炼油厂小产品468万吨，同比增长11.96%。加工原油481万吨，同比下降10.09 %。中转各类油品5324万吨，同比增长37.36%。实现营业收入634亿元，实现利润10.09亿元，分别同比增长4.5%、16%（表1）。

【原油贸易】 2016年，燃料油公司在销售方式上，针对国家放宽进口原油使用政策的新形势，打破传统原油销售模式，推行与国际油价挂钩的“月均价＋贴水”、点价等定价模式和净油结算，实行原油销售与沥青、石脑油、蜡油组分、成品油采购一体化运作，累计合作量227万吨，降低客户资金成本1549万元。在增强竞争力上，采取降低自有罐租费标准、提高油库周转率、加快原油装车速度、缩短提油运距、深化水运配送、强化与合作港口沟通协调、降低国际运费和滞期费等一系列降费提效新举措，提高重质委油性价比。在服务方式上，实行主要领导和主管领导带队走访客户、开发市场，出台原油客户关系管理办法，推行客户经理制的“一站式”服务等新措施，提高服务质量和客户满意度。在成本控制上，针对2016年初以来重质委油提单含水同卸港、岸罐含水差不断扩大的实际，采取聘请委国监理公司加强现场监控的新办法，累计减少损失2237.8万元；原油期货采取灵活操作策略，控制盘位总量，降低原油采购成本3.6亿元。通过创新原油销售，重质委油销量增幅达到57%，新客户销量比例上升至32%，客户结构更趋合理，实现毛利12.57亿元，达到以量补效的目的，基本形成以重质委油为基础的原油贸易相对竞争优势。

表1　燃料油公司主要生产经营指标

指　标	2016年	2015年
原油采购总量（万吨）	2623	1913
委油采购总量（万吨）	1749	1412
在营油库数量（座）	3	3
自加工原油（万吨）	481	535
中转油品（万吨）	5324	3874
销售油品（万吨）	3336	2430
统销直属炼油厂小产品（万吨）	468	418
沥青销量（万吨）	714	675
燃料油销量（万吨）	280	192
吨油费用（元）	46.81	50.86
营业收入（亿元）	634	607
利润（亿元）	10.09	8.69

【沥青营销】　2016年，燃料油公司针对沥青产品需求个性化、市场竞争加剧的实际，以“八统一”为目标，重新划分市场区域，改革定价机制，将销售定价权下放到各销售分公司，突出市场主体地位，同时出台奖励办法，对与同期比销量增长部分实施奖励，使营销机制快速适应市场竞争。改进投标方式，由燃料油公司统一参与10万吨以上的重大项目投标，中标京新高速4个标段，单个项目销售达29.4万吨，打破历史纪录。向赞比亚出口桶装沥青500吨，向台湾地区销售沥青4200吨。推进战略合作，与中铁物贸等12家公司签署战略合作协议，形成长期性协同发展关系，努力包销大连西太平洋石化沥青。积极采购系统外沥青，货源向高效市场投放，提高防水卷材沥青、改性沥青销量，开发5个特种沥青品种，提升综合效益。沥青期货在做好传统套期保值的基础上，探索期货跨品种套利交易，整体增效900万元，累计盈利6387万元。

【馏分油营销】　2016年，燃料油公司借助原油销售渠道，实行外采石脑油、蜡油原料一体化运作，采取销售价格与原油价格挂钩的公式化定价机制，进一步挖掘馏分油价值。改变蜡油低价值销售方式，形成向集团公司炼化企业和系统外客户直销蜡油组分的新模式。在全部自产蜡油直销、石脑油免消费税直销的基础上，加大石脑油和蜡油的外采量，做大直销规模，2016年直销石脑油30.06万吨、蜡油组分33.28万吨，增效1.67亿元。挖掘柴油组分价值，采取委托加工模式，实现吨油增效322元。改变油浆低价、低效、零散销售的经营模式，选取7家油浆加工终端企业推行公式定价销售，销价比原模式提高150元/吨。同时，采取自有厂掺炼或单炼，以及转供辽河油田的方式，综合增效1.95亿元。

【产品研发】　2016年，燃料油公司以利润最大化为目标，坚持以销定产，成功处置多起台风灾害，实现装置安全平稳运行，平均加工负荷达87%，其中高富公司加工195.64万吨，生产改性沥青7.77万吨，均创历史新高。各燃料沥青公司通过引进重油化学清洗、油雾集中润滑等工艺设备进行技术革新，制定综合节能降耗措施，单位加工费同比下降16.39%，平均能耗同比下降9.5%，实现节能1000吨标准煤、节水8000立方米的目标。深入推进产销研一体化运作，以市场为导向开发功能性路面高粘高弹专用沥青、娄衡高速特殊指标SBS改性沥青等10个新产品，研发催化油浆侧渣油制备防水卷材沥青、低成本环保型弹性体改性沥青防水卷材等新技术，获发明专利7项、实用新型专利98项，高富公司被认定为“国家高新技术企业”。持续开展HSE目标考核活动，推进安全隐患治理，特别是“10·21”事故发生后，从深刻剖析事故入手强化全员安全意识，从落实安全责任、强化现场管理、严格承包商管理、提升HSE履职能力等方面提高HSE体系运行水平。

【物流管理】　2016年，燃料油公司各仓储分公司加快隐患治理，优化内部流程，完善与港口、炼油厂沟通对接机制，实施含水全过程监控，多措并举降本增效，原油中转量同比增长37.3%，湛江、青岛中转量均创历史新高。优化仓储业务，在环渤海和山东客户集中地区增加外租库容，缩短提油运距，降低物流成本，同时盘活自用闲置库容，开展自有库商储业务，实现收入1.1亿元。全面推进配送业务，实现自有厂原油水路配送全覆盖，节约运费285.68万元，其他产品公路、水路配送业务逐步开展，自备车中转率提高0.08%，基本形成铁路、水路、公路相衔接的综合物流体系。制定外轮接卸操作方案，完善外轮接卸工作协调机制，明确职责分工，优化工作流程，船次平均滞期时间下半年与上半年特殊时期相比大幅减少。

【管理创新】 2016年，燃料油公司以理念创新为引领，确定发展战略、发展模式、营销理念等文化核心理念，清晰愿景目标和各业务发展定位，明确研究院定位和科研方向。在完善制度体系的基础上，推行生产经营及管理活动看板管理，强化督查督办，提高运行计划性和管理效率。创新生产经营协调模式，成立生产经营优化小组，建立EXCEL预测模型，每周召开优化专题会议，整体优化各项业务。成立期货决策委员会及执行和风控2个小组，强化期货操作和风险控制，提升综合效益。改革工程建设项目管理，推行EPC项目管理模式，调动基层积极性，提高项目建设的效率和水平。注重激发内部活力，发挥总经理奖励基金作用，设立各类单项奖励，及时奖励以创新手段提升价值的单位和员工；实施生产视频会表扬事项奖励等方式，及时奖励销售、研发、创新创效等各方面取得突出业绩的集体和个人，2016年奖励生产、研发、销售一线员工372万元，其中奖励销售系统258万元，占奖励总额的69%，个人累计最高奖励13万元，充分调动员工积极性。加强成本精细管理，利用油价回升时机，完成长期高成本无动态油品处理，物资采购通过公开招标方式降低成本1304万元，加工业务通过采取挖潜增效综合措施，单位加工费用同比下降19.62元/吨。

【党建工作】 2016年，燃料油公司党委把方向、管大局、保落实，坚持服务生产经营不偏离，动员组织全体党员率先垂范、攻坚克难，为生产经营任务顺利完成提供坚强保证。特别是党委坚持正确选人用人导向，从改革发展的全局出发，结合干部队伍现状和个人条件，新提拔12名副处级干部，其中80后干部7名，对15个部门和单位的班子进行调整，涉及人员占处级干部总数的60%，进一步优化领导班子结构。

（王雪茹）

中国石油天然气股份有限公司润滑油分公司

【概况】 中国石油天然气股份有限公司润滑油分公司（简称润滑油公司）成立于2000年12月19日，是集生产、研发、销售、服务于一体的专业化公司。有13个润滑油（脂、剂）生产厂、6个销售分公司、2个研发中心、3家股权单位。2016年底，资产总额62.86亿元，固定资产原值40.60亿元，员工总数4688人。

【主要产品】 以“昆仑”为主品牌，由“昆仑天润”“昆仑天威”“昆仑天工”“昆仑天鸿”“昆仑天蝎”“昆仑之星”等昆仑包装油及昆仑工业油组成较完整齐全的品牌架构。产品包括车用润滑油、工业润滑油、特种润滑油、船用润滑油、车辆辅助产品等，涵盖油、脂、剂等。

2016年，销售116.6万吨，其中车用油（含汽车辅助用油）27.2万吨、工业油23.7万吨、特种油42.4万吨、船用油2.8万吨、润滑脂2.6万吨；营业收入92亿元；实现利润1.6亿元，超预算6000万元。期末库存39.6万吨；资产负债率30%。

【生产运行】 建立快速反应机制，运行效率进一步加快。实行生产经营例会制度，每日协调解决生产、供应、投诉及技术服务问题；致省公司“供货服务保证函”，建立24小时供货联系通道。2016年评审订单5.7万条，协调产销问题126项，订单发运及时率99.4%，生产厂包装油库存周转天数降至25天。

大力开展质量攻关，产品质量进一步稳定。修订产品质量内控标准，实施生产质量月报和分析例会制度。强化实验室管理，组织生产厂化验室CNAS认证工作，4家取得证书，2家通过现场审核。严把原材料质量关，制定基础油、添加剂、包装物等入厂质量验收规范，从源头控制产品质量。组织抗泡剂、RHY615黏度指数改进剂两大技术攻关，自溶胶内部使用量同比增长56%。

紧盯市场规划生产，产能布局进一步优化。完成兰州添加剂公司的变更和组建，与太仓添加剂公司一并成为润滑油公司两大添加剂生产基地。推进北京厂二期扩建工程，完成7个建筑物单体的主体建设。调整主要生产厂的生产品种，释放产能，提升劳动效率。完成柴油尾气净化液、玻璃水的生产布局方案，形成东北、西北、西南、华东地区的生产格局。

主动推进市场管理，市场秩序进一步规范。制定市场策划流程，编制推广会管理办法，产品推广工作更加规范。完成系统内市场调研及市场容量分析，为产品设计夯实基础。开展打假维权活动103起，涉案金额1469万元，有效地净化市场。积极进行事件公关，内外部经营环境持续好转。

【销售管理】 科学搭建销售网络，车用油渠道质量稳步提升。围绕销售板块“油卡非润”一体化经营策略，完成车辅产品调研，开展昆仑之星劳动竞赛，完成新品爆款玻璃水的上市与销售工作，完成23个加注站的建设，实现车辅产品销量6.3万吨，同比增长35%。基本完成车用油加油站专销系列产品的退市，实现天润产品在加油站全面上市。加强核心、钻石经销商的建设，发展核心经销商21家，铺货终端数4041家，其中核心终端333家。发展钻石经销商27家，铺货终端数4768家，其中核心终端150家。制定并完善车用油渠道、终端等管理办法，搭建促销品采购和销售代表工作管理平台，提升工作效率和管理水平。

持续推进终端建设，工业油销售结构不断改善。努力推进系统内用油工作。在集团公司的大力支持下，系统内企业使用昆仑油占比持续提升，销售2.11万吨，整体占比达61%，有27家系统内企业昆仑油占比达75%以上。加大新特产品销售力度。增加KG/S合成型工业齿轮油、导热油等产品，并开展进口替代工作，销售1.93万吨，同比增长26%。抓大客户、新客户的开发。形成钢铁冶金、铁路交通、装备制造等行业开发模式，新开发兵工、巨科等企业集团，形成“行业＋区域”的管理模式。总结并推广成功销售案例38个。

深度开发OEM业务，大客户重点工作顺利完成。借助集团与一汽的战略合作关系，在销售板块的大力支持下，完成27个产品的认证。与吉林省公司共同开发一汽通用轻型商用车、富维汽车零部件等所属企业，销售1200吨。完成与上汽集团车享家的《全面合作伙伴协议》等协议的签署，双品牌产品正式上市，在300多个“车享家”店销售。纵深开发OEM后服务市场，先后举办和参加40多场产品、配件推广会，提高服务油销量。推行“技术＋服务”的营销模式，取得上汽通用德科SN等9个产品23个品种的技术准入。积极开发山东时风、常林等10个新客户，增加销量2200吨。

积极应对不利形势，特种油高端市场保持领先。提前谋划国家电网等重点建设工程，组成技术与销售工作组，重点攻关主设备制造商，与国家电网、沈阳变压器集团、西门子公司等企业交流17次，使昆仑变压器油成为特高压唯一用油，稳固高端市场地位。加大20号调合变压器油在中低端市场的销售力度，成功开发保定保菱等29家客户，月销量从500吨上升至2500吨以上。积极应对辽宁北方沥青燃料公司、中海油等竞品的市场冲击，深入终端销售，实现橡胶油销量24.7万吨，保住市场份额。

有效调整营销策略，船用油销售业绩好于预期。通过减少销售中间环节，建立与用户直接见面的方式，成功开发国内支柱型船厂和船运公司7家，同比增长一倍，销量增长10%。加大中船燃、中油海等系统内的客户开发力度，实现增量2000吨。积极推进新品冲洗油销售，销售253吨。

【科技创新】 产品开发取得新成效。铁路机车空气压缩机油、热传导液等10余种新产品不断面市。液压油质量提升工作顺利完成，综合性能与美孚、壳牌同类产品相当。车用油产品线升级工作有序推进。高铁齿轮油完成时速250/350千米/时及60万千米行车试验，打破国外油品垄断。风电齿轮箱油在京能公司正式试用，从应用于千瓦级向兆瓦级风机转变。机器人专用油脂装机试验平稳进行。8T液力传动油等4个高档军用油通过部队评审。

科研项目取得新突破。在研项目104项，科研计划完成率95%。生产经营短期科研项目294项，完成率98.4%，解决生产、销售各环节的技术问题。申报专利11项，授权18项。发布企业标准76项。RHY318极压抗磨剂通过新日石评价及现场评审，RHY4026工业用油复合剂的研制及应用获集团公司技术发明奖一等奖，矿物型冷冻机油的研制、汽轮机油油泥趋势研究获集团公司科学技术进步奖二等奖。

专题研究取得新进展。完成销售板块下达的98号汽油上市前准备工作，对低标号汽油添加清净剂进行对比试验，推进清净剂在高端燃油中的应用。完成MVI基础油在液压油中的应用和调合研究，缓解内部资源不足问题。完成KI20X变压器油调合方案的制定，拓展原料来源，满足生产需求。

多项产品获得权威认证。取得柴机油、汽机油等六类产品共130余项认证。其中，天润KR9-T取得大众VW502.00/505.00和奔驰MB229.5认证；天润SN产品取得通用Dexos1续认证；天威GL-5 80W-90、85W-90获得伊顿认证；柴油尾气净化液完成API认证和CGT认证的全部审查。

【企业管理】 精细管理创效显著。持续优化生产运行，实现降库6万吨，降低资金成本1800万元。准确把握采购节奏，扩大集中采购范围，降低采购成本

3000万元。采用粘指剂委托代加工运作模式，减少消费税支出2000万元。扩大商业汇票支付范围，节约财务费用1800万元。优化物流，降低运费1400万元。

人才激励机制不断健全。推进科研人员“双序列”改革，评聘企业二级专家13人、一级工程师16人、二级工程师及以下235人。确定汽油机油研制等16个领域的负责人。出台《销售人员职业生涯发展指导意见》，将销售人员岗位等级确定为5个台阶14个等级，搭建销售人员职业发展通道。

责任追究机制全面启动。将客户投诉作为生产经营事故进行处理，通过对爆款玻璃水铺货不及时、纸箱不合格、尿素水溶液质量问题等经营事故的责任追究，考核7个责任部门和单位、涉及26人1.8万元，起到警示作用，通过逆向激励推动管理有序向好。

价格管理机制逐步完善。优化润滑油公司价格管理体系和流程，建立适应市场的快速反应机制。优化内部结算价格机制，实现内部结算价格市场化，对优化生产布局、降低运行成本发挥积极作用。

信息化工作扎实推进。完成物料在MDM平台的编码管理。CRM系统具备上线条件。物流2.0系统测试开发工作稳步推进。实现订单查询、签收与物流2.0的应用集成。确定MES项目定位和功能覆盖范围。销售应用集成配套项目全面实施。

审计和效能监察工作得到加强。财务审计11项，工程决算审计2项，共发现25类问题，工程审减额730万元。配合集团公司审计组开展存货专项审计，对12类问题进行整改。开展2015年审计问题回头看工作，对6家单位问题督促整改。

合规管理基础进一步夯实。建立合规管理信息平台的管理员团队，完成2016年全员在线合规培训。通过严格考核，不断提升合同审查质量及效率。迎接股份公司管理层测试，并组织自行测试，筛选出21类与公司主营业务相关的风险。

安全环保形势平稳受控。修订HSE岗位职责等3个制度。启动HSE标准化建设，30个基层站队通过达标验收。完成领导干部安全环保履职能力评估，对206名作业许可审批人进行考评。组织兰州添加剂公司等单位重点隐患治理工作，兰州厂、兰州添加剂公司取得安全生产许可证和排污许可证。

【队伍建设】 党的组织建设持续加强。组织党员组织关系排查和处理工作。成立兰州添加剂公司党委，设立厦门昆仑公司党总支。完成20个单位党委纪委和146个党支部的换届改选工作。对基层党建工作进行督导和检查。

专题学习教育扎实推进。系统组织“两学一做”学习教育和“三严三实”专题教育“回头看”，两级党委中心组学习110次，学习习近平系列重要讲话444次，学习党章416次，专题学习研讨447次，讲党课313次，新建“联系点”57个。

干部队伍管理不断强化。修订完善《领导人员管理规定》和《领导人员选拔任用工作规范》。完成24家单位领导班子和领导人员年度考核。调整和选拔18名机关部门领导和二级单位领导班子成员。开展处级干部轮训和后备干部培训。

反腐倡廉工作深入开展。落实集团公司党组反腐倡廉工作部署，扎实开展巡视发现问题整改和日常违规违纪查处工作。累计受理信访举报18件，立案2件，针对查实问题给予党政纪处分3人、经济处罚1人、诫勉谈话7人、提醒谈话9人。

群团组织作用积极发挥。扶贫帮困发放慰问品及现金111.8万元，补助困难员工435人次。组织润滑油公司首届“昆仑杯”篮球赛和第六届“昆仑杯”羽毛球赛。获集团公司“中意爱车杯”乒乓球赛团体第二名。获集团公司直属党委组织的“唱响石油精神，歌颂伟大祖国”歌咏比赛优秀组织奖。扎实开展“学雷锋树新风、学铁人立新功”青年志愿服务活动。

2016年，润滑油公司获集团公司“科技工作先进单位”“统计报表优胜单位”称号。北京厂党委获集团公司“先进基层党组织”称号。兰州厂获股份公司“‘保后路、增份额、增纯枪、增效益’劳动竞赛先进集体”称号。大连厂、西北公司、西南公司党委获集团公司直属党委“先进基层党组织”称号。兰州研发齿轮油课题组获集团公司“科技工作创新团队”称号。

（邵伟国）

中国石油天然气股份有限公司四川销售分公司

【概况】 中国石油天然气股份有限公司四川销售分公司（简称四川销售）前身是四川省石油总公司，成立于1952年9月，1998年成建制上划中国石油天然气集团公司。主要从事成品油批发和零售业务，是四川地区成品油市场的主渠道供应服务商。四川销售以成品油销售为依托，发展非油品业务，逐步形成集“便利店、润油化工、汽服广告、电商及新业务”于一体的多元化发展格局。2016年底，设14个机关处室，4个附属机构，下辖26个二级分公司、3个直属单位，有员工13096人，资产总额133.88亿元，在用油库22座，有加油站1634座、运营1579座，经营机构和营销网络遍布四川全省。

2016年实现油气销量910.3万吨、同比增长2.9%，自营油气纯枪销售656.5万吨、同口径同比增长3.2%。实现营业收入538.41亿元，其中非油品收入10.40亿元、同比增长53.1%。考核利润13.4亿元、同口径同比增长34.9%，其中非油品利润1.45亿元、同比增长21.9%。经济附加值（EVA）5.5亿元，平均投资资本回报率达35%，经营业绩再创历史新高（表1）。

表1　四川销售主要经营指标

指　标	2016年	2015年
成品油销量（万吨）	908.25	882.95
汽油销量（万吨）	464.69	423.66
柴油销量（万吨）	443.31	457.57
润滑油销量（万吨）	0.11	0.17
加油站总数量（座）	1634	1579
油库总数量（座）	108	108
在用油库（座）	22	22
在用油库库容（万立方米）	80.99	79.87
纯枪销量（万吨）	654.53	636.29
非油品收入（亿元）	10.40	6.78
非油品利润（亿元）	1.45	1.19
吨油费用（元）	7.46	368.63
资产总额（亿元）	133.88	130.53
收入（亿元）	538.41	546.88
账面利润（亿元）	12.01	15.44
税费（亿元）	9.95	10.18

【资源运行】　2016年，四川销售推进一二次物流整体优化和区域联动优化，付费加权运距同比减少2.3千米，节约运费2674万元。以管理堵漏与技术防范并举抓油品损耗，公路运输损耗率同比下降0.04个百分点。建立用工总量与库站外人员比例“双控”机制，综合运用业务外包、劳务派遣、委托管理等劳动用工新模式，调整优化员工结构布局。在消化64座新增站刚性需求448人基础上，净减在册员工555人，节约员工费用2700余万元。实施费用标准化管理，库站可控费用同比下降897万元，“五项”管理性费用同比减少19.6%。

【加油站管理】　2016年，四川销售应用市场价值贡献分析工具，完善量价效额分析模型，向目标市场、厚利产品精准发力。19家单位销量同比增长，成都、成品油、岷江、凉山4家公司销量跨上新台阶。销售高标号汽油103.6万吨、同比增长18.9%，新增记名卡96.3万张。运用合理库存研究工具，与经研院、规划总院定期会商、研判市场，把握直炼与外采进货节奏，提前锁定资源，抢先调整库存，在涨跌中实现资源运作创效9000余万元，通过加大外采规模、降低采购成本9.2亿元。用好全流程诊断与优化2.0、加油站运营天数管理两大工具。新增万吨站20座、达133座，打造标准示范站143座，优化596座站点、单站日均增销0.5吨，相当于再造10个万吨站。燕塘加油站以6万吨销量跃居销售企业单站之首。2016年平均运营天数同口径同比增加2.3天、贡献纯枪销量4.25万吨。

【非油品业务】　2016年，四川销售借助综合业务支撑平台2.0，定期发布核心品类TOP排名与滞销商品清单，动态优化品类结构，新增畅销单品100个，非油品配送及时率提升20%以上。改变加油站单一加油场所传统定位，搭建基于多元化需求客户服务平台，通过集中攻关、持续打造，开店率90%、同比增长5.7个百分点，新增50万元以上规模店159座，实现店销收入5.95亿元，同比增长43.5%。与上汽集团首批汽车服务项目在都江堰、迎宾两座加油站落地。依托加油站实体网络和中油优途电商平台，在70座便利店开展优途推介业务，实现电商收入519万元、毛利51万元，广告收入761万元、同比增长28.6%。以机构大客户为开发重点，实现润滑油销售收入3.4亿元、化工产品收入4699万元，分别同比增长83.4%、287.1%。非油品利润贡献率同比提高3.1个百分点。

【投资建设】　2016年，四川销售争取投资7.6亿元，新开项目年新增可研零售能力37万吨，中石油四川铁投能源有限责任公司成功签订江习古、攀大高速公路6对12座加油（气）站租赁经营合同。强化资产运作，优先将闲置资产用于扩大经营，对7座关停站重启营业，迁建置换项目9个，较竞拍方式节约土地成本约 1 亿元。打造高效工程、精品工程，投运加油站 146 座、超计划目标 50 座，其中提质改造站 38 座，实现量效升级。

【质量计量安全环保】 2016 年，四川销售梳理涵盖全业务链条的 587 个风险点，初步建立起以《风险手册》、管控卡、事故案例、评估报告等为工具和载体的风险防控体系。有效应对内江、泸州、攀枝花等 8 个地区泥石流灾害，成功处置成都、成品油、岷江等 5 家公司加油站输入性突发事件。突出安全环保隐患治理，统筹使用资金 4.5 亿元，治理 390 座库站储罐、管线、罩棚等隐患，完成 82 座加油站、4 座油库油气回收改造。完成入库化验 3236 批次，接受各级抽检 364 批次、合格率保持 100%，国Ⅴ标准油品升级置换顺利完成。构建"五位一体"监督体系，将安全环保、计质量、服务一并纳入监督范围，公司风险平稳受控。

【改革创新】 2016 年，四川销售出台增量增费、增效增资等 12 项激励政策，下放零售定价、小额定期结算等 32 项权限，推行"联量、联利、联费、联服务"油非绩效考核。调整优化机构设置，成立新闻中心，完成隆昌片区、武胜服务区 AB 站属地划转，在乐山公司试点片区整合、压缩片区 3 个。健全员工成长激励机制，试点加油站员工积分制，建成经理人学院川东分院并轮训站经理及内训师 297 名，按专业线公开选聘 7 名处级干部。以创新实验室为孵化基地，推出"油优""加油吧"等创新项目，完成中油优途与中油好客 e 站融合；摩托车自助加油机获 2 项国家专利；龙马加油站入选全国 MBA 教学案例，首届"创新创客"成果大赛成功举办。5 项成果和 4 篇论文获集团公司首届管理创新评选大奖，名列销售企业第一。以信息技术提升管理效率、改善客户体验，1506 座站开通微信支付、1489 座站完成支付宝环境布局。

【党群工作】 2016 年，四川销售认真贯彻党的十八届六中全会精神，落实全面从严治党要求，党委委员带队巡视 7 家二级公司、实现首轮巡视全覆盖，出台落实中央八项规定实施细则，分级签订三项承诺书 1.3 万余份，追究问责处理 65 人，21 个二级公司党委、242 个基层党支部完成换届，党费补缴工作顺利完成。纵深推进精准"挂包帮"，两级公司党员领导干部与 126 座"双低站"结成帮扶对子，34 座"双低站"成功摘帽。扎实开展"重塑中国石油良好形象"大讨论活动，泸州分公司陈小玲作为销售企业唯一代表，参加集团公司巡回报告，展示四川销售形象。召开第三次职工代表大会，开展劳动竞赛、创建青年协作区等形式多样的活动，激发员工干事创业热情。

2016 年，四川销售党委被四川省委表彰为"先进基层党组织"。岷江销售分公司获四川省"五一劳动奖状"。成品油公司元华加油站获四川省"工人先锋号"称号。遂宁销售分公司太吉桥加油站被评为国资委系统先进集体。

（陈　晶）

中国石油天然气股份有限公司辽宁销售分公司

【概况】 中国石油天然气股份有限公司辽宁销售分公司（简称辽宁销售）成立于 1955 年 2 月，前身为中国石油辽宁省公司。主要从事成品油批发和零售业务，以及便利店、润滑油、天然气、广告和化工产品等非油品销售业务，是辽宁地区成品油市场的主渠道供应商。2016 年底，机关设 14 个职能处室，下辖 14 个地市分公司，4 个专业分公司，12 个合资公司。有员工 1.53 万人，离退休人员 4500 人。资产总额 122.19 亿元。运营加油站 1372 座，占辽宁省运营加油站总数的 40%，成品油市场份额 65.6%。在用油库 26 座，库容 71.2 万立方米。经营机构和营销网络分布辽宁省 14 个地市城乡（表 1）。

【推进整合】 2016 年是辽宁销售与大连销售整合元年，辽宁销售积极贯彻集团公司党组部署，平稳有序完成与原大连销售 125 类 219 项整合工作，资源、物流、人才优化效果明显，整体实力、市场控制能力得到增强，确保区内市场绝对话语权，保持和谐稳定。

【资源运行】 2016 年，辽宁销售利用国家出台成品油"地板价"政策和销售公司相关营销举措，抢抓市场机遇，坚持用直炼和地炼两种资源创效。组织购进直炼油品 571.09 万吨，完成计划的 86%；购进地炼油品 88.71 万吨，完成计划的 147.85%。2016 年完成公路运输 591.04 万吨。

表 1　辽宁销售主要经营指标

指　标	2016 年	2015 年
成品油销量（万吨）	725.56	783.64
汽油销量（万吨）	379.04	374.82
柴油销量（万吨）	329.56	395.30
润滑油销量（万吨）	39.33	43.47
加油站总数（座）	1372	1371
油库数量（座）	26	28
库容（万立方米）	71.2	71.8
纯枪销量（万吨）	569.62	544.09
非油品收入（亿元）	11.94	10.30
非油品利润（亿元）	1.36	1.14
吨油费用（元）	373.88	353.59
资产总额（亿元）	122.19	113.99
收入（亿元）	434.73	488.89
利润（亿元）	11.06	7.03
税费（亿元）	10.99	10.37

【油气销售业务】 2016 年，辽宁销售面对资源过剩、需求减缓的严峻市场形势，以提质增效为抓手，抢抓机遇，提升成品油经营质量。实现纯枪销量 569.62 万吨，同比增加 25.53 万吨，增长 4.7%，比预算多实现 12.77 万吨，完成预算的 102.3%。以供给侧改革为着力点，率先推出 98 号汽油。全年销售 98 号汽油 17 万吨，占销售分公司的 50.5%，实现毛利 4.08 亿元。以卡为媒促进零售提质，累计发卡 799 万张，记名卡、活跃卡占比提升，锁定个人纯枪客户 200 多万个，单位纯枪客户 18.4 万个，沉淀资金 32.57 亿元。探索“互联网 +”营销模式，开通“油惠辽宁”平台，开展 41 次线上促销活动，实现油品销量 3.93 万吨，吸引固定粉丝 53 万人。以潜在资源吸引三方合作，开展“惠加油”“油惠星期六”“10 惠”“投保有礼”等活动，增加零售量 10 万吨。整合地区昆仑包装油经销商由辽宁销售润滑油分公司统一管理，开发大型机构客户。销售昆仑车用包装油 11267 吨，完成计划的 115.2%，同比增加 1611 吨，增长 16.7%。

【加油站管理】 2016 年，辽宁销售持续强化“打造强大现场，服务创造价值”的经营理念，持续改善加油站软硬件环境，提高优质服务水平，提高客户满意度。制定“6S”整体规划和阶段性目标，建设投用沈阳沈东路加油站等 33 座“6S”样板站和试点站，改造后纯枪量、非油品销售收入同比提升。以开放诚信推广企业品牌，开展“媒体走进中石油”活动，邀请 30 余家国内媒体记者进行“加油体验”。“3·15”期间，部分地市公司邀请当地主流媒体走进加油站，展示企业良好形象。

【非油品业务】 2016 年，辽宁销售强化非油品主业意识，提高店销比例。推进非油商品统采统配，设立沈阳、大连两个中央仓，统采商品配送到 14 家地市分公司，部分商品实现统采直配。建立非油商品采购平台，加油站员工自主订货、“订单式”采购，统采比例达 80%。除香烟外，全部商品先货后款，采购成本降低 8%。辽宁省 75 座便利店实现优化升级，打造百万元便利店 155 座。开展“厨房工程”、“武夷山杯”包装饮料、“昆仑之星”车辅产品等主题竞赛，店内销售额同比增长 11.4%。拓展汽车后服务市场，与上汽集团合作推进“咔咔—车享家”汽车服务业务，8 个项目投入运营，沈阳鸭绿江加油站建设成为辽宁省首个车享家旗舰店。加强异业联盟，与北方图书城合作开设 9 座“好客书吧”，提升便利店文化品位。拓展站外销售，在盘锦市红海滩等景区开设便利店 2 座，树立昆仑好客品牌形象。捕捉化肥销售商机，召开千人村长大会，270 座加油站设立化肥专柜，实现收入 6768 万元，同比增长 25.2%。以线上思维探索全新模式，打造“网上商城”，开展应季水果、进口商品、大米、河蟹等特色商品销售，引导培养 O2O 消费习惯。

【网络建设】 2016 年，辽宁销售树立低成本开发意识，突出合资合作，集中力量补齐网络“短板”。与阜新市政府签订战略合作框架协议，与营口昌宇集团、沈阳地铁集团、抚顺高新集团等单位成立合资公司，共同推进加油（气）站开发，2016 年批复立项合资项目 7 个。跟踪开发新项目 67 个，新开发加油站 32 座，续租加油站 14 座，新增投运站 18 座。严肃落实网络开发奖惩办法，对 6 家完成任务的单位进行奖励，对 8 家没有完成任务的单位予以处罚。

【挖潜增效】 2016 年，辽宁销售制定 12 类 58 项措施，层层分解目标，落实责任，完成挖潜增效目标。盘活低效、无效资产，实现处置收入 5049 万元。加大损耗管控，公路运输损耗量同比减少 3127 吨，增效 1563 万元。严格控制费用支出，“五项”费用支出 2752 万元，同比下降 2.3%。发生财务费用 -6805 万元，同比下降 3378 万元。严格自用油审批，纳入综合计划管理，累计支出 1925 万元，同比下降

16.8%。推进主动配送，关停油库5座，减少运行费用255万元。扩大集中采购范围，完成招标108项，金额1.09亿元，较估算价节约1095万元。全力压库降费，清理润滑油库存4033吨，清理积压3年的水泥5万吨，规避资金风险。强化工程结算二审，审核项目94个，审减率6.14%，取得直接经济成果377万元。

【安全环保】 2016年，辽宁销售推进HSE体系建设，逐级签订《安全环保责任状》，开展“我为安全作诊断”主题活动，开展处级干部安全环保履职能力评估，实施“个人安全行动计划”。开展危险化学品安全专项整治，排查罐区隐患41项，整改29项，整改率70.33%。投入安全生产费用7211万元，整改隐患84项。加强环保工作，538座库站完成环评手续备案。加强综合稽查，2016年检查14个地市分公司加油站863站次，油库全覆盖，发现问题2893项，完成整改1651项。

【企业管理】 2016年，辽宁销售以制度流程推进管理规范。突出效率与质量并重，放权与合规并重，用制度管人管事管权，优化制度流程。新建制度46项，新增及修订业务流程84个。构建协同办公平台，两期107项功能模块上线运行，实现管理制度化、制度流程化、流程表单化、表单信息化，提升管理效率。注册“油惠星期六”等系列商标，严厉打击商标侵权。加强证照治理，库站缺失证照从6469个减少到2756个。

【工程管理】 2016年，辽宁销售实行重大工程项目由省、市公司共同组建项目部管理，完成沈阳东陵油库下装改造及隐患治理等4项重点工程项目建设。突出抓好工程承包商管理，组织集团公司一类、二类工程承包商技术交流，严把三类承包商准入关，补充工程及检维修三类承包商21家，确保程序合规、操作透明。编制109座加油站双层罐和“油卡非润”一体化改造方案，完成67座。

【绩效考核】 2016年，辽宁销售强化绩效考核工作，以绩效考核激发全员动力。建立以综合计划为统领、以业绩为导向，建立辽宁销售与地市公司月度双向互评绩效考核体系，形成由25项指标构成的地市公司发展进步能力排名机制。提高精细化管理水平，激发全员创效积极性。坚持严考核、硬兑现，盘活现有工资存量，薪酬向一线倾斜，机关员工收入降低5%，一线员工工资提升10%。

【党群工作】 2016年，辽宁销售贯彻中央全面从严治党方针，以“两学一做”为主线，夯实党建工作基础，提高党组织战斗力、凝聚力，通过中心组学习、专家授课、干部轮训等多种形式，全体党员“四个意识”明显增强。严格执行“三会一课”等党内政治生活制度，党委书记季度例会制度化。抓好万吨站党支部建设，凌海高速加油站等近40个加油站成立党支部，16个党委均建立党费管理台账。开展“形势、目标、任务、责任”主题教育，“重塑中国石油良好形象”大讨论，“转作风、强素质、树形象、促发展”主题活动，倡导学习、创新、敬业、务实、清廉“五种”风气，机关服务基层意识有所增强。创刊《辽宁销售报》，2016年在《中国石油报》《油商周刊》等石油系统媒体发稿369篇。制定加油站女员工“三期”管理规定，2016年帮扶困难职工1289人次，发放帮扶资金369万元。开展“一元助力学子、金秋为爱加油”公益慈善助学活动。举办庆祝建国67周年书法美术摄影展。开展“石油健康老人”评选。做好维稳信访工作，有效化解2宗历史信访积案。

【组织建设】 2016年，辽宁销售完善干部考核机制，完成整合后各地市领导班子全方位考核工作。坚持公平公正选拔干部，拓宽选人用人渠道，对16个所属单位副职岗位在全公司范围内公开竞聘。在竞聘中坚持公平、公正、公开原则，严格执行资格审核、民主推荐、组织考察、信任投票和公示等干部竞聘程序。提拔、交流、调整干部82人，改善各级班子年龄、素质、专业、文化结构。

【廉政建设】 2016年，辽宁销售制定落实“两个责任”实施细则，形成落实“两个责任”压力传导链条。开展党内巡察，完成专项巡察5轮，巡察10个所属单位，发现问题190项，立查立改问题129项，收缴问题资金35.3万元。运用执纪监督，2016年受理信访举报51件，查办案件10件，给予19人次党纪、政纪处分。召开“三重一大”、党委会和经理办公会134次，研究问题239项，确保决议科学化、制度化、规范化。

（张凤春　马　丽）

中国石油天然气股份有限公司广东销售分公司

【概况】 中国石油天然气股份有限公司广东销售分公司（简称广东销售）前身为广州经济技术开发区中油油品销售中心，成立于1998年9月7日，主要负责中国石油在广东地区油气销售、网络开发建设工作。截至2016年底，投运加油站1083座，运行资产型油库11座，总库容达90.3万立方米，资产总额153.33亿元。设13个机关处室、4个附属机构、16个地市（区域）分公司、2个直属单位、80家股权企业，有员工11816人。

2016年成品油销量757万吨，超预算32万吨，可比口径增量4万吨；纯枪销量533.68万吨，超预算6.1万吨；利润3.54亿元，同比增加4.55亿元；非油品收入8.81亿元、利润1.38亿元，同比分别增长12%和8%；投运加油（气）站31座（表1）。

表1　广东销售主要经营指标

指　标	2016年	2015年
成品油销量（万吨）	757	763.26
汽油销量（万吨）	432.93	400.82
柴油销量（万吨）	324.07	362.44
加油站总数（座）	1083	1068
油库数量（座）	11	11
库容（万立方米）	90.3	109
纯枪销量（万吨）	533.68	519.10
非油品收入（亿元）	8.81	7.87
非油品利润（亿元）	1.38	1.27
吨油费用（元）	372.02	408.76
资产总额（亿元）	153.33	160.24
收入（亿元）	427.08	459.03
利润（亿元）	3.54	-1.01
税费（亿元）	11.96	9.61

【油气销售业务】 2016年，广东销售把握销售节奏，完善内部定价机制，精细资源流向，直批毛利持续改善。充分利用上级公司奖励政策，加大柴油扩销力度，取得奖励4.8亿元。加大优质终端客户开发，牢牢把握战略客户和长期客户的供油权，保持整体营销量效稳定。成功开发直批新客户343家，新增销量10万吨。妥善处理竞合关系，开展资源串换，配合政府整顿市场秩序，协调相关部门保持合理折算密度。在其他企业加大资源投放的情况下，市场份额稳定在25%。

【非油品业务】 2016年，广东销售持续优化品类、陈列、促销，175座诊断加油站非油品收入同比提高27%，非油品毛利同比提高22%。践行“人车生活”综合服务平台定位，销售家庭食品同比增长237%，销售汽车用品同比增长75%，咔咔车享家2S店完成地勘64座、投运3座，个人护理用品和清洁用品分别同比增长433%、235%。加大“油非”互动营销，开展“10惠”和“超级购”活动，促销同比增长50%。推进积分营销，实现非油品收入3890万元，同比增长345%。挖掘团购潜力，举办“好客广东”推介会，将优势产品与客户资源相结合，共达成销售1700万。组建非油品经营运作团队，把握连锁便利店发展趋势，奠定长远发展基础。2016年广东销售非油品收入、非油品利润同比分别增长32%、33%。

【加油站管理】 2016年，广东销售坚持打造强大现场，推进开口营销，狠抓服务提升，塑造品牌形象，在全系统神秘客户检查中位列第一。加强“双低站”治理，按评价标准和基础标准评价的“双低站”，摘帽率分别达64%和12%。推进批零一体化营销，打桶销售、橇装销售较直批价格分别高出431元/吨和484元/吨。推进网络资源一体化营销，昆仑卡在中油碧辟刷卡量同比增长40%。开展跨界营销，与中国移动进行积分兑换油品活动，与粤通卡公司实施10年排他性合作，有望引流活跃客户600万以上。加大高标号汽油销售力度，95号、98号汽油纯枪销量同比增长20%，占汽油比例同比提高2.8个百分点。推进互联网营销，微信公众号客户达23万人，销售板块排名第2位，在线客户数达285万人，销售板块排名第1位。利用CRM系统实施精准营销，开展加满换购、流失客户挽留等促销活动。在退站因素影响纯枪销量12.9万吨的情况下，2016年纯枪销量同比增加14.6万吨，连续7年实现两位数增长，零售市场份额达22%。

【油库管理】 2016年，广东销售加强损耗管理，推进下海油诚信交接机制，完善油库流量计和卸油监控手段，下海油损耗率同比下降28%，及时修正误差，加强与运输公司的融合管控，公路配送损耗率同比下降74%，各环节损耗量同比减少3731吨，创效2425万元。持续优化物流体系，退租石东油库，加大南沙油库地付量，单站核定3条配送线路，公路配送运送距离同比缩减3.48千米，单车日均周转同比增加0.06次，通过综合物流优化，2016年降费5317万元。

【投资建设】 2016年，广东销售在开发上探索与政府城建、城投公司合作，取得地方支持，提高工作效率，降低开发成本，初步形成"地方政府合作开发模式"。加大粤东、粤西潜力市场的开发力度，以较低成本实现网络拓展，"农村包围城市"的模式初见成效。合资合作多点布局，与广东省交通集团、南粤交通、中国海油、湛江交投、惠州汽运等合作全面展开。高速站开发取得突破，取得两对4座高速站的经营权，并实现当年开发、当年投运、当年创效。新增租赁并投运14座加油站，快速形成新的销售能力。历史遗留问题清理实现突破，19个项目取得进展，其中6个项目收回投资款1825万元，2个项目与政府达成土地置换意见。

【资源运行】 2016年，广东销售强化配置资源和外采资源统筹，配置完成率99.27%，实现外采195.67万吨，初步实现库存"腾笼换鸟"目标。与中国海油、中国石化、广西销售建立异地串换机制，降低物流成本，增强粤东、粤西、粤北地区保障能力。

【市场拓展】 2016年，广东销售坚持整体效益最大化原则，努力实现扩销上量保份额。做好资源衔接，确保资源品种、到货节奏与营销需求相匹配。做细市场研究，超前研判市场，掌控销售节奏。关注汽油、柴油消费习惯和趋势变化，科学调整营销策略。坚持"一区一策、一客一策"定价，适当放权，快速应对市场变化。做细客户分类管理，加大对长约客户和招投标客户的开发、维护，稳定直批基础销量。找准细分市场，掌握匹配客户，做好增量客户开发。稳妥推进品牌输出，扩展直批渠道。做细营销服务，全方位梳理客户需求，全方位对标竞争对手服务内涵，以"一户一策"差异化服务提高客户开发维护精准度。

【质量安全环保】 2016年，广东销售重新修订各岗位HSE职责，层层签订责任书，完成130名领导干部安全环保履职能力评估。推进库站HSE标准化建设，组织库站对标分析、查找差距，实现库站制度、岗位操作规程、现场管理标准化，2016年达标率31%，超过预定目标。修订完善油库、加油站突发事件应急处置卡，组织加油站环境应急预案备案，组织应急演练268次。加强油品质量管控，明确销售分公司对控股企业监督职责，规范取样施封控制措施，国家、地方政府质量抽查合格率100%。

（徐　彬）

中国石油天然气股份有限公司内蒙古销售分公司

【概况】 中国石油天然气股份有限公司内蒙古销售分公司（简称内蒙古销售）成立于1951年，1998年上划中国石油天然气集团公司，主要负责内蒙古地区成品油、天然气销售业务和非油品销售业务，是内蒙古自治区主要成品油供应商。

内蒙古销售下辖呼伦贝尔、兴安、通辽、赤峰、锡林郭勒、乌兰察布、呼和浩特、包头、鄂尔多斯、巴彦淖尔、乌海、阿拉善12个盟市分公司和包头宁鹿石油有限公司、高速石油销售有限公司、内蒙古中油霍煤石油有限责任公司3个控股公司及85个零售片区，服务范围覆盖内蒙古自治区全境。有加油站1459座，油库23座，库容89.9万立方米，便利店977座，资产总额91亿元。始终坚持"客户至上、诚实守信、品牌精良、效益为本"的营销理念和"用心、规范、舒适、便捷、满意"的服务理念，履行"三大责任"，树立良好品牌形象。

2016年，面对外部复杂严峻的市场形势和企业内部扭亏解困等压力，内蒙古销售坚持"稳增长促发展提质增效"主基调，围绕"三保两促一加强"的目标任务，突出营销创效、降本增效、管理提效、安全保效，整体经营运行平稳有序。实现销售总量540.51万吨，同比下降1.68%。其中汽油销售272.28万吨，同比增长12.3%；柴油销售268.23万吨，同比下降12.71%，降幅有所收窄。非油品收入4.72亿元，非油品利润0.64亿元，分别增长20%和20.8%。实现利润2.02亿元，同比增长189%，扭亏增盈（表1）。获内蒙古自治区年度"质量、服务双满意"单位和"纳税信用A级"企业。

表 1　内蒙古销售主要经营指标

指　标	2016 年	2015 年
成品油销量（万吨）	540.51	549.76
汽油销量（万吨）	272.28	242.46
柴油销量（万吨）	268.23	307.30
加油站总数（座）	1459	1485
油库数量（座）	23	28
库容（万立方米）	89.9	102.7
纯枪销量（万吨）	434.71	441.26
非油品收入（亿元）	4.72	3.92
非油品利润（亿元）	0.64	0.53
吨油费用（元）	445	477
资产总额（亿元）	91	87
收入（亿元）	307	333
利润（亿元）	2.02	−2.26

【油气销售业务】　2016 年，内蒙古销售加强市场调研分析，强化横向、纵向沟通协调，不断优化资源流向、结构、配送方式及库存摆布，全年购进直炼资源 477.7 万吨。保障呼和浩特石化后路畅通，销售其油品 202 万吨，地付出库同比增加 75.1 万吨。坚持低库存运行，整合库容、库存，减少资金占用 1.6 亿元。推进国Ⅴ标准油品置换升级，与政府部门积极协调油品价格、密度等事宜，12 月 1 日全面完成置换工作。对内蒙古自治区确定的 864 项重点建设项目拉网式排查，网格化管理锁定大客户。预判价格，合理确定“价格底线”和“价格结构”，有效把握量价关系。深入推进“油卡非润”融合，树立“大零售”思维，做好“假日经济”文章，打好“加油惠、充值送、非油赠、刷卡返”等促销“组合拳”，大力开展“24 小时好邻居”“小短腿外卖”“服务 + 人脉”等 53 项个性化促销活动。持续推进“10 惠”品牌促销升级，重点选取 319 座城市中心、景点沿线、景区周边加油站，打造民族特色营销。抢占高端汽油市场，98 号汽油 6 月 1 日正式推广上市，到年底有 67 座加油站销售 98 号汽油。推广互联网消费模式，活卡客户达 201 万个，网上客户达 34 万个，增强客户黏性。与中国石化沟通协调，确立“直销及网络开发先入为主”的原则，形成部门周沟通、高层月会商、共同维护市场秩序的机制，守住份额红线，相对市场份额 80.34%。开展特许经营业务，20 座特许站年增销量 4.8 万吨。秉承“为他人创造价值，自己才有价值”的合作理念，先后与内蒙古第一机械集团有限公司、邮政总公司、中国盐业总公司、北方电力集团、联通公司等企业开展油非合作，大力推进跨界营销，从单纯供应油品向提供解决方案、当好油管家转变。推进与昆仑能源内蒙古分公司和内蒙古西部天然气有限公司等单位加气业务合作，第一批投运的包头兴胜加油加气站、新贤城加油加气站日销 CNG 2.3 万立方米，截至 2016 年底共投运 5 座加气站。

【非油品业务】　2016 年，内蒙古销售推进大客户营销，与内蒙古自治区内重点企业签署战略合作协议，与中国石油内部企业签署商品采购协议，开展大客户营销推介会，开发新客户 174 个，助推油非市场拓展。推进便利店结构优化，378 座 30 万元以上便利店利润同比增长 22%。呼和浩特海东路加油站成为内蒙古销售第一个实现便利店销售额超 600 万元站点。打造放心厨吧 216 座，推动家庭食品类销售 1625 万元，增长 31%。完成 26 座便利店施工改造工作，收入同比增长 38%。持续优化商品结构，删减滞销商品 1720 个，新增统采商品主数据 840 个，商品品效同比提高 36 元。推进润滑油、车辅产品扩销上量，润滑油收入和利润同比分别增长 16.44% 和 46.27%。着力新业务拓展，与内蒙古利丰鼎盛汽车有限公司、上汽集团签署合作协议，开展“咔咔—好相随”汽车服务项目及“车享家”汽车服务连锁门店。丰富内蒙古特色自有商品，57 个单品入围销售分公司自有商品目录，影响力不断扩大。

【加油站管理】　2016 年，内蒙古销售突出“双高站”培育，在盟市公司绩效合同中增加“高销站培育”目标，5000 吨以上加油站数量同比增加 11 座，销量同比增加 11.5 万吨；创建李玲、杨永旺、王丹、张峰 4 个创新工作室，开展理论研究和实践创新，将有价值的成果复制推广，推动高效站提质增效。强化“双低站”治理，成立“双低站”专项治理领导小组和集中办公小组，重点研究“双低站”治理策略，研究模式创新。2016 年，标准“双低站”摘帽 118 座，摘帽率 20%。组织开展“百面红旗”和“大干黄金一百天，扩销增效提份额”竞赛活动，激发一线员工争创业绩的积极性和主动性。制定《加油站“6S”管理标准》和《客户网格化实施方案》，组成督导与培训小组，推动工作水平全面提升。加大加油卡业务运行监控力度，开发软件增强管控手段，确保加油卡业务流程规范执行。加大稽查检查力度，通过现场稽查和视频检查、月度通报等手段，强化加油站现场管理，

95504电话投诉量同比下降31%。

【投资建设】 2016年，内蒙古销售打造黄金销售终端，加大网络开发力度，新建加油站17座、加气站5座，投运加油站20座，为扩销上量创造条件。利用城区规划、旧站拆迁时机，呼和浩特、通辽、赤峰、乌海分公司加大与政府部门沟通协调力度，做到拆一补一，先建后拆，盘活低效、无效资产。根据国家和内蒙古自治区地下水污染防治的总体要求，启动加油站双层罐改造工作，按照“一拖三”即“以防渗改造为主线，统筹全流程诊断优化、非油品业务提升、安全隐患治理，做到方案统一考虑，项目一次实施”的指导思想，一次改造完善到位，2016年完成58座加油站地下储罐防渗改造，全面提升加油站硬件条件，完善服务创效能力。强化“小投入、巧改造”理念，筹措资金对787座加油站进行形象提升改造。严把改造内容审核关，统筹优化改造资金。统筹规划改造时间，平均单站改造工期控制在1.5天左右。

【安全环保】 2016年，内蒙古销售牢固树立“红线”意识，对违反HSE规定的操作行为升级处罚。以安全大检查、HSE体系审核为抓手，全力整改问题隐患，关停5座“风险库”。深入开展“安全生产月”“质量月”、危险化学品专项整治活动，安全环保工作常抓不懈。开展“无事故单位”创建和“安全隐患排查、管理隐患整治”专项活动，强化现场安全管理，控源头、查漏洞、抓整改，安全形势稳定好转。全面推进库站标准化建设，所有库站基本达标。强化防恐维稳，完善应急处置机制、预案，在乌兰浩特油库成功举办恐怖袭击和铁路槽车火灾突发事件应急演练，提升突发事件应急处置能力水平。严把油品进出质量计量关，接受地方及上级公司抽检合格率为100%，83座加油站获内蒙古自治区“质计量百佳加油站”。认真落实国家和内蒙古自治区大气污染防治行动计划，完成174座燃煤锅炉改造工作。全力做好安全防恐维稳工作，完成国家及内蒙古自治区重点时段的维稳任务，妥善做好日常信访稳定工作，受到集团公司嘉奖。

【降本控费】 2016年，内蒙古销售本着“不养闲人、不设闲岗”“能自己干的活必须自己干”原则，优化队伍结构，强化效率效益分配导向，全年优化各类用工1577人。进一步优化物流结构和运输半径，运输费同比下降18%。强化油品运输损耗管理，一次铁路运输损耗率同比下降0.4‰，二次公路配送损耗率同比下降0.5‰，在销售企业排名中由2015年的末位上升至前15位。通过优化销售结构、严控库存、优化付款方式等，财务费用同比下降3554万元。自主研发加油站报警系统，充实人员逐步取代第三方运营维护，有效降低费用支出。内蒙古销售全系统将72间办公室改造成宿舍，系统内出差住在宿舍、吃在食堂，清理多余办公电话302部，生产公务用车实行大卡定点定时加油等降本控费举措取得实效，“五项”费用同比下降25%。

【改革创新】 2016年，内蒙古销售深入推进升级版盟市公司改革，清理机关各类附属、内设机构，撤销市内零售片区20个，324人分流充实一线；成立工程造价审核机构、东西部安全环保质计量监督站，调整优化油库、信息、内控、非油品配送等管理职能，业务集中度和管控能力进一步提升。实行库站外人员占比与领导业绩、各单位工资总额双挂钩和机关基层收入增长联动机制，库站外人员占比下降3个百分点。完善和扩展ERP系统功能，推广应用“一站式”服务平台，缩减管理层级，提高管理效率。积极推进财务“两集中”，完成经营部核算上移工作。实行加油站单站核算，推动降本控费深入库站。着力强化现场管理，两级机关恢复启动视频监控系统，实现对一线库站全天候、全过程、全覆盖监控。

【党建和队伍建设】 2016年，内蒙古销售开展“四风”问题整治情况“回头看”，巩固提高整改成果。推进市内零售片区撤销后加油站党支部和联合党支部建设，发挥基层党组织的战斗堡垒作用。编制《党群基础工作规范手册》，规范党委中心组学习、党费缴纳等制度。开展“转作风、促和谐、提效能、促发展”创建服务型机关活动，深入12个盟市分公司及所属库站，实施走动式管理、驻点指导、挂点承包，有效促进工作作风和服务质量的提升。深化干部人事制度改革，实施人才“百人计划”培养工程；加强库站经理人队伍建设，推进一线经理人职业化建设和分级、分类管理；树立鲜明的用人导向，部分70后、80后优秀人员通过竞聘走上领导岗位。

（郑　涛）

中石油新疆销售有限公司

【概况】 中石油新疆销售有限公司（简称新疆销售）前身是1954年7月成立的新疆石油总公司，经历上划、重组、改制三个重要历史阶段。1998年上划中国石油天然气集团公司；1999年重组至中国石油天然气股份公司；2015年，改制为中石油新疆销售有限公司。改制整合后，业务范围覆盖成品油销售、润滑油等石油副产品销售、食品销售、餐饮服务、日用百货及家电销售、办公用品销售、化肥等农用物资销售、汽车服务等多个领域，成为一家经营范围全面的销售服务企业，能够为顾客提供全面到位的一站式服务。2016年，在册员工9900余人，其中劳务派遣用工4200余人。资产总额104亿元，有运营油库7座、运营加油站849座，其中纯枪万吨站64座，百万元便利店249座。2016年，新疆销售紧贴市场走势，把握市场规律，积极应对低油价，成品油销量同比增加1.86%；紧盯行业动态，全力做大非油品和车用燃气业务，天然气销量0.37亿立方米，润滑油销量1.54万吨，非油品业务收入7.39亿元；紧抓做实服务，上下内外齐发力，营造良好的品牌形象和销售氛围，通过实施连线、连片联合营销等方式，市场份额保持在69%。2016年，新疆销售获新疆维吾尔自治区安全生产目标管理先进单位、模范职工之家红旗单位等荣誉，27家单位、32人获省部级以上荣誉称号（表1）。

【成品油销售】 2016年，新疆销售坚持以市场为导向，强化市场分析，把握市场规律，坚持上中下游“一盘棋”运作。坚持“纯枪增效益、直批保份额”的思路，成立“油气卡非润”一体化营销团队，持续开展“四季”和“10惠”主题促销，全面开展“一对一”客户开发维护，深入开展跨界、跨行业合作，开展市场整顿和价格秩序整治，实施连线、连片联合营销，销量同比增长1.5%，市场份额保持在69%。坚持创新营销，实施加油卡团购活动，推进跨省专项优惠，售卡118万张，卡销比54%。优化成品油在线销售，注册客户103家，实现销量1.7万吨。通过准确研判形势，积极适应市场，精细组织营销，“油气卡非润”五大销售业务稳步发展。

【非油品业务】 2016年，新疆销售打造“三型”样板非油品便利店，完成508座便利店优化升级。与烟草公司、中粮集团和农夫山泉股份公司合作，打造旗舰店50座。完成“优斯麦尔”系列产品转型升级，组建自有商品业务团队，代理特色商品5大类，自有商品实现销售收入390万元。搭建“好客新疆”微商城，与新疆维吾尔自治区旅游局合作开展卡卡通业务，实现干果销售312万元，同比增长4倍；引入专业销售团队开展车辅产品促销，实现收入7100万元，同比增长85%。

表1　新疆销售主要经营指标

指　标	2016年	2015年
成品油销量（万吨）	557.13	545.76
汽油销量（万吨）	194.64	168.02
柴油销量（万吨）	362.48	377.74
润滑油销量（万吨）	1.54	1.43
加油站在用数（座）	849	847
油库数量（座）	6	7
库容（万立方米）	38.2	44.4
纯枪销量（万吨）	394.58	389.9
非油品收入（亿元）	7.39	6.24
非油品利润（亿元）	0.97	0.97
吨油费用（元）	397.18	426.06
资产总额（亿元）	75.03	71.21
收入（亿元）	315.65	324.71
利润（亿元）	3.51	3.21
税费（亿元）	6.08	7.55

【资源运行】 2016年，新疆销售保持合理库存结构，不断深化物流创效，直炼配置计划完成率104%。扩大物流创效结费成效，在南疆串采中国石化资源64万吨，节约公路运费3600万元。重新测算最优送货方式与路径，用足地付能力，确保配送方案最优，节约运费3000万元。合理安排资源流向，加大伊犁铁路发运，减少伊犁跨区配送，节约运费1800万元。

2016年，新疆销售面对炼油厂停工，阿克苏、库尔勒、独山子油库交替施工等较大困难，紧盯炼油厂生产动态，加强市场监控和车辆管控，适量外采弥补直炼汽油缺口，提高独山子石化地付提货量，保证市场供应。

2016年8月，新疆销售建立乌鲁木齐非油品中央仓，配送范围5个地州，覆盖264座加油站。合计配送约320.9万件商品，配送商品总金额约1600万元，配送半径350千米，实现非油商品物流专业化科学管理。

通过盘点库站油品、复核液位仪读数、抽检加油机付油准确度，推行液位仪故障报备、强化零管2.0生产监控系统应用，实施零售损耗双向考核，2016年液位仪上线率98%，销售板块排名第五。划清在途数质量新疆销售监管，承运方管理职责，公路运输损耗考核结果与承运方管理人员收入挂钩，引导其自主自觉管理；2016年，公路运输损耗率0.16‰，销售板块排名第一。梳理业务流程，开展燃气损耗管理，建立健全自治区一级油库购调存及损耗对账机制，堵塞管理漏洞。部分公司液位仪上线率100%，且读数准确，实物库存管控水平领先。

【加油站管理】 2016年，新疆销售坚持以服务基层为抓手，推行高峰期“加油六步法”，成立服务示范小分队，优化整合账表册，试点加油站业务标准作业流程，释放基层服务潜力。坚持以服务客户为目标，建立服务质量评价体系，完善神秘顾客访问、95504电话、非现场视频巡查、综合稽查检查、舆情监测“五位一体”的现场服务管理机制，持续开展“用心服务开口营销”竞赛活动、“诚信经营、假一赔十”承诺活动，推广加油卡网上充值、微信支付等新业务，服务质量明显提升，客户满意度净推荐值（NPS）高于销售系统平均水平。参加销售分公司站经理论坛，取得优异成绩，并深化应用论坛成果，全员形成服务成就未来的共识。坚持以品牌输出为手段，代表集团公司赞助第十三届全国冬季运动会，参与和服务中俄汽车拉力赛、中国环塔（国际）汽车拉力赛、全国房车自驾游等活动，借势提升品牌形象。

【网络开发】 2016年，新疆销售狠抓网络低成本开发建设，进一步打牢增量增效基础。（1）按照“储备一批、建设一批、投用一批”的网络开发原则和“削峰插针”的思路，成功竞拍建站土地多宗，阻止竞争对手违规报建项目，投运加油站新增零售能力17万吨。结合安保维稳形势，突破设计理念，推行站房前置设计，首批已开工建设，为非油品业务发展创造条件。（2）强化项目投资管理，开展投资项目对标，优化设计方案和建设标准，全面推行工程量清单计价机制，推进项目后评价，严格工程结算审计，积极探索新工艺、新材料及新技术的应用，利用拆迁加油站土地置换建设用地，平均单站建设投资同比降低。（3）以双层罐和油气回收改造为契机，统筹隐患治理、设备更新、设施维修、店面优化等项目，改造加油站38座。总结“双低站”治理经验，制定治理方法辞典和方案，修订关停站标准，完成42座基础标准“双低站”和17座评价标准“双低站”治理工作，重新启用关停站5座，使存量资产使用效率得到提升。

【管理创新】 2016年，新疆销售坚持围绕创新主线，积极适应新常态，优化体制、完善机制、精细管理，运行效率稳步提升。（1）根据业务需要，将投资建设管理处拆分为规划计划处和工程管理处，调整相应职责，实现专业化管理。润滑油公司更名为昆仑优品公司，车用燃气业务发展项目部按照燃气业务事业部模式运行，建成非油商品和润滑油中央仓，形成非油品和车用燃气业务集约化运行新体制和新机制。（2）持续完善“两按一凭”和工效挂钩机制，加大销量、利润和非油品毛利等挂钩指标权重，设立“油气卡非润”专项奖励，打破分公司领导班子业绩奖金按企业类别分配模式，80%与同比增量挂钩，突出业绩、保障公平，激发分公司凭贡献挣奖金的积极性。规范二次分配，薪酬向一线和艰苦地区倾斜，固化统一的津补贴项目标准，充分体现薪酬分配的公平公正。（3）积极稳妥推进合资进程，房屋、土地等资产权属变更完成81.4%。积极争取地方资源和渠道，参股成立2家合资公司，完成基钰投资及基钰石油股权收购。落实集团公司创新战略，设立专项奖励基金，成立“互联网+”创新团队，创建《实践与创新》期刊，开展“创新创效”“五新五小”“宝石花金点子”等活动，营造全员创新氛围，创新项目29个、推广应用14个，征集“金点子”55个。（4）深入研究部署信息系统应用，加快信息化与生产经营的深度融合，开展销售应用集成项目建设，推广应用决策支持和协同办公系统，实现加油站和物流管理系统升级，以及卡系统云化迁移，信息化管理水平稳步提升。完成加油站层面体系融合试点，“6S”管理在仓储公司全面推行、在乌鲁木齐公司和机关试点，实行省级资金集中支付和会计核算集中管理，进一步提高经营管理效率。

【昌吉销售公司乌伊东路加油站被授予全国“安康杯”竞赛优胜班组】 2016年，在“安康杯”活动中，新疆销售昌吉分公司乌伊东路加油站采用视频、板报、横幅以及“安康杯”知识竞赛答题等多种形式，从不同的角度，对安全生产的意义和作用进行广泛宣传，让员工明白为什么要参与和怎样参与安康杯活动。乌伊东路加油站将“安康杯”竞赛活动融入“安全型”班组创建活动中，通过每天的晨会对前一天的班组安全工作进行讲评，提出当天的安全工作重点；以“安全生产月”为契机，发动班组所有员工，立足岗位查找安全隐患，要求每一名员工查找一个安全隐患、纠正一起违章行为，或提一条合理化建议。全站人员还积极参加“十个一”活动，即开展一次安全签名活动，当一天安全检查员，提一条安全建议，接受一次安全知识培训，看一本安全方面的书，写一篇安全生产体会，忆一次事故教训，做一件预防事故的实事等活动。坚持每月组织2个班组前庭主管开展多种形式的互查互帮工作，对站内发现的违章操作行为互相监督、指正，确保班组生产安全顺利进行。乌伊东路加油站在重大活动和节日期间，采取站经理24小时带班制度，实行进站口24小时排查值班制度。有效防范恐怖和治安事故发生。2016年7月27日，中华全国总工会、国家安全监管总局授予新疆销售昌吉分公司乌伊东路加油站2014—2015年度“全国‘安康杯’竞赛优胜班组”称号。

（罗丽戈）

中国石油天然气股份有限公司陕西销售分公司

【概况】 中国石油天然气股份有限公司陕西销售分公司（简称陕西销售）是股份公司所属地区公司，前身成立于1953年11月。2016年底，下辖12个分公司、1个油品质量监督检验中心、5个驻省内炼油厂（管输库）采供站；机关设有14个职能处室。运营加油站968座、油库7座，总库容30.41万立方米，员工总数为8850人，资产总额54.51亿元。

2016年，陕西销售实现总销量443.01万吨（表1），其中纯枪销量325.94万吨，分别完成预算的91.15%、96.83%；非油品销售收入5.70亿元，非油品利润5072万元，分别完成预算的95.08%、75.7%，同比提高24.22%和4.21%；实现利润7.1亿元，完成预算的109.22%，同比提高11.86%；发售加油卡62.89万张，新增沉淀资金1.53亿元。未发生质量安全环保责任等级事故，各项重要工作基本达到预期目标，为“十三五”持续发展奠定基础。

表1　陕西销售主要经营指标

指　标	2016年	2015年
成品油销售量（万吨）	443.01	480.2
非油品销售收入（亿元）	5.70	4.59
销售收入（亿元）	248.66	288.06
加油站总数（座）	968	975
油库总数（座）	7	7
资产总额（亿元）	54.51	48.50
利润（亿元）	7.10	6.35
税金（亿元）	4.48	6.10

【库站管理】 2016年，陕西销售始终坚持纯枪上量增效益，持续“油卡非润”一体化营销，开展“四季”和“10惠”主题促销，突出汽油特别是高标号汽油销售。销售汽油184.87万吨，同比增加8.93万吨，增长5.08%；高标号汽油同比增加4.44万吨，增长10.26%。用好用活卡营销政策，深入与大型企业开展跨界、跨行业合作，配套全员“六进”活动，推广自助加油，发卡量同比增加9.18万张，卡销比达53%。高销量加油站培育和“双低站”治理成效明显，新增1万吨以上高销量加油站4座；安康公司32座小站实现承包经营，提高纯枪量0.16万吨，减少用工33人，员工人均年收入增长24%。安康、高速2家分公司完成销售量、纯枪量年度任务；西安、渭南、宝鸡、安康、商洛、延安6家分公司完成利润指标。严格执行“五个标准化”，完成28座标准化示范站和汉中标准化示范库打造工程。有序推进全流程诊断与优化，先后对488座站进行科学诊断、637座站优化排班，完成224座站卫生间维修整治，完成101具油罐的清洗置换。不断完善神秘顾客暗访、95504电话、视频扫站、综合稽查检查“四位一体”的现场服务监管，先后开展“加油站现场服务挑战赛”“开口营销”“苦干40天，量效双过半”等活动。全员开口营销意识、主动服务意识、市场竞争意识明显增强，客户满意率提升至96.02%，客户投诉同比下降1.69%。

【非油品业务】 2016年，陕西销售整合非油品业务中心、润滑油公司和铁龙公司，成立“处室+公司”的非油品业务新体制，既解决合规管理面临的风险，又达到内部改革、业务提升和人员优化同步推进的目的。在西安、咸阳、宝鸡、渭南、商洛、铜川等6家分公司开展“三统一”工作，配送及时率98%以上，配送费率控制在5%以内。2016年销售昆仑润滑油9380吨，同比增长13%；车辅产品销售收入1256万元，完成年度任务的148%，实现利润362万元，同比增长259%。成功取得武夷山矿泉水陕西代理权，累计销售5万件。在销售分公司2016年度“武夷山矿泉水”杯包装饮料销售竞赛中，加多宝凉茶与昆仑山矿泉、农夫山泉、武夷山矿泉水销量分别取得第一、第五、第六的佳绩。打造“放心厨吧”形象店100个，销售中粮系列产品620万元，同比增长32%。在175座加油站开展为期100天的现场堆头陈列，增收创利60万元。积极开发中国石油驻陕西单位客户，实现销售1500万元。加快推进新业务，在5座站试点汽车服务项目，组织6次非油商品推介会，成交额达2000余万元。

【资源运行】 2016年，陕西销售采取保直炼、增外采、调结构、优流向等措施，接卸直炼资源184.06万吨。大力挖掘外采创效潜力，取得延长资源量价挂钩政策，新增省外地炼战略合作单位2家。实现外采264.43万吨，创效14.07亿元。加强库存运作，实现库存创效2240万元。全面推进主动配送，实现“五统一”，二次出库配送结算运费较年预算进度节约423.06万元。通过推进远程地罐交接，狠抓运输过程监管，制定油品到站“五不卸”规定，加强铁路运输超耗索赔管理，为455辆配送车辆安装远程控制电子锁等措施，公路运输损耗由0.74‰下降至0.54‰。渭南分公司实施远程地罐交接以来，运输损耗率环比下降1.22个千分点，取得较好效果。

【风险管控】 2016年，陕西销售全面落实安全生产责任制，严守“三条红线”，持续健全HSE体系，实施库站HSE标准化建设，全年自评达标加油站452座。大力推行问题审核整改闭环管理，“三违”行为明显下降。高度重视和加强应急管理，组织各类应急演练6578次，对8个单位和21名员工奖励2.85万元。定期组织开展油品数质量自检，2016年检验样品11067个，内外部抽检合格率分别为99.7%和100%。损耗管理得到提升，铁路、公路运输损耗同比分别下降37%、27%，整体损耗控制在指标范围内。强化合规管理，制定“三重一大”议事决策制度，规范73个决策事项和议事程序。实施制度建设“六部会审”，印发基础管理制度28个。明确招投标工作管办分离机制，组织公开招标19个。积极开展合规性监督检查，不断规范合同管控，在集团公司内控体系管理层测试和销售分公司资金安全检查中获得好评。

【开源节流】 2016年，陕西销售深化“互联网+”应用，实现营销创效。充分适应互联网需求，主动与支付宝、微信、百度等第三方合作，支付宝、微信支付达41.56万笔，消费金额0.74亿元。强化95504网站、中油好客e站、微信公众号等平台的整合，逐步扩大网络客户数量，线上客户超过60万个。依托信息化应用，实现管理提效。坚持信息周例会制度，2016年解决各类系统应用问题196个。顺利完成销售应用集成、加油站管理、物流管理系统2.0全面升级。大力推广办公自动化，协同管理系统如期运行，取消各类账表册52个，减少纸质文件流转12.98万次。完成加油站网络10兆扩容升级、670座加油站加管设备更换，保证经营工作的有效开展。围绕资产轻量化，实现存量增效。采取置换建站、出租、转让、对外合作等多种盘活方式，2016年资产出租收入822万元。商洛分公司盘活工作有较大进步，出租闲置资产6项，创效31万元。积极清理“三产”企业，采取以物抵债方式收回欠款708万元。大力清理滞销商品，非油品库存成本从1.8亿元减少到1.4亿元。

【市场拓展】 2016年，陕西销售高度重视与地方政府的沟通协调，两级公司主动拜访省市政府领导、积极汇报工作，争取政策与支持。进一步强化立项与投运责任落实，先后投运包括凤城十路加油加气站（油站部分）、户县沣京加油加气站（油站部分）和紫阳城关加油站在内的8个续建项目，年新增零售能力9.05万吨。新立项加油站8座，年新增零售能力3.85万吨。加大老站改造力度，评审改造项目90个，投运改扩建项目17个。其中户县大王、临潼迎宾、榆阳北郊等加油站改造后运营效果明显。针对租赁站业主毁约、续租谈判艰难、政府规划变动等情况，发挥省市片区三级联动力量，指定专人负责，实施提前介入谈判机制，保住3座续租网点，并以极小代价保留年销量6000吨的延安王家坪加油站。不断强化基础管理，编制《投资工作手册》，健全投资、采购、供应等6项基础制度，建立工程项目周例会制度，召开建设项目现场会，加强施工现场监督检查，确保工程安全、质量、工期全面受控。

【改革创新】 2016年，陕西销售优化职能理清界面，突出重点提实效。将营销处、加油站管理处（油库管理处）、调运处及高速公司重新定位，逐步实现一体化运作、专业化管理。建立机制疏通渠道，破解难题促发展。积极打通“退”的出口，全力畅通“进”的渠道，出台实施《关于加快推进干部队伍年轻化实施意见》《关于结构调整中人员分流退出的实施意见》等一系列改革措施。2016年调整公司中层管理人员115人次，其中新提拔28人；两级公司相继有18名处级干部、70名科级干部退出实职岗位，152名员工办理退出手续；两级机关842人实现非领导职务首次晋升。创新方式丰富手段，提升素质添后劲。采取请进来、走出去，集中和分散相结合的方式，分级分类开展各类培训200期。持续开展职业技能鉴定，21人获"加油操作员工种技师"等级资格。坚持把加油站经理素质提升作为重点，组织7期400人参加第二届加油站经理轮训；开展"加油站经理讲堂大PK"，启动"百名加油站经理驻站交流"培训和"加油站经理论坛与技能挑战赛优胜者"巡讲活动；选派20名站经理到广州石油培训中心挂职交流学习。在销售分公司第二届加油站经理论坛上取得较好成绩，展示陕西加油人风采。

【党群工作】 2016年，陕西销售认真贯彻党的十八届六中全会和习近平总书记系列重要讲话精神，开展党委中心组集中学习15次。落实各级党委委员"一岗双责"，做到党建工作和经营工作同步安排。扎实推进"两学一做"学习教育，两级党委开展专题学习研讨618场次，举办干部大讲堂12期，学习教育在陕西省国资委系统60家央企月度考核中名列前茅。严格落实党管干部原则，经过调整优化，中层管理人员平均年龄下降3岁，大学本科以上学历比例达76.5%，干部年轻化、知识化、专业化保障能力大幅提升。大监督运行机制逐步建立，首次开展内部巡视，实现分公司巡视全覆盖，发现问题223个。强化问题整改，对各类审计、巡视、检查发现的1405项问题整改落实1252项。加强审计工作，首次开展17座万吨级以上加油站经理履职审计，2016年开展各类审计434项，取得直接经济成果905万元。落实运用"四种形态"，问责处理94人次，以问责常态化促进依法依规管理。在集团公司党风廉政建设和反腐败工作会议上作经验交流发言。深入推进"重塑中国石油良好形象"大讨论，先后开展全员劳动竞赛，明星加油站经理评选，"找差距、抓整改、提服务、增销量"大讨论，"戴党徽、亮身份、作表率"活动，把凝心聚力、树立形象融入经营管理实践。坚持典型引路，2016年表彰"两优一先"86个，11个先进集体和个人受到集团公司和陕西省国资委的表彰。严格落实职工代表大会，企务、党务公开等制度，对17个提案做到件件有答复。开展走访慰问、送清凉送温暖、"温暖年夜饭"、扶贫帮困等活动，全系统共计帮扶困难人员993人，投入帮困资金123.6万元。举行"创新·梦想"主题演讲，组织青年志愿者、学雷锋树新风、消费者权益保护等活动，丰富员工文化生活，提升企业凝聚力。

（吴　甜）

中国石油天然气股份有限公司甘肃销售分公司

【概况】 中国石油天然气股份有限公司甘肃销售分公司（简称甘肃销售）前身为甘肃省石油总公司，成立于1953年，1998年划入中国石油天然气集团公司，1999年8月集团公司实施内部重组改制时划入股份公司。主营成品油批发及零售。经营范围涵盖成品油及天然气批发零售、非油品经营、汽车服务、汽车充电、加油（气）站及相关设备设施建设改造等。截至2016年底，加油（气）站网络份额71%，成品油市场份额93.5%，是甘肃省成品油供应服务主渠道。设11个管理处室，下辖全资销售分公司14个、专业分公司4个，控（参）股公司4个。运营油库13座，加油（气）站732座（含橇装站6座、纯气站4座、油气混合站12座），加油站便利店638座，"咔咔"汽车服务店27座。在册人员7492人。获集团公司2016年度统计工作先进单位、"十三五"规划工作先进单位和油品销售系统2016年劳动竞赛营销、零售、非油品业务、劳动效率4个项目先进单位。

2016年，油气销售总量451.51万吨，同比增加6.27万吨，增长1.41%。市场占有率93.5%，同比提高1.35个百分点。投资回报率39.6%。单站日销量15.39吨。单站创效137.93万元，吨油创效221.9元，人均创效13.16万元。人均非油品收入、单店日均收入同比分别增长35.69%、21.74%。油非转换率5.5%，同比提高0.89%。累计发售昆仑加油卡343万张、沉淀资金9.4亿元，卡销比44%、同比提高9个百分点。油库油品周转量257.51万吨，同比增加2.24万吨，增长0.87%；吞吐量511.49万吨，同比减少1.7万吨，下降0.33%；油库人均吞吐量11417吨，同比增加 212.25 吨（表 1）。

表 1　甘肃销售主要经营指标

指　标	2016 年	2015 年
成品油销量（万吨）	445.77	438.73
汽油销量（万吨）	184.44	158.43
柴油销量（万吨）	259.81	278.70
润滑油销量（万吨）	0.78	0.62
运营加油（气）站总数（座）	732	723
纯枪销量（万吨）	368.11	367.74
油库数量（座）	13	13
库容（万立方米）	46.25	46.25
非油品收入（亿元）	5.76	4.69
非油品利润（亿元）	0.61	0.51
吨油费用（元/吨）	344	309
资产总额（亿元）	42.73	38.28
收入（亿元）	256.25	263.81
利润（亿元）	10.02	11.01
税费（亿元）	8.27	5.79

【市场管理】 2016 年，甘肃销售配合参与政府部门成品油市场专项整治行动，累计出动执法人员 12483 人次，车辆 4468 台次，检查车次 5407 辆，检查经营网点 963 个，查获非配置油品 3924 吨，查获土炼油 190 吨，拆除油罐 98 个，关闭无证经营网点 120 个。

通过价格优惠、加油站免费包装、日常服务和管理上帮扶等措施巩固特许联营加油站合作关系。下发关于《中国石油甘肃销售分公司特许加油站昆仑加油卡业务管理办法（试行）》的通知，为 50 座特许站安装 IC 卡刷卡设备。

“CRM—直批”客户关系管理系统上线运行。实施批直客户清单式管理，专项维护责任到人，梳理客户档案 2649 家。制定《机构客户开发及维护管理办法》，明确两级公司各层级的机构客户管理职责和客户开发与维护的措施。

结合销售政策、竞争对手营销策略、周边市场价格、国内油价走势、气候和客户运营情况等动态信息，实行定价锁量、定量促销，开展精准营销。统筹成本、效益和竞争因素，分区域、分时段、分客户差异化定价，搭建以需求、成本、政策、销售毛利和市场价格为基础参数的量价管控模型，实施精确核算。协调“量、价、效”“计划、市场、库存”动态平衡关系，降低运营成本和跌价风险，提升营销效益。组织 98 号汽油投放市场，2016 年供应 2779 吨。

与中国石化通过资源串换形成定期会谈机制，在零售挂牌价等方面加强联系，避免价格竞争，建立良性竞合关系，稳定甘肃省成品油市场整体秩序。与兰州军区、甘肃省军区和省武警总队签订部队保障协议。

【销售服务】 2016 年，甘肃销售抽调地市公司优秀技术能手组建送培小分队，对 12 家分公司 358 人进行“开口营销推介”“服务技巧处理”“顾客投诉处理”“全流程诊断与优化”等内容培训。组织部分加油站经理部门工作人员共 60 人次到河北、上海、山东、云南等销售公司参观学习。对 18 座加油站进行功能优化改造。对所属分公司开展全流程诊断与优化及规范服务培训，实施优化方案 6 项措施：增加多枪机使用、优化油枪布局、实施科学划线、推进边卸边加、优化定置为员工减负、开展加油站帮扶活动。编写《甘肃销售“6S”手册》，全面推行“6S”工作法。

数质量监督电话（0931—8448071）24 小时受理顾客诉求。指定专人对 95504 电话顾客投诉进行整理分析并下发各分公司教育学习。下发《加油站现场服务管理考核管理规定》《两服务一清洁活动方案》，重点提升顾客投诉、卫生间管理、现场服务管理、关键步骤落实、加油站数质量管理等五方面的工作，2016 年发生服务态度类投诉 53 起，同比减少 96 起，下降 64%。组织 12 期外部神秘顾客暗访，暗访站点 1825 站次，运营站覆盖率 98%，夜查加油站 105 座。

对“十二五”期间运营加油（气）站从数量变化、纯枪销量变化、5 年创效、四类站创效能力、高（低）效站效益分析、“双低站”治理情况等六个部分进行效率评价。制定《“十三五”“双低站”治理工作方案》，明确各类“双低站”定义，指导、规范经营模式，明确各部门职能。在所属兰州分公司试点委托式管理加油站 2 座。截至 2016 年底，“双低站”治理总数 197 座，较 2015 年同期增加 11.3%，实现税前利润 6796 万元、同比增加 2848 万元，单站实现税前利润 34.49 万元、同比增加 12.19 万元、增长 35%。“双低站”摘帽率 55%。

【网络开发】 2016 年，甘肃销售积极配合政府及规划部门，主动参与规划制定，分析当地网络现状和市场需求，把公司发展意图融入政府行业规划之中。注重抢抓高效市场网络，坚持以城市中心、开发新区、高速公路、主要交通干道及新型城镇空白市场为主要布点区域。坚持“不求所有、但求所用、竞合共赢”合作理念，依托中国石油品牌、资源和管理优势，通过合资合作、合资联建、业务外包、实物资产参股等多种方式与有实力的国有控股公司和民营企业合作。

项目建设过程中结合现有资源，通过盘活置换闲置土地作为建设用地，降低土地成本。组织加气站技术专项讨论3次，加气站安装费用较往年下降约15万元。所有项目实行先施工图预算审核、再结算审核的程序，竣工结算经过总包单位自审、分公司和工程办初审、审计处委托第三方终审的程序，2016年78个项目初审环节审减金额6000多万元，第三方审减率10%以内。

2016年，新开项目27座，新增运营站点9座，完成网络建设投资5.0905亿元，投资计划完成率73%。投资资本回报率39.6%。

【创新发展】 2016年，甘肃销售推进发展模式创新，成立合资公司3家，其中控股1家（张掖中油交投油品有限责任公司）、参股2家（兰州新区中油城投石化有限公司、甘肃公航旅中油能源有限责任公司），建成加油站2座。

推进体制机制创新，制定《甘肃销售公司所属分公司组织机构设置及编制定员调整规范方案》，将18家分公司机关部门由145个精简为119个，机构瘦身幅度18%；库站外人员由1984人减少到1851人，减少133人。合并投资管理处、工程管理办公室为投资建设管理处。对甘肃华庆石油工贸有限公司整体改制，剥离辅业用工121人。

推进加油站经营模式改革，实行目标责任制管理站109座，出租经营站5座，委托管理站2座，委托经营站82座，合资合作站9座。实行全自助加油站51座、半自助加油站311座，同比分别增加20座、87座。按照形象达到“6个100%”，服务达到“4个100%”的要求，打造样板示范站16座。2016年零售量万吨以上加油站102座，同比增加7座。

推进技术创新，引入SF和内衬两种双层复合油罐生产技术，实现双层复合油罐自主、批量生产。研发具有自主知识产权的油罐管线一体化渗漏检测系统，通过渗漏检测系统防爆认证。研发的智能配电柜取得国家3C强制认证，实现配电系统操作人柜分离、智能控制。研发太阳能发电系统实践性测试应用，具有安装简便、性能稳定、手机APP智能控制的特点，预计投用后可为加油站节约用电30%。研发的油气回收加油枪技术指标达到销售板块要求，进入疲劳性测试阶段。研发的成品计量井和加油机底盆通过国家权威机构抗静电检测和阻燃检测。研发的复合承重井盖通过国家权威机构承载力检验。新产品成功介入青海、山东、宁夏、山西、江西等销售公司，2016年销售双层复合油罐342具、智能配电柜38台、成品操作井和加油机底盆1567个，销售收入突破3000万元，实现毛利近700万元。

【非油品业务】 2016年，甘肃销售首次建立非油品巡市巡店制度，每月定期对大型商超、连锁便利店开展市场调查，对加油站便利店进行日常巡查，对市场上新出现的畅销商品进行综合评估，征求加油站意见建议，筛选适销对路商品。截至2016年底，共有统采商品22个大类、2140个单品，共引入新品1892种，淘汰滞销品1026种。开发康美农庄兰州牛肉拉面、漠贝贝系列瓜子和肖助理功能饮料等3家自有商品。兰州、平凉、天水、酒泉和金昌5座中央仓启用，14家分公司所有加油站便利店非油商品全部统采统配、一体化运营。非油商品主动订货管理系统、甘肃销售公司微信商城正式上线运行。

【企业管理】 2016年，《内部控制管理手册（甘肃销售公司分册）》2017版共删减不适用财务管理流程53个、新增41个，修订原润滑油、非油品业务流程28个。股份公司对甘肃销售公司2016年内控运行质量评价结果为121.38分，评价等级为杰出。截至2016年底，有现行规章制度180项，其中保留规章制度148项，新增16项，修订14项，补充2项，废止40项。发布《委托管理合同》《加油站对外租赁合同》等示范文本。征集具备评审专家资格的专业技术人才，分专业形成评标专家库，在招标项目评审中按专业随机抽取评标专家参与项目评审。在“甘肃销售主页”增设“招标与物资采购管理”模块，及时公布招标结果公示，上传相关法律法规、政策文件，提供相关资料。制定《甘肃销售公司控参股公司董事会、监事会和股东会议案管理实施细则》《全面深化改革工作方案》《精细化管理工作方案》。关停资产再利用、“双低站”治理等管理创新成果受到其他销售公司关注和好评，在2016年集团公司企业发展能力评价中，甘肃销售发展能力评价为84分。

【安全质量环保】 2016年，甘肃销售签订《安全环保责任书》《员工安全生产合同》7945份，签订工程建设及重大检维修《安全服务合同》194份，对3261人开展员工履职能力评估。完成30%库站HSE标准化达标创建。制定承包商施工安全红线35条、项目监理施工安全红线16条。发现并整改施工安全问题105项，清退施工和监理人员2人，更换不符合要求施工机（器）具18类、57具。在所属兰州分公司试点开展建立安全风险防控、隐患排查治理“双防”遏制重特大事故工作。开展人防、物防、技防、信息“四防”工作，保证G20杭州峰会、文博会等特殊时段及节假日库站安全平稳运行。“两会”期间安保维稳工作受到集团公司维护稳定工作小组嘉勉。全年质量安全环保事故为零。编制《设备管理手册》《电锅炉操作规程》，弥补相关管理和操作规程的空白。梳理国家安全监管总局宣布失效的安全生产文件160件、新生效安全标准62项，梳理适用于甘肃销售的集团公司新标准名称和编号49项。投入整改资金3亿元，对10座油库的三级防控、罐区塌陷、消防管线渗漏、无事故缓冲池等26项安全环保隐患进行整改；对97座加油站进行双层罐及一体化改造，改造燃煤锅炉57座。采取声光报警、短信猫及掉电停泵方式，对临洮、陇西、定西等7座油库进行技术改造，实现油罐高高、低低液位及液位异常波动提前预警、处置及紧急切断功能。体系审核及安全检查6次，平均单次体系审核问题数628条，首次降到千条以下。 全面完成国Ⅴ标准油品升级，有针对性地为10座油库配备能检测国Ⅴ标准油品的高精度硫含量自动检测仪。接受内外部油品质量抽检5次，281个抽检油样全部合格。

【审计监督】 2016年，甘肃销售共开展各类审计项目6项，提出审计建议35条，首次开展对所属分公司的任中审计。财务Fmis系统审计模块功能开通，实现对所属单位财务管理数据的及时查询和分析。出台《中国石油甘肃销售公司党员干部操办婚丧喜庆事宜报告备案管理办法》。首次开展家庭廉洁文化宣传教育，给1256名副科以上党员干部家属致信，请家属做廉洁自律宣传员、监督员。

【队伍建设】 2016年，甘肃销售一线、非一线员工防暑降温费标准由原来的620元、380元分别调至1008元、672元。初、中、高级职业技能津贴标准由原来的每月50元、80元、120元调至100元、150元、200元。5月起，养老保险单位缴费比例由20%调整至19%，失业保险缴费比例由2%调整至1.5%。2016年日均10吨纯枪销量用人5.1人，人均零售量490吨，人均纯枪销量482吨，在销售板块排名中分别位于第一、第四和第二名。

【智能智慧加油站建设】 2016年，甘肃销售围绕方便、快捷、高效的“人·车·生活”驿站建设，甘肃销售打造的首批智能加油站年内投运。其中，酒泉市敦煌飞天加油站建成体验终端、自助终端、ATA自动取款机、多媒体屏幕、发票自助打印、多功能手机充电、智能视频以及无线网络线上服务等站级智能数据集成平台智慧服务区。兰州桃树坪加油（气）集加油、加气、电动汽车充电、便利店、“咔咔”汽车服务于一体，站内开通无线网络，可以借助互联网完成水、电、暖、燃气、电话和网络费用、物业费、停车费等的查询和费用缴纳，可通过三维市民卡服务终端实现公积金查询、虚拟养老院信息等公共服务功能，满足顾客一站式服务需求。兰州西路加油（气）站开通微店销售业务，顾客可通过便利店商品手机扫码进行线上支付，便利店员工为顾客提供送货上门服务，满足客户体验式消费，进一步拓展非油商品销售的（站）店外延续。

【服务敦煌文博会】 2016年9月20日，首届丝绸之路（敦煌）国际文化博览会（简称文博会）在敦煌开幕，来自85个国家、5个国际组织的95个外国代表团和国内丝路沿线16个省（自治区、直辖市）及港澳台地区的23个代表团参加。甘肃销售为首届文博会指定油品供应合作单位。文博会前期，甘肃销售按照酒泉市政府“美化、绿化、亮化、标准化、智慧化”标准，对所属敦煌市区2座加油站重建，对6座加油站进行形象亮化、便利店升级、油气管线及电气线路等方面的改造。其中飞天加油站成为河西走廊五地市第一座智慧化综合型加油站。甘肃销售提前与文博会筹委会对接会议所需油品品种，组织调拨资源，在酒泉和敦煌重点地区沿线加油站投放98号汽油。所属酒泉分公司组织各加油站开展开口服务、微笑服务、非油品全流程诊断、英语口语和礼仪接待等方面的培训。会议前期对安全维稳防恐工作进行安排部署，严格执行安全生产责任制，对站内重点部位每2小时巡检一次，杜绝可疑车辆和行人进入加油站现场，为加油站配备辣椒水、抓捕器、防爆钢叉等安保防恐工具。8月30日，甘肃销售与北京爱以行汽车服务有限责任公司合作，在所属敦煌境内的飞天、油库和敦煌加油站及其他位于酒泉境内的3座加油站建设的“咔咔”汽车服务连锁店同日开业运营。

【承办第七次油品销售精细化管理会议】 中国石油第七次油品销售精细化管理会议于2016年5月26—27日在兰州召开。甘肃销售作为承办单位，圆满完成会议服务和各项保障工作。与中油瑞飞公司进行技术合作，采用APP形式进行会议报到，以微信推送的方式进行会议指引。集团公司副总经理、党组成员徐文荣、股份公司副总裁，销售公司总经理、党委书记田景惠等200人参加会议。甘肃销售、四川销售、湖北销售、福建销售、内蒙古销售、云南销售、安徽销售、宁夏销售分别作经验交流发言。与会人员对《创新运营模式深化存量挖潜 全面提升销售业务发展水平》《关于深化“十三五”期间“双低站”治理工作的指导意见》《关于试行加油站经理积分制管理的指导意见》分组讨论。会议表彰了“双低站”治理先进集体和先进个人。

【党群工作】 2016年，甘肃销售推进学习型党组织建设，组织党委中心组学习（或扩大）13次，邀请专家教授讲专题党课2次，班子成员在所在支部讲党课7次。开展“缅怀先烈不朽功勋，弘扬伟大长征精神”红色主题教育活动。完成基层党组织换届工作。按中、东、西分布，打造兰州桃树坪、天水桥南、敦煌飞天3个样板党支部，建成桃树坪站员工创新室。慰问孤寡老人、留守儿童和特困家庭48户，发放爱心捐款近7万元。筹集50万元帮扶援建双联点“村级亮化工程”和村委会改扩建项目。开展“扶贫帮困”献爱心活动，2016年发放扶贫帮困资金520万元，为100名困难职工子女发放高考助学金35万元，为离退休人员、职工遗属发放节日慰问金1147万元。

（张　翔　张岩峰）

中国石油天然气股份有限公司山东销售分公司

【概况】 中国石油天然气股份有限公司山东销售分公司（简称山东销售）是中国石油天然气股份有限公司在山东省设立的全资分公司，主要从事成品油（气）与非油品销售业务，于2000年成立，总部设在济南。2016年底，山东销售总部机关设职能处室12个，山东省设地市分公司17家、专业分公司2家，控股公司14家（正在清算4家）、参股公司1家；运营油库10座、库容21.1万立方米；运营加油站938座，占全省加油站总数的9%；在册员工6012人，库站员工占比87.7%；资产总额86.33亿元。

2016年，山东销售实现账面利润8.98亿元，同比增加0.44亿元；成品油销量407.71万吨，其中纯枪销量323.38万吨，同比增长3.8%；售卡125.95万张、同比增长6.7%，新增沉淀资金1.61亿元，卡销比62.45%；非油品收入9.27亿元、利润9939万元，分别同比增长24.1%、23.5%；平均投资资本回报率32.3%（表1）。

表1　山东销售主要经营指标

指　标	2016年	2015年
成品油销量（万吨）	407.71	432.14
纯枪销量（万吨）	323.38	311.53
加油站总数（座）	938	926
油库数量（座）	10	9
库容（万立方米）	21.1	18.7
非油品收入（亿元）	9.27	7.47
非油品利润（万元）	9939	8049
单站日销量（吨）	9.82	9.59
资产总额（亿元）	86.33	70.68
利润（亿元）	8.98	8.54
税费（亿元）	6.77	5.69

【主营业务】 2016年，山东销售以市场为导向、以效益为中心，全面实施“三强”战略，推动主营业务提质增效。（1）优化资源运作，争取外采创效。科学统筹直炼、外采，强化“购销存调”一体化运作，充分用好地炼资源，发挥规模采购优势，2016年外采163万吨、较直属炼化企业资源增利19亿元。持续优化物流运行，推进外采一次入站，外采一次入站比例达78%，年节约运费1.35亿元；开展损耗攻关，实施远程地罐交接、严格损耗标准、合署办公等措施，实现管输损耗同期下降0.03%，铁路、海运、公路运输损耗率排名销售板块前列。（2）坚持多元营销，推动油品扩销增效。实施差异化营销，推出特有品牌“能效燃油”，促进汽油纯枪销售上量，2016年实现汽油纯枪销量165.2万吨、同比增长8.1%，其中高标号汽油37.7万吨、同比增长30.1%。开展主题营销，组织四季主题、会员日、“10惠”、特色节日等促销活动，汽油销量平均提高18.5%、非油品收入增长134%。开展服务营销，持续推进加油站“开口微笑跑动”服务，常态化举办现场服务挑战赛，2016年，山东销售95504电话投诉率保持同比下降，销售板块口碑满意度调查、12月神秘顾客调查得分均排名第一。推进跨界营销，强化异业合作，与银座旅游、平安银行等80家单位实现战略合作、资源共享，有效推动油品销售量效齐增。（3）强化“油非”互动，非油品创效持续发力。创新店内，开展买赠、返利等多种促销方式，组织创意堆头、花式陈列评选，打造风格鲜明体验便利店，增强店内吸引力。开拓店外，举办专场推介会提升非油品销售规模，2016年组织推介会75场，实现收入6706万元、毛利537万元。开设社区便利店，实现品牌渗透、业务增收。强化重点品类研究，拓展自有品牌商品种类，推出“昆

悦”“昆仑速晶”2个系列32种产品，自主商品实现收入2629万元、毛利率49.1%，毛利贡献高达10%。开发润滑油大型机构客户，昆仑系列润滑油2016年实现销售收入1.1亿元、同比增长18%，居销售板块第一。

【网络开发】 2016年，山东销售坚持守字当头、攻势不减，多措并举攻坚网络开发。出台存量站维护管理办法，制定租赁到期站三年滚动续租计划，一站一策实施续租方案；协调政府争取规划拆迁项目拆一补一，推动潜力项目租转购，资产结构持续优化。创新开发模式，以合资合作、销量分成、短租短付等租赁方式，全力突破网络增量。2016年新开发加油站56座，新投运加油站23座，获销售企业“网络开发和工程建设先进单位”。强化“双低站”治理，全省摸排划线定位，创新治理思路，逐站全流程诊断，优化激励考核，全面推动“双低站”提量增效。2016年，96座站成功摘掉“双低”帽，获销售板块“双低站治理先进单位”荣誉称号。

【创新工作】 2016年，山东销售坚持创新驱动，以全员创新激发企业发展活力。召开全员创新工作启动会，出台《全员创新工作指导意见》等系列制度，建立“4488”运行机制，组建57个创客微信群、84个创新兴趣小组、95个创新工作室，举办创新讲演堂、成果展评会。以问题为导向，全员踊跃参与，累计收集创新建议和成果16421项，评选创意创行奖4351项、创新成果奖182项，获国家专利64项，有力推动山东销售扩销提量、降本增效、管理提升。

【安全环保】 2016年，山东销售持续强化风险管控，抓实抓牢各类风险隐患，全面夯实安全根基。将QHSE体系量化审核作为安全环保数质量工作的总抓手，实施三年行动方案，打造3个量化审核示范点、477座QHSE标准化库站。突出关键作业安全检查、重点部位隐患治理，开展“杜绝项”专项整治，实行常规作业风险卡管理、高危作业“围栏式”隔离管理，层层落实责任，督导整改发现问题。推行工程承包商动态划片及“四大员”锁证管理，建立施工现场立体化监管体系，严格管控工程质量、施工安全。严格外采油品把关、公路运输监管、入库入站验收，完成137座加油站三次油气回收改造，库站配备四合一气体检测仪、数字密度计，保证环保数质量受控运行。

【精细管理】 2016年，山东销售持续强化内部控制，确保业务合规受控，精细化管理水平迈上新台阶。（1）开展资产全面摸排，制作资产电子身份证22万条，积极盘活闲置资产，累计拆整为零利旧、调剂闲置资产节约资金400余万元。强化非油品库存管控，加快滞销品处理，库存周转天数较2016年初下降29天。（2）加强股权企业运行监管，股权收益完成预算的127%。加强合同和法律事务管理，稳妥处置法律纠纷102项。扎实推进内控、审计监督、专项稽查，重要业务流程实现内控测试全覆盖，完成经济责任、招投标等11个审计项目，开展资金稽查33次、3485站次，保障经营管理合规运行。（3）制定完善省市站三级同算同干模型，推动业财深度融合。狠抓开源节流降本增效，发挥会计集中核算一体化管控优势，扩大增值税抵扣，及时宣贯营改增政策全年降费2800万元，物资采价平均较预算降低10.1%，商信通业务节约财务费用1000万元，获集团公司“财税价格工作先进单位”称号。（4）突出绩效考核导向作用，制修订业绩、薪酬管理办法，确保薪酬津补贴合规发放；增强业绩考核时效性，考核周期由季度变月度，出台加油卡、非油品毛利等专项考核激励办法，推动加油站岗位外包人员转聘市场化用工，加强人工成本与技术服务总额管控，人事管理效能显著提升。（5）加强信息化建设，推动信息系统集成应用，实现ERP融合、加油站管理、物流管理系统2.0版本升级，上线运行大数据分析应用平台，建成两级公司双链路双设备应急体系，系统运维及时高效，获集团公司信息化工作先进单位称号。

【党工团工作】 2016年，山东销售持续加强党建、队伍及企业文化建设，巩固稳健发展局面。（1）党建工作扎实推进。严格落实“三会一课”制度，深入开展“两学一做”教育活动，认真学习《中国共产党廉洁自律准则》《中国共产党纪律处分条例》；落实党风廉政建设责任制、“一岗双责”实施方案，组织诫勉约谈、警示教育．组织约谈1780人次；开展党内巡视监督，2016年立案调查5件，责任追究30人，其中处级干部18人。推动74个片区转型党支部，持续规范党费管理，按时组织补缴党费。（2）队伍建设不断加强。优化公司领导班子结构，加强干部任用考核，2016年民主测评领导干部103名、选拔干部11人。推进干部梯队建设，重视专业培训、技能鉴定、学习交流，组织5期63人次的库站员工跨单位挂职锻炼，队伍业务能力和综合素养持续提升。（3）企业文化建设深入开展。关爱员工，划拨“五小工程”专项经费，常态化开展扶贫帮困送温暖活动，划拨扶贫帮困资金105.85万元，帮扶员工383人次。坚持“四爱”品牌打造，开展郝红苹果义卖活动，打造环卫工人“爱心驿站”，讲述山东销售好故事，在社会主流媒体刊稿6000余篇，《苹果红了》微电影在数十家权威媒体上线宣传，品牌形象深入人心，为山东销售营造有利的发展环境。

（冯海洋）

中国石油天然气股份有限公司江苏销售分公司

【概况】 中国石油天然气股份有限公司江苏销售分公司（简称江苏销售）主要负责中国石油在江苏地区的成品油资源仓储与配送、直销与零售、网点开发与建设等业务。2016年底，下辖13个地市公司、1个专业管理公司（仓储），另有控股单位18家、参股单位7家、全资单位4家。员工总数6620人，平均年龄34.7岁。有加油站768座，非油品便利店626座；油库14座，库容70.54万立方米，其中资产型油库7座、库容28.26万立方米。资产总额74.89亿元。

2016年，销售成品油432.56万吨，同比增长3%。其中，直批销量165.64万吨，纯枪销量266.59万吨。南京、常州、镇江等分公司纯枪销量同比增长。非油品销售收入5.65亿元，同比增长19.34%；吨油利润115.7元，同比增长279.8%。2016年实现利润5亿元，同比增加7.7亿元（表1）。区外排名由第18位上升到第2位，实现量效齐增，效益创历史最好水平。被集团公司评为安全生产先进单位。

表1　江苏销售主要经营指标

指　标	2016年	2015年
成品油销量（万吨）	432.56	419.78
汽油销量（万吨）	205.20	182.18
柴油销量（万吨）	227.13	237.56
加油站总数（座）	768	735
油库数量（座）	14	16
库容（万立方米）	70.54	74.90
纯枪销量（万吨）	264.85	262.55
非油品收入（亿元）	5.65	4.73
非油品利润（亿元）	0.55	0.50
吨油费用（元）	374.15	322.31
资产总额（亿元）	74.89	70.33
收入（亿元）	236.86	241.51
利润（亿元）	5.00	–2.70
税费（亿元）	6.66	2.71

【资源调配】 2016年，江苏销售累计购进直炼资源317万吨、外采资源85万吨，外采与直炼价格比降本15亿元（不含税）；中转成品油619万吨，较好地完成全年资源供应任务，实现调运工作平稳高效运行。全面强化成品油物流运输，秉持“降低损耗就是增加效益”的理念，针对“损耗大户”，通过积极与上游单位沟通，主动反馈计量信息，加强接卸油监控，对超耗船舶逐船落实赔付等措施，东北下海资源损耗率0.14%，与2015年同期相比降低0.03%，控制在销售分公司下达的0.145%目标以内，达到历史最好水平。

【油品营销】 2016年，江苏销售面对原油价格低位震荡、成品油供需失衡的复杂市场形势，始终秉持“效益第一”经营理念，拓展营销思路，转变工作方式，细化营销手段，提升销售质量，销量同比明显增长。在经营上着力提升市场分析预判能力，抓住成品油价格“9涨3跌”走势，合理安排采购和销售，使资源购销有空间，直批销售扭亏为盈。实施“月预测、周分析、日算账”工作模式，着力提升销售操控能力。根据市场环境和总部销售政策，合理安排销售节奏。前期“控量减亏”，中期“超销降本”，后期“多采多销”，超额完成2016年预算销量。做好价格指导调控，启动直批结算价、ERP系统锁价、销售指导价“三价联动”管理模式，提高市场适应能力，调节全省直批量价关系，努力实现销售节奏的平稳性。做好经营数据分析，为经营决策提供参考依据，查找不足、总结经验，提高工作实效。加强理论研究和探索创新，所报送的分析论文分别获“集团公司优秀统计分析二等奖”和“全国石油石化企业现代化管理创新论文三等奖”。

【零售业务】 2016年，江苏销售面对资源过剩、竞争加剧、油品升级、柴油销售不畅等困难局面，从实际出发，坚持以效益效率为中心，积极推动“调结构、转方式、抓改革、促发展”，提升纯枪销售能力。纯枪销售266.9万吨，日均销售7355吨，纯枪销售比例由60.3%增长至64.5%。调整汽油、柴油销售结构。以提升汽油销量补足柴油需求下滑，锁定加油卡客户，积极推进互联网营销、微信营销，拓展汽油客户群体并提升销售能力，高标号汽油销售比例达26%。有效激励促进提升。结合销量变化以及价格到位率情况，制定纯枪增量奖励政策，有效提高员工工作积极性，存量站纯枪量年度环比增长保持6%以上。调整促销形式，“由大而全向少而精”转变，全面打造“10惠”营销品牌。通过站内堆头、LED宣传、微信网络平台、广播等手段打造立体化营销氛围。2016年开展促销活动12次，有近33%的加油站参与，客户累计参加22.42万人次，实现充值5.94亿元，新开卡6.58万张，拉动非油品收入2381万元。多项措施发掘加油卡营销潜力。针对教师、医护、农机用户等特殊群体，定制优惠措施，特色卡累计发售15000余张，累计充值超过5000万元。依托互联网转变卡业务营销方式，通过微图文信息推送、微信互动促销，实现线上线下互动，提升客户体验感受。

【非油品业务】 2016年，江苏销售不断优化经营商品，建立商品动态购销机制。通过对经营数据分析，对所有商品进行评审，最终确定统采800余种新商品，淘汰126个滞销品，不断提升商品适销度与新鲜度。按照销售公司工作要求，大力推进“放心厨吧”品牌宣传，扩大家庭食品品类销售，与中粮集团有限公司合作开展“买中粮商品、赠加油现金或充值金”等系列主题促销活动，江苏省打造品牌站262个，其中专区39个、专柜23个、专架200个，共计实现销售446.04万元，毛利85.21万元，毛利率19.1%。以“顾客视角”和“满足顾客需求”为核心，持续推进门店店面优化工作。江苏销售根据区域划分成立5个加油站便利店店面优化提升专项验收实施小组，分区域按季度对门店现场诊断验收，促进经营水平提升，百万元门店收入同比增长达150.76%，毛利同比增长达74.32%。

【加油站管理】 2016年，江苏销售强化稽查监管。对零售基础稽查体系进行梳理优化，完善省、市、片（团）、站四级稽查体系。针对油品计量、加油卡、现场服务开展专项检查，组织加油卡专项检查2次，现场管理综合巡查4次，计量专项检查1次，同时开展视频监控抽查，月抽查加油站100余座。注重油站经理人培养。组织参加销售公司第二届经理人论坛，共计获18项称号和奖励。其中，2人获论坛现场活动优秀奖，1人获“十大创新型站经理”，1人获“十大治理能手”，4人获“百名功勋站经理”，2人获“百名明星站经理”，3座油站获“百座示范站”，5人获“营销创意奖”。全力做好零售安全管理工作。编制零售夏季和冬季安全生产运营方案及节假日运营方案，召开2期零售HSE分委会会议，要求零售管理部门做好恶劣天气、节日期间的值班、服务和安全管理等工作，确保特殊时期加油站运营稳定。

【油库管理】 2016年，江苏销售优化油库库存结构，大幅度削减罐存死量，提高油库周转效率。顶层设计油库管理层级，搭建高效运行员工队伍，减少单库用工人数，人均周转量2.42万吨，同比增长15%。扎实推进油库标准化建设，管理水平稳步提升。探索创建油库全方位扫描管理模式，着力解决油库布局分散、点多面广的管理瓶颈，实现视频非现场巡查、体系审核、稽查考核及效能监察全覆盖监控管理，实现油库作业全面受控、不留死角。

【网络开发】 2016年，江苏销售强化“渠道为主”“终端致胜”“网络优先”理念，坚持失职追责，灵活采取土地竞拍、合资合作、收购、租赁、迁建等各种发展方式，实现网络发展新突破。新增开发加油站43座（其中新建3座、收购7座、合资合作2座、租赁29座、拆迁还建2座），同比增加275%。成立未运营项目投运推进领导小组，逐站查找原因，制订投运计划和措施，坚持“三定”，即定责任人、定投运时间、定工作界面。抓好项目前期报建和政府验收两个重要环节，及时取得政府审批手续和经营证照。采取“四不两直”暗访查暗、承包商管理人员备案和作业许可培训等多种安全管理措施，加大施工违章作业查处力度。与承包商合力构建质量管理体系，切实加强施工过程质量控制，严格执行建设标准和规范。2016年新增投运站41座，停业站恢复运营11座。

【安全环保】 2016年，江苏销售推进“一岗双责”“党政同责”“管工作管安全，管业务管安全”制度的落实，层层签订安全环保责任书。开展管理干部安全环保联系点活动，处级以上干部到安全联系点活动184次，发现问题154项，提出建议80条。坚持把一年两次HSE体系审核作为衡量管理现状、推动体系持续改进的重要抓手，两次体系审核发现问题1456项，整改率96%。推进库站标准化建设，完成221座加油站和2座油库自评验收，顺利完成2016年初既定的工作目标。新制定油库、水上加油站突发事件应急处置卡50个，配套编制培训课件，加强学习演练，“一案一卡”内容日趋完善，同时根据加油站分布情况，提出“1+N”应急物资仓库建设要求，使库站应急物资管理更加规范。严把各类资源入库检测，重点突出自采油品质量控制，狠抓库站常规措施落实，着力提升实验室质检水平。深入开展“3·15”和“质量月”活动，落实企业“三大责任”，树立良好品牌形象。2016年接受国家、省、市、区（县）等政府质量监督机构抽检157批次，全部合格。

【党建及群团工作】 2016年，江苏销售深入开展“两学一做”学习教育。两级公司78个基层党支部上党课312场次。在机关党员中开展党员示范岗活动，在基层党员中开展亮岗位特点、亮个人特长、亮服务特色的“三亮”活动。大部分党组织还开展重温入党誓词、手抄党章100天等主题活动。认真做好先进典型的培养选树工作，淮安油库、常州五角场加油站获集团公司“青年文明号”称号，盐城东台城东加油站被江苏省总工会授予“江苏省模范职工小家”称号。1个基层党组织和2名员工分别获集团公司“两优两先”先进集体、先进个人称号。认真办好内部报纸《江苏销售》，2016年发行39期，增刊3期，有90多篇稿件在系统内外报纸、杂志、网站上刊用。丰富员工业余文化生活，组织开展第三届职工运动会、第四届职工乒乓球比赛以及员工健步走、扑克掼蛋比赛等活动。2016年慰问困难员工150余人，发放慰问金80万元。

（黄　超）

中国石油天然气股份有限公司河北销售分公司

【概况】 中国石油天然气股份有限公司河北销售分公司（简称河北销售）成立于2000年5月，主要负责中国石油在河北省成品油批发、零售、便利店、润滑油、化工产品和汽车服务等非油品销售业务以及市场网络开发工作。设13个职能处室、12个地市分公司、2个专业分公司、20个股权企业。有员工6868人。投运加油站1011座，市场占有率15%，油库16座，总库容47.20万立方米，“昆仑好客”便利店868座，资产总额60.67亿元。

2016年，河北销售销售成品油340.75万吨，实现非油品收入6.07亿元、利润0.57亿元同比增长11%；发生商流费14.7亿元，同比减少4315万元，同比下降3%；累计发卡55.3万张，沉淀资金6.9亿元，卡销比39.3%，发卡量位列区外公司第4名（表1）。

2016年，是“十三五”开局之年，河北销售坚持紧贴市场，主动营销、科学规划、拓展平台，发展定位为“拓展环渤海，巩固环京津，提升冀中南”。石家庄、秦皇岛“强身健体”，加快打造“升级版”地区公司，实现品牌发展。保定、廊坊、沧州“中枢支撑”有力，充分挖潜京津冀一体化和环渤海政策优势，实现集约发展。邯郸、衡水、邢台“脚踏实地”依托直炼、地炼两种资源，发挥交界市场竞争优势，实现稳健发展。唐山、张家口、承德“眼睛向内”，注重库站科学投入，实现内涵发展。

【营销调运】 2016年，河北销售科学市场研判，完善月度、季度、年度营销方案，实施稳价扩销、控量减亏、稳量推价等营销策略。推进专业兼职客户经理人队伍建设，有序开展全员营销，深化客户开发，优化资源运行，97名客户经理实现直销量42万吨，9人年销量超过1万吨。开发大型机构客户475家，有价值型终端客户158家，直批客户总数618家，固定客户比例38%。实物直批完成91.3万吨，销售板块预算完成率100.6%，公司预算完成率81.5%。资源购进总量341.19万吨，其中直属炼化企业274.2万吨，直属炼化企业配置计划完成率91.4%。扎实外采资源创效，扩大地付配送范围，2016年外采油品43.8万吨，外采入站90%，节约成本6.69亿元。

表1　河北销售主要经营指标

指　标	2016年	2015年
成品油销量（万吨）	340.75	402.16
汽油销量（万吨）	136.50	155.07
柴油销量（万吨）	204.25	247.09
运营加油站总数（座）	1011	1001
油库数量（座）	16	24
库容（万立方米）	47.20	62.00
纯枪销量（万吨）	238.01	245.18
非油品收入（亿元）	6.07	6.24
非油品利润（亿元）	0.57	0.45
吨油费用（元）	434.04	376.19
资产总额（亿元）	60.67	59.17
收入（亿元）	182.96	224.95
利润（亿元）	−3.90	−0.54
税费（亿元）	3.06	3.37

【加油站管理】 2016年，河北销售深化“油卡非润”一体化运作，实施纯枪增量“十项措施”，实现纯枪销售239万吨，其中汽油销售128万吨，同比增长4.1%。推进“两服务、两清洁”活动，升级客户投诉管理，落实冰桶挑战赛、神秘顾客访问、现场互查、95504电话通报等措施，客户满意度95.5%，投诉率下降19%。丰富智慧加油站内涵，新增42座，累计达71座；成品油销量、卡销比、非油品销售额、润滑油销量4项指标分别同比提升10%、16%、34%、21%，智慧加油站获石油石化管理创新成果一等奖。全面开展“双低站”治理攻坚战，完善治理、考核管理办法，优化诊断“双低站”579座，推进“3+1”治理，657座“双低站”销量同比增长3.3%，用工减少546人，成功“摘帽”62座。着力“五进”发卡、联合发卡，累计发卡55.3万张，沉淀资金6.9亿元，卡销比39.3%，发卡量位列区外公司第4名。深化“互联网+”平台发展，与9家金融单位开展联合促销和电子充值业务，实现销售收入3.2亿元，累计发售电子充值卡968万张，实现系统内发卡数量、金额“双第一”。

【非油品业务】 2016年，河北销售推进店面优化提升，打造优质店330座；突出主营特色和应季应节商品销售，7大类重点商品实现销售3.5亿元，同比增长68%。深入开展“后备箱计划”、主题促销、单品竞赛等活动，实现店内收入4.5亿元，利润5510万元，分别同比增长44%、22%。组织非油品业务论坛、“放心厨吧”推介会，参与以岭药业健康节、张北草原音乐节等活动，组织“非油商品进石油社区”，实现销售779万元。组建自有产品开发小组，开发新疆若羌枣、迁西板栗等7大类140余种特色商品，实现收入415万元，综合毛利率38%，包装饮料毛利率50%。建设宝石花商城，拓展与微信、支付宝合作，组织团购业务，线上注册量超过百万，实现线上订单2万笔、收入1200万元。深化全员营销，分销系统注册达7100人，实现销售700万元，保定分公司张静单月最高销售3.8万元。强化客户维系，开发新宏昌、奥森钢铁等大客户，年销售润滑油935万元；2016年累计销售昆仑之星车辅产品550万元，同比增长252%。

【油库管理】 2016年，河北销售累计周转量103万吨，损耗率0.23‰以内，地付业务部累计配送油品207.28万吨。保持低库存运行，平均库存14.52万吨。出库计划完成率100%，全年累计盘点盈余262.98吨。建立提油客户微信群，实时发布信息，制作油库现场服务指南宣传卡，定期开展客户回访，客户满意度始终保持在95%以上。全资油库全面完成中控室改造及高清摄像头更新。杏园油库在线密度计试点应用取得成功，实现油库智能化全自动发油，该项目作为技术创新成果，得到销售分公司好评和大力支持，论文《油库油品密度检测现状及管道在线密度计的应用》在中国计量协会“油气计量技术论坛”上获国家级优秀论文奖，并公开发行。

【投资建设】 2016年，河北销售结合销售业务、京津冀一体化“十三五”发展规划，优化专项规划，被集团公司评为“十三五”规划先进单位。突出质量效益，续租加油站45座，新增立项13座，新投运4座，新增零售能力3.2万吨。深化资产轻量化管理，退租低效、无效加油站点12座，节约租金210万元。强化合资合作，成功取得张承高速8座高速站经营权，节约成本1960万元。强化与政府部门、高速公路单位、汽车服务企业等沟通协调，原价续租10座服务区、38座加油站，五洲汽车服务项目完成评审、北戴河新区项目已进入报审阶段。严格项目管控，完善工程建设、项目验收等制度，强化施工监理、过程管控，完成改扩建、规范达标、安全技术改造175座。精益施工改造方案，顺利完成高庄、杨官林等8座油库改造项目，工程项目合格率100%。

【安全数质量管理】 2016年，河北销售坚持“环保优先，安全第一，质量至上，以人为本”推动质量安全环保责任制落实，推进“六个一”安全文化培育，推进HSE、质量两个体系建设，践行安全生产联系、个人行动计划，完成330座库站标准化打造，7405人次通过安全环保履职能力评估。应对“7·19”河北特大暴雨洪涝灾害，组织1024座库站汛期风险排查，确保平稳度汛。加强节能减排技术应用，完成燃煤锅炉改造，实现节能量2113.54吨标准煤，节水量0.254万立方米，被集团公司评为“节能节水型企业”。推进损耗管理深度挖潜，强化45项管控措施落实，依托数质量管理系统，狠抓日常监督管理，二次配送、零售保管损耗分别为0.26‰、0.2‰，同比下降51%、50%，二次配送损耗率位列销售板块第3名。加强油品质量管控，全面推行加油站接卸油环节“手指口述、全程视频监控、站经理旁站监卸”三项管控措施，确保油品合格入站。加强进销存各环节质量管控，紧盯外采、油品升级质量检验，累计抽检油品1846批次，国家和集团公司油品质量抽检合格率100%。质检中心通过中国合格评定国家认可委员会（CNAS）监督评审，获集团公司“质量信得过班组”

称号。

【基础管理】 2016年，河北销售强化对标、追标、赶标，推广经营评价系统，落实20项78条措施，协调税费减免，可控费用较2015年降低1.72亿元、"五项"管理费用下降19%、平均单站变动费用降低4000元。深化财务"三集中"模式，优化管理流程，促进业财融合。组织资金检查，严格授信管理，开发资金对账平台，2000万笔卡业务实现对账零差错。夯实"三基"管理，打造"三基"示范站点52座，经验推广105项。全面梳理优化制度流程，修订简化63项。积极应对诉讼案件，挽回损失590.8万元。规范股权企业合作，理顺市场价格、资源配送、管理体制，3家企业实现盈利2777万元。开展商标维权，协助政府清理侵权站292座。

【队伍建设】 2016年，河北销售严格按照集团公司党组要求，规范干部选拔任用工作机制，交流调整干部75人次，逐步实现干部岗级合理匹配。注重职业化培养，完善联合办学机制，搭建移动加油学院平台，建立培训师队伍，组织千人加油站经理培训，开展资格取证、技能鉴定、实操培训等36场次，参加9045人次。模拟站经理积分制运行，规范"五项"权力使用，增强增量创效积极性。12位站经理、5座加油站、2个营销创意获销售板块第二届加油站经理论坛表彰；6位站经理获销售分公司首轮加油站操作员技师资格；河北销售获集团公司"远程培训工作先进单位"称号。深化绩效考核，突出工效挂钩，严格"一合同三办法""三必谈"机制，激发工作活力。着力精干用工，员工总数较2016年初减少582人，人均纯枪销量同比增长7.4%。依托"宝石花爱心基金"走访慰问困难员工290人次，发放慰问金138万元。调整5200名员工参保基数，为3200名员工发放疗养费，组织全员健康体检，发放防雾霾口罩，将关爱员工落到实处。

【党建工作】 2016年，河北销售坚持党建工作与经营管理相融合，把党委、纪委工作纳入业绩考核，夯实党建基础。推进"两学一做"学习教育，组织红色教育基地参观、党员亮身份、座谈研讨等活动百余次，党员参与率100%。开展"形势、目标、任务、责任"巡回宣讲，讲好河北故事，激发工作热情。落实"两个责任"，强化巡视审计，持续加强廉政建设。打造"五型"机关，实施机关处室与基层单位业绩联动，共同提销量、促效益。积极履行社会责任，组织"春耕""三夏"保供、驻村扶贫、志愿服务、"希望课堂"等活动，树立企业良好形象。弘扬石油精神，开展"三个做什么"大讨论，唤醒传统意识，回归优良作风。强化典型引领，保定分公司新五洲加油站、石家庄分公司赵县服务区加油站获集团公司青年文明号集体。承德销售分公司党委获集团公司先进基层党组织。唐山销售分公司第一加油站经理张存（女）获集团公司优秀共产党员称号。承德销售分公司林森（满族）被评为集团公司优秀党务工作者。河北销售获股份公司劳动竞赛"'油卡非润'一体化""降本增效""信息化建设"等12面流动红旗。

（韩　锐）

中国石油天然气股份有限公司北京销售分公司

【概况】 中国石油天然气股份有限公司北京销售分公司（简称北京销售）前身系中国石油华北销售公司，成立于1999年4月。主要负责中国石油在北京地区的成品油批发和零售、市场开发等业务。截至2016年底，北京销售资产总额41.85亿元，在用油库4座，库容13.15万立方米，累计投运加油站210座，投运橇装站173座，便利店166座，员工总数2595人。

2016年销售油品195万吨，其中成品油销售181.2万吨，同比减少17.3%；纯枪销售107.1万吨，同比增长1.5%；LNG销售6.39万吨，同比增加1.49万吨。非油品业务收入3.14亿元，同比增长36%。其中，便利店销售收入1.44亿元，同比增长6.9%，非油品税前利润3218万元，同比增长27.3%；2016年IC卡发卡39.9万张，其中记名卡20.3万张。新投运加油站5座，其中新增3座、续租2座；新投橇装供油供气设施8座（表1）。

【加油站管理】 2016年，北京销售分析形势，把握客户需求，通过灵活多变、一站一策竞争策略，增强终端区域控制力，在贯标改造同比增加19座、退租站增加4座的情况下，纯枪销量同比提高1.5%。制定梯次策略，采取"六定服务"开发神州优车、北汽出租两大客户，累计消费油品1.5万吨。加大开发线上客户，推广互联网营销，通过中油好客e站宣传，

表 1 北京销售主要经营指标

指　标	2016 年	2015 年
成品油销售（万吨）	181.2	219
加油站总数（座）	210	210
油库数量（座）	4	5
库容（万立方米）	13.15	16.95
纯枪销量（万吨）	107.1	105.5
非油品收入（亿元）	3.14	2.31
非油品利润（万元）	3218	2755
资产总额（亿元）	41.85	42.61

支付宝、微信支付方式推广，线上线下联动，改善客户体验，增强客户黏性。线上用户达 90 多万人，微信粉丝数在销售系统排名第五。实施全流程诊断与优化，推进“3+1”“双低站”治理模式，23 座实行目标责任承包、1 座试行委托管理，实现摘帽“双低站”8 座，人均纯枪量同比增长 10%，单站日销量同比增加 0.58 吨，三分公司获销售公司“双低站”治理先进单位。与工商银行开展“油惠 2+2”，新增持卡客户 5692 个，储值 5250 多万元。“五一”“十一”期间，与工商银行、中粮集团、昆仑润滑油公司开展“刷卡有奖”促销活动，增加储值额 5100 多万元，增加销量 1200 多吨。连续开展 6 期“10 惠”品牌促销，形成“加油—积分—积分兑换—加油”营销闭环。优化加油卡优惠方式，减少折扣折让比例，节约成本 1637 万元。加强异业合作，开展跨界营销，第三方累计支付促销费 3000 多万元。2016 年发放记名卡 20.26 万张，记名卡比例达 50.8%；卡沉淀资金 12.76 亿元，同比增长 4.5%；电子卡销售 1.45 亿元，全国排名第二。完善内部稽查、神秘顾客暗访和远程视频稽查“三位一体”管控体系，提升服务水平，工单响应及时率 98.7%，回访满意率 99%。与《现代生活报》合作在京顺路加油站建立“的士爱心港”，接待出租车司机 900 余人，协助的士爱心团队活动 40 余次，油品日均销售增加 3 吨，增长 27%；非油品收入日均增加 350 元，增长 20%。12 座加油站共销售 98 号汽油 895 吨。

【油库管理】 2016 年，北京销售严把油库质量、计量关口，采取双复核验收，提高卸净率，油库综合损耗率控制在预算范围内。加大发油系数、密度和流量表精度核查，提高付油准确率。提升质量管控，避免 5 起质量事故，挽回潜在经济损失 300 多万元。加大油库抽检力度，每库每月至少全油品抽检 1 次，建立重点加油站应急联动机制。强化运行管控，提高周转效率，2016 年实现周转量 121.6 万吨，周转次数 8.54 次，出入库化验 1357 批次，客户有效投诉为零，满意度平均 99.89 分。七八月石楼、晟德油库员工集中接卸油品火车 17 列，连续高温作业多次达 30 个小时，实现顺利接卸并减少延时费 5.26 万元。石楼油库两次承办房山区消防演练，2016 年接受各类检查、参观 281 次，获集团公司、北京市和房山区等各级好评。仓储分公司组队参加北京市“职工技协杯”职业技能竞赛应急处置比赛，取得团体第 4 名。

【非油品业务】 2016 年，北京销售召开商品品鉴会 4 次，引入新品 204 个。首次引进数码、办公文体用品，填补品类空白。淘汰商品 183 个，单品数达 2703 个，商品动销率 89%。深化便利店诊断与优化，平均增长 42%，2016 年新增百万元以上店 8 座。统筹“油卡非润”一体化营销，核心商品收入占比达 14.6%，同比增长 15.3%。打造粮油“放心厨吧”和特卖会，中粮商品共销售 351 万元，同比增长 10 倍。创新模式推进开口营销，联同环保企业融入公益内涵，提高公众形象。深化“强技能、晒服务”竞赛活动，围绕客户体验，科学制订方案，增强服务意识，10 个优秀班组和 12 名服务明星受到表彰。开展跨界合作，拓展销售渠道，探索冷区承包、异业积分和专区专柜模式，稳步推进汽车服务、广告寻租和保险代理，构建汽车产业生态圈。开发自有商品 18 个，开发股权合作方进口食用盐、日化盐系列产品。

【营销管理】 2016 年，北京销售精细研判市场，盯紧国际、国内油价走势，提前采取应对措施，依托 129 个内外部情报监测点，针对竞争对手策略，主动出击，全年推价 55 次。综合资源质量、价格、运输保障，货比三家、优中选优，组织外采 6.14 万吨，实现降本 5852 万元。坚持“以效为主、量效并举”的原则，准确把握上级政策，精算量效关系，控制销售节奏，三四月和七八月批发柴油 44.4 万吨，获销售板块奖励 3.26 亿元，2016 年批发毛利较预算增效 1.18 亿元。深入调研终端市场需求，网格式普查客户 1226 家，新增批发客户 161 家，其中终端客户 42 家。通过“两账一卡”完善客户管理，界定批发客户 1065 家，细化客户档案 969 家。根据分级评定模型设置 7 项评定指标，实施动态客户分级评定管理，评出尊级客户 26 家。创新营销模式，将报价、促销、提油融为一体打造购油宝平台，满足客户多元化需求，开展“推广活动季，购油有惊喜”客户体验活动。累计注册客户54家，实现线上油品销售6.1万吨。

【投资建设】 2016年，北京销售与首发集团、环卫集团、中国邮政、中铝集团合资合作获得突破进展，锁定总部经济市场。协助市政管理委员会对北京市场网点进行摸底，完成加油站立项10座、投运5座；橇装设施立项6座，投运8座。开发新能源市场，成功布点北京公交LNG场站29个，在奥东充电站试点基础上，开展全资充电站建设工作。完善北七家、大狼垡续建项目手续，推进平蓟路南、北和京东长江站迁址建设，接洽石楼油库划转事宜。监控租赁站动向，及时化解矛盾，实现续租2座。借助贯标改造契机，完善租赁合同条款，实现投资确认27座，提前续租6座。通过法律途径妥善解决5起纠纷，有效保障公司权益。完成贯标改造加油站68座，施工质量、综合效能、外观形象成为销售板块贯标改造的示范。联系设备厂商联合开发加油站双层罐和双层管线二合一泄漏监测系统，站均节约投资2万元。在10座加油站开发试点检维修管理软件，提升维修管理水平，取得良好的效果。完成“十三五”规划编制，综合统计工作连续7年获集团公司先进表彰。

【资源运行】 2016年，北京销售优化物流运作，根据营销方案、资源配置、库存运力，提前安排调运计划，结合仓储分布、库容和运行，续租机场油库，优化仓储布局，提高配送效率。紧盯市场，协调大厂油库客存，平衡资源品类，降低跌价风险，月均库存同比减少1.52万吨，下降5.9%。全力协调直炼资源，确保市场供应，节省购进成本3952万元。协调优质资源，实现品号升级10.59万吨，节省购进成本2531万元。通过应用软件静态优化，提高配送率、缩短运距、节约调运成本。一次调运资源兑现率126.4%，一次入站40.04万吨，加油站断档率为零，上车率保持在75%以上，吨油运费40.24元，同比降低2.26元。2016年运费总额2957万元，比预算节省2176万元。

【质量计量安全环保】 2016年，北京销售连续12年获集团公司安全生产先进单位，顺利通过集团公司春季、秋季体系量化审核。开展标准化站队创建和“安全生产月”活动，深化安全警示教育、示范站打造和应急演练，强化员工安全意识，提高应急响应能力。开展安全教育37次，应急演练216次，完成52座加油站标准化达标创建。召开各级安全会议221次，领导干部安全宣讲、事故警示教育37次，开展宣传咨询活动190余次。坚持日常检查和突击检查相结合，监督检查173站次，发现问题566项并整改。应对“7·20”暴雨灾害，34座加油站受暴雨影响停业，未发生等级及其他灾害衍生事故。落实安保维稳防恐工作，严格执行带班值班管理制度，强化重点区域库站防控，顺利度过“春节”“两会”和G20杭州峰会等特别重点阶段，受到政府与上级嘉奖。以CNAS认证工作为抓手，增强质检能力，2016年完成自检302库站次，抽取油样755个，油品合格率99.6%。迎接国家抽检8站次，合格率100%。严格交接流程，落实双复核验收和地罐交接，加油站综合损耗率同比降低0.07个百分点，处理纠纷1994例，责任赔付10万余元。科学分解耗能用水指标，更新改造11座三次油气回收设备，加大节能减排力度，综合能源消耗3970吨标准煤，新鲜水用量28.5万立方米，累计节能35.2吨标准煤、节水1005立方米，顺利通过能源评审，获北京市专项奖励。

【人才队伍建设】 2016年，北京销售坚持围绕经营需要，贴近实际工作，科学编制计划，采取“互动”模式教学，新员工培训效果明显提高。全年完成一级培训37期3720人次，593人参加职业技能鉴定，12人获技师资格，10名站经理经过2个月对口挂职。完成销售板块技师鉴定，认真做好考务后勤工作，充分展现公司良好形象，为提高鉴定标准和质量提供借鉴。建立兼职培训师储备队伍，首批60人通过试讲选拔，纳入兼职培训师储备库。

【企业管理】 2016年，北京销售不断夯实合规管理基础，全员合规培训覆盖面100%，合规承诺书签订率100%。全面梳理制度190项，完成内控自我评价和重大风险评估。合同审查747份，签订合同683份，标的金额8.18亿元，法律审查率100%，处理纠纷案件8起，清查21座加油站涉嫌侵权，清理拆除18座。全面推进公开委托招标，组织采购谈判2次，优选承包商3个，谈判降价率达10%以上，完成招标项目8项，节省投资和费用276万元。强化预算管控，突出目标引领，创新“毛利费用率”指标，制定40项“开源节流、降本增效”具体措施，明确责任主体，费用控制符合预期，其他费用同比减少2973万元，其中非生产性支出下降11.5%。坚持压降“两金”，严控欠款规模，月均应收账款同比降低4251万元，“两金”压降节约资金利息263万元。优化岗位设置，灵活调剂总量控制计划，2016年减员121人。研究成立非油品分公司，实现非油品业务平台化运作、规模化发展、多元化经营。坚持工效挂钩原则，强化工资效益联动，科学制定考核标准，合理确定分配关系，基层员工工资增长7.67%。不断完善法人治理结构，强化股东行权，召开“三会”76次，审议议案251项，股权企业分红共计2.23亿元，北京销售获利润1.13亿元。推广实施销售ERP应用集成项目和客户关系管理系统，集成融合一次物流与油库系统，完成协同办公和移动办公系统。及时响应运维需求，接听运维热线10930个、系统运维7062站次、现场运维265站次。信息化管理处获集团公司2016年“信息化工作创新团队”称号，获销售板块劳动竞赛“信息化类先进集体”，“加油站自助类设备研发与应用”项目获集团公司科学技术进步奖三等奖。

【党群工作】 2016年，北京销售扎实开展“两学一做”学习教育，通过中心组学习、专题党课、全员倡议等形式，强化党员干部教育。确定“党建三联”联系岗位113个，制定“六个一”党支部达标示范点创建方案，开展“两优一先”评选，10个先进党组织、30名优秀共产党员、15名党务工作者获表彰，尹建荣获中央企业“优秀共产党员”称号。注重一线优秀员工，2016年发展党员37名。排查失联党员64人，转出46人，处置18人，圆满完成党费收缴专项工作。着力整改巡视反馈问题，及时反馈整改情况。认真落实“两个责任”，推进“一岗双责”责任体系建设，狠抓“四风”问题整治，开展“形势、目标、任务、责任”教育活动，强化大庆精神铁人精神及“三老四严”等优良传统作风教育，营造风清气正的良好环境。深入贯彻《党政领导干部选拔任用工作条例》，选拔调整领导人员24人次，完成90名领导干部个人报告事项填报工作。严格履行领导人员出国出境管理监督工作。

连续3年开展优秀服务案例评选、“爱岗敬业、优质服务”明星评选。二分公司刘静和三分公司李宁获销售板块“营销金点子奖”。创建“先进职工之家”48个。持续开展“青年文明号”创建、“青年岗位能手”评选、青年志愿服务活动，二分公司中博加油站等3个青年集体被授予集团公司“青年文明号”称号，右安门加油站便利店主管王慧获北京市“青年岗位能手”称号。北京销售青年志愿服务队获北京市“十佳企业志愿服务组织”称号。

（薛　云）

中国石油天然气股份有限公司上海销售分公司

【概况】 中国石油天然气股份有限公司上海销售分公司（简称上海销售）前身系中国石油华东销售公司，成立于1998年5月，主要负责上海、江苏、浙江、山东、安徽、江西、福建、广东、海南地区的成品油销售、市场开发和终端网络建设等，是中国石油在区外成立的第一家销售企业。2008年12月，股份公司销售管理体制调整后，上海销售主要负责中国石油在上海市的油气销售、市场开发和终端网络建设。2016年，员工总数1994人（合同化员工111人），平均年龄37岁。设13个机关处室，下辖6个销售分公司，直接管理7个股权单位。资产总额37亿元。有运营加油站164座，并表管理加油站150座；有资产型油库3座，总库容43万立方米。2016年，实现销量156.81万吨，其中汽油、柴油销量149.14万吨，实现税前利润1.69亿元，超额完成销售板块下达的挖潜目标（表1）。

表1　上海销售主要经营指标

指　标	2016年	2015年
成品油销量（万吨）	149.14	148.55
汽油销量（万吨）	65.72	62.66
柴油销量（万吨）	83.41	85.89
加油站总数（并表管理）（座）	150	148
资产型油库数量（座）	3	3
纯枪销量（万吨）	88.81	91.89
非油品收入（亿元）	2.29	1.65
非油品利润（亿元）	0.27	0.17
利润（亿元）	1.69	1.41
税费（亿元）	2.39	2.35

【油气销售业务】 2016年，上海销售重点抓牢市场分析和研判，调控量价要素，向市场要效益。吨油利润108元，比预算提高73.49元/吨。精准把握市场重要拐点，一季度油价低迷，把控销售节奏避免恶性竞争；二、三季度油价反弹，推价促销上量，获销售板块柴油销售奖励1.1亿元；四季度资源偏

紧，批发价格到位运行，实现批发扭亏为盈。上海销售以高层沟通、战略合作、资源共享、多层次共建等方式，深化与巴士公交、环境油品等大客户合作，前十大客户采购量提升7%。客户开发水平进一步提升，新开发机构用户176家，机构用户销量同比增加2万吨。

【非油品业务】 2016年，上海销售整合“油卡非润”资源优势，大力开展各类营销活动，在便利店不增的情况下，收入利润均跨越式增长，实现非油品收入2.29亿元、非油品利润2682万元，同比分别增加39%、57%，再创历史新高。非油品成为上海销售营销创效的重要力量，对利润贡献超过16%。百万元店增加14座，振兴加油站迈过1000万元大关。上海销售广泛开展跨界合作，深度开发汽车后服务市场，“中油—上汽车享”联名卡在上海试发，引入新客户3000余人。与交通银行合作的“超级最红星期五”，交易额名列全国各大城市第2位。与中粮集团有限公司、中国东方航空、中国工商银行、上海迪士尼、中国石化上海公司等强强联合，互联网营销成效显著，uSmile微信公众号阅读量近百万，平均客户响应率20%，同比提高4倍。大力开发优质特色商品和服务，ETC业务占上海地区总网点56%，安装量增长28%，利润增长67%。水果生鲜销售继续扩大规模，同比增长7倍。与国际知名厂商合作开发邓禄普车辅等自有特色商品，达成供货意向630万元。

【加油站管理】 2016年，上海销售实现纯枪销量88.81万吨，高标号汽油销量增长达25%，98号汽油实现零突破且保持强劲增长。全年价格到位率99.6%，创历史最好水平。以打造振兴式加油站为重点，提出数百项优化措施，10座中心城区加油站整体挖潜上量增效，新增万吨站3座、5000吨以上站2座，“双低站”减少26座，单站日销量增长2.7%，创近5年来最好水平。专项抓全员开口营销，神秘顾客暗访658站次，平均得分创3年来最高。实施品牌营销，开展柴油专项促销，成功开发顺丰、德邦等跨省物流大客户。2016年新增发卡17万张，在线消费、充值金额超2亿元，卡销比达39%。推广加油卡网上充值和自助充值，104座站实现24小时自助服务，网上充值比例位于板块首位。微信、支付宝、电子券等支付方式经上海销售试点走向全国，首批实现中国工商银行积分兑换。

【投资建设】 2016年，上海销售努力打好“网络攻防战”，不断巩固和扩大网络规模。面对地方政策紧、开发项目少、土地成本高、审批环节严等挑战，推进网络开发和投运，新开发加油站3座，投运4座，新增可研年销量5.2万吨。上海销售积极介入政府加油站评估及选址规划，努力降低城区土地控规不符被拆除的风险，确保终端不丢、份额不降。根据上海销售“十三五”发展规划和加油站改造三年滚动计划，周密设计，精细排布，广泛运用一体化配电控制箱、多媒体加油机、轻钢结构站房等新技术，完成16座加油站改造，窗口形象和服务能力进一步提升。兼顾安全与效率，运用可移动式集装箱作临时站房，确保施工、经营两不误，间接产生效益120万元。落实国务院“水十条”“土十条”要求，取得政府相关部门认可后，完成虹梅南路、爱使浦南、常德路等8座站内衬法双层罐改造，积极打造安全环保型加油站。

【资源运行】 2016年，上海销售全面落实开源节流挖潜增效13个方面80项措施，费用比预算节约654万元。全年费用均衡受控，其中“五项”费用1342万元，实现3年持续硬下降。按“路径优、成本低、效率高”原则，联动优化和管控各储运环节。坚持降损耗就是增效益的理念，对损耗进行分环节、全流程管控，购进损耗降至0.12%，达历史最好水平。按期完成ERP 2.0应用集成上线任务，同步实现ERP 2.0与FMIS 2.0系统融合升级。自主探索建设综合性智能监控系统，持续整合升级大数据信息，促进互联网及移动终端营销，服务质量和效率大大提升。

【市场拓展】 2016年，上海销售按照多元化发展战略，立足现有网络，统筹“油非气电”“大网络”布局，全力推进加气站建设。加大LNG宣传，开发目标客户，探索“互联网+加气站”服务。持续跟进保税油资质申请，协调上海自贸区相关部门，开展前期调研，为拓展未来上海市场经营领域和调整经营结构做好准备。

【企业管理】 2016年，上海销售推进建章立制，优化简化工作流程，强化关键业务控制，建立健全各类规章制度30项，修订内控业务流程294个，确保各项工作管理合规、过程受控。继续推进股权企业市场化运作，2016年股权投资收益22820万元，完成预算的282%。依法依规加强股权企业管理，优化股权结构，完成中油锦华和嘉兴中油股权处置，积极解决中油浦东和中油农工商合资合作事宜。完成集团公司巡视、审计问题整改17项，并举一反三、深刻剖析、完善相关制度，堵塞管理漏洞。认真落实岗位责任制，加大工作问责力度。优化财务内控流程，建立动态监督机制，组织融资性贸易清查、费用专项检查等，对油品提单等关键业务环节强化管控，在中国石油系统内首家试点电子发票业务，有效规避财务风险。

【质量计量安全环保】 2016年，上海销售签订安全环保责任书1900份、中层干部编制“个人安全行动计划”80余份，两级管理人员“点对点”深入安全环保联系点420人次。发布新版《HSE管理手册》和《制度汇编》，制定加油站HSE标准化建设工作方案，完成46座加油站HSE标准化达标任务。加大安全环保监督和隐患治理，组织安全环保自查146站次，迎接上级抽查128站次，治理隐患43项。召开“绿色加油站与城市文明同行”媒体沟通会，向媒体和公众展示上海销售“绿色发展”的生动实践。坚持把好油品质量关，质检中心成功通过国家实验室认可体系内部审核、管理评审和外部监督评审，2016年检测下海油和外采油247批次，自查油品171批次，承接对外检测52批次，检测准确率100%。

【党建工作】 2016年，上海销售重点做好“两学一做”学习教育工作，各级党组织开展学党章党规85次、学系列讲话98次、专题讨论94次、讲党课106次，收到各类学习体会400余篇。修订完善《党费收缴管理办法》，统一下发《党员管理手册》。两级班子深入加强和改进中心组学习，参加各类培训近60人次。修订完善《“三重一大”实施细则》。基层组织不断健全，成立直属机关党工委、6个分公司临时党委，新组建基层党支部18个，严把党员“入口关”。党风廉洁制度不断健全，制定出台《公司党风廉政建设责任清单》和《公司把握运用“四种形态”实施细则》，不断推动“两个责任”落实的制度化常态化。

【员工队伍建设】 2016年，上海销售持续稳步提升队伍素质。推进“千万图书送基层·百万员工品书香”工程和《中国石油员工基本知识读本》丛书三年学习规划，为基层库站配书3000册，不断激发学习活力。修订《员工培训管理办法》，规范员工培训工作流程，持续汇集发展能量。开展“形势、目标、任务、责任”主题教育，组织10名优秀员工，4天8场次向全体员工巡讲“奋斗的青春最美丽”，传递强大精神力量。开展员工职业道德建设，上海销售三大媒体平台优势互补，搭建完成立体宣传阵地。工团组织成功换届，联系员工的桥梁纽带更加健全，员工关爱体系持续完善。扎实开展主题劳动竞赛，5个项目获股份公司销售分公司表彰。持续深化“号、手、岗、队”和志愿者服务等活动，常德路加油站获上海市“青年文明号”称号，虹莘梅莘加油站获集团公司“青年文明号”称号，盛东加油站获上海市“优秀青年突击队”称号，2个创新工作室成功立项，3个石油创客项目待验收，2个金点子获销售分公司表扬。

【企业文化建设】 2016年，上海销售大力弘扬石油精神，组织“弘扬石油精神，推进稳健发展”专题报告会，组织大庆精神铁人精神知识竞赛，开展“弘扬石油精神，做合格共产党员”专题学习研讨，促进石油精神落地生根。丰富上海销售特色文化体系载体内涵，《企业文化手册》、公司形象宣传片得到各方好评；“送欢乐下基层”“颂歌献给党”等活动深受员工欢迎。

（李文韬）

中国石油天然气股份有限公司黑龙江销售分公司

【概况】 中国石油天然气股份有限公司黑龙江销售分公司（简称黑龙江销售）前身是成立于1954年的黑龙江省石油总公司，1998年成建制上划中国石油天然气集团公司。主要从事成品油批发和零售，以及便利店、润滑油、化工产品、农用物资等非油品业务，是黑龙江地区成品油市场主渠道供应服务商。2016年底，机关设13个处室、6个附属机构；下辖19个二级单位；运营加油站1079座；在用油库20座，库容量44.92万立方米；资产总额74亿元；员工总数13049人。2016年，黑龙江销售牢牢把握“二次创业”发展方针，埋头苦干、攻坚克难，经营管理取得新的成果、新的进步，实现平稳健康发展的良好局面，销售成品油467.77万吨，同比增长0.7%；零售量366.56万吨，同比下降0.5%；实现利润总额6.31亿元，完成预算的134%；市场份额85.12%，同比提高0.1个百分点。

【成品油业务】 2016年，黑龙江销售油品销售总量创企业历史新高。营销策略稳中有进，坚持效益最大化原则，不打价格战，实施品牌营销、服务营销，先后与哈尔滨铁路局、龙煤集团、邮政速递物流等省内重点企业建立战略合作关系，坚持市场导向，灵活调整不同时段的营销策略，通过一体化营销、“一户一策”、“一站一策”、星级客户、超销激励等方式实施精准营销。春耕销售成效显著，组织开展“大干

90天”春耕劳动竞赛，有效激发广大员工销售热情，3—5月销量同比增加16.3万吨。“油卡非润”一体化营销能力逐步增强，结合实际开展灵活多样的一体化促销活动，注重发挥加油卡的媒介作用，沉淀资金20.7亿元，同比增长15.6%，卡销比44.6%，同比提高4.6个百分点。油品资源运行总体平稳，在履行为上游企业疏通后路责任的同时，加大外采力度，拓展毛利空间，顺利完成国Ⅴ标准油品升级，并有序投放98号高标号汽油。市场净化工作为销售创造有利环境，积极协调地方政府开展市场稽查，多种途径向用户宣传劣质油危害，对市场违规行为起到震慑作用。

【非油品业务】 2016年，黑龙江销售非油品收入5.63亿元，非油品利润4995万元，同比分别增长20%和12%。明确非油品主营地位，逐步理顺体制机制，与公司领导干部会议同步召开非油品工作会议，彰显非油品业务重要地位，出台4个制度办法，逐步规范业务运行管理流程。坚持店销发展，优化业务经营结构，对264座便利店进行店面优化，实施“351246”工程（即年非油品收入30万元、50万元、100万元便利店以200、400、600种商品为最低经营标准），按照店面等级规定最低商品种类，丰富商品陈列，2016年店销占比达43.2%，同比提高7.9个百分点。探索新业务，逐步培育新的增长点，与上汽集团合作发展汽车服务业务，建设2S店4座，有序推进“厨房工程”，试点开展彩票、票务、地方特产等业务，提高顾客进店率。打牢润滑油管理基础，增强业务发展后劲，由所属润滑油分公司对全系统润滑油业务和人员实行专业化垂直管理，出台营销方案和绩效考核办法，举行首届产品推介会，提升“昆仑”品牌市场认可度，开展历史遗留、积压、损毁库存清理工作，有效减少库存损失。2016年车用润滑油销售9183吨，同比增长15%。

【企业管理】 2016年，黑龙江销售持续夯实管控基础，管理水平不断提高。深化业绩考核机制，进一步筑牢“收入凭贡献，岗位看业绩”理念，逐步提高精准激励水平，出台《员工管理手册》，增强干部员工执行力和企业合规管理能力。推进油站现场管理水平提升，继续开展常态化内部督查、外部暗访，对排名前列站点奖励，后列站点亮黄牌，发现的问题严格按《员工管理手册》处罚，以负效站治理为突破口推进“双低站”治理工作，灵活运用“3+1”治理模式，实施内部承包经营和员工委托管理，与中油农垦公司开展委托管理试点，扭亏加油站140座，负效站占比由2016年初的29%降至15%。不断提高油品价值管理水平，持续强化油品全过程运行的损溢管控，完善各环节考核机制，继续推进地罐交接，建立液位仪收油准确率考核机制，实施单车盈亏率考核，建立加油站油品“日核对、月盘点”机制，每月组织盘点，按站按品种实施保管损耗考核。深化财务管理服务、监督职能发挥，制定开源节流降本增效43条措施，启动资金集中支付和费用集中核算工作，优化账务核算流程，将层级由4级简化为2级，核算单元由124个简化到28个。信息化建设应用水平逐步提高，强化各信息系统应用考核，突出重点管理风险管控，开发异常卡消费筛查功能、增值税发票采集汇总功能、TS密码管控程序，为整治违规行为提供技术支持。

【网络建设】 2016年，黑龙江销售努力推进投资项目建设提速，终端网络整体布局不断优化。强化组织领导，先后成立加油站改造领导小组、投资建设指导委员会、工程建设项目推进工作组等机构，制定投资管理、项目管理、承包商管理等办法，为网络建设提供组织机构和制度保障。强化责任落实，制定重点项目运行大表，明确责任主体、时间进度，按节点实施奖惩考核。库站建设明显提速，一批高效网点成功开发投运，2016年新开发加油站10座，日均新增零售能力158吨，改扩建加油站12座，日均新增零售能力65吨，储油罐防渗及一体化改造加油站104座，油气回收改造加油站200座，隐患治理加油站83座，油库改造5座，油库隐患治理12座。

【安全环保质量计量】 2016年，黑龙江销售以质量、HSE及诚信体系建设为主线，抓住安全平稳、质量合格、计量准确三个重点，持续推进管控责任再落实、过程控制再强化、管理基础再提升，实现安全环保、质量计量较大及以上事故为零的目标。在销售系统首家开展诚信体系建设，向社会公众和政府监管部门做出诚信承诺，338座诚信示范站挂牌运营。开展基层库站HSE标准化建设试点工作，制定《标准化管理手册》，完成409座站点的建设任务。认真开展常态化安全检查，强化重点阶段的风险识别、隐患排查、风险防范、应急演练，保证库站安全运营。持续加大液位仪使用、油品质量与加油机计量精度稽查力度，2016年累计现场检查432座加油站、1140把加油枪，处理质计量违规人员20人，对违规违纪行为保持高压震慑态势。

【党群工作】 2016年，黑龙江销售紧密围绕经营管理中心和改革发展稳定大局，聚焦全面从严治党，弘扬“石油精神”，营造风清气正干事创业的发展环境。加强省市两级公司班子建设，2016年组织中心组学习231次，先后举办处级干部培训班和十八届六中全会培训班，提升领导干部能力素质。坚持正确的用人导向，严格执行干部选拔任用各项规定，通过组织考察、公开竞聘等方式，先后有15人走上副处级岗位，5人走上正处级岗位，增强各单位领导班子力量。强化基层党组织建设，调整规范组织设置，结合实际建立加油站联合党支部和党小组，提高基层党组织健全率，建立25个基层党建联系点，省公司机关处级以上干部一对一指导帮扶，促进基层党员组织生活正常化。扎实开展“两学一做”学习教育，每月制订学习计划，省市两级公司开展集中研讨345次，完成党员组织关系排查、党费收缴专项检查、基层党组织换届选举、党员违纪违法处理情况排查清理等四项重点工作任务。正确把握运用“四种形态”，组织开展党纪党规教育及案例通报等警示教育活动15次，严格执纪问责，2016年给予党纪政纪处分10人，组织处理30人，在严格执纪的同时注重提醒，约谈所属单位班子成员73人次，函询18件。对8个分公司开展巡视工作，同时对上一轮巡视整改进行“回头看”，积极督导整改到位。传承创新企业文化，培育形成以“不畏冰雪战严寒的龙销精神”为核心的企业精神。大力弘扬“石油精神”，通过参与“龙江最美石油人”评选、举办“我身边的好形象”主题演讲、承办弘扬“石油精神”专题报告会、加油站经理先进事迹报告会等系列活动，突出典型引路作用，汇聚健康发展正能量。坚持关心关爱员工，2016年帮扶困难职工3755人次，实施企业补充医疗保险、员工疗休养制度，统一取暖费报销标准，对职工重大关切问题给予特别的关爱与保障。

（于　泳）

中国石油天然气股份有限公司吉林销售分公司

【概况】 中国石油天然气股份有限公司吉林销售分公司（简称吉林销售）前身为吉林省石油总公司，始建于1949年，1998年6月划入集团公司，1999年重组改制划入股份公司。主要承担吉林省行政区域内的成品油批发、零售业务，以及“昆仑好客”便利店、汽车服务等非油品业务。2016年底，下辖9个市（州）分公司、2个直属公司、4个合资公司，员工总数8621人，运营加油站989座，在用油库12座（表1）。

表1　吉林销售主要经营指标

指　标	2016年	2015年
成品油销量（万吨）	374.00	406.41
汽油销量（万吨）	198.69	186.14
柴油销量（万吨）	174.83	219.60
纯枪销量（万吨）	304.46	305.47
润滑油销量（万吨）	0.49	0.63
车用天然气销量（万立方米）	893	1456
加油站总数（座）	989	986
油库数量（座）	12	13
非油品收入（亿元）	3.03	2.22
非油品利润（亿元）	0.42	0.39
吨油费用（元）	411.75	410.70
资产总额（亿元）	71.7	68.39
收入（亿元）	215.02	242.18
利润（亿元）	1.63	3.05
税费（亿元）	5.26	4.79

【油气销售业务】 2016年，吉林销售围绕效益中心、零售核心，坚持把握量效关系、批零关系与竞合关系，以纯枪销售创效益，以直批销售争份额，实施批零一体化、点对点竞争、油非互动、库存创效等多情景策略组合，持续提升营销质量。丰富营销手段，精心策划“贺岁迎春”“踏青出游”等“油卡非润”主题促销活动65次，全力打造“10惠”促销品牌，线上线下互动，为纯枪稳量增效发挥重要作用。推进差异化竞争，0号柴油反季节销售常态化，98号汽油提前半年上市，抢占市场和效益高地（图1）。努力拓展跨界营销，与银行、电信、保险、邮政、旅游、酒店等单位开展合作，实现双方互利互惠。强化加油卡营销，注重卡功能应用与发挥，拓展网上充值、移动发卡等业务，2016年发卡68万张，卡沉淀资金17.8亿元，同比增长4.2%。开展“千站万人卖昆仑”活动，销售润滑油0.49万吨。积极拓展车用天然气业务，强化

市场分析、气源组织和网点布局，实现天然气销量893万立方米。加大客户开发与管理力度，持续开展市场与客户“两查”工作，落实客户网格化管理责任，组建专职客户经理人队伍，普查客户2万余家，客户经理人直批销售贡献率60%以上。

图1　2016年5月23日，吉林销售在长春普庆站举行能效燃油98号发布会，标志吉林省正式上市98号汽油（黄微摄）

【非油品业务】 2016年，吉林销售加快推进非油品蓝海战略，组建非油品公司，加大考核权重，设立专项奖金，便利店开店率由56%提升到93%，专业化运作水平得到提升。不断规范非油品基础管理，理顺非油商品采购、销售和业绩考核等管理制度，加强店面销售、供应链管理和商品品类优化，549个主要商品进货价大幅降低，商品统采统配比例达60%以上。拓展跨界合作与内购模式，与中粮集团、上汽集团车享家、平安保险等公司开展战略合作，打造45座放心厨吧，成功举办第一届员工内购节暨品鉴会。丰富非油品销售构架，推进汽车服务、昆仑之星车辅产品、吉林特色商品、化肥等农用物资销售，提升客户体验，拓展新的利润增长点。通过非油品竞赛调动内在活力，多种促销活动提升昆仑好客认知度，非油品收入、非油品利润同比分别增长50%和8%，百万元店达60座。

【投资建设】 2016年，吉林销售围绕打造战略性价值性工程，加大高效销售网点及储运设施开发建设力度，严格落实销售网点开发责任，通过自建与合资合作方式，开发加油站9座、油气合建站2座、加气站8座，改扩建站9座，浑江油库竣工调试，86座加油站完成双层罐一体化改造。发挥驻地企业作用，深入落实集团公司与一汽集团战略合作内容，一汽物流合资公司组建进入操作程序，协调完成初装润滑油鉴定准入、一汽乘用车商用车入围等工作，接管奔驰路加油站，填补一汽厂区几十年来网点空白。深化存量挖潜，持续推进库站布局优化、“双低站”治理、全流程诊断与优化和资产轻量化，狠抓施工进度、在建项目清理和重点工程推进，销售网点效率与辐射覆盖能力进一步提升。加大工程建设管控力度，严格项目选商和监理管理，重视工程质量和安全管理，推行工程项目“三查三审”制度，压减投资成本，确保投资项目受控运行。

【质量计量安全环保】 2016年，吉林销售将安全环保作为头等大事，继续推行责任落实到位、以上率下到位、风险识别到位、安全措施到位、违章追责到位、教育培训到位的“六个到位”要求，推进HSE体系有效运行，强化风险防控与隐患排查，专项整治油品接卸、运输车辆、作业现场、关停油库与小食堂等安全薄弱环节，确保安全环保主体脉络平稳顺畅，吉林销售被吉林省政府、集团公司授予“安全生产先进单位”称号。深入落实“安全生产责任落实年”要求，做好“安全生产月”和“十五个杜绝项”专项整治行动，组织各类应急预案演练570余次，参演3000余人次。加强汛情预警和应急演练，积极应对“狮子山”台风，安全平稳度汛。突出质量计量红线意识，运用巡视、审核、稽查暗访、诊断评估等形式，全流程跟踪检测，全品种覆盖检验，全天候系统监控，顺利通过各级部门的多次油品计量、质量检查，确保计量零差错、质量零问题，保障客户权益，维护企业良好形象。

【降本控费】 2016年，吉林销售深化开源节流降本增效，制定并有效推进开源节流降本增效23项90条措施，加大成本控制力度，优化物流运行，强化损耗管控，推广集采议价，严格工程项目建设、商品采购招投标管理，吨油营销成本得到有效控制。强化全过程油品损耗综合治理，分环节控制、分品种施策，加油站V20盘点、铁路运输损耗率和公路运输损耗率分别控制在1.4‰、0.6‰和0.6‰以内，管理增效水平大幅度提升。不断优化物流管理，主动承担销售公司试点任务，2016年4月底前实现一次物流主动配送，综合物流成本每吨同比降低0.57元，管输和地付比例达55%以上，承运车辆日配送次数达2.53次。稳步推进资产轻量化工作，对存量资产进行专项清理，摸清底数，建立台账，制订处置计划，盘活资产18项。扎实推进费用管控，强化预算统领作用，注重扩大商信通范围、推进烟草商务卡等细节控费措施的落实，2016年财务费用降低2257万元。

【企业管理】 2016年，吉林销售扎实推进“管理提升年”活动，坚持效率优先与问题导向，推进合规管理建设，充分发挥内控、审计和效能监察作用，强化资金、直批、招投标、工程建设等关键部位管控，修订完善制度37项，理顺业务流程89条，完成1049座站“五证合一”工作，合规管理体系不断完善。完善服务监管体系，推进数质量、违纪违规、客户投诉及媒体曝光的“高压线”管理，健全神秘顾客访问、客户满意度调查、95504电话服务监督、非现场视频巡查等机制，不断改善库站“窗口”形象。加快信息系统融合应用，加油站管理系统2.0、物流系统2.0、客户关系管理系统等4套信息系统上线运行，890座站实现微信、支付宝等互联网支付，OA办公系统直达到站，750座加油站安装高清视频监控，液位仪读数跟踪、刷卡套现监管和数质量监控等“技防”手段常态化开展，信息化应用持续深化。

【企业文化建设】 2016年，吉林销售持续强化党建工作，完善党建量化考评制度，推进“两学一做”学习教育，完成地市公司党委、纪委换届工作，组织开展“四风”问题整治情况“回头看”、“党章党规、系列讲话”双百题学习、党的知识竞赛、演讲比赛、“漫画”《中国共产党廉洁自律准则》和《中国共产党纪律处分条例》系列教育等活动，提供坚强有力的政治保障。不断加强干部队伍建设，完善《领导干部选拔任用工作规范》等用人选人制度，对处级干部进行党的十八大“五大发展理念”培训教育，严格落实领导干部个人事项报告等制度，不断激发各级干部生机与活力。注重员工队伍素质提升，优化队伍结构，有序开展业务培训、职称评审、技能比武和技能鉴定等工作，组织各类培训145期，培训11638人次。大力弘扬“石油精神”，积极培育具有吉林销售特色的安全、和谐、廉洁、执行、营销及服务文化，认真组织“弘扬石油精神”和加油站经理先进事迹报告会，开展“形势、目标、任务、责任”主题教育，有序推进民主管理、班组建设、扶贫帮困、廉洁文化、企地共建等工作，进一步营造积极向上的发展氛围。

（杨冠宇）

中国石油天然气股份有限公司河南销售分公司

【概况】 中国石油天然气股份有限公司河南销售分公司（简称河南销售）成立于1999年2月，主要承担中国石油进入河南的成品油资源配置、批发、零售以及销售网络开发、建设、管理等职责。设12个职能部门，下辖19家分公司和9家控参股公司，员工总数6048人。

2016年，河南销售围绕零售核心，营销、投资、财务专业线和综合（党群）工作团队密切配合，协同作战，着力稳增长、调结构、补短板、提效益、防风险，全力以赴打好提质增效攻坚战，在逆势中实现出枪量、非油品收入、非油品利润、税前利润等主要指标稳步增长。2016年实现销售总量353.7万吨，直销101.9万吨，纯枪销量251.84万吨，非油品收入5.2亿元、利润6111万元（表1）。

表1　河南销售主要经营指标

指　标	2016年	2015年
成品油销量（万吨）	353.7	389.1
汽油销量（万吨）	148.0	146.1
柴油销量（万吨）	205.7	243.1
润滑油销量（万吨）	0.3	0.2
加油站总数（座）	826	813
油库数量（座）	9	9
库容（万立方米）	19.4	19.4
纯枪销量（万吨）	251.84	238.61
非油品收入（亿元）	5.2	4.4
非油品利润（亿元）	0.6	0.5
吨油费用（元）	360.21	315.28
资产总额（亿元）	69.23	64.12
收入（亿元）	185.3	216.0
利润（亿元）	1.25	-1.33
税费（亿元）	2.93	2.95

【零售业务】 2016年，河南销售实施分区域、点对点、阶梯性定价等策略，抢夺零售客户，纯枪销量同比增加13.2万吨，增长5.6%，柴油逆势增加3.3万吨，增量排名区外第一。“油卡非润”互动促销，“10惠”活动参与人数突破20万人，微信公众号粉丝量突破30万人。98号汽油月销量突破1000吨。开发跨省物流客户58家，消费5亿元，区外排名第一，系统内排名第五。“昆仑中原通”联名卡发行2.2万

张、消费2700万元。

【非油品业务】 2016年，河南销售与可口可乐、百事、康师傅等品牌厂家直接签约，减少中间环节，降低采购成本。与上汽集团车享家合作，投运汽车2S店12座。开展包装饮料销售专项竞赛，创造红牛收入系统内增幅第一、农夫山泉销售额系统内第四的成绩。完善储配体系，优化运行模式，拓展代储业务，2016年中央仓费率同比下降1.4个百分点。持续优化便利店销售结构，店内自营比例超过60%，非油品收入、利润同比分别增加7782万元、1516万元。

【网络建设】 2016年，河南销售坚持投资高回报，有保有压、有重点地推进网络建设与开发，投运加油站32座，年新增可研销售能力16万吨。充分发挥品牌、管理优势，加大合资合作力度，确定合资合作项目13家，签订协议11家，完成登记注册3家，实现新增销量4500吨。抓住河南省打击黑加油站（点）有利契机，加大乡镇加油站规划建设力度，新增规划站点300座，上报商务部门审批140个。安排油库、加油站改造施工111座，竣工53座，工程施工实现“零事故、零伤亡、零污染”目标。

【安全管理】 2016年，河南销售落实安全生产责任制，全年安全、环保等级以上责任事故为零。制订个人安全行动计划，签订安全环保责任书800余份，建立领导干部安全联系点96个，检查460余次。2016年开展两次HSE体系量化审核、七次专项检查，覆盖9座油库和150余座加油站。严格落实新《安全生产法》《环境保护法》，办理622座加油站和4座油库环评手续，安阳、开封和仓储公司率先实施69座站和9座油库职业健康评价，员工安全合同、工程安全合同、承运商安全合同签订率100%。坚持油品计质量抽检化验常态化，2016年抽检库站、配送罐车和外采油品3100批次，政府和上级公司抽检164批次，合格率100%。二次运输损耗、仓储损耗同比分别下降0.1‰和0.9‰。

【基础管理】 2016年，河南销售狠抓开源节流降本增效47条措施落实，实现账面税前利润1.25亿元，同比增加2.6亿元；吨油费用360元，商流费总额预算偏差率3.4%。深化资金集中支付、费用集中核算、结算集中管理，提升预算、资金、费用、结算一体化运行效率和质量。突出合规管理，强化规章制度修订，梳理关键业务流程，组织开展风险评估、内控测试、直销业务检查和加油卡稽查。持续推进商标打假维权，排查假冒站116座，拆除侵权标识84座。加强信息基础管理，对账号管理、标准制定进行再梳理，推动移动办公平台上线运行，持续提升信息化水平。强化离任经济责任、工程结算审计，完成结算审计86项，节约投资资金162万元。

（张　宽）

中国石油天然气股份有限公司云南销售分公司

【概况】 中国石油天然气股份有限公司云南销售分公司（简称云南销售）前身是成立于1999年2月中国石油西南销售公司，2008年底股份公司销售管理体制调整后，主要负责中国石油在云南省的成品油批发和零售业务，以及便利店、润滑油、化工产品和汽车服务等非油品销售业务。2016年底，设12个机关处室、2个专业机构、16个地市分公司、7个控（参）股公司，员工6006人，资产总额109.84亿元，在营油库10座，库容31.51万立方米，运营加油站627座。

2016年，销售成品油387.59万吨，同比增长0.52%，其中云南省内自营量365万吨、纯枪销量244.1万吨，同比分别增长4%、0.78%。发售昆仑加油卡27.8万张，卡销比34.3%，沉淀资金6.53亿元。开发加油站47座，投运27座。实现销售收入224.15亿元，上缴税费4.63亿元，实现利润3.6亿元，同比增加0.35亿元。实现非油品收入8.07亿元，非油品利润7800万元，同比分别增长13.22%、20.93%。综合效益指标排名区外销售企业第3位（表1），被评为集团公司2015年度企事业单位业绩考核A级单位、2016年度一类公司。

2016年，云南销售坚决贯彻落实集团公司、销售公司工作部署，牢牢把握稳健发展总方针，按照“保增长、保效益、保发展、保畅通、降成本”总要求，以安全环保优先、加快发展统揽全局，以“打造黄金终端、畅通炼油厂后路”为主体思路，实施低成本、规模化、优服务、强基础、人为本“五大战略”，打造规模与质量、安全与稳定、效率与效益、企业与员工和谐共进、全面发展的国际水准销售企业。力争到2020年，年销量达到500万吨，市场份额接近50%。其中，纯枪销量320万吨；非油品收入14.6亿元，非油品利润1.56亿元；利润总额6亿元；总库容控制在40万立方米以内；累计运营加油站840座，“三条红线”平稳受控。

表1　云南销售主要经营指标

指　标	2016年	2015年
成品油销量（万吨）	387.59	385.6
汽油销量（万吨）	136.6	123.9
柴油销量（万吨）	250.99	261.69
纯枪销量（万吨）	244.1	242.21
润滑油销量（万吨）	1.03	0.96
非油品收入（亿元）	8.07	7.12
非油品利润（亿元）	0.78	0.65
吨油费用（元）	470.97	453.78
资产总额（亿元）	109.84	102.04
收入（亿元）	224.15	231.15
利润（亿元）	3.6	3.25
税费（亿元）	4.63	4.44

【成品油业务】 2016年，云南销售坚持采销联动、批零一体、提质增效，实施“增汽稳柴”策略，深化“油卡非润”一体化运作，常态化开展6期促销，新增33座98号汽油销售站点，汽油纯枪销量同比增长13.2%，高标号汽油增长31.4%，纯枪汽油吨油毛利增加133元，零售效益创历史新高。完成140座站全流程诊断，优化137座站油枪布局，治理“双低站”19座，开展“益助365”（以365天心系油站的态度，全天候、全方位持续开展零售专业工作指导，全天候、全方位解决加油站的实际困难）和微课堂培训，单站日销量10.55吨。坚持“贴近市场、以量定价、量效结合”策略，加强与竞争对手沟通，规范市场秩序。深入网格化对标分析，云南省129个县区中89个销量同比增加，直销市场份额达53.79%。把握“地板价”政策下的油价和竞争趋势，每月细化板块柴油扩销补贴营销方案，实施分价区差异化营销，量效联动、量薪联动、量费联动。推进“三全营销”（全产品链、全服务链、全生命周期），加强基建工程客户分类，加大集团客户维护，深化与交运集团合作，紧盯社会油站协议销量落地，销售油品58.2万吨，同比增加15.31万吨。依托中油好客e站APP和“惠购油”直销微信平台，加大“10惠”“最惠星期四”促销品牌推广，完成621座站APP应用试点，注册用户突破30万人，APP交易额达2680万元，“最惠星期四”活动实现销量17.54万吨，带动非油品增收5600万元。

【非油品业务】 2016年，云南销售适应业态发展新趋势，掘金非油品蓝海，突出四个转型升级，实施“四大工程”（便利店增收、业务拓展、平台创效、品牌服务），实现店销收入5.52亿元，同比增长14.7%。以“三送三打造”（送培训、送服务、送经验，打造样板、打造专业团队、打造强大卖场）为抓手，围绕商圈、市场、价格、顾客、货品、促销6个关键点，持续优化店面，完成77座便利店“小改大”，培育30万元以上优质店453座，占比72.6%。单店日均收入达到2460元，同比增加364元。开发3个分析模型，贴近市场优化品类，引进潜力新品925个，淘汰低效商品1203个，百货毛利同比增长23.7%。借助供应商资源，选派102名优秀员工赴国内外学习交流，激发员工开口营销积极性。丰富消费体验，注重“油非”联促，客单价38.3元，“油非”转换率13.8%。围绕消费需求，拓展业务领域，推进汽车服务和车辅产品销售，汽车服务站点达33座，实现利润167.2万元。打造高品质高速公路服务区，实现利润724.5万元。加强主油客户转介，借力“四个联动”（油润联动、卡润联动、非润联动、营销联动），实现润滑油销售1.09亿元、毛利974万元，同比分别增长14%、30%，润滑油销量排名区外第二。完成采购项目180个，采购金额1.42亿元，集中采购资金节约率5.36%。优化指导地采业务，实现地采收入100万元。建立代销和应急商品采购机制，优化商品采购流程，采购周期缩短到7至14天。

【投资管理与网络建设】 2016年，云南销售抓住云南石化建设的历史性机遇，对外加强沟通，促成省商务厅、交通厅、昆明市政府下发文件，全力支持公司在空白县区、高速公路、昆明地区加油站开发建设，453座目标站点纳入《云南省成品油分销体系“十三五”发展规划》，填补5个空白县城、4个空白县域。完善“周例会、周通报、月督办、季约谈”制度，健全网建专项考核办法，严考核、硬兑现，激发各单位网络开发热情。2016年现场踏勘加油站项目96座，可行性研究评审70座，评审通过66座，下达立项批复47座；投运27座，完工待投运8座，工程在建16座，准备建设15座。管道配套油库整体完工，清华洞油库改扩建工程投运，其余3座配套油库已进入生产准备和试运行报审阶段；秧田冲油库成功办理土地证。严抓工程建设“四要素”（进度、安全、质量、投资）管控，开工审批等5个业务环节实现网上审批。工程远程监控系统在新建站应用，施工现场质量、安全监管水平明显提升。全面清理工程建设项目遗留问题，解决油库、重点加油站欠款项目15个，涉及金额414.02万元。

【资源运作】 2016年，云南销售紧跟市场变化，坚持“直炼为主、外采为辅、互供补充”思路，资源运作均衡受控，调入成品油399万吨，其中配置资源309万吨，配置计划兑现率102%。统筹三种库存平衡，争取代储政策，优化资源流向和库容结构，月均库存控制在13万吨左右，同比下降10%。统筹“进、销、存、调”，科学制订外采计划，增加创效空间，外采资源37.46万吨，同比增加28.36万吨。加大与中国石化合作，串换资源20.6万吨，节约配送费用870万元。深入推进主动配送，有效应对节假日、极端天气、限行等特殊情况，增加3座交界市场油库，提高交界市场保供能力。完善零配、库发、站发及小额配送一体化配送体系，推进远程交接、油库“一卡通”和库存上移，引进社会运力12家，在5座托管站试点运行“监控平台”，在所有“双低站”推行库存上移，公路单车日配送提高至0.8次。持续优化油库运行，2016年周转油品360万吨，同比增加10万吨，万吨周转用人0.7人次，同比下降0.1人次。

【质量安全环保科技】 2016年，云南销售加强外采、租赁库、代储库、串换油品质量监管，完善中心化验室功能，检验关口前移，全年抽检油样13668批次，完成国Ⅴ标准汽油、柴油升级置换。加强加油机、流量计检定，强化各环节损耗管控，公路运输损耗控制在0.37‰范围内，铁路运输损耗、综合损耗同比分别下降0.15‰、0.1‰。推进HSE体系建设，突出隐患治理，狠抓责任落实、风险识别和分级防控，严肃责任追究，安全环保形势总体平稳。设立24个杜绝项、153个稽查项，开展现场稽查4252次，视频监控稽查12966次，施工安全、计量质量专项稽查9次，针对发现问题从严处罚，夯实安全运行基础。推进风险分级防控，指导库站员工辨识风险，落实较大风险管控措施，有效应对57起自然、地质灾害等突发事件。摸排重点隐患44项，拨付5825万元资金专项整改。完成37座站油气回收装置、双层储油罐改造。组织撰写论文51篇，发表16篇，实施科技创新项目27个，楚雄公司获集团公司QC小组活动成果一等奖，秧田冲油库化验室获集团公司“质量信得过班组”称号，张本荷劳模创新工作室创新创效实践案例获集团公司“管理创新优秀成果三等奖”，云南销售获2016年度“管理创新与实践创新工作优秀组织单位”称号。

【降本增效】 2016年，云南销售以财务“一全面三集中”为抓手、季度预算控制为手段，深入推进全业务链价值分析、全价值链成本分析，深化“10项创效”，严控成本费用，努力拓展效益空间。强化价格管控，加强卡折扣、促销费等关键指标分析，实现总体挖潜增效2.78亿元，其中费用挖潜5570万元、投资成本挖潜1322万元。加快资产轻量化，严把投资建设评审关，从源头控制资产，盘活存量，资产提率提效2.53亿元。高效推进集采业务，降低采购成本806万元。落实“三控制一规范”，减少直接用工283人。开展对标分析，商流费控制在18亿元。推广商信通支付，节约财务费用2740万元。实行单车核算，降低车辆费用44万元。“五项”费用控制在预算范围内。提前制定“营改增”“供给侧”改革政策应对措施，节税3273万元，减少行政性收费452万元，节约电费40万元、社保费162万元。

【企业管理】 2016年，云南销售坚持以“三基”工作、精细化管理和合规运行为主线，加强制度建设，修订制度50项，新出台制度2项。开展内控体系测试，完成18个审计纪检监察项目，发现问题112项，整改98项。全面推行“6S”管理，打造“6S”标准示范站28座、民族特色站7座。安排维修改造资金，巩固PMC管理模式，完成231个维修改造项目。加快证照办理，17座库站运营证照得到完善。处理新增及遗留纠纷案件16起，清理假冒商标加油站6座，维护云南销售合法权益。坚持业务导向，完成销售ERP、加油站管理等5个统建系统升级，在620多座加油站开通微信、支付宝等互联网支付。加强远程交接、损耗管理、非油品订货等信息项目关键环节管控，库站手工报表减少87张，精简68%。新设云南中油北瑞公司，中油强林公司与昆明公司合署办公，云路中油公司获股份公司清算批复。

【队伍建设】 2016年，云南销售坚持“人才是第一资源”的理念，以“6116”队伍建设工程为抓手，持续加强员工队伍建设。巩固首届加油站经理人大会成果，落实“五项权利”，推进职业化建设。优选20名站经理赴广东、浙江等地挂职培训。深入贯彻销售分公司第二届加油站经理论坛精神，启动服务体系建设三年规划，推进服务转型升级。完善干部选拔任用制度，加强年轻干部培养选拔，组织3期专题培训，培养业务骨干、后备人才117名，选派6名干部到昆明、大理等州市国土、规划部门挂职，促进干部快速成长。2016年累计培训18653人次，队伍综合素质进一步提升。坚持以赛代训，持续深化技能鉴定、技术比武，13名员工取得销售分公司操作员技师资格，在销售分公司第二届加油站经理论坛上获奖18项，取得股份公司劳动竞赛流动红旗9面。坚持以人为本，不断深化“五小”工程建设，一批员工群众关注的难点、热点问题得到解决，工作生活条件进一步改善。

（刘振兴）

中国石油天然气股份有限公司重庆销售分公司

【概况】 中国石油天然气股份有限公司重庆销售分公司（简称重庆销售）前身是1950年成立的中国石油公司西南区公司，历经多次重组改制，于1998年成立重庆石油（集团）有限公司并上划中国石油天然气集团公司，1999年重组成为中国石油天然气股份有限公司下属的省（市）级销售企业。主要从事成品油批发零售业务和非油品销售及服务，是重庆市最大的国有全资石油企业，负责全市主要的成品油供应任务。下辖7个地市分公司、2个专业分公司、6个直属股权企业。2016年底，在册员工5802人；运营加油站553座（其中参股站14座），在建加油站16座；在用油库9座，库容49万立方米；资产总额72.55亿元，净资产41.61亿元，资产负债率42.65%。

2016年，重庆销售实现总销量370.48万吨，同比增长1.3%；纯枪销量286万吨，同比增长3%，其中自营纯枪销量276.26万吨。实现非油品销售收入4.57亿元，非油品利润0.53亿元，同比分别增长21.22%和29.27%。整体实现利润6亿元，超预算1亿元。新开发加油站21座，投运19座（表1）。

【资源组织】 2016年，重庆销售克服油库施工、炼油厂检修、油品置换等困难，调进资源373万吨，直炼资源配置计划完成率99%以上。积极争取外采计划，全年外采低价资源21万吨，增效2.53亿元，通过资源串换和外采节约二次中转运费3000余万元。积极争取储备油财政补贴和代储油收益，2016年获得储备补贴、库存收益和代储费6637万元。顺利完成国Ⅴ标准油品置换。

【市场营销】 2016年，重庆销售开展市场、客户、对手三个研究，健全市场情报机制和竞争对手跟踪机制，强化销售数据和客户动态分析。实施更加积极主动的营销策略，合理制定纯枪销售、直批销售奖励政策，动态且高于销售板块标准制定月度零售补贴和柴油促销政策，引导各单位主动出击。在竞争异常激烈的情况下，总销量实现稳步增长。持续优化销售结构，设立纯汽油站、汽油快速通道扩大汽油销量。抢抓时点，积极宣传，率先在重庆市销售98号汽油。2016年，销售汽油180.70万吨，同比增长11.5%，汽油销量连续7年保持两位数增长，其中高标号汽油销售占比超过20%。

表1　重庆销售主要经营指标

指　标	2016年	2015年
成品油销量（万吨）	370.48	365.60
汽油销量（万吨）	180.70	162.14
柴油销量（万吨）	188.54	201.99
润滑油销量（万吨）	0.10	0.06
加油站总数（座）	553	538
油库数量（座）	9	9
库容（万立方米）	49	49
纯枪销量（万吨）	286	274.54
非油品收入（亿元）	4.57	3.77
非油品利润（亿元）	0.53	0.41
吨油费用（元）	346.94	346.77
资产总额（亿元）	72.55	66.87
收入（亿元）	216.77	224.11
利润（亿元）	6.01	5.74
税费（亿元）	4.56	3.94

【加油站管理】 2016年，重庆销售把加油站作为销售工作的主阵地，突出零售创效这个核心，持续推进“油卡非润”一体化营销，实现纯枪销量稳步增长，其中汽油自营纯枪销量同比增长11.4%。累计售

卡39.2万张，沉淀资金17.2亿元，单卡沉淀资金保持系统内第一位。在405座站开设便利店，开店率76%，同比增加90余座。以迎检、“6S+试点”、扩能改造、厨房工程打造为契机，升级打造80余座精品加油站。首家汽车服务2S店海峡路加油站汽车生活馆开业。2016年，车润、车辅销售2920吨，完成销售板块任务的215%。推行“6S+服务”管理工作，打造强大现场，践行“服务创造价值”理念，首批10个试点站和1个油库通过验收。举办首届加油站经理人服务技能大赛，提升亲情服务水平。选派优秀站经理参加销售分公司第二届加油站经理论坛，取得主论坛三等奖、分论坛“最佳人气”“十大感动人物”等20个奖项。

【安全环保】 2016年，重庆销售牢固树立安全发展理念和红线意识，全面落实安全环保责任，狠下功夫加大安全环保监管力度，实现安全环保“三个为零”的年度目标。大力推进库站标准化建设达标，制定库站HSE标准化建设、目视化管理、常规作业安全操作、设施设备检查维护标准，实现库站30%达标。实施24个库站隐患项目改造和37个加油站防渗治理一体化项目，完成6座油库的公路付油下装改造。组织开展安全生产专项检查整治活动，累计发现问题400余项并落实整改。修订完善库站现场应急处置卡，投入资金240万元补充应急物资。严把外采油品源头关和内部油品监督关，保证销售油品数质量合格。全年未发生较大及以上质量计量责任事故和负面新闻媒体危机事件，油品质量外部抽检合格率100%。

【投资建设】 2016年，重庆销售新开发的21座加油站均位于主城和区县核心城区，合资合作取得丰硕成果。富渝公司正式成立，锁定加油站项目34个。诚源公司完成股比调整，新增加油站项目8个。与重庆公交集团、万州三峡平湖有限公司、重庆公路物流基地签订合作框架协议，锁定一批加油加气站项目。推进重点难点项目，“复活”一批“十二五”期间停运站点。江北滨江路、南岸大佛寺内侧及渝北宝胜扩能改造等重点项目得到股份公司批复。江北宏帆路项目取得实质性进展。黄花园下站顺利实施扩能改造。积极应对政府拆迁，万顺达站实现拆一还二、拆小还大。投运加油站19座，新增可行性研究零售能力14万吨，新投运站点整体达销率保持系统前列。完成新一轮承包商准入，清退3家有违规违纪行为的队伍，完成首届“宝石杯”优质工程奖评选颁奖，树立3座标杆项目，工程建设项目“四个控制”不断加强。

【精细化管理】 2016年，重庆销售制定出台招标管理、物资采购管理、承包商管理等制度。对21个加油站建设项目开展合规性评价并完善建设手续。建立健全证照管理机制，确保一站一证，避免无证经营、超范围经营。开展开源节流降本增效活动，费用总额和吨油费用同比实现双下降（剔除低油价下油品盈余减少因素），吨油运费同比下降3.5元。加强各环节损耗管控，铁路、管道、水路各环节损耗同比分别下降0.13、0.61和0.78个千分点。加快资产报废处置进度，2016年获取资产处置和拆迁补偿收入3221万元。开展资金安全大检查，启动发票管理和卡业务专项治理。开展审计项目7项，合规监察2项，针对非油商品、资金安全等环节提出有效的管理意见。

【改革创新】 2016年，完成重庆销售机关“三定”工作，调整配送中心职能，按“处室＋公司”模式设置非油品业务管理运营机构。推进地市公司“升级版”打造，仓储、江南、渝中分公司相继完成“三定”工作。持续优化绩效考核体系，加大零售考核权重，提高非油品提成比例，加强网络开发建设专项奖励。探索加油站所有权和经营权分离的模式开展“双低站”治理，“双低站”较2016年初减少27座，摘帽率23.6%。探索开展便利店“美团”外卖业务，招标引入3家广告公司共同开展营销策划和线上线下宣传，重庆销售微信公众号粉丝量快速突破26万人。试点公路运输损耗独立考核，运行效果显现。稳步推进财务“三集中”管理，取消28个经营部的核算职能，会计核算层级压缩为两级。启动加油站微信授权码支付试点，开发电子支付卡系统。设计新型气液分离器系统，解决油库卸油作业时的油气积聚问题。全面完成局域网改造，销售ERP系统进入2.0时代，建立移动办公平台，加油站网络开票系统上线，400座站实现发票后台适时监控和大数据筛查，五大信息系统在销售分公司考核排名显著提升。

【队伍建设】 2016年，重庆销售分4个批次提拔正副处级干部25人，交流调整处级干部23人；开展机关4个批次高级主管及主管聘任。制定下发《中层领导人员管理规定》《领导人员因私出国（境）管理监督办法》，对处级以上干部开展履职民主测评、个人有关事项报告抽查、领导人员任职回避清理等工作。组织两批50多名中层干部、基层管理人员和加油站经理赴山东销售学习“6S”管理经验。组织90余名管理人员和站经理列席销售板块“十三五”发展研讨会。与北京石油管理干部学院合作，派出10期40人参加“领导力基础”培训。举办57个培训班，培训7835人次，组织1500余人完成四大工种初、中级工的鉴定。

【党建工作】 2016年，重庆销售深入推进“两学一做”学习教育，开展“弘扬石油精神，永做合格党员”主题教育实践活动，组织8场“石油精神石油人”巡回宣讲。开展全面从严治党主体责任工作约谈，实现约谈工作全覆盖。配齐分公司党委书记，完成基层党支部优化设置和换届选举，新设立直属党委和纪委；召开重庆销售重组上划以来的首次党员代表大会，各基层单位党代会全部召开；命名44个党员示范窗口、示范岗和铁人先锋号、先锋岗。走访慰问困难人员1156人次，发放扶贫帮困金144万元。积极防控稳定风险，妥善化解矛盾纠纷，保持企业和谐稳定。

（文 豪）

中国石油天然气股份有限公司湖北销售分公司

【概况】 中国石油天然气股份有限公司湖北销售分公司（简称湖北销售）是以省属公司模式运营管理，主要承担中国石油在湖北省成品油销售、市场开发、网络建设等业务。办公地点位于湖北省武汉市。2000年5月，西北销售公司通过组建控股公司——南顺中油销售有限公司进入湖北成品油市场。2002年10月，湖北市场划归华北销售公司管理，湖北销售公司正式注册成立。2004年4月，集团公司正式组建华中销售公司，主要负责华中河南、湖北、湖南三省成品油销售及市场开发工作。2008年12月，河南、湖南两省业务上划集团公司管理，华中销售公司与湖北销售公司整合，实行“一个机构、两块牌子”运行。2009年12月，注销华中销售公司。截至2016年底，机关设14个职能处室，下辖13家地市销售分公司和仓储分公司、非油品公司共15家二级单位及武汉中油昌佶、湖北中油丰泰、湖北中油天海3家控股公司。累计投运加油（气）站826座，其中全资站657座，租赁站156座，控股站13座。在用油库13座，总库容58.7万立方米，其中资产型油库6座，库容44.05万立方米（含西北销售集散库1座，库容29.5万立方米）；租赁油库7座、库容14.65万立方米。资产总额95.33亿元。在职员工6415人，其中大学本科及以上学历1012人，占员工总数的15.78%。

2016年，面对国际油价低位徘徊、国内资源严重过剩、成品油需求持续低迷、周边市场大幅降价、荆楚大地暴雨成灾的严峻形势，湖北销售始终坚持“多、快、好、省”工作总基调，以维护广大干部员工利益为根本，战略性调整营销策略，经营业绩指标稳中有进、稳中向好，实现利润总额2.72亿元，完成预算的118%，同比增长108%。2016年，销售油品310.29万吨，纯枪销量220.68万吨；实现非油品收入5.53亿元、利润0.75亿元，同比分别增长29.37%和45.37%（表1）；新投运加油站39座；安全环保零事故。

表1 湖北销售主要经营指标

指 标	2016年	2015年
成品油销量（万吨）	310.29	343.41
汽油销量（万吨）	151.28	135.83
柴油销量（万吨）	159.01	207.57
纯枪销量（万吨）	220.68	219.27
汽油纯枪销量（万吨）	129.58	107.65
柴油纯枪销量（万吨）	91.1	111.62
非油品收入（亿元）	5.53	4.28
非油品利润（亿元）	0.75	0.51
加油站总数（座）	826	787
吨油费用（元）	488.08	449.75
税费（亿元）	3.46	3.14
收入（亿元）	175.52	202.91
利润（亿元）	2.72	13.02

【经营创效】 2016年，湖北销售利用集团公司资源优势开展战略合作，低价外采成品油69.6万吨，成为创效主渠道。跟踪管道资源，积极协调大区公司，获取低成本配置资源51万吨，效益明显。灵活掌控调运节奏，获利2494万元。把握柴油补贴政策，扩

销降库，2016年累计获得奖励1.8亿元。以毛利最大化为原则，批零互动，直销卡增量1.5万吨，减亏370万元。妥善处理竞合关系，协调石化梯次作价，避免恶性竞争，成功构筑省际交界成品油市场秩序"防火墙"。"逢8会员日""乐享周末"等品牌营销成效突出，2016年纯枪汽油销量同比增长20.4%，区外排名第三。网络营销和线上支付手段更加丰富，微信关注数量突破60万人，移动支付突破1.45亿元。首次参与"双12"促销，中油好客e站APP注册用户1.3万人，交易金额63.7万元，日均纯枪销售量突破7000吨，客户黏性进一步增强。实施加油站提质改造37座，汽油销量单站日均增长46%，非油品收入日均增长76.8%。自助加油业务得到稳步推进，2016年新增自助站207座，内部挖潜用工47人。

【非油品业务】 2016年，湖北销售五十万元店达377座，同比增加77座，百万元店达162座，同比增加53座，徐东站顺利实现千万元店打造目标。全年便利店自营收入5亿元，同比增长19.7%。开设放心厨吧37座，销售中粮产品1889万元，增长203%，规模始终保持全国前三。"武夷山"杯饮料竞赛期间，饮料收入3716万元，同比增长10%，获销售分公司竞赛二等奖。启动润滑油和车辅产品专项营销活动，实现销售收入3560万元，同比增长6%。营运汽车服务店8座，收入100万元，利润率9%。营运快餐店20座，收入120多万元，利润率25%。武汉首座站外uSmile昆仑好客超级生活馆顺利开业，日均销售超过1万元。

【网络建设】 2016年，湖北销售新开发项目72座，新投运加油站39座，销售板块排名第二、区外排名第一。其中武汉市、襄阳市、宜昌市开发项目26座，占比36%，投运10座，占比33%。湖北中油天海能源销售有限公司、湖北中油丰泰能源有限公司两家合资公司顺利运营，合资合作取得新突破。与武汉市蔡甸区人民政府、黄石市交通投资集团有限公司签订战略合作协议，企地合作迈出坚实一步。以起拍价竞得襄阳江埫、咸宁三江2块加油站用地，低成本战略效果初步显现。成立项目清理办公室，恢复投运加油站12座，完成拆迁还建站7座，完善证照手续13座，项目清理工作收效明显。打好租赁项目保卫战，完成转收购6座，续租7座，部队11座租赁站无一流失。完成自建项目8个，油气回收工程277个，检维修、安全技术改造项目434个，工程施工规范、优质、高效。

【改革创新】 2016年，湖北销售在"双低站"治理工作中，大胆探索加油站单站和群团委托管理模式，全年实施委托管理站126座，销量环比增长8.76%，高于平均水平1.2个百分点，经营活力得到有效释放。创新管理会计共享模式，获集团公司2016年科技管理创新三等奖，为销售企业首次获得该奖项。"XBRL+大数据"平台作用得到有效发挥，获集团公司2016年科技创新信息先进单位。成立共享中心，整合信息和集中核算业务、挖掘数据资源价值，为经营监管和提高效率提供有力支撑。成立高速公司筹备组，为加快高速站开发、实现专业化运营奠定基础。下放零售全口径折扣折让、促销费使用、30万元以下检维修和安全技术改造项目等管理权限，简政放权力度不断加大，地市分公司自主应对市场能力显著提高。强化仓储专业化管理，"五大特色油库"打造进展顺利，仓储运行安全高效。

【降本增效】 2016年，湖北销售持续完善物流优化模型，全口径节约物流费用3480万元。坚持低库存紧平衡运行，油品月均库存同比下降13.5%，非油品库存同比下降22%，节约资金占用成本2812万元。加快推进资产轻量化，盘活闲置资产，节约支出360万元；顺利完成中油酒店清算注销，减亏300万元。强化财务管理力度，统筹资金头寸控制，有息债务同比降低6000万元，财务费用较预算节约64%。收紧预算管理，公务性支出同比下降52%，水电能耗同比下降20%，"五项"费用同比下降5%。深化税制政策研究，全面推行营改增，节约成本费用1155万元。有效利用税收减免政策，争取土地税收优惠85万元。深化银企合作，推进加油站植入ATM机，年增收益53万元。深入挖掘商业承兑汇票金融价值，节约资金成本665万元。

【合规管理】 2016年，湖北销售从员工行为管理入手，制定管理人员和操作人员违规违纪处理实施细则，对403类管理行为和361个操作行为逐一规范和约束。成功研发批发业务网上交易平台，为解决批发业务资金风险难题探出一条新路子。组织法律风险防控"回头看"专项检查和合规管理专项整治，研究制定改进措施5项，整改问题53项。加大内控测试监督力度，2016年测试单位覆盖率70%，查改问题172项。全年稽查加油站280站次，查改问题420项。开展5次发票专项大检查，查改问题80余项。以资金平台系统为载体，从源头上强化对加油站资金动态管控和实时监督，湖北省资金到账率99.98%。2016年，顺利通过国家审计署2个专项审计和集团公司内部巡视，没有发现颠覆性经营管理风险。

【安全环保】 2016年，湖北销售新上岗、转岗人员

HSE履职能力评估覆盖率100%，加油站HSE标准化建设达标率30%以上。HSE体系审核查改问题957项，查出各类事故隐患184个，累计下达整改资金5484万元，整改率97.8%。推进工程建设安全属地化管理，2016年719项工程实现施工零事故。顺利完成国V标准油品置换升级，强化计质量动态监管，油品损溢率持续下降，获集团公司质量计量标准化先进企业。成功处置现场突发事件23起，无人员伤亡和次生灾害，财产损失降到最低。

【队伍建设】 2016年，湖北销售坚持正确用人导向，打破身份界限，择优提拔、交流领导人员35人次，干部队伍结构进一步优化。突出加油站经理人队伍建设，持续开展零售轮训，全面实施加油站经理积分制管理和万吨站经理公开竞聘，评定星级加油站经理671名，其中四星、五星级加油站经理57名，42名优秀加油站经理走上万吨站管理岗位。加油站经理人队伍素质不断提升，在销售分公司第二届加油站经理人论坛上，胡芳凯等16名加油站经理获21项殊荣。强化全员培训，2016年举办中层管理人员、青年干部、岗位人员等各类培训班423个，培训12400余人次。狠抓技能人才培养，935名库站员工通过技能鉴定，25名员工通过销售公司技师鉴定，高技能人才队伍建设取得重大突破。有效抗击历史上少有的特大洪水灾害。

【党建群团工作】 2016年，湖北销售扎实开展“两学一做”学习教育，两级党委班子和支部书记带头讲党课，开展研讨交流660人次，党内政治生活和组织生活制度得到严格落实。持续强化纪律规矩意识，实施“两个责任”清单管理，严格执行《中国共产党廉洁自律准则》《中国共产党纪律处分条例》，实践监督执纪“四种形态”，抓早抓小、动辄则咎，党风廉政建设“三道防线”进一步牢筑。从严从实转作风，开展机关加油站建设、领导干部万吨站挂点帮扶等活动，两级机关578名管理人员参与跟班作业和督导管理，与基层联系更加紧密。建立问题反馈、合理化建议和领导信箱“三个渠道”，解决基层反馈的各类问题200余项，采纳基层合理化建议37条，民主管理进一步彰显。宝石花艺术团参与石油文联演出21场，省内重大演出28场，公司美誉度进一步提升。坚持发展成果共享，持续将工资总额向一线倾斜，基层员工收入同比增长8.1%。节日误餐补贴、健康疗养费、补充医疗保险等各项福利保障措施惠及基层，广大员工认同感、获得感不断增强。

（张 响 熊路路）

中国石油天然气股份有限公司广西销售分公司

【概况】 中国石油天然气股份有限公司广西销售分公司（简称广西销售）成立于2000年10月，主要负责中国石油在广西地区的成品油市场开发和销售工作，主要从事成品油批发和零售业务，以及便利店、润滑油、化工产品等非油品业务。2016年底，机关设13个职能处室和5个直附属机构，下辖14个地市分公司和2个专业分公司，另有7个控股公司和3个参股公司；员工总数4988人（含外包929人）；资产总额78.38亿元；加油站总数494座；油库7座，总库容20.15万立方米（表1）。

【销售网络开发】 2016年，广西销售整合专业队伍，制定网络开发配套制度，实施网络专项奖励，自主开发加油站19座、投运16座。借助地方资本推进合资合作，与钦州市开发投资集团有限公司、柳州市东城投资开发集团有限公司合资成立广西中油钦祥石油有限公司、柳州东城融祥石油有限公司并土地摘牌，在柳州市、玉林市及防城港市完成4座加油站的单站合作可行性研究及立项，2016年控（参）股企业在营加油站52座，成品油销量36万吨，投资收益3033万元。按照“全面推进、逐个攻破”的思路，解决推进20座历史项目，有效盘活存量资产。强化工程管理，梳理新建项目实施流程，推行改造站全流程诊断，注重方案设计，加强成本控制和施工现场监管，新建加油站开工12座、完工13座，防渗一体化改造11座，油气回收专项改造25座，检维修及安全隐患改造85项。

【主营业务】 2016年，广西销售实施积极的营销策略，一体运作、挤压虚量，合理把握销售节奏，2016年销售成品油245.88万吨，其中纯枪销量187.8万吨、同比增长1.3%，汽油纯枪销量同比增长12.4%、柴油同比下降10%，均优于区域水平。客户开发卓有成效，以分类客户开发为主线，将潜在目标客户按属性进行梳理，寻求增量来源；邀请生产、城市交通、再流通行业11家重点大客户召开座谈会，探讨多元化、多维度合作路径。2016年，新开发优质终端客户 599 家，新增销量 4.99 万吨；跨省物流客户达 24 家；广西壮族自治区已开工重大项目需求占比达 35%；发放记名卡 31.6 万张，沉淀资金 4.33 亿元。提质增效紧抓关键，规避“价格战”，赢得“价值战”，零售价格到位率始终保持在 99.2% 以上。深化一站一策，2016 年“双低站”成功治理 11 座，治理率 10.38%，单站日销量同比增长 0.48 吨。非油品业务店销能力稳步增长，围绕“圈、场、货、活、客、人”六环节，“油非”互动、“油非”互进，高销店达 214 座，同比增长 19%，润滑油零售 3324 万元。

表 1　广西销售主要经营指标

指　标	2016 年	2015 年
成品油销量（万吨）	245.88	301.01
汽油销量（万吨）	110.20	107.81
柴油销量（万吨）	135.68	193.20
润滑油销量（万吨）	0.47	0.69
加油站总数（座）	494	480
油库数量（座）	7	7
库容（万立方米）	20.15	20.15
纯枪销量（万吨）	186.45	184.06
非油品收入（亿元）	3.87	25.53
非油品利润（亿元）	0.27	0.79
吨油费用（元）	461.58	385.11
资产总额（亿元）	78.38	77.37
收入（亿元）	142.65	196.61
利润（亿元）	1.09	1.01
税费（亿元）	0.06	0.20

【挖潜增效】 2016 年，广西销售详细制定三个方面 75 条开源节流降本增效具体措施，2016 年开源创效 7099 万元、降本增效 5371 万元、管理提效 1069 万元，费用总额比预算减少 2516 万元，税前利润 1.09 亿元。坚持“有保有压、有控有减”，预算从紧安排、从严考核，运营费用刚性下降。设月均利润总额 1000 万元以上的效益指标“底线”，实施每日测算跟踪效益，为改进调整业务提供决策支持。加强市场研判，抓住市场低点时机，适时资源吸储，2016 年账面累计购进外采资源 24.43 万吨，价差最高达 2342 元/吨，外采平均吨油毛利空间在销售板块排名第 4，降低库存成本 3.1 亿元。加强对标管理，拓宽对标范围，与竞争对手对标项目细化至 24 项，充分挖掘潜能。深化精准调运，巩固“物流优化年”活动成果，强化资源有效串换，物流费用剔除自采资源费用后比预算下降 4101 万元。严格控费措施，财务费用比预算节约 2550 万元、降幅 75%，税费比预算减少 267 万元、降幅 13%，“五项”费用较预算节约 265 万元、降幅 14%，综合损耗量同比下降 5.7%。

【基础管理】 2016 年，广西销售有效开展合规工作，把法律法规作为必修科目，合规全员培训 2861 人次。强化合规管理与经营管理深度融合，不断扩展法律部门参与重大决策法律论证范围，努力防范油品购销、对外结算、价格管理、股权合作等重点环节法律风险，重点清理整顿小产品不合规业务。对贵港、钦州分公司原经理进行离任经济责任审计。开展工会经费、存货、促销费管理专项审计。加强工程结算审计，10 个审计项目审减率 6.36%。贯彻执行新《安全生产法》《环境保护法》，深入落实有感领导、直线责任和属地管理，强化安全、质量、计量管控，实现零伤亡、零污染，未发生数质量安全责任事故。实施机关扁平化管理，探索非全日制用工模式，通过积分方式鼓励优秀外包员工转为公司员工，稳妥落实人员分流安置，用工总量由 2016 年初 5158 人减少至 4988 人。加强职业经理人队伍建设，探索强化加油站经理负责制，选派 7 名站经理到上海、浙江挂职锻炼。举办经营管理干部轮训班、职业经理人外培班，开展广西销售特色“大讲堂”活动 8 期。2016 年开展各类培训 129 项，培训 4097 人次。

【创新经营】 2016 年，广西销售持续推进“数字广西”建设，开展线上线下联合营销活动，促进加油站传统行业与互联网新思维、新技术有机融合，“中国石油广西销售”微信公众号线上服务不断拓展，开展“砸金蛋”“集福袋”“挑战 0 违章”等活动，微信粉丝增加 4.4 万人，增长 60%，累计粉丝总人数 11.8 万人。深化与中国邮政、中国建设银行、银联信用卡、电信翼支付、平安保险的联合优惠活动，实现加油站每日有活动、促销不间断的全覆盖异业促销，与中国电信、平安保险三方联合促销汽油月消费额超过 4000 万元，带动零售销量增长 2 万吨以上。创新股权企业管控机制，坚持契约精神，完善股权企业供油价格体系，促进股权企业扩销上量。推广自助加油，让员工腾出更多精力开展现场营销，自助加油站达 426 座，较同期新增 102 座，增长 31.5%。创新资金管理模式，实现增值税网上申报，620 套申报流程精简为1套，全国首创。强化督察督办，2016年督办重点任务89项，公文专项督办86项，重点部署有效落实。搭建全员创新管理平台，筹建八桂创客群，鼓励全员创新。

【党建工作】 2016年，广西销售坚持建强基层党组织不放松，探索加油站联合党支部建设新模式。各级党组织完成换届工作，党委主体责任和纪委监督责任更加明确。完善“两个责任”相关9项制度，签订“两书”4590份，重点针对《中国共产党纪律处分条例》《中国共产党廉洁自律准则》，开展参观学习、廉洁党课等教育活动，发送廉政短信1030条。创新监督方式，综合运用巡视、审计、监察等手段，完成14家分公司和3个机关处室的巡视，整改落实发现的问题102项。受理信访举报12件，处置问题线索2件，6人被诫勉谈话，7人受到党纪政纪处分。

【社会责任】 2016年，广西销售积极发挥央企作用，成为东盟博览会战略及行业合作伙伴、唯一指定燃油供应商。开展“平安回家路、中油伴你行”公益活动，帮扶返乡人员5万余名，中央电视台报道5次。稳步推进国Ⅴ标准油品置换，全面开展“3·15”主题宣传、顾客体验日、IC卡推销等活动，积极参与“花蕾助学”、义务献血、植树造林等社会志愿活动。将铁人品质与八桂情怀融合，在“四精”理念、“五小”活动和“家文化”上下功夫，100座油站达到库站现场文化样板站标准。巩固春有慰问、夏送清凉、金秋助学、冬送温暖的四季帮扶格局，走访慰问基层员工470人次、发放慰问金73.5万元。

（任妮军　韦丹萍）

中国石油天然气股份有限公司浙江销售分公司

【概况】 中国石油天然气股份有限公司浙江销售分公司（简称浙江销售）成立于1999年1月，2008年12月上划由股份公司直接管理，主要承担中国石油在浙江地区的成品油批发、零售和非油品业务，负责浙江地区销售网络的开发建设和管理工作。

2016年底，设12个机关处室、2个直属机构、13家全资分公司、5家参控股公司。有员工4541人（合同化员工72人），本科以上学历882人，高级职称36人，中级职称101人。有油库17座，总库容49.94万立方米（资产型库容24.44万立方米）。其中，全资油库5座、租赁油库3座、股权油库6座、代储油库3座。共有运营加油站476座，其中全资加油站220座，控股加油站105座，租赁加油站151座。2016年，浙江销售成品油销量278.96万吨，其中纯枪销量218.6万吨；非油品收入4.65亿元，非油品利润0.56亿元；资产总额64.83亿元（表1）。

表1　浙江销售主要经营指标

指　标	2016年	2015年
成品油销量（万吨）	278.96	280.88
汽油销量（万吨）	181.52	163.25
柴油销量（万吨）	97.45	117.63
加油站总数（座）	473	476
油库数量（座）	17	19
库容（万立方米）	49.94	48.34
纯枪销量（万吨）	218.6	214.34
非油品收入（亿元）	4.65	3.70
非油品利润（亿元）	0.56	0.46
吨油费用（元）	459.8	417.08
资产总额（亿元）	64.83	59.59
收入（亿元）	170.25	174.93
利润（亿元）	1.51	2.15
税费（亿元）	5.14	4.03

【一体化营销】 2016年，浙江销售积极开展“油卡非润”一体化营销，打造四季度主题促销品牌，纯枪销量完成全年任务的102.6%。宁波分公司完成纯枪38.2万吨，成为浙江销售首个日均纯枪超千吨的地市公司，纯枪增量占浙江省增量的49.2%；湖州分公司完成纯枪20.94万吨，同比增长13.94%。“10惠”活动客户从最初不足1万人增加到3.48万人，累计参与12.1万人次，带动卡充值1.96亿元、非油品收入998万元。各类营销活动共计实现“油非”互动8140万元，有效推助非油品业务快速增长。浙江销售推进“四进办”，2016年外出办卡616次，发卡2.75万张，充值金额3327万元。2016年，浙江销售发放记名卡36.87万张，新增活跃卡8.8万张，新增沉淀资

金 4004 万元，同比增长 115%。

【加油站管理】 2016 年，浙江销售依托多渠道支付平台，加大与互联网公司合作，有效解决“加油结算是否便捷高效、客户消费是否得到实惠”两大痛点。2016 年第三方支付 326 万笔，消费金额 6.81 亿元，日均消费油品 230 吨。浙江销售融合“双十二”和“10 惠”活动，12 月 10—12 日日均纯枪 7133 吨，日均充值 2485 万元。2016 年 5 月全面推广应用电子券业务，助力营销活动，截至 2016 年底发放电子券 78 万张，客户核销 61 万张，带动充值 14 亿元、非油品销售 3000 万元。浙江销售以向电信运营商购买服务的方式，建成全省高清视频监控、多渠道支付、加油站数据共享、非油商品管理等系统，对统建系统形成有效补充的同时，节约投资 6600 万元，年度运行费用节约 1000 万元，油库、加油站自动化、智能化水平明显提升。

【投资建设】 2016 年，浙江销售积极创新合作方式，注重投资回报，实施低成本开发。浙江销售与地方企业组建合资公司，借助合作方人脉关系、项目税收落地等优势，实现新建站低成本开发，杭州地区 3 个合资公司项目实现突破。以资产型双低站资产出资与地方企业合作进行移址迁建，实现老站置换，“双低站”“转基因”式根本治理。截至 2016 年底，已有 10 座全资站进行“转基因”合作。浙江销售结合油品市场及租赁合作方自身情况，以租赁转资的方式收购合作方部分股份，使公司网络结构得到优化。2016 年浙江销售开发高速加油站 6 座，形成沿海走向、自北向南三段线的高速服务网络，有利于高速市场的整体营销和柴油销量的提升。

【G20 杭州峰会】 2016 年 9 月 4—5 日，杭州召开 G20 峰会。浙江销售以“六个决不发生”为目标，积极落实企业主体责任，适应峰会安保维稳从严从紧要求，制订安保维稳方案，突出专业线直线责任落实，管控治安保卫、散装汽油销售、油汽泄漏、新闻危机等六类风险，完善应急保障机制，杭州、嘉兴、湖州、绍兴等地区公司加强油气回收系统隐患治理，狠反“三违”行为。

G20 杭州峰会和第三届世界互联网大会期间，浙江省 191 座库站配备保安 501 人，188 座重点库站建设微型消防站，350 座库站配置防恐七件套，70 座油站油罐区增设防冲撞隔离设施，圆满完成峰会安保维稳任务，实现“让省委省政府满意，让集团公司党组放心”目标，浙江省委省政府向集团公司发出感谢信。浙江销售被集团公司评为环境保护先进单位。

【精细化管控】 节流成本。与中国石化串换资源 27.2 万吨，相比下海油节约费用 2970 万元；加大海越油库铁路直达量，一次铁路调入直炼油品 16.36 万吨，同比增加 12.61 万吨，节约公路运费 1685 万元。下海油损耗率由 2015 年同期的 1.78% 降至 1.27%，公路运输损耗率由 2015 年同期的 1.21% 降至 0.50%，综合损耗同比减少 1704 万元。严格落实中央八项规定，“五项”费用较预算节约 312 万元，业务招待费同比略有下降；公务车运行费用同比减少 140 万元，降幅近两成，累计节税降本 5234 万元。

低效站治理。认真落实销售板块兰州会议精神，在销售公司“3+1”治理模式的基础上增加一个“1”（即立足浙江特色，推行移址新建“转基因”模式）形成浙江销售特有的“3+1+1”基础构架，以模式创新为抓手，治理“双低站”，综合施策。浙江销售有 132 座加油站开展目标责任制和委托管理模式治理。2016 年纳入治理范围的 51 座低效加油站中的 15 座加油站摘掉低效帽子，摘帽率 29.4%，10 座负效加油站实现扭亏。4 个重点督办困难企业减亏 113 万元，超额完成减亏 20% 目标。

提高劳动效率。通过灵活排班、优化交接班、场地划线等措施削“高峰”，归并计量、核算等管理岗位，提高全员持枪加油率，综合劳动效率在销售企业排名第三，全员人均纯枪销量 466 吨，人均非油品利润 1.29 万元。

严防资金风险。完善“事前保障、事中管控、事后监督”的全程资金控制体系，强化关键环节管理，制定网上充值、支付宝和微信支付等非现金业务资金核对、结算流程，防范新型营销模式风险，资金安全零事故。建立第三方稽查制度，完成 12 家地区公司财务稽查、联合检查，迎接销售公司资金安全专项检查，针对发现的问题限期整改、销项。加强“两金”压控，应收款项从一季度的 2.4 亿元降至 2016 年底 9763 万元，下降 60%，清欠指标完成 129%。

推进“6S”管理。浙江公司系统学习兄弟公司“6S”管理经验，优选实施方案，把握进度，按照“试点先行、重点推进、全面推开”，以较短时间、较少投入，全面完成全省两级机关、所属库站打造。

【党建工作】 2016 年，浙江销售强化企业党建工作，发挥政治核心作用。全年党委中心组集中学习 22 次，增强政治意识、大局意识、核心意识和看齐意识。严格执行民主集中制，审议“三重一大”事项 198 项。印发《浙江销售公司基层党委工作考核办法》，对 13 家基层党委进行检查考核，党委“参与决策、带头执行、有效监督”作用得到较好发挥。坚持严实作风，推进“两学一做”学习教育。浙江销售召开“两学一做”学习教育启动会，开展“听读党章学习讲话”、“学党史、明党纪”网络竞答、微信每日一题等活动，各级党组织学习党章、系列讲话80余次，专题研讨76次，党课91堂，引领党员“学”出成效、“做”到合格。深化“两个责任”落实，提升执纪问责能力。依据《党委主体责任清单》《分公司党委主体责任落实情况跟踪问效清单》，两级党委、纪委严抓从严治党责任，约谈干部员工60余人次。运用监督执纪“四种形态”，2016年立案2件，受理群众来信来访8件，1家单位受到通报批评，7人分别受到行政降级、党内警告和诫勉谈话处分。制定《浙江销售分公司巡视工作实施细则》，启动内部巡视，完成对舟山公司党内巡视。诚恳接受中国石油天然气集团公司党组第八巡视组“全面体检”。开展“廉洁文化进库站”活动，组织反腐倡廉学习教育178次，选准、用好库站联络员，浙江销售分公司、各二级分销公司、库站三级惩防体系建设初见成效。坚持正确用人导向，加强干部队伍建设。修订《浙江销售分公司中层管理人员管理规定》《浙江销售分公司中层管理人员选拔任用工作规范》等制度，科学选人用人管人机制逐步完善。2016年交流干部63人次，完成9个单位总会计师调整交流。选派新提任或公开竞聘的分公司经理助理、安全监督参加管干院的领导力提升专项培训。

【群团工作】 典型引领鼓干劲。浙江销售选树曹慧、聂伟、周陈理、石红燕、胡海平为第二届劳动模范。开展向温州新城站经理叶时进的学习活动，11家地市公司36名管理人员、271名站经理到新城站跟班实践。叶时进获销售分公司第二届站经理论坛主论坛演讲第二名，浙江销售主导的对话节目《油卡非润血液式融合探索》受到好评。周爱娣、叶时进、史亚波、董国妹被评为百名功勋站经理，聂伟被评为百名明星站经理，曹慧被评为十大创新标兵，多元组合营销法、红燕营销法、燃油精六瓶疗程营销法、省钱日历促销法获选50个“营销金点子奖”，浙江销售获得销售分公司第二届站经理论坛“优秀组织奖”。服务中心促经营。创新日常民主管理渠道，开展职工代表督导检查，职工代表16件提案、38条意见答复率100%。组织“优直销、增纯枪、创效益”劳动竞赛。在销售分公司竞赛中，获得“油卡非润”、零售、加油卡、非油品、物流等18面红旗和优秀组织奖，创历史最好成绩。浙江销售以经营理念办社团，9个社团自发策划组织走进浙江油田办加油卡、拍摄《多元整合促销法》宣传片、百岁山供应商球赛合作等员工喜闻乐见的活动。青团建功当先锋。“智慧 e 青年工作室”成为阿里巴巴集团员工加油卡独家供应商，联合杭州、上海、北京等5地加油站为阿里员工办卡超过8000张，报送金点子36个。舟山分公司积极推进“海YOUNG青年创业基地”，成为向客户展示企业形象的靓丽名片。持续开展“学雷锋树新风、学铁人立新功”系列志愿服务活动，14支服务队570名志愿者服务群众1万余人次。关爱员工促和谐。浙江销售加油员薪酬水平同比增加10.01%，共享企业发展成果。实现健康体检、补充医保和带薪健康疗养均覆盖全员，456人享受带薪健康疗养，扶贫帮困220人次，组织的温暖关怀落到实处。持续推进“五小”工程，库站员工工作生活环境持续向好。

（凌　琳）

中国石油天然气股份有限公司安徽销售分公司

【概况】 中国石油天然气股份有限公司安徽销售分公司（简称安徽销售）主要负责中国石油在安徽省的成品油销售、市场开发、非油品销售业务。2002年6月成立中国石油天然气股份有限公司安徽销售分公司筹备组，2002年9月正式注册成立中国石油天然气股份有限公司安徽销售分公司。设有12个职能处室和6个直（附）属机构，下辖13个地市分公司，20家控参股公司。资产总额62.95亿元，加油站546座，其中全资加油站414座，租赁加油站99座，在营加油站529座，待投运项目47座。在用油库12座，总库容32.54万立方米。其中，资产型油库8座，库容22.96万立方米；租赁油库2座，库容1.58万立方米，代储油库2座库容8万立方米（表1）。2016年底，员工总数4307人（合同化员工38人、市场化员工4269人），其中管理人员539人，操作服务人员3768人。安徽销售成功承办销售公司第二届加油站经理论坛，得到与会代表纷纷点赞。

表 1　安徽销售主要经营指标

指　标	2016 年	2015 年
成品油销量（万吨）	231.07	241.18
汽油销量（万吨）	103.33	88.52
柴油销量（万吨）	127.68	152.18
润滑油销量（万吨）	0.21	0.20
油库总数（座）	12	13
加油站总数（座）	546	536
纯枪销量（万吨）	195.04	176.59
非油品收入（亿元）	4.48	3.55
非油品利润（亿元）	0.68	0.41
吨油费用（元）	442	448
资产总额（亿元）	62.95	61.39
收入（亿元）	129.75	139.92
利润（亿元）	2.61	1.44
税费（亿元）	2.87	1.95

【市场营销】 2016 年，安徽销售尊重市场在资源配置中的决定性作用，科学研判，精心操作，果断决策，高效执行。以积极的营销策略，抢占市场，纯枪销售能力持续增强。纯枪汽油销量同比增长 18.9 万吨，柴汽比降低至 0.9。完成 301 座加油站全流程诊断与优化，单站日销量提升 0.9 吨，增长 11.3%。联合关联行业，开展异业合作，销售定额卡 3 亿元，锁定汽油销量 5.26 万吨。下放促销权限，激发地市公司活力，滁州、蚌埠、合肥等 10 家分公司围绕“油卡非润”一体化营销，形成具有影响力的会员日品牌。直批精细化水平稳步提升。精确掌握市场、资源、价格信息，优先保障零售供应，一区一策，一客一价，快速应对市场变化，动态平衡资源、库存。改善客户结构，终端机构客户占比 74%，实现销量 27.37 万吨，高于直批均价 70 元 / 吨。平衡竞合关系，在下半年资源收紧时，逐步推价销售，价格到位率环比提升 17 个百分点。蚌埠、合肥、六安 3 家分公司直批销价排名安徽销售前三位。

【非油品业务】 2016 年，安徽销售转变非油品副业的传统观念，将非油品发展作为增强创效能力的新引擎。对 390 座加油站开展店面诊断与优化，非油品收入同比增长 41%，非油品利润同比增长 32%。大力发展自有商品，实现利润 205 万元。引入上汽集团车享家、中粮厨吧等新业务，实现收入 1521 万元，利润 201 万元。

【创新驱动】 2016 年，安徽销售以市场为导向，以客户为中心，打造新引擎，加快推进商业模式革新。以加油站为平台，以品牌为支撑，建立非油品销售为主的双低站委托运营管理模式，打造 6 座“六型站”，为客户提供“人 · 车 · 生活”综合服务，日均销量和非油品收入同比分别增长 26.1% 和 45%，高于安徽省平均增幅。在探索智慧加油站建设中，引入十大系统和两大管理平台，精准服务客户需求，日均汽油销量和非油品收入同比分别增长 31.5% 和 109%，3 个月即收回改造投入。在加油站服务外包、维修外包、委托管理、财务巡检等方面进行创新尝试。解放思想，转变观念，鼓励创新，宽容失败，员工创新意识不断增强，积极推进创新课题研究。着力构建“三级营销”体系，引入互联网大数据，推进营销模式现代化。省级营销依托微官网开展品牌营销；地市级营销运用互联网思维整合行业资源，延伸品牌价值；站级营销运用大数据开展精准营销，提供“私人订制”服务，打造行业个性化服务品牌。管理创新成果在互联网时代下销售业务“三级营销”体系的构建与实施中获第 29 届全国石油石化企业管理现代化创新优秀成果一等奖。

【精细化管理】 2016 年，安徽销售强化“依法合规，精细管理”两个保障，合规管理、降本增效取得新成果。安全环保平稳受控。固化“红、黄、绿”三色管理，梳理近 3 年体系审核常见问题 200 项，有序推进库站 HSE 标准化建设，安全基础不断夯实。强化质量管理，抽检油样 1166 批次，合格率 100%；加强外采油品检测，规范入库流程，2016 年无不合格油品进入库站。面对安徽地区 50 年一遇的洪涝灾害，各级领导靠前指挥，安全平稳度汛。处理加油站系统故障 4.6 万例，完成 296 座加油站系统及硬件设备更新，保障库站安全运行。合规管理持续深化。开展制度执行检查，发现问题 556 项，提出建议 31 项；编印《加油站业务流程与风险管理手册》，实现多个管理体系初步融合。组建财务 3 个专业化团队，提高风险管控能力。信息化统建项目升级顺利推进；协同办公流程使用 5 万余次，实现规范高效运行。开展审计监察项目 317 个，取得经济成果 2022 万元。控本降费取得成效。加大监督力度，规范接卸流程，综合损耗率降低 0.2 个百分点。科学调控库存，减少资金占用，积极开展“商信通”业务，财务费用同比降低 322 万元。建立安徽省资产共享平台，完成闲置资产调拨 3205 项，资产租赁 117 项，增加效益 2111 万元。修订完善《物资采购管理办法》和《招投标管理办法》，自主研发信息采购平台，实现全过程管理，采购物资 7637 万元，节约成本 691 万元，节约率 8.3%。加油卡折扣率降低 0.5 个百分点，直批业务减亏 500 万元，综合损耗率下降 40%，财务费用支出降低 8024 万元。

【库站管理】 2016 年，安徽销售完成加油站改扩建项目 72 座，计划完成率 144%。特别是高效完成六型站（旗舰站、社区站、旅游站、乡村站、物流站、高速站）改造任务，保障第二届加油站经理论坛顺利召开。加快推进油库施工进度，完成合肥大兴油库扩能改造；六安油库扩建、阜阳油库水路码头建设、宁国油库铁路搭接等工作稳步推进。

【投资建设】 2016 年，安徽销售加大重点区域、重点项目投资力度，持续提升投资质量，营销网络持续优化。新开发合资项目优质站点 2 座；新收购社会加油站 6 座，成功续租 4 座；竞拍取得 4 宗城区站土地。新开发项目中城区站占比 80%。在合肥、阜阳、砀山等地区达成合资意向 5 个，拟开发加油站 18 座，开发质量得到提高。加快新站建设，推进停业站恢复营业，2016 年新增和恢复运营站 20 座，达销率高出考核指标 6 个百分点。

【资源运行】 2016 年，安徽销售营销、调运以保障生产后路为根本，"强预判、畅后路、抓外采、保纯枪"。精准研判市场走势，统筹运作"两种资源"，增加毛利 3.7 亿元。优化调运组织，灵活调整进关计划，加大厂站直达，加强资源串换，保持低库存运行，保障资源稳定供应。

【党群工作】 2016 年，安徽销售全面加强党的建设，狠抓严实作风，重塑良好形象。党建基础显著提升。扎实开展"两学一做"学习教育，党员队伍党性意识、党性修养持续提升。精心组织，严格程序，圆满完成党委换届。建立健全党建制度体系，修订完善 16 项制度。着力抓好基层党建，以标准化党支部建设为抓手，修订 48 项实施细则。党风廉政建设持续深入。完善"三重一大"决策制度，规范集体决策，避免决策失误。建立党委定期听取纪委工作汇报机制，专题研究部署党风廉政建设。换届充实公司纪委，强化监督执纪问责。加大案件查办，核查案件 11 件，处理 10 人次。人才队伍建设有序推进。开展市场营销知识培训，提升全员营销技能。组织 4 期加油站经理培训，提升站经理综合素质。8 家单位开展开口营销服务技能竞赛，提升员工服务技能。关心关爱员工。机关围绕基层转，开展机关挂点帮扶 1252 人次。各项激励优先向一线倾斜，库站员工收入持续增长。发放扶贫慰问金和一线员工健康疗养补贴 309.8 万元。投入 960 万元专项资金，提高员工补充医疗保险水平。企业文化取得新成果。外塑中国石油良好形象，上线运行"中油徽韵"微信公众号，创新宣传工作载体。开展媒体开放日活动，传递中国石油声音。安徽销售首席站经理陈梅获"省直机关十大杰出青年"称号，展示石油人积极进取、勤勉敬业的精神风貌。

（陈志玲）

中国石油天然气股份有限公司福建销售分公司

【概况】 中国石油天然气股份有限公司福建销售分公司（简称福建销售）成立于 1999 年 2 月，2008 年 12 月上划股份公司直接管理，主要负责中国石油在福建的成品油销售、非油品业务和网络建设工作。中国石油天然气股份有限公司天然气销售福建分公司是天然气销售公司下属区域公司，成立于 2016 年 12 月 27 日，与福建销售公司实行"两块牌子、一套人马"，负责中国石油在福建天然气销售、支线管网建设工作。2016 年底，设 14 个职能处室，下辖 9 个地市分公司和仓储分公司，加油站 495 座，油库 6 座，库容 40.6 万立方米，有员工 2641 人。

2016 年，福建销售坚决贯彻上级部署，以效益为中心，砥砺推进"两个试点"，创新思路，夯实基础，攻坚克难，稳健推进成品油、天然气和矿泉水三大业务，保持跨越式发展的强劲势头。运营加油（气）站 476 座，运营总天数 16.8 万天。2016 年实现销售总量 189.95 万吨，其中零售量 131.14 万吨；非油品收入 2.70 亿元、利润 0.36 亿元；收入 114.81 亿元；利润总额 2.72 亿元（表 1）。

【零售管理】 2016 年，福建销售坚持以客户为中心，加强营销与品牌建设，不断优化规范服务管理，运用全流程诊断、"6S"管理等方法，千方百计提量创效。（1）客户开发与维护不断强化。紧盯高销量稳定客户与集团客户开发，持续拓展福船集团、福能集团、中

表 1　福建销售主要经营指标

指　标	2016 年	2015 年
成品油销量（万吨）	189.95	231.26
纯枪销量（万吨）	131.14	144.47
非油品收入（亿元）	2.70	1.89
非油品利润（亿元）	0.36	0.27
加油站总数（座）	495	484
油库库容（万立方米）	40.6	36.2
收入（亿元）	114.81	139.81
利润（亿元）	2.72	-1.35

国电信等大型机构用户的长期合作，合同客户总数大幅增加。抓住公车改革时机，发行政企专项客户个人加油卡 4.5 万张。（2）一体化营销质量大幅提升。不断创新营销策略，由油品单一营销向“油卡非润水”一体化营销转变，由线下传统营销向线上线下互动营销转变，由四季主题营销向四季与“10 惠”互补营销转变，形成全方位一体化营销体系，进一步提升市场营销能力。打造每月 10 日“10 惠”零售促销品牌，参与客户数量从每天 1.1 万人提升至 5.1 万人。（3）品牌建设得到加强。加强与第三方资源的有效整合，组织跨行业促销活动，打造昆仑优品高端汽油品牌，深耕高端客户群体，释放品牌影响力，福建省共 124 座加油站销售 98 号汽油，98 号汽油销量在销售板块排名第二、区外第一，成为新的效益增长点。每月与中国石化进行主要指标对标，及时发现亮点、查找不足，采取针对性措施，保持品牌优势，促进销量提升。（4）“指挥棒”激励作用突出。面对走私油泛滥、竞争异常激烈的市场，制定最严格的“营销八条措施”，强化市场份额与效益责任，确保效益目标实现。（5）“双低站”治理和“双高站”培育成效显著。落实“3+1”治理模式和试点工作要求，对“十三五”期间需治理的 267 座加油站分类逐站治理，实现 86 座站扭亏为盈。完成 50 座站的供销合作项目，探索磨合，完善合作机制，形成一体化运营方案及细化措施。加大品牌输出及转制团队委托管理推进力度，及时召开专项工作推进会，强化宣贯部署，调动干部员工参与积极性。完成 1 座加油站品牌输出、17 座加油站试点员工转制团队委托管理方案。持续加大“双高站”培育力度，深入挖掘潜能，实现大站提量创效，万吨站增加到 16 座，5000 吨以上站增加到 51 座。

【非油品业务】 2016 年，福建销售坚持开放共享，提升业务收入。完成 31 座百万元以上便利店的诊断优化提升工作，对便利店商品进行品类优化管理，强化与永辉供应商合作，完善一站一策的单站核心商品目录；对主要大类商品中综合贡献排名后 10% 的商品进行强制淘汰；展开与中粮合作，商品进入 100 座便利店。快餐业务取得突破，第一个对外合作的麦当劳得来速餐厅开业运营。收回中央仓自主管理，提高配送效率。做好润滑油及车辅产品销售业务，润滑油销售同比增长 5%，车辅产品销售同比增长 41%。

【扩大经营自主权试点】 创新优化管理体制机制。面向市场，突出服务，立足长远，平稳有序地完成两级机关组织机构及岗位优化，撤销地市公司部门 18 个，两级机关共减员 71 人。推进简政放权。落实 19 项下放权限，修改完善制度 8 大类 20 项、业务流程 214 项，减少审批环节，平均缩短审批时间 2 个工作日，提高办事效率，激发基层活力。创新细化薪酬绩效考核体系。打破以级别定薪酬的一贯做法，引入岗位价值理念，使用主流工具 IPE 认真做好岗位价值评估，以岗位创效和贡献大小确定薪酬标准。同时对地市公司领导班子实行年薪制，将公司有限资源向关键岗位、高价值岗位和业绩突出岗位倾斜，激发高价值岗位人员积极性。按 2016 年业绩指标分季度设定工效挂钩指标，依据指标完成情况调控季度工资发放总额；将全员业绩考核结果通过积分制进行考核应用，依据员工全年的积分累计结果，制定刚性的薪级调整及岗位淘汰规则和制度。

【油气一体化大销售体制改革】 积极推进上下游工程建设和对接。敦促下游城市燃气用户加快门站等接气工程建设，认真履行驻福建企业协调组组长单位职责，协调解决上下游对接存在的困难。抓好管网规划修编，启动支线建设和合资合作。推动福建省发改委对《省天然气管网建设规划》进行修编，将福建销售拟建管网纳入政府规划。启动德化、闽清支线项目前期工作，与龙岩昆润燃气公司签订合资建设龙岩市门站和支线的合资合作协议，与漳州台商投资区管委会签订合作经营管道燃气业务的合作框架协议。做好老用户承接和销售准备，大力开发新用户。与天然气板块对接办理前期供气合同主体划转，开展业务人员培训、销售价格对接、销售方案研究等各项准备工作。加大终端市场开发，与 8 家新客户签订供气意向书。推动天然气分布式能源项目。与华电集团达成战略合作共识，与漳州台商投资区管委会签订共同投资建设分布式能源项目的合作框架协议。抓好对接工作。落实集团公司、股份公司天然气销售管理体制改革精神，抓好公司注册，积极对接业务流程，全力备战天然气销售。

【网络建设】 2016年，福建销售实施“4+1”网建策略，不断拓宽低成本发展新路子，保持高效优质的发展势头。（1）打好开发阵地战。重点开发位于城区、新区、发达乡镇、高速公路主干线等加油站项目。福州仙歧站、新奥城东加油站、石狮北环加油站、龙岩北及翔安高速进出口等项目的取得，强化高效网点延伸。（2）打好存量保卫战。盯住租赁即将到期的加油站，保持高度敏感性，早预防、早施策，续租象山、源兴、洪山、锦江南北、岐头、南洋等7座站，巩固既有的发展成果，阻击竞争对手渗透。（3）打好合资合作攻坚战。坚持油气并举，充分调动合资合作伙伴积极性，深入挖掘福州华榕、福州华润、宁德汽运、三明交建、龙岩龙地、厦门路桥、南平汽运、中油海峡、中油路通等合资合作资源，在混合所有制上实现突破。其中华榕首期3座加气站、宁德汽运首期4座加油站、三明交建首期2座服务区加油站等9个项目落地实施。（4）打好现有项目挖潜战。通过重建、迁建、技术改造等措施，对原有193个站点进行形象改造，重新焕发项目提量增效活力，实现低投入高产出。（5）打好设计创新战。不断优化施工图纸，主动调整加油站地基基础处理方式，节约工程造价，缩短建设工期；提出平方米使用率、平方米创效概念，最大限度用足、用满规划指标，向设计要效益。2016年上报评审项目61座，通过45座；签约开发26座，投运20座，提高市场控制力，为纯枪销售上量创效打下坚实的基础。

【现场管理】 2016年，福建销售把提升“6S”管理作为深化改革的基础和重要抓手，与精细化、安全环保数质量、“三基”工作等紧密结合，融为一体。坚持一站一策、持续创新与执行规范相统一，全面覆盖、不留死角，强化执行，常抓不懈，逐步形成具有福建销售特色的现场管理模式。特别是在规范化管理上，结合“6S”要求，制定规范化、定制化管理标准，保证加油站视觉形象统一。持续深化卫生间治理升级，标准、星级、尚品三类标准化卫生间实现全覆盖。利用专项活动竞赛推动规范管理，强化每月第三方的立查立改，持续打造强大现场，提升服务质量，扩大品牌优势，积极重塑形象。2016年初预发“6S”专项奖励激发全员的积极性，福建销售环境面貌发生根本变化，促进员工工作效率、个人素养显著提高，为顾客创造整洁、舒适、高效、安全的消费环境，得到客户、省市及集团公司和社会各界的好评。95504电话客服工作综合指标分数销售板块排名第三，其中工单响应及时率、投诉客户回访满意率均为满分；神客检查平均88.9分，同比提高4个百分点，11月销售板块神秘顾客抽查排名第一。强化信息化建设和集成应用，完善支持型财务管理体系，深化精细合规管理，扎实推进HSE体系建设，安全、环保、数质量总体受控，综合管理水平稳步提升。

【党建和企业文化】 2016年，福建销售贯彻集团公司党组部署，扎实开展“两学一做”教育和“重塑中国石油良好形象”活动。落实从严治党主体责任和监督责任，坚持抓早抓小，运用“四种形态”做好谈话提醒，深入贯彻中央八项规定，认真纠正“四风”，保持高压态势，防止“四风”反弹。大力弘扬“石油精神”，推进党建量化考核和“样板党支部”建设，成功举办中国石油驻闽企业暨公司第三届员工运动会，营造全员创新、支持改革的良好氛围。企媒关系更加稳固，新闻工作继续走在集团公司前列。“温暖抗战老兵”获中央文明办、团中央青年志愿项目金奖。在泰宁泥石流、闽清洪灾特别是莫兰蒂台风等抢险救灾中，广大干部员工一手抓自救，一手抓保供，真正做到“水断电断信号断，中石油保供永不断”，体现团队过硬作风和一流职业素质，树立负责任的良好企业形象。

（朱　荣）

中国石油天然气股份有限公司湖南销售分公司

【概况】 中国石油天然气股份有限公司湖南销售分公司（简称湖南销售）2000年6月进入湖南市场，2002年10月正式注册成立，2008年12月上划股份公司管理，主要负责中国石油在湖南地区成品油市场开发和销售工作。2016年底，湖南销售设12个机关职能部门、5个附属机构，下辖13个分公司、2个控参股公司，资产总额86.01亿元，投运加油站642座，在营油库10座，在册员工3889人。

2016年，全面完成上级公司下达的各项任务目标，未发生安全环保等级责任事故，成品油销量

206.55 万吨，非油品收入 3.78 亿元，实现利润 0.16 亿元，同比增加 3.05 亿元，结束长期亏损（表 1）。在销售公司劳动竞赛评比中，获 17 面劳动竞赛红旗，各项指标均进入上游水平，零售类指标排名靠前。

表 1　湖南销售主要经营指标

指　标	2016 年	2015 年
成品油销量（万吨）	206.55	202.69
汽油销量（万吨）	97.06	85.61
柴油销量（万吨）	109.48	117.09
加油站总数（座）	642	637
油库数量（座）	11	13
库容（万立方米）	21.62	23
纯枪销量（万吨）	163.66	150.29
非油品收入（亿元）	3.78	2.7
非油品利润（亿元）	0.34	0.22
吨油费用（元）	572.4	621.2
资产总额（亿元）	86.01	87.97
收入（亿元）	118.44	120.5
利润（亿元）	0.16	-2.89
税费（亿元）	2.18	1.43

【油品销售业务】 2016 年，湖南销售油品纯枪销量 163.7 万吨，同比增加 13.4 万吨，增长 9%，同比增幅在销售分公司排名第二。纯枪销售比例达 79%，同比提高 4 个百分点。单站日销量 9 吨，人均纯枪销量 410 吨。加油卡沉淀资金 3.38 亿元，同比增长 41%，增幅在销售分公司排名第一。实现与湖南省储备物资管理局、中国工商银行湖南省分行等签署战略框架合作协议，深化与中粮集团、中国移动、中国电信等单位的合作，实现优势互补、合作共赢。持续深化“互联网 +”销售业务，完成加油站多渠道支付系统整合，支付方式更加便捷。微信充值成效突出，线上充值占比、微信充值额、微信绑卡客户比例 3 项指标分别在销售分公司排名第一、第二和第三。工行融 e 购商城月均销售额突破 400 万元，滴滴出行平台日均销售额近 500 万元。与中国移动、中国电信等企业合作，争取促销费用 613 万元，移动电子券消费超过 3000 万元。2016 年外采油品 38 万吨，实现降本 4.7 亿元。与中国石化、中国海油实现串换资源 16 万吨，节省仓储及运费 600 多万元。接卸直炼资源 148.9 万吨，兑现率 120%。

【非油品销售业务】 2016 年，湖南销售实现非油品收入 3.78 亿元，非油品利润 3429 万元。投入资金 1162 万元，完成 108 座便利店改造，打造放心厨吧 13 座，标准店及高级店占比达 60%。汽车服务业务实现突破，与上海汽车集团股份有限公司车享家进行合作，完成 84 座加油站汽车服务、快洗项目招标及合同签订。开展非油品促销 47 档，收入 2800 万元，同比增长 46%。尝试推出湖南省特色自有品牌商品，设黑茶特产专区。服务区外包选商采取委托第三方公开比选方式，服务区承包效益逐年攀升。

【库站管理】 2016 年，湖南销售全面推广“定目标”（定置化、目视化、标准化）管理，组织召开现场会，形成《加油站定置化管理指导意见》，启动管理试点工作。开展“五型”（本质安全型、优质服务型、技术专业型、管理合规型，精干高效型）油库建设，实施制度流程梳理、优质现场打造、非主营业务外包、标杆油库试点等系列措施，实现油品周转 203 万吨，人均周转量 7380 吨，保管降耗 722 吨，油库管理水平得到稳步提升。注重监督强化考核，立体稽核体系初显成效，现场稽核平均得分 84.5 分，综合大检查平均得分 87.3 分，神秘顾客访问平均得分 71 分，分别同比提高 2.1 分、2.5 分和 3.1 分。资金稽查覆盖率 100%，上门收款率 98.2%。深化推进创新管理，成立 3 个零售创新研究工作室，“油卡非润”一体化营销效果显著，全面推广升油含量工资制，累计减少用工 419 人，人均劳动效率提升 60 吨，用工计划完成率在销售分公司排名第六。

【投资建设】 2016 年，集团公司与湖南省政府签订战略框架合作协议，湖南销售与湖南省商务厅、各分公司与地市商务部门成立战略协调推进落实小组，明确 100 座优质加油站点布局，其中包括长株潭地区不少于 50 座。2016 年加油站立项 7 座，在建 7 座，投运 16 座。下达安全技术改造资金计划 20 批次，完成提质改造加油站 131 座。着力解决历史遗留问题，完成清理项目 7 座，追回资金 800 万元。实现 6 座虚投加油站投入运营，依靠法律手段实现多座加油站恢复运营。重点项目稳步推进，长沙油库完成码头工程及库外管线施工，油库趸船建设完成，永州油库库区及铁路专用线完工。

【安全环保质量计量】 2016 年，湖南销售立足严格监管阶段实际，牢牢把握“一个基本认识，四个没有根本改变”安全管理现状，强化安全风险防控，实现安全环保质量计量零事故，获湖南省安全生产先进单位荣誉称号。持续提升HSE管理体系运行质量，组织内部审核2次，迎接集团公司审核2次，无重大不符合项。组织开展2016年度危害因素辨识，实现全员参与。组织专业机构检测加油站罩棚226座，对13个分公司、65座在营加油站、5座自营油库和21个施工项目开展风险排查，整改隐患573项。质量方面，开展质量内部审核2次，质量管理体系顺利通过第三方监督审核，中心化验室顺利通过国家实验室认可，2016年湖南省质监系统和上级公司共抽检322批次，全部合格。计量方面，加油站综合损耗率0.06%，同比下降0.1%；一次物流损耗率0.1%，同比下降0.04%。

【企业管理】 2016年，湖南销售强化合规管理，注重精细管理，获“纳税A级信用单位”。强化法律人才队伍建设，设立法律事务室，组织法律知识专题培训14期，听取法律专题汇报3次，召开案件专项研讨会8次，签订合同872份，标的额46.5亿元，均纳入合同系统审批，未发生履约争议。开展合同履行情况专项清理，组织证照管理问题集中排查，整改完善经营类证照461份，补充投资类档案3643份。持续开展“双增双节”活动，制定9项23条具体措施并纳入绩效考核，开辟降费增效新渠道。配合集团公司第八巡视组巡视检查工作，制定5大类27条整改措施。编制“信息化发展十三五规划”，确立智慧企业建设目标。加油站管理、物流等统建系统全面进入2.0时代，实现数据大共享。协同办公2.0与销售分公司系统集成应用，推动办公管理步入“移动化、无纸化”时代。桌面视频会议在全部库站应用推广，高清视频监控系统覆盖率超过75%。

【党建群团工作】 2016年，湖南销售牢固树立做好党建工作是最大政绩的理念，始终将坚持党的领导、加强党的建设作为国有企业的“根”和“魂”。强化基层组织建设，完成公司党委换届筹备及基层党组织换届选举工作，完成基层党建工作量化考评。党政主要领导调研13个地市分公司一线，实地调研油库5座、加油站60座，座谈169人次，帮助基层解决实际问题200余个。开展“重塑中国石油良好形象”大讨论活动，用“石油精神”激励干部员工，总结香艳加油站典型做法并予以命名授牌。开展“温暖铁骑回乡路”爱心公益活动，《湖南日报》、红网及湖南都市频道广泛报道，树立湖南销售良好形象。举办第五届文化节暨足球、气排球比赛，14支代表队近260名选手参赛。

（曹爱志）

中国石油天然气股份有限公司宁夏销售分公司

【概况】 中国石油天然气股份有限公司宁夏销售分公司（简称宁夏销售）成立于1958年，前身是宁夏回族自治区石油总公司，1998年上划到集团公司，主要承担中国石油在宁夏回族自治区的成品油销售、市场开发等业务。设12个机关处室，下辖7个地市分公司、1个仓储分公司、1个非油品经营公司、1个润滑油公司、5个附属部门；员工总数3134人（合同化员工1280人、市场化用工1854人）；油库4座，总库容19.9万立方米；运营加油站310座；资产总额25.74亿元。

2016年，销售成品油186.6万吨，纯枪销量141.3万吨，吨油利润53.7元。非油品收入3.9亿元，利润0.68亿元。全年利润1.01亿元（表1）。

【营销管理】 2016年，宁夏销售面对柴油纯枪销量大幅下滑、市场份额不断下降局面，开展变思路、变机制、变措施的营销变革，研究制定《关于进一步做强做精销售业务，提升市场竞争能力的意见》，系统谋划发展目标、工作思路和推进措施。完善贴近基层和市场、快速反应市场的工作机制，下放3项用人权、6项费用使用权和5项工作处置权，增强发展的动力和活力。建立地炼及周边省区情报收集系统，实行“日跟踪、日分析、日决策”制度，提高市场竞争时效性。推进有针对性的、精准动态的纯枪价格促销策略，持续分析促销区域和促销站点销量变化，持续优化调整促销站点和促销价格、收窄降价站点数量、缩小降价站点价差，寻找最佳量效平衡点，纯枪销量稳步回升、降幅逐月收窄。改变以往与中国石化竞合关系的被动局面，利用资源优势强化竞争优势，取得纯枪价格竞争的主导权。完善批发零售一体和“油卡非润气”一体的营销运作机制，搭建一体化业务运作平台，统筹开展批发零售业务，实现直销量45.1万吨，同比增长33.8%。强化客户开发责任落实，灵活实施“一客一策、一单一策”，千方百计促销上量。紧盯“通道型”市场最主要的增量渠道，充分发挥加油卡的作用开发物流车队670家，累计消费28亿元。抓好加油站运营效率提升，扩大与银行、通信、保险8家等行业联合营销，推进34座重点汽油站的全流程诊断与优化，“双低站”治理规模扩大至58座，实现纯枪汽油销量59.2万吨，同比增长12%。

表1　宁夏销售主要经营指标

指　标	2016年	2015年
成品油销量（万吨）	186.60	188.88
汽油销量（万吨）	61.00	54.27
柴油销量（万吨）	123.1	131.6
航空煤油销量（万吨）	2.5	3.1
润滑油销量（万吨）	0.46	0.45
加油站总数（座）	310	301
油库数量（座）	4	4
库容（万立方米）	19.9	18.4
纯枪销量（万吨）	141.3	155.2
非油品收入（亿元）	3.9	3.4
非油品利润（亿元）	0.68	0.59
吨油费用（元）	362	370
资产总额（亿元）	25.74	23.8
成品油销售收入（亿元）	102	109
利润（亿元）	1.01	2.22
税费（亿元）	2.36	2.65

【非油品业务】　2016年，宁夏销售完成201座30万元以上便利店店面优化工作，完善不同类型便利店商品结构和定价机制，开展专项促销活动和营销竞赛。便利店收入2.58亿元，同比增长15.4%。百万元店增加12座、达87座。持续创新经营方式，拓展业务范围。新建12座“放心厨吧”带动家庭食品类商品收入同比增长18.2%；新建微信商城实现收入17万元；石油焦业务实现收入1436万元；体育彩票业务实现收入60万元；餐厅租赁和闲置资产租赁业务实现收入1387万元；9款自有商品正式投产上市销售。常态开展“油卡非润”一体化促销活动，深化四季主题促销、节假日促销和“10惠”品牌促销，“油非”互动提升竞争实效性。新增发卡114.3万张，记名卡比例93%，卡销比58%、同比增长5%，“油非”转换率17.4%、同比提升4%。

【投资建设】　2016年，宁夏销售改革形成责权利一体的网络开发建设机制，落实地市分公司网络开发建设主体责任，制订网络五年规划和分年度计划，强化领导力量和工作力量，配套制定专项奖惩制度，加大督察督办力度，形成网络开发建设新合力。按照“建设一批、开发一批、储备一批”思路，以及“多条腿走路、多方式开发”方法，推进网络开发与建设，完成投资1.82亿元，新建续建站15座、改扩建站7座、收购站5座、投运站9座，新增零售能力4.4万吨。为适应网络开发建设体制机制变化，修订完善投资管理和工程建设8项管理制度，有效提升合规管控水平。

【质量计量安全环保】　2016年，宁夏销售增设质量安全环保培训监督站，增加地市分公司和片区安全环保监督力量。组织内外部HSE体系审核4次，开展重大节假日和季节性安全专项检查8次，开展两级安全应急预案演练15次。投资1500万元完成8项重点隐患治理。投资1760万元完成68座加油站的油气回收装置改造。推进4座油库、90座加油站HSE标准化建设。完成全部运营站安全生产设备设施和可燃气体报警器的检测、通过第三方安全生产标准化达标审核，标本兼治保障库站安全运营。加强全环节数质量管理，加大监督检查力度，通过质量管理体系再认证审核，组织内外部质量抽检7次，合格率100%。本着“先试点、再推广”思路，推进国Ⅴ标准油品质量升级置换，确保库站油品质量合格、计量准确。通过开展“安全生产月”活动、推进库站HSE标准化建设、举办知识竞赛和安全消防演练，切实增强员工的安全生产意识。

【队伍建设】　2016年，宁夏销售修订完善《领导人员管理办法》，强化党委选人和群众推荐的高度契合，完善规范有序、公正公平的工作流程，形成任人唯贤、风清气正的用人导向，建立规范务实的选人用人制度。提拔选任政治强、懂专业、敢担当、作风正的副处级以上干部7名，80后优秀干部进入地市分公司领导班子。突出从严管理干部，强化纪律意识、规矩意识和担当意识，落实述职述廉、业绩考核、民主测评、谈心谈话、纪检审计等制度，形成全方面、多维度考核评价体系，强化考核结果应用，有力促进各级干部自我加压、自我提升。逐步建立起后备干部队伍，一批70后、80后年轻干部进入选人用人视野，被选派到关键岗位锻炼，为进一步优化干部队伍结构、提升整体素质奠定基础。改革完善人事管理制度，打破用工身份界限，进一步理顺市场化员工薪酬机制，畅通职业发展通道。

【精细化管理】 2016年，宁夏销售完成“油卡非润”一体化、非油品业务“处室+公司”、地市公司“升级版”、仓储分公司整合、招投标集中归口管理等5项体制改革。完成两级机关工作职责权限的重新定位，形成分工明确、权责清晰、执行有力、协调高效的管理格局。结合体制机制新变化，制定完善管理制度20项，修订完成新版《内控管理手册》，大力推进合规管理、管控能力和效率提升。推进信息化建设，完成加油站管理系统2.0升级、销售物流管理系统2.0升级、销售应用集成项目建设及客户关系管理系统推广，管控自动化和智能化水平进一步提升。狠抓开源节流降本增效45条措施落地，商流费总额、吨油商流费分别同比下降3.7%和2.3%。主动补货制试点成功，财务费用同比降低106.9%，运输费用同比降低70.9%。持续推进量化控制和定额管理，“五项”费用同比降低3.5%。推进体积计量交接全流程诊断与优化，加大油品运输、接卸和保管全过程管控，公路运输损耗率和铁路运输损耗率分别降低至0.06%和0.021%。围绕促销上量，创新开展“顾客在我心、服务看我行”基础管理活动，开展专题劳动竞赛，推进加油站类别评定和员工积分制管理，有力促进管理和服务水平提升。

【党工群团工作】 2016年，宁夏销售加大困难员工帮扶力度，慰问困难员工1105人次，发放慰问金163.08万元。开展金秋助学活动，为19名子女考入高等学府的困难家庭送去关怀，发放助学金4万元。开展“员工同心互助金”捐款活动，2231人捐款，筹集资金22.42万元。推进“五小”工程建设，投入建设经费8.5万元，进一步改善员工生活环境。开展员工健康检查，员工体检率100%，首次对从事油品业务员工开展职业健康检查。召开团组长联席会议3次，审议通过《科级干部离职离岗管理规定》《干部员工失职渎职责任追究暂行办法》等制度，保证职工代表充分行使民主权利。督促落实九届一次职工代表大会征集的80条意见和建议、8项提案，对征集的8项优秀提案给予奖励，激发广大员工参与企业民主管理的热情和主人翁意识。针对收入分配、劳动保护、技能鉴定等员工切身利益问题，修订完善《调整市场化用工基本月薪工资制度实施细则》《劳动防护用品管理办法》《职业技能鉴定管理办法》等制度。为558名市场化大学生建立地区补贴，建立市场化用工基本月薪工资动态调整机制，保障员工合法权益。持续推进书香库站建设，为库站一线员工配置图书4290册。开展“最美加油员”评选活动，向社会展示石油销售人崇高的职业情操和良好的精神面貌。认真做好青工工作，举办“学业务、促销售、树形象”等各类知识竞赛30余场次，切实发挥聚人心、提士气、促发展作用。

（王　倩）

中国石油天然气股份有限公司贵州销售分公司

【概况】 中国石油天然气股份有限公司贵州销售分公司（简称贵州销售）2001年成立，负责中国石油在贵州省成品油销售、市场开发工作。2016年底，有12个处室，3个直属单位，3个附属单位，10个分公司。有员工2609人。在营油库3座，总库容15.4万立方米。在营加油站271座，加油站服务网点遍及全省高速公路、国道、省道和中心城市、重点集镇。贵州销售人均劳动效率、吨油利润等指标位居销售板块前列，实现“十三五”良好开局。

2016年，销售成品油180.31万吨，纯枪销量123.21万吨，同比分别增加0.57万吨、0.02万吨。批发直销增幅高于区外公司平均20个百分点，在区外公司排名第三；实现总利润2.06亿元，吨油利润121元；非油品收入2.45亿元，非油品利润2700万元，同比分别增长24%、10%。开发加油站14座，投运18座，贡献销量2.1万吨（表1）。

【市场营销】 2016年，贵州销售协调资源计划172.6万吨，实际购进177.9万吨，其中配置兑现147.1万吨、计划完成率100.5%。外采资源30.8万吨、全年销售成品油180.31万吨，同比增加0.56万吨，增长0.3%。其中，汽油82.73万吨，同比增加5.43万吨，增长7.0%；柴油97.57万吨，同比减少4.87万吨，下降4.8%，柴汽比1.2。批发直销57.1万吨，同比增加0.4万吨，增长0.7%。按照国家成品油质量升级要求，顺利完成国Ⅴ标准油品升级置换工作。与中国石化销售有限公司贵州石油分公司签订合作框架协议，双方就资源互供、网络建设、市场维护及信息共享等方面建立合作。针对“十二五”末大型重点工程逐步完工的市场形势，积极开展市场调研，深入分析市场走势，编制《贵州省成品油市场发展趋势及批发销售应对策略》《如何在低油价时期提升地区公司竞争力》，在全国石油石化企业管理现代化创新优秀论文评比中获一等奖。

表1　贵州销售主要经营指标

指　标	2016年	2015年
成品油销量（万吨）	180.31	179.75
汽油销量（万吨）	82.73	77.3
柴油销量（万吨）	97.57	102.44
润滑油销量（万吨）	0.85	0.38
加油站总数（座）	282	278
油库数量（座）	3	2
库容（万立方米）	15.4	3.4
纯枪销量（万吨）	123.21	123.08
非油品收入（亿元）	2.45	1.94
非油品利润（亿元）	0.27	0.25
吨油费用（元）	372.04	401.81
资产总额（亿元）	38.43	40
收入（亿元）	101.27	106.76
利润（亿元）	2.06	2.9
税费（亿元）	2.2	1.42

【加油站管理】　2016年，贵州销售创新“互联网+”营销模式、强化加油站现场“6S”管理，优化零售品种结构，以汽油为重点，加大高毛利油品销售，柴汽比达0.65，汽油纯枪销量同比增长9.3%。97号汽油销量同比增长20%。提振柴油销售，采取柴油销售竞赛、开发货运车队等措施，开发大客户227个，月用油量3000多吨。加强“万吨站培育”，万吨站达23座；深入推进“双低站”“3+1”治理模式，实施目标责任制30座，实现摘帽低销站3座、低效站8座，扭亏站26座，2016年发卡9.42万张。

【储运与油库】　2016年，贵州销售调入配置资源147.1万吨。不断协调，提高互供计划量。资源互供量取得跨越式增长，扩大互供范围，追求全面优化。在原有六盘水、铜仁互供基础上，积极协调中国石化增加安顺、都匀、黔西南等互供点，进一步扩大互供范围，提高降费效果。创新互供模式，保证互供运行。2016年实现汽油资源互供零的突破，实现二次配送和仓储布局的再次优化，资源互供工作取得里程碑式成果。互供出库10万吨，同比提高9万吨，增长900%。平均配送运距缩短31千米，降低运费932万元。2016年，启用优化线路6条，组织运距复测6次，行程6000余千米，6家分公司运距减少。加强计划执行，督导运输企业建立和完善计划的执行监督机制。调控中心联合办公人员每日实时监控出库、在途、到站动态，及时掌握异常情况，及时配送，年需求满足率101%。

【非油品业务】　2016年，贵州销售制定《贵州公司便利店非油品业务管理办法》《店长操作手册》，全面规范非油品业务各环节工作流程，夯实员工基础技能。积极降本增效，非油商品库存由2016年初的5362万元降至4516万元，减少846万元，下降16%。与中粮集团、贵阳市粮食局合作，签署三方合作协议，政企协作共筑粮油安全，打造“放心粮油”示范店，“米面油”等家庭食品实现销售收入266.65万元，同比增长98%。与润滑油公司深入合作，开发毕节力帆骏马、毕节公交、安顺轿子山煤矿等机构客户，年增收1248万元，为开发机构用户积累经验。开展车辅产品销售竞赛，创新玻璃水“喷壶销售法”，车用润滑油及车辅产品完成1421.5吨，完成率295%，完成率在区外19家地区公司中排名第一，获全国昆仑之星车辅产品销售劳动竞赛优秀销售奖。2016年，非油品收入2.45亿元，同比增加0.51亿元，增长26%，完成预算的102%；实现非油品利润0.27亿元，同比增加278.05万元，增长11%，完成预算的102%。培育50万元以上优质店110座，同比增加18座。其中500万元店2座，300万元店3座，200万元店9座，100万元店43座。

【投资与工程建设】　2016年，贵州销售开发加油站14座，投运18座，贡献销量2.1万吨。重清理、强投运，集中精力解决遗留项目建设，一批进展缓慢的项目取得突破性进展，贵阳地区投运6座，盘活占用资金3.6亿元。加强与政府协调沟通，提高在贵州市场话语权，多年政府已批未建项目54座，获得政府延期建设许可。争取到贵州省“十三五”加油站规划的政策支持。毕节的项目得到政府“拆一还二”补偿。黔东南等项目位置均已落实。久长油库顺利投运，完成周转7.3次，吞吐量128万吨。强化工程管理，工作流程更加清晰，制度标准更加完善，工程设计更为科学，施工工期明显缩短，工程质量显著提高。2016年加油站新建项目开工8个、完工6个，达标改造完工5个，便利店改造装修完工30个，检维修及安全隐患整改完工86个；油库检维修及安全隐患整改2个。

【企业管理】 2016年，贵州销售强化安全管控和计量、质量管控，实现零伤亡、零污染的工作目标，没有发生数质量安全责任事故。持续推进损耗治理，公路运输综合损耗量同比下降15%，降费150多万元。深入开展开源节流、降本增效活动，商流费、铁路变更运费、仓储费、非生产费用支出同比持续减少，2016年累计增效近亿元，超额完成股份公司下达任务。预算管理有保有压，安排预算外费用2300余万元，解决生产经营中出现的新问题。推动资产轻量化，折旧折耗较预算减少600万元，缓解后续经营压力。加强税务管理，落实“营改增”工作，全年降费明显。明确公司两级财务管理职责，“三集中”工作平稳运行，管控更加有力。强化人工成本管理，在销量增加、投运库站数增多的情况下，员工总量同比减少95人，减少成本支出517万元。积极推进信息化建设，探索智慧加油站“互联网+”微信平台建设，实现微信及支付宝支付功能在加油站的全覆盖，2016年交易额750万元。强化内控体系建设，开展内控测试，风险管控能力不断提升。集中解决一批纠纷案件，2016年结案8起，案件胜诉率87%，维护合法权益。

【质量计量安全环保】 2016年，贵州销售严格执行考核标准，加强过程性指标和结果性指标考核，有力推动安全环保责任落实，实现全年一般C级及以上责任事故为零的工作目标。持续开展审核检查，推动安全环保责任落实，全年共开展2次HSE管理体系综合审核、1次冬季安全生产大检查、5次施工安全专项检查、2次防汛安全检查、1次节前安全检查和其他日常安全检查。审核检查覆盖10个分公司机关，贵阳、遵义、久长3座油库，106座在营加油站及19个施工工地。2016年，按照集团公司《基层站队HSE标准化建设工作实施意见》，结合国家安全生产标准化工作要求和贵州销售基层工作实际，启动第一批基层库站HSE标准化建设工作。82座参评库站在2016年底验收工作中，有24座库站符合HSE标准化站队企业级达标要求，有58座加油站符合HSE标准化站队二级单位级达标要求。2016年，质量计量监测中心接收外采油品169批次，合格率100%，同期合格率提高1.56%；检测代储油库抽送检油样329样次；加油站油品抽送检942样次。2016年，各环节损耗4640吨，同比降低610吨，下降11.6%。其中零售环节损耗量约为2630吨，同比上升530吨，增长24.88%；公路运输损耗量为1665吨，同比降低341吨，下降17%；铁路运输损耗量为2285吨，同比降低388吨，下降14.52%；仓储环节代储油库损耗量为183吨，同比降低540吨，下降74.69%。

【信息化建设】 2016年，贵州销售加油站管理系统2.0、客户关系管理系统、协同办公系统、物流2.0系统、销售ERP应用集成项目和决策支持系统上线运行。新增10座加油站系统部署上线，系统上线率100%，新增17座卡机站部署，38座加油站完成WIN7系统设备更换。系统液位仪正常使用率99%以上，脱机加油占比控制在0.1%以下，五大统建系统考核平均分值保持在99分以上，平均排名位居销售板块前五。深化微信平台应用，通过平台开展各类优惠及主题宣传活动20多次，在营加油站全部开通微信支付功能，2016年累计发生交易3万多笔，交易金额737万元。9个地市二级监控中心顺利实施，2016年新增15座站高清视频监控部署，完成50站次视频监控维修，远程接入率同比提升10%，三级视频监控集成管控稳步推进。积极与线路运营商协调，在费用同比下降的情况下，地市公司和加油站网络线路带宽全部提高一倍，网络故障率同比下降13.5%，网络稳定持续加强。完成移动应用平台系统推广工作，完成请销假系统自主开发，系统应用得到进一步扩展和提升。2016年处理运维事件5726起，保障182次视频会议顺利召开，完成87个VPN用户申请，发放身份认证USBkey 65个，邮件账户申请121人次，搭建门户网站专栏3个。

【党群工作】 2016年，贵州销售按照“四好”班子创建要求，深入学习贯彻习近平总书记系列重要讲话精神，扎实开展“两学一做”学习教育。以“忠诚、干净、担当”为导向，健全领导班子和领导干部考核评价体系。班子严格执行“三重一大”决策制度和民主生活会制度。严格执行中央八项规定和反“四风”要求，针对集团公司巡视发现的问题，公司领导班子自查自纠，落实整改。班子成员率先垂范，务实清廉，作风形象进一步提升。坚持“两手抓、两不误、两促进”，全面开展“两学一做”学习教育。各级党组织圆满完成换届工作。加强党内监督，完成5家地市公司巡视工作，公司干部队伍呈现风清气正、依法合规的新常态。扎实推进干部作风建设，16项转变作风制度、办法得到有效落实。3名干部得到提拔任用，6名干部异地交流。采取“请进来、送出去”培训方式，1人被选送到集团公司青年干部培训班学习，70多人次参加上级组织的各类培训，提高干部专业素质和理论素养。29名专业干部职称得到晋升。4名站经理取得技师资格；1名站经理选评为非油品销售专家；100名加油站经理在贵州省青年职业技能大赛暨加油站经理人服务技能竞赛中同台竞技，取得骄人成绩。在销售分公司第二届加油站经理论坛上，1人获“十大感动人物”，3人分获百名功勋站经理、百名明星站经理。在集团公司年度创先争优评比中，站经理李光梅、王小静分别获“集团公司劳动模范”“十大模范加油站经理”称号。广泛开展技能鉴定，一线员工260多人通过技能鉴定，鉴定合格率70.4%，同比提高16个百分点。积极向上级争取政策，增加工资总额，解决一线员工工资待遇偏低问题，一线员工收入同比增长8%；积极向政府部门申请稳岗补贴102万元，全部发放给一线边远艰苦库站员工。密切党群关系，多形式关爱困难员工，2016年慰问困难员工786人次，发放慰问金86万元，发放困难补助和互助金13万元。发挥工团组织优势，完善困难员工帮扶机制，深入开展创先争优活动和劳动竞赛，帮助青年员工在“青字号”创建中得到全面发展，获省“五星级”工会等10多项省部级荣誉。首次将加油站经理人服务技能竞赛提升到贵州省层面，取得较好成效。

（张　羽）

中国石油天然气股份有限公司山西销售分公司

【概况】 中国石油天然气股份有限公司山西销售分公司（简称山西销售）2000年9月组建成立，负责中国石油在山西地区成品油批发、零售、储运和网络开发建设，以及便利店、化工产品等非油品销售业务。截至2016年底，设14个职能处室、11家地市公司、1家控股公司，在册员工3825人，资产总额40.31亿元；经营管理油库9座（含在建1座），总库容25.1万立方米；运营加油站483座。2016年销售成品油151.40万吨，其中纯枪销量93.09万吨，直批销量58.31万吨，成品油销量占山西省成品油市场份额的24%；非油品销售收入1.81亿元，非油品利润0.11亿元；营业收入78.04亿元，利润0.11亿元、同比增加6.87亿元，4年来首次实现盈利（表1）。成立以来累计上缴税金15.4亿元。

【市场营销】 2016年，山西销售坚持以效为先，把握量效平衡，强化内部管理，破解发展难题，结束连续32个月亏损局面，4年来首次扭亏为盈。组建成立营销一体化工作小组，对销售和毛利实行“日监测、旬预报、月分析”。从5月开始实现单月盈利，5—12月累计盈利2.16亿元。结合市场走势稳价推价，改善市场价格秩序。优化零售促销支出结构，减少价格直降和卡折扣。零售价格到位率由3月的89%提升至12月的95%；直销价格到位率由3月的78%上升到年底的97%。主抓汽油零售创效，保持纯枪销量稳定。太原分公司2016年纯枪销售汽油20.9万吨，创效8949万元。突出非油品创效，激活新的效益增长点。按照调结构、降库存、堵漏洞、增效益的要求，优化非油品管理，与55家统采供应商签订实销实结协议，推进“车享家”汽车服务业务，2015年实现非油品利润1127万元。

表1　山西销售主要经营指标

指　标	2016年	2015年
成品油销量（万吨）	151.40	168.04
汽油销量（万吨）	59.62	62.52
柴油销量（万吨）	91.78	105.53
纯枪销量（万吨）	93.09	103.94
非油品收入（亿元）	1.81	1.66
非油品利润（亿元）	0.11	0.14
吨油费用（元）	476.49	452.61
资产总额（亿元）	40.31	46.92
收入（亿元）	78.04	92.43
利润（亿元）	0.11	–6.76
税费（亿元）	2.09	1.10

【合资合作】 2016年，山西销售倡导“开门经商”，营造有利于公司发展的良好环境。与中国供销石油有限公司在阳泉、忻州、大同地区就48座“双低站”

签订委托经营合作协议，在阳泉地区正式运营。与国新能源山西省属国有企业等企业达成加油加气站合作意向，网络低成本开发模式初步成型。与银行、保险、电信等行业开展异业合作，太原、晋中等地市公司开展“翼支付”“最红星期五”等联合促销，实现客户资源共享。与山西省商务厅、工商局、安监局等建立日常沟通联系机制。与高速公路管理局沟通降低租金300万元。配合政府打击“三黑”窝点、劣质油品销售，净化市场环境，太原地区率先实行国Ⅴ标准油品优质优价。强化内部沟通衔接，实现外采资源26.2万吨。新增工资总额1059万元，同比增长6.7%。

【规范管理】 2016年，山西销售坚持问题导向，找准关键环节，在降库存、补漏洞、减负效、降费用、稳运行上取得实效。推行低库存运作，成品油库存从峰值的19.6万吨降低到常态的11万吨左右，非油品商品库存下降3600万元。及时清理应收账款，应收账款从峰值的2.1亿元下降至年底的216万元；银行账户数量较2016年初减少79个。深化信息化管理，加油站脱机销售率由0.45%降至0.04%，液位仪数据上传率由85%上升到98%。大宗物资招标采购率100%，完成在建工程转资项目403个、1.82亿元。退租增量无望的“双低站”7座，退租油库3座、库容7.5万立方米。开展票据贴现和背书，节约财务费用961万元。落实“党政同责、一岗双责、齐抓共管、失职追责”，深化HSE量化审核，整改审核发现问题370项。安全检查发现问题1037项，投入整改资金1421万元，整改落实1020项，整改完成率98.4%。开展HSE履职能力评估和应急演练，2500多人接受评估测试；组织应急演练4420次。从严外采油品质量管控，未发生质量安全事故。

【改革创新】 2016年，山西销售精简优化组织机构。撤销仓储分公司、培训中心、数质量管理中心和物资采购中心，将对应职能分别纳入到物流管理处、人事处、质量安全环保处和企管法规处。开展干部交流。按照干部管理规定，30名中层干部进行跨地区、跨业务、跨部门交流。公开竞聘，选贤任能。坚持德才兼备、以德为先的原则，内部提拔使用8人，面向集团公开选聘副处长4人；推广公开竞聘上岗，太原、晋中、长治等5家分公司25座加油站开展站经理竞聘；启动后备人才储备库建设，149人入选。优化用工管理。建立油库“大班组”运行机制，玉门沟油库、侯马油库分流转岗员工40名；清理在册不在岗人员41人，2016年实现控员461人。强化奖惩激励。按照“激励为主，奖惩并重”的原则，实施多项扩销创效激励政策，发放专项奖金675万元；薪酬向基层一线倾斜，加油站、油库员工平均收入分别增长11%、7%。

【党群工作】 2016年，山西销售坚持党要管党、从严治党，主抓思想建党和组织建党。开展“两学一做”学习教育和“重塑中国石油良好形象”大讨论活动，加强基层党组织建设，12家基层党组织完成换届选举。强化监督执纪，依规给予11人次党纪政纪处分和组织处理，厘清历史责任，树立风清气正、崇廉尚实的风气。结合干部员工实际，强化“责任担当、经营创效、开拓创新、团结协作、纪律规矩”5种意识，开展“转观念、强作风、提效能”为主题的机关作风建设活动，机关干部员工92人深入基层锻炼。为站经理和油库管理岗员工共计436人建立并缴纳住房公积金，提高全员体检标准，帮扶困难人员343人次，发放帮扶资金77.6万元。建立完善督办通报制度，督办各类事项242条，完成率90%以上。对业务运行、欠款清理、超投资建设实行考核，队伍执行力改善。

（潘治创）

中国石油天然气股份有限公司青海销售分公司

【概况】 中国石油天然气股份有限公司青海销售分公司（简称青海销售）成立于1954年，是青海省成品油流通领域的主渠道，承担着保障青海省汽油、柴油、煤油、润滑油等稳定供应的责任。2016年底，有员工2679人，职能处室12个，二级单位10个。资产型加油站236座，油库4座，总库容21.6万立方米，资产总额28.89亿元（表1）。

2016年，主动适应企业发展新业态，重点开展抓业务、提效益，抓网点、补短板，抓基础、防风险，抓改革、促发展，抓队伍、树形象等工作，保持稳健发展的良好势头。完成销售总量168.5万吨，实现账面利润4089万元，上缴各类税费2.04亿元，继续保持青海省上缴税收大户地位，为青海省地方经济建设做出积极贡献。

表 1　青海销售主要经营指标

指　标	2016 年	2015 年
成品油销售（万吨）	167.29	165.63
汽油销售（万吨）	59.78	50.96
柴油销售（万吨）	107.51	114.67
润滑油销售（万吨）	0.35	0.33
加油站总数（座）	236	228
油库数量（座）	4	4
库容（万立方米）	21.6	21.6
纯枪销量（万吨）	118.85	111.66
非油品收入（亿元）	1.63	1.32
非油品利润（亿元）	0.16	0.14
吨油费用（元）	350.36	349.59
资产总额（亿元）	28.89	27.36
收入（亿元）	94.73	96.57
利润（亿元）	0.41	0.42
税费（亿元）	2.04	1.58

【资源调配】 2016 年，青海销售坚持“批零调”一体化运作，配置计划完成率 100%，获销售板块激励政策奖励 1.39 亿元。统筹铁路、管输、地付三种资源，建立配送渠道互补机制。与运输公司合署办公，建立配送管理联动机制。优化相邻油库品号结构，建立互保双赢调控机制。采取“一站一库”措施，2016 年完成配送量 118 万吨，同比增加 13 万吨，剔除运价上调和直销配送运费因素，运输费用同比下降 580 万元。采取“以库定价”“分区定价”一系列差异化营销举措，丰富客户消费体验，提升客户服务水平。

【市场营销】 2016 年，青海销售构建“捆绑发展、跨界营销、互为平台”客户关系，推进“框架合作”“一票结算”等定制化策略，直销终端客户销量占比同比提升 12 个百分点。优化完善客户经理人薪酬激励机制，实现由销量考核向量效同步考核转变，由油品单项考核向“油卡非润”多维度考核转变，切实推进客户经理人由“卖油郎”向营销经理转变。客户经理实现油品销售 35.2 万吨，加油卡充值 1.58 亿元，非油品团购 105 万元，销售润滑油 273 吨。积极推动青海省政府开展成品油专项整治，打击无照经营、违法经营、销售劣质油品等行为，净化市场环境。

【加油站管理】 2016 年，青海销售强化零售主体地位，持续完善加油站营销平台功能，纯枪销售取得骄人业绩，零售占比提升 9 个百分点，创效能力进一步增强。全面实施现有加油站提量工程，“因站施策”“一站一策”，采取绿岛建设、罩棚整改、场地划线、亮化美化、品号优化、进出口拓宽、两枪机更换四枪机等措施，实现治理站岛机匹配、机枪匹配、枪量匹配和品号匹配，终端运行效率大幅提高。重点跟进的环湖及门源祁连沿线加油站提量工程成效显著，通过增设绿岛，加油机品号优化，两枪机更换四枪机等措施，既缓解排队等候，又创造经济效益。增设绿岛的 5 座加油站同比增幅均在 14% 以上，汇源加油站增量 6804 吨，相当于新增 1 座高销高效站，收到“小投入、大收益”良好效果。广泛开展“品牌 +”跨界营销，为客户提供全方位一站式充值及加油服务。联合发行“丝绸之路自驾游护照”，实施购车险送加油卡，购新车办卡加“第一箱油”等增值服务活动，2016 年融入外部促销资源 619 万元，新增发卡 9142 张。西宁公司推行“油站 + 司机 + 农户”营销模式，获第二届加油站经理论坛营销金点子奖。开展四季主题和“10 惠”品牌促销，通过充值赠送、消费优惠购、微信充值送积分等一系列活动，加油卡沉淀资金 4.9 亿元、线上客户量 7.5 万个、网上充值 6078 万元。分线路、分品种、分区域、分季节开展加油卡精准营销，打破普惠制度，使长期亏损的果洛分公司盈利 255 万元。有序推进“3+1”治理模式，16 座“双低站”摘帽，11 座负效站扭亏，47 座“双低站”销量同比增长 9000 吨，税前利润同比增加 522 万元。着力挖掘培育站增量创效潜力，139 座加油站完成培育目标，销量同比增加 6.8 万吨，达日加油站成为果洛分公司首座万吨站。

【非油品业务】 2016 年，青海销售研发“青天润”“昆仑缘”自有品牌商品，6 个青藏特色单品 2016 年 9 月上市，取得良好销售业绩，非油品业务实现销售自有品牌的实质性跨越。组织“昆仑之星”车辅产品劳动竞赛，铺货率在销售板块居于前三名，通过异业联盟、同业合作等方式，吸引客户进站消费，实现销售 1852 万元，同比增长 30%。试点推广柴油尾气净化液橇装设备，用“商人思维”和“赚钱意识”拓展非油品业务，增加快递、彩票、票务代售、广告业务等创收项目，“油非”转换率 6%，同比增长 26.2%。“开口营销”“手绘海报”大赛成为宣传加油站亮丽名片，非油品店销同比增长 14%，升级改造的 66 座便利店销售收入同比增长30%。玉珠峰加油站创下非油品日销1.6万元、非油品收入同比增长94%的好成绩。黄南、果洛、玉树和湟源分公司分别完成非油品计划的120%、119%、118%和113%。

【网络建设】 2016年，青海销售与青海省交通一卡通公司签订合作经营协议，一次性签约66座高速公路加油站项目。同时，在部分未设置服务区的高速公路沿线，开发西宁南绕城高速公路海东段等3对高效网点，为公司“十三五”网络开发目标的实现奠定坚实基础。加大协调力度，在政府规划安置中争取主动，通过恢复、迁建、置换等方式，盘活关停加油站10座，收到“以一换多”、低成本开发效果。与青海东部中油燃气有限公司合作，将对方1座加气站升级为油气混合站。与青海贝正实业有限公司3座站合作经营。与北京福吉长安防爆材料盐城有限责任公司共同开发的2座绿岛加油站完成建设。理顺投资管理体制，成立投资项目发展部，设8个项目部，强化责任落实，加大开发力度，做到逢站必争、有站必拿。明确建设项目优先由系统内入围单位承担，进一步规范投资管理行为。2016年新开发加油站30座，储备41座，新投运25座。完成京藏高速服务区K1791等23座新建、关停、租赁站的建设。完成改扩建及罐区一体化项目6座，油气回收项目8座。完成格尔木、德令哈、多巴油库安全隐患整改项目。

【企业管理】 2016年，青海销售全面落实降费增效6个方面22条具体措施，统一会计核算口径，严格审核收入、支出和成本费用，超额完成“提质增效”和预算利润两个目标。严格落实“营改增”政策，严把费用、投资项目发票审核关，增加进项税抵扣700万元。落实“稳岗补贴”政策，与政府部门沟通，争取补贴近150万元。持续强化库站安全管理，不断夯实安全基础，争取土地使用税减免379万元。扩销增量，争取政府社会零售品消费额增长贡献奖励260万元。完成工程建设、物资采购、服务采购、内外部招标及商务谈判项目74项，节约预算资金1364万元。4宗闲置资产创效539万元，完成股份公司年度闲置土地资产盘活任务目标的108%。按时完成财务“三集中”工作，有效提高资金运行和财务工作效率，青海销售连续2年获集团公司财务报告二等奖。对财务管理、物资采购、工程建设、产品销售等重要业务领域的139个流程266个关键控制点进行测试优化，提升内控执行力。完成合同系统与ERP2.0对接，杜绝线下合同及事后合同，控制交易风险。开展油品销售、加油卡管理、物资采购、工程项目招投标等专项检查，完成在建工程、项目结算、离任及任中经济责任等8个专项审计，强化合规管理。公开处理湟源分公司私设小金库典型案件，体现打击违规违纪行为的坚强决心。完成销售ERP应用集成系统、加油站管理系统、客户关系管理系统等的升级与建设，为主营业务发展搭建强大的信息系统平台。贯彻国家“双创”政策，争取地方支持，按照“稳一线、控二线、降三线”原则，实施解除劳动关系、停薪留职、提前退休、提前离岗等分流机制，先后有92人提前进入社保，98人提前离岗，11人解除劳动关系。改进选拔任用方式，规范动议提名，改进考察推荐，扎实履行“凡提必审、凡提必核、凡提必听、凡提必查”等30个组织程序，加大优秀年轻干部培养选拔力度，新任用的10名副处级以上干部，平均年龄38.5岁，比中层干部平均年龄小7.7岁。建立机关基层双向交流机制，通过组织推荐、层层选拔，19名年轻干部和基层骨干得到新岗位锻炼。修订出台业务外包指导意见，探索试点六类业务外包定额管理数据模型，为持续发展提供实践和理论依据。

【安全质量】 2016年，青海销售牢固树立红线意识和底线思维，突出责任落实，突出严抓严管，突出风险防控，实现全年“四个为零”目标，连续15年获全国“安康杯”竞赛优胜企业。采取“日常检查抓隐患，体系审核查隐患，建立台账消隐患”工作模式，全年投入隐患整改资金3280万元，集中消除一批重大隐患。建立两级公司与政府部门联防联控机制，提升特殊敏感时期应急响应能力。开展专项应急预案演练870多次，提高库站员工突发事件应急处置能力。加强玉树、海西、格尔木、西宁4个应急物资储备点建设，增强抗自然灾害、防恐处置能力。加强油品出入库检验和到站验收，2016年抽检油品664批次，检验合格率100%。质量体系建设不断提升，顺利完成并通过质量体系再认证审核工作。

【队伍建设】 2016年，青海销售制定出台公司《领导干部管理办法》《领导干部选拔任用工作规范》，着力发挥考核评价在鉴别优劣、决定去留中的重要作用。交流调整的25名处级助理级以上干部均严格履行组织程序，充分体现干部选拔任用工作的公信度。成功举办首届处、科级后备干部培训班，2期科级干部、业务骨干和加油站经理素质能力培训班，2个批次处级干部能力提升培训班，2个批次总会专业素质培训班和全体处级干部信息系统培训班，选送2名优秀青年员工攻读集团公司专业技术骨干在职研究生。按月跟踪一级、二级培训计划进度，年度职业技能鉴定通过率同比提高9.6%。薛瑞瑞等4人通过销售板块加油站操作员技师鉴定，孙玲玲成为销售公司首位高级技师。始终将先进典型选树作为重塑企业形象、弘扬“石油精神”的重要方式，杜晓琴获青海省第19届“青年五四奖章”，薛琳娜获“全国青年岗位能手”和第二届加油站经理论坛二等奖。成功举办首届“十大金牌加油员”“十大银牌加油员”及“十佳复转军人”“优秀复转军人”评选活动，形成“比学赶帮超”的良好局面。

【党建工作】 2016年，青海销售班子成员带头讲授专题教育党课，在公司上下形成学党章党规、学系列讲话、做合格党员，弘扬优良传统，重塑中国石油良好形象的浓烈氛围。举办全面从严治党专题讲座，开展全体党员“亮身份、亮职责、亮承诺、当先锋、塑形象”主题实践活动，持续净化党内政治生态，加强权力监督，从严治党管党措施更加具体、制度更加严格。组织召开第二次党员代表大会，明确今后一个时期党建工作指导思想、目标和任务，选举新一届党委委员和纪委委员，进一步完善健康体检、疗养机制，保障员工的身心健康。经过不懈努力，安居项目进入平稳收官阶段，部分员工喜迁新居。投入240万元资金关心关怀离退休老同志、低收入家庭，使困难员工家庭有更多获得感。组织304名离退休员工赴玉门油田参观考察，重温中国石油创业初期的艰难岁月。

【油品升级】 2016年，青海销售率先响应国家第五阶段机动车污染物排放标准油要求，自2016年11月启动国Ⅴ标准油品青海省升级工作，确保80%的加油站提前近20天置换完毕，其余20%的加油站在2016年底前完成国Ⅴ标准汽油、柴油升级置换，为保证客户在第一时间购买到更加清洁环保的国Ⅴ标准油品提供坚实保障。在做好企业内部升级置换工作的同时，协助政府推进整个市场的油品升级工作，针对社会经营单位贪图一时效益推迟升级的情况，主动联合政府进行市场整顿，既保障消费者的利益，又为改善区域环境、促进绿色发展，守护青海省蓝天碧水青山履行企业职责，展现负责任的中央企业形象。

【灾害应对】 2016年1月，青藏高原迎来西伯利亚“霸王级”寒潮。1月21日，门源县发生6.4级地震，青海销售第一时间启动应急预案，紧急调运112吨油品、8顶帐篷运抵灾区，坚定践行“山塌路陷油不断、保供责任大于天”的责任和使命。3—4月，青海省普降大雪，大部分地区迎来大到暴雪，最高气温降至3—5摄氏度，最低气温降至零下12摄氏度左右。G109线、S202线、G214线、G227线等多条线路青海省段路面结冰，多次实行交通管制。针对恶劣天气状况，加油站员工及时清扫站内积雪，保障供应。并用小推车给行车受阻司机送去热开水、方便面、火腿肠等。与各二级单位时刻保持信息渠道畅通，各职能部门密切关注加油站油品、非油品库存，对加油站运转实行24小时监测，确保不脱销、不断档。8月，青海省大部地区连降大雨，黄南分公司河南、同德等加油站，海西分公司柯柯、饮马峡等加油站，湟源分公司汇源、东关等加油站遭遇暴雨、泥石流袭击，油站受损，加油受阻，暴雨中干部员工奋力抗洪，雨停后及时清除积水、淤泥，以最快速度恢复加油站运营。

【精准扶贫】 2016年，青海销售落实地方政府精准扶贫工作，先后选派3批共8名干部组成驻村工作队到海西柯柯镇、玉树拉日村、海东帮岭村等进行挂职，与帮扶村的农牧民群众同吃同劳动，挨家挨户走访调研，实地研究商讨脱贫致富路子，为贫困村申请旅游、异地搬迁、道路硬化、打井取水和危房改造项目，成立畜牧养殖专业合作社，建设村集体商铺和办公场所，打造联户经营模式，开展“一对一”帮扶，支助贫困学生等，争取政府扶贫项目资金近500万元，青海销售投入产业项目扶贫资金100余万元。6月21—29日，驻村工作队借助集团公司组织的由网络名人、评论家、影视导演组成的“行走石油”主题采风团走进青海销售的机会，邀请采风团到帮扶村开展采访宣传和捐款捐物活动，用名人影响力关心关注精准扶贫工作。一年的精准扶贫工作得到地方政府和农牧民群众的赞扬和认可，青海销售先后获“青海省精准扶贫先进单位”“玉树州精准扶贫先进单位”称号。驻村干部才仁吉藏和石振华分别获“青海省精准扶贫先进个人”和“民和县精准扶贫先进个人”称号。驻村第一书记和驻村干部在2016年年度考评中均被评为“优秀”。

（李　倩）

中国石油天然气股份有限公司江西销售分公司

【概况】 中国石油天然气股份有限公司江西销售分公司（简称江西销售）于2002年3月成立，并于2002年10月正式营运。主营成品油批发和零售业务。设12个机关处室、2个临时机构、3个附属中心，在南昌、九江、新余、鹰潭、抚州、宜春、吉安、萍乡、上饶、景德镇、赣州等11个地市设二级分销公司，并设仓储分公司。截至2016年底，累计开发加油站345座，投运加油站275座。2016年，有员工1900人，有油库8座（全资油库3座，租赁油库5座），资产总额36.29亿元。

2016年，江西销售实现账面利润1388万元，完成预算463%，成功扭转连续9年亏损的不利局面，实现从亏损2亿元到全面盈利的历史性跨越，并首次实现自由现金流为正。2016年，绩效考核继续保持B类水平。

【市场营销】 2016年，江西销售成立业务运作中心，强化购销存一体化运行。优化非油品管理机制，成立非油品业务处和非油品公司，完善"油卡非润"一体化营销，促进各项业务整体协调发展。全年实现油品总销量137.7万吨，同比增长6%，创历史新高；直批68.1万吨，增长4%；纯枪销量69.6万吨，增长9%，其中汽油纯枪销量39.2万吨，增长21%；非油品业务实现销售收入1.17亿元，利润1360万元，同比分别增长37%和64%。

【投资建设】 2016年，江西销售坚持把网络开发作为"生命工程"，强力打造黄金终端，着力优化营销网络，新开发加油站14座，投运加油站13座，新增年可研零售能力12.4万吨。持续攻坚制约发展的瓶颈，攻克铁路、土地等关键环节，宜春油库项目艰难落地。打造示范站14座，培育优质便利店38座，打造厨房工程、烟草专柜26座，企业品牌形象、竞争能力得到有力彰显。

【精细管控】 2016年，江西销售突出关键环节监管，全力应对风险，实现安全环保、数质量、资金安全零事故的目标。成立协调服务中心和工作督导中心，运转效率、管理效能稳步提升。财务管理实现"三集中"，管控能力持续增强。信息化建设取得新进展，顺利完成加油站管理、物流系统升级，全面实现互联网支付。突出合规管理，强化合同事前管理，法律风险得到有效防范；强化制度建设和流程梳理，完善人事、财务、业务等制度26项。

【经营管理】 2016年，江西销售持续深化开源节流降本增效工作，为公司经营目标的实现奠定扎实基础。强化资源精组掌控，外采资源吨油降本1189元。推进资源互供串换，加大外采资源直达，节约物流费用1387万元。深化损耗管理，公路运输损耗同比降低0.8个千分点。推行集中采购和工程清单招标，节约成本469万元，招标节约率6.1%。加大商票支付力度，降低刷卡费率，节约财务费用471万元。强化税务统筹，节约税费323万元。合理使用安保基金理赔，节约资金170万元。严控"五项"费用支出，同比减少112万元。

【党建工作】 2016年，江西销售制定党建及思想政治工作"十三五"规划，制定"两个责任"实施细则，完善"三重一大"实施细则，实现从严治党管党。逐级推行干部挂点帮扶，深入开展"两学一做"学习教育，大力践行"党员一面旗，带头增效益"，党员干部先锋模范作用充分彰显。圆满完成鄱阳湖抗洪抢险任务，诠释石油精神丰富内涵，展现石油人忠诚奉献、勇于担当的优良作风。

【民生改善】 2016年，江西销售以优异业绩为基础，极力争取政策支持，有力保障员工收入持续增长。在经营压力大的情况下，加大投入，两级机关办公环境持续改善。为68座小站配备厨师，改善280余名基层员工生活条件。积极开展扶贫帮困，发放大病救助、金秋助学、节日慰问金50余万元。

（严国平）

中国石油天然气股份有限公司天津销售分公司

【概况】 中国石油天然气股份有限公司天津销售分公司（简称天津销售）主要负责中国石油在天津市的成品油仓储与销售、油库和加油站管理、库站网络建设，同时兼营燃料油、天然气、润滑油及其他非油品销售业务。采用两级管理体制，设14个职能处室、8个分公司、7个股权企业（不含控股、参股加油站）。天津销售员工总数2404人，总资产额24.47亿元，有油库5座，总库容22.94万立方米，投运加油站212座。

2016年，市场形势严峻，天津销售抓经营、强管理，完成直炼、销量、利润三大目标，实现扭亏脱困。全年销售成品油114.94万吨，同比减少7.55%；天然气472.3万立方米，同比增加28.59%；非油品收入0.95亿元，同比增加10.47%；非油品利润0.13亿元，同比增加8.33%；全年收入56.72亿元，同比减少17.52%；利润总额0.13亿元，同比增加103.67%；税费1.3亿元，同比增加134.12%（表1）。质量、计量和安全环保事故为零。

表1　天津销售主要经营指标

指　标	2016年	2015年
成品油销量（万吨）	114.94	124.33
汽油销量（万吨）	37.57	42.19
柴油销量（万吨）	77.37	82.14
纯枪销量（万吨）	53.9	54.37
天然气（万立方米）	472.3	367.3
非油品收入（亿元）	0.95	0.86
非油品利润（亿元）	0.13	0.12
收入（亿元）	56.72	68.77
利润（亿元）	0.13	–3.54
税费（亿元）	1.30	0.56

【市场营销】 2016年，天津销售顺应市场规律，把握政策导向，坚持算大账，打破成本约束，实现总体效益最大化。响应销售板块扩销政策，加大对分公司扩销奖励力度，按照市场原则，确定股权企业结算价格，调动分公司和股权企业销售积极性；通过稳价和缓慢降价等措施，控制批发亏损，直批创效1.05亿元。优化资源运作，把控购进节奏，采购高品质柴油8.7万吨，外采18.8万吨，2016年节约购进成本2.25亿元。坚持低库存运行，月末库存同比下降1.5万吨，甩掉高库存、高成本包袱，赢得市场主动权。制定灵活价格策略，对大单客户实行“一单一议”，以价格锁定客户；对零星终端客户，实行送货上门，以服务锁定客户。2016年新增机构用户121个，直批量完成预算的108%。下放定价权限，实行“一站一策、一线一策、一片一策”价格策略，实现量价组合最优。与中国石化京津冀地区建立协调机制，与河北销售、辽宁销售开展联合营销，实现合作共赢。

【零售管理】 2016年，天津销售以客户为中心，以加油卡为媒介，发挥线上、线下平台优势，实现油非整体效益最大化。主打加油站“10惠”品牌促销，灵活搭配非油礼品，通过开口营销、海报、微信等方式，扩大宣传，营造氛围，实现“油卡非”共同促进。开展“平安一路行”“最红星期五”“砸金蛋”等多样化促销，通过月末返利、阶梯优惠等措施，锁定客户，纯枪销量超预算6000多吨。搭建微信平台，打造厨房工程，大力推广武夷山矿泉水、香烟等主打商品和昆仑系列自有商品，2016年非油品收入、利润、昆仑润滑油及车辅产品收入同比分别提高10.4%、9.3%和106%，武夷山矿泉水全年销售90万元，销售板块排名第四。全面优化非油品业务，商品品类减少一半，降库102万元，5座便利店改造后销量同比增加17%。

【投资建设】 2016年，天津销售以效益为中心，多措并举，突出和谐发展，优化网络布局。守住拆迁还建底线，确保存量站点不丢失。京翔加油站实现“拆一还二”目标；龙腾、建国、为民加油站按土地面积同比例置换；江河源加油站初步落实还迁点。加大新站点开发力度，以起拍价拿下1座油气混合站点，3座加油站增设加气设施通过立项备案。清理在建项目27个，转资3500万元，金驼、中津、中生、渤海路和泰华路等5座加油站的历史性难题取得突破。统筹制订双层罐改造方案，成立领导小组和现场指挥部，完成20座加油站改造任务。开展应用创新，研发新型加油系统，完成专利申报，在逸仙园加油站进行试点，并根据试点情况逐步优化。幸福路加油站选用脚踏式门挡，美观、便捷，在天津销售推广应用。

【安全质量计量】 2016年，天津销售以质量和HSE体系建设为主线，坚持从严管理，筑牢风险防控基础。编制《库站精细化管理手册》和《施工管理手册》，开展体系量化审核，发现问题480项，整改478项，整改率99.58%。以库站标准化建设为抓手，召开现场会，打造示范站，运行库站基本实现制度、现场、服务三个标准化。实行设备设施统一管理，强化安全预警管理，2016年发布安全警示11期、预警50次。加大技防投入，打造综合调度指挥平台和安防监控平台，受到天津市市长王东峰的好评。加强油品质量、计量管理，对外采油品升级管理，国家部门、集团公司和销售板块抽检全部合格。深化损耗治理，公路运输综合差量率降至0.37‰，同比下降0.13‰，全年未发生油品质量、计量纠纷事件。

【精细化管理】 2016年，天津销售坚持问题导向，深入推进精细化管理，管理提升迈出实质性步伐。突出对标分析和专题分析，建立"量价效分析模型"。强化财务、业务融合，建立业务归口管理、财务统筹平衡的预算管理模式。开展控本降费，商流费同比下降8.5%，运费同比下降58%，"五项"费用同比下降15%。狠抓服务质量，修订投诉管理办法，实行三级追责，遏制投诉高发势头。实现连续114天零投诉。完成销售ERP应用集成和加油站管理2.0、物流管理2.0等系统建设，提高运行效率。狠抓液位仪应用、严控脱机加油，提高信息系统考核针对性。开展机关对口服务基层工作，解决实际问题27项。两级机关下站劳动112次，推行办公室标准化管理，开展"光盘行动"。开展创先争优，组织会计知识大赛，获集团公司优秀党课一等奖和新媒体大赛一等奖。

【精神文明建设】 2016年，天津销售以全面从严治党为主线，以"两学一做"学习教育为载体，严肃党风党纪。坚持民主集中制，完善"三重一大"决策制度，规范决策程序。加强党的组织建设和两级班子建设，召开第一届党代会，完成各级党组织换届工作。认真落实"两个责任"，严守八项规定，狠抓"四风"问题，组织处理2人，诫勉谈话7人。通过集团公司管理层测试和财务报告测试，对照集团公司巡视和原总经理离任审计情况，进行专项整改落实。组织中层干部培训，组建青年预备役，举办秋季运动会，组织26名青年骨干到山东销售挂职交流，开展职业技能鉴定，畅通一线员工职业生涯通道。

（齐国良　齐晓芳）

中国石油天然气股份有限公司西藏销售分公司

【概况】 中国石油天然气股份有限公司西藏销售分公司（简称西藏销售）总部设在西藏自治区拉萨市，主要从事西藏地区成品油及石油液化气、润滑油的批发、零售、运输、储存等业务。2016年底，西藏销售下辖7个地市公司（拉萨、日喀则、山南、昌都、那曲、阿里、林芝）、2个专业经销公司（非油品公司、仓储分公司）、2个驻外机构（成都采调处、格尔木公司）。有成品油储存库8座，储配库1座，加油站126座（万吨级加油站8座）。有员工1429人，其中合同化用工617人、市场化用工668人、劳务派遣用工144人，藏族和其他少数民族906人。

2016年，购进成品油98.95万吨，同比增加19.09万吨，增长23.9%。成品油销量101.7万吨，同比增加17.9万吨，增长21.36%。纯枪销售62.62万吨，同比增加10.6万吨，增长20.38%。非油品收入0.32亿元，同比增加0.18亿元，增长122%（表1）。

【加油站管理】 2016年，西藏销售主动适应"互联网+零售"业态发展趋势，拉萨功德林"智慧型"加油站打造取得积极效果，促进销量同比增长20.38%。首次召开全区加油站经理人大会，运用开口营销、"油卡非润"、95504电话、远程视频监控等多种手段，推动加油站增销水平迈上新台阶，2016年单站日销量15.51吨，同比增长14.75%。坚持"抓两头、带中间"，突出加油站分类管理，2016年新增万吨站4座，总数增至8座；在阿里和拉萨经济开发区试点推广"3+1"模式，8座加油站成功摘掉"双低站"帽子。首次召开全区非油品业务工作会议，组织节日和"10惠"促销活动，上线加油站便利店99座，实现非油品收入同比增长122%，毛利率33.24%；销售沥青0.29万吨，实现增效355万元。加大发卡充值力度，累计办卡12.26万张，沉淀资金9850万元，卡销比75.8%，持续保持销售板块前列。2016年，西藏销售获销售板块"劳动竞赛零售项目先进单位"称号。

表 1　西藏销售主要经营指标

指　标	2016 年	2015 年
成品油销量（万吨）	101.7	83.8
汽油销量（万吨）	28.96	25.75
航空煤油销量（万吨）	4.15	3.39
柴油销量（万吨）	68.59	54.66
润滑油销量（万吨）	0.01	0.02
加油站总数（座）	126	125
油库数量（座）	8	8
库容（万立方米）	17.03	17.03
纯枪销量（万吨）	62.62	52.02
非油品收入（亿元）	0.32	0.14
非油品利润（亿元）	0.11	0.03
吨油费用（元）	827.06	898.26
资产总额（亿元）	67.9	68.26
收入（亿元）	62.33	55.39
利润（亿元）	2.49	0.85
税费（亿元）	2.06	1.7

【油量储备】　2016 年，西藏销售始终把组织进藏资源视为头等大事，建立“三库联动、三线并行”资源保障机制，将每月购入计划上升专题会议研究，完成配置计划 98.95 万吨，确保资源稳定供应。持续优化一次物流，深化与青藏铁路公司战略合作，强化铁路运力保障，兑现联合加班补助，全年铁路调入 51.56 万吨。全面落实中央“军民融合”精神，协调格拉管线延长管控周期，加大 980 油库代储代发，管输调入 9.51 万吨。加快二次物流配送，每月定期召开运输协调会，巩固深化“三联”运行机制，铁路接卸油库全年吞吐量达 103.45 万吨，同比增长 47.8%。二次配送油品 71.76 万吨，同比增长 24.22%。运输车辆单车运转效率提高 7%，扣除资源、车辆等因素影响，主动配送及时率 100%，有力保障市场供应。截至 2016 年底，总库容 12.57 万立方米，库存 10 万吨。

【投资建设】　2016 年，销售分公司下达投资计划 21 项，计划完成 18 项，包括昌都下加卡、山南措美、日喀则仲巴、日喀则江孜南、山南扎囊、那曲城东、那曲德吉、拉萨和平、拉萨白云、泽当油库信息化融合，百巴服务区（一对加油站）、加油机更新、加油站管理系统设备更新、油库管理信息系统库级 PC 服务器更新、应用集成系统配套项目、生产用车辆、加油卡自助服务终端。完成投资计划 12198 万元，完成率 80%。

【资源运行】　2016 年，西藏销售铁路进藏成品油 51.56 万吨，完成年度目标 38 万吨的 135.68%，同比增加 15.87 万吨，增长 44.47%。格拉管线管输成品油 9.51 万吨，完成年度目标 6.8 万吨的 139.85%。公路进藏成品油 14.83 万吨，同比增加 12.39 万吨，增长 19.69%。

【信息化建设】　2016 年，西藏销售坚持信息化发展势头不减、力度不降，第三次在山南召开信息化专题会议，提出“三个融合”“四 +N”平台的思路，为深化信息化战略实施进一步指明方向。机关处室、二级公司认真落实信息化工作部署，复制推广山南信息化现场会经验成果。截至 2016 年底，全部加油站实现地罐交接，建设投用 8 个营销指挥大厅，尤其是区公司营销指挥大厅的调度中心、配送中心和管控中心的职能逐步得到强化。推广实施库站基础管理、运费结算等 8 个辅助系统，118 座加油站完成高清视频改造并达到可视化、可对讲，加油站 90% 表单实现电子化，手工报表由原来 20 张减至 4 张，财务凭证自动生成率 88.5%，累计优化加油站计量员等岗位 84 人，受理解决运维故障超过 1.7 万起，两级机关运用信息系统监控业务运行和现场管理成为常态，数据传导、业务管控、宣传培训、应急指挥的“四个平台”基本成型，基本实现“两个主动、三大远程”的应用目标。对辅助市场营销决策、优化库存商品运作、规范油品损耗管理、提升劳动生产率、增强管控能力发挥着愈加重要的作用，信息化项目取得销售板块 2016 年第一季度劳动竞赛第 6 名的成绩。

【网络建设】　2016 年，西藏销售梳理完善网络投资“十三五”规划和 2016 年建设项目重点，启动 25 项网络和 3 项民生项目建设，争取投资计划及矿区服务资金 1.55 亿元。坚持加快网络开发，主动协调地方关系，稳步推进合资合作，取得日喀则铁路接卸油库、吉隆口岸库带站优先建设权，拿到拉林高等级公路服务区 2 对加油站商务批复并动工建设，那曲铁路接卸油库租赁达成初步意见，民航租赁 2 座加油站取得实质性突破，与拉萨市城市建设投资经营有限公司合资公司注册成立，阿里市场合资合作积极推进，“十三五”期间预计储备站点近 40 座。加快推进项目建设，林芝滨河、昌都下加卡、日喀则仲巴、山南措美等 15 座新建加油站开工建设，日喀则江孜南、那曲城东等 15 加座油站升级改造有序推进，全部投入运营。拉萨白云、和平等 2 座加油站搬迁加快手续办理。

【安全维稳工作】　2016 年，西藏销售持续加强安全教育培训，完成559名管理人员专项培训，各级管理人员、操作人员持证上岗率100%。认真组织安全检查和问题整改，集中开展48座油库站安全专项检查，发现各类问题686项，整改完成652项；在销售板块HSE体系审核反馈159项问题中，151项一般性问题整改完毕，8项基础性问题将与油库站改造一并组织整改。突出安全隐患治理，对27座加油站、3座油库技术升级改造，安全环保硬件基础进一步得到夯实。狠抓油品数质量管理，提早部署国Ⅴ标准油品置换升级，严肃处理个别加油站质量投诉和运输车辆偷盗油品等违规事件，未发生重大数质量事件事故。牢固树立维稳的底线思维，坚持特殊敏感时期全面升级管理，严格执行加油实名登记和零散油品管理规定，严肃值班带班和驻村工作纪律，积极参与社会治安综合治理，努力开展矛盾纠纷化解调处，实现各个敏感阶段的平稳运行，受到集团公司维稳办的通报嘉奖。

【队伍建设】 2016年，西藏销售坚持把人才培养和提升素质作为可持续发展的大事来抓，重视人才引进，招录大学毕业生和引进业务骨干56人，大专以上学历员工比例升至49%。加强干部培养使用，分5批次组织处级干部到山东、上海、安徽等销售企业学习取经，开展20名中层干部双向挂职锻炼，提拔和调整14名处级干部，6名年轻干部走上二级公司助理岗位，7名业务骨干在区内与区外、机关与基层、高低海拔之间进行交流任职，干部多岗位、多地区履职能力进一步增强。强化员工教育培训，“送出去”培训380人次，内部培训3361人次，78名员工通过集团公司职称考试并取得专业技术资格，34名员工实现技能等级升级。建立激励机制，逐月开展“双目标、双挂钩、双考核”，细化汽柴油超销、非油品、卡销比、库存周转等劳动竞赛指标，推行技能等级、技术资格与薪酬待遇以及加油站增收与人均加油量的挂钩政策，劳动效率项目获销售板块2016年第二季度劳动竞赛第7名的成绩，岗位靠竞争、收入看贡献、向一线倾斜的导向更加明确。

【党建工作】 2016年，西藏销售认真落实集团公司2016年领导干部会议工作要求，大力弘扬以“苦干实干、三老四严”为核心的石油精神，扎实开展“两学一做”学习教育，两级党委组织中心组学习144次，73名领导干部和35名党支部书记带头讲党课，各党支部召开组织生活会35次，开展学习讨论303次，专题组织学党章、学习近平总书记系列重要讲话287次，受教育党员803人，进一步增强党章意识、党员意识和先锋模范意识。严格落实“两个责任”，对照责任细则与清单，党委认真履行主体责任，纪委加大监督执纪问责力度，先后组织完成11个机关处室、阿里公司专项巡视和昌都公司巡视“回头看”，督促被巡视部门和单位整改各类问题360项。开展处级干部廉洁谈话20人，调查2起违规违纪事件，9名干部员工受到纪律处分和组织处理，使广大党员干部得到深刻教育，进一步增强纪律意识、规矩意识。加强基层党组织建设，召开全区党建工作会和基层党建座谈会，建立推行“46655”考核体系，创建“三亮三比三评”等工作载体。如期完成11个二级公司党委和45个党支部换届。按要求组织党费补缴和党员组织关系清查整改。深入开展党员评议考核，在建党95周年之际表彰了10个基层党组织、30名共产党员、12名党务工作者。

【群团工作】 2016年，西藏销售印发《加强公司群团工作的实施意见》，召开专题群团工作会议，群团工作有序开展。以帮扶建和谐。积极开展帮扶慰问工作，争取名额，在西藏自治区建立困难职工档案124人，节日慰问困难职工329人，发放慰问金41.1万元，为基层库站人员发放慰问金96.72万元；继续开展系统内“金秋助学”活动，为24名困难职工子女发放助学金6.2万元；加强与上级工会的联系与沟通，申请助学金和大病帮扶款3.3万元，坚持员工生日送祝福、生病住院送温暖机制，切实关心关爱员工生活。以活动倡风尚。大力开展丰富多彩的文化体育活动，组织迎春晚会、第四届“铁人杯”篮球比赛等丰富多彩的活动，倡导健康向上的良好风尚，展现石油人的良好精神风貌。以“两学一做”学习教育为契机，优选3名青年员工参加区直工委组织的知识竞赛，获优胜奖，西藏销售被评为优秀组织单位。动员25名团员青年组成“青年志愿者”团队进社区服务75人次，展现中国石油良好形象。以竞赛促提高。按照党委的安排，围绕“保后路、增份额、增纯枪、增效益”主题，深化劳动竞赛活动，积极参加全国“安康杯”劳动竞赛和销售分公司、西藏销售劳动竞赛，共兑现竞赛奖金100.18万元，获销售公司劳动竞赛37个项目先进，日喀则公司、机关驾驶班获全国“安康杯”竞赛先进集体。以民生办实事。大力实施民生工程，坚持做好基层员工吃饭、饮水、供暖、供氧等民生项目建设、运维、管理工作，2016年投入民生工程建设资金4002万元，付诸实施项目16个，重点完成那曲机关院内整体改造、日喀则生态园建设。投入258万元改进员工就餐条件，提高全区食堂补助标准，配备净水设备，改善职工生活条件。

【企业文化建设】 2016年，西藏销售加强企业文化建设，重视正面宣传报道，强化典型选树工作，89篇新闻被石油报刊、网站和地方媒体登载，全年涌现76个不同层面的先进典型。其中，仓储公司铁路接卸油库党支部被评为西藏自治区“窗口服务型党组织示范点”，西藏销售格尔木分公司企业员工教育基地窑洞砖房旧址被评为格尔木市市级文物保护单位，那曲公司其布、拉萨公司段晓静获中国石油第二届加油站经理人论坛“十大感动人物”，并代表西藏销售赴内地销售企业参加加油站经理先进事迹巡回演讲，在企业内外产生强烈反响，进一步展示高原石油员工扎根边疆、为油奉献的精神风貌。通过网页、微信及风采演讲、员工讲堂、心得体会、主题征文等平台与载体，弘扬忠诚事业、艰苦奉献主旋律，激发不甘落后、多做贡献正能量，筑牢员工团结奋斗的思想基础。

【强基惠民活动】 2016年，西藏销售建强基层组织。工作队与村“两委”共计培养新党员4人，预备党员4人，入党积极分子50人。维护社会稳定。直属4个驻村工作队组织召开维稳宣讲大会20多场次，召开揭批达赖集团图谋分裂祖国的主题会议9次，受教育面100%。成立村级维稳、综合治理、安全生产等各类领导小组，逐级签订反自焚、联保等责任书80余份，制订维稳实施方案，成立护村队、红袖标等队伍。促进增收致富。驻贡觉县敏都乡工作队争取15.29万元资金为果巴、麦巴村修建蔬菜大棚，帮助当地群众创效增收；驻保吉乡热她村工作队选派青年牧民学习大棚蔬菜种植技术；驻叶云村、昂达村工作队帮助村民发展集体养殖业。深化感党恩教育。驻村工作队按照西藏自治区系列强基惠民政策要求，庆祝“3·28”西藏百万农奴解放纪念日活动，开展“算富账、感党恩、要稳定、谋发展”活动，组织新旧西藏对比宣传等系列专题教育学习，使广大农牧民群众深刻体会到在党的深切关怀下，西藏社会和人民群众在生产生活方面发生了翻天覆地的变化。办实事好事。为解决冬季饮水难问题，工作队及时购置水井泵、发电机等各类硬件设备。为改善村委会议室的环境，购置办公桌椅。西藏销售直属4个驻村工作队累计为群众办实事做好事120余件，发放慰问物资、慰问金7万余元，把党和政府的温暖及时送到群众的心坎上，更加密切党群、干群关系。落实惠民政策。工作队协助县、乡相关部门及时发放惠民资金，并登记造册，确保及时兑现、足额发放、到户到人，同时将一系列强农惠农支农政策藏汉双语册子、明白卡发放到每户群众手中。推进扶贫开发。对所驻村（居）群众贫困程度、致贫原因等基础信息进行详细登记，完成211户、774人建档立卡、健全贫困户信息管理系统，做到人有名、户有卡、村有册，为扶贫攻坚工作打下坚实基础。

2016年，强基惠民驻村工作项目16个，项目总投资281.72万元，下拨2016年强基惠民专项工作经费95万元。其中，为那曲班戈县保吉乡扎嘎村宾馆购买相关设施设备，建设宾馆并投资46.06万元。为解决完善日喀则国央村、康萨村、加列村农田灌溉相关问题，立项投资83.04万元。为改善林芝市波密县扎木镇扎木村当地居民生产生活条件，提高当地居民生活质量，为65户百姓卫生间及浴室进行改造，共计投入82.81万元，以实际行动践行“爱国、创业、求实、奉献”企业精神。

（梅朵拉姆）

中石油海南销售有限公司

【概况】 中石油海南销售有限公司（简称海南销售）是集成品油仓储、运输、批发、零售、非油品销售和库站网络开发等业务于一体的省级综合性油品销售服务企业。前身为中国石油天然气股份有限公司海南销售分公司，成立于2004年6月，2010年9月上划股份公司直管，2011年1月正式从广东销售分离，升格为省级公司、独立运行，2015年12月改制为中国石油全资独立法人企业。2016年5月，经中国石油天然气股份有限公司批复同意，进场交易公开转让49%股权，由中国石油天然气股份有限公司、中海石油炼化有限责任公司、海南省发展控股有限公司三家共同持股。

2016年底，海南销售设有机关9个职能处室、非油品业务公司和5个片区，管理股权单位3家（全资、参股、控股各1家）。员工总数852人。运营加油站96座，全资和参股油库各1座，库容6万立方米，资产总额9.84亿元，负债2.84亿元。

2016年，销售成品油46.1万吨，实现营业收入27.5亿元，利润1.3亿元，上缴税费3.71亿元（表1），超额完成年度稳增长目标任务，吨油收入、吨油毛利、吨油利润、纯枪比例、非油品利润率区外排名领先。

表 1　海南销售主要经营指标

指　标	2016 年	2015 年
成品油销量（万吨）	46.1	43.8
汽油销量（万吨）	23.2	21
柴油销量（万吨）	22.9	22.8
加油站总数（座）	96	95
纯枪销量（万吨）	33.2	32.5
非油品收入（亿元）	0.42	0.4
非油品利润（亿元）	0.06	0.05
资产总额（亿元）	9.84	8.3
收入（亿元）	27.5	27.2
利润（亿元）	1.3	1.06
税费（亿元）	3.71	3.61

【油品销售业务】 2016 年，海南销售积极应对市场需求不足、价格剧烈震荡、柴油销售滞胀、岛内竞争加剧等不利形势，持续优化资源配置，强化计划管理，坚持低库存运行，努力平衡量价效关系，成立客户服务中心，建立专职客户经理队伍和工作机制，抓好客户开发维护，拓展与海汽、农垦、港航和电网合作，开拓物流、船务、工程和三沙运输、渔业市场，新增客户 58 家，增加销量 2.8 万吨。在海南省销量略降情况下，总量、纯枪销量、批发和汽油销量均实现逆势增长，市场份额同比提升 0.2 个百分点，纯枪销售比例提升 0.3 个百分点，零售增幅优于中国石化。2016 年实现销售 46.1 万吨，同比增长 5.4%；纯枪销量 33.2 万吨，同比增长 4.9%。

【资源运行】 2016 年，海南销售变“总量保障”为“源头增效”，着力抓好源头创效，结合季节特点、销售规律和储运条件，加强上游沟通和运力协调，把握调运节奏，超额完成统配计划前提下，外采资源 12.5 万吨，增加毛利 2.2 亿元，与中国石化串换资源 16.1 万吨，节约仓储费 783 万元。积极应对低油价挑战，严控库存，优化路径，强化下海油接卸和公路运输损耗监管，坚持“逢超必赔”，海陆运输损耗分别同比下降 0.2 和 0.4 个千分点，节约成本 131 万元。

【非油品业务】 2016 年，海南销售创新非油品业务管理模式，成立非油品业务公司，实行专业化管理。持续优化商品品类，完善商品引入机制，全面治理低销低效商品，清理不动销商品 600 余种，不动销率从 23% 减至 5% 以下，在销售板块排名前列，商品品效得到提升。积极拓展新业务，引入自助洗车汽车服务业务，开展海南岛特产外销，推广核心商品分区陈列标准，打造儿童商品专区、进口商品专区、海南特产专区、中粮放心厨吧等专区专柜。30 万元级便利店升级成效显著，日均销售增长 36.4%。双百万元增至 2 座，百万元和 50 万元店均增至 11 座，日均销售额 11.6 万元，增长 4.8%。

【加油站管理】 2016 年，海南销售结合“6S”管理，加速油站、便利店升级改造，开展现场管理集中整治，超前实施双品牌包装，油站面貌明显改观。落实“重塑中国石油良好形象”要求，微笑服务、开口营销，评选“最美宝石花”，加强神秘顾客访问，客户投诉下降 23%。加强施工管理，优化方案和工期，降低改造对销售的影响，油站运营率 91.4%，同比提升 1 个百分点。大力推进存量挖潜，以市区站为重点，利用淡季空隙分批推进改造升级，增量相当于新建 1 座万吨站，万吨、八千吨和五千吨级站分别增至 2 座，7 座和 12 座，日均单站销量增至 10.2 吨。管理、改造挖潜的同时，线上线下同步推广板块“10 惠”品牌，培育自有“最惠周末”品牌，推出“贺岁迎春”“清凉一夏”“迎国庆”“双 11”等主题促销 24 次，与中国电信、中国建设银行、海南航空跨界合作整合客户资源，联合中国石化稳价推价，灵活价格策略，优化品类陈列，“油卡非润”一体化联动，提量增效。

【投资建设】 2016 年，海南销售针对海南市场小、布点少、开发难的实际，确定以“海口、三亚为中心，辐射周边；中线高速为主线，抢占中部空白区对手布点”的“哑铃式”开发思路，引入外力、灵活方式，破解网络发展瓶颈。相继与海口、陵水、临高、琼中、文昌、定安等市县落实储备项目 28 个，获海文高速潭牛服务区建设权；与省农垦集团、供销社、万宁海联分别成立合资公司，确定储备项目 16 个，其中 10 个项目完成立项批复。租赁深南公司气站开展加油业务，首批 2 座正在立项审批。与三亚 2 家公司合作开发海棠湾、吉阳大道两座油站取得积极进展。密切与政府沟通，加快项目实施和证照办理，临高博厚、儋州金岭、昌江叉河、乐东乐光、屯昌屯北 5 座站相继投运，年增纯枪销售能力 3 万吨。海口金星等 3 座站先期完成防渗与“油卡非”一体化改造，环保水平和销售能力得到提升。

【质量计量安全环保】 2016 年，海南销售重视加强安全管理，运行基础得到强化。全面贯彻新《安全生产法》《环境保护法》，践行党政同责、一岗双责、失职追责和直线责任、属地管理、有感领导，加强技能培训和能力评估，全员责任意识得到强化。落实企业和政府要求，持续抓好HSE和质计量体系修订、审核和贯彻执行，推进站库标准化建设，启动实施地罐防渗改造，彻底解决环境影响评价和职业健康“三同时”遗留问题。突出沿河、沿江、沿海、油库、罐区等重要部位，施工、检维修、接卸油等重点环节，加强过程监管，严把质计量关，狠反“三违”行为，确保过程受控。常态化查改安全隐患，整改审核不符合项68个，完成马村、东方油库隐患治理，强化安全基础。以防暑、防雷、防汛、防台风为重点，强化风险评估、预案演练和物资储备，增强突发事件和自然灾害应急处置能力，历经“莎莉嘉”等多次狂风暴雨洗礼，守住“三条红线”，实现“六个零”目标，获“海南安全生产责任考核先进单位”称号。

【企业管理】 2016年，海南销售按总部部署，主动跟进与中海油、海发控的合资合作进程，全面动员、全员参与、全力推动国企股权多元化改革试点工作。通过与政府协调，争得高层支持，开辟绿色通道，圆满完成独立公司注册及省公司、分公司、油站三级注册变更程序，顺利实现征稽、税务、票证等业务交割，同步完成内外部资产评估审计，为高层决策提供有力支持。合资公司章程基本确定，完成对外公告，即将正式挂牌注资运作。按照章程约定，三方分别持股51%、39%、10%，中国石油占据主导权，将调动各方在资本、政策、环境等方面的积极因素，发挥“1+1+1 > 3”的合力作用，促进企业发展。持续推动管理提升，运行效率不断提高。退租国盛库，加大东方库周转量，争取中国石化库发，节约租赁费用。实行主动配送，吨油公路运费同比降低10.4元。优化中央仓运行，配货及时率提升6个百分点。加强预算管理，落实资金和费用集中，严格资金和资产管控，大力开展开源节流降本增效，费用总额低于计划安排，“五项”费用较预算节约51.3%。加强内控监管、法律监督和效能监察，合规管理意识和风险防控能力明显增强。成立数据中心，构建“大数据”平台，强化业务系统运维、功能拓展和数据共享，完善高清监控、远程监测手段，推进微信公众号和办公平台建设，向“数字海南销售”目标迈出坚实一步。

【机构改革】 2016年，海南销售稳妥实施机构改革，内部管理更加顺畅。机关推行“大部制”管理，整合压缩3个部门，组建非油品公司及财务共享、项目管理、客户服务3个专业附属机构；基层推行“专业线”管理，将4个分公司拆为5个片区，精简职能权限，纳入业务直管。机关、片区全员竞聘，一人多岗，管理人员由原来的152人减至129人，压缩幅度15.1%；基层自愿有偿解除劳动合同，油站用工由758人减至671人，控员幅度11.5%；劳务用工由56人减至37人，控员幅度33.9%。改革后，用工总量由1023人减至888人，降幅13.2%，单站平均用工由8人降至6.9人，人均纯枪量由338吨增至368吨，人均利润由11.3万元增至12.4万元。提高劳动效率的同时，有效落实“三控制一规范”和“扁平化”要求，解决原有架构层级多、运行不畅问题，缓解工资总额压力，为改制后轻装上阵、高效运行、改善收入创造有利条件。

【党建群团工作】 2016年，海南销售不断加强党的建设，发展环境更加和谐。健全党建工作责任制，完善基层党组织建设，深入开展“三严三实”专题教育、“两学一做”学习实践和“重塑中国石油良好形象”大讨论活动，持续加强“形势、目标、任务、责任”主题教育，认真执行中央八项规定精神、集团公司二十条要求，严格落实“党建三联”和“安全联系点”制度，抓培训、提素质，抓作风、强服务，抓预防、反腐败，干部队伍责任意识、履职能力和员工队伍业务素质、工作技能不断提升。坚持以人为本，关心员工，关注困难群体，一线人均收入同步增长，补充医疗保险、节日慰问、扶贫救助分别支出171万元、45.7万元、17.9万元；支持地方经济发展、文明建设和扶贫帮困事业，累计投入精准扶贫资金60万元、赈灾捐助9.4万元，以实际行动践行国企的政治、经济和社会责任。

（周继华）

中国石油天然气股份有限公司大连海运分公司

【概况】 中国石油天然气股份有限公司大连海运分公司（简称大连海运）成立于1999年5月，主要负责中国石油下海成品油的水上运输组织工作，承担“保炼厂后路、保市场供应、降运输成本”（简称“两保一降”）的重要职责。大连海运成立以来，坚持走集约化经营、专业化管理之路，逐步发展成为具备国际航线危险品运输、国际货运代理资质，功能作用突出、质量效益领先、专业优势明显、人员队伍精干的专业化航运物流企业。

大连海运机关设7个职能部位，下辖3个港口业务办事机构，授权管理2个全资子公司和1个参股合资公司，用工总数407人（其中岸基管理人员101人，劳务派遣船员306人），资产总额11.53亿元。自有及合资运力15艘、30万载重吨，准入租用运力180艘、138万载重吨。年运量2000万吨左右，运输网络覆盖中国沿海及长江中下游区域，常用接卸港口近50个，与销售业务相配套的水上运输网络日趋完善，成功架起一条连接中国石油资源与市场的水上桥梁，确保东北、华北、西南地区14个直属炼化企业生产后路畅通，以及华东、华南、华中、西南地区16个省级销售公司资源的稳定供应，为推动中国石油资源、市场、国际化和创新战略的全面实施，以及成品油销售业务的持续快速健康发展提供重要保障。

截至2016年底，完成下海成品油运量3.1亿吨，实现运输收入312亿元，为中国石油节约运输成本70多亿元。通过持续推进企业管理系统化升级工程，系统建立提升国内油轮安全技术等级、规范成熟的船舶准入与检验机制，积极构建引导沿海油运市场良性竞争、科学灵活的运输定价机制和运价指数体系，大连海运由行业参与者逐步向行业新规则制订者角色延伸。

2016年，大连海运完成运量1595万吨，完成运输周转量159亿吨海里，实现收入17亿元，利润6856万元，吨油运输成本92.94元，下海油综合损耗率0.125%。实现全年安全环保“零事故、零伤害、零污染、零滞留”目标，海上运输安全稳定受控。

【运行组织】 2016年，结合山东等地方炼油厂运力需求急剧增加，市场成品油运价非理性竞争，中小油轮运力“一船难求”的实际困难，大连海运突出“两保一降”，千方百计筹措运力资源，坚决守好“保炼油厂后路畅通”底线，在市场运力严重不足的情况下，充分发挥自有船舶保障作用，增加外贸大船使用数量，加大社会运力控制力度，强化疏港协调工作，保证下海资源的及时发运，多次化解直属炼油厂堵库危机，全力确保集团公司整体利益最大化。落实销售公司物流整体优化相关要求，结合船型、品种、航线，有效实施精准调运，加大与东北公司、下游销售企业沟通协调力度，精细编制月度、科学调整日间运输计划，加强船舶动态跟踪管理，及时变港滞期船舶，提高长航线、多品种、小船型一次直达比例，实现效率最高、成本最低目标。仅提高一次直达比例一项举措，就为销售板块整体创效4500万元。

【安全生产】 2016年，大连海运严格落实安全生产责任制，细化事故考核指标管理、安全工作通报和业绩考核机制，为顺利完成全年安全环保业绩指标提供重要保障。参加海事局组织的“平安船舶建设”等活动，参与交通运输部救助飞行队联合救助演习等应急演练，开展公司“杜绝油船装货冒舱事故”、标本兼治遏制重特大事故试点等专项活动，提升综合联动和应急管理水平。持续完善QHSE、SMS和油品运输计量质量风险防控体系，稳步推进船舶HSE标准化建设工作，不断加强特殊时段安全监管，全面提升船舶管理、安全管理专业化水平，所属5艘2.8万吨船舶均获批交通运输部“安全诚信船舶”称号，所属子公司连续被评为交通运输部安全生产标准化一级达标企业。

【提质增效】 2016年，大连海运认真贯彻落实集团公司、销售公司关于开源节流降本增效工作相关要求，深挖管理控本、管理创效新的增长点。推进自有船舶管理降本增效工作，充分发挥船舶等级考核激励作用，调动船员“多拉快跑”、自修保养的积极主动性，船况船貌和船舶精细管理水平得到不断提升。强化自有船舶运营成本控制，细化船舶燃油定额管理，适时启动经济航速控制，科学安排船舶坞修时间，自有船舶控本创效能力持续提升。面对四季度“完成考核指标攻坚战”“炼油厂后路畅通保卫战”的现实挑战，实施自有船舶运行效率专项考核，加大各处室、所属单位与自有船舶的三方信息工作联动力度，超额3个航次完成考核指标，为确保全年指标完成发挥积极作用。组织完成船舶燃油、滑油、物料备件等4个招标项目，规范管理，节约成本，仅燃油项目实施5个月就节约成本406万元。强化船舶途耗管理，推进三项系数修正工作，实现下海油损耗控制指标的历史性突破。

【对标管理】 2016年，大连海运面对地方炼油厂成品油运价恶性竞争的形势，由海运公司发起、上海航运交易所牵头的国内沿海成品油运价指数于11月29日在上海正式发布，该举措有效推动地方炼油厂等货主单位运价的理性回归，避免运价暴涨对国内沿海油轮运力市场的不良影响，为规范国内成品油运输市场秩序，促进市场的稳健发展发挥积极作用。加强对标管理，探索构建国际标准运行机制，与中国船级社、中国海油深入沟通交流，学习研讨国际石油公司检船、用船机制，建立外贸检验船舶机制解决方案。进一步突出国际化视野，适应改革发展需要，借助互联网构建市场化信息中枢，初步建立“航运综合信息平台”，实现金融信息、油品市场、运费指数、油轮交易等行业信息集成发布更新，为经营动态管理、科学决策提供信息支持。

【合规管理】 2016年，大连海运为有效解决多体系交织、操作冗杂的现实问题，顺应制度化、规范化建设要求，经过7个月精心编制正式发布《员工岗位工作手册》，涵盖岗位工作信息、工作周期表、工作流程与注意事项、制度指引等6大模块，推进职责精细化、工作标准化、协同流程化、业务模块化，提高工作效率和质量。结合“着眼当前、谋划长远”的实际需要，完成“三重一大”决策等30余个规章制度的梳理和制修订工作，为业务标准化运行奠定基础。开展内控自查、债务清查、专项审计、船舶物资盘点、人事基础信息排查等各类合规检查，通过集团公司、东北片区保密专项检查，及时发现整改相关问题，专项工作精细化水平得到进一步提升。

【党建工作】 2016年，大连海运扎实开展“两学一做”学习教育，重点抓好党员自学和集体学习，开展党委中心组和党委扩大会议学习28次，各支部同步组织党课及专题讨论24次，组织党委、支部、党员三个层面讲党课、先进讲述、经验分享等各类学习，理论学习的思想促进作用得到有效发挥。持续推进“重塑中国石油良好形象”长效机制建设，围绕“服务”主题，不断加强针对系统内炼化销售企业、业务关联方和机关的服务水平，形象提升工作得到广泛认可。继续深化反腐倡廉工作，严格“两个责任”落实，加强反腐倡廉学习教育，接受并通过集团公司专项巡视，及时完成巡视问题整改落实，形成风清气正良好氛围。加大职业道德和企业文化宣贯力度，发挥新媒体宣传阵地功能，做好网评等舆论引导，思想意识形态工作扎实推进。积极发挥工团组织作用，充分调动员工学习政治理论、专业知识和英语的主动性，组织趣味运动会、员工“健步走”等文体活动，工团凝心聚力作用进一步突出，党建思想政治工作优势进一步凸显。

（杨星明）

昆仑能源有限公司

【概况】 昆仑能源有限公司（简称昆仑能源）是在（英属）百慕大注册、中国香港联合交易所主板上市、由中国石油天然气股份有限公司控股的国际性能源公司，股票代码00135.HK，恒生中资企业指数成分股之一。2008年以前，昆仑能源主要从事境内外油气勘探开发业务。2009年开始实施战略转型，将国内天然气终端销售与综合利用作为新的业务发展方向，重点发展LNG业务，实施“以气代油”战略。昆仑燃气于2016年6月正式变更为昆仑能源的全资子公司，合并报表一次编报成功，成为股份公司天然气业务的融资平台和投资主体、天然气终端利用业务的管理平台。主要从事城市燃气、天然气管道、LNG接收站、LNG和CNG终端、天然气发电、分布式能源、LNG工厂和LPG销售等业务，分布在全国31个省（自治区、直辖市），天然气年销售规模170亿立方米以上，LPG年销售规模600万吨以上，成为国内销售规模最大的天然气终端利用企业和LPG销售企业之一。

2016年，昆仑能源勘探与生产业务销售原油1522万桶，同比下降9.13%；天然气管道输气量为357.31亿立方米，同比增长1.61%；LNG接收站销售量48.59亿立方米，同比增长22.45%；实现销售收入818.82亿港元，同比下降15.00%；股东应占溢利6.59亿港元，同比下降55.80%。

【资本运营】 2016年，昆仑能源收购昆仑燃气的议案获得股东特别大会99.99%高票通过，并购交易一次性通过国家商务部审批，昆仑燃气于2016年6月正式变更为昆仑能源的全资子公司。积极开展融资业务，发行人民币计价、美元结算的可转债，开境外市场首单离岸人民币挂钩的普通转债发行先河，在银行间和交易所分别注册熊猫债。注重投资者关系建设，昆仑能源全球信用获得穆迪、标普A+级评定。

迅速建立“昆仑能源—省公司—项目公司”的三级管理模式，依法合规对油气田托管外的600多家国内企业和业务全面实施管理整合，基本完成“三步走”的目标。按照股份公司部署，平稳接收京唐、大连、江苏3个LNG接收站的管理权。

【市场开发与营销管理】 依托中国石油销售网络和渠道，加快油气合建站建设，积极推进“以气代油”业务。多措并举开发用户，拓展营销渠道，与内蒙古、安徽和江西等地成品油销售企业推进落实109座油气合建站。大理等7个城市燃气项目投产，北京顺义、宁夏宁东项目正式落地，新开发天然气客户77.2万户。积极推进“煤改气”，哈尔滨中庆燃气公司建立政企联动机制，成为地方政府指定“煤改气”唯一准入燃气企业，北京分公司“煤改气”销量增长44%。深入研究国有企业“三供一业”移交政策机遇和风险。超前谋划推进陕京四线、中俄东线市场开发，积极参与2022年北京冬奥会供气服务。

新建支线管道280千米，钦州石化产业园支线投产，云南腾冲、祥云和施甸支线基本完工，扬州电厂支线、蚌埠支线和太和支线稳步推进，长沙—浏阳、涟源—新化等4条支线开工，长沙—益阳等5条支线获得初步设计批复，楚雄—攀枝花支线完成投资主体变更。潮州、揭阳支线实行总部直管，前期工作加快推进，潮州项目完成合资公司注册，揭阳项目完成合作股东变更。建成的昆明东西支线、湘娄邵管道等输量和销量大幅增长，市场辐射作用进一步显现。

立足整体效益最大化，全面优化资源配置，围绕营销、增量、推价、降本、终端、管理6个方面，精准发力，销售利润创造优异成绩。强化市场分析预测和销售价格联动，与国内主要LPG供应商吨气价差缩小，首次从韩国进口资源销往山东地区，实现利费比最优。自营三级站实现全面盈利，终端销量增长10.6%，零瓶销量增长44.5%。优化物流配置，统一铁路自备车的资质、标识和名称，打破地域限制，实现在全国范围内调运。

【生产运行与安全环保】 2016年，昆仑能源3个LNG接收站实现安全接卸565.4万吨、气化外输65.9亿立方米、液态装车59.3万吨，分别同比增长28.6%、16%和12.1%。唐山LNG应急调峰保障工程立项，深圳LNG应急调峰站具备填海开工条件。LNG工厂充分利用股份公司淡季销售政策，严格划定效益底线，全力推动扭亏解困，实现7座工厂复产、13座工厂运行。坚决关停成本较高、工艺落后的工厂。

牢固树立红线意识和底线思维，强化上下游衔接和内外部联动，狠抓调度指挥和规范运行，有效保障安全生产和平稳供气。全面推进管道完整性管理，开展高后果区识别和风险评价，依法向地方政府实施管道备案，通过春秋两季检修和维抢修队伍日常检测。以HSE标准化建设为抓手，明确13类生产单元，全面开展基层站队HSE标准化建设，完成55%达标任务。全面实施危害因素辨识与风险评价，分层推行安全环保履职能力评估。强力推进安全监督和隐患治理，设立安全监督中心及6个区域安全监督站，挂牌督办重点隐患治理全部完成，保障公司整体安全平稳受控。

【企业经营管理】 2016年，昆仑能源编制完成天然气终端利用业务五年发展滚动规划和3个专项规划。推进落实25项具体措施，全方位全过程全要素实施开源节流降本增效。严格预算管控，国际准则销售管理费用减少6%，优化资产结构，清理处置低效、无效资产2.1亿元。深化资金集中，优化债务结构，搭建境内和跨境两个人民币资金池。深化财务共享融合建设，2016年处理业务单据48万笔。坚持好干部标准和正确的用人导向，严格领导人员选拔程序，规范干部调整使用全过程，实施干部配备“三步走”，促进干部队伍年轻化。组织各类培训25376人次，举办第一届职业技能大赛，861人获专业技术职称，1024人获得职业技能资格。完善工效挂钩，妥善解决部分单位工资总额缺口问题，保障员工利益。突出业绩导向、强化能力贡献，根据重组后企业实际开展薪酬体系设计，完成业绩考核评价体系方案。召开科技信息创新大会，组织完成制约LNG船舶发展的3项技术攻关，完成14项课题研究，取得23项国家知识产权，推广应用成果11项，提升公司科技实力。督促整改集团公司审计发现的问题，实施内部审计32项，抽审138家公司，揭示各类问题691个，促进企业治理水平提升。

【党建和企业文化建设】 2016年，昆仑能源扎实开展“两学一做”学习教育。围绕六个规定动作，细化分解57项任务，开展基层座谈和学习交流12次，组织专题学习研讨1563次，学习党章党规2018次，学习系列讲话2153次。按照“三同时”要求，在管理整合的同时，调整成立37个党委、21个党总支、360个党支部，配备专职党务和政工干部。大力实施党务工作制度化、规范化，制定出台党委工作规则等23项制度，7家单位完成党委、纪委换届。大力弘扬“石油精神”，持续开展“重塑中国石油良好形象”大讨论系列活动，及时回应处置9起网络舆情事件，获直属党委“唱响石油精神、歌颂伟大祖国”歌咏比赛二等奖。改版门户网站，上线微信公众号，加大外媒宣传力度，发布各类新闻稿件1524篇，20篇作品在集团公司受到表彰。

（王佳怡）

中国石油天然气股份有限公司华北天然气销售分公司

【概况】 中国石油天然气股份有限公司华北天然气销售分公司（简称华北天然气销售）2004年2月注册成立，2004年12月在北京正式揭牌，是股份公司按照国际惯例组建的首家分立于油气田生产、管道运输的天然气销售专业化地区公司。2009年12月起受托管理股份公司天然气销售结算中心日常行政工作。2015年3月开始管理大港、冀东和华北3个油田划转移交的天然气销售业务。办公地点位于北京市朝阳区。主要承担通过陕京一线、陕京二线、陕京三线、永唐秦线、港清线、港清复线、唐山LNG线等长输管道进入北京、天津、河北、山西、内蒙古和陕西（部分）6省（自治区、直辖市）的天然气销售和市场开发工作，负责在建陕京四线、中俄东线的用户市场培育开发和同步接气投运协调工作。主要气源来自长庆、塔里木、大港、冀东和华北等油气田的国产天然气，以及中亚管道进口天然气、唐山进口LNG（液化天然气）和大唐煤制气。区域内有157个合同用户，实现供气152个用户。

2016年底，有员工167人，设办公室（党委办公室）、人事处（党委组织部）、财务处、市场开发处、营销处、计量调运处等6个机关处室，机关附属资金结算中心，以及天津分公司、河北分公司、北京销售代表处和山西销售代表处。

2016年，实现天然气销量276.84亿立方米（同比增长10.08%）、营业收入477.75亿元（同比减少4.15%）、税前利润12.6亿元（同比增长212.83%），分别完成年业绩考核目标的103.7%、105.74%和197.49%，业绩合同规定的各项经营指标和控制指标完成情况好于预期。

【运行调控】 2016年，华北天然气销售在华北地区夏季天然气需求增速趋缓形势下，注重抓好销售过程的需求侧管理，加大夏季挖潜增销工作力度，实施用户冬夏供气量挂钩捆绑销售。在年度合同中标明夏季按用户实际需求保障供应，冬季按夏季实际日均用气量的1.5倍进行月度气量配置调整。重点跟踪主要工业用户及各燃气电厂夏季生产运行安排，配合管道沿线电厂向电网公司申请增加燃气发电量，督办北京、天津、河北、山西4省、直辖市燃气公司按计划用气。4—10月实现销量141.7亿立方米，超夏季方案11.3亿立方米。

有效开展各省、直辖市燃气电厂陆续投产用气、锅炉煤改气项目和采暖用气增量的市场需求调研，分析用户年度、冬夏两季用气增长规律和历史数据，初步核定冬季用气量。引导居民用气和采暖用气所占比例较大的主要城市燃气用户建立调峰装置，接收CNG、LNG等气源，协调北京燃气集团冬季自购进口LNG 5亿立方米弥补供需缺口。与北京市城市管理委员会、天津市发展和改革委员会、河北省发展和改革委员会等地方政府机关建立冬季调度运行联动机制。与所有用户单位领导、业务部门和主要岗位之间建立多层次应急沟通流程。精心制订并实施每周短期应急平衡方案，平稳度过1.67亿立方米的高日峰值用气，实现城市居民采暖和生活用气安全有序供应。

【市场开发】 2016年，华北天然气销售协调陕京一线、陕京二线、陕京三线、港清三线等天然气长输管道沿线的12家新增用户同步投产用气，全年增加天然气销售量1.84亿立方米。跟踪石家庄华电供热集团有限公司、中国电力投资集团公司正定燃气热电有限公司等5个在建及规划燃气电厂的项目进展情况，初步落实项目投产用气时间和调峰方案。组织开展陕京四线沿线内蒙古自治区、河北省相关地区市场深度调研，初步落实24个新开发用户的投产初期用气量4.2亿立方米、长期合同用气量38亿立方米。2016年签订长期合同、临时供气协议65份，新增合同量35.69亿立方米。

【企业管理】 2016年，华北天然气销售组织实施QHSE体系危害和环境因素持续识别、评价，完成《生产运行管理程序》等19个体系文件的制定、修订和格式调整工作。开展内控体系流程自测、体系内部审核，完成131个规章制度制修订情况自查，补录更新《天然气客户信息管理系统》静态信息档案与数据。实现77家一级客户、427家二级客户的分级分类有效管理。加强上海石油天然气交易中心PNG线上交易工作落实，2016年完成11家用户线上交易282笔，成功交易气量21.6亿立方米。持续开展天然气销售回款情况检查、重点催收、预收款余额监测动态管理，2016年底实现预收账款余额2.6亿元。加强季度预算与经营活动分析，强化工资总额和人工成本分析监控，严格费用支出管控，2016年节约财务费用1.29亿元。

【开源增收创效】 2016年，华北天然气销售针对冀东油田生产的伴生气产量波动大、输气管网相对独立、低价销售给调峰用户以保证油田生产实际情况，调整冀东油田转供调峰用户低价气量，采取增加外输气量置换低价调峰气措施，增加收入7900万元。对2015年3月大港油田、华北油田划转的天然气用户进行用气结构核查，核定核减12个用户居民用气量533万立方米，增收356万元。严控油田周边用户的居民用气结构，推行油田周边村镇采暖用气按非居民价格销售，实现增效1420万元。加强进口LNG顺价销售，实现增收差价款5900万元。着力开展夏季LNG液态装车销售，增加销售收入10700万元。2016年实现增收创效26276万元。3月，华北天然气销售被列为集团公司开源节流降本增效工作先进典型。

（马迎祥）

天然气与管道储运企业

中国石油天然气股份有限公司北京油气调控中心

【概况】 中国石油天然气股份有限公司北京油气调控中心（简称油气调控中心）2006年5月8日正式成立，行政上是股份公司的直属单位，业务上是天然气与管道分公司的派出机构，主要职能是对中国石油所属长输油气管道实施集中调度指挥、远程监控操作、维修作业协调和管网运行优化。截至2016年底，油气调控中心集中调控运行的油气管道共计73条，管道总里程约5.4万千米。其中，天然气管网3.6万千米，年输气能力1711亿立方米；原油管网8900千米，年输油能力2.4亿吨；成品油管网9000千米，年输油能力2900万吨（表1）。

表1　油气调控中心主要运营指标

项　目	2016年	2015年
原油管网输油量（万吨）	5639	5870
天然气管网输气量（亿立方米）	945	848
成品油管网输油量（万吨）	1791	2023
节能（万吨标准煤）	4.68	4.26

【远程监控】 2016年，油气调控中心经远控改造联调，新增远控操作场站80座，实现远控操作的输气场站总数达345座。输油管道已投运场站136座，其中原油管道51座、成品油管道85座，全部实现远控操作。实现西气东输、陕京管道输气系统63台压缩机组诊断信息监视功能。实施日指定自动分输系统建设，首次实现信息系统向工业控制系统的数据反传，油气调控中心获集团公司“十二五”信息化工作先进单位。

【油气业务】 2016年，油气调控中心推动中贵线反输流程改造，组织西气东输三线东段、陕京四线宝香西段新管道投产，增强管网资源保障能力。在防洪渡汛和冬季保供期间，与中国石化、中国海油建立工作协调机制，在多个互连节点上实现资源串换，全年串换气量达3.5亿立方米。协调落实长呼线首站热洗循环技术措施，化解管道凝堵风险。完成国Ⅴ标准油品质量升级置换，疏解炼油厂库存，满足市场亟需。加强压缩机组、泵机组等关键设备运行监测，2016年解决170多次压缩机和输油泵长周期故障问题，管网压缩机组可用率98%以上。

【自控通信】 2016年，油气调控中心开展工控系统网络安全测试与攻防演练，提高工业控制系统风险防御能力。加强SCADA系统运维管理，集中解决光缆线路衰耗过大、监视阀室数据传输稳定性下降、长呼线PLC故障等问题。实施廊坊备控中心基础设施改造，定期组织主备控中心切换演练，发现处置有关问题，提高应急响应能力。优化完善通信系统路由，应对汛期华中、华北地区通信系统多处叠加险情。组织春秋检作业，2016年完成150台服务器、260余台光通信设备的性能检测任务。完成兰成渝、港枣、兰郑长输管道水击保护功能检验，提高本质安全水平。2016年SCADA系统和通信系统综合可用率分别达99.95%、99.98%，继续保持历史最好水平。完善PCS V1.0软件功能，实施冀宁线、港枣线现场工业试验，为全面推广应用打下基础。

【优化运行】 2016年，油气调控中心通过调整灵台、潼关等10多座场站电驱机组运行方式，西气东输公司等4家地区管道公司综合电价成本下降，降幅最高超过10%。西部原油管道连续3个冬季实现常温安全输送，每年减少燃油消耗300余吨。石兰线、惠银线、长呼线热输工艺优化后，生产单耗同比分别降低6.8%、10.4%、10.4%。王家沟油库首次实现混油直接外输，从源头上控制油品质量。西部成品油管道输送-35号柴油，提升管输效益。协调中贵线南部、铜梁等5座场站流量计更换工作。开展西气东输西段管道气源、重点分输用户、转供点计量系统专项核查，实现盈亏平衡。注重运行能耗过程管控，2016年节能4.68万吨标准煤，能源消耗总费用同比下降11.5%。

【企业管理】 2016年，油气调控中心发布实施《"十三五"业务发展规划》《"十三五"长输油气管道SCADA系统建设规划》和《中国石油油气管网"十三五"通信规划》。开展隐患排查，识别风险隐患67项，逐项落实防控措施。推进QHSE管理体系建设，编制发布HSE体系量化审核与安全环保履职考评管理细则，定期开展体系审核，整改一批问题与不足。试点推进以远控操作为核心的HSE标准化调度台建设，提升调度业务规范化水平。2016年制修订标准22项，完成集团公司标准10项，提升油气调控中心在油气储运专业技术领域的权威性。制定发布《费用报销补充规定》《备用金管理办法》等一批经营管理制度，夯实内控管理基础。2016年投资完成率96%，经费预算控制在91%。组织完成16个工程项目、18个科研项目审计工作，推动提升合规管理水平。集团公司组织实施的6个项目档案专项验收一次性通过，油气调控中心档案工作继续保持集团公司A级评价水平。2016年办理25个团组205人次出入境手续，被评为集团公司"十二五"外事工作先进单位。

【党群工作】 2016年，油气调控中心开展"两学一做"学习教育，广大党员的政治意识、大局意识、核心意识、看齐意识进一步增强。学习贯彻党的十八届六中全会精神和《关于新形势下党内政治生活的若干准则》《中国共产党党内监督条例》文件精神，以及全国国有企业党的建设工作会议和集团公司2016年领导干部会议精神，研究制定油气调控中心《落实全面从严治党要求加强党的建设的实施细则》，对今后一个时期党建重点任务做出部署。按期完成基层党群组织换届改选和中心党委、纪委换届选举工作。开展党费补缴工作，做好政策宣贯，按期完成补缴任务。组织"重塑中国石油良好形象"大讨论活动，查摆和整改存在的问题，取得阶段成效。开展形势任务教育，深入细致做好职工思想政治工作，队伍凝聚力、向心力不断增强。开展送温暖活动，策划公司成立十周年系列庆典活动，开展各类群众性文体活动，丰富文化生活，激发爱企热情。

【反腐倡廉】 2016年，油气调控中心学习贯彻十八届中央纪委六次全会、集团公司党风廉政建设和反腐败工作会议精神，开展反腐倡廉教育，通报典型案例，发挥警示教育作用，提高各级干部廉洁从业的自觉性。落实中央八项规定精神，在重要节假日，发通知、出禁令、明纪律、早提醒，防止"四风"问题反弹。落实"两个责任"，研究制定落实党风廉政建设党委主体责任、纪委监督责任实施细则等一批重要制度文件，构建起党风廉政建设基本制度框架。逐级签订党风廉政建设责任书，层层分解任务、落实责任，保证各项要求落地生根。配合集团公司专项巡视工作，推进巡视反馈问题整改，配合巡视移交线索调查核实，对有关人员进行提醒谈话，增强遵章守纪意识。依规依纪进行纪律审查，开展重复举报专项治理，运用上级纪检监察部门的调查结果，澄清了结一批与事实不符的信件，处理一些苗头性倾向性问题。

【队伍建设】 2016年，油气调控中心修订中层管理人员聘任办法，规范干部选拔任用工作，体现公平公开公正。选拔任用中层管理人员7人，选聘技术责任工程师3人。开展油气管道调度岗位定员标准研究，核算调度岗位劳动负荷率，填补行业空白。完善薪酬分配制度，实行阶梯递进分配方式，绩效考核兑现，增强干部职工干事创业的责任意识。2016年安排现场挂职锻炼2人，选送攻读硕士学位5人，参加集团公司培训53人，有效提升职工能力素质。

（管志伟）

中国石油天然气股份有限公司管道分公司（中石油管道有限责任公司北方分公司、管道销售分公司）

【概况】 中国石油天然气股份有限公司管道分公司（中石油管道有限责任公司北方分公司、管道销售分公司）简称管道公司，位于河北省廊坊市，成立于2009年。主营业务涉及原油、天然气、成品油管道运输，管道运输的原油和天然气销售，油气管道运营服务、科研服务等。下辖输油输气、管道项目建设、管道科技研究、压缩机组维检修、油气储运技术、矿区后勤等27个处级单位，分布在全国14个省（自治区、直辖市）。

截至2016年底，管道公司在役油气管道13136千米。年输送原油能力9250万吨，年输送成品油能力1921万吨，年输送天然气能力412亿立方米。有林源、铁岭等大型储油库区，储油能力585万立方米。原油管道5081千米，主要包括漠大线、庆铁三线、庆铁四线、长吉线、中朝线、鞍大线、铁抚线、铁锦线、津华线、惠宁线、惠银线、石兰线、长呼线、日东线；成品油管道3921千米，主要包括兰郑长线（宝鸡—长沙）、港枣线、呼包鄂线、宁石化外输线、吉长线；天然气管道4134千米，主要包括沧淄线、泰青威线、冀宁线（枣庄—衡水）、平泰线（菏泽—泰安）、秦沈线、长长吉线、哈沈线（沈阳—长春）、大沈线、平山线。

2016年，管道公司被授予全国安康杯竞赛示范单位、中国石油集团公司安全生产先进单位。获集团公司科学技术进步奖二等奖、三等奖和技术发明三等奖各1项。获集团公司首届新媒体内容创作大赛一等奖1项、二等奖1项、三等奖2项。所属大庆（加格达奇）输油气分公司漠河输油站获集团公司与黑龙江省委“龙江最美人物（石油人）”称号。6个基层党组织获河北省国资委党委和中国石油天然气集团公司党组“优秀基层党组织”，11名共产党员获“优秀共产党员”及“先进党务工作者”称号。

2016年，输送原油6369万吨、成品油620万吨、天然气130.5亿立方米，销售天然气95.85亿立方米，输差损耗控制在股份公司下达的指标范围内，年节能0.56万吨标准煤。

【生产运行】 2016年，管道公司按照“平稳、均衡、效率、受控、协调”的原则，科学优化运行，强化过程管理，全面完成输油气生产、天然气保供等任务。新投产运行包括宁石化外输成品油管线、平山天然气管线等743千米管道。中朝线、中沧线、鞍大线等老旧管道安全运行，中沧线顺利停输。树立“以市场为导向、以服务创品牌”的工作理念，采取小批量多批次、冬季输送0号柴油、加剂输送等手段，促进输送品种多样化、批次密集化，扩大管输介质范围，多条管道实现增输上量。有序推进汽油、柴油质量升级和运行优化，保证国Ⅴ标准油品如期置换。完成5类16种油气管道关键设备国产化研制和应用。开展泄漏监测系统技术提升，管段误报率下降90%。加强设备预防性管理，完成172座站场检修工作，整改问题441项。以郑州分公司西平站和山东中油有限公司范镇站为试点，推进站场区域化管理，集中监视、远程巡检、集中维检修，探索生产运行管控新模式。推进电气、自控和通信自主运维，14家分公司开展自动化自主运维，4家分公司开展通信系统自主运维，12家分公司完成仪表建标。

【天然气市场开发】 2016年，管道公司按照国家“保重点、保民生、保稳定”的天然气保供政策，制定天然气销售应急方案，保证冬季应急状况下的天然气供应。根据市场快速变化，建立完善精细化、合规化和信息化销售管理体系，应对用气需求下降形势，实现稳量增效。加大高效和潜力市场开发力度，重点开发泰青威天然气管道青威段、潍东支线、沈哈线、平山线、通辽支线等主要支干线，新开发威海港华、中海日升、白山伟业、辽源华润等用户31家，与威海热电、烟台大唐桂冠等14个发电项目达成合作意向。发展辽宁省LNG液态装车用户7家。积极做好中沧线停输后全部25家用户替代气源切换工作。开展吉林、辽宁、山东三省煤改气调研，为煤改气前景规划提供资料和依据。全力推进冬季非居民用气价格上调，推价到位率100%。编制完成2017—2021年天然气销售业务滚动规划。在上海石油交易中心累计销售天然气8.16亿立方米。

【管道管理】 2016年，管道公司实施管道完整性管理，完成管道检测921千米，管道工程适用性评价1294千米，识别高后果区2820段共1910千米，评价风险管段1118处，开挖验证修复管道缺陷108处，完成8500千米中心线数据处理和2000余张影像图制作，其中采用自主研发的中心线检测（IMU）设备完成漠大线全线中心线检测。开展管道沿线土地户主、施工机械信息普查，梳理排查土地户主140563家、施工机械3328台，优化完善管道巡护工作方案，修订《管道保护管理程序》和《管道巡护工作方案模板》，2016年有效监护第三方施工1654起，整治管道占压隐患567处。9家分公司完成管道伴行光缆整治。实施大型水工保护工程27项，管道安全平稳度汛。在3614千米管道开展阴极保护专业化管理。推进“以干代练”工作，提升维抢修队伍综合素质，11支维抢修队伍609人次参与24次动火施工和废弃管线拆除。编制的《国家油气管道应急预案》作为范本在全国推广。

【工程建设】 2016年，管道公司按照“按期、优质、安全、高效、阳光”的建设目标，不断适应新的管道建设管理体制，强化组织领导，健全管理体系，加强全过程管理，工程建设按计划有序推进。重视施工新技术应用，积极推广应用全自动焊接、机械化补口、项目全生命周期和数字化设计。工程项目实现零事故、零伤害、零损失。统筹开展可行性研究、评价、预审、核准等前期工作，密切关注资源市场变化，持续优化建设方案。开展质量、HSE风险管理，严格落实“两书一表”要求，强化焊接、防腐补口等重点工序监管，明确下沟回填、试压等关键工序由参建各方签字验收。2016年，焊接管道540千米，建成站场18座。中俄天然气东线管道工程过境段、试验段按期开工。中俄原油管道二线工程扫线628千米，焊接326千米，防腐136千米。完成津华线运行管理权交接；完成压缩机组维检修中心、辽河双六储气库等项目初步验收9项；完成铁岭商储库、日东线、廊坊输气站等项目竣工验收7项。截至2016年底，在建工程项目包括中俄原油管道二线工程、中俄天然气东线管道工程、庆铁三四线对调工程、铁岭—大连管道安全改造工程（鞍山—大连）、抚顺—锦州成品油管道工程等。2016年，完成CDP文件编制36个。

【安全环保】 2016年，管道公司坚持从严监管、问题导向和标本兼治，持续夯实管理基础，不断提升执行力，全面提高风险管控能力，实现安全环保形势持续向好。强化体系审核，发现和整改问题970项，分两期对13项突出问题进行专项治理。强化重点领域风险防控，对垂杨、长沙、惠安堡储罐区实施防火堤改造。加强危险化学品罐区重大隐患排查，对54座储油罐罐前阀实施电动执行机构改造。加强污染物排放管控力度，8家单位56台锅炉安装除尘装置，“三废”均达到排放标准。认真贯彻落实新《安全生产法》《环境保护法》，加强安全环保合规管理，组织完成津华线等8个项目安全设施验收、呼包鄂线等6个项目环保验收和庆铁三线等10个项目职业健康验收。对输油气单位51个岗位和基层站队35个岗位HSE责任制进行再完善。完成全员安全环保履职考评。对18家输油气单位的站场开展站场污染源监测和职业病危害场所监测，全部签订危险废物处置协议，在263个地区完成备案；作业场所检测率100%，危害场所申报率100%，员工体检率100%。强化承包商管理，对233家入围承包商进行HSE考核评估。开展“安全生产月”和“百日交通安全专项整治”活动。开展公司级应急演练4次，实施一级动火52次。

【科技创新】 2016年，管道公司开展重大科技专项和经济效益显著、生产急需课题攻关，保温管道安全优化运行、成品油多品种输送质量控制等技术取得突破并成功应用。牵头承担、参与国家重点研发项目“油气长输管道及储运设施检验评价与安全保障技术”“地磁暴对油气管网和电网的致灾机理和规律”各1项，承担国际管道研究协会（PRCI）科研项目“油气管道针孔内检测与评价技术研究”“阴极保护腐蚀试片测量方法关键技术瓶颈及试片选择合理性研究”2项。为增输增效、降本增效提供技术支持，推广应用0号柴油冬季安全输送、稠油掺混输送、管道中心线及弯曲应变检测等技术。承担ISO 19345《管道完整性规范》（是中国承担的第一个油气管道行业的ISO标准，同时也是ISO在管道完整性管理领域的第一个纲领性标准）和ISO 20074《油气管道地质灾害风险管理技术规范》等2项国际标准，以及NACE国外先进标准《管道防腐层剥离强度测试方法》等1项国外先进标准的编制任务，主持制修订并发布国家标准《油气管道运营规范》1项、行业标准《油气管道地质灾害风险管理技术规范》等8项、集团公司企业标准《油气管道储运设施有限空间作业安全规程》等5项。新申请专利38件、软件著作权登记21件。

【党建工作】 2016年，管道公司坚持从严治党，全面加强党建工作。抓“两学一做”学习教育，坚持“五有五强化”，坚持学原文、读原著、悟原理，注重转化学习成果，引导全体党员干部用科学理论武装头脑，两级机关及基层党组织专题学习研讨886次，组织学习党章党规1263次，组织学习系列讲话1234次，讲专题党课790节，建立“党员先锋岗”“党员示范岗”“党员责任区”573个，建立基层联系点210个。深化“四好”班子建设，进一步优化干部队伍年龄、知识和专业结构。举办基层党委书记和党支部书记培训班，搭建党员学习教育信息化平台，推行“微党课”。制定惩防体系建设推进计划，建立健全落实“两个责任”任务清单、约谈制度、巡视工作规定和责任追究办法。深化“三型”党组织、“六个一”党支部、“四讲四有”党员以及党员先锋岗、党员责任区、党员示范点争创活动。着力开展“重塑中国石油良好形象”活动，扎实开展“学铁人、忆传统、树形象”“我为重塑石油形象添光彩”劳动竞赛和“讲好石油故事、重塑良好形象”主题宣传等系列活动。组织25场“中国梦·管道魂·新形象”劳动模范、先进人物事迹报告会，报告团行程21000千米，5000余人观看。

（滕　飞）

中国石油天然气股份有限公司西气东输管道分公司（西气东输销售分公司）

【概况】　中国石油天然气股份有限公司西气东输管道分公司（西气东输销售分公司）简称西气东输公司，成立于2000年3月，是中国石油天然气股份有限公司直属地区公司。西气东输管道分公司和西气东输销售分公司实行合署办公，注册地在上海市浦东新区，负责所辖范围内管道运行管理、项目建设和市场开发销售。2014年5月，股份公司以西气东输一线、二线资产成立中石油东部管道有限公司。2016年底，机关设14个职能部门和1个附属机构，设14个地区管理处、1个市场开发与销售部、1个计量测试中心、1个科技信息中心、3个项目部，管理4个股权单位；管理2个国家石油天然气大流量计量站天然气流量分站（南京、广州）和国家能源天然气长输管道技术装备研发（试验）中心，员工总数3249人，资产总额976亿元。

西气东输公司运营管道总长11070千米，途经16个省（自治区、直辖市）和香港特别行政区，站场158座，阀室439座。供气范围覆盖中国西北地区东部及中原、华东、华中、华南地区，并向华北、西南地区转供天然气，形成塔里木、柴达木、长庆、川渝四大气区以及中亚、中缅、进口LNG联网供气格局，管网一次管输能力1036亿米^3/年。

2016年，西气东输公司面对市场需求持续不振、管输成本刚性增长等困难，抓住效益、提升关键，打好开源节流、降本增效“组合拳”。实现管输商品量461.2亿立方米，同比增长9.6%；天然气销售量420.9亿立方米，同比增长7.5%；管输收入220亿元，同比增长4.9%；销售收入740.8亿元；税前利润148.3亿元，同比增长11.7%；单位管输现金成本控制在55.21元/千米^{3}之内，效益指标创历史最好水平（表1）。

表1　西气东输公司主要经营指标

指　标	2016年	2015年
天然气管网输量（亿立方米）	532.65	518.76
天然气管输商品量（亿立方米）	461.2	420.7
天然气销量（亿立方米）	420.9	391.4
资产总额（亿元）	976	966
管输收入（亿元）	220	209.8
天然气销售收入（亿元）	740.8	849.1
收入（亿元）	970.1	1068.4
利润（亿元）	148.3	132.8
税费（亿元）	56.6	45.0

【生产运行】　2016年，西气东输公司不断优化生产模式，“集中监视”“集中巡检”管理模式取得阶段性成果，非提示性报警率保持在日均万分之一以下。区域化管理试点运行取得成效，加强运维质量，人力资源协同效应明显。计量交接电子化模式覆盖率99%以上。持续优化管网运行及压缩机组匹配方案，“生

产效益模型”建立，管网运行更加平稳高效。积极开展节能项目推广应用，管网管输效能不断提升，2016年实现节能量9600吨标准煤，管道输气损耗率控制在千分之一以下。全面推进压缩机自主运维，设备总体完好率保持98%以上，压缩机组可靠性达99.9%。全线84%管道内检测完成，首轮全线管道外检测完成，第三方施工风险管控专项督查有序开展。金坛、刘庄储气库累计注气5.46亿立方米，累计采气1.58亿立方米。

【工程建设】 2016年，西气东输三线东段建成投产；中靖联络线焊接超过100千米；金坛储气库年造腔113万立方米，超计划13%。中俄东线天然气管道江北段和过江点路由基本确定，部分环境敏感点通过权和规划选址办理完成。闽粤支干线具备核准条件。2016年新增管道里程962千米，新增输气能力134亿米³/年，管网保障能力进一步增强。

【科技创新】 2016年，天然气长输管道三大关键设备国产化研制及应用持续推进，选库、建库和运行为一体的储气库完整配套技术形成，填补国内行业空白。“西气东输管道压缩机组安全运行和节能关键技术研究”“地下储气库运行安全保障技术研究”获集团公司科学技术进步奖二等奖。“天然气长输管道关键设备研制和工业性应用示范工程”国家科技重大专项通过验收。“高压天然气流量量值传递方法研究”科技项目通过验收。

【市场开发销售】 2016年，西气东输公司有效发挥市场营销龙头作用，管输量和管输收入稳步增长。组织机构更加健全，人员队伍得到充实，市场快速反应和灵活应变能力进一步提升。创新销售模式，积极参与线上平台交易，初步实现市场配置资源。积极拓展LNG自采自销业务，实现LNG销量5.85亿立方米，新增经济效益5800余万元。持续优化天然气销售流向及结构，高端市场销售量占总量60%。充分利用价格杠杆促销增量，下游直供电厂、热电厂用气量同比增加5.55亿立方米。市场开发力度进一步加大，新增用户31家，新增天然气销售量2.58亿立方米。

【安全环保】 2016年，西气东输公司以强化风险管控、补齐管理短板为目标，不断完善HSE体系量化审核标准，体系运行水平进一步提升，安全管理基础进一步巩固。以HSE履职能力评估为抓手，安全环保责任制落实全面推进，实现考评工作标准化、信息化、硬兑现。全面分析近5年共10次体系审核问题清单，举一反三制定整改措施，在全线站场对照排查。组织编制《基层站队标准化管理手册总则》及岗位作业、基础管理、设备设施、视觉形象、员工之家5个分册，基层站队标准化建设全面启动，基层管理流程进一步优化，岗位操作行为更加规范。重大风险隐患得到有效管控，识别高后果区1430段，上级挂牌督办项目提前完成，风险防控水平稳步提升。深入开展现场安全生产大检查，2310项各类问题隐患治理完成。进一步加强应急体系建设，现场“一案一卡”更加完善。推行“以干代练”，应急抢修能力明显提升。面对华中、华南等地严峻洪灾，落实责任，严防死守，实现安全度汛。特殊敏感时段安保防恐任务圆满完成，集团公司多次通令嘉奖。

【党建和精神文明建设】 2016年，西气东输公司以安全生产联系点为依托，整合党建、党风廉政建设、信访维稳等建立“四联点”制度。选拔年轻处级干部11名，交流处级干部23人次，干部年龄和知识结构更趋合理，干部队伍建设稳步推进。落实“处级干部驻站跟班”，促进领导干部切实转变作风。逐项落实集团公司巡视反馈问题整改，启动公司内部巡视，两轮巡视6个单位，发现问题132个，党风廉政建设严格落实。焦卫平获2016年上海市“五一劳动奖章”，“常大伟管输技术劳动模范创新工作室”获上海市经济和信息化工作系统工会命名授牌，群团工作特色突出。

（赵新好）

中石油北京天然气管道有限公司

【概况】 中石油北京天然气管道有限公司（简称北京管道公司）成立于1991年7月，主要负责陕京管道输配气系统的运营管理。北京管道公司是中国石油天然气集团公司和北京市政府合资建立的股份制公司。1999年11月，中国石油天然气股份有限公司成立后，公司出资代表改为中国石油天然气股份有限公司；2011年12月，出资代表改为昆仑能源。北京市出资代表为北京控股集团。公司法人治理结构包括股东会、董事会、监事会、总经理工作班子；机关设16个职能处室，所属9个单位，有员工2522人。陕京管道输配气系统主要包括陕京一线、陕京二线、陕京三线、永唐秦管线、唐山LNG外输管线、大唐煤制气北京段管线、大港和华北储气库群及其配套管道，总长4209千米。主力管线陕京一线、陕京二线、陕京三线设计最大输气能力350亿米^3/年。主力气源为长庆油田天然气、中亚管道天然气、塔里木油田天然气，辅助气源为大唐煤制气、唐山LNG。在天津大港、河北永清分别建有大港储气库、华北储气库两个储气库群，有9座季节性调峰地下天然气储气库。

2016年，北京管道公司输送商品天然气336.28亿立方米（表1），同比增长2%（其中向北京市供气160亿立方米，同比增长9.7%）；管输利润、单位现金成本、投资资本回报率、EVA等指标均超额完成；实现安全运行无事故；员工队伍总体和谐稳定。

表1 北京管道公司主要运营指标

指 标	2016年	2015年
天然气管网输量（亿立方米）	355.53	329.14
天然气管输商品量（亿立方米）	336.28	329.33

【输气生产】 2016年，北京管道公司推进站场远控功能改造、区域化管理，全线50座分输站、6座压气站实现远程控制功能。实施站场更新改造115项，减少各级密封点404个。加强工艺设施、通讯自控、仪表计量、压力容器、特种设备等的完整性管理，加强压缩机组运行管理，机组运维保养计划完成率100%，2016年运行20万小时，同比增加4.6万小时。储气库2016年注气22.69亿立方米。

【工程建设】 2016年，北京管道公司用时5个月完成宝坻—香河—西集联络线立项审批核准，101天完成施工建设，创造管道建设新纪录，受到集团公司表彰奖励。组织完成港清三线霸州至永清段投产。安平站增压工程具备投产条件。6月起，陕京四线输气管道工程由管道建设项目经理部移交北京管道公司负责，于7月点火开焊，截至2016年底完成焊接171.3千米、扫线319千米，隧道工程进度可控。推进分输站建设投运，促进下游天然气市场开发。

【开源节流降本增效】 2016年，北京管道公司定为“成本控制年”，明确12个方面27项具体措施，全年实现开源节流降本增效5.45亿元。按照投资类压减10%、费用类压减6%下达指标。开展压缩机组节能监测。通过先平压再放空，减少动火连头作业放空气量173万立方米。2016年实现节能5866吨标准煤，完成计划202%。通过物资储备定额管理、代储代购、国产化替代等措施，节约采购资金1.8%，平库利库6738万元。陕京四线通过谈判调价，降低工程投资3.09亿元。推进非核心业务外包、外委，降低用工成本和法律风险。

【安全环保】 2016年，北京管道公司开展管道安全隐患排查整治，推进基层标准化建设。按照“一个平台、一个体系”要求，推进体系融合工作，基础管理体系10月上线试运行。建立完善QHSE管理体系量化审核标准，加大量化审核挂钩考核力度，专业公司对北京管道公司量化审核得分90.3分，为优秀级。推进风险分级管控，开展危害因素识别评价。开展全员隐患排查和安全环保巡查，识别隐患、问题142项，均整改完毕或采取有效管控措施。2016年实施各类作业1311项，其中二级以上热工作业40项。开展全员HSE履职能力建设，组织进行事件学习和行为安全管理。推进“五型”班组（HSE标准化站队）建设，“五型”总体达标率90.6%。维抢修队伍多次实施重大施工作业、处置应急事件，发挥应急保障作用。

【抗洪抢险】 2016年，陕京管道途经的陕西省、山西省、河北省、北京市多地遭遇暴雨袭击，山西省阳曲县、河北省井陉县等地达到百年一遇量级，造成陕京管道多处悬空露管、阀室沉降、站场水淹、道路阻断，全年水毁达1071处，其中露管悬空83处。北京管道公司启动应急预案，各应急保障组迅速展开抢险工作。投入超过1.2亿元专项资金治理水毁，所有水毁管段均得到治理恢复，其中对河北省井陉县165米露管段采取改线措施。

【党建和企业文化建设】 2016年，北京管道公司召开第二次党员代表大会，选举产生新一届党委和纪委，明确加强企业党建工作的思路和措施。在公司章程中增加加强企业党建工作、发挥党委政治核心作用的内容，使党建工作融入中心具有法理依据。推进标准化党支部建设和基层党支部分类定级考核，党组织健全率100%。完善党员干部日常管理监督、党建工作考评等制度。贯彻“两个责任”实施细则和责任清单；运用监督执纪“四种形态”，层层开展廉洁从业谈话333人次；公司纪委制定公司《转变作风实施细则》和党员领导干部操办婚丧嫁娶等管理制度。开展各类党内培训131项，建立员工个人培训台账。发挥文化引领作用，支持群团组织深入联系群众、发动群众，弘扬奉献陕京、保障首都主旋律。

（郭 川）

中国石油天然气股份有限公司西部管道分公司（中国石油天然气股份有限公司西部管道销售分公司）

【概况】 中国石油天然气股份有限公司西部管道分公司（中国石油天然气股份有限公司西部管道销售分公司）简称西部管道，有中国石油集团西部管道有限责任公司、中国石油天然气股份有限公司西部管道销售分公司、中国石油天然气股份有限公司西部管道分公司、中石油西北联合管道有限责任公司和中石油管道联合有限公司西部分公司“五块牌子”，实行“一个机构、分账核算”。负责甘肃省与宁夏回族自治区交界以西的天然气管道和甘肃省兰州市以西的原油、成品油管道运营管理；负责新疆、甘肃、青海等省（自治区）的天然气市场开发与销售业务；负责所辖管道输送原油的购销工作；负责区域内的油气储运项目建设；受托管理鄯善和兰州原油商业储备库。2016年12月，中国石油天然气股份有限公司西部管道销售分公司天然气销售业务及人员划转至中国石油天然气股份有限公司天然气销售西部分公司，原油销售业务仍归西部管道销售分公司管理。2016年底，西部管道负责运营管理西气东输一线、二线、三线西段和西部原油成品油等油气管道干（支）线66条，管道总里程1.66万千米，总库容727万立方米，管理资产规模1464亿元，用工总数3140人，管输业务全部纳入融资合作平台，设13个职能部门、11个二级单位（其中有7家分公司）、5个机关附属单位。天然气、原油、成品油干线年输送能力分别达到770亿立方米、2000万吨、1000万吨。

【油气业务】 2016年，西部管道围绕提升管输效率效益，优化生产运行方案，所辖管网保持安全平稳高效运行。面对天然气输量快速提升压力，完善西气东输系统联合运行方案，建立管输能耗模型，实现西气东输一线、二线、三线和涩宁兰双线低能耗联合安全运行，同比增输天然气40亿立方米。开展管道适应能力和适应性技术研究，完成西气东输二线西段大排量测试，初步探明输量边界。根据上游资源，完善原油管网运行方案，加强管输新技术研究运用，通过掺混输送、密闭输送、加剂输送等措施，原油管网实现常温顺序输送，大型油库实现常温冷储。在混油切割、批次优化、储罐综合利用上深挖潜力，实现小品种、多批次顺序输送，满足新疆维吾尔自治区炼油厂扩能后成品油外输需要。配合国家国Ⅴ标准成品油升级，完成4家炼油厂、7条管线共计140万立方米的国Ⅴ标准汽油、柴油升级置换工作。2016年累计输送天然气585亿立方米、原油1930万吨、成品油1255万吨，销售天然气95亿立方米（表1）。

表1　西部管道主要运营指标

指　标	2016年	2015年
原油管网输油量（万吨）	1930	2051
天然气管网输气量（亿立方米）	585	568
成品油管网输油量（万吨）	1255	475
天然气销量（亿立方米）	95	93

【降本增效】 2016年，西部管道研究管输价格调整的应对策略，系统分析管输收入、经营利润等方面的风险挑战，制定实施年度开源节流降本增效方案，细化分解挖潜目标责任。推进管网公平开放，代输外部原油增加管输收入747万元。天然气销售实施“先款后货”等创新措施，税前利润较预算指标增加8300万元。运用电力体制改革政策，优化电驱和燃驱压缩机组开机组合，压缩机喘振测试实现零排放，实现节能2.3万吨标准煤，超额完成年度计划。优化投资结构，2016年节约投资3870万元，审计审减工程支出595万元，造价估概算审减资金3524万元。运用增值税即征即退政策，回收兰州国家储备库1.9亿元欠款，2016年财务费用较预算挖潜4000万元。物资库存持续下降，累计降库5200万元，库存降低率9.5%。

【工程建设】 2016年，西部管道接管集中建设项目管理工作，优化整合项目管理机构，强化对土地管理、竣工验收、项目设计管理，开展西气东输三线及轮南—吐鲁番天然气管道支干线二期电驱压缩机组投产劳动竞赛，完成9座压气站所辖30台新增压缩机组投产测试工作，机组投入商业运行，为天然气管网平稳运行和冬季保供提供强有力保障。西气东输四线前期工作取得进展，西气东输二线、三线北天山备用管道工程完成可行性研究报告，王化原油管道工程等7个项目完成竣工验收。稳步开展土地管理和征地协调工作，完成王家沟油库原新捷土地划转，兰州储备库工程征地范围内剩余拆迁，工程占压全面清理。

【科技创新】 2016年，西部管道承办中国油气储运技术交流大会。立项实施“油气管道应力检测及消减调控技术”等11个项目，完成“西部天然气管网增输技术研究顶层设计”等7个项目研究。作为牵头单位，承担集团公司科研项目“油气管道可靠运行关键技术”研究任务。国家大流量计量站乌鲁木齐分站投产运行，与烟墩阀门试验场、昌吉阀门试验场、管道断裂试验场、牵拉试验场形成西部管道5大科技平台。在管道断裂控制试验场完成OD1422毫米X80钢级直焊缝/螺旋焊缝钢管、OD1219毫米X90钢级钢管3次管道全尺寸爆破试验，试验结果为中俄原油管道东线规模应用直径1422毫米X80钢级管材提供依据，成果列入2016年中国石油十大科技进展。完成56英寸900磅级全焊接球阀国产化工业试验，推广应用止回阀等特种阀门，输气管道泄漏次声检测系统、直径1016毫米输气管道三轴三维超高清漏磁内检测装置被列入集团公司2016年度自主创新重要产品目录。“油气长输管道建设项目全过程造价管理体系关键技术与方法研究”获2016年集团公司科学技术进步奖二等奖，“含蜡原油管道蜡沉积预测技术研究与应用”获中国石油和化学工业联合会科学技术进步奖一等奖，基层员工“小改小革”获省部级及以上优秀QC成果13项。西部管道被评为集团公司“十二五”科技和信息化“双先进”单位。

【企业管理】 2016年，西部管道立足市场经济下的现代企业管理，务实创新贯穿发展各领域全过程，全面总结基础管理体系融合试点经验，研究建立体系信息化评审程序，发布实施多维度审核标准，开展评审工作，制修订体系文件203个，体系文件的有效性持续增强，体系融合创新成果获第二十九届全国石油石化企业管理现代化创新优秀成果一等奖和2016年集团公司优秀管理创新成果一等奖。坚持集中监视、集中巡检、集中维护管控模式，规范执行巡检制度，站场区域化管理逐步成熟。HSE标准化和绿色站队创建内容系统融入标准化建设，推进抢修标准化试点，发布实施抢修作业“三个手册、一部视频”，挂牌授星6个标准化标杆作业区（站队），HSE标准化达标率增至87%。立足夯实有质量有效益可持续内涵式发展基础，10月27—28日，西部管道召开党委（扩大）会议，专题研究加快转变员工思想观念、提升员工队伍能力素质、完善员工激励约束机制3个议题。有序推进行政与党群、机关与基层、工程建设与生产运行岗位人员交叉互换。完成基层作业岗位聘任，深化员工技术技能“双通道”，充实技术技能专家队伍。研究制定激励约束机制专项方案，业绩量化考核成为广泛共识。西部管道“十三五”规划正式发布实施，总体规划及各项业务保障规划、区域规划、专项规划滚动更新。

【安全环保】 2016年，西部管道稳步开展“安全生产月”活动，提高员工安全能力，全面推进安全责任体系，有效落实有感领导、直线责任、属地管理，完成员工安全环保履职能力评估。建立健全高后果区风险分级管理机制，有效管控重大风险隐患，启动实施果子沟段管道风险治理项目。完成管道内检测1724千米，修复各类管道本体缺陷407处，管道线路和站场阴极保护有效率分别达99.7%和95%，完成以干代练一级动火作业66次。完成甘肃省挂牌督办的甘南管道14处占压拆迁，在役管道实现“零占压”。举办果子沟陡坡换管抢修实战演练，及时有效处置涩宁兰刘化支线露管等169处水毁险情。完成G20峰会等各个特殊阶段的防恐维稳任务，连续8年受到集团公司嘉勉。在2016年上半年集团公司HSE管理体系量化审核中，西部管道得分位列管道板块首位，被评为“A2优秀级”。

【党建工作】 2016年，西部管道始终把从严治党作为企业发展的独特优势，坚持融入中心、服务大局，从严从实抓好党建思想政治工作。扎实推进思想建设，全面开展“两学一做”学习教育，严格实施专题党课、专题研讨等规定动作，党内教育迈向常态化、长效化。切实加强组织建设，逐步规范党的组织生活，完成基层党组织全部换届选举，有效保障党员的选举权利；坚持用人标准，严格干部选聘，提拔交流处级管理人员36人次，不断优化班子结构。持续改进干部作风，宣贯“石油精神”，价值理念深入人心，持续深化“重塑中国石油良好形象”大讨论活动，霍尔果斯作业区党支部作为报告团唯一先进集体，在集团公司“开展两学一做、重塑良好形象”专题报告会上巡回宣讲。《国门有我》短片获第四届全国品牌故事微电影比赛一等奖。严格落实党风廉政建设“两个责任”，健全廉洁风险防控机制，全面启动西部管道党内巡视工作，有效实践监督执纪“四种形态”，先后廉政约谈32名党委管理干部，营造风清气正的良好环境。集团公司党组专项巡视反馈问题整改取得阶段性成效，整改销项问题20个，并向全体员工公示。

群团组织活力不断增强，举办西气东输三线和轮南—吐鲁番支干线压缩机组投产等主题劳动竞赛、第二届站队长论坛，西部管道工会被评为新疆维吾尔自治区模范职工之家红旗单位。开展“访民情惠民生聚民心”和“民族团结一家亲”活动，精准扶贫新疆维吾尔自治区乌什县阿克托海乡阿克博孜村，得到当地政府的高度评价和村民的赞誉。

（王洪虎）

中国石油天然气股份有限公司西南管道分公司（中国石油天然气股份有限公司西南管道销售分公司、中国石油集团西南管道有限公司）

【概况】 中国石油天然气股份有限公司西南管道分公司（中国石油天然气股份有限公司西南管道销售分公司、中国石油集团西南管道有限公司）简称西南管道，是股份公司直属管道地区公司，成立于2011年11月25日，设10个机关处室、2个直属单位和10个基层单位，用工总量2495人。西南管道按照“三块牌子、一个机构”的管理模式运营中缅线（国内段）、中贵线、西气东输二线广南支干线天然气管道及兰成渝、兰郑长（甘肃段）成品油管道、兰成原油管道等油气管道7862千米，其中原油管道880千米、成品油管道1831千米、天然气管道5151千米，管线覆盖川、渝、滇、黔、桂、陕、甘、宁八省（自治区、直辖市）。

2016年，输送原油678.32万吨、成品油785.38万吨、天然气76.47亿标准立方米，销售天然气13.59亿立方米，完成收入241.41亿元，实现利润27.68亿元（表1）。

表1　西南管道输气管线、成品油管道、原油管道管输完成情况

管道类型	管线名称	年计划量（万吨）	2016年完成量（万吨）	2015年完成量（万吨）
输气管线	中贵线	90.93	34.49	37.74
	中缅线	90.93	41.75	46.23
	广南线	90.93	0.23	0.17
成品油管道	兰成渝	670	628.68	694.06
	彭州注入	70	63.68	73.30
	兰郑长	130	93.02	151.95
原油管道	兰成线	692	678.32	734.10

【油气业务】 2016年，西南管道科学组织生产运行，系统分析中缅线、中贵线管道沿线的市场资源，调整优化油气管道流向，努力提高中贵线、中缅线贵阳—贵港段、广南线管输量，日增加输气量约300万标准立方米。加快油气管道增输改造，有序推进中贵线江津站、固原站、广元站、贵阳站压缩机组的建设投产和中贵线反输改造。完成兰成渝管道成渝段增输改造，实现成渝段增输至350万吨/年，兰成原油管道掺混长庆油比例由过去的14%提高到25%，完成国Ⅴ标准汽油、柴油油品置换作业，开展兰成渝管道拖尾油研究和减阻剂测试，努力提高管道运行效益。不断优化运行管控，专题研究部署计量管理、输差控制，加强电气、通信、仪表自动化春秋检工作。狠抓降本增效，研究制定《开源节流降本增效实施方案》，层层落实具体目标和工作任务，规范生产运行管理，关注高能耗设备数据监测，合理调整高能耗设备运行配置，实现节能约2675.5吨标准煤。严把项目立项关，加强投资管理，严格压缩非生产性费用支出。优化物资仓储和备品备件管理，统筹调剂闲置、低效设备设施及物资材料。调动员工实施“小改小革”的积极性和创造性，群策群力降成本，2016年实现降本增效14655万元，超额完成集团公司下达的降本增效任务目标。

【工程建设】 2016年，西南管道组织投产14次，投产天然气分输站3座，包括中缅天然气管道丽江支线大理站、由中贵联络线71号阀室引气的清镇输气站和由中缅天然气管道38号阀室引气的六枝输气站。中贵线江津分输压气站3台（套）国产压缩机组投入使用。2016年，完成13个站场阀室分输改扩建项目，并为云南、贵州和广西三省（自治区）天然气工程项目投产供气。

【管道管理】 2016年，西南管道强化“治早治小”、系统防范工作思路，抓苗头管理，动态开展地灾隐患排查整治，有效预防各类小隐患的恶化演变。坚持汛期两级领导班子24小时带班值守制度，及时配备应急抢险物资，大力开展防汛岗位练兵，加强管道汛期巡护，严密关注重点管段，确保管道安全度汛。汛期启动应急抢险74次，成功处置中贵线铜梁K1095+115米处漏气事件、中缅天然气管道K1358+200米滑坡、燕楼—孟关支线K7+200米滑坡等突发事件。推广科学巡线，合理设置巡检频率，光缆断缆次数由2015年的12次下降到2016年的1次。持续整合维抢修资源，优化维抢修建设布局，建设完成安宁维修队及广元、重庆、梧州、张家川4个维修班，修订完善应急预案，有针对性开展应急演练和突击拉练，以建设国家油气管道应急救援基地为契机，进一步提升维抢修分公司应急处置能力。

【完整性管理】 2016年，西南管道完整性管理覆盖率100%，在役管线高后果区识别率100%，高后果区风险响应率100%。完成中缅天然气管道（瑞丽—弥渡）、中贵线（广元—南充）631千米管道内检测，完成管道防腐层常规检漏1737千米，完成高风险管体缺陷修复245处。阴级保护系统总体运行平稳，投运率100%。

【资产管理】 2016年，西南管道固定资产原值545.42亿元，累计折旧97.12亿元，净值448.29亿元。当年增加固定资产原值20.22亿元，净值20.21亿元；当年减少固定资产原值3510万元，净值1272万元；当年计提折旧20.97亿元。2016年新构建完工转资增加固定资产原值11.86亿元，因跨地区公司间资产划拨，增加固定资产原值8.36亿元。2016年由于资产报废以及超标车辆出售等原因减少固定资产原值3510万元。

【科技创新】 2016年，西南管道坚持做好科技项目管理，保障科技项目规范有序开展，积极开展科技活动，活跃企业科技创新氛围。完成《科技项目管理程序》等3个体系文件和6个内控流程的梳理修订。2项公司级课题和4项专业公司级课题顺利结题验收，取得6项科研技术成果、6项有形化成果、1项发明专利和5项实用新型专利。成功举办优秀论文、技术（管理）创新及“小改小革”奖励评选活动。

【合规管理】 2016年，西南管道严格执行“三重一大”决策程序，落实选人用人、物资采购、工程管理、“五项”费用“四公开”制度并严格监督落实，按照集体决策程序审议完成65个招标项目。进一步加强合同管理，合同标准文本使用率97%。启用合同系统水印防伪功能，加大合同法律风险防控力度，事后合同比例逐年大幅减少，2015年事后合同比例3%、2016年事后合同比例下降至0.8%。加强承包商合规管理，开展违法转包、违法分包、违规选商等行为专项检查，完成三类承包商及检维修类承包商准入30家。强化执纪监督问责，抓好审计、纪检、监察各项业务工作，完成审计项目22项，发现问题239个，提出审计意见和建议239条。修订完善相关制度，发布《“三重一大”实施细则》等管理制度12项。完成对兰成渝分公司、重庆分公司、贵阳分公司和贵州管网公司的专项巡查，起到良好的督察效果。

【销售与市场开发】 2016年，西南管道在经济增速放缓、下行压力加大的形势下，主动靠前服务，加强协调，优化省管网接气模式，按照“量价互动、精准促销”的原则，制定淡季促销措施。积极推动贵州六枝—六盘水支线、清镇支线以及云南禄丰、巍山等下游用气项目按期投产，投产新用户14家，2016年完成天然气销售量13.59亿立方米。

【安全环保】 2016年，西南管道坚持安全第一要务，狠抓隐患整治。顺利实施一级动火作业29次，二级、三级动火作业395次，消除重大隐患14处。顺利完成中缅线绝缘接头更换、42号阀室搬迁，中贵线2处改线、南部站整体搬迁、46号阀室下游2千米管道缺陷修复等工作。消除兰成渝管道陇西、阳坝和罗江3处管道占压重大隐患，“三年隐患治理攻坚战”中排查出的229处隐患全部完成销项。对兰成渝管道清江河穿越段埋深不足的隐患实施定向钻穿越改造，消除管道运行存在的安全隐患和风险。组织开展油库专项安全检查，对发现的20项重大隐患进行督办整改，开展油库消防专项应急演练，完善应急预案、加强企地联动、提升队伍应急处置能力。依据新的法律法规及ISO 9001：2015标准，组织开展体系文件适用性分析及升版工作，对生产类148个体系文件进行优化和完善，文件数量减少17个，完成297个C版体系文件发布，完成体系文件管理平台升级。对所属50多个站队、30多个线路阀室和施工点开展体系内审，对兰成渝、重庆、昆明及昆明维抢修等4家分公司开展量化体系审核，发现问题及建议项532项，整改率100%，所属86座在役油气站场全部实现HSE标准化达标。强化交通安全监管，通过GPS监控平台抽查车辆549台3016车次，全年无重大交通安全事故。组织中缅油气管道安全评估与管理诊断工作，对诊断评估提出的37项问题进行整改。开展环境风险识别，升级环保处理设备设施，确保合规排放，2016年无安全环保事件发生，被评为集团公司年度安全生产先进单位和环境保护先进单位。

【党建工作】 2016年，西南管道扎实推进“两学一做”学习教育制度化常态化。规范党内政治生活，强化两级党委中心组学习，完善领导班子民主生活会、党支部组织生活会、民主评议党员、“三会一课”等制度。严格落实“两个责任”，对中央巡视反馈、集团公司专项检查和审计发现问题不等不拖、立查立改。组织开展党内巡查，发挥巡查利剑作用，研究制定《党委巡视工作办法》和《党内专项巡查工作方案》。高度重视换届选举工作，完成8个党委、87个党支部的按期换届选举。举办党组织书记示范培训班，开展基层党组织书记轮训工作，参训700余人次，实现100%全覆盖。深入开展青年创新创效和技术比武活动，适时举办员工运动会、“五四”青年节演讲比赛等文体活动，进一步激发员工立足本职、奉献管道的工作热情。

（张　翔）

中国石油天然气股份有限公司管道建设项目经理部

【概况】 中国石油天然气股份有限公司管道建设项目经理部（简称管道项目经理部）2007年2月15日由股份公司批准成立，总部设在北京。按照中国石油“建管分离”和统一组织领导、统一工作方法、统一工作标准、统一工作程序要求，管道项目经理部代表中国石油新建长输管道项目实施专业化集中统一运作与组织管理，承担中国陆上能源战略通道和国家油气骨干管网建设任务。设12处室、10项目部，员工286人，其中合同化员工93人、借聘员工142人、市场化员工51人。本科及以上学历267人，其中博士生4人，硕士研究生39人，本科学历224人。教授级高级工程师7名，高级工程师86人，工程师110人。

管道项目经理部用不到过去一个重大管道项目一半管理人员，承担西气东输二线（简称西二线）和西气东输三线（简称西三线）、中缅油气管道（国内段）和中俄原油管道漠河—大庆线（简称漠大线）等49个管道建设项目。截至2016年底，管道项目经理部完成工程建设投资2685.8亿元，组织完成管道建设里程3.09万千米，覆盖全国30个省、自治区、直辖市和特别行政区，打通四大能源战略通道，连通海外、覆盖全国、横跨东西、纵贯南北油气骨干管网格局基本形成，中国油气管道总里程超过12万千米，近10亿人从中受益，体现少人、高效、专业化管理优势，中国石油利益实现最大化。

2016年，中国石油调整管道建设体制，由“建管分离”向“谁使用、谁建设”建设体制转变，管道项目经理部重组转型，承担西三线等12个在建项目和西二线等27项目验收收尾工作。

【重点项目建设】 2016年，管道项目经理部破解项目施工进场、征地外协等难题，加快推进项目建设。完成焊接里程89千米，回填128千米；组织建设站场17座，阀室58座；完成建设投资35亿元。西三线（东段）等6条管线建成投运，云南成品油管道收官在即。

西三线（东段）建设克服沿途地形条件复杂、地方规划调整导致线路变更多、要求严格等难题，做好现场组织协调，加大施工资源投入，超前谋划合规投产手续办理，2016年12月12日建成通气，把中亚天然气送抵福州，新华社、《人民日报》、中央电视台、中央人民广播电台等27家媒体采访报道，广播、电视、报刊和网络新媒体全覆盖，树立了中国石油良好形象。云南成品油管道面对滇中新区改线、外电施工难度大等问题，调整工作思路，多措并举，加快推进用地报批、站场进场、外协征地等进度，仅用7个月完成站场建设，奠定工程建设收官基础。锦州—郑州成品油管道（简称锦郑成品油管道）作为国务院重点督办项目，面临工期紧、路由规划调整多、外协难度大等诸多不利因素，管道项目经理部领导反复深入施工一线、现场办公，加大施工组织和外协投入力度，山海关、宝坻等外协难点取得突破性进展。截至2016年底，锦郑成品油管道完成线路焊接1400.28千米、回填1225千米，完成铁路、公路、河流穿越38处，工程建设整体进度77%。2016年，管道项目经理部统筹组织19座压气站60台压缩机组建设任务，按期完成11座压气站37台压缩机组投产和移交工作。

【企业重组转型】 2016年6月8日，中国石油调整管道建设体制，由集中建设向“谁运行、谁建设”转变，管道项目经理部重组转型，企业进入存续和员工转岗分流阶段，大量收尾工作接踵而至。

管道项目经理部严格按照集团公司党组要求履行工作职责，全力做好后续工作。耐心细致做好员工队伍思想政治工作，通过各种方式释疑解惑，各单位领导与每一位员工“一对一”谈心，充分了解员工所思所想，解决问题和困难，化解矛盾，排查隐患，引导干部员工保持积极向上心态，维护员工队伍稳定。组织撰写《站好最后一班岗是一种职业素养》《不忘初心，继续前行》等系列报道，通过宣传典型人物和事迹传播正能量，稳定员工队伍思想，鼓舞员工士气。

针对人员安置和重新上岗难题，集团公司党组高度重视，给予政策支持，与各相关部门和单位沟通协调，使管道项目经理部干部员工接收单位从5家增至14家，挤出80多个管理岗位供管道项目经理部干部员工选择。同时，管道项目经理部协调各方力量，同5家管道运行企业及借聘员工所在32家局级单位沟通对接，员工分流安置工作平稳有序，确保队伍不散、人心稳定、工作不出纰漏，体制调整工作平稳有序落实。截至2016年底，59名员工转岗分流。

【企业管理】 2016年，管道项目经理部创新管理手段，推进技术创新，加强风险防控，项目管控能力不断提升。

推进科技创新。组织完成油气长输管道AUT广义可靠性理论及评价体系，国内陆地长输管道自动焊+自动超声检测一体化施工提供技术支撑，填补国内技术空白。基本完成“建设期油气管道内腐蚀原因分析及防控技术研究”，有效解决建成长期未投产管道、钢管及管段内部发生腐蚀问题，延长管道使用寿命，经济效益可观。X90/OD1219毫米—15.3毫米钢管产品完成鉴定，标志中国具备X90管线钢管生产能力以及建设X90管道基本条件。进一步激活专业研究创新能力，先后完成“压气站余热利用项目”等课题研究和验收，为后续压气站建设及余热再利用等提供理论指导。

履行审计职能。全程跟踪审计方案执行与上线情况，建立审计日报及多方沟通协调制度，严控审计过程质量，完成湘潭—娄底—邵阳天然气管道（简称湘娄邵）结算审计，审减511.13万元。组织陕京三线水保等13项久拖未决问题管理写实，界定产生原因及职责界面，对问题解决提供参考依据；以项目审计调研为契机，梳理各类合同4201份，涉及金额1878.17亿元，发现制约审计条件问题53项。深化预算管理，健全完善预算考核和评价机制，根据工程建设和人员分流实际，采取阶梯式车辆租赁管理方式，严控“五项”费用，管理成本同比下降13.26%。

依法合规管控。妥善处理纠纷案件，发挥法律论证和法律风险职能，及时跟进案件审理情况，有效开展应诉活动。2016年，管道项目经理部处理纠纷案件31起，涉案金额6.25亿元，结案率71%。注重合同索赔管理，促进合同索赔工作常态化。全年完成5项物资采购合同交货延迟索赔，索赔金额641万元。

【项目收尾移交】 2016年，管道项目经理部充分认识后续收尾工作的紧迫性和严峻性，加快推进项目结决算、合同清理、剩余物资处置等工作，奠定项目收尾及顺利移交的坚实基础。加快竣工验收。严格验收材料审查及过程责任追究，并纳入综合计划动态跟踪，保证验收一次通过。完成涩北—西宁—兰州天然气管道复线（简称涩复线）等4个项目初步验收、香港支线等4个项目竣工验收，西二线（东段）环保验收等40项专项验收，西二线（西段）等2个项目档案验收，创造项目顺利移交先决条件；完成陕京三线等33个项目竣工结算，西二线（西段）等18个项目决算转资。

加快项目结算。以合同关闭为主线，以三级计划为抓手，采取分项目、旬循环汇报方式，全面梳理竣工资料、合同结算及尾款支付存在问题，建立问题销项大表，加快项目结算工作。2016年，完成33个项目竣工结算工作，结算总额1169亿元；加快项目决算转资，全年完成西二线（西段）等4个项目竣工决算编制，决算金额440.78亿元，节约投资9.67亿元，累计完成决算金额633.65亿元。完成西二线（西段）等4个项目转资工作，转资金额433.32亿元。

加大遗留问题整改力度。坚持与运行单位对接、整改协调会议制度，加快管道占压等久拖不决问题整改。2016年，整改项目群遗留问题和质保期问题187项，完成率86%。

加快项目移交进度。建立与运行单位沟通协调机制，协商确定移交原则、方式和具体安排，组织移交新开项目完成初步设计、焊接工艺评定、地理信息系统等资料，移交签署合同108项，主动承担并解决移交过程出现问题。2016 年，4 个项目组织移交。

加快合同清理和关闭。通过分析梳理制约合同关闭关键因素，组织编制并细化合同关闭三级计划，加强执行监督，2016 年关闭合同 868 份。截至 2016 年底，项目群累计关闭合同 5544 份，合同关闭率 83%。

持续推进用地“三证”办理。全面清理外协遗留难点问题，保障管道建设依法依规用地。截至 2016 年底，管道项目经理部 45 个单独核准项目中 34 个项目获永久征地批复，23 个项目用地“三证”工作全部关闭，办理永久征地 1553.1 万平方米；“三证”办理完成 2937 个，完成率 65.8%。

【安全环保】 2016 年，管道项目经理部着力落实质量安全监管责任，加大专项检查和隐患治理，工程质量稳步提升，安全管理形势稳中向好。全年焊接一次合格率 97.43%，防腐补口一次合格率 99.9%，工程单位工程合格率 100%。

持续开展隐患治理和飞检。按照“注重投产前监督、注重物资使用、注重关键环节控制”原则组织开展飞检工作。2016 年，组织项目群飞检 9 次，涵盖 3 个在建及建成未投产项目，涉及 39 家参建单位、4 家物资制造厂家，检查发现问题 264 项，重点问题均得解决。组织开展锦郑成品油管道线、中缅原油管道、云南成品油管道等项目进行埋深和漏点检测工作，检测抽查 682.9 千米，发现防腐层破损问题 142 个、浅埋问题 215 处，埋深不够、防腐层损伤等问题得到有效控制。

加强风险管控和事故事件管理。结合中俄原油管道漠河—大庆二线（简称漠大二线）、陕京四线、西三线中卫—靖边联络线（简称中靖线）等新开工项目特点，编制《质量 HSE 风险管理指导手册》，与招标文件同时发布，提升风险规范化管理水平。组织西三线（东段）、山东管网青岛—威海段及宁夏石化外输成品油管道（简称宁夏石化外输）试运投产方案等专项审查，严格有限空间、动火作业等施工方案中风险辨识情况审查。致力安全风险管控，推动重点项目、重点时段升级管理，有效监控和规避重大风险。2016 年排查风险 167 项，其中重大风险 36 项，并在施工过程中控制和规避。全年没有发生安全及环保事故事件。

【岗位权责清单】 2016 年，作为国家能源战略通道和国内油气骨干管网建设主要实施单位，管道项目经理部始终坚持反腐倡廉建设，突出“执纪、监督、问责”主责，教育和引导广大干部员工，践行“三不倒”党风建设总目标，充分吸收和利用国家审计署、集团公司审计监察成果，规范管道建设各环节，在实现企业管理提升中发挥促进作用。

2015 年 6 月，管道项目经理部组织各职能部门，依据部门职责、岗位职责、体系文件和对外合同条款，各处室、项目部行使各项职权及其依据、行使主体、运行流程、对应责任等，以清单形式明确列示，编制形成各部门权责清单。2016 年 4 月 28 日，《管道建设项目经理部岗位权责清单手册》发布，管道项目经理部“明权力、懂敬畏；知责任、敢担当”权力责任体系启动运行。

《管道建设项目经理部岗位权责清单》系 2013 年 12 月发布《管道建设项目经理部岗位廉洁风险防控手册》的“姊妹篇”，作为 2009 年 10 月以来开展管道建设突出问题专项治理工作深化和延续，是建立管道建设预警防控机制具体措施。

《管道建设项目经理部岗位权责清单手册》涵盖 158 管理岗位，相对应 2485 项管理职责与 2865 条管理权力责任，有助于提升项目管理者知险、明责意识。管道项目经理部全体管理人员必须在清单内规范行使权力，完成各自应尽义务，担负项目管理责任，确保管道建设总目标顺利实现。

通过建立权力清单和责任清单制度，项目管理职责权限进一步明确，加快形成边界清晰、分工合理、权责一致、运转高效、依法保障职能体系和科学有效权力监督、制约、协调机制，为确保依法合规建设提供保障。

【西气东输三线工程】 西三线是继西二线之后，党中央、国务院安排部署又一项关系国计民生，具有重大政治、经济、社会和环保意义国家重点工程。西三线建成后，每年可向沿线输送天然气 300 亿立方米，每年替代煤炭 7680 万吨，减少排放二氧化碳 1.3 亿吨、二氧化硫 144 万吨、粉尘 66 万吨，对完成国家节能减排约束性指标、改善大气环境、提高人民生活质量具有重要意义。

西三线西起新疆霍尔果斯，东至福建福州，全线包括 1 干 6 支 3 库 1 LNG 应急调峰站，全长 6790 千米，其中干线 5278 千米。干支线经过新疆、甘肃、宁夏、陕西、河南、湖北、湖南、江西、福建和广东 10 省（自治区），干线设计压力 10—12 兆帕、管道直径 1219 毫米 /1016 毫米，设计年输量 300 亿立方米。西三线主供气源来自中亚土库曼斯坦、乌兹别克斯坦、哈萨克斯坦等三国天然气，补充气源为新疆煤制天然气。西三线采取分段建设分段投产方式进行。2012 年 10 月 16 日，西三线（东段）和（西段）工程开工建设。

西三线工程建设难度与西二线基本相似，管线长度和投资规模仅次于西二线。管道沿途翻越天山、秦岭和江南丘陵等山区，穿越黄土高原、长江和黄河，中段和东段复杂山区150多条山体隧道是中国石油管道建设一次新挑战。

面对困难挑战，中国石油科学组织指挥，管道项目经理部采取分段EPC、初设招标等创新管理模式，组织带领各参建单位，树立红线意识，以生态文明工程建设为抓手，推进管道建设，用时22个月，成功打通西三线（西段）。2014年11月20日中卫站检测到纯天然气，西三线（西段）建成投产（图1）。

图1　西三线（西段）最后一道焊口施工现场（蒋万全摄）

在西三线（东段）建设中，管道项目经理部以建设生态文明工程和“零整改、零缺陷投产”为目标，加大工程组织力度，采取联合检查确认机制、焊口“身份证”信息采集管理等措施，确保工程建设优质安全、绿色环保推进。各级地方政府和沿线群众全力支持配合，管道建设者经过4年多艰苦奋战，2016年12月12日，西三线（东段）建成通气（图2）。

图2　西三线（东段）建成通气、开启阀门时刻（蒋万全摄）

【中缅油气管道（国内段）工程】　中缅油气管道西起印度洋东岸，横贯缅甸，跨越中国云南省、贵州省、广西壮族自治区，系中国继中俄、中亚和海上能源进口通道后第四条能源进口战略通道，国家“十二五”重点工程。作为“孟中印缅经济走廊”和中国与东盟国家开展互联互通基础设施建设标志性工程，在国家“一带一路”建设中意义深远。管道建成投产后，可向缅甸管道沿线和中国西南地区供应油气，近1亿人受益。

中缅油气管道（国内段）工程由中缅天然气管道、中缅原油管道和云南成品油管道组成。中缅油气管道（国内段）及云南成品油管道工程包括一干七支天然气管道、一干一支原油管道和三干五支云南成品油管道，总长约5061千米。其中：天然气管道全长约2497千米、设计年输量120亿立方米，设计压力10兆帕，管道直径1016毫米；原油管道全长约649千米，管道最高设计压力14.5兆帕，设计年输量2300万吨；成品油管道全长约1915千米，年设计输量322万吨，管道直径分别为406.4毫米、323.9毫米和219.1毫米。2012年3月15日，中缅油气管道（国内段）线路正式开工。

中缅油气管道（国内段），穿越云贵高原和横断山脉，地处印度洋板块和亚欧板块接合处，属于热带、亚热带多雨型气候，81%为山区丘陵，“三高四活跃”（高地震烈度、高地应力、高地热，新构造运动活跃、地热水环境活跃、外动力地质条件活跃、岸坡再造过程活跃）特点鲜明。沿线断裂带密布，地壳活动剧烈，地质地貌复杂，地震活动频繁，洪水、滑坡、泥石流等地质灾害频发。管道穿越瑞丽江、怒江、澜沧江3条国际河流及20多条大中型江河，64座山体隧道，在中国管道建设中首次采取三管并行、桥隧同跨等技术手段，国内外没有在如此复杂地质条件下建设管道标准和可资借鉴经验，有众多世界级难题需要攻克。这些特点使中缅油气管道（国内段）成为世界管道史上建设难度最大管道工程之一。

中缅油气管道（国内段）工期紧张在中国管道建设历史上前所未有。控制性隧道工程于2011年9月16日开工，线路工程2012年3月15日实验段开工建设。在境外段开工建设15个月情况下，留给国内段时间窗口只有14个月（图3）。

管道项目经理部在全球范围内调动各种优质建设资源，联手各方全方位展开科技攻关，带领2万多名管道建设者，汇聚中国公路以及中铁系统等一流专业队伍，科学设计，精心施工，开创中国管道建设50多项首次，工程建设优质安全环保推进。其中，澜沧江跨越工程开创多项世界管道建设纪录。

图3 中缅油气管道（国内段）在农田段规范施工现场（丁宁摄）

澜沧江峡谷山顶至江底落差大，江水深200米，跨越现场峡谷风速最大每秒33.6米，属12级飓风类型，是世界著名“风洞”。澜沧江跨越系中国管道建设“第一难”控制性工程，为中国首例悬索桥跨越3管同桥跨越工程，包括3管同隧、3管并行和“两隧一跨”，均为世界管道建设之最（图4）。面对挑战，工程采用1 ∶ 20世界上最大比例尺全桥模型风洞试验，填补中国管道跨越工程抗风研究和实践空白；首次在中国大跨度悬索管道跨越中采用刚性桥面；首次在跨越主缆施工中运用PPWS施工法；坚守“质量零缺陷、员工零伤害、环境零污染”红线，确保工程优质安全完成，澜沧江跨越工程比预定工期提前4个月贯通，控制性工程变为完全可控性工程。

中国石油人穿越“十万大山”，克服多起周边地区地震灾害影响，科学推进工程建设。2013年8月3日中缅天然气管道瑞禄段一次投产成功，国内段15个月完成工程建设并实现通气目标，全过程零事故、零污染、零伤亡、零地灾伤害，工程建设与环境保护实现双赢，中国石油人在云贵高原铸起世界管道建设史上一座丰碑。2015年3月25日，中缅油气管道（国内段）被水利部命名为“国家水土保持生态文明工程”。

截至2016年底，中缅天然气管道全部建成投产；中缅原油管道完成投产前调试工作并移交运行单位；云南成品油管道除滇中改线外，其余工程建设完成。工程项目安全、环保、职业病等专项验收工作展开，水土保持、环境保护通过国家竣工验收。

图4 中缅油气管道（国内段）澜沧江穿跨越施工现场（蒋万全摄）

【锦州—郑州成品油管道工程】 东北是中国重要原油生产和加工基地，加快构建“北油南运”成品油管道干线，建设锦郑成品油管道，在中国中原腹地形成完整成品油供应网络，有效缓解东北地区成品油产量过剩和华北、华东地区资源紧缺现象，以及各地区油品运输瓶颈问题，腾出东北进关铁路运力，支持国家振兴东北战略需要，最终形成经济合理、调运灵活的成品油管网具有重要意义。

锦郑成品油管道干线途经辽宁省、河北省、天津市和河南省，并向北京市和山东省供油，由一干两支七分线组成，管道全长1635.9千米，管道最大直径660毫米，最小直径219毫米。支干线全长1320.5千米、支线长315.4千米。设计输量分别为锦州—固安段1300万吨/年，固安—保定段800万吨/年，邯郸—郑州800万吨/年，保定—邯郸1100万吨/年。锦郑成品油管道2012年8月18日开工。

锦郑成品油管道穿越黄河等大中型河流58条、小型河流及沟渠等1404条。其中：黄河穿越长度约 11.69 千米；穿越京沈和京津等高速公路、国道、省道及Ⅱ级以上等级公路 187 次，其他低等级公路 1242 次；穿越京哈、京九等铁路 51 次；与现役管道铁秦线、秦京线、秦沈线及永唐秦管道并行长度近 400 千米，交叉 7 次。锦郑成品油管道所经辽宁、河北、天津、北京、河南等地，为全国征地协调难度最大地区，严重影响工程建设顺利推进。

国务院将锦郑成品油管道列入重点督办项目。中国石油统一组织领导，管道项目经理部坚持依法合规建设，以创建水土保持生态文明示范工程为目标，带领各参建单位加大外协工作力度，通过飞检、无损监测和监理工作专项整顿等措施，严格过程管控和质量安全环保管理，确保工程建设优质、安全、高效、环保推进。

2016 年，管道项目经理部领导不断深入施工一线、现场办公，加大施工组织和外协投入力度，协调各方破解难题，山海关、宝坻等外协难点取得突破性进展。截至 2016 年底，工程整体进度完成 77%。

【西二线香港支线竣工投产】 西二线香港支线工程是中央政府支持香港进一步发展重大战略工程和民生工程，对保障香港能源供应安全、调整能源结构、改善大气环境、实现节能减排、提升民生质量、促进香港经济社会发展意义深远。

西二线香港支线由大铲岛输气站、大铲岛陆地管道、海底管道和龙鼓滩输气末站四部分组成，全长 21 千米，包括大铲岛陆地管道 1.3 千米、海底管道 19.7 千米，其中香港海域 4.9 千米。管道直径 813 毫米，设计压力 7 兆帕，设计年输量 60 亿立方米。工程 2012 年 3 月 2 日开工。

该管道是中国最大管径、施工难度最大海底管道。管道经过深圳海域和香港海域。深圳湾系世界第二大繁忙海域，每天有 2000 多艘船舶通过该海域；管道穿越 2 个规划港区、5 条航道、5 条高速客船航线、1 个采砂区，临近 3 个锚地、友联船厂、中华白海豚保护区。香港支线 5.5 千米与崖城 13–1 海底管道并行，直接导致施工技术难度增加；路由所在海域水深分布不均，最深处龙鼓航道水深 22 米，最浅处矾石浅滩段水深小于 3 米，稍有不慎即造成船舶搁浅，加之整体海况和气象条件都较差，给施工造成诸多困难；海底管道全线挖泥量大，需投入上百艘抛泥船，抛泥点远在 70 千米外，海上施工管理难度大（图 5）。同时，海底管道所在海域海洋管理权益分散，涉及海洋、海事、渔业、航道、军事、海监、海关、边防、海警等部门及船厂、船务公司、采砂公司等相关各方，尤其是香港海域法律法规与大陆不同，施工单位及人员资质、证件、设备、环保、清关等必须按照香港政府要求执行，工程协调难度前所未有（图 6）。

图 5 西二线香港支线海底管道施工现场（蒋万全摄）

图 6 西二线香港支线海上施工现场（蒋万全摄）

面对困难与挑战，中国石油经过两年多前期准备，确立由管道项目经理部、联合体成员单位、地方政府及相关部门携手合作，“设计、采购、施工、安装总承包”（EPIC）全新管理模式推进管道建设。在项目建设过程中，中国石油全面调集国内最强施工技术和力量，参建各方齐心协力，默契合作，有序衔接，克服施工、外协等各方面困难，工程2012年12月19日建成投运，当年开工、当年投产，实现中央政府2012年底通气到香港承诺。

在工程建设过程中，党中央、国务院和国家相关部委，香港特别行政区及各级地方政府部门，全力支持与配合。中国石油管道建设者坚守“环保优先、安全第一、质量至上、以人为本”理念，攻坚克难，精益求精推进工程建设，管道焊接一次合格率99.2%，防腐一次合格率100%，开创中国管道建设30年免维修质量最高标准，实现“零事故、零伤害、零污染、依法合规”四大目标，建成国内领先、国际一流优质工程，成为造福香港民众绿色生态文明工程。

中亚天然气抵达香港，使香港青山发电厂实现气煤替换。根据香港特别行政区政府计划，至2015年，香港天然气发电比率升至50%以上。截至2016年7月29日，西二线香港支线累计输送天然气约30亿立方米，始终保持连续安全平稳运行，香港民生质量进一步提升。

2016年7月25—29日，西二线香港支线通过股份公司竣工验收，正式投入生产。

【日东原油管道竣工投产】 日照—东明原油管道（简称日东原油管道）是经山东省日照市岚山港向内陆输送能源通道，也是中国石油与山东省合作项目之一，是中国石油以全新理念建设现代化输油管道。日东原油管道工程建设，对改善中国炼油化工总体布局，调整资源配置和产品流向，促进管道沿线基础设施建设，带动地方经济发展具有重要意义。

日东原油管道起自山东省日照市岚山港，止于山东省菏泽市东明县东明石化集团有限公司。管道干线全长446.23千米，年设计输量1000万吨，管道直径610—711毫米，设计压力8兆帕。该工程油源来自中国海上通道进口原油。

该项目采用委托代建模式，委托人系合资公司中国石油山东输油有限公司，管道项目经理部作为代建人组织工程建设。2009年11月28日工程开工，2013年1月8日投产试运。

日东原油管道作为中国首条连接海上能源通道、年输量1000万吨级原油管道，与中哈、中俄、中缅、兰成、长呼等原油管道一起，在中国东北、西北、华北、华东、中部、西南地区和东部沿海形成区域性原油输油管网，对促进中国以长江三角洲、珠江三角洲、环渤海、沿长江、东北、西北、西南地区和胶东半岛主原油和化工加工基地战略布局构建与实现，保障中国能源安全、提升民生质量发挥着重要作用。

2016年6月3日，日东原油管道通过股份公司竣工验收，正式投入生产。试运以来，日东原油管道累计输油1200多万吨，始终保持安全平稳运行。

【涩宁兰复线竣工投产】 涩北—西宁—兰州天然气管道复线（简称涩宁兰复线）起自青海柴达木盆地涩北一号气田，止于甘肃省兰州市35号阀室，与涩宁兰输气管道全线并行敷设，并联运行；线路长918.43千米，设计压力6.3兆帕，管道直径660毫米，设计年输气量33亿立方米。2008年9月29日工程开工。

在工程建设过程中，攻克管道沿线海拔高、与在役管道全线并行、站场合建、连头动火点多等诸多难题，顺利完成工程建设。2009年11月20日，涩复线投产试运，缓解沿线冬季用气紧张局面。

涩宁兰复线建成投运，实现涩宁兰双线供气，破解青海油田天然气外输瓶颈问题，外输能力提升，青海、甘肃两省用气紧张局面缓解，供气安全与可靠性得到增强。

2016年11月24日，涩复线通过竣工验收正式投入生产。试运以来，涩复线累计输气145亿立方米，始终保持连续平稳运行。

【“一次性通过”管理创新】 在中缅油气管道（国内段）工程建设中，管道项目经理部要求EPC在施工过程中，综合考虑施工季节和时效性，管材管件供应、天气状况、机组人员、设备资源、通信工程施工准备、水土保持措施落实情况、地灾分析及风险预案等内容，条件满足一段开工一段，若有一条不满足，不允许开工，必须确保难点段一次性顺序通过，不得再次回头进场作业。“一次性通过”管理创新在中缅油气管道（国内段）实施，避免土地超期占用、二次进场、二次外协征地补偿和人员设备动迁，作业时间减少，工期缩短，设备能耗、损耗降低，工效、时效和劳动生产率大幅提升，节约工程建设施工、二次外协补偿、动迁和人工等费用2亿元以上。水利部评价：“这一全新做法值得在全国推广。”

【焊口身份证管理】 在西三线（东段）建设中，管道项目经理部实施“焊口身份证管理制度”，即在距每道焊口500毫米处喷涂焊口外观自检表并填写实测数据，记载焊口编号、检查时间、检查人信息。

施工单位在向区段监理提出检测申请时，同时提交附带申请检测每道焊口外观数码照片，照片必须清晰且有焊口外观和喷涂在焊道上焊口外观检查表，由区段监理审核焊口数和照片数是否一致，如不一致拒绝发出检测指令，要求施工单位补拍照片。一致时，区段监理根据现场巡检及焊口检查照片反映外观质量情况发出检测指令。该委托单和附带焊口照片一一对应，由区段监理进行存档备查管理。同时，以焊口“身份证”基础，促进无损检测管理，确保每道焊口无漏检。

【一体化信息全焊口管理台账】 在西三线（东段）建设中，管道项目经理部创新焊口台账管理，要求除关键“三口”建立台账外，同时对所有焊口建立管理信息台账，内容包括：施工单位申请单及焊口照片、监理指令、无损检测报告及焊口检测照片。同时，各指令、报告及照片必须无缝链接，保留施工过程痕迹，达到可追溯目的。为确保流程可控，每周收集一次各建设单位焊口信息台账，存档备查管理。

（蒋万全）

海外业务企业

中国石油天然气集团公司中东公司

【概况】 中国石油天然气集团公司中东公司（简称中东公司）成立于 2015 年 12 月 10 日，是集团公司整合伊拉克公司、伊朗公司，并将海外勘探开发分公司直接管理的中东各项目公司划入而成立的地区公司。中东公司负责统筹管理中东油气投资业务，行政上由集团公司直接管理，业务上由海外勘探开发分公司归口管理。设伊拉克艾哈代布项目、哈法亚项目、鲁迈拉项目、西古尔纳项目，伊朗北阿扎德甘项目、南阿扎德甘项目、MIS 项目，阿联酋陆海项目，阿曼项目，叙利亚幼发拉底项目、格贝贝项目等 11 个项目。2016 年底，各项目累计原始地质储量约 217.5 亿吨，剩余可采储量约 54.6 亿吨；原油作业产量规模 7500 万吨 / 年、权益产量约 3300 万吨 / 年。

机关设 9 个职能部门及中东地区党工委办公室。2016 年底，中东公司有员工 12000 人，其中中方员工 441 人、外籍雇员 11559 人，员工当地化率 96.3%。

2016 年，中东公司面对国际油价持续低迷、部分资源国政局动荡、安全形势复杂严峻等重重困难，稳步推进业务整合，如期实现中东业务全方位融合；采取果断措施确保守住“两条底线”，全面超额完成各项生产经营指标。在极其困难时期，中东公司为集团公司海外业务优质高效可持续发展做出重大贡献。较大幅度地超额完成原油生产任务。2016 年，完成原油作业产量 7485 万吨、权益产量 3291 万吨。较大幅度地超额完成经营指标。2016 年实现净现金流 9.78 亿美元，单位成本 1.68 美元 / 桶。提油销售、清欠款成效突出。2016 年提油 8478 万桶，伊拉克项目拖欠款基本得到清理。伊朗北阿扎德甘项目成功实现投产回收。北阿扎德甘项目正式启动原油外输，并实现当年提油 300 万桶，步入重要的投资回收阶段。艾哈代布项目实现整体投资静态回收。截至 2016 年底，除西古尔纳项目外，伊拉克其他三大项目全部提前收回前期投入（表 1）。

表 1　中东公司主要生产经营指标

万吨

指　标	2016 年	2015 年
原油作业产量	7485	5765
权益产量	3291	2482

【油气项目运行】 伊拉克艾哈代布项目。艾哈代布油田位于伊拉克中南部，距首都巴格达约 160 千米，油田位于伊拉克中部瓦锡特省库特市附近，北邻底格里斯河，油田面积 100 平方千米，探明地质储量 34.54 亿桶，剩余可采储量 10.55 亿桶。艾哈代布项目是中国石油和中国北方工业公司各出资 50% 成立的绿洲石油公司与伊拉克北方石油公司组成联合体共同运作

的项目。2011年6月21日，艾哈代布一期300万吨产能项目投产，2011年底建成600万吨产能，当年成功提油、启动回收。2016年，艾哈代布项目在伊拉克局势依然严峻、低油价态势下，科学调整生产作业部署，持续改进生产方案，针对油井不同生产状况，差异化选泵，提高泵效。通过调整产出水pH值、降低溶解氧含量、使用HDPE管、开展除硫实验等举措，油田腐蚀严重的现象得到遏制，有力保障全年生产的平稳。2016年，生产原油703万吨，提油1330万桶（中国石油份额）。

伊拉克哈法亚项目。哈法亚油田位于伊拉克米桑省阿玛拉市，含油面积300平方千米，探明地质储量160亿桶，剩余可采储量39.13亿桶。哈法亚项目是中国石油与法国道达尔公司、马来西亚石油公司同伊拉克米桑石油公司组成联合体运作的项目，也是中国石油在伊拉克第一次以作业者身份，在大型项目上与西方大石油公司进行合作的项目。该项目于2009年12月11日中标，2010年1月27日正式签署合同，合同模式为服务合同，由中国石油担任作业者；2012年6月17日，哈法亚一期500万吨产能项目比合同要求提前15个月投产；2014年8月18日，哈法亚二期1000万吨产能项目比合同要求提前2年投产。这是哈法亚继第一个实现初始商业产量后，再度领跑伊拉克高端国际油气市场。标志着哈法亚由此踏上千万吨大油田新台阶，为实现中长期发展战略目标奠定了坚实基础。哈法亚油田日产原油约20万桶。2016年，哈法亚项目累计投产油井24口，新增生产能力3.6万桶/日，完成躺井治理7井次，恢复产能0.8万桶/日；加强单井管理，提高开井时率，全年生产原油1078万吨，中方权益产量485万吨；提油1702万桶。

伊拉克鲁迈拉项目。鲁迈拉油田位于伊拉克巴士拉省，该油田包括南、北鲁迈拉油田两个部分，油田区块长80千米、宽10—14千米，油田地质采储量593.42亿桶，剩余可采储量155.6亿桶，是伊拉克第一大油田。鲁迈拉项目是中国石油与英国BP石油公司、伊拉克南方石油公司组成联合体共同运作的项目，是中国石油第一次在国际大石油公司的主导下，以合同者身份参与作业的巨型项目，也是中石油在伊拉克第一轮招标中唯一成功中标的项目。鲁迈拉项目于2009年6月30日中标，11月3日正式签署油田服务合同，12月17日合同正式生效；合同模式为服务合同。2010年12月25日，鲁迈拉项目比合同规定提前2年实现增产10%的IPT目标，启动成本回收。鲁迈拉油田日产原油约140万桶。2016年，鲁迈拉项目平均日产141.2万桶，实现中方作业产量3889万吨，权益产量1803.1万吨，提油3677万桶。

伊拉克西古尔纳-1项目。西古尔纳-1油田位于伊拉克巴士拉省，油田地质储量607亿桶，剩余可采储量182.34亿桶，是伊拉克巨型油田之一。2013年11月28日中国石油、埃克森美孚石油公司和印度尼西亚国家石油公司签署文件，中国石油获取西古尔纳-1油田技术服务合同权益，成为该油田技术服务合同的伙伴之一。西古尔纳-1油田日产原油约40万桶。2016年，西古尔纳项目完成472井次，同比提高21%；着力推动GSP集输系统建设，消除集输瓶颈，释放产能；坚持稳油控水，控制外输含盐水平较快上升，全年生产原油1420万吨（中国石油份额），提油972万桶。

伊朗北阿扎德甘项目。北阿扎德甘油田位于阿瓦兹市以西80千米，紧邻两伊边界，地处沼泽湿地，区块面积463平方千米，油田地质储量54亿桶，剩余可采储量2.97亿桶。北阿扎德甘项目于2016年4月13日开始外输，短时间内日产油达到合同要求的7.5万桶。10月22日首船200万桶原油运抵国内。2016年生产原油155万吨，提油308万桶。

伊朗南阿扎德甘项目。南阿扎德甘项目面积740平方千米，地质储量197.1亿桶，剩余可采储量34.46亿桶。中国石油与伊朗国家石油公司NICO公司的权益比分别为70%和30%。2012年9月6日项目进入一期开发阶段，按照合同要求，在52个月内建成日产32万桶的油田，总投资约90亿美元；由于伊朗新一届政府政治态度倾向西方，推迟了中国政府出口信贷项下的项目执行，2014年4月29日伊朗方面以工期滞后为由，单方面终止合同。2016年，中方积极与伊方进行沟通，努力推动历史成本回收工作。

伊朗MIS项目。MIS项目是中国石油进入伊朗的首个油田开发项目，地质储量14.82亿桶，剩余可采储量1.63亿桶；日产25000桶。2007年8月20日合同生效，2011年4月25日进油投产，2011年7月25日起开始回收；2012年8月13日，由于国际制裁限产、移交后伊方操作不当等原因，油田开始停产。2016年是MIS项目的关键之年，主合同补充协议正式签署生效，维修复产全面启动。MIS项目高标准，严要求，项目各项工作有序展开、高效推进。通过与伊朗方面进行不断的交涉和多轮谈判，双方在产能水平、维修内容以及回收事宜等关键技术及商务问题上终于达成共识。2016年7月25日签署项目主合同修改（三），并于9月19日正式生效，标志着项目正式进入油田维修复产的新阶段，成为项目运作的关键转折点。在中东公司的支持和协调下，预算和资金相应到位，10月24日项目公司首批30名施工人员入驻油田现场，并与伊朗方面一起召开启动会，维修复产工作全面展开。截至2016年底实际施工进度25.14%，各项工作稳步推进。

阿联酋陆海项目。陆海项目是中国石油为战略进入阿联酋高端市场，2013年5月19日签署的边际项目，地质储量10.18亿桶，剩余可采储量3.7亿桶。2014年4月正式成立联合公司，开始联合作业。2016年，面对持续低迷油价的严峻挑战，陆海项目按照集团公司“做大中东”的总体战略，坚持持续优化勘探开发方案部署与经营投资策略，坚持发挥中国石油一体化协同优势和展示勘探开发技术实力，坚持践行“一带一路”战略全力把握新项目开发机遇，坚持创新工作、创新管理，确保2016年陆海项目整体工作局面的逆势向上，全年经营管理成效显著，充分发挥“桥头堡”作用，扎实推进与ADNOC的战略合作伙伴关系向纵深发展，为中国石油在阿联酋市场进一步扩大、深化油气合作奠定坚实基础。

阿曼项目。阿曼油田位于阿曼盆地西北部，距离首都马斯喀特西南450千米，地质储量8.93亿桶，剩余可采储量0.97亿桶。中国石油与阿曼当地公司MB集团分别持股50%共同开发阿曼5区块项目。2016年，原油产量241.3万吨，权益产量120.6万吨，完成全年产量任务指标的100.5%，提油486万桶。

叙利亚项目。叙利亚项目成立于2003年3月，下设戈贝贝项目、幼发拉底项目和炼化项目。三个项目分别于2003年、2005年和2008年成立。因前景不明，2010年撤销了炼化项目。叙利亚项目总部设在大马士革，因叙利亚动乱和内战，搬迁至迪拜。2011年3月叙利亚爆发政治动乱，同年11月中方员工从戈贝贝油田现场撤离。12月因欧盟制裁，幼发拉底项目作业者壳牌石油公司停止作业权。并撤出其国际员工，处置叙利亚壳牌石油开发公司（SSPD）在当地的资产，撤至迪拜办公。2012年6月所有中方员工从叙利亚撤出。2013年1月，项目所属油田被叙利亚反对派及ISIS控制并盗采。2015年10月21日，美国及同盟国针对ISIS所控Omar油田区域的26个目标进行了集中轰炸，油田破坏程度不清。2015年12月9日，美国领导的联军空袭了戈贝贝油田原油集输主站（CPF），炸毁800立方米储油罐6座，5000立方米新罐1座；同时炸毁了主控室和配电房；估计损失达1000万美元左右。叙利亚项目密切跟踪当地安全形势，分析油田遭受破坏情况，两次派人深入大马士革处理戈贝贝项目的法律问题及幼发拉底项目的税务问题，努力保全中方利益不受侵害。

2016年2月18日，戈贝贝油田被叙利亚库尔德武装收复，结束历时3年之久的ISIS武装占领。这一消息极大鼓舞中叙员工重返油田、开展复产工作的热情；叙利亚项目在中东公司领导的指导下，以油田“复产”为中心，开展前期准备工作。

【安全环保】 2016年，面对国际社会防恐安全形势严峻复杂、局部战争、暴恐袭击、资源国安全环保监管趋严、油价持续低迷导致HSE资源缩减等挑战，中东公司上下齐心协力，全力以赴，积极应对安全生产风险、环境治理压力、战争暴恐伤害等各类巨大风险，积极落实属地HSSE责任，大力推行依法合规管理。2016年实现中东公司各项目、各服务保障单位“零死亡、零污染、零社会安全事件、零职业病”的良好业绩，全年累计安全工时6466万小时。项目公司及各服务保障单位损工伤害率、总可记录伤害率优于国际行业标准，全面完成集团公司下达的健康安全环保和社会安全工作目标。

2016年2月21日，伊朗当地政府为中东公司伊朗北阿扎德甘项目颁发环保荣誉证书，对在生产建设过程中针对作业区湿地保护、生态保护等方面做出的巨大努力和取得的显著成就进行表彰。这是近年来唯一获得当地政府表彰的项目，充分体现当地政府对北阿扎德甘项目环境保护工作的肯定。自2009年项目启动以来，未发生任何环保事件。扎实推进涵洞、桥梁建设，积极承担油区市政道路翻修工作，为湿地的生态保护、环境保护和油区地方基础建设做出突出贡献。2016年12月5日，中东公司北阿扎德甘项目获伊朗国家石油工程和开发公司颁发的4200万工时安全无事故HSE荣誉证书，以表彰为油区湿地生态和环境保护做出的贡献。这是该项目继2月21日获资源国政府对外合作项目数十年来颁发的唯一环保奖后，取得的又一佳绩。

阿曼项目坚持抓好节能减排、环境保护工作，坚持走低污染、可循环、可持续的绿色发展道路。按照阿曼国家的节能和环保法律及国际通行的石油行业标准要求进行各项作业，加大危险化学品、硫化氢和污染物的管理，逐步减少废气、固体废物和废水的排放，工业废水回收利用率98%、工业固体废物资源化及无害化处理处置率100%。聘请当地政府认可的独立第三方公司对油田的土壤、大气、水处理厂进行监测，监测结果每月报政府环保部门，各项油气生产作业符合阿曼政府的环保要求。建成投运油区电网和天然气透平发电机，利用烧掉的伴生气发电，降低柴油发电作业成本，减少碳排放，以达到保护环境目的。

【社会公益】 2016年，中东公司继续秉承“奉献能源、创造和谐”宗旨，奉行“互利双赢、共同发展”合作理念，在资源国履行经济、环境、社会责任，展示负责任国际大公司形象，树立中国石油对外合作良好形象。

中东公司各项目运作过程中，始终高度注重能源与环境和谐建设，认真履行社会责任，加大员工培训力度，创造更多就业机会，使当地油区民众成为石油经济发展的直接受惠者，对促进资源国经济振兴，提高石油产能起到重要作用，对当地石油工业发展的影响力进一步增强。在伊拉克，中国石油累计为当地创造超4亿美元商机，提供就业机会2万余个，本土化率总体达85%。

（1）坚持绿色发展。中东公司注重能源和谐，注重改善当地民生。艾哈代布项目及时建立垃圾焚烧处理站、提前投产天然气处理装置、引入高标准废泥浆处理系统；每天为油区所在地库特市供应民用LPG（液化石油气）燃气约480万立方米，为拜迪电厂供应天然气约620万立方英尺（1立方英尺=28.32升）。

哈法亚油田生产的伴生天然气，输送到当地阿马拉市卡哈拉电厂，使这家电厂成为伊拉克第一个利用伴生天然气发电的电厂。累计输送天然气上亿立方米，有效缓解当地电力紧张、燃料短缺的压力，造福当地民众，赢得当地政府和民众赞誉。

（2）积极开展社会公益活动。鲁迈拉项目本着“整体规划、有序实施”的原则，稳步推进当地基础设施建设。在认真调查基础上，确定Qarmat Ali地区建设方案，并于2015—2016年在这一社区集中实施，建设生活用水供水站和供水管线，解决当地居民7000人饮用健康洁净水问题。

积极在当地妇女和学生中开展“健康教育”活动，树立正确的健康理念；组织健康巡诊活动，上门为老弱病残义务巡诊，受到当地居民交口称赞，生产经营等活动也得到广泛支持，取得良好的社会效益。

艾哈代布项目依托伊拉克中部石油公司，积极和伊拉克石油部、油田所在瓦西特省议会、Ahrar县政府等机构协调，确定13个大型公益项目。这些项目涉及当地医疗、交通、教育、体育、电力设施等各个民生领域，总计费用超500万美元。

（3）加强员工培训。中国石油与伙伴公司携手，注重加强当地员工培训，不断提高当地员工工作技能，哈法亚、鲁迈拉和西古尔纳项目每年为当地提供1500万美元的员工培训费，艾哈代布项目与高校联谊，为巴格达科技大学提供生产实习基地。通过多层次、全方位培训，培养一大批石油生产和石油服务技术人员，他们在各自工作岗位发挥积极作用。

经过5年内战和社会动乱，叙利亚项目联合公司的员工英语交流能力大降。2016年，委托大马士革大学，对联合公司员工进行两个月的英语培训。在中东公司举办英语培训班4个月。举办WORKSHOP和技术讲座23场。加快恢复、提高员工的业务素质。

中国驻叙利亚大使馆、中国石油大学（北京）、叙利亚项目和叙利亚石油部合作进行的石油员工在华培训工作，顺利完成开班准备工作和预算编制，大使馆照会叙利亚石油部。中方就《战略合作框架协议》的谈判准备就绪。

（4）构建和谐社区关系。2016年初，鲁迈拉项目邀请Qarmat Ali社区委员会成员到鲁迈拉油田访问。各方表示继续履行各自的承诺，本着相互尊重的精神携手共进，以建立和维持与社区的紧密联系。

针对哈法亚油区内地下油气管线和光缆分布广、高压输电线穿越附近大量村庄、当地教育水平极度落后等实际情况，哈法亚项目与米桑石油公司联合组成HSE宣讲小组，围绕高压输电线和硫化氢的危害及如何规避，以及禁止在地下管线和光缆警示标志区域挖掘、儿童要远离高压输电塔等主题，在油区内及附近的村庄和学校，以多种形式广泛开展油气设施安全知识宣讲。宣讲教育活动，受益人数近3000人，赢得当地政府赞誉和油区百姓的欢迎。

（5）加强产业合作。叙利亚政府决定采用俄罗斯、中国的国家标准以取代原沿用的美国标准。在集团公司标准办公室、海外板块的大力支持下，为叙利亚方面提供中国石油标准代码（英语版），积极推动中国标准走向国际。

【党建与企业文化建设】 2016年，中东地区党工委高度重视发挥党组织的政治核心作用，全面落实“两个责任”，深入开展“重塑中国石油良好形象”大讨论，大力弘扬“石油精神”。

健全完善党的组织建设，强化落实主体责任。建立中东地区党工委、纪工委组织机构，选拔任命19名党工委委员，以及84名纪检委员。按照“地域相同、业务相连、便于工作”的原则，成立涵盖甲乙方在内的11个地区党总支、98个党支部，做到党组织覆盖率100%。制定下发党工委、纪工委议事规则、工作实施意见，中央八项规定实施细则，以及纪检监察工作实施意见、党风廉政建设责任制等。

探索建立中东地区党工委一体化协同管理新模式。充分发挥党工委常委会和党工委委员会议事决策平台作用，以及党在干部选拔任用中的领导和把关作用。认真开展“两学一做”学习教育工作。组织集体学习习近平总书记“七一”建党95周年的重要讲话，学习贯彻党的十八届六中全会精神。组成工作组赴伊拉克、伊朗、阿布扎比、阿曼片区调研，指导基层党组织工作。注重加强与所在国使领馆党委的联系汇报。

加强干部队伍建设，持续开展党风廉政教育。完成地区公司机关、项目公司班子充实调整。加大干部轮换培训的力度。全方位开展副处级及以上干部述职述廉和年度考评工作。组织开展党员领导干部监督执纪“四种形态”学习教育。对中东公司新任职中层干部进行廉洁谈话。开展落实中央八项规定，纠正“四风”自查工作。以集团公司徐吉明组长赴中东进行党建纪检工作调研、党组第一海外巡视组专项巡视为指导，强化党风廉政建设、作风建设和制度建设。

加强企业形象宣传，提高中国石油的美誉度。中东公司重视宣传工作，大力宣传中国石油企业文化理念，营造良好舆论氛围，初步形成全方位多层次的文化宣传网络。通过主办《伊拉克油气合作》《信息简报》《中东快讯》《中石油参建单位内部交流》等多个宣传思想阵地，探索出宣传思想工作新路子，为宣传思想工作的改进与加强注入生机和活力。通过上述宣传渠道，让集团公司和国内社会公众，及时了解伊拉克公司为加快推进海外重点油气合作区建设，保障国家能源安全所做出的努力和贡献，充分展现奋战在伊拉克市场的中国石油人不畏艰难、顽强拼搏的良好精神风貌。

为扩大当地宣传效果，中东地区各项目不断强化信誉意识、形象意识和沟通意识，努力提高公共关系管理能力，树立全员公关意识，通过举办摄影作品展览、加强新闻媒体宣传等方式，重点宣传中国石油加强当地社区建设、开展公益捐助、加强环境保护等方面的情况，架起中国石油与公众沟通理解信任的桥梁，展示中国石油坦诚、负责的良好形象，有效提高中国石油的美誉度，为各项目发展营造良好的外部环境。

（尚松峰　王正安）

中国石油天然气集团公司哈萨克斯坦公司

【概况】 2008年9月，中国石油天然气集团公司在中油国际（哈萨克斯坦）公司的基础上组建成立中国石油天然气集团公司哈萨克斯坦公司（简称哈萨克斯坦公司）。行政上由集团公司管理，业务上归口海外勘探开发分公司管理，是集团公司海外油气业务区域性管理机构。哈萨克斯坦公司统一负责对集团公司在哈萨克斯坦油气投资业务进行管理。自1997年集团公司进入哈萨克斯坦油气市场以来，历经20年艰苦创业和奋力拼搏，形成集油气勘探开发、管道建设与运营、工程技术服务、炼油和销售于一体的完整上中下游业务链，建立一套符合当地法律法规和国际惯例的公司制法人治理结构及管控体系，获得良好的经济效益和社会效益。2016年底，哈萨克斯坦公司管理和运作着阿克纠宾、PK、曼格什套、北布扎奇、ADM、KAM、卡沙干、奇姆肯特炼厂、PETROSUN、亚洲钢管厂和CIK共计11个项目；原油剩余可采储量4.14亿吨（不含卡沙干项目），油气生产能力3000万吨油气当量，原油加工能力600万吨/年；中外方员工总数19385人，其中中方员工332人。

2016年，哈萨克斯坦公司根据集团公司提出将中亚地区打造成为集“资源、供应、效益、品牌”四位一体的“一带一路”核心油气合作区的战略目标，全面完善和诠释公司发展战略：贯彻落实集团公司海外油气业务“突出中亚”的战略部署，借力国家“一路一带”战略布局，坚持以效益为中心、走低成本发展之路，深入落实资源、市场、国际化和创新发展战略，传承和发扬苦干实干、三老四严的石油精神，实现公司优质高效可持续发展，保持在集团公司海外业务效益主力军的地位，为集团公司建成世界一流综合性国际能源公司做出新贡献，概括为“一个坚持、四大战略和一个传承”。

2016 年，哈萨克斯坦公司保持生产经营稳健向好的发展态势，超额完成集团公司下达的奋斗目标。新增原油可采储量 311.0 万吨，生产原油 1941.3 万吨、天然气 91.4 亿立方米，奇姆肯特炼厂加工原油 450.0 万吨。实现考核口径利润总额 3.67 亿美元，完成 50 美元 / 桶油价下考核指标的 224.0%；现金贡献 3.73 亿美元，完成 50 美元 / 桶油价下考核指标的 3.58 倍（表 1）。

表 1　哈萨克斯坦公司主要生产经营指标

指　标	2016 年	2015 年
原油产量（万吨）	1941.3	2098.3
天然气产量（亿立方米）	91.40	88.1
新增探明石油地质储量（万吨）	311.0	882.0
三维地震（平方千米）	120.0	284.0
探井（口）	6	13
开发井（口）	250	297
钻井进尺（万米）	37.77	49.00
勘探投资（万美元）	1470	4612
开发投资（亿美元）	3.21	5.63
资产总额（亿美元）	110.46	113.20
收入（亿美元）	130.34	42.44
利润（亿美元）	3.67	2.01
税费（亿美元）	5.76	4.78

【油气勘探】 2016 年，哈萨克斯坦公司本着“立足稳储，效益勘探”的原则动态管理勘探投资，将有限的勘探投资全部投入到效益好、保区块、稳储量有关的项目。通过不断探索以新区、新层系、新类型为主的“三新”领域勘探、持续深化滚动勘探，在勘探投资大幅削减的情况下，全年新增石油可采储量 311.0 万吨。

【新项目开发】 2016 年，哈萨克斯坦公司分层次协同推进新项目开发工作，积极参与哈萨克斯坦政府第二轮勘探区块公开招标并以较小代价成功中标 5 号勘探区块，提前筹备做好参股西方油公司在哈萨克斯坦大项目的评价准备工作，以项目为主体积极推进所在油区新项目开发工作。组织完成卡尔图克等 3 个区块、曼格什套项目周边 5 个勘探区块、水晶公司 A 区块以及里海石油、ADA 等 4 个公司的新项目初评工作。通过努力，阿克纠宾项目中区块成功延期 4 年，KMK 项目科克日杰盐下成功延期 3 年。

【开发生产】 2016 年，哈萨克斯坦公司强化油田注水及分层注水工作，狠抓油田生产组织管理，向技术、向管理要产量。强化精细油藏描述，优化新井部署，2016 年投产新井 288 口、同比下降 22%，产油 80 万吨、同比增长 4.6%。精细措施增油，在加强单井考核管理的同时，出台注水管理细则，大力实施分层注水、精细注水，优化注采井网和结构，加大油井转注力度，采注井数比下降到 3.32。优选措施井次及类型，措施有效率提升 2.7%。2016 年完成措施 742 井次，增油 64.2 万吨，油田自然递减率下降至 13.03%。加大工程技术应用，加快碳酸盐岩、砂岩等勘探开发配套技术集成完善和应用，推广水平井油藏地质、钻完井、改造投产一体化技术，有效提升新井单井产量。2016 年，原油作业产量 1941.3 万吨，天然气作业产量 91.4 亿立方米。

阿克纠宾项目加大油田注水工作力度，实施注采结构调整，北特鲁瓦油田注水井组内采油井 149 口，见效井 104 口，注水见效率 69.8%，52 口井产量增加，平均单井日增油 3.3 吨。坚持依靠科技进步提高油田新井产量，北特鲁瓦水平井 H814 井钻采一体化试验获得成功，原油稳定日产量 106 吨，是周边直井的 3.5 倍。2016 年生产原油 500.17 万吨，生产天然气 66.5 亿立方米，创历史新高。

曼格什套项目继续深化注水工作，通过油井转注和投产注水井，进一步完善注采井网；通过采取增注措施，改善油层吸水能力；通过精细注水调整，减缓老井递减，稳定措施增产效果，老井自然递减率控制在 7% 以内的较低水平，地层压力保持在原始地层压力的 90% 以上。2016 年，生产原油 628.99 万吨，创 24 年来新高。

PK 项目通过强化油田注水工作，减缓老油田自然递减率；通过优选措施井位，提升单井日增油量；通过加强油井管理及采油工艺配套，提高作业质量，延长检泵周期；通过“剩余油有利区”研究获得薄层高产。2016 年，生产原油 600.46 万吨。

北布扎奇项目通过积极推进油田 I 区复产获得产量 3.2 万吨；通过进一步完善注采系统，改善水驱效果实现全油田注采比 0.95；通过加强分注提高储层纵向动用程度，分注井总数达 131 口，分层注水量占油田总注水量的 45.6%；通过优化措施选井，保证措施有效率，在措施井次比计划减少 60 井次的情况下，措施增油 8.4 万吨，措施平均有效率 95.9%。2016 年，生产原油 152.61 万吨。

ADM 项目通过注水改造工程、优化采油工艺、提高生产时率等措施，有效改善油田开发形势，含水上升率和自然递减率同比下降 3.5% 和 3.9%，措施有效率同比提高 3.3%。2016 年，生产原油 21.53 万吨。

KAM 项目通过狠抓注水，精准措施，全油田自然递减率明显好转，措施有效率明显提高，措施增产近万吨。2016 年，生产原油 32.65 万吨。

【炼化业务】 2016 年，齐姆肯特炼油厂面对生产与改造并行的复杂局面，精心组织，实现 30 年老旧炼油厂的安全平稳运行。2016 年，加工原油 450.0 万吨，占集团公司海外板块原油总加工量的 43.8%。2016 年，奇姆肯特炼油厂获哈萨克斯坦总统设立的“生态环保突出贡献奖”，树立中国石油海外公司良好形象。

【重点工程】 2016 年，哈萨克斯坦公司稳步推进各项重点工程，取得里程碑式进展。齐姆肯特炼油厂改造一期工程总体进度累计完成 93.98%，二期工程总体进度累计完成 32.42%。卡沙干项目通过加大与伙伴协调沟通力度，管线修复比原计划提前 4 个月完成；成功实现一期工程顺利投产，11 月 1 日正式确认为商业生产日，标志正式进入投资回收阶段。亚洲钢管厂正式完成哈萨克斯坦注册程序，取得营业执照，FID 获各方股东批准，完成与政府签署优惠政策备忘录，历时 2 年的筹建工作取得里程碑式进展。

【提质增效】 2016 年，哈萨克斯坦公司以理念转变带动管理创新，科学调整经营策略和经营计划，系统管控各项成本费用，提质增效工作成效显著。

从注重上游增效向推动全流程价值提升转变。在深化项目经营策略研究的基础上，以中方整体利益最大化为原则，根据油价、产量、输量、加工量、股比、税率等要素，统筹调配优化不同项目销售方向、管输费、加工费与成本，提高全流程综合创效能力。2016 年，通过统一协调，将阿克纠宾项目、KMK 项目和图尔盖项目加工配额从巴甫洛达尔炼油厂转移到奇姆肯特炼油厂，增加销售收入 682 万美元；巴甫洛达尔炼油厂检修期间，通过协调曼格什套项目内销油到奇姆肯特炼油厂加工，增加销售收入 308 万美元；阿克纠宾项目、北布扎奇项目炼油厂加工代理费从每吨 20 美元下降到 10 美元，图尔盖项目下降到 13 美元，累计增加销售收入 6185 万美元。

从侧重投资规模向突出投资效益转变。全面实施投资项目、钻井、生产措施单项经济评价，除勘探区块保地和安保投入外，内部收益率低于经济门限的一分不投，项目投资全部按效益排序，支出按现金流入倒排，将资金优先投向利润和现金流“双正”的项目，让有限的资金发挥最大效益。2016 年，实现投资 6.12 亿美元，同比压缩 23%，较高峰期压缩 72%；在 6 个上游项目投资仅 2.6 亿美元情况下，保持各项目稳健发展。

从严控变动成本为主向全方位成本管理转变。以全面预算控制为龙头，强化成本形成所有环节管控，狠抓各项措施落实，推动成本费用持续走低。在人工成本方面，顶住哈萨克斯坦政府、工会、员工罢工等层层压力，通过机构优化、内部调剂、劝退、修改劳动合同等方式，两年来减少用工 1598 人，占员工总数的 8%，2016 年桶油人工成本下降 28%，较高峰时期下降 47%。在资产折旧折耗方面，有效提高 SEC 储量，油气资产折旧额下降 18.3%，效益增加超过 1 亿美元。在操作费用方面，优化控减工作量，关停低效无效井 150 口，利用市场机制大幅降低各类服务和材料合同单价，单位操作费同比下降 33.6%。通过两年多的努力，哈萨克斯坦公司桶油完全成本降至 19.8 美元。

【改善经营环境】 2016 年，哈萨克斯坦公司秉承“互利共赢、合作发展”的经营理念，平衡处理好与利益相关者的关系，以解决重大关键问题为突破点，多渠道、多层次积极推动各项优惠政策争取工作，有效改善外部经营环境。

（1）注重包容性发展。深化与各利益相关方合作，适度有效支持社会公益和发展民生工程，赢得哈萨克斯坦政府与各合作伙伴的尊重和认可，为项目顺利运营创造良好外部环境。（2）积极争取政府财税支持。深入研究哈萨克斯坦财税政策，加大与政府的游说和交涉力度，实现原油出口关税先期下降 50%，后期形成与油价滑动挂钩的税费机制，减少税赋 1.78 亿美元。成功推动哈萨克斯坦税法修改，奇姆肯特炼油厂追溯返还增值税 3236 万美元。积极争取开采税优惠，累计减少原油开采税 2056 万美元。（3）内销比例同比降低。根据原油价格走势及哈萨克斯坦内部经济形势，努力促成哈萨克斯坦西部原油与俄罗斯原油串换供应东部炼油厂，降低中国石油参股企业内销量。2016 年，内销比例 43.5%，同比下降 5.3%。

【安全环保】 2016年，哈萨克斯坦公司继续完善HSSE体系建设，未发生较大及以上安全生产事故、较大及以上环境污染事故、较大及以上交通事故、杜绝井喷失控事故，全面实现安全生产、环保和安保工作目标，连续9年获集团公司安全生产先进企业。

【党建工作】 2016年，哈萨克斯坦公司党委和各级党组织坚持落实从严治党要求，加强领导班子建设，提升引领发展能力。深化基层党组织建设，提升党建工作规范化水平。强化反腐倡廉建设，努力营造风清气正环境。扎实开展“两学一做”学习教育，提升党员党性修养。坚持正确用人导向，加强干部队伍建设。党委政治核心作用、党组织战斗堡垒作用和党员先锋模范作用进一步有效发挥，为全面完成生产经营任务提供坚实的政治、组织和纪律保障。

（耿长波）

中国石油天然气集团公司尼罗河公司

【概况】 中国石油天然气集团公司尼罗河公司（简称尼罗河公司）成立于2008年7月，为集团公司直属局级单位，前身为中油国际（尼罗）有限责任公司，行政隶属中国石油天然气集团公司直接管理，业务归中国石油勘探开发公司具体领导和负责，代表集团公司对中国石油在苏丹、南苏丹石油合作项目实施统一管理和运作，总部和机关设在苏丹首都喀土穆。尼罗河公司机关设15个部室。2016年底，有中方员工432人，其中党员206人，占中方员工总数的47.7%；有外方员工7364人。

截至2016年底，尼罗河公司运营和管理着在苏丹、南苏丹的8个项目，包括4个上游项目，分别是苏丹124区项目（中方权益比例40%）、苏丹6区项目（中方权益比例95%）、南苏丹124区项目（中方权益比例40%）和南苏丹37区项目（中方权益比例41%），有合同区总面积10.26万平方千米，原油生产能力2100万吨；4个中下游项目，分别是苏丹37区管道项目（中方权益比例16.4%）、苏丹炼油项目（中方权益比例10%）、苏丹化工项目（中方权益比例95%）、石化贸易公司（中方独资），年炼油能力500万吨，聚丙烯年生产能力18000吨，编织袋年生产能力2000万条；参与运营输油管道2193千米，长距离管输能力1500万吨/年。

2016年，在集团公司的正确领导下，在海外勘探开发公司的指导支持下，尼罗河公司以崭新的思维、创新的精神，紧紧围绕“保生存、保双正”工作目标，大力实施“两个转变、三个加强、四个突破”，坚持低成本战略，深入开展开源节流降本增效活动，有效应对长期低位徘徊的国际油价、苏丹和南苏丹日益严峻的安保形势、南苏丹“7·8”激烈武装冲突、资源国政府巨额欠款、错综复杂的商务问题等严峻挑战，全面超额完成各项生产经营任务，打赢保效益攻坚战，实现“十三五”良好开局。

2016年生产原油1105万吨，完成年度计划的107%。新增探明石油可采储量完成年度计划的299%。加工原油438万吨，完成年度计划的116%。生产聚丙烯2万吨、编织袋537万条，分别完成年度计划的125%和107%。销售成品油7.5万立方米，完成年度计划的88%。所有在产项目均实现利润、现金流双正目标。2016年HSSE保持良好业绩，未发生较大及以上安全环保事故。依法治企、合规管理、党风廉政建设方面，未发生违规违纪行为。

【开源节流降本增效】 2016年，尼罗河公司针对超低国际油价所带来的生存危机，超前谋划、及早行动，制订7个方面25项举措，积极推动伙伴、联合公司共同深入开展降本增效工作。（1）以现金流平衡为底线，大幅优化预算规模。尼罗河公司参股的各联合公司年度总体预算实际完成额度比2016年初控减38%。（2）强化经济评价的指导作用，坚决控减无效投入。苏丹124区12口新井全部集中部署在低成本的Bamboo油田，既保证效益，又降低投入。南苏丹37区加大去无效产能力度，关停各类低产低效井82口，大力压缩生产成本。苏丹6区按照措施增油量潜力和经济评价结果优化作业安排，措施有效率83%。（3）加强钻修井管理，作业效率明显提升。南苏丹37区项目提高作业效率，修井机由5部减至3部，有效节约成本。苏丹124区项目加强地质研究，优化措施作业方案，平均措施成本同比降低近30%。苏丹6区项目实施钻井提速增效，大幅度节省投资。（4）深挖成本控制潜力，优化油田生产成本。开展全面预算和成本性态分析，找准挖潜目标，优化生产支出，单位操作费同比下降12%。

（5）持续推动合同复议，工程建设和技术服务成本大幅下降。2016年实现10%的各类合同降价目标。（6）严控人工成本，压缩管理费用支出。严控国外就医、培训、出差，堵塞现场雇员轮休、病假和出勤方面的管理漏洞。（7）科学库存管理，有效降低资金占用。升级库房管理系统，改进管理流程，降低库存8.8%。基于上述降本增效措施，总结形成6个典型降本增效经验，在公司范围内全面推广，为有效控制成本，实现利润和现金流双正发挥重要作用。

【安全环保】 2016年，尼罗河公司持续完善HSSE体系，守住社会安全红线和生产安全底线。（1）加强安保预警预控，进一步提升重大突发事件应对能力。成功应对南苏丹“7·8”激烈武装冲突、南苏丹过渡政府组建、苏丹Darfur地区行政公投，以及喀土穆地区学潮动乱等重大事件，妥善处理各类部落冲突和油田安保事件460余起，保证油田生产安全和员工人身安全。（2）深刻吸取事故教训，扎实推进安全生产工作。开展以“强‘三基’，反‘三违’”为主题的安全大检查，安全生产基础进一步夯实，持续推进安全生产典型案例警示教育和培训工作，组织HSE警言警句、誓言承诺和警示海报征集活动，极大提升员工安全意识，安全文化得到进一步加强。（3）强化环保基础工作，努力规避油区环保风险。苏丹6区项目注重产出水动态监测和处理，2016年恢复井场195个、防喷坑64个。苏丹124区项目完成所有泥浆池的清理与回填工作。南苏丹37区项目完成Paloch油田蒸发池坝体防渗膜铺设工作。南苏丹124区项目顺利完成北部和南部油田漏油清理工作。（4）加强制度建设，进一步完善HSSE管理责任体系。发布公司管理层及机关部门HSSE管理职责细则，出台HSSE绩效考核实施细则，升级国际社会安全管理体系三级操作文件。（5）开展员工健康管理，全力维护员工身心健康。深入排查黄热病、霍乱、伤寒疫苗接种情况，保证患病员工及时治疗。组织员工参加心理健康培训和心理咨询活动。

【油气勘探】 2016年，尼罗河公司以滚动勘探为主，加强高效勘探、效益勘探，优先落实能快速实现储量向产量转化的工作量，新增石油可采储量计划超额完成。

苏丹6区项目继续坚持勘探开发一体化策略，在Sufyan凹陷中央构造带滚动勘探继续获得新发现，Higra-1井第三层、第四层测试日产油量相当可观。苏丹124区项目在Hilba和Azraq地区2015年的两口完钻井试油评价获得新发现。南苏丹37区项目筛选出6个有利目标作为下一步勘探首选靶区。南苏丹124区项目确定复产后的意向井位与地震勘探部署方案。

【开发生产】 2016年，尼罗河公司采取差异化的油田开发生产策略，及时调整开发部署，加块新井投产和措施力度，精细油田开发生产管理，超额完成2016年初下达的原油生产任务。

南苏丹37区项目精心组织产量运行、深挖油田潜力。苏丹6区项目继续贯彻稳稠增稀策略，以稀油注气、气举和稠油热采为主体，实施综合调整。苏丹124区项目按照经济效益优先原则，优先部署高产区块的加密井，加快边远探井连投，强化生产管理。南苏丹124区项目积极开展油田历史动态分析和剩余油研究，为复产做好技术及井位储备。

【管道炼化】 2016年，尼罗河公司中下游项目为公司“保双正”目标的实现做出重要贡献。

苏丹37区项目发挥上下游统一协调机制，实现原油处理、输送和提油的动态平衡，确保CPF、海事终端罐位均衡、原油外输平稳。苏丹炼油项目充分发挥上下游一体化的优势，新厂完成富拉和达尔油掺炼技术标定，为推动更多6区稀油和中质油下海创造条件。老厂采取积极措施主动适应原油性质变化，确保装置安全平稳运行。苏丹化工项目大力推进聚丙烯产品销售采用美元和苏丹镑结算的双轨机制，全面偿清中国石油国际事业有限公司借款本金和利息。石化贸易公司通过提高汽油、柴油销量，减缓柴油批发量下降的不利影响，协助做好柴油清欠工作。

【商务工作】 2016年，尼罗河公司一方面加强股东事务管理和法律支持力度，积极推动商务工作进展；另一方面继续加强与苏丹政府和合作伙伴的沟通协调，坚持效益优先原则，积极宣扬长期合作、互利共赢的发展理念，不断强化和提高中方决策的主导力、影响力及执行力。

尼罗河公司各项商务工作扎实有效推进，重点商务问题取得阶段性突破：（1）经过近3年的不懈努力，南苏丹37区项目和南苏丹124区项目停产补偿延期及5年EPSA延期获得南苏丹石油部的批准，为项目的可持续发展提供保障。（2）全年推动苏丹政府清偿中方欠款，当年新增欠款为近年来最低增幅。借中苏能源合作委员会会议召开和中苏合作协调组会议的有利时机，成功将欠款问题上升到国家层面推动解决。（3）与苏丹政府签署苏丹124区项目原油内陆购销协议，为解决政府超提油问题提供合同依据，及时收到苏丹政府支付的购油款。（4）成功获取2011—

2015年完税证明，避免海外勘探开发公司的巨额补税。（5）完成喀土穆炼油厂转股和管理主体交接，签署技术服务协议。

【科技创新】 2016年，尼罗河公司积极响应集团公司关于新技术新产品推广应用工作部署，结合公司实际情况，在苏丹6区项目引进GeoEast地震数据处理解释一体化系统V2.0，成功替代斯伦贝谢公司GeoFrame软件相关功能，有效降低GeoFrame的每年维护和升级费用，显著提高加载数据和编辑成图等工作的效率。

尼罗河公司高度重视科技创新与信息化建设，于2016年9月10日成功召开第一届科技与信息化创新会议。会议就全面贯彻落实集团公司科技创新大会精神，加快推进尼罗河公司科技创新与信息化建设，提升自主创新能力和核心竞争力等方面的工作做了部署，对完成2016年度工作目标、实现“十三五”良好开局起到积极重要作用。

2016年12月，尼罗河公司组织年度科技进步奖评审，共评出特等奖1项、一等奖2项、二等奖3项、三等奖3项。推荐7项科技成果申报海外勘探开发公司科技进步奖，其中有3项成果获海外勘探开发公司科技进步奖二等奖。

【党建与思想政治工作】 2016年，尼罗河公司全面加强党建工作，三个作用得到充分发挥。（1）突出理想信念教育，政治核心作用不断强化。持续加强党的十八大、十八届历次全会和习近平总书记系列重要讲话精神学习，组织党委中心组学习6次，发放学习材料30多份（篇）。扎实开展“两学一做”学习教育，增加五个自选动作，党委集中学习研讨19次，各基层组织开展专题学习120余场次，党员学习率100%。举办“弘扬石油精神，战胜严峻挑战”专题党课和先进事迹报告会，评选表彰一批先进党支部、优秀共产党员和优秀党务工作者。（2）突出基层组织建设和党员教育管理，战斗堡垒作用和先锋模范作用全面彰显。发展新党员5名，按期转正预备党员5名。完成所有基层组织支委的增补。制定《尼罗河公司领导班子成员基层党建工作联系点制度》等规章制度。在南苏丹“7·8”激烈武装冲突期间党支部发挥战斗堡垒作用，王杰被评为全国优秀共产党员。（3）突出“两个责任”落实，有效监督作用进一步夯实。制定党委和纪委落实党风廉政建设实施细则，组织党员干部学习《中国共产党党内监督条例》，观看警示教育片。召开反腐倡廉工作会，配合完成专项巡视。

【企业文化建设】 2016年，尼罗河公司进一步加强企业文化建设，沉淀固化“五种”文化，弘扬优良传统、总结经验成果，凝聚人心，激发新活力。（1）历时2年编辑出版的《管理模式探索与实践》《20年大事记》《科技论文集》《新闻纪实集》《员工作品选》《共赢的典范》等中国石油苏丹项目20年系列图书工作全面完工，成为展示企业核心竞争力的重要窗口。（2）2016年在《中国石油报》、中国石油微信公众号先后刊发中苏、中南石油合作稿件80多篇，编制《信息速递》126期、《尼罗通讯》2期，凤凰卫视走进苏丹、南苏丹，拍摄制作中苏、中南石油合作电视片，向世界展示中国石油在非洲的良好形象。2016年，苏丹发展对华关系委员会与中国驻苏丹使馆共同举办首届“中苏友谊文化周”，中国石油获中苏友谊文化贡献奖。（3）突出人本关爱，和谐融洽环境进一步提升。组建充实11个文体协会，组织开展职工运动会和员工生日晚会等丰富多彩的文体活动，2016年举办12期生日晚会和10次欢送晚会。举办“七一”英模报告会和“五四”青年座谈会等。

【社会责任】 2016年，尼罗河公司继续秉持中国石油“奉献能源、创造和谐”企业宗旨，坚持“互利共赢、合作发展”的理念，严格按照国际规则开展石油合作的同时，积极履行社会责任，开展多种多样的公益与社区贡献活动，促进苏丹、南苏丹合作项目实现和谐发展。2016年在苏丹、南苏丹独立开展社会公益活动7项：开展孔子学院汉语学习与文化传播先进个人评选、表彰活动；设立中国石油图书馆，捐赠图书，推动中国文化传播；积极参加友谊文化周活动，宣讲推介中国石油在中苏文化交流方面所做的贡献；主动参与苏丹投资论坛，努力营造有利合作氛围；密切媒体交流合作，宣传中国石油在苏丹的成功经验；组织培训、善举捐赠，共克时艰；借助非政府组织加强正面宣传，构建有利合作环境。投入资金折合人民币440万元。在苏丹、南苏丹上下游8个合资公司中与其他投资伙伴开展以社区援助为主要内容的社会公益活动共有30项（水利设施建设10项、扶贫项目1项、支持教育事业8项、农业支持项目1项、医疗卫生项目6项、环保植树项目2项、文化艺术类项目2项），中方承担投入折合人民币2400万元。

（白　鸥）

中国石油天然气集团公司拉美公司

【概况】 中国石油天然气集团公司拉美公司（简称拉美公司）是集团公司海外地区公司之一，主要负责中国石油在拉美地区油气投资业务以及所属其他企业的统一管理与协调。拉美公司行政上由集团公司管理，业务上由海外勘探开发分公司归口管理。总部位于委内瑞拉首都加拉加斯。

拉美公司前身是成立于2008年的中国石油南美公司。2012年6月，为加强集团公司在拉丁美洲地区油气业务的组织协调，促进海外业务规模有效可持续发展，集团公司决定将中美洲地区的油气业务纳入南美公司统一管理，并将中国石油南美公司更名为中国石油天然气集团公司拉美公司。现设委内瑞拉公司、厄瓜多尔公司、秘鲁公司、哥斯达黎加公司、巴西公司等国家公司，具体负责所在国油气合作项目的运作管理。总部机关设勘探开发部、工程部、HSE部、法律事务部、董事部、公共关系部、财务计划部、人力资源部、党群工作部和综合办公室等部门。

2016年底，拉美公司有中方员工216人、外籍员工2300余人。拉美公司在委内瑞拉、秘鲁、厄瓜多尔、哥斯达黎加和巴西等5个国家，经营管理着9个油气勘探开发项目，是中国石油海外油气合作区中开展油气合作历史最长、分布国家最多、跨度最大、合同模式最多、管理幅度最广的地区公司。2016年，面对国际油价持续低迷和部分资源国形势持续恶化等严峻挑战，拉美公司认真贯彻落实集团公司和海外板块的部署要求，坚持质量效益导向和“现金为王、技术为王”理念，扎实落实“开源节流、降本增效”各项措施，超额完成全年油气产量储量、现金分红和利润等指标，成功守住“双正”底线，保持拉美公司优良生产经营业绩，实现“十三五”的良好开局。

【勘探开发】 2016年，拉美公司坚持低成本、大发现，规模效益相结合，勘探工作成果丰硕。将有限的勘探投资向规模勘探、效益勘探倾斜，深化技术研究，优选勘探项目与钻探目标，提前超额完成年度任务，实现新增石油可采储量为考核指标的145.8%，占海外板块石油可采储量的69.1%和油气储量当量的48.5%，新增权益探明可采储量占拉美公司“十三五”规划的三分之一，为海外板块完成储量任务做出重要贡献。巴西里贝拉项目2016年完成EV石油可采储量为计划指标的146%；4口探井全部钻遇210米以上巨厚油层，最厚达400.4米，打破所在桑托斯盆地最厚油层纪录；4口井DST或生产测试均获特高产（含1口跨年测试井），单层日产油均在6000桶以上。尤其是2016年12月以来探井试油屡获高产，3-RJS-742A井DST测试单层日产油最高达6989桶，打破区块试油产量纪录，最后一口测试井3-RJS-744井DST测试日产油6677桶，据试井计算12月测试的这两口井日产能均可达万吨。在区块西部基本探明一个地质储量12亿吨以上巨厚整装特高产巨型油田。厄瓜多尔安第斯项目滚动勘探继续保持良好成果，2016年新增EV石油可采储量完成年度计划的138%，连续6年储量替换率大于1，实现储量有序接替。

拉美公司所属各项目紧紧围绕年度生产任务，狠抓生产组织协调和运行，油气生产保持平稳运行。在积极开展“无效区块去产能”和秘鲁1AB区到期退出的情况下，2016年生产油气当量产量1443.8万吨（权益产量669万吨），为计划的105.2%。其中，原油和天然气均提前超额完成，产油1294万吨（权益产量587.8万吨），产气17.476亿立方米（权益产量9.484亿立方米），分别完成计划的101.9%和145.6%。委内瑞拉MPE3、苏马诺和陆湖三个在产项目共生产原油923万吨，其中MPE3项目克服稀释剂短缺等对生产造成的影响，生产原油902万吨，基本完成产量任务。苏马诺项目和陆湖项目保持生产安全受控。厄瓜多尔公司安第斯项目在关停低效井/高含水井、全区基本无措施等诸多困难情况下，成功完成Johanna东油田60万吨/年产能的快速建产，提前39天完成全年任务，生产原油240万吨，超产25万吨。秘鲁公司克服厄尔尼诺海流影响和基本没有实施新井的情况下，10/57/58区、6/7区和8区三个项目共生产油气当量产量259万吨，其中原油131万吨，均超额完成计划产量。10/57/58区项目生产天然气16亿立方米，超额完成计划。

【工程建设】 2016年，拉美公司重点工程建设有保有压，建设进度稳步推进。按照海外板块的指导思想，重点抓好MPE3项目产能扩建工程，放缓胡宁4项目工程进度、控减投资，各项工作稳步推进。

MPE3项目16万桶/日扩建工程总进度达71%，超计划1%。积极推动MPE3项目开发方案调整联合研究，最终说服委内瑞拉方同意确定项目二期23万桶/日的建产规模，有效保障项目经济效益，规避设施建设超过油田产能造成投资浪费的风险。23万桶/日扩建工程启动概念设计和基础设计修改工作。胡宁4项目积极协调推进3万桶/日早期生产方案和商业开发方案修改调整联合研究工作，股东双方已决定开展多元热流体热采先导性试验，成功避免低效投资。苏马诺1.5万桶/日快速上产方案得到集团公司和合资公司董事会批准，后续将与国家开发银行进行融资谈判工作。陆湖项目湖上油田替换压缩机安装工程正在进行；巴西里贝拉项目EWT-FPSO建造进展顺利，Pilot-FPSO招标工作有序开展；厄瓜多尔Johanna东油田百万吨油气产能建设工程加快进行。秘鲁项目面对低油价，10区油田积极响应海外板块关于无效产能调减的决定，制订调减产能的方案，通过两轮经济评价，筛选近300口无效益井和生产单元，实施关停。

【经营管理】 2016年，拉美公司保持良好投资回收成果，"开源节流、降本增效"成效显著，成功实现"双正"目标。围绕"加大分红"和"开源节流、降本增效"两手抓，持续深化"金融与能源一体化"战略，夯实长效分红机制。实现上缴中国石油现金贡献完成签约考核指标的305.9%，为集团公司海外企业第一名，再创低油价下良好的资金回收成果，有效降低投资回收风险。积极组织开展具有针对性的经营策略研究，努力推进提质增效，优化控减投资和费用工作取得显著成效。2016年累计控减权益投资6116万美元，累计节约权益操作费8953万美元。

继续创新实施资本运作，实现"双负"项目扭亏减亏。针对委内瑞拉多汇率体制导致陆湖和苏马诺项目成本奇高出现亏损的难题，拉美公司推广"金融与能源一体化"模式，充分发挥中方资金优势，创新提出以资本运作推动项目提质增效扭亏为盈的经营运作模式。在董事长王宜林亲自与委内瑞拉方会谈推进和集团公司及海外板块的大力支持下，拉美公司多渠道与委内瑞拉国家石油公司高层、合资公司沟通协调，于2016年底签署陆湖和苏马诺项目两个合资公司各200万美元抵押循环贷款协议，使得这两个合资公司可以使用委内瑞拉优惠汇率DICOM，继2015年MPE3项目之后再次将委内瑞拉多汇率体制不利条件及风险成功转化为大幅创效的有利因素，实现项目大幅度扭亏减亏。2016年两个合资公司使用优惠汇率后，累计增加利润1.2亿美元，增加中方权益利润4500万美元以上。苏马诺项目成功实现扭亏为盈及"双正"（由亏损2200万美元转为盈利8200万美元），中方权益利润增加4100万美元以上。陆湖项目大幅减亏1600万美元。因此产生这两个项目SEC储量基本不减值的良好连带效益。

【安全环保】 2016年，拉美公司有效应对资源国局势变化，继续保持HSE良好业绩。2016年委内瑞拉政局动荡、经济持续恶化，在委内瑞拉项目和人员安保工作面临严峻挑战，拉美公司密切跟踪分析和准确研判社会安全形势，及时上报形势分析及应对策略，做好完善应急预案和随时启动工作。编制《委内瑞拉罢免总统公投应急处置方案》，更新完善陆、水、空三线撤离方案并及时进行宣贯及演练。完善甲乙方整体应急预案及联动机制，有效提升重大风险预判、防范和应对能力，保证员工安全。采取多种渠道组织中方员工生活物资采购和储备及保供，保障员工正常生活及应急预案的可实施性。 秘鲁项目由于厄尔尼诺极端天气影响引发6/7区和10区洪水，主要道路被洪水大量冲毁，部分生产设施严重受损，油田产量短时受到重大影响。拉美公司预判准确，在厄尔尼诺来临之前，结合实际制订应急预案，成立应急领导小组，配备各种应急物资，提前进行预案准备及演练，将恢复时间降到最短，保证生产有序进行，确保人员生命安全，将损失和影响降到最低。厄瓜多尔安第斯公司狠抓安全生产，HSE整体业绩优良。未发生较大及以上安全、环保和社区事件，百万工时误工伤害率（RIR）创造0.74历史最好成绩，实现连续305天无损工事件的历史第二好成绩。实现全年"零泄漏、零污染、零罚款、零环境赔偿"历史最好环境管理成绩。创新构建"三联机制"，成为厄瓜多尔油气工业"和谐油区"建设典范。持续推进HSE体系建设，结合拉美地区社会安全风险特点和公司实际，编制《风险管理》等8个社会安全管理体系程序文件并通过海外板块审查备案。认真开展"安全生产月"活动，保持连续23年无生产及环保事故和无中方人员伤亡的"三零"纪录，拉美公司被评为集团公司2016年度安全生产先进企业。

【党建及企业文化建设】 2016年，拉美公司全面强化党的建设和作风建设，深入开展学习教育，持续提升党建工作水平。组织深入开展"两学一做"学习教育，成立学习教育领导小组，制订下发实施方案和具体安排，精心制订学习研讨计划。累计开展专题学习研讨46次，学党章38次，学系列讲话44次，各支部书记讲党课共 22 次。认真落实“两个责任”，修订印发实施细则，全面推进实施责任清单、签字背书、年度报告等工作制度。严格执行拉美公司党委工作制度和“三重一大”决策事项管理规定，促进领导人员廉洁从业。加强干部管理，开展廉洁从业、预防职务犯罪及合规管理培训教育。继续保持无违规违纪案件和无腐败情况的良好态势。成功组织召开拉美公司第一次党员代表大会，深入学习贯彻国有企业党的建设工作会议精神，明确今后工作总体思路和部署。开展“四风”问题整治情况“回头看”工作，认真配合上级现场调研检查，强化领导干部作风建设。加强纪检队伍自身建设，完善纪检队伍体系，成立纪检办公室，组织参加集团公司培训，提高业务水平。发挥青年先锋队作用，5 名青年员工被集团公司直属机关和海外板块表彰。

（施建中）

中石油阿姆河天然气勘探开发（北京）有限公司

【概况】 中石油阿姆河天然气勘探开发（北京）有限公司（简称阿姆河公司）是中国石油天然气集团公司的一家下属企业，主要负责土库曼斯坦阿姆河右岸巴格德雷合同区产品分成合同项目的组织和实施，是集预探、详探、新气田评价、开发、老气田恢复、调整、工程建设、天然气开采—净化运行、产品销售于一体的综合性项目。巴格德雷合同区产品分成合同于 2007 年 7 月 17 日签署，是中国和土库曼斯坦两国在能源领域合作的重大项目，也是中国石油迄今为止最大规模的境外天然气勘探开发合作项目。阿姆河右岸区块位于土库曼斯坦东部，面积约 1.43 万平方千米，合同区分为 A、B 两个区块（其中 A 区块 983 平方千米，B 区块 13331 平方千米），合同期限为 35 年，中国石油拥有 100% 权益。阿姆河公司设 24 个部室及北京商务技术支持中心。2011 年 12 月，中油国际瓦坦石油天然气（阿富汗）有限公司（CNPCIW）成立，交由阿姆河公司管理。2016 年底，有中方员工 170 人，外方员工 2332 人。

2016 年，阿姆河公司紧紧围绕天然气勘探开发与生产，始终以提质增效稳增长为目标，坚持质量效益发展，大力实施“开源节流、降本增效”，深入开展经营策略分析，坚持“价、量、本、利、区、季”动态生产经营策略，突出“增储驱动、持续保供、经营创效、抵御风险”四种能力建设，细化全年生产建设计划，明确重要节点目标，紧密围绕“严控投资规模，优化投资方向，强力压缩成本，抢抓时机增产增效”的工作思路，阿姆河公司全面实现 2016 年各项既定生产建设及经营目标。

2016 年，天然气作业产量 137.46 亿立方米，外输商品气 127.83 亿立方米。从投产至 2016 年底累计生产原料气 580.81 亿立方米，累计外输商品气 536.91 亿立方米（表 1）。

表 1　阿姆河公司天然气产量

亿立方米

指　标	2016 年	2015 年
A 区块产量	69.90	64.74
B 区块产量	67.56	69.27
合　计	137.46	134.01

2016 年阿姆河公司生产凝析油 25.30 万吨，同比减少 0.66 万吨，下降 2.54%（表 2）。

表 2　阿姆河公司凝析油产量

万吨

指　标	2016 年	2015 年
A 区块产量	4.09	4.06
B 区块产量	21.21	21.90
合　计	25.30	25.96

2016 年，阿姆河公司生产硫黄 34.11 万吨，同比增加 3.95 万吨，增长 13.09%，均为 A 区块生产。

【勘探开发】 2016 年，阿姆河公司按照“抓大放小，突出重点，加强东部预探区域勘探，坚持中部滚动勘探开发”的思路，合同区勘探开发工作高效有序，储量、产能持续快速增长。主要勘探成果概括为“344”。

3 大勘探发现：东部西召拉麦尔根新构造圈闭预探获得新发现，中区东南部古构造控制礁滩发育储层莫拉朱玛构造预探获得新发现，湖区即别—皮主力气田西斜坡新区预探获得新发现。

4大勘探进展：B区块东部东霍贾古尔卢克、召拉麦尔根、霍贾古尔卢克、阿盖雷深化勘探取得新进展。

4大勘探目标区准备：东部阿克达什—北戈克米亚尔、达什拉巴特—库瓦塔格、湖区三维勘探及中部杨古依东斜坡精心处理解释发现有利勘探圈闭，为2016—2017年乃至后期勘探部署和退地奠定扎实基础。

【钻完井】 2016年，阿姆河公司坚持钻完井工作“提速、提质、提效”，钻井周期继续缩短。A区块直井和定向井钻井周期分别平均节约7.50%和15.20%，B区块直井和定向井钻井周期分别平均节约10.35%和6.92%，B区块东部直井钻井周期节约7.42%。通过钻井周期节约、减少人工费用及提前完井投产、提前供气获益等举措，节约时间和人员成本，提前投产收入，为冬季保供保驾护航，实现甲乙双方共赢。推动承包商建成高密度钻井液重复利用体系，节约大量钻井液材料，减少单井成本，为工区内钻井施工中的复杂处理提供快速有力的应急保障，降低钻井后期环保风险，实现有限资源的再次综合利用。

成功钻成2口高难度定向探井。根据“勘探开发一体化”要求和提高探井钻穿产层面积达到较优获气效果设计，开展探井钻定向井施工。克服地层压力不准确、盐膏层地质复杂、定向钻井工程作业安全风险大、产层井控风险高等诸多困难，成功钻成定向井型探井Wjor-21D、Mes-22D井，Wjor-21D井获得良好天然气显示。

【重点工程】（1）第一天然气处理厂增加产能。A区块改建扩能工程（80亿立方米原料气）通过增加第一天然气处理厂第五列装置，使原料天然气处理能力达80亿米^3/年。2016年，第五列装置及公用工程完成最终验收；完成Sam-70D单井施工并投运，日产天然气65万立方米；完成Sam-71D采气管线、缓释剂管线吹扫、试压；长线设备—外输增压站新增压缩机组于10月17日授标，12月28日组织召开开工会。2016年底项目累计完成总体进度97%。

（2）A区内部集输系统。该项目主要是麦捷让气田集输系统和亚希尔杰佩Yash-Ⅲ-2井建设工作。麦捷让气田集输系统建设主要工作包括5口单井设施、1座集气站、22千米单井管线、18千米集气干线及配套辅助工程。Yash-Ⅲ-2井建设主要工作量为1口单井设施及19千米单井管线。

麦捷让气田集气站、集气管线EPCC项目及Met-21、Met-22、Met-23井口在2016年完成最终验收。Yash-Ⅲ-2单井于2016年10月24日签订合同，12月初机械完工，12月16日投用，配产25万米^3/日，日产凝析油50立方米。

Sam-58井适应性改造项目快速推进，12月6日组织投用，释放集气站瓶颈产量75万米^3/日。

（3）萨曼捷佩气田增压项目。该项目主要包括新建增压站1座，改扩建集气站、集气总站，新建集气支线复线、烃液和燃料气管线等。因压缩机组数量较多，供货周期长，因此压缩机组分期建设。一期先建9台压缩机组（集气站5台和集气总站4台）和所有需改扩建工作；二期建设4台压缩机组（集气总站用）及其配套厂房。增压工程EPCC项目分给2个标段，A标段工作范围主要包括新建增压站、集气站及集气总站扩建、公称直径550毫米集气干线复线联络线及阀室。B标段工作范围主要包括新建集气站至集气总站公称直径500毫米集气支线复线、公称直径150毫米燃料气供气管线、公称直径100毫米烃液管线、第一天然气处理厂至增压站双回35千伏电力线路。

为减少项目压缩机功率和节约投资，采取减少节流阀压降方式，将34口单井一级节流阀改为弯管，2016年7月中旬完成全部井口降阻弯管改造。改造前后生产成效显著，集气总站辖井共增加产能30.1万米^3/日，集气站测算产能增加15.3万米^3/日，增加产能45.4万米^3/日。

截至2016年底，萨曼杰佩气田增压项目总体进度完成20.31%，主要完成EPCC、PMC和长线设备球阀、DCS招标工作，长线设备—压缩机组最终商务结论报天然气康采恩审批，高级孔板阀正进行技术澄清；增压项目详细设计A标段完成27.8%，B标段完成13.5%，承包商开展乙供设备材料采购；2016年12月30日现场开工。

（4）B区块内部集输三阶段。作为第二天然气处理厂的配套气源项目，B区块气田内部集输项目分阶段实施，第一阶段工程包括扬恰、别皮等4个主力气田集输项目，第二阶段工程包括鲍塔乌—基尔桑、奥加—桑迪、捷列克古伊气田集输项目，第三阶段工程包括7口单井、皮站适应性改造工程、布什卢克、伊拉曼气田。

2016年，建成投产10口单井及1套水处理装置。杨站气田水接入皮站项目正在招标中。

（5）220千伏外电网扩建。220千伏外电接入项目2014年11月7日EPCC授标，12月EPCC工程签订合同，2015年5月1日现场开工。截至2016

年底，项目总体进度完成96.31%。其中，设计完成100%，采办完成98.10%，施工完成98.46%，试运完成71.44%，交工资料完成80%。计划2017年10月全部竣工投产。

（6）B区块水源站河堤建设。该项目分两个标段合并公开招标，Lot1（21号、22号大坝及国家大坝建设）2016年11月28日签署合同，国家大坝初步建设完成，21号、22号拦水坝完成进度的50%以上，Lot2（挖河渠建设）已经授标，处于合同审核阶段，承包商正在做开工前准备工作。

【安全管理】 2016年，阿姆河公司贯彻“安全为天”理念，牢固树立“环保优先，安全第一，质量至上，以人为本”的方针，认真落实“零事故、零伤害、零污染、零缺陷”的HSE目标，规范推进HSE管理体系建设，狠抓责任落实，强化源头治理。践行“有感领导”，落实“一岗双责”，要求管生产必须管安全。层层签订安全环保责任书，严格落实领导干部关键要害部位挂点制度。实施“属地管理”，落实“直线责任”，明确划分属地，明确监管责任，严格管理，严格要求。认真迎接当地政府的各项安全环保检查，“迎检流程化、汇报书面化、整改连续化”，2016年共迎接环保、火工品、消防、卫生防疫等各类当地政府联合检查13次，阿姆河公司的健康安全环保工作得到政府部门好评。对承包商管理实行“一月一曝光、一季一考核、一年一评定”的政策，将HSE业绩与工程进度款挂钩，对考核不合格的承包商记入黑名单，将“三线原则”“三一机制”扩展到对当地承包商的管理，效果明显。2016年，实现“零事故，零伤害、零污染”HSE目标，无工伤、火灾或交通伤害事故，未发生井喷失控、环境污染、职业病伤害事故，以及人员被绑架等社会安全事件。项目完成总人工时1618万小时，项目累计总人工时19616万小时。

【社会公益赞助工作】 2016年，阿姆河公司积极执行社会公益和义务培训项目，组织选派土库曼斯坦留学生赴中国石油大学（北京）选拔工作，为留学生办理赴华前的各项准备工作。加强与中国石油大学（北京）的交流，注重解决问题，完善土方、中国石油大学（北京）及阿姆河天然气公司三方签订的《联合培养公派留学生合同》并签订补充协议，使留学生管理工作更加规范有序。与学校保持有效交流，关注在华留学生学习生活动态。2016年在油气署代表、石油与矿产资源部代表、教育部代表和中国石油大学（北京）教授四方见证下，经过笔试、面试共选派13名学生前往中国石油大学（北京）进行深造。阿姆河公司累计向中国石油大学（北京）选派留学生111名，累计毕业46人，其中2016年毕业14人。

【党建和思想政治工作】 2016年，阿姆河公司深入学习贯彻习近平总书记系列重要讲话精神，坚持融入中心、服务大局，围绕促进党员干部廉洁从业、提升企业合规管理水平，扎实推进党风建设和反腐败工作。制定落实“两个责任”实施细则，自上而下任务明确、责任清晰、推进有力。优化纪委委员设置，制定议事工作规则，增设纪检监察办公室，为深入开展工作奠定坚实基础。党政主要领导严格落实“四个亲自”，凡是重点任务、重要工作以及需要大力推动协调的事项，均由主要领导亲自承担。班子成员认真履行“一岗双责”，抓好分管部门、单位反腐倡廉建设。公司领导、中层干部自上而下签订责任书，中方全员签订承诺书，传导责任、传递压力，推动责任落实。组织开展“讲好石油故事、重塑良好形象”主题宣传活动，以先进典型和感人事迹树榜样、聚人心、传递正能量，继承创新阿姆河创业精神，用优良传统抵御不良风气。先后完善党建纪检、议事决策、选人用人、经费管理、招标采办等多项制度流程，严格抓好制度执行落实，努力营造靠制度管人、按制度办事的良好环境。针对海外项目扁平化管理、快节奏运行、国际化运作实际情况，积极探索采办、招标、销售等重点领域、关键环节和重要岗位人员的监督管控措施，推动国内制度体系与海外业务实际有序衔接，研究制定中长期制度规划。

【企业宣传工作】 2016年，阿姆河公司围绕企业生产经营工作，积极开展新闻宣传。报道生产经营的新成果、新经验，传达集团公司最新的指示精神以及所在国的政策变动信息，宣扬党建工作的新做法。持续完善《信息速递》《阿姆河通讯》、公司内网、《土库曼斯坦内阁会议信息》四大内部媒体平台，加大公司内部宣传力度。综合利用《中国石油报》、海外油气合作微信、土库曼斯坦当地媒体等外部媒体，扩大公司外部影响力，塑造外部品牌形象。2016年，《信息速递》发稿48篇，《阿姆河通讯》出版1期、发稿28篇，公司内网发稿23篇次，《土库曼斯坦内阁会议信息》发稿37期、37篇。在《中国石油报》等媒体刊发《阿姆河公司供暖季向国内输气同比增长32%》《阿姆河公司提前完成全年供气任务》等5篇报道。

（李　震）

中亚管道有限公司

【概况】 中亚管道有限公司（简称中亚管道）成立于2016年4月，主要负责中亚天然气、原油管道建设和运营管理，前身是成立于2007年9月的中石油中亚天然气管道有限公司。2016年7月，集团公司将中哈、西北原油管道纳入中亚管道有限公司管理，并将中亚管道纳入集团公司直属企业序列管理，业务由单一输气拓宽至油气并举。中亚管道投资总规模超过220亿美元，运营管道总里程逾1万千米，油气当量年输送能力超过7000万吨，累计向国内供应油气当量近2.3亿吨。负责管理7个境外合资公司和2个独资公司，分别运营所属的中乌天然气管道项目、中哈天然气管道项目、哈南线天然气管道项目、中塔天然气管道项目、中吉天然气管道项目、中哈原油管道项目、西北原油管道项目以及进入中国境内的跨国天然气、原油管道项目。2016年底，有中方员工454人。

2016年，中亚管道扎实推进开源节流降本增效，取得显著成绩。管道工程建设按计划完成，管道运行实现AB/C线输气356.8亿立方米，超计划11%；哈南线输气21.8亿立方米，超计划28.2%；西北原油管道输油462万吨，超计划54%；中哈原油管道输油1007万吨。2016年4月，与国新集团通过股权交割，实现公司股权多元化，实现税前利润由考核指标负1亿元人民币扭亏为正的2.97亿元人民币，完成考核指标的397%；全年安全生产无事故，HSE业绩优良。

【降本增效】 2016年，中亚管道面对管输负荷不足，合并口径利润持续在盈亏点徘徊的严峻挑战，制定《深入开展开源节流降本增效工作方案》。实施贯穿性跨部门预算一体化管理机制，强化跟踪落实。各项目公司细化方案狠抓落实，采取创新开源、成本控制、减员增效等针对性措施，完成开源节流降本增效工作。2016年实现中方人员控减43人，比例达8%，外方员工控减118人，比例达6.5%，人工成本实现大幅降低。实现全年投资控减1.68亿美元，各类成本费用控减近1.3亿美元，占总成本费用（不含折旧）13.5%，AB/C线单位现金输气成本同比下降近16.8%。

【管道运行】 中亚AB/C线站场采用压力控制模式优化运行，总部协调调度中心通过PPS下发调度令直达合资公司，中方调控主导权得到有效确立，跨国一体化调控水平有效提升。组织升级校核126项技术标准，举办“长输管道中外技术标准差异研讨会”，进一步完善运行技术标准体系。突出自主维修能力培养，完善设备管理及风险管控。总部与合资公司共同制定PIS系统建设方案，完成C线乌兹别克斯坦段、哈南线二阶段线路内检测和AB线哈萨克斯坦段外检测。中哈油管道项目完成AA全线航拍测绘、数据上传和45处管道内检测缺陷点修复。西北管道项目完成内检测273处可疑管段的排查及修复，管道完整性管理深入开展。推动《钢质油气管道失效抢修技术规范》升为行业标准，开展中亚天然气管道抢修专用焊接工艺评定研究。AGP成功抢修A线PTS1b绝缘法兰本体漏气，顺利修复B线361千米处环焊缝缺陷，72小时维抢修能力得到锻炼。为有效提升管道输量，加强季节调峰能力，总部与中乌项目联合乌兹别克斯坦国家石油公司开展加兹里储气库利用研究，获得集团公司开展可行性研究批复。

【工程建设】 2016年，中亚管道合理把控C线建设节奏，4号、8号站按计划实现投产，合理放缓1号、3号、5号、7号站建设节奏，为实现晚转资提升公司整体效益创造条件。完成C线乌兹别克斯坦段国家验收，有序推进布哈拉维抢修中心改扩建和C线调控中心设计方案优化。全力推动哈南线工程建设，全面升级管理，强化协调，成功解决资金困境，实现概算调整。重点跟踪关键环节，克服现场依托条件差、厂商技术支持力度不足等困难，成功实现巴佐伊压气站2号机组点火测试。推动D线相关工作，克服雨季洪水泥石流困难，圆满完成塔吉克斯坦隧道详勘工作。持续优化设计方案，完成塔吉克斯坦段15号、19号、23号隧道、塔吉克斯坦和吉尔吉斯斯坦边境翻山段工程等方案的重新论证工作。全力推动、密切配合，结合AB/C线设计总结和自动化提升评估结论，完成D线初步设计编制和公司内审，具备向集团公司报送条件。充分发挥股东协调，理顺审批程序，利用哈萨克斯坦高层访华契机，落实关键事项，提前开展可行性研究工作，协调可行性研究合同签署，推动油源保障承诺函获得，西北原油管道600万吨反输改造顺利推进。充分论证、科学制定乌铁穿越换管工程实施方案，强化过程管控，平稳完成首次在运干线大规模高风险断管换管作业。

【质量安全环保】 2016年，中亚管道持续有效控制风险。强化风险分级管控和隐患排查治理双重预防机制，全程监控高风险生产作业环节。中哈油管道项目和西北管道项目加强巡检巡查力度，全年全线无打孔盗油事件。中吉项目沉着应对“8·30”中国驻吉尔吉斯斯坦使馆遇袭事件，及时完善中吉项目驻地人防、物防和技防措施，确保各类风险受控。继续夯实HSE管理基础。发布QHSSE业务规章制度及管理标准，持续丰富体系作业层文件。深化与KTG联合工作机制，强力推动《合资公司HSE监管合作协议》签署；中哈气管道项目通过能源管理体系ISO 50001认证；中吉项目QHSE体系通过国际资格认证。推动提升突发事件应急处置能力。总部健全“总体+专项”应急预案体系，海外项目全面识别应急响应关键岗位，推行“应急处置卡”，完善“现场应急处置预案”，提升突发事件基层应急响应及处置能力。中塔项目协调组织建立中国石油在塔吉克斯坦企业社会安全管理协调小组，编制并发布《中石油驻塔企业社会安全事件协调应急预案》，提升和带动各在塔企业的社会安全事件应对能力。

截至2016年底，中亚管道年度完成1445万人工时，累计完成1.8亿人工时；车辆行驶1710万千米，累计行驶2.4亿千米；未发生一般C级及以上工业生产安全事故。《安全环保责任书》规定杜绝及控制性指标全部完成。年度实现百万工时损工率（LTIF）0.14，总可记录伤害率（TRIR）0.35，百万千米交通事故率（VIR）0；三项关键HSE指标保持国际同行业先进水平。

【管理提升】 2016年，中亚管道经营管理更加规范高效。深入开展五年滚动规划编制，推动油气管道运输业务协调发展。持续完善管理制度体系，搭建制度查询平台并上线运行，发布3个法人公司的制度汇编。完善绩效管理体系，推动KPI考核机制在合资公司落地应用，实现中哈天然气管道项目、中乌天然气管道项目、哈南线天然气管道项目总经理绩效合同最终签署。规范全面预算管理，提前审查合资公司预算，完成批复。强化内外部审计监督，组织开展存货专项审计、股东联合审计和财务专项检查，迎接审计署、国家国资委和集团公司组织的专项审计调查5项。完善股东事务管理流程，发布实施《股东事务管理规定》，利用公司信息平台建立股东事务信息通报制度。严格合同审批流程，实施计划管理，强化过程监督，事后合同数量大幅降低。不断优化行政事务管理，新版电子公文系统上线运行，覆盖总部及7个海外项目，保障公文顺畅流转。员工培训晋级体系进一步完善。中亚管道企业大学完成6个专业设置，成立员工培训与发展委员会及6个专业委员会，培训架构基本搭建完成。E-learning学习平台顺利验收，覆盖公司总部及各海外项目，学习课程达100多门。内训师制度建立，各培训基地建设有序推进。以自动化专业为试点形成运行工程师培训晋级方案，开展运行人员“双通道”体系试运行。着力加强重点培训，中亚管道2016年累计组织各类培训521次，培训6570人次。重点开展基层党支部书记培训、外语能力培训、项目管理培训、基层站长培训等6项大型培训，效果显著。信息化建设稳步推进。发布信息化管理办法，信息化管理体系不断完善。深入拓展TIP应用，快速支持业务管理e化。按期完成ERP系统集成，实现Ukey单点登录。在集团范围内率先推行移动云视频试点。与东方物探和华为技术有限公司签署战略合作协议，成立“中亚管道+ICT”中心，相关工作有序推进。推进EAM设备管理系统建设，PIS系统上线运行，信息化建设在合资公司落地实现新突破。科技进步与管理创新取得优异成绩。启动公司科技战略发展规划编制，发布科技管理办法，公司科技管理体系基本形成。“中亚天然气管道运行优化技术研究”获海外勘探开发公司科学技术进步奖一等奖。优化管理创新评审和推荐机制，有效提升管理成果和论文质量。管理成果“践行‘一带一路’跨国输送天然气战略管理”获全国石油石化企业部级管理创新优秀成果一等奖；“‘一带一路’区域跨多国大型天然气管道运营管理”获国家级企业管理创新成果一等奖。

【党建及队伍建设】 2016年，中亚管道扎实推进“两学一做”学习教育，提出“五结合”（与“重塑中国石油良好形象”大讨论等工作结合起来，做到内外兼修；与“六个一”党支部创建活动结合起来，提高党的建设水平；与提高“三基”工作水平结合起来，提高工作质量；与降本增效、实现公司“四保”目标等工作结合起来，坚持两手抓、两不误、两促进；与深化党员先锋岗、党员责任区、党员示范岗等创建活动结合起来，促进党员承诺践诺、党员挂牌上岗等制度的执行落实）总体要求，明确7项具体措施，确定“六类典型”（“三严三实”的干部典型、“四讲四有”的党员典型、恪尽职守的书记典型、爱岗敬业的青年典型、创先争优的支部典型和降本增效的项目典型）选树要求。党委领导带头学习讨论、带头讲党课、带头过双重组织生活，召开专题民主生活会，以上率下、树标立规。总部及海外各级党组织坚持全覆盖、常态化、求实效，做实规定动作，做好自选动作，推动全面从严治党向基层延伸。

（杨　帆）

中国石油集团东南亚管道有限公司

【概况】 中国石油集团东南亚管道有限公司（简称东南亚管道）是集团公司直接投资、直接管理的国际化公司，成立于2009年7月，注册资金110亿元，主要承担中国四大能源通道之一的中缅油气管道项目设计、建设与运营。

2016年底，东南亚管道机关设职能处室13个，直附属机构5个，临时机构2个，下属二级单位6个。在册员工338人。

中缅油气管道工程天然气管道起点位于缅甸西海岸兰里岛，经若开邦、马圭省、曼德勒省和掸邦，从云南瑞丽进入中国。天然气管道长793千米，设计年输量120亿立方米，管径1016毫米，设计压力为10兆帕，钢管材质X70。中缅天然气管道项目由4国6方（即中国石油、大宇国际集团、印度石油海外公司、缅甸油气公司、韩国燃气公司、印度燃气公司）共同合资建设。截至2016年12月31日，已安全平稳运行1266天，累计输送天然气135.58亿立方米。2016年，完成输气量49.34亿立方米，在缅甸下载7.52亿立方米，向中国供气41.82亿立方米，完成全年考核指标任务的103.77%。

【中缅原油管道全面完成】 中缅油气管道工程原油管道起点位于缅甸西海岸马德岛，经若开邦、马圭省、曼德勒省和掸邦，从云南瑞丽进入中国。原油管道长771千米（全线与天然气管道并行或同沟敷设），设计年输量一期1300万吨（二期2300万吨），管径813毫米，设计压力6—13.5兆帕，钢管材质X70。与原油管道配套的30万吨级原油码头，位于缅甸西海岸皎漂湾内的马德岛北岸线的东端，占用马德岛岸线长度为800米。中缅原油管道项目由中国石油和缅甸油气公司合资建设。原油管道于2014年5月30日机械完工，2016年10月10日正式启动中缅原油管道（境外段）水联运，11月30日原油管道完成水联运及带载测试，全面具备投产条件。12月1日清管器顺利到达中缅边境的南坎计量站，标志着水联运工作圆满完成，工程建设全面完成。

【安全环保】 2016年，东南亚管道落实安全生产责任制，加强风险管控力度，紧抓体系建设和应急管理工作，关注国际环保舆论，聘请国际第三方认证机构，开展油气管道环境与社会影响后评价。有专（兼）职内保干部11名，安保监督3名；共有183名保安负责营地、站场及阀室安全守护，保卫管道安全平稳运行发挥不可替代的作用。

【社会公益】 截至2016年底，东南亚管道在缅甸实施社会公益项目175项，合计2300多万美元，涵盖医疗卫生、教育、供水供电、道路、通信等多个领域，受益人数超过110万人。项目启动至今，缅甸当地用工累计达290万人·工日，共有226家缅甸企业参与项目建设，切实造福当地社会。

【业务拓展】 2016年，东南亚管道紧密跟踪市场变化，探索新的发展机遇。协调推进天然气发电项目前期研究工作，组织设计单位进行专题对接和现场考察。进一步优化完善CNG可研方案，积极协调推进项目。委托开展缅甸石化园区的规划方案研究，组织设计人员现场踏勘和调研。进一步完善在缅管道沿线炼油厂项目预可行性研究报告及相关前期工作。

【获得荣誉】 2016年，中缅天然气管道工程获“石油优质工程金奖（境外工程）”和“中国建设工程鲁班奖（境外工程）”。东南亚管道公司党委获国务院国资委“中央企业先进基层党组织”称号。东南亚管道公司获集团公司“安全生产先进企业”“社会安全先进单位”称号及“十二五”信息化建设先进单位。

（沈江华）

中国石油天然气集团公司俄罗斯公司

【概况】 中国石油天然气集团公司俄罗斯公司（简称俄罗斯公司）成立于2007年9月，列集团公司直属企事业单位序列，属海外地区公司，行政上由集团公司直接管理，业务上归口海外勘探开发分公司管理。俄罗斯公司主要职责是：根据集团公司国际化发展战略和总体规划，组织编制中俄油气合作发展建议规划和年度生产、投资建议计划，经批准后组织实施；组织开展中俄油气合作项目前期的调研、评价、投标、谈判和签约等工作；组织实施中俄油气合作勘探开发项目、原油和天然气管道合作建设项目、天然气下游市场合作开发项目等；参与组织协调中俄石油上下游合作、长期贸易，以及国内队伍参与俄罗斯油气技术和工程技术服务等项目。截至2016年底，俄罗斯公司有员工45人，设6个职能部门，下属中油国际（俄罗斯）投资公司，资产总额5920.87万元。

2016年，全球政治经济形势复杂多变，国际油价持续下跌，海外油气业务面临较大冲击，对外油气合作承受较大的经营压力。俄罗斯公司以实施亚马尔项目为重点，努力推动各项工作。

【亚马尔项目工程】 2016年，亚马尔LNG项目现场工程建设工作全面展开，预计全年完成累计进度75%，超过年度计划70%。LNG工厂第一条生产线涉及的长周期设备全部运到现场，第二条生产线的长周期设备正在发货中；第一条生产线所需78个模块全部运到现场，其中73个模块安装就位，一期投产用的SPP全部运到现场；LNG储罐的1号和2号完成水压试验；MOF码头用于卸载模块的5号和6号泊位投入使用；先导气系统投运；3个凝析油储罐的水压测试全部完成。截至2016年底，完成投资约190亿美元，预计总投资为271亿美元，控制在国家发改委审批的275亿美元以内，LNG工程投资控制在原合同总价183亿美元以内。

【亚马尔项目融资】 俄罗斯公司高度重视项目融资工作，积极组织和协调融资各项工作，组织参加各类融资谈判和会议，协调外交部、财政部、国家开发银行、中外资银行以及集团公司内部资金管理部门和合资公司，共同推进融资工作。经过近三年的艰苦谈判和努力，亚马尔项目融资工作取得重大成果，2016年4月11日，亚马尔项目与俄资银行签署40亿美元的融资协议；4月29日，与中资银行签署120亿美元的融资协议。银行从6月初开始向亚马尔项目放款。融资的成功推进为亚马尔项目建设和运营提供基本保障，解决项目建设资金需求问题，减轻股东筹资压力，为顺利推进项目建设提供关键保障。

同时针对项目融资要求，中方主动提出股东协议存在的瑕疵，联合道达尔公司一起促成完善股东协议，规避中方股东投资的额外风险。

【降本增效】 2016年是亚马尔LNG项目建设重要的一年，俄罗斯公司认真开展“开源节流、降本增效”工作，充分发挥大股东作用，在商务谈判、设计优化、对标管理等方面，落实各项措施，扎实推进工作，投资控制和风险防控等诸多方面均取得显著成效。通过中方努力，2016年帮助项目实现降本增效765万美元；充分发挥技术委员会作用，优化设计，确保合同风险可控，减少合同可选额度4300万美元。

发挥股东优势，加强商务谈判，全力控减投资。2016年，中方在坚持从管理费、设计费、采购费、运费、施工费等几个要素纵向对比以及变更要素中相同部分横向比较的对标办法，力促项目推进商务谈判，实现新增应急柴油发电机费用变更从3700万美元减少到3435万美元，节约265万美元。2016年3月，在亚马尔LNG项目电伴热系统设计方案确定后，俄罗斯公司利用中方人员在文化、语言等方面的优势，中方股东代表直接参与中国海油模块厂电伴热变更安装费率谈判，在项目与模块厂最终谈判的基础上，实现再降低500万美元的目标。

充分发挥技术委员会决策机制作用，优化设计，确保合同风险可控。亚马尔LNG项目进气设施装置的被动防火和消防系统合同最初金额约58亿卢布，属于合同中的可选项目。主要原因是招标时安全设计尚未完成，工作量无法确定，其金额属于暂定额。在2015年底董事会及2016年技术委员会、预算会议等多次场合，中方坚持在详细设计完成的情况下，必须关闭防火设计，不留可选项目的原则，并要求结合俄罗斯安全标准优化来进行设计。2016年3月，亚马尔项目完成进气设施防火设计和防火系统审查，项目结合俄罗斯标准进行优化，如减少不必要的防火面积、防火等级变更、管架的防火等级调整，入厂设施消防系统与全厂消防系统整合等，优化结果最终获得LNG和码头技术委员会各股东技术代表的认可，该合同金额为30亿卢布。由于中方坚持原则，据理力争，最终促成进气设施被动防火设计的优化，合同可选金额减少28亿卢布，约合4300万美元。

【促成签订政府间协议议定书】 2014年俄罗斯卢布大幅贬值，导致亚马尔公司净资产为负及由此产生公司被债权人起诉甚至公司破产清算的法律风险，同时也造成中法两个外国股东的受控债务与在公司的权益的比值大于3而产生税务风险，净资产为负和资本弱化问题的相互叠加使得问题的解决变得非常棘手。

为解决好上述问题，确保股东利益最大化，俄罗斯公司多次组织会议专题讨论研究，强调要突破常规思维，另辟蹊径寻求解决之道。根据俄罗斯公司研究后提出的建议方案，以丝路基金加入亚马尔LNG项目为契机，在谈判签署丝路基金入股协议的同时，积极促成中俄两国政府协商签订政府间协议议定书，从而在国际法框架下成功解决净资产为负和公司资本弱化问题给亚马尔公司和外国股东带来的法律和税务风险。

该政府间协议议定书于2016年2月正式生效，丝路基金于3月15日正式加入亚马尔项目，持有亚马尔公司9.9%股份。

【整合中国石油资源】 发挥股东优势，帮助中国石油兄弟单位获取新增合同额。2016年2月，亚马尔LNG项目因工程进度需要，将部分现场施工FWP1D划分到模块厂，以加速整体进度，海洋工程公司青岛模块厂报价为第二低位，多于第一低价400万美元。在得知此消息后，俄罗斯公司与海洋工程公司通力合作，最终获得亚马尔LNG项目的支持，以第一低价承揽此项工程，新增合同额度6000万美元。9月，俄罗斯公司协调亚马尔项目，再次为海洋工程公司获得430吨的新增工作量。俄罗斯公司积极整合中石油资源，身体力行，真正践行中国石油整体效益最大化。

整合中国石油内部资源，联合打造与国际先进管理水平接轨的监造团队。2016年8月，俄罗斯公司组织遴选的中油锐思16人的业主监造团队顺利完成青岛武船麦克德莫特场站的监造工作，这是亚马尔LNG项目第一个按计划完工的场站，对于中方培养模块监造高技能人员，加快与国际先进管理水平接轨，起到积极的促进作用。

【推动中国公司参与项目造船与船运】 2016年，亚马尔LNG项目第一艘ARC7破冰级LNG运输船顺利预交，俄罗斯公司在项目造船与船运强化引进中国元素，协助中国公司参与项目。一是促成在广州广船国际股份有限公司建造ARC7级凝析油轮，广州广船国际股份有限公司于2016年1月14日与希腊船东Dynagas签署造船协议，该船造价约1.4亿美元，计划于2018年下半年交付运营。二是推动常规LNG船的中国元素，积极推动并实现4艘常规LNG船在沪东造船厂建造，同时推动中标船东与中国船东合作，如果中国船东参股达到25%，船运租金收入的中国份额将达到3.3亿美元。三是推动5艘ARC7破冰级LNG船的签约和融资。与工银金融租赁有限公司就5艘ARC7破冰级LNG船的光租协议达成一致，中国液化天然气运输公司（CLNG）和中国外运长航集团有限公司以51%股比与希腊船东Dynagas合作。工银金融租赁有限公司将出资约15亿美元投资建船，并获得长期稳定租赁费。CLNG和中国外运长航集团有限公司将从亚马尔LNG公司获得18亿美元的租金收入。

【把控HSSE风险】 俄罗斯公司精心筹划，联合道达尔首次完成项目股东审核，促进双方HSE文化交流，提升亚马尔LNG项目HSE体系管理水平。2016年6月16—24日，按照亚马尔LNG合资公司的工作计划，由集团公司国际部、海外板块和俄罗斯公司HSE专家所组成的中方审核组顺利完成亚马尔LNG联合公司机关和现场的股东HSE联合审核工作，同时也是中方自2014年加入该项目以来首次赴现场参加股东审核。通过审核发现，亚马尔项目在安全文化、交通安全管理、工作许可、承包商管理及SIMOPS交叉作业管理方面，仍存在较大提升空间，尤其应重视由建设转生产的过渡期HSE管理。

【管理创新】 2016年俄罗斯公司继续推进科技、质量、计量和标准化管理，6月在完成对亚马尔LNG公司进行HSE股东审核框架下，收集LNG工程HSE高危生产项目组织标准、吊装作业和货物移动安全规范组织标准、井场交叉作业组织规程、事故应急预案等17个公司标准和程序文件。在质量管理方面，针对亚马尔LNG模块场站MWP8，俄罗斯公司组建亚马尔LNG模块保温层下腐蚀控制QC小组。成员来自俄罗斯公司、亚马尔联合公司以及青岛武船麦克德莫特MWP8场站的成员，针对保温层下的腐蚀（CUI）各方面的影响因素进行分析和探索，并落实到具体的控制措施上，最大程度地减少CUI的发生。QC活动小组的成果上报集团公司，突破性地首次获得QC小组活动成果奖三等奖。

【信息收集】 关注新项目开发，为俄罗斯公司可持续发展积累信息。在重点做好亚马尔项目的同时，俄罗斯公司始终持续关注俄罗斯地区上游新项目的寻找、筛选和评价工作，多渠道关注、搜集俄罗斯油气上游信息，稳步推进新项目开发工作，2016年继续加大新项目开发力度，重点关注俄罗斯地区合作机会，多渠道获取新项目信息，完成参股俄油上乔项目、俄罗斯巴什基尔石油公司私有化和俄油私有化的建议，后续工作中继续研究相关建议，为上游新项目评价积累经验。

【配合完成专项巡视】 按照集团公司党组统一部署，2016年8月4日—9月23日，集团公司党组第一海外巡视组对俄罗斯公司进行专项巡视。巡视突出政治巡视工作定位，紧扣“六项纪律”，紧盯“三大问题”，紧抓“三个重点”，并对落实“两个责任”、执行“三重一大”决策制度情况进行监督检查。巡视期间，巡视组听取俄罗斯公司党委、纪委及选人用人等工作情况汇报，要求提交薪酬管理、车辆购置使用、专项资金管理等专题报告，列席有关会议，个别谈话29人次，调阅有关文件、档案和会议记录，组织进行问卷调查，走访了解部分所属单位和部门。俄罗斯公司按照巡视工作的要求，准备提供党建纪检工作资料、“三重一大”决策事项资料、薪酬管理数据和各类财务数据资料等。整改阶段，俄罗斯公司第一时间制定整改工作方案，制作巡视反馈问题整改落实工作运行表，对整改措施和目标提出期限和标准要求。在此次巡视工作中，俄罗斯公司所做的工作得到巡视组的高度认可，为巡视组顺利完成工作任务提供保障。

【任中审计】 2016年9月5日，集团公司审计部开始对俄罗斯公司总经理进行任中审计，为配合审计工作，俄罗斯公司按照审计要求，准备并提交大量数据材料，包括各类财务数据报表、会议记录纪要和工作报告等，同时为审计组开展工作提供后勤支持与保障，很好地完成对任中审计的配合工作。

【党建工作】 加强政治理论学习。俄罗斯公司党委认真开展“两学一做”学习教育，组织党员干部深入学习十八届六中全会精神、学习习近平总书记系列重要讲话精神，学习《中国共产党廉洁自律准则》《中国共产党纪律处分条例》和党纪条规，学习集团公司工作会议和海外油气业务会议精神。统筹抓好党委中心组学习，组织落实好基层党支部学习，安排重点学习主题和专题讨论内容，2016年组织公司党委中心组扩大学习26次，党委书记在北京和莫斯科为党员干部讲授两次专题党课。组织开展支部书记讲党课3次，通过举办内部培训、网络、视频等灵活多样的学习方式，保证学习时间和质量，增强学习效果，提高思想认识，全体党员对实现全面建成综合性国际能源公司目标这一主线有了更加明确的认识，达到统一思想、指导实践、推动工作的目的。

强化基层党组织建设。按照党建“三同时”原则和基层建设“六个一”要求，做到支部建立与行政机构建立同步，支部建设与行政管理同步，支部班子与行政班子配备同步。2016年8月，俄罗斯公司党委对党支部进行换届调整，设国内支部2个，国外支部1个，各支部根据调整后的变化及时配齐支部委员，明确职责分工，层层落实工作责任制，坚持重心下移抓基层，关口前移抓预防，形成并营造出廉洁、和谐的良好氛围。

组织进行党费收缴工作。按照上级要求，党委组织党费补缴工作，多次召开会议讨论补缴工作，召开动员会对此次党费补缴工作进行政策解释和动员，对各个支部和党员提出具体要求。经过仔细论证完成补缴方案的制订，测算党费上缴的基数，在所有党员的参与下，按计划按要求完成党费补缴和2016年党费上缴工作。

（徐　刚）

工程技术服务企业

中国石油集团西部钻探工程有限公司

【概况】 中国石油集团西部钻探工程有限公司（简称西部钻探）成立于2007年，以钻井、测井、录井、井下作业、压裂、试油、特殊井钻井工艺、钻井液、固井等石油工程技术服务以及装备研发、制造与销售为主要业务，在国内，主要为克拉玛依、吐哈、塔里木、青海、玉门、长庆等西部油田提供钻探一体化服务；在海外，形成以中亚为主体、中东为接替区，覆盖哈萨克斯坦、乌兹别克斯坦、吉尔吉斯斯坦、埃及、沙特阿拉伯、阿联酋、伊朗、俄罗斯等8个国家的市场布局。2016年，设机关处室15个，有直附属单位11个和二级单位17个，下设钻井公司5个，录井公司2个，井下公司、试油公司、测井公司，固井压裂公司、钻井工程技术研究院、定向井技术服务公司、塔里木勘探公司、苏里格气田项目经理部、三塘湖项目经理部和物资采购中心。员工总数19258人。其中，合同化、市场化、劳务用工分别占71.4%、25.3%和3.3%；少数民族员工3144人，占16.3%。资产总额156亿元，负债率56.8%。

西部钻探有各类工程技术服务设备和仪器1.5万台（套），其中钻机232台，年钻井能力500万米；修井机45台，年修井能力1500井次，压裂机组8套，约18万水马力，年压裂酸化能力3000井次；测井及射孔成套装备155套，年测井能力8150井次、射孔能力3150井次；综合录井仪131台，年录井能力3400口；固井水泥车125台，年固井能力2880口；试油修井机21台、通井机17台，年试油能力300层。

2016年，国际油价跌至十余年来最低水平，勘探开发投资大幅缩减，油服市场量价齐跌，面对异常严峻的形势、面对艰巨繁重的任务，西部钻探提出“稳中求变、变中求进”总思路，以改革创新推动瘦身健体，以降本增效提高发展质量，以市场开拓拉动效益增长，以技术创新增强竞争能力，以抓实安全环保维护大局平稳，以全面从严治党巩固核心优势，初步形成适应新形势的发展方式。通过广大干部员工的共同努力，2016年完成进尺318万米，实现收入98亿元，圆满完成集团公司考核指标。

2016年，西部钻探开钻1323口井，完成钻井进尺318万米，同比减少46.1万米，下降12.7%。固井1333口/3003井次，同比减少281口/876井次，下降17.4%。综合测井5773井次，同比减少3565井次，下降38.2%。录井1408口/44950天，同比减少968口/10328天。井下大修作业完成115井次，同比减少3井次，下降2.5%。井下压裂酸化完成1934井次，同比增加138井次，增长7.7%。试油完成252层，同比增加3层，增长1.2%。苏里格项目外输商品天然气7.33亿立方米，同比减少0.98亿立方米。凝析油生产7592吨，同比增加1898吨。三塘湖项目生产商品原油20360吨，同比减少3206吨。

【传统市场拓展】 2016年，西部钻探严守“生命线”工程，深化沟通、扩大合作，主动与油田谋求量价共识，强力守土拓土，共完成进尺247万米，市场占有率同比提升12.6个百分点。新疆市场占有率达到重组以来最高；吐哈市场主体地位有效巩固；青海市场年进尺突破70万米，再创高原钻井历史纪录。关联交易市场“压舱石”作用更加凸显。

【外部市场拓展】 2016年，西部钻探在海外市场坚持逆势中求发展，相继中标乌兹别克斯坦新丝路、明格15井等重大工程，高效运作阿联酋项目，成功实施阿克纠宾钻完井一体化项目，“走出去”拓展布扎齐、马腾、坚戈等非传统市场，业务布局持续优化。在国内其他市场，发挥一体化协同优势，有效扩大塔里木市场EPC总包规模，保持玉门市场基本稳定，拓展道达尔、长华等8个新市场，进入页岩气、煤层气等非常规油气领域，发展空间更加广阔。

【降本增效】 2016年，西部钻探坚持将低成本作为生存发展关键，上下结合全面发力，释放深层潜力。按照市场经济规律传递成本压力，对工程与服务、物资采购类项目，加大招标力度，严格管控价格，合同单价分别下浮11.5%和10.4%，节约资金7亿元，形成价格调控长效机制。紧盯支出大项，强化过程管控，加大考核激励，百元收入变动成本率同口径降低7.2个百分点，节约3亿元。推进资产轻量化，长摊购置费用同比下降41%，两级机关管理费、非生产性“五项”费用分别下降14.3%和14.8%；有效释放设备管理潜能，实现增效1.2亿元，延伸降本空间。

【结构调整】 2016年，西部钻探以破釜沉舟的决心，深化自我变革，努力破除惯性束缚，激发内生活力。通过“五定”、三级机构优化整合，促进冗员显现，配套8项分流安置措施，累计撤减三级机构12个、岗位减员1902人，一线用工比例提高4个百分点，人工成本下降9.7%，初步建立适应新形势的减员增效机制。聚焦主营业务提效，有序退出社会化程度高、劳动密集型业务，推进低效业务整体外包，提高发展质量。绩效改革更加有效。推进正负双向激励，全面实施预扣15%基础工资政策，落实一线1.5倍奖金系数，进一步严明导向、传递压力。多个单位班子带头扩大预扣比例，充分体现党员干部表率作用。

【业务增效】 2016年，西部钻探瞄准增效方向，加快拓展高端高效业务，有力促进效益提升。以效益为导向，优化投资方向，将装备投资调整到天然气产建，巩固稳产基础。苏里格项目大打“双增双超”攻坚战，加快推进产能建设、老井稳产等关键工作，气区生产呈现前所未有的主动态势，完成商品量 7.3 亿立方米，贡献利润 3.2 亿元。三塘湖项目深挖潜力，超额完成产量任务，操作成本达到历年最低。总包合作成效突出，继续保持各市场、各专业全覆盖的良好态势，工作量占比达 53%，已成为增量增效的重要手段。环玛湖、吉 7、扎哈泉等重点项目高水平完成，树立服务品牌。高端业务创效突出，压裂业务直面竞标、敢于争标，实现稳内增外；试油高端业务在塔河市场打破内部垄断；固井业务突破新疆煤层气市场；测井高端业务与斯伦贝谢同台竞技，实现份额逆转；录井业务扩大油藏评价与地质导向服务。

【优质服务】 2016 年，西部钻探始终牢记使命，强化技术支撑，积极分担油田效益开发压力，维护共同利益。不断提高服务效率，坚持“三早一快”，开展“大干快上”生产会战，强化协同配合，加强资质、装备保障，推动综合提速，钻机月速、机械钻速同比分别提高 2.1% 和 3.3%，钻井工效提高 3.3%。其中，吉 7 丛式井提速 41%，英西平均钻井周期缩短 23 天。持续提升工程质量，推进重点工程、重点项目升级管理，强化责任落实，事故复杂损失时间同比下降 31.5%。塔里木“五统一”深化管理初步见效，事故复杂时率下降 4.1 个百分点。创新能力显著增强，获集团公司科学技术进步奖一等奖等 8 项省部级奖励，获奖数量、质量均达历年最好水平。旋转导向等利器研发取得阶段进展；浙江油田地质研究项目高效推进，以技术合作有效带动市场开发。技术支撑更加有力，有效解决环玛湖测井、哈萨克斯坦固井质量等问题，在塔里木创出塞流固井、超深井试油等一批新纪录，提升品牌形象。成功钻探达 13 井、天 6 井等多口重大发现井，以狮 1-2 井、狮 1-3 向 1 井为代表的一批千吨井、百吨井。

【经营管理】 2016 年，西部钻探坚持向管理要效益，以管理促发展，加大力度抓经营、补短板、提效率，维护稳健局面。持续优化经营模式，发挥预算指导作用，突出经营过程调控，完善预警帮扶机制，经营管理不断契合形势变化。主动适应“营改增”政策，加强汇率研究分析，有效防范各类经营风险。全面推进“两金”压控，外部应收账款存量、存货余额分别压减 56% 和 28%，确保运营高效。持续提高合规水平，强化合同审查与内控体系运行，规范合作项目、外事等业务管理，推进学法用法教育，全面清理法律纠纷案件，增强依法合规能力。配合集团公司专项审计，严格大宗物资合规监察，推动海外物资盘库降库，发布钻井液助剂招标采购规范，进一步堵塞管理漏洞。成功组织西部地区物资管理观摩交流，招标中心取得集团公司甲级资质。信息化建设稳步推进。搭建 D17 应用平台，扩大工程技术物联网系统（A12）覆盖范围，完成生产指挥系统设计，移动 OA 顺利试运行，新增馆藏档案全部实现数字化，管理效率持续提高。

【安全环保】 2016 年，西部钻探始终把安全环保融入法制化进程，坚守红线意识，坚持严细管控，尽全力保住最大的效益。升级 D 版体系文件，完善风险分级防控，推进标准化建设，强化履职能力评估，从严整改审核发现问题，HSE 管理水平不断提升。突出现场监督职责细化，强化追责追溯追究，“四不两直”开展巡查夜查 34 次，促进现场本质安全。以井控管理为核心，创建井控专家、预警约谈机制，强化一线实操培训，突出重点工程管控，确保绝无一失。持续完善应急体系，推广“一案一卡”，加强各级演练，有效处置突发情况，应急能力不断提升。推进高危作业、放射源、火工品等要害升级管控，加大隐患治理力度，实现风险全面受控。开展污染源普查与环境风险评估，建立清单台账，大力推广钻井液不落地、燃料替代等节能环保技术，绿色发展能力不断增强。继续保持集团公司“安全环保先进企业”“节能节水先进企业”称号，高分通过新疆维吾尔自治区安全生产目标管理先进单位验收，连续 7 年被中华全国总工会和国家安全生产监督管理总局评为全国“安康杯”竞赛优胜单位。

【党建工作】 2016 年，西部钻探始终将坚持党的领导、加强党的建设，作为发展的“根”和“魂”，深入落实全面从严治党要求，政治核心作用充分发挥。全面加强党建工作，深化“两学一做”学习教育，牢固树立“四种意识”，党员干部思想行动空前统一，为战胜困难提供坚强保障。进一步强化基层党组织建设，打造一批坚强有力的战斗堡垒。深入推进反腐倡廉，严格落实“两个责任”，健全工作体系，加强党内监督巡视和执纪力度，推进“三重一大”决策制度执行，完善各级选人用人机制，规范用权行为，从严管党治党迈出有力步伐。持之以恒落实中央八项规定，扎实开展“四风”问题回头看，从严执行“三公”标准，在集团公司专项巡视中得到充分肯定。深入聚焦形象建设，发挥正面舆论导向，各级干部员工大力弘扬石油精神，始终以积极心态推动改革调整，表现出强烈的大局意识和担当意识。在关键时期召开公司第二次党员代表大会，进一步凝聚力量、提振士气。

【和谐企业】 2016年，西部钻探全心全意依靠职工群众办企业，确保发展成果普惠共享。通过超额完成考核任务，工资总额达到集团公司工效挂钩政策上限。以节日慰问、劳动竞赛等形式，增加一线物质奖励4000余万元，在艰难形势下确保员工收入最大化。积极引导员工成长成才，参加集团公司技能竞赛获得历史最好成绩，2个创新工作室得到新疆维吾尔自治区命名表彰。关心关爱员工，创新解决实训中心配套问题，青海、塔里木区域基础项目顺利推进，集资建房如期交付，员工归属感、幸福感进一步增强。大力开展扶贫帮困、"送温暖"和"金秋助学"活动，慰问各类困难人员1641人次。全面加强稳定工作，深入落实新疆维吾尔自治区党委部署，强化信访维稳、安保防恐，大力推进"访惠聚""民族团结一家亲"等工作，有效履行社会责任，确保一方平安。紧盯中亚、中东社会安全形势，加强预警防控，实现零伤害、零绑架。

（许　均）

中国石油集团长城钻探工程有限公司

【概况】 中国石油集团长城钻探工程有限公司（英文缩写GWDC，简称长城钻探）成立于2008年2月，是集团公司直属专业化石油工程技术服务公司。2016年底，用工总量2.6多万人，有各类装备8000多台（套），形成钻修井、技术服务、风险总承包三大主营业务板块，业务领域涵盖石油工程技术服务全产业链，并向综合地质研究、勘探开发方案编制、稠油热采、天然气（煤层气、页岩气）开发、地热开发等领域延伸，具备石油工程技术一体化总承包服务能力，打造国际知名的中国石油工程技术服务品牌。在国内，主要为辽河油田、长庆油田、大庆油田、新疆油田以及国际油公司国内反承包等市场提供服务，并在长庆油田苏里格气田、四川油气田威远页岩气项目开展产能建设总承包；在海外，共有29个项目部（作业区），分布在非洲、中亚、中东、美洲4个大区的33个国家。累计为130多个客户提供服务。

2016年，在国际油价持续探底、量价齐跌的形势远超预期的情况下，长城钻探完成钻井进尺271.7万米，同比基本持平；实现收入173亿元，同比下降14%，实现利润超额完成集团公司下达的指标，在集团公司工程技术板块继续排名第一。

【主营业务】 国际市场：2016年实现收入81.5亿元，同比下降20%；签订合同额20.49亿美元，连续第4年突破20亿美元，其中技术服务业务合同额同比增长10%，非集团公司市场合同额达78%。钻修井业务继续向高端挺进。阿尔及利亚项目中标SONATRACH 4台钻机3亿美元合同，"5钻6修"全面作业，成为低油价时期海外项目逆势增长的样板。阿联酋项目中标NDC陆地钻机9000万美元合同并成功执行，资产联营模式海外探索取得新突破。委内瑞拉项目新签PDVSA钻修井6亿美元合同，在持续动荡的社会环境下生产作业稳步开展。技术服务业务进一步向油田生产维护领域拓展，业务结构进一步优化，规模实现较快增长。委内瑞拉项目首次进入PDVSA定向井服务高端市场，固井、钻井液等技术服务中标率100%。苏丹项目中标124区4000万美元测井合同，继续保持测井、录井、试井业务主导地位。阿曼项目新签3+1+1年井口服务供货合同，实现技术服务带动贸易发展。哈萨克斯坦项目成功开拓洲际油气与准油股份新市场，测井、录井、试井和解释业务全面进入。古巴项目围绕大位移井施工需求，引入油基泥浆、固井设计等服务，创造良好经济效益。厄瓜多尔项目成功签订录井和PVT分析服务合同。总包一体化服务取得新突破。伊拉克格拉芙20口井总包作为海外首个业务链齐全的总包项目，11个专业29支队伍参与施工，规模应用自主高端装备，主要作业指标全面优于威德福等西方竞争对手，成为海外总包项目典范。

国内市场：2016年国内市场实现收入91.5亿元，同比下降9%。辽河油区生产时效和服务水平不断提高，在平均井深增加391.47米的情况下，平均机械钻速同比提高3.16%，故障率同比下降10.7%，新井月度运行计划符合率100%。在外围市场放开的条件下，利用总包优势成功中标奈曼29口井工作量。东部地区吉林市场龙深3平4井创新"基价＋产量激励"的建井风险总包模式，机械钻速、钻井周期、建井周期均比邻井提高30%以上，平均日产10.9万立方米，成为英台区块首个日产超过10万立方米的气井，打造国内建井总包的精品工程，并凭借优秀业绩新签6口井1.29亿元的建井总包合同。大庆油田海拉尔市场获得 200 口井带压作业和 60 口井钻井工作量，收入实现翻番。冀东油田市场呈现单井总包、连续油管、带压作业、大修小修多元发展。西部地区长庆油田市场运用总分包模式，中标 153 口井总包工作量，带动全产业链一体化进入。青海油田市场在保证 6 部钻机工作量连续的同时，成功开拓大修市场。

风险作业方面：威远页岩气“3+3”作业模式更加成熟，202H6 平台 6 口井测试日产达 155.7 万立方米，单井最高日产 30.1 万立方米，“甜点”钻遇率达 95.9%，同比提高 16 个百分点，均创造新的纪录。压裂作业达到每日 3 段水平，施工周期同比缩短 4 小时。凭借良好的作业业绩，获得 323 平方千米新增区块。苏里格自营区块高效完成先期 3 亿立方米产能建设任务，水平井钻井周期、完井周期同比分别下降 30.9% 和 31.4%。推行“地下资源 + 地上单井 + 地面系统”的老井立体生产管理模式，累计增产 1.2 亿立方米。

【企业管理】 2016 年，长城钻探紧紧扭住降本增效主题，17 项目标 59 条措施得到全面落实，各单位典型案例实时发布，为超额完成业绩指标提供重要保障。在资金和费用管控方面，投资总量同比下降 53.1%，年底应收账款余额下降 23%，利息支出减少 1.17 亿元，增值税支出减少 4.79 亿元，原材料成本减少 2.13 亿元，非生产性支出下降 4.75%。在物资和装备管理方面，两级物资集中采购度达 97%，集采物资采购成本平均下降 16%；物资招标采购率 77%，通过招标节约资金 3.06 亿元；与 272 家供应商进行物资价格复议，平均降价 11.4%；物资库存同比降低 8.36%。全面加强装备配套与维修计划管理，减少外委费用 5500 万元，修旧利废节约设备投资 3500 万元。在人力资源管理方面，2016 年减少各类用工 2690 人，岗位晋级 6883 人，评聘中级以上职称 488 人、技师以上 203 人，累计举办各类培训 1774 期 7.57 万人次，员工整体素质持续提升。在生产运行和节支降耗方面，跨国跨区域调配钻机 27 部、调配测录试主体设备 14 台（套），盘活资产 5120 万元。推广钻机动力总包模式和“气代油”项目，累计节约成本 5000 万元；钻井提速节约成本 9000 万元。

【科技进步】 2016 年，长城钻探承担国家、集团公司级科研课题 11 项，开展科技攻关和技术推广 35 项，申请专利 73 项，其中发明专利 31 项。重点科研攻关项目取得突破性进展。成功研发 GW-FR1 高效减阻剂及滑溜水压裂液体系并通过集团公司鉴定，总体性能达到国际先进水平。膨胀管裸眼封堵技术在辽河油田哈 31-H3 井现场试验创大尺寸膨胀管堵漏长度 435.19 米、膨胀后内通径 220 毫米两项国内纪录，成功入选中国石油 2016 年度十大科技进展。GW-AH1500 自动化液压钻机完成定型。指向式旋转导向系统完成工程样机制造和系统软件平台开发，进入组装测试阶段。连续循环钻井系统完成配套工具研究和现场试验，工作性能稳定。技术推广创效显著。自主研发 PDC 钻头实现规模应用，2016 年销售 718 只，同比增长 198%。在辽河油田古潜山、苏里格自营区块，海外厄瓜多尔、格拉芙总包等项目创造平均机械钻速、单只钻头进尺等多项纪录，指标达到国际先进水平。全油基钻井液处理剂规模化应用，实现产值 1.6 亿元。废弃物处理技术在国内外市场创产值 1.1 亿元。井场信息平台推广应用 510 口井。环保型滑溜水压裂液体系规模化应用实现产值 2000 万元。信息化建设水平整体提升。协同工作平台实现机关和二级单位业务流程的协同和固化。资源管控平台完成 ERP 系统与财务、资产、投资、科技、采购等 14 个重要系统的集成应用，实现流程贯通、数据关联和决策支持。生产运行管理平台实现海外作业管理（OMS）、设备预防性维护（PMS）、生产运行管理（A7）三大系统协调推进。远程技术支持平台通过工程技术物联网系统（A12），为长城钻探西南油气田威远页岩气项目、苏里格自营区块和钻井公司施工现场提供设计、分析、监测、诊断、预警等实时技术支持。网络基础设施不断完善，视频会议系统不断优化，信息安全水平不断提升。信息化成为长城钻探提高管理效率、拓宽管理幅度、联通国内外业务的一项重要手段。

【工程技术】 2016 年，长城钻探国内市场在平均井深增加 176.45 米的情况下，平均机械钻速 11.35 米/时，同比提高 8.3%；平均钻井周期 24.37 天，同比缩短 1.1%；平均井下故障率 1.96%，同比下降 24%。海外市场阿尔及利亚和乍得项目平均机械钻速同比分别提高 36.4% 和 27.9%。古巴项目施工的 SEB-24 井，完钻井深 7300 米，最大水平位移 6167.3 米，水垂比 3.386，创造 7 项古巴钻井纪录和 1 项南美地区纪录，成为古巴钻井新标杆。

【质量安全环保】 2016 年，长城钻探全面完成年度各项 HSE 指标，杜绝重大安全环保责任事故，未发生工业亡人、井喷、放射源危险化学品失控和境外重大社会安全事件，所有污染物达标排放，4% 的基层队伍进入自主管理阶段，长城钻探被评为集团公司 2016 年度安全生产先进企业、环境保护先进企业、节能节水先进企业。层层签订 HSE 管理目标责任书，深入开展“四个一”、安全联系点等活动，强化责任落实专项审核，推动HSE管理责任深入落实。开展HSE体系评估、危害辨识和隐患治理工作，及时整改体系审核发现的问题，投入专项资金7325万元，消除一系列重大安全隐患。实施队伍分类管理，差异化监督检查，对特殊时段和特殊工况实行升级管控，巡视监督发现并帮助基层解决实际问题。践行“积极井控”理念，落实井控风险评估、过程监管、应急演练、建立半小时应急圈等系列措施，应急处置能力稳步提高。大力推广社会安全信息平台，建立在线信息发布制度，境外项目重大风险得到及时预警。实施HSE过程管理量化考核，调动员工参与HSE管理的积极性，LTIF和TRCF同比分别降低36%和40%；深化质量、计量、标准化体系管理，长城钻探连续5年保持DNV认证资格，获“辽宁省用户满意标杆企业”等称号。全力开展节能减排工作。2016年措施节能4755吨标准煤，节水1.2万立方米。钻机节能措施减少碳排放1.54万吨、氮氧化物排放203吨，为国家的绿水青山尽到一份责任。

【党的建设和基层基础工作】 2016年，长城钻探扎实开展“两学一做”学习教育，在六个“规定动作”的基础上，创立“五位一体”学习法，党员领导干部参加双重组织生活。党建信息平台功能更加完备，有效解决跨国跨区域条件下党建工作难题，被集团公司收录于《党建工作典型案例集》中。以网络远程双向互评为特色的党建思想政治工作考核评价体系全面启动，以信息化手段助推从严治党要求的贯彻落实，获中国石油优秀政研成果一等奖。坚持把弘扬“石油精神”和“重塑中国石油良好形象”有机结合，通过新媒体、征文活动等，引导全体员工广泛参与，号召全体员工振奋精神、苦干实干。深入推进党风廉政建设和反腐败工作，制定“两个责任”实施细则和《长城钻探工程公司党风建设和反腐败工作任务分工》，稳步推进“平安工程”，持续深化反腐倡廉教育，正风肃纪成效显著。扎实开展基层建设工作，编制《基层队“三基”工作管理规范》，国内外一体化考核机制初步建成。深入开展形势任务教育和思想政治工作，干部员工更加理解公司决策部署，职工队伍总体实现稳定。持续开展“全员素质提升工程”“员工创造工程”和“安心工程”，各级群团组织的桥梁纽带作用更加凸显，和谐稳定局面得到进一步巩固。

（杨　金）

中国石油集团渤海钻探工程有限公司

【概况】 中国石油集团渤海钻探工程有限公司（简称渤海钻探）于2008年2月27日由原大港油田集团公司和华北石油管理局钻探业务重组成立。用工总量24850人，其中合同化员工20596人，管理和专业技术人员11318人；研究生以上学历406人，大学学历7622人，大专学历7410人。2016年，渤海钻探以新发展理念为指引，以经济效益为中心，以“七个攻坚战”为抓手，在量价大幅下跌的情况下，实现营业收入154.5亿元，上缴税费8.5亿元，实现利润1516万元，超额完成集团公司下达的调整计划指标，做到“经营不亏损、廉洁不添乱、稳定不出事、自由现金流为正”。完成钻井进尺304.90万米，完成技术服务工作量1.86万井次，实现天然气商品量13.16亿立方米（表1）。实现科技创收42.1亿元、增效8.5亿元。内部安全环保形势总体平稳。员工收入得到保障，公司整体和谐稳定。

【市场开发】 2016年，国内市场围绕谋长远、抢份额，加大市场开拓力度，市场占有率稳中有升。其中，关联交易市场占有率保持100%，冀东油田、长

表1　渤海钻探主要生产经营指标

指　标	2016年	2015年
测井（井次）	2772	3689
录井（口）	1952	2175
钻井（口）	1048	1325
钻井进尺（万米）	304.90	383.97
完井（口）	1085	1308
固井（口）	1242	1773
井下作业（井次）	3531	4394
收入（亿元）	154.55	192.86
利润（亿元）	0.15	8.52
税费（亿元）	7.00	16.26
资产总额（亿元）	294.12	312.25

庆油田、塔里木油田、青海油田和煤层气公司市场占有率同比分别提高4.3%、4.1%、1.6%、6.5%和9.7%，其他市场基本稳定。国际市场围绕打造中东、拉美两个“铁三角”，巩固现有市场，拓展一体化总包服务和技术服务市场，探索发展融资项目，创收50.06亿元。其中，中国石油以外市场创收占海外总收入的77.47%。实现利润同比增长26.9%，利润率同比增加2.9个百分点。海外市场营业收入位居工程技术板块第二，利润总额、净资产创收率和单位资产创收率均位居工程技术板块第一。非关联交易市场创收110.73亿元，占比71.7%，同比提高4.2个百分点。其中，国际市场创收占比达到32.4%，同比提高5.8个百分点。发挥技术引领作用，加强技术推介交流，技术服务创收占比提高2.1个百分点。多元化总包服务收入占比提高2个百分点。

【安全环保】 2016年，渤海钻探将安全精神文化、制度文化、物态文化和行为文化的建设贯穿于各项工作之中，通过全国安全文化示范企业评审。全员签订HSE（井控）责任状，逐级实施HSE承诺，强化各级人员HSE履职能力评估，管工作管安全、管业务管安全和齐抓共管的格局基本形成。发布新版QHSE管理体系，逐级开展A、B、C定级审核，专业路审核和专项审核，顺利通过集团公司和北京中油健康安全环境认证中心外审。投入资金1.2亿元，治理安全隐患项目220项。组织两级HSE委员挂点联系检查、领导班子成员带队开展春季安全生产大检查、安全专项检查，加大暗查夜查力度，2016年检查现场205个，发现并整改问题4345个。检查基层285队次，停产整顿5队次，末位处罚7队次。在222口一级井控风险井落实处级责任人和盯井工程师，及时发现和正确处置溢流41井次。高效完成赵兰庄硫化氢隐患井施工，形成高含硫化氢隐患井治理特色工艺技术和专有施工管控模式。出台《长庆总包区块社会队伍井控管理办法》，提升社会队伍井控管理水平。强化出国人员防恐培训，加强海外社会安全风险研判，及时发布安全预警；完善海外应急撤离预案，开展安全应急演练，确保海外公司人员安全。

【科技进步】 2016年，渤海钻探出台推动全员创新工作指导意见，建立全员创新网络平台，畅通问题反馈渠道，科技立项来源更加丰富，“红工衣”与“白大褂”结合更加紧密。重大技术研发项目方面，旋转导向钻井系统完成全部研究任务和技术考核指标，通过集团公司验收；储层改造关键工具研发实现无限制、可选择的技术目标；方位远探测反射波成像测井仪器，探测范围由10米增大到40米，并新增缝洞构造方位探测功能。重大工艺研究项目方面，钻井提速工具优化升级与现场试验应用65口井，节约钻井周期75.6天；煤层气致密砂岩气层测井评价技术研究，完成老井评价123口，新增各类气层36层。科技创新创业方面，通过集团公司、天津市鉴定成果12项，达到国际先进水平7项；通过集团公司发布成果6项；新认定集团公司级自主创新重要产品3项。获专利授权182件，其中发明专利55件。新增科技创业奖2项，累计达到15项。获省部级技术发明奖与科学技术进步奖13项，其中集团公司技术发明奖二等奖1项、天津市技术发明奖三等奖1项。信息化建设方面，完成集团公司统建D17项目推广实施；持续深化ERP系统应用，在工程技术板块率先实现融合2.0系统上线运行；A12系统建设与应用进一步深化，建成数字化生产运行与应急指挥中心。

【人力资源管理】 2016年，渤海钻探盘活人力资源，落实“出五进一”政策，净减合同化用工和市场化用工662人。推进劳务工岗位净化工作，净减劳务分包用工1417人。出台《盘活人力资源优化用工结构指导意见》，实施“人机松绑”生产组织模式，调剂盘活等停员工5559人次。出台《内部人力资源调剂管理办法》，钻井单位向技术服务单位劳务输出89人次。寻求地方政府支持，申请失业保险基金补贴3100余万元。加强培训工作，大力开展基层自我培训，累计培训3.1万人次。选派31名高级技术人才出国培训，选拔72名优秀管理骨干参加管理能力提升培训，选拔68人参加语言、商务一体化能力培训，选派7人参加集团公司高级骨干人才涉外培训。选拔248名一线骨干参加钻井工程、地质工程和试油工程监督培训。大力培养人才，强化专家培养，新增技术专家15人、技能专家10人；强化博士培养，43名博士中有12人晋升为公司技术专家、19人晋升为高级工程师、8人担任所属单位科研机构负责人。强化科研人才培养，在工程技术研究院试点开展专业技术岗位序列改革。强化技能人才培养，在集团公司固井工和录井工技能竞赛中，渤海钻探包揽两项团体一等奖，并获团队3金1银、个人4金4银2铜的优异成绩。

【基础管理】 2016年，渤海钻探出台《关于进一步加强管理提升活动的指导意见》，开展管理提升考核与“三基”工作示杆队评比。强化企业管理现代化创新，7项成果获全国石油石化企业管理现代化创新优秀成果奖。深入开展“节支降耗、控本增效”活动，2016年节支增效3.8亿元，其中物资采购成本降低9510万元，装备使用成本降低8635万元，运输成本降低5153万元，用工成本降低6195万元，基建维修成本降低320万元，小汽车运行成本降低673万元，审计和效能监察增效3356万元，财务价值创造增效4191万元。加强合规管理，出台《全面推进依法治企实施方案》《合规管理办法》。完善招标管理制度，开展物资采购合规性检查，提升物资采购管理水平。开展合同管理大检查，合同签订更加规范。

（刘荣军　马　强）

中国石油集团川庆钻探工程有限公司

【概况】 中国石油集团川庆钻探工程有限公司（简称川庆钻探）成立于2008年2月25日，是集团公司全资工程技术服务企业，享有独立对外经济贸易和经济技术合作业务权。主营地震勘探、钻井工程、井下作业、测井射孔、录井、油气田地面建设、油气合作开发等业务，具有油气工程技术服务完整的业务链。在国内主要服务于西南油气田、长庆油田、塔里木油田，分布于四川、重庆、陕西、甘肃、宁夏、内蒙古、新疆7个省（自治区、直辖市）。海外市场主要集中在土库曼斯坦、巴基斯坦、厄瓜多尔等国家。同时服务于壳牌、道达尔等国内反承包项目以及地方企业。2016年底，有二级单位25家，机关处室17个；从业人员3.86万人，主要施工作业队伍800余支（其中钻井队273支），主要设备1.69万台（套），资产总额418.76亿元。2016年实现营业收入238.2亿元，实现利润0.92亿元；缴纳税费13.73亿元（表1）。

表1　川庆钻探主要生产经营指标

指　标	2016年	2015年
二维地震采集（万千米）	5160	7924
三维地震采集（万平方千米）	2059	2122
测井（口）	914	1158
录井（口）	622	452
钻井（口）	2079	1715
钻井进尺（万米）	603.2	496
完井（口）	2104	1735
固井（口）	3010	3086
井下作业（井次）	2600	2161
射孔（井次）	938	926
试油（层）	2134	1545
新签合同金额（亿元）	145	110.68
收入（亿元）	238.2	268.28
利润（亿元）	0.92	0.96
税费（亿元）	13.73	32.2

【工程技术服务】 2016年，川庆钻探全力保障油气增储上产，紧跟区域部署，突出保障重点井、重点区块，优化生产组织，强化工序衔接，持续提速提效，完成钻井进尺603.2万米。在川渝地区，加强钻机、压裂酸化设备调配，有力保障川中、川西北部深层、蜀南页岩气等区块重点探井、开发井。在高石梯—磨溪打成一批高产井，支撑龙王庙气田全面建成110亿立方米产能；双探3井创川渝地区同构造井深最深纪录，支撑双鱼石构造勘探取得重大突破。完成钻井进尺40.4万米。在长庆地区，突出区域业务联动和资源共享，推动苏里格天然气勘探、陕北油探等区域总包，积极实施“钻固试一体化”服务模式，钻固同步率100%，完成钻井进尺498.7万米。西平238-77井以2740米刷新长庆油田油井水平井最长水平段纪录。在新疆地区，以塔中、库车、塔北和准噶尔西为重点，强化现场技术把关，单井技术指标不断提高，在哈德区块钻获一批超百万立方米高产油气井。完成钻井进尺24.7万米。在海外地区，优质高效完成土库曼斯坦阿姆河项目第四轮钻井合同，支撑阿姆河天然气公司全面实现增储上产目标。厄瓜多尔安第斯项目大力推进提速降本，成功打成一批高产井。巴基斯坦项目安全平稳推进，取得良好经济效益。海外地区完成钻井进尺14.4万米。在工程建设方面，强化生产组织，统筹调配资源、狠抓安全和质量管理，努力推动工程项目提速提效，塔里木轻烃回收项目稳步实施，高质量高标准推进中靖线、陕京四线、漠大线等重点管道部分标段建设。

【科技发展】 2016年，川庆钻探强化技术创新应用，紧跟油气市场需求，立足支撑业务发展，组织开展科研课题336项，取得一批技术创新成果。获省部级以上科技奖14项，其中国家科学技术进步奖二等奖、集团公司技术发明奖一等奖及科技进步奖特等奖各1项。获授权专利253件，其中发明专利同比增长18%。6项技术取得重大突破。完成国内首次二氧化碳干法加砂压裂分层作业和大液量注入试验，高压脉冲加砂压裂技术现场应用成功率100%，成功开发国内首套21/35兆帕带压作业装备，微地震压裂监测技术实现从几何描述向破裂机制描述的转变，超高温超高压射孔技术形成8000米以上超深井成套装备和工艺。12项技术实现升级完善。旋转导向钻井系统实现中浅层定向井井眼轨迹控制，大斜度井、水平井尾管固井技术进一步成熟，综合治漏技术取得新进展。自主研制深井完井试油配套井下工具和无线直读系统，率先在国内形成试油完井一体化技术。非线性剩余静校正、叠前时间偏移浅层成像、页岩气多波等处理解释技术持续进步，储层精细评价和裂缝预测技术取得突出进展，特殊测井项目处理、过钻具存储式测井技术不断完善，分簇射孔技术及软件全面升级。钻井废弃物无害化处理技术取得积极进展，不落地装备及工艺进一步优化。技术应用成效显著。围绕服务油气、提高效率、降低成本，组织GeoMountain软件系统、丛式水平井快速钻井、页岩气带压作业、降阻剂、滑溜水等122项成果规模化应用。持续推进钻井提速配套技术，加大钻头、螺杆、气体钻、导向工具的试验应用，充实完善区域技术模板。信息化建设不断深入。推进ERP系统升级。完善工程技术一体化信息平台，进一步提升远程技术支持、视频监控、应急指挥一体化平台应用水平，初步建成各专业实体数据库。应用钻井生产大数据，实现钻井自动化设计和结合现场实际个性化PDC钻头3D打印。

【改革管理】 2016年，川庆钻探持续深化改革管理，围绕适应市场、提质增效、防控风险，有序推进各项改革管理措施。健全效益导向激励机制。优化绩效考核，加大效益、安全、外部市场等指标权重，推行机关基层联动考核。调整完善工效挂钩机制，坚持工资增量向经济效益好、发展质量高的单位倾斜，向科研、技术等关键岗位及艰苦岗位倾斜，保证一线正常工作员工薪酬水平，充分调动各单位和广大干部员工增收创效积极性。推动科研人员“双序列”改革，选聘公司级资深技术专家3名、一级专家25名、二级专家53名，有效激发科研人员创新创效活力。创新生产组织模式。推行总包、单井、单项工程项目管理模式，探索建立以项目绩效为基础的收入分配机制，促进项目盈利能力提升。钻井业务探索“人机分离”“全面市场价格、节约周期分成”等模式，有效降低单井综合成本。试点内部市场运作模式、表单式管理等新方式，推进部分人权、物权下放，有效提高员工责任意识和工作积极性。加强合规管理。开展安全环保、劳动保护、招投标、市场准入等领域规章制度合规性审查，制修订制度36项，废止24项。强化内控与风险管理，发布新版管理手册，修订流程86个。开展合规管理监察55项。突出核心业务和重大风险部位靶向审计，2016年开展审计项目29项。

【安全环保与节能管理】 2016年，川庆钻探牢固树立红线意识，以HSE体系建设为主线，全面加强安全环保监管。狠抓各级责任落实。优化各单位HSE考核指标，层层签订责任书，修订完善“一岗双责”责任体系，推动各单位和领导干部主动履职。对294名处级人员、1442名HSE监管人员进行履职能力评估，制定提升能力9项措施，促进干部员工主动认真履责。强化HSE基础管理。深化“三标一规范”建设，新增50支优秀示范队，队伍整体达标率40%。开展2次全要素、全覆盖量化审核，发现并整改问题3723项，促进体系规范运行。健全完善制度标准，制修订工艺安全、设备设施管理等标准规程311项。加强HSE业务和取证培训，2016年培训各类人员1.3万余人次。全面强化风险防控。突出井控、危险化学品、承包商、工程建设等重点领域，组织开展专项检查、隐患排查12次。坚持现场监督、视频监控双管齐下，进一步强化对高危作业、特殊时段作业和重大风险源监管。从严抓好井控安全，强化干部跟班值班、重点井动态跟踪等措施，溢流井次同比下降24%，杜绝井喷事故发生。完善“1+18”应急预案，实施应急管理“一案一卡”制度，组织开展各类演练2690次，应急能力明显提升。切实抓好环保节能工作。严格落实“三同时”制度，持续完善钻完井清洁生产技术，长庆苏里格全部实现泥浆不落地，川渝地区全面实现清洁化生产。积极推进节能节水工作，重复利用钻井液10.03万立方米，压裂液回收利用率96%以上。全面完成节能减排指标，获集团公司“环保先进企业”称号。

【油气合作开发】 2016年，川庆钻探坚持常非并进，大力推进油气合作业务规模效益发展。苏里格区块产建任务顺利完成。突出稳产快投，深化气藏认识，优化井位部署，加快产建节奏，2016年完成钻井54口，投产新井60口；优化内部风险合作模式，实行以增产气量为参考结算服务费用，促进效益共同提高。苏里格区块生产天然气18亿立方米。威远作业区开发效果全面提升。强化地质工程一体化研究，明确高产主控因素和甜点区；完善钻完井技术提速模板，探索形成区块主体压裂改造工艺；着力强化储层导向技术，新投产井龙一[1]层位钻遇率提高至97.3%、平均单井测试日产量提高23.7%、Ⅰ+Ⅱ类井比例达92.3%。推进辅助性业务市场化、设备配置精简化、地面建设标准化、开发管理精细化，促进单井成本、操作成本不断下降。2016年建成产能7亿立方米，年产气6亿立方米，迈入规模效益发展新阶段。工程技术总包服务稳步发展。强化统筹协调，成立页岩气工程项目部，进一步提升页岩气工程技术一体化服务水平。统一生产组织，强化项目管理，加大技术支撑，完善技术模板，有效减少事故复杂，促进生产效率不断提高。2016年开钻28口、完钻24口，完成进尺11.82万米，有力支撑长宁、昭通区块建产上产。

【党建工作】 2016年，川庆钻探着力抓好基层党组织建设，督促指导基层党组织完成换届选举。严肃党内政治生活，组织召开两级领导班子“三严三实”专题民主生活会，认真查改不严不实问题。举办基层党支部书记示范培训班，培训149人。积极推进基层服务型党组织建设，形成一批基层党建品牌，确定基层服务型示范党组织34个。规范推进基层建设，把HSE“三标一规范”与党支部建设标准化有机结合，基层管理水平不断提高，10人被评为四川省“优秀基层管理者”。抓好党建工作专项述职和民主测评，党建工作连续3年受到四川省国资委党委通报表扬。从严教育管理党员，组织开展党员组织关系排查、党费收缴专项检查，根据组织程序对失联党员进行处置，为基层党组织订阅党刊，党员管理进一步规范。严格按标准发展党员280人。创新党建活动载体。组织开展专题党课、“强堡垒、当先锋、促发展”主题实践活动等纪念建党95周年系列活动，大力开展“争当先进党支部、争当优秀共产党员”活动，涌现出省部级先进基层党组织7个、优秀党员和优秀党务工作者13人。

切实加强领导班子建设，着力优化各级领导班子结构，注重结构合理搭配和多岗锻炼，持续完善后备干部库，抓好处级干部调整交流。制定下发《公司所属领导班子和领导人员综合考核评价办法》，完成两级领导班子及领导干部民主测评。加强领导干部选拔任用监督，严格落实“一报告两评议”制度，推行考察预告和任前公示制，对拟提拔干部进行廉洁从业、HSE、法律等知识测试。班子整体履职能力持续增强。

加强专家队伍建设，制定《专家委员会管理办法》，编制专业技术岗位序列改革选聘实施方案，统筹推进科研单位、非科研单位“双序列”改革。新聘集团公司高级技术专家6人、集团公司技能专家18人，完成14名集团公司高级技术专家、22名集团公司技能专家的年度考核。评审通过副高级职称142人，培训员工7.7万人。

【党风建设】 2016年，川庆钻探严格落实“两个责任”。贯彻落实中央纪委、集团公司反腐倡廉工作部署，逐级签订党风廉政建设责任书16360份，建立各级问题、责任、任务清单，确定反腐倡廉工作任务110项。强化责任考评，根据党风廉政建设责任制考核情况，扣减6个单位、4名处级干部绩效薪酬，对5个单位参评“四好”班子予以否决。开展《中国共产党廉洁自律准则》《中国共产党纪律处分条例》等党纪党规宣传教育，组织开展党纪条规知识测试和警示教育226人次，对82名新提任干部进行廉洁谈话。抓好廉洁文化建设，在川庆钻探网页开设廉洁教育专栏，集中展示廉洁文化作品19个。提高纪律审查质效。实践运用监督执纪“四种形态”，2016年受理信访举报93件，党纪政纪处分47人，通报批评4起，诫勉、提醒、批评教育104人次。主动加强与地方纪检、检察机关沟通，积极构建纪律审查和预防腐败协调配合机制。加大巡视监督力度。修订完善《巡视工作实施办法》等制度和工作手册，对2个单位开展巡视监督。开展重点领域合规管理监察项目55项，责任追究136人。开展联合监督项目19项，发现并整改问题69个。持续加强作风建设。深入贯彻中央八项规定，认真开展“四风”问题整治“回头看”，扎实抓好“四多、三超”问题整治情况专项自查，进一步巩固作风建设成果。向党员干部家属致廉洁家书，培育良好家风。紧盯春节、国庆等重要节点，向领导干部发送廉洁提醒短信。以创建“五好处室”为抓手，建设“高效、合规、廉洁”机关。

【精神文明建设】 2016年，川庆钻探以“破难闯关、行稳致远”为主题，深入开展“形势、目标、任务、责任”教育专题活动。组织开展小规模高分散高流动性员工队伍思想教育情况实地调研，完善思想教育方法和机制。抓好思想政治理论研究工作，收集政研论文74篇。推进特色文化建设，突出抓好安全文化、廉洁文化建设，明确建设重点和创建路径。组织开展微电影大赛，1部作品获第四届亚洲微电影艺术节三等奖，5部作品获集团公司新媒体内容创作大赛一等奖，川庆钻探获优秀组织奖。持续推进“重塑中国石油良好形象”大讨论活动，创新开展“十个一”活动，展示川庆钻探良好形象。举办“开源节流降本增效”等专项新闻大赛，引导激励员工立足岗位做贡献。

坚持和完善职代会制度，深化厂务公开、民主管理。抓好先进培育选树，1人获“全国五一劳动奖章”，4人获四川省、甘肃省“五一劳动奖章”，1个集体获四川省“五一劳动奖状”；获四川省优秀团组织1个，集团公司青年文明号3个、优秀团支部1个、优秀团员1人、优秀团干部1人。1名女职工获四川省“五一巾帼标兵”称号，1个女职工集体获甘肃省“五一巾帼奖”。

为员工办实事，帮扶慰问困难员工2340人次。建立职工流动书屋27个、示范书屋6个。履行企业责任，开展石渠县精准扶贫，出资90万元参与藏区新居民生工程建设；向四川梁平、威远和新疆库尔勒等困难地区捐资捐物52.5万元。逐级签订维护稳定责任书，建立畅通、便捷、高效的信访诉求表达机制，做好重要节假日和特殊敏感时期的维稳信访、安保防恐，圆满完成集团公司下达的维稳任务。

【“两学一做”学习教育】 2016年，川庆钻探全面落实从严治党要求，扎实推进“两学一做”学习教育。认真履行全面从严治党责任，坚持把贯彻落实中央精神作为首要政治任务，切实增强“四个意识”，认真学习贯彻全国国有企业党的建设工作会议精神，围绕集团公司党组加强党建工作部署，全面从严加强党的建设。扎实开展“两学一做”学习教育，紧紧围绕“五个着力”总体要求，做实“六个规定动作”，做好“四抓四确保”自选动作，党委班子成员带头制订学习计划、带头学习讨论、带头讲党课、带头过双重组织生活，各级党组织坚持全覆盖、常态化、重创新、求实效，全体党员自觉践行“四讲四有”要求。两级班子成员参加双重组织生活会800余人次，各级党组织开展专题学习研讨1625次，党员干部讲党课1538次，9篇党课报告获集团公司通报表彰，学习教育取得阶段性成果。

（蒋向阳）

中国石油集团东方地球物理勘探有限责任公司

【概况】 中国石油集团东方地球物理勘探有限责任公司（英文缩写BGP，简称东方物探）成立于2002年12月6日，前身是石油地球物理勘探局，是集团公司独资的地球物理专业化技术服务公司，主要从事国内外陆地、海上地震勘探及综合物化探采集、处理、解释，以及与地球物理（化学）勘探有关的技术及装备研发、产品研制、技术引进与产品销售等业务。

2016年底，东方物探机关职能部门14个，机关附属机构5个，直属机构2个，二级单位23个，合资控股公司1个。合同化员工18865人，在岗共产党员11200名，具有中专及以上学历人员14269人；具有中级及以上职称人员6635人，其中中国工程院院士1人、国家“千人计划”专家5人、集团公司高级技术专家24人、公司专家95人、科技带头人211人、博士和硕士1645人，合同化员工平均年龄43.5岁。有物探队158支，其中地震队123支，深海作业船队6支，非地震队21支，VSP队8支。2016年，组织培训项目787个，培训3.07万人次。

设备资产原值174.49亿元（包括国内、国际子公司的设备资产，不包括无形和摊销资产），净值65.75亿元，新度系数0.38。

2016年，在全球油公司大幅压缩物探投资、消减项目价格的形势下，东方物探扭转经营下滑趋势，累计落实市场226亿元，新签合同162亿元，同比分别增长2.3%和3.2%，其中勘探主业国内新签合同50.6亿元，海外新签合同80.2亿元。实现收入143.92亿元，考核利润1.61亿元，企业增加值61.42亿元，上缴税费4.3亿元，完成集团公司下达利润指标105.27%（表1），产值规模连续2年保持全球行业第一。

【油气勘探成果】 2016年，东方物探提升物探成果精度，在国内外重点盆地、重点领域开展技术攻关，取得新的油气勘探成果。东方物探配合东、西部地区各油田，在股份公司取得的12项油气勘探重要发现中参与11项。22项石油、天然气勘探重要成果中参与21项，国内重大油气成果参与率93%。配合集团公司海外各单位在尼日尔Agadem区块5个钻探目标中，4个获得成功，哈萨克斯坦滨里海获得高产商业油流，土库曼斯坦瓦塔格、阿姆河右岸中部等地区取得新的油气突破，为海外新增可采储量规模超亿吨提供重要依据，海外油气重要发现参与率100%。2016年运作勘探项目203个，完成二维工作量15.3万千米、三维工作量5.3万平方千米，发现圈闭4641个，复查落实圈闭5785个，提交建议井位4862口，被采纳2541口，第10次获股份公司“油气勘探特别贡献奖”。

表1　东方物探主要生产经营指标

指　标	2016年	2015年
落实市场金额（亿元）	226	221
新签合同金额（亿元）	162	157
营业收入（亿元）	143.92	142.18
其中，国内勘探	48.73	50.25
海外勘探	60.9	57.49
利润（亿元）	1.61	5.45
税费（亿元）	4.3	4.24
二维地震采集（万千米）	15.3	12.5
三维地震采集（万平方千米）	5.3	4.3

【科技创新】 2016年，东方物探投入科研经费3.76亿元，实施国家级科研项目6项、集团公司级项目35项、东方物探项目（课题）43项。申请国家专利139项，授权专利119项，取得软件著作权88项，发表国际论文52篇，获国家和省部级以上科技奖励13项，7项成果通过集团公司鉴定。其中，联合研发完成的“古老碳酸盐岩勘探理论技术创新与安岳特大型气田重大发现”项目获国家科学技术进步奖二等奖，GeoEast软件、G3i地震仪入选集团公司“十二五”十大工程技术利器，微地震监测技术被评为集团公司十大科技进展，“两宽一高”地震勘探技术成为国家油气科技重大专项标志性成果。

GeoEast软件性能持续完善，处理功能在OBN节点处理、Q偏移与Q建场、多波方面取得重大进展；解释功能在地震导向水平井设计储层预测等方面整体达到国际先进水平，处理、解释应用率分别达83%、84%。KLSeis Ⅱ发布V2.0版本，国内、国外使用率分别达100%和94%。EV56高精度可控震源投入工业化生产，并参加国家“十二五”科技创新成就展。eSeis节点仪器及配套高效采集设备研制加快推进。低频检波器SN5-5在国内实现规模化应用。“两宽一高”地震勘探技术在国内、外广泛应用，成为破解复杂区勘探开发难题的重要利器。海洋节点采集、地震数据质控技术和软件研制成功，为海洋节点采集项目实施提供技术支持。甜点地震预测软件（GeoEast-USP）填补国内空白，DAS光纤井中地震技术提高井中成像效果，时频电磁等非地震勘探技术达到国际先进水平。

【生产运营】 2016年，东方物探各业务板块外拓市场、内强管理，突出发展质量效益。陆上勘探“两宽一高”勘探技术、可控震源高效采集、数字化地震队等技术推广，有效拉动市场落实，连续14年保持全球首位。二维、三维项目平均日效同比提高8.3%和8.7%，超额完成集团公司下达的“国内陆上井炮三维地震采集提速3%”的指标。地震资料采集现场剖面合格率100%，地震资料处理最终剖面合格率100%，队伍动用合格率100%，被甲方评为“优质工程”“精品工程”的项目大幅增加。深海勘探聚焦重点市场区域，创新“合作多用户”模式，搭建首家国内中资油公司多用户数据室，利用TGS、Searcher Seismic资源优势，拓宽资料销售渠道，2016年实现资料包销售收入2024万美元，连续2年实现盈利。过渡带勘探充分利用整体优势，加大海外重大项目管控，科威特KOC和沙特S78等项目实现高效生产。软件研发建立完善配套销售政策，成功推动股份公司三年推广应用计划的实施，逐步向自我发展转变，OVT资料处理技术、CoCa偏移成像技术在保证效果前提下计算效率提高20倍以上，深度域OVT处理技术具备大规模推广能力。信息服务在全面保障集团公司信息化建设的同时，大力拓展社会市场和海外市场，与能源流组织开展合作，数字油田板块井场信息传输服务软件通过WITSML V1.4.1标准认证，成为中国首个通过该认证的产品。

【深化改革降本增效】 2016年，东方物探取得集团公司扩大经营自主权试点政策，获4项经营自主权和3项配套政策。按照国务院国资委和集团公司3项专项治理要求，全面完成10家特困企业年度专项治理任务，账面超额完成减亏指标近1亿元，压缩管理层级，减少法人户数2家。持续推进“三控制一规范”工作，撤销整合西部前指、勘探定额中心和再就业协调管理中心3个直属机构处级单位。加强用工总量控制，合同化和市场化用工净减475人，其他用工减少1000余人，完善工效挂钩办法，加大薪酬水平与效益增减力度。

实施开源节流降本增效方案，2016年累计减少各类支出5.48亿元。推进资产轻量化，固定资产投资 2.55 亿元，同比减少 5.3 亿元，折旧摊销减少 0.24 亿元，评估价值 3.37 亿元的资产启动挂牌竞买。加强设备物资管理，调剂闲置资产 3.2 亿元，库存物料下降 1.9 亿元，设备维修费用支出减少 0.56 亿元。通过公开招标和与供应商价格谈判，可控类别物资采购价格下降 5.6%。加强资金成本管控，加大清欠力度，综合回款率 73%，实现自由现金流 10.67 亿元，减少利息支出 0.24 亿元；加强海外汇率风险防控，实现汇总净收益 3.8 亿元。

【企业内部管控】 2016 年，东方物探强化风险管理管控，优化业务流程，内控体系有效运行。扎实做好股权投资，加强股权管理和处置工作。加强审计监督，东方物探两级审计部门 2016 年完成审计项目 58 个，提出审计建议 316 条。落实合规管理，发挥法律专业支持服务作用，有效控制重大法律风险，维护合法权益。开展保密监督检查，加大敏感信息外发事件处理，增强全员保密意识。强化督查督办工作，突出重点工作动态跟踪和落实。持续深化基础性管理工作，不断加强质量、标准、定额、计量、外事、档案管理和制度建设。

【安全环保】 2016 年，东方物探完成集团公司下达的安全环保指标和企业年度 HSE 目标，全年完成 124 百万工时，可记录事件率为 0.36，连续 7 年获集团公司“安全生产先进企业”称号，第 15 次获“全国‘安康杯’竞赛优胜企业”称号，取得国家安全生产标准化一级企业资质。阿曼 8622 队连续 12 年累计安全生产 21 百万工时无事故，保持行业先进水平。落实安全责任制，层层签订责任书，严格过程绩效考核，实施全员安全环保履职能力评估，开展“一把手电视访谈”和优秀班组长选树活动；开展 HSE 体系量化审核，提升体系运行质量；建立物探队风险防控模板和方案，推进基层队站 HSE 标准化建设。集中投入 1035 万元治理 51 项隐患，分层级开展 HSE 培训，建立 HSE 信息互动服务平台。对民爆物品实施升级管理，加大新疆地区清线工作，加强交通安全监管，强化山地、海上等作业风险管控。开展承包商定期评审，对不符合要求的取消资格。加强海外和新疆地区安保防恐工作，开展防恐应急演练，提升应对突发事件能力。严格落实环境敏感和生态保护地区作业准入制度，持续推广可控震源代替井炮采集技术，实施“一字作业法、最小面积作业法”等绿色作业方法，提升绿色物探队建设。2016 年开展演练活动 664 次，14480 人次参加。措施节能 1200 吨标准煤，节水 0.9 万立方米。

【党建工作】 2016 年，东方物探召开第三次党员代表大会，选举产生新一届党的委员会和纪律检查委员会，明确未来一个时期党的建设工作总体思路。开展“两学一做”学习教育，落实党员日常管理为重点，企业班子成员带头学习研讨、带头讲党课、带头过双重组织生活，各级党组织认真做好换届选举、查找失联党员、处置不合格党员、党费核查补缴等专项工作，严肃党内政治生活。认真落实“两个责任”，建立责任清单，强化监督执纪问责，实现对下属二级单位巡视全覆盖。以集团公司党内巡视和反“四风”专项检查为契机，开展专项整治，修订和完善制度 20 项，整改各类问题 61 个。持续开展“四好”领导班子创建，东方物探下属各二级单位及所属单位领导班子达标率分别为 100% 和 92.6%。落实处级以上党员干部党校轮训和两级党委中心组学习制度，举办 2 期中层以上领导干部政治理论学习班和 1 期党委书记培训班。实施中层干部公开选拔交流，2016 年选拔任用处级干部 21 人，调整交流处级干部 94 人次。各级党组织开展标准化党支部建设、“互联网 + 党建”等创新实践和政工研究，党支部战斗堡垒和党员先锋模范作用充分发挥。33 个集体和个人受到集团公司党组和河北省国资委党委表彰。各级工会落实以职工代表大会为基本形式的民主管理，开展劳动竞赛、创新创效等活动，一批“五小”成果得到广泛应用，技能专家创新工作室达 23 个，职工群众业余文化生活丰富开展。

【和谐企业建设】 2016 年，东方物探坚持以人为本，把发展成果惠及职工群众和院区居民。东方物探下属 5 家二级单位近 1700 名科研生产人员搬迁至物探科技园区，科研环境得到有效改善。完善帮扶保障工作体系，投入 1528 万元用于困难救助、大病帮扶、金秋助学等；投入 2 亿多元用于有偿解除劳动合同人员社保补助和再就业补贴等；投入 1.33 亿元用于离退休和顶岗家属相关费用支出。扎实推进信访积案化解，依法妥善处置不稳定事件。对河北省顺平县燕子水村和葛庄子村开展驻村精准扶贫工作。

（黄利红）

中国石油集团测井有限公司

【概况】 中国石油集团测井有限公司（简称测井公司）于2002年12月成立，是集测井技术研发、测井仪器制造、测井资料处理解释和技术服务、新技术推广应用为主的专业化技术服务公司，业务范围涵盖成像测井、随钻测井、生产测井，以及钻井测控、压裂测控和注采测控。2016年底，有员工5130人，其中大学本科以上学历2519名，博士研究生15人，硕士研究生397人；教授级高级工程师24人，高级工程师599人，工程师1660人；8人享受政府特殊津贴；集团公司技术专家12人、高级技能专家1人，公司技术专家83人，技能专家14人，技术带头人101人。设12个二级单位，分别是长庆、华北、吐哈、青海、塔里木、国际等6个事业部，技术中心、油气评价中心、随钻测井中心、生产测井中心、培训中心和基地服务部。有作业队伍353支，其中综合测井队153支、完井测井队55支、随钻测井队26支、生产测井队23支、测试队31支、射孔队21支、录井队44支。

测井公司国内服务市场主要是长庆、华北、吐哈、青海、塔里木、玉门、冀东、海南、浙江、吉林、大庆和煤层气等14个油气田公司及延长集团、江苏地区，海外服务市场主要在乌兹别克斯坦、孟加拉国、伊拉克、俄罗斯等国家；装备销售到国内部分测井公司，并外销俄罗斯、伊朗、阿塞拜疆、伊拉克、美国等。

【市场开发】 2016年，测井公司面对严峻的经营形势，把深入开发市场作为首要任务，和长庆等11个油气田开展技术交流，梳理46项技术需求，制定并落实解决方案。为满足油田低成本发展要求，把服务方向转到为油田提高单井产量和效益上来，推广应用成像测井、随钻测井，服务油田勘探开发、降本增效；扩大测试测控技术应用范围，服务油田稳油控水。转变服务方式，以预测油气产能、降低开发成本为目标，在9个区块开展测井总包服务。加强与油田科研合作，深化油气评价，服务油田增油增效。在柴达木油气评价中心取得良好效果基础上，通过沟通协商，与长庆油田联合成立鄂尔多斯测井评价中心、与煤层气公司联合成立煤层气测井评价技术中心、与浙江油田联合成立储层综合评价中心，为解决油田地质问题、深入开发测井市场搭建平台。在长庆、华北、吐哈、青海、玉门等油田及海南地区、山西煤层气的市场占有率为100%。与长庆油田达成“一对一”服务协议，对稳定市场起到至关重要的作用。通过优势互补、共享市场资源，与国内外有关企业以市场联合、业务结合等方式开发新市场。抓住“一带一路”发展机遇，以海外测井技术支持中心为平台，加快拓展海外市场。在量价齐跌的艰难形势下，通过挖掘市场潜力、开拓新市场，实现产值32.27亿元、收入25.56亿元，推动公司实现低油价条件下的稳健发展。

【降本增效】 2016年，测井公司落实集团公司开源节流降本增效工作要求，专题研究塔里木事业部、国际事业部、装备与销售分公司3家亏损单位扭亏减亏问题，有针对性地制定卸包袱、调结构和创新创业工作措施。为塔里木事业部研究制定9项具体减亏扭亏措施，对装备与销售分公司、生产测井中心进行业务整合，及时关闭加拿大项目，仪器设备全部运回国内。以投资回报为标准严格投资论证，把投资重点放在保增长、新增业务发展上，2016年累计完成投资3.78亿元，其中仪器装备投资3.16亿元、占83.60%，推动成像测井同比增长16.76%。在公司范围内统一协调队伍、调拨装备、调剂存货，提高队伍装备利用率。对库存物资逐件清理，原材料库存同比下降22.4%。对所有库存仪器进行清理，累计转资758支3.44亿元。强化物资采购管控，对采购物资逐项审查，招标节约采购资金6957万元、采购资金节约率9.89%。按照以收定支原则，采取盈利预测预警和严控成本措施确保利润指标，落实内部挖潜降本增效工作措施，节约成本8502万元。扩大审计覆盖面，积极推进审计工作向全方位延伸，2016年审计生产经营资金31.1亿元、工程建设资金1.47亿元，审计单位覆盖率100%、资金覆盖率58.63%。实现利润1.23亿元，净资产收益率2.05%，经济增加值按考核利润计算1.22亿元，百万固定资产创效10.28万元，人均利润2.65万元，全面完成集团公司下达的经营考核指标。

【安全环保】 2016年，测井公司开展多种形式安全教育。以持续贯彻落实新《安全生产法》《环境保护法》为主要内容对公司班子成员及中层领导开展安全教育培训，做到依法依规抓安全环保。机关处室分片包队开展现场安全教育，及时发现问题、收集意见、分享经验、消除隐患；通过视频教育培训方式对分片包队安全教育进行回头看，对工作效果进行评估。归纳整理测井作业队、随钻测井作业队、录井作业队上井注意事项，用手机短信方式发送给全体干部员工，起到提醒教育作用。向全体员工征集安全环保隐患线索及工作建议近3000条，归类隐患信息320项、改进建议56项，逐项进行整改落实。多举措强化安全环保管控。及时调整安委会，进一步明确安委会职责。结合岗位分工，层层制定安全岗位责任制。修订公司领导、机关处室、各单位岗位安全职责4707个。对5443人进行HSE履职能力评估，对15名不适合关键岗位工作要求的人员进行转岗。对910名驾驶员开展专项安全技能评估，转岗5人、辞退1人。投入资金1403万元，开展安全环保隐患治理。多方位加强安全环保监督，对所有作业队进行HSE体系宣贯和审核，全面查找小队存在的安全隐患，举一反三、整改落实。对所有测井车、放射源、火工品等实行三级24小时无缝监控，并在公司范围内开展各类放射源清理排查，实行放射源升级管理，确保重点要害部位受控。坚持每月对各单位进行一次安全考核，指导各单位加强安全环保考核。长庆事业部提出的12条"安全红线"在工作中见到实实在在的效果。推广"一串测"、电驱动智能测井绞车等先进技术，万元产值能耗进一步降低。

【技术创新】 2016年，测井公司远探测声波投入生产应用，在华北油田和塔里木油田见到良好效果。阵列感应测量精度、井筒适应性进一步提高，单边阵列感应全面推广应用。微电阻率扫描实现系列化，对岩性、层理、裂缝等地质特征的刻画更直观准确。复杂碎屑岩核磁饱和度计算方法与软件进一步完善，"核磁共振测井仪研制与应用"获集团公司科学技术进步奖一等奖。地层元素改进后测量精度大幅提高，获集团公司"自主创新重要产品"称号。方位侧向、三维感应、三维声波、模块式地层测试器进入试验阶段。随钻电阻率成像完成4口井现场试验。随钻伽马成像完成3口井施工任务。旋转地质导向完成14口井作业任务，地质导向软件在油田应用中见到成效。随钻中子进入投产鉴定环节。脉冲中子伽马全谱、过套管电阻率推广应用。精细注水仪器及工具、智能化自动连续测控注水系统在华北、冀东、吉林等油田投入应用。水平井套管定位球座与射孔联作、多级点火带压射孔等技术推广应用。无缆式"一串测"在青海油田投入应用。成像"一串测"相关仪器完成改进升级。"互联网+井下仪器"完成初步方案设计。4个全域成像测井仪器形成实施方案。大数据西安数据中心存储和计算能力进一步扩充，推出海外测井技术支持平台测试版。在长庆油田开展水平井测井评价方法及系列优化研究项目，多项技术水平处于国内领先，2016年应用120口井，平均单井产量提高0.26吨/日。在华北油田安探1井等重点井应用裂缝性地层成像测井系列和相应的处理评价方法，助力渤海湾盆地潜山勘探取得重大发现。在吐哈油田"温西三区块综合治理"项目攻关中充分发挥"测井+测试"优势，提出潜力层79层共472.5米，提出措施建议115个层，实现增油1.08万吨。在青海油田针对青海英西盐下湖相混积碳酸盐岩基质低孔隙度特低渗透储层，用电成像与阵列声波结合，从井壁到井周多尺度分析裂缝密度和裂缝连通性，实现从定性识别到定量评价。ERP应用集成系统上线运行，信息化在公司提质增效中发挥重要作用。

【生产组织】 2016年，测井公司通过生产组织创新、测井技术创新，全力挖掘生产资源效能，提高保障能力和服务质量。在公司内部协调调动16支队伍，协调旋转地质导向、地层元素、多极子阵列声波等高端设备，提高资源利用效率。推进靠前组织生产模式，进一步压缩非作业时间。采取机动队、一队两班、岗位倒休等方式，实现"歇人不歇马"和均衡生产。推广应用"一串测"、成像测井、随钻测井等新技术，改进完善测井工艺，助推油田增储上产和降本增效。应用旋转导向、随钻成像测井技术、爬行器牵引测井工艺技术、水力泵送桥塞射孔联作技术，助力长庆油田西平238-77井创造国内陆上致密油水平段最长、压裂段数最多、入地液量最大、日产油量最高等多项新纪录。应用随钻方位电磁波探边技术加旋转导向技术，实现塔里木油田40厘米厚的储层钻遇率达95%以上。强化工程风险识别与管控，突出"一井一策"，抓好重点项目井、复杂结构井、复杂工艺井测前设计，严格落实测井生产流程和作业标准，降低事故及遇阻遇卡起数。2016年完成测井44259井次，同比增长0.95%。其中完井测井8375井次，同比增长0.35%；随钻测井77口，同比减少31.86%；生产井测井12592井次，同比减少2.89%；工程测井9734井次，同比增长2.63%；射孔12203井次，同比增长7.73%；录井464井次，同比增长13.25%。识别油气层66055层，综合解释符合率94.20%。开展产能预测6226口，划分Ⅰ类储层6436层、Ⅱ类储层17866层、Ⅲ类储层27637层，预测准确率80.88%。

【制度建设】 2016年，测井公司健全完善管理制度，推进制度与管理体系融合，形成规范管用的内部管理体系。开展基本制度、管理规章和操作规程3个层次合规性评价，新建、修订29项规章制度。修订物资采购办法，明确对外采购范围，调整采购流程以及流程各节点的时间规定。修订结算付款管理办法，规范合同、业务、财务部门之间相互协调、相互制约的工作关系，分工更加明确，管理更加透明。修订收入结算管理办法，明确项目部、事业部和公司3个层面的职责。修订合同、招标制度及流程，推进建立决策、运行、监督三位一体、三位并重、各归其位的管理方式。制定项目管理流程、解释技术支持流程，完善生产项目管理制度。

【队伍建设】 2016年，测井公司配套完善人事劳动分配3项制度，修订领导人员退出管理制度，制定公司结构调整中人员分流安置实施办法，完善工效挂钩机制，推进管理人员能上能下、员工能进能出、收入能增能减。有序推进专业技术岗位“双序列”改革，培养高层次复合人才，推动测井技术创新和测井业务发展。按照新的测井理念和生产经营流程，推进项目部按照问题、任务、联作、经营、质量、安全和队伍7个环节开展生产经营管理。按照领导包项目包任务要求，对管理人员既考核管理工作又考核管理成效，提升领导人员担当意识。按照经营考核要求，加大对新业务投资、油气田成本工作量、装备制造创收、解释评价创收、降库存的考核力度，按小队（班组）、项目细化经营核算与绩效考核，加大效益考核与奖金挂钩比重，激发劳动和创新活力。推进岗位绩效日考核，在分级分类考核框架下，做好考核评价及考核结果运用，实现岗位创造价值与收入挂钩，促进企业效益提升和员工个人成长。员工培训按计划推进，完成各类培训2510人次。

（罗连涛）

中国石油集团海洋工程有限公司

【概况】 中国石油集团海洋工程有限公司（英文缩写CPOE，简称海洋工程公司）是根据集团公司加快海洋油气资源勘探开发步伐，持续推进专业化重组的战略部署，整合大港、辽河油田滩海作业队伍，于2004年11月组建的海上石油工程技术服务公司，注册地设在北京。2007年12月，与原中国石油天然气第七建设公司和原中国石油集团工程技术研究院实施重组整合。2009年11月实施持续重组，将原中国石油天然气第七建设公司划转中国石油集团工程建设公司。业务范围涉及海洋石油钻完井、井下作业、试油试采工程；海上运输、基地码头保障服务；海洋工程设计、建造、安装、维护以及海洋石油相关业务研究、设计；油井水泥外加剂和防腐保温产品与技术服务、质量检验、石油工程建设标准化管理等领域。有海洋石油工程设计甲级，海洋石油工程总承包一级，石油天然气、建筑专业工程咨询甲级，港口经营许可证，压力管道和压力容器设计等专业资质，是国家高新技术企业。

2016年底，海洋工程公司用工总量3167人，其中合同化员工2281人；硕士研究生以上学历263人，大学本科1164人；副高级以上职称310人，中级职称726人；集团公司级技术专家4人，公司级技术专家14人。有7家所属单位，12个职能处室，3个直属项目部。有钻井平台10座，海上模块钻机1套；试采作业平台5座；各类船舶21艘；合作运营300英尺自升式钻井平台1座；建有青岛海工建造基地和曹妃甸生产支持基地。有大型海洋工程设计、建造、施工安装一体化综合配套技术，具备120米水深的一体化服务保障能力。有中国石油海洋工程重点实验室，钻井工程重点实验室固井技术研究室，石油管工程重点实验室涂层材料与保温结构研究室，其中固井技术研究室升级为国家科技平台，技术实力代表集团公司固井技术最高水平（表1）。

【市场开发】 2016年，海洋工程公司继续坚持“公司统领、部门组织、单位协同、实现共赢”的市场开发工作原则，强化竞争意识，创新思维模式，准确把握机遇，扩大战略合作，奋力开拓国内外市场。获得冀东油田、华鼎宏基等海上钻探项目，最大限度延长中油海9平台、10平台合同期限，保证中油海15平台平稳运行。先后赢得辽河油田海上采油、胜利油田修井和泰国试气酸压等项目，作业平台成功重返中海油市场，首次获得民营市场试油总包项目。接续承揽亚马尔LNG核心模块建造工程FWP1D包4500吨工作量，累计加工钢材3.8万吨，实现项目圆满收官。在船舶服务方面，稳固中海油和中交集团市场，成功进入天易、俊昊和华西海工等民营市场。充分发挥行业领先优势和共建固井技术研究室作用，优质服务塔里木油田增储上产，碎屑岩井固井服务规模持续扩大。成功中标辽宁、湖北和天津专网管道防腐检测等项目，优质服务中俄原油管道二线等重大工程。成功中标辽东湾排污、舟山引水等EPC总包项目。成功获得国内首次水合物试采工程项目，扩大中国地质调查局市场。

表1　海洋工程公司主要生产经营指标

指　标	2016年	2015年
钻井（口）	7	59
钻井进尺（万米）	4.4	13.09
完井（口）	12	33
井下作业（井次）	10	28
酸压防砂（层次）	47	81
连续油管（井次）	24	8
试油（层）	8	6
钢材加工量（万吨）	1.59	1.29
铺设海管（千米）	6.21	36
船舶出海（航天）	3353	4217
拖航作业（次）	12	20
销售固井、防腐产品（万吨）	0.74	1.05
新签合同（份）	1821	1760
新签合同金额（亿元）	49.1	60.5
收入（亿元）	23.67	26.92
利润（亿元）	–2.4	0.11
税费（亿元）	0.88	1.43

【质量安全环保】 2016年，海洋工程公司始终恪守生命线理念，严格体系执行，强化责任落实，推进基层HSE建设，安全风险全面受控。累计安全生产10.98百万工时，损失工时、可记录事件、医疗处置事件为零，污染物排放达标率100%。亚马尔项目被总包方评为全球安全承包商，海洋工程公司被评为集团公司2016年度安全生产企业、环境保护企业、井控工作先进企业。全面推行C版QHSE体系，印发F版应急预案，编制完成基层及项目部作业文件66份。明确安全管理直线责任和属地责任，构建全员安全环保责任体系，签订HSE责任书，全员做出HSE承诺。开展全员、全业务、全过程危害及环境因素辨识，识别公司级重大危害因素和重要环境因素7项，制定控制措施16项。组织重点项目风险评估，辨识各类风险876项，制定并落实风险削减、管控措施3031项。稳步推进基层HSE建设，制定实施基层站队HSE建设标准15项。充分发挥安全环保监督中心作用，根据生产动态对9个重点生产现场开展专项监督检查，发现问题569项，全部跟踪整改。坚持以“控制溢流、杜绝井喷”为目标，落实井控三维立体管控模式，举办第二届井控技能竞赛，开展各类井控应急演习492次，修订3项井控管理制度，组织平台经理井控培训班1期。

【科技创新】 2016年，海洋工程公司围绕市场、深水、国际化战略，持续推进科技创新创效，助力公司应对复杂市场环境，完成“十三五”科技规划，为科技发展指明方向和目标。落实“双盯”工作机制，针对现场问题分类施策，研究形成火成岩复杂地层安全快速专打、“双防”高膜漆喷涂等特色技术，有效解决现场难题20多项。在国内外重点项目中，有效应用海上高含硫油气田安全钻井、海上分层防砂、碎屑岩井固井、海洋防腐涂料等新技术新产品32项，部分指标优于集团公司新技术推广考核指标。2016年承担国家和省部级科研课题56项，课题计划完成率100%，获国家授权专利16项、集团公司科学技术进步奖2项。打造形成LNG模块建造焊接、基体抗侵防窜水泥浆、炼化装置及配套设施涂层防腐等3项技术利器。依托国家和集团公司科技条件平台，参与国家科技项目申报，固井工程用高耐蚀高韧性固井水泥基材料研究、新型极地冰区钻井平台关键技术研究、深井超深井优质钻井液与固井完井技术研究等3项课题获批。牵头组织和参与深水油气开发及海工关键技术、FLNG等12项集团公司“十三五”重大课题，海洋工程技术的主导地位进一步巩固。

【企业管理】 2016年，海洋工程公司紧紧围绕年度生产经营目标，通过消风险、控成本、激活力、提效率、促规范，各项管理取得较好成效。全面清理现行制度，规范权力制约与监督，强化经营责任落实与违规处罚，制修订规章制度17项，优化业务流程124项。全面开展风险评估，加强重点领域内控监督，发现并整改例外事项52项，有效防范国内外项目运作的重大风险。强化预算执行，严控成本支出，推动“四压缩、三控制、三强化”方案落实，实现降本增效3000万元目标，积极推动“两金”压控，

2016年回收应收款项20.9亿元。装备物资管理依法合规，严把设备出厂检验关，确保中油海17平台顺利投产。推广使用PMS系统，狠抓设备规范化管理，设备综合完好率保持98%以上。严把招标6个关口，工程、服务和物资采购综合招标率77.7%。

【党建工作】 2016年，海洋工程公司党委坚持融入中心、服务大局，推进党的建设各项工作，发挥政治保障作用。有序开展“两学一做”学习教育，高质量完成4个专题学习和6个关键动作，组织各级党员干部为一线党支部讲授党课200余次，形成优秀党课课件20余个，其中3个党课课件在集团公司评审中获奖。强化干部选拔任用和监督管理，制定公司《中层领导人员管理办法》和《副处级干部竞聘工作细则》，试行处、科两级干部提前退出现职岗位办法，进一步优化干部队伍结构，35岁以下处、科级干部占比达20%。扎实推进基层党组织建设，及时组建中东市场开发项目部和水合物项目部党支部，基层党组织建立健全率保持100%，各级党组织按时完成换届工作。认真贯彻《中国共产党廉洁自律准则》《中国共产党纪律处分条例》，严格执行“两个责任”实施细则，签订党风廉政建设责任书781份、处级干部承诺书79份，开展廉洁预防谈话749次。配合集团公司党组第二巡视组专项巡视，针对巡视发现的问题和不足，深剖根源，制定措施，做到立行立改。组织形势任务教育和劳动模范事迹宣讲，完成海洋工程公司中英文网站改版工作，开设新媒体，在外部媒体刊发深度报道20余篇，4项管理课题、2项政研课题分别在全国石油石化企业管理研究创新成果和集团公司政研成果评选中获奖。

（李历欣）

工程建设企业

中国石油天然气管道局

【概况】 中国石油天然气管道局（简称管道局）成立于1973年，是集团公司所属全资子公司。可建设陆上及海洋管道、油气储库罐、通信电力设施、油田地面工程、LNG处理与接收站、炼化装置等工程。管道局具有化工石油工程施工总承包特级资质、工程设计综合甲级资质、工程咨询/测绘/勘察甲级资质、工程监理综合资质、海洋石油工程专业承包一级资质、通信工程总承包一级资质。具有科研、咨询、勘察设计、采办、施工、检测、投产、运行维护完整产业链，可为客户提供综合服务。拥有管道及储库全生命周期设计建设技术，管道及储库检测和维抢修技术，管道通信及自动化控制系统设计安装技术，复杂地区管道施工及配套装备制造技术，LNG净化、液化、储存、接收站设计建设技术，油田地面集输和炼化装置设计安装技术。国产管道自动焊装备和热收缩带机械化补口装备实现规模化应用，大型设备远程监控管理系统和工程项目现场数据采集系统成功推广。管道局有集团公司和管道局技术专家100人，高级技师和技师1040人，建造师、造价师、PMP等执业资格人才2566人。参与建设东北输油管道、西气东输管道、陕京输气管道、中亚天然气管道、中俄原油管道、中缅油气管道等大型长输油气管道，累计建设管道总里程超过10万千米。管道局坚持国际化、高端化、特色化、差异化发展方向，目标是建设国际一流油气储运工程综合服务商。

2016年底，管道局有员工28390人，机关部室13个，直属机构5个，所属二级单位34个。

2016年管道局确定工作发展方针：“认真贯彻集团公司整体部署，坚定发展战略与信心，牢固树立过紧日子思想，深化改革与创新，突出市场与管理，严控成本与风险，加强党建思想政治工作，努力实现‘十三五’良好开局。”面对2016年市场寒冬的考验，内部抓基础管理，外部开拓市场，工程建设有序推进，全年完成收入170亿元。各项改革工作稳步推进。“中缅油气管道设计施工及重大安全关键技术研究与应用”获集团公司科学技术进步奖特等奖。中缅天然气管道工程（缅甸段）获中国建筑行业最高奖——鲁班奖。举办第九届国际管道大会。

【工程建设】 2016年，管道局西气东输三线东段2标段、宝坻—香河—西集联络线2标段、伊拉克西古尔纳二期油田集输、肯尼亚6号成品油管线等15个项目建成投产。鞍山—大连原油管道、中俄原油管道二线2标段、陕京四线输气管线1标段、伊拉克纳西里耶油库储油库、乍得2.2期油田连接管道、马来西亚炼油和石化产品集成开发、泰国4号压气站等项目按计划推进。8项工程获省部级以上荣誉。

【市场开发】 2016年，管道局新签合同额377亿元，同比增长57%，国际和系统外分别占71%、79%。与新奥集团等8家单位签署战略合作框架协议。取得3A级信用评级。中标沙特阿拉伯拉斯坦努拉管道和阿根廷科尔瓦多省天然气管道项目，以“EPC+融资”模式中标孟加拉国单点系泊、马来西亚沙巴天然气管道及多介质管道项目，巴基斯坦瓜达尔—纳瓦布沙管道项目达成签约意向。中标湖北、青海国家物资储备库，山西LNG液化工厂项目，取得市政工程总承包一级资质。

【改革调整】 2016年，按照集团公司工程建设业务重组上市整体部署，管道局核心业务实现重组上市。对后勤服务等非核心业务按照各自特点进行统筹谋划。重组整合非开挖和教育培训业务，减少处级单位2个、科级单位30个。对施工和矿区服务单位部分人员进行培训，培训合格后向技术服务业务转移，实现人力资源优化配置。廊坊基地4所幼儿园使用新名称以市场化方式运行。总医院和管道学院改革方案通过多次调研讨论形成共识。管道第二工程公司、管道局第三工程分公司两所职工医院与地方医院联合办院取得实质性进展。廊坊基地供电业务、徐州基地供水业务、中牟基地“三供一业”分离移交以及酒店宾馆改革工作扎实推进。

【科技创新】 2016年，管道局开展科研课题183项，申请专利52项，制修订标准37项，获集团公司科学技术进步奖特等奖1项，推广科技成果88项。主导制定中俄原油管道东线D1422大口径管道建设相关标准。根据高寒地区特殊的气候地质情况，研发改造高寒地区施工配套装备。承担中俄原油管道二线试验段建设任务。在中俄原油管道二线规模应用自主研发的全自动焊、热收缩带机械化防腐补口等核心技术装备。环焊缝AUT检测设备测试成功，缺陷检出率和精准度达到国际水平。在崖城13-1海关修复项目首次应用自主研发的H1500海洋管道高压开孔机。30度大坡度自动焊施工技术测试成功。D450非金属管道样管研发成功。

【管道局召开第六次党代会】 2016年12月16日，中国共产党中国石油天然气管道局第六次代表大会在廊坊召开。管道局党委书记、副局长孙全军作党委工作报告。局长、党委副书记赵玉建主持开幕式并讲话。大会听取和审议管道局党委和管道局纪委工作报告，选举产生新一届党委委员和纪委委员。部分老领导和管道局203名党代表参加大会。

【中缅天然气管道工程（缅甸段）获鲁班奖】 2016年12月1日，管道局承建的中缅天然气管道工程（缅甸段）获中国建筑行业工程质量最高奖——鲁班奖。管道局是1987年鲁班奖创立以来管道建设行业里唯一获奖企业。中缅天然气管道起于缅甸西海岸的兰里岛，止于中国云南省瑞丽，全长792千米。工程经过高原、山区断崖、水网、海沟等复杂地质带，管道局采用多项新工艺、新技术，解决施工难题。工程于2010年6月3日开工建设，2013年5月30日竣工，2014年12月29日移交业主。

（杨　勇）

中国石油工程建设公司

【概况】 中国石油工程建设公司（英文缩写CPECC，简称工程建设公司）成立于1980年，是中国石油天然气集团公司专门从事石油工程设计、制造、施工和工程总承包的专业公司。2016年底，员工总数25646人，其中中方员工22403人，外籍员工3243人。中方员工合同化、市场化和劳务派遣人员16618人，其中本科以上学历人员7869人，占比47.4%；中级及以上职称6084人，占比37%。享受政府津贴专家26人，集团公司技术和技能专家28人，各类执业资格证书持证人员2539人，操作人员持证率100%。工程建设公司配备多种具有国际领先水平的工程应用软件、工程项目管理集成系统和数据库，有主要工程机械12000台（套），一次吊装能力可达5000吨，各种工程预制、加工、实验和检测设备齐全，年加工制造能力可达18万吨。2016年，新签合同额280亿元，其中海外占比54.8%，国内占比45.2%；完成营业收入 228.7 亿元，利润总额 9.69 亿元。ENR 国际承包商 250 强排名第 84 位、国际工程设计公司 225 强排名第 77 位。2016 年继续获得对外承包工程企业信用等级评价 AAA 级。土库曼斯坦巴格德雷合同区域 B 区集输工程获国家优质工程奖，土库曼斯坦巴格德雷合同区域自备电站项目获中国石油优质工程银奖，哈萨克斯坦分公司中亚天然气管道 C 线 CCS6 压气站工程获中国石油优秀安装工程奖。

【工程项目】 2016 年，工程建设公司海外执行项目 290 项。伊拉克鲁迈拉 SOC 管线项目顺利移交，中哈天然气管道二期（哈南线）首站具备投产条件，南苏丹 3/7 区脱瓶颈项目机械完工，坦桑尼亚气处理厂成功实现产品气外输，伊拉克格拉芙 OFFSITE 顺利收官。哈萨克斯坦 PK 炼厂一期合同币种转换问题得到解决，规避汇率风险。乍得油田地面工程 2.2 期、阿尔及利亚 SP1 油泵站、阿布扎比曼德一期、哈萨克斯坦 PK 炼油厂二期、巴基斯坦 LPG 和伊拉克 BP 早期电站、格拉芙水管理、西古尔纳 127 和 130 等项目稳步推进。

国内执行项目 3461 项。云南石化、长庆石化等 4 个炼化项目顺利投产。锦州石化、辽河石化等 5 个检维修项目按期中交、一次投产成功。南海石化实现中交，河北盛腾石化进入保运阶段。俄罗斯亚马尔 LNG 项目 3 个模块顺利装船。舟山国储库、沁水煤层气调储中心、富城天然气回收等项目成功投产。川西北气矿龙 004-X1 井试采地面工程按期完工，湖北 LNG 工厂圆满通过性能考核。

【市场开发】 2016 年，工程建设公司海外新签合同额 153.4 亿元，占比 54.8%。成功签约伊拉克巴士拉 BGC 和阿尔及利亚阿尔及尔炼油厂两个外部高端项目，尤其是 BGC 项目成功突破壳牌市场，拓展公司高端市场。顺利获得伊拉克哈法亚三期、乍得油田地面工程 2.2 期、乌兹别克斯坦卡拉库里、土库曼斯坦萨曼杰佩增压站和秘鲁十区井口等项目，密切跟踪埃塞俄比亚气田外输等项目。采用买方信贷、融资 +EPC 等新型商务模式，积极推进俄罗斯阿穆尔天然气处理厂、伊拉克宾乌玛油库等项目。与福陆、塞班、大宇等国际工程公司合作，全力开发俄罗斯和乌干达项目。完成壳牌设计、采购和管理服务企业框架协议投标，科威特石油公司大型 EPC 承包商入网进入现场考察阶段，工程建设公司成为首个为埃克森·美孚伊拉克项目提供技术服务的中国工程公司。

国内新签合同额 126.6 亿元，占比 45.2%。相继承揽中靖联络线、陕京四线、塔里木天然气提取混合烃、辽阳石化俄罗斯原油加工和兰州国储基地改造等系统内项目。在地方 LNG、燃气及路政市场持续实现突破，顺利获得福建申远聚酰胺一体化、大同及襄垣 LNG、弘润原油管道等系统外项目。岩土工程、安全评价和环境影响评价等业务保持快速发展势头，业务拓展至国内主要油田炼化企业和部分系统外市场。

【管理提升】 2016 年，工程建设公司企业管理进展情况。（1）将低成本发展落实到工程项目精细化管理中，持续深化降本增效 9 个方面 22 条措施，全年实现降本增效 2.15 亿元，获得资金效益 3.35 亿元，“五项”费用下降 17.87%。强化战略采购和集中采购，累计完成采购额 27.73 亿元，带动出口 0.94 亿美元，采购成本节约率约 7.6%。（2）持续精简优化机构设置，精简 2 个科级机构、3 个国内项目部和 5 个海外机构，年度减员 1277 人。（3）扎实推进质量管理提升活动和卓越绩效管理，实体质量持续提升，2016 年获省部级以上奖励 81 项。（4）全面推行合规管理，健全配套制度，强化合规管理培训，组织签订合规承诺书，加强重大决策法律论证和合规检查，全员合规培训率 99%。（5）切实加强合同管理，积极推行示范合同文本，强化合同风险评估和履行异常报告。严格内部审计，加强存货管理，持续完善内控体系。（6）信息化整体架构基本搭建完成，形成以两级数据中心为核心的三层生产经营管理体系，生产经营、项目管理、集成设计、物资编码、投标报价等核心业务系统均已上线运行或达到上线条件，ERP 应用集成和云平台建设有序开展。

党建和企业文化建设情况。（1）“两学一做”学习教育扎实推进。共组织学习研讨 2044 场次，学党章、学系列讲话 2610 场次，讲党课 692 场次，召开党员领导干部民主生活会 88 场次，举办专题巡回报告会 3 场。（2）党建科学化水平持续提高。制修订《党委工作规则》等 7 项规章制度，开展党费收缴使用等 4 项专项检查，夯实党建工作基础。深化“四好”班子创建活动，严格选拔任用，强化监督管理。强化海外机构和项目临时党组织建设，大力开展“一先两优”评选活动，工程建设公司有 11 个基层党组织和 33 名党员干部受到集团公司党组和直属党委表彰。（3）认真开展巡视问题整改。配合集团公司巡视检查，按时完成 9 个方面 27 个问题整改。（4）持续深化“重塑中国石油良好形象”大讨论活动。组织形势任务宣讲会 102 场次，文化宣贯进基层活动 95 场次。2016年在中国石油和社会媒体刊发报道430多篇，完成网络宣传稿件1600篇、宣传展览8期、微信公众号30期，编辑出版《企业文化辞典》，企业文化教育基地接待观众400余人。（5）“两个责任”有效落实。坚持把纪律和规矩挺在前面，全面落实党委主体责任和纪委监督责任，组织签订党风建设责任书4500多份，完善多项党风廉政建设制度，坚持不懈整治“四风”。（6）和谐企业建设深入推进。广泛开展合理化建议活动，2016年征集合理化建议500多条。深入推进送温暖工程，2016年组织项目现场慰问84场次，发放慰问金101万元；慰问困难员工536人次，拨付帮扶资金445万元。不断深化“职工之家”建设，深入开展“青”字号系列活动，认真做好离退休管理、矿区管理、民族团结和维护稳定等工作。

【科技创新】 2016年，工程建设公司投入科研经费8200多万元，开展科研项目129项，其中集团公司级8项。全年新申请专利140项，获授权专利123项，国际专利实现突破，在阿尔及利亚申请专利1项；有国家级工法11项、省部级工法62项；主编和参编国家标准6项、行业标准16项。获省部级以上科学技术进步奖21项，有46项科技成果被认定为技术秘密，4项科技产品被认定为集团公司自主创新产品，8项科技成果入选集团公司技术利器有形化目录。“满足国家第四阶段汽车排放标准的清洁汽油生产成套技术开发与应用”获国家科学技术进步奖二等奖，“高液收的延迟焦化（HLDC）新技术开发与工业应用”获集团公司科学技术进步奖一等奖；“页岩气开发地面工程成套技术研究”形成1项国家标准、5项专利技术、3项技术秘密，整体达到国内领先水平；5000吨门式起重机系统总体技术达到国际先进水平，并在兰州石化、华北石化成功应用；“催化烟气脱硫脱硝技术”等30余项成果在锦州石化等企业成功应用。成立“五化”工作领导小组及3个专项工作组，召开一体化集成装置和模块化建设推进会，深入推进“五化”工作，突出抓好LNG、非常规天然气等技术标准化和一体化集成装置研发与推广，“橇装化建站、模块化建厂”推广应用于国内外多个工程项目，“五化”工作已成为工程建设公司新的增长点和竞争优势。

【人才培养】 2016年，工程建设公司持续深化以技术专家、学术带头人、骨干专业技术人才和青年技术人才为一体的，逐级晋升的专家队伍培养模式，理顺专业技术人员职业发展通道。强化执业资格人员培养，继续举办一级建造师培训班，全部通过人员累计达46人。完善内部培训课程体系，强化内部师资队伍建设，加大员工培训力度，2016年组织参加集团公司培训54期，培训148人次；自办培训班1174期，培训12735人次。将PMP培养作为工程建设公司项目管理国际化高端人才培养的主要途径，选拔156人参加集团公司加拿大PMP培训班、国际工程建设项目经理培训班和公司自办的广州PMP培训班。深化全员英语培训和外语达标活动，举办外语专项培训35期，培训1346人次；组织905人次参加集团公司模拟托福专场考试，通过率43%；组织423人次参加托福英语专场考试，550分及以上人员258人；工程建设公司总部及海外单位外语达标率87.9%。提高研究生录用比例，积极招聘前沿石油工程学科留学人员，面向国际化布局基础人力资源。

【安全环保】 2016年，工程建设公司HSE总体形势保持平稳。全年实现121个百万人工时无事故，安全行车里程突破5000万千米。落实安全环保主体责任，组织层层签订《安全环保责任书》，实现全员安全承诺。强化安全培训，通过举办专题培训和组织现场观摩等，培训安全专兼职人员1342人次；结合全国质量月和安全生产月活动，深入开展QHSE警示教育。深化HSE体系推进工作，抽取伊拉克分公司、哈萨克斯坦分公司等4家海外单位，开展第一阶段推进成果应用考核。量化审核深入推广，安全检查常态化，检查257次、整改问题1336项、教育处理违章人员102人次。现场安全监督不断深化，2016年组织对55个项目开展监督检查，提出不符合项1770项。风险防控能力不断提高，辨识重大安全风险10项。履职能力评估覆盖总部全员、各单位60%以上关键岗位和80%以上操作岗位，基层站队标准化建设实现20%的达标目标，妥善应对南苏丹武装冲突、拉美寨卡疫情和委内瑞拉社会骚乱，广泛开展“安全生产月”、事故案例教育和基层班组经验交流活动，全员安全意识进一步提高。

（严　峰　高　拯）

中国石油集团工程设计有限责任公司

【概况】 中国石油集团工程设计有限责任公司（英文缩写 CPE，简称工程设计公司）是集团公司直属的，具有自主研发能力的，以上游业务为主的工程总承包商、项目管理咨询商和技术装备供应商。

2016 年底，工程设计公司用工总量 5881 人。全年实现经营收入 70.49 亿元、利润总额 0.83 亿元。名列 ENR“全球承包商 250 强”第 171 名和“国际工程设计公司 225 强”第 90 名。

【生产经营】 2016 年，工程设计公司切实加强市场开发，努力确保公司稳健发展。面对经营压力越来越大、市场开拓举步维艰的不利局面，坚持把市场开发作为生产经营头等重要的工作时刻摆在首位，以找米下锅维持生计的姿态，调整优化市场策略和举措，全力以赴抢抓市场，相继承揽中靖联络线、陕京四线等系统内部重点项目，并在地方 LNG、燃气及路政市场持续实现突破，2016 年新签合同额 78.49 亿元，其中系统外部占比 65.47%、EPC 业务占比 44.46%。

加强长输管道项目投标组织协调，确保工程设计公司在长输管道建设市场的地位；西南分公司新签合同额 27.69 亿元，新疆油建公司新签合同额 24.08 亿元，新疆设计院新签合同额 11.03 亿元，北京分公司新签合同额 7.57 亿元，华北分公司新签合同额 8.3 亿元。

全面推进国际化，奋力拓展生存空间。坚持把国际化作为夯实基础的重中之重，加快推进投标报价体系建设，全面加强国际化人才培养，不断强化国际交流与合作，着力提升国际化能力。发挥公司整体优势，在服务保障集团公司海外油气核心业务发展、有效稳固传统市场的同时，奋力拓展埃克森美孚等高端市场和投融资、援外等新兴市场，2016 年海外新签合同额 19.01 亿元，占合同总额的 24.22%，其中系统外部占比 70.2%；实现海外收入 11.83 亿元，占总收入的 16.78%。公司总部切实加强海外市场开发协调和重点项目监督管理；西南分公司海外新签合同额 4.56 亿元，北京分公司海外新签合同额 5.81 亿元，新疆设计院海外新签合同额 6.65 亿元，华北分公司海外新签合同额 2.52 亿元。

持续深化科技创新，稳步提升技术水平。投入科研经费 3915.45 万元，开展科研项目 23 项，其中集团公司级 2 项。2016 年新申请专利 76 项，59 项获专利授权，其中发明专利 18 项、登记软件著作权 6 项。主编和参编国家标准 6 项，行业标准 14 项。获省部级以上科学技术进步奖 10 项，21 项科技成果被认定为技术秘密，4 项科技产品被认定为集团公司自主创新产品。非常规天然气地面工程技术研究取得较大进展，初步确立在页岩气开发地面工程设计领域的领先优势。组织召开标准化工作推进会，深入推进“五化”工作，标准化竞争优势进一步巩固。

全面加强安全管理，着力实现本质安全。持续完善 HSE 规章制度，不断强化 QHSE 培训，2016 年举办质量安全专题培训班 3 期，340 多人参加培训。组织 5000 余人次收看集团公司安全生产视频会 5 期。组织典型项目 HSE 管理工作现场观摩学习 1 次，共 35 名 HSE 专职人员参加。结合全国质量月和安全生产月活动，深入开展 QHSE 警示教育。深入开展 EPC 项目 QHSE 监督，2016 年对 21 个 EPC 项目开展月度巡回监督检查，提出不符合项 1351 项，整改率 90.48%。稳步推进 QHSE 管理体系升版、QHSE 管理评价模型评价指标试点和基层站队 HSE 标准化达标建设，大力开展 QHSE 基础技术项目研发及推广，积极研究建立质量安全管理优化评价模型、QHSE 管理大数据库，认真做好 QHSE 管理体系评审，全年未发生较大人身伤害及环境污染事故。

切实加强项目管理，确保重点项目平稳运行。结合国际化需要，完成《EPC 项目管理体系》修订补充，完成 EPMS 系统项目管理模块开发和推广，实现所有项目线上实时动态监管。切实加强重点项目监督服务，顺利完成湖北 LNG 工厂投产考核、宁夏成品油管道投产准备、川西北气矿龙 004 等项目协调服务，组织专家对襄垣 LNG、大同 LNG 等项目进行现场检查，完成 12 个管道项目竣工中线复测，协调中缅 EPC 项目部做好项目整改、结算等收尾工作。切实加强分包商管理，持续深化审计监察对海外及 EPC 项目的监督和服务，着力规范招标、催交检验、现场服务、投标报价支持等工作，保障重点项目平稳运行。

【企业管理】 2016 年，工程设计公司稳步推进重组整合工作。成立重组改制工作领导小组和相关工作机构，明确重组整合期间“六不变”总体工作原则，出台组织人事、财经、工作要求等三方面12条纪律，召开新公司全体领导干部大会，在充分调研摸底的基础上，科学编制业务整体方案、机构整合方案及干部安排方案，积极稳妥地推进公司总部整合，顺利完成重组整合第一阶段工作任务。

深入实施低成本战略。将低成本发展落实到工程项目精细化管理中，进一步强化项目完全成本核算，缩减生产性支出。通过压缩办公楼租赁面积、清退外租车辆等压缩非生产性支出。精简科级机构2个，减少科级干部和机关人员20人，减少用工178人，分流员工35人，人工成本同比下降5.8%，2016年实现降本增效7017万元。

全面推进信息化建设。坚持开发和优化并举，全面推进业务系统建设与功能完善；坚持开发与实施推广并重，多角度推进系统深化应用，公司信息化整体架构基本搭建完成，形成以两级数据中心为核心的三层生产经营管理体系，生产经营、项目管理、集成设计、物资编码、投标报价等核心业务系统均上线运行或达到上线条件，基本实现信息化三年计划建设目标。

全面深化基础工作建设。召开基础工作推进会，编发2016年基础工作推进方案，围绕“国际化、信息化、标准化和精细化”，开展公司级技术基础工作项目41项（其中新开27项），完成并验收20项，多项成果得到推广应用。扎实推进内控及风险防控体系建设，切实加强财务管理、投资管理、保密管理、统计及协会管理。

深入推进CPE品牌建设。持续深化品牌工程创建活动，2016年获省部级以上奖励81项，其中优秀工程设计奖23项、优质工程奖3项。深入开展质量管理提升活动，完成“质量检查表”“体系成熟度评价模型”等研究，完善设计成品及过程质量监督方法，强化设计和工程质量监督，严格质量问责。

全面开展合规管理。按照集团公司统一部署，编制依法治企工作方案，举办合规管理系统培训班，组织签订合规承诺书，完成合规管理信息平台的初始化和深化应用，合规培训率和承诺书签订率两大指标均达100%。切实加强合同管理，积极推行示范合同文本，强化合同风险评估和履行异常报告。工程设计公司3项管理成果、7篇管理论文获全国管理现代化创新奖。

【队伍建设】 2016年，工程设计公司切实加强领导班子建设。组织制（修）订《企业领导人员管理办法》《企业领导人员选拔任用工作规范》等制度，进一步规范干部任用、考核、教育培训等工作。认真组织开展领导干部个人事项申报及抽核，切实加强领导人员因私出国境证件管理。深入学习十八届六中全会和中央有关精神，认真开展“四风”问题整改，着力构建作风建设长效机制。

广泛开展全员英语培训。大力推进全员英语培训和外语达标活动，2016年组织参加集团公司培训54期，148人次；自办培训班1037期，培训11244人次；组织855人次参加集团公司模拟托福专场考试，通过率45%。积极招聘前沿石油工程学科的留学人员，面向未来和国际化布局基础人力资源。

持续深化国际化人才培养。依托海外机构和重点工程，积极探索“以实践锻炼为主体、理论学习与交流为补充”的国际化人才培养模式。派员参加集团公司加拿大PMP培训班和工程设计公司自办的广州PMP培训班。深化以技术专家、学术带头人、骨干专业技术人才和青年技术人才为一体、逐级晋升的专家队伍培养模式，理顺专业技术人员职业发展通道。

【文化建设】 2016年，工程设计公司扎实开展“两学一做”。组织开展“两学一做”学习教育，制定实施方案，根据实施方案组织系列学习活动，组织两级党委中心组学习56次，召开党员领导干部民主生活会66场次，广泛开展基层党支部书记党课讲座和“两学一做”知识竞赛。按照集团公司直属党委要求，平稳有序开展党费收缴工作专项检查工作，进一步健全党费工作专人管、足额收、及时缴、定期查的工作机制。

切实加强基层党组织建设。抓好标准化党支部建设，推动基层党建责任落实。组织开展党员组织关系排查工作，对失联党员进行组织处理。进一步加强海外机构和工程项目临时党组织建设，大力开展“一先两优”评选活动，有5个基层党组织和18名党员干部受到集团公司党组和直属党委表彰；公司党委评选表彰先进基层党组织28个、先进个人80名。

持续深化“重塑中国石油良好形象”大讨论活动。广泛开展“保增长、提效益、抓作风、建和谐”形势目标任务教育，组织形势任务宣讲会102场次，文化宣贯进基层活动95场次。组织“弘扬光荣传统、重塑良好形象”征文、“中国梦·新形象——我身边的榜样”典型楷模事迹展览等系列活动。高度重视外宣工作，2016年在中国石油和社会媒体刊发报道265篇，完成网络宣传稿件1600篇、宣传展览8期、微信公众号30期。

稳步推进和谐企业建设。深入开展合理化建议活动，2016年征集合理化建议490条。积极开展困难职工、困难家庭帮扶和现场慰问，组织项目现场慰问

84场次，发放慰问金101万元。慰问困难家庭702户，拨付帮扶资金289万元。稳步推进离退休管理、民族团结、维护稳定等工作。

（曹海文　高　华）

中国寰球工程有限公司

【概况】 中国寰球工程有限公司（简称寰球公司）是集团公司的全资子公司，始建于1953年，2005年6月整体并入中国石油天然气集团公司，2017年2月17日作为中国石油工程建设股份有限公司的全资子公司正式登陆A股市场。2016年底，有员工2.1万人。寰球公司是以技术为先导，以设计为龙头，是集咨询、研发、设计、采购、施工管理、开车指导、融资等多功能于一体的，具有项目管理承包和工程总承包综合能力的国际工程公司，是智力密集、技术密集的科技型国有骨干企业。有工程设计综合甲级资质、工程咨询资质、环境影响评价甲级资质、工程造价甲级资质、化工石油工程施工总承包特级资质和对外工程承包资质。

工程领域涵盖化工、炼油、石油化工、化肥装置及储运工程、精细化工、油田地面设施、海洋石油工程、天然气液化与接收、煤的清洁利用、新能源、轻工、医药、化学矿山采选、工程地质勘查、工程测量、岩土工程、环境工程、储运设施及压力容器设计制造安装、非标设备、钢结构及管道加工制造安装、无损检测等多个行业和领域。

寰球公司科研、技术实力雄厚，在大型乙烯、大型炼油、大型LNG、大型化肥、大型煤化工和大型聚丙烯等15大类装置上具备总承包能力并拥有丰富业绩。业务遍及中国及东南亚、西欧、美洲、中东的近30个国家和地区，是国内同行中国际化程度较高、项目运营国家较多的企业，也是独立率先进入美国、沙特阿拉伯、新加坡、加拿大、意大利等炼化工程建设高端市场的国际工程公司。

寰球公司有良好的企业资信和商誉，被评为国庆60周年全国勘察设计行业"十佳工程承包企业"，获首批"AAA级信用企业"和北京市"高新技术企业"称号，连续17年被美国ENR评为全球最大225家国际工程承包商和全球最大200家国际工程设计公司。

2016年，面对低油价下工程行业异常严峻的市场形势，坚持"市场为先、项目为王、现金为重、降本为要、改革为本、党建为魂"，主动应对挑战，狠抓市场开发，加快重组整合，全面从严治党。寰球公司实现新签合同额167.5亿元，营业收入106亿元，利润总额3.65亿元，完成集团公司考核指标，守住两条底线。

【深化改革】 2016年，按照集团公司对工程建设业务重组改革部署，寰球公司成立重组整合专项工作领导小组，制定重组后寰球公司的细化实施方案，通过对23家分子公司进行"两分两合"，明确上市与非上市、总部机关与二级单位功能定位，健全完善党委办公室、党委组织部、党委宣传部等党务机构，设立北京寰球公司，对辽宁和新疆地区企业实施内部重组，形成以9家工程公司和2家施工单位为主力阵容的"9+2+1"市场新形象，寰球公司规模、炼化业务范围、工程技术优势全面升级，突出专业化重组后公司的规模优势、区域优势、技术优势和一体化优势，确保上市公司轻装上阵、未上市公司最大限度获得政策支持。"三项专项"工作狠下功夫。按照集团公司总体部署，对3家僵尸企业和6家困难企业进行深入分析，细化处置方案，妥善筹划人员分流和安置，明确治损扭亏责任。

【降本增效】 2016年，寰球公司深入开展开源节流降本增效。以经济效益为中心，着力实施降本增效12大方面、26项举措、96个具体措施，强化投资"一本账"管理，压减非生产性支出，全年增收9268万元，节约成本9902万元。新疆公司超额完成利润指标，新加坡公司扭亏为盈。

【工程建设】 2016年，寰球公司全力推进在建项目进程。神华宁煤400万吨/年煤炭间接液化项目一次开车成功，成为现代煤化工领域的一面旗帜。大连和江苏LNG二期、神华新疆聚丙烯和轻烃分离项目、中煤蒙大项目均实现一次开车成功，再展寰球品牌实力。云南炼油项目49个主项高标准中交。沙特阿拉伯磷矿项目克服艰难险阻，成功进入试车关键节点。神华宁煤煤化工副产品深加工、华北石化、辽阳石化、委内瑞拉MPE3 16.5万桶/日扩建、马来西亚RAPID聚丙烯、斯里兰卡LPG罐区，以及阿尔及利亚、科威特、马来西亚等施工项目，克服重重困难，全力按计划推进。

【市场开发】 2016年，寰球公司转变市场开拓思路，突出品牌信誉、突出技术引领、突出一站式服务，积极拓展服务价值链，在新建项目锐减的情况下，成功签署江阴LNG储配站、国内规模最大的浙江石化炼化一体化、泰兴新浦乙烯、山东玉皇轻烃综合利用等项目。原大连公司和兰州公司分别依托油浆再利用技术和烷基化技术，实现与业主共赢发展。东北炼化发挥靠前服务优势，赢得辽阳石化项目，合同额创历史新高。持续优化市场布局。牢牢把握“一带一路”等重要机遇，充分利用好战略协作、投融资+、合资合作等模式，搭平台、建渠道、布网络，通过合作与优势互补，积极在美国、伊朗、墨西哥、莫桑比克、阿塞拜疆、乌兹别克斯坦具有广阔潜力的新市场跟踪项目，成功签署委内瑞拉MPE3二期、马来西亚RAPID高密度聚乙烯、伊拉克ARCHES炼油厂和KAR天然气处理、哈萨克斯坦炼油改造等项目。

【管理提升】 2016年，寰球公司成立“五化”领导小组，启动标准化设计工作，立足新浦乙烯、辽阳石化和委内瑞拉23万桶等项目，全面实施三维协同设计。强化采购供应商动态管理，完成177家国内供应商和首批68家海外供应商新增准入。成立工程建设承包商管理领导小组，切实加强承包商管理。推动生产运营转型升级。大力开发资源管理系统，继续推广寰球工程云平台，实现生产与项目管理平台二期上线，一体化优势和整体实力得到最大限度发挥。定期编制公司经济运行状况报告，推动合规管理融入生产经营全过程，开展各类审计14项。深入开展职工小家建设，持续开展青年文明号创建等活动，加大对贫困党员、困难职工、离退休员工的关心关怀力度。2016年先后获全国石油和化学工业环境保护先进单位、集团公司工程建设标准化工作先进集体、财务报告先进单位、法律与合规工作先进集体等荣誉，兰州公司获集团公司QC小组成果一等奖，上海公司连续6年蝉联上海市文明单位称号。

【科技创新】 2016年，寰球公司积极践行创新驱动和技术领先战略，创新成果不断涌现，“大型乙烯成套工艺技术、关键装备与工业应用”获国家科学技术进步奖二等奖。依靠自主技术新签项目比重显著提高，大连公司技术转让收入4024万元，原寰球技术转让收入近4000万元，开展技术开发项目69项，认定技术秘密18项，获专利授权34项，其中国际专利1项。合作研发的LNG用大型开架式气化器，通过工信部鉴定。2016年获国家级奖项6项，省部级奖项23项。华东公司与神华集团合作研发的SH-MTO技术，在神华新疆项目实现工程化转化并成功开车。持续加强重大技术攻关，大乙烯、大炼油二期重大科技专项立项获得集团批准，与大连化物所、SABIC签署“甲烷无氧制烯烃技术”合作开发协议。

【安全环保】 2016年，寰球公司坚持安全环保与质量标准并举，依法合规与监督管控并重，全年投入安全生产费用6429万元，实现9280万安全工时。严格落实安全环保责任制，积极组织安全生产月、质量月、质量样板工程评选、QC小组等活动，编制完成《集团公司炼化工程建设标准》，并在集团公司发布实施。

【精神文明建设】 2016年，寰球公司扎实开展“两学一做”教育活动。成立领导小组，建立班子成员联系点，公司领导带头学习讨论、带头讲党课、带头过双重组织生活，营造风清气正的党内政治生态，广大党员“四个意识”进一步增强，凝聚力和战斗力大幅提升。积极开展“大力弘扬石油精神，奋力开创寰球新篇章”学习和宣传活动，深化“重塑中国石油良好形象”大讨论活动，推动“三严三实”专题教育整改，严格落实巡视组反馈问题整改，持续推进两级“四好”班子建设，自上而下签订党风廉政建设责任书3655份，党风廉政建设得到进一步加强。围绕提升海外项目执行能力，组织专业技术培训455项，累计超过40万学时。持续提高实用英语和海外生存技能培训，累计接近2.5万学时。六建公司三人次获全国技术能手、全国青年岗位能手称号，陈君龙入选首批十名广西工匠，叶昌榜获第四届全国吊装技能竞赛冠军。

（刘　佳　洪可可）

中国昆仑工程有限公司

【概况】 中国昆仑工程有限公司（简称昆仑工程公司）前身是中国纺织工业设计院，成立于1952年9月，是中国纺织行业唯一的部属大型勘察设计单位，2007年7月重组并入集团公司，2009年更名为中国昆仑工程公司，2016年，中国昆仑工程公司改制为中国昆仑工程有限公司，股本由集团公司100%持有。昆仑工程公司是集咨询、研发、设计、采购、施工管理、开车指导和工程监理、工程总承包、项目管理承包、技术服务等多功能于一体的国际工程公司和国有科技型骨干企业，有4家二级单位、2家控股公司。

昆仑工程公司持有国家颁发的众多甲级资质证书；通过了ISO 9001质量体系、ISO 14001环境管理体系、OHSAS 18001职业健康安全管理体系和中国石油HSE管理体系认证；拥有国际先进的工程设计、项目管理及办公自动化等应用软件和数据库，建有先进的计算机网络平台和应用体系；享有国家授予的对外经营权。

昆仑工程公司长期致力于石油化工、纺织化纤、煤基化工、环境工程、建筑工程等领域的建设、创新与发展。先后承担设计和建设完成各类大中型石油化工、化纤及其原料和民用建筑等工程数千项，国外经援、经贸工程百多项，遍布全国及29个国家和地区。先后获国家科学技术进步奖一等奖、二等奖，全国、省部级优秀勘察设计特等奖、金质奖、优秀奖、管理奖数百项。昆仑工程公司有雄厚的科研和技术实力，承担多项国家重大科技攻关任务，在大型连续缩聚聚酯（PET）、精对苯二甲酸（PTA）、顺丁橡胶、ABS树脂、己烯－1、工业废水处理等领域拥有专有技术，获国家授权专利138项，其中PCT专利17项。主编参编国家和行业标准66项，其中国家标准33项。转制后，昆仑工程公司重点发展环境工程、纺织化纤工程业务，打造国际一流的环境工程综合服务商。

2016年底，昆仑工程公司在职职工1783人，其中工程技术人员1515人、教授级高级工程师33人、高级工程师419人、享受政府津贴专家2人、特殊贡献的中青年专家1人，具有各种国家执业注册资格人员600人次。

2016年，面对国内外经济环境异常严峻的形势和前所未有的压力，昆仑工程公司实现营业收入25.04亿元，实现利润总额0.18亿元（表1）。

【重组改制】 2016年，集团公司工程建设业务重组并改制上市。昆仑工程公司加强领导狠抓工作落实，平稳有序完成重组改制上市任务。结合昆仑工程公司发展实际，积极争取保留昆仑工程公司名称，明确环境工程、芳烃工程、合成纤维及化纤纺织等业务发展定位。全面资产清查评估后，及时完成重组方案和主辅分离方案。召开重组改制专题职工代表大会，审议通过昆仑工程公司《改制方案》《职工安置方案》《重组上市企业离退休人员福利预留费用管理办法》等文件。完成辅业资产剥离、无偿划转、工商注册、尽职调查及其他配套工作。重组改制后，原隶属于昆仑工程公司的大庆石化工程有限公司、辽宁分公司划入中国寰球工程有限公司，原中国石油集团东北炼化工程有限公司吉林设计院环境分院、原中国石油建设公司所属大连设计分公司环境工程相关业务划入昆仑工程公司。

表1　昆仑工程公司主要经营指标

指　标	2016年	2015年
收入（亿元）	25.04	33.2
利润（亿元）	0.18	0.01
签订合同额（亿元）	20.7	50.2
其中，国外	16.4	43.8
国内	4.3	6.4

【工程建设】 2016年，昆仑工程公司开展各类工程225个，含新开工项目126个，其中集团内部项目93个，外部项目132个。全年按期投产6个工程总承包项目，投料开车一次成功。

集团公司内部市场。平稳推进辽阳石化化工工程项目，宁夏石化、大庆石化等废水治理项目。集团公司外部市场。（1）石油化工工程项目。承担新疆中泰、江苏海伦、宁波科元等化工工程项目，通辽金煤、唐山境界、金道器识等碳一化工项目。（2）合成材料工程项目。承担福建百宏、浙江恒亿、浙江桐昆、珠海华润、浙江海利得、河南盛源、印度BIPL、巴基斯坦NIL、伊朗FASRA等聚酯工程项目，江苏斯尔邦、神华新疆、印度IOCL等聚烯烃工程项目。（3）环保工程项目。承担中煤平朔、江苏虹港、浙江石化、石狮海天等废水治理项目，浙江荣盛、浙江盛元、锦州石化、包钢庆华等废气治理项目。

【市场开发】 2016年，昆仑工程公司新签合同额20.7亿元，其中国外市场16.4亿元。

国内市场。在石油化工工程领域，分别中标辽阳石化、靖边能化、万华化学等项目，签署新疆中泰、江苏海伦、唐山境界、金道器识等工程合同。在合成材料工程领域，签署浙江恒逸、海南逸盛等工程合同。在环保工程领域，签署浙江石化、江苏虹港等工程合同。在油泥处理及油田轻烃回收领域，先后与青海油田、大庆油田签署战略合作协议。

国外市场。在石油化工工程领域，中标恒逸（文莱）化工罐区等工程项目。在合成材料工程领域，签署俄罗斯ETANA公司年产150万吨聚酯项目合作协议。该协议于李克强总理访俄参加中俄总理第 21 次定期会晤期间举行的中俄两国经贸领域重大项目签约仪式上，在中俄两国总理见证下签署。

【管理创新】 2016 年，昆仑工程公司坚持管理创新，持续推进精细化管理，狠抓关键环节管控，实施开源节流，切实推进提质增效。

持续推进精细化管理。对组织机构进行优化调整，强化战略管理、市场开发、生产计划组织、项目过程控制、设计优化管理等职能。完善网上业务办公流程，制定《合规管理实施细则》，启用合规管理信息平台，补充完善投资管理办法，加强对外投资的监督和管理，避免垫资风险。

持续推进科技成果转化。2016 年获 21 项专利授权，其中发明专利 11 项，PCT 国际专利 8 项。参与 12 项国家、行业标准的主编参编工作。积极推进“百万吨级 KPTA 成套技术”“炼化污水处理成套技术有形化”等科技成果向工程项目的转化。

持续推进降本增效。以全面预算管理为抓手，严控成本费用支出。推进“商信通”业务，2016 年直接节约财务费用 280 万元。从严控制预算费用，“五项”费用总额同比减少 228 万元，连续 5 年下降。强化差旅费把关审核，差旅费同比减少 103 万元，连续 4 年下降。做好海外项目税收筹划，出口退税额 244 万元。争取税收政策享受力度，企业所得税加计扣除 671 万元。做好“营改增”税收应对，实现税收优惠效益 1022 万元。强化汇率趋势研究，实现存量资金汇兑收益 220 万元。落实合同管理责任，集中清理未结算和未转移的存货资产。严控人工和培训成本，以自然减员“退五进一”为基数控制人员流入，转委托外部培训为内部培训，节省培训费 100 万元。

【质量安全环保】 2016 年，昆仑工程公司紧紧围绕服务公司生产经营实际，强化 QHSE 体系运行，严格过程管控，落实“一岗双责”，所承担国内外工程无质量安全环保责任事故。

扎实推进质量管理提升实施方案及培训，提高全员质量意识，确保质量全过程管理。加强 HSE 管理体系量化审核，扎实开展安全生产大检查，持续完善隐患排查治理长效机制，开展安全环保履职能力评估，落实特种设备监管责任，逐步完善“一案一卡”工作。加强应急管理体系建设，强化应急值班值守，完善应急预案修订，组织开展火灾逃生等专项应急演练。严格外事管理和海外安保应急管理，组织防恐培训，切实提高员工风险防控意识和能力，有序处置海外现场突发个体健康事件。

【党建工作】 2016 年，昆仑工程公司提高政治站位强化责任担当，持续加强党建工作。

思想建设方面。扎实开展“两学一做”学习教育和“重塑中国石油良好形象”大讨论等主题活动，充分发挥党组织凝心聚力作用，引导广大党员坚定理想信念。队伍建设方面。完善干部管理制度，优化干部队伍结构，严格执行干部选任标准，提拔干部 11 人次，任免干部 28 人次。按照“三同时”原则，调整直属党支部，实现基层党群组织健全率 100%。召开昆仑工程公司第九届党员代表大会，完成党委纪委改选换届。及时完成党费收缴工作。2016 年发展党员 10 名。党风建设方面。严格落实两个责任，组织公司各级党员领导干部签订党风廉政建设责任书。常态化纪律要求，通过短信等方式定期提醒党员廉洁自律。常态化召开监督部门联席会议，对领导班子成员履行主体责任情况进行评价，定期检查“三重一大”决策制度执行情况。认真配合集团公司党组第三巡视组专项巡视工作，针对巡视反馈的问题，制定整改措施，责任落实到人。

（鲍世庆　肖春宏）

装备制造企业

中国石油技术开发公司

【概况】 中国石油技术开发公司（简称中油技开，英文缩写 CPTDC）是集团公司的全资子公司，是从事石油装备出口业务的专业化公司，是集团公司海外项目物资装备供应主体和参与国际市场竞争的经营实体。中油技开自1987年成立、1992年从事石油装备产品出口业务以来，累计出口产品到82个国家和地区，出口业绩在央企名列前茅，发展成为中国最大的以石油石化物资装备贸易为主的国际知名公司。

2016年，实现市场询价3885份，同比增长44%；报价2579份，同比增长85%；签约额10.36亿美元，营业收入92亿元；自由现金流1亿元，由负转正，达到“双正”要求；EVA值考核完成了集团公司下达的指标；超额完成全年利润指标和奋斗目标，经营质量明显提升，被集团公司评定为二类A级企业。

2016年底，中油技开总部机关设12个职能处室，根据地区和专业，设11个直属经营机构，有1541人，其中中方员工占比38.8%，平均年龄37.5岁。中方员工中，大学本科以上学历占95%，其中硕士、博士学历285人，占比47.7%；中级以上职称人员占比65%，其中正、副高级职称112人。中方营销员工中335人取得SMEI（美国国际市场与营销执行委员会）职业资格认证，占比78%，71人取得美国PMP（项目管理）职业资格认证，外语考试通过率93%，海外常驻员工近30%均具有美国、欧洲、澳洲、俄国留学经历。外籍员工占比61.2%，来自哈萨克斯坦、伊朗、美国、苏丹、委内瑞拉、印度尼西亚、澳大利亚等34个国家，海外员工当地化率达到88.5%，打造一支善于独立作战，拥有英语、法语、俄语、西班牙语、葡萄牙语、德语、波斯语、阿拉伯语、土耳其语等大小语种优势的“复合型”国际商务人才团队。

2016年，中油技开认真贯彻落实集团公司各项部署，积极应对低油价下需求量价齐跌、竞争惨烈、双重挤压、“两金”占用高企等严峻挑战，以快、严、实、活的作风，攻坚克难，砥砺前行，实现签约额10.36亿美元，营业收入92亿元，超额完成全年利润指标和奋斗目标，经营质量明显提升，被集团公司评定为二类A级企业。

【国际市场开发】 2016年，中油技开与44个国家和地区的143个客户实现签约，其中新签合同9.87亿美元，签约规模千万美元以上的国家16个，与23个国家的31个新客户签约7339万美元，首次进入巴拉圭市场，累计将产品出口到82个国家和地区。全年带动系统内产品出口23亿元，占集团公司装备产品出口总额的62%，同比增长80%。取得8270万美元的亚洲钢管厂建设PC总承包项目签约、22.9亿美元的俄罗斯聚酯EPC项目签约的新突破。狠抓市场信息采集。不断强化对市场信息的搜集、跟踪、获取、统计分析与动态管理，实行境外机构获取信息数量、质量综合排名通报。深入开展提高中标率研究，深层次剖析影响中标的因素和存在问题，从战略、策略和作风等方面探索提高中标率的途径。加强对弃标项目的集体研究，项目会商率达39%。2016年，综合询价报出比66%，同比增长14%，市场报价量39亿美元，同比增长61%。狠抓重点市场分析。建立每月经营分析制度和每半年重点市场分析制度，动态反映存在的问题，有效指导国际市场开发。以问题为导向，以市场细分、市场目标和市场定位为主要内容，有针对性地对伊朗、俄罗斯、哈萨克斯坦、巴西、加拿大、澳大利亚、印度尼西亚、尼日利亚等国家市场，通过专题调研、讲座和召开研讨会等形式“会诊”问题、解剖“麻雀”，寻求解决问题途径，明确工作重点，形成重点市场开发的战略构想和策略组合。

狠抓大客户公关维护。2016年，拜访俄罗斯、哈萨克斯坦、伊朗、阿联酋、坦桑尼亚、土库曼斯坦、阿尔及利亚、委内瑞拉、古巴等30多个中外资大客户，加强与中国进出口银行、国家开发银行、海关等10余家机构交流，与系统内中国石油天然气勘探开发公司、中国石油工程建设有限公司、管道局、中联油、中亚管道、昆仑工程、大庆油田以及各制造企业等深化合作，与系统外中国石化机械、天津钢管、四川宏华等20余家企业洽谈项目。与制造企业开展各层级的技术交流近200次，2016年共与客户签约628个项目，其中超过千万美元的项目27个。

狠抓“两库一平台”建设。客户、供应商、市场信息是公司的宝贵财富，出台客户和供应商信息库建设和管理办法，成立推进工作组，开创性地完成客户信息库、供应商信息库建设并上线运行，对客户和供应商进行评估并实施分级分类管理，基本上达到“颗粒归仓”、聚增财富、促进市场开发目的，奠定公司调整优化、转型发展基础。出台市场信息采集和分享平台建设实施意见，充分发挥市场营销网络优势，推动市场信息授权分享，实现对投标报价全过程动态跟踪及资源全球化匹配，有效提高市场开发质量与效率。

【压库存清欠款】 中油技开针对2016年初账面存货、应收账款“双高额”的情况，“出重拳”压库存，“下猛药”清欠款，通过不懈努力，全年销售历史库存10.8亿元，收回历史欠款21亿元。落实责任定目标。成立压库和清欠领导小组，加强工作组织和海内外协同配合。多次召开专题会议，明确责任人、时间表、目标和措施，将压库清欠工作责任到岗到人，向各地区分公司下达清欠目标，将海工库存平台、石化库存化工品作为压降工作重点。上下联动齐努力。针对库存海洋平台销售项目，集团公司领导多次协调相关单位和部门，解决工作中的重点、难点问题。中油技开领导赴海内外一线开展库存产品销售、历史欠款回收，亲自推进中石化江汉历史债权清理，全部收回积压15年的欠款7998万元。所属重点单位成立清欠办公室，抽调专人组成压库清欠项目组，专职开展工作，形成多层级推动压库清欠工作机制。多措并举见成效。石化业务通过开拓市场，压降历史库存10.5亿元，库存下降90%以上。苏丹办事处抓住时机，紧盯客户现金流向，扩宽收汇渠道，收回欠款近800万美元。哈萨克斯坦办事处利用法律手段，以最优策略提起诉讼，首次以法律手段成功实现阿尔曼项目收汇。川庆项目通过集团公司板块间协调，中油技开多部门联合，清回三年以上欠款1454万美元。建立应收账款的清欠进展、现金流情况等动态监控机制，2016年应收账款比期初下降6%。

【增服务促转型】 2016年，中油技开形成“1457”发展思路。针对未来企业“向哪里走、怎么走、达到什么目标”等重大战略课题，开展“进一步解放思想、务实创新、转型发展”全员大讨论，集思广益形成未来五年的“1457”发展思路，确立国际一流能源装备综合服务商的转型目标，强化市场、资源、人才、品牌四大转型支撑，明确优势贸易、跨境电商、现代服务、资本运营和海外实业五大转型路径。强化转型支撑体系建设。总部新设客户、供应商、跨境电商三个中心，明确海外实业等主管部门，决定组建公司级技术专家团队，与大庆油田签署战略合作协议，成为中油技开首家能够实现全产业链服务的合作伙伴，美国仓储服务中心建设取得进展，决定在阿联酋和印度建设钻机维保服务中心，加强工程建设、工程技术资源储备，注重国际商务、项目管理、技术支持人才培养。总结推广服务转型经验。认真总结坦桑尼亚EPC项目在拿单、合作、实施全过程中，“服务+产品”的优异业绩，推广其“忠诚、激情、担当、专业”团队建设经验。苏丹电泵“产品租赁+保运服务”20年磨一剑，创造业务、赢利、合作等“三个模式创新”经验，2016年电泵租赁服务在南苏丹、伊拉克、哈萨克斯坦等国家签约5803万美元。阿克纠宾石油机械联合公司持续打造“机修机加、技术服务、产品制造、工程建设”4个业务板块，逆势实现持续赢利，服务业务创效占比升至70%，成为“产品+服务”转型的先行军。强力推进重点服务项目。在油价低迷、市场竞争惨烈、投资规模锐降的情况下，全力推进6个公司级重点项目，实现服务项目签约1.13亿美元。通过共同努力，成功获取秘鲁发电机服务项目和埃及天然气调压站项目，成功签约亚洲钢管厂建设PC总承包项目，在中俄两国总理的见证下，与昆仑工程公司合作正式签署俄罗斯150万吨聚酯基地建设EPC总承包项目。

【机制体制改革】 2016年，根据集团公司深化改革总体部署和“五自”经营深化改革要求以及自身实际，中油技开以问题和市场为导向，以机制体制改革为突破口，以增活力、强动力为目的，在机制上先后出台实施试点、考核、分配、奖励四项激励举措，在体制上先后出台实施职能部门、支持机构、所属单位、境外机构四种调整优化方案，稳步大胆地推进改革。搞活机制抓试点。中油技开把石化分公司定为搞活经营机制“四自”试点单位，从队伍支持、资金保障、激励机制等方面给予9条配套政策，经过努力，石化分公司在开发市场、创新模式、压降库存、防控风险、获取大项目等方面，都取得突出业绩，为公司完成任务做出突出贡献，以优异成绩形成可借鉴的试点经验。瘦身健体调机构。按照“尊重历史、注重实绩、着眼未来、选贤优化”的原则，先后完成对11个职能部门、3个支持机构、11个所属经营单位和部分境外机构的调整优化，撤销装备部和营销中心两个夹层，对33个境外机构实施“歇、合、撤”管理，加强党建机构、一线经营机构和营销网络建设，形成两级行政和两级业务相匹配的，地区分公司、专业分公司、重大项目部“面、线、点”相结合的经营新格局，初步搭建“直线职能+准事业部”组织体系。分层分类抓考核。本着“归口管理、下考一级、责权统一”原则，明确经营管理处、人力资源处作为单位、员工的考核责任部门，出台所属单位、职能部门和员工业绩考核办法，进一步理顺境外机构与相关单位之间的考核关系，紧紧围绕各单位业务发展定位，建立“KPI+X-Y”指标体系，分层分解关键业绩指标，分类设置个性化指标，探索绩效考核促进转型发展的有效途径。依据考核重奖励。出台《加大奖励力度实施办法》和《2016年度兑现奖金分配办法》，拿出1500万元依据考核对全员进行奖励，争取近300万元进行专项奖励，包括坦桑尼亚项目、石化分公司突出业绩，亚洲钢管厂建设PC总承包项目和埃及天然气调压站项目的市场开发，苏丹、南苏丹项目及哈萨克阿尔曼公司压缩机项目的清欠，阿克纠宾石油机械联合公司、阿布扎比分公司、秘鲁分公司的服务转型，“两库”建设等11个难度大、成效明显、具有示范效应的项目或工作，极大地调动员工的积极性。

【经营管理】 2016年，中油技开整章建制抓整改。根据集团公司开展的巡视、审计和专项检查等反馈结果，成立整改领导小组，加强对存在问题整改落实。按照合规管理要求，强化对制度执行情况的监督检查。不断完善内部管理制度和工作流程，2016年组织制修订25项管理制度。系统管控强监督。成立风险管理处（法律事务中心），将风险防范、法律支持及合同审查贯穿于项目前期评估、调研、谈判和实施的全过程，充分发挥内控、法律、审计和监察等监管作用，开展42个境外机构经费审计和8个重大项目的内部控制审计，并对审计披露的问题进行整改。简化流程提效率。完成审批权限在ERP系统中的调整优化，进一步规范和简化业务审批流程。制定公司会议管理办法，进一步明确各类会议内容形式，有效提高会议质量和效率。以信息化为载体，推进OA系统在新加坡、哈萨克斯坦等7个国家的机构上线运行。预算节支保效益。搞好全面预算管理和资金的紧平衡，坚持以收定支、量入为出，加大资金统筹力度、严格资金支付审核、细化资金计划管理，资金运行效率不断提高。强化成本费用控制，“五项”费用同比降低12%。严格投资论证和风险评估，加强投资管理和股权管理，2016年安排股权及固定资产投资4510万元，收回股利3474万元。强化HSSE保平安。以防范社会安全风险、交通安全风险和作业HSE风险为核心，不断强化红线意识，提升风险防控能力，成功应对伊拉克、哈萨克斯坦、南苏丹、委内瑞拉等地区的紧急局势，果断撤离中油技开在委内瑞拉所有中方人员。强化信息安全、保密管理、外事安全工作，提升阿克纠宾石油机械联合公司的生产安全管理，全年实现HSSE零事故，保持平安发展的良好局面。

【党建工作和企业文化建设】 2016年，中油技开扎实推进“两学一做”学习教育。落实集团公司党组总体部署，采取“三个基本”方式，抓实“六个规定动作”，党组织书记带头讲党课，引导广大党员进一步增强党性，做“四讲四有”合格党员。大力加强党的组织建设。认真落实集团公司巡视意见，优化党群机构及职责，增配党务干部，召开中油技开第一次党员大会，完成公司党委、纪委和32个党支部换届选举工作，增设党总支，调整优化党委职能部门设置和业务分工。严格党员管理，开展党员组织关系集中排查和党费收缴专项检查，确保党费及时、足额按标准收缴。充分发挥党组织和党员的作用。围绕“大讨论”，开展“我为公司发展献一计”活动，进一步激发广大员工攻坚克难、苦干实干的激情，180多条金点子和34项金点子方案受到表彰。党员干部站排头、当先锋、跑市场、创效益，公司党委政治核心作用、所属党支部战斗堡垒作用和党员先锋模范作用有效发挥。强化领导班子和干部队伍建设。出台《干部管理规定》《业绩考核管理办法》等制度，公开选拔聘任2名总经理助理，对30余名在现岗位任职满6年的地区分公司处级干部和境外机构负责人进行交流，进一步激发干部的创业激情和创新活力。落实“两个责任”抓好廉洁从业。认真履行党委主体责任，落实领导“一岗双责”，努力践行《准则》，狠抓中央八项规定精神和集团公司24条要求执行，落实巡视审计整改意见。认真履行纪委监督责任，努力践行《中国共产党纪律处分条例》，强化正面教育和腐败案件警示教育，坚持做到“六个必查”“四种形态”，认真执行“三重一大”集体决策制度，突出监督效能的提升，干部作风建设持续向好。弘扬企业文化搞好群团活动。开展弘扬“石油精神”“重塑中国石油良好形象”活动，推动工会和共青团各项工作扎实有效进行，员工文化生活日益丰富多彩，开通中油技开微信公众号，企业文化建设和新闻宣传工作稳步推进，队伍更加和谐向上。

（马　骁）

中国石油集团渤海石油装备制造有限公司

【概况】 中国石油集团渤海石油装备制造有限公司（简称渤海装备）是集团公司所属全资子公司，2016年底，所属17家企业，主要分布于天津市滨海新区、河北省沧州市、河北省承德市、辽宁省盘锦市、江苏省南京市、江苏省扬州市、甘肃省兰州市、新疆维吾尔自治区乌鲁木齐市等地，占地总面积932.8万平方米，用工总量10344人，其中合同化员工8092人、市场化用工2252人。

渤海装备以油气输送装备、钻采装备、海工装备、炼化装备四大系列产品为主营业务，有渤海华宇、渤海巨龙、渤海能克、渤海中成、渤海卡瑞特、渤海司达、渤海飞雁、渤海华重八大品牌，36种产品取得API认证，20种产品获“中国石油装备”品牌背书授权，19种产品获国家和行业名牌。

2016年，面对内外部严峻形势，生产经营绩效好于预期，企业呈现出企稳向好的发展态势，队伍和谐稳定，安全环保平稳运行，连续7年获集团公司安全生产先进单位。新增订货62.72亿元，同比下降20%，完成指标的73.8%；收入57.47亿元，同比下降7.9%，完成指标的73.7%；回款56.9亿元，同比下降16.7%，完成指标的64.7%；利润完成集团公司下达的控亏指标。

【战略规划】 渤海装备坚持以正确战略为引领，在认识新常态的基础上，持续优化公司发展战略和发展目标，形成以“大三步”（即“十三五”实现扭亏解困，“十四五”实现稳健发展，“十五五”走上高端发展的道路）和“小三步”（即改革攻坚、扭亏解困、强化提升）相结合、更加适应新形势要求的“1–3477”发展思路，制定总体规划和市场、科技、人事等3个专项规划，突出实施市场拓展、科技创新、转型升级、深化改革四大战略举措。

【深化改革】 2016年，渤海装备坚持以改革解难题、以改革促发展。（1）优化业务组织，理顺管理。稳步推动市场营销、科技研发、输送装备、钻采装备、一体化服务等业务的深化改革工作。对新疆钢管有限公司、福建钢管有限公司、南京钢管有限公司、扬州钢管有限公司、渤海卡麦龙有限公司、渤海能克钻杆公司、钢管设计研究院等7个三级基层单位实行总部直接管理。组建钢管销售公司和钻采装备销售公司两个直属销售公司。实施研发柔性组织，统管服务业务，压缩层级，理顺关系，增强活力，提升效率。（2）充分利用政策，化解冗资冗员问题。用好僵尸企业处置和人员分流安置政策，形成“一总五分”即一个公司总体的僵尸处置方案，辽河重工公司、中成装备制造分公司、石油机械厂、华油钢管公司、辽河热采机械公司等5个所属单位的僵尸企业处置实施方案和人员分流安置方案，努力解决企业扭亏解困关键难题，2016年底内退、离岗歇业100余人。（3）探索新的体制机制，激活发展动力。健全和完善公司层面“1+N”，“1”即《关于进一步加强绩效考核工作的指导意见》，“N”即若干项配套考核政策管理体系。全面开展扩大经营自主权改革，下放10项自主经营权力和5项配套政策，出台小创公司试点指导意见。

【市场开发】 2015年，渤海装备新签订单62.72亿元，在确保已有市场稳定和扩大的同时，成功开发10余个国内外新市场。（1）集团公司内部市场以管道重点项目和“两庆”市场，即大庆市场和长庆市场为带动，工作量实现逆势增长，签约47.6亿元，同比增长13.6%。积极争取支持政策落地，发挥技术营销优势，市场占有率逐步提高，大力培育一批后续潜力市场，获得输送钢管订货31.6万吨、球阀订货112台、油套管订货23.5万吨。（2）国际市场虽然与目标差距较大，但仍实现新签约4.2亿元，共有18项主导产品出口到15个国家。输送装备实现出口4.3万吨。钻采产品首次进入秘鲁市场，获得3万余根抽油杆及200余台抽油机订单。（3）社会市场实现签约10亿元，钢管产品订货15.06万吨，钻采产品签约2亿元，炼化产品拿到9台烟机订单，烟机社会市场占有率有较大幅度提升。

【制造服务】 2016年，渤海装备积极适应新常态，大力推进制造服务转型，为用户提供全生命周期管理服务。（1）烟机实现更高层次的服务转型。烟机在线远程监测服务能力有效提升，覆盖中国石油所有炼油厂，并进一步向设备运行预警、即时分析及提供专家解决方案方向发展。开展烟机提效改造、阀门再制造服务，拓宽维保业务与市场范围，一举拿下山东地方炼油厂催化裂化装置机组成套项目、哈斯克斯坦PK机组成套项目，获取工作量8400万元，累计实现烟机改造34台。（2）一体化服务实现新拓展。深化合作内涵，开展采油系统综合提效、注水泵维修及配件供应服务和注水泵质量寿命提升工作，2016年，在长庆油田通过一体化服务拉动产品销售800多万元，实现服务产业链的延伸。在中石化西北局中标各类泵500多台及3年维修保运工作量，中标华油集团长华区块现场服务项目，安置人员100人。通过一体化服务2016年分流安置1000余人。（3）全面推广“制造+服务”。认真总结推广兰州烟机服务转型及注水一体化技术服务经验，制订推广服务转型方案，重点在钻采业务推进“五个转型”，即由单纯卖产品向系统解决商转型、向既卖产品又提供日常维护转型、向设备租赁商转型、向合同能源管理模式转型、向提供再制造服务转型，为新常态下的持续发展提供新的支撑。

【安全生产】 2016年，渤海装备牢固树立政治意识和大局观念，高度重视保供与安全生产工作。（1）保障重点项目建设与油气田生产。举公司之力，保障重点项目钢管供应和主力油气田油套管供应，2016年生产钢管28万吨、发运25万吨，生产油套管21万吨、发运21万吨。（2）保持安全环保平稳运行。面对生产任务不均衡与外服人员多等实际，全力抓好监管保安全。以深化HSE管理体系和能源管理体系运行为主线，以提升HSE风险管控能力为核心，狠抓薄弱环节，结合集团公司体系监督审核和安全大检查，开展“尘毒噪”即粉尘、毒物、噪声专项治理，强化隐患治理与监控，完成700余项问题整改和17项隐患治理，实施完成13项技措节能项目，持续夯实HSE基础，保持平安平稳的安全环保态势，完成节能目标。

【科技质量】 2016年，渤海装备实行“一个整体、三个层次”的体制，即公司科技管理和科技研发是一个整体，重大项目和研究院所是一个整体，构成公司的科技研究机构，渤海装备完善建立总部层面、二级单位层面和基层单位层面三个层面的科技研发组织，推进科技研发工作。（1）实施应用一批研发成果。深入与甲方合作，联合实施5个研发项目，尤其是钻井岩屑不落地固控处理系统、电动储能修井机和埋地双层油罐，完成现场试验，具备推广基础。为长庆油田量身打造“三抽”即抽油机、抽油泵、抽油杆综合提效方案和多功率双速节能电机。实施19个质量提升项目，产品质量持续提升，被集团公司评为质量计量标准化先进单位。（2）获得一批研发奖项。获省部级成果奖6项，2项成果通过集团公司鉴定，6项成果通过天津市鉴定。管道定向钻穿越用超高强度钻杆实现国际首创，达到国际领先水平，获集团公司科学技术进步奖二等奖，被集团公司评为科技工作先进单位。（3）持续提升自主创新能力。10项产品列入集团公司自主创新重大技术装备推广应用计划，取得专利等知识产权67项，主导完成2项国家标准、5项行业及集团公司标准的制修订工作。

【降本增效】 2016年，渤海装备综合施策，抓住焦点和难点问题，推进降本增效工作。（1）在人工成本降控上，完成总量控制和人员分流安置目标，减总量380余人，分流安置900余人，人工成本直接增效7000余万元、同比下降5.5%。（2）在物资采购降本上，两级采购集中度达98%、招标率达88%、节约率达5.5%，分别超出集团公司下达指标的3%、18%和0.5%。与天津钢管集团股份有限公司、黑龙江建龙钢铁有限公司、内蒙古包钢钢联股份有限公司、安徽天大石油管材股份有限公司、鞍钢股份有限公司和通化钢铁集团磐石无缝钢管有限责任公司等6个重大供应商实现战略合作，物采管理增效6393万元。（3）在冗余存货处置上，处置不良存货原值10.4亿元，处置收入2.63亿元，形成处置损益6472万元。（4）在资产和资金压降上，压缩“两金”及贷款促财务费用增效7182万元，收回风险性账款4.4亿元。2016年总计降本增效4亿元，管理性支出连续3年平均下降5%以上。

【党建与队伍建设】 2016年，渤海装备党委研究制定《关于落实全面从严治党要求加强党的建设的实施方案》，在统揽公司党的工作全局的基础上，为加强新时期公司党的建设指明方向、提供遵循、作出安排。深入贯彻党的十八届五中、六中全会精神，认真部署开展“两学一做”专题教育，扎实推进从严管党治党“两个责任”的落实，深入开展反腐倡廉建设，着力抓好党组巡视发现问题的整改，在重塑良好形象保障企业健康发展上发挥核心作用。认真落实、推进基层党组织换届、党费收缴、组织关系排查等工作。在干部队伍建设上公司党委一直把打造高素质领导班子和干部队伍作为加强党的建设、推动稳健发展的重要任务，修订《企业领导人员管理办法》。严格干部考核，修订《所属单位领导班子和领导人员综合考核评价办法》，实施综合性、多维式、立体化考核评价，考核导向作用日益突出，班子整体效能持续提升，2016年5次干部调整共涉及处职干部57人次。对113名处级领导干部档案的“三龄二历一身份”即年龄、工龄、党龄，学历和工作经历，干部身份的信息开展专项审核，增强干部管理监督见实效。

2016年11月19日，中共中国石油集团渤海石油装备制造有限公司第二次代表大会在中国石油天津大厦召开，来自公司所属单位的115名党员代表参加会议。党委书记杨跃东作题为《从严管党治党，弘扬石油精神，为公司持续稳健发展提供坚强政治保障》的工作报告，报告回顾公司第一次党代会以来的工作成绩，即坚持政治引领，始终保持国企本色；坚持管理创新，内生动力显著增强；坚持夯实基础，党建工作成效明显；坚持锻造队伍，领导班子水平和队伍素质不断提升；坚持传承石油精神，凝聚全员干事创业力量；坚持落实主体责任，反腐倡廉工作有力推进；坚持发挥群团作用，和谐局面更加稳固。

（王迪娜）

宝鸡石油机械有限责任公司

【概况】 宝鸡石油机械有限责任公司（简称宝石机械）始建于1937年，2002年进行公司制改革，2008年成为集团公司独资设立的一人有限责任公司。经过80年的发展，已成为集研发、制造、集成、销售、服务为一体的综合性油气装备企业。

2016年底，宝石机械属于混合式管理模式，设11个职能处室、8个直属机构和18个二级单位，总部位于陕西省宝鸡市，分（子）公司分布在北京、西安、咸阳、成都、遂宁等地以及巴西。有员工6887人，主要生产设备2400余台（套），总占地面积250万平方米，总资产122亿元，年营业收入60亿元左右。

宝石机械主导产品包括1000—12000米全系列陆地钻机、车装钻修机；海洋钻井系统、修井机、甲板设备、水下装备；重要场合用钢丝绳、吊索具；系列钻头、井口井控设备、压裂设备；油田工程车辆；电气电控设备等。产品覆盖50多个类别、1000多个品种规格，其中13大类52项产品获得美国石油学会（API）会标使用权，产品远销中东、美洲、非洲、欧洲、大洋洲、中亚、东南亚等60多个国家和地区。

宝石机械是国家油气钻井装备工程技术研究中心的依托单位，承担国家钻机标准化工作部、国家海洋钻采设备标准化工作部秘书处工作，并正在积极推进博士后科研工作站建设任务。截至2016年底，承担国家级科研项目70多项，其中国家863计划项目7项；获国家级和省部级科技奖项104项；有授权专利993件，其中发明专利155件，美国发明专利2件；制修订各类标准132项，其中国际标准1项、国家标准32项、行业标准94项。

2016年，宝石机械以集团公司工作会议精神为指导，认真实施“十三五”发展规划，围绕效益中心、突出改革、管理两个重点，优化产品、市场、队伍三个结构，夯实安全环保、反腐倡廉、和谐稳定三个基础，加强党的建设、作风建设和精神文明建设，确保经营指标平稳受控，发展业绩好于预期，推动国际著名油气装备公司建设稳步前进。

2016年底，宝石机械实现集团公司考核利润3400万元，达到稳增长要求；实现营业收入50亿元（表1），完成考核指标。主要污染物稳定达标排放，产品质量明显提升，企业总体保持和谐稳定。

表1　宝石机械主要生产经营指标

指　标	2016年	2015年
钻机（套）	31	49
钻井泵及泵组（台/套）	70	226
钻头（只）	4972	5655
钢丝绳（吨）	52976	55816
井口井控设备（套）	143	132
压裂设备（套）	12	7
油田特种车辆（辆）	61	65
电气控制设备（套）	51	56
签订合同额（亿元）	71.85	98.72
收入（亿元）	49.97	51.07
利润（亿元）	0.34	0.39
税费（亿元）	1.21	1.75

【产品生产】 2016年，宝石机械持续强化项目管理，提高生产运行效率。大力推行抱团取暖，有效压减外协规模，不断盘活内部资源，促进内部资源共享、产品互供，通过“由外转内”实现业务增收3.2亿元。坚持全员一盘棋，上下齐推进，集中力量保进度，NDC项目第三批合同厂内生产任务如期完成。测井车、压裂车、水泥车、东电集团铸件、西电集团变压器油箱等项目全面推行项目管理，实现产品质量、运行效率双提升。备品配件完成率92.2%，有效保证用户需求。

【技术创新】 2016年，宝石机械强化“科技领先”战略，提升企业发展动能。国家工程中心通过建设验收。实施管柱自动化处理系统、测井车等产品优化升级，研制成功国内首台海洋浮式油缸举升勘察船钻机。“第七代半潜式平台钻井系统研制”等3个国家级项目立项，“水下卧式采油树”等3个国家级项目通过验收。GJC100-30型固井水泥车创造立项、产出用时不到3个月的最短纪录，完成1600马力超级钻井泵等29项新产品试制。3500压裂泵工业性试验反响良好。主持参与起草并发布各类标准57项，获专利授权140项，美国发明专利再添新秀。完成CRM系统应用及合同管理系统升级；加大PDM系统推广力度，开发党群报表系统；ERP2.0集成系统成功上线。钻机标准化工作部获全国钻采标准化委员会“十二五”先进标准化工作部，《石油天然气工业　钻井和采油提升装备》（GB/T 19190—2013）、《石油天然气工业　钻井和采油设备　第1部分：海洋钻井隔水管设备的设计和操作》（GB/T 30217.1—2013）、《石油天然气工业用钢丝绳》（SY/T 5170—2013）3项标准获“十二五”优秀标准一等奖。

【市场开发】 2016年，宝石机械全力推进市场营销，有效实现“四个延伸”。传统市场由产品向服务延伸。建成大庆、新疆、华北、中原及环南海、环渤海维保中心，在阿布扎比、巴林设立备件库。钻机、测井车大修累计收入4.13亿元，通过维保带动部件销售3.32亿元，拿到塔里木油田、长庆油田、川庆钻探等价值1506万元的技术服务合同。积极承揽装备检测、探伤、计量等业务创收432.78万元，同比增长97.31%。

社会市场从油内向非油领域延伸。拿到河北、山东、贵州煤田地质局钻机订单。获得东电集团铸件订单、西电集团变压器油箱订单。咸阳宝石在港口、煤炭领域创收6222万元。各生产单位累计揽获外部订单1210万元。

产品销售由以钻机为主向全系列延伸。特种车辆内部市场占有率同比翻番，承揽中油测井44台测井车生产任务，中标西部钻探20台工程仪器车。获得川庆钻探1.79亿元压裂机组订单，实现压裂产品销售“零”突破。钻井隔水管浮力块、一体式油套管头等新产品累计创效1.84亿元。

营销手段由直销为主向多途径延伸。通过商务代理，在中东主产油区实现收益930万元。通过产品租赁，带动顶驱、压裂车创效1733万元。同江汉四机厂、中原石油工程、大港油田、西南油气田、烽火机械厂、斯伦贝谢、德国GOES等建立战略合作，助力外部市场逆势奋进。

【安全生产】 2016年，宝石机械深化安全环保管理，夯实企业发展根基。深刻汲取“10·11”事故教训，扎实开展安全“大反思、大排查、大整改”活动。配合做好HSE体系量化审核，成员企业取得B级1档的板块较好成绩。着眼提高整体安全管理水平，开展总部中层干部安全环保履职能力评估。持续推进基层站队HSE标准化达标创建，9家单位成功晋级。着力强化本质安全，“三大类”突出问题削减率达50%。主要污染物稳定达标排放。宝石机械获“十二五”全国石油化工行业节能先进单位。

【质量管理】 2016年，宝石机械突出质量自主管理，切实提高产品质量。建立专业化监造队伍，构建“公司综合检查、工艺纪律督查和各单位自查”的三级质量监督体系，西电集团产品赢得“宝石机械为西电集团产品树立质量标杆”高度赞誉。优化完善水下卧式采油树、二层台机械手等新产品试制，突破高精度加工、超大件铸造等生产卡脖子环节。积极开展技术骨干驻队服务，着力提高解决问题的针对性和实效性。实行NDC等重点项目全程跟踪服务，NDC结构件获“中漆免检”用户褒奖。

【企业管理】 2016年，宝石机械大力推进改革管理，激发企业发展活力。在深化改革方面。向总部7家单位下放自主经营权，将成都宝石钻头厂、钻采设备厂由分公司变更为子公司。开展营销、科技、质检三大系统改革，推动“三供一业”分离移交。整合处级单位1个，理顺分（子）公司内部机构，规范科级干部职级。

在经营管理方面，优化财务管理，提高资本效率，确保重大项目运行资金及时到位。积极协调争取，获得优惠贷款5亿元，缓解生产经营燃眉之急。狠抓风险管理，修订风险数据，合规管理机制进一步完善。推行联合报价，价格管理水平不断提高。

在降本增效方面，优化工艺设计，压缩采购价格，累计节约成本4046万元。清收各类保证金，压减法律损失，实现增效7340万元。日常管理费用、动力费用累计降低9948万元。处置低效无效资产2.75亿元，降低人工成本2177万元。成都宝石、咸阳宝石累计减亏2962万元。2016年实现降本增效直接效益9450万元。

在党的建设方面，大力弘扬“石油精神”，开展“形势、目标、任务、责任”主题教育。成功召开第十三次党员代表大会，调整完善党组织机构，推动基层党组织换届。以新时期劳动模范马新平为标杆，开展“岗位练兵、技术比武”活动。深入推进“两学一做”，坚持讲好“宝石故事”。围绕“两个责任”，狠抓“四风”整治，举一反三落实巡视整改要求。创办老年大学，开展扶危救困，助力主营业务顺利推进。

（程　鹏）

宝鸡石油钢管有限责任公司

【概况】 宝鸡石油钢管有限责任公司（简称宝鸡钢管）是集团公司直属装备制造企业，始建于1958年，是中国“一五”期间156个重点建设项目之一，也是中国第一个大口径螺旋埋弧焊管生产厂家。近60年来，发展为中国规模较大、品种较全、市场占有率较高的专业化焊管企业。

宝鸡钢管总部位于陕西省宝鸡市，企业总资产73.91亿元，员工总数6544人；设机关处室10个、直属机构5个，所属二级单位11个，其中6个全资企业、3个控股企业和钢管研究院、矿区服务部；所属企业分布在中国东北、华北、华东、西北、西南和新疆六大区域，形成“九个生产基地、四个出海通道”。

宝鸡钢管产品包括钢管产品、管件产品、钢管防腐和辅助材料四大类，主要用于石油天然气勘探开发和长输管线建设。其中钢管产品主要包括螺旋埋弧焊管、直缝埋弧焊管、高频电阻焊直缝焊管、连续管和油套管；管件产品主要有弯管；钢管防腐主要包括3PE、3PP外防腐及双阻分减阻型内涂层；辅料材料主要包括焊丝、焊剂、防腐涂料、管端保护器和螺纹保护器等。11种产品取得API认证，8种产品获“中国石油装备”背书品牌。钢管综合产能180万吨。截至2016年底，累计生产各类钢管1804万吨/26.67万千米，敷设重点管线200余条，产品出口至北美、俄罗斯、沙特阿拉伯、哥伦比亚、印度、苏丹、土库曼斯坦等40多个国家和地区。

宝鸡钢管技术实力雄厚，是中国焊接钢管生产工艺研究、试验检测和科技情报中心，是国家和行业标准的起草单位，也是国家级创新型企业和国家火炬计划重点高新技术企业。2014年建成行业唯一的国家油气管材工程技术研究中心。

2016年，宝鸡钢管认真落实集团公司2016年工作会议精神，重新认识新常态，积极适应新常态，努力引领新常态，突出解决市场、研发、改革三大难题，实现“十三五”良好开局。实现钢管订货量133.32万吨，同比增长32.49%；实现钢管产量120.54万吨，同比增长38.66%；实现钢管销量120.30万吨，同比增长30.80%；实现营业收入43.97亿元，同比增长16.69%（表1）。

表1　宝鸡钢管主要生产经营指标

指　标	2016年	2015年
钢管产量（万吨）	120.54	86.93
钢管订货量（万吨）	133.32	100.63
钢管销量（万吨）	120.30	91.97
营业收入（亿元）	43.97	37.68

【产品生产】 2016年，宝鸡钢管着力保障主业、服务市场，优化生产组织运行，持续提升生产效率。坚持每月进行生产经营分析；推行“集中生产、集中培休”生产运行模式和“人随订单走”分流调剂机制，跨区域、跨企业调剂员工200余人次。组织技能专家开展9次蹲点技术服务，服务时长超过150天。开展“保质量、保安全，争市场、争效益”劳动竞赛，顺利保供陕京四线、中靖联络线和中俄原油管道二线等重点管线建设，圆满完成CT110连续管和双金属冶金复合管首次工业化批量生产。

【技术创新】 2016年，宝鸡钢管科研立项11项，通过集团公司科技成果鉴定7项，获省部级以上奖励4项，获授权专利17项（其中发明专利14项）。SEW油套管、连续管等4项新产品列入集团公司自主创新重大技术装备推广计划。国家863项目“深海高压油气输运高强厚壁管材关键技术研究”通过验收。加快新产品研发，输送管成功开发X80直径1422毫米×21.4毫米、X90直径1219毫米×16.3毫米埋弧焊管和X80直径1219毫米×33毫米直缝焊管。连续管成功开发CT100、CT110连续管和变壁厚连续管。专用管成功开发BX55膨胀管，同时成功下井N80、80S、95S和P110全管柱BJC-Ⅰ型特殊扣。推进橇装化机组设计，完成相关调研和总体方案设计。持续提升信息化，在装备板块率先建成上线ERP应用集成系统，建成客户关系管理系统。在全行业率先开发钢管质量查询系统，5家所属企业实现推广应用。

【市场开发】 2016年，宝鸡钢管深化市场研究，形成《市场营销全面分析报告》，制定《全员营销激励办法》和《销售人员营销激励办法》，实现钢管订货133.32万吨。其中，内部市场实现订货72.42万吨，同比增长29%；社会市场开展输水、热力、供暖3个领域信息专项研究，与32家重点客户签订战略合作协议，订单突破160个，首次承揽双金属复合管订单；国际市场订货20.7万吨，同比增长209%，成功中标埃及桩管、印度天然气管线及俄罗斯苏尔古特油田用连续管订单。除产品销售外，积极拓展技术服务市场，成功承揽北京地铁16号线无损检测、陕西北方风力机电渗透检测等技术服务项目。

【安全生产】 2016年，宝鸡钢管坚持“一岗双责、党政同责”，逐级落实安全生产责任。规范体系审核，强化体系运行。常态化开展危害辨识，提升各级风险防范能力。精心组织安全培训，增强员工安全技能。认真制定粉尘、噪声治理方案，启动专项治理。分层级开展安全检查，全年安全运行突破1800天，连续5年无重大安全事故。

【质量管理】 2016年，宝鸡钢管有效运行质量体系，5家所属企业通过API换证审核。启动“用户满意工程”，实施合同评审、外观质量、无损检测和防腐层质量4个专项提升。制定重点管线质量内控标准，持续强化产品实物质量。修订《质量事故管理规定》，对相关责任人、责任单位严肃追责。高度重视标准制度修订，牵头起草、发布2项行业标准。2016年产品质量总体受控，红线意识得到增强。

【降本增效】 2016年，宝鸡钢管狠抓13个方面36项具体措施落实，同比减亏3.18亿元。通过清理处置库存、严控非生产性支出和生产消耗、争取低息借款和财税政策支持、盘活存量资产等措施，实现增效11409万元。通过降控物采成本、资金紧平衡运作、深化减员和业务外包，实现增效13610万元。采用法律手段清欠7起，收回欠款5737万元。2016年管理费用同比下降7%。

【深化改革】 2016年，宝鸡钢管实施住金公司、宝世威公司扩大经营自主权改革试点，下放“扩大销售自主权”等9项权限，配套“存货处置”等5项支持政策，两家公司同比分别减亏1600万元和138万元。实施克拉玛依公司优质轻量化经营改革试点，实现减员49人，同比减亏2405万元。深化人才队伍建设，制订下发专业技术人员和营销人员梯级培养与激励办法，搭建两类人才成长平台。推进“三供一业”分离移交，对接意向接收单位，制订《分离移交总体方案》及配套实施办法。推进“五自”经营改革，坚持问题导向和市场化方向，编制“五自”经营改革实施方案。

【项目推进】 2016年，宝鸡钢管推进哈萨克斯坦建厂，完成项目初设与报批、亚洲钢管公司成立、地质勘查、设备考察、技术交流及PC（采购和工程建设）总包招标等工作。推进西安专用管二期，接受集团公司咨询中心实地考察，完成项目评估和可行性研究复评。推进与延长油田和陕西钢铁集团的合作，签订每年支持采购协议，完成1000吨连铸圆坯试轧无缝管工作。积极寻求与包钢和施璐德等民营企业的合作。

【党群工作】 2016年，宝鸡钢管从严加强党建、坚持融入中心。开展“两学一做”学习教育，提出“七破七立”思想认识，进一步推进观念转变。制定《党委工作规则》《公司工作规则》等制度，进一步规范决策机制。制定《中层领导人员选拔任用工作规范》等办法，进一步深化干部人事管理。开展2轮内部专项巡视，接受集团公司党组专项巡视，进一步强化监督执纪力度。倡导“实严细精”工作作风，进一步推进重塑良好形象。开展《党建工作责任体系》专项检查，进一步严格党内日常管理。开展劳动竞赛、技能竞赛和扶贫帮困送温暖等活动，进一步发挥群团组织桥梁纽带作用。精神文明建设继续走在地方前列，2016年获市级以上党工团荣誉68项。

（李　涛）

中国石油集团济柴动力总厂

【概况】 中国石油集团济柴动力总厂（简称济柴）始建于1920年，是集团公司下属唯一的动力装备研发制造企业，中国内燃机行业中唯一涉足石油钻采领域企业，也是中国内燃机行业中唯一获大功率内燃机金牌产品的企业。

历经近百年发展，济柴形成以内燃机、压缩机为主导，延伸燃气动力集成、动力电气控制等多板块的动力装备家族。其中内燃机开发出140、175、190、260、320等五大缸径系列，适用于柴油、重油、天然气、煤层气等多种燃料介质的产品集群，产品功率范围覆盖200—9000千瓦，可广泛应用于油气产业上中下游、社会、船舶、军用等多个领域；压缩机已形成整体式、分体式两个种类，适用于天然气、煤层气、页岩气、LNG等多种工作介质的产品集群，产品功率范围涵盖10—6000千瓦，可广泛应用于油田集气、加气、气举、钻井、储气库等多个领域。

2016年，济柴参股公司2个（中国石油集团资本股份有限公司，参股1.91%；聊城新泺机械有限公司，参股49%）。有山东济南、四川成都、河北青县、湖北武汉等4个生产基地。2016年底，有各类主要生产检测设备1758余台（套），其中"精、大、稀"设备167台（套），总资产61.9亿元，用工总量3102人。

2016年，济柴面对严峻的经营形势，围绕特困企业治理与"五自"经营改革中心任务，抓好抓实深化改革、市场开拓、科技研发、生产组织、质量管控等重点工作。生产内燃机1058台（套），天然气压缩机30台（套）；实现营业收入9.05亿元，同比减少4.03亿元；因下属股份公司重组，账面经营性利润总额-5.12亿元，同比增亏3.13亿元，完成集团公司下达的调整后预算指标和特困企业治理一期考核指标（表1）。

表1　济柴主要生产经营指标

指　标	2016年	2015年
收入（亿元）	9.05	13.08
利润（亿元）	-5.12	-1.99

【产品生产】 2016年，济柴坚持订单导向，统筹协调各种资源条件，优化生产组织，突出生产效率，进一步提升产品制造交付能力。紧盯重点项目，组织专人负责，全程跟踪协调，动态公示生产进度。顺利完成8台175发电机组、14台140发电机组的生产任务。优化生产运行管理，明确奖惩措施，严控生产成本，机物料消耗同比下降23%。加强生产设备管理，积极开展修旧利废，实现增效超过百万元。明确节能指标，严格执行制定能耗节约计划，加强数据分析，保持内外有效沟通，完成集团公司节能降耗指标。

【技术创新】 2016年，济柴开展制度修订工作，突出项目管理科学性，加强项目过程控制，紧抓项目验收环节，确保按节点完成，组织验收总厂级科研项目22项。加强知识产权保护，做好成果鉴定工作，2016年组织申请专利10件，征集论文30篇，5项科技成果通过集团公司鉴定，4项产品通过集团公司自主创新产品认定。实施项目聚焦，加速推进新产品产业化进程。电动钻机用175柴油发电机组在西部钻探、川庆钻探试验区完成8口井钻探任务，累计进尺21968米，现场运行状况良好，通过集团公司重大现场试验中期评审。井场辅助发电用140柴油发电机组完成全部试验任务，机组最长运行时间超过5300小时，各项运行数据达到试验标准。电动钻机用140气体发电机组完成首口试验井钻探任务，获用户追加订单。50兆帕高压大功率大排量DTY1000型压缩机投入生产运行，累计运行超过1500小时。液传550变速箱顺利应用于车载钻机，成功替代进口产品。

【市场开发】 2016年，济柴多措并举，强化主导产品销售。内燃机方面，在中国石油内部市场采取总包与分包模式，为中国石油内部用户提供动力支持与运维服务。在社会市场积极发挥优势项目在发电领域的示范效应，不断扩大合作规模；与代理商在船机领域开展战略互动，积极探索动力集成销售模式。在海外市场，加大与代理商、兄弟单位合作力度，积极开拓中东、非洲、南美等重点市场。压缩机方面，积极推行EPC总包模式，加强备件备品销售，加大油田市场开拓力度，不断拓展产品应用范围。转变观念，服务转型实现创收。内燃机方面，对动力设备与运维服务实施"总包与分包"，依托出售动力、远程监控等方式，以"制造+服务"帮助钻探企业节省运行成本超过1000万元；开设微信公众号，以"互联网+服务"，向船机用户提供在线选型、售后申请、使用答疑等全方位服务，用户满意度得到进一步提升。压缩机方面，持续推动服务网络设施建设，有效缩短服务用户等待周期；不断强化技术支撑，压缩机配件国产化和智能化取得突破；大力推广项目总厂承包，售后服务实现由被动服务向主动服务、由单一服务向一体化服务的成功转变。

【质量管理】 2016年，济柴明确工作职责，细化管控措施，强化效果考核，圆满完成各项质量管控指标，整机一次试车成功率、计量器具受检合格率、内部质量损失等关键指标完成效果均优于2015年水平。强化生产过程质量管控，在坚持100%首件检验和完工检验基础上，进一步明确质量管控点，紧盯主要、重要零部件生产、零部件清洁、整机喷漆、整机包装等关键环节，监督工艺执行过程，确保生产过程达标受控。强化质量复查工作，积极建章立制，针对入库零部件加大复检力度，年内复查合格率100%。紧抓重点项目和新产品质量管控不放松，制订专题质量控制计划，安排专人开展质量检测，确保产品出产合规达标。强化供应商管理，加强资质审核，严格末位淘汰；加大外购零部件入库抽检比例，依托质量曝光台，对不合格零部件及供应商予以公开曝光，集中销毁，并加大连锁追偿和质量严厉力度。延伸质量管理范围，针对重点外购零部件，对供应商开展现场监造，有效避免质量损失。积极走访用户现场，搜集质量问题，专项整改提升。认真开展理化计量工作，2016年完成各项产品理化检测与工艺试验任务2300余种，出具报告3500余份，有效保障生产任务顺利开展。

【"五自"改革】 2016年，济柴领导班子认真落实特困企业治理和"五自"经营改革主体责任，根据改革任务目标，组织开展主要经营指标测算工作。立足企业实际，抓实工作方案设计，明确10项重点任务，安排部署89项关键工作，建立抓落实工作台账，下发运行大表，明确责任部门、确定时间节点，全力推进深化改革。加强财务管理，通过考核回款，确保销售收入与现金流。通过考核利润，确保盈利水平与控制费用。对事业部实施市场化管控，释放自主经营活力，逐步实现自负盈亏。对生产分厂模拟法人独立核算，进一步降低生产成本。加强资金管理，强化头寸安排，严控外部支出。严控项目投资，保障必要投入，杜绝投资盲目。创新销售机制，对销售单位实行下浮价格结算、买断经营、费用包干，销售单位对外根据市场行情自行确定销售价格。在机构设置、选人用工、资金支配、薪酬分配等关键环节向销售单位充分下放权力，进一步释放销售活力。改进生产组织，发挥薪酬激励作用，加大库存整机和零部件整改整修力度。探索建立完善新的定额管理体系，实现对投入产出的全过程控制。积极争取政策，畅通安置渠道，加大富余人员分流力度。立足企业实际，扎实完成定岗定员工作。修订完善薪酬绩效管理制度，加大工效挂钩力度与薪酬浮动挂钩比例，实施精准奖励。大力推进矿区改革，完成商务酒店对外承包工作，2016年实现租金收入160余万元。推进水、暖、气、电移交工作，2016年完成全部3655户供暖、供气移交和3123户供水、供电移交。对职工医院实施承包经营，降低企业运行成本。认真落实集团公司部署，积极配合完成"石油济柴"重组工作，企业运行机制得到有效理顺。

（李文博）

金融企业

中油财务有限责任公司

【概况】 中油财务有限责任公司（简称中油财务）是为满足中国石油天然气集团公司财务发展战略，加强资金管理，由中国石油天然气集团公司发起设立，经中国人民银行批准于1995年12月成立的一家非银行金融机构，是全国银行间债券市场、中国外汇交易中心会员，中国证监会认可的首批IPO询价对象。

中油财务始终坚持"依托集团，服务集团，奉献集团"的宗旨，充分发挥集团公司资金归集平台、资金结算平台、资金监控平台和金融服务平台功能，促进集团公司资源优化配置，节约财务成本，提高资金运作效率和效益，为集团公司油气主业发展提供有利的金融服务与支持。在集团公司和成员企业的大力支持下，持续保持健康平稳的发展态势，资产、收入和利润连续多年位居国内同行业前列，成为全国资产规模最大、业务品种最多、效益最好的财务公司之一。

截至2016年底，中油财务共有股东单位3家，分别是中国石油天然气集团公司、中国石油天然气股份有限公司和中国石油集团资本有限责任公司，注册资本金83.3125亿元。最高权力机构是股东会，实行董事会领导下的总经理负责制。总部设有财务部、营业部、信贷部、证券部、国际业务部、风险管理部、审计稽核部、信息发展部、人事劳资部、金融与会计研究所、总经理办公室（党群工作部）11个部门。有员工157人，其中合同化用工156人、市场化用工1人。其中研究生学历67人，本科学历78人，大专以下12人；高级职称41人，中级职称81人，初级职称31人。中油财务在集团公司成员单位所在地分别设立大庆、沈阳、吉林、西安4家境内分公司和67家业务受理处，为400多家成员客户提供广泛的金融产品和服务。为配合集团公司“走出去”战略，于2008年3月在香港设立首家境外子公司，即中国石油财务（香港）有限公司，并先后于2009年和2011年设立迪拜子公司和新加坡子公司，为集团公司实施国际化战略提供跨境金融服务。

截至2016年底，中油财务总资产余额6184亿元，平均规模6251亿元，同比增加255.3亿元，增长4.3%。自营资产平均规模4293亿元，同比增加380.9亿元，增长9.7%。实现收入152.9亿元，同比减少15.0亿元，下降8.9%；实现利润总额89.2亿元，同比增加20.6亿元，增长30.1%。资产、收入、利润等主要指标继续保持行业领先，资产质量进一步提升，年末贷款损失准备充足率和不良贷款率等指标均优于监管标准，在行业评级和监管评级中双双获评A类。获中央国债登记结算公司颁发的2015年度中国债券市场优秀自营商。

坚持以融促产，产融结合，助力集团公司实体产业发展。2016年为成员企业降息、减免交易手续费、节约汇兑成本等共计31亿元。充分利用境外税收优惠，为集团公司节省各类税费达8.5亿元。强化封闭结算、加速资金周转，为集团公司节约流动资金100.1亿元。发挥专业优势，强化资金运作，2016年实现挖潜增效17.9亿元，有效缓解减利因素影响。

【资金归集和运营管理】 2016年，中油财务利用跨境外汇资金池成功归集和调剂境内外资金，进一步提升资金池管控能力。吸收存款平均余额2549亿元。加大融资力度，积极应对流动性压力。外部融资1.92万亿元，日均规模1377亿元。通过境内外银行拆借、境外发行美元债券和商业票据等多渠道筹集外部资金。

【结算业务】 2016年，中油财务扎实推进司库业务，司库二期升级取得实质性进展，为下一步提升司库结算覆盖面和结算效率奠定基础。截至12月底，中油财务管理本外币结算账户2488个，办理本外币结算591.8万笔，结算金额17万亿元，日均结算额680亿元。

【信贷业务】 2016年，中油财务围绕国家能源战略和集团公司境内外重点投资项目，加大信贷投放力度，争取政策支持，强化资金保供，稳定信贷规模，2016年底本外币信贷余额2425亿元。电子商业汇票系统与人行系统成功对接上线，完成首单电子银行承兑汇票业务。严控信贷风险，强化贷款“三查”制度，贷款质量持续优良。推进利率定价机制，提高贷款议价能力，增强信贷业务发展后劲。

【国际业务】 2016年，中油财务紧跟集团公司境外项目和重组并购融资进展，多渠道筹措资金保障外汇贷款需求。通过加强资金长、短期运作，有效利用衍生工具及调负债结构降资金成本等经营措施，弥补贷款规模下降产生的利润缺口。2016年通过开源节流降本增效实现增利1.2亿美元，合理三地税收筹划减免税费1.26亿美元，有效发挥集团公司境外司库平台职能作用。

【证券业务】 2016年，中油财务利用银行间和交易所跨市场资质以及短期资金期限错配，提高资金运作效益，补充利润来源。应对“资产荒”，多渠道筛选投资项目，严控风险审慎投资，滚动投资货币市场基金，依靠二级市场基金交易和申购新股挖潜增效。

【分支机构管理】 2016年，中油财务强化分公司、子公司服务窗口作用，4家分公司全力配合司库一期、二期安排部署，办理结算业务315.6万笔、金额4.3万亿元，分别占结算总量的53.3%、25.3%。香港子公司服务能力持续提升，新加坡子公司各项业务取得新进展，首次参与银团贷款，境外子公司持续向好进一步发展。

【公司治理和风险管理】 2016年，中油财务严格执行中国人民银行、银监会、北京银监局等监管机构相关规定及公司股东大会、董事会、监事会各项决议，认真落实监管评级意见，推进公司治理、三会一层建设及合规管理工作。进一步完善风险管理体系，业务审查关口前移，标准化合同体系建设有序推进。全面理顺业务流程，推进制度建设，通过建立对业务流程内控审查机制，进一步提升风险管理和内控水平。

【信息化建设】 2016年，中油财务完成司库二期系统升级及试点、投资管理软件和电子商务系统整体升级以及增值税管理系统开发工作，数据仓库系统建设取得阶段性成果，信息化水平有效提升。

【综合管理】 2016年，中油财务配合推进集团公司金融业务重组上市各项工作，抓好统计分析、政策及市场研究、人事管理、协调督办等工作，服务保障功能充分发挥。

【党建和企业文化建设】 2016年，中油财务加强党委自身建设，完成党委、纪委换届选举，规范党委中心组学习。全面推进从严治党，认真学习《中国共产党廉洁自律准则》《中国共产党纪律处分条例》，集中精力抓好巡视整改。落实党风廉政建设“两个责任”

和“一岗双责”要求，践行监督执纪“四种形态”。弘扬石油精神，开展“重塑中国石油良好形象”工作，凝心聚力推动发展。

（叶　斌）

昆仑银行股份有限公司

【概况】 昆仑银行股份有限公司（简称昆仑银行）前身为克拉玛依市商业银行，克拉玛依市商业银行成立于2006年6月；2009年4月，中国石油天然气集团公司增资控股克拉玛依市商业银行，2010年4月，克拉玛依商业银行更名为昆仑银行。昆仑银行按“总—分—支”三级稳步推进机构建设，总行设13个职能部门；下设克拉玛依分行、乌鲁木齐分行、大庆分行、吐哈分行、库尔勒分行、西安分行、伊犁分行、喀什分行、国际业务结算中心9个分行级机构以及一家总行营业部、一家总行直属运营服务中心。同时发起设立并控股乐山昆仑村镇银行和塔城昆仑村镇银行。

2016年底，昆仑银行有机构83个，较2015年增加8个。有员工2971人，其中总行376人，运营服务中心161人，分行级机构及总行营业部2335人，村镇银行99人。员工总量较2015年底增加102人，增长4%。员工队伍结构持续优化，其中具有硕士及以上学历的员工310人，占比10%；本科学历的员工2305人，占比78%。资产总额2932.08亿元，存款余额1486亿元；贷款余额1040亿元。2016年实现利润总额30.28亿元。平均总资产回报率0.87%，资本利润率10.38%，综合实力稳步提升。资本充足率16.63%，不良贷款率1.71%，拨备覆盖率256.62%，资产质量保持良好（表1）。

【股份变动】 2016年12月，经中国银行业监督管理委员会新疆监管局批复，再次增资扩股，全体股东投入资本金75.88亿元，增加股本29.07亿元。增资后，注册资本由2015年底的73.81亿元变更为102.88亿元。

表1　昆仑银行主要经营指标

项　目	2016年	2015年
资产总额（亿元）	2932.08	2902.81
税前利润（亿元）	30.28	34.99
平均总资产回报率（%）	0.87	1.04
资本充足率（%）	16.63	14.25
不良贷款率（%）	1.71	1.15
拨备覆盖率（%）	256.62	348.98

【股东数量和持股情况】 截至2016年12月31日，共有股东77个，股份102.88亿股。其中法人股东持股比例99.9908%，自然人股东持股比例0.0092%。

【公司金融业务】 2016年，昆仑银行应对利差收窄、企业融资需求收缩等不利挑战，努力推进服务创新、产品创新，负债业务实现较大突破，发行首期5000万元大额存单；乌鲁木齐分行、西安分行取得国库现金管理存款银行资质。产融业务平台建设取得较大进展，产业链金融系统完成优化并上线，能够支持全部“五通三贷”等专属特色产品业务办理；为核心企业搭建化工销售、物资采购等电商平台，为批量化获客奠定坚实基础。践行银监会“六项机制”“四单原则”等监管理念，在克拉玛依、库尔勒、西安等分行小微金融事业部试点深化发展，全行小微企业获客能力、业务处理效率、风险管控水平等均衡提升。2016年底公司银行客户2.5万户，同比增长17.79%；公司银行存款余额1081亿元，与2016年初持平；公司银行本外币贷款（不含贴现）余额570亿元，较2015年底增加13亿元；期末“五通三贷”（油企通、商信通、物采通、租融通、投融通，燃气贷、促销贷、商保贷）余额121亿元，与2016年初持平，在公司银行贷款中占比23%；小微贷款余额104.46亿元，同比增长24.94%，首次突破100亿元关口。

【个人金融业务】 2016年，昆仑银行更加突出零售业务的产融特色化发展，加快产品创新和品牌建设，依托互联网金融平台，加强零售产品与服务的应用推广，完善线上线下一体化服务能力，零售业务的综合服务水平和市场竞争力持续提升。推出“惠利存”浮动利率产品，举行“行庆十周年”主题营销活动，发行纪念版存单，对基础客户群开展精准营销，推动个人存款持续增长。推出线上个贷新产品——“融信贷”“爱薪贷”，完成直销银行个贷业务试点。开通与诺安、银华2家基金公司的产品代销，推出“油鑫宝”T+0产品、尊享系列高净值客户理财产品，新开办贵金属代销业务。发行“行庆十周年纪念卡”、长庆服务卡及和融联名卡，大力促进芯片卡发行，取得信用卡业务开办资质，在新疆维吾尔自治区成熟型分行发行金融社会保障卡。微信银行、直销银行相继上线，持续优化手机银行、网上银行的业务功能，不断提升客户体验，电子渠道的服务和获客能力显著提高，成为零售业务发展的有力支撑。截至2016年底，本行个人存款余额335.34亿元，同比增长17.88%；个人贷款余额73.32亿元，同比增长57.41%；销售个人理财产品491.85亿元，同比增长53.66%；新增银行卡44.06万张，累计实现发卡222.11万张；银行卡手续费收入2115.98万元。

【金融市场业务】 2016年，昆仑银行金融市场业务遵循稳健发展原则，继续做大做强金融市场业务。债券业务进一步调整银行账户债券配置结构，加大新产品开展及套利手段，综合运用债券借贷、同业存单等方式有效把握市场利率变化，灵活使用波段操作、跨品种套利等方式增加收益。资金业务在保障全行流动性安全的前提下，紧跟市场变化，提升市场活跃度和参与度，进一步增强盈利能力。同业业务积极推动非标业务“标准化”、银行产品“非银化”，大力推动结构化融资业务，实现业务规模和客户服务能力的双升。票据业务加快业务转型发展，大力开展周转交易，提高规模运用效率，实现业务的稳健发展和盈利的可持续增长。理财业务研发推出昆仑e金宝、宝石花尊享系列及“周周花开”保本开放式理财，积极推动理财业务由负债驱动向资产驱动转型，实现理财资金投资产业基金、PPN、同业存单、券商收益凭证、定向增发等业务的创新。截至2016年底，昆仑银行金融市场业务表内资产规模1493.33亿元，表外资产规模207.78亿元，负债规模659.87亿元。

【国际业务】 2016年，在国家全面实施“一带一路”战略大背景下，昆仑银行国际业务充分发挥渠道优势，主动适应市场变化，着力强化市场营销，主动让利客户，加强与境外同业的交流往来，进一步巩固双方互信合作，巩固并发展特色业务。持续加强核心重点客户营销，在中小客户分布广泛的区域集中举办业务推广及客户座谈会，大力推广国际业务贸易融资产品和服务，国际贸易融资业务量较2015年实现大规模增长。

【渠道建设】 2016年，昆仑银行分销渠道建设工作秉承“业务所向，渠道先行”的总体原则，物理及电子分销渠道体系搭建基本完成。物理网点：分支机构发展重心从高速扩张向结构优化过渡，成功申请设立喀什分行。截至2016年底，共有分支机构83家，同比增加8家。直销银行：正式上线“昆仑直销银行”，并先后推出“融信贷”“油鑫宝”和“昆仑e金宝”等产品，截至2016年底，直销银行累计获客7万余户。手机银行：推出V2.0版本手机银行，在业务功能、客户体验、安全性方面均进行大幅优化，获“2016年区域性城商行最佳手机银行体验奖”。个人网银：持续丰富银行卡及客户端的应用场景，推出网上贷款业务、“油鑫宝”等新产品。企业网银：新投产NRA网银、电子商业汇票流程再造、银企直连电子商业汇票等新业务功能，并通过B2B支付系统平台为企业提供在线收费及保证金托管等特色金融服务，开启昆仑银行互联网B2B金融服务平台新篇章。

【消费者权益保护】 2016年，昆仑银行继续践行“以客户为中心”的服务理念，开展形式多样的客户服务和消费者权益保护普及活动。通过多种形式和渠道强化服务管理，明确软件、硬件管理要求和标准，树立行内标杆网点，进一步规范服务标准，不断提升客户满意度。进一步完善消费者权益保护工作的制度体系、组织架构和职责分工，切实做好银行理财和代销产品销售时的录音录像工作，组织开展“3·15”消费者权益保护日、金融知识万里行、金融知识进万家等一系列消费者权益保护宣传教育活动，提升消费者对金融风险的认知和防范能力。2016年，昆仑银行成为新疆维吾尔自治区银行中唯一获消费者权益保护考核评价“一级”的法人机构。

【信息科技】 2016年，建成投产“两地三中心”整体容灾体系，完成产融业务和互联网系统建设目标，持续强化项目全生命周期过程管控和生产安全保障机制建设，不断提升自主可控能力，生产系统安全稳定运行，系统性能及业务处理能力持续提升。重要信息系统服务可用率超过99.99%。成功完成产业链金融项目建设，实现“五通三贷”全部产业链业务产品的投产上线。顺利投产直销银行、微信银行等互联网金融系统，完成手机银行、网上银行等系统安全加固，基本实现移动营销办公目标。信息科技课题“在线产业链金融项目研发及实施研究”获2016年度银行业信息科技风险管理课题研究四类成果奖；“资金托管平台项目”获2016年度金融行业科技创新突出贡献奖。

【资本管理】 2016年，昆仑银行不断完善资本管理机制，有效传导监管要求。推动全行开展资本占用优化工作，持续研究资本使用效率和回报水平的提升。在利润留存补充核心一级资本基础上，引入外部股东投资，进一步夯实全行资本基础，增强支持业务发展的能力。统筹分配和使用资本，推动各项业务持续健康发展。2016年各项资本管理指标良好，资本充足率保持理想水平。截至2016年底，昆仑银行核心一级资本充足率15.49%，一级资本充足率15.49%，资本充足率16.63%，均满足监管要求。

【风险管理】 2016年，昆仑银行进一步完善风险管理制度体系和重点监测指标体系，修订12项全行核心指标、24项风险指标。推进风险工具应用，对客户风险、重大市场波动有效预警。组织开展业务连续性演练工作，部分预案得以验证和更新。明确各类风险监测内容和报告路径，通过持续培训提升管理效果。以“制度执行力提升年”活动为主线，继续加强制度建设，制修订内控、合规、法律、风险等20余项制度。组织合规知识线上答题及廉洁从业与合规知识竞赛活动，提升制度学习效果。全面完成合规检查计划，深入开展“两个加强、两个遏制”回头看现场检查，强化违规问责。编撰《案防信息》，梳理银监部门近年行政处罚案例180例，编印《银行案例汇编》并开展案例分析讲解，警示教育效果进一步提升。年度反洗钱考核评级上升为A级，反洗钱工作受到属地监管部门表扬。

印发《工作指引》，督促资源配置，建立清收工作机制。制定《贷款重组办法》《不良信贷资产转让办法》，规范问题贷款处置流程，拓展清收方式。逐户落实清收措施，对重点户进行现场督导。2016年超额完成全行清收化解任务，实现控制目标。

（张建斌）

昆仑信托有限责任公司
（中油资产管理有限公司）

【概况】 昆仑信托有限责任公司（简称昆仑信托）原名金港信托有限责任公司，成立于1986年11月。2009年2月，中国石油天然气集团公司对原金港信托进行重组，5月正式获得银监会批复，公司注册资本增至30亿元，中油资产持股82.18%，为控股股东，金港信托名称变更为“昆仑信托有限责任公司”，成为集团公司金融板块重要组成部分。中油资产管理有限公司（简称中油资产）是集团公司下属金融板块中油资本直属全资子公司，专业从事投资和资产管理，是集团公司重要资本运营平台。昆仑信托与中油资产合署办公，实行一套人马，两块牌子，分账核算，业务统管。2016年9月，正式获得银监会批复，昆仑信托注册资本增至102亿元，各方股东持股比例保持不变。

昆仑信托是中国信托业协会理事单位、中国银行间市场交易商协会会员，入股中国信托业保障基金有限责任公司、中国信托登记有限责任公司，有全国债券市场准入、同业拆借市场成员、以固有资产从事股权投资、资产证券化和私募投资基金管理人资格，行业评级为A级。依法开展债权、股权、标品、同业、财产、资产证券化、公益/慈善和事务等八大类信托业务，广泛筹集和融通资金，为社会各行各业提供金融服务，为受益人的最大利益处理信托事务。

2016年底，昆仑信托设办公室、党群工作部、人力资源部、财务托管部、发展研究部、信托业务部等16个部门；有员工253人，其中硕士以上学历130人，本科学历114人，其他学历7人。

中油资产合并口径的资产总额205.20亿元，较2016年初增加11.32亿元；负债总额105.36亿元，较2016年初增加12.35亿元；所有者权益99.84亿元，较2016年初减少1亿元。实现营业收入18.57亿元，同比下降13%；利润总额13.72亿元，完成集团公司预算指标11.82亿元的116.07%，完成集团公司奋斗指标13亿元的105.5%；信托规模达1425亿元。

【业务发展】 2016年，昆仑信托坚持市场化方向，深挖市场机会，发挥优势，严控地产行业投资风险，积极与实力较强的地方政府平台合作，精选优质股票增发项目，持续扩大与央企、地方大型国企、实力较强民企、各类金融机构等优质交易对手的合作，信托业务取得稳健的收益。前期股权投资成效逐步显现，股权投资山东信托收益较好，与其在客户市场、营销渠道和阳光私募等方面的合作更加紧密。精选投资品种，实施专业管理，在市场大幅波动形势下，证券投资收益保持稳定，实现绝对投资收益率12%，业绩排名进入证券基金资管行业的前5%。积极拓宽固有资金运用渠道，坚持稳健经营策略，通过股权投资、新股申购等方式，不断巩固提高投资收益。

【产融结合】 2016年，昆仑信托精心组织，助力主业，服务集团，产融结合彰显新特色。在金融业务重组上市上，顾全大局，高度重视集团公司金融业务重组工作，多次向监管部门沟通汇报，积极争取其他股东支持，妥善处理各种问题，按时保质保量完成工作，确保中油资本顺利上市。在集团资金委托管理上，严控风险、有效配置、高效运作、定期报告，运作好集团公司企业年金和委托资金，确保委托资产的保值增值。在矿区项目建设服务上，强化项目中后期风险管控，妥善处理历史遗留问题，通力协作，确保集团公司"民生工程"平稳运行。在储备油项目支持上，积极服务，主动支持，累计提供通道资金159亿元，截至2016年底，已结束储备油项目规模109.8亿元，存续信托规模49.2亿元。在集团公司资产处置上，以深化改革、资产轻量化战略为目标，做好集团公司资产受托处置工作，协助9家单位共11家宾馆、酒店挂牌，成交1家宾馆。在委托代管企业上，积极履行天津排放权交易所代管职能，全面调研审计，督促问题整改，交易所管理切实得到规范和加强。同时，规范国联基金运作机制，强化纪律和人员管控，确保所投项目安全平稳运行。

【业务转型】 2016年，昆仑信托各业务部门围绕股权投资、资产证券化、消费金融等业务方向大胆创新、锐意进取，取得一批具有行业标志意义的丰硕成果。股权投资方面，在成功领投首个股权项目——新媒体"界面"之后，采用母子基金互动共赢模式，积极参与设立烟台现代服务业创业投资基金。入股山东省金融资产管理公司、宁波资产管理公司等项目取得重大进展，战略投资金融资产布局更加完善。华能投资项目的成功设立，实现与央企强强联合，为进入新能源领域提前做好战略布局。资产证券化方面，成功中标国家开发银行资产证券化项目受托机构，对提升信托规模将起到积极的促进作用。设立全国第一单抵押型REITS产品——北京银泰中心项目，采取"信托+资产支持证券"的双SPV创新架构，取得不动产证券化产品类型的重大突破，并在《上海证券报》主办的第十届"诚信托"奖评选中获2016年度"诚信托·最佳资产证券化信托产品奖"。宏达教育学费收益权资产证券化项目、昆财一号财产权信托项目的先后设立，进一步提升非标产品转标准产品的能力。互联网金融方面，持续探索"互联网+信托"金融模式，在互联网消费金融领域，设立"富盛"系列产品，通过互联网交易手段，实现分散化小额资金募集，满足市场和客户需求。为未来建立起集互联网金融资产获取能力、小额分散化资金募集能力和资产动态内嵌风控能力于一体的独特竞争优势，为打造新的业务增长点奠定良好基础。

【营销工作】 2016年，昆仑信托适应市场、规范服务，营销工作迈出新步伐。建立销售定价机制，在跟踪收集分析市场信息的基础上，定期组织相关部门共同研究确定基准收益率，并根据市场发行情况，浮动调整产品发行价格，在确保发行的前提下，不断降低发行成本，提高信托财产收益。建立网上服务平台，积极创建网络服务系统，充分利用现代互联网手段，依托微信、短信、网站等渠道，及时推送新产品和相关项目信息，为客户提供实时便捷的信息服务。规范落实"双录"要求，按照监管部门相关规定，及时制定《公司信托产品销售签约录音录像工作管理规定》，并设立销售专区和独立签约室，规范操作，降低公司风险。完善消费者权益保护制度体系，制定《消费者权益保护工作管理规定（暂行）》《客户投诉处理工作细则（暂行）》等制度，建立消费者权益保护工作组织架构，开展消费者宣传教育，加强消费者投诉处理，提高客户满意度。截至2016年底，累计发行"昆仑财富"系列产品102个，规模391.46亿元，合格投资者达11641人，全年自主销售规模达104.35亿元。

【提升品牌形象】 2016年，昆仑信托坚持稳健经营、稳健发展，积极参与行业建设和交流，共同推动行业发展，品牌形象实现新提升。在信托行业评级方面，按照信托业协会新的评级标准，在行业初评中首次进入A级，提升公司的行业地位。在参与监管体系建设方面，深度参与信托行业长远发展战略举措，参股创立中国信托登记有限责任公司，提升公司的行业影响力。在风险管理方面，坚持完善"三纵三横"立体风险管理架构，首次荣登中国社会科学院金融机构金牌榜"年度最佳风险管理信托公司"金龙奖，巩固昆仑信托形象。在行业理论贡献方面，积极参与中国信托金融理论研究，并成为副理事长单位，为推动行业理论研究贡献力量。在业务理论研究方面，撰写的《"一带一路"战略背景下信托公司跨境资产管理业务模式研究》获全国石油石化企业管理现代化创新优秀论文一等奖，彰显公司金融理论研究能力。在行业报告撰写方面，同中国人民大学信托与基金研究所合作完成《2016年中国信托公司经营蓝皮书》《2016年中国信托业发展报告》，提升公司品牌知名度。积极支持注册地经济建设，先后获宁波市“经济发展突出贡献企业”“五星级骨干企业”“宁波市纳税50强”等多项称号。

【内部控制与合规管理】 2016年，昆仑信托始终坚持“低风险偏好”理念，坚守合规“红线”、“三纵三横”立体风险管理架构，全方位全过程严控风险。持续推进专业化审核模式，在试行专业化评审的基础上，各专业评审小组继续发挥作用，分类拟定业务开展规则，并根据市场变化及时调整，增强风控政策的灵活性，根据不同类型业务的核心风险，分类统一风控标准，增强风控政策的可操作性。继续加大项目合规管理力度，明确列示项目合规管理检查明细，加强项目合规审查与检查力度，准确识别主动管理和事务类业务类型，避免放大风险暴露，加强合规信息化建设，建立健全合规管理信息平台，加强合规培训，不断提升全员合规意识。强化项目中后期管控，强化项目中后期检查与考核，建立风险跟踪管理机制，开展现场检查调研，及时进行风险提示和预警，提前化解风险。有效发挥稽核审计职能，2016年共实施预算执行、消费者权益保护等7次专项检查，完成9项离任审计，对40个信托项目实施专项检查，制作审计底稿190份，组织完成宁波银监局“两个加强、两个遏制”回头看自查工作。持续完善案防和反洗钱体系建设，多次组织开展相关培训宣传工作，修订完善案防和反洗钱等各项制度流程，细化考核内容，进一步增强项目的可操作性。持续推进风险项目后期处置，及时总结经验、吸取教训，全面提升风险识别、预警和处置能力。

【基础管理】 公司治理方面，2016年，昆仑信托召开5次股东会、5次董事会、1次监事会和7次董事会专门委员会会议，先后通过公司章程修订、“十三五”发展战略及业务转型规划、财务预决算、增资扩股、年度工作报告、董事履职评价、薪酬结构调整等43项议案，公司治理合规有序运转。

财务托管方面，顺利完成“营改增”，持续优化财务管理机制，着力强化决策支持、价值创造和风险管控。完善信息系统功能，加大检查考核力度，托管狠抓监管报表报送质量。积极强化信托项目运营管理和财务核算工作，确保经营工作稳健规范运行。

队伍建设方面，继续完善干部聘任程序，坚持高标准、严要求，2016年任免业务总监（高级主管）以上人员40人次。重视人才专业技术资格评定，评审通过初、中、高级职称23人。优化分层培训体系，2016年完成培训项目50余个，组织专题培训23次，累计培训1200余人次。完善绩效考核体系，强化增量项目的激励功能。完善薪酬管理体系，调整固定浮动比例，取消双轨制，适当提高基层员工收入，为员工营造和谐的成长环境。

信息化建设方面，风控可视化系统、网上客户服务平台上线运行，信息手段的进步大大提升工作效率。针对互联网信托、资产证券化等创新业务模式，加快信息系统研发，持续优化瑞飞系统，提升信息服务业务质量。组织信息安全大检查和应急演练，开展信息安全培训，提高全员安全意识，防范信息安全风险。顺利完成机房整体搬迁，“两地三中心”基础设施架构更加合理，灾备体系更加完善。

综合管理方面，围绕工作部署，加强信息传递和督办落实。修订保密工作制度，开展保密工作自查，着力提升保密意识，无重大泄密事件发生。推进档案数字化建设，档案管理信息系统正式运行，管理效率大幅提高。加强公文、用印管理，提升公文办理质量、提高用印管理水平。持续改善办公环境，严格控制办公费用，费用支出持续降低。

【党群工会工作】 以“两学一做”学习教育为主线，党建工作成效显著。广大党员深入学党章、学习近平总书记系列重要讲话，公司领导、各党支部书记带头讲党课，各支部按组织程序进行换届选举，公司领导以双重身份带头参加民主生活会和组织生活会，党建工作制度更加完善，党支部标准化建设取得新进展。推进“两个责任”落实，党风建设和反腐败工作逐步深入。深入推进“两个责任”和班子成员“一岗双责”的贯彻落实，分层级签订党风廉政建设责任书和廉洁从业承诺书；坚持“惩前毖后、治病救人”的原则，妥善运用监督执纪“四种形态”，通过警示教育、案例教育、廉洁谈话、诫勉谈话、党纪政纪处理等措施，党员干部的廉洁从业意识进一步增强，为公司稳健发展和党员领导干部廉洁从业提供坚强的纪律保障。以凝心聚力为根本，营造和谐发展氛围。坚持“快乐工作、健康生活”理念，引导工会会员、团员青年为企业发展建功立业。主动倾听员工心声，组织青年座谈会、工会座谈会，建立基层青年与董事长的直接联系机制；组织开展丰富多彩的文体活动以及社会公益慈善活动。

（刘　爽）

昆仑金融租赁有限责任公司

【概况】 昆仑金融租赁有限责任公司（简称昆仑金融租赁）是经中国银监会批准，由中国石油天然气集团公司和重庆机电控股（集团）公司（简称重庆机电）共同发起设立的第一家具有大型企业集团背景的金融租赁公司。2010 年 7 月，在重庆市正式挂牌开业。注册资本为人民币 60 亿元，中国石油集团控股 90%，重庆机电持股 10%。2016 年 8 月，注册资本金增加到 79.61 亿元，其中中国石油全资子公司——中国石油资本有限责任公司持股 60%，中国石油集团持股 30%，重庆机电持股 10%。股权结构调整后，公司的实际控制人仍是中国石油天然气集团公司。

昆仑金融租赁开业以来，公司立足重庆，面向全国，以服务油气主业为宗旨，以开发能源领域和西部市场为重点，以客户需求为核心，通过提供优质的金融租赁服务，促进公司和客户的发展。围绕中国石油建设综合性国际能源公司和资本运营的需要，针对石油产业链条长、行业涉及面广，资产规模庞大的优势特点，积极实施“能源、市场、特色化”战略，为石油行业提供金融支持与服务，形成产融结合特色的金融租赁业务类型。积极参与涉及重大民生的项目，为地方经济发展做贡献。

2016 年，昆仑金融租赁的发展得到中国石油和重庆市政府领导的高度重视和认同，获第四届中国航空金融万户奖评审委员会颁发的“创新奖”荣誉称号。

2016 年，昆仑金融租赁租赁资产规模达 459.21 亿元；实现营业收入 27.31 亿元；实现利润总额 9.13 亿元，同比增加 1.59 亿元、增长 21.1%；人均利润超 1000 万元，行业排名第三位；实现税费 2.52 亿元。全年签订合同 31 份，合同金额本币 151.27 亿元，实现放款本币 122.87 亿元。企业类别达到中石油集团一类企业。主要监管指标中，不良资产率为 0.89%，租金回收率为 97.97%，保持同业前列。

【公司治理】 2016 年，昆仑金融租赁调整选举 1 名董事、1 名风险管理及关联交易控制委员会委员、1 名监事会监事。根据公司股东变化情况，修订《昆仑金融租赁有限责任公司章程》。在部门机构方面，在综合管理部加挂纪检监察室牌子，加强公司纪检监察工作。在财务部加挂金融市场部牌子，加强公司筹融资管理，促进公司市场开发。在法律合规部加挂审计部牌子，强化审计职能，满足重庆银监局监管要求。

【市场开发】 2016 年，昆仑金融租赁成功进入飞机租赁业务领域，将飞机租赁业务作为战略性单元，稳步开拓飞机租赁市场，形成新的效益增长点，树立良好外部形象。成功中标中国南方航空、中国国航等 11 架飞机的租赁项目，合同金额人民币 43 亿元。截至 2016 年底，交付 9 架，陆续还将交付 2 架，并积极推进公司 2017 年飞机租赁招投标。积极与各自贸区沟通，取得天津、厦门、广州南沙自贸区的优惠政策，为飞机入关交付和争取最大效益奠定基础。深入开展能源领域业务，持续关注天然气、电力及煤炭行业发展趋势，加强行业分析研究，尝试形成可复制的租赁产品模式，打造专业产品营销渠道。2016 年，跟进能源领域项目逾 20 个，实际投放 10 亿元。交通运输及政府平台是昆仑金融租赁在能源领域之外的开发重点，2016 年推进交通运输及平台领域项目 9 个，合同金额 62.9 亿元，实现投放 42.9 亿元。推进同业合作，分别与中信租赁、冀银租赁开展资产转让、业务推介，并顺利完成项目投放。在助力主业方面，得到集团公司党组领导对开展产融结合工作的明确批示，加大对集团公司内部各板块业务研究力度，组织完成产融结合实施方案。全面提升渠道建设工作，在全面梳理各区域业务格局和经济发展特点，以及前期业务开展的基础上，完成《公司渠道建设指导意见》。

【战略规划】 2016 年，昆仑金融租赁加强战略规划和行业指引的研究，开展产融结合需求调研，对集团公司勘探、销售、装备制造、工程技术、矿区服务部等板块业务进行研究、对接，整理完成产融结合实施方案。总结 5 年来的发展经验，与同业公司对标，研究行业发展的方向，编制完成昆仑金融租赁《“十三五”业务发展规划》。对营销渠道进行分析，制定《公司营销渠道建设指导意见》，建立名单制的客户管理模式。结合公司发展战略和经营管理的指导思想，完成《2017 年公司租赁业务行业指引》，增添相应的指引建议。

【财务资金管理】 2016 年，昆仑金融租赁调整资金结构，以资金创造效益。一方面缩短外部借款期限，加强资金错配运作，降低资金成本；另一方面置换内部借款，陆续偿还到期信贷资金120亿元。全年累计对外借款415亿元，其中同业借款242亿元，平均利率3.62%；同业拆借173.5亿元，平均利率3.24%。公司外部资金占比达66.94%。2016年综合资金成本3.85%，较2015年底下降0.74个百分点。拓宽融资渠道，以资金助力市场。与各银行合作进一步深化。2016年底取得授信额度1626亿元，新增华商银行、新韩银行、中原银行、华兴银行4家授信交易对手。与进出口银行、中国银行天津分行签署战略合作协议。在中国银行天津分行搭建全国SPV现金管理平台，实现SPV账户统一管理及内部信贷功能。加快金融债发行工作。金融债发行方案获重庆市银监局和中国人民银行重庆营管部审批通过，并向中国人民银行总行报送终审材料。持续推进境外美元发债和资产证券化研究。新加坡美元债券发行初步具备操作条件。争取税收返还，以政策创效益。推进重庆市相关税收返还工作，对SPV税收返还政策进行梳理，部分SPV补贴资金2016年底前拨付到账。推进“营改增”工作，税制转换平稳有序。加强政策研究，积极与主管税务机关沟通、争取有利的落地政策，税制转换工作总体平稳。加强预算控制，细化预算指标分解，将指标分解到各部门，费用管理得到有效控制，2016年较预算减少1760万元业务及管理费。

【风险管控】 2016年，昆仑金融租赁制定《公司项目尽职调查管理办法》。明确职责定位、细化作业标准、理顺工作流程、突出尽职调查重点，把好风险防控第一关。优化控制标准，完善操作底线指导意见。对客户信用评级、偿债能力指标的阀值进行调整，对项目准入审查流程进行优化，进一步强化市场开发和风险管控的底线红线意识。制定城市基础设施建设和城市燃气行业信用风险评估指引，明确项目的准入标准、风险管控措施，为业务开发和风险识别提供指导。运用信息科技防控操作风险，推进征信、反洗钱工作顺利开展。在项目评审机制上，完善项目评审会议事规程，对专家评委库实行动态管理，充分发挥评委的专业才能，多维度揭示风险。严格审查前提条件落实情况，确保项目风控措施落到实处。2016年累计审议项目30个，金额199.08亿元，同比增长103%；审议通过项目27个，审议通过项目金额195.73亿元。

【资产管理】 2016年，昆仑金融租赁修订《租赁物管理办法》及《资产评估管理办法》，制定《项目租后管理办法》。聘请立信会计师事务所开展资产质量分类专项审计工作，查找在资产质量分类具体操作环节中存在的问题和不足，持续提升资产质量分类的工作质量。对项目运行采用季度资产分类、全年滚动排查、动态监控、租后现场检查等多种形式，做到重点突出，全面覆盖。2016年，开展4次资产质量分类，12次项目重点风险排查，租后检查21项，提交12期承租人动态监控报告，进行4项次的租赁物评估，逐步建立“按季实施、部门联动、多维监控、风险披露”风险排查机制。

【法律合规】 2016年，昆仑金融租赁组织开展全方位、全流程的内控测试工作，完成测试任务524个，测试共发现问题51个，完成《内部控制管理手册（2017版）》修订工作，保证内控设计的有效性。审查各类法律文本、合同280余份。为新交易结构、跨境业务和飞机租赁等新业务拓展提供法律支持服务。对盛马化工和金安桥水电站等项目逾期租金清收工作提供法律支持，制定应对方案。加大湖南广电项目追踪力度，通过法律论证、诉讼准备与风险防范等法律途径保障实现房产权益。开展内部控制专项审计，对审计发现的三类问题提出管理建议，完成整改。

【落实监管要求】 2016年，昆仑金融租赁对重庆银监局的监管要求认真组织落实，认真分析监管意见，制定整改措施。针对银监局在治理架构、信用风险管理、政府融资平台和回租业务等方面提出的监管意见和要求，积极制定整改措施，在具体工作中贯彻落实。迎接“两加强两遏制”回头看现场检查。于3—7月组织开展基础工作检查，对98个外部项目进行合规性自查，检查发现29类问题共646个末级问题，提出整改措施36项，管理建议5条。截至2016年底，发现问题基本整改完毕。

【股权改革】 2016年，昆仑金融租赁按照集团公司关于加快推进金融板块股权改革的统一部署，积极组织股权评估，配合开展项目尽调和财务审计，为股权改革顺利推进提供准确的资料。与银监会、重庆银监局提前沟通汇报，取得银监系统的支持，相关部门专人跟踪协调股权变更和增资的审批进展，按集团公司要求的时间节点取得重庆银监局的批复文件，保证集团公司金融板块整体改革的顺利推进。

【党建工作】 2016年，昆仑金融租赁党委按照“班子讲团结、员工有干劲、资金无风险、效益有保障、廉政不出事”的要求，着力把政治优势转化为发展优势，党建工作取得显著成效。(1)思想建设不断加强。认真实施《公司党委中心组理论学习制度》和《党委中心组全年学习计划》，党委中心组组织集体学习14次，个人学习25次。通过中心组学习、研讨会、讲党课、主题教育实践等形式，把深入贯彻落实中央、集团公司党组关于弘扬石油精神的重要指示和工作部署，转化为实现公司持续稳健发展的强大内生动力，各级党组织的战斗堡垒作用和党员的先锋模范作用得到有效发挥。(2)组织建设扎实推进。认真开展党员组织关系排查，全面掌握基层党组织党员情况，进行“健康体检”，夯实基层建设基础。稳妥细致做好党费收缴工作专项检查，在规定时间完成党费补缴工作。党委纪委换届和3个支部的换届工作顺利完成，召开庆祝“七一”暨公司党委“两优一先”表彰大会，1个基层党组织、3名共产党员受到集团公司和直属党委表彰。(3)作风建设成效显著。认真开展“两学一做”学习教育和“重塑中国石油良好形象”大讨论活动，深入推进“转作风、重实干、促发展”主题教育活动，各级党组织整体作用明显增强，党员干部队伍的作风形象明显转变。对停用车辆实行封存管理，完成办公用房超标整改工作，狠抓重大节日和敏感节点正风肃纪，2016年“五项”费用同比下降18%，中央八项规定和党组二十条要求得到有效落实。四是党风廉政建设不断深化。领导班子成员、各部门中层干部和全体党员逐级签订党风廉政建设责任书，签订率100%。充分发挥前中后台各部门职能作用，形成纪检监察、业务、风险、法律、合规、信息、审计齐抓共管“大监督”格局。坚持把反腐倡廉工作融入经营管理，开展“四风问题”整治情况“回头看”专项效能监察，对发现问题进行督促整改。

（尹江虹）

科研及其他单位

中国石油天然气股份有限公司勘探开发研究院

【概况】 中国石油天然气股份有限公司勘探开发研究院（英文缩写RIPED，简称勘探院）是面向中国石油全球油气勘探开发业务的综合性研究机构，是中国石油国内外油气业务发展的战略决策参谋部、重大理论与高新技术研发中心、技术支持与服务中心和高层次科技人才培养中心（简称一部三中心）。

勘探院成立于1958年。建院近60年来，勘探院直接参与了中国陆上大多数大中型油气田以及中国石油海外油气勘探的研究与发现，为石油工业发展发挥重要作用。推动建立中国陆相油气地质与油气田开发理论技术体系，为油气科技进步做出重大贡献。培养造就以16名院士、400余名教授为代表的一大批国内外知名专家，为中国石油人才事业发展做出突出贡献。传承石油工业优良传统，形成以“儒雅、厚重、勤勉、求实、创新、包容”为内核的特色文化，增强支撑持续发展的软实力。

勘探院包括北京总院和廊坊分院、西北分院、杭州地质研究院，业务领域涉及油气勘探、油气田开发、油气井工程、信息化与标准化、新能源勘探开发、技术培训与研究生教育等方面。2016年底，有员工2848人，其中两院院士6人、集团公司高级技术专家75人、教授级高级工程师148人、高级工程师1123人，具有硕士研究生以上学历1961人。建有提高石油采收率国家重点实验室、国家能源页岩气研发（实验）中心、国家能源二氧化碳驱油与埋存技术研发（实验）中心和国家能源致密油气研发中心，以及17个公司级重点实验室，有众多国内外高精尖仪器设备，科研条件优越。作为中国石油数据中心和勘探开发资料中心，勘探院信息化环境良好。与国内外知名油公司、研究机构和高等院校建立广泛的交流与合作关系，与中国石油多家油气田企业和海外地区公司开展战略合作，出版《石油勘探与开发》等一批优秀刊物，在国内外石油界和科技界具有良好影响力。

2016年，勘探院围绕“一部三中心”定位职责，坚定战略目标，深化改革创新，加强党的建设，持续推动理论技术升级发展、人才队伍提速发展、应用成效规模发展，实现“十三五”改革发展的良好开局，为集团公司国内外上游业务稳健发展提供强有力技术支撑。

【科研生产】 2016年，勘探院深入实施创新战略，瞄准制约集团公司勘探开发的重大、关键和共性技术难题，明确“六个抓手”，集中优势力量，加大研发攻关力度，收获一批创新成果，创新认识、创新技术和应用成效取得新增量。

以战略研究、规划部署、决策参考为抓手，为国家和集团公司油气发展提供高层次决策支持。研判能源行业上游发展潜力与趋势，提出油气发展战略和技术发展路线，为国家能源战略和政策制定提供科学依据。参加集团公司上游重大发展规划和年度部署研究，开展重点油田可持续发展战略研究，有力支撑国内外上游业务持续健康发展。围绕低油价下上游业务效益发展对策、重点探区勘探开发建议、海外油气合作战略选区和对策、非常规油气和新能源开发利用等重大问题，精心编写44期《决策参考》，为集团公司稳健发展建言献策，获得集团公司领导高度评价。

以风险目标推举、技术有形化、基础地质理论创新为抓手，为集团公司勘探新领域突破和储量增长提供有力支撑。立足重点盆地重点领域，准噶尔盆地腹部中浅层、塔里木盆地哈拉哈塘、鄂尔多斯盆地深层综合研究评价取得重要进展，提出一系列有利目标和井位，获得一批重要发现和苗头。强化勘探关键技术集成配套与有形化，研发常规与非常规油气资源评价系统HyRAS2.0、地震成像与储层定量预测软件系统iPreSeis1.0、复杂碎屑岩核磁共振测井岩石物理与处理解释新技术等多套技术利器。强化基础地质理论研究，元古界与寒武系超前领域研究取得进展，为后续有利区带评价提供重要依据。

以老油田效益挖潜、复杂储量有效动用、关键技术攻关为抓手，为集团公司油气稳产增产提供最佳方案。强化新疆、青海等老油田“二三结合”潜力评价和现场实施，提出不同类型油藏低油价下效益稳产的潜力和技术对策，研发新型甜菜碱工业放大技术，支撑老油田规模建产和效益稳产。加强稠油开发关键技术研发，开展新疆典型区块多介质复合注蒸汽先导试验。建立特低/超低渗透和致密油储层缝网开发新模式，编制大港、长庆、新疆典型区块先导试验方案。发展多尺度、多流态、多重介质流固耦合数值模拟技术，研发非常规致密油气数值模拟软件和动态离散裂缝精细模拟软件，应用成效显著。

以新技术新产品研发、低品位储量与非常规资源有效开发、生产管理优化为抓手，为低品位资源有效开发提供最佳服务。开发实时监测与控制第四代分层注水技术，研发超稠油动态造粒降黏和超声高效掺混井口集输技术，研制大庆二类油层复合驱用抗盐抗碱聚合物工业化产品，形成5种纳米粒子高效低成本泡排剂产品，国内首口页岩气长水平段全井可溶桥塞分段压裂取得成功。提出页岩气井控压生产机理，推动现场由放压向控压生产转变，单井累产提高30%以上。开展有害离子去除、滤液向配浆液转化研究，实现钻井滤液环保再利用。拓展采油气生产决策系统功能，全面推广工程监督信息管理平台，大幅提高管理效率。

以五大油气合作区勘探部署、开发方案编制、新项目评价和经营策略谋划为抓手，为海外上游业务质量效益发展提供全方位保障。加强海外成熟探区精细勘探研究，2016年部署探井、评价井59口，强化风险新区带评价，取得3项重要发现。完成近50个开发与调整方案的编制，加强伊拉克鲁迈拉等油田规模上产关键技术研究，强化伊拉克哈法亚、哈萨克斯坦阿克纠宾等油田工程技术服务。深化全球含油气盆地研究，超前优选36个有利目标区块，完善油气资产全周期技术经济评价方法，系统评价43个新项目，成功中标哈萨克斯坦南图尔盖盆地5区块。加强项目经营策略研究，高质量完成海外SEC储量评估。

以做实发展定位、做优特色技术、做大优势互补为抓手，京外各分院积极打造“一体两翼”发展新格局。廊坊分院加强低生气强度区致密气成藏机理研究，助推鄂尔多斯、四川等领域风险目标评价，开展安岳等大气田方案编制与跟踪。深化低阶煤层气成藏认识，在中国褐煤中首获工业气流。创新“人工油气藏”井群开发理论技术，深化储气库评价机理研究，为集团公司天然气业务发展提供有力保障。西北分院加强原创性风险目标推举，主攻中西部6个盆地8个领域，柴达木盆地尖探1风险井获重要突破。围绕高陡构造、盐下构造、薄互层、基岩潜山等技术难题，加大技术研发攻关力度，加强特色软件升级和推广应用，支撑西部油气田勘探取得新突破。杭州地质研究院加强四川、塔里木、鄂尔多斯盆地海相碳酸盐岩油气成藏条件研究，初步构建深层油气勘探开发理论技术。积极做好海外海上生产技术支持，完成缅甸AD1/8深水区块生物气藏有利勘探区带评价及井位优选，对推动勘探新领域拓展发挥重要作用。

【技术服务】 2016年，勘探院树立“面向生产、服务生产、支撑有力”的研发服务理念，为集团公司国内外上游业务顺利完成储、产量指标提供靠前技术服务，研发服务工作取得新成效。

推动共赢合作，与中国石油多家油气田企业和海外地区公司开展战略合作，战略合作单位包括大庆油田、长庆油田、东方物探、吉林油田、新疆油田、大港油田、煤层气公司、哈萨克斯坦公司等多家兄弟单位，既为贴近生产找到支点，也为成果转化、扩大服务找到途径。立足国内外重点探区，加强油田项目部建设，鼓励科研人员下现场，做实现场技术支持和服务。

加强靠前支持服务，依托国家和集团公司重大专项和现场试验工程，以优质储量发现为目标，在准噶尔、四川和松辽等盆地部署力量开展新领域、新区带和新目标研究。以老油田挖潜和低/特低渗透储量有效开发为纽带，向新疆、大港、青海等多个油田派驻队伍，分油田、分区块、分层系摸情况、找潜力、提方案。以有效降低成本、提高单井产量和改善低品位非常规油气资源经济性为主线，油田化学产品、采油采气工艺、工程装备和工具有效服务多个油田。以实现低油价下油气田效益开发为抓手，海外战略决策、新项目评价与生产应用研究出手精准，圆满完成各项技术支撑任务。

【成果专利】 2016年，勘探院获中国专利金奖1项，获国家科学技术进步奖二等奖1项，获集团公司科学技术进步奖19项、技术发明奖2项，获其他省部级奖60项。获授权发明专利155件，软件著作权登记85项，制修订行业、企业标准29项。出版专著48部，发表论文1165篇，其中SCI收录172篇，EI收录282篇。

【综合改革】 2016年3月，集团公司全面深化改革领导小组同意勘探院开展综合改革试点工作，并对综合改革试点提出具体要求。勘探院坚持问题和目标导向，依法合规、平稳有序推进综合改革，取得一系列重要进展。

全面实施“双序列”职级体系，搭建科研单位去行政化新途径。围绕专业技术岗位的岗位设置、任职条件、选聘程序、职责权利、考核管理、岗位转换等重点问题，制定和修订系列规章制度，有效保障“技管”两条通道各自成体系、平行发展，干部职数规范受控、岗位转换通道畅通、过渡期政策及时到位又符合实际。坚持宁缺毋滥原则实行分级选聘，产生院一级专家12名、二级专家49名以及院一至五级工程师1760名。30名处级干部转任专业技术岗位，开辟科研单位去行政化的有效途径，也为优秀专业技术人员提供独立、通畅和稳定的职业发展通道。

逐步推进“一院两区”建设，进一步优化研发服务组织与管理体系。北京总院和廊坊分院按照“统一规划建设、统一资源配置、统一规章制度、统一业务管理、统一机关管理、统一矿区管理”的目标，整合机关部门和公益后勤单位，实行一个部门、两地办公。保持并发展廊坊分院30年积淀形成的特色和核心技术，调整并优化与总院重复的业务，实现科研业务分板块管理。按照两阶段发展思路，以“特型实验、产品中试和技术培训”三个基地建设谋划廊坊院区的长远发展。

研究制定科技成果创效激励政策，建立有力推动科研成果转化新杠杆。参照国家和集团公司有关法律、法规和文件，制定勘探院促进科技成果转化创效激励办法，明确科技成果转化创效激励的条件、范围、规模和对象，获集团公司全面深化改革领导小组批复。

【管理提升】 2016年，勘探院围绕科研生产中心工作，着力推进科研管理、党建与文化传承、科研环境和院区建设，获得一系列重要进展。

坚持“目标引领、过程控制、注重基础”，提升科研管理新层次。强化以“三要三不要”为核心的目标管理，以关键难题为导向，以目标有限化为追求，以成果重大和有实质创新为目标，深化完善项目管理办法，突出过程管理，针对性培植重大成果。持续推进以“五交六知”为核心的过程控制，引导在认识、技术、资料“三个盲区”做基础工作。通过按计划筛选重点项目、按月度安排中期检查、集中抽查实物工作量等途径，国家、集团公司级项目与来自各业务板块的生产研究项目的科研交底到位率95%，重点项目抽查率50%以上，实物工作量完成情况现场检查率100%。

围绕“从严治党、弘扬精神、传承文化”，开创党建工作新局面。（1）围绕规定动作抓党建。开展“两学一做”学习教育，坚持中心组学习制度，组织支部书记讲党课，举办支部书记和组织委员培训；印发《关于落实全面从严治党要求加强党的建设的意见》，完成党费收缴专项检查工作；实行党群工作表单式管理，推行党务电子信息化系统；坚持

“双培养”方针，控规保质发展党员23名；召开第二次党员代表大会，圆满完成各级党组织换届选举。（2）围绕突出问题抓党建。驰而不息抓作风建设，提升党员干部的纪律意识和规矩意识；深入开展巡视整改“回头看”，推动基层党组织查漏补缺、固强补弱；高质量召开勘探院领导班子专题民主生活会，逐一整改落实征求到的意见和建议。（3）围绕团队特点抓党建。针对知识分子群体特点，用细雨润物的方式铸魂育人，让思想发动入脑入心见成效；评选和表彰先进基层党组织、优秀共产党员榜样，大力弘扬“石油精神”和勘探院特色文化；开展新媒体和微视频比赛，制作党建成果宣传片，将文化理念可视化、形象化；关爱员工身心健康，开展青年成才案例分享活动，持续营造“三简三宽”工作环境。四是围绕筑牢防线抓党建。召开党建与反腐倡廉建设工作会议，严格落实“两个责任”，逐级签订党风廉政建设责任书、领导人员廉洁从业承诺书，制定《贯彻落实中央八项规定精神实施细则》，开展廉洁从业教育，举办处级干部培训班，强化监督执纪问责，加大审计和专项检查力度，营造风清气正大环境。

突出“强化基础、集成共享、合作共赢”，推进科研环境新发展。国家级和公司级重点实验室平稳运行，实验室对基础研究的支撑作用进一步发挥。初步建成勘探数据库、海外知识与数据共享平台，大大提高研究效率。深化国际交流与合作，筹建迪拜技术支持分中心，开辟海外靠前技术支持平台。完善全员培训体系，形成可推广的培训模式。《石油勘探与开发》影响因子在全国科技核心期刊中连续多年蝉联第一，连续多年入选“中国最具国际影响力学术期刊”，成为顶级石油科技期刊和学术交流平台。

聚焦“管理有序、人文和谐、宜居宜研”，打造院区建设新风貌。完成北京石油机械厂原厂区修缮改造规划，完成职工活动室改造、实验区周边环境改造和排水系统治理等多项基建工程。开发物业服务APP，推进矿区规范化管理和服务，改善新入院青年员工住宿条件。持续推进QHSE管理体系建设，强化网格化安全管理，顺利实现“四零”目标。

（金银楠　张红超）

中国石油天然气股份有限公司规划总院

【概况】 中国石油天然气股份有限公司规划总院（英文缩写CPPEI，简称规划总院）成立于1978年，是集团公司直属的重要决策支持机构，是石油石化工程总体规划及建设项目前期研究中心、油气田开发地面建设技术支持服务中心和石油技术经济发展研究中心。在战略研究、规划可行性研究、咨询评估、技术经济研究、科技开发与设计论证等领域中，具有较强的技术实力。

根据决策支持需要，规划总院设13个业务部门、4个职能部门，有油气集输、油气储运、炼油、石油化工、技术经济、市场研究、环境工程、信息工程等20多个主体专业和辅助专业，员工600余人。大学本科以上学历人员占90%以上，硕士以上近45%，形成一支层次高、结构合理、专业齐全配套的员工队伍。此外，为开展工作需要，与很多研究机构建立较为稳固的合作关系，在规划总院长期工作的合作方员工300余人。

【生产业务】 2016年，规划总院运行项目958项，与2015年基本持平，生产业绩好于预期。

（1）战略规划研究水平进一步增强。国家能源战略研究方面，完成国家发改委委托的“全国天然气市场供需特点及主要用气行业跟踪研究”“提升石化产业供给质量思路研究”“关于地方炼厂使用进口原油核查”等项目。国家能源局委托的“我国天然气发展路径与政策措施研究”“油气管网设施公平开放关键问题及对策研究”“跨国油气通道安全稳定运营案例研究”“国内外成品油行业监管经验与启示”“关于推进天然气利用的指导意见”等项目。协助国家能源局，与美国能源部联合开展中美石油市场监测预警机制联合研究。开展工程院委托的“丝绸之路经济带油气通道战略研究”“‘一带一路’能源合作与西部能源大通道建设战略研究”。这些项目成果为国家产业结构调整及制定相关政策提供依据，提出中国石油的意见和建议，受到国家有关部委的重视，提高规划总院的影响力和知名度。

集团公司战略规划研究方面，实现集团公司“十三五”规划编制完美收官。“我国天然气市场若干重大问题研究”的成果在扩大天然气利用研讨、国家天然气政策制定、环境保护部以气治霾措施获得多层次应用。“‘一带一路’与炼油国际产能及技术装备合作”“集团公司化工发展机遇与方向研究”“中石油在疆企业与地方更好协调发展策略研究”，为集团公司炼化业务发展战略制定、运行优化等提供支持。“天然气战略储备和调峰库的运营机制研究”“集团公司实施创新战略的路径与保障措施研究”“新形势下海外油气运营中心运作策略研究”为延续规划总院研究特色和优势提供项目平台和研究空间。“集团公司岗位管理体系配套政策研究”“‘营改增’对油气管道建设项目投资管理模式影响研究”“集团公司内部市场化改革实施方案研究”“内部市场化原油、成品油价格形成机制研究”“油气体制改革背景下的市场准入制度研究”等多项深化体制改革重点难点课题，为集团公司各领域改革提供决策支撑。

天然气管道规划研究中心承担完成2017—2021年天然气与管道业务总体规划、天然气销售规划等10项规划。同时，加强规划工具和方法体系建设，持续开展专题研究和基础工作。开展天然气与管道业务规划战略体系研究，滚动开展《天然气与管道业务政策汇编（2016年）》等工作。

技术经济研究方面，坚持问题导向与工作创新相结合，完成新版经济评价方法修订，形成《2017版经济评价参数》，持续巩固经济评价核心竞争力。坚持传统优势与业务拓展相结合，开展“天然气销售业务管理体制和运营机制研究”“天然气价格形成机制研究”“放开管制下天然气定价机制及营销策略研究”“国产天然气出厂价格调整机制研究”“新机制下天然气销售定价方案研究”，与集团公司相关部门形成良性互动，树立品牌。

2016年是项目后评价中心全面开展工作的第一年，专业覆盖集团公司上中下游主营业务，全年承担9项工程项目后评价和20个专题研究项目，涉及勘探开发、油气田地面工程、炼油、管道、销售、专题研究等多个方面，为确立项目后评价中心在集团公司后评价业务咨询研究领域的主导地位奠定基础。

成品油市场营销研究方面，以创新研究为目标，以服务支持为抓手，规划优化能力增强、市场分析水平提升、基础研究储备增加，营销研究成果开始接受站级经营单位的检验。油库设施优化年度方案被采纳，国内成品油需求量预测精度保持在97%以上，国际油价预测方向正确率继续保持80%以上，得到集团油价研究领导小组的关注。

天然气市场研究方面，深入研究天然气市场发展规律和问题，理清天然气行业发展的主要矛盾。通过开展天然气短期需求预测模型研究，不断完善预测体系，天然气市场短期预测模型精度已提升至99%左右，集团公司天然气销售运行支持最核心的短期预测工作由规划总院牢牢掌握。重视市场调研和用户交流，调研范围覆盖25个省的96个地市及194个区县，市场把握更加敏锐。

造价管理、咨询评估、设计审查继续发挥投资把关作用。

（2）海外业务平稳发展。完成海外技术支持126项。开展澳大利亚箭牌项目总体开发方案、加拿大非常规天然气开发及LNG合作一体化项目可研。完成国际管道经营模式研究等中亚地区管道相关研究及技术支持。深入开展尼日尔、乍得二期原油外输研究，为油田增储上产解决运输瓶颈。完成海外板块炼油业务年度对标评价分析、14项海外投资项目的经济评价审查，开展海外建设工程投资估算编制规定的研究。

（3）国内重大项目前期研究继续发挥重大决策支持作用。开展中俄原油管道东线、西气东输三线等多条管道项目的预可行性研究及可行性研究工作。中俄原油管道东线完成多套多版次可行性研究报告达120册，向各家业主各层领导汇报多达100余次。西气东输三线闽粤支干线完成可研报告V4版，顺利通过董事长办公会审议批准。完成楚雄—攀枝花天然气管道项目最终投资决策报告。“利用LNG为华北调峰相关问题研究”“唐山LNG外输复线预可研”通过集团公司咨询中心评估。青藏—云贵通道研究组织第三次踏勘，基本确定线路宏观走向方案。

完成辽阳石化扭亏增效产业结构调整方案预可研，完成辽阳石化俄罗斯原油加工优化增效改造项目最终投资决策研究报告，开展唐山、江苏LNG接收站扩建前期研究。

（4）科技创新支撑作用充分发挥。2016年，新承担“油田地面工程能量系统优化”“油气地面工程关键技术研究”等公司重大科技专项和重大项目，新承担17项勘探、管道、销售等专业分公司的重点科技项目，实现“十三五”开门红。“炼化能量系统优化技术升级及推广应用”继续深入企业调研和对接，累计建立模拟模型183套，制定优化方案229项，实施优化方案100项，预计实现节能15万吨标准煤、增效2.6亿元。“油气田加热炉及热力系统提效技术研究与应用”使油气田在用加热炉的平均热效率已由不足80%提高到85.3%，实现节能27.28万吨标准煤。“油气地面工程技术研究与应用”重大科技项目形成超稠油火驱、重油、凝析气田、高酸性气田及油气混输等5大地面主体技术，研究建立油气田地面工程技术经济指标体系，圆满组织完成“十二五”后两年攻关工作。此外，规划总院参加的煤层气、低碳一期、海外、劣质重油等重大科技专项，牵头的节能节水关键技术研究、油气管道发展战略研究、分子炼油总体设计等重大科技项目，都完成攻关目标，顺利通过验收，得到委托方和专家的充分肯定。规划总院首次获集团公司“科技工作先进单位”称号。

（5）为集团公司生产运行提供支持。全面开展原油、天然气两个业务链的研究，研究成果对集团公司生产运行起到重要支撑作用。原油业务链优化持续深入，部分研究结论直接应用于排产计划，“成品油出口与外采关系研究”提出的成品油出口政策将在集团公司全面实施。开拓天然气业务链分析研究工作，建设天然气业务链一体化规划优化模型。继续发挥成品油市场需求研究优势，定期提报月度、季度、年度预测数据，结合市场形势变化和公司生产运行的需要，及时提出相关建议。加强天然气供需动态分析，月度供需预测正负趋势均正确，预测误差在3%之内。化工市场方法论的研究搭建产品消费需求预测模型和行业周期发展模型，提出的化工盈利仍处于高点的观点得到验证。

强化生产经营信息系统的运维管理，保证加油站、ERP、管道生产等系统运行平稳，2016年顾客满意度100%，未发生重大事件。组织制卡2085万张，为昆仑加油卡发行破亿奠定基础。

坚持依托信息化应用成果开展方案制定、效益分析和专题分析等工作；持续开展资源配置和一体化优化、装置平稳率分析等业务研究；建立数据分析与预测模型，提供业务发展预测与实时生产指挥支持；实现并开展微信、支付宝加油、移动APP服务等新业务，增加服务手段。深化APS系统应用，形成优化和效益测算方案8500个，仅降低柴汽比优化，就年增效2.6亿元。利用物流管理系统制定运输方案，支持主动配送，年降低运费10多亿元。优化销售ERP系统性能，报表自动生成速度提升8倍以上，实现万余条加油枪一键锁定、同步调价。

紧密结合集团公司发展战略调整、体制机制改革、组织机构重组等实际需要，及时完成相关专业应用系统整合、拆分、提升等工作，确保业务平滑过渡。完成投资项目一体化管理系统功能提升，及时开展天然气与管道ERP、管道生产管理等系统调整切换，有力支持区域客户划分、新型结算模式等业务变革以及天然气销售公司成立运营；支持辽宁销售、大连销售重组以及海南销售组织架构变更，快速调整系统功能，确保业务平稳运行。

（6）信息业务继续深化。重点围绕集团公司生产运行、财务管理及炼化、销售、天然气与管道等业务领域，稳步推进承担的重点信息化建设项目，在项目实施过程中强化质量与过程管理，采用敏捷管理等创新方法，快速推动业务需求实现。进一步规范信息安全管理制度，建立信息安全管理岗位职责，依托总院信息安全检测实验室，提高信息安全技术能力和手段。持续加强信息化与主营业务深度融合，在前期研究、系统实施、运行维护、软硬件自主研发、系统集成等方面，主动作为、勇于担当，全面支持集团公司业务发展和改革创新，为集团公司提质增效、转型升级提供有力支撑，总部各部门及各地区公司对我院的信息化业务客户满意度持续提升，获集团公司“信息化工作先进单位”称号。

（7）基础工作全面加强。加大对基础工作和创新基金的支持力度，2016年新立和完成基础工作和创新基金项目同比实现大幅增长。方法论建设方面，继续深化和完善全国成品油需求预测模型、国际油价短期预测模型，预测的准确性和解释性均有提高。超前研究方面，开展市场化条件下原油业务链生产经营优化价格体系及测算方法研究、中国石油成品油销售业务价格策略及价格参数等研究，充分体现规划总院对国家政策的敏感性。继续开展国内石化产品市场、油田地面工程现状跟踪、规划研究动态等研究工作，成果得到较好应用。

信息化基础建设与应用方面，积极开展桌面云建设，实现桌面、应用、数据从分散的个人电脑到集中存储，从桌面个人自由管控到集中有序安全管控的转变。发布虚拟桌面127台、用户60名，发布各类软件127款，基本满足办公需要。

牵头油气业务链优化重点实验室建设，参与物联网重点实验室建设。规划总院自建的信息系统检测实验室圆满完成年度软硬件集成测试、安全测试任务，自主研发移动支付等产品并在集团公司销售、炼油化工等业务领域得到应用。非金属管材检测实验室圆满完成二期建设，开展9000小时长期静水压测试。智能燃气实验室完成智能燃气表业务流程规范等技术要求和密钥管理等系统原型，研究成果逐步向实际应用转化。

（8）设计项目继续做精做强。开展19个项目的设计和工程总承包工作，为保持规划总院甲级设计资质、锻炼队伍培养人才做出贡献。承担中国石油管道断裂控制试验场2016年二次全尺寸爆破试验的工程设计、技术服务以及相关研究工作，保证X80、X90焊管全尺寸爆破试验及同沟敷设管道爆破试验的圆满成功。完成冷湖设施农业种植园EPC总承包工程项目，使生活在不毛之地高原上的群众吃到新鲜蔬菜。

（9）节能研究与标准管理和服务职能进一步发挥。紧密结合发展需求，进一步加大勘探、炼化、管道等重点业务板块的支撑力度。为集团公司总部机关、专业公司及地区公司提供节能节水统计、考核等管理决策支持。参加可行性研究报告节能篇审查和节能评估报告审查工作，保障新建项目的合理用能。充分发挥石油工程建设、NACE等标准化机构和学协会的作用，2016年新立国家、行业及集团公司工程建设标准制修订项目42项。主编完成1项国家标准、4项企业标准，参编2项国家标准、2项行业标准。

（10）继续为总部、地区公司和地方政府提供满意的技术支持服务。为总部机关提供技术服务，共完成总部交办的临时任务99项。以国内成品油市场需求预测为主要内容的信息，被办公厅采纳并上报国家有关部委办。

贯彻集团公司发展意图和理念，为地区公司提供服务。完成塔里木、浙江等油田公司，西部管道、西气东输等管道公司，云南、陕西、贵州、福建、浙江等销售公司，东南亚管道、加拿大步锐能源等海外公司，锦州、兰州等石化公司，京唐LNG项目部、江苏LNG等地区公司的前期研究。继续完成塔里木和西部管道现场服务和技术支持工作，强化规划总院现场服务窗口作用。

为了寻找更多发展机会，坚持为地方政府提供服务。完成“克拉玛依建设丝绸之路经济带核心区石油中心战略研究”“轮台县石油天然气及煤化工产业发展规划”“日照海右经济开发区总体规划”“新投康佳公司20万吨/年芳构化项目诊断评估”，完成广西广投委托的广西壮族自治区“十三五”天然气发展规划、需求分析等规划，研究成果均较好地满足地方的需要。

期刊《石油规划设计》新开信息化专栏，保证按时出刊。

【改革管理】 2016年，规划总院强化管理提升，坚持科学发展，促进质量效率，管理水平不断提高。

技术质量管理不断加强。组织开展ISO 9000、HSE、CMMI、ISO 20000和ISO 27001等管理体系的宣传贯彻培训、内外审、质量信息分析及利用、体系文件改进、应急演练、运维监督，组织接受CMMI复审并顺利通过获得认证，组织ISO 9000项目管理平台的上线试运行及完善，组织开展设计评审、“质量月”等活动，确保管理体系的适宜有效。评选院级科技进步奖30项，推荐并获国家及省部级奖励11项。申报知识产权21项，获技术秘密4项、软件著作权5项。保留GA2等4个等级的压力管道设计资质。

计划经营财务管理得到提升。发挥生产业务管理归口职能，生产运行管理井然有序。加强合规管理，严格招标程序，开展6批次18个项目的招标。经营管理稳步推进，超额完成2016年初确定的经营收入目标。全面实施纵向项目全成本核算，进一步加强科研项目成本管理和监督，积极做好纳税筹划，合理降低税务支出。内控管理、法律事务、合同管理、企业管理及综合统计全面提高。

人力资源管理持续强化。以项目部为依托，探索建立在京外招聘使用合作方员工的新模式。制定《规划总院专业技术岗位管理办法》，扎实稳步开展两级专家和各级工程师的岗位选聘工作，初步搭建专业技术人员职业发展的晋升通道。加强干部个人事项申报。在做好常规培训的同时，在员工英语应用能力提升、信息骨干人才出国培训等方面加大投入力度，取得较好的效果。制修订《中层管理人员管理办法》《员工请休假管理办法》等6项规章制度，不断提升人力资源管理的工作水平。

综合管理进一步规范。完成二里庄办公楼中央空调大修和升级改造工程，对办公楼新风系统进行空气净化改造。加强食品卫生管理，成立伙委会，不断提高食堂菜品质量。规范资产采购流程，加大装备资产的后续服务，及时购置和调配所需装备资产。强化风险管理，整体管控能力进一步增强。继续完善HSE管理，组织员工健康体检，完成日常医保报销，保密、审计、文秘、物业、单身公寓、绿化、计划生育、住房和土地、公务用车等管理进一步细化。重大活动组织及接待工作规范有序。狠抓安全工作制度落实，达到全年安全无事故，被评为海淀区消防、交通安全先进单位。

服务离退休人员更加贴心。积极开展“为党的事业和集团公司改革发展增添正能量”活动，认真落实老同志政治待遇和生活福利待遇。积极开展慰问走访，帮扶生病或困难的老职工，始终坚持提供亲情化、人性化服务，得到老同志的认可和赞许。

（吴小卫）

中国石油天然气股份有限公司石油化工研究院

【概况】 中国石油天然气股份有限公司石油化工研究院（简称石化院）是2006年6月在原股份公司炼油化工技术研究中心基础上组建的直属炼化科研机构。石化院下设兰州化工研究中心、大庆化工研究中心以及北京院部13个研究室，并对吉林、辽阳2个化工研究中心实行业务指导。

2016年底，有员工1166人，其中集团公司高级技术专家27人，教授级高工43人，硕士、博士494人。设博士点1个，博士后科研工作站2个，硕士点5个。设国家合成橡胶质量检验中心、中国石油化工专利信息平台、全国橡胶与橡胶制品标准化委员会合成橡胶分技术委员会、集团公司炼化专业标准委员会秘书处、股份公司化工清洁生产中心、化工产品质量监督检验中心、应对欧盟REACH法规技术支持中心等多个国家和集团公司、股份公司技术机构，编辑出版《合成橡胶工业》和《石化技术与应用》2种核心期刊。有重质油加工、清洁燃料、合成树脂、原油评价4个重点实验室以及催化裂化催化剂及制备工艺、聚烯烃催化剂与工艺工程、加氢催化剂与工艺工程、合成橡胶、化工催化剂评价等5个试验基地。有包括DCR、ACE、TREF、NMR、24通道催化剂制备装置、透射电子显微镜在内的数千台（套）仪器设备。固定资产原值达13.8亿元。

石化院主要从事炼油、石油化工工艺和催化剂研发，合成树脂和合成橡胶等新产品开发，炼化节能环保技术开发、炼化产品标准化和质量检测、炼化知识产权研究、炼化科技信息研究、炼化科技人才培养等。

【发展规划】 2016年，石化院发展目标：建设特色鲜明、优势突出、竞争力强的一流石化院。发展定位：一部三中心。即炼化业务决策参谋部、炼化高新技术研发中心、炼化业务决策支持与生产技术服务中心、炼化高层次科技人才培养中心。发展方向：五个紧密结合。即紧密结合集团公司炼化业务发展需要开展科研工作、紧密结合炼化企业生产经营实际开发新产品、紧密结合炼化企业生产经营需要做好技术服务、紧密结合国际国内科技发展趋势加强前瞻性基础性及颠覆性技术研究、紧密结合集团公司和部门需求做好决策支持工作。安全环保理念：安全环保是研发首要条件、安全环保是石化院核心利益、安全环保工作具有最高优先权。

【技术研发】 汽油、柴油质量升级成套技术研发及应用成果突出。完成国Ⅴ标准汽油、柴油质量升级及国Ⅵ标准方案制定。DSO/GARDES技术在四川石化、塔西南石化等17套汽油加氢装置应用，总生产能力1458万吨/年，约占同类装置的60%。PHF技术在庆阳石化、塔西南石化等14套柴油加氢装置应用，总生产能力2020万吨/年，约占同类装置的33%。柴油加氢改质催化剂（PHU-201）在乌鲁木齐石化180万吨/年装置一次开车成功。LNE技术在大庆炼化等6套催化轻汽油醚化装置应用，总生产能力205万吨/年。配合23家企业制定国Ⅵ标准汽油、柴油升级方案，为新一轮质量升级打下坚实基础。

优化柴汽比工作卓有成效。组织精兵强将到17家炼化企业的装置运行生产一线，实行“一对一”技术服务，为企业制定“一厂一策”优化柴汽比工作方案，柴汽比从1.62降到1 .37，为集团公司炼化业务提质增效做出贡献。

渣油加氢成套技术研发及应用取得可喜成绩。PHR系列催化剂在大连西太平洋石化工业应用试验通过验收，成套技术通过成果鉴定，PHR系列催化剂脱硫、脱氮、脱残炭、防止床层压降升高4项性能优于进口剂，脱金属剂性能相当，总体技术性能达到国际先进水平，为即将在格尔木炼厂、大连石化推广应用奠定基础。

重油加工技术研发及应用取得新进展。积极推广高液收延迟焦化新技术，完成加拿大油砂沥青供氢热裂化、延迟焦化和溶剂脱沥青—热裂化组合工艺技术中试研究。完成抚顺石化240万吨/年延迟焦化装置工艺技术优化中试评价。

重整与芳烃技术研发取得新进步。完成连续重整催化剂放大准备工作，具备工业放大条件。PAI-03乙苯转化型碳八芳烃异构化催化剂完成小试研究，工艺技术指标达到国际先进水平。完成PAI-01型催化剂在辽阳石化25万吨/年异构化装置的二次再生及开工技术服务，装置稳定运行。

催化裂化催化剂新材料研发及应用增效显著。完成2个新材料（富B酸无序多级孔载体材料APM-7

和高活性低晶胞分子筛 HASY-8）和 7 个工业牌号催化剂的工业转化。催化裂化催化剂自主技术产品比例达 90.8%。开发的 5 个牌号催化剂在 8 套装置上应用，累计增效 3 亿元以上。

高档润滑油特色产品技术开发成绩突出。自主开发 5000 吨 / 年低黏度 PAO 成套技术工艺包，产品性能达到国外同类产品水平。开展高收率低黏度军用合成油技术研究，开发专用催化剂，收率达 80% 以上，各项指标均达到军用基础油技术要求。

化工重点催化剂研发及应用再上新台阶。镍系裂解汽油一段加氢催化剂在吉林石化、四川石化、抚顺石化等装置上应用，成为主流裂解汽油一段加氢催化剂。裂解汽油二段加氢催化剂中标北方华锦，系统内占有率达 92%。碳二后加氢催化剂在大庆石化国际公开招标中，凭借优良的性能成功中标。新开发的碳四炔烃加氢催化剂，在抚顺同益石化成功实现工业应用。开发出世界首创的单反应器双峰铬系催化剂。成功开发出极低密度聚乙烯（VLDPE）生产技术，实现聚乙烯生产技术重大突破。淤浆工艺聚乙烯催化剂（PSE-CX1）在大庆石化实现工业应用，综合性能达到国内领先水平。茂金属聚乙烯催化剂（PME-18）在中试装置长周期试验成功，综合性能达到进口剂水平。气相法聚丙烯催化剂（PC-1）在广西石化完成首次工业试验，生产出合格 L5E89 产品。气相醛加氢催化剂首次在中石化齐鲁石化及山东利华益集团应用，装置均开车一次成功。球形聚丙烯催化剂（PSP-01）批次生产任务如期完成，主要性能指标达到进口剂水平。己烯 -1 成套技术在独山子石化平稳运行，每年可为企业降低原料成本 2 亿元以上。

碳一化工和生物能源技术研发稳步推进。完成钻井液用高档合成油生产技术开发的全部研究内容，达到技术指标要求。航空生物燃料生产技术研发取得可喜进展，完成加氢脱氧催化剂制备，确定吨级连续精炼装置的流程。

环保新技术研发及应用取得重要突破。完成“FCC 再生烟气脱硝（SCR）催化剂及工艺成套技术”和“环保型超重力液化气深度脱硫（LDS）成套技术”2 个项目的成果鉴定，总体评价达到国际先进水平。“环保型超重力液化气深度脱硫（LDS）成套技术”为世界首创。2 项技术先后在庆阳石化成功应用，推广应用前景广阔。

超前及前瞻性技术研发富有成效。加大顶层设计和规划力度，加强与有关大学、科研院所的合作，与中国科学院大连化学物理研究所签订协议，联合成立“能源化工联合研发中心”。分别与中国石油大学、中国科学院化学所、过程工程研究所签订技术合作协议，充分利用“石油化工联合基金项目”，开展基础性前瞻性研究。年投入 500 多万元、新设 70 多项院级探索项目，促进青年科技人员的成长，增强发展后劲，提升自主技术创新能力和水平。

【新产品开发】 2016 年，石化院紧密结合炼化企业生产经营实际，发挥“产销研用管”五位一体联合攻关机制，坚持“体系化、平台化、系列化、定制化”原则，坚持由协助服务开发向自主开发转变、由跟随开发向自主超越开发转变，组织开发技术含量高、销量规模大、经济效益好的化工新产品。突出低气味料、医用料、管材料、抗冲聚丙烯专用料等重点产品的研发，相继开发医用料、IBC 桶料、RTP 管内衬专用料等 62 个牌号（49 个自主牌号）化工新产品，产量 92.4 万吨（自主牌号 46.8 万吨），为企业增效 4.5 亿元。其中，医用输液瓶专用料 RP260 制品，取得国家药检局、食药监总局认可，成为国内首个可商业化生产的医用聚烯烃产品；大型液态化工品容器（IBC 桶）专用树脂产品及制品，通过 11 项国际认证，并通过德国全面性能检测。与管研院签订全面合作协议，共同开发油田用非金属管材。开发合成橡胶 9 个牌号新产品，累计生产 5.43 万吨，创效 1483 万元。为固特异公司、贵州轮胎厂、金宇轮胎厂、安徽中鼎定制橡胶产品，达到指标要求；丁腈橡胶实现全面环保化，生产 4.5 万吨，全产全销。

【成果专利】 2016 年，石化院研发方面形成“催化汽油选择性脱硫 / 改性（DSO、GARDES）成套技术”“加氢裂化成套技术”“高效聚丙烯催化剂（PSP-01）技术”等一系列重大成果，在催化裂化催化剂、汽油柴油加氢催化剂、加氢裂化催化剂、高档润滑油基础油加氢异构催化剂、石蜡加氢催化剂、乙烯裂解产物催化剂、丁苯橡胶和丁腈橡胶等技术研发方面达到国内领先水平。2016 年获省部级以上科技奖励 29 项。其中，“大型乙烯装置成套工艺技术、关键装备与工业应用”获国家科学技术进步奖二等奖。汽油质量升级成套技术、渣油加氢成套技术、聚烯烃医用料开发获中国石油十大科技进展。申报专利 311 项、授权 229 项；制定国际标准 1 项，新立项国际标准 4 项，制修订国家、行业、集团公司标准 41 项。

【技术服务】 2016 年，石化院紧密结合炼化企业生产经营需要，全力为炼化企业装置安稳长满优运行做好技术服务，得到高度肯定。加强技术服务体系建设，构建“产销研用管”机制，贴近服务企业一线，促进技术服务能力和水平的提升。相继建立西南、华北、西北技术服务站，与销售企业签订技术服务协议，全力为炼化企业优化运行、降低成本、提质增效做好技术服务。全力为广西石化、抚顺石化、四川石化等提供技术服务，开发专用料等拳头产品。为大庆石化、兰州石化等7家企业提供产品加工优化服务，为22家企业提供化工产品认证服务等。为大庆石化、四川石化做好原油评价、裂解炉优化，降低成本。加强知识产权管理，完成国家知识产权局下达的“中国石油炼化领域专利价值评估系统”项目验收。

【科研管理】 认真践行“四有工作法”，不断加强制度体系建设，加强合规管理，全院整体管理水平进一步提升。加强和完善制度体系建设，强化制度的有效落实。加强内控管理、合同管理、保密管理、资产管理、投资与预算管理，强化科研全过程管理、物资采购管理，整体管理更加科学高效。制定和实行周一科研周例会制度，统筹协调，及时解决科研工作中存在的问题，实现各部门、各单位间的无缝衔接，有效提升科研管理工作效率和水平。编印125万字的《石化院管理制度选编》（上下册），促进基础管理的制度化、规范化、有形化。加强合规管理，成为集团公司首批合规管理系统的上线单位，2016年未发生违规违纪事件，石化院合法合规运行。强化QHSE体系建设，加强安全检查和隐患治理，开展灭火演练，产品质量合格率100%，实现安全平稳运行。

【基础建设】 2016年，石化院完成90多台（套）设备的公用工程条件配置、安装和调试。具有国际先进水平的24通道加氢催化剂制备系统等4套装置，陆续配备投用。完善物资采购管理信息系统等，加强科研仪器设备的配置及材料采购。完成核磁共振波谱仪、多通道快速评价装置等754台（套）仪器设备的采购，完成16通道高压加氢评价实验装置、浆态床加氢评价中试装置等5台套装置的招标。加强仪器系统的完善改造。聚丙烯气相反应器系统改造项目顺利完成。加强院区环境绿化，改善办公条件，为员工创造良好工作环境。

【党建工作】 2016年，石化院全面加强党的建设、班子建设、队伍建设、企业文化建设，为科研中心工作提供坚强保障。深入开展“两学一做”学习教育，顺利完成党组织的换届改选，党组织机构进一步健全，党的建设进一步加强。充实石化院两级领导班子成员，石化院领导班子建设获集团公司A级评定。注重和加强对青年科研骨干的培养，实行周五学习活动制度，聘请国内外知名院士、专家授课，全员参与，推进员工素质整体提升。深入开展“重塑中国石油良好形象”大讨论活动，强化文明礼仪及定置摆放的执行，企业文化建设再上新水平。在《院报》、院门户网站及电子屏上，加大对科研一线先进典型和个人的宣传，积极营造“千人一心谋发展、人人争当排头兵”的科研氛围。真心关爱员工，走访慰问困难员工、患病员工和家属、离退休老同志，做好员工健康体检、员工就餐、加班员工食住行等事宜的安排，积极开展文体活动等，员工凝聚力、向心力进一步增强，员工满意度进一步提升。

（姚士文）

中国石油集团经济技术研究院

【概况】 中国石油集团经济技术研究院（简称经研院）前身是成立于1964年的石油工业部科技情报研究所，设19个二级单位，合同化员工217人。其中在岗局级领导6人，处级干部42人；合同化员工中硕士、博士126人，占在岗人数58%；教授级高级职称14人，副高级职称85人，共占合同化在岗人数45%；中级职称67人，占31%。

2016年是经研院高端智库建设的起步之年。承担科研项目166项，科研总量2.26亿元，圆满完成各项任务，实现“十三五”的开门红。

【高端智库建设】 服务党和国家工作大局，高端智库建设稳健起步。建立健全高端智库运行体系，出台智库章程、智库管理、经费管理、成果奖励等制度，成立由孙龙德副总裁任主任、20余位权威专家组成的智库学术委员会。紧紧围绕能源生产与消费革命、“一带一路”油气合作、中国油气发展、央企创新驱动、油气市场化改革等一系列重大热点、焦点问题，开展12项智库课题和大量咨询任务研究。上报全球能源治理、油气管网、原油期货、天然气发展、海外形象塑造等智库报告20期、智库动态29期，其中天然气价改和能源展望2份智库报告得到张高丽副总理重要批示。作为副理事长和副秘书长单位加入央企智库联盟，作为能源局的研究咨询基地，定期参加能源局组织的能源形势会商和专题分析会，深度参与国家“十三五”能源规划，参与油气体制改革方案研究、京津冀“十三五”能源规划编制和省级能源规划审批管理政策制定，积极承担国家发改委、国务院国资委、财政部等部委研究任务，大批专题研究成果被采纳。承担的国家重大科技专项“大型油气田及煤层气开发”2项课题高分通过验收。参与完成的“‘十三五’能源发展基本思路及措施”“中国能源展望2030”获国家能源局软科学优秀成果二等奖，牵头完成的“‘一带一路’油气合作战略研究”获三等奖，4篇论文获行业部级一等奖，被上海社科院智库研究中心评选进入中国最具影响力智库阵营，为集团公司重塑良好形象、提升软实力做出积极贡献。

【集团公司决策支持】 服务集团公司改革发展，决策支持作用有效发挥。密切围绕集团公司关心的重大问题、热点问题开展深入研究，报送的缅甸局势及影响、炼油业务挖潜增效、法国Technip与美国FMC公司合并、GE并购贝克休斯、科技体制机制改革等研究报告，获集团公司领导批示15人次。受公司领导直接安排开展低油价下应对策略、天然气业务发展路径、双西公路LNG车用燃料市场潜力等多项研究，提交的公司管理体制机制改革、区域协调机制、核心价值理念体系、非油品业务发展等报告发挥重要的决策参考作用。在集团公司周、月、季度等各类生产经营会议上提出的多项建议获得领导重视并采纳，上线运行的成品油市场情报系统2.0版为公司市场营销工作提供有力支撑。专利、成果、期刊等科技服务工作以及网站、数据、实验室等信息化服务工作获得总部机关高度评价。协助筹备首届集团公司科技与信息创新大会，并作为唯一一家软科学研究单位作典型发言。整合优势特色资源，以能源展望、油气行业发展、能源（油气）科技进步展望、大数据成果、专利产业化、科技成果贡献率、品牌建设与软实力提升、劳动生产率分析等8大报告为核心的品牌产品体系建设初见成效。首次获集团公司“‘十二五’科技先进单位”“信息化先进单位”和“‘十三五’规划工作先进单位”等称号，“加强中央企业技术创新体系建设战略研究”获集团公司科学技术进步奖二等奖，“集团公司创新商业模式研究”获集团公司软科学优秀奖，企业社会责任报告和技术有形化宣传片分别获“金蜜蜂优秀企业社会责任报告”长青奖和北京科技声像作品“银河奖”，26项科研成果获院级科技奖励，决策影响力和科研成果质量持续提升。

【人才队伍建设】 加大人才开发力度，队伍整体素质和活力持续提升。全面开展专业技术岗位序列工作，围绕专业技术序列的岗位设置、任职条件、选聘程序、职责权利等重点问题，制定和修订系列规章制度，推荐集团公司高级技术专家6名，产生院一级专家9名、院二级专家14名、后备与特聘专家8名以及各级工程师144名，为科研人员打造独立、畅通、稳定的职业发展通道，初步搭建起创新型团队框架。推进学科团队与研究课题矩阵式管理，通过“传帮带”与压担子、专业化学习与综合性锻炼相结合，个人业务水平和团队研究能力进一步提升。优化培训体系，注重培训实效，组织各类培训86项、1200余人次。推荐1名享受政府特殊津贴专家，推荐多名专家担任新华社特约经济分析师，派出一名青年骨干到国际能源署（IEA）工作学习，安排通用电气（GE）访问学者来院工作，继续完善新员工入职教育和基层锻炼方式。

【信息化建设】 大力加强信息化建设，智能化水平不断提高。制订下发经研院“十三五”信息化建设规划，明确建设“智慧经研院”的发展目标和路径。集团公司重点实验室“油气市场模拟与价格预测”的申报获得通过、海外油气投资环境实验室高效运行，发展战略、石油科技研究实验室建设取得重要进展，能源统计、油气市场、石油公司等20个专业数据库以及油价预测、油气供需预测、海外投资风险预测等模型工具显著提高定量分析水平。首个集团公司大数据建设项目系统开发基本完成，初步搭建起全球能源信息池框架，经研院数据库集群获“中国能源企业信息化管理创新奖”，管理工作平台进一步推广运用，有效提高管理工作效率，促进科研工作方式转型升级。

【合作交流】 积极推进交流合作，对外影响力和话语权进一步增强。着力强化高端会议的引领和传播效应，成功举办第四届国际油气发展研讨会，成功举办行业报告、能源展望、石油科技发展与展望三大发布会以及十大科技进展、十大石油经济事件评选会，与哥伦比亚大学、国家发改委能源研究所共同举办中国中长期石油需求展望研讨会，联合承办中国—IEA合作20周年研讨会、化石能源转型分论坛、全国石油经济学术年会等大型会议以及中日、中韩成果交流会，首次举办经研院科技周活动，得到业界的广泛好评。全面搭建智库合作平台，与国土资源部油气资源战略研究中心、沙特国王石油研究中心签订战略合作协议，与亚洲、北美、中东等多家国际研究机构联合开展低油价应对策略、亚洲天然气市场等课题研究。积极走向国际舞台，智库首席专家孙贤胜当选国际能源论坛第四任秘书长，钱兴坤当选石油天然气专业委员会秘书长，派出专家出国（境）交流48个团组、108人次，在G20能源部长论坛、剑桥能源年会、国际油气大会、亚太石油大会、中美油气工业论坛等一系列国际会议上，就全球能源安全、化石能源价格以及中国油气发展等热点问题发表演讲。不断丰富对外交流网络，接待IEA、电子工业协会（EIA）、BP、丰田公司、斯坦福大学以及中国社会科学院、上海油气交易中心等机构49个团组、223人次的来访。主动发挥舆论引导作用，首次与新华社联合发布中国成品油价格指数，全国“两会”、G20杭州峰会前夕在新闻媒体上发言发声，接受新华社、中央电视台、《中国能源报》等媒体专访，发表的文章、报告得到业内高度关注，行业影响力和话语权持续增强。

【合规管理】 坚持依法合规管理，发展基础更加牢固。认真贯彻民主集中制原则，严格执行“三重一大”决策制度，进一步调整完善院领导分工，院领导班子每位成员均负责一路管理工作，重大事项和重要工作均上会讨论，充分发扬民主、广纳集体智慧。加强内控、审计与合规监察，完成营改增和ERP2.0系统上线工作，配合国家审计署、集团公司审计部分别开展专项审计、离任审计，组织科研项目经费自查和经营公司内审工作，科研项目外协、招投标、合同管理进一步规范，内控例外事项大幅减少，杜绝事后合同，项目预算符合率和资金计划完成率均符合要求，积极推进“三供一业”移交分离工作。经营公司狠抓规范管理，积极参与智库建设，强化服务质量，经营业绩稳步提升。继续加强安全稳定保密工作，全年未发生一起事故。

【党建工作】 充分发挥政治优势，党建思想政治工作持续加强。成功召开第二次党员代表大会，选举产生新一届党委和纪委，明确今后一个时期全面从严加强党的建设、推进高端智库建设的总体思路和具体举措。党建工作与智库建设紧密结合，扎实开展“重塑中国石油良好形象”大讨论活动、“三严三实”专题教育和“两学一做”学习教育，持续抓好专项巡视整改，组织党委中心组集中学习18次，各支部学习、研讨150余次，举办支部书记培训班，召开庆祝建党95周年表彰大会，多家单位和个人获集团公司和院级荣誉称号。加强党建工作制度化，深入落实支部选举、“三会一课”等制度，首次开展支部书记述职，完成党员关系排查和党费收缴工作，换届改选并健全基层党组织，发展党员1名、转正党员3名，有效发挥民主党派的作用。推进党风廉政建设和反腐败工作，认真组织贯彻中央八项规定精神、纠正四风自查，积极整改集团公司监察建议书，逐级签订《党风廉政建设责任书》281份，完善干部考评体系，严格落实个人事项报告等各项规定。配合集团公司新建舆情监测分析团队和网络评论团队，探索新闻宣传工作新模式。组织开展联欢会、植树健步走、篮足球、羽毛球、游泳、瑜伽、摄影等10余项丰富多彩的文体活动，在直属工会歌咏比赛中获二等奖，“科研杯”够级比赛中再获冠军，首届新媒体创作大赛上获漫画作品一等奖，直属机关游泳比赛获一金、二银、一铜的好成绩。持续开展“三关心”活动，定期开展慰问、健康体检，调整员工就餐标准，组织为重病员工捐款，帮扶慰问离退休老党员、老同志和困难员工37人次，经研院上下勇于担当、奋发进取的文化氛围更加浓厚。

（刘　佳）

中国石油集团钻井工程技术研究院

【概况】 中国石油集团钻井工程技术研究院（简称钻井院）是集团公司直属科研机构，被集团公司确定为“中国石油海外钻井完井技术中心”，是人力资源和社会保障部批准的“博士后科研工作站”，国家发改委评定的“油气钻井技术国家工程实验室”。成立于2006年3月。2010年4月29日股份公司决定，设立中国石油天然气股份有限公司钻井工程技术研究院，与中国石油集团钻井工程技术研究院合署办公。钻井院设6个职能部门、9个研究机构、1个机械制造厂、2个公司和1个实验基地。2016年底，员工总数746人。其中，直接从事科研工作人员364人，中国工程院院士1人，集团公司技术专家11人；博士、硕士研究生261人，大学本科343人，本科以上学历占81%；教授级高级工程师33人，高级职称人员263人，高级职称以上人员占47%；中级职称人员196人，占31%。

钻井院发展定位为集团公司钻井技术参谋部、钻井高新技术的研发中心、国内和海外钻井生产的技术支持与服务中心、钻井高新技术产业化基地。具备承担国家和集团公司重大科研攻关项目的能力，重大工程现场技术支持能力，硕士研究生以上高学历和高层次专业技术人才培养能力，钻井最前沿专项技术、装备的研发能力以及技术服务能力。特色技术有：井下控制工程技术、欠平衡（气体）钻井技术、套管钻井技术、分支井（大位移水平井）钻井技术、膨胀管（波纹管）技术、连续管作业 / 钻井技术与装备、钻机配套的机电液一体化装备、钻井液与储层保护技术、完井固井技术、煤层气（新能源）钻完井技术、储气（油）库工程技术等。

2016 年，获国家技术发明奖二等奖 1 项，集团公司及省部级科技奖励 10 项，国家专利优秀奖 1 项，集团公司年度十大科技进展 1 项，并获股份公司年度油气勘探贡献奖。申请专利 130 件（含国内发明 81 件、PCT 国际专利 2 件），获授权专利 103 件（含国内发明 46 件、PCT 国际 2 件）。发表各类论文 148 篇（含国际 23 篇），出版专著 8 部（含 3 部论文集）。完成 33 项标准制修订（含国家标准 3 项、行业标准 7 项、集团企业标准 7 项、院级企业标准 16 项）；承担 ISO 10424-1 国际标准《旋转钻柱构件》的修订工作。

【科研成果】 2016 年，钻井院承担科研课题 72 项，其中国家课题 19 项，集团公司、股份公司课题 53 项。在原有技术积累的基础上，有 9 项科研工作取得重要进展。

油基钻井液技术在塔里木山前成功应用。研发形成抗高温高密度抗饱和盐水油基钻井液技术，实现抗高温 220 摄氏度，最高密度达 2.6 克 / 厘米^3，具有在高密度条件流变性和沉降稳定性好的特点，在塔里木油田成功应用。研发环保型强抑制剂和抗高温环保型润滑剂等产品，现场应用效果良好。

高速大容量信息传输钻杆系统现场初试成功。完成调制解调器定型以及 1000 米工业样机的研制，在吉林油田成功进行现场试验，系统钻进 422 米，实现信息钻杆系统全井段通信，初步建成有缆钻杆的小批量生产线。

连续管水射流钻径向水平井技术取得新进展。研制能与常规连续管作业机配套使用的井下工具与地面系统，形成能适应多种井筒的套管钻孔技术，在青海油田施工 5 口井，增产效果显著，与国外技术同台竞技优势明显。

大压差条件下固井综合配套技术研制成效显著。现场应用 23 井次，解决生产过程中水泥石高强度衰退问题，保证施工安全及固井封固质量，为深层油气资源及非常规油气资源的勘探开发提供技术支撑。

智能司钻导航仪在玉门油田实现全面推广。现场应用 50 余井次，机械钻速同比提高 18.4%—46.8%。

随钻地震波测量技术取得新进展。在地震波测量方法、井地精确同步计时以及井下微弱信号检测等方面取得重要进展，形成 1 套下井样机，突破 4 项技术难点。

钻井工程设计软件功能进一步完善。新增数据库自动迁移等功能，形成功能全面的钻井工程设计软件；在西南油气田等单位完成 326 井次钻井设计。

膨胀管技术应用取得新突破。形成膨胀管单段等井径封堵技术和膨胀管完井技术，为封堵恶性井漏提供一种全新有效的解决方案。先后在西南、塔里木和新疆油气田成功应用。

致密油气连续管侧钻钻井技术与装备研究。完成总体方案设计，开发 15 万磅注入头；成功实现连续管穿电缆试验，填补国内空白，为中国连续管有缆测井、增产改造，尤其是连续管定向 / 水平井钻井提供有力的技术保障。

【技术支持】 2016 年，钻井院围绕集团公司重点工程和重大试验项目，发挥决策参谋和技术支持作用，凸显多项技术支持亮点。

发挥集团公司机关的参谋支持作用。面对低油价带来的挑战，及时跟踪国际、国内油气勘探开发需求变化和工程技术现状，进行科学分析和研判，提出工程技术对策、技术路线与发展建议；继续发挥专业技术优势，在战略研究、重点工程提速提效、重大项目顶层设计、工程服务队伍管理等方面提供支持；学习国内外优秀同行的成功管理经验和体制机制，分析“一个整体两个层次”科研体系的战略意义和实践价值。协助政策研究室、工程技术分公司完成 2 项战略研究；参与科技管理部、勘探与生产分公司等组织的 21 个参谋支持项目，完成集团公司 2 个重大项目的顶层设计。

面向重点地区和重点工程，提供技术支持保障。针对塔里木、西南、新疆、青海等油气田的钻完井难题开展技术支持工作，为重点工程提速提效出谋献策，取得显著成效。积极参与川渝页岩气技术支持，推进页岩气开发进程。加大对煤层气公司、各储气库建设单位的支持力度，行业地位得到巩固和发展。面向海外勘探开发公司总部，为海外项目战略决策、安全快速钻完井和复杂事故处理提供重要支持。密切跟踪海外钻井动态，提出持续优化井身结构建议，为阿克纠宾、阿姆河右岸、乍得、伊朗北阿扎德甘二期等项目提供钻井方案。跟踪分析海外项目钻完井现状，推荐钻井院精细控压钻井、抗高温高密度油基钻井液、膨胀管、固井等十余项新技术现场应用，取得良好效果。

承担集团公司工程技术资质评价中心、设备监理资格评审办公室、工程技术专标委秘书处职能等工作。协助完善资质管理体系，配合做好企业和队伍的资质审核及证书管理；发挥石油钻井工程专业标准化委员会秘书处职能完成1项国家标准编制、5项行业标准审核、9项国家标准复审、76项行业标准复审。

【经营服务】 2016年，受低油价的影响，在工程技术服务业务锐减、机械装备市场萎缩的不利环境下，钻井院立足科研优势，与新疆油田、煤层气公司、吉林油田、辽河油田等单位签订战略合作框架协议。积极拓展市场，不断加快新技术成果的推广应用，努力增加成熟产品的市场占有率，继续保持产业经营的平稳发展。

钻井液技术服务依托自主研发技术和自研处理剂，2016年获得产业和技术服务合同36项。复杂井固井技术服务2016年完成现场试验、技术服务与支持113井次。控压钻井技术服务成功进军致密砂岩气服务市场，在山西完成4口致密砂岩气井的技术服务，效果良好；持续跟进海外市场，参与印度尼西亚项目招标。储气库优快建库技术服务在国内首次开展盐穴定向井建库技术试验并取得成功，开发出2套井筒检测工具样机和软件，井筒环空带压检测与评价能力提升，现场服务22井次。远距离穿针工具突破高温限制，成功应用于地热井钻井，拓展老井改造技术服务，提高煤层气采收率。

机械装备市场方面，钻井院北京石油机械厂根据钻探工作量和装备投资大幅减少的实际，积极调整营销策略，加强市场攻关，有效保证顶驱、液控等重点产品的市场占有率，其中顶驱装置在四川、新疆等地累计租赁服务1650台日。积极发挥战略合作关系，推进近钻头地质导向钻井系统在吉林、大庆、延长等油田现场服务，新签订合同2515万元。紧跟市场需求，持续推进传统产品升级换代，加快螺杆钻具、液控装置等的新产品研发，不断扩大市场占有率。

钻井院江汉机械研究所通过市场开拓，继续保持检测服务、水处理装置等传统业务的效益发展。连续管作业技术服务紧跟油田需求，提升服务质量，守住内部市场，2016年投入连续管作业机制造生产13台（套），提供现场售后服务65次，完成428井次的工艺工具应用。连续管水射流钻径向水平井等技术现场应用取得重要进展，产品影响力进一步扩大。

钻井院康布尔公司的设备监测评估和监理业务在坚守原市场的同时，积极开拓科威特、乍得等海外市场，为中油技开海外销售钻机提供技术支持和服务。采油及场站集输设备业务量明显增加，2016年完成各类设备监理4600台（套），实现收入逆势增长。

【科技创新体系】 2016年，钻井院坚持把科技创新体系建设作为支撑发展的重点，在实验室、人才队伍和学术环境建设等方面取得重要进展。

加强实验室建设，完善科技研发平台建设。钻井院牵头的油气井钻井技术国家工程实验室被列入国家发改委公布的国家工程实验室名单，成为中国石油3家入围实验室之一。其中，固井水泥浆实验室和钻井液实验室的实验能力获得中国合格评定国家认可委员会（CNAS）认证资质。实验室2016年完成岩心力学评价、钻井液处理剂、水泥浆添加剂、检测工具测试和功能模拟等各类试验2000余次，为现场支持、技术开发和工具研制提供强有力的数据支撑。

加强人才队伍建设和管理，持续提升人才保障。继续加强专家队伍建设，开展2016年高级技术专家聘任及增补工作，新聘任专家5人。协助集团公司开展高级技术专家年度考核和职业素养测评，组织技术专家学术交流。加强专业技术人员管理，进一步完善考核激励机制。继续开展与勘探院研究生部和中国石油大学（北京）联合培养硕士、博士研究生工作，钻井院在读硕士、博士研究生达86人。加强导师队伍建设，新增聘任硕士生导师13人、博士导师1人。加强培训与交流，组团前往GE公司上海研发中心和苏州工厂参观交流，并邀请GE公司专家来钻井院做科技创新体系专题讲座。加强中层干部领导力提升，分10期组织30名处级干部参加集团公司培训，进一步丰富领导干部现代管理知识，提升履职能力。积极参加集团公司组织的赴美局级干部GE领导力培训、德国西门子管理培训、国际化人才培训、专家进修、青年骨干培训、PMP项目管理等学习培训。加大业绩考核激励，通过持续深化专业技术序列改革和职称改革，逐步建立起一套科学的考核评价、动态管理和选人用人工作机制。完善业绩考核和薪酬激励体系，规范“科技成果奖”“重大科技进展奖”“知识产权奖”“院长奖励基金”“科研产业创效奖”等评奖范围和评奖办法，充分发挥绩效考核的导向和驱动作用，增强创新活力和发展动力。

加强对外交流，战略合作和学术研讨提升新水平。继续加强与战略合作单位在精细控压钻井、钻井液设计、高速信息传输钻杆等领域的合作，实现互惠双赢。加强对外交流，同大庆油田、新疆油田、GE公司、印度石油公司等30多家目标客户进行技术交流，接待包括伊朗国家石油公司、休斯敦研究中心等80多批客人到钻井院考察交流，在互通信息的同时，提升钻井院的知名度和影响力。积极开展学术研讨交流，举办中国石油、中国石化、中国海油“首届油气井工程直属研究院学术报告会”；安排40余人次出国参加SPE钻井技术会议、国际石油技术大会等国际学术交流会议；邀请清华大学黄克智院士、壳牌公司金亮博士等专家学者到钻井院做讲座。通过广泛交流，促进合作，开阔视野，营造良好的学术研究和科研创新环境。

【科技改革】 2016年，钻井院落实集团公司部署，三项改革取得显著成效。

持续深化专业技术序列改革。在全面完成专业技术岗位评聘的基础上，组织开展岗位评估论证工作，制定《专业技术岗位序列集团高级技术专家岗位设置方案》。为加强岗位人员管理，促进更好履职和提升业绩，修订《专业技术岗位人员考核管理办法》，建立考核评价和动态管理机制。持续扩大专业技术序列改革成果，积极探索推行“去行政化、组建研发团队”的科研管理模式，营造更加开放、公平的科研环境，充分释放科技人员潜力和动力，进一步增强科研人员、特别是年轻科研人员的积极性、主动性和创造性。

积极参加集团公司职称改革。作为集团公司职称改革第一批（共2家）试点单位，首次具备钻井、机械专业副高级职称自主评审权。首次对教授级和副高级职称采取在线评审。加强青年人才培养，落实45周岁及以下未担任副处级及以上职务、专业技术工作业绩突出人员参评教授级职称的倾斜政策。对扎根基层站队和生产车间的专业技术人员，逐步探索制定不同职称外语水平要求的倾斜政策。

继续推进完全项目制改革。钻井院作为集团公司第一批完全项目制试点单位开展探索研究，取得积极的成效。“遁甲钻探器关键技术研究”项目通过近2年的探索试点，管理模式基本形成，得到集团公司主管部门和领导的高度认可。运行管理减少层级，赋予项目经理更大的责权，打破行政壁垒，提高管理效率。考核方式更加科学，调动科研人员的积极性，创新氛围更加活跃，创新环境更加宽松。引进失效模式及危害性分析（FMECA）风险评估工具、技术成长评估方法等先进的科研管理工具，进一步提高科研质量。钻井院承担的“高研磨地层高效破岩新技术新方法新材料研究”项目被纳入第二批试点范围，试点工作有序开展，完成团队建设，明确岗位职责和责任管理，引入技术成熟度（TRL）评价方法，制定项目运行管理制度，研究确定项目考核指标体系，并进行考核。为积极推广项目制经验，增加9个项目组，总数12个。其中，“钻井工程一体化软件”和“钻完井工程地质一体化技术”2个项目组是对项目管理的创新，属于学科性项目，按照项目制管理模式运行与管理。通过项目制改革，有效提高科研的质量和速度，促进管理体制机制变革和科技资源共享。

【基础管理】 2016年，钻井院重视资质管理和体系建设，开展管理创新，加强制度建设，完善组织体系，强化基础管理，狠抓执行落实，为科研生产提供有力保障。

加强资质办理，畅通科研产业推广通道。钻井院成功取得国家高新技术企业资格，成为国家重点支持的高成长性企业。成功办理长城钻探、渤海钻探、大港油田、吐哈油田等技术服务市场准入证和物资类入网资质8项，正在申请办理工程技术服务类企业（钻井液类）资质、集团公司物资供应商准入证和安全生产许可证。

加强以体系建设为主体的基础管理工作，发挥科研生产的服务和保障作用。持续开展ISO 9000质量管理体系建设、ESE健康安全环境体系建设和内控体系建设，全面推进合规管理。严格执行集团公司合同管理、物资采购、运营管理及财务结算等工作制度。加强科研管理过程控制，推进项目进展，提高科研质量。加强招标和合同管理，规范审批流程。加强保密管理，完善硬件配置。加强信息化建设，提供安全快捷保障。建设科技管理和OA电子公文系统，提高办公效率。提出多项具体措施开展开源节流降本增效，完善全面预算管理，有效控制确保现金流安全平稳。加强清欠力度，合理进行税收筹划，全年节约税费支出780万元。改版钻井院门户网站，完善功能建设。规范外事、档案等管理。规范治理结构，深化内部管理和运转流程。发挥审计的监督作用，为科研生产和经营活动提供安全保障。完善应急管理体系建设，开展安全环保培训，组织专项安全检查，举办“安全生产月”活动，营造钻井院特色安全文化。连续实现安全环保“四零”目标。

【企业文化】 2016年，钻井院开展“重塑中国石油良好形象”大讨论。发挥群团组织作用，围绕科研生产中心，组织技能比武、岗位练兵、导师带徒等活动，不断提升员工的技能水平和执行能力。开展青年大讲堂、科技讲座等活动，搭建起学习交流平台。举办篮球赛、排球赛等文体娱乐活动，丰富职工生活。关注职工思想动态和利益诉求，帮助解决实际困难，2016年慰问生病和困难职工102人次，投入帮扶资金40.2万元。以建院10周年为契机，编撰建院十周年纪念册《走向辉煌》和青年征文集《成长的足迹》，举办建院10周年主题成果展，评选表彰钻井院“十大杰出员工”和“十大杰出青年”，组织建国67周年暨建院10周年文艺汇演，展示钻井院形象和职工风采。

（王洪艳）

中国石油集团安全环保技术研究院

【概况】 中国石油集团安全环保技术研究院（简称安全环保院）成立于2007年11月，为集团公司直属科研机构。2008年7月，中国石油天然气股份有限公司安全环保技术研究院获批设立，与安全环保院合署办公，“一个机构，两块牌子”。安全环保院是中国石油安全环保战略决策的参谋部，是集团公司、股份公司安全环保技术研究中心、HSE信息和支持中心、安全环保技术服务中心。

主要承担安全环保政策法规、战略规划和标准规范研究，HSE管理体系研究，专项治理工程技术论证和重大项目安全环保技术评估，重大新建和并购项目HSE体系技术支持，应急技术研究，为应急管理和事故调查分析提供技术支持，基础、超前、共性和重大安全环保技术攻关、应用技术研究和新技术推广、HSE信息管理、对外交流与服务，HSE评价、审核、认证、咨询等技术服务。

2016年底，安全环保院有5个机关职能部门，下设11个业务单位。有员工373人，其中集团公司高级技术专家14人，博士、硕士研究生138人，大学本科207人，本科以上学历占93%；教授级高级工程师10人，高级职称人员145人，高级以上人员占42%，中级职称人员127人，占34%。

2016年，安全环保院获省部级科技成果奖6项，申报专利30项（其中发明专利16项），申报软件著作权5项，发布标准16项（其中行业标准11项、企业标准5项）发表高水平论文55篇；实现总收入26745万元，上缴税费573万元；《油气田环境保护》期刊网站获全球最大中文搜索认证。全年实现“零事故、零伤害、零污染”的HSE工作目标，被评为集团公司2016年度安全生产先进单位和环境保护先进单位。

【决策参谋】 2016年，组织安全环保院各级专家，结合专业特长编写决策参考，编报《HSE专题报告》13期，多项建议得到集团公司领导及总部机关高度重视。尤其是“8·12”事故后，及时跟踪事故情况，连续向集团公司报送关于加强危险化学品管理监督的专报，使集团公司下定决心在安全环保院设立危险化学品安全技术中心。

“油气勘探开发固体废物污染特性和处理处置环境风险评估”项目成果被国家发布的新版《国家危险废物名录》采纳，将水基泥浆钻井废物从危险废物名录中剔除。《美国挥发性有机物定义及管控演变历程对我国的启示》专报得到环境保护部领导的重要批示并指示落实。代表集团公司参加排污许可证管理试点研讨、生态损害赔偿政策分析等工作。

跟踪国家、行业政策动态，及时解读相关标准，2016年编辑出版《HSE信息参考》12期、《HSE专题报告》13期、《安全快讯》24期、《健康安全环境标准化通讯》12期。结合地区形势和海外安全管理特点，发布《海外社会安全形势周报》49期，编制《高风险国家政治安全形势》报告46期，完成伊朗、乍得等高风险国家社会安全风险评估报告15篇。

【技术研究】 2016年，国家重大环保专项“页岩气等非常规油气开发环境检测与保护关键技术”通过两级立项审查，得到科学技术部正式批复。国家重点项目“典型危险化学品储存设施安全预警与防护一体化关键技术研究与应用示范”获国家首批“公共安全风险防控与应急技术装备”专项重点研发计划支持。成功申报集团公司重大科技专项“低碳与清洁发展关键技术研究与应用”，实现专项一期到二期的重大突破和成功延续。“安全环保关键技术研究与推广”项目通过立项开题专家论证。2016年度科研经费突破亿元，创历史最高水平。

2016年，承担“超清洁汽柴油研究”等国家和集团公司各类科研课题52项，所有课（专）题均按照计划任务书要求完成研究任务。“原油罐区安全防护关键技术研究”等13个项目通过鉴定验收，建立国内首个油气资源环境评价方法体系，形成固定化石油降解生物修复剂制备技术等一系列技术成果，攻克石油污染土壤修复的高效微生物菌剂放大生产技术等多项科研难题。

国家重点实验室建设与运行方案通过国务院国资委论证，在发展规划和目标实现、软硬件建设等方面运行良好。成功举办第一届学术委员会第一次会议，完成学术委员聘任工作。与多家高校和科研院所签订共建协议。完成2016年度开放课题的发布和2017年开放、自主课题内容设置的征集工作。

勘探板块钻井废弃物无害化处理与资源化利用示范工程有效推进实施，针对随钻处理再生、回收、利用过程实现钻井废弃物的减量化与产品开发的资源化，产品能够满足环保及相关建材技术标准要求。“一体化多功能土壤地下水修复橇装装置研制”相关成果已在西部管道进行现场应用示范。安全环保院立项的“放射源智能受控产业化”等项目全面启动。

【技术支持】 2016年，安全环保院技术中心和工作站发挥重要作用。集团公司危险化学品安全技术中心正式成立，并着手开展危险化学品普查、制度建设等工作。中国石油海外HSSE管理与技术中心正式挂牌，承担HSE管理评价指标方法应用与评价等7项支持项目。炼油与化工分公司HSE工作站成功设立，承担炼化企业事故事件分析等9项技术支持项目。勘探与生产分公司北京工作站发挥整体优势，2016年共运行技术支持项目23个。

安全环保监督业务顺利开展。组织对吉林油田等8家上下游企业的诊断评估工作。先后组织参加重庆销售等7次专项监督工作。完成12次事故现场调查任务，分析事故根源，形成的研究成果有效发挥警示作用。

HSE体系支持业务不断深化。制修订量化审核标准，并应用于总部及专业公司审核，打造“量化审核”专业化品牌。开展基层HSE标准化站队、领导干部履职能力评估等多项支持工作，为集团公司深化体系建设提供技术保障和行动支撑。

集中开展HSE制度标准编制。研制起草《集团公司安全生产管理规定》《集团公司环境保护管理规定》等各类制度11项。切实履行“石油行业环境专标委秘书处”等四大标准化机构的工作职责，跟踪行业动态、协调标准立项、强化标准宣贯，2016年完成《石油天然气开采企业二氧化碳排放计算方法》等65项标准的制修订和复审工作。

全面完成集团公司污染减排核查核算中心各项工作。持续跟踪环境保护部减排核查通报问题整改情况，对国家和集团公司污染减排重点工程进行月调度、年核查，核算数据有效率95%。承担集团公司温室气体核算任务，研究核算方法、统一核算工具、开发核算系统、开展核算指导，完成国内171家企业的温室气体核算报告并提交集团公司。

完成在线监测设备和数采仪安装计划。联网监测点由295个增加到307个，现场端企业现场核查审核合格率100%、系统数据完整率100%、数采仪安装运行率100%，均大幅高于全国平均水平。

HSE信息系统（2.0版）与应急管理系统正式上线运行。HSE信息系统（2.0版）实现国内外HSE业务的全覆盖。应急管理系统建设项目完成竣工验收，两级应急平台体系全面建成，促进集团公司突发事件处置模式根本转变。在集团公司52个上线系统年度运维管理考核中，HSE信息系统、应急管理系统分列第2位和第4位。

海外HSE技术支持不断深入。2016年组织防恐培训248期，培训学员1.5万人次。持续开展海外环境风险调查及对策研究，对阿塞拜疆、印度尼西亚等项目进行现场调研。完成“因武装冲突造成人员大规模撤离的情景构建”课题。

防雷防静电检测评估稳步发展。完成15个油气田企业688座油罐、147座泵房、2座天然气处理站等防雷防静电防爆的电气检查检测，针对17类查出的问题提出整改措施129项。首次获得炼化板块关于炼化企业防雷防静电隐患检查评估方面的滚动支持。

2016年，安全环保院完成油气行业气候倡议组织工作组、“一带一路”生态环保国际高层对话会、集团公司《环境保护公报》编制等多项技术支持工作。

【技术服务】 2016年，安全环保院评价业务持续发展。陕京四线变更工程环境影响评价等190个项目取得批复。树立市场理念，全年84个项目竞标成功。

认证业务瞄准石油石化主战场。2016年完成认证审核456家次，签订认证合同174家，连续7年获国家认可委A类认证机构称号。

咨询业务发展势头良好。大庆石化、云南石化HSE管理咨询效果显著。大庆石化主动要求继续合作，在此基础上先后又与庆阳石化、冀东油田签订HSE管理咨询合同，实现独立开展HSE管理咨询业务零的突破。

工艺安全分析业务稳步推进。2016年完成68套新建与在役装置HAZOP业务。开展福建销售加气站HAZOP/LOPA工作，实现对销售企业从定性到定量的风险分析。完成宁夏石化炼油主体装置安全仪表系统安全完整性等级评估项目，为今后在炼化企业推行SIL分析积累实践经验。

【管理提升】 突出顶层设计，技术引领水平稳健提升。2016年初发布实施安全环保院“十三五”规划，集全院智慧，谋划事关全局与长远发展问题，确定“人才立院、技术强院、文化兴院”的发展战略，引领广大干部员工坚定信心建设一流企业研究院。通过“十三五”规划，理顺发展思路，明确未来五年的发展目标。通过对标国内外安全环保技术，确立安全环保院重点技术方向，围绕“3大技术领域、9项主体技术、27个技术系列”加快创新发展，力争在“十三五”期间形成特色核心技术9项、重要共性技术9项、配套技术9项，整体技术水平达到“行业领先、国内一流”。

突出依法合规，管理服务水平有效提升。加强制度建设。以业务流程和规章制度梳理为重点，2016年制修订规章制度26项，建立制度、流程、职责三位一体的管理构架。加强项目策划。以“重大项目策划书”形式为抓手，完善科研策划管理与全过程管控，做到项目有策划、任务有分解。积极推动科研生产管理平台上线运行，严格节点管控，实现科研管理工作规范化。加强预算控制。积极推进由“财务控制为主”到“业务部门自我控制和归口管理相结合”控制模式的转变，科研经费管理基本形成“预算、执行、预警、评价”四位一体的管理模式。完善用人机制。推进安全环保院领导班子副职、副总师、处级干部公开竞聘，2人走上安全环保院领导岗位，3名后备干部走上安全环保院副总师和处级领导岗位。大力推动劳动用工制度改革，实现合同化和市场化员工同岗位、同贡献、同待遇、同收入。狠抓质量安全环保管理。以Q/HSE体系运行为主线，以风险防控为重点，强化责任落实，质量体系顺利通过第三方监督审核，成果质量水平和服务满意度显著提高。安全管理突出“5+1”风险管控，狠抓实验室、示范工程现场安全隐患整改，实现“零事故、零伤害、零污染”的工作目标。加强开门办院。积极承办、参与世界石油天然气工业安全大会等重要会议和技术交流，以签署框架协议等多种方式，深化与其他企业战略合作，实现互补双赢。加强服务保障。2016年督办重大事项53项，促进安全环保院重点工作按计划开展。OA系统全面上线，实现公文无纸化；档案管理连续两年获集团公司A级评价。

突出实干创新，文化建设水平大幅提升。企业文化建设开创新格局。以“十三五”规划编制为契机，编制发布《企业文化手册》。召开交流会、座谈会20余次，通过自上而下、自下而上反复的挖掘整理、研讨交流、归纳提炼，形成具有安全环保院特色的“实创文化”。开展“一把手讲企业文化”“全员学文化谈感悟”等企业文化宣贯系列活动，促进企业文化落地生根。

【党建工作】 2016年，安全环保院扎实推进学习教育。深入开展“两学一做”学习教育，严格按照规定程序制定方案、执行监督、总结学习，开展“两学一做”知识竞赛和答题活动，专题学习取得实效。成功召开安全环保院第一次党员代表大会，顺利完成党委、纪委换届改选和党支部换届工作。开展党员组织关系集中排查和党费收缴核查工作。聚焦“忠诚担当、风清气正、守法合规、稳健和谐”目标，持续开展“重塑中国石油良好形象”大讨论活动。坚持以上率下，创新学习方式，党委中心组按月集中学习研讨。认真落实“党要管党，从严治党”要求，制定《贯彻落实中央八项规定精神实施细则》等规章制度。领导干部带头参加民主生活会，带头讲党课，认真召开民主生活会，严格落实“三重一大”决策制度。加强对党员学习教育，开展党务专题培训，组织党员同志赴延安接受革命教育。

认真落实“两个责任”。组织开展纪检监察和专项审计工作，加强审计监督，提高廉洁风险管控能力。逐级签订《党风廉政建设责任书》，坚持重要岗位人员签订《廉洁从业承诺书》，把党风廉政建设纳入年度业绩考核，在安全环保院16个党支部设置兼职纪检委员。加强日常教育管理监督，开展经常性警示教育和廉洁从业教育。

切实加强群团工作。坚持职工代表审议制度，开展合理化建议征集活动，切实解决广大员工关心的热点、重点问题。加强工会民主管理，定期召开政工例会和工会委员会会议，组织员工代表对涉及员工切身利益重大事项的审议工作。举办专题健康讲座，定期组织员工体检。组织开展健步走、趣味运动会等文体活动，丰富员工生活。坚持帮扶救助、走访慰问，把组织的关怀送到员工的心坎上。

持续做好思想宣传工作。推进创先争优常态化、长效化，开展先进集体、“杰出创新团队带头人”和“技术标兵”等先进典型的选树工作。畅通对外宣传渠道，塑造安全环保院良好形象，在《科技日报》等媒体发布稿件12篇。拓宽安全环保院宣传空间，发挥门户网站、微信企业号媒介作用，开辟“员工风采”栏目，展现一线员工业绩，用身边故事影响人。

（郑良杰　徐　建　张译之）

中国石油集团石油管工程技术研究院

【概况】 中国石油集团石油管工程技术研究院（英文缩写TGRI，简称管研院）组建于1981年，坐落于陕西省西安市高新技术开发区，是中国石油直属科研机构，是国内石油行业在石油管工程技术领域唯一集“科学研究、质量监督、技术服务”为一体的综合性技术中心，也是“石油管材及装备材料服役行为与结构安全国家重点实验室”和“国家石油管材质量监督检验中心”的依托单位，有国内外先进的试验仪器设备500多台（套），获得国际、国家、石油行业授予的质量、计量、安全、标准等方面的权威资质和授权28项，企业员工394人。

管研院主营业务涉及石油管工程的科学研究、质量监督和技术服务三大板块，承担国家及中国石油重大专项、应用基础研究和技术开发项目等科研任务。研究方向包括油井管与管柱、输送管与管道、完整性评价与风险评估、腐蚀与防护、非金属及新材料等。承担标准化、质量检验和评价、石油管及装备的失效分析、石油管材的研究开发及驻厂监造、技术咨询等技术支持和技术服务工作。

2016年，管研院努力克服行业形势低迷、外部竞争激烈等不利影响，大力实施开源节流降本增效，不断提升创新管理能力，持续增强人员队伍建设，圆满完成全年各项任务和目标。

【科技成果】 2016年，管研院获授权专利55件（其中发明专利42件），发表论文238篇，出版专著3部，制修订各类标准38项（其中国家标准5项，行业标准10项）。通过10项国家和集团公司课题验收，9项成果获省部级科技奖励（其中省部级特等奖1项、一等奖1项），形成集团公司自主创新产品3项。

（1）输送管与管线领域。完成国家863项目“深水高压油气输送用高强厚壁管材关键技术研究”的验收工作，集团公司课题“集团公司海洋油气开发装备用材料及发展策略研究”和板块课题“高钢级管道环焊质量及载荷影响研究”等具备验收条件，等待课题管理部门组织验收。针对中俄原油管道东线、陕京四线、漠大二线开展技术支持工作，参加工程初步设计讨论、管材应用问题研讨、科研攻关项目立项等。针对新粤浙管线，重点开展管材产品试制和产品技术条件修改等工作，完成工程用直缝埋弧焊管、弯管用母管、弯管等产品的试制和结果分析，在此基础上，对产品试制技术条件提出修改建议。进一步完善钢管全尺寸气体爆破试验技术，形成爆破试验规范。编制OD1219毫米X90钢管和OD1422毫米X80钢管全尺寸气体爆破试验方案并通过专家审查。2016年11月和12月，分别进行13兆帕、OD1422毫米X80螺旋缝埋弧焊管和12兆帕、OD1219毫米X90焊管全尺寸气体爆破试验，这两次试验涉及的具体参数均为世界首次，使得管研院在管道断裂控制研究方面达到更高水准，缩小和国际领先水平的差距。

（2）油井管与管柱领域。开展材料强度温度效应、交变载荷环境下套管材料应变疲劳特性研究，获得材料服役行为特征规律。针对四川盆地深层油气勘探工程风险探井和目标开发试验区块工况，完成三高气井现场工况调研及管柱材质评价优选方案设计，开展气井套管柱井口抬升及油管柱密封失效机理研究，查明失效影响因素，提出三高气井油管密封及腐蚀评价方法，完善四川盆地深层油气资源管柱选材及评价技术，为深层油气勘探开发工程提供管柱设计及选材的试验数据支持。完成550兆帕级高强度铝合金钻杆结构设计、工艺优化和铝合金工业化铸锭制备。提出储气库管柱多周次气密封循环评价技术和储气库管柱构件间的材质匹配关系，完成储气库管柱多周次气密封循环试验4根，建立低含水率下管柱腐蚀选材评估方法。完成石油钻采机械构件分类研究，建立石油钻采机械用金属材料分类体系。完成石油钻采机械构件分类研究，建立石油钻采机械用金属材料分类体系。完成页岩气套管柱设计系数分析，为油田作业提供技术依据，确保国家示范区开发井顺利施工。

（3）石油管材及装备腐蚀与防护研究领域。确定加氢换热器典型腐蚀失效的形式，明确加氢换热器的腐蚀规律，开发出换热器管束表面渗铝技术及阻垢缓蚀剂两种有效的防腐措施。根据不同腐蚀控制措施的适用有效性，初步形成工艺调整优化控制技术方案。完成耐蚀合金在炼化加氢换热器环境下的评价研究，进一步完善换热装置完整性评价软件及腐蚀数据库的信息内容，为换热器腐蚀管理与防护提供更全面的数据信息、腐蚀数据支持。提出缓蚀剂“研发—中试—生产—技术服务”的新模式，在自主研发的13铬油管专用酸化缓蚀剂的基础上，开发新型复合缓蚀剂，在塔里木油田应用效果良好。开展长庆油田、大庆油田油管腐蚀试验研究，掌握油管腐蚀机理和腐蚀演化规律，为油管腐蚀控制奠定理论基础。

（4）先进材料及应用技术研究领域。在选材、结构设计、力学分析和端部构件研究的基础上，通过复合管成型工艺的开发与优化，制备出内径150毫米、工作压力20兆帕、抗拉强度20吨非金属管样管，完成国内首次海洋柔性管动态疲劳实验和海试工作，各项指标均超过任务书要求。试制的抗硫非金属复合管在塔中项目部中古区块服役超过2年，经过现场试验段取样评价，性能稳定满足应用需求，为酸性气田地面集输提供新的解决方案。形成较为完善的复合材料增强管线钢管结构设计技术，开发制备工艺技术，制成复合材料增强管线钢管样管，以X80钢级OD1219毫米制成的复合材料增强管线钢管，其承压能力超过X100钢级水平，成本下降约5%。11月在哈拉哈塘地区进行中国首例非金属复合管快速施工现场试验管段安装，与传统施工工艺相比，非金属复合管快速施工可提高施工效率约30%，节省施工费用约16%。

【国家重点实验室建设】 2016年，管研院整合现有研发力量，优化机构设置，减少管理层次，将4个研究所（包括输送管与管线研究所、油井管与管柱研究所、腐蚀与防护研究所、非金属与复合材料研究所）以及博士后工作站整建制划入国家重点实验室统一管理，国家重点实验室纳入管研院直属机构序列。建立健全管理机制，制定《国家重点实验室运行管理办法》《国家重点实验室动态考核实施细则》《国家重点实验室人员日常管理办法》等7项管理制度。在实际运行中，注重科研业务的纵横结合，突出工程应用效果，采取团队合作与专业配合机制，提升科研攻关水平，强化业务拓展能力。

11月，“石油管材及装备材料服役行为与结构安全国家重点实验室管道断裂控制试验场”在新疆哈密正式挂牌，重点实验室试验平台建设取得新进展，各领域试验平台得到进一步完善。12月，举办2016年度国家重点实验室管委会/学委会联席会议，确定实验室工作重点和开放课题设置等事宜。

【质量监督】 2016年，国家石油管材质量监督检验中心完成产品质量监督纵向抽查42批次，涉及25个生产企业生产的输送钢管、油管、套管、钢丝绳4类产品，发现不合格产品1批次，产品综合合格率97.6%。完成产品质量监督横向抽查27个批次，涉及长城钻探、新疆新油国际石油装备有限责任公司、山西风雷钻具有限公司等5家企业生产的油管、套管、钻杆、钻铤、螺纹脂5类产品。完成对宝鸡钢管、渤海装备2家受检单位输送钢管产品的定期监督抽查，完成对吉林油田、长庆油田、新疆油田3家受检单位的油管、套管、钢丝绳产品不定期监督抽查。2016年向集团公司提交产品质量监督抽查报告5份。

2016年，国家石油管材质量监督检验中心不断优化业务管理，积极拓展检测业务，大力提升能力建设。全年完成53家压力管道制造许可型式试验和鉴定评审，完成并上报型式试验39家，出具型式试验报告88份。通过中国国家认证认可监督管理委员会“三合一”现场复评审，完成17项检测及产品标准、9个检测项目的扩项认证工作。螺纹检测与校准实验室通过陕西省质量技术监督局组织的计量建标考核，取得省局颁发的2项计量标准考核证书。申报13项能力验证试验，检测数据准确性达到历年最高水平。完成1500吨复合加载试验系统改造升级，设备能力和精度得到恢复。首次成功举办力学试验研讨会和螺纹检测高级班，进一步提升管研院在行业内的影响力。

【标准化工作】 2016年，管研院密切跟踪和研究ISO、API等国际先进标准，认真落实秘书处管理工作。组织参加ISO/TC67/SC5/WG1、SC2年会和API标准年会，掌握相关标准项目最新进展情况，推动提案和项目进展。以SC2秘书处为平台，提交“陆上埋地钢质管道直流杂散电流控制”等3项新工作项目提案，其中“杂散电流”项目完成新工作项目投票，获得超过5个国家赞成；组织相关技术专家对投票项目进行研究和讨论，提交投票意见30项，投票率100%。

积极落实标准制修订、复审及报批工作。2016年制修订各类标准38项（其中国家标准5项、行业标准10项）。组织召开标准制修订项目协调会及标准知识培训会，对标准起草人进行培训。组织对石油管材26项国家标准草案和102项行业标准草案进行集中复审，形成复审报告并上报油标委。组织对2015年报批的10项行业标准和1项集团企业标准进行复核和二次上报。举办油井管技术标准宣贯会1次，宣贯重点技术标准7项。

【技术服务】 2016年，管研院持续加大市场拓展力度，在巩固输送管监造市场主导地位的基础上，开拓延长油田、浙江油田、大港油田等新市场以及天水市供水工程等新的监造业务，中国海油油井管监造市场和地方燃气市场的拓展见到成效。提高新产品开发及转化力度，新开发钻铤专用螺纹脂、地面管线专用缓蚀剂等产品，成为工程技术服务公司创收新的驱动力。

不断强化西部研究所的管理运行，进一步发挥研究所平台和窗口的作用。加强与西部管道及东部管道、北京管道等重点客户在科研、检测、失效分析等方面的深度合作，保持技术服务市场占有量。

【合作与交流】 2016年，管研院与大庆、长庆、延长和吐哈等油气田开展深入合作，与炼油与化工分公司、西南石油大学、宝钢集团等17家单位进行业务对接和合作交流，与部分单位签订战略合作协议。全年组织行业和院内大型学术技术交流11次，组织技术人员赴国外参加学术会议、技术交流及合作研究近30人次。开展学术交流周活动，3位院士、4位行业知名专家以及15名集团公司和院级专家进行技术讲座。成功举办中国管线组织（CPRO）首次冬季会议，进一步扩大行业影响力，提升管研院在管线研究领域的引领地位。建立中国腐蚀与防护学会油气田及管道专业委员会，搭建油气管道腐蚀研究领域的交流平台。与美国石油学会（API）联合举办油气井管柱与管材国际会议，来自美国、俄罗斯、加拿大等10余个国家的240余名代表围绕深井超深井、高温高压、高酸性、稠油超稠油等复杂工况油气开发等当前我国油气勘探开发中的热点问题开展深入探讨。

【管理提升】 2016年，管研院共制修订各类管理制度26项。制定管研院开源节流降本增效实施方案，提出积极应对严峻经营形势的工作措施。不断完善监督制约机制，对重点实验室投资、科研经费等重点项目开展内部审计。实施员工动态调整和师徒制人才培养计划，启动“院长奖励基金”，设立青年创新奖。开展“双序列”实施效果评估，对工资总额刚性增长、行政与技术序列转换、青年技术人员激励等方面存在的问题进行改进。完成ERP系统与科技项目、物资采购、财务等信息系统的集成工作，实现对多个业务系统权限的集中管控。针对报告质量问题，建立报告抽查管理机制，有效促进报告质量的提升。建设并启用电子公文系统，结束传统的纸质文件传阅，提高办公效率。2016年组织培训87次，新增人员资质38项。

全面启动实施综合改革方案，根据国家相继出台的系列政策和集团公司深化科技体制机制改革的指导意见，管研院组织制定综合改革实施方案，并于9月底获得集团公司批准，正式启动实施。先后组织制定涉及机构、科技、人事、财务、平台建设等方面的20余项方案和实施细则。在职称体系改革方面，取得集团公司高级专业技术职称评审自主权，建立职称评审实施办法，对28名符合条件的专业技术人员进行综合评价，18人取得高级专业技术职务任职资格。在集团公司人事部组织下，完成管研院领导班子副职竞聘上岗。

【精神文明建设】 2016年，管研院以陕西省精神文明单位创建为契机，围绕社会公益、传统节日、体育比赛和建院35周年纪念活动等主题，组织开展一系列精神文明建设活动。举办“三八”妇女节倡议活动、“五四”青年大讲堂、英语演讲比赛、道德大讲堂、院庆系列活动及文艺汇演等，召集新老员工共同编纂院发展史、创作院歌，丰富员工业余文化生活，营造员工间和谐、团结、协作的氛围。组建管研院青年志愿者队伍，开展“厚德陕西”关爱老人儿童、“美丽乡村”建设、扶贫帮困等社会公益活动，提升管研院的社会美誉度。进一步加强离退休管理工作，改进工作方式方法，关心离退休职工的生活和身体健康，促进离退休队伍的团结与和谐。

12月19日，西安市文明办到管研院进行检查验收，对创建工作给予充分肯定和高度评价，一致同意推荐管研院申报省级精神文明单位。

【党建工作】 2016年，管研院认真组织开展“两学一做”学习教育，持续加强党的思想政治建设。全年召开11次党委中心组学习会、3次全体党员专题教育党课，领导班子和支部书记讲党课24人次，支部“两学一做”学习教育专题讨论会50余次。认真落实党风廉政建设责任制，组织党员干部签订党风廉政责任书174份，年度述职述廉、重大事项报告制度得到有效落实，与各级管理人员签订备案承诺书136份，领导干部覆盖率100%。加大党员干部违规违纪的监督检查和整改力度，年内自查处理违纪事件2起。开展党员组织关系集中排查工作，组织管研院全体党员集中填报《党员基本情况登记表》并逐一排查核实党员的组织关系，对30名党员组织关系接转中存在的问题进行整改。开展党费收缴工作专项检查，按照要求组织9个党支部全面完成党费收缴自查和补缴工作。开展基层党组织按期换届情况专项检查以及党员代表大会代表和党员违纪违法处理情况排查清理工作。接受集团公司党组第一巡视组的巡视检查。基层党建工作方面，国家质检中心党支部获“陕西省先进基层党组织”，标准化所党支部获“陕西省科技工委先进基层党组织”，团支部获集团公司“青年文明号”称号。

（崔　巍）

中国石油天然气集团公司咨询中心（中国石油集团工程咨询有限责任公司）

【概况】 中国石油天然气集团公司咨询中心（中国石油集团工程咨询有限责任公司）简称咨询中心，成立于1993年12月，办公地点设在北京，是全国第一批取得甲级工程咨询证书单位，国际咨询工程师联合会（FIDIC）会员、国家发改委委托投资咨询单位和中国工程咨询协会（CNAEC）常务理事单位。为适应国家工程咨询业发展改革需要，依据国家发展和改革委员会令2005年第29号《工程咨询单位资格认定办法》要求，经集团公司同意，咨询中心于2006年10月完成“独立法人”注册，成立中国石油集团工程咨询有限责任公司。咨询中心为“一家单位、两块牌子”，对内称咨询中心，对外称工程咨询公司。

咨询中心是集团公司发展规划、重大投资项目的智库参谋和决策服务机构，业务涵盖项目评估评价、专题与战略研究、油气储量评估、科技经费预算与使用核查、重大问题专项调研五大类。咨询中心对集团公司油气勘探开发发展规划、重大勘探部署和油气田开发方案进行调研、论证，提出咨询意见；对油气田地面工程和炼油化工工程的大中型项目进行评估论证；对石油天然气上下游重大发展战略、技术经济、工程技术等问题进行专题研究；受国家发展和改革委员会及国内外其他石油石化企业委托，开展有关咨询工作。

咨询中心有院士和老中青专家120余名，设“两会”“五部”“一中心”，即中国工程咨询协会石油天然气专业委员会、咨询中心专家委员会，综合技术部、勘探部、开发部、炼化部、工程经济部和储量评估中心。其中，石油天然气专业委员会是中国工程咨询协会授权设立的全国性行业协会，对全国35家石油石化咨询机构进行业务指导。此外，咨询中心还负责集团公司井控巡视组、第一纪检监察中心和第六纪检监察中心的后勤保障工作。

2016年，咨询中心深入学习习近平总书记系列重要讲话精神，全面落实集团公司战略部署，以学习型咨询中心建设为载体，围绕改革发展中心任务，强化战略研究和咨询评估主业，为提升整体决策水平发挥重要作用。2016年运行项目156项，完成105项。全年累计动用专家4000余人次。

【重要人事变动】 2016年，集团公司对咨询中心领导班子进行较大幅度地调整和充实。4月，集团公司副总经理刘宏斌兼任咨询中心主任，是咨询中心发展历史上首次由现职党组成员兼任咨询中心主任。补充管道分公司原党委书记汤亚利、国土资源部油气储量评审办公室原主任吴国干2位专家型领导到咨询中心担任副主任，使咨询中心管理团队的业务专长涵盖整个石油天然气产业链。

【专题研究】 2016年，咨询中心密切跟踪行业发展趋势，严格落实董事长王宜林提出的多出具有全局性、战略性、前瞻性研究成果的要求，对事关国家油气产业、集团公司战略发展的重大课题和领导关心的重大问题进行深入研究。承担研究课题28项，完成19项。

完成国家“一带一路油气合作战略研究”项目。该项目由咨询中心牵头，20名院士和中国石油、中国石化、中国海油、中国石油大学等多家单位参加，历时2年完成。成果获国家能源局、中国石油、中国石化和中国海油领导的重要批示，部分建议已经得到采纳落实。在项目成果基础上，向中共中央办公厅提交《院士建议》1份。

承担的“股份公司油气勘探战略研究（五期）”课题提交5份咨询要情专报，并获领导批示，部分已落实。验收专家认为课题研究思路开阔，研究成果紧密结合生产实际，在集团公司勘探生产组织和管理提升中均得以应用，成效突出，及时、急需、实用、解渴，并培养一批中青年专家，建议作为长效机制持续坚持。

咨询中心贯彻落实集团公司党组关于支持大庆可

持续发展问题，6 月，咨询中心与大庆油田建立战略合作伙伴关系，双方在企业战略发展方向与发展策略评估咨询、重大勘探部署和油气开发方案咨询等 6 个领域建立长效合作机制。

【项目评估评价】 2016 年，咨询中心以“打造项目评估精品工程”为抓手，积极开展评估评价项目方法与制度创新，严格项目审查，加强现场调研，注重项目风险和不确定性评估，突出市场、突出效益、突出质量、突出可持续，确保经济评价可靠性，以高质量的咨询成果赢得了委托单位的信任。2016 年开展评估项目 109 项、完成 90 项，其中前评估项目 84 项，完成 56 项。

2016 年，咨询中心承担国家能源局委托的《石油发展“十三五”规划》和《天然气发展“十三五”规划》评估。组织国家部委、中国石油、中国石化、中国海油三大石油公司的 7 位院士和 19 位专家，提出“对国内原油年产 2 亿吨的发展目标可能出现的变化和困难进行深入分析，研究制定具有针对性的相关政策”“2020 年 3600 亿立方米目标与天然气消费增长趋势吻合性不强，建议积极努力促进天然气利用的相关政策和措施，提高规划的可操作”等建议，得到充分肯定。

完成集团公司“大庆油田油气勘探开发业务三年滚动及中长期发展规划综合研究”评估、“阿布扎比 2014 专家咨询项目”“中俄东方 1600 万吨 / 年炼油项目”评估、“秧田冲油库改扩建项目”评估等 80 余项评估评价咨询工作，提交高质量的评估报告，得到委托单位的高度认可。

【重大科技项目费用审查】 咨询中心自 2014 年承担重大科技项目经费核查工作以来，由于工作完成较好，业务也得到拓展。业务范围从项目验收后的经费核查拓展到立项前、项目中期检查直至项目验收的全过程经费核查。2016 年完成重大科技专项预算审查项目 6 项，完成重大专项现场核查项目 8 项，累计涉及费用 140 亿元。

通过近 2 年的重大科技项目费用审查工作，咨询中心培养一支专业的经费管理队伍。在不断总结工作经验、跟进国家科研管理新政的同时，通过师傅带徒弟和参加国家科技部专业培训等方式提升内部人员和常聘专家的业务素质。进一步规范审查工作流程，形成《预算审查手册》和《现场核查手册》。专家团队人员达到 30 余人。在项目核查报告中先后为被核查单位和科技管理部提供建议百余条。

【储量评估】 2016 年，咨询中心成立储量评估中心。为加快业务布局、扩大行业影响，咨询中心先后与国土资源部油气战略研究中心、油气储量评审办公室，集团公司规划计划部、财务部、勘探与生产分公司、海外勘探开发分公司等部门和单位沟通交流。储量评估业务实现良好开局，承接并完成新疆宝塔石油公司“哈萨克斯坦 Galaz 油田储量评估”项目，得到委托方高度评价。承接国土资源部“塔里木地区缝洞型碳酸盐岩油气藏储量计算方法研究项目”，通过制定缝洞型碳酸盐岩储量标准，在争取行业话语权的道路上迈进关键一步，初步确立行业领先优势。

【专家论坛】 2015 年 12 月 8—9 日，咨询中心 2016 年专家论坛在北京举行。来自集团公司总部机关、专业分公司和有关单位代表 120 余人参加。22 位院士、专家围绕“弘扬石油精神 · 献策改革创新”这一主题，为集团公司创新发展、稳健发展和转型升级建言献策。

集团公司董事长、党组书记王宜林，总经理、党组副书记章建华高度重视专家论坛，分别做出批示。集团公司副总经理、党组成员、咨询中心主任刘宏斌出席论坛并讲话。论坛上，专家们就勘探战略与重点领域、油气田效益开发、炼化业务发展、天然气业务价值链提升、海外业务结构优化、装备制造业务脱困等议题进行深入交流。集团公司总部机关、专业分公司和有关单位代表 120 余人参加本次论坛。会后，及时整理并上报《关于咨询中心 2016 年专家论坛会专家建议的报告》，集团公司党组领导分别作批示，并责成规划计划部、科技管理部、勘探与生产分公司、炼油与化工分公司、天然气与管道分公司传阅。

【学习型咨询中心建设】 2016 年，持续推进学习型咨询中心建设，坚持工作学习化、学习工作化，实现学以致用、用以促学，并以“学习型咨询中心建设成果交流”为抓手，加快中心在职专家队伍的培养与建设。11 月召开“学习型咨询中心建设成果交流会”，对员工交流成果进行评选。国际咨询工程师联合会在中国开展 FIDIC 认证工程师考试，咨询中心有 11 人取得该项认证，对于提升咨询中心软实力、推进咨询业务国际化，具有十分重要意义。

【党建工作】 2016 年初，经直属党委批准，咨询中心党支部升格为党总支。通过民主选举，产生第一届总支委员会。按照直属党委的部署，咨询中心党总支高度重视“两学一做”学习教育，通过开辟一个学习专栏、组织一次专题辅导、进行一次专项考察、举行一次学习成果交流的“四个一”自选动作，落实直属党委要求，受到直属党委的充分肯定和表扬。咨询中心党总支在直属党委组织的季度党建例会上作交流发言。特别是在专项调研环节，带着对革命圣地的崇敬，在焦庄户地道战纪念馆前，全体党员面向党旗，重温入党誓词，警醒自己不忘初心，提振干事创业的精气神。在党费收缴专项检查中，全体党员认识到位、行动自觉，按标准足额补交党费。

【基础管理】 2016年6月，咨询中心配合审计中心完成成立23年来的第一次领导人员离任经济责任审计。审计完成后，认真整改并落实措施。在制度建设方面，用近半年的时间，制订15个管理制度、1个文明办公守则，对咨询中心的职责和各个部门的职责作进一步的梳理，使所有工作处于制度的监督之下，合规运行，从而全面提升管理水平。咨询中心对会议召开场所、文件资料印刷、公务用车管理、办公用品集中采购等进行规范，使基础工作更加扎实。

（丛　强）

中国石油天然气集团公司休斯敦技术研究中心

【概况】 中国石油天然气集团公司休斯敦技术研究中心（英文名 CNPC USA Corporation，简称休斯敦中心）是中国石油在海外建立的第一个研究中心，是按照国际化标准运作的、符合美国法律法规的石油天然气技术发展公司。休斯敦中心的定位是前沿技术、超前储备技术的引进创新基地，重点领域应用基础研究和关键技术的引进开发平台，研究模式、研究体系的引进创新平台，国际高端科技人才的引进培养平台，国际技术交流与合作的窗口与桥梁，国际一流的石油技术研究中心。

2016年，休斯敦中心融合中美两地员工，分析面临的机遇和挑战，确立发展总体目标，瞄准国际前沿技术，把握重大关键技术需求，加强科研攻关，加快新技术推广应用，推动成熟技术、产品市场化，取得一系列技术产品突破性进展，改革试点和体制创新也取得一定的成效。

2016年，休斯敦中心主要研发项目进展顺利。承担国家、集团公司各类科研课题25项，其中延续项目10项，2016年新项目15项（包括国家专项6项）。形成科技创新成果4项，投入应用6项，新获美国专利授权2项，提交和正在受理的专利10项（其中美国专利6项、中国发明专利4项）。

【技术研发】 围绕技术研发与推广应用，开展10余项现场试验及技术成果验证工作，取得一系列重要研究成果。（1）自主研发的高效非平面齿PDC钻头在塔里木油田博孜103井、玉门油田青西窿17井现场试验取得突破，平均钻速、总进尺等多项指标均超国内外同类产品，创国际领先水平，为难钻地层油气藏后期开发、规模建产、降本增效提供提速利器和技术保障。该项创新成果受到集团公司党组关注并给予重要指示："集团公司将加大向休斯敦中心提供技术研发支持，拓展成果推广应用市场。"（2）自主研发的全球最短速钻压裂桥塞，在吐哈油田完成11只桥塞的现场试验并取得成功，超短桥塞具有钻屑细小、易返排、钻磨时间短的独特优势，标志中国石油体积压裂速钻桥塞技术达到世界领先水平，为水平井高效低成本储层改造再添利器。（3）自主研发的、适用于大规模体积压裂的"裸眼封隔器＋投球滑套"水平井分压管柱，成功在新疆油田完成现场试验，该套水平井多级压裂管柱的设计制造性能指标均达到国际先进水平。（4）在大庆油田顺利完成现场试验的中心自主研发全复合桥塞耐压差70兆帕，耐温150摄氏度，钻磨时间短，100%坐封成功，承压稳定，钻磨时间28分钟，达到国际先进技术水平。（5）自主研发的新型耐高温（225—250摄氏度）油基钻井液乳化剂，在塔里木油田克深1001井现场使用，与现场油基钻井液配伍性能良好，化学稳定性高，解决国内外市场乳化剂普遍抗温能力差的难题，攻克耐高温高密度油基钻井液国产化难题，性能指标达到国际先进水平。（6）可膨胀封隔器完井技术克服现场多个技术难关，取得试验成功，并创下4项国内施工纪录。

【技术推广】 2016年，面对国际油价持续低位的严峻挑战，休斯敦中心紧跟集团公司"稳油增气"战略，把握"十三五"重大科技专项开题有利时机，以满足企业需求为核心，积极承担科研任务，有侧重、差异化开展技术推广工作，市场拓展取得丰硕成果，为休斯敦中心可持续发展夯实基础。（1）聚焦重点潜力市场，锁定目标客户。对塔里木油田、西南油气田、长庆油田、青海油田、川庆钻探、长城钻探、渤海钻探、拉美、哈萨克斯坦、加拿大等国内外潜力市场，主动开展技术交流与需求沟通，积极争取承担集团公司重大专项课题与技术研发亟需的横向课题研究。在与14家建立战略合作伙伴关系单位的基础上，进一步紧密合作，加深交流，寻求潜在技术合作需求。（2）突破瓶颈技术难题，助力低效老油田降本增效。与大庆、玉门、华北等油田合作，为老油田在技术工艺上改造升级、钻完井工具更新换代、缩短钻完井周期、降低建井成本以及提供业内对标模式经验等方面，积极提供技术及平台支持。（3）积极办理内部市场产品准入资格，推动研发成果推广应用。2016年，办理完成非平面齿PDC钻头的集团公司内部物资准入，为休斯敦中心钻头系列产品在集团公司内部推广应用提供"通行证"，也为休斯敦中心多品类产品在集团公司内部申请准入开辟快速通道。

【管理提升】 持续创新能力是休斯敦中心发展的根本。2016年，休斯敦中心继续加强制度和流程体系建设、人才队伍建设，持续改进科研、财务、经营管理工作，不断提升管理水平。（1）进一步完善制度体系建设，确保各项工作规范开展。根据集团公司要求，结合休斯敦中心管理需要，先后制定下发《"三重一大"决策制度实施细则》《保密管理规定》《中美员工境外出差管理规定》等9项制度性文件。通过完善和修订制度，保证休斯敦中心各项管理工作规范、高效实施，促进技术研发工作顺利开展。（2）探索中美一体化科研模式，提升综合竞争实力。持续推动中美两地间一体化协调运行，创新国际化科研模式。通过沟通，获得互相尊重，彼此理解，不断融合中美文化差异，努力实现全力配合，形成合力，提升休斯敦中心科技研发的综合竞争能力。"两地一体"的管理团队，通过磨合，正在缩小时差、语言、文化等影响，实现中美一体化办公。"一体两地"的技术团队，逐步形成技术研发、现场推广应用各有侧重的一体化研究模式。（3）加大高端人才引进力度，建立晋升与退出机制，打造国际化一流研发团队。持续加大人才引进力度，休斯敦中心在努力建成管理先进的国际化科研企业基础上，努力建成国际化高端人才引进和培养基地。2016年，休斯敦中心美国办公室新招聘10余名骨干技术专家，充实和壮大休斯敦中心的技术研发队伍，技术研发实力得到进一步提升。作为集团公司的改革试点，实行管理岗位竞聘上岗，实现各岗位干部能上能下、能进能出。为集团公司的科技体制改革提供适应国际化和市场化的科研管理模式和经验。

（张德生）

中国石油天然气运输公司

【概况】 中国石油天然气运输公司（简称运输公司）成立于1953年，是集团公司直属的大型专业化运输物流企业。主要为集团公司所属油田、炼化、销售、管道、燃气等企业提供专业化运输、石油石化产品配送及其他综合配套服务。有国家一级道路货运企业资质及涉外运输、危险品运输、国际国内海陆空货运代理、进出口贸易、建筑安装、路桥施工和对外承包工程等经营资质，通过国家质量管理与质量保证体系认证，是行业内实力最强、规模最大的5A级公路运输物流企业。总部设在新疆维吾尔自治区乌鲁木齐市，在全国31个省（自治区、直辖市）设分公司，在全国地（市、县）级城市设599个运输大队、配送中心（车队）、修理厂和后勤服务等生产生活场点，在哈萨克斯坦、土库曼斯坦、尼日尔等3个国家设分公司和项目部。2016年底，运输公司机关设16个职能处室，下属52个生产经营和后勤服务单位，有员工32352人，各种车辆21446台。运输主业完成货运量1.13亿吨，货物周转量152.55亿吨千米。完成经营收入154.73亿元；实现利润同比提高69.11%。

主营业务包括油田运输（沙漠运输）、成品油配送（非油品配送）、化工与燃气运输、特种大件运输、国外与涉外运输、修理、物资贸易（国际货代、国际物流、进出口贸易），兼营业务包括油田环保作业、路桥施工、钢结构和压力管道制作安装、机械加工制造、复合型材生产、节水灌溉、驾驶培训等基建工程、多种经营和油田服务业务。

2016年，运输公司拓展河北、山东等6省的外采油品配送市场，新增115个机构用户的成品油配送和6个机场的航空煤油配送，扩大中石油铁建油品销售有限公司、中国交通建设石油销售有限公司等合资企业在12个省的成品油配送市场，完成配送量8008万吨，同比提高0.4%。总承包青海油田运输市场，与西部钻探、辽河油田、中燃油、新奥公司签订战略合作框架协议。拓展燃料油、沥青拉运市场，新增长城钻探在5个省的柴油及物资拉运业务，扩大吉林油田的井队搬迁等业务。2016年，拉运原油、化工产品及燃气、器材物资2751.5万吨，完成井迁1058口。建成投产青海油田狮205井放空天然气回收项目。承揽内外部工程423个，生产管材型材2.13万吨，制作压力容器、车载罐528个，回收放空天然气1.88亿立方米，新增注气采油井22口。

【管理提升】 2016年，运输公司突出发展运输主业，收入占比提高到74.3%，利润贡献占比94.5%。退出钢结构、门窗制造等低效业务，关停5条亏损严重的生产线。推进“三供一业”分离移交，签订库车基地水电暖移交协议。深化对外合资合作，所属华油物流公司完成增资扩股。新增大吨位车辆865台，货运车辆平均吨位同比提高0.95吨（成品油罐车同比提高1.03吨）。优化组织结构，重组整合二级单位3个、科级单位63个，减少两级机关科室60个。用工总量减少2057人，用工成本减少1.7亿元，全员劳动生产率同比提高6.7%。梳理规章制度475项，制修订规章制度40项，辨识经营管理风险点124个，简化优化业务流程21个。开展清产核资、基础管理、物资采购、劳动用工大检查，发现并整改问题455项，建立长效机制5个。强化资金管理，计划符合率同比提高1%，资金运作增效1518.2万元。规范税收基础工作，减负增效5769.3万元。开展各类审计项目163项，提出审计建议352条，审减资金6506万元。开展“开源节流、降本增效”劳动竞赛，2016年增效1.83亿元。推进单车全成本核算和驾驶员绩效考核，车辆油耗、材料费、修理费同比分别下降1.8%、9.5%和8%，吨千米轮胎消耗同比下降15.2%，节约4项费用6969万元。推进主供车型、配件、轮胎等物资定商定价、公开招标，降低采购成本1.04亿元。加大清欠力度，收回历年应收款19.27亿元。开展重点亏损单位帮扶，减亏增效4949万元。完成基于北斗导航技术的物流运输智能感知与位置服务系统建设项目，通过集团公司组织的项目验收。纳入系统监控管理的车辆23000多台，注册用户5000多个，实现对危险化学品车辆运行的全过程、全天候监管，规范驾驶员、押运员的工作行为。建成上线综合办公管理平台、决策支持系统和运费结算模块。实施2.0系统财务融合，推广“商信通”业务，节约资金1338.3万元。开展全员风险写实，完善危害因素数据库和道路风险识别图，外请专家严格会审，编制32种承运危险化学品的“一案一卡”。组织开展各层面的应急演练1625场次。

【服务石油】 2016年，运输公司加强与甲方和地方政府的沟通，积极应对“打非治违”、道路限行、资源不稳定等困难，标准配送趟次达2.26次，同比提高1.4%。抓好三级质量回访，协调解决问题3052个。通过采取综合措施，成品油配送综合损耗率降至0.58‰，同比下降0.28‰，为销售企业增效1.57亿元。自筹资金1.04亿元，对86个配送中心（车队）进行建设和改造。投入3124万元，实施矿区基地硬化、绿化、美化和水电暖供应管网维修改造等项目38个。

【企业文化建设】 2016年，运输公司落实企业年金、补充医疗保险、雇主责任险、全员体检、健康疗养、带薪休假等制度，出台女职工哺育假制度，依法保障员工各项权益。关心关爱特殊困难群体，投入849.2万元，慰问帮扶和补贴救助困难员工1777人次。推进岗位“双序列”建设，制定《中国石油天然气集团公司运输公司主管高级主管管理暂行规定》。鼓励员工提升专业水平，833人取得技术职称，安排两级机关157名干部到基层挂职锻炼。举办集中培训和视频培训44期，培训2.02万人次。开展“形势、目标、任务、责任”主题教育、“重塑中国石油良好形象”大讨论及“诚信守法”大讨论等活动，落实“六必讲、六必谈、六必访”工作方法。发挥电视、门户、报纸、杂志、微信公众平台等宣传阵地的作用，开展大庆精神铁人精神和石油运输野战军的“铁军”精神再教育，组织“中国石油运输·榜样”系列宣传活动，开展“青字号”品牌创建活动，涌现出全国学雷锋活动示范点、新疆维吾尔自治区劳动模范等28个省部级以上先进集体和个人。

【党建工作】 2016年，运输公司学习宣传贯彻党的十八届五中、六中全会精神，开展“两学一做”学习教育，增强党员的“四个意识”。加强基层党建，将30个基层党总支升格为党委，调整成立党支部63个，发展党员213人。在完成541个基层党组织换届工作的基础上，召开运输公司第九次党员代表大会，选举产生新的党委、纪委。开展党组织七项基础工作专项整治，排查出“口袋”党员165人、未转出组织关系党员77人、失联党员48人，逐一跟进予以规范和清理；检查整改“三会一课”落实不到位等问题152个。规范党费收缴使用和管理制度，完成党费补缴工作。配合集团公司第一巡视组完成对运输公司的党内专项巡视，共整改巡视反馈问题34个。制定下发党委发挥政治核心作用实施意见等党建制度11项，建立长效机制15项。组成3个内部巡视组，对所属8家单位开展为期2个月的专项巡视，发现问题373个，立查立改92个，移交问题线索21个。制定“两个责任”实施细则及问题责任清单，健全完善党风廉政建设约谈、个人重大事项报告等制度。党委主要领导开展廉洁谈话并及时“咬耳扯袖”，共约谈1092人次，提醒和诫勉谈话52人次。组织“三超”问题专项整治和“四风”问题整改“回头看”活动，跟踪整改问题132个。综合运用监督执纪“四种形态”，受理信访举报182件，核查问题线索120件，立案查处18件，给予党政纪处分53人。修订处科级干部管理规定，落实干部退出岗位制度，加大竞争性选拔干部力度，2016年提拔交流处科级干部121人。开展干部监督工作，抽查个人有关事项69人，通报处理15人。

【安保维稳】 2016年，运输公司落实防恐维稳常态化工作要求，制订安保防恐风险等级及防范标准，应对全国“两会”、G20杭州峰会等特殊敏感时期的安保防恐工作。开展重点防范目标安保措施大排查，投入1068.2万元，优先推进新疆、西藏地区及国内一线城市的安保防恐设施标准化建设，配齐重点区域危险化学品运输车辆防暴器械。开展矛盾纠纷大排查和信访积案化解工作，推进联合接访和息诉罢访。开展“民族团结一家亲”活动，1213名干部与少数民族“结对认亲”。完成乌恰县“访惠聚”驻村任务，并筹建第4批驻村工作队。

（高　佳）

中国华油集团公司

【概况】 中国华油集团公司（简称华油集团）组建于1998年12月，是集团公司直属的综合性后勤服务和保障企业。形成6大业务板块（酒店旅游、物业管理、海外服务、商贸物流、房地产和边际油田开发块）、9个所属单位（阳光酒店管理集团有限公司、中油阳光物业管理有限公司、阳光国际商务有限公司、华油实业开发总公司、上海浦东华油实业有限责任公司、北京华油房地产开发有限公司、油气资源事业部、中国华铭国际投资有限公司、油气资源事业部）相互支撑、协调发展的产业格局。业务范围覆盖国内27个省（自治区、直辖市）、海外40多个国家和地区。2016年，有合同化员工1123人、市场化员工6802人、劳务用工780人、非全日制员工660人、外籍员工2850人，各类用工总数12215人。

【业务工作】 2016年，华油集团坚持把质量效益发展作为解决矛盾和问题的第一要务，把深化改革和创新驱动作为企业转型升级的根本途径。酒店、物业、国际等业务板块的市场规模保持稳定和提升，市场结构得到优化。围绕挖潜力、增效益，实施19项开源节流降本增效措施，强化绩效考核，压减费用支出，推进业务外包，各项成本费用指标得到有效控制。重视抓好集团公司矿区物业服务的承接准备。根据国务院国资委对央企矿区“三供一业”分离移交政策，明确“抓住机遇、拓展市场、存量不动、增量为主”的对外合作原则，积极开展矿区物业现场调研和合资公司组建等工作。重视抓好国际业务有效发展。明确国际业务以物业配餐和酒店旅游为重点的发展定位和跟随服务战略，提出市场占有率和服务满意率“两个90%”的奋斗目标。积极开拓内外部市场，调整产品结构，提高运营质量，取得较好经济效益，实现海外后勤服务保障水平、经营质量和效益的稳步提升。房地产业务增资扩股转型发展，解决信托资金还款问题，实现体制机制变革，为市场化运营、规范化治理和可持续发展铺平道路，也为华油集团所属企业推进混合所有制改革提供有益借鉴。重视抓好油田合作开发规范，维护华油集团整体利益。在充分权衡利弊的前提下，退出存在安全隐患和法律风险的5个项目，与长庆油田、宜化集团签订新的油区合作协议，根据油价变化落实关停油井计划，做好量本利分析，确保低油价下实现油气业务利润最大化。重视抓好贸易业务清收清欠和转型发展。华油实业开发总公司多措并举，全力清收清欠，最大限度减少企业损失；全面清查现有业务，识别和防范经营风险；调整业务结构，转变运营方式，积极研究传统贸易业务转型相关工作。

【经营成果】 2016年，华油集团面对酒店、贸易、房地产等行业市场未见回暖、油价持续低位运行的严峻形势，坚持“改革创新、共享协同、依法合规、提质增效”工作方针，统筹推进各项工作，实现收入46.4亿元、利润6303万元，超额完成集团公司下达的考核任务指标，保持队伍稳定和安全生产，圆满完成“调整、转型、提升”的各项既定目标，呈现出良好的发展势头。

阳光酒店管理集团有限公司坚持以市场为导向全面强化营销工作，拓展分销渠道，推进全员营销，取得明显成效。营业酒店2016年客房平均出租率56.7%，同比增长4个百分点；客房毛利率76.7%，同比提高2.3个百分点；旅游接待人次、火车票和飞机票出售量同比均有所增长。在抓好营销工作的同时，借鉴吸收行业先进管理经验，着手改进内部管理、精简人员机构、控压成本费用，单体酒店管理层级由9级压缩至7级，组织机构由8部1室压减为6部1室，一线、二线员工比例调整到82：18；2016年，减少用工1218人，人工成本率、能源成本率分别下降3.3和1.1个百分点。2016年，阳光酒店集团实现盈利10529万元（含青岛、苏州处置收益），经营效益持续向好。

中油阳光物业管理有限公司坚持中高端定位，制定市场开发、项目评估及相关奖励激励等配套政策，积极捕捉市场信息，做好内外两个市场的开拓，顺利完成天津大厦项目入驻单位整体搬迁，开拓昆仑能源北京丰和大厦、云南石化厂区等服务项目，增加服务面积65万平方米，同比增长40%。在所属酒店、物业项目中广泛开展扩销增效活动，所属酒店客房出租率、餐饮上座率分别达77.6%和40.6%，超过行业平均水平；写字楼实际月均出租面积10万平方米，年资产出租率86.4%。突出抓好减人增效和节能降耗，2016年减少用工279人，人工成本下降15%；所管理的中国石油写字楼宇年均节电182万千瓦·时，节水1.74万吨，节气34万立方米，其中集团公司总部石油大厦先后开展送风、照明、热力等改造革新8项，年均节电112万千瓦·时，节气0.86万立方米。2016年，实现盈利28万元，同比增加2052万元。

阳光国际商务有限公司在服务油气公司的同时，积极向工程技术、工程建设和当地社会服务市场延伸，新签哈萨克斯坦中亚气管线7-8号站、迪拜中海油中东公司、伊朗华为公司、南美辽河油田和宏华国际等配餐项目12个，初始标的金额2414.8万元，保持业务持续稳健发展。南苏丹前线营地配餐项目在当地社会安全形势持续紧张、局部武装冲突不断的情况下，克服种种困难保持项目正常运行，实现人员安全撤离。乍得分公司中标新丹妮拉基地营地建设项目，新增中地海外集团有限公司和中国大使馆后勤物资配送业务，增加盈利20.6万元。尼日尔基地全部投产运营，实现利润2091万元，同比增长280%。加拿大分公司积极寻求合作伙伴，与Uniglobe One Travel合资成立差旅管理公司，成功中标中海油尼克森公司的商旅管理项目。2016年，实现经营利润1.07亿元。

华油实业开发总公司受宏观经济下行、实体经济产能过剩的影响，贸易业务规模大幅下滑，加之对市场风险预判不足，在2012—2014年出现较大面积的违约纠纷和资金风险，发生违约纠纷项目7个，涉及资金风险6.21亿元。2016年，面对严峻形势，及时停止风险业务的开展，全面清查现有经营项目，加紧消化库存，做好风险识别和防范工作。集中精力通过法律诉讼、催收催要等方式，加紧清收清欠，最大限度挽回损失。在业务结构调整、经营方式转变过程中，探索电子商务经营模式，积极研究传统贸易的业务转型相关工作。

上海浦东华油实业有限责任公司将精细管理、对标管理融入经营和服务的各个环节。按照商务型酒店的经营特点，通过调整房型结构，优化价格体系，推广微信订房，压减代销渠道等措施，保持酒店盈利稳定增长。想方设法提高写字楼出租率，缩短空租期，租金收入同比增加52.84万元。以物业资质升级为契机，规范管理细节，提供贴心服务，顾客满意率逐年提高并获国家二级物业服务企业资质。实施照明节能光源改造、中央空调冷却塔清洗等环保节能措施，2016年可比单位建筑综合能耗控制在2014年水平之下，优于国家和上海市能耗先进值10%以上。2016年，实现盈利1820万元。

北京华油房地产开发有限公司近年受市场低迷、融资政策收紧影响，导致销售不畅、资金不足、融资还款困难等问题，同时面临着国务院国资委关于央企房地产业务清理退出的产业政策限制，无持续经营能力。针对此种情况，在集团公司指导下制定房地产业务增资扩股方案，将房地产公司55%的股权进行公开招股，以引入有实力的房地产企业，有效解决房地产业务信托资金还款和中长期发展不可持续的问题。2016年9月，房地产增资扩股完成股权剥离、人员分流、审批等各项前期工作，在北京产权交易所进行挂牌。挂牌期满，经对意向方资质审核、尽职调查及竞争性谈判，在增资协议、公司章程达成一致意见的基础上，报经集团公司核准，与河北泰华锦业房地产开发有限公司正式签署增资协议，完成房地产业务增资扩股工作。通过此次增资扩股，房地产业务顺利解决信托债务问题，实现体制机制变革，为市场化运营、规范化治理和可持续发展铺平道路，也为华油集团所属企业推进混合所有制改革提供有益的借鉴。

油气资源事业部在油价持续低位运行的情况下，重点抓产能建设、油藏精细管理、降本增效等措施的落实。总计投资1.79亿元，投产油井58口，新建产能4.4万吨。累计实施老井措施井27口，措施增油1万吨。动态关停低产低效油井113口，改间抽油井37口。强化能耗和物料成本控制，节约费用600余万元。开展劳务外包项目2个，节省人工成本500万元。引进渤海装备专业团队进行油田现场管护，提升现场管理水平。2016年，完成原油商品量40.79万吨，同比增长1%，吨油操作费控制在483元，剔除吉林乾安区块清算损失5434万元，实际实现盈利2728万元。

中国华铭国际投资有限公司通过积极沟通协商，莫斯科中国贸易中心项目开发期延期申请和交通解决方案正式获批，项目设计基本结束，施工总包顺利进场，地下结构施工按计划完成，局部达到地上二层，2016年9月主体工程结构封顶。商务部完成对项目的前期审计，鉴于审计未发现重大资金使用中存在违反国家财经规定的情况，同意拨付2.38亿元国家投资，待财政部批准后，将及早启动股东单位担保贷款程序，落实项目缺口资金，全力推进项目建设。

【管理提升】 2016年，华油集团不断提高合规管理水平，将合规管理作为华油集团全面提升战略管控、防范企业风险、维护队伍稳定的根本性、长远性的举措，纳入“十三五”规划统筹部署，受到集团公司肯定。按照“精简、实际、有效”原则，集中梳理现行各项规章制度234项，规章制度体系进一步完善。组织771人次参加网络全员合规培训，提升全员合规意识，达到预期效果。加强内控监督检查测试，对自测发现的问题进行全面整改，在年度集团公司管理层测试中，报告例外事项7个，评价结果达到“良好”水平。制定《华油集团风险管理办法》，对风险管理原则、机构、职责、风险识别与评估、风险管控与预警、风险监督与评价等进行全面系统规范。在编制2016年风险管理报告过程中，汇总辨识重大风险，制定风险监控及预警方案，提出管控措施33条，企业风险动态管控机制进一步完善。开展资金专项检查工作，规范所属单位账户管理等业务流程，资金管理的受控程度进一步提升。审核招标项目43项，涉及金额3.54亿元，公开招标金额占全部招标项目金额的比例提升到81%。审查并实时动态监控各类合同的签订与执行2275份，总标的额71.9亿元，合同审查率100%。配合审计署对华油集团的审计工作，实施内部审计项目10个，发现并整改经营管理问题128个，涉及问题金额9528万元，实现可计量审计成果4069.77万元，促进华油集团依法规范运行。

扎实开展质量标准体系建设。研究制定2016年标准化工作安排及企业标准宣贯实施方案，开展18项标准的宣贯培训共计40余次，各单位对照标准逐条学习，逐项落实，确保新标准的有效贯彻和受控执行。制定质量体系建设总目标和具体工作措施，提出QC小组活动方案，通过大力宣传引导和深入动员，27家单位开展40个课题的QC小组活动，员工质量管理的积极性有效调动。以深圳阳光酒店为样板，在多家酒店推广“明厨亮灶”工程，取得较好效果。网络点评、明察暗访等质量管理手段逐步推广运用，督促酒店及时发现整改问题，有效提升酒店的质量意识和服务水平。

加强和规范投资、预算、资金管控。在“十三五”规划纲要的基础上，对规划中的业务部署、政策支持、规划目标分解等内容进行补充完善，制定下发推进规划实施的指导意见，较好发挥规划的引领作用。修订《投资管理办法》，进一步突出效益回报、强化投资管控、严格审批程序。出台《零购投资计划管理办法》，规范零购资金使用，解决部分单位小型项目资金渠道问题。积极落实阳光出租车公司车辆更新、深圳阳光酒店和巴黎万丽花园酒店空调改造、油气合作开发产能建设等投资2.83亿元，为相关业务正常运行提供投资保障。调整预算考核政策，制定华油集团《2016年季度预算考核实施办法》，修订《预算考核评分实施细则》，对企业绩效考核指标及权重进行调整设计，强化效益导向和质量发展要求，加大工效挂钩政策硬约束。完善年、月、周资金计划的编报审核，不断提高资金计划符合率，2016年集团公司批复华油集团年度资金计划56亿元，充分保障整体资金需求；进一步抓好内部资金计划执行，符合率85%，同比提高6个百分点。

完成“治理、处置和压减”3项专项工作阶段任务。亏损企业专项治理、处置“僵尸企业”及特困企业专项治理、压缩管理层级减少法人户数3项专项工作是国家推进供给侧结构性改革的重要抓手。华油集团研究政策，分解任务，制定目标责任书，顺利完成亏损企业治理和特困企业治理的既定目标，完成压减指标10个，超额完成6个，其中增资扩股退出控股地位4个、股权转让1个、关闭撤销1个、股权核销

4个，获得集团公司的考核奖励加分。

推动区域化管控模式和业务布局调整。华油集团的酒店、物业和海外项目经过多年拓展，初步形成“点状”经营布局，各项目单位立足所在区域，自主经营、积极创效。但受限于单兵作战的管理现状，各单位之间缺乏协同、个别地区重复建设、管理效率不佳。针对这一情况，按照“强总部、精专业、活基层”的整体工作思路，开展阳光国际公司、阳光物业公司市场布局调整和区域化管控的专题研究和实践。在北美地区将加拿大分公司和美国分公司进行整合；在阳光物业原有的昆明、安宁、贵阳3个分公司的基础上，组建阳光物业西南分公司，负责云南、贵州、广西、重庆、四川五省（自治区、直辖市）已有及新增项目的运营管理。这些区域化公司的组建，为集中区域优势资源，推动区域整体协调发展创造新的有利条件。

积极推进信息化建设。按照2016年初“互联网+价值链管理”工作思路，全面优化升级ERP系统，对财务、物资、设备等相关模块进行并行验证，积极推进FMIS、资产平台等运行环境的搭建，1月中旬完成所有ERP2.0的上线切换。将新增物业单位和集团公司批复保留的单体酒店全部纳入系统管理，使系统覆盖范围由16家扩大到30家，进一步提升ERP集成系统的管理功效。新建天坛、常州、深圳、三亚、大连6个视频会场，公司视频会议系统覆盖到国内22个会场，视频会议的效率进一步提高。按照2016年初“互联网+传统产业升级”的工作思路，酒店业务以阳光出行网为基础，与携程商旅公司合作，搭建差旅服务和酒店营销信息平台，积极建立涵盖价格管理、会员体系、营销体系和销售渠道体系的营销中心，完成营销中心方案初步设计。与“众荟”信息化平台建设合作，逐步完成集团管控、中央预定、会员中心、客户中心、经营决策等一系列酒店管控系统搭建，实现对管理判断、市场数据分析、营销价格决策等管理功能。天坛、西安、甘肃3家酒店的信息化平台上线运行，加快推进三亚、深圳酒店的上线工作。物业业务把握互联网和物业行业线上线下融合发展的趋势和方向，开展O2O业务的调研分析，与有一定物业运营经验的长城、远洋、新奥等企业进行深入交流，初步形成O2O平台功能设计方案和整体发展规划。国际业务加大协同办公系统开发及应用力度，新建、调整、优化流程34个，增添HSE专栏、物业配餐学习平台、部门工作跟踪等管理模块，同时实现办公桌面与微信即时通信的衔接，进一步提高国内外信息沟通和办公效率。

全面推进HSE管理体系建设。按照新《安全生产法》《环境保护法》和废、改、立的要求，完成对HSE管理体系文件的修订，编制《HSE管理体系审核管理规定》《安全风险分级防控管理办法》等8项管理制度，发布华油集团总部机关HSE管理手册等体系文件，承担集团公司《宾馆专业HSE管理体系量化审核标准》的编制工作并完成初稿。推进基层单位HSE标准化建设工作，12个基层单位实现标准化建设达标。抓好安全生产“党政同责、一岗双责”责任制的落实，提出领导干部HSE工作“八个带头”和消防安全“三个提示”的管理要求。编制和发布《领导干部和一般员工安全环保履职能力评估实施细则》，明确考核的标准和要求，进一步规范安全环保履职能力评估工作。开展“安全生产月”活动，组织针对油气开采作业、建筑施工管理和酒店物业消防安全管理的专项检查，组织国内外安全检查19次，发现各类问题961项，按照闭环管理要求，通过对重点问题的现场整改验证、提交问题整改反馈单等方式完成整改工作。2016年，华油集团全面完成年度各项安全管理目标。

【服务石油】 2016年，阳光酒店管理集团有限公司再度入围中国旅游饭店业协会评选的“中国饭店集团60强”。天坛饭店对中央第九、第十四巡视组的服务工作，得到国务院国资委高度肯定和集团公司通报表扬；敦煌酒店作为2016年首届丝绸之路国际文化博览会的指定接待酒店，成功接待日本前首相、尼泊尔议会议长等来访外宾及17个参会代表团，受到入住宾客普遍好评。

中油阳光物业管理有限公司进入全国物业管理行业综合实力百强企业排名前30位，获“全国物业管理绿色节能示范企业”，再次受邀参与人民大会堂、政协大礼堂等国家级重要宴会服务，获国务院国资委、北京市政府等授予的多项荣誉称号。

阳光国际商务有限公司、中国华铭国际投资有限公司圆满完成习近平主席、李克强总理等国家高访团组的接待服务工作，较好发挥政务接待和商旅服务平台作用。在服务海外石油单位、中资企业和驻外使馆工作中，收到各类感谢信18封，特别是阳光国际苏丹分公司在南苏丹战乱中组织的人员撤离工作，得到中国驻南苏丹大使馆、中国石油协调领导小组肯定。

【企业文化建设】 2016年，华油集团深入贯彻落实中央八项规定，有序推进党的群众路线教育实践活动整改落实。在“三严三实”专题教育取得成果的基础上，扎实开展“两学一做”学习教育。结合实际编制专项运行表，在做实“六个规定动作”上抓落实，完成专题党课、党员排查、党费收缴专项检查等工作。开展1000余人参加的“两学一做”主题知识竞赛。每个规定动作完成后都进行专题总结，及时查改不足，领导干部的工作作风呈现出从严从细从实的新变化、新气象。

围绕中央文件精神、党风廉政建设等内容，认真组织完成党委中心组集体学习，建立党群工作月度例会制度，进一步严格党内组织生活，促进工作的提升。落实纪委的监督履职责任，积极实践“四种形态”，坚持抓早抓小、关口前移，把纪检监察工作由“查违法”转向“盯违纪”，由退守法律“底线”到守住纪律“红线”，促进“两个责任”的深化和具体化。2016年，对6个所属单位存在的43个问题下发警示告知书，对38人次进行警示约谈，对16人次的干部提职和调整交流进行廉洁复核和廉洁任职谈话，进一步强化纪律和规矩的刚性约束。

修订完善《企业领导人员管理暂行办法》，规范企业领导人员选拔任用、管理监督等各项工作。编制直属单位领导人员考核细则，增加考核的公平性和透明度。下发各级负责人履职待遇、业务支出管理规定，分步集中处置超标超配车辆，规范各级领导干部职务消费行为。2016年，组织1137人次参加集团公司、华油集团各类培训47项，领导干部的业务能力和工作作风进一步提升和改善。紧密结合公司发展形势，深入分析干部队伍存在的短板，选取宏观经济分析、体制机制改革、企业运营管理、法律、财务等方面的课程，突出应用性和实效性，举办主要领导干部培训班和党组织书记培训班，进一步提升领导干部的综合素质和履职能力。

深入开展“重塑中国石油良好形象”大讨论活动，大力弘扬石油精神。不断深化形势任务教育，组织开展新媒体创作大赛、主题宣讲、创新创效活动、主题书画摄影大赛等系列文体活动，企业文化培育和先进示范引领工作持续开展。参加集团公司“我为公司发展献一策”金点子征集活动，上报的7个金点子建议被集团公司编入《金点子汇编》。积极倡导“爱国、奉献、拼搏、敬业”的企业核心价值观，对2015—2016年涌现出的优秀共产党员、优秀党务工作者和先进基层党组织进行评选表彰，进一步发挥先进典型的示范引领作用。继续开展扶贫帮困送温暖活动，2016年向集团公司工会申请困难资金136万元，对412名困难党员和职工发放慰问金51万元。改善华油集团人文关系环境，确保队伍和谐稳定，激发员工群众的工作热情。

（刘　苗）

北京华油服务总公司

【概况】 北京华油服务总公司（简称华服总）成立于1992年12月。2001年4月，华服总注册登记了中国石油天然气集团公司机关服务中心，事业法人。2016年3月，北京华油服务总公司调整为集团公司直属企业管理，承接华油北京服务总公司职能，华油北京服务总公司撤销。2016年底，有7个机关处室、13个下属单位、2个托管单位，员工2401人。

2016年，华服总认真贯彻落实集团公司工作会议精神，坚持建设综合性高端服务公司和“规模华服”“品牌华服”“人才华服”“效益华服”“和谐华服”等“五大华服”发展战略目标不动摇，充分发挥党组织政治核心作用，大力加强“品牌华服”和“人才华服”建设，着力提升依法合规管理水平，狠抓安全风险防控，稳步提升经营效益，实现“十三五”良好开局。服务规模实现新突破，酒店业务成倍扩张，增加面积1.74万平方米，房间223套。生活公司承接4个餐厅，新增餐饮服务面积2263平方米，餐饮服务点达14个。成立健康体检中心，医疗业务不断拓展。科技园实现建管结合，科技交流中心接待145个团队，748场会议，9.8万人次，进入崭新发展阶段。服务品质持续提升。物业公司取得住房和城乡建设部物业服务企业一级资质，综合服务满意率达到99.51%，华服品牌知名度、美誉度不断提升。党建工作展现新面貌，圆满完成集团公司巡视、党员代表大会换届等工作，举办庆祝建党95周年歌咏比赛、首届职工运动会等活动。2016年获省部级以上荣誉27项，实现营业收入6.26亿元，同比增长6.7%，净利润同步增长，企业呈现和谐稳定局面。

【品牌建设】 2016年，华服总紧密结合“重塑中国石油良好形象”大讨论活动，制定“品牌华服”实施意见和重点任务推进计划，明确建设思路和目标任务。制定《先进评选表彰奖励管理办法》，充分发挥先进典型示范引领作用。加大品牌宣传，在《中国石油报》头版刊登品牌建设专题报道，征集华服故事133篇，择优上报集团公司，展示华服总良好形象。注重工作实效，品牌建设效果显著。各单位以“品牌华服”建设为契机，对标同行业先进水平，优化服务流程57项，服务更加优质高效。科技开发公司总结科技园投资管理经验，编写“重大基建项目投资管理与实施”，获第29届全国石油石化企业管理现代化创新优秀成果奖二等奖；A45地块北京石油机械厂联合厂房工程获“中国钢结构金奖”；A29地块数据中心项目通过国际权威机构美国绿色建筑委员会评估，获LEED银级认证。物业公司取得物业服务企业一级资质，科技园A12地块办公楼通过五星复审。科技交流中心不断改进会议、餐饮服务水平，成为展示华服品牌形象的重要窗口。生活公司合理设计菜品结构，建立菜品量化培训中心，推广餐饮便民服务，6家餐饮部荣获餐饮服务食品安全A级认证。机关车队注重职工队伍建设，开展驾驶员服务质量竞赛，优化运行效率，强化安全监管，连续8年获北京市交通安全先进单位。行政处规范集体户籍管理，清退人户分离1128人。主动上门办理医保报销业务，受到用户称赞。通信处完成集团公司电话专网视频通话升级改造、北京石油大厦通信系统国产化替换，接管昆仑大厦、丰和大厦信息机房运维，展现精湛技能和良好风貌。房产处按照国家机关事务管理局要求完成未售公有住房核查，开展备案登记，加强住房公积金、住房补贴和人防等工作，不断提高精细化管理水平。门诊部开拓思路、攻坚克难，取得体检中心资质，建设健康体检中心，由传统门诊向现代综合医疗服务转变。文印处以扎实的业务功底、良好的仪容仪态、规范的服务用语，为集团公司总部机关及专业分公司排版印刷材料35万余版无差错。幼儿园积极实践前沿课题，强化教师技能培训，在多家媒体刊载教学活动，不断扩大石幼品牌影响力。退管中心积极落实离退休老同志待遇，不断丰富老年大学课程，用真情温暖人心，用活动凝聚人心，使老同志“老有所养、老有所为、老有所学、老有所乐”。中油宾馆合理统筹资源，承接梦溪宾馆，建立海淀分部，开展汽车租赁服务，持续提升专业化精品服务水平。华服总机关持续强化机关作风建设，坚持开展管理经验分享，着力提高履职水平和工作实效，不断打造勤勉清廉的服务型、学习型、创新型机关。

【人才队伍建设】 2016年，华服总制定“人才华服”建设实施意见，明确“人才华服”建设思路、总体目标和“十三五”重点任务，完善人才选拔、培养、使用和激励机制。通过公开评审答辩，评选公司级管理专家和技术专家各1名。在公司范围内推广技术专家和技术骨干评聘工作，扩大选拔范围，增加选拔数量，2人通过技术专家初审，6人通过技术骨干考评，为技术人才提供成长空间。坚持“两级计划、三级培训、分级管理、分类指导”运行机制，举办培训班19个，参训人员660余人。坚持公平、竞争、择优，规范外部人才引进和大学生招聘，不断优化人才专业结构，为可持续发展提供人才保证。制修订《中层管理人员管理规定》和《选拔任用工作规范》，健全完善民主推荐、核实个人有关事项、调查近亲属从业情况等环节，切实提高选人、用人工作科学化、制度化、规范化水平。制修订领导干部综合考核评价、后备干部管理和中层领导干部离开现岗位相关办法，优化绩效考核指标体系，疏通领导干部退出渠道，建立能进能退、能上能下的用人机制。制定《领导干部个人有关事项报告核实结果处理办法（试行）》，随机抽查领导干部个人事项报告，强化监督管理，增强规矩意识。2016年，集团公司人事部开展选人用人工作专项检查，对华服总给予充分肯定。

【依法合规管理】 2016年，华服总以集团公司巡视整改为契机，坚持问题导向，制定整改方案，细化整改措施，狠抓整改落实，取得显著成效。成立采购管理中心、土地房屋租赁管理科、车辆管理办公室等机构，配备人员，加强专业化规范化管理。加强信息化建设，成立信息化建设筹备组，扎实推进信息化工作，以信息化为手段，提高依法合规水平。修订招标、采购、合同等管理办法，加强对招标采购程序、价格确定、供应商选择等关键因素监管。梳理车辆管理制度，规范公务车管理。制定房屋租赁管理制度，完善房屋管理信息系统，实行统一标准、统一管理、统一合同。理顺科隆公司管理体制机制，规范资产产权关系，推行创效单元模式，拓展服务承包业务，促进科隆公司持续健康发展。通过强化巡视整改，从根本上解决历史遗留问题，实现依法合规管理。强化法律审核，协调解决机关车队劳动争议等法律纠纷案件8起，维护公司合法权益。

【工程项目管理】 2016年，华服总科技开发公司坚持建管结合，实现由单一工程建设向建设管理服务综合职能转变。A15地块按期竣工，A13、A33地块完成主体工程。配合集团公司审计部完成A34、A42、A29、A16、A45（北京石油机械厂）、A45（物业楼）

5个地块6个项目审计。发挥科技园管委会作用，组织园区座谈会、歌咏会、羽毛球和摄影比赛等活动，搭建互动交流平台，建设和谐园区。赴国内外先进科技园区调研，编制科技园“十三五”发展规划，充分发挥科技创新作用。工程管理处发挥专业优势，加强质量管控，坚持阳光操作，康鸿家园电梯安装工程顺利实施，六铺炕8号楼楼面顶板加固工程积极推进；完成白米斜街11号院、秦老胡同40号院、东吉祥胡同19号院及前圆恩寺35号院安全改造等10项小型工程，改善居住环境，得到用户好评。

【经营成果】 2016年，华服总深入推进开源节流降本增效活动，营业收入6.26亿元，集团公司事业经费补贴9298万元，政府供暖补助422万元，其他收入803万元，合计7.31亿元。成本费用支出6.57亿元。物业公司强化费用收取和成本管控，实现营业收入2.78亿元。生活公司发挥餐饮品牌优势，先后承接华融基础公司、中石油燃料油公司和钻井工程技术研究院等餐厅，实现收入1.16亿元，同比增长5%。中油宾馆针对不同客户制定个性化服务方案，努力提高经营效益，实现收入3300万元。科隆公司广泛收集市场信息，研判经营合作项目，2016年营业收入3063万元。

【安全环保】 2016年，华服总狠抓安全管理不放松，实现安全无事故。QHSE管理体系持续深化，体系文件不断完善。开展危害因素辨识，将风险防控与岗位责任、操作规程、应急措施等有机融合。编制完成物业服务专业基层站队HSE标准化建设标准，基层站队HSE管理水平不断提升。强化QHSE业务培训，举办领导干部HSE理念等专题培训，内审员119人。组织体系内外部审核，通过第三方认证，体系运行效果显著提升。安全风险有效防控。开展安全监督130余场次，下达整改通知书20份，跟踪整改问题38项。开展出租房屋专项治理，进行安全隐患集中治理。投入专项资金1352万元，完成安全隐患治理项目10个，实现治理措施、责任、资金、时限和预案“五到位”。注重交通安全管理，交通违章率低于15%，未发生重大交通安全责任事故。安全基础持续巩固。颁布实施《特种设备安全管理办法》，完善14类设备基础管理，做好设备设施年检、维护保养和登记，确保设备设施安全平稳运行。推进节能环保管理，开展温室气体排放核算，建立基本信息台账，增强环境数据管理可追溯性。落实防汛责任制，做好应急物资储备，开展消防、汛情、医疗救援、食品中毒等专项演练78场次，参演人数3200余人次，员工应对突发事件能力不断加强。

【党建与企业文化建设】 2016年，华服总认真开展“两学一做”和弘扬石油精神大讨论活动，组织政治理论学习、专题讲座等多种活动，召开第二次党代会，审议并通过党委、纪委报告，选出新一届党委和纪委委员。每季度召开党建和纪检工作例会，加强交流，总结经验，明确目标。开展基层党组织按期换届及专项检查。严格党员日常教育管理，排查党员组织关系。严把党员发展关，发展党员20人，转正党员14人。深化“两个责任”落实，推进党风廉洁建设。修订完善纪检监察制度，设置专职纪委委员，配备专兼职纪检干部，建立健全制度体系和责任网络。全面落实党风建设责任制，组织签订党风廉政建设责任书和廉洁自律承诺书，签约率100%。抓好巡视反馈整改，强化工作作风转变。制定并发布《巡视反馈问题整改落实方案》和工作运行表，梳理19项37条整改措施，基本整改完毕。启动公司内部巡视，完成4个单位巡视工作，及时发现问题，督促整改落实，营造风清气正良好环境。举办首届职工运动会、歌咏比赛、棋牌比赛、庆祝“三八”妇女节等活动，凝聚人心、提振士气。参加集团公司直属机关歌咏比赛，获一等奖和优秀组织奖。组织扶贫帮困送温暖活动，切实解决职工困难，慰问困难职工98人次，发放慰问金26.9万元。组建“华服好青年”志愿者团队，帮扶慰问退休员工10余次。举办青年中英文演讲比赛、读书知识竞赛等活动，建立“华服青年梦”微信公众号，传播华服总好声音，凝聚发展正能量。

（曲文博）

北京石油管理干部学院

【概况】 北京石油管理干部学院（简称管干院）是集团公司高级培训中心，同时也是中国石油天然气集团公司党校和中国石油远程培训学院，以培训为主营业务，以中高层管理干部为主要培训对象，充分发挥干部培训主渠道作用、党性锻炼大熔炉作用和远程培训主平台作用。管干院成立于1984年，占地92亩，建筑面积 8.5 万平方米。学员宿舍 1083 间，床位 1623 个，教室 50 个，座位 2743 个，具有 1200 人 / 日培训能力。

2016 年底，设 14 个处室及石油教育与人才研究所（挂管集团公司考试中心）。资产总额为 8.19 亿元，其中固定资产为 5.10 亿元，员工 146 人，具有高级专业技术职务任职资格的有 65 人，其中教授级 11 人。

2016 年，管干院紧紧围绕培训核心业务，认真落实三大发展战略（使命：不断夯实中国石油人才强企战略基础；愿景：倾力打造“价值中心”；核心价值观：追求培训服务高质量），持续激发队伍活力，不断提升办学能力，大胆实践创新驱动，扩大对外交流合作，搭建青年成长平台，提升经营管理水平，破解业务外包难题，建设人文智慧魅力校园，各项事业不断取得新成就，为“十三五”科学稳健发展奠定良好开局。

【培训工作】 2016 年，管干院举办培训项目 325 个，培训学员 20.72 万人天，计划内项目全面落实，继续保持“内培为主、外培为辅、高端引领”培训格局。党校班、中青班、党委书记班等重点项目再次受到好评，对 276 个培训项目进行质量评价，总体得分 9.45 分，授课水平整体保持优秀。自主办班取得重要突破，领导力进阶培训基础模块滚动开办 10 期，拓展模块开办 2 期，广泛受到好评，成为管干院特色项目。与地区培训中心开展合作，在成都、西安、大庆 3 地合作办班，缓解工学矛盾，是贴近市场需求的又一突破。定制项目优化创新课程设计，培训效果成为吸引更多企业的亮点。中国电子科技集团公司两期中青班，管干院承担课程设计和部分授课，属高端项目中的高端业务，外部客户的信任也是重要突破。远程培训开通选修课频道，移动学习平台顺利上线，探索混合培训新方式开创良好开端。“三位一体”培训体系建设取得新成效。管干院党校连续 10 次被中央党校评为“先进办学单位”（表 1）。

【构建课程体系】 2016 年，管干院整理形成包含 9 大类 394 个专题课程体系。概括归纳出计划办班、自主办班、定制办班、合作办班 4 种办班形式，构建规划以领导力进阶培训、工商管理培训、党建类培训为主体，以安全、质量、财务、审计、项目管理、创新管理、供应链管理、国际化培训等为专题的 3+n 课程体系，培训体系的架构更加清晰。设计的集团所属企业主要领导党建培训、纪检监察干部培训、中国电子科技集团公司中青班培训等重要项目，优化设计的集团公司中青班、党校班，以及教师冬季培训项目和一些企业定制项目，均体现创新意识和项目特色，受到高度评价。2016 年培训设计评价总体得分 9.55 分，更加贴近市场需求。

表 1　管干院培训项目数据汇总表

项目类别	培训班次	培训人数	培训总量（万人）	比例（%）
集团公司计划内 A 类项目	7	736	3.05	15
集团公司计划内 B 类项目	24	2151	1.54	7
集团公司计划外项目	42	3222	1.83	9
集团公司企业委托项目	163	7213	5.25	25
其他项目	89	6767	9.05	44
总　计	325	20089	20.72	100

【教学管理创新】 2016 年，管干院遵循干部培训规律，引入行动学习；借鉴外部经验，引入积分促学机制；提升全程授课效果，引入课程导学。有针对性地试点工作坊、拆书坊、创新大赛、管理汇商营、结构化研讨等交流互动活动，取得良好效果。依靠党校班、中青班学员论坛成果形成首份智库报告。创新办学形式，自主办班、合作办班和滚动开班成为新亮点。开发领导力进阶培训，引导更多项目彰显管干院特色。多措并举提升干部培训的针对性、实效性。

【教研管理创新】 2016 年，管干院形成从科研课题征集立项到教研成果评审，制度化鼓励创新的机制，开发出中青班课程体系建设等一批优秀教研成果。“领导力进阶培训项目探索与实践”获央企高管培训体系建设特色实践征集活动最具实效奖。多途径发挥教研人员在理论水平和政策研究上的优势。每年举办 2 次学术论坛，2016 年冬季论坛，更是以创新为主题，在培训创新和管理创新两方面，涌现出大量创新课题和创新思路。教学及管理人员的创新意识和创新思维得到发挥，创新驱动发展成为管干院的共识。

【机构优化管理】 2016 年，管干院在三个教学部门基础上，按照“核心突出，特色鲜明”原则，优化设置 9 个教研室。在融入学院工作基础上，明确人才内设机构与分工。资源统筹利用，HSE办公室职能并入教研室。随着机构与人员调整优化，教学部门、教研室、教师队伍职能定位更加清晰，活力进一步显现，跨部门项目合作、课程开发、课程催化以及跟班研讨的主动性不断增强。后勤服务业务分离，后勤物业处原有的11个内设机构，大幅缩编为物资采供、质量管理和工程管理等5个机构，同时还向教学机关和其他部门充实有生力量，撤销2个长期闲置机构。随机构不断调整优化，人员和岗位匹配度也得到提升，运行机制更加流畅。

【服务业务外包】 2016年，管干院打造百人精英团队，降低用工法律风险，紧密结合实际，创新业务外包模式，引入专业化服务、市场化机制，整体设计，分步实施，后勤服务业务平稳有序交接。在中宏公司业务外包成功基础上，相继完成电教和信息化服务、绿化环卫服务和综合维修服务等业务的专业化外包。

【基础设施建设】 2016年，管干院培训管理信息系统顺利运行，监控中心设备升级，校园无线网络覆盖、局域网改进、ERP应用集成系统建设等系列信息化建设项目顺利完成。园林绿化一期、二期工程顺利竣工，校园景观更加雅致。综合楼教室、卫生间改造，电梯装修，动力与消防设施改造等系列项目顺利完成，各项保障能力不断增强。休闲茶座和中油书店相继开业，休闲吧、小食品、定期舞会、预约理发和电影放映等传统服务相继恢复，文体中心修缮改造和东教学楼阶梯楼室改造项目相继开工，人文智慧魅力校园建设初见成效。

【党建和思想政治工作】 2016年，管干院党委切实发挥把方向管大局保落实政治核心作用，认真落实党建工作主体责任，召开管理干部院第二次党员大会。通过“学习型班子”建设引领学习型组织建设。深入贯彻民主集中制，认真执行“三重一大”决策程序，引领科学发展的能力不断增强。务实修订干部选拔程序，审慎使用领导权利，在干部选拔和职称评审等敏感事项上，充分做好沟通解释工作，引导正确的价值观和行为方式，坚持做到公开透明公正。加强党风廉政建设，从严管理监督干部，风清气正的政治生态正在恢复。扎实开展“两学一做”学习教育，党员干部政治意识、大局意识、核心意识、看齐意识进一步增强，工作作风进一步转变。认真落实“民主办院”方针，征集落实职二提案。在政策允许范围内积极落实职工待遇，不断丰富员工文体生活，改善办公环境。扩大先进典型与发展成绩正面宣传，不断注入改革发展正能量。持续开展“扶贫帮困送温暖”活动，积极营造和谐稳定发展局面。

（崔艳梅）

中国石油报社

【概况】《中国石油报》是集团公司主管、中国石油报社（简称报社）承办的集团公司党组机关报，国内外公开发行，报道石油天然气勘探开发、炼油化工、管道运输、油气销售，并涵盖相关产业。《中国石油报》现为对开八版、周六刊彩色印刷。报社承办《石油商报》《汽车生活报》《石油画报》《石油政工研究》《地火》《新闻之友》等刊物和中国石油新闻中心网站，形成“四报十五刊两网”全媒体发展格局。报社负责中国石油新闻工作者协会和中国石油作家协会的日常性工作。报社有机构13个。

2016年，出版《中国石油报》（包括《金秋周刊》）302期，共计1924个版。报社所属“四报十五刊”期发行量突破100万份，网站和新媒体年访问量超过2.4亿人次。其中，《中国石油报》发行给中央领导和国务院各部委1000份，115份进中南海。

报社探索实施的“企事业单位全员量化规范管理体系创新实践”，获石油企协评选的全国石油石化企业管理现代化创新成果一等奖。连续第4年获中国传媒大会评选的“金长城传媒奖”。

【报纸工作】 2016年，报社加快构建“主流、全媒体、国际化”的石油新闻信息传播体系。坚持政治家办报，加强舆论导向管理和舆论风险管控。坚持践行“把握舆论导向一二条”“新闻导向四问”和“时政报道三原则”新闻导向管理体系。2016年顺利完成数十次重大时政新闻、重大战役和主题宣传报道。

2016年，《中国石油报》加强对石油市场及企业应对低油价的跟踪报道，开设《直面低油价挑战，苦练内功提质增效》专栏。加强对市场的前瞻性分析，策划组织《石油时评》《油海观潮》等专版专栏，助力企业走出困境。宣传解读集团公司坚持稳健发展方针，宣传牢固树立市场化思维。坚持问题导向，对内开展“提质增效基层大调查”，对外派出内参报道组访察山东9家地方炼化企业，帮助集团公司掌握地方炼化企业内部情况，配合国家部委查处违规进口和偷税漏税行为，维护市场秩序。

报社组织实施“重塑良好形象纵深行”全媒体行动，策划推出《重塑形象专刊》，撰写“形象九评”等系列报道。2016年，结合应对低油价推出“提质增效·重塑形象”系列专刊，发稿2000篇累计200万字，营造“重塑中国石油良好形象”大讨论活动良好氛围。

报道和深入解读习近平总书记关于大庆是标杆旗帜和大力弘扬石油精神的重要指示批示，制作3期专刊、组织7期话题新闻，开设《追寻石油精神》专栏。报道内容成为集团公司一些部门和企业的学习参考资料。在一版开设《天南地北石油人》专栏，点对点沟通，面对面采访，心贴心报道，讲好石油人忠诚奉献的故事，展现干部员工弘扬石油精神、拼搏进取的风貌，让石油行业“罕至的地点、罕见的工种”走上报纸、走进公众视野。

加强新闻基础建设管理，健全质量提升长效机制，完善“新闻基础建设十二项·PDCA循环”体系管理。创立“人防+技防”信息数据监控体系，强化舆论风险管控。

加强与企业单位合作，提供高水平的新闻服务。北京陆海油文化发展有限公司作为报社子公司，为海外勘探开发公司、润滑油公司等10家单位编辑出版《海外油气合作》《昆仑星空》《广西石化》等10余种报刊，向西南管道公司、西气东输管道公司等单位派驻15名业务骨干，加强企业新闻宣传。

【党建与思想政治工作】 2016年，《中国石油报》开设《两学一做》专栏，报道集团公司开展学习教育的举措和成效。围绕落实“两个责任”，组织“党委书记大家谈”“纪委书记访谈录”，交流“加强国有企业党的建设、提升党建科学化水平”经验做法。配合党组纪检组编写《党员领导干部违纪违法典型案例警示录》《忏悔录》，配合纪检监察部建设网上反腐倡廉教育基地，把实体教育基地搬上网络和手机，建立“石油清风”APP，成为24小时开放的参观点和网上学堂。

党群部门组织全体党员定期学习，具体内容包括“学党章党规，学系列讲话，做合格党员”“学习习近平总书记在哲学社会科学工作座谈会上的讲话”“自媒体时代马克思主义理论的大众传播”，3轮覆盖党员486人次。印刷《中国共产党党员权利保障条例》等系列学习材料；开展“学党章党规、做合格党员”网络答题活动，报社党员全覆盖；集中观看党的十八大开幕、建党95周年电视现场直播。邀请北京大学马克思主义学院院长等专家在报社举办关于习近平总书记系列重要讲话的哲学解读、经济学阐释及文化要义等专题讲座。

全员签订党风廉政建设责任书、廉洁从业承诺书，2016年签订“两书”的管理团队成员、中层干部和党员共计135人，签订廉洁从业承诺书的普通员工186人。

【全媒体建设】 2016年，报社发挥媒体集群优势，扩大传统媒体的成长空间，完善全媒体产业链。《石油商报》服务石油民生，传播渠道和读者群稳步拓展。《汽车生活报》在中国移动手机阅读平台汽车类媒体中点击率排名第一。《中国石油画报》《石油政工研究》《新闻之友》《地火》等期刊，发挥特色优势，创新表现形式，扩大石油文化传播的影响力。

从传统行业报向现代全媒体转型，加强媒体融合发展。2016年，石油手机报编发380期；中国石油报官方微博发布600条；微信公众号发稿900篇。2016年7月，集团公司领导干部会议期间推出“油立方”客户端，增强中国石油在新媒体舆论场的话语权和影响力。在中共中央网络安全和信息化领导小组办公室最新发布的“中国新闻网站传播力总榜”中，中国石油新闻中心在综合传播力、PC端传播力、“两微”传播力等方面，排行均居全国能源行业新闻网站之首。

【企业管理】 2016年，连续6年坚持“三抓一树”。完善全员量化规范管理体系，推动报社目标和员工价值实现。

“全员”，是指力求对所有岗位进行量化，体现公平。“量化”，是力求从“数量、质量、时间量”上进行评价，重点解决综合岗位不好量化的难题。“规范管理”，包括3个方面10项管理，杜绝经营风险，停发广告组稿费和发行费，不搞任何形式的有偿新闻，成为全国首家“广告无提成、经营无回扣”的媒体。制定《报社员工道德行为准则》。2016年组织全社开展网络答题活动，实现100%全覆盖，规范管理的意识得到巩固和加强。

【经营工作】 2016年，报社将发行、汽车生活报社经营和广告业务进行整合，成立经营中心。2016年11月，成立企业文化发展研究中心，形成大发行、大市场的经营工作格局。

报社持续完善经营制度体系探索，持续推进有效激励和合规运营的制度体系建设，加强服务创效，不搞任何形式的有偿新闻。出台《报社工效挂钩管理办法》《经营绩效考核实施细则》《项目管理办法》《广告管理办法》等基础制度，形成经营管理考核体系，构建鼓励员工在合规环境下工作的制度环境。

编采和经营协同发展，形成以全员量化规范管理为统筹，经营绩效合同为激励约束目标，月度经营例会为过程控制和监督，半年预考核及全年考核为结果驱动的经营工作管理体系。

【建设学习型报社】 2016年，报社先后举办低油价专题报道培训班、新闻业务提高班、视觉及全媒体培训班等各类业务培训，总计培训550人次。另外开展“向下赋能”“工作精益求精”“对上担责”3个专题的培训，组织开展中国传统文化讲座11期。

【业务研究】 2016年，报社每周进行好新闻评选和公示。采编部门每周召开一次新闻选题会交流业务，了解时政信息，策划重大新闻报道。实行每天标题会制，邀请业内专家讲评报纸标题，对第二天见报的报纸标题进行凝练提升。值班主任不定期主持研讨会，对报纸进行采编业务交流。全年不定期邀请专家讲评报纸标题。“石油石化企业深化改革中如何加强党的领导、激发人的活力”完成课题研究。

（梁晓蓉）

石油工业出版社有限公司

【概况】 石油工业出版社有限公司（简称出版社）是集团公司主管的中央级专业出版社，由原石油工业出版社于2011年3月转企改制建立，为集团公司全资子公司。设4个职能管理部门、13个业务部门和2个服务部门，人员编制349人（其中合同化员工编制220人）。

2016年，出版社出版品种1462种，出版码洋2.21亿元，实现总收入2.31亿元，其中主营业务收入1.71亿元，实现利润997万元。出版社图书获奖上百种次，其中《超低渗透油藏勘探开发技术新进展丛书》（4册）获第六届中华优秀出版物提名奖，这是出版社近十年来再次获得国家顶级图书奖项；《中国石油“十二五”科技进展丛书》等9种图书以及钻井工程技术服务平台列入“十三五”国家重点出版规划，为历次规划入选种数最多一次；承担集团公司30项技术利器有形化项目获集团公司科学技术进步奖三等奖；《“一带一路”话石油》等8种图书获第26届全国石油石化企业管理现代化创新优秀著作奖；《大型低渗透岩性油藏评价及开发技术》等76种图书和教材获中国石油和化学工业优秀出版物奖；1种图书入选全国优秀社会科学普及作品，2种教材分获陕西省普通高校优秀教材一等奖、二等奖。

【出版工作】 2016年，出版社坚持稳健发展工作方针，突出发展主营业务，着力推进深化改革、管理提升、融合发展，大力加强党的建设、员工队伍建设和企业文化建设，完成图书出版和生产经营任务。

持续坚持“五走”拓展市场资源。借助集团公司办公厅下发统筹图书出版工作通知的有利机遇，继续坚持“走出去、走上去、走下去、走进去、走到位”，社领导带队调研走访大庆油田等5家石油企事业单位，宣传出版社业务，签订战略合作协议，拓展出版资源，共同总结科研生产、企业管理、企业文化等方面成果。坚持“请进来、走出去”，分专业召开著译者座谈会，市场资源得到新拓展。

图书出版成果显著。科技图书出版，依托图书出版中心开拓市场，选题储备大幅增加，编辑出版《石油钻采装备金属材料手册》等一批重点图书，完成纵向图书出版70种，积极做好集团公司“十二五”重大科技成果出版工作。高校教材出版，紧密联系石油院校，通过各类年度会议深化合作，积极拓展出版品种，累计完成“十三五”规划教材选题216种。职业培训出版，依托统编培训教材、鉴定教材平台，深入基层培训中心，拓展新书出版品种，有序开展数字出版工作。大众图书出版，积蓄一批优质出版资源和优秀作者队伍，图书出版规模再上台阶，英语、社科、童书等板块表现突出，《中国石油组织史资料》取得较好效益。标准与安全图书出版，标准图书品种稳步增加，安全类图书品种和码洋均有明显增长，数字出版实现局部盈利。年鉴史志类图书出版，在做好《中国石油天然气集团公司年鉴》出版工作的同时，努力提高石油企业史志类图书出版品种，建设中国石油年鉴网，出版品种和码洋均明显增长。期刊出版，《中国石油勘探》成功入选科技核心期刊，成为“双核心”期刊，进入石油期刊先进行列。能源经济出版，举办能源大讲坛6期和能源热点问题高层论坛，能源大讲坛正式上线，图书出版有条不紊。落实集团公司人事业务期刊整合安排，组建人力资源出版中心，承担《石油人力资源》期刊出版任务。版权贸易国际交流合作进一步推进。

【数字出版年】 2016年是出版社的“数字出版年”，数字出版工作积极适应融合发展新形势，加强顶层设计、加大工作力度，制定和落实“数字出版年”工作部署要求，强力推进制度、队伍、产品和资源建设，出版转型取得成效。（1）强化组织助推转型，召开全社数字出版工作会议，明确转型目标，全面部署工作任务，统筹组织实施，加强专题培训和业务研讨，增强员工转型意识和业务素质，不断完善制度和标准建设，发布《数字资源管理平台运维管理办法》和《电子书销售管理办法》等制度。（2）以数字资源建设为核心，提前完成存量资源加工，建成包括图书、标准等12个库的资源管理平台并开放使用，实现资源标准化管理。积极开发数字产品，探索运营模式，打造五大产品线，石油标准、石油钻井工程知识服务平台等数据库产品上线，开发“数字石油学院”“石油云课堂”两个平台，与西安石油大学合作开发《渗流力学》网络课程，《石油石化职业技能鉴定培训教材》配套数字产品“油题库”APP入库18个工种教材，上线运行效果良好。互联网产品石油百科用户量接近1万人，点击量近10万次，广受欢迎。（3）运营服务影响扩大，运用多种形式加大宣传力度，在集团公司官网、微信公众号宣传石油大搜网，利用与油田企业签订战略合作协议、北京图书订货会等途径宣传转型成果和数字产品，出版社微信公众号运营良好，总用户量达4.3万个，有效扩大社会影响。

【经营工作】 2016年，出版社生产经营平稳运行，主要经营指标好于预期，员工收入稳中有增，改革成果惠及员工，“十三五”开局良好。

图书营销奋力前行。以北京图书订货会、出版社发行工作会议和全国图书交易博览会为抓手，拓展渠道建设，加强“社店”“社站”合作，推进线上线下销售，广泛开展重点营销活动，建立读者资源库，提高读者资源利用率，紧贴目标用户，在探索新媒体营销模式上取得成效。

创意服务稳中推进。彩印业务在完成出版社内部重点印刷任务同时，积极开拓外部市场，加强与社会企业印刷合作，成为中央党校出版社主要印制服务单位。通过ISO 9000、ISO 14000体系和安全生产标准化审核年检，加强安全环保治理，推进生产精细化管理，POD业务增长95%，入选北京市印刷质量十佳企业，2016年完成收入3874万元。展览广告业务超前谋划、统筹推进，圆满完成国家“十二五”科技创新成就展重大专项展及巡回展，集团公司科技与信息化创新大会科技展厅、信息化展厅的设计创意、宣传片拍摄、展台搭建、延展服务以及油田企业展览等工作，受到集团公司管理部门致信表扬，获“集团公司信息化创新团队”称号，2016年完成各项展览15项，收入3412万元。

【组织建设】 2016年1月，为进一步加强能源经济类图书编辑出版和国际出版交流合作。成立能源经济项目部，主要负责能源大讲堂、能源热点问题高层论坛和能源经济类图书编辑出版工作，大众图书出版公司不再出版能源经济类图书；对外交流合作部更名为国际出版交流中心，在原部门职能基础上增加国际交流、版权输出和物探专业图书编辑出版职能。2016年6月，根据业务发展需要，设立石油工业出版社有限公司宝石花文化出版中心，隶属于大众图书出版公司管理，后勤服务中心维修科更名为资产管理科。2016年12月，为进一步做好人力资源管理专业图书和期刊出版工作，设立人力资源出版中心，其主要职责是依据出版社总体发展目标和战略规划，调查、收集、分析人力资源管理专业图书和期刊相关信息，编制出版计划，实施选题策划，负责组稿、编辑加工和发稿等工作，确保各种出版物及时出版；负责人力资源管理专业期刊、石油组织史编辑出版工作；参与图书和期刊营销策划。人力资源出版中心设立后，大众图书出版公司不再承担石油组织史编辑出版工作，其所属组织史编辑部职能、业务和人员成建制划转人力资源出版中心；职业培训出版分社不再承办《石油技师》业务，其业务、人员划转至人力资源出版中心；根据集团公司《关于整合集团公司人事业务期刊的通知》（人事〔2016〕427号），人力资源出版中心负责承办《石油人力资源》业务。

【企业管理】 2016年，出版社“十三五”发展规划发布实施，明确出版社“十三五”发展的指导思想、主要目标、基本战略和重点任务，提出“四个翻番”奋斗目标，成为推动出版社稳健发展的行动纲领。

夯基固本，破解制约发展瓶颈。（1）岗位薪酬绩效考核体系优化项目落地实施，建立六大系列12个序列岗位任职资格管理体系，统一各类员工基本工资体系、绩效考核管理体系，进一步畅通员工职业发展通道，出台岗位任职资格管理、薪酬管理、绩效管理等6项制度，严格落实绩效考核，员工干事创业积极性得到增强。（2）公司制治理逐步规范，积极推进彩印公司、展览公司公司化治理，健全子公司章程，完善管理结构，选派执行董事、监事，下放管理权限，有效发挥生产经营主体作用。（3）基础工作不断加强，对140多项管理制度进行全面梳理，新制定24项、修订26项、废止52项，健全各类委员会和领导小组等常设机构。加强合规管理监督检查，定期收集分析风险事件，完成“2015年送书长效机制专项资金使用”和“彩印公司公司化治理推进”审计项目，配合完成集团公司存货专项审计。严格合同审核，妥善处置版权纠纷，维护出版社合法权益。优化ERP系统、OA系统，完成出版社门户网升级改造，信息化建设得到加强。（4）队伍建设取得成效，加强人才引进，2016年引进员工34人，30人充实到生产经营一线，编辑队伍结构得到改善。加强全员培训尤其是编辑人员培训，围绕岗位任职资格管理体系、图书质量保障体系和“数字出版年”要求，组织两期编辑业务培训，邀请专家举办新闻出版行业“十三五”规划和数字出版专题讲座，员工业务素质得到有效提升。

完善机制，提升管理运行水平。（1）管理服务有效改善。按照打造“管理枢纽”要求，印发管理服务部门年度工作要点，创新服务理念，细化工作流程，落实“首问首办负责制”和“限时办结制”。完善协调机制，落实督办制度，每月通报重点工作任务完成情况，做好重要会议内容、领导批示落实督办。统筹生产运行计划落实，推进均衡生产，每月制订图书发稿计划，定期组织图书出版运行分析会，加强图书出版运行周期监控，对超周期运行图书进行预警，2016年样书、入库超周期图书品种同比下降50%。跟踪推进石油科技园区物流保障建设取得新进展。（2）开源降本取得实效。坚持提质增效与开源节流并重，制定出版社开源节流降本增效实施方案，提出五个方面18项具体措施，明确目标、措施和责任。坚持以预算为引领，以完善管理机制、协调生产运行、严控成本支出、推进资产轻量化和规范经营为重点，综合推进实施，2016年完成招投标533万元，压缩采购资金26万元，“开源”效果显著，经营指标稳中向好，管理费用和“五项”费用管控实现双下降。（3）后勤服务质量提升。强化安全环保管理工作，修订发布出版社突发事件应急预案，实现全年无重大责任事故。优化施工方案，提高工程管理水平，完成办公楼中控室移机等7项工程。房屋、维修、食堂管理等后勤服务工作扎实有力，固定资产使用效益得到提高，车辆费用同比下降16%，为主营业务发展提供保障。

保障有力，加强党建文化建设。（1）治党管党全面加强。围绕学习领会习近平总书记系列重要讲话精神、十八届六中全会精神、全国国有企业党建工作会议精神，党委中心组带头学习，“四个意识”进一步增强。落实从严治党主体责任、书记第一责任人和“一岗双责”要求，党建工作与业务工作同部署、同检查、同考核，专题研究基层党建工作，推进“两学一做”学习教育。加强反腐倡廉建设，制定主体责任实施细则和巡视工作实施细则，逐级签订责任书，以新修订施行的《中国共产党廉洁纪律准则》和《中国共产党纪律处分条例》为重点开展廉洁教育，注重运用“四种形态”，抓提醒、抓监督，强化监督问责，有效推进风清气正政治生态形成。（2）从严管理干部队伍。强化领导班子建设，认真落实民主集中制，健全完善“三重一大”议事决策机制，提升规范决策、科学决策水平。研究制定《出版社处级领导人员选拔任用实施办法》，严格选人用人标准，落实干部晋升和退出办法，严格按照程序由社党委集体研究，提职、调整和退出12名干部。从严管理监督干部，依照有关规定进行提醒、谈话和处理。（3）宣传教育有声有色。深入开展“形势、目标、任务、责任”主题教育，开展“主动适应新常态、积极应对低油价”群众性大讨论。继续开展“重塑中国石油良好形象”大讨论活动，针对存在问题，建立整改清单、责任清单，推动整改落实。在集团公司门户网、直属党委门户网刊发信息40余篇，在出版社内部门户网开辟“三严三实”“重塑形象”“两学一做”“劳动竞赛”等专栏，开通出版社微信公众号和“中油书店”微信公众号等平台，宣传报道出版社改革发展成果、重点工作和员工精神风貌。（4）群团组织发挥作用。深入开展工会建家活动，认真落实民主管理，组织职工代表大会换届选举，落实职工代表提案，推进社务公开，保障员工知情权、参与权、监督权。改造员工健身房，配备空气净化器133台，为230名员工办理“互助服务卡”，帮助员工解决实际困难。以青年突击队、青年文明号创建活动为抓手，促进青年员工整体素质提高。落实离退休职工“两项待遇”，提升服务水平，让离退休老同志老有所养、老有所乐。

【送书工程】 2016年，出版社认真落实集团公司送书长效机制，送书工程稳步推进，创新纸质书和电子书结合送书形式，为基层员工精心组织编写20种新书，图书内容进一步丰富。制定送书图书稿酬标准，采取统一采购纸张等措施，在保证送书质量、数量同时控制送书成本，确保把“好事办好”。2016 年，为集团公司 43030 个基层队和 101 个管理部门配送图书 43343 套，送书码洋 4847 万元。“中油书店”项目正式启动并列入送书工程，管干院、石油大厦分店正式开业。

（李银涛）

中国石油审计服务中心

【概况】 中国石油审计服务中心（简称审计中心）组建于 1990 年，正局级建制，是集团公司从事企业内部审计工作的一级审计机构，直接对集团公司董事会负责。审计中心在业务上接受审计部指导，依照法律法规及集团公司有关制度规定，通过监督检查、调研分析、综合评价等审计工作，发现经营管理中存在的问题和不足，客观公正、有针对性地提出管理意见和建议，为集团公司党组和管理层决策提供参考。办公地点在北京市朝阳区太阳宫南街 23 号（丰和大厦）。

审计中心设审计处室 9 个，机关、后勤处室 6 个。截至 2016 年底，在册人员 166 人，平均年龄 43.7 岁，其中审计业务人员 129 人，占比 77.71%。具有高级技术职称 57 人，占比 34.34%；中级技术职称 70 人，占比 42.17%；具有国际注册内部审计师、注册会计师、注册税务师、注册造价师等执业资格的 58 人；博士研究生 3 人，硕士研究生 29 人，本科学历 113 人，本科学历以上人员占员工总数的 87.35%。形成了专业结构基本合理，具有一定规模的内部审计专业队伍。

【审计工作】 2016 年，审计中心完成审计项目 72 项、审计任务 8 项，取得调增利润、工程项目净审减等直接经济成果 14.15 亿元。审计要情、线索移送、重大审计发现 14 项，经审计部上报并得到有效落实 9 项。在集团公司优秀审计项目评审中，审计中心获一等奖 5 个、二等奖 3 个，为历年最好水平。11 篇论文获集团公司优秀论文奖。审计中心承担集团公司《中国石油审计》和电子版微信公众号的编辑和发行工作，出版《中国石油审计》4 期、微信版 52 期。

审计质量持续提升。不断创新项目管理模式，全面落实集团公司一级审计项目流程管理要求，强化做好审前准备工作，提升审计实施方案质量，完善审计项目流程控制，严格执行实时上线，强化三级复核、审计业务分析会议等制度，加强审计实施全过程管控。强化审计组长负责制，审计组长严把质量关，认真复核审计底稿，不断提升审计效率和质量。落实审计报告、审计底稿退回机制，及时公布审计部对审计项目的评议结果并纳入处室考核，倒逼审计底稿、报告质量，促进审计质量整体提高。审计处室注重提炼经验，积极撰写审计案例，不断丰富审计业务分析会内容与效果。统一标准和规范，归纳违纪违规问题线索重点关注事项，研究审计署发现的问题，不断提升审计标准化管理水平。组织开展优秀审计底稿、审计案例评选活动，表彰十佳审计底稿、优秀审计底稿和审计案例，激励和促进审计人员增强审计质量意识。

项目组织方式不断改善。科学安排审计项目计划，按照“审前准备、实施、储备”各一个项目的组织方式，综合考虑审计处室专业特点和项目规模，编制审计项目计划运行表，保证审计项目运行规律并具有灵活性，确保项目计划有序实施。强化审计过程管控和各环节衔接，着力在审计项目组织管理上下功夫，统筹审计时间和审计质量的关系，尽量做到项目无缝对接，严格按照项目计划时间实施，遇到特殊情况按照程序上报延期申请。领导班子成员每周听取项目运行情况汇报，及时发现问题并协调解决。重点审计项目主要领导赴现场指导，重要问题听取汇报、协调组织、现场核实，减轻审计组负担，缩短审计周期，提高审计效率。

信息化应用水平不断提高。按照集团公司统一要求，组织进行“大数据环境下审计模式”专题研究，探索在信息、大数据环境下审计工作内容、业务范围的变化，尝试采用远程审计、数据分析等方式开展审计业务。积极推动审计信息化应用，开发合同管理、加油卡专项管理等 6 个审计工具，完成甘肃销售、管道公司等 6 家单位的试点应用。组织开展信息系统应用和数据分析工具专项培训，审计中心信息化工作水平不断提升。

【管理与改革】 2016 年，审计中心坚持以基础管理为抓手，大力加强人才队伍建设，不断提高执行力与管理水平。

企业管理工作创新发展。立足科学发展、和谐发展，着力固本强基，夯实基础管理工作。完善厂务公开机制，加大厂务公开力度，保障干部、职工的知情权、监督权。建立目标责任制考核体系，目标责任制考核体系与绩效合同管理相结合，平衡业绩考核与推选评优之间的关系，真正搭建分级考核、全员参与、横向到边、纵向到底的考核架构。加强财务预算和成本管理，落实各项管理制度，从源头上杜绝违规超标现象发生。制订年度福利计划，按季度发放劳保用品，领导人员公车改革、退休人员管理工作扎实推进。加强用车管理，临时集体活动车辆全部在集团公司内部租用。关心职工健康，组织职工健康体检、发放防雾霾口罩及劳保用品，维护职工的正当利益和保障职工的身体健康。

队伍建设成效明显。加强干部队伍管理，修订《干部管理办法》，完善处级干部聘任、专业人才的评选、调入人员选聘等制度办法。加大人才引进力度，开展两次系统内部公开招聘工作，完成海外审计中心的筹备及审计人员的招聘工作。2016年通过集团公司内部招聘、接收毕业生等渠道，招收10名专业人才，聘任高级主管24人、主管10人，主办12人；聘任审计专家10人，审计业务带头人17人。持续抓作风建设，坚持局处两级领导干部带头，落实审计工作纪律，开展审计现场督查和审计回访，审计队伍作风持续加强，得到被审计单位充分肯定。狠抓业务能力建设，坚持把提升素质和业务技能作为推动审计中心发展的重要举措，创新培训方式，丰富培训内容，加强师资力量，有针对性地组织开展全员培训和信息技术应用等专业性培训工作。2016年，举办审计分析工具应用、财务管理信息系统（FMIS）辅助审计系统应用及冬季全员业务培训，培训人员200人次，选派骨干37人参加集团公司组织的各类培训。

【党建与思想政治工作】 2016年，审计中心继续深入开展“重塑中国石油良好形象”大讨论活动，扎实开展“两学一做”学习教育，不断提高思想政治与文化建设水平。

党的建设持续加强。坚持以党建促发展，全面从严落实管党治党责任，党建工作取得新进展。强化责任落实，制定《审计服务中心落实从严治党要求加强党的建设实施方案》，建立党建工作例会制度，加强党建工作考核，书记负总责、分管领导分工负责、党组织推进落实、领导干部“一岗双责”的党建工作格局正在逐步形成。强化思想引领，扎实开展“两学一做”学习教育，组织十八届六中全会精神宣传贯彻，持续推进“重塑中国石油良好形象”大讨论活动，弘扬以“苦干实干”“三老四严”为核心的“石油精神”。基层支部结合实际，开展“两学一做”主题党课、参观爱国主义展览、建党95周年主题党日及审计现场参观石油教育基地、革命教育基地等形式多样的支部活动。推进组织建设，召开党员大会，审计中心党委、纪委换届工作平稳有序；完成基层支部换届选举工作，健全基层组织机构、配齐党务干部、举办党务工作培训班，严肃组织生活，基层党支部的凝聚力和战斗力逐步提升。扎实推进党风廉政建设，落实“两个责任”，抓好《中国共产党廉洁自律准则》《中国共产党纪律处分条例》的学习，组织签订党风廉政建设责任书，坚持把纪律规矩挺在前面，运用好监督执纪“四种形态”，干部职工责任意识、廉洁从业意识明显增强。

和谐文化建设扎实推进。开展“扶贫帮困送温暖”活动，2016年慰问退休职工、困难职工、亲人病故职工14人次。开展“生日祝福”活动，为职工送上生日祝福。丰富职工文化生活，建成并投入使用职工之家，组织第四届职工趣味运动会。组织女工纪念“三八”妇女节“换个角度·感受世界不同”为主题的摄影讲座采风活动。组织参加集团公司直属机关歌咏比赛，获三等奖和优秀组织奖，创造审计中心成立以来类似活动最佳成绩，对审计中心文化建设起到巨大的推动作用。

（吴　涛）

中国石油物资采购中心（中国石油物资公司）

【概况】 中国石油物资采购中心（中国石油物资公司）简称采购中心，于2007年底以中国石油物资装备（集团）总公司（装备制造业务除外）为基础组建而成，是集团公司直属的专业化物资采购企业和在国家工商总局登记注册的独立法人经济实体。2012年6月，集团公司招标中心成立，与中国石油物资采购中心一套人马、两块牌子。2016年底，下设沧州公司、郑州公司、沈阳公司、天津公司、上海公司和中油物采信息技术有限公司6家直属单位，有员工近600人。采购中心主要承担集团公司、股份公司物资集中采购任务，包括大宗物资、重要物资、长周期物资、安全物资、成套设备、大型工程项目所需物资的采购业务，急需物资的供应保障和战略储备物资的仓储管理；集团公司、股份公司一类、二类物资的采购和工程、服务采购招标的组织实施工作。有国内外贸易、国际国内招标、电子商务、运输保障、商品检验、仓储物流等一体化物资采购服务功能，有工程项目招标甲级资质、机电产品国际招标甲级资质、中央投资项目招标甲级资质、海关AA类企业、危险化学品经营许可、辐射产品经营许可、石油专用管材检测实验室等专业资质和经营许可证书。

2016年，实现物资采购额365亿元，降采率8.21%；实现招标额482亿元、节资率8.77%，有效质疑为零。

【授权集中采购】 2016年，采购中心承担集团公司26个授权集中采购管理小组工作，实现境内组织采购额190亿元，授权集中采购全面实现常态化班车制。完善价格调整机制，缩短调价观察窗口期，多次调整钢材、设备等采购价格，缓解供需矛盾，节约集团公司采购支出。严格供应商新增准入标准与程序，对139家中标商进行现场考察，135家企业通过考察评估。联合集团公司科技部等有关部门和专业公司，创新并固化科技推广专项设备集中采购模式。深入分析近年采购数据，优化集采方案，将阀门集采品种由9类精简至5类，提高工作效率。

【重点项目保障】 2016年，采购中心为适应集团公司重点工程建设需要，专门组建工程项目物资采购协调小组，提前沟通采购招标方案，落实供应资源，积极协调钢材等重要物资生产发运，确保宝香西支线按期投产，陕京四线、中靖联络线、漠大二线、辽阳石化俄罗斯原油加工优化增效改造项目和塔里木油田轻烃回收工程按进度推进。2016年为上述6个重点工程实施招标125项，授标额95亿元。积极开展管道物资中转与现场服务业务，为多条管线协调解决各类问题2509项。

【直接采购业务】 2016年，采购中心与索拉公司涵盖新机组采购在内的联盟谈判协议，与INOVA公司、西门子公司签署采购框架协议。积极推进集团公司直接采购，压缩机直采签约率由2015年的80%上升至98%；组织瓜尔胶采购价格同比下降25%，为集团公司降本增效做出贡献。各地区公司积极开展专用管材、化工产品等物资区域直采和受托配送业务，深化二级物资框架协议保供模式，为保障企业生产急需发挥积极作用。

【境外采购业务】 2016年，物资中心实现境外组织采购额29亿元。公开招标新增44家集团公司管理物资供应商准入，初步建成集团公司境外物资供应商库。与59家供应商新签框架协议，集团境外项目框架协议供应商增至66家，基本实现集团公司管理物资品种全覆盖。

【仓储物流业务】 2016年，物资集中储备业务充分发挥集中储备作用有力保障企业生产运行。在东北、新疆和中西部地区三个区域配送集储物资1万余批次。物流业务承运货物18亿元，港口通关952批次。在承运大庆石化聚丙烯装置进口配件中，充分利用采购中心海关高级认证企业便利条件，精心组织境内外物流，仅用一周时间就将货物从德国工厂运抵现场，大幅减少企业装置停运损失。仓储业务实现货物吞吐55万吨；推进条形码及电子标签应用，信息化水平进一步提升。

【招标业务】 2016年，采购中心集中采购招标效果显著。优化工作流程，实行招标文件的招标师背书制，增设法律顾问审查环节，招标文件质量和招标规范化标准化水平进一步提升。完成34个物资品种862个标包的招标任务，授标额146亿元。所有品种均实现网上建档和无纸化投标，大部分项目采用电子开评标，15个项目实现全流程电子招标。供应商新增准入招标工作获得上级高度认可。以“会战”模式和全封闭评标的运行方式，在短时间内分两批实施31个项目的开评标工作，其中3个项目实现全流程电子招标，其他项目首次实现开评标分离。物资招标成功实施国家储备局成品油库项目，实现系统外市场的历史性突破。工程招标选派多名业务人员常驻西安现场，实现异地招标常态化，服务招标发展态势良好。完善招标活动中异议和投诉的处理流程，建立分级分类管理模式和处理机制，被中国招标投标协会评为首批信用评价AAA级招标机构。

【党群工作】 2016年，采购中心扎实开展“两学一做”学习教育。组织党委中心组学习13次，专题党课58次。全面落实党建工作责任。专题召开以“加强党的建设，弘扬石油精神”为主题的领导干部会议，制定下发《关于全面从严治党加强党建工作实施方案》，分解任务落实。召开采购中心第一次党员代表大会，研究部署今后5年党的建设工作。深入推进党风廉洁和反腐败工作。制定《党委落实党风廉政建设主体责任实施细则》和《纪委落实党风廉政建设监督责任实施细则》，签订党风廉政建设责任书。根据集团公司巡视反馈意见，认真制定整改方案，整改问题50项。加大对信访举报的核查力度，线索核实率100%。开展扶贫帮困送温暖以及“生日贺卡”“金秋助学”“重阳敬老”“住院慰问”等活动，传递组织温暖。组队参加集团公司歌咏比赛获二等奖。举办采购中心篮球赛、拓展培训，推进共青团“号手”联动、“大讲堂”等多项文体活动，丰富业余生活。

【基础管理】　2016年，采购中心管理体系持续改进。强化隐患排查治理，规范危险化学品、放射源安全管理，完成《集团公司仓库HSE标准化建设标准模板》和《公司仓储现场安全目视化手册》编制。财务风险管控能力不断增强。落实降本增效举措，细化成本核算，“五项”费用支出继续保持较低水平。深化合规管理，重新构建采购中心制度框架体系，2016年制修订制度26项，补充完善标准合同文本83份，采购中心重大事项法律审核率和本部经济合同法律审核率均达100%。强化全员业务技能培训，选送85人次参加集团公司及系统内各类专业培训班48期；举办培训班11期，培训员工506人次，员工队伍素质进一步提高。完成《进口代理服务规范》等4个标准编制，填补采购中心企业标准的空白。积极推进采购标准化，编制7项一级物资采购技术规格书。加强网络与信息安全管理，完成ERP 2.0系统融合，完善ERP系统合同执行过程跟踪功能，自行开发仓储条码管理系统并在集团公司范围进行推广应用，信息管理部门被授予“集团公司信息化工作创新团队”。

（郑兴远）

中国石油天然气集团公司广州培训中心

【概况】　中国石油天然气集团公司广州培训中心（简称广州培训中心）成立于1981年，是集团公司直属重点培训基地、国家安全生产应急救援培训演练基地，是中国石油国际化人才培养的摇篮。主要职能：为集团公司及所属企事业单位提供基层、中高级干部及国际化人才培训。广州培训中心不断研究培训新理念新方法，上接集团公司战略、下接企业绩效开展培训业务，能独立开展基层和高中级干部国际化及现代管理知识培训，主要开展语言（英语、西班牙语）、商务及职场、跨文化交际和石油专业英语培训；领导力发展、项目管理（PMP）、安全工程、信息化等国际业务或骨干管理人才的培训，深得集团公司总部及成员企业认同和业内赞誉。有员工培训、科学研究、国际交流三大功能，积累了丰富的培训教育理念和培训服务经验，形成岭南文化特色的培训模式和优势。

广州培训中心占地面积4.5万平方米，建筑面积4.53万平方米；有个性化语言实验室5个、计算机网络实验室2个、学术报告厅2个、多媒体教室27个，核心机房1个；学员餐厅2300平方米，学员公寓446间、床位639个以及体育馆、室外运动场、篮球场、网球场、游泳池等运动设施，是广州市花园式单位。具有年培训1万人、同期承办600人培训的规模和能力。2016年，用工219人，其中合同化111人，中高级职称数占84.7%，市场化用工108人，设11个部门单位。固定资产1.93亿元，累计培训各类专业人员10.69万人次。

继2015年各项指标创历史新高后，2016年广州培训中心围绕“质量、创新、品牌、市场”四大战略、“团队、专业、价值”核心文化和“强强联合、人才培养、内部模拟市场化运作”发展思路，全面完成集团公司下达的绩效考核目标，主要指标再创新高。其中，完成培训项目229个、125457人天，分别比2015年增长43%、21%（表1）。

表1　广州培训中心培训数据

时　间	类　别	班　数	人　数	人天数
2016年	A类项目	4	125	15165
	B类项目	45	4561	33948
	C类项目	72	5225	22378
	D类项目	108	3866	53966
	合计	229	13777	125457
2015年	合计	160	10113	103657
同比增长		43%	36%	21%

【培训工作】　2016年，广州培训中心所办229个培训项目均获集团公司总部及送培方高度认可。其中，全年举办集团公司3期项目管理（PMP）培训班，219人，通过率超90%，位居全国先进水平；成功举办集

团公司第三期青年骨干业务培训班、集团公司信息技术骨干人员国内英语班、集团公司科技项目管理培训班。

创新形式方法开拓培训市场，到企业调研、推介、回访10余次，拜访新老客户近40家，教学部研发适销对路项目，成果显著。精心设计开发销售企业管理干部能力提升方案，成功在销售板块职业经理人论坛上推介。走出国门，派2名外语培训师驻缅甸3个月，送培上门。多渠道开发社会市场，2016年承办60个项目，收入421.5万元，为2015年的6.8倍。

广州培训中心国家应急救援演练培训基地建设项目取得较大进展，尤其管道和油气站库2套三维仿真系统，创新思维，实现场景的自由组态式搭建功能，满足个性化场景综合演练需要。油气站库三维仿真系统增加“手游项目开发”，实现“互联网+”的战略转型。管道三维仿真系统综合知识模块可实现移动终端（手机）在线学习。个体防护与救援实训项目正在申请8项专利。

【教研科研】 2016年，广州培训中心将研发定位为发展的龙头加大研发力度。成立研发处，清晰界定职责并配备精干人员。加大研发投入，成功立项重点项目8个，一般项目20个，投入经费100多万元，超过历年来研发投入总和。编制“十三五”研发规划及年度计划。

课题研究喜结硕果，广州培训中心承担的“集团公司科技创新领军人才队伍建设研究”课题顺利结题，“集团公司国际化人才培养模式研究”评为集团公司2016年软科学研究优秀课题，完成“集团公司科技项目管理人才培训”软课题立项，完成“集团公司科技项目管理人才培训体系研究”立项，倾力设计打造“中国石油销售企业管理干部能力提升整体解决方案”，针对销售企业的五个层级，量身定做培训课程体系。

大力开展培训方式方法改进和创新，结合成人培训特点，推行多样化混合式教学（训前材料学习、前期测评、行动学习主题甄选，训中专题课程、行动学习、体验式教学等，训后培训整合、汇报交流）。普遍推行“三位一体”教学形式（专题讲座+现场体验+行动学习）。积极探索学习技术辅导+行动学习导引，形成课堂讲授、现场教学、问题研讨交流等综合运用培训模式。普遍举行学员论坛或学员微课分享。适当引入社会培训机构优质课程，使培训内容更丰富、更前沿。

【管理提升】 战略管理。广州培训中心围绕集团公司“十三五”发展目标及人才强企培养要求，编制完成“十三五”总体规划及七项子规划，并组织宣贯、启动实施。继续坚持建成“中国石油行业领先、富有特色、价值一流的培训基地”的奋斗目标，持续推动“质量、创新、品牌、市场”的发展战略落地，求真务实、革新求变，全力推进“十三五”发展目标实现。

合规管理方面。制定培训管理、教科研项目管理、业绩考核、财务管理等22项制度，《广州石油培训中心培训项目管理办法》正式发布，培训项目管理新流程启动运行。出台《教研、科研项目管理办法》《教研、科研项目招标管理办法》《培训新产品开发管理办法》等，促进教研科研上水平、出成果。加强HSE体系运行，制定突发事件现场应急处置预案演练计划，提高安全管理水平。节支降耗见成效，在2014年节支170万元、2015年节支77万元基础上，2016年再节支62万元。信息化建设取得新进展，持续完善WiFi和一卡通功能建设，异地同步教学系统、虚拟制作系统、媒资管理工作站等项目投入试运行。

质量管理方面。为贯彻落实集团公司管理提升活动的总体部署，提高科学管理水平，提升培训质量，大力推进质量、创新、品牌、市场战略落地，全面增强服务集团公司人才发展战略的能力。编制完成《广州石油培训中心质量管理体系文件（试行版）》，第一版于2016年12月发布，质量管理体系包括质量管理手册、32个程序文件和覆盖全部培训和其他服务活动的各类作业指导书。对内是全体员工落实广州培训中心质量方针承诺、实施质量管理活动的规定和行为准则，对外是证实广州培训中心具有持续满足顾客要求提供精品培训能力的依据。

师资培养方面。实施成长环境、结构调整、人力资本投入“三优先”，多措并举，多渠道引进人才。2016年，引进博士、硕士及有经验优秀人才4人，充实到研发、教学一线。通过内训、外训鼓励支持员工进修提升，先后派出骨干20多人外出学习，并获多项资质认证。其中，美国项目管理协会PMP认证3人，集团公司认证培训经理1人，SMEI认证的市场总监和销售总监1人，AACTP“国际注册行动学习促动师”9人，安全培训师2人，企业人力资源高级管理师2人，ACI注册国际高级礼仪培训师1人，领悟工坊沙盘认证讲师2人等，人才培养为广州培训中心核心竞争力的提升奠定基础。2016年，员工教育经费约30万元。

【企业文化建设】 修订文化手册。广州培训中心认真贯彻落实《中国石油企业文化建设工作条例》，弘扬大庆精神铁人精神，按照集团公司“形势、目标、任务、责任”要求和员工队伍实际，修订和完善《文化手册》，明确企业宗旨、企业精神、发展目标、发展战略、经营理念和员工行为规范。以作风建设为抓手，加强团队建设．确立研发龙头地位，提升培训专业水平和价值，推动广州培训中心“团队、专业、价值”核心文化落地。

（袁　敏）

中国石油企业协会

【概况】 中国石油企业协会（简称石油企协）成立于1984年，原名中国石油企业管理协会，成立初期分别挂靠在石油工业部、中国石油天然气总公司和中国石油天然气集团公司企业管理司、发展研究部、政策研究室等部门开展工作。2004年9月，更名为中国石油企业协会，是国家民政部批准的社会团体法人。2006年1月，集团公司决定，石油企协从集团公司发展研究部划出，挂靠集团公司管理，人事劳资关系由人事劳资部管理，财务资产由财务资产部管理，党、团、工会组织关系由直属机关党委管理。业务范围包括专业交流、书刊编辑、国际合作、业务培训、咨询服务等。办公地址在北京市西城区六铺炕街6号。

2016年底，石油企协设部室6个及3个分支机构。在册人员13人，其中专职副会长1人、处级职数4人，副高级职称3人、中级职称8人。

2016年，石油企协坚持市场导向，坚持创新驱动，坚持规范运行，坚持自身建设，全力打造为企业家服务、为企业服务、为行业服务、为国家服务的优质平台，各项工作都取得优异的成绩。行业部级全国石油石化企业管理现代化创新优秀成果、优秀论文、优秀著作评审（简称“三评”）及专业培训等活动以服务会员企业需求为前提，围绕企业的实际需要有计划、有组织地开展。课题研究、管理咨询和媒体宣传工作急企业之所急、难企业之所难，围绕企业热点、难点问题，调查研究，立项破题。会费收支严格按照国家要求执行，坚持取之于会、用之于会的使用原则，会费完全有效地使用在为会员企业服务上，并接受国家和有关部门的审计监督且年审合格达标。

【召开年度理事会议】 2016年12月9日，石油企协在上海召开七届二次（常务理事）理事会，来自中国石油、中国石化、中国海油、中国化工、延长石油、陕西燃气集团、东北石油大学以及有关地方民企的石油石化行业理事、常务理事或代表120余人参加会议。集团公司党组成员、副总经理、石油企协第七届理事会会长沈殿成作重要讲话。时任专职副会长兼秘书长彭元正代表第七届理事会作题为《发扬“工匠精神”攻坚克难，创新驱动，持续推进优质高端品牌协会建设》的工作报告。会议表决通过石油企协第七届理事会工作报告，新增七届理事会会员单位（企业），新增和调整七届理事会理事、常务理事，调整七届理事会副秘书长的议案，还听取了高层专家讲座。

【政府服务与行业服务】 2016年，石油企协大力开发与市场需求对路的服务项目和品种，不断拓展软科学研究的服务市场和服务内容。主动承接和完成国家和行业、企业软科学课题研究10多项，其中国家层面的主要有国家发改委、环保部、工业和信息化部、国家能源局、国土资源部的软科学研究课题4项；行业层面的主要有集团公司的研究课题2项；企业层面的主要有大庆炼化、广东销售、中亚管道的研究课题4项。课题项目不仅涵盖国家、行业、企业3个层面，而且内容囊括几乎整个石油产业链。结题的课题研究项目顺利通过有关方面验收，得到委托方的认可和好评。

【“三评”工作】 石油企协行业部级2016年度全国石油石化企业管理现代化创新优秀成果、优秀论文、优秀著作评审成果发布会，于9月28—29日在广西壮族自治区南宁市召开。来自中国石油、中国石化、中国海油以及部分石油高校、地方石油企业的代表近200人参加会议。

2016年，石油企协坚持探索创新，改进和完善“三评”评审和后效应发挥等各项工作。收到全国石油石化会员企业申报优秀成果270项，评出获奖优秀成果164项；收到申报优秀论文622篇，评出获奖优秀论文370篇；收到申报优秀著作38部，评出获奖优秀著作23部、优秀编辑奖2人。“三评”申报数量超过往年，质量水平好于往届。并就优秀成果的后效应发挥进行相应的媒体宣传和发布交流活动，收到良好的效果。

石油企协在2016年度“三评”工作中，先后组织力量编辑出版2015年度《石油石化企业管理现代化创新优秀成果选编（第 23 集）》《石油石化企业管理现代化创新优秀论文选编（第 11 集）》，并及时将这些优秀成果论文选编送到会员单位。

【咨询与培训】 在管理咨询方面。2016 年，石油企协积极组织院校和石油企业有关专家对河北销售、安徽销售、黑龙江销售、兰州石化、石化院、长城钻探三公司、中亚管道等会员企业进行管理创新咨询服务，通过现场咨询指导服务，满足企业的需求，提升石油企协的影响力，树立石油企协的品牌形象。

在管理培训方面。专业培训和会议研讨活动服务水平有新提升。石油企协把为企业基层热点、难点服务作为专业培训和会议研讨活动的出发点和落脚点，根据新形势、新任务的需要，不断丰富培训和会议研讨活动内容，提升培训质量和会议研讨活动服务水平。2016 年，举办 4 项专业培训和会议研讨活动，涉及安全生产和应急管理、“互联网 +”应用发展、油气田水处理与回用及注水技术、节能减排与清洁生产技术等石油石化企业焦点、热点、难点问题，为相关问题的解决搭建有效的学习交流和相互借鉴平台。

【期刊编辑】《中国石油企业》和《决策信息报告》杂志、石油企协网站坚持创新思路，突出办刊办网特色，办刊办网水平不断提升，服务质量不断提高。特别是《中国石油企业》杂志“焦点透视”和“调查与报告”等栏目相继推出的石油形象、赢在非油品、寻找低油价“真金”、发现“无形之手”、关于“了断”石油历史遗留难题的调查报告与对策建议、聚焦供给侧改革等专题报道，有多篇被集团公司网站等转载，转载文章点击率高、关注度高，受到社会各界和企业的广泛好评。

《中国油气产业发展分析与展望报告蓝皮书（2015—2016）》（简称《蓝皮书》）在国际上产生影响。2016 年 3 月，由石油企协和中国油气产业发展研究中心联合编撰的《中国油气产业发展分析与展望报告蓝皮书（2015—2016）》在北京举行新闻发布会。这是连续第 6 年由石油企协编撰出版发布年度《蓝皮书》。《蓝皮书》由国际篇、国内篇、合作篇和专题篇四大部分组成，共计 35 万字。

【基础管理】 2016 年，石油企协注重加强基础建设，在制度管理体系完善的基础上，全力抓制度在工作中落地、在员工心里生根，对每个专项工作都进行全程跟踪评价，做到事前有计划、事中有督察、事后有总结、财务有监督、组织有评价。保证工作的效率和效果。2016 年，石油企协列入工作计划的 20 多项重要专项工作都取得良好的预期效果。

采取多种措施抓队伍素质建设工作。鼓励在职继续教育学习，对在职继续教育学习取得学历者，给予一定比例的学费支持奖励。对于钻研业务且工作有成绩者，给予内部岗位职称晋级和提拔使用的机会。鼓励有潜质的员工全面提升政治业务素质、岗位技能水平，择机提拔使用到相关领导岗位上去。聘用高素质的市场化人才，充实关键岗位。激励政策带动员工队伍比、学、赶、帮、超的热潮。

【党建工作】 注重加强党的建设，以党建强会。继党的群众路线实践教育、“三严三实”专题学习教育后，石油企协党支部在 2016 年开展的“两学一做”学习教育中，持续锤炼自身素质，不断强化自身建设，以过硬的作风和素质带领全体党员投入到学习党章党规、学习习近平总书记系列重要讲话、做合格党员的学习实践中去，取得党建工作一系列成果。深入开展“两学一做”学习教育，精心安排，扎实推进，规定动作中规中矩，严肃认真，自选动作有所创新，触及灵魂。党建工作实现与行政工作的同步谋划、同步布置、同步开展、同步评价，较好地融入石油企协的工作大局中去，并发挥着越来越重要的引领作用。支部经常性工作借助学习教育推动更加规范，执行更加自觉。“三严三实”专题教育整改工作取得进一步的成果。开展“四风”问题整治情况“回头看”活动，“四风”问题整改成果持续巩固。组织党员开展民主评议活动，组织建设基础进一步夯实。认真组织开展党员组织关系排查工作，进一步完善党员信息基础资料和支部生活记录；认真做好党费补交的组织动员、测算和上交工作，组织基础管理工作更加规范。

（张慧芳）

中国石油学会

【概况】 中国石油学会（简称石油学会）创立于 1978 年，是学术性法人社团组织。业务范围包括学术交流、科学普及、编辑出版、成果转化、科技服务、咨询培训、人才举荐等。有个人会员约 6.4 万人，单位会员4个。分支机构有2个分会、15个专业委员会、3个工作委员会。在全国28个省（自治区、直辖市）建有地方石油学会。办事机构秘书处设在中国石油天然气集团公司，人员编制21人，在册职工19人，设办公室、学术交流部、科普咨询部、《石油学报》编辑部和石油知识杂志社5个部门。办公地址在北京市西城区六铺炕街6号。2016年，石油学会认真落实第九次全国会员代表大会和年度工作会议部署，围绕树立“专业专注、依法依章、公开公正、创新创优、善作善成”良好形象和“能力提升年”工作目标，各项工作取得新的成绩。石油学会党支部被评为集团公司直属机关“先进基层党组织”。

【服务创新型国家和社会建设】 2016年，与教育部全国工程专业学位研究生教育指导委员会签订《石油工程硕士研究生教育认证合作框架协议》，成立咨询委员会、认证委员会，制定《石油工程硕士研究生教育认证办法》《石油工程硕士研究生教育认证标准》并启动认证试点，扩大承接政府转移职能工作范围。组织中国工程院院士赵文智、周守为、曾恒一等专家编写低品位原油原位探测及开发、深层油气资源勘探与有效开发、深水勘探、深水开发、海洋天然气水合物资源勘探开发等5个新型能源技术重点方向的国家引才目录，为国家人才战略提供决策参考。承担塔里木油田“塔中地区奥陶系碳酸盐岩层序划分及控储作用研究”及华北油田“文安斜坡下古生界至中上元古界层序格架下有利储层发育特征研究及预测”科研项目完成验收，所获成果为油田勘探提供决策依据和技术支撑。与山东日照、菏泽等市科学技术协会举行创新驱动助力工程工作对接，组织3名专家赴山东省莒县为5家地方企业提供技术咨询。组织举办第六届中国石油工程设计大赛、第二届全国大学生测井技能大赛和首届全国大学生油气储运工程设计大赛，继续承担国家专业技术人才知识更新工程培训项目，举办全国石油石化通信信息技术应用培训班。联合开展全国石油管材螺纹检测人员中级、高级资格鉴定与认证培训和非常规油气高效开发关键技术培训等专业培训17次，培训人数1276人次。

【学会建设】 2016年，石油学会发展个人会员501人，重新登记个人会员达17338人。组织召开第九次全国会员代表大会，修订章程和会费管理办法，换届选举理事会。天然气、石油物探、石油统计等专业委员会完成换届选举，非常规油气专业委员会进行委员补充。组织推选周抚生、高德利、孙丽丽（女）、王婷（女）并补充推荐周守为共5人为中国科学技术协会第九次全国代表大会代表，周守为当选中国科学技术协会第九届副主席，周抚生当选中国科学技术协会第九届全国委员会委员。制定印发《中国石油学会“十三五”发展规划》，研究编制《分支机构财务管理办法》，清理分支机构设立银行账号。组织分支机构及地方石油学会自查自评、数据统计、年度考核和评先选优，评选表彰年度优秀秘书长15名、优秀学会领导22名、优秀通讯员6名和先进集体22个、科普工作先进单位10个。再次获中国科学技术协会“全国学会财务决算先进单位”。

【学术期刊】 与石油工业出版社有限公司联合主办的《Petroleum Research》英文季刊于2016年3月25日获国家新闻出版广电总局批准，11月8日在北京举办创刊仪式。

《石油学报》编委会于5月16日在北京召开换届暨八届一次会议，选聘编委100名（其中中国两院院士26名和外籍知名专家19名），聘任中国科学院院士贾承造为第八届主任。期刊继续获得中国科学技术协会精品期刊工程TOP50项目资助，继续被评为“百种中国杰出学术期刊”和“中国最具国际影响力学术期刊”。在中国1985种核心科技期刊中，综合排名第64位；影响因子2.650，排名第7位；总被引频次4808，继续名列能源类科技期刊第一名。

《石油学报（石油加工）》影响因子0.764，总被引频次1454，比2015年有一定增幅。在石油下游（石油加工和石油化工）领域期刊中排名继续保持第3名。

【学科发展研究】 组织中国工程院院士黄维和等约40名专家组成研究小组，承担中国科学技术协会“2016—2017年油气储运工程学科发展研究”项目。

【国际学术会议与国际交往】 2016年，石油学会在陕西省西安市组织召开能源环境监测与管理国际会议。联合国际勘探地球物理学家学会（SEG）在北京举办国际地球物理会议。分别组团赴韩国蔚山、俄罗斯圣彼得堡参加第九届中日韩炼油技术研讨会和第九届中俄测井国际学术交流会。与美国腐蚀工程师国际协会（NACE）在北京签署合作协议，并举办1期国际阴极保护技术（CP2）资格认证培训班。

【国内主要学术会议】 2016年，石油学会及分支机构组织召开第二届中国石油石化腐蚀与防护技术交流大会、注气提高采收率技术研讨会、中国石油石化企业信息技术交流大会、中国油气储运技术交流大会、全国天然气学术年会、第五届中国管道完整性管理技术交流大会、第二届中国石油石化安全生产与应急管理技术交流会、第三届全国石油经济学术年会暨2017年油气市场形势研讨会、第四届信息化创新克拉玛依国际学术论坛、深海能源大会等各类学术会议34次，参加人数9867人次，交流学术论文5148篇，出版论文集13部。

【科普活动】 2016年，石油学会各级组织举办院士专家科普报告会1次，专题讲座8次，科普展览10次，科普活动受众人数73480人次。调研命名第二批科普教育基地7个，使基地数量增至13个。在上海石油化工股份有限公司举办“石油院士走基层，科技传播进厂矿”科普报告会系列活动暨全国科普日启动仪式。组织石油地质、石油工程、石油通信、天然气专业委员会等分支机构和天津、河北、山东、吉林、湖南、江西等地方石油学会开展全国“科技周”“科普日”系列科普活动。获中国科学技术协会2016年度“全国学会科普工作优秀单位”。

【学会创新发展】 2016年，石油学会响应中国科学技术协会开展“创新争先行动”倡议，提出《“创新争先，石油学会在行动”活动实施意见》，申报中国科学技术协会第九次全国代表大会代表调研课题“开展创新争先活动的主要做法与效果研究”，并开展基层调研、编制调查问卷和编写调研报告。研究制定《中国石油石化科技创新十大进展评选办法》，首次开展“2015—2016年度中国石油石化科技创新十大进展”评选活动。参与中国科学技术协会学会联合体建设，与另外8个全国学会共同组建成立中国科学技术协会清洁能源学会联合体，推荐赵政璋任联合体副理事长，周抚生任联合体副秘书长兼组织工作委员会委员，赵文智、计秉玉、李忠涛为学术技术委员会成员。

【党建强会】 2016年，石油学会党支部加强党建工作，逐级签订党风廉政建设责任书，扎实开展“三严三实”专题教育、“两学一做”学习教育。提出“爱心助学”倡议，组织全体职工为国家级贫困县河北省蔚县柏树乡中心小学捐款捐书。石油学会党支部获中国科学技术协会学会服务中心党委全国学会“党建强会计划”十百千特色活动组织奖。2016年12月，石油学会组织召开常务理事会全体党员大会，审议通过理事会建立功能型党组织，落实党对学会工作的领导，实现党的组织全覆盖和党的工作全覆盖。

【会员服务】 2016年，石油学会利用国际小行星命名“王德民星”和科学探索井项目实施30周年等活动，向会员宣传优秀人才先进事迹。通过会员管理服务系统，为新疆、四川两地会员提供地方石油学会活动信息。

【表彰举荐优秀科技工作者】 2016年，石油学会评选表彰“十佳优秀期刊论文”“2014—2015年度百篇优秀（会议）论文”作者474人、第二届“全国石油石化优秀科技工作者”20人，推荐“全国杰出科技人才”候选人1人。推荐刘合获第七届“全国优秀科技工作者”称号，祝效华获“第十四届中国青年科技奖”。

【石油学会第九次全国会员代表大会】 2016年3月18日，石油学会在北京会议中心召开第九次全国会员代表大会。127名正式代表和第八届理事会副理事长曹湘洪、王志刚、周守为等列席代表近200人参加大会。中国地质学会等12个全国学（协）会发来贺电贺信。大会审议通过第八届理事会工作报告、财务报告、章程修订说明及修订草案和会费管理办法修订说明及修订草案，并对第八届理事会期间工作成绩优异、贡献突出的石油炼制分会等12个分支机构、北京石油学会等12个地方石油学会共24个先进集体，王军锋等50名学会先进工作者和丁建林等51名热心支持学会工作领导进行表彰。选举产生第九届理事会理事117名、常务理事39名，选举赵政璋为第九届理事会理事长，孙龙德、金之钧、陈伟、张涛、黎明、周抚生为副理事长，周抚生兼任秘书长。聘任曾玉康为第九届理事会名誉理事长，王涛等28人为名誉理事，方朝亮、焦大庆、徐晓明、张忠林为第九届理事会副秘书长，聂红等22人为各分会、专业委员会、工作委员会等分支机构主任。

（邹　刚）

第十四篇

中国石油天然气集团公司大事纪要

中国石油天然气集团公司大事纪要

一　月

4日　集团公司董事长、HSE委员会主任王宜林主持召开集团公司HSE委员会会议，强调要时刻保持警钟长鸣，将安全环保工作摆在更加突出位置，下功夫加大安全环保监管工作力度，进一步强化过程管控，确保集团公司安全环保形势向本质安全稳定好转。

5日　集团公司董事长、科技委员会主任王宜林主持召开集团公司科技委员会会议，强调要坚持将创新摆在集团公司发展全局的核心位置，把科技创新作为集团公司稳健发展、有效应对低油价挑战的第一动力，着力突破制约集团公司发展的重大核心技术瓶颈，完善科研体制机制，充分发挥科技创新在全面创新中的引领作用。

7日　中国石油天然气集团公司与中国第一汽车集团公司在北京签署战略合作协议。双方将按照“资源共享、互利双赢”的原则，在会员、营销、研发、新业务合作等领域互相支持，进一步提升战略合作水平，为客户提供更加优质便捷的服务。集团公司董事长王宜林与一汽集团董事长徐平举行会谈并出席签约仪式。

8日　2015年度国家科学技术奖励大会在北京人民大会堂举行，中国石油天然气集团公司4项成果获奖，其中长庆油田分公司、勘探开发研究院等单位完成的“5000万吨级特低渗透—致密油气田勘探开发与重大理论技术创新”获国家科学技术进步奖一等奖；川庆钻探工程有限公司完成的“山地复杂构造精确地震成像与气层识别技术及工业化应用”获国家技术发明奖二等奖；塔里木油田分公司、东方地球物理勘探有限责任公司等单位完成的“库车前陆冲断带盐下超深特大型砂岩气田的发现与理论技术创新”与中国石油天然气股份有限公司、石油化工研究院等单位完成的“满足国家第四阶段汽车排放标准的清洁汽油生产成套技术开发与应用”获国家科学技术进步奖二等奖。

同日　国务院国资委同意徐文荣为中国石油天然气集团公司副总经理人选，国务院国资委党委任命徐文荣同志为中国石油天然气集团公司党组成员。

11日　中国石油天然气集团公司与中国航天科技集团公司在北京签署战略合作协议。双方将在石油石化装备、信息技术、节能环保、科技研发等领域开展广泛合作，积极探索促进航天工业与油气工业深度融合的新途径、新模式，为保障国家能源安全和服务国民经济发展做出更大贡献。集团公司董事长王宜林与航天科技集团董事长雷凡培举行会谈并出席签约仪式。

12日　集团公司维护稳定工作和社会治安综合治理领导小组会议在北京召开。会议强调要以全面保障集团公司重塑良好形象、推进稳健发展为根本，充分发挥法治引领和保障作用，进一步提高企业维护和谐稳定能力，为建设世界一流综合性国际能源公司创造良好的外部环境。集团公司副总经理沈殿成主持会议并讲话。

18日　集团公司党组书记、董事长王宜林主持召开党组会议，专题研究党风建设和反腐败工作，审议通过《集团公司巡视工作规定》。会议强调要认真学习贯彻习近平总书记在第十八届中央纪委第六次全体会议上的重要讲话精神，以严格落实“两个责任”为切入点，深入推进党风建设和反腐败工作，持之以恒抓好全面从严治党，为集团公司发展提供坚强政治保证。

21—23日　集团公司2016年工作会议在河北廊坊召开（详见专稿）。

25—27日　集团公司董事长王宜林到四川地区企业调研，强调要认真贯彻集团公司2016年工作会议精神，统一思想，提高认识，深挖潜力，激发活力，坚决打赢开源节流降本增效攻坚战，为集团公司实现稳健发展做出贡献。

26 日　集团公司 2016 年工程建设业务工作视频会议在北京召开。会议强调要深入贯彻落实集团公司工作会议精神，深化改革创新，加快转型升级，进一步增强工程建设业务国际竞争能力和服务保障能力，实现稳健可持续发展。集团公司副总经理、股份公司总裁汪东进出席会议并讲话。

26—27 日　集团公司 2016 年海外油气业务工作会议在北京召开。会议强调要坚定信心，努力实现海外业务既定发展目标，为推进集团公司稳健发展、建设世界一流综合性国际能源公司做出新的更大贡献。集团公司副总经理、股份公司总裁汪东进出席会议并讲话。

28 日　集团公司 2016 年工程技术业务工作会议在北京召开。会议强调要切实增强战胜困难的信心，坚持“七个不动摇”（坚持发挥一体化优势不动摇、坚持市场化发展不动摇、坚持国际化发展不动摇、坚持深入挖潜增效不动摇、坚持强化安全井控环保管理不动摇、坚持创新驱动不动摇、坚持深化改革不动摇），加快提升综合实力和市场竞争能力，为建设世界一流综合性国际能源公司做出新的更大贡献。集团公司副总经理、股份公司总裁汪东进出席会议并讲话。

29—30 日　集团公司 2016 年党风建设和反腐败工作会议在北京召开。会议强调要持续加大党风建设和反腐败工作的广度、深度和力度，创新完善权力监督制约体制机制，以党风建设和反腐败工作的实际成果，为重塑良好形象、推动稳健发展、建设世界一流综合性国际能源公司提供更有力的支持和保障。集团公司党组书记、董事长王宜林出席会议并讲话。

二　　月

18 日　集团公司下发《关于持续深入开展开源节流降本增效工作的措施意见》，立足“强改革、促创新、调结构、压投资、降成本、减冗员、紧债务、去库存、轻资产、治亏损、补短板”等重点环节，对在集团公司范围内持续深入开展开源节流降本增效主题活动进行安排部署，坚决打赢应对低油价攻坚战。

19—20 日　国务院国资委主任肖亚庆在集团公司董事长王宜林的陪同下，到长庆油田作业区现场调研，强调要充分认识当前的严峻形势，发挥好中央企业的政治优势，继承弘扬大庆精神铁人精神，扎扎实实做好提质增效和稳增长工作，为建设世界一流企业、做好中央企业排头兵做出新贡献。

21—28 日　集团公司董事长王宜林到美国、加拿大访问，出席在美国休斯敦举行的第 35 届剑桥能源周会议，发表题为《中国经济新常态下能源企业的转型与发展》主旨演讲，会晤合作伙伴高层和股份公司独立董事，交流探讨能源行业发展和加强对外合作等问题。期间，到中国石油驻美国、加拿大企业调研，强调要树立全球思维、创新思维和低成本思维，发挥北美等发达地区油气市场比较优势，加强国际合作，积极应对低油价挑战，推动海外业务实现可持续健康发展。

23 日　集团公司副总经理、股份公司总裁汪东进在北京会见苏丹共和国油气部部长阿瓦德一行，双方就进一步加强中苏石油合作深入交换意见。

24 日　集团公司 2016 年装备制造业务工作会议在北京召开。会议强调要坚定信心，狠抓扭亏解困，增强盈利能力，积极深化改革，打好装备制造业务扭亏为盈翻身仗。集团公司副总经理沈殿成出席会议并讲话。

25—26 日　集团公司 2016 年安全环保节能工作会议在北京召开。会议强调要认清严峻形势，倡导“严细实”工作作风，大力提升风险管控水平，推动安全环保节能工作上新台阶。集团公司副总经理沈殿成出席会议并讲话。

26 日　集团公司副总经理、股份公司总裁汪东进到广东省石油石化企业调研，强调要坚定信心，开拓创新，深入挖潜提高效益空间，把质量效益发展放在首位。期间，汪东进参加广东省与中央企业“十三五”战略合作对接会，签订“十三五”战略合作框架协议。

29 日　塔里木山前构造克深 603 井和克深 10 井成功进行注水泥全程塞流注替防漏固井技术现场试验。克深 603 井技术尾管下入深度 5891 米、封固段长 1934 米，生产尾管下入深度 6100 米、封固段长 500 米；克深 10 井技术尾管下入深度 6160 米、封固段长 1558 米，创造塞流固井井深的世界纪录。

三　　月

2 日　集团公司董事长王宜林在北京会见委内瑞拉部长理事会副主席里卡多·梅内德斯、委内瑞拉石油矿业部部长兼国家石油公司总裁德尔皮诺一行，双方就加强中委一体化油气合作深入交换意见。

同日　集团公司总会计师刘跃珍在北京会见法国道达尔公司首席财务官施瓦迪与俄罗斯诺瓦泰克公司发展战略部经理塔芬特舍夫一行，双方就亚马尔项目相关事宜进行交流。

8日　集团公司副总经理、股份公司总裁汪东进在北京会见BP集团执行副总裁戴尚亚一行，双方就进一步加强国内上下游等业务合作深入交换意见。

同日　集团公司副总经理、标准化委员会主任喻宝才主持召开集团公司标准化委员会第九次会议，强调要围绕世界一流综合性国际能源公司建设迈上新台阶的发展目标，持续优化完善集团公司企业标准体系，力争到2020年基本形成统一、先进、国际同行认可的标准体系，标准化能力达到国际同行业先进水平。

9日　集团公司副总经理、股份公司总裁汪东进在北京会见古巴国家石油公司总裁胡安·托雷斯·纳兰霍一行，双方就提高采收率、工程技术服务及贸易合作等事宜深入交换意见。

同日　集团公司2016年矿区服务系统工作会议在北京召开。会议强调要扎实抓好矿区改革发展各项工作，不断提高服务质量和水平，为集团公司推进稳健发展、建设世界一流综合性国际能源公司提供保障。集团公司副总经理喻宝才出席会议并讲话。

10日　中国石油天然气集团公司与阿里巴巴集团、蚂蚁金服集团在北京签署战略合作框架协议。双方将在阿里云、电子地图、互联网汽车、天猫、菜鸟物流以及互联网支付、电子加油卡、互联网金融、会员共享和积分互换、联合营销等领域开展广泛务实合作。协议签署前，集团公司董事长王宜林与阿里巴巴集团董事局主席马云就相关话题进行深入探讨与交流。

同日　集团公司2016年定点扶贫与对口支援工作领导小组会议在北京召开。会议总结2015年工作，集团公司在定点扶贫与对口支援8省区14县共投入资金7599万元，完成21个帮扶项目。会议强调要坚决贯彻落实习近平总书记对扶贫开发工作提出的新方略新要求，突出精准，提高实效，为我国打赢脱贫攻坚战、全面建成小康社会做出新贡献。集团公司副总经理、定点扶贫与对口支援工作领导小组组长喻宝才主持会议并讲话。

11日　集团公司董事长王宜林在北京会见台湾地区中油公司董事长林圣忠一行，双方就海外联合勘探、科技交流、油品及石化产品贸易等领域合作深入交换意见。

同日　集团公司2016年保密委员会（密码工作领导小组）会议在北京召开。会议强调要深入学习贯彻全国保密工作会议精神，充分认识保密工作的极端重要性和现实紧迫性，加快打造关键核心技术，全力构筑安全保密坚强阵地，为企业稳健发展提供可靠保障。集团公司副总经理、保密委员会（密码工作领导小组）主任（组长）喻宝才出席会议并讲话。

14日　中国石油天然气集团公司与中粮集团在北京签署战略合作框架协议。双方将本着资源共享、互利双赢的原则，在产品资源、市场营销、会员共享、社会公益、新业务领域等开展全方位全天候战略合作，同时探索依托互联网平台拓展O2O合作，实现协同有效发展。集团公司董事长王宜林与中粮集团董事长赵双连举行会晤并出席签约仪式。

17日　集团公司董事会第四次会议决议：聘任徐文荣为中国石油天然气集团公司副总经理。

同日　大庆油田有限责任公司井下作业分公司作业二大队204队等10个单位被中国青年联合会命名为“2015—2016年度全国青年文明号”。

18日　集团公司2016年审计工作会议在北京召开。会议强调要紧紧围绕集团公司中心工作，服务改革发展大局，创造性地做好审计监督评价工作，推动集团公司管理水平不断提升，为建设世界一流综合性国际能源公司做出新贡献。集团公司董事长王宜林出席会议并讲话。

同日　集团公司副总经理、股份公司总裁汪东进在北京会见俄罗斯天然气工业股份公司副总裁马尔科洛夫一行，双方就加强中俄天然气领域的合作深入交换意见。

同日　集团公司品牌管理委员会工作会议在北京召开。会议强调必须把品牌建设摆在更加突出的位置，大力实施品牌战略，培育世界水平创新能力，促进质量效益提升，为早日实现全球知名品牌目标、推进世界一流综合性国际能源公司建设做出应有贡献。集团公司副总经理、品牌管理委员会主任喻宝才主持会议并讲话。

20日　集团公司董事长王宜林与法国道达尔集团董事长兼首席执行官潘彦磊在北京签署《中国石油天然气集团公司和道达尔股份有限公司战略合作框架协议》。双方将在油气投资、技术研发、工程服务资源共享及管理、文化创新、企业社会责任等方面加强交流与合作，以可持续的方式深化和拓展双方战略合作伙伴关系。

21 日　集团公司党组扩大会议在北京召开，深入学习贯彻习近平总书记在十二届全国人大四次会议黑龙江代表团审议时的重要讲话精神。会议强调要从思想和行动上把总书记的重要讲话精神融会贯通，指导实践、推动工作，重塑良好形象，奋力谱写改革创新、稳健发展的新篇章。集团公司党组书记、董事长王宜林主持会议并讲话。

22 日　集团公司副总经理喻宝才在上海会见沙特基础工业公司（SABIC）副董事长兼首席执行官拜延、执行副总裁阿瓦依德一行，双方就推进科研等领域合作深入交换意见，并签署合作备忘录。

23 日　股份公司 2015 年度业绩在香港发布。截至 2015 年 12 月 31 日，股份公司实现营业额 17254.28 亿元，比 2014 年下降 24.4%。在原油价格下跌近一半以及国内成品油、天然气价格连续下调情况下，仍实现归属于母公司股东净利润 355.17 亿元，实现每股基本盈利 0.19 元。集团公司、股份公司董事长王宜林在发布会上致辞，强调将坚持稳健发展方针，大力实施“四大战略”，依靠创新驱动引领，提高质量效益，推进世界一流综合性国际能源公司建设。

24—25 日　集团公司董事长王宜林到广东地区石油石化企业调研，强调要认真学习贯彻习近平总书记重要讲话精神，坚持稳健发展方针，突出质量效益，做优、做强、做大在广东省业务。

28 日　集团公司 2016 年法律工作视频会议在北京召开。会议强调要全面推进依法治企，持续加强法律工作，为集团公司持续稳健发展、建设世界一流综合性国际能源公司提供强有力的法治保障。集团公司副总经理喻宝才出席会议并讲话。

30 日　集团公司董事长王宜林在北京会见阿尔及利亚国家石油公司总裁马祖兹一行，双方就加强油气合作进行友好交流并签署合作备忘录。

31 日　中国石油天然气集团公司与 BP 集团在北京签署《中国石油天然气集团公司与 BP 内江—大足页岩气产品分成合同》。集团公司董事长王宜林与 BP 集团首席执行官戴德立举行会谈并出席签字仪式。

同日　集团公司副总经理、股份公司总裁汪东进在北京会见乌兹别克斯坦国家油气公司管委会主席苏尔坦诺夫一行，双方就加强天然气领域的合作深入交换意见。

四　月

1 日　集团公司副总经理、股份公司总裁汪东进在北京会见土库曼斯坦国家石油天然气公司总裁别格里耶夫一行，双方就加强天然气领域合作深入交换意见。

同日　集团公司副总经理喻宝才在北京会见埃森哲公司国际市场业务总裁孔嘉辅一行，双方就推进零售、客户关系管理等领域的合作深入交换意见。

6 日　集团公司 2016 年巡视工作启动会议在北京召开。会议提出将分三轮对 60 家所属企事业单位进行巡视，同时将对 2015 年巡视过的部分单位开展“回头看”。会议强调要强化政治担当，忠诚履职尽责，扎实推进巡视全覆盖，助力全面从严治党，为重构良好政治生态、稳健发展提供坚强保证。集团公司党组书记、董事长、巡视工作领导小组组长王宜林出席会议并讲话。

7 日　集团公司直属 2016 年党的工作会议在北京召开。会议强调要深入贯彻全面从严治党要求，持续加强和改进直属党的建设，切实增强各级党组织和领导班子的凝聚力、战斗力、创新力、执行力，切实把党的政治优势转化为企业的竞争优势，努力为建设世界一流综合性国际能源公司做贡献。集团公司党组成员、副总经理、直属党委书记喻宝才出席会议并讲话。

8 日　集团公司印发《全面深化改革实施意见》，确定集团公司未来一个时期全面深化改革的总体思路，明确健全完善现代企业制度、推进公司治理体系和管控能力现代化国际化的主要目标，提出推进六方面重点改革、完善三方面体系等重点举措，是集团公司全面深化改革的顶层设计和行动纲领。

同日　中卫—贵阳联络线天然气管道工程通过国家环境保护竣工验收，标志着我国首条南北走向大口径天然气管道主体工程正式投运。该管道工程起于宁夏中卫，止于贵阳末站，全长 1898.37 千米，是连接西气东输、川渝管网、中缅天然气等管道系统的重要工程，1.2 亿人将受益，对保障我国天然气供应安全具有重要意义。

12 日　国家石油天然气大流量计量站工作会议在北京召开。会议强调要加快推进计量检定能力建设，着力提升计量技术水平，持续增强技术服务能力。集团公司副总经理、股份公司总裁兼国家石油天然气大流量计量站站长汪东进主持会议并讲话。

同日　“王德民星”命名仪式暨学术报告会在大庆油田举行。中国工程院院士、中国油田分层开发和化学驱油技术的奠基人王德民，经何梁何利基金评选委员会推荐，中国科学院紫金山天文台申请，国际小行星中心命名委员会批准，国际编号为210231号小行星，正式命名为“王德民星”。集团公司副总经理喻宝才到会祝贺讲话，并为“王德民星”命名铜匾揭幕。

13日　北阿扎德甘项目原油外输，正式启动投产。该项目具备年产原油400万吨、日产天然气70万立方米的油气生产能力，是中国石油天然气集团公司在伊朗主要投资项目，对推动中伊能源战略合作稳健发展具有里程碑意义，并对推进集团公司中东地区业务发展和国家“一带一路”倡议具有深远影响。

14日　集团公司副总经理沈殿成在北京会见霍尼韦尔特性材料和技术集团总裁兼首席执行官高腾一行，双方就加强油品质量升级、催化剂业务等领域合作深入交换意见。

14—15日　集团公司董事长王宜林到大庆油田现场办公，强调要把思想和行动统一到习近平总书记重要讲话精神上来，进一步增强责任感使命感，高举大庆红旗，坚定发展信心，全力推进大庆油田稳健发展，为建设世界一流综合性国际能源公司、促进黑龙江经济发展和全面建成小康社会做出新贡献。

15日　集团公司副总经理、股份公司总裁汪东进到管道局调研，强调要积极应对低油价挑战，努力建设国际一流油气储运工程综合服务商，为集团公司改革发展稳定做出更大贡献。

19—22日　集团公司董事长王宜林到辽宁地区石油石化企业调研，强调要以习近平总书记在参加黑龙江代表团审议时的重要讲话精神为统领，主动作为，集中精力打好提质增效攻坚战，为集团公司实现稳健发展做贡献。

21—22日　集团公司2016年财务工作会议在河北廊坊召开。会议强调要直面严峻挑战，统一思想认识，切实有效发挥财务专业作用，确保集团公司经济活动始终依法合规运行，开创财务工作新局面，为集团公司提质增效和稳健发展做更大贡献。集团公司总会计师刘跃珍做会议主题报告，部署国家审计署经济责任审计配合工作。

22日　集团公司副总经理赵政璋在北京会见斯伦贝谢电缆测井全球总裁馨达·嘉比一行，双方就加强测井技术应用、装备制造等合作深入交换意见。

25日　集团公司发布“十三五”发展规划，明确提出建设世界一流综合性国际能源公司分两步走：第一步，到2020年，世界一流综合性国际能源公司建设迈上新台阶；第二步，到2030年，建成世界一流综合性国际能源公司。“十三五”及未来一段时期要坚持稳健发展方针，推进资源、市场、国际化和创新战略。实施深化改革、开放合作、科技创新、人才强企、依法治企、安全发展六大举措，优先发展勘探开发、有效发展炼化与销售、加快发展天然气与管道、协调发展服务业务，做优原油和天然气两条价值链。“十三五”规划的制定和实施，对引领世界一流综合性国际能源公司建设迈上新台阶，保障国家能源安全和全面建成小康社会意义重大。

26日　集团公司“两学一做”（学党章党规、学系列讲话、做合格党员）学习教育安排部署视频会议在北京召开。会议强调要将思想和行动统一到中央精神和集团公司党组要求上来，不断增强抓好学习教育的主动性和自觉性，尽好责、抓到位、见实效，在建设世界一流综合性国际能源公司进程中建功立业。集团公司党组成员、副总经理喻宝才出席会议并讲话。

27日　集团公司董事长王宜林到昌平科技园区调研，强调要建设、管理、运营好科技园区，充分发挥技术、人才、设备、资源集中的优势，在集团公司科技与信息化建设中发挥桥梁纽带作用。

同日　集团公司2015年度社会责任报告发布会在北京召开，同时发布《中国石油扶贫开发（2006—2015）企业社会责任专题报告》。集团公司副总经理喻宝才出席发布会并致辞。

28—29日　集团公司科技与信息化创新大会在北京召开（详见专稿）。

29日　共青团中央表彰2015年度“全国优秀共青团员”“全国优秀共青团干部”“全国五四红旗团委（团支部）”，西藏自治区那曲销售分公司那曲油库职员卢婷被授予“全国优秀共青团员”称号，大庆油田有限责任公司团委副书记李德财、宁夏石化分公司团委副书记杨贵云被授予“全国优秀共青团干部”称号，兰州石化分公司团委被授予“全国五四红旗团委”称号，青海油田分公司采油厂采油技能专家史昆被授予“全国向上向善好青年”称号。

五 月

4日 中国青年联合会表彰2014—2015年度"全国青年岗位能手标兵"和"全国青年岗位能手"，大庆油田第六采油厂地质大队副总地质师兼大队长王朋等3人被授予"全国青年岗位能手标兵"称号，华北油田采油三厂地质研究所副所长何得海等19人被授予"全国青年岗位能手"称号。

5日 集团公司董事长王宜林在北京会见广东省省长朱小丹一行，双方就在广东省有关项目建设进展情况交换意见。

同日 集团公司副总经理、股份公司总裁汪东进在北京会见埃克森美孚全球副总裁魏捷凯一行，双方就加强海外油气项目合作和油气贸易情况进行交流。

6日 中国石油天然气集团公司与杭州华三通信技术有限公司在北京签署战略采购协议。双方将在资源与市场合作、技术研发与应用、信息共享、商务及物流管理等方面开展广泛交流与合作，共同分享经营管理、市场研究、物资管理、流程再造等方面的经验和成果。集团公司副总经理刘宏斌出席签约仪式。

9日 集团公司2016年国际业务与外事管理工作视频会议在北京召开。会议强调要深入实施国际化战略，进一步提升国际业务和外事管理工作水平，以新突破、新业绩、新面貌为建设世界一流综合性国际能源公司、保障国家能源安全做出新贡献。集团公司副总经理、股份公司总裁汪东进出席会议并讲话。

10日 集团公司"十三五"重点工程——塔里木油田凝析气轻烃深度回收工程开工建设。该工程设计年处理天然气100亿立方米，年产液化石油气38.19万吨、1号稳定轻烃7.11万吨。该工程的建设，对落实中央新疆工作座谈会精神、探索和扩大油地合资合作新模式、助推混合所有制经济发展、促进巴州地区稳健发展具有重要作用。

同日 中油海17平台交付仪式在大连举行。该平台是集团公司为发展海洋业务投资建造的第二座400英尺钻井平台，是集团公司最大水深、最先进的海洋钻井平台，整体达到国内外同类型钻井平台先进水平。

12日 集团公司党组书记、董事长王宜林以普通党员身份参加办公厅第一党支部党课学习，强调开展"两学一做"学习教育，要坚持以学促做，强化问题意识、坚持问题导向，把合格标尺立起来，把石油党员干部的良好形象树起来，以实际成效检验学习教育成果。

16—19日 集团公司副总经理、股份公司总裁汪东进到塔里木油田调研，强调要坚持以经济效益为中心，牢固树立"过紧日子"思想，持续深化改革，狠抓安全环保，坚决打赢开源节流提质增效攻坚战，为集团公司实现稳健发展做出更大贡献。

18日 在中国国家主席习近平、莫桑比克总统菲利佩·雅辛托·纽西见证下，中国石油天然气集团公司董事长王宜林与莫桑比克国家石油公司董事长奥玛尔·密达在北京签署《中国石油天然气集团公司与莫桑比克国家石油公司合作框架协议》。双方将全面推动在油气勘探开发、天然气加工和销售领域的合作。协议的签署将在共建"一带一路"、推动海上丝绸之路建设中，实现互利共赢、共同发展。

19日 莫桑比克共和国总统菲利佩·雅辛托·纽西到北京中国石油总部访问，与中国石油天然气集团公司董事长王宜林就进一步深化油气领域合作、推动双方油气合作进入新的发展阶段交换意见。

19—20日 集团公司董事长王宜林到重庆出席第十九届中国（重庆）国际投资暨全球采购会，与重庆市政府签署"十三五"时期战略合作协议。期间，到重庆市石油石化企业调研，强调驻川渝地区企业要认真落实国务院常务会议推动中央企业"瘦身健体"提质增效部署要求，抓住"一带一路"和长江经济带建设机遇，发挥区位优势，坚定发展信心，深入落实集团公司党组开源节流降本增效36条措施意见，做强油气主业，集中精力打赢提质增效攻坚战。

20日 集团公司副总经理、股份公司总裁汪东进在北京会见莫桑比克国家石油公司（ENH）董事长奥马尔·密达，双方就加强海外上游油气项目合作等事宜深入交换意见。

同日 集团公司总会计师刘跃珍在北京会见苏丹财政部国家税务局局长阿卜杜拉一行，双方就加强在苏丹信息化系统建设、人员培训等领域的合作进行深入交流。

22日 国家发改委副主任、能源局局长努尔·白克力考察中国石油天然气集团公司苏丹项目，强调要进一步发挥石油合作经验，加强中苏两国能源合作。

24日 股份公司决定，调整勘探开发对外合作业务管理体制。对外合作部不再列总部机关职能部门，统一使用“对外合作经理部”牌子开展工作。对外合作经理部列股份公司直属单位序列，业务由勘探与生产分公司归口管理。

同日　股份公司决定，不再直接管理中石油京唐液化天然气有限公司。

25 日　股份公司 2015 年年度股东大会在北京召开。会议听取并审议通过股份公司 2015 年度董事会报告、股份公司 2015 年度监事会报告、股份公司 2015 年度财务报告、股份公司 2015 年度利润分配方案等多项议案。大会新选举徐文荣为股份公司董事，任期自 2016 年 5 月 25 日股东大会结束时开始，于 2019 年召开的 2018 年年度股东大会之日止。

26 日　集团公司董事长王宜林在北京会见天津市副市长何树山一行，双方就推进中俄炼油厂项目、拓展油气销售网络等交换意见。

26—27 日　集团公司油品销售精细化管理会议在兰州召开。会议强调切实增强做好销售工作的责任感、使命感和紧迫感，抓住机遇加快改革创新步伐，坚定不移打造优质终端，着力加强企业党的建设和队伍建设，开创各项工作新局面。集团公司副总经理徐文荣出席会议并讲话。

27 日　川东北天然气项目罗家寨高含硫气田开发建设工程全面投产，天然气日处理能力达到 900 万立方米、年生产能力达到 30 亿立方米，是集团公司国内陆上最大的油气对外合作项目。

27—29 日　集团公司副总经理徐文荣到长沙出席加强产融学合作推进湖南“十三五”发展座谈会，与湖南省委书记徐守盛、省长杜家毫等会谈并签订“十三五”战略合作协议。期间，徐文荣到湖南省石油石化企业调研，强调要培育自身优势，打造强有力的干部队伍，加快油气终端融合，提高创效能力。

30 日　中国国务院副总理张高丽在索契与俄罗斯副总理德沃尔科维奇共同主持中俄能源合作委员会第十三次会议，中国石油天然气集团公司董事长王宜林出席会议并与德沃尔科维奇、俄罗斯能源部部长诺瓦克、俄罗斯天然气工业股份公司总裁米勒、俄罗斯诺瓦泰克公司总裁米赫尔松等举行会谈。在俄罗斯期间，王宜林出席驻俄罗斯企业工作汇报座谈会，强调要积极落实国家“一带一路”倡议，进一步加强在俄罗斯业务的统筹协调，在现有合作基础上进一步挖掘潜力，不断深化和拓展双方合作空间，实现海外业务优质高效可持续发展。

本月　集团公司党组书记、董事长王宜林主持召开党组会议，研究对蒋洁敏、王永春等案件涉案人员处理意见。王宜林强调要始终与党中央保持高度一致，彻底肃清周永康、蒋洁敏、廖永远、王永春违纪违法案件造成的影响，认真落实全面从严治党责任，严格管理各级干部，使党员干部受警醒、明底线、知敬畏，为集团公司稳健发展营造良好的政治生态。

六　　月

1 日　集团公司副总经理、股份公司总裁汪东进在北京会见厄瓜多尔战略协调部部长波韦达、厄驻华大使博尔哈一行，双方就加强中厄能源领域的合作深入交换意见。

1—2 日　集团公司“炼油系列催化剂研制开发与工业推广应用”重大科技专项启动会议在北京召开。会议强调要持续专项攻关，为炼油业务产品结构调整、生产高附加值产品和汽油、柴油质量升级等重大需求，提供先进催化剂产品及配套技术服务支撑。集团公司副总经理喻宝才出席会议并讲话。

3 日　中共中央总书记、国家主席、中央军委主席习近平到北京展览馆参观国家“十二五”科技创新成就展时莅临油气开发重大专项展台，详细询问油田上产稳产、深水深层油气勘探开发技术等有关情况。中国石油天然气集团公司董事长王宜林汇报“油气开发专项”最新研究进展和集团公司科技创新成果。“油气开发专项”作为国家 16 个科技重大专项之一，也是唯一由企业——中国石油牵头组织实施的重大专项，形成六大技术系列、20 项关键技术，研制 13 项重大装备，建设 22 项示范工程。

同日　集团公司 2016 年上半年 HSE 管理体系审核总结视频会议在北京召开。会议强调要深刻吸取历史事故教训，时刻保持清醒头脑和高度警觉，持续改进，不断提升安全环保管理水平，努力实现安全绿色发展。集团公司副总经理、股份公司总裁汪东进出席会议并讲话。

5 日　集团公司发布 2015 年度环境保护公报，从减排、低碳、管理、行动等方面，全方位展示公司 2015 年度在环境保护方面做出的努力和取得的成绩，化学需氧量（COD）、氨氮、二氧化硫、氮氧化物四类主要污染物排放指标比 2015 年下降，创历史最好水平，节能减排量全面超额完成国家下达指标。

6 日　日照—东明原油管道通过股份公司竣工验收，标志着我国首条连接海上能源通道、年输量 1000 万吨级原油管道正式投产。该管道起于山东省日照市岚山港，止于山东省菏泽市东明县东明石化，干线全长 446.23 千米，油源来自我国通过海上通道进口的境外原油。该管道对改善我国炼油化工的总体布局、优化资源配置和产品流向、促进管道沿线基础设施建设、带动地方经济发展具有重要意义。

同日　股份公司决定，调整管道建设管理体制，择机注销管道建设项目经理部。

8 日　集团公司董事长王宜林主持召开集团公司第二届董事会第六次会议，审议通过关于建设陕京四线输气管道工程的议案。

13 日　中国石油天然气集团公司与中国机械工业集团有限公司在北京签署战略合作框架协议。双方将充分发挥各自行业优势，在装备制造、工程建设、油品供应、海外拓展、资本合作和金融服务等领域开展战略合作。集团公司董事长王宜林与中国机械工业集团董事长任洪斌举行会谈并出席签约仪式。

16 日　集团公司“十三五”发展规划纲要宣传贯彻视频会议在北京召开。会议强调要统一思想，抓实抓细学习贯彻，确保规划落地实施，为建设世界一流综合性国际能源公司做出新贡献。集团公司副总经理、股份公司总裁汪东进出席会议并讲话。

同日　集团公司副总经理徐文荣到西藏销售等企业调研，强调要深化改革、密切合作、增强实力，进一步提升集团公司在西藏的品牌和形象。

同日　集团公司外部网站 2.0 版上线运行。该网站 2.0 版以国产应用软件为基础，运用先进、成熟的互联网技术，实现功能、性能和用户体验等服务能力的整体提升，标志着集团公司信息化建设实现新突破。

17 日　集团公司副总经理、股份公司总裁汪东进在北京会见委内瑞拉国家石油公司执行董事鲁本一行，双方就加强中委石油领域的合作深入交换意见。

20 日　集团公司董事长王宜林在北京会见中国航空油料集团董事长周明春一行，双方就对接好两家企业“十三五”规划，进一步做好航空煤油生产产品结构调整、管道规划、资源供应保证等工作深入交换意见。

20—22 日　集团公司副总经理徐文荣到大庆石油石化企业调研，强调要坚决贯彻落实集团公司工作会议部署，持续抓好开源节流、降本增效、深化改革、安全环保等工作，坚决打好提质增效攻坚战，为建设世界一流综合性国际能源公司再做新贡献。

22 日　集团公司董事长王宜林在北京会见新疆维吾尔自治区人民政府主席雪克来提·扎克尔，双方就积极推进在新疆企业合资合作，加快金融业务发展，扩大油品销售网络建设等问题深入交换意见。

23 日　集团公司副总经理刘宏斌在北京会见通用电气（GE）公司高级副总裁、油气集团总裁兼首席执行官罗澜索一行，双方就进一步加强在物资采购、装备制造、科技信息等领域合作深入交换意见。

24 日　集团公司董事长王宜林在北京会见阿联酋国务部长兼阿布扎比国家石油公司首席执行官贾贝尔一行，双方就加强油气领域的深化合作广泛交换意见。

同日　集团公司董事长王宜林在北京会见俄罗斯天然气工业股份公司总裁米勒一行，双方就进一步加强业务合作以及共同关心的问题深入交换意见。

同日　股份公司发布公告，美国联邦最高法院全面驳回美国投资者对中国石油及其部分前任高管的起诉，股份公司在这场历时 2 年 10 个月的证券集团诉讼案件中全面胜诉，在国内外资本市场引起巨大反响。

25 日　在中国国家主席习近平和俄罗斯总统普京见证下，中国石油天然气集团公司董事长王宜林与俄罗斯天然气工业股份公司总裁米勒在北京签署《在中华人民共和国境内开展地下储气库、天然气发电项目合作谅解备忘录》。双方将积极推动地下储气库项目以及天然气发电项目建设，探讨更广泛合资合作机会，拓宽双方合作领域，提高合作互信，进一步加深双方战略合作伙伴关系内涵。

27 日　集团公司副总经理、股份公司总裁汪东进在北京会见荷兰皇家壳牌集团全球执行委员会成员、一体化天然气业务总裁马丁·魏茨乐一行，双方就加强国内外油气领域的合作深入交换意见。

28 日　集团公司董事长王宜林在北京会见连云港市市长项雪龙一行，双方就落实国家“一带一路”倡议，支持连云港打造新亚欧大陆桥东方桥头堡建设，进一步加强天然气业务发展、成品油销售网络建设和企业间合作等进行交流。

同日　集团公司决定，组建中国石油集团工程有限公司。

29 日　集团公司在北京召开视频会议，传达学习习近平总书记等中央领导同志对大力弘扬“石油精神”做出的重要批示。石油工业培育形成了大庆精神铁人精神、好汉坡精神、柴达木精神等各具特色的企业精神，以及“三老四严”“四个一样”等优良传统作风。在新的历史时期，习近平总书记把石油工业优良传统集中概括和凝练升华为以“苦干实干”“三老四严”为核心的“石油精神”。会议强调要深刻领会中央领导同志重要批示的重大意义，切实组织好学习贯彻，大力弘扬“石油精神”，不断夯实百万石油人共同的思想基础，充分发挥独特政治优势，着力打造“铁人式”党员干部队伍，全力应对困难和挑战，坚定不移推进稳健发展，在全力推动国家重大战略实施，在适应经济发展新常态、推进供给侧结构性改革中发挥表率作用，在贯彻落实五大发展理念、做强做优做大国有企业中发挥主力军作用，履行好保障国家能源安全的重大使命。集团公司董事长王宜林出席会议并讲话。

同日　国务院国资委召开庆祝中国共产党成立95周年暨中央企业“两优一先”表彰大会，新疆油田重油开发公司作业五区采油六班班长肉孜麦麦提·巴克等5人被授予“中央企业优秀共产党员”称号，肉孜麦麦提·巴克被授予“中央企业优秀共产党员标兵”称号。大庆油田第四采油厂党委书记张超等4人被授予“中央企业优秀党务工作者”称号。东南亚管道公司党委等4个基层党组织被授予“中央企业先进基层党组织”称号。集团公司党组书记、董事长王宜林出席会议，并看望肉孜麦麦提·巴克，强调要充分发挥党员先锋模范作用，大力弘扬“石油精神”，切实增强使命感责任感，以更高的标准要求自己，勤于学习勇于实践，立足岗位敬业奉献，为集团公司稳健发展做出新贡献。

同日　集团公司副总经理、股份公司总裁汪东进在北京会见乌兹别克斯坦石油公司主席苏尔坦诺夫一行，双方就加强石油勘探和天然气领域的合作深入交换意见。

30 日　集团公司副总经理、股份公司总裁汪东进在北京会见BP集团执行副总裁戴尚亚一行，双方就进一步加强国内外油气合作深入交换意见。

同日　集团公司工程建设业务实施重组工作会议在北京召开。会议决定将原工程建设分公司及其归口管理的6家工程建设企业纳入专业化重组范围，设立分别从事油气田地面、油气储运、炼油化工工程业务EPC一体化发展的3家专业化公司以及从事环境、纺织化纤工程和项目管理业务的2家专业化公司。集团公司董事长王宜林出席会议并讲话。

七　月

1 日　庆祝中国共产党成立95周年大会在北京人民大会堂举行，中国石油尼罗河公司副总工程师兼苏丹6区项目副总经理王杰、新疆油田分公司重油开发公司采油作业五区采油班班长肉孜麦麦提·巴克被授予“全国优秀共产党员”称号，大庆油田井下作业分公司修井一大队修井107队党支部被授予“全国先进基层党组织”称号。

2—4 日　集团公司董事长王宜林到哈萨克斯坦进行工作访问，拜会哈萨克斯坦总统纳扎尔巴耶夫、哈萨克斯坦政府总理马西莫夫，并与哈萨克斯坦能源部部长博祖姆巴耶夫等政府官员以及国家石油天然气公司总裁门巴耶夫就进一步加强中哈油气合作分别举行会谈，协调解决当前油气合作存在的问题，探讨进一步扩大合作机会。期间，王宜林到企业调研，强调驻哈萨克斯坦企业要保持良好发展势头，积极面对当前遇到的困难和挑战，扎实工作，为集团公司在中亚地区各项业务发展做出新贡献。

5—6 日　集团公司董事长王宜林到乌兹别克斯坦进行工作访问，拜会乌兹别克斯坦政府第一副总理阿济莫夫、副总理伊布拉吉莫夫和国家石油天然气控股公司管理委员会主席苏尔坦诺夫。双方就保障过境管道安全、深入推动油气合作项目、协调解决当前油气合作存在的问题进行坦诚交流。期间，王宜林到中乌天然气管道布哈拉输气管理处调研，强调要加强管道安全运行保障，进一步拓展和深化油气领域合作，为推动中乌友好合作发挥更大作用。

6 日　集团公司副总经理赵政璋在北京钓鱼台国宾馆拜会肯尼亚副总统卢托，双方就加强油气领域合作深入交换意见。

7 日　中共中央任命章建华同志为中国石油天然气集团公司总经理。国务院国资委任命章建华为中国石油天然气集团公司董事，国务院国资委党委任命章建华同志为中国石油天然气集团公司党组副书记。

同日　集团公司副总经理、股份公司总裁汪东进在北京会见道达尔集团上游业务总裁博雅克一行，双方就进一步加强国内外油气合作深入交换意见。

7—10 日　集团公司董事长王宜林到土库曼斯坦进行工作访问，拜会土库曼斯坦总统别尔德穆哈梅多夫，并与土库曼斯坦副总理卡卡耶夫、天然气康采恩总裁别格里耶夫举行会谈。双方就推动和扩大中土天然气合作，以及当前面临的形势深入坦诚交换意见。期间，王宜林到阿姆河天然气项目调研，强调驻中亚地区各企业必须牢固树立大局意识和战略思维，在集团公司统一部署下，创新合作模式，深化全面务实合作，充分发挥国家“一带一路”倡议实施的主力军作用，把中亚地区建设成为“一带一路”核心油气合作区，为保障国家能源安全、促进管道沿线国家经济社会发展做出新贡献。

12 日　集团公司召开领导班子扩大会议。受中组部领导委托，中组部有关干部局负责同志宣布党中央、国务院关于中国石油天然气集团公司任职的决定：章建华同志任中国石油天然气集团公司总经理。同时，国务院国资委党委决定：章建华同志任中国石油天然气集团公司董事、党组副书记。

同日　集团公司副总经理、股份公司总裁汪东进在北京会见鲁克石油公司副总裁季姆申科，双方就加强公司间油气合作深入交换意见。

14 日　集团公司决定，设立保密总监，由王志刚兼任。

15—16 日　集团公司董事长王宜林出席国务院国资委在北京举办的中央企业、地方国资委负责人培训班，并做“弘扬‘石油精神’、推进稳健发展”交流发言。在优秀企业表彰中，集团公司获得“业绩优秀企业”“科技创新优秀企业”“品牌建设优秀企业”三个奖项，连续第十年保持中央企业考核 A 级。

15—19 日　集团公司副总经理喻宝才到拉萨主持援藏干部交接座谈会，送第七批进藏挂职干部到世界海拔最高的县——那曲地区双湖县，启动医疗援藏下乡巡诊工作仪式，到双湖县中学、幼儿园开展捐赠活动，考察双湖索嘎街两侧援建项目，并到西藏销售尼洋、中和、双湖等加油站调研，看望慰问干部员工，强调要大力弘扬“石油精神”，用情援藏、用心做事，努力推动当地经济社会持续健康发展，进一步提升集团公司良好形象。

19 日　集团公司董事会第八次会议决议：聘任章建华为中国石油天然气集团公司总经理。

19—21 日　集团公司总经理章建华到大庆地区石油石化企业调研，强调要深入学习贯彻落实中央决策部署和习近平总书记系列讲话精神，坚持稳健发展方针，大力弘扬“石油精神”，落实提质增效各项措施，确保主营业务实现高水平高效益发展，为建设世界一流综合性国际能源公司做出新贡献。

20 日　2016 年《财富》世界 500 强排行榜发布，中国石油天然气集团公司以年营业收入 2992.706 亿美元位居排行榜第三，比 2015 年排名提升一位，在世界大石油公司中排名第一，创历史最好成绩。

21—22 日　集团公司董事长王宜林到天津地区石油石化企业调研，强调要大力弘扬“石油精神”，坚定发展信心，坚持观念创新、理论创新、技术创新、管理创新，扎扎实实做好各项工作，把企业发展好，为重塑良好形象做出积极贡献。

22 日　集团公司副总经理刘宏斌在北京会见德国西门子股份公司管理委员会成员戴俪思，双方就进一步加强货物与服务供应、装备制造、科技研发、人才培训等领域合作深入交换意见。

26 日　集团公司副总经理、股份公司总裁汪东进在北京会见土库曼斯坦天然气康采恩总裁别格里耶夫一行，双方就加强中土天然气贸易、上游天然气开发等领域合作深入交换意见。

同日　集团公司全面推进“三供一业”分离移交工作视频会议在北京召开。会议强调要抓住机遇，攻坚克难，努力完成“三供一业”分离移交任务，为集团公司提质增效稳健发展做出新贡献。集团公司副总经理刘宏斌出席会议并讲话。

同日　集团公司决定，中亚管道有限公司纳入集团公司直属企业序列管理，中石油中亚天然气管道有限公司不再作为集团公司直属企业管理。

28—30 日　集团公司 2016 年领导干部会议在大庆召开（详见专稿）。

29 日　集团公司董事长王宜林到大庆油田勘探开发研究院调研，强调要解放思想、坚定信心，抓好精细勘探开发，为大庆油田持续稳定发展做出新贡献。

八　　月

2—6 日　集团公司总经理章建华到新疆地区石油石化企业调研，强调要深入贯彻落实集团公司 2016 年领导干部会议精神，抓住“一带一路”倡议实施与新疆建设丝绸之路经济带核心区机遇，以加强党的建设为根本保证，大力弘扬“石油精神”，苦干实干，勇于创新，为集团公司稳健发展做出新贡献。

3日　西气东输二线香港支线通过股份公司竣工验收，正式投入生产。该支线全长21千米，设计年输气量60亿立方米，2012年3月2日开工，12月19日建成投运，是我国管径最大、施工难度最大的海底管道，是中央政府支持香港进一步发展的重大战略工程和民生工程，对保障香港能源供应安全、优化能源结构、改善大气环境、实现节能减排等具有深远意义。

4日　集团公司副总经理徐文荣到国际事业公司调研，强调要大力弘扬“石油精神”，改革创新，真抓实干，实现“十三五”良好开局。

5日　集团公司对口援建青海冷湖设施农业种植园项目正式移交地方政府，标志着对口援建冷湖“四大工程”（其他三项为冷湖镇饮水工程、天然气入户工程、冷湖中学生物地理教学园工程）完成。“四大工程”总投资4871万元，其中冷湖设施农业种植园项目总投资2258万元，建成无土栽培面积近4000平方米，年生产蔬菜75吨，结束了冷湖61年无蔬菜种植的历史。

8日　中国石油集团工程有限公司在北京市昌平区完成工商登记注册，取得营业执照。

同日　陕京四线输气管道工程开工建设。该工程包括1条干线和3条支线，本期建设包括1条干线1条支线，线路总长1114千米，设计年输气量250亿立方米。干线起自陕西省靖边首站，途经内蒙古、河北，止于北京市高丽营末站。该工程是进口中亚天然气和国产天然气输送的重要通道，对于扩大华北地区天然气供应量、提高冬季调峰供气能力、治理大气污染将发挥重要作用。

8—10日　集团公司副总经理徐文荣到河南、湖北地区成品油及天然气销售企业调研，强调要创新思路扩销增效，增强企业发展动力。

9日　集团公司党组制定实施《关于落实全面从严治党要求加强党的建设的意见》，深入贯彻全面从严治党要求和习近平总书记系列重要讲话精神，进一步落实中央组织部、国务院国资委党委关于中央企业党委在现代企业制度下充分发挥政治核心作用的意见和中央关于在深化国有企业改革中坚持党的领导加强党的建设的若干意见精神，切实加强企业党的思想建设、组织建设、作风建设、反腐倡廉建设、制度建设，强化党建工作责任落实。

13日　国家重点工程——中俄原油管道二线工程在黑龙江省加格达奇地区开工建设。该管道起自黑龙江省漠河县漠河首站，途经黑龙江、内蒙古两省（自治区），止于大庆市林源输油站，与已建成投产的中俄原油管道一线并行敷设，全长940千米，设计年输油能力1500万吨。

15日　集团公司副总经理、股份公司总裁汪东进在北京会见乌兹别克斯坦国家油气公司管委会主席苏尔坦诺夫一行，双方就加强中乌天然气贸易、上游天然气开发等领域合作深入交换意见。

同日　西气东输三线中卫至靖边联络线开工建设。管道起自宁夏回族自治区中卫市中卫联络压气站，途经吴忠市和榆林市，止于陕西省靖边县靖边联络站，全长376.58千米，设计年输气能力300亿立方米，是西气东输管道系统与陕京管道系统的重要联络通道，主要向陕京四线供气，以适应华北地区及管道沿线地区对天然气快速增长的需求。

17—18日　集团公司物资采购与招标管理工作现场会在大庆油田召开。会议强调要准确把握服务保障定位，不断提高采购与招标业务管理能力和水平，为集团公司深化改革发展、建设世界一流综合性国际能源公司做出新的更大贡献。集团公司副总经理刘宏斌出席会议并讲话。

18日　集团公司董事长王宜林在北京会见河北省委常委、省政府常务副省长袁桐利一行，双方就积极推进京津冀地区大气污染治理，保障天然气资源供应，支持河北省“气代煤”工程建设和中国石油在河北省油气业务发展等交换意见。

19日　集团公司副总经理、股份公司总裁汪东进在北京会见缅甸联邦共和国电力与能源部部长佩新吞，双方就加强中缅油气管道项目及能源领域的合作进行商谈。

23日　国务院派驻中国石油天然气集团公司监事会进驻会议在北京召开。集团公司董事长王宜林要求积极支持，全力配合新一届监事会开展工作，抓住机遇切实推进集团公司稳健发展。

23—26日　集团公司总经理章建华到陕西地区石油石化企业调研，强调要抓住陕西建设“丝绸之路经济带”新起点机遇，大力弘扬“石油精神”，坚持稳健发展方针，牢固树立全局意识，落实提质增效各项措施，为建设世界一流综合性国际能源公司做出新贡献。

24日　由中国石油天然气集团公司和SPE（国

际石油工程师学会）联合主办的2016 SPE亚太水力压裂大会在北京召开。19个国家300余名油气行业企业管理者和专家学者共同交流研讨水力压裂技术的发展趋势和应用情况。SPE技术大会始于1924年，是世界油气行业最高水平的专业性国际会议之一。集团公司副总经理、股份公司总裁汪东进出席开幕式并致辞。

25日　股份公司2016年中期业绩发布会在香港举行。截至2016年6月30日，按照国际财务报告准则和中国企业会计准则，实现经营利润345.4亿元、归属股东净利润5.31亿元。股份公司坚持稳健发展方针，坚持改革创新提质增效，成功缓解油气价格下降对效益的影响，保持生产经营平稳受控运行，实现经营业绩逐月向好并最终整体盈利。集团公司、股份公司董事长王宜林出席发布会并致辞。

九　　月

1日　第九届“中华慈善奖”颁奖典礼在江苏省南通市举行，中国石油天然气集团公司获评第九届“中华慈善奖”最具爱心捐赠企业。“中华慈善奖”是由国家民政部颁发的中国公益慈善领域最高政府奖。2013—2014年，集团公司全球主要社会公益投入超过18亿元，惠及数亿人。集团公司副总经理喻宝才出席活动。

2—8日　集团公司董事长王宜林到杭州出席2016年二十国集团工商峰会开幕式及相关活动，到浙江、上海、江苏等地石油石化企业调研，强调要发挥好区位优势，树立市场意识，加大改革创新力度，激发企业内生动力，坚决打好提质增效攻坚战，为集团公司以及华东地区经济社会的可持续发展做出更大贡献。

7—8日　集团公司总经理章建华到管道公司、管道局、东方物探调研，强调牢固树立一盘棋思想，大力弘扬“石油精神”，在低油价下主动作为，勇于担当，努力提高发展质量效益，不断开创集团公司稳健发展新局面。

10—12日　集团公司总经理章建华出席第13届中国—东盟博览会并到广西地区石油石化企业调研，强调要紧紧抓住广西建成“国际通道、战略支点、重要门户”新起点新机遇，当好南方战略桥头堡，大力弘扬“石油精神”，坚持稳健发展方针，落实提质增效各项措施，持续提升企业盈利能力和综合竞争力。

13日　集团公司董事长王宜林在北京钓鱼台国宾馆拜会秘鲁共和国总统佩德罗·巴勃罗·库琴斯基·戈达德，双方就进一步深化油气领域的合作交换意见，并就积极推进合作项目长期健康可持续发展达成共识。

同日　集团公司副总经理、股份公司总裁汪东进在北京会见哈萨克斯坦国家石油天然气公司高级副总裁谢尔基耶夫一行，双方就加强中哈天然气合作深入交换意见。

13—14日　集团公司总经理章建华到云南地区石油石化企业调研，强调要抢抓云南在“一带一路”和“长江经济带”建设中的重要机遇，强化形势研判，坚定信心，主动作为，坚决打赢提质增效攻坚战，努力实现“十三五”良好开局。

14日　集团公司副总经理、股份公司总裁汪东进在北京会见秘鲁能源与矿产部部长弗洛雷斯，双方就进一步加强中秘油气合作深入交换意见。

19—20日　集团公司董事长王宜林到新加坡裕廊工业园区、中国石油国际事业（新加坡）公司等地调研，强调要充分发挥优势，落实国家战略部署，建设国际一流油气运营中心，推动油气项目合作再上新台阶，为建设世界一流综合性国际能源公司做出新贡献。

20—22日　集团公司总经理章建华到吉林地区石油石化企业调研，强调要抓住国家振兴东北老工业基地机遇，牢固树立过紧日子思想，推进改革创新，突出主业发展，坚决打赢提质增效攻坚战。

21—25日　集团公司董事长王宜林到中国石油驻澳大利亚企业调研，强调要坚定发展信心，清醒认识对澳大利亚油气合作的意义和挑战，注重商务运作，积极探索创新合作模式，持续抓好创新管理和高端国际化人才培养，促进集团公司在澳大利亚油气合作项目稳健高效发展。

22—23日　集团公司工程建设项目“五化”（标准化设计、工厂化预制、模块化施工、机械化作业、信息化管理）经验交流会在成都召开。会议强调要坚定不移推进“五化”工作，突出合作共赢大局意识，加快由传统设计施工作业方式向现代化规模生产方式转变，进一步提高建设项目管理能力和施工能力。集团公司副总经理刘宏斌出席会议并讲话。

23日　集团公司总经理章建华出席在哈尔滨召开的黑龙江省与中央企业融合发展合作交流会，以

"做强做优油气主业，合资合作协同发展"为主题作重点发言，并到哈尔滨石化、黑龙江销售调研，强调要狠抓安全环保，精心组织生产经营，进一步加强党的建设，大力弘扬"石油精神"。

同日　集团公司副总经理、股份公司总裁汪东进在北京会见委内瑞拉国家石油公司副总裁奥兰多·查信一行，双方就进一步加强中委油气合作深入交换意见。

29日　集团公司党组书记、董事长王宜林在中央和国家机关保密教育实训平台主持召开党组中心组扩大学习会议，集体学习《中共中央关于加强和改进保密工作的意见》精神，参加保密实训平台培训，强调要坚持党管保密、管业务必须管保密，坚持依法治密，切实维护好国家秘密和公司商业秘密，坚决打赢网络保密攻坚战。

同日　集团公司装备制造业务服务型制造工作推进视频会议在北京召开。会议强调要在狠抓落实、强化执行上下功夫，在转型升级、创新发展上求突破，在降本增效、扭亏增盈上见实效，推进装备制造业务服务型制造工作迈上新台阶。集团公司副总经理刘宏斌出席会议并讲话。

同日　国家"千人计划"专家、中国石油集团东方地球物理勘探有限责任公司总经理高级技术顾问戴南浔获"2016中国政府友谊奖"。"友谊奖"是为表彰在中国现代化建设中做出突出贡献的外国专家而设立的最高荣誉奖项，戴南浔是集团公司唯一获此奖项的"千人计划"专家。其自主研发成功GeoEast-lightning单（双）程波逆时偏移软件，填补集团公司深度偏移成像领域技术空白，并居国际该研究领域前沿。

同日　中国共产党的优秀党员、忠诚的共产主义战士，我国石油工业的优秀领导干部，原石油工业部党组副书记、副部长，中央纪律检查委员会驻石油工业部纪检组组长黄凯同志（部长级待遇），因病医治无效在北京逝世，享年102岁。

十　月

10—13日　集团公司总经理章建华到青海油田、玉门油田调研，强调要传承优良传统，弘扬"石油精神"，深化改革创新，提高创效水平，坚决打赢提质增效攻坚战，为建设世界一流综合性国际能源公司做出新贡献。

12日　集团公司副总经理、股份公司总裁汪东进在北京会见哈萨克斯坦国家石油天然气公司总裁门巴耶夫一行，双方就进一步加强油气领域合作深入交换意见。

14日　在中国国家主席习近平和孟加拉国总理哈西娜见证下，中国石油天然气集团公司副总经理刘宏斌与孟加拉石油公司主席马合穆德·瑞泽·卡汗在达卡代表双方公司交换《孟加拉单点系泊及双管道项目EPC合同》签署文本。协议的签署，将在推动能源领域务实合作、共建"一带一路"重大构想中，实现互利多赢、共同发展。

16日　第25届孙越崎能源科学技术奖颁奖大会在北京举行，中国石油集团东方地球物理勘探有限责任公司张玮获得能源大奖，石油管工程技术研究院陈宏远、钻井工程技术研究院靳建洲、勘探开发研究院吕伟峰、长庆油田公司冯朋鑫获得科技青年奖，勘探开发研究院刘策、张峰获得优秀学生奖。

18—19日　集团公司总经理章建华到天津地区石油石化企业调研，强调要抢抓京津冀协同发展战略机遇，深化改革创新，推进提质增效，全面完成年度生产经营各项任务目标，推动集团公司稳健发展。

19—22日　集团公司副总经理徐文荣到四川地区石油石化企业调研，强调要深化改革、创新创效，提升整体优势和竞争能力，加强党建和队伍建设，推动企业发展取得新突破。

20日　股份公司临时股东大会决议，批准选举章建华为股份公司董事。任期自2016年10月20日股东大会结束时开始，于2019年召开的2018年年度股东大会之日止。

21日　集团公司董事长王宜林在北京会见新疆维吾尔自治区人民政府主席雪克来提·扎克尔，双方就支持新疆重大项目建设、推进合资合作、加大勘探开发力度和油品销售网络建设，促进新疆经济社会稳定和长治久安，以及集团公司在新疆各项业务的发展深入交换意见。

24日　北阿扎德甘项目首船200万桶原油发运中国。该项目是集团公司中东地区主要投资合作项目，2015年10月投产试运，年产原油400万吨。这是近年来伊朗回购合同模式下第一个提油项目，对深化中伊能源战略合作稳健发展、促进中东沿线国家"一带一路"倡议实施具有深远意义。

25日　集团公司副总经理、股份公司总裁汪东进在北京会见雪佛龙上游业务执行副总裁翟昌盛一行，双方就加强油气领域合作深入交换意见。

25—26日 集团公司总经理章建华到大连地区石油石化企业调研，强调要强化责任担当，狠抓安全环保，优化生产运行，落实提质增效各项措施，全面完成年度生产经营任务，为集团公司业绩目标实现多做贡献。

27日 集团公司推进亏损企业治理、“僵尸企业”处置及特困企业治理、压缩管理层级减少法人户数三项专项工作视频会议在北京召开。会议强调要落实责任、稳妥实施、有效推进，坚定不移打好瘦身健体提质增效攻坚战。集团公司总经理、三项专项工作领导小组组长章建华出席会议并讲话。

28日 股份公司董事会2016年第6次会议（临时）决议，一致同意选举章建华为股份公司副董事长，刘宏斌不再兼任股份公司副总裁。

同日 集团公司决定，成立中国石油集团资本有限责任公司。

30日 集团公司总经理章建华出席在苏州举行的2016国际能源变革论坛，并作主题发言，强调要推进天然气技术创新，加大天然气开发利用力度，为推动能源变革、促进中国和业务所在国经济社会可持续发展做出应有贡献。期间，章建华到江苏销售苏州康福加油站调研，要求继续狠抓终端市场建设，进一步抓好降本增效工作。

31日 集团公司党组召开“两学一做”专题民主生活会，围绕“增强‘四个意识’、严守政治纪律政治规矩”主题，联系党组班子和个人实际深入查摆问题，深刻分析原因，严肃认真开展批评和自我批评，制定改进措施。集团公司党组书记、董事长王宜林主持会议并带领全体党组成员重温入党誓词。

十 一 月

1日 在中国国务院总理李克强和马来西亚总理纳吉布见证下，中国石油天然气集团公司副总经理刘宏斌与马来西亚苏里亚战略能源有限公司主席莫哈末·伊文·瑟里加·阿卜杜拉代表双方公司在北京签署《沙巴天然气管道项目施工及试运合同》和《多介质管道项目施工及试运合同》。

同日 集团公司副总经理刘宏斌在北京会见ABB集团执行副总裁邓肯一行，双方就加强自动化、工程建设、装备制造等领域的合作深入交换意见。

3日 集团公司党组制定下发《关于深入推进重塑公司良好形象工作的意见》，在组织开展为期一年以“弘扬光荣传统、重塑良好形象”为主题的大讨论活动基础上，进一步建立深化重塑形象工作长效机制，持续推进集团公司形象建设。

同日 江苏LNG项目二期工程全面建成投产，江苏LNG接收站总有效罐容68万立方米，年接卸能力650万吨，年汽化能力达1000万吨，拥有国内最大的储存和汽化能力。

3—4日 集团公司党组扩大会议在北京召开，专题研究大庆油田及其地区可持续发展问题。会议强调要提高思想认识，坚定发展信心，把“当好标杆和旗帜”作为根本遵循，聚焦油气主业，深化改革创新，充分发挥政治优势和文化优势，努力在新时期实现可持续发展，为建设世界一流综合性国际能源公司持续做出高水平贡献。集团公司党组书记、董事长王宜林主持会议并讲话。

4日 中国石油天然气集团公司与油气行业气候倡议组织（OGCI）成员公司共同发布由10家成员公司董事长或首席执行官联合签署的《油气行业气候倡议组织共同宣言》和《油气行业气候倡议组织2016年年报》，承诺积极付诸行动，加速构建低碳未来。

7日 在中国国务院总理李克强和俄罗斯总理梅德韦杰夫见证下，中国石油天然气集团公司副总经理徐文荣与俄罗斯天然气工业股份公司总裁米勒在圣彼得堡签署《中国石油与俄气公司标准及合格评定结果互认合作协议》和《中国石油与俄气公司开展天然气发动机燃料领域可行性研究合作的谅解备忘录》。协议的签署，将深化双方标准化领域和天然气发动机燃料领域的合作。

同日 国务院国资委党委任命徐文荣同志为中国石油天然气集团公司党组副书记。

同日 集团公司副总经理喻宝才在北京会见艾斯本公司首席执行官安东尼奥·佩特里一行，双方就信息化领域合作深入交换意见。

9—11日 第二届加油站经理论坛在合肥召开。论坛以零售为核心，以加油站经理为主角，探索服务与营销的新思路，提升零售业务竞争力，助力销售业务提质增效发展。集团公司总会计师刘跃珍出席论坛闭幕式并讲话。

9—13日 集团公司总经理章建华到辽宁地区部

分石油石化企业调研，强调要以东北老工业基地振兴为契机，深化改革创新，提高创效水平，坚决打赢提质增效攻坚战，推动企业各项工作再上新台阶。

11 日　集团公司副总经理喻宝才在北京会见通用电气公司（GE）高级副总裁、中国区总裁段小缨一行，双方就加强科技、信息化领域的合作及 GE 公司油气业务与贝克休斯公司合并情况进行充分交流。

16 日　集团公司审计整改工作推进会议在北京召开。会议强调要坚持问题导向和目标导向，强化审计监督，严肃揭露和查处重大违纪违规违法问题，推动问题整改、建章立制和责任追究相统一，全面提升企业治理水平，为集团公司提质增效和稳健发展提供有力保障。集团公司副总经理喻宝才出席会议并讲话。

16—18 日　集团公司董事长王宜林到委内瑞拉进行工作调研，强调要从战略高度认识拉美地区在海外五大合作区中的重要地位，充分认识拉美地区在推进建设世界一流综合性国际能源公司中的重要使命，发挥油气合作优势，努力实现拉美油气业务跨越式发展。期间，王宜林拜会委内瑞拉总统马杜罗，并与委内瑞拉石油部部长德尔·皮诺签署《中国石油和委国家石油合作项目进展备忘录》。

18—19 日　集团公司董事长王宜林出席在秘鲁利马举行的 2016 年 APEC 工商领导人峰会，与国际同行深入探讨油气业务创新发展。期间，王宜林拜会秘鲁总统库琴斯基，并与秘鲁能源矿产部部长贡萨罗·塔马约代表双方签署《中秘深化油气合作谅解备忘录》。

20 日　长庆油田陇东油区的我国第一口致密油超长水平井可溶桥塞压裂施工成功，压裂完成 30 段 106 簇，加砂量 4402.3 立方米，入地总液量 5.02 万立方米，创造国内陆上致密油开发史上压裂水平段最长、压裂段数最多、入地液量最大三项纪录。

21—23 日　集团公司董事长王宜林到中国石油驻巴西企业调研，强调海外投资项目必须以经济效益为中心，把抓好结构调整放到突出位置，加强沟通交流，扩大合作范围，锻炼一支坚强有力的海外骨干队伍，实现海外项目健康有序稳健发展。

21—25 日　集团公司总经理章建华到川渝地区石油石化企业调研，强调川渝地区是重要的增产区，各企业要牢固树立大局观念，强化担当意识，充分发挥整体优势，自我加压，努力增效，为集团公司实现年度利润目标做出大贡献。

22 日　集团公司副总经理刘宏斌在北京会见荷兰皇家壳牌集团大项目和技术总裁哈利·布莱克曼一行，双方就科技、采购、工程技术、工程建设以及装备制造等领域的合作深入交换意见。

22—24 日　集团公司 2016 年度油气勘探年会在北京召开。会议强调要突出资源战略，以寻找新发现和可动用储量为核心，以落实有利勘探目标为重点，走技术发展之路、走低成本发展之路、走勘探开发一体化之路，为集团公司稳健发展夯实资源基础。集团公司副总经理赵政璋出席会议并讲话。

25 日　集团公司天然气销售管理体制改革动员视频会议在北京召开。此次改革对天然气销售业务实行“天然气销售分公司—区域天然气销售分公司”两级管理架构，天然气销售分公司负责集团公司天然气业务的管理和运营，组建五大区域天然气销售分公司作为其所属机构。会议强调要准确把握天然气销售管理体制改革各项要求，扎实做好各项工作，推动改革举措落地见效。集团公司副总经理徐文荣出席会议并讲话。

同日　股份公司决定，调整天然气销售与管道业务管理体制，天然气销售分公司和中石油管道有限责任公司按直属企业管理。管道分公司、西气东输管道分公司、西部管道分公司、西南管道分公司、北京油气调控中心由中石油管道有限责任公司实施管理。

29 日　集团公司副总经理沈殿成在北京会见霍尼韦尔特性材料和技术集团总裁兼首席执行官高腾一行，双方就加强炼油化工领域的合作深入交换意见。

30 日　集团公司董事长王宜林在北京会见雪佛龙公司董事长兼首席执行官约翰·华森一行，双方就进一步加强合作深入交换意见。

本月　国际员工帮助专业协会（EAPA）年会在美国芝加哥召开，中国石油天然气集团公司获得 2016 年 EAP（员工帮助计划）质量大奖。这是迄今为止中国企业获得的 EAP 领域最高奖项。EAPA 是全球规模最大最具权威性的 EAP 专业协会，每年从全球开展 EAP 工作的公司中评选出一家并授予质量大奖。

十　二　月

5 日　集团公司总经理章建华在北京分别会见云南省副省长陈舜一行和中国华电集团公司副总经理邓

建玲一行，双方就支持集团公司在云南省重大项目建设，深化企地互利合作，以及进一步加强集团公司与中国华电集团在天然气采购、高效市场开发、天然气管网对接等领域的合作等方面交换意见。

7 日　集团公司总经理章建华在北京会见荷兰皇家壳牌集团首席财务官西蒙·亨利一行，双方就进一步推进国内外油气合作广泛交换意见。

同日　集团公司工程建设标准化工作总结视频会议在北京召开。会议强调要抓住重要领域、重点任务和重大工程，抓住关键主体、关键环节和关键节点，持续提高标准研制、应用和创效水平，推进工程建设业务科学发展。集团公司副总经理刘宏斌出席会议并讲话。

同日　集团公司决定，对总部机关进行职能优化和机构改革。办公厅加挂集团公司党组办公厅牌子；人事部加挂集团公司党组组织部牌子；思想政治工作部加挂集团公司党组宣传部牌子。合并质量与标准管理部、安全环保与节能部，设立质量安全环保部，装备制造分公司承担的装备管理相关职能纳入物资采购管理部，物资采购管理部更名为物资装备部；撤销装备制造分公司。

同日　我国最大单体海相整装气藏——安岳气田磨溪区块龙王庙组气藏全面投产。至此，川中油气矿龙王庙组气藏部署的 30 口开发井全部投入生产，累计生产天然气 168 亿立方米。

8—9 日　集团公司总经理章建华到甘肃、青海地区石油石化企业调研，强调要强化担当意识，狠抓风险防控，深挖创效潜力，发挥集团公司上中下游一体化优势，推行全产业链优化，实现集团公司资源价值最大化、产业链价值最大化、整体利益最大化。

9 日　集团公司党的十九大代表候选人推荐工作部署会议在北京召开。会议强调要迅速行动、坚持标准，严格把关、规范实施，确保推荐人选符合中央和国务院国资委党委要求，按期、圆满完成这一重大政治任务。集团公司党组副书记、副总经理徐文荣出席会议并讲话。

同日　集团公司总部机关职能优化与机构改革实施动员会议在北京召开。会议强调要站在全局高度，以更大的勇气和担当，凝结共识，汇聚力量，积极稳妥做好机关改革工作。集团公司副总经理徐文荣出席会议并讲话。

12 日　中亚和塔里木的天然气抵达福州，西气东输三线东段工程建成通气。该工程的建成投用不仅有利于缓解东部地区能源紧张局面，把中亚和中国西部的资源优势转化为经济环保优势，还带动了沿线钢铁、土建安装和机械电子等行业的发展，形成新的经济增长带和能源丝路文化，推动沿线国家和地区跨越式发展。

14 日　集团公司副总经理、股份公司总裁汪东进在北京会见伊朗国家石油公司副总裁马诺车赫里一行，双方就加强油气领域的合作深入交换意见。

15 日　集团公司 2017 年生产经营计划会议在北京召开。会议强调要坚定信心、迎难而上，勇于担当、主动作为，全面完成 2017 年各项生产经营任务目标，为建设世界一流综合性国际能源公司做出新的更大贡献。集团公司总经理章建华出席会议并讲话。

同日　集团公司优秀加油站经理先进事迹报告会在北京石油大厦举行。来自江苏宿迁、四川自贡等 7 家销售公司的加油站经理讲述了他们坚定理想信念、立足岗位创先争优的先进事迹和工作经验。会议强调广大干部员工要进一步增强责任意识、看齐意识，对照优秀加油站经理的实践经验，找差距补短板，锤炼意志品质，提升自身能力，唱响“我为祖国献石油”主旋律。集团公司副总经理徐文荣出席报告会并讲话。

同日　中国石油天然气集团公司哈萨克斯坦公司副总经理兼阿克纠宾项目经理王俊仁被授予由总统纳扎尔巴耶夫签发的哈萨克斯坦共和国国家二级“友谊勋章”。

同日　在中国上市公司协会、上海证券交易所、深圳证券交易所共同主办的“上市公司监事会最佳实践评选活动”颁奖礼上，股份公司成为唯一获得“上市公司监事会最佳实践 20 强”奖项的能源企业并入选《上市公司监事会最佳实践优秀案例》。

16 日　中国石油集团资本有限责任公司正式成立。该公司是集团公司金融业务管理的专业化公司，是金融业务整合、金融股权投资、金融资产管理和监督、金融风险管控的平台。公司成立有利于优化整合金融业务资源，统一风险控制制度体系，充分发挥产融结合优势，促进资产和资本双重增值，进一步提升助力主业服务保障能力和市场竞争实力。集团公司总会计师刘跃珍出席成立大会并讲话。

同日　集团公司总会计师刘跃珍在北京会见瑞士信贷集团全球油气行业部主管奥斯马·阿比卜一行，双方就加强在资本市场等领域合作充分交换意见。

18 日　集团公司下半年 HSE 管理体系审核总结

视频会议在北京召开。会议强调要切实抓紧审核发现问题的整改，全方位落实安全环保工作责任，突出抓好安全环保合规管理，着力强化安全环保风险防控，全面加强环境保护工作，大力推进基层站队 HSE 标准化建设，狠抓冬季安全生产工作。集团公司副总经理、安全总监沈殿成出席会议并讲话。

19—21 日　集团公司 2016 年度油气田开发年会在北京召开。会议强调要直面市场变化，保持战略定力，积极转变发展理念，坚定不移推动油气业务稳健发展、效益发展。集团公司副总经理赵政璋出席会议并讲话。

20—21 日　集团公司总经理章建华到华北油田、华北石化调研，强调要抓住京津冀一体化战略机遇，持续推进精细管理，不断提升创效水平，努力实现集团公司整体利益最大化，为“十三五”良好开局做出应有贡献。

21 日　集团公司部分所属企事业单位总会计师述职评议会议在北京召开。会议强调要发挥专业优势作用，用心履职尽责，服务生产发展，为推动集团公司提质增效、稳健发展做出更大贡献。集团公司总会计师刘跃珍出席会议并讲话。

23 日　中国证监会核准济南柴油机股份有限公司向中国石油天然气集团公司发行股份购买中国石油集团资本有限责任公司全部资产，并更名为中国石油集团资本股份有限公司。

26 日　第十八届中国专利奖颁奖大会在北京举行，勘探开发研究院完成的“裂缝储层含油气饱和度定量计算方法”获得中国专利金奖，是集团公司在本届大会上获得的唯一金奖，标志着集团公司知识产权事业发展水平迈上新台阶。

同日　按照国有资产监督管理委员会及中国证券监督管理委员会相关批复，集团公司完成中国石油管道局工程有限公司、中国石油工程建设有限公司、中国石油集团工程设计有限责任公司、中国寰球工程有限公司、中国昆仑工程有限公司、中国石油集团东北炼化工程有限公司、中国石油集团工程有限公司 7 家企业 100% 股权置入天利高新的工商变更登记，29 日取得中国证券登记结算有限责任公司出具的天利高新向集团公司发行 40.03 亿股新增股份登记证明，至此标志着集团公司工程建设业务在 A 股市场成功上市，股票代码 600339。

29 日　集团公司党组召开 2016 年度民主生活会，以学习贯彻党的十八届六中全会精神为主题，围绕“两学一做”学习教育要求，重点对照《关于新形势下党内政治生活的若干准则》和《中国共产党党内监督条例》，结合思想和工作实际，聚焦“四个合格”进行党性分析，针对“六个方面”查摆问题，开展批评和自我批评，进一步增强领导班子和领导干部发现和解决自身问题的能力。集团公司党组书记、董事长王宜林主持会议并讲话，强调要切实增强“四个意识”，全面从严管党治党，政治坚定对党忠诚，锻造坚强领导核心。

同日　集团公司党组制定下发《中国石油天然气集团公司深化党的建设制度改革实施方案》，明确 50 项重点任务，深化企业党的思想建设、组织建设、作风建设、反腐倡廉建设等制度改革，进一步完善体制机制和制度，努力构建党的建设组织体系、制度体系、责任体系，进一步提升党建工作科学化水平。

本年　集团公司国内外生产油气当量 2.6 亿吨，加工原油 1.92 亿吨，销售成品油 1.72 亿吨、天然气 1390 亿立方米。

本年　集团公司稳妥推进深化改革，全年召开全面深化改革领导小组会议 8 次，统筹安排 61 项改革重点工作，出台实施了天然气销售管理体制改革方案等一批专项改革方案，在机关简政放权、调整管理体制机制等方面取得积极进展。

本年　股份公司采取体系评估、风险评估和调整测试方案等措施，使股份公司内控有效性连续 11 年通过外部审计，维护了股份公司在资本市场的良好声誉。

（中国石油档案馆）

第十五篇

统计数据

表 1　中国石油天然气集团公司主要指标完成情况

指标名称	单　位	2016 年	2015 年	2014 年	2013 年	2012 年
主营业务收入						
工业总产值（现价）	亿元	10152	11779	16612	16956	17146
工业销售产值	亿元	10158	11728	16516	16727	17080
企业增加值	亿元	7043	7975	8394	8141	8167
油气产量						
原油	万吨	16298	16657	16417	15981	15188
其中，海外权益产量	万吨	5753	5515	5050	4721	4155
天然气	亿立方米	1213.0	1166.7	1139.1	1038.9	935.2
其中，海外权益产量	亿立方米	231.9	211.9	184.5	150.5	136.6
主要炼油化工产品产量						
汽油、煤油、柴油、润滑油合计	万吨	10049	10490	10342	9979	9822
其中，汽油	万吨	3797	3647	3410	3297	3099
煤油	万吨	932	834	714	606	478
柴油	万吨	5203	5888	6060	5887	6061
润滑油	万吨	116	121	158	189	184
乙烯	万吨	558.9	503.2	497.6	398.2	369.0
合成树脂及共聚物	万吨	919.9	831.8	806.7	666.1	621.7
合成橡胶	万吨	76.0	71.3	74.5	66.5	63.3
合成纤维	万吨	6.1	6.5	6.6	7.0	8.5
尿素	万吨	190.0	256.6	266.3	377.1	440.8
主要冶金产品产量						
石油焊接钢管	万吨	145.3	69.9	63.4	204.4	269.5
石油套管	万吨	48.1	50.9	44.0	70.1	54.5
钻井钢丝绳	万吨	3.8	4.1	5.1	6.5	5.9
主要机械产品产量						
钻机	套	31	53	59	108	110
抽油机	台	3642	5747	8648	11527	14373
抽油杆	万米	579.6	692.6	727.2	764.2	581.2
抽油泵	台	45544	50217	46406	42038	35087

表 2　中国石油天然气集团公司合并资产负债表　　万元人民币

项　目	2016 年	2015 年
流动资产		
货币资金	38437093	34277293
拆出资金	253500	346390
以公允价值计量且其变动计入当期损益的金融资产	924911	838601
衍生金融资产	84309	70888
应收票据	1294035	1018147
应收账款	11813855	12246489

续表

项　目	2016 年	2015 年
预付款项	26237258	25218467
应收保费	9375	8315
应收分保账款	27407	20818
应收分保准备金	69762	59167
应收利息	351285	309063
应收股利	30137	55949
其他应收款	1677397	2133155
买入返售金融资产	584425	2730675
存货	22875802	22831010
一年内到期的非流动资产	14230286	68126
其他流动资产	6387224	6991052
流动资产合计	125288061	109223605
非流动资产		
发放贷款及垫款	6875877	11383313
可供出售金融资产	4729002	10572380
持有至到期投资	8260247	10934769
长期应收款	9244777	7642541
长期股权投资	10761258	9305599
投资性房地产	225824	152227
固定资产原价	172518401	165634550
减：累计折旧	76742070	70044133
固定资产净值	95776331	95590417
减：固定资产减值准备	8169651	6489227
固定资产净额	87606680	89101190
在建工程	28390413	34076692
工程物资	814170	786515
固定资产清理	67427	63344
生产性生物资产	67	72
油气资产	95846658	95729920
无形资产	8847458	8605409
开发支出	129982	148082
商誉	4669993	4625807
长期待摊费用	3587499	3782248
递延所得税资产	2907809	2461822
其他非流动资产	8722722	4814244
非流动资产合计	281687863	294186174
资产总计	406975924	403409779

续表

项　目	2016年	2015年
流动负债		
短期借款	8691737	5536149
向中央银行借款	66142	60312
吸收存款及同业存放	19518334	20573715
拆入资金	7301602	6087857
衍生金融负债	56118	79364
应付票据	2306758	1854414
应付账款	29093291	30205778
预收款项	8912737	8030650
卖出回购金融资产款	718054	1314737
应付手续费及佣金	2536	1821
应付职工薪酬	2404774	2131156
应交税费	5697606	4813439
应付利息	1392136	1241615
应付股利	667827	156313
其他应付款	6437487	8843151
应付分保账款	28898	17730
保险合同准备金	192884	153218
代理买卖证券款	1	1
一年内到期的非流动负债	8486942	14814436
其他流动负债	693295	511085
流动负债合计	102669159	106426941
非流动负债		
长期借款	2058312	1726661
应付债券	39385321	37876586
长期应付款	684900	816361
长期应付职工薪酬	148951	12336
专项应付款	127146	131439
预计负债	13228172	12424392
递延收益	1367589	1279039
递延所得税负债	2599821	2362125
其他非流动负债	216949	525034
非流动负债合计	59817161	57153973
负债合计	162486320	163580914
所有者权益（或股东权益）		
实收资本（或股本）	48685500	48685500
其他权益工具	20951178	20951178
资本公积	28974745	27521289
其他综合收益	-1719083	-4411741

续表

项　目	2016 年	2015 年
专项储备	3236552	3096172
盈余公积	108577717	110519851
一般风险准备	870633	775271
未分配利润	223319	802088
归属于母公司所有者权益合计	209800561	207939608
少数股东权益	34689043	31889257
所有者权益（或股东权益）合计	244489604	239828865
负债和所有者权益（或股东权益）总计	406975924	403409779

表 3　中国石油天然气集团公司合并利润表　　万元人民币

项　目	2016 年	2015 年
营业总收入	187190290	201675666
其中，营业收入	185528373	199858126
利息收入	1427262	1626399
已赚保费	33304	9559
手续费及佣金收入	201351	181582
营业总成本	185154217	196730967
其中，营业成本	141891778	150543721
利息支出	678972	757647
手续费及佣金支出	11452	18735
赔付支出净额	19399	11904
提取保险合同准备金净额	24071	20051
分保费用	–5709	–8904
营业税金及附加	19724156	20778505
销售费用	7440767	7358119
管理费用	10253888	10764679
财务费用	–1047922	416632
资产减值损失	4251247	4087523
其他	1912118	1982355
加：公允价值变动收益（损失以“–”号填列）	147	–1594
投资收益（损失以“–”号填列）	3407287	3303459
汇兑收益（损失以“–”号填列）	36406	54330
营业利润（亏损以“–”号填列）	5479913	8300894
加：营业外收入	1543755	1544045
减：营业外支出	1950539	1598055
利润总额（亏损总额以“—”号填列）	5073129	8246884
减：所得税费用	2393741	2622696
净利润（净亏损以“—”号填列）	2679388	5624188
归属于母公司所有者的净利润	1240662	4456043

续表

项　目	2016 年	2015 年
少数股东损益	1438726	1168145
其他综合收益的税后净额	2787633	−929546
综合收益总额	5467021	4694642
归属于母公司所有者的综合收益总额	3924716	3408068
归属于少数股东的综合收益总额	1542305	1286574

表 4　中国石油天然气股份有限公司及其附属公司勘探与生产运营情况

项　目	单　位	2016 年	2015 年	同比增减（%）
原油产量	百万桶	920.7	971.9	5.3
其中，国内	百万桶	763.8	806.3	5.3
海外	百万桶	156.9	165.6	5.3
可销售天然气产量	十亿立方英尺	3274.5	3131.0	4.6
其中，国内	十亿立方英尺	3008.3	2903.6	3.6
海外	十亿立方英尺	266.2	227.4	17.0
油气当量产量	百万桶	1466.6	1493.9	1.8
其中，国内	百万桶	1265.3	1290.4	1.9
海外	百万桶	201.3	203.5	1.1
原油证实储量	百万桶	7438	8521	12.7
天然气证实储量	十亿立方英尺	78712	77525	1.5
证实已开发原油储量	百万桶	5176	6196	16.5
证实已开发天然气储量	十亿立方英尺	40664	40406	0.6

注：原油按 1 吨 =7.389 桶，天然气按 1 立方米 =35.315 立方英尺换算。

表 5　中国石油天然气股份有限公司及其附属公司炼油与化工生产情况

项　目	单　位	2016 年	2015 年	同比增减（%）
原油加工量	百万桶	953.3	998.1	4.5
汽油、煤油、柴油产量	千吨	86022	91933	6.4
其中，汽油	千吨	33275	32258	3.2
煤油	千吨	6058	5493	10.3
柴油	千吨	46689	54182	13.8
原油加工负荷率	%	80.3	84.2	3.9 个百分点
轻油收率	%	78.9	79.1	0.2 个百分点
石油产品综合商品收率	%	93.5	93.8	0.3 个百分点
乙烯	千吨	5589	5032	11.1
合成树脂	千吨	9078	8215	10.5
合成纤维原料及聚合物	千吨	1410	1348	4.6
合成橡胶	千吨	760	713	6.6
尿素	千吨	1900	2566	26.0

注：原油按 1 吨＝ 7.389 桶换算。

表 6　中国石油天然气股份有限公司及其附属公司销售业务情况

项　目	单　位	2016 年	2015 年	同比增减（%）
汽油、煤油、柴油销量	千吨	159107	160097	0.6
其中，汽油	千吨	62406	60651	2.9
煤油	千吨	16533	14683	12.6
柴油	千吨	80168	84763	5.4
零售市场份额	%	38	39	1 个百分点
加油站数量	座	20895	20714	0.9
其中，资产型加油站	座	20101	19982	0.6
单站加油量	吨 / 日	10.46	10.55	0.9

表 7　中国石油天然气股份有限公司主要子公司、参股公司情况

公司名称	注册资本（百万元人民币）	持股比例（%）	资产总额（百万元人民币）	负债总额（百万元人民币）	净资产（负债）总额（百万元人民币）	净利润（亏损）（百万元人民币）
大庆油田有限责任公司①	47500	100.00	286661	63857	222804	（2556）
中油勘探开发有限公司	16100	50.00	161666	27148	134518	24151
中石油香港有限公司	75.92 亿港币	100.00	121877	59355	62522	1834
中石油国际投资有限公司	31314	100.00	110654	121139	（10485）	（2920）
中国石油国际事业有限公司②	18096	100.00	146859	96572	50287	4133
中石油管道有限责任公司③	80000	72.26	254216	38530	215686	20420
大连西太平洋石油化工有限公司	2.58 亿美元	28.44	7970	13546	（5576）	1475
中国船舶燃料有限责任公司	1000	50.00	8427	5651	2776	101
中油财务有限责任公司④	8331	32.00	419423	362921	56502	7524
Arrow Energy Holdings Pty Ltd.	2 澳元	50.00	33441	25998	7443	（3718）
中石油专属财产保险股份有限公司	5000	49.00	11358	5595	5763	302
中石油中亚天然气管道有限公司⑤	5000	50.00	31054	2514	28540	88

注：①大庆油田有限责任公司 2016 年营业收入人民币 788.74 亿元，营业亏损人民币 79.89 亿元。

② 2016 年 6 月，中国石油国际事业有限公司注册资本由人民币 140.00 亿元增加至人民币 180.96 亿元。

③ 2016 年 2 月，中石油管道有限责任公司注册资本由人民币 0.50 亿元增加至人民币 800.00 亿元。

④ 2016 年 8 月，中油财务有限责任公司（“中油财务公司”）的另一方股东中国石油集团以现金向中油财务公司增资人民币 194.71 亿元，其中人民币 28.9 亿元计入注册资本，人民币 165.81 亿元计入资本公积，中油财务公司注册资本由人民币 54.41 亿元增加至人民币 83.31 亿元，本公司持股比例由 49% 下降至 32%，所享有的净资产份额增加人民币 3.07 亿元。

⑤本公司董事会于 2015 年 11 月 24 日批准本公司子公司中油勘探开发有限公司（“中油勘探”）转让其持有的中亚管道 50% 的股权给国新国际投资有限公司（“国新国际”），交易对价折合人民币 146.71 亿元。中油勘探已于 2016 年第二季度完成股权交割。中亚管道净利润为交割日至 2016 年 12 月 31 日止期间实现的净利润。

表 8　中国石油天然气股份有限公司已评估探明储量和探明开发储量

项　目	原油（百万桶）	天然气（十亿立方英尺）	合　计（油当量百万桶）
探明开发和未开发储量			
基准日 2014 年 12 月 31 日的储量	10593.4	71097.5	22443.0
对以前估计值的修正	（1662.9）	（206.0）	（1697.1）
扩边和新发现	456.9	9764.2	2084.3
提高采收率	105.6	—	105.6
当年产量	（971.9）	（3131.0）	（1493.9）
基准日 2015 年 12 月 31 日的储量	8521.1	77524.7	21441.9
对以前估计值的修正	（810.9）	（863.2）	（954.7）
扩边和新发现	491.7	4770.3	1286.8
提高采收率	93.0	—	93.0
购入	63.6	554.5	156.0
当年产量	（920.7）	（3274.5）	（1466.6）
基准日 2016 年 12 月 31 日的储量	7437.8	78711.8	20556.4
探明开发储量			
基准日为 2014 年 12 月 31 日	7253.5	35823.9	13224.2
其中，国内	6816.2	35061.1	12659.8
海外	437.3	762.8	564.4
基准日为 2015 年 12 月 31 日	6195.8	40406.1	12930.2
其中，国内	5629.3	38980.7	12126.2
海外	566.5	1425.4	804.0
基准日为 2016 年 12 月 31 日	5176.3	40663.8	11953.5
其中，国内	4607.7	38827.3	11078.9
海外	568.6	1836.5	874.6
探明未开发储量			
基准日为 2014 年 12 月 31 日	3339.9	35273.6	9218.8
其中，国内	2919.3	34774.4	8715.0
海外	420.6	499.2	503.8
基准日为 2015 年 12 月 31 日	2325.3	37118.6	8511.7
其中，国内	2020.5	36878.0	8166.8
海外	304.8	240.6	344.9
基准日为 2016 年 12 月 31 日	2261.5	38048.0	8602.9
其中，国内	1733.4	37417.1	7969.6
海外	528.1	630.9	633.3

表 9　中国石油天然气股份有限公司 2016 年 12 月 31 日合并及公司资产负债表（一）

（除特别注明外，金额单位为百万元人民币）

资　产	2016 年 12 月 31 日	2015 年 12 月 31 日	2016 年 12 月 31 日	2015 年 12 月 31 日
	合　并	合　并	公　司	公　司
流动资产				
货币资金	98617	73692	15201	12970
应收票据	11285	8233	8356	6745
应收账款	47315	52262	7637	7362
预付款项	16479	19313	3495	2986
其他应收款	10846	14713	60077	124601
存货	146865	126877	96982	91912
其他流动资产	50258	54254	39397	42268
流动资产合计	381665	349344	231145	288844
非流动资产				
可供出售金融资产	2031	2832	1318	1528
长期股权投资	79003	70999	377498	379914
固定资产	670801	681561	344905	356658
油气资产	845729	870350	571701	596163
在建工程	215209	225566	111600	116889
工程物资	7284	6917	3333	2843
无形资产	71490	71049	53423	53336
商誉	46097	45589	—	—
长期待摊费用	26013	27534	21076	21411
递延所得税资产	20360	16927	17248	13490
其他非流动资产	31268	25426	11387	12312
非流动资产合计	2015285	2044750	1513489	1554544
资产总计	2396950	2394094	1744634	1843388

表 10　中国石油天然气股份有限公司 2016 年 12 月 31 日合并及公司资产负债表（二）

（除特别注明外，金额单位为百万元人民币）

负债及股东权益	2016 年 12 月 31 日	2015 年 12 月 31 日	2016 年 12 月 31 日	2015 年 12 月 31 日
	合　并	合　并	公　司	公　司
流动负债				
短期借款	71969	70059	50790	111045
应付票据	9933	7066	9024	6610
应付账款	198617	202885	108654	122318
预收款项	60590	50930	39653	36367
应付职工薪酬	5396	5900	3566	3812
应交税费	45199	34141	30908	22517
其他应付款	28195	59933	23438	22400
一年内到期的非流动负债	71415	36167	45020	13049

续表

负债及股东权益	2016 年 12 月 31 日	2015 年 12 月 31 日	2016 年 12 月 31 日	2015 年 12 月 31 日
	合　并	合　并	公　司	公　司
其他流动负债	7949	4326	3853	2550
流动负债合计	499263	471407	314906	340668
非流动负债				
长期借款	243675	329461	146625	222199
应付债券	129212	105014	119000	98630
预计负债	125392	117996	88006	83094
递延所得税负债	13646	13116	—	—
其他非流动负债	12734	12812	6335	5979
非流动负债合计	524659	578399	359966	409902
负债合计	1023922	1049806	674872	750570
股东权益				
股本	183021	183021	183021	183021
资本公积	128377	128008	127882	127834
专项储备	13188	11648	7792	7350
其他综合收益	（28320）	（36277）	783	528
盈余公积	186840	186840	175748	175748
未分配利润	706213	706728	574536	598337
归属于母公司股东权益合计	1189319	1179968	1069762	1092818
少数股东权益	183709	164320	—	—
股东权益合计	1373028	1344288	1069762	1092818
负债及股东权益总计	2396950	2394094	1744634	1843388

表 11　中国石油天然气股份有限公司 2016 年度合并及公司利润表

（除特别注明外，金额单位为百万元人民币）

项　目	2016 年度	2015 年度	2016 年度	2015 年度
	合　并	合　并	公　司	公　司
营业收入	1616903	1725428	996876	1085254
减：营业成本	（1235707）	（1300419）	（738834）	（787730）
税金及附加	（187846）	（200255）	（161257）	（176086）
销售费用	（63976）	（62961）	（44733）	（43432）
管理费用	（75958）	（79659）	（52056）	（55399）
财务费用	（20652）	（23826）	（18856）	（20628）
资产减值损失	（12858）	（28505）	（8052）	（17703）
加：投资收益	28968	26627	14215	30280
营业利润（亏损）	48874	56430	12697	14556
加：营业外收入	10635	12956	7182	12970
减：营业外支出	（14317）	（11220）	（12911）	（9156）
利润（亏损）总额	45192	58166	（18426）	18370

续表

项　目	2016 年度	2015 年度	2016 年度	2015 年度
	合　并	合　并	公　司	公　司
减：所得税费用	（15778）	（15802）	2875	2659
净利润（亏损）	29414	42364	（15551）	21029
归属于：母公司股东	7900	35653	（15551）	21029
少数股东	21514	6711	—	—
每股收益（亏损）				
基本每股收益（亏损）（人民币元）	0.04	0.19	（0.08）	0.11
稀释每股收益（亏损）（人民币元）	0.04	0.19	（0.08）	0.11
其他综合收益（损失）	9589	（20239）	255	68
归属于母公司股东的其他综合收益（损失）的税后净额 以后将重分类进损益的其他综合收益（损失）	7957	（16552）	255	68
其中，权益法下在被投资单位以后将重分类进损益的其他综合收益中享有的份额	313	130	300	144
可供出售金融资产公允价值变动损益	（128）	270	（45）	（76）
外币财务报表折算差额	7772	（16952）	—	—
归属于少数股东的其他综合收益（损失）的税后净额	1632	（3687）	—	—
综合收益（损失）总额	39003	22125	（15296）	21097
归属于：母公司股东	15857	19101	（15296）	21097
少数股东	23146	3024	—	—

表 12　中国石油天然气股份有限公司 2016 年度合并及公司现金流量表

（除特别注明外，金额单位为百万元人民币）

项　目	2016 年度	2015 年度	2016 年度	2015 年度
	合　并	合　并	公　司	公　司
经营活动产生的现金流量				
销售商品、提供劳务收到的现金	1885956	2005109	1150520	1260617
收到的税费返还	3100	4749	1144	2986
收到其他与经营活动有关的现金	4806	8783	38522	7293
经营活动现金流入小计	1893862	2018641	1190186	1270896
购买商品、接受劳务支付的现金	（1165458）	（1242184）	（653181）	（711278）
支付给职工以及为职工支付的现金	（118124）	（118103）	（85602）	（84992）
支付的各项税费	（272632）	（333729）	（213377）	（268204）
支付其他与经营活动有关的现金	（72469）	（63313）	（50776）	（75475）
经营活动现金流出小计	（1628683）	（1757329）	（1002936）	（1139949）
经营活动产生的现金流量净额	265179	261312	187250	130947
投资活动产生的现金流量				
收回投资收到的现金	1315	22858	65731	1311
取得投资收益所收到的现金	12584	11202	12368	29712
处置固定资产、油气资产、无形资产和其他长期资产收回的现金净额	2197	2076	2060	1079
投资活动现金流入小计	16096	36136	80159	32102

续表

项　目	2016年度 合　并	2015年度 合　并	2016年度 公　司	2015年度 公　司
购建固定资产、油气资产、无形资产和其他长期资产支付的现金	（189421）	（223860）	（128944）	（151211）
投资支付的现金	（2562）	（28155）	（26921）	（2583）
投资活动现金流出小计	（191983）	（252015）	（155865）	（153794）
投资活动产生的现金流量净额	（175887）	（215879）	（75706）	（121692）
筹资活动产生的现金流量				
吸收投资收到的现金	940	1596	—	—
其中：子公司吸收少数股东投资收到的现金	940	1596	—	—
取得借款收到的现金	707907	793571	310252	409604
收到其他与筹资活动有关的现金	84	185	71	53
筹资活动现金流入小计	708931	795352	310323	409657
偿还债务支付的现金	（744299）	（781553）	（393763）	（395077）
分配股利、利润或偿付利息支付的现金	（30127）	（55096）	（25807）	（49062）
其中，子公司支付给少数股东的股利、利润	（2401）	（5314）	—	—
子公司资本减少	（1）	（299）	—	—
支付其他与筹资活动有关的现金	（1511）	（3843）	（66）	（310）
筹资活动现金流出小计	（775938）	（840791）	（419636）	（444449）
筹资活动产生的现金流量净额	（67007）	（45439）	（109313）	（34792）
汇率变动对现金及现金等价物的影响	2873	（999）	—	—
现金及现金等价物净增加（减少）额	25158	（1005）	2231	（25537）
加：期初现金及现金等价物余额	72773	73778	12970	38507
期末现金及现金等价物余额	97931	72773	15201	12970

表13　中国石油天然气股份有限公司2016年度合并股东权益变动表

（除特别注明外，金额单位为百万元人民币）

项　目	归属于母公司股东权益							少数股东权益	股东权益合计
	股　本	资本公积	专项储备	其他综合收益	盈余公积	未分配利润	小　计		
2015年1月1日余额	183021	115492	10345	（19725）	184737	702140	1176010	141750	1317760
2015年度增减变动额									
综合收益总额	—	—	—	（16552）	—	35653	19101	3024	22125
专项储备—安全生产费									
本期提取	—	—	6812	—	—	—	6812	294	7106
本期使用	—	—	（5509）	—	—	—	（5509）	（163）	（5672）
利润分配									
提取盈余公积	—	—	—	—	2103	（2103）	—	—	—
对股东的分配	—	—	—	—	—	（29005）	（29005）	（5515）	（34520）

续表

项 目	归属于母公司股东权益							少数股东权益	股东权益合计
	股 本	资本公积	专项储备	其他综合收益	盈余公积	未分配利润	小 计		
其他权益变动									
收购子公司	—	12530	—	—	—	—	12,530	23755	36285
少数股东资本投入	—	—	—	—	—	—	—	2040	2040
其他	—	（14）	—	—	—	43	29	（865）	（836）
2015 年 12 月 31 日余额	183021	128008	11648	（36277）	186840	706728	1179968	164320	1344288
2016 年 1 月 1 日余额	183021	128008	11648	（36277）	186840	706728	1179968	164320	1344288
2016 年度增减变动额									
综合收益总额	—	—	—	7957	—	7900	15587	23146	39003
专项储备—安全生产费									
本期提取	—	—	6228	—	—	—	6228	285	6513
本期使用	—	—	（4688）	—	—	—	（4688）	（211）	（4899）
利润分配									
提取盈余公积	—	—	—	—	—	—	—	—	—
对股东的分配	—	—	—	—	—	（8450）	（8450）	（4282）	（12732）
其他权益变动									
与少数股东的权益性交易	—	224	—	—	—	—	224	（2061）	（1837）
少数股东资本投入	—	—	—	—	—	—	—	1087	1087
其他	—	145	—	—	—	35	180	1425	1605
2016 年 12 月 31 日余额	183021	128377	13188	（28320）	186840	706213	1189319	183709	1373028

表 14 中国石油天然气股份有限公司 2016 年度公司股东权益变动表

（除特别注明外，金额单位为百万元人民币）

项 目	股 本	资本公积	专项储备	其他综合收益	盈余公积	未分配利润	股东权益合计
2015 年 1 月 1 日余额	183021	127830	7027	460	173645	608423	1100406
2015 年度增减变动额							
综合收益总额	—	—	—	68	—	21029	21097
专项储备—安全生产费							
本期提取	—	—	5120	—	—	—	5120
本期使用	—	—	（4797）	—	—	—	（4797）
利润分配							
提取盈余公积	—	—	—	—	2103	（2103）	—
对股东的分配	—	—	—	—	—	（29005）	（29005）
其他	—	4	—	—	—	（7）	（3）
2015 年 12 月 31 日余额	183021	127834	7350	528	175748	598337	1092818
2016 年 1 月 1 日余额	183021	127834	7350	528	175748	598337	1092818

续表

项　目	股　本	资本公积	专项储备	其他综合收益	盈余公积	未分配利润	股东权益合计
2016 年度增减变动额							
综合收益总额	—	—	—	255	—	(15551)	(15296)
专项储备—安全生产费							
本期提取	—	—	4298	—	—	—	4298
本期使用	—	—	(3856)	—	—	—	(3856)
利润分配							
提取盈余公积	—	—	—	—	—	—	—
对股东的分配	—	—	—	—	—	(8450)	(8450)
其他	—	48	—	—	—	200	248
2016 年 12 月 31 日余额	183021	127882	7792	783	175748	574536	1069762

第十六篇

附　　录

文　献

国家发改委《石油发展“十三五”规划》(摘选)

根据《中华人民共和国国民经济和社会发展第十三个五年规划纲要》和《能源发展“十三五”规划》的总体要求，为促进石油产业有序、健康、可持续发展，国家发展改革委、能源局组织编制了《石油发展“十三五”规划》(以下简称《规划》)。

本《规划》包括上游资源勘探开发、中游原油成品油管网等基础设施建设，兼顾下游石油节约和替代，是“十三五”期间我国石油产业健康发展的重要指引。在实施过程中，将根据实际情况对本规划进行适时调整、补充。

一、规划背景

（一）发展基础

储量快速增长，产量稳中有升。新一轮全国常规油气资源动态评价成果表明，我国陆上和近海海域常规石油地质资源量1085亿吨。截至2015年底，连续9年新增探明石油地质储量超过10亿吨，累计探明地质储量371.7亿吨，探明程度34%，处于勘探中期。2000年起，国内石油产量连续6年稳定在2亿吨以上。

消费持续稳定增长。2015年国内石油表观消费量5.47亿吨，占国内能源消费总量的18%，“十二五”期间年均增速4.8%，较“十一五”低约3个百分点。2015年国内成品油消费量3.38亿吨，“十二五”期间年均增速6.2%，较“十一五”低近1个百分点。2015年石油净进口3.33亿吨，“十二五”期间年均增速7%，较“十一五”低6个百分点。

综合保障能力显著提升。西北、东北、西南和海上四大进口战略通道布局基本完成，油源供应、进口渠道和运输方式逐步实现多元化。“十二五”期间国内新投运原油长输管道总里程5000公里，新投运成品油管道总里程3000公里。截至2015年底累计建成原油长输管道2.7万公里、成品油管道2.1万公里，基本满足当前国内原油、成品油资源调配需求。

技术创新和装备自主化再上台阶。创新了连续型油气聚集等地质理论，发展完善了低渗及稠油高效开发、三次采油等世界领先的技术系列，大型成套压裂机组、近钻头端地质导向系统等核心技术装备国产化取得突破。掌握了300米水深勘探开发成套技术，具备了1500米水深自主勘探开发能力和3000米水深工程技术装备及作业能力，建成投运“海洋石油981”深水半潜式钻井平台。

体制机制改革取得阶段性成果。按照党的十八届三中全会《关于全面深化改革重大问题的决定》精神，我国油气体制改革稳步推进。常规油气勘探开发体制改革率先在新疆启动试点，勘探开发和基础设施建设领域混合所有制试点稳步推进，投资主体进一步多元化；初步组建起行业监管队伍，基础设施第三方公平开放开始实施；原油进口权逐步放开，期货市场建设加快推进，成品油价格形成机制进一步完善。

专栏1　“十二五”时期石油行业发展成就

指　标	单　位	2010年	2015年	年增长率
累计探明储量	亿吨	312.8	371.7	3.51%
产量	亿吨/年	2.03	2.14	1.06%
表观消费量	亿吨/年	4.32	5.47	4.83%
石油净进口量	亿吨/年	2.39	3.33	6.86%
原油管道里程	万公里	2.2	2.7	4.18%
原油一次管输能力	亿吨/年	3.9	5.3	6.33%
成品油管道里程	万公里	1.8	2.1	3.13%
成品油一次管输能力	亿吨/年	1.4	2.1	8.45%

总体来看，“十二五”时期我国石油产业发展面对全球能源格局深刻调整、国际油价剧烈波动的复杂外部环境，积极适应国内经济发展新常态，实现了稳步增长。同时，随着全面深化体制改革的推进和“一带一路”建设、京津冀协同发展战略、长江经济带发展战略的实施，石油行业迎来新的发展契机，将在“十三五”时期得到新的稳步发展。

（略）……

二、指导思想和目标

……

（三）发展目标

1. 储量目标

“十三五”期间，年均新增探明石油地质储量10亿吨左右。

2. 石油供应

2020年国内石油产量2亿吨以上，构建开放条件下的多元石油供应安全体系，保障国内2020年5.9亿吨的石油消费水平。

3. 基础设施能力

“十三五”期间，建成原油管道约5000公里，新增一次输油能力1.2亿吨/年；建成成品油管道12000公里，新增一次输油能力0.9亿吨/年。到2020年，累计建成原油管道3.2万公里，形成一次输油能力约6.5亿吨/年；成品油管道3.3万公里，形成一次输油能力3亿吨/年。

专栏2 “十三五”时期石油发展主要目标

指 标	单 位	2015年	2020年	年增长率	属 性
累计探明储量	亿吨	371.7	420	2.47%	预期性
产量	亿吨/年	2.14	2以上	—	预期性
石油表观消费量	亿吨/年	5.47	5.9	1.52%	预期性
石油净进口量	亿吨/年	3.33	3.9	3.21%	预期性
原油管道里程	万公里	2.7	3.2	3.46%	预期性
原油管输能力	亿吨/年	5.3	6.5	4.17%	预期性
成品油管道里程	万公里	2.1	3.3	9.46%	预期性
成品油管输能力	亿吨/年	2.1	3	3.51%	预期性

三、重点任务

（一）加强勘探开发保障国内资源供给

陆上和海上并重，加强基础调查和资源评价，加大新区、新层系风险勘探，深化老区挖潜和重点地区勘探投入，夯实国内石油资源基础。巩固老油田，开发新油田，加快海上油田开发，大力支持低品位资源开发，实现国内石油产量基本稳定。

1. 加强基础地质调查和资源评价

深化东（中）部、发展西部、加快海域，重点加强主要含油气盆地的地质勘查。深化成熟勘查区块的精细勘查，加强老油区的新领域深度挖潜。坚持新地区、新领域、新深度、新层位油气地质调查，提交一批后备选区。加强非常规资源地质调查，推动基础理论创新和复杂地区勘查技术突破。东（中）部以松辽和渤海湾等含油气盆地新层系、深层、古潜山、滩海为重点，主要目标为构造-岩性和地层岩性圈闭；西部地区以鄂尔多斯、四川、塔里木、准噶尔、柴达木等含油气盆地的叠合盆地前陆克拉通古隆起为重点，主要目标为大中型构造和地层-岩性圈闭，加强羌塘盆地等新区勘查。海域勘查以寻找新的大中型油气田为目标，重点勘查渤海海域、珠江口盆地北部和北部湾盆地等，加大深水区勘查力度。

2. 加强勘探实现石油增储稳产

石油企业要切实加大勘探力度，保障“十三五”勘探工作量投入，实现“十三五”期间新增探明地质储量50亿吨左右。东（中）部陆上老油区立足松辽和渤海湾盆地，深化精细勘探、增储挖潜，“十三五”期间力争新增探明地质储量11亿吨左右。西部地区以鄂尔多斯、塔里木、准噶尔、柴达木、吐哈盆地等为重点，加快优质资源储量探明，“十三五”期间力争新增探明地质储量27亿吨左右。加快海洋油气勘探力度，“十三五”期间新增探明地质储量12亿吨左右。

实现国内石油产量基本稳定。稳定松辽盆地、渤海湾盆地等东（中）部生产基地，积极发展先进采油技术，提高原油采收率，努力减缓大庆、胜利、辽河等老油田产量递减，2020年东（中）部地区实现石油产量8300万吨以上。巩固发展鄂尔多斯、塔里木和准噶尔盆地等西部石油生产基地，增储稳产、力争增产，2020年西部地区实现石油产量7000万吨以上。加快海洋油气开发步伐，2020年海域石油产量4700万吨以上。

支持低品位资源勘探开发工程示范和科技攻关。重点开展鄂尔多斯、松辽、渤海湾、新疆、海上等地区的超低渗、致密油（页岩油）、稠油、油页岩、油砂等低品位资源勘探开发工程示范，加强低成本开发技术攻关。

专栏3　勘探开发重点项目

东（中）部：加大老区精细挖潜，强化三次采油和稠油转换开发。松辽盆地推进外围效益产能建设，致密油水平井示范区建设，加快二氧化碳驱油工业化试验。渤海湾盆地重点推进济阳坳陷等隐蔽油气藏勘探，重点突破古潜山、深层、新类型油藏领域。围绕东部富油凹陷重点区带的新层系、新类型与外围新区加强评价勘探，扩大储量规模。

西部：鄂尔多斯盆地深化安塞、靖安、西峰等老区精细挖潜，推进姬塬、华庆、西峰－合水、镇北的超低渗资源规模动用，探索长7致密油工业化开发技术，加强鄂南地区古生界探索。塔里木盆地加强塔北－塔中碳酸盐、塔河周边与深层、顺北、巴楚等区域规模储量发现，探索塔西南等新区。准噶尔盆地持续深化准西北缘、准中、准南山前带等重点增储区带勘探，加快西北缘新区建产。

海域：渤海建成辽东湾、渤西南、渤中、渤东四大生产区，深化渤海、南海等老油田精细开发，加强常规、非常规稠油热采。

（二）推进原油、成品油管网建设

整体规划、科学布局、充分发挥市场在资源配置中的决定性作用，优化管输流向，加强多元供应，提高管输比例和运行效率，有效降低物流成本。原油管道重在优化和提升陆上、海上原油进口能力，成品油管道重在解决区域油品不平衡问题和提高管输比例。加强科技创新，提高管道装备制造和工程技术水平，推进装备国产化，加快实现管道系统智能化、网络化。落实管道第三方公平开放，优先考虑利用现有管道向目标市场输送资源。加强管道保护和安全隐患治理。着力构建布局合理、覆盖广泛、安全高效的现代石油管道网络。

1. 推进原油管道建设

统筹原油管道与炼化基地、储备基地协同发展，保障炼厂原油供应、储备基地收储和动用。

（1）拓展陆上原油进口通道

建成中俄原油管道二线和中缅原油管道国内段，研究完善中哈原油管道增输配套设施，开展中哈原油管道延伸到格尔木项目前期工作。

（2）优化和提升海上原油接转能力

优化码头布局，提高东部沿海原油码头接卸能力，配套建设外输管道。统筹长江经济带管网布局，加快建设沿江主干管道，配套输配体系和仓储设施，开展大亚湾－长岭原油管道项目前期工作。鼓励新取得进口配额的原油加工企业通过管道输送进口原油，规划配套新建管道。

（3）推进其他原油管道建设

统筹国内资源开发，配套新建国内原油输送通道。与规划建设的炼化基地、炼油项目、国储基地等配套新建管道。

（4）实施管道隐患治理及改造

以东北、华北、华南等地区老旧管道为重点，加快实施以新代老、隐患治理等管道改造整改工程。

专栏4　原油管道重点项目

陆上进口通道：中俄原油管道二线，中哈原油管道增输配套、中缅原油管道（国内段）及配套。开展中哈原油管道延伸到格尔木项目前期工作。

长江经济带海上原油进口通道：仪长复线仪征—九江段、日仪增输、连云港—仪征原油管道。开展大亚湾—长岭原油管道项目前期工作。

其他海上进口通道：日照—濮阳—洛阳、董家口—齐鲁—东营、日照港—沾化、董家口—潍坊—鲁中鲁北原油管道。

改造整改工程：临邑—济南原油管道复线（以新代老）、廉江—茂名原油管道（以新代老）、庆铁三四线站场改造、铁大线（铁岭—鞍山段）增输、铁大线（鞍山—大连段）改造、鲁宁线安全隐患整治等。（见附表1）

2. 加快成品油管道建设

就近供应、区域互联。推进东北到华北华中、华南到西南等跨区管道建设，解决油品资源不平衡和运输瓶颈问题。加快布局云南等西南地区、山西等华北地区成品油管道，提高区域成品油管输供应。依托长三角炼化基地集群和沿江炼厂，加快完善长江经济带管网布局，减少长江水路运输。与规划建设的炼油及升级改造项目、煤制油项目、成品油中转库和储备库、航油油库等配套新建管道。统筹军事需求，根据军队油料需求计划和分输地要求，在管道适当位置预留分输口或结合已有站场建设分输设施，改扩建格尔木—拉萨成品油管道。

结合不同运输方式在石油运输中的优势和特点，加强管道运输与公路、铁路、水运等运输方式的高效衔接，提升油品周转效率。在满足管道输送能力规模和经济性的前提下，鼓励建设替代现有水运、公路、铁路的管道项目。落实管道第三方公平开放，优先考虑利用现有管道向目标市场输送资源，鼓励企业间油品资源串换。提升管道运输技术与运行管理自动化水平，提高油品顺序输送能力。

专栏5 成品油管道重点项目

东北到华北、华中：锦州—郑州成品油管道。
长江经济带：樟树—株洲成品油管道。
西南和华南：湛江—北海成品油管道。改扩建格尔木—拉萨成品油管道及配套。
华北和华中等其他地区：洛阳—三门峡—运城—临汾、三门峡—西安、永坪—晋中成品油管道。适时推进蒙西、蒙东煤制油外输管道建设。（见附表2）

（三）加快石油储备能力建设

1. 加快国家石油储备基地建设

推进国家石油储备二期、三期项目建设。加强国家对政府储备基地的统一管理。加快成品油政府储备基础设施建设。

2. 稳步落实储备规划

协调推进国家石油储备基地收储工作。积极利用符合规定的企业库容代储国家储备原油。鼓励社会资本参与商业仓储设施投资运营。

3. 健全石油储备制度

尽快出台《国家石油储备条例》，建立企业义务储备，推动建立完善政府储备、企业义务储备和企业生产经营库存有机结合、互为补充的储备体系，多方式、多途径提高国家石油保障能力。

（四）坚持石油节约利用

推进石油行业能效提升，优化基础设施、产能建设项目等用能工艺，选用高效节能设备，切实加强节能管理。努力提高原油商品率，采取增加伴生气回注、油气混输技术、伴生气凝液回收技术等措施加强油田伴生气回收利用。

持续开展工业、交通和建筑等重点领域节能，推进终端燃油产品能效提升和重点用能行业能效水平对标达标。实施内燃机、锅炉等重点用能设备能效提升计划，推进工业企业余热、余压利用。实施更加严格的燃油标准。加快发展轨道交通和水运等资源节约型、环境友好型运输方式。

（五）大力发展清洁替代能源

大力推广电能、天然气等对燃油的清洁化替代。积极支持天然气汽车、船舶发展，加快电动汽车等节能环保和新能源汽车应用。在“禁煤区”将排放不达标的燃油工业锅炉和窑炉列入禁燃范围，重点开展20蒸吨/时以下的燃油工业锅炉天然气、电能替代。实施港口气化示范工程，推广港口岸电系统。

推进煤制油、煤制气产业示范。已建成的示范项目实现安全、环保、稳定运行，自主技术和装备可靠性得到验证，煤制清洁燃料和化工原料得到市场认可和应用，装备自主化率进一步提高，推动形成技术路线完整、产品种类齐全的煤炭深加工产业体系。

促进生物质能的开发和利用。合理扩大生物乙醇汽油生产和消费，适当发展生物柴油、生物航煤等先进生物燃料，提升可再生燃料比重。超前部署微藻制油等技术和产业化攻关。

（六）加强科技创新和提高装备自主化水平

发挥企业创新主体地位和主导作用，加强基础研究，强化原始创新、集成创新和引进消化后再创新。依托国家科技重大专项“大型油气田及煤层气开发专项”，重点攻克陆上深层、海洋深水油气勘探开发，推动重大理论突破、重大技术创新和重大装备本地化，全面实现“6212”（6大技术系列、20项重大技术、10项重大装备、22项示范工程）科技攻关目标。加快技术集成、配套、示范与推广，重点攻关低成本和环境友好型开发技术装备体系，推进新区建产和难动用储量经济性开发。

研发一批支撑深水、深层、非常规油气资源开发的重大装备，全面提升我国石油工业装备制造能力和国际竞争力。开展功能材料、纳米材料、大数据分析等前瞻性技术在石油领域的应用研究。到2020年，形成国际先进水平的石油工程装备、配套工具系列和研发制造技术。

专栏6　科技创新重点任务

技术系列攻关：陆上特殊岩性及深层油气勘探开发、1500米以深海洋中深层油气勘探开发、老油田提高采收率、非常规低品位油藏经济开发、海洋应急处置及溢油污染处理等。

重大装备研发：百万道级地震采集系统、多维高精度成像测井系统、测井交互精细融合处理平台、深井自动化钻机、旋转导向钻井系统、深井超深井连续管作业装备、国产水下生产系统、11000吨半潜式起重铺管船、海上大型浮式生产储油系统、新型优快钻完井和安全控制工具、井下智能控制工具，石油储运大机泵配套系统、计量系统、自动控制系统等。

示范工程：鄂尔多斯盆地大型低渗透岩性地层油气藏开发、塔里木盆地碳酸盐岩油气田提高采收率关键技术示范、大庆长垣特高含水油田提高采收率示范，辽河、新疆稠油/超稠油开发技术示范，CO_2捕集驱油与埋存技术示范，南海流花油田群开发、渤海油田高效开发，鄂尔多斯、准噶尔、松辽、渤海湾盆地济阳坳陷致密油开发等。

（略）

国家发改委《天然气发展“十三五”规划》（摘选）

根据《中华人民共和国国民经济和社会发展第十三个五年规划纲要》和《能源发展“十三五”规划》的总体要求，为扩大天然气供应利用规模，促进天然气产业有序、健康发展，国家发展改革委、能源局组织编制了《天然气发展“十三五”规划》（以下简称《规划》）。

本《规划》包括上游资源勘探开发、中游基础设施建设和下游市场利用，涵盖了常规天然气、煤层气和页岩气等内容，是“十三五”时期我国天然气产业健康发展的指导纲领。在实施过程中，将根据实际情况对本《规划》进行适时调整、补充。

一、规划背景

（一）发展基础

天然气储产量快速增长。根据新一轮全国油气资源动态评价成果，截至2015年底，我国常规天然气地质资源量68万亿立方米，累计探明地质储量约13万亿立方米，探明程度19%，处于勘探早期。“十二五”期间全国累计新增探明地质储量约3.9万亿立方米，2015年全国天然气产量1350亿立方米，储采比29。“十二五”期间累计产量约6000亿立方米，比“十一五”增加约2100亿立方米，年均增长6.7%。

非常规天然气加快发展。页岩气勘探开发取得突破性进展，“十二五”新增探明地质储量5441亿立方米，2015年产量达到46亿立方米，焦石坝、长宁－威远和昭通区块实现了商业化规模开发。煤层气（煤矿瓦斯）抽采利用规模快速增长，“十二五”期间累计新增探明地质储量3505亿立方米，2015年全国抽采量140亿立方米，利用量77亿立方米，煤层气产量（地面抽采）约44亿立方米，利用量38亿立方米。

进口天然气快速增加。天然气进口战略通道格局基本形成。西北战略通道逐步完善，中亚A、B、C线建成投产；西南战略通道初具规模；东北战略通道开工建设；海上进口通道发挥重要作用。“十二五”期间累计进口天然气超过2500亿立方米，是“十一五”天然气进口量的7.2倍，2015年进口天然气614亿立方米。

天然气在一次能源消费结构中占比提高，用气结构总体合理。2015年全国天然气表观消费量1931亿立方米，“十二五”期间年均增长12.4%，累计消费量约8300亿立方米，是“十一五”消费量的2倍，2015年天然气在一次能源消费中的比重从2010年的4.4%提高到5.9%。目前天然气消费结构中，工业燃料、城市燃气、发电、化工分别占38.2%、32.5%、14.7%、14.6%，与2010年相比，城市燃气、工业燃料用气占比增加，化工和发电用气占比有所下降。

基础设施布局日益完善。“十二五”期间累计建成干线管道2.14万公里，累计建成液化天然气（LNG）接收站9座，新增LNG接收能力2770万吨/年，累计建成地下储气库7座，新增工作气量37亿立方米。截至2015年底，全国干线管道总里程达到6.4万公里，一次输气能力约2800亿立方米/年，天然气主干管网已覆盖除西藏外全部省份，建成LNG接收站12座，LNG接收能力达到4380万吨/年，储罐罐容500万立方米，建成地下储气库18座，工作气量55亿立方米。全国城镇天然气管网里程达到43万公里，用气人口3.3亿人，天然气发电装机5700万千瓦，建成压缩天然气/液化天然气（CNG/LNG）加气站6500座，船用LNG加注站13座。

技术创新和装备自主化取得突破进展。初步掌握了页岩气综合地质评价技术、3500米以浅钻完井及水平井大型体积压裂技术等，桥塞实现国产化。形成了复杂气藏超深水平井的钻完井、分段压裂技术体系。形成了高煤阶煤层气开发技术体系，初步突破了煤矿采动区瓦斯地面抽采等技术。自主设计、建成了我国第一座深水半潜式钻井平台，具备了水深3000米的作业能力。国产X80高强度钢管批量用于长输管道建设，高压、大口径球阀开始应用于工程实践，大功率电驱和燃驱压缩机组投入生产使用。

体制机制改革取得阶段性成果。油气体制改革稳步推进，页岩气矿权以招标方式对多种主体开放，常规天然气上游领域改革率先在新疆进行试点。初步组建起行业监管队伍，基础设施向第三方公平开放开始实施，混合所有制改革力度不断加大，数条跨省主干管道引入多种投资主体。天然气价格改革步伐明显加快，实现了存量气与增量气价格并轨，理顺了非居民用气价格。

专栏1　“十二五”时期天然气行业发展成就

指　标	2010年	2015年	年均增速
累计探明储量（万亿立方米）	9.1	13	7.4%
产量（亿米^3/年）	952	1350	7.2%
表观消费量（亿米^3/年）	1075	1931	12.4%
天然气占一次能源消费的比例（%）	4.4	5.9	6.0%
天然气进口量（亿米^3/年）	170	614	29.3%
天然气管道里程（万公里）	4.26	6.4	8.5%
管道一次运输能力（亿立方米）	960	2800	23.9%
LNG接收能力（万吨/年）	1610	4380	22.2%
地下储气库工作气量（亿立方米）	18	55	25%

“十二五”期间我国天然气产业发展取得了很大成绩，同时也面临一些问题。勘探开发投入不足，效率偏低，勘探开发对象日益复杂，上产稳产难度大。非常规天然气开发经济性有待进一步提高。基础设施公平开放不够，储气调峰设施建设严重滞后，城市储气能力亟需加强。气田开发和天然气基础设施建设协调难度加大，管道安全状况不容乐观。

……

二、指导思想和目标

……

（三）发展目标

1. 储量目标

常规天然气。“十三五”期间新增探明地质储量3万亿立方米，到2020年累计探明地质储量16万亿立方米。

页岩气。“十三五”期间新增探明地质储量1万亿立方米，到2020年累计探明地质储量超过1.5万亿立方米。

煤层气。“十三五”期间新增探明地质储量4200亿立方米，到2020年累计探明地质储量超过1万亿立方米。

2. 供应能力

2020年国内天然气综合保供能力达到3600亿立方米以上。

3. 基础设施

“十三五”期间，新建天然气主干及配套管道4万公里，2020年总里程达到10.4万公里，干线输气能力超过4000亿立方米/年；地下储气库累计形成工作气量148亿立方米。

4. 市场体系建设

加快推动天然气市场化改革，健全天然气产业法律法规体系，完善产业政策体系，建立覆盖全行业的天然气监管体制。

专栏2 “十三五”天然气行业发展主要指标

指　标	2015年	2020年	年均增速	属性
累计探明储量（常规气，万亿立方米）	13	16	4.3%	预期性
产量（亿米^3/年）	1350	2070	8.9%	预期性
天然气占一次能源消费比例（%）	5.9	8.3 ~ 10	—	预期性
气化人口（亿人）	3.3	4.7	10.3%	预期性
城镇人口天然气气化率（%）	42.8	57	—	预期性
管道里程（万千米）	6.4	10.4	10.2%	预期性
管道一次运输能力（亿立方米）	2800	4000	7.4%	预期性
地下储气库工作气量（亿立方米）	55	148	21.9%	约束性

三、重点任务

（一）加强勘探开发增加国内资源供给

按照“海陆并进、常非并举”的工作方针，加强基础调查和资源评价，持续加大国内勘探投入，围绕塔里木、鄂尔多斯、四川和海域四大天然气生产基地，加大新区、新层系风险勘探，深化老区挖潜和重点地区勘探投入，夯实国内资源基础；在加强常规天然气开发的同时，加大致密气、页岩气、煤层气等低品位、非常规天然气科技攻关和研发力度，突破技术瓶颈，实现规模效益开发，形成有效产能接替。

1. 加强基础地质调查和资源评价

加强常规、非常规天然气资源调查评价，重点加强主要含油气盆地的地质勘查，进一步深化成熟勘查区块的精细勘查，加强老气区的新领域深度挖潜。坚持新地区、新领域、新深度、新层位油气地质调查，提交一批后备选区。加强页岩气、煤层气等非常规资源地质调查工作，推动基础理论创新和复杂地区勘查技术突破。

2. 加快常规天然气增产步伐

陆上常规天然气。以四川、鄂尔多斯、塔里木盆地为勘探重点，强化已开发气田稳产，做好已探明未开发储量、新增探明储量开发评价和目标区优选建产工作，2020年产量约1200亿立方米。加强东部深层勘探开发，保持稳产力争增产。加快鄂尔多斯、四川两大盆地致密气上产步伐，2020年产量达到370亿立方米。

海域天然气。加快勘探开发，力争形成百亿方级天然气生产基地。

专栏3 常规天然气勘探开发重点项目

陆上常规天然气：四川盆地加强磨溪地区龙王庙组气藏动态跟踪评价和高石梯地区震旦系气藏勘探开发一体化，加快川东北、普光、元坝、彭州海相等气田开发，努力保持既有气田稳产；塔里木盆地以克拉2气田、迪那气田和大北气田稳产、库车地区克深气田项目上产为重点；鄂尔多斯盆地以老区靖边和榆林、大牛地、杭锦旗气田开发为重点，保持苏里格气田“5+1”稳产。

致密砂岩气：以鄂尔多斯盆地上古生界、四川盆地须家河组、松辽盆地登娄库组、渤海湾盆地深层、塔里木盆地深层为重点。

3. 非常规天然气重点突破页岩气、煤层气

以南方海相为勘探重点，推广应用水平井、“工厂化”作业模式，全面突破海相页岩气效益开发技术，实现产量大幅增长；探索海陆过渡相和陆相页岩气勘探开发潜力，寻找新的核心区，为进一步上产奠定基础。2020年页岩气产量力争达到300亿立方米。

重点开展沁水、鄂尔多斯盆地煤层气勘查工作，努力在新疆等西北地区低阶煤煤层气获得新的突破，探索滇东黔西含气盆地群高应力区煤层气资源勘查，为全国范围煤层气大规模开发提供坚实的资源基础。加快煤层气地面抽采，推进煤矿瓦斯规模化抽采利用。2020年，煤层气（地面抽采）产量100亿立方米。

推进煤制气产业示范。推动已建成的煤制天然气示范工程系统优化完善，在高负荷条件下实现连续、

稳定和清洁生产。新建示范项目至少承担单系列生产规模的自主甲烷化技术工业化示范任务。

专栏 4 非常规天然气勘探开发重点项目

页岩气：加快四川长宁—威远、重庆涪陵、云南昭通、陕西延安等国家级示范区建设，威远—荣县、荣昌—永川、贵州黔北、黔东北、湖南湘中、江西修武等其他潜力区块勘探开发。

煤层气：建设沁水盆地、鄂尔多斯盆地东缘和贵州毕水兴等煤层气产业化基地；加快内蒙古、新疆等地区煤层气勘探开发，扩大资源后备阵地。

（二）加快天然气管网建设

"十三五"是我国天然气管网建设的重要发展期，要统筹国内外天然气资源和各地区经济发展需求，整体规划，分步实施，远近结合，适度超前，鼓励各种主体投资建设天然气管道。依靠科技进步，加大研发投入，推动装备国产化。加强政府监管，完善法律法规，实现管道第三方准入和互联互通，在保证安全运营前提下，任何天然气基础设施运营企业应当为其他企业的接入请求提供便利。

1. 完善四大进口通道

西北战略通道重点建设西气东输三线（中段）、四线、五线，做好中亚 D 线建设工作。东北战略通道重点建设中俄东线天然气管道。西南战略通道重点建设中缅天然气管道向云南、贵州、广西、四川等地供气支线。海上进口通道重点加快 LNG 接收站配套管网建设。

2. 提高干线管输能力

加快向京津冀地区供气管道建设，增强华北区域供气和调峰能力。完善沿长江经济带天然气管网布局，提高国家主干管道向长江中游城市群供气能力。根据市场需求增长安排干线管道增输工程，提高干线管道输送能力。

3. 加强区域管网和互联互通管道建设

进一步完善主要消费区域干线管道、省内输配气管网系统，加强省际联络线建设，提高管道网络化程度，加快城镇燃气管网建设。建设地下储气库、煤层气、页岩气、煤制气配套外输管道。强化主干管道互联互通，逐步形成联系畅通、运行灵活、安全可靠的主干管网系统。

（三）加快储气设施建设提高调峰储备能力

储气设施与天然气管道相连，是天然气管网系统重要的组成部分，是保障天然气安全、稳定供应的重要手段。依据全国天然气管网布局建设储气设施，主干管道应配套建设地下储气库，地下储气库和 LNG 接收站应与全国管网相联通，加强城市燃气应急调峰能力建设，构建储气调峰服务市场。

1. 重点推动天然气储备调峰能力建设

围绕国内主要天然气消费区域，在已初步形成的京津冀、西北、西南、东北、长三角、中西部、中南、珠三角等八大储气基地基础上，加大地下储气库扩容改造和新建力度，支持 LNG 储气设施建设，逐步建立以地下储气库为主，气田调峰、CNG 和 LNG 储备站为辅，可中断用户调峰为补充的综合性调峰系统，建立健全由供气方、输配企业和用户各自承担调峰储备义务的多层次储备体系。到 2020 年形成地下储气库工作气量 148 亿立方米。有序发展 LNG 接收站调峰，加快建立和完善城市应急储气调峰设施，鼓励多种主体参与储气能力建设。加强需求侧管理，利用调峰气价、阶梯气价等价格手段，拓展可中断用户，激励各类用户参与调峰。

专栏 5 长输管道重点项目

"十二五"结转项目：西气东输三线（中段）、闽粤支干线、西气东输四线、中俄东线天然气管道、新疆煤制气外输管道、陕京四线、楚雄—攀枝花天然气管道、青藏天然气管道。

完善四大进口通道：中亚 D 线、西气东输五线。

干线管网建设：川气东送二线、鄂尔多斯—安平—沧州管道、青岛—南京管道、国家主干管道向长江中游城市群供气支线等。

区域管网和互联互通管道：建成中卫—靖边、濮阳—保定、东仙坡—燕山、武清—通州、海口—徐闻、建平—赤峰、杭锦旗—银川、重庆—贵州—广西、威远—荣昌—南川—涪陵等天然气管道；加强省内供气支线建设，扩大市场覆盖范围。

储气库、煤层气、页岩气、煤制气外输管道：文 23—豫鲁支干线、陕 43—靖边配套管道，适时启动蒙西、蒙东煤制气配套管道。（见附表）

专栏 6　地下储气库重点项目

已建、在建储气库扩容达容：中石油大港、华北储气库群、呼图壁、板南、苏桥、相国寺、陕 224、双 6、金坛、刘庄盐穴储气库、中石化中原文 96、金坛盐穴储气库等。

新建地下储气库项目：逐步建成中石油文 23、中石化文 23、江汉盐穴、卫城、朱家墩，研究推进适时建设陕 43、克 75、淮安、长春气顶、双坨子、应城、樟树、平顶山盐穴、赵集、光明台及中俄东线天然气管道配套储气库等。

2. 推进液化天然气（LNG）接收站及分销设施建设

根据全国天然气资源流向和各消费区域市场实际需求，结合港口规划统筹优化沿海 LNG 接收站布局。在天然气需求量大、应急调峰能力要求高的环渤海、长三角、东南沿海地区，优先扩大已建 LNG 接收站储转能力，适度新建 LNG 接收站。

已建 LNG 接收站扩建项目优先考虑增加储气能力，以满足中心城市及辐射地区的应急调峰需求，鼓励在已有站址上进一步扩大规模。

新建 LNG 接收站优先考虑投资主体多元化、第三方准入条件落实、承担应急调峰任务、装备本地化的项目。加强项目储备，根据市场需求与项目条件适时启动。

综合考虑 LNG 资源供应、船用加注需求、港口规划和通航等条件，在沿海港口、湖泊和内河船舶污染物排放超标、环保要求高的水域布局 LNG 船舶加注站码头，加大船用 LNG 燃料推广力度，开展 LNG 江海转运试点。

（四）培育天然气市场和促进高效利用

加大天然气利用、推动天然气消费工程对产业健康发展具有重要作用，“十三五”要抓好大气污染治理重点地区等气化工程、天然气发电及分布式能源工程、交通领域气化工程、节约替代工程等四大利用工程，天然气占一次能源消费比重力争提高到 10% 左右。

1. 大气污染治理重点地区等气化工程

以京津冀、长三角、珠三角、东北地区为重点，推进重点城市“煤改气”工程，扩大城市高污染燃料禁燃区范围，大力推进天然气替代步伐，替代管网覆盖范围内的燃煤锅炉、工业窑炉、燃煤设施用煤和散煤。在城中村、城乡结合部等农村地区燃气管网覆盖的地区推动天然气替代民用散煤，其他农村地区推动建设小型 LNG 储罐，替代民用散煤。加快城市燃气管网建设，提高天然气城镇居民气化率。实施军营气化工程，重点考虑大型军事基地用气需求，为驻城市及周边部队连通天然气管网，支持部队开展“煤改气”专项行动。

2. 天然气发电及分布式能源工程

借鉴国际天然气发展经验，提高天然气发电比重，扩大天然气利用规模，鼓励发展天然气分布式能源等高效利用项目，有序发展天然气调峰电站，因地制宜发展热电联产。在可再生能源分布比较集中和电网灵活性较低区域积极发展天然气调峰机组，推动天然气发电与风力、太阳能发电、生物质发电等新能源发电融合发展。2020 年天然气发电装机规模达到 1.1 亿千瓦以上，占发电总装机比例超过 5%。

3. 交通领域气化工程

完善交通领域天然气技术标准，推动划定船舶大气污染物排放控制区并严格执行减排要求，研究制订天然气车船支持政策。积极支持天然气汽车发展，包括城市公交车、出租车、物流配送车、载客汽车、环卫车和载货汽车等以天然气（LNG）为燃料的运输车辆，鼓励在内河、湖泊和沿海发展以天然气（LNG）为燃料的运输船舶。2020 年气化各类车辆约 1000 万辆，配套建设加气站超过 1.2 万座，船用加注站超过 200 座。

4. 节约替代工程

鼓励应用先进工艺、技术和设备高效利用天然气。鼓励低浓度瓦斯、通风瓦斯发电或热电联供，高浓度瓦斯力争全部利用。天然气生产企业要采取措施加强油田伴生气回收利用，努力提高天然气商品率；天然气运输企业要研究采用移动压缩机回收管道计划性维检修时放空气，减小放空量，避免浪费；优化大口径长输管道燃气轮机运行方式，降低燃气消耗。出台环保政策鼓励天然气利用。

（略）

附表和附图

说 明

一、地理区域

北美：除特别说明以外，指美国、加拿大、墨西哥。

中南美：除北美洲以外的美洲其他国家和地区。

欧洲：经合组织中的欧洲成员国，以及阿尔巴尼亚、波黑、保加利亚、克罗地亚、塞浦路斯、前南斯拉夫、马其顿共和国、格鲁吉亚、直布罗陀、拉脱维亚、立陶宛、马耳他、黑山、罗马尼亚和塞尔维亚 。

独联体：亚美尼亚、阿塞拜疆、白俄罗斯、哈萨克斯坦、吉尔吉斯斯坦、摩尔多瓦、俄罗斯、塔吉克斯坦、土库曼斯坦、乌克兰、乌兹别克斯坦。

欧洲和欧亚：欧洲范围内的国家以及独联体国家。

中东：阿拉伯半岛国家、伊朗、伊拉克、以色列、约旦、黎巴嫩和叙利亚。

非洲：所有非洲国家。

亚太地区：文莱、柬埔寨、中国、中国香港特区、印度尼西亚、日本、老挝、中国澳门特区、马来西亚、蒙古、朝鲜、菲律宾、新加坡、阿富汗、孟加拉国、印度、缅甸、尼泊尔、巴基斯坦、斯里兰卡、韩国、中国台湾地区、泰国、越南、澳大利亚、新西兰、巴比亚新几内亚和大洋洲。

澳大拉西亚：澳大利亚和新西兰。

二、组织

经合组织 (OECD)：美洲的加拿大、智利、墨西哥、美国；欧洲的奥地利、比利时、捷克、丹麦、爱沙尼亚、芬兰、法国、德国、希腊、匈牙利、冰岛、爱尔兰、意大利、卢森堡、荷兰、挪威、波兰、葡萄牙、斯洛伐克、斯洛文尼亚、西班牙、瑞典、瑞士、土耳其、英国；亚洲和大洋洲的澳大利亚、以色列、日本、韩国、新西兰。

欧盟：法国、德国、意大利、荷兰、比利时、卢森堡、英国、丹麦、爱尔兰、希腊、葡萄牙、西班牙、奥地利、瑞典、芬兰、马耳他、塞浦路斯、波兰、匈牙利、捷克、斯洛伐克、斯洛文尼亚、爱沙尼亚、拉脱维亚、立陶宛、罗马尼亚、保加尼亚、克罗地亚。

欧佩克 (OPEC)：中东的伊朗、伊拉克、科威特、卡塔尔、沙特阿拉伯、阿联酋；非洲的阿尔及利亚、安哥拉、利比亚、尼日利亚；中南美的厄瓜多尔、委内瑞拉。

附　表

附表 1　2016 年世界各地区一次能源消费构成　　%

地区和组织	石　油	天然气	煤　炭	核　能	水　电	可再生能源
北美	37.5	31.8	13.9	7.8	5.5	3.5
中南美	46.3	21.9	4.9	0.8	22.1	4.0
欧洲	36.2	22.9	15.4	10.2	7.7	7.5
独联体	20.3	51.0	16.3	6.6	5.8	0.1
中东	46.7	51.5	1.0	0.2	0.5	0.1
非洲	42.1	28.3	21.8	0.8	5.9	1.1
亚太地区	27.9	11.7	49.4	1.9	6.6	2.6
世界	33.3	24.1	28.1	4.5	6.9	3.2
经合组织	37.7	27.0	16.5	8.1	5.7	4.9

资料来源：《BP 世界能源统计年鉴 2017》。

附表 2　2016 年世界主要国家、地区和组织一次能源分类消费量　　亿吨油当量

国家、地区和组织	石　油	天然气	煤　炭	核　能	水　电	可再生能源	总　计
中国	5.79	1.89	18.88	0.48	2.63	0.86	30.53
美国	8.63	7.16	3.58	1.92	0.59	0.84	22.72
印度	2.13	0.45	4.12	0.09	0.29	0.16	7.24
俄罗斯	1.48	3.52	0.87	0.44	0.42	0.00	6.73
日本	1.84	1.00	1.20	0.04	0.18	0.19	4.45
加拿大	1.01	0.90	0.19	0.23	0.88	0.09	3.30
德国	1.13	0.72	0.75	0.19	0.05	0.38	3.22
巴西	1.39	0.33	0.17	0.04	0.87	0.19	2.99
韩国	1.22	0.41	0.82	0.37	0.01	0.04	2.87
伊朗	0.84	1.81	0.02	0.01	0.03	0.00	2.71
1—10位合计	25.46	18.19	30.60	3.81	5.95	2.76	86.76
沙特阿拉伯	1.68	0.98	0.00	0.00	0.00	0.00	2.66
法国	0.76	0.38	0.08	0.91	0.13	0.08	2.36
英国	0.73	0.69	0.11	0.16	0.01	0.18	1.88
墨西哥	0.83	0.81	0.10	0.02	0.07	0.04	1.87
印度尼西亚	0.73	0.34	0.63	0.00	0.03	0.03	1.75
意大利	0.58	0.58	0.11	0.00	0.09	0.15	1.51
澳大利亚	0.48	0.37	0.44	0.00	0.04	0.05	1.38
土耳其	0.41	0.38	0.38	0.00	0.15	0.05	1.38
西班牙	0.62	0.25	0.10	0.13	0.08	0.16	1.35
泰国	0.59	0.43	0.18	0.00	0.01	0.03	1.24
11—20位合计	7.41	5.21	2.13	1.23	0.62	0.76	17.38

续表

国家、地区和组织	石 油	天然气	煤 炭	核 能	水 电	可再生能源	总 计
南非	0.27	0.05	0.85	0.04	0.00	0.02	1.23
阿联酋	0.43	0.69	0.01	0.00	0.00	0.00	1.13
中国台湾	0.47	0.17	0.39	0.07	0.01	0.01	1.12
马来西亚	0.36	0.39	0.20	0.00	0.04	0.00	0.99
波兰	0.27	0.16	0.49	0.00	0.00	0.05	0.97
埃及	0.41	0.46	0.00	0.00	0.03	0.01	0.91
阿根廷	0.32	0.45	0.01	0.02	0.09	0.01	0.90
乌克兰	0.09	0.26	0.32	0.18	0.02	0.00	0.87
荷兰	0.40	0.30	0.10	0.01	0.00	0.03	0.84
新加坡	0.72	0.11	0.00	0.00	0.00	0.00	0.83
21—30位合计	3.74	3.03	2.37	0.32	0.20	0.13	9.79
北美	10.47	8.87	3.87	2.17	1.54	0.97	27.89
中南美	3.26	1.55	0.35	0.05	1.56	0.28	7.05
欧洲	6.89	4.35	2.94	1.95	1.46	1.43	19.02
独联体	1.96	4.92	1.58	0.63	0.56	0.01	9.66
中东	4.18	4.61	0.09	0.01	0.05	0.01	8.95
非洲	1.85	1.24	0.96	0.04	0.26	0.05	4.40
亚太地区	15.57	6.50	27.54	1.06	3.68	1.45	55.80
世界	44.18	32.04	37.32	5.92	9.10	4.20	132.76
经合组织	20.87	14.95	9.13	4.47	3.17	2.70	55.29

资料来源：《BP世界能源统计年鉴2017》。

附表3 2016年世界主要国家、地区和组织一次能源消费量 亿吨油当量

国家、地区和组织	2016年	2015年	2016年/2015年变化	2016年占世界
中国	30.53	30.06	1.3%	23.0%
美国	22.73	22.76	–0.4%	17.1%
印度	7.24	6.85	5.4%	5.5%
俄罗斯	6.74	6.82	–1.4%	5.1%
日本	4.45	4.46	–0.4%	3.4%
加拿大	3.30	3.28	0.3%	2.5%
德国	3.22	3.18	1.2%	2.4%
巴西	2.98	3.03	–1.8%	2.2%
韩国	2.86	2.80	1.9%	2.2%
伊朗	2.71	2.63	2.7%	2.0%
1—10位合计	86.76	85.86	1.0%	65.3%
沙特阿拉伯	2.66	2.61	1.9%	2.0%
法国	2.36	2.39	–1.7%	1.8%
英国	1.88	1.91	–1.7%	1.4%
墨西哥	1.87	1.89	–1.5%	1.4%
印度尼西亚	1.75	1.65	5.9%	1.3%

续表

国家、地区和组织	2016年	2015年	2016年/2015年变化	2016年占世界
意大利	1.51	1.50	0.7%	1.1%
澳大利亚	1.38	1.38	-0.6%	1.0%
土耳其	1.38	1.32	4.2%	1.0%
西班牙	1.35	1.34	0.2%	1.0%
泰国	1.24	1.22	1.4%	0.9%
11—20位合计	17.38	17.21	1.0%	13.1%
南非	1.22	1.20	1.5%	0.9%
阿联酋	1.14	1.09	4.5%	0.9%
中国台湾	1.12	1.11	0.6%	0.8%
马来西亚	0.99	0.94	5.7%	0.7%
波兰	0.97	0.93	3.2%	0.7%
埃及	0.91	0.87	4.7%	0.7%
阿根廷	0.89	0.89	-0.1%	0.7%
乌克兰	0.87	0.84	3.4%	0.7%
荷兰	0.84	0.82	2.6%	0.6%
新加坡	0.84	0.81	3.5%	0.6%
21—30位合计	9.80	9.50	3.2%	7.4%
北美	27.89	27.92	-0.4%	21.0%
中南美	7.05	7.10	-1.0%	5.3%
欧洲	19.02	18.79	1.2%	14.3%
独联体	9.66	9.67	-0.5%	7.3%
中东	8.95	8.75	2.1%	6.7%
非洲	4.40	4.34	1.2%	3.3%
亚太地区	55.80	54.47	2.1%	42.0%
世界	132.76	131.05	1.0%	100.0%
经合组织	55.29	55.06	0.2%	41.6%

资料来源：《BP 世界能源统计年鉴 2017》。

附表 4　2016 年世界主要国家、地区和组织石油剩余探明可采储量　　亿吨

国家、地区和组织	2016年	2015年	2016年/2015年变化	2016年占世界	储采比
委内瑞拉	469.7	469.7	0.0%	17.6%	341.1
沙特阿拉伯	366.0	366.2	0.0%	15.6%	59.0
加拿大	276.3	276.3	0.0%	10.0%	105.1
伊朗	217.6	217.6	0.0%	9.3%	94.1
伊拉克	206.5	192.3	7.4%	9.0%	93.6
俄罗斯	150.0	140.2	7.0%	6.4%	26.6
科威特	139.8	139.8	0.0%	5.9%	88.0
阿联酋	129.8	129.8	0.0%	5.7%	65.6
利比亚	63.0	63.0	0.0%	2.8%	310.1
美国	58.0	58.0	0.0%	2.8%	10.6
1—10位合计	2076.7	2052.8	1.2%	85.3%	—

续表

国家、地区和组织	2016年	2015年	2016年/2015年变化	2016年占世界	储采比
尼日利亚	50.0	50.0	0.0%	2.2%	49.3
哈萨克斯坦	39.3	39.3	0.0%	1.8%	49.0
中国	35.0	35.0	0.0%	1.5%	17.5
卡塔尔	26.5	26.5	0.0%	1.5%	36.3
巴西	18.4	18.9	-2.8%	0.7%	13.3
阿尔及利亚	15.4	15.4	0.0%	0.7%	21.1
安哥拉	15.6	15.9	-1.8%	0.7%	17.5
厄瓜多尔	11.7	11.7	0.0%	0.5%	40.1
墨西哥	11.0	11.0	0.0%	0.5%	8.9
挪威	9.4	9.9	-5.0%	0.4%	10.4
11—20位合计	232.3	233.7	-0.6%	10.4%	—
阿塞拜疆	9.6	9.6	0.0%	0.4%	23.1
阿曼	7.3	7.2	1.3%	0.3%	14.6
印度	6.2	6.4	-2.3%	0.3%	14.9
越南	5.9	5.9	0.0%	0.3%	36.2
澳大利亚	4.4	4.4	0.0%	0.2%	30.3
马来西亚	4.7	4.7	0.0%	0.2%	14.0
南苏丹	4.7	4.7	0.0%	0.2%	80.9
埃及	4.6	4.6	0.0%	0.2%	13.7
印度尼西亚	4.6	5.0	-8.2%	0.2%	10.3
也门	3.9	3.9	0.0%	0.2%	503.8
21—30位合计	56.0	56.4	-0.8%	2.5%	—
北美	345.3	345.3	0.0%	13.3%	32.3
中南美	508.5	510.3	-0.4%	19.2%	119.9
欧洲	17.2	17.9	-4.1%	0.7%	18.3
独联体	201.2	191.5	5.1%	8.4%	28.6
中东	1101.0	1086.9	1.3%	47.7%	69.9
非洲	169.5	169.8	-0.2%	7.5%	44.3
亚太地区	64.5	65.1	-0.9%	2.8%	16.5
世界	2407.1	2385.6	0.9%	100.0%	50.6
欧佩克	1711.5	1697.3	0.8%	71.5%	84.7
加拿大油砂	268.7	268.7	0.0%	11.2%	—
委内瑞拉重油	356.5	356.5	0.0%	14.8%	—

资料来源:《BP 世界能源统计年鉴 2017》。

附表 5　2016 年世界主要国家、地区和组织石油产量　　万吨

国家、地区和组织	2016年	2015年	2016年/2015年变化	2016年占世界
沙特阿拉伯	58570.0	56775.1	2.9%	13.4%
俄罗斯	55433.2	54073.8	2.2%	12.6%

续表

国家、地区和组织	2016年	2015年	2016年/2015年变化	2016年占世界
美国	54304.5	56513.9	-4.2%	12.4%
伊拉克	21894.0	19703.3	10.8%	5.0%
加拿大	21822.7	21560.7	0.9%	5.0%
伊朗	21643.1	18160.7	18.9%	4.9%
中国	19968.5	21456.0	-7.2%	4.6%
阿联酋	18236.5	17617.5	3.2%	4.2%
科威特	15273.4	14822.3	2.8%	3.5%
巴西	13665.5	13219.1	3.1%	3.1%
1—10位合计	300811.4	293902.4	2.4%	68.6%
委内瑞拉	12405.9	13594.7	-9.0%	2.8%
墨西哥	12135.1	12751.5	-5.1%	2.8%
尼日利亚	9877.9	11204.3	-12.1%	2.3%
挪威	9042.1	8802.2	2.4%	2.1%
安哥拉	8789.7	8870.1	-1.2%	2.0%
卡塔尔	7944.3	7911.5	0.1%	1.8%
哈萨克斯坦	7926.6	8017.4	-1.4%	1.8%
阿尔及利亚	6848.7	6722.5	1.6%	1.6%
阿曼	4931.6	4803.1	2.4%	1.1%
哥伦比亚	4879.8	5296.3	-8.1%	1.1%
11—20位合计	84781.7	87973.6	-3.6%	19.3%
英国	4754.3	4541.2	4.4%	1.1%
印度尼西亚	4298.5	4073.4	5.2%	1.0%
阿塞拜疆	4103.1	4162.8	-1.7%	0.9%
印度	4022.1	4117.2	-2.6%	0.9%
埃及	3383.5	3543.1	-4.8%	0.8%
马来西亚	3265.1	3226.1	0.9%	0.7%
厄瓜多尔	2930.6	2910.9	0.4%	0.7%
阿根廷	2879.9	2983.2	-3.7%	0.7%
利比亚	2004.3	2028.3	-1.5%	0.5%
泰国	1758.7	1698.9	3.2%	0.4%
21—30位合计	33400.1	33285.1	0.3%	7.6%
北美	88262.2	90826.2	-3.1%	20.1%
中南美	38448.2	39857.1	-3.8%	8.8%
欧洲	16609.6	16477.9	0.8%	3.8%
独联体	69448.5	68254.5	1.5%	15.8%
中东	149692.2	141160.6	5.8%	34.2%
非洲	37478.0	39372.2	-5.1%	8.6%
亚太地区	38300.6	39997.5	-4.5%	8.7%

续表

国家、地区和组织	2016年	2015年	2016年/2015年变化	2016年占世界
世界	438239.3	435946.0	0.3%	100.0%
经合组织	105996.9	108642.2	–2.7%	24.2%

注：包括原油、页岩油、油砂与天然气液（从天然气中单独开采的液体产品）。不包括其他来源的液体产品，例如生物质油和其他煤制或天然气制油。

资料来源：《BP 世界能源统计年鉴 2017》。

附表 6　2016 年世界主要国家、地区和组织石油消费量　　万吨

国家、地区和组织	2016年	2015年	2016年/2015年变化	2016年占世界
美国	86312.2	85645.4	0.5%	19.5%
中国	57865.6	56183.9	2.7%	13.1%
印度	21268.4	19583.8	8.3%	4.8%
日本	18430.1	18901.4	–2.8%	4.2%
沙特阿拉伯	16793.5	16664.1	0.5%	3.8%
俄罗斯	14798.6	14417.6	2.4%	3.3%
巴西	13882.4	14661.8	–5.6%	3.1%
韩国	12215.0	11377.8	7.1%	2.8%
德国	11298.5	11000.5	2.4%	2.6%
加拿大	10092.4	9915.0	1.5%	2.3%
1—10位合计	262956.7	258351.3	1.8%	59.5%
伊朗	8382.7	8450.3	–1.1%	1.9%
墨西哥	8284.0	8439.0	–2.1%	1.9%
法国	7637.4	7678.3	–0.8%	1.7%
英国	7314.1	7175.3	1.7%	1.7%
印度尼西亚	7258.8	7178.9	0.8%	1.6%
新加坡	7218.2	6940.7	3.7%	1.6%
西班牙	6248.0	6120.0	1.8%	1.4%
泰国	5895.8	5729.2	2.6%	1.3%
意大利	5810.1	5763.3	0.5%	1.3%
澳大利亚	4783.3	4786.3	–0.3%	1.1%
11—20位合计	68832.4	68261.3	0.8%	15.6%
中国台湾	4667.0	4647.8	0.1%	1.1%
阿联酋	4346.7	4086.1	6.1%	1.0%
土耳其	4117.2	3889.3	5.6%	0.9%
埃及	4064.0	3962.5	2.3%	0.9%
荷兰	3994.5	3873.4	2.8%	0.9%
马来西亚	3629.0	3554.3	1.8%	0.8%
阿根廷	3190.5	3218.2	–1.1%	0.7%
比利时	3176.9	3095.8	2.3%	0.7%
委内瑞拉	2870.6	3023.9	–5.3%	0.6%
巴基斯坦	2747.2	2458.5	11.4%	0.6%
21—30位合计	36803.6	35809.8	2.8%	8.3%

续表

国家、地区和组织	2016年	2015年	2016年/2015年变化	2016年占世界
北美	104688.7	103999.4	0.4%	23.7%
中南美	32624.9	33443.9	-2.7%	7.4%
欧洲	68908.5	67421.7	2.2%	15.6%
独联体	19554.0	19164.3	1.8%	4.4%
中东	41783.6	41279.9	0.9%	9.5%
非洲	18539.5	18209.3	1.5%	4.2%
亚太地区	155725.6	150577.1	3.1%	35.2%
世界	441824.8	434095.7	1.5%	100.0%
经合组织	208682.0	206243.3	0.9%	47.2%

注：石油消费量包括陆地燃油需求、国际航空用油、船用油以及炼油厂自用燃料和损耗。还包括生物汽油（如燃料乙醇）、生物柴油和其他煤制或天然气制油的消费量。

资料来源：《BP 世界能源统计年鉴 2017》。

附表 7　2016 年世界各地区主要油品消费量　　千桶 / 日

地　区	油　品	2016年	2015年	2016年/2015年变化	占总量百分比
北美	轻质馏分油	11312	11088	2.0%	47.4%
	中间馏分油	6750	6812	-0.9%	28.3%
	燃料油	505	419	20.5%	2.1%
	其他	5276	5435	-2.9%	22.1%
	合计	23843	23753	0.4%	100.0%
中南美	轻质馏分油	2214	2231	-0.7%	31.7%
	中间馏分油	2696	2749	-2.0%	38.6%
	燃料油	663	730	-9.2%	9.5%
	其他	1403	1429	-1.8%	20.1%
	合计	6976	7139	-2.3%	100.0%
欧洲	轻质馏分油	2830	2816	0.5%	19.4%
	中间馏分油	7966	7793	2.2%	54.7%
	燃料油	936	889	5.3%	6.4%
	其他	2838	2792	1.7%	19.5%
	合计	14570	14289	2.0%	100.0%
独联体	轻质馏分油	1314	1327	-1.0%	31.1%
	中间馏分油	1303	1278	1.9%	30.8%
	燃料油	370	347	6.8%	8.8%
	其他	1236	1209	2.3%	29.3%
	合计	4223	4161	1.5%	100.0%
中东	轻质馏分油	2053	2009	2.2%	21.8%
	中间馏分油	2661	2672	-0.4%	28.2%
	燃料油	2192	2235	-1.9%	23.2%
	其他	2525	2384	5.9%	26.8%
	合计	9431	9300	1.4%	100.0%

续表

地　区	油　品	2016年	2015年	2016年/2015年变化	占总量百分比
非洲	轻质馏分油	1038	954	8.9%	26.4%
	中间馏分油	1843	1872	-1.6%	46.8%
	燃料油	421	431	-2.3%	10.7%
	其他	634	609	4.1%	16.1%
	合计	3937	3866	1.8%	100.0%
亚太地区	轻质馏分油	10955	10519	4.2%	32.6%
	中间馏分油	11414	11368	0.4%	34.0%
	燃料油	2898	2808	3.2%	8.6%
	其他	8310	7799	6.5%	24.7%
	合计	33577	32494	3.3%	100.0%
世界	轻质馏分油	31718	30943	2.5%	32.8%
	中间馏分油	34632	34545	0.3%	35.9%
	燃料油	7986	7858	1.6%	8.3%
	其他	22223	21656	2.6%	23.0%
	合计	96558	95003	1.6%	100.0%

注："轻质馏分油"包括航空与汽车用汽油及轻质馏分油料（LDF）。"中间馏分油"包括航空煤油、取暖煤油以及粗柴油与柴油（包括船舶燃油）。"燃料油"包括船舶燃油以及直接作为燃料的原油。"其他"包括炼油厂干气、液化石油气（LPG）、溶剂油、石油焦、润滑油、沥青、石蜡、其他炼油产品和炼油厂燃料及其损耗。

资料来源：《BP 世界能源统计年鉴 2017》。

附表 8　2016 年世界主要国家、地区和组织炼油能力　千桶 / 日

国家、地区和组织	2016年	2015年	2016年/2015年变化	2016年占世界
美国	18621	18315	1.7%	19.1%
中国	14177	14306	-0.9%	14.6%
俄罗斯	6418	6408	0.2%	6.6%
印度	4620	4307	7.3%	4.7%
日本	3600	3721	-3.2%	3.7%
韩国	3234	3110	4.0%	3.3%
沙特阿拉伯	2899	2899	—	3.0%
巴西	2289	2278	0.5%	2.3%
德国	2024	2049	-1.2%	2.1%
伊朗	1985	1985	—	2.0%
1—10位合计	59867	59378	0.8%	61.4%
加拿大	1967	1966	—	2.0%
意大利	1915	1915	—	2.0%
西班牙	1562	1562	—	1.6%
墨西哥	1522	1522	—	1.6%
新加坡	1514	1514	—	1.6%
委内瑞拉	1303	1303	—	1.3%
荷兰	1293	1293	—	1.3%

续表

国家、地区和组织	2016年	2015年	2016年/2015年变化	2016年占世界
泰国	1235	1252	-1.4%	1.3%
英国	1227	1337	-8.3%	1.3%
法国	1224	1375	-11.0%	1.3%
11—20位合计	14762	15039	-1.8%	15.2%
印度尼西亚	1155	1155	—	1.2%
阿联酋	1143	1143	—	1.2%
中国台湾	988	988	—	1.0%
科威特	936	936	—	1.0%
伊拉克	919	903	1.8%	0.9%
埃及	810	810	—	0.8%
比利时	776	776	—	0.8%
阿根廷	657	657	—	0.7%
阿尔及利亚	651	651	—	0.7%
土耳其	613	613	—	0.6%
21—30位合计	8648	8632	0.2%	8.9%
北美	22110	21803	1.4%	22.7%
中南美	6259	6214	0.7%	6.4%
欧洲	15083	15352	-1.8%	15.5%
独联体	8221	8211	0.1%	8.4%
中东	9476	9314	1.7%	9.7%
非洲	3457	3457	—	3.5%
亚太地区	32825	32642	0.6%	33.7%
世界	97430	96992	0.5%	100.0%
经合组织	44105	44073	0.1%	45.3%

资料来源:《BP 世界能源统计年鉴 2017》。

附表 9　2016 年世界主要国家和地区天然气剩余探明可采储量　　万亿立方米

国家和地区	2016年	2015年	2016年/2015年变化	2016年占世界	储采比
伊朗	33.50	33.50	—	18.0%	>100.0
俄罗斯	32.27	32.27	—	17.3%	55.7
卡塔尔	24.30	24.30	—	13.0%	>100.0
土库曼斯坦	17.48	17.48	—	9.4%	>100.0
美国	8.71	8.71	—	4.7%	11.6
沙特阿拉伯	8.43	8.43	—	4.5%	77.0
阿联酋	6.09	6.09	—	3.3%	98.5
委内瑞拉	5.70	5.70	—	3.1%	>100.0
中国	5.37	4.80	11.9%	2.9%	38.8
尼日利亚	5.28	5.28	—	2.8%	>100.0
1—10位合计	147.13	146.56	0.4%	78.9%	—
阿尔及利亚	4.50	4.50	—	2.4%	49.3
伊拉克	3.69	3.69	—	2.0%	>100.0

续表

国家和地区	2016年	2015年	2016年/2015年变化	2016年占世界	储采比
澳大利亚	3.47	3.47	—	1.9%	38.1
印度尼西亚	2.87	2.77	3.3%	1.5%	41.1
加拿大	2.17	2.17	—	1.2%	14.3
埃及	1.85	1.85	—	1.0%	44.1
科威特	1.78	1.78	—	1.0%	>100.0
挪威	1.76	1.86	-5.0%	0.9%	15.1
利比亚	1.50	1.50	—	0.8%	>100.0
印度	1.23	1.25	-2.0%	0.7%	44.4
11—20位合计	24.83	24.86	-0.1%	13.3%	—
缅甸	1.19	0.53	125.0%	0.6%	63.0
马来西亚	1.17	1.17	—	0.6%	15.8
阿塞拜疆	1.15	1.15	—	0.6%	65.8
乌兹别克斯坦	1.09	1.09	—	0.6%	17.3
哈萨克斯坦	0.96	0.96	—	0.5%	48.3
阿曼	0.70	0.70	—	0.4%	19.9
荷兰	0.70	0.70	—	0.4%	17.4
越南	0.62	0.62	—	0.3%	57.6
乌克兰	0.59	0.60	-2.1%	0.3%	33.2
巴基斯坦	0.45	0.45	—	0.2%	10.9
21—30位合计	8.62	7.97	8.1%	4.6%	—
北美	11.13	11.13	—	6.0%	11.73
中南美	7.59	7.67	-1.0%	4.1%	42.88
欧洲	3.12	3.22	-3.1%	1.7%	—
独联体	53.57	53.58	—	28.7%	70.09
中东	79.38	79.41	0.0%	42.5%	>100.0
非洲	14.25	14.24	0.1%	7.6%	68.41
亚太地区	17.54	16.17	8.4%	9.4%	30.24
世界	186.57	185.42	0.6%	100.0%	52.53

资料来源：《BP世界能源统计年鉴2017》。

附表10　2016年世界主要国家和地区天然气产量　　亿立方米

国家和地区	2016年	2015年	2016年/2015年变化	2016年占世界
美国	7492.4	7662.4	-2.5%	21.1%
俄罗斯	5793.9	5751.4	0.5%	16.3%
伊朗	2024.4	1893.7	6.6%	5.7%
卡塔尔	1812.5	1784.7	1.3%	5.1%
加拿大	1519.9	1491.1	1.7%	4.3%
中国	1383.9	1361.1	1.4%	3.9%
挪威	1166.5	1171.5	-0.7%	3.3%
沙特阿拉伯	1093.8	1044.5	4.4%	3.1%

续表

国家和地区	2016年	2015年	2016年/2015年变化	2016年占世界
阿尔及利亚	913.0	846.0	7.6%	2.6%
澳大利亚	911.5	726.2	25.2%	2.6%
1—10位合计	24111.8	23732.6	1.6%	67.9%
马来西亚	738.4	712.3	3.4%	2.1%
印度尼西亚	696.9	750.4	−7.4%	2.0%
土库曼斯坦	667.9	695.8	−4.3%	1.9%
乌兹别克斯坦	627.7	577.5	8.4%	1.8%
阿联酋	618.6	601.8	2.5%	1.7%
墨西哥	471.8	540.6	−13.0%	1.3%
尼日利亚	448.8	500.7	−10.6%	1.3%
埃及	418.2	442.5	−5.7%	1.2%
巴基斯坦	415.3	419.7	−1.3%	1.2%
英国	410.0	395.8	3.3%	1.2%
11—20位合计	5513.6	5637.1	−2.2%	15.5%
荷兰	401.5	433.4	−7.6%	1.1%
泰国	385.9	393.5	−2.2%	1.1%
阿根廷	382.7	364.9	4.6%	1.1%
阿曼	354.2	347.4	1.7%	1.0%
特立尼达和多巴哥	344.8	396.2	−13.2%	1.0%
委内瑞拉	342.9	324.2	5.5%	1.0%
印度	276.3	293.0	−6.0%	0.8%
孟加拉国	275.2	268.6	2.2%	0.8%
巴西	234.8	231.3	1.2%	0.7%
哈萨克斯坦	199.3	190.1	4.5%	0.6%
21—30位合计	3197.6	3242.6	−1.4%	9.0%
北美	9484.2	9694.1	−2.4%	26.7%
中南美	1770.0	1779.8	−0.8%	5.0%
欧洲	2357.9	2378.4	−0.9%	6.6%
独联体	7643.4	7575.7	0.4%	21.5%
中东	6378.0	6158.5	3.3%	18.0%
非洲	2083.4	2100.3	−1.1%	5.9%
亚太地区	5799.0	5618.8	2.9%	16.3%
世界	35515.9	35305.7	0.3%	100.0%

资料来源：《BP世界能源统计年鉴2017》。

附表11　2016年世界主要国家、地区和组织天然气消费量　　亿立方米

国家、地区和组织	2016年	2015年	2016年/2015年变化	2016年占世界
美国	7786.3	7732.3	0.4%	22.0%
俄罗斯	3908.5	4027.9	−3.2%	11.0%
中国	2103.4	1947.6	7.7%	5.9%

续表

国家、地区和组织	2016年	2015年	2016年/2015年变化	2016年占世界
伊朗	2008.0	1907.6	5.0%	5.7%
日本	1112.2	1134.2	-2.2%	3.1%
沙特阿拉伯	1093.8	1044.5	4.4%	3.1%
加拿大	998.5	1024.6	-2.8%	2.8%
墨西哥	895.4	871.2	2.5%	2.5%
德国	804.7	735.2	9.2%	2.3%
英国	766.9	681.4	12.2%	2.2%
1—10位合计	21477.7	21106.5	1.8%	60.6%
阿联酋	766.3	737.7	3.6%	2.2%
意大利	645.3	614.5	4.7%	1.8%
乌兹别克斯坦	513.6	502.4	2.0%	1.4%
埃及	512.8	478.1	7.0%	1.4%
印度	500.9	457.4	9.2%	1.4%
阿根廷	496.1	481.9	2.7%	1.4%
泰国	483.1	486.9	-1.0%	1.4%
巴基斯坦	454.8	435.3	4.2%	1.3%
韩国	454.7	436.1	4.0%	1.3%
马来西亚	430.5	417.8	2.7%	1.2%
11—20位合计	5258.1	5048.1	4.2%	14.8%
法国	425.7	389.5	9.0%	1.2%
土耳其	421.1	435.9	-3.7%	1.2%
卡塔尔	416.5	439.3	-5.4%	1.2%
澳大利亚	411.2	428.8	-4.4%	1.2%
阿尔及利亚	400.0	394.0	1.2%	1.1%
印度尼西亚	377.0	404.4	-7.0%	1.1%
巴西	366.0	417.2	-12.5%	1.0%
委内瑞拉	355.7	345.2	2.7%	1.0%
荷兰	335.7	314.7	6.4%	0.9%
土库曼斯坦	295.0	294.2	0.0%	0.8%
21—30位合计	3803.9	3863.2	-1.5%	10.7%
北美	9680.3	9628.1	0.3%	27.3%
中南美	1719.2	1758.3	-2.5%	4.9%
欧洲	4832.7	4548.6	6.2%	13.6%
独联体	5466.7	5553.7	-1.8%	15.4%
中东	5123.3	4936.5	3.5%	14.5%
非洲	1381.6	1358.2	1.4%	3.9%
亚太地区	7225.0	7018.0	2.7%	20.4%
世界	35428.8	34801.4	1.5%	100.0%
经合组织	16440.7	16114.5	1.7%	46.4%

资料来源：《BP 世界能源统计年鉴 2017》。

附表 12　2016 年世界主要国家和地区石油进出口量　　万吨

国家和地区	进口量		总进口量	出口量		总出口量
	原　油	油　品		原　油	油　品	
美国	39329	10454	49783	2440	20309	22749
加拿大	2924	3161	6085	16441	2942	19384
墨西哥	—	3817	3817	6075	881	6956
中南美	2460	9050	11510	17744	2958	20702
欧洲	49937	20085	70021	1764	13222	14986
独联体	1901	1387	3288	35566	15963	51530
中东	2511	5502	8013	98248	18428	116676
北非	440	3440	3879	5817	2483	8300
西非	69	3288	3358	21646	726	22372
东非和南非	2121	2513	4634	688	233	922
澳大拉西亚	2038	2756	4795	943	390	1333
中国	38263	7448	45711	289	4601	4890
印度	21230	2996	24227	0	6191	6192
日本	16796	3908	20704	0	1472	1472
新加坡	4808	12143	16951	10	9371	9381
亚太地区其他	26948	18576	45524	4103	10355	14457
世界合计	211776	110524	322300	211776	110524	322300

资料来源:《BP 世界能源统计年鉴 2017》。

附表 13　2016 年世界主要国家和地区天然气进出口量　　亿立方米

国家和地区	进口量		总进口量	出口量		总出口量
	管道气	液化气		管道气	液化气	
美国	824.6	24.6	849.2	603.3	44.0	647.3
加拿大	219.0	3.3	222.3	824.3	0.3	824.6
墨西哥	384.3	59.0	443.3	0.3	—	0.3
北美	1427.9	86.9	1514.8	1427.9	44.3	1472.2
特立尼达和多巴哥	—	—	—	—	142.8	142.8
中南美其他	168.1	155.1	323.2	168.1	61.0	229.1
中南美	168.1	155.1	323.2	168.1	203.8	371.9
法国	323.5	96.5	420.0	—	15.0	15.0
德国	992.7	—	992.7	192.7	—	192.7
意大利	594.1	56.7	650.8	—	—	—
荷兰	380.4	14.9	395.3	523.4	7.4	530.8
挪威	0.0	—	0.0	1097.6	63.0	1160.6
西班牙	150.3	131.8	282.1	5.7	1.6	7.3
土耳其	373.6	77.3	450.9	6.2	—	6.2
英国	341.5	104.9	446.4	100.4	5.5	105.9

续表

国家和地区	进口量		总进口量	出口量		总出口量
	管道气	液化气		管道气	液化气	
欧洲其他	1002.3	81.8	1084.1	150.3	12.7	163.0
欧洲	4158.4	563.9	4722.3	2076.3	105.1	2181.4
俄罗斯	217.5	—	217.5	1907.9	139.6	2047.5
乌克兰	111.0	—	111.0	—	—	—
独联体其他	279.2	—	279.2	740.1	—	740.1
独联体	607.7	—	607.7	2648.0	139.6	2787.7
卡塔尔	—	—	—	200.2	1044.4	1244.6
中东其他	269.2	141.6	410.8	83.6	180.9	264.5
中东	269.2	141.6	410.8	283.7	1225.3	1509.0
阿尔及利亚	—	—	—	371.1	159.4	530.5
非洲其他	87.6	102.5	190.1	85.2	295.6	380.8
非洲	87.6	—	87.6	456.3	455.0	911.3
澳大利亚	83.5	1.0	84.5	—	568.1	568.1
中国	380.5	343.0	723.5	—	—	—
日本	—	1084.8	1084.8	—	—	—
印度尼西亚	—	—	—	87.7	212.2	299.9
韩国	—	439.1	439.1	—	0.9	0.9
亚太地区其他	192.5	547.6	740.1	227.1	511.3	738.4
亚太地区	656.5	2415.5	3072.0	314.8	1292.5	1607.3
世界合计	7375.2	3465.7	10840.9	7375.2	3465.7	10840.9

资料来源:《BP 世界能源统计年鉴 2017》。

附表 14　2016 年世界管道天然气贸易流向　　亿立方米

进口方	出口方							总进口量
	北　美	中南美	欧　洲	独联体	中　东	非　洲	亚　太	
北美	1428	—	—	—	—	—	—	1428
中南美	—	168	—	—	—	—	—	168
欧洲	—	—	1965	1747	77	369	—	4158
独联体	—	—	111	490	7	—	—	608
中东	—	—	—	69	200	—	—	269
非洲	—	—	—	—	—	88	—	88
亚太地区	—	—	—	342	—	—	315	657
总出口量	1428	168	2076	2648	284	457	315	7376

资料来源:《BP 世界能源统计年鉴 2017》。

附表 15　2016 年世界液化天然气贸易流向　　亿立方米

进口方	出口方							总进口量
	北美	中南美	欧洲	俄罗斯	中东	非洲	亚太	
北美	7	61	2	—	—	10	6	87
中南美	15	76	17	—	18	28	1	155
欧洲	5	32	46	—	238	242	—	564
中东	5	11	10	—	58	46	10	140
非洲	1	5	12	—	64	15	5	102
亚太地区	10	19	18	139	846	114	1270	2416
总出口量	44	204	105	139	1224	455	1293	3465

资料来源：《BP 世界能源统计年鉴 2017》。

附表 16　2012—2016 年世界主要国家地热发电装机容量　　兆瓦

国　家	2012年	2013年	2014年	2015年	2016年	2016年占世界
世界合计	11397	11917	12492	12995	13438	100%
美国	3450	3524	3525	3596	3596	26.8%
菲律宾	1848	1868	1917	1917	1929	14.4%
印度尼西亚	1339	1339	1401	1401	1590	11.8%
意大利	875	876	916	916	916	6.8%
墨西哥	812	834	834	887	907	6.7%
新西兰	723	971	971	971	971	7.2%
冰岛	665	665	665	665	665	4.9%
日本	536	537	539	544	544	4.1%
哥斯达黎加	208	208	208	208	208	1.5%
萨尔瓦多	204	204	204	204	204	1.5%
肯尼亚	217	253	450	605	676	5.0%
尼加拉瓜	160	160	160	160	160	1.2%

资料来源：《BP 世界能源统计年鉴 2017》。

附表 17　2012—2016 年世界主要国家太阳能发电装机容量　　兆瓦

国　家	2012年	2013年	2014年	2015年	2016年	2016年占世界
世界合计	98803	137005	177147	226380	301473	100.0%
德国	33033	36337	38343	39799	41275	13.7%
意大利	16456	18202	18606	18906	19279	6.4%
中国	6750	17740	28380	43530	78070	25.9%
美国	7328	12079	18317	25570	40300	13.4%
日本	6632	13599	23339	34151	42750	14.2%
西班牙	5104	5354	5376	5435	5490	1.8%
法国	4094	4748	5702	6571	7130	2.4%
比利时	2800	3058	3153	3252	3422	1.1%
澳大利亚	2415	3226	4028	4735	5488	1.8%
捷克	2022	2064	2068	2075	2073	0.7%
英国	1771	2897	5493	9688	11727	3.9%
希腊	1536	2579	2596	2604	2611	0.9%

资料来源：《BP 世界能源统计年鉴 2017》。

附表 18　2012—2016 年世界主要国家风能发电装机容量　　兆瓦

国　家	2012年	2013年	2014年	2015年	2016年	2016年占世界
世界合计	271817	304615	352831	418745	468989	100.0%
中国	62956	76560	96370	129340	148640	31.7%
美国	60208	61292	66146	74260	82453	17.6%
德国	30979	33477	38614	44541	49534	10.6%
西班牙	22722	22898	23025	22988	23026	4.9%
印度	18420	20150	22465	25088	28700	6.1%
英国	8899	11212	13037	14291	15695	3.3%
意大利	8102	8542	8683	9137	9257	2.0%
法国	7583	8164	9337	10324	11670	2.5%
加拿大	6214	7813	9684	11209	11890	2.5%
葡萄牙	4363	4557	4683	4770	5005	1.1%
丹麦	4137	4747	4778	4966	5133	1.1%
瑞典	3750	4474	5524	6128	6618	1.4%

资料来源：《BP 世界能源统计年鉴 2017》。

附表 19　2012—2016 年世界主要国家生物燃料产量　　万吨油当量

国　家	2012年	2013年	2014年	2015年	2016年	2016年占世界
世界合计	6686	7229	7970	8002	8231	100.0%
美国	2981	3106	3289	3385	3578	43.5%
巴西	1474	1711	1800	1933	1855	22.5%
德国	303	277	346	319	320	3.9%
阿根廷	229	201	264	204	283	3.4%
法国	215	231	254	252	223	2.7%
中国	210	235	261	265	205	2.5%
印度尼西亚	140	175	255	135	250	3.0%
泰国	105	133	149	160	161	2.0%
加拿大	102	106	119	114	116	1.4%
波兰	65	70	75	94	90	1.1%
西班牙	62	75	103	112	115	1.4%
比利时	56	55	57	56	56	0.7%

资料来源：《BP 世界能源统计年鉴 2017》。

附表 20　2016 年世界主要国家、地区和组织二氧化碳排放量　　亿吨

国家、地区和组织	2015年	2016年	2016年/2015年变化	2016年占世界
中国	91.6	91.2	−0.7%	27.3%
美国	54.5	53.5	−2.0%	16.0%
印度	21.6	22.7	5.0%	6.8%
俄罗斯	15.2	14.9	−2.4%	4.5%
日本	12.1	11.9	−1.5%	3.6%
德国	7.5	7.6	1.0%	2.3%

续表

国家、地区和组织	2015年	2016年	2016年/2015年变化	2016年占世界
韩国	6.5	6.6	1.0%	2.0%
伊朗	6.2	6.3	2.1%	1.9%
沙特阿拉伯	6.1	6.2	1.4%	1.9%
印度尼西亚	4.9	5.3	7.6%	1.6%
1—10位合计	226.2	226. 2	0.1%	67.7%
加拿大	5.3	5.3	-1.1%	1.6%
墨西哥	4.8	4.7	-2.6%	1.4%
巴西	4.9	4.6	-7.0%	1.4%
南非	4.2	4.3	0.6%	1.3%
澳大利亚	4.1	4.1	-1.4%	1.3%
英国	4.3	4.1	-6.5%	1.2%
土耳其	3.4	3.6	5.2%	1.1%
意大利	3.4	3.4	0.0%	1.0%
法国	3.1	3.2	1.7%	0.9%
波兰	2.9	3.0	2.8%	0.9%
11—20位合计	40.5	40.1	-1.0%	12.0%
泰国	2.9	2.9	1.2%	0.9%
阿联酋	2.8	2.9	4.4%	0.9%
西班牙	2.9	2.8	-2.7%	0.8%
中国台湾	2.7	2.8	1.9%	0.8%
马来西亚	2.5	2.6	6.3%	0.8%
新加坡	2.1	2.2	6.7%	0.7%
埃及	2.1	2.2	4.1%	0.7%
荷兰	2.1	2.1	2.1%	0.6%
哈萨克斯坦	2.1	2.1	-0.5%	0.6%
乌克兰	1.9	2.1	8.4%	0.6%
21—30位合计	23.9	24.7	3.2%	7.4%
北美	64.6	63.5	-2.0%	19.0%
中南美	13.8	13.5	-2.4%	4.0%
欧洲	40.1	40.4	0.7%	12.1%
独联体	22.3	22.2	-0.7%	6.6%
中东	21.3	21.7	1.6%	6.5%
非洲	11.9	12.1	1.1%	3.6%
亚太地区	159.1	161.0	0.9%	48.2%
世界	333.0	334.3	0.1%	100.0%
经合组织	126.7	125.7	-1.0%	37.6%

资料来源:《BP 世界能源统计年鉴 2017》。

附表 21 2017 年《财富》世界 500 强排名前 30 位的石油石化公司 百万美元

序 号	排名 2017年	排名 2016年	公司名称	营业收入	利 润	所属国家
1	3	4	中国石油化工集团公司（SINOPEC GROUP）	267518	1258	中国
2	4	3	中国石油天然气集团公司（CHINA NATIONAL PETROLEUM）	262573	1868	中国
3	7	5	荷兰皇家壳牌石油公司（ROYAL DUTCH SHELL）	240033	4575	荷兰
4	10	6	埃克森美孚（EXXON MOBIL）	205004	7840	美国
5	12	10	英国石油公司（BP）	186606	115	英国
6	30	24	道达尔公司（TOTAL）	127925	6196	法国
7	45	31	雪佛龙（CHEVRON）	107567	−497	美国
8	63	56	俄罗斯天然气工业股份公司（GAZPROM）	91382	14223	俄罗斯
9	75	58	巴西国家石油公司（PETROBRAS）	81405	−4838	巴西
10	95	294	SK集团（SK HOLDINGS）	72579	660	韩国
11	96	74	Phillips 66公司（PHILLIPS 66）	72396	1555	美国
12	102	76	卢克石油公司（LUKOIL）	70897	3091	俄罗斯
13	106	83	瓦莱罗能源公司（VALERO ENERGY）	70166	2289	美国
14	115	109	中国海洋石油总公司（CHINA NATIONAL OFFSHORE OIL）	65892	1752	中国
15	132	65	埃尼石油公司（ENI）	62694	−1619	意大利
16	143	139	中国中化集团公司（SINOCHEM GROUP）	59533	468	中国
17	152	98	墨西哥石油公司（PEMEX）	57774	−10256	墨西哥
18	158	118	俄罗斯石油公司（ROSNEFT OIL）	56553	2705	俄罗斯
19	160	120	马拉松原油公司（MARATHON PETROLEUM）	55858	1174	美国
20	168	161	印度石油公司（INDIAN OIL）	53562	2960	印度
21	184	125	马来西亚国家石油公司（PETRONAS）	49479	4093	马来西亚
22	192	146	泰国国家石油有限公司（PTT）	48719	2682	泰国
23	207	145	挪威国家石油公司（STATOIL）	45873	−2902	挪威
24	211	234	中国化工集团公司（CHEMCHINA）	45177	18	中国
25	289	230	印尼国家石油公司（PERTAMINA）	36487	3147	印度尼西亚
26	299	247	沙特基础工业公司（SABIC）	35421	4757	沙特阿拉伯
27	306	250	雷普索尔公司（REPSOL）	34485	1920	西班牙
28	326	325	陕西延长石油（集团）有限责任公司（SHANXI YANCHANG PETROLEUM (GROUP)）	32652	−23	中国
29	360	358	巴拉特石油公司（BHARAT PETROLEUM）	30316	1301	印度
30	384	367	印度斯坦石油公司（HINDUSTAN PETROLEUM）	28166	1228	印度

注：排名按 2016 年公司营业收入计算。

资料来源：《财富》杂志 2017 年 7 月 20 日。

附表 22　2017 年《福布斯》全球企业 2000 强综合排名前 30 位的石油天然气公司　　亿美元

序　号	排　名		公司名称	所在国	销售额	利　润	资　产	市　值
	2017年	2016年						
1	13	9	埃克森美孚/ExxonMobil	美国	1975	78	3303	3432
2	20	50	荷兰皇家壳牌集团/Royal Dutch Shell	荷兰	2348	47	4113	2288
3	25	31	中国石化/Sinopec	中国	2557	70	2167	1051
4	26	30	道达尔/Total	法国	1281	62	2310	1281
5	40	53	俄罗斯天然气公司/Gazprom	俄罗斯	914	121	2654	518
6	82	75	俄罗斯石油公司/Rosneft	俄罗斯	749	27	1932	624
7	102	17	中国石油/PetroChina	中国	2148	12	3449	2045
8	106	121	信实工业/Reliance Industries	印度	418	43	979	712
9	129	122	鲁克石油/Lukoil	俄罗斯	746	31	832	446
10	190	337	泰国国家石油/PTT PCL	泰国	487	26	634	324
11	210	141	菲力普斯66/Phillips 66	美国	712	15	517	399
12	211	182	瓦莱罗能源公司/Valero Energy	美国	757	23	468	294
13	240	—	西班牙雷普索尔公司/Repsol	西班牙	384	19	684	238
14	246	220	印度油气/Oil & Natural Gas	印度	199	22	577	372
15	264	371	印度石油/Indian Oil	印度	541	17	373	300
16	287	234	马拉松石油/Marathon Petroleum	美国	560	12	444	264
17	305	242	苏尔古特石油天然气公司/Surgutneftegas	俄罗斯	139	78	609	185
18	359	370	英国石油公司/BP	英国	1838	1	2633	1147
19	359	28	雪佛龙/Chevron	美国	1105	-5	2601	2061
20	363	—	韩国SK集团/SK Holdings	韩国	721	7	853	147
21	399	411	巴西国家石油公司/Petrobras	巴西	811	-43	2473	613
22	431	409	埃尼集团/Eni	意大利	616	-16	1359	582
23	437	—	韩国SK创新	韩国	341	14	270	135
24	461	441	挪威国家石油公司/Statoil	挪威	457	-29	1045	562
25	466	—	台塑石化/Formosa Petrochemical	中国台湾	169	23	140	336
26	487	—	森科能源/ Suncor Energy	加拿大	202	3	661	517
27	519	481	康菲石油公司/Conoco Phillips	美国	238	-36	898	613
28	529	—	中海油/CNOOC	中国	220	1	918	548
29	542	—	诺瓦泰克/Novatek	俄罗斯	80	38	158	390
30	559	—	哥伦比亚国家石油公司/Ecopetrol	哥伦比亚	156	5	404	197

资料来源:《福布斯》杂志 2017 年 5 月。

附表 23　2016 年世界最大 50 家石油公司综合排名（6 项指标）

综合排名	公司名称	石油储量		天然气储量		石油产量		天然气产量		炼油能力		油品销量	
		位次	亿吨	位次	亿立方米	位次	万吨	位次	亿立方米	位次	万吨	位次	万吨
1	沙特阿拉伯国家石油公司	2	373.2	5	83252	1	59740	5	1064	5	15475	6	17257
2	伊朗国家石油公司	3	220.9	1	340200	2	19600	2	1925	16	8905	12	10564
3	中国石油天然气集团公司	8	45.4	9	35596	5	16045	6	1039	3	22920	11	11122
3	埃克森美孚	11	20.6	14	17050	9	11725	4	1087	2	25175	2	26325
5	委内瑞拉国家石油公司	1	421.2	6	57016	7	14315	13	547	7	13650	14	10307
6	英国石油公司	17	13.4	17	12515	13	10225	9	738	12	9265	3	25643
6	俄罗斯石油公司	9	33.5	13	17339	4	16515	16	519	11	10050	18	7105
8	皇家荷兰/壳牌公司	26	7.4	19	10583	16	7545	7	866	4	15770	1	29026
9	俄罗斯天然气公司	14	15.3	2	187915	20	6125	1	4215	20	6205	25	4209
10	道达尔公司	24	7.8	22	9120	19	6185	10	626	9	11235	4	18323
11	雪佛龙公司	21	8.8	23	8336	14	8720	14	545	13	9175	7	12513
12	巴西国家石油公司	18	12.3	34	2959	10	10985	23	347	8	12030	9	11584
12	阿尔及利亚国家石油公司	13	15.8	7	45052	17	6735	8	752	33	2575	24	4685
14	科威特国家石油公司	5	142.2	12	17943	6	15550	41	176	22	5680	22	4964
15	阿布扎比国家石油公司	6	128.7	10	34337	11	10825	26	290	25	4510	32	2855
16	俄罗斯鲁克石油公司	12	19.2	24	6750	12	10260	37	203	18	8245	8	11776
17	卡塔尔石油总公司	15	15.1	3	179298	15	8525	3	1263	51	1055	30	3326
18	墨西哥石油公司	20	11.2	39	2438	8	12810	21	380	14	9050	16	7439
19	马来西亚国家石油公司	29	5.3	16	12789	28	3180	11	613	30	2850	29	3541
20	中国石油化工股份有限公司	39	3.1	42	2144	24	4785	34	208	1	29440	5	17797
21	伊拉克国家石油公司	4	200.3	8	36954	3	17520	89	10	26	4500	31	3198
21	尼日利亚国家石油公司	10	25.4	11	30155	21	5760	25	295	36	2225	58	503
23	意大利埃尼集团	30	5.0	26	5181	26	4540	18	484	31	2740	37	1972
24	俄罗斯苏尔古特油气公司	16	14.1	28	5038	18	6185	59	96	39	2020	38	1693
25	印度石油天然气总公司	34	3.7	25	5788	27	3405	22	348	50	1075	42	1537
26	埃及国家石油公司	42	2.5	21	9231	57	900	28	267	29	3630	27	3948

续表

综合排名	公司名称	石油储量		天然气储量		石油产量		天然气产量		炼油能力		油品销量	
		位次	亿吨	位次	亿立方米	位次	万吨	位次	亿立方米	位次	万吨	位次	万吨
27	印度尼西亚国家石油公司	41	2.8	33	3085	49	1300	38	197	24	5235	20	6478
28	挪威国家石油公司	36	3.4	31	4141	23	5160	17	484	41	1610	—	—
29	康菲公司	25	7.4	29	4869	25	4560	19	420	—	—	—	—
30	中国海洋石油总公司	33	4.2	42	2144	22	5620	49	141	47	1200	45	1194
30	西班牙雷普索尔石油公司	63	0.8	35	2839	54	1025	36	204	27	3890	23	4804
32	哈萨克斯坦国家石油公司	23	8.2	30	4862	36	2275	64	73	43	1540	44	1199
33	利比亚国家石油公司	7	46.0	18	11031	45	1565	82	32	45	1350	46	1103
34	阿曼石油开发公司	32	4.3	27	5096	38	2215	30	252	—	—	—	—
35	俄罗斯诺瓦泰克公司	55	1.4	15	14393	58	840	12	550	—	—	—	—
36	哥伦比亚国家石油公司	48	1.7	60	985	29	3135	61	83	37	2100	39	1661
37	英国天然气公司	44	2.3	32	3179	51	1290	27	277	—	—	—	—
38	加拿大自然资源公司	28	5.9	55	1297	33	2560	43	172	—	—	—	—
39	乌兹别克斯坦国家石油公司	64	0.8	20	9264	80	310	15	529	57	425	49	1025
40	美国安纳达克石油公司	51	1.5	48	1705	37	2235	31	241	—	—	—	—
41	阿根廷YPF公司	60	1.0	64	870	47	1495	46	161	42	1600	43	1459
42	美国戴文能源公司	49	1.7	50	1648	39	2055	45	166	—	—	—	—
43	日本国际石油开发株式会社	40	3.0	47	1706	43	1695	58	96	—	—	—	—
44	印度信诚公司	84	0.3	56	1185	91	120	39	190	21	6200	19	6693
45	切萨皮克公司	67	0.7	46	1711	55	960	24	303	—	—	—	—
46	美国EOG资源公司	46	2.1	58	1083	41	1805	50	131	—	—	—	—
47	澳大利亚必和必拓公司	66	0.7	54	1363	44	1590	33	211	—	—	—	—
47	美国西方石油公司	45	2.3	62	954	34	2525	56	101	—	—	—	—
47	加拿大森科能源公司	27	6.5	96	11	30	2875	97	2	35	2310	33	2347
50	俄罗斯鞑靼石油公司	22	8.7	78	512	31	2730	90	10	52	1040	51	837

注：表中数据截至 2015 年 12 月 31 日。

资料来源：美国《石油情报周刊》2016 年 11 月 21 日。

附表 24　2012—2016 年主要石油公司经营指标

油：千桶 / 日
天然气：百万英尺 ^{3}/ 日

公司名称及经营指标	2012年	2013年	2014年	2015年	2016年
埃克森美孚					
原油产量	2185	2202	2111	2345	2365
天然气产量	12322	11836	11145	10515	10127
一次加工能力	5777	5341	5144	5111	4971
成品油销售量	6174	5887	5875	5754	5482
加油站数量（座）	19382	19554	20217	20251	20783
BP					
原油产量	2056	2013	1927	2045	2048
天然气产量	7393	7060	7100	7146	7075
一次加工能力	2681	1955	1957	1853	1880
成品油销售量	5657	5569	5320	5605	5600
加油站数量（座）	20700	17800	17200	17200	18000
壳牌					
原油产量	1488	1396	1339	1358	1679
天然气产量	9449	9616	9259	8380	10613
一次加工能力	3201	3255	3217	3154	3086
成品油销售量	6235	6164	6365	6432	6483
加油站数量（座）	43774	43306	42861	42712	43346
雪佛龙					
原油产量	1764	1731	1709	1744	1719
天然气产量	5074	5192	5167	5269	5252
一次加工能力	1953	1960	1900	1835	1793
成品油销售量	2765	2711	2711	2735	2675
加油站数量（座）	16769	16634	16377	13980	13809
道达尔					
原油产量	1220	1167	1034	1237	1271
天然气产量	5880	6184	6063	6054	6447
一次加工能力	2048	2042	2187	2247	2452
成品油销售量	3561	3521	3769	4005	4183
加油站数量（座）	15425	15551	15569	16023	16461
中国石油股份					
原油产量	2511	2556	2590	2663	2522
天然气产量	7010	7676	8298	8578	8971
一次加工能力	3180	3217	3419	3431	3445
成品油销售量	3360	3488	3526	3509	3487
加油站数量（座）	19840	20272	20422	20714	20895

资料来源：各公司年报和财务经营报告。

附表 25　2012—2016 年主要石油公司财务指标　百万美元

公司名称及财务指标	2012年	2013年	2014年	2015年	2016年
埃克森美孚					
销售收入	451509	420836	394105	259488	218608
净利润	44880	32580	32520	16150	7840
总资产	333795	346808	349493	336758	330314
职工人数（人）	76900	75000	75300	73500	71100
BP					
销售收入	375765	379136	353568	222894	183008
净利润	11251	23758	4003	-6400	172
总资产	300466	305690	284305	261832	263316
职工人数（人）	86400	83900	84500	79800	74500
壳牌					
销售收入	467153	451235	421105	264960	233591
净利润	26960	16526	14730	2200	4777
总资产	350294	357512	353116	340157	411275
职工人数（人）	87000	92000	94000	93000	92000
雪佛龙					
销售收入	230590	220156	200494	129925	110215
净利润	26179	21423	19241	4587	-497
总资产	232982	253753	266026	266103	260078
职工人数（人）	61942	64550	64715	61494	55201
道达尔					
销售收入	257038	251731	236122	165357	149743
净利润	13929	11503	4250	4786	6206
总资产	220766	230413	229798	224484	230978
职工人数（人）	97126	98799	100307	96019	102168
中国石油股份					
销售收入	348515	367701	370004	274448	242964
净利润	20737	23167	19291	6695	4414
总资产	344324	381377	389860	380767	360133
职工人数（人）	548335	544083	534652	521566	508757

资料来源：各公司年报和财务经营报告。

附表 26　2015—2016 年主要石油公司分板块资本支出及比例　百万美元

公司名称及资本支出	2015年		2016年	
	数　值	比　例	数　值	比　例
埃克森美孚				
资本和勘探支出	31051	100.00%	19304	100.00%
勘探和开发	25407	81.82%	14542	75.33%
炼油和销售	2613	8.42%	2462	12.75%

续表

公司名称及资本支出	2015年		2016年	
	数　值	比　例	数　值	比　例
石油化工	2843	9.16%	2207	11.43%
其他	188	0.61%	93	0.48%
BP				
资本支出和并购	19531	100.00%	18440	100.00%
勘探与开发	17082	87.46%	16048	87.03%
炼油与销售	2109	10.80%	2141	11.61%
其他	340	1.74%	251	1.36%
壳牌				
资本支出	26131	100.00%	22116	100.00%
上游	20986	80.31%	16704	75.53%
下游	4988	19.09%	5309	24.00%
其他	157	0.60%	103	0.47%
雪佛龙				
资本和勘探支出	33979	100.00%	22428	100.00%
勘探与开发	31117	91.58%	20116	89.69%
炼油与销售	742	2.18%	679	3.03%
石油化工	1464	4.31%	1143	5.10%
其他	656	1.93%	490	2.18%
道达尔				
资本支出	28033	100.00%	20530	100.00%
上游	24270	86.58%	16035	78.11%
炼油与化工	1843	6.57%	1849	9.00%
营销与服务	1841	6.58%	2506	12.21%
其他	79	0.28%	140	0.68%
中国石油股份				
资本支出	32168	100.00%	25904	100.00%
勘探和开发	25103	78.04%	19572	75.56%
炼油和化工	2501	7.77%	1930	7.45%
天然气和管道	3238	10.07%	3056	11.80%
销售	1123	3.49%	1200	4.63%
其他	202	0.63%	146	0.56%

资料来源：各公司年报和财务经营报告。

附表 27　2016 年主要石油公司油气产量及海外比例

油气产量及海外比例	石油（千桶/日）		天然气（百万英尺^3/日）	
	2016年	2015年	2016年	2015年
埃克森美孚	2365	2345	10127	10515
美国以外比例	79.1%	79.7%	69.6%	70.1%

续表

油气产量及海外比例	石油（千桶/日）		天然气（百万英尺^3/日）	
	2016年	2015年	2016年	2015年
BP	2048	2045	7075	7146
欧洲以外比例	94.7%	94.6%	96.4%	96.3%
壳牌	1679	1358	10613	8380
欧洲以外比例	85.8%	86.8%	74.5%	70.4%
雪佛龙	1719	1744	5252	5269
美国以外比例	70.7%	71.3%	78.7%	75.1%
道达尔	1271	1237	6447	6054
欧洲以外比例	86.4%	87.0%	78.9%	80.8%
中国石油股份	2522	2663	8971	8578
中国以外比例	17.0%	17.0%	8.1%	7.3%
中国石化股份	832	958	2099	1963
中国以外比例	16.6%	15.2%	—	—
中国海油	1061	1100	1121	1214
中国以外比例	30.3%	30.8%	42.1%	39.7%

资料来源：各公司年报和财务经营报告。

附　图

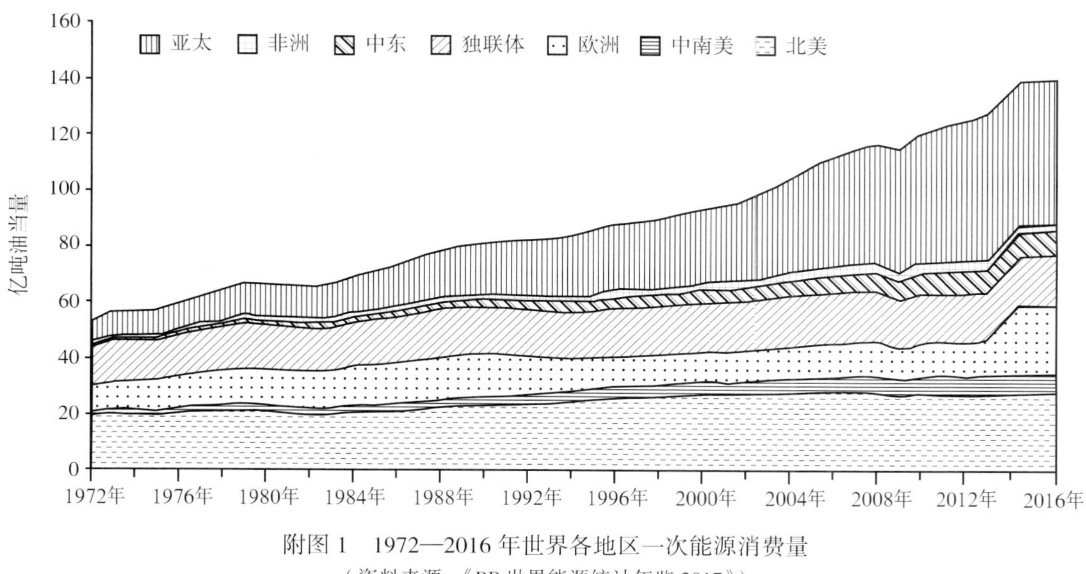

附图 1　1972—2016 年世界各地区一次能源消费量

（资料来源：《BP 世界能源统计年鉴 2017》）

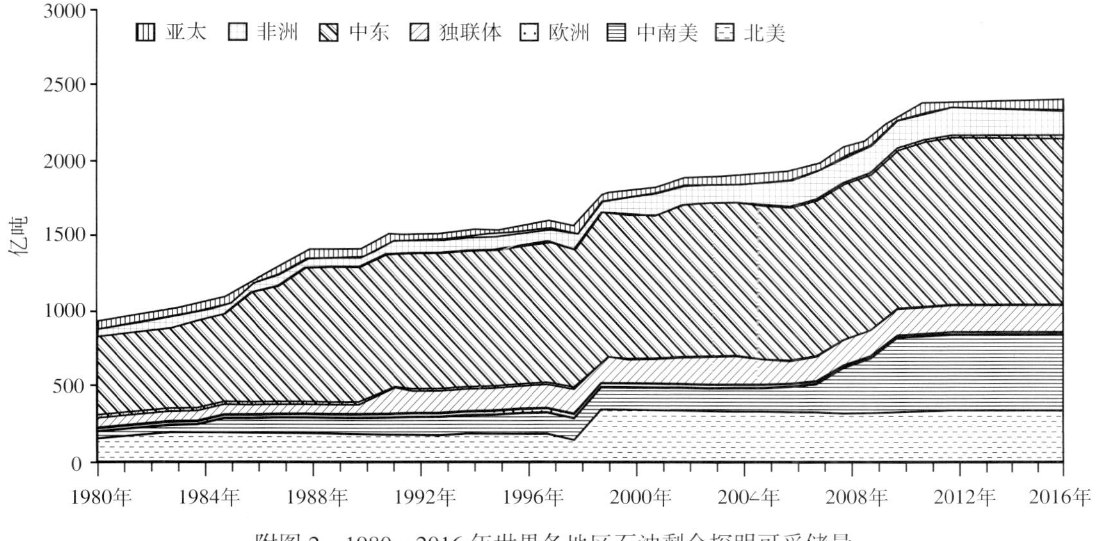

附图 2　1980—2016 年世界各地区石油剩余探明可采储量

（资料来源：《BP 世界能源统计年鉴 2017》）

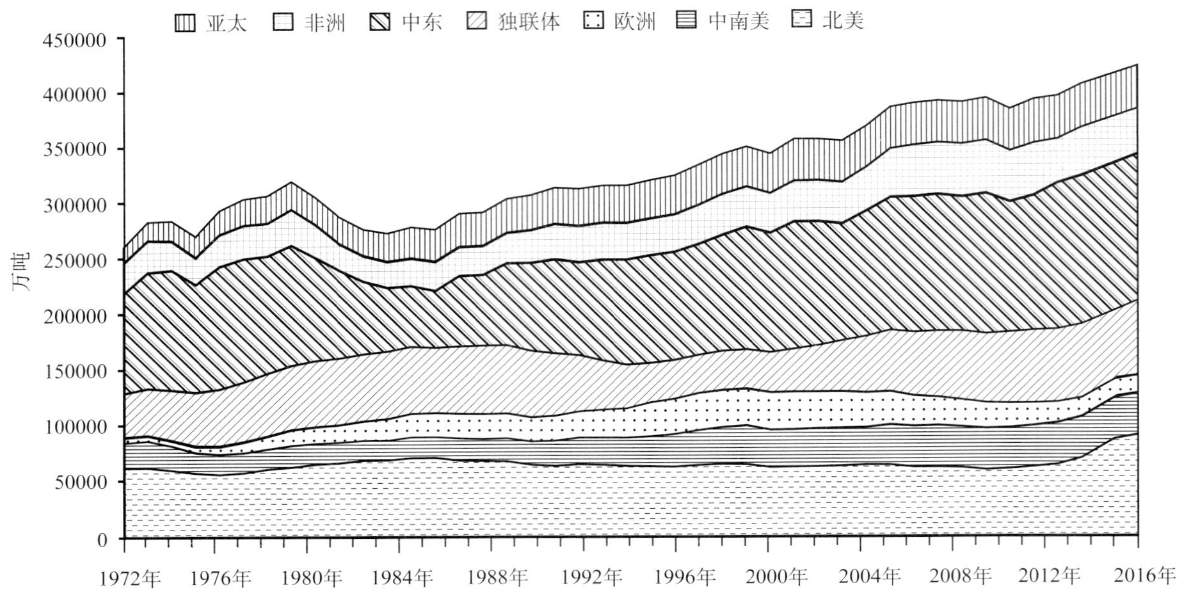

附图 3 1972—2016 年世界各地区石油产量

（资料来源：《BP 世界能源统计年鉴 2017》）

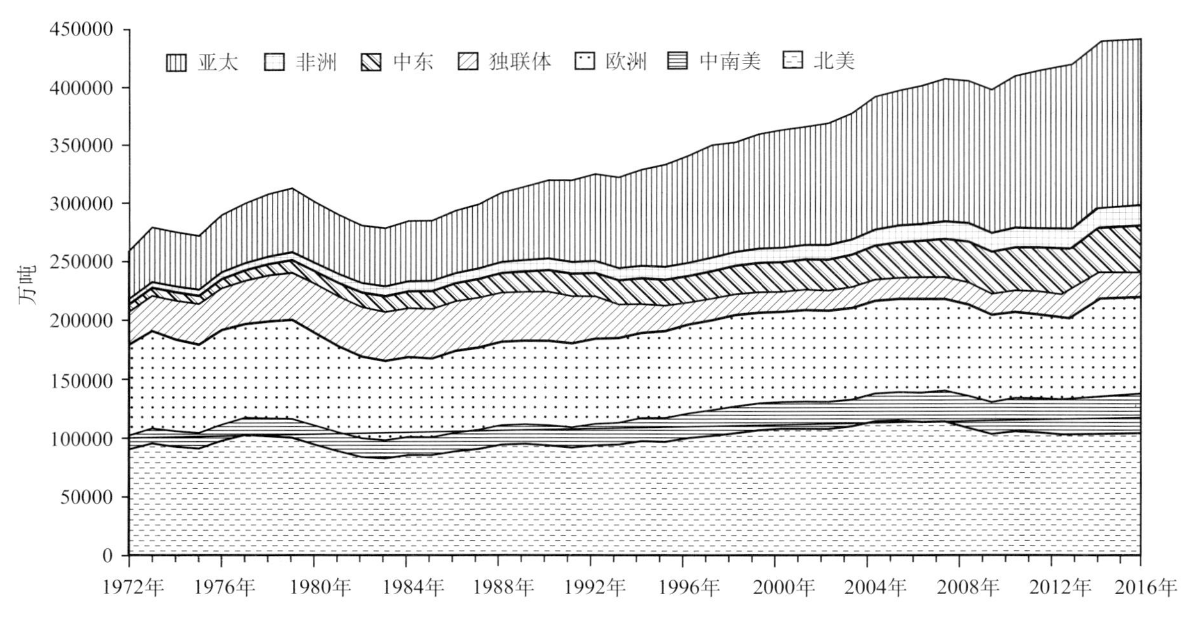

附图 4 1972—2016 年世界各地区石油消费量

（资料来源：《BP 世界能源统计年鉴 2017》）

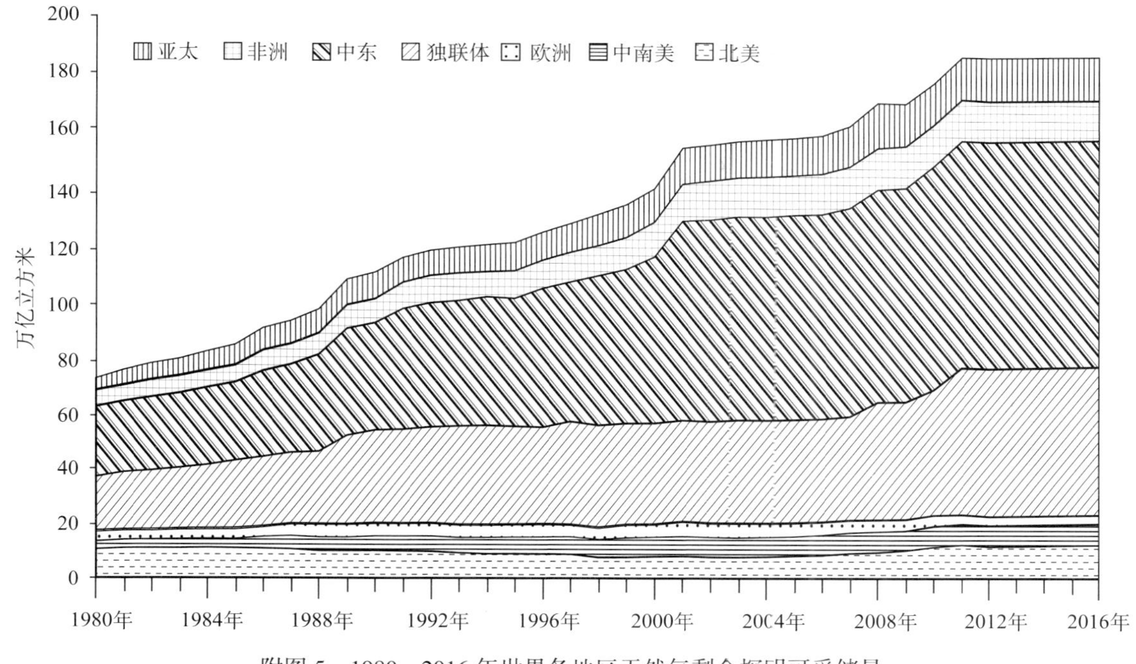

附图 5　1980—2016 年世界各地区天然气剩余探明可采储量

（资料来源：《BP 世界能源统计年鉴 2017》）

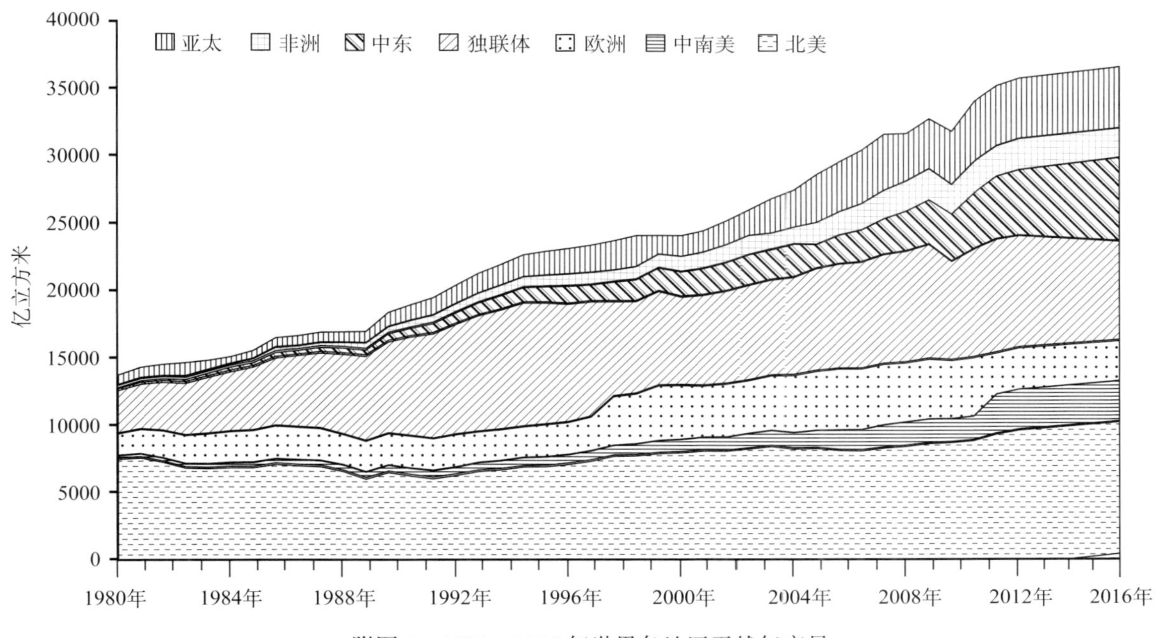

附图 6　1980—2016 年世界各地区天然气产量

（资料来源：《BP 世界能源统计年鉴 2017》）

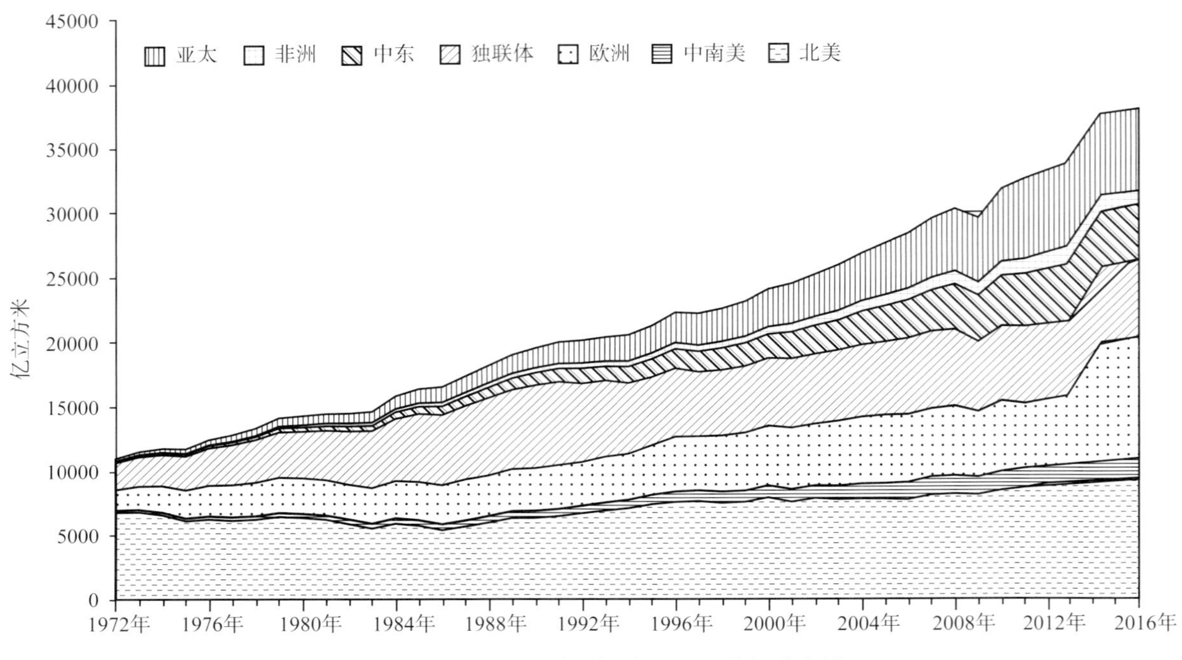

附图 7　1972—2016 年世界各地区天然气消费量

（资料来源：《BP 世界能源统计年鉴 2017》）

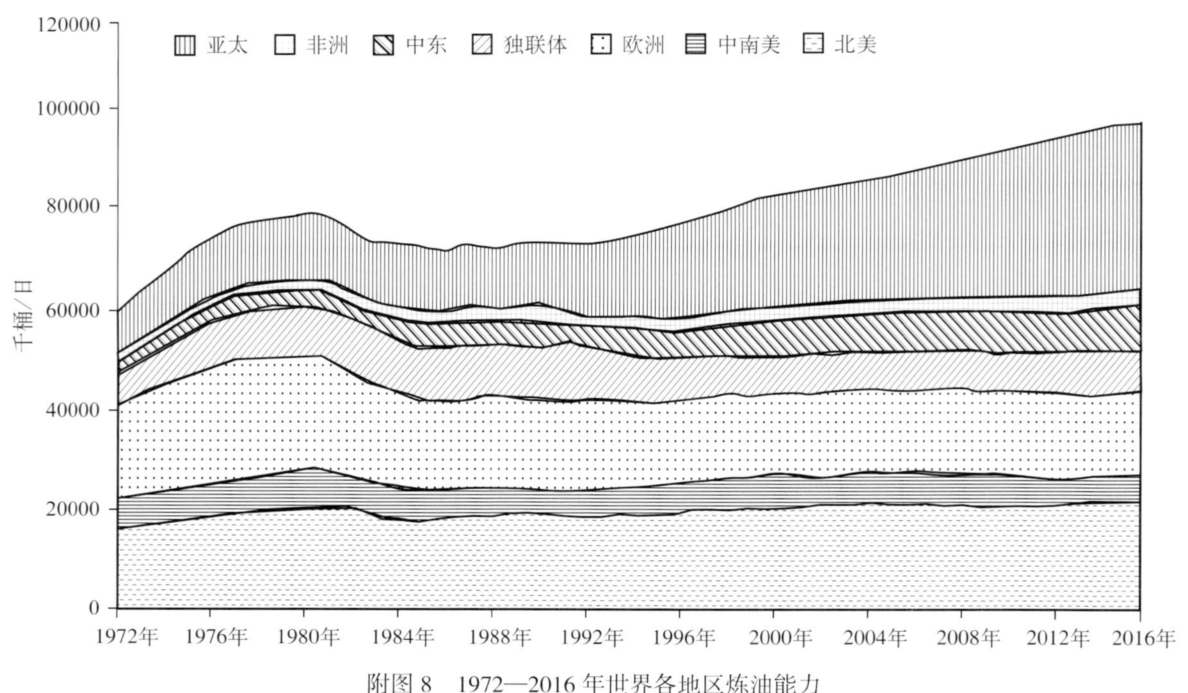

附图 8　1972—2016 年世界各地区炼油能力

（资料来源：《BP 世界能源统计年鉴 2017》）

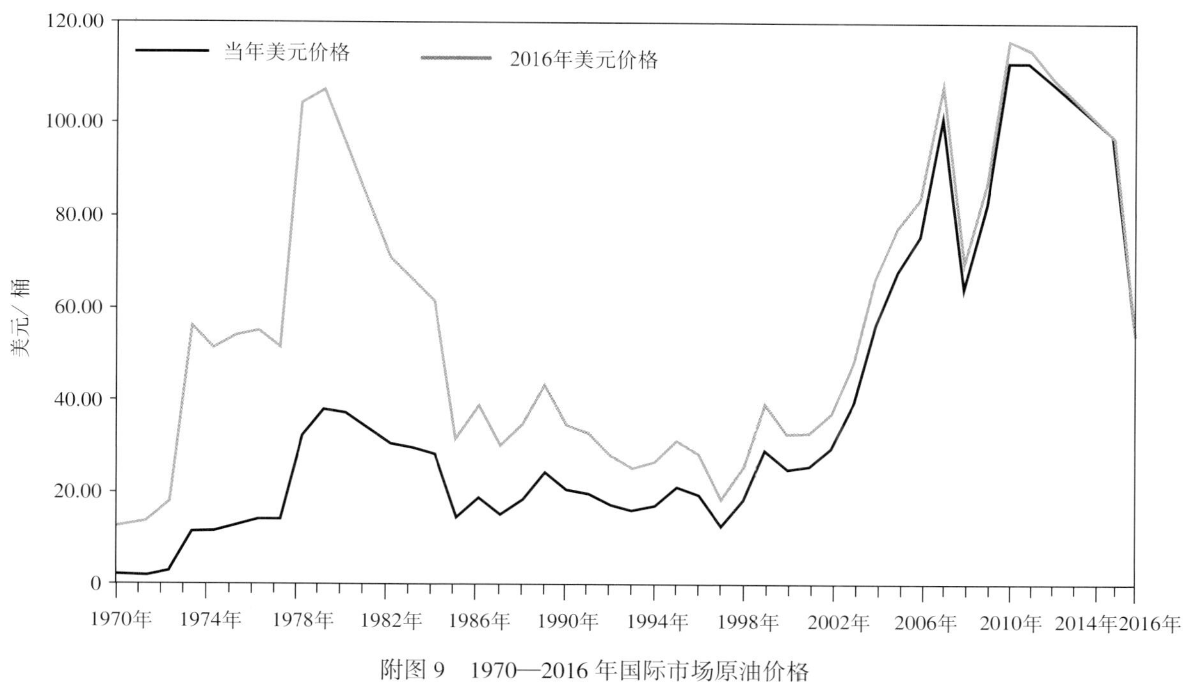

附图 9 1970—2016 年国际市场原油价格

（资料来源：《BP 世界能源统计年鉴 2017》）

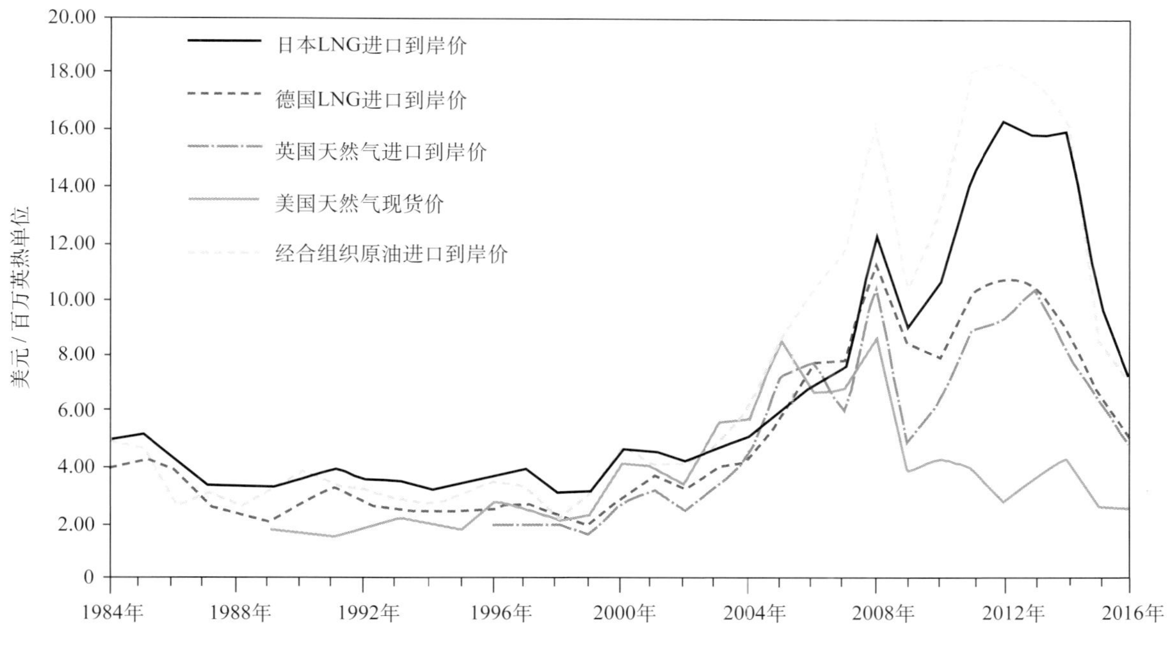

附图 10 1984—2016 年国际市场天然气价格

（资料来源：《BP 世界能源统计年鉴 2017》）

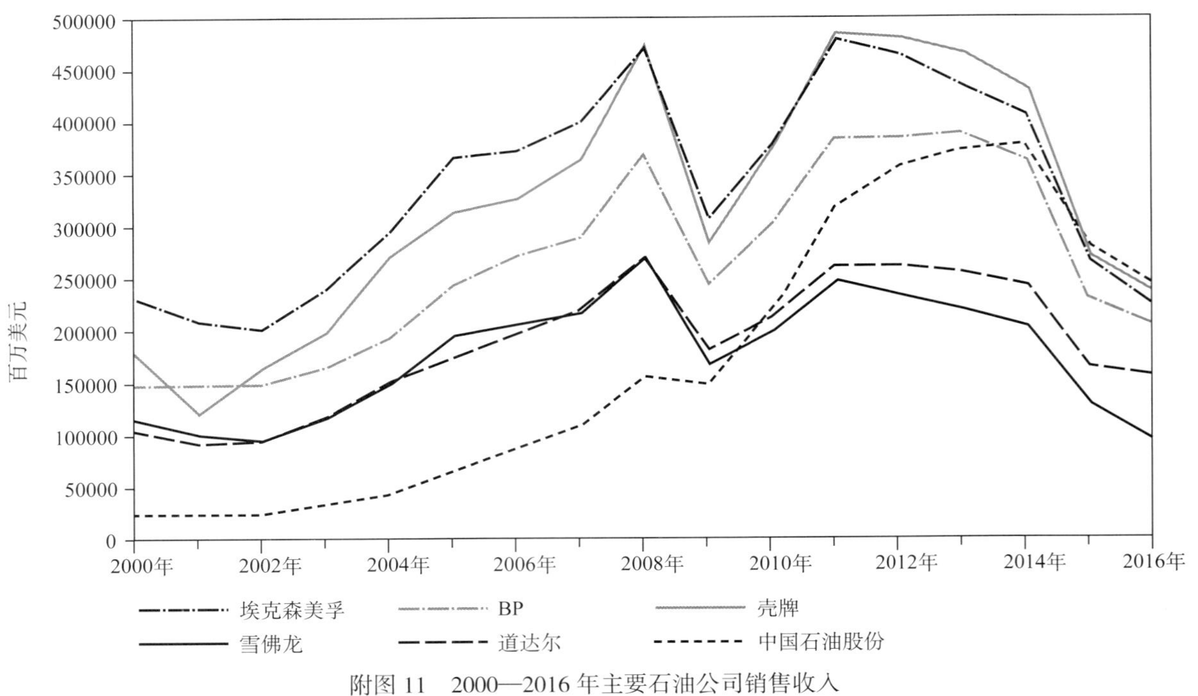

附图 11　2000—2016 年主要石油公司销售收入

（资料来源：各公司年报和财务经营报告）

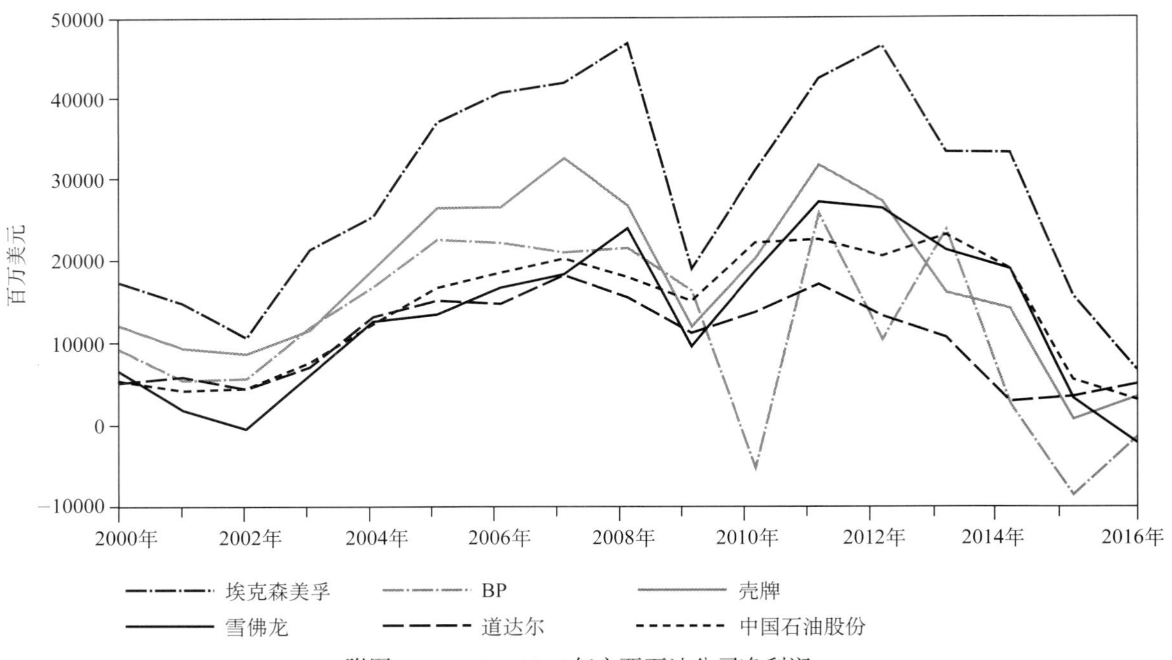

附图 12　2000—2016 年主要石油公司净利润

（资料来源：各公司年报和财务经营报告）

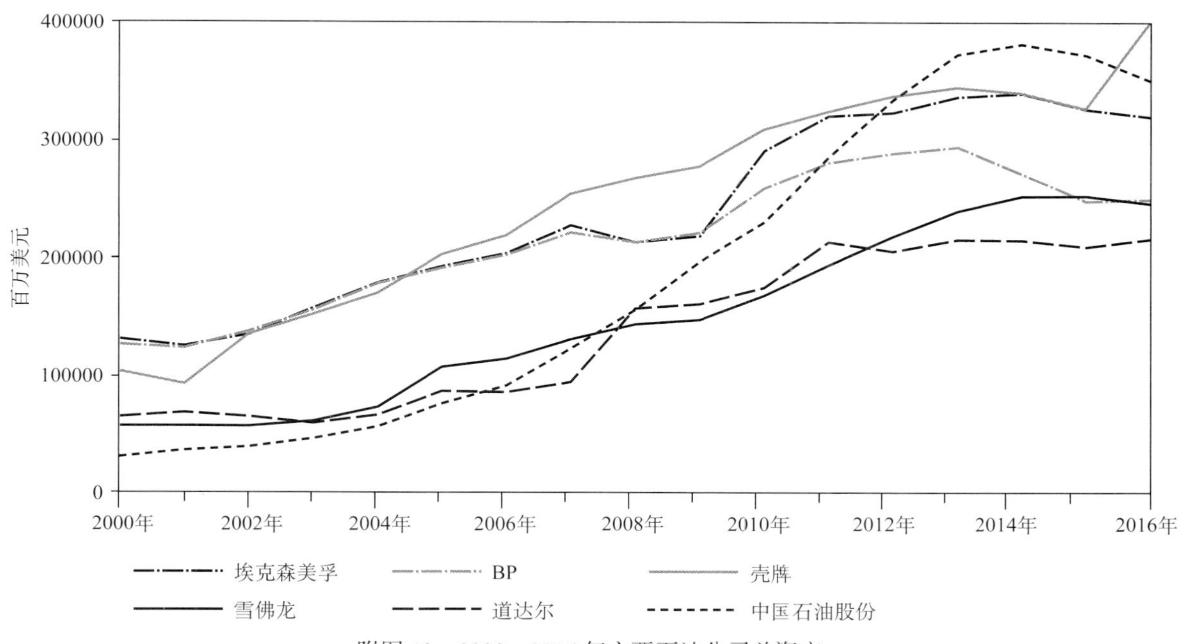

附图 13　2000—2016 年主要石油公司总资产
（资料来源：各公司年报和财务经营报告）

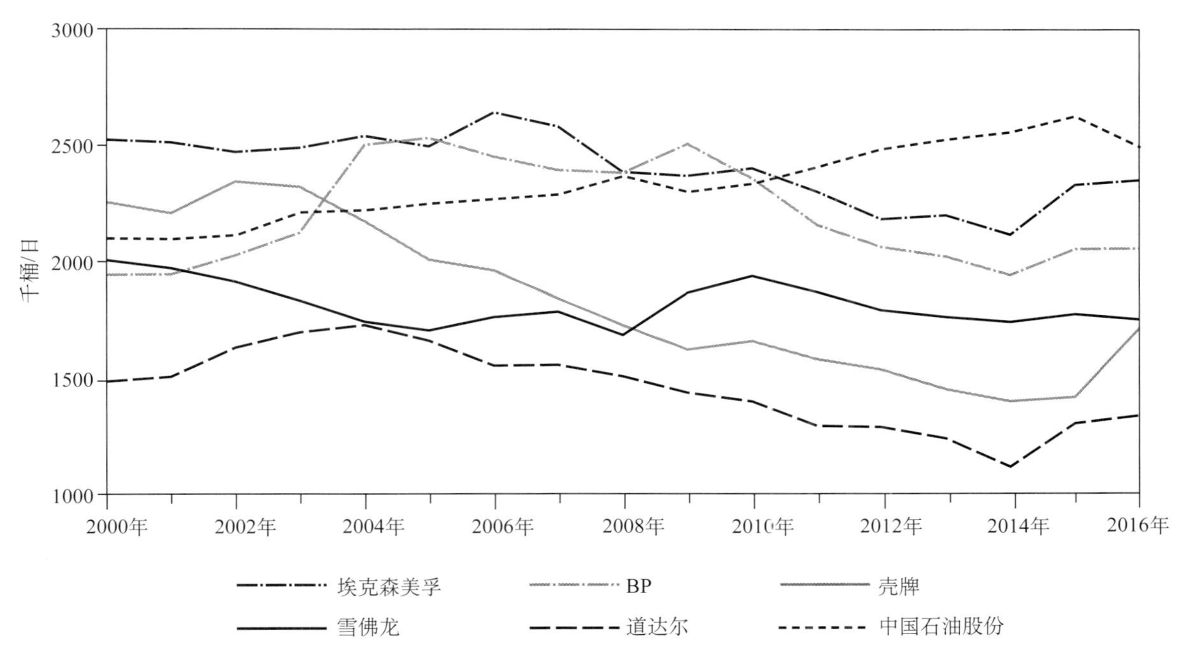

附图 14　2000—2016 年主要石油公司原油产量
（资料来源：各公司年报和财务经营报告）

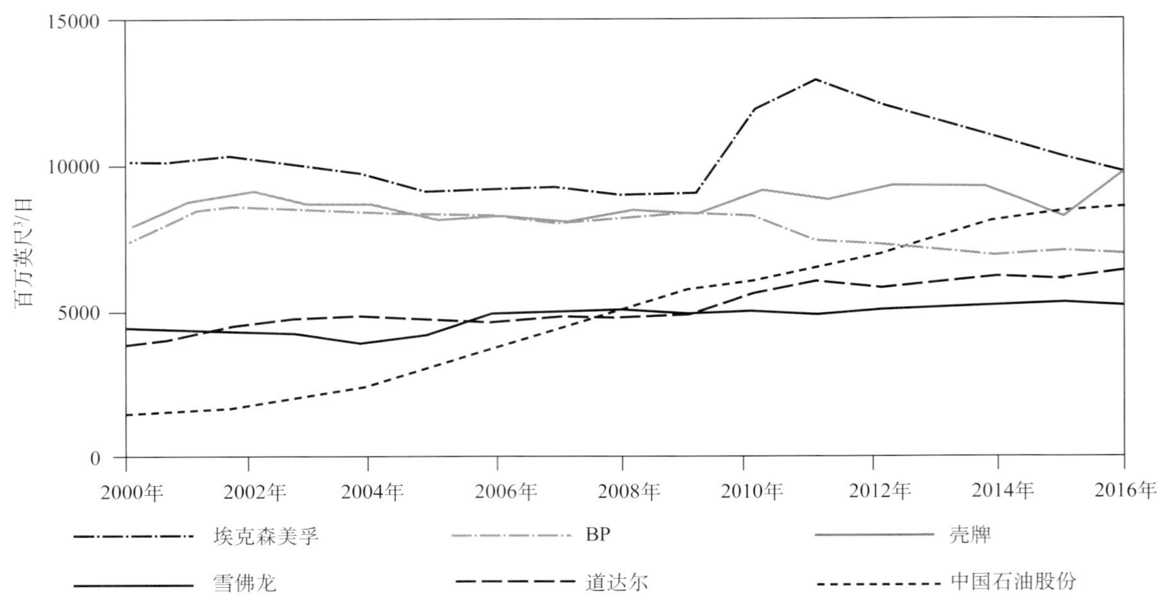

附图 15　2000—2016 年主要石油公司天然气产量
（资料来源：各公司年报和财务经营报告）

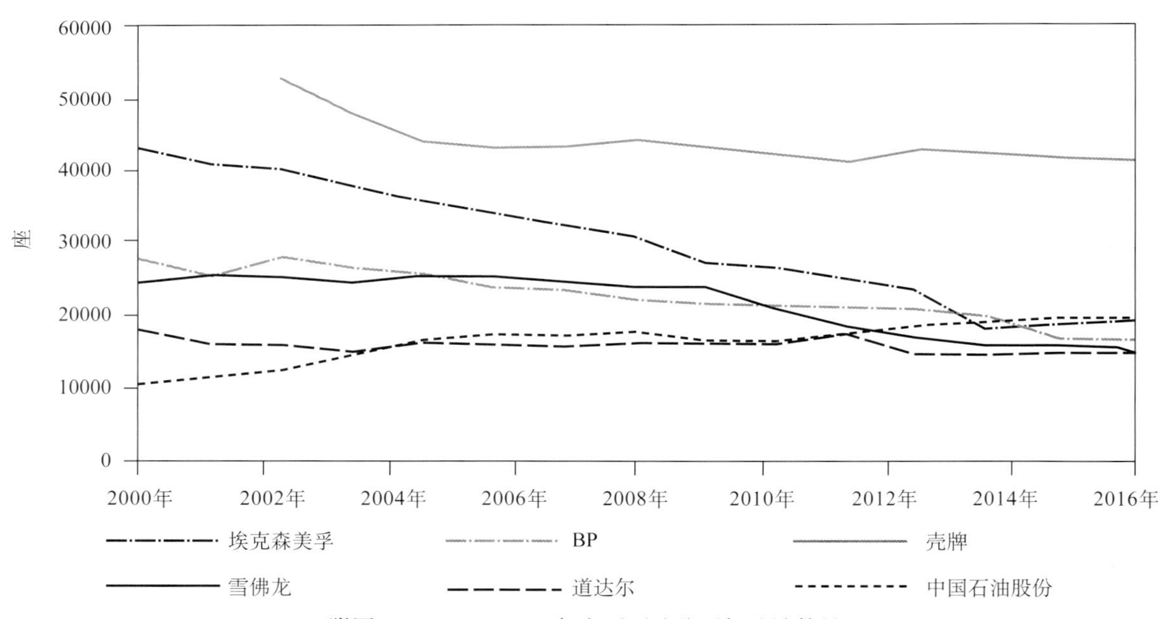

附图 16　2000—2016 年主要石油公司加油站数量
（资料来源：各公司年报和财务经营报告）

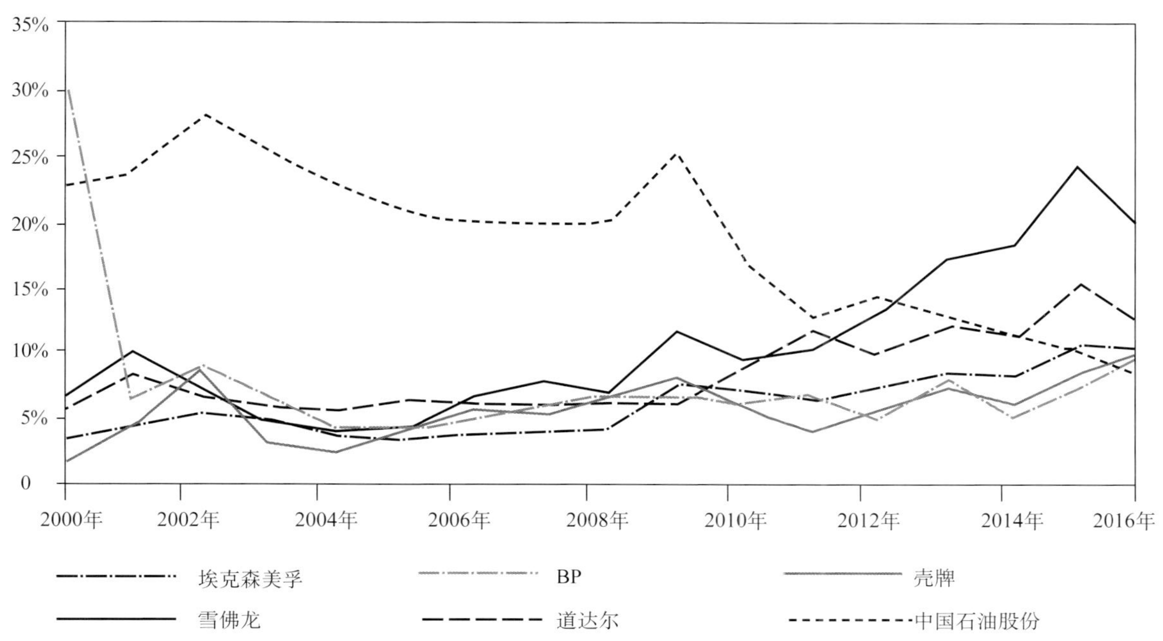

附图 17　2000—2016 年主要石油公司资本支出占销售收入比例

注：2000 年 BP 收购 ARCO，故资本支出 / 销售收入比例较高。

（资料来源：各公司年报和财务经营报告）

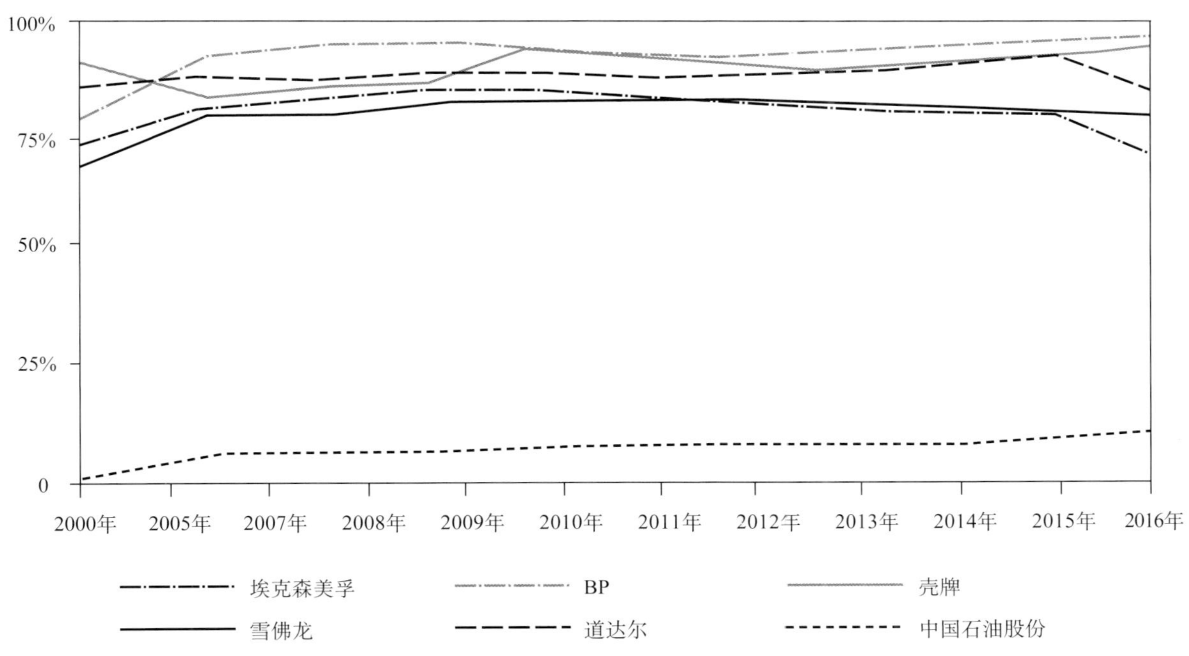

附图 18　2000—2016 年主要石油公司石油储量海外比例

（资料来源：各公司年报和财务经营报告）

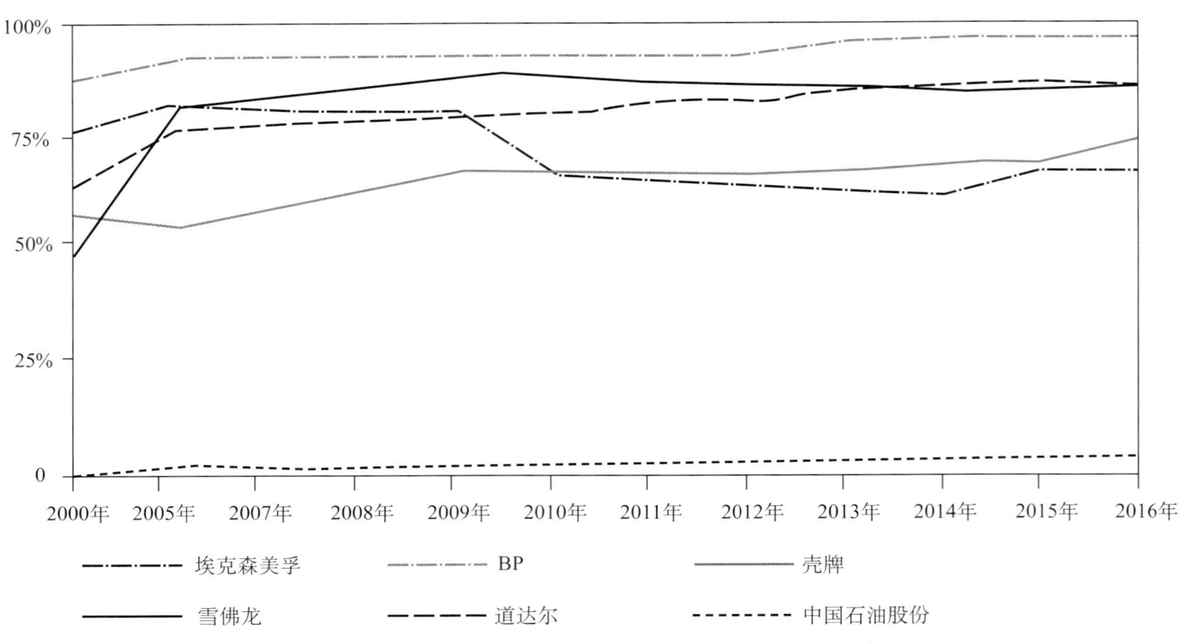

附图 19　2000—2016 年主要石油公司天然气储量海外比例
（资料来源：各公司年报和财务经营报告）

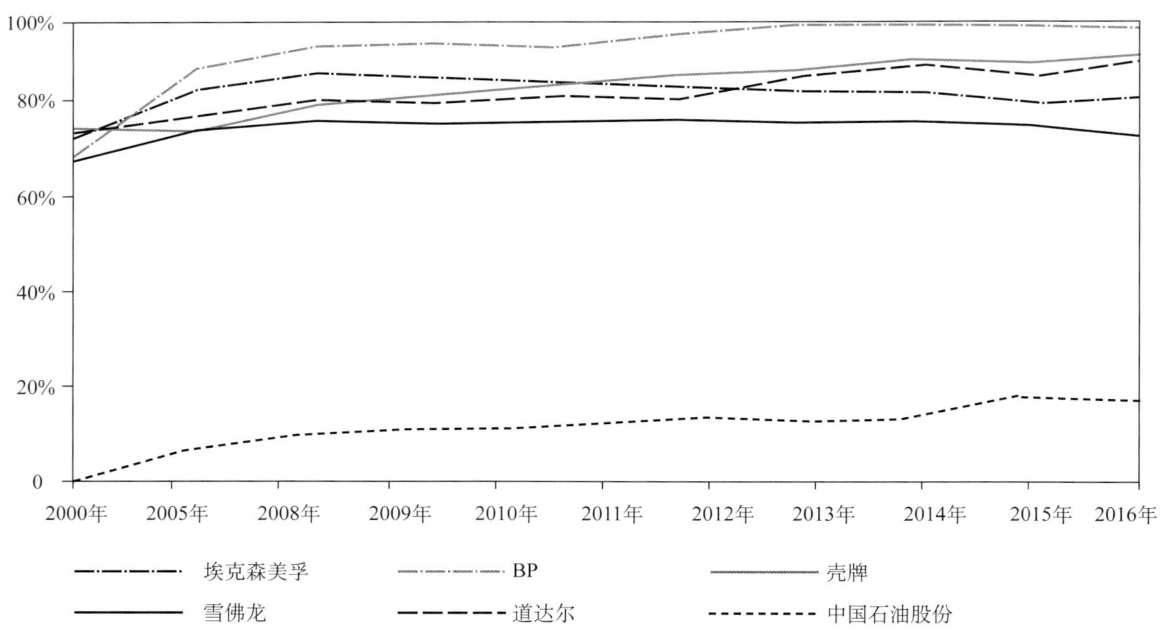

附图 20　2000—2016 年主要石油公司原油产量海外比例
（资料来源：各公司年报和财务经营报告）

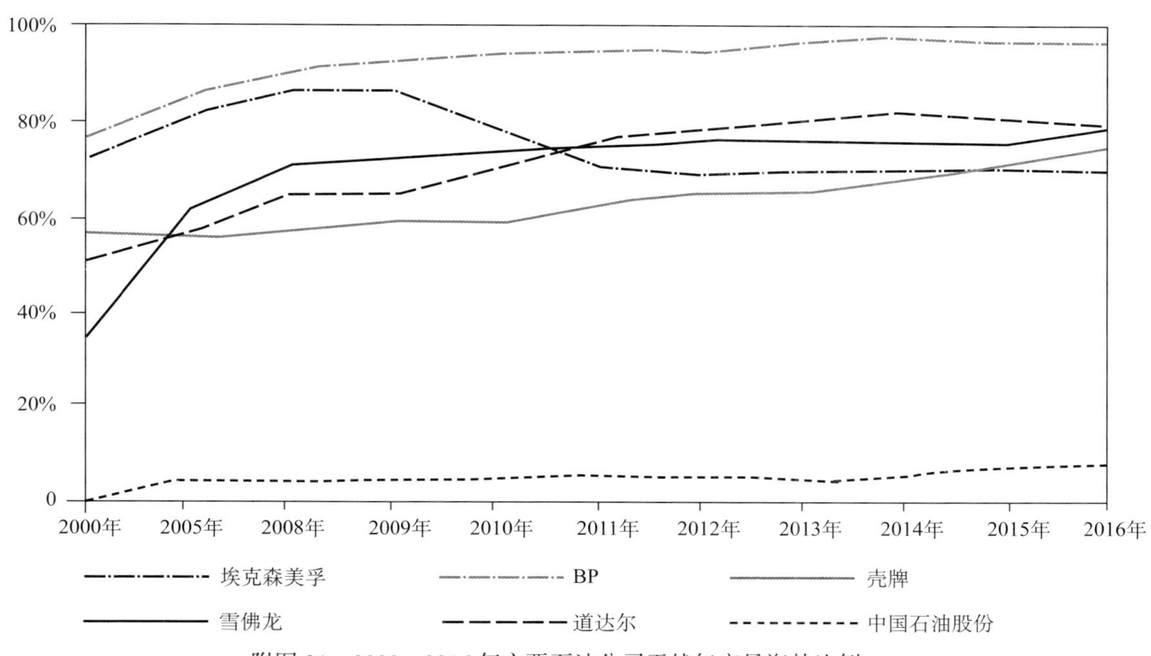

附图 21 2000—2016 年主要石油公司天然气产量海外比例
（资料来源：各公司年报和财务经营报告）

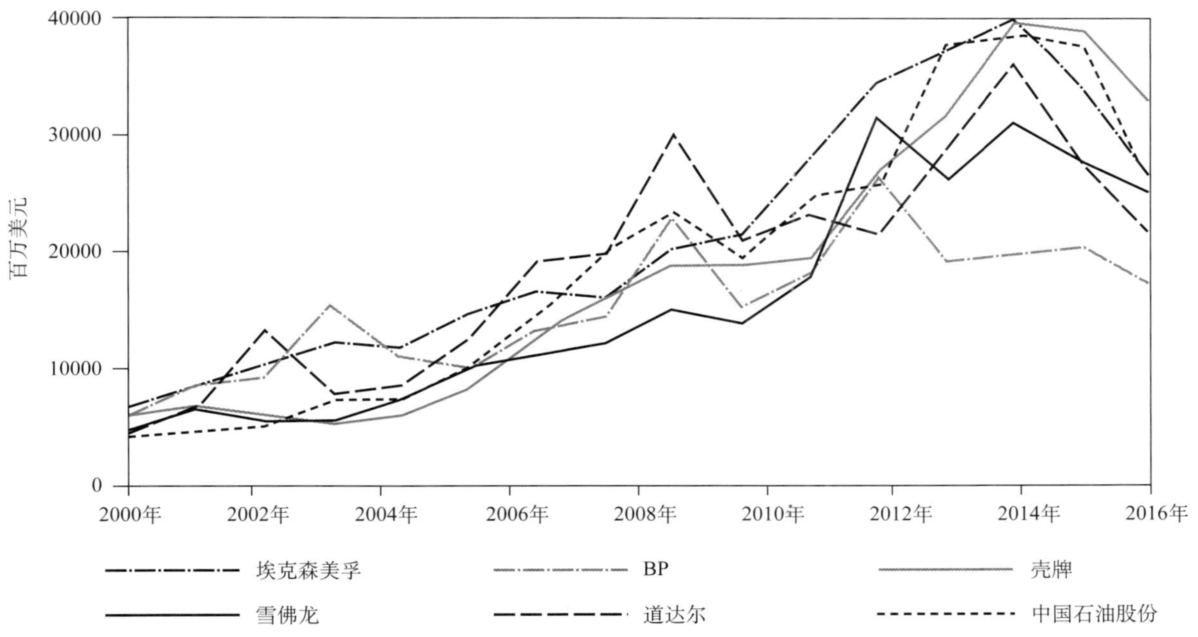

附图 22 2000—2016 年主要石油公司勘探开发支出
（资料来源：各公司年报和财务经营报告）

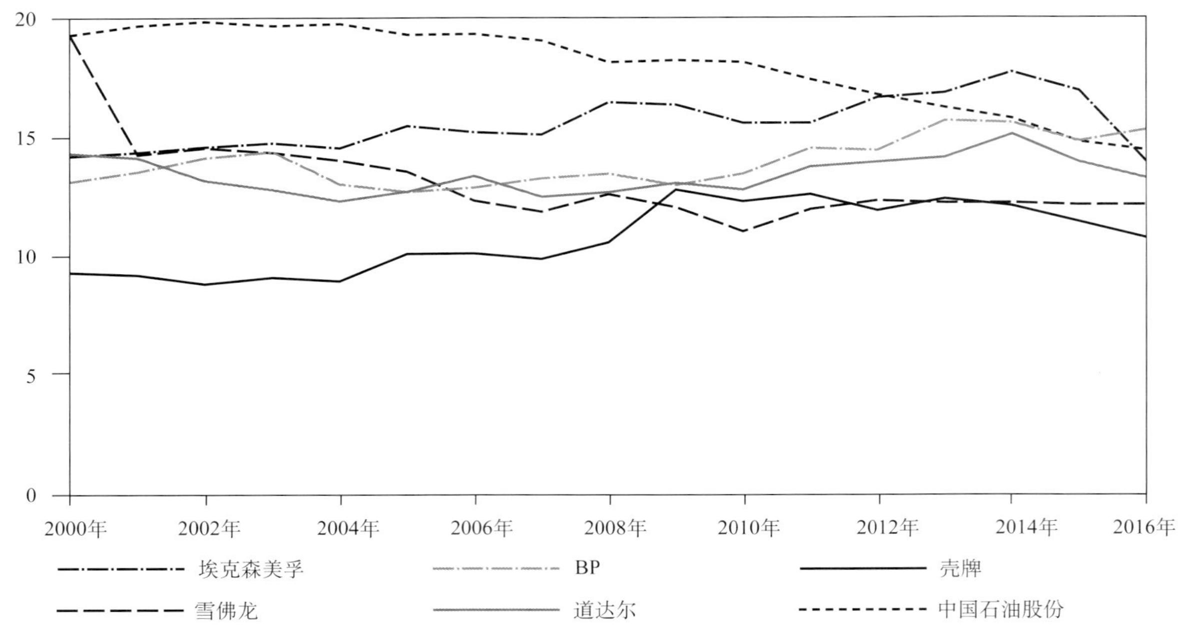

附图 23　2000—2016 年主要石油公司油气储采比

（资料来源：各公司年报和财务经营报告）

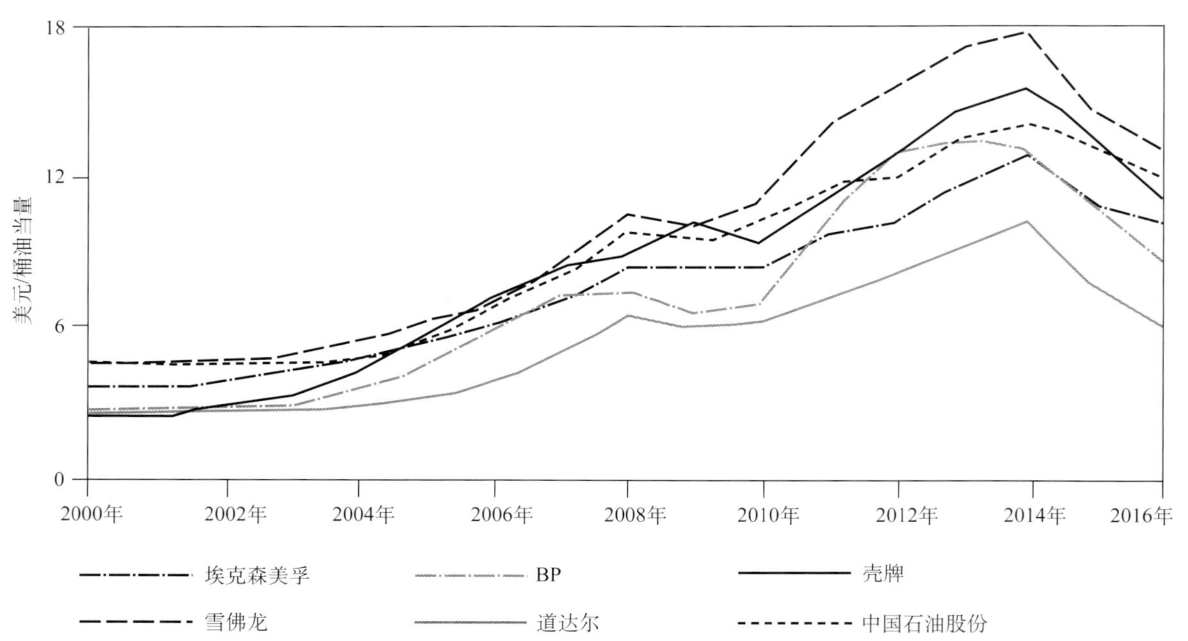

附图 24　2000—2016 年主要石油公司油气操作成本

（资料来源：各公司年报和财务经营报告）

附图 25　2007—2017 年纽约证券交易所主要石油公司股价走势

注：2017 年为上半年数据，日期截至 2017 年 6 月 30 日。

（资料来源：纽约证券交易所）

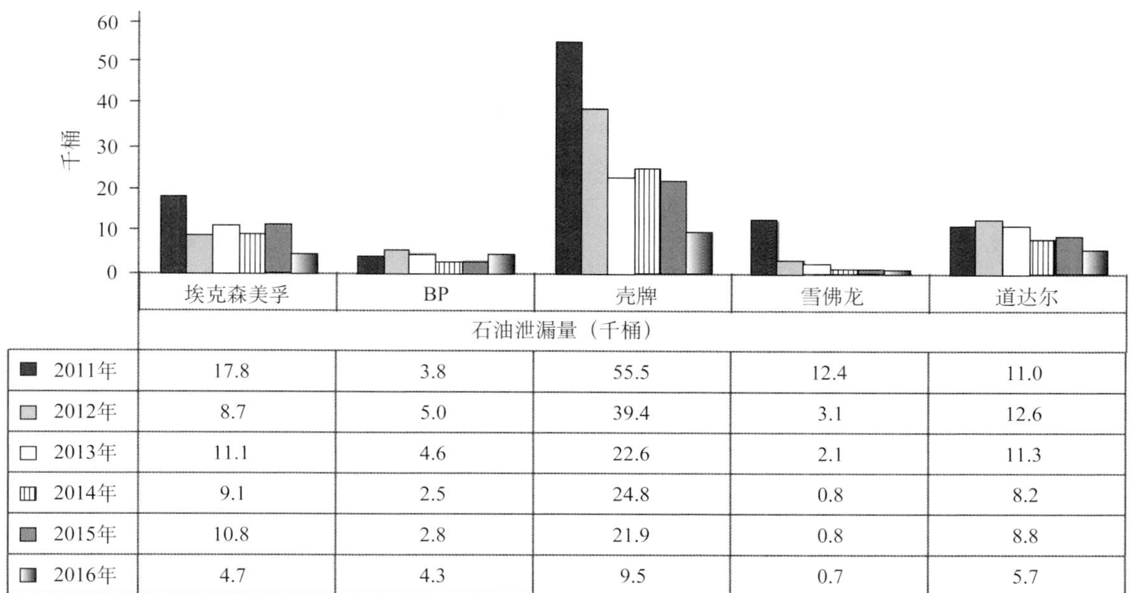

石油泄漏量（千桶）	埃克森美孚	BP	壳牌	雪佛龙	道达尔
2011年	17.8	3.8	55.5	12.4	11.0
2012年	8.7	5.0	39.4	3.1	12.6
2013年	11.1	4.6	22.6	2.1	11.3
2014年	9.1	2.5	24.8	0.8	8.2
2015年	10.8	2.8	21.9	0.8	8.8
2016年	4.7	4.3	9.5	0.7	5.7

附图 26　2011—2016 年主要石油公司石油泄漏量

（资料来源：各公司社会责任报告）

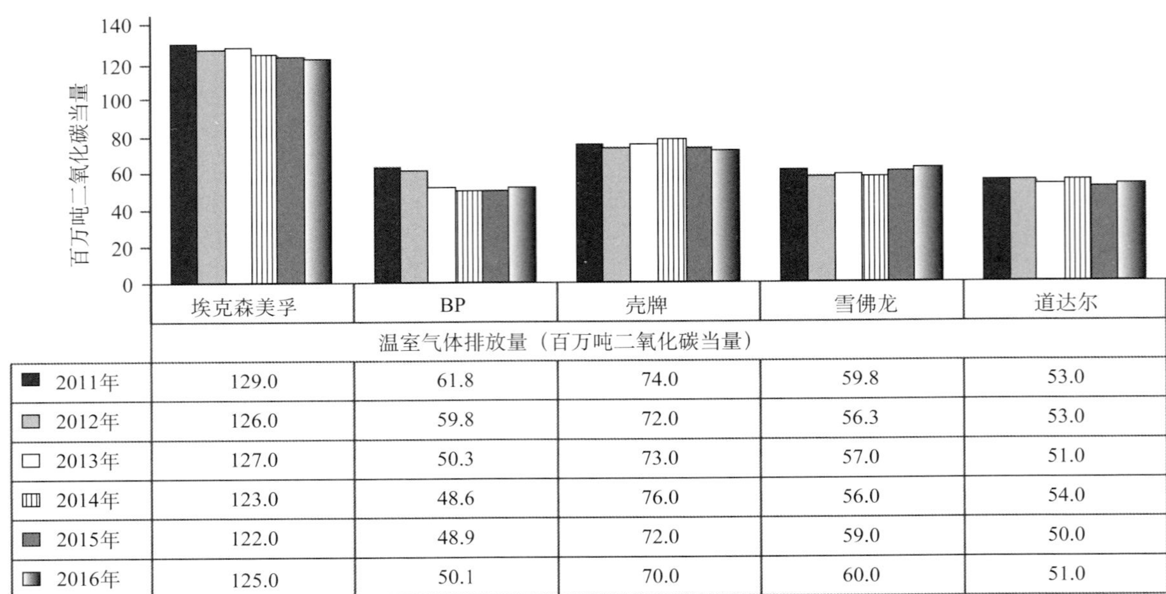

	埃克森美孚	BP	壳牌	雪佛龙	道达尔
	温室气体排放量（百万吨二氧化碳当量）				
2011年	129.0	61.8	74.0	59.8	53.0
2012年	126.0	59.8	72.0	56.3	53.0
2013年	127.0	50.3	73.0	57.0	51.0
2014年	123.0	48.6	76.0	56.0	54.0
2015年	122.0	48.9	72.0	59.0	50.0
2016年	125.0	50.1	70.0	60.0	51.0

附图 27　2011—2016 年主要石油公司温室气体排放量

（资料来源：各公司社会责任报告）

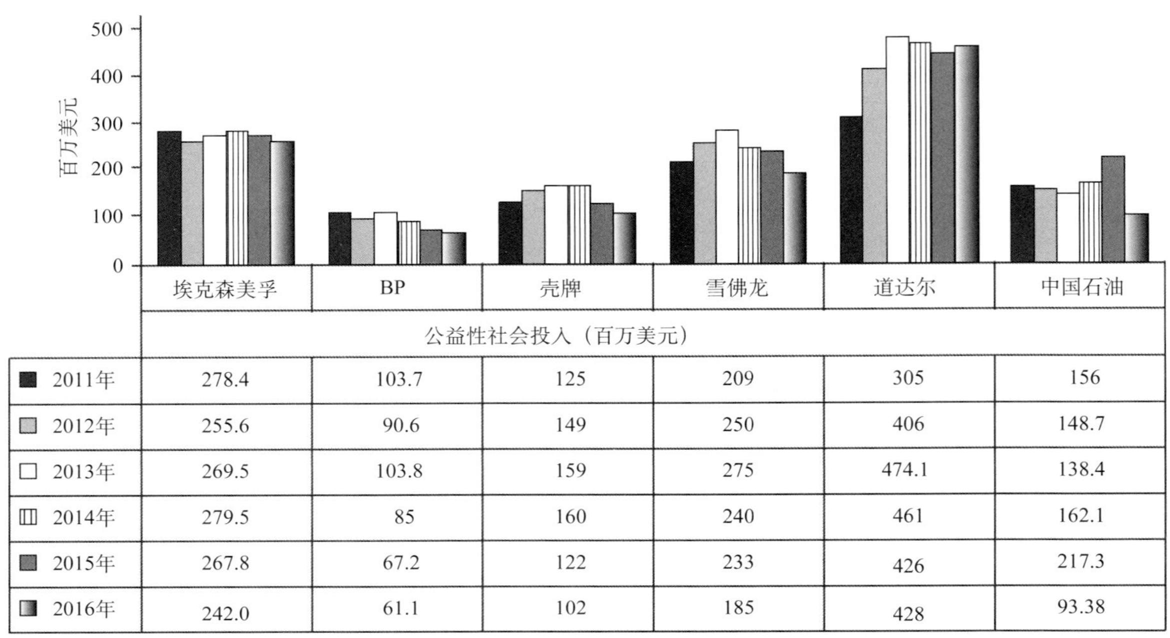

	埃克森美孚	BP	壳牌	雪佛龙	道达尔	中国石油
	公益性社会投入（百万美元）					
2011年	278.4	103.7	125	209	305	156
2012年	255.6	90.6	149	250	406	148.7
2013年	269.5	103.8	159	275	474.1	138.4
2014年	279.5	85	160	240	461	162.1
2015年	267.8	67.2	122	233	426	217.3
2016年	242.0	61.1	102	185	428	93.38

附图 28　2011—2016 年主要石油公司公益性社会投入

注：公益性社会投入主要指慈善捐助，对非盈利性教育、健康和环境项目的资助，以及对作业社区发展的援助；道达尔数据指对非经合组织国家的投入；中国石油数据中含扶贫帮困、捐资助学、赈灾捐赠和环保支出

（资料来源：各公司社会责任报告）

索　引

使用说明

一、本索引采用内容分析索引法编制。除大事记外，年鉴中有实质检索意义的内容均予以标引，以便检索使用。

二、索引基本上按汉语拼音音序排列，具体排列方法如下：以数字开头的，排在最前面；以英文字母打头的，列于其次；汉字标目则按首字的音序、音调依次排列，首字相同时，则以第二个字排序，并依此类推。

三、索引标目后的数字，表示检索内容所在的年鉴正文页码；数字后面的英文字母 a、b，表示年鉴正文中的栏别，合在一起即指该页码及左右两个版面区域。年鉴中用表格、图片反映的内容，则在索引标目后面用括号注明（表）、（图）字，以区别于文字标目。

四、为反映索引款目间的隶属关系，对于二级标目，采取在上一级标目下缩二格的形式编排，之下再按汉语拼音音序、音调排列。

0—9

1970—2016 年国际市场原油价格（图） 711
1972—2016 年世界各地区炼油能力（图） 710
1972—2016 年世界各地区石油产量（图） 708
1972—2016 年世界各地区石油消费量（图） 708
1972—2016 年世界各地区天然气消费量（图） 710
1972—2016 年世界各地区一次能源消费量（图） 707
1980—2016 年世界各地区石油剩余探明可采储量（图） 707
1980—2016 年世界各地区天然气产量（图） 709
1980—2016 年世界各地区天然气剩余探明可采储量（图） 709
1984—2016 年国际市场天然气价格（图） 711
2000—2016 年主要石油公司加油站数量（图） 714
2000—2016 年主要石油公司净利润（图） 712
2000—2016 年主要石油公司勘探开发支出（图） 717
2000—2016 年主要石油公司石油储量海外比例（图） 715
2000—2016 年主要石油公司天然气产量（图） 714
2000—2016 年主要石油公司天然气产量海外比例（图） 717
2000—2016 年主要石油公司天然气储量海外比例（图） 716
2000—2016 年主要石油公司销售收入（图） 712
2000—2016 年主要石油公司油气操作成本（图） 718
2000—2016 年主要石油公司油气储采比（图） 718
2000—2016 年主要石油公司原油产量（图） 713
2000—2016 年主要石油公司原油产量海外比例（图） 716
2000—2016 年主要石油公司资本支出占销售收入比例（图） 715
2000—2016 年主要石油公司总资产（图） 713
2007—2017 年纽约证券交易所主要石油公司股价走势（图） 719
2008—2016 年中国石油品牌及社会责任工作获奖情况（表） 186
2011—2016 年主要石油公司公益性社会投入（图） 720
2011—2016 年主要石油公司石油泄漏量（图） 719

2011—2016 年主要石油公司温室气体排放量（图） 720
2012—2016 年集团公司社会公益投入（表） 185
2012—2016 年世界主要国家地热发电装机容量（表） 696
2012—2016 年世界主要国家风能发电装机容量（表） 697
2012—2016 年世界主要国家生物燃料产量（表） 697
2012—2016 年世界主要国家太阳能发电装机容量（表） 696
2012—2016 年主要石油公司财务指标（表） 704
2012—2016 年主要石油公司经营指标（表） 703
2014—2015 年度集团公司青年文明号 257a
2014—2015 年度集团公司五四红旗团支部（团总支） 250b
2014—2015 年度集团公司优秀共青团干部 255a
2014—2015 年度集团公司优秀共青团员 252b
2014—2015 年度全国青年岗位能手 239b
2014—2015 年度全国青年岗位能手标兵 239b
2015—2016 年度全国青年文明号 239a
2015—2016 年度全国青年文明号特别推报集体 239a
2015—2016 年主要石油公司分板块资本支出及比例（表） 704
2015 年度环境保护公报 166b
2015 年度全国五四红旗团委（团支部） 239b
2015 年度全国优秀共青团干部 239b
2015 年度全国优秀共青团员 239b
2015 年度业绩发布路演 178b
2015 年度业绩考核情况 21a
2015 年十大科技进展（表） 159
2015 年主要工作成果 12a
　　安全环保 14a
　　成品油销售业务 13a
　　服务业务 13b
　　改革和创新 14a
　　海外业务 13b
　　科技创新 14a
　　炼油与化工业务 13a
　　天然气与管道业务 13a
　　油气勘探开发业务 12b
2016 年天然气销售流向（表） 98
2016 年财务管理信息系统（FMIS） 103a
2016 年采油、注水情况（表） 43a
2016 年测井工作量（表） 113a
2016 年成品油调运情况（表） 85a
2016 年董事会例会、董事会临时会议 177a
2016 年动用各专业队伍数量（表） 64a
2016 年度公司股东权益变动（表） 669
2016 年度合并股东权益变动（表） 668
2016 年度合并及公司利润（表） 666
2016 年度合并及公司现金流量（表） 667
2016 年度获国家科技奖励（表） 146
2016 年度集团公司安全生产先进企业名单（表） 165
2016 年度集团公司环境保护先进企业名单（表） 166
2016 年度集团公司节能节水先进企业名单（表） 169
2016 年度石油优质工程获奖名单（表） 125
2016 年二维地震、三维地震采集情况（表） 110b
2016 年工程技术服务队伍动用情况（表） 64b
2016 年工作会议 7、12、26
2016 年国际原油期货价格走势（图） 72
2016 年国内外物探野外采集工作量（表） 111a
2016 年海上对外合作区块油田原油、天然气产量（表） 58
2016 年集团公司技术发明奖（表） 157
2016 年集团公司科学技术进步奖（表） 147
2016 年集团公司领导干部会议 232a
2016 年集团公司先进基层党组织 246b
2016 年集团公司优秀党务工作者 244a
2016 年集团公司优秀共产党员 240b
2016 年井下作业工作量（表） 120b
2016 年井下作业主要指标（表） 51
2016 年勘探开发工作量（表） 32b
2016 年领导干部会议 16、21、29
2016 年录井队伍情况（表） 116a
2016 年录井工作量（表） 116a
2016 年煤层气产量及商品气量（表） 59
2016 年尿素产品价格走势（图） 75
2016 年全国石油天然气（含煤层气）矿权统计（表） 48
2016 年全国先进基层党组织 239a
2016 年全国向上向善好青年 239b
2016 年全国优秀共产党员 239a
2016 年润滑油和炼油小产品销售（表） 88b
2016 年上半年生产经营主要成果 21b
2016 年石油物探装备情况（表） 110
2016 年世界各地区一次能源消费构成（表） 682
2016 年世界各地区主要油品消费量（表） 688
2016 年世界管道天然气贸易流向（表） 695

2016 年世界液化天然气贸易流向（表）　696
2016 年世界主要国家、地区和组织二氧化碳排放量（表）　697
2016 年世界主要国家、地区和组织炼油能力（表）　689
2016 年世界主要国家、地区和组织石油产量（表）　685
2016 年世界主要国家、地区和组织石油剩余探明可采储量（表）　684
2016 年世界主要国家、地区和组织石油消费量（表）　687
2016 年世界主要国家、地区和组织天然气消费量（表）　692
2016 年世界主要国家、地区和组织一次能源分类消费量（表）　682
2016 年世界主要国家、地区和组织一次能源消费量（表）　683
2016 年世界主要国家和地区石油进出口量（表）　694
2016 年世界主要国家和地区天然气产量（表）　691
2016 年世界主要国家和地区天然气进出口量（表）　694
2016 年世界主要国家和地区天然气剩余探明可采储量（表）　690
2016 年世界最大 50 家石油公司综合排名（表）　701
2016 年滩海自营油田原油、天然气产量（表）　58
2016 年天然气产量及商品量（表）　46
2016 年天然气产能建设（表）　47
2016 年天然气销售量（表）　97b
2016 年天然气与管道分公司主要经营（运营）指标（表）　94b
2016 年物探队伍及动用情况（表）　109b
2016 年下半年重点工作部署　23b
2016 年业务发展重点部署　15a
2016 年油气安保防恐工作取得显著成效　223b
2016 年原油产量（表）　43
2016 年原油工业产量、商品量（表）　43b
2016 年原油加工量、产品产量（表）　67a
2016 年召开的股东大会　176b
2016 年中国石油 A 股与上证指数走势（图）　181
2016 年中国石油储气库注气量（表）　60
2016 年中国石油股份 H 股与恒生指数走势（图）　179
2016 年中国石油天然气集团公司工作情况概述　5
2016 年中国石油在资本市场获奖情况（表）　183
2016 年中期业绩发布路演　179a
2016 年中央企业先进基层党组织　240b
2016 年中央企业优秀党务工作者　240a
2016 年中央企业优秀共产党员　240a
2016 年中央企业优秀共产党员标兵　240a
2016 年主要合成树脂产品价格走势（图）　74
2016 年主要合成橡胶产品价格走势（图）　74
2016 年主要化工产品价格变化（表）　73
2016 年主要石油公司油气产量及海外比例（表）　705
2016 年主要油种价格变化（表）　73a
2016 年主要有机化工产品价格走势（图）　75
2016 年钻井工作量（表）　117a
2017—2020 年天然气产运销平衡研究工作组织完成　101a
2017 年《财富》世界 500 强排名前 30 位的石油石化公司（表）　699
2017 年《福布斯》全球企业 2000 强综合排名前 30 位的石油天然气公司（表）　700

A—Z

ABS 树脂　69a
A 股股价月度表现　181b
BEPS 行动计划应对　204a
ERP 应用集成建设　160a
Eseis 节点仪器研发　111b
ETC 卡合作项目　86a
GeoEast 国产地震处理解释软件推广　39a
GeoEast 软件集成并发布 V3.0 版本　111a
Geomoutain 软件升级为 3.0 版本　111b
HSE 标准化建设　167b
HSE 管理与风险防控　137b
HSE 建设与管理　89a
　HSE 管理新模式研究探索　90a
　安全环保责任制健全　89a
　环保治理推进　89b
　监管工作机制完善　89a
　库站 HSE 标准化达标　89b
　审核质量提升　89b
　职业卫生专业管理　90a
　重点领域监管　89a
HSE 体系管理　167

HSE 体系审核　167b
HSE 信息管理　168a
HSE 宣教培训　167a
HSE 制度标准　167a
HSE 咨询合作　168a
H 股股价月度表现　179b
LNG 项目　98a
OBN 深海节点处理取得重大进展　111b
OD1422 毫米 X80 管线钢管应用技术研究　105b
QHSE 管理体系有效运行　103b
Q 偏移与 Q 建场核心技术取得突破　111b
SAGD 水平井组　40b
SAN 树脂　69a
X90/X100 管道延性断裂控制技术研究　105a

阿达尔炼油项目　130a
阿尔及利亚项目　130a
阿尔金山前天然气勘探取得重要发现　36b
阿塞拜疆 KK 项目　129b
安徽销售分公司　479
　创新驱动　480b
　党群工作　481b
　非油品业务　480a
　精细化管理　480b
　库站管理　481a
　市场营销　480a
　投资建设　481a
　主要经营指标（表）　480a
　资源运行　481a
安宁—保山成品油管道　100a
安宁—蒙自成品油管道　100b
安全环保　32b、80a
安全环保合规管理持续强化　104a
安全环保节能减排工作扎实有效　33b
安全环保与质量节能　163
安全监督检查，体系审核制度化、标准化　104a
安全监管　164a
安全生产　164
安全生产先进企业名单（表）　165
安全生产责任制　164a
澳大利亚布劳斯项目　132a
澳大利亚哈科特项目　131b
澳大利亚箭牌项目　131b

宝鸡石油钢管有限责任公司　579
　安全生产　580a
　产品生产　579b
　党群工作　580b
　技术创新　579b
　降本增效　580a
　深化改革　580a
　市场开发　579b
　项目推进　580b
　质量管理　580a
　主要生产经营指标（表）　579b
宝鸡石油机械有限责任公司　577
　安全生产　578a
　产品生产　577b
　技术创新　577b
　企业管理　578b
　市场开发　578a
　质量管理　578b
　主要生产经营指标（表）　577b
保密管理　225
　队伍建设　226a
　监督检查　226b
　宣传培训　226b
　责任落实　226a
　制度建设　226a
　组织领导　225b
保田青山项目　135b
北京华油服务总公司　621
　安全环保　623a
　党建与企业文化建设　623b
　工程项目管理　622b
　经营成果　623a
　品牌建设　621b
　人才队伍建设　622a
　依法合规管理　622b
北京石油管理干部学院　623

党建和思想政治工作　625b
服务业务外包　625a
构建课程体系　624a
机构优化管理　624b
基础设施建设　625a
教学管理创新　624b
教研管理创新　624b
培训工作　624a
培训项目数据汇总表（表）　624b
北京销售分公司　458
党群工作　461a
非油品业务　459b
加油站管理　458b
企业管理　460b
人才队伍建设　460b
投资建设　460a
营销管理　459b
油库管理　459a
质量计量安全环保　460a
主要经营指标（表）　459a
资源运行　460a
北京油气调控中心　507
党群工作　508a
队伍建设　508b
反腐倡廉　508b
企业管理　508a
优化运行　508a
油气业务　507b
远程监控　507a
主要运营指标（表）　507a
自控通信　507b
标准化工作　160
研究　160b
标准化管理工作　104b
标准化设计　56b
标准实施监督　160a
抽查工作 77b
标准制修订　160a
表面活性剂　69b
宾馆酒店清理处置　218a
渤海湾盆地　33a
精细目标处理与储层预测　38a
主要勘探成果　34a

C

《财富》世界 500 强排名前 30 位的石油石化公司（表）　699
财税价格　201
财税制度建设　203b
财务队伍建设　196b
财务管理　90a、102a
信息系统建设　195a
财务决策支持　193b
财务制度建设　196a
财务资产管理　192
财政政策与管理　201b
采油、注水情况（表）　43a
采油工程　51
参股公司情况（表）　663
测井　112b
工作量（表）　113a
技术进展　113a
人员、队伍状况　112b
设备状况　113a
完成工作量　113a
测井技术　113a
测井解释工作量　113a
测井解释评价技术　114b
测井解释软件取得新进展　115a
柴达木盆地　33a
"两宽一高"三维地震采集　38b
主要勘探成果　36b
柴达木英西湖相浸积岩储层测井精细刻画与评价技术　42b
产品质量监督抽查　171a
产品质量认可　171a
产品驻厂监造　171a
长北项目　134b
长庆姬塬地区推进规模储量区外围评价　49a
长庆姬塬油田产能规模持续扩大　50a
长庆陇东地区持续推进立体评价　49a
长庆马岭油田滚动建产、一体化运作　49b
长庆气区天然气生产状况　47a

长庆石化分公司 407
安全环保 408a
大修和技术改造 408b
党建与思想政治工作 409b
队伍建设 409a
科技信息 409a
矿区服务 409b
企业管理 408b
企业经营 407b
设备管理 408b
生产运行 408a
主要生产经营指标（表） 408a
长庆西峰—合水地区超低渗透油藏实现水平井效益开发 50a
长庆油田分公司 326
安全环保 327b
党建工作 327b
管理创新 327a
经营管理 327a
科技创新 327a
矿区建设 327b
气田开发 326b
油气勘探 326a
油田开发 326a
主要生产经营指标（表） 326b
长庆油田首块工业化油藏评价三维地震项目 39a
长庆镇北地区超低渗透油藏实现规模建产 50a
长输管道隐患治理项目 70a
长输天然气管道关键技术与装备 145b
长停井治理 45b
厂务公开民主管理工作 238a
成品油调运情况（表） 85a
成品油管道工程 100a
成品油管输 96a
成品油进出口及国际贸易业务 136a
成品油业务 84
成品油质量升级工作 188b
成熟测井技术 113b
成像测井 42a
成庄项目 135a
城市燃气项目 98b
重庆销售分公司 471
安全环保 472a
党建工作 473a
队伍建设 472b
改革创新 472b
加油站管理 471b
精细化管理 472b
市场营销 471a
投资建设 472a
主要经营指标（表） 471b
资源组织 471a
“重塑中国石油良好形象”工作 234a
稠油开发技术 62b
稠油注空气火驱技术 44b
出国（境）管理与服务 141a
储层改造 53b
储气库 60
工程建设 60a
生产运行 60b
注气量（表） 60
储气库工程 100b
储运设施管理 100
储运设施建设 98
储运设施建设重点项目 98a
川东北项目 135a
川西北天然气勘探取得新进展 35b
川中古隆起天然气勘探取得重要进展 36a
川中项目 134b
垂直钻井技术 41a
催化剂 69b
催化裂化装置专家培训 81b

D

大港孔南地区实现规模效益增储 49b
大港孔南项目 133b
大港潜山勘探取得新发现 34a
大港石化分公司 398
96101 工程纪念活动 400a
安全环保 398b
产品销售 399a
产品质量升级改造项目评优 399b
党建工作 399b
节能降耗 399a
开放日活动 399b

托管单位情况　400b
主要生产经营指标（表）　399a
装置长周期运行　399a
大港岩性油气藏勘探取得重要进展　34b
大港油田分公司　339
工程技术　339b
开源节流　340b
科技创新　340a
油气开发　339a
油气勘探　339a
主要生产经营指标（表）　339b
大港油田刘官庄三维地震采集处理解释一体化项目　38b
大港赵东项目　133a
大井丛工厂化钻井技术　41b
大连海运分公司　502
安全生产　503b
党建工作　504b
对标管理　503b
合规管理　504a
提质增效　503b
运行组织　503a
大连—沈阳天然气管道工程（续建完工）　99a
大连石化分公司　382
安全环保　383a
锅炉烟气脱硫脱硝装置建成投用　384a
节能降耗　383b
科技创新　383b
汽油质量升级项目获国家优质工程金奖　384b
生产运行　382b
挖潜增效　383a
大连西太平洋石油化工有限公司　384
安全环保　384b
发展规划　385a
精细管理　385b
企业党建　385b
生产经营　385a
挖潜增效　385a
主要生产经营指标（表）　384b
大连液化天然气项目二期工程　100b
大庆长垣过渡带裂缝控砂体压裂技术　62a
大庆立体评价龙虎泡地区　49b
大庆炼化分公司　389
安全环保　390a
党建工作　391b
关心关爱员工　391b
科技创新　390b
企业改革　391a
企业管理　390b
挖潜增效　390a
主要生产经营指标（表）　390a
装置检修　391a
大庆石化分公司　364
安全环保　364a
党建工作　366a
科技创新　365a
企业管理　365b
群众工作　366b
生产经营　365a
挖潜增效　365b
未上市业务　365b
主要生产经营指标（表）　364b
大庆外围油田　40b
大庆油区天然气生产状况　47b
大庆油田有限责任公司　320
党群工作　322b
海外业务　321b
基础工作与民生建设　322a
科技进步　321b
企业改革　322a
企业管理　321b
未上市业务　321a
油气开发　321a
油气勘探　321a
振兴发展　320b
主要生产经营指标（表）　320b
大庆州13项目　134a
大事纪要　640
一月　640a
二月　641a
三月　641b
四月　643b
五月　645a
六月　646b
七月　648b
八月　649b
九月　651a
十月　652a

十一月　653a
十二月　654b
带压作业　51a
弹性波地震成像技术　3111b
党的建设制度改革深化　232b
党的十八届六中全会精神学习贯彻　231a
党建工作　230
党委书记（副书记）培训班举办　232a
党组关于落实全面从严治党要求加强党的建设的意见　232a
党组织领导核心和政治核心作用充分发挥　213a
档案馆建设　228b
档案管理　227
规范化建设　227a
机关文件材料归档工作　227b
基础业务　227b
信息化建设　227b
组织管理　227a
档案信息资源开发利用　228a
低成本多功能压裂液和暂堵转向剂研制　62a
低频可控震源　145b
低渗透油藏开发技术　62a
滴南凸起南带天然气勘探取得新发现　36a
迪那1项目　134b
地面工程　54
工艺技术　57b
地面建设管理　55a
地球物理勘探　109a
工作量完成情况　110a
技术进步　111a
人员、队伍状况　109b
装备状况　109b
地热发电装机容量（表）　696
地震采集工程　110a
地震采集技术　38b
地震采集数据质量实时分析与自动评价系统　40a
地震老资料处理解释技术　39a
地震质控管理系统　40a
地震资料处理情况　111a
地质综合研究和解释评价　116a
第二届加油站经理论坛　86b
第四代分注与计量技术的研发与现场试验　43b
第四代精细分层有效注水技术　62a
电动验封技术推广　53b
电缆测井技术　113a
定点扶贫与对口支援　185a
定向井体积改造技术　61b
东北化工销售分公司　415
党群工作　416b
调运组织　415b
企业管理　416a
市场营销　415a
东北销售分公司　426
储运建设　427b
服务炼销企业　427a
合规管理　428a
强化安全环保　428a
全面从严治党　428b
深入挖潜增效　427b
“十三五”规划　426b
提升整体效益　427b
统筹资源配置　427a
主要经营指标（表）　427a
冬季冰情预报和监测　58b
董事会2016年第6次会议（临时）　177b
董事会2016年第7次会议　177b
董事会2016年第二次会议（临时）　177a
董事会2016年第三次会议　177a
董事会2016年第四次会议（临时）　177a
董事会2016年第五次会议　177b
董事会2016年第一次会议　177a
董事会成员　267、280
董事会的运作　176a
董事会和专门委员会会议情况　174b
董事会会议　175a
董事会决议　176b
董事会例会、董事会临时会议　177a
董事会秘书　267、280
董事履职尽职情况　174b
独立董事履行职责的情况　176a
独立董事制度　176b
独山子石化分公司　375
安保维稳　377b
安全环保　376b
队伍建设　377a
改革发展　377a
工程建设　377a
节能减排　376b

科技创新　377a
企业文化　377b
生产运行　376a
挖潜增效　376b
主要生产经营指标（表）　376a
多波处理解释软件取得重要技术进展　111b
多种经营业务深化改革若干意见研究制定　218b

俄罗斯公司　543
HSSE 风险把控　544b
促成签订政府间协议议定书　544a
党建工作　545b
管理创新　544b
降本增效　543b
配合完成专项巡视　545a
任中审计　545a
推动中国公司参与项目造船与船运　544a
信息收集　544b
亚马尔项目工程　543a
亚马尔项目融资　543a
中国石油资源整合　544a
鄂东煤层气田　59a
鄂尔多斯盆地　32b、33a
东部多层系天然气取得新进展　35b
主要勘探成果　35a
二次开发　44a
二维地震、三维地震采集情况（表）　110b
二维地震采集　110a
二氧化碳排放量（表）　697
二元驱试验　44b

发展思路和主要目标　9a
发展中国家税务官员到中国石油参观交流　204b
法律工作　210
基础工作　211b
法律业务　211a
法人治理　174、175
反腐倡廉制度建设　213a
非常规油气测井评价技术　114b
非常规油气勘探技术　112b
非油品业务　88
业务拓展　88a
专业队伍建设　88b
非洲地区重点项目　129b
分层注水　53a
风能发电装机容量（表）　697
风险管理　219b
风险勘探目标落实　37b
扶贫帮困送温暖活动　237b
《福布斯》全球企业 2000 强综合排名前 30 位的石油天然气公司（表）　700
福建销售分公司　481
党建和企业文化　483b
非油品业务　482b
扩大经营自主权试点　482b
零售管理　481b
网络建设　483a
现场管理　483a
油气一体化大销售体制改革　482b
主要经营指标（表）　482a
抚锦成品油管道工程（续建）　100b
抚顺石化分公司　368
安全环保　369a
党建工作和企业文化建设　370b
节能减排与科技创新　369b
矿区服务　370b
企业管理　370a
生产运行　369a
挖潜增效　369b
复杂测井施工工艺技术　115a
复杂井测井工艺技术　113b
复杂岩性低渗透储层试油针对性措施和产能评价技术　54b
复杂油水层识别的介电扫描测井技术　42b
富顺—永川项目　135a

改革与企业管理　217
概算管理　190b
干部选拔任用和换届纪律　213b
甘肃销售分公司　448
　安全质量环保　450b
　承办第七次油品销售精细化管理会议　451b
　创新发展　450a
　党群工作　452a
　队伍建设　451a
　非油品业务　450b
　服务敦煌文博会　451b
　企业管理　450b
　审计监督　451a
　市场管理　449a
　网络开发　449b
　销售服务　449b
　智能智慧加油站建设　451a
　主要经营指标（表）　449a
港清三线输气管道工程（续建投产）　99b
高端合成橡胶成套技术及新产品　145b
高附加值聚烯烃新产品　145b
高含水油田开发技术　61b
高级技术专家　288
高精度成像测井技术　42a
高尚堡—曹妃甸输油管道及配套工程　58a
高温高压含硫化氢储层试油技术　54a
高温高压及高含硫井完整性管理　54b
工厂化作业　41b、117b
工程创优　70b
工程服务队伍动用　64a
工程计价依据体系持续更新和完善　190b
工程技术板块　108a
工程技术分公司　108a
工程技术服务队伍动用情况（表）　64b
工程技术服务企业　545
工程技术服务项目管理　189b
工程建设承包商管理　57b
工程建设公司　122b
工程建设企业　562
工程建设项目　210a
工程量清单计价管理全面推进　190b
工程项目　70a
　工程创优　70b
　简政放权　70b
　竣工验收　70b
　项目管理　70a
　质量监管　171b
　重点项目　70a
工程造价管理信息化水平提升　190b
工程质量安全管理　70b
工程质量管理　171a
工程质量年度检查现场实测合格率（图）　55
工业油销售结构　89a
工艺防腐推进会召开　77a
工艺技术管理　77a
工作报告　21
工作成果　12a
工作会议　7、12、26
公司利润（表）　666
公司现金流量（表）　667
公司治理的完善情况　175a
公司资产负债（表）　665
公益性社会投入（图）　720
供应商管理　212a
股东大会、董事会决议　176b
股东权益变动（表）　668、669
股东与股东大会　176a
股份公司 2015 年度业绩发布路演　178b
股份公司 2016 年董事会例会、董事会临时会议　177a
股份公司 2016 年召开的股东大会　176b
股份公司 2016 年中期业绩发布路演　179a
股份公司 A 股股价月度表现　181b
股份公司 H 股股价月度表现　179b
股份公司董事会 2016 年第 6 次会议（临时）　177b
股份公司董事会 2016 年第 7 次会议　177b
股份公司董事会 2016 年第二次会议（临时）　177a
股份公司董事会 2016 年第三次会议　177a
股份公司董事会 2016 年第四次会议（临时）　177a
股份公司董事会 2016 年第五次会议　177b
股份公司董事会 2016 年第一次会议　177a
股份公司法人治理　175
　独立董事履行职责的情况　176a

公司治理的完善情况　175a
内部控制制度的完善情况　176a
股份公司股东大会、董事会决议　176b
股价走势（图）　719
股权管理　91a、209b
股权投资　209a
固井技术服务　119b
关联交易　194b
关心下一代工作　225a
管道安全　103b
管道保护管理　101b
管道分公司　509
安全环保　510a
党建工作　510b
工程建设　510a
管道管理　510a
科技创新　510b
生产运行　509a
天然气市场开发　509b
管道建设项目经理部　518
安全环保　520a
岗位权责清单　520a
焊口身份证管理　524b
锦州—郑州成品油管道工程　522b
企业管理　519a
企业重组转型　519a
日东原油管道竣工投产　524a
涩宁兰复线竣工投产　524b
西二线香港支线海底管道施工现场（图）　523b
西二线香港支线海上施工现场（图）　523b
西二线香港支线竣工投产　523a
西气东输三线工程　520b
西三线（东段）建成通气、开启阀门时刻（图）　521a
西三线（西段）最后一道焊口施工现场（图）　521a
项目收尾移交　519b
“一次性通过”管理创新　524b
一体化信息全焊口管理台账　525b
中缅油气管道（国内段）工程　521b
中缅油气管道（国内段）澜沧江穿跨越施工现场（图）　522b
中缅油气管道（国内段）在农田段规范施工现场（图）　522a
重点项目建设　518b
管道科技　105a
重点科技项目成果　105a
管道炼化工程建设进展顺利　129a
管道市场开发工作　96a
管道天然气贸易流向（表）　695
管道完整性管理　56b、101a
管道信息　105b
管道与销售体制改革推进　95b
管理层测试　219a
管理创新　218b
管理会计应用指引　194a
管理效益审计　216a
管线数量（表）　55
光荣榜　239
广东石化分公司　396
安全环保　396a
党建工作　397a
队伍建设　397a
企业管理　396b
企业文化　397b
广东销售分公司　440
非油品业务　440b
加油站管理　440b
市场拓展　441b
投资建设　441a
油库管理　440b
油气销售业务　440a
质量安全环保　441b
主要经营指标（表）　440a
资源运行　441a
广西石化分公司　393
安全环保　394a
党建工作　394b
工程建设　394a
经营管理　394a
生产运行　393a
停工大检修　393b
主要生产经营指标（表）　393b
广西销售分公司　475
创新经营　476b
党建工作　477a
基础管理　476b
社会责任　477b

挖潜增效　476a
销售网络开发　475a
主要经营指标（表）　476a
主营业务　475b
规划管理　101a
规划计划　186
管理　76a
规划总院　594
改革管理　597a
生产业务　594a
贵州销售分公司　487
储运与油库　488a
党群工作　489b
非油品业务　488b
加油站管理　488a
企业管理　489a
市场营销　487b
投资与工程建设　488b
信息化建设　489b
质量计量安全环保　489a
主要经营指标（表）　488a
国产油气管道 SCADA 系统软件工业试验　105b
国际标准化工作　160b
国际科技交流与合作　146b
国际贸易　136
国际贸易量　136a
国际市场开发　108b
国际市场天然气价格（图）　711
国际市场原油价格（图）　711
国际事业公司　136a
经营管理　136b
国际业务　127
国际业务管理　139b
国际业务与外事工作先进集体（表）　142
国际业务与外事外联管理　137
国际油价　86b
国际原油期货价格走势（图）　72
国家发改委《石油发展“十三五”规划》（摘选）　672
国家发改委《天然气发展“十三五”规划》（摘选）　676
国家和行业标准化工作　78a
国家级技能大师工作室　317
国家级科技项目　145a
国家科技奖励（表）　146
国内汽油、柴油价格调整　86b
国内油气勘探开发国际合作　133

哈尔滨石化分公司　391
安全环保　392b
党建工作　393b
队伍建设　393a
技术攻关　392b
企业管理　392b
优化产品　392b
主要生产经营指标（表）　392a
装置大检修　392b
哈萨克斯坦公司　529
安全环保　532a
党建工作　532a
改善经营环境　531b
开发生产　530b
炼化业务　531a
提质增效　531a
新项目开发　530a
油气勘探　530a
重点工程　531a
主要生产经营指标（表）　530a
海底管道内检测　58a
海上对外合作区块油田原油、天然气产量（表）　58
海上应急预案及海洋工程标准体系建设　58a
海外 HSSE 与风险防控　132b
海外大型生物碎屑灰岩油田开发关键技术　145b
海外防恐安全和 HSE 管理　140a
海外管道运营及炼油化工　129a
海外经营管理　132a
海外勘探开发项目管理　188a
海外企业文化建设　237b
海外欠款和关联交易清欠　198a
海外项目图册编制质量提升　188a
海外新项目开发　129a
海外业务企业　525
海外业务重组研究　208a
海外油气开发生产　128a
海外油气勘探　128a

海外油气运营中心建设　136b
海外直属项目运行　129b
海外重点工程建设　128b
海洋安全监管　165a
海洋地震勘探技术　112a
海洋工程　58
海运业务　136b
韩城项目　135b
合并及公司利润（表）　666
合并及公司现金流量（表）　667
合并及公司资产负债（表）　665
合并利润（表）　661
合并资产负债（表）　658
合成氨　69b
合成树脂　68b、73a
　　产品价格走势（图）　74
合成纤维　69a
　　单体　69a
　　聚合物　69a
合成橡胶　69a、73a
　　产品价格走势（图）　74
　　主要品种产量（表）　69b
合规管理　211a
　　监察　214a
合资公司管理　103a
合资公司资金管理　103a
河北销售分公司　456
　　安全数质量管理　457b
　　党建工作　458b
　　队伍建设　458a
　　非油品业务　457a
　　基础管理　458a
　　加油站管理　457a
　　投资建设　457b
　　营销调运　456a
　　油库管理　457a
　　主要经营指标（表）　456b
河南销售分公司　467
　　安全管理　468a
　　非油品业务　468a
　　基础管理　468b
　　零售业务　467a
　　网络建设　468a
　　主要经营指标（表）　467b
黑龙江销售分公司　463
　　安全环保质量计量　464b
　　成品油业务　463b
　　党群工作　464b
　　非油品业务　464a
　　企业管理　464a
　　网络建设　464b
后评价管理　191a
呼和浩特石化分公司　402
　　安全环保　403a
　　产销衔接　404a
　　党建工作　404a
　　队伍建设　404a
　　工程建设　404a
　　和谐企业　404b
　　基础管理　404a
　　节能减排　403b
　　生产运行　403a
　　挖潜增效　403b
　　主要生产经营指标（表）　403a
湖北销售分公司　473
　　安全环保　474b
　　党建群团工作　475b
　　队伍建设　475a
　　非油品业务　474a
　　改革创新　474a
　　合规管理　474b
　　降本增效　474b
　　经营创效　473b
　　网络建设　474a
　　主要经营指标（表）　473b
湖南销售分公司　483
　　安全环保质量计量　484b
　　党建群团工作　485b
　　非油品销售业务　484b
　　库站管理　484b
　　企业管理　485a
　　投资建设　484b
　　油品销售业务　484a
　　主要经营指标（表）　484a
华北二连乌兰花凹陷油气勘探取得新进展　34b
华北化工销售分公司　418
　　党建与思想政治工作　420b
　　改革创新　419b

基础管理　420a
降本增效　419b
市场营销　419a
主要经营指标（表）　419a
华北廊固凹陷河西务潜山带勘探取得重要发现　34b
华北蠡县斜坡富油区带整体再评价　49b
华北饶阳凹陷富油气洼槽勘探取得重要进展　34b
华北石化分公司　400
安全环保　400b
党建和企业文化　402a
和谐企业建设　402a
科技创新　401b
企业管理　401b
人力资源改革　401b
生产经营　400a
项目建设　401a
主要生产经营指标（表）　400b
华北石化炼油质量升级项目　70a
华北天然气销售分公司　506
开源增收创效　507a
企业管理　506b
市场开发　506b
运行调控　506a
华北油田分公司　343
安全环保与节能减排　345a
常规油气开发　344a
常规油气勘探　344a
党建和精神文明建设　345b
和谐矿区建设　345a
科技创新与信息化建设　345a
企业经营管理　344b
气化农村　345b
新兴产业发展　344b
主要生产经营指标（表）　344a
华东化工销售分公司　420
电子商务全面推广运营　421b
管理绩效持续提高　421b
经营工作提质增效　421a
“两学一做”学习教育　421b
致力培育特色企业文化　422a
主要经营指标（表）　421a
华南化工销售分公司　422
安全环保　423a
党建和队伍建设　423b
基础管理　423b
降本增效　422b
依法治企　423a
主营业务　422a
化肥　69b
化工产品电子商务平台上线运行　72a
化工产品价格变化（表）　73
化工产品销售　71
客户服务水平提升　72a
市场分析　72b
统销业务　71a
新产品推广　71b
资源配置　71b
化工品进出口及国际贸易业务　136a
化工市场　73b
化工物流　71b
化学品罐区事故隐患排查与专项治理　91a
环保管理　81a
环保减排项目批复可行性研究项目　70a
环境保护　165
公报　166b
先进企业名单（表）　166
宣传与培训　166b
环境风险控制　166a
环境工程业务　123a
汇率风险管理　199a
火驱技术　44b、62b
货币资金管理　197a

机电产品进口管理　212b
机构与人物　261
机关部门主要领导　268、281
机关财务管理　195b
机械采油　52b
姬塬地区立体勘探取得新成果　35a
基层党组织建设　232b
基层建设　237
基础管理　57a、124b
基础管理和服务水平提升　221b
绩效管理　212b

激流管道工程　131a
吉尔嘎朗图新区评价　59b
吉林大安项目、莫里青项目　134a
吉林扶余 1 号项目　134b
吉林两井项目　134b
吉林庙 3 项目　134a
吉林民 114 项目　134a
吉林石化分公司　366
　安全环保　367b
　党建工作　368b
　发展改革　368a
　降本增效　367b
　生产优化　367b
　主要生产经营指标（表）　367a
吉林销售分公司　465
　非油品业务　466a
　降本控费　466b
　企业管理　466b
　企业文化建设　467a
　投资建设　466a
　油气销售业务　465a
　质量计量安全环保　466b
　主要经营指标（表）　465b
吉林油区天然气生产状况　47b
吉林油田分公司　336
　安全环保与质量节能　338b
　工程技术管理　337b
　和谐企业建设　338b
　科技创新　338a
　企业管理　338a
　天然气开发生产　337b
　油气勘探　336a
　油田开发生产　337a
　主要生产经营指标（表）　336b
集团公司“十三五”发展规划制定和发布工作全面完成　186a
集团公司 2016 年工作会议　7、12
集团公司 2016 年领导干部会议　16
集团公司 2016 年中央企业预算编报　193a
集团公司 2017 年预算编制工作　193a
集团公司安全生产先进企业名单（表）　165
集团公司董事会会议　175a
集团公司董事会运作　174a
　董事会和专门委员会会议情况　174b
　董事履职尽职情况　174b
　制度建设情况　174b
集团公司发展面临的形势　8a
集团公司法人治理　174
集团公司国际业务与外事管理工作会议　141b
集团公司环境保护先进企业名单（表）　166
集团公司技能专家工作室　317
集团公司技术发明奖（表）　157
集团公司节能节水先进企业名单（表）　169
集团公司科学技术进步奖（表）　147
集团公司领导　268
　干部会议　232a
集团公司内部成品油市场化改革推进　208b
集团公司青年文明号　257a
集团公司社会公益投入（表）　185
集团公司生产经营工作报告　21
集团公司五四红旗团支部（团总支）　250b
集团公司先进基层党组织　246b
集团公司优秀党务工作者　244a
集团公司优秀共产党员　240b
集团公司优秀共青团干部　255a
集团公司优秀共青团员　252b
集团公司重大科技项目　145a
集团式干扰压裂再造井网驱替技术　62a
集中储备与代储代销　213b
计量工作　171
计量管理　91a
计量技术交流　172b
计量检定校准能力　172a
纪检监察　213
　队伍建设　215b
技能大师工作室　317
技能鉴定　91b
技能专家　304
技能专家工作室　317
技术成果检查交流和生产应用转化　63a
技术创新持续推进　33b
技术发明奖（表）　157
技术讲座视频培训　82a
技术项目　61
济宁市西部五县天然气支线管道二期工程（续建投产）　99b
冀东南堡凹陷岩性油气藏勘探取得重要发现　35a
冀东油田分公司　349

安全环保　351a
党建工作　352b
队伍建设　352a
工程技术　350b
和谐企业　352b
科技创新　350b
企业改革　352a
企业管理　351b
油气勘探　349a
油气田开发　350a
主要生产经营指标（表）　349b
冀东原油装船外运　58a
加拿大白桦地天然气项目　130b
加拿大都沃内天然气项目　131a
加拿大激流管道项目　131a
加拿大四方 LNG 项目　131a
加拿大油砂项目　130b
加拿大中加公司项目　131a
加油站汽车服务业务推进　88b
加油站数量（图）　714
价格政策与管理　203a
监事会 2016 年第二次会议　178a
监事会 2016 年第三次会议　178a
监事会 2016 年第四次会议　178a
监事会 2016 年第一次会议　177b
监事会参加其他会议及其他工作开展情况　178a
监事会成员　267、280
监事会会议召开情况　177b
监事会运作　177b
简政放权工作　218a
建设项目环境管理　166b
江苏销售分公司　454
安全环保　455b
党建及群团工作　456a
非油品业务　455a
加油站管理　455a
零售业务　454b
网络开发　455b
油库管理　455b
油品营销　454b
主要经营指标（表）　454a
资源调配　454b
江西销售分公司　495
党建工作　495b
经营管理　495b
精细管控　495a
民生改善　495b
市场营销　495a
投资建设　495a
奖项申报推荐与评审　63a
降本增效　125b
“六个优化”工作　45b
交接计量管理　172a
交通安全　164b
节能　96b
节能节水　78a、168
标准化建设　168b
情况（表）　78a
统计监测　168b
先进企业名单（表）　169
节能节水型企业建设　168a
金秋项目　135a
金融企业　582
金融项目　210a
金融业务管理　200a
金坛地下储气库工程（续建投产）　100b
金坛—溧阳供气支线（续建投产）　99b
津德尔炼油厂项目　130a
锦西石化分公司　388
安全环保　388b
党群工作　389b
管理提升　389a
全面检修　388a
生产管控　388b
项目建设　388b
优化创效　389a
主要生产经营指标（表）　388a
锦州石化分公司　385
安全环保　386b
工程建设　386b
降本增效　387a
精神文明建设　387b
科技创新　387a
廉洁建设　387a
企业管理　387a
生产运行　386a
主要生产经营指标（表）　386a
装置检修　386b

锦州—郑州成品油管道（续建）　100a
经济效益指标　32b
经济责任审计　216a
经营管控　108b
经营管理　218b
　　协调工作　219a
经营自主权改革试点　218a
精神文明建设　236a
精细化工　69b
精细油藏描述　44b
精细注水工程　43a
井控管理　109a
井下流量计测量技术　62b
井下作业　51b、120a
　　工作量（表）120b
　　工作量完成情况　120a
　　管理系统　52b
　　科技研发及推广应用　120b
　　联产承包管理　52b
　　人员、队伍状况　120a
　　主要指标（表）51
　　装备状况　120a
　　总工作量　52b
井中地球物理技术　112a
井中地震勘探技术　39b
净利润（图）712
境内融资管理　198a
境外融资管理　198b
境外项目物资采购管理　212b
境外资金管理　198b
纠正“四风”　214a
聚苯乙烯　69a
聚丙烯　69a
聚乙烯　68b
竣工验收　70b

K

开发应用特色解释评价技术　114b
开源节流降本增效 33a、192a、221a
勘探工程技术　38
勘探管理提质增效　37a
勘探开发工作量　32a
勘探开发项目管理　187b
勘探开发研究院　591
　　成果专利　593a
　　管理提升　593b
　　技术服务　593a
　　科研生产　592a
　　综合改革　593a
勘探开发支出（图）717
勘探任务完成情况　34a
勘探生产信息化建设　63a
勘探与生产板块　32
勘探与生产分公司　32
勘探与生产技术数据管理系统　37b
勘探与生产运营情况（表）662
科技成果推广转化　146a
科技创新　125a
科技发展　145
科技改革　146a
科技管理　78b
科技计划　145a
科技奖励　146b
科技进展（表）159
科技项目　145a
　　顶层设计　62b
　　奖励情况　105a
　　任务落实与生产对接　63a
科技与信息　143
　　“十三五”规划要点　144b
　　重要成果　144a
科技与信息化创新大会　28、144a
科学技术进步奖（表）147
控压钻井技术　118a
库车克深区带天然气勘探取得新发现　36a
会计报表及核算　193a
会计政策研究筹划　193b
会计准则体系建设　193b
矿区安全环保和维稳工作　221b
矿区服务　220
矿区管理体制和业务结构优化调整　221a
矿权登记管理　48b
矿权登记状况　48a
矿权管理　48
昆仑金融租赁有限责任公司　589

财务资金管理 589b
党建工作 590b
法律合规 590b
风险管控 590a
公司治理 589a
股权改革 590b
落实监管要求 590b
市场开发 589b
战略规划 589b
资产管理 590a
昆仑能源有限公司 504
党建和企业文化建设 505b
企业经营管理 505b
生产运行与安全环保 505a
市场开发与营销管理 505a
资本运营 504b
昆仑信托有限责任公司 586
产融结合 587a
党群工会工作 588b
基础管理 588a
内部控制与合规管理 588a
提升品牌形象 587b
业务发展 586b
业务转型 587a
营销工作 587b
昆仑银行股份有限公司 584
风险管理 586a
个人金融业务 584b
公司金融业务 584b
股东数量和持股情况 584b
股份变动 584a
国际业务 585a
金融市场业务 585a
渠道建设 585a
消费者权益保护 585b
信息科技 585b
主要经营指标（表） 584a
资本管理 586a

L

拉美公司 535
安全环保 536b
党建及企业文化建设 536b
工程建设 535b
经营管理 536a
勘探开发 535a
兰州—定西输气管道工程（续建完工） 99b
兰州石化分公司 372
安全环保 373a
党建和思想政治工作 375b
规划发展 374a
科技创效 374a
民生保障 375a
企业管理 374b
社会责任 375a
深化改革 374b
生产经营 373b
装置大检修 374a
劳动竞赛 91b
劳动用工管理 205b
离退休职工待遇落实 224a
离退休职工管理 224
队伍建设 225a
离退休职工活动中心和老年大学建设 224a
离退休职工思想政治建设和党支部建设 224a
离退休职工先进典型 225b
例外事项整改 219a
连续油管技术 51b、121b
炼化板块 66a
炼化工程建设管理 69a
炼化企业冬季培训 81b
炼化企业节能节水情况（表） 78a
炼化企业能耗情况（表） 78a
炼化企业主要污染物减排（表） 81a
炼化业务“十三五”发展规划编制完成 76a
炼油产品 68a
结构调整 76b
炼油化工工程业务 123a
炼油化工企业 364
炼油化工项目管理 188b
炼油能力（表） 689
炼油能力（图） 710
炼油系列催化剂技术 145b
炼油与化工 65
经营业绩 66b

"十三五"规划要点 67a
重点工程 69
专业管理 76
炼油与化工分公司 66a
炼油与化工生产情况（表） 662
炼油装置 68a
"两金"压控 197b
"两宽一高"地震勘探技术 112a
"两学一做"学习教育 230a
"两优一先"评选表彰 232b
辽河大洼—海外河勘探取得重要发现 34a
辽河高升项目 133b
辽河海月项目 133b
辽河锦16和新疆七中区二元驱试验取得重大进展 44b
辽河冷家堡项目 133b
辽河石化分公司 405
安全环保 405b
党建与政研工作 407a
工程建设 406b
节能减排 406a
科技创新 406b
设备管理 406a
生产运行 405a
挖潜增效 406a
主要生产经营指标（表） 405b
辽河油田分公司 322
安全环保 325a
党建工作 325b
和谐矿区建设 325b
经营管理 324a
科技进步 323b
企业管理 324b
市场开发 324b
油气开发 323b
油气勘探 323a
主要生产经营指标（表） 323a
辽河整体评价清水洼陷周边岩性油藏 49a
辽宁销售分公司 437
安全环保 439a
党群工作 439b
非油品业务 438b
工程管理 439a
绩效考核 439a
加油站管理 438a
廉政建设 439b
企业管理 439a
推进整合 437b
挖潜增效 438b
网络建设 438b
油气销售业务 438a
主要经营指标（表） 438a
资源运行 437b
组织建设 439b
辽阳石化俄罗斯原油加工优化增效改造项目 70a
辽阳石化分公司 371
安全环保 371a
第一次党代会召开 372b
规划发展 372a
和谐稳定 372b
精神文明建设 372b
科技创新 371b
内部改革 372a
企业管理 372a
生产经营 371a
挖潜增效 372a
主要生产经营指标（表） 371b
临沂—团林输气管道工程（续建） 99b
零售管理 85b
领导班子建设 205a
领导干部会议 16、21、29、232a
硫磺沟项目 135b
龙虎泡地区中浅层石油勘探取得重要成果 35a
陇东地区石油勘探取得重要进展 35a
录井 115b
队伍情况（表） 116a
工作量完成情况 116a
技术应用与科研 116a
人员、队伍状况 115b
现场及远程监控预警功能 116a
装备状况 116a
路岛工程专题技术研究 58b

M

马必项目 135a
马朗凹陷立体勘探取得重要成果 37a

玛湖凹陷东斜坡石油勘探取得重要发现 36a
玛湖斜坡区砾岩成藏理论与勘探技术 145a
煤层气 59a
　产量及商品气量（表） 59
　勘探开发标准体系 59a
　勘探开发成果 59a
　项目运作 135a
美洲地区重点项目 130b
缅甸 AD1/6/8 项目 132a
民生工程建设 222a
明格布拉克项目 129b
莫桑比克 4 区项目 130b

内部存贷款利率政策调整 198a
内部结算管理 197b
内部审计 216
内江—大足及荣昌北页岩气项目 135a
内控体系建设 219a
内控体系运行持续有效 219a
内蒙古销售分公司 441
　安全环保 443a
　党建和队伍建设 443b
　非油品业务 442b
　改革创新 443b
　加油站管理 442b
　降本控费 443a
　投资建设 443a
　油气销售业务 442a
　主要经营指标（表） 442a
南方石油勘探开发有限责任公司 362
　安全环保 363a
　党群工作 363b
　工程技术 362b
　经营管理 363b
　科技创新 363a
　数字油田建设 363a
　油气勘探 362a
　油气田开发 362a
　主要生产经营指标（表） 362b
南缘齐古断褶天然气勘探取得重要发现 36a
能耗情况（表） 78a
能源管控 168a
能源外交活动 138b
尼罗河公司 532
　安全环保 533a
　党建与思想政治工作 534a
　管道炼化 533b
　开发生产 533b
　开源节流降本增效 532b
　科技创新 534a
　企业文化建设 534b
　商务工作 533b
　社会责任 534b
　油气勘探 533a
尼日尔津德尔炼油厂项目 130a
尼日尔上游项目 130a
年度检修 80a
年度业务发展计划 190a
年检和缴费 48a
年金管理 199b
尿素 69b、75a
　产品价格走势（图） 75
宁夏石化分公司 380
　安全环保 381a
　党建和企业文化 382b
　管理提升 381b
　科技创新 381b
　生产运行 380b
　挖潜增效 381b
　主要生产经营指标（表） 381a
宁夏销售分公司 485
　党工群团工作 487a
　队伍建设 486b
　非油品业务 486a
　精细化管理 487a
　投资建设 486b
　营销管理 485a
　质量计量安全环保 486b
　主要经营指标（表） 486a

培训工作 91a
票据管理 199b

品牌管理　184a
品牌与社会责任　183
品牌整合　171a
平台公司财务建设工作　103a

齐家地区石油勘探取得重要进展　35a
企业发展能力评价工作　219a
企业管理与监督　173
企业文化建设　236
企业宣传　234a
气井带压作业技术　121b
气驱技术　44b
气体钻井　41a
　技术　118b
前陆冲断带深层油气成藏理论与勘探技术　145a
欠平衡钻井技术　41a
钦州—南宁—柳州成品油管道（续建完工）100b
沁南项目　135b
沁水煤层气田　59a
青海气区天然气生产状况　47b
青海销售分公司　491
　安全质量　493b
　党建工作　494a
　队伍建设　493b
　非油品业务　492b
　加油站管理　492b
　精准扶贫　494b
　企业管理　493a
　市场营销　492a
　网络建设　493a
　油品升级　494a
　灾害应对　494a
　主要经营指标（表）492a
　资源调配　492a
青海油田分公司　340
　安全管理　342b
　党建工作　343a
　工程技术　341b
　精细管理　342a
　科技兴油　342a
　矿区服务　342b
　廉洁建设　343b
　炼油化工　341b
　民生工程　342b
　社会责任　343b
　深化改革　342a
　信息化建设　342b
　油气管输　341b
　油气开发　341a
　油气勘探　340b
　主要生产经营指标（表）341a
青海扎哈泉一体化增储建产　49a
“青字号”岗位建功活动　238a
清洁作业　52a
庆阳石化分公司　412
　安全环保　413b
　党建工作　414a
　改革创新　414a
　节能减排　413b
　民生保障　414b
　人才队伍建设　414b
　设备管理　413b
　社会责任　414b
　生产运行　413a
　提质增效　413b
　重点项目　414a
　主要生产经营指标（表）413a
全国国有企业党的建设工作会议精神学习贯彻　231b
全国矿权登记状况　48a
全国青年岗位能手　239b
　标兵　239b
全国青年文明号　239a
　特别推报集体　239a
全国石油天然气（含煤层气）矿权统计（表）48
全国五四红旗团委（团支部）239b
全国先进基层党组织　239a
全国向上向善好青年　239b
全国优秀共产党员　239a
全国优秀共青团干部　239b
全国优秀共青团员　239b
全面从严治党责任落实　213a
全面深化改革工作　218a
群团工作　238
群众团体工作　238a

群众性经济技术创新活动　237a
群众性质量活动　171b

燃料工业部　2a
燃料化学工业部　2b
燃料油、沥青等小产品销售　89a
燃驱压缩机余热利用和 LNG 接收站冷能利用等重点节能工程　96b
燃驱压缩机组国产化　105a
让字井—两井地区石油勘探取得新成果　35a
人才队伍建设　205a
人事管理　204
人事制度改革　204a
人员培训　135b
如东—海门—崇明岛输气管道工程（续建完工）　99b
瑞丽—禄丰段干线　100a
润滑油分公司　433
　队伍建设　435b
　科技创新　434b
　企业管理　434b
　生产运行　433a
　销售管理　434a
　主要产品　433a
润滑油和炼油小产品销售（表）　88b
润滑油销售　88a

“三供一业”分离移交　220a
三交北项目　135b
三交项目　135a
三塘湖盆地主要勘探成果　37a
三维地震采集情况（表）　110b
山东天然气管网工程（续建完工）　99a
山东销售分公司　452
　安全环保　453a
　创新工作　453a
　党工团工作　453b
　精细管理　453a
　网络开发　453a
　主要经营指标（表）　452a
　主营业务　452b
山西销售分公司　490
　党群工作　491b
　改革创新　491a
　规范管理　491a
　合资合作　490b
　市场营销　490a
　主要经营指标（表）　490b
陕北老区延长组下部层系取得新进展　35b
陕京四线（续建）　99a
陕西销售分公司　446
　党群工作　448a
　非油品业务　446b
　风险管控　447a
　改革创新　447b
　开源节流　447b
　库站管理　446b
　市场拓展　447b
　主要经营指标（表）　446a
　资源运行　447a
上海销售分公司　461
　党建工作　463a
　非油品业务　462a
　加油站管理　462a
　企业管理　462b
　企业文化建设　463b
　市场拓展　462b
　投资建设　462a
　油气销售业务　461a
　员工队伍建设　463b
　质量计量安全环保　463a
　主要经营指标（表）　461b
　资源运行　462b
上海中油石油交易中心有限公司平台　72a
设备管理　79b、101b
　标准体系建设　79b
　短板治理持续加强　79b
　设备专业管理加强　80a
　状态监测系统升级完成　80a
社会公益投入（表）　185
社会责任　184b

社会责任报告发布　185b
社会主义核心价值观培育和践行　236a
射孔工艺技术进一步完善　114a
射孔基础研究装置建成　114a
射孔技术　114a
射孔器研制取得重要进展　114a
射孔新技术应用　114a
深层碳酸盐岩气藏开发技术　145b
深化改革　122a、217b
　培训及队伍建设　219b
　企业改制　123b
　融资上市　123b
　业务重组　122b
神秘顾客访问　86a
审计队伍建设　217b
审计管理　216b
审计规章制度建设　216b
审计监督检查　195b
审计信息化　217a
审计整改　217a
审计质量管理　216b
审批权限下放　188a
生产经营　206
　报告　12
　工作报告　21
　计划　206a
　面临的形势和任务　14b
　主要成果　21b
生产运行协调　207a
生物燃料产量（表）　697
“十二五”财税价格工作先进单位和先进个人评选　204b
“十三五”发展规划落地实施工作　187a
“十三五”发展规划制定和发布工作全面完成　186a
“十三五”信息化建设规划组织落实　189b
石楼南项目　135b
石油产量（表）　685
石油产量（图）　708
石油储量海外比例（图）　715
石油发展“十三五”规划　672
石油工程建设　191a
石油工业部　2b、3b
石油工业出版社有限公司　627
　出版工作　627a
　经营工作　628a
　企业管理　628b
　数字出版年　628a
　送书工程　629b
　组织建设　628b
石油公司财务指标（表）　704
石油公司分板块资本支出及比例（表）　704
石油公司公益性社会投入（图）　720
石油公司股价走势（图）　719
石油公司加油站数量（图）　714
石油公司经营指标（表）　703
石油公司净利润（图）　712
石油公司勘探开发支出（图）　717
石油公司石油储量海外比例（图）　715
石油公司天然气产量（图）　714
　海外比例（图）　717
石油公司天然气储量海外比例（图）　716
石油公司温室气体排放量（图）　720
石油公司销售收入（图）　712
石油公司油气操作成本（图）　718
石油公司油气产量及海外比例（表）　705
石油公司油气储采比（图）　718
石油公司原油产量（图）　713
　海外比例（图）　716
石油公司资本支出占销售收入比例（图）　715
石油公司综合排名（表）　701
石油公司总资产（图）　713
石油化工研究院　598
　成果专利　599b
　党建工作　600b
　发展规划　598a
　基础建设　600a
　技术服务　599b
　技术研发　598b
　科研管理　600a
　新产品开发　599b
石油化学工业部　3a
石油进出口量（表）　694
石油精神　20a
石油剩余探明可采储量（表）　684
石油剩余探明可采储量（图）　707
石油体协　238b
石油文联　238b
石油物资分类与代码　212b

石油消费量（表） 687
石油消费量（图） 708
石油泄漏量（图） 719
石油优质工程获奖名单（表） 125
石油优质工程奖 125b
世界各地区炼油能力（图） 710
世界各地区石油产量（图） 708
世界各地区石油剩余探明可采储量（图） 707
世界各地区石油消费量（图） 708
世界各地区天然气产量（图） 709
世界各地区天然气剩余探明可采储量（图） 709
世界各地区天然气消费量（图） 710
世界各地区一次能源消费构成（表） 682
世界各地区一次能源消费量（图） 707
世界各地区主要油品消费量（表） 688
世界管道天然气贸易流向（表） 695
世界液化天然气贸易流向（表） 696
世界主要国家、地区和组织二氧化碳排放量（表） 697
世界主要国家、地区和组织炼油能力（表） 689
世界主要国家、地区和组织石油产量（表） 685
世界主要国家、地区和组织石油剩余探明可采储量（表） 684
世界主要国家、地区和组织石油消费量（表） 687
世界主要国家、地区和组织天然气消费量（表） 692
世界主要国家、地区和组织一次能源分类消费量（表） 682
世界主要国家、地区和组织一次能源消费量（表） 683
世界主要国家地热发电装机容量（表） 696
世界主要国家风能发电装机容量（表） 697
世界主要国家和地区石油进出口量（表） 694
世界主要国家和地区天然气产量（表） 691
世界主要国家和地区天然气进出口量（表） 694
世界主要国家和地区天然气剩余探明可采储量（表） 690
世界主要国家生物燃料产量（表） 697
世界主要国家太阳能发电装机容量（表） 696
世界最大 50 家石油公司综合排名（表） 701
市场管理 63
市场开发 124a
市场开发与生产运行 108a
市场特点 86b
市场准入 64a
事故管理 164b
试油 54a
　测试技术 120b
收购兼并 208a
授权集中采购 212a
授信管理 200a
数字化建设 57a
“双低站”治理工作 86a
水平井分段压裂改造 45a
水平井工程 45a
水平井技术服务 119a
水平井一趟钻钻井技术 145b
水平井重复压裂技术攻关试验取得新进展 54a
水平井钻井技术 40b
水平井钻井刷新一批新纪录 119a
水系统管理 56a
税收政策与管理 202a
司库建设 200a
思想政治工作 233
思想政治和纪律作风建设 215b
四川盆地 33a
　川东大天池—云安厂构造带叠前深度偏移处理解释 38a
　页岩气 39b
　主要勘探成果 35b
四川销售分公司 435
　党群工作 437b
　非油品业务 436b
　改革创新 437a
　加油站管理 436b
　投资建设 436b
　质量计量安全环保 437a
　主要经营指标（表） 436a
　资源运行 436a
四平—白山供气支线管道工程（续建投产） 99b
松辽盆地主要勘探成果 35a
送书工程 237a
苏里格南项目 134b
苏里格天然气勘探取得重要成果 35b
随钻测井技术 113b
随钻成像测井系统 145b
所属企事业单位主要领导 270、283

塔北碳酸盐岩石油勘探取得新成果　36b
塔吉克斯坦博格达项目　129b
塔里木盆地　33a
　主要勘探成果　36a
塔里木气区天然气生产状况　47a
塔里木油田分公司　327
　部署全面从严治党加强党的建设工作　330b
　哈拉哈塘油田二期产能建设地面主体工程投产　329a
　机构重组　329a
　科技创新　328b
　炼油化工　328b
　“民族团结进步年”活动　330a
　凝析气轻烃深度回收工程开工建设　329a
　新疆巴州塔里木能源有限责任公司开始运营　329b
　新疆塔中西部油田有限责任公司开始运营　329b
　信息化与工业化融合管理体系初步建成　330a
　业务流程优化　329b
　油气开发　328b
　油气勘探　328a
　主要生产经营指标（表）　328a
塔西南麦盖提斜坡奥陶系白云岩潜山勘探获得重要发现　36b
塔中东部潜山勘探获重大发现　36b
太阳能发电装机容量（表）　696
滩海自营油田原油、天然气产量（表）　58
探明储量和探明开发储量（表）　664
套损井大修　52a
特低—超低渗透油气藏勘探开发理论与技术　145a
特困企业专项治理　218b
特色钻井技术推广成效显著　118a
体积压裂改造理念引进　53b
天津销售分公司　496
　安全质量计量　497a
　精神文明建设　497b
　精细化管理　497a
　零售管理　496b
　市场营销　496a
　投资建设　496b
　主要经营指标（表）　496a
天利高新　123b、210a
天然气产量　46a
天然气产量（表）　691
天然气产量（图）　709、714
天然气产量海外比例（图）　717
天然气产量及商品量（表）　46
天然气产能建设　46b
天然气产能建设（表）　47
天然气产能建设项目　56a
天然气储量海外比例（图）　716
天然气发展“十三五”规划　676
天然气管道工程　98b
天然气管道项目　98a
天然气管输　96a
天然气价格（图）　711
天然气价格市场化进程推动　96b
天然气进出口量（表）　694
天然气进口及国际贸易业务　136b
天然气开发　46
　前期评价　46a
天然气勘探　33a
天然气利用　98b
天然气生产平稳受控运行　33a
天然气剩余探明可采储量（表）　690
天然气剩余探明可采储量（图）　709
天然气项目运作　134b
天然气消费量（表）　692
天然气消费量（图）　710
天然气销售　95b
天然气销售分公司　94a
天然气销售管理体制改革　218a
天然气销售量　97a
天然气销售量（表）　97b
天然气销售流向（表）　98
天然气销售流向及结构　97b
天然气销售与利用　97
天然气与管道　92
　经营业绩　94a
　“十三五”规划要点　94b
　重点项目建设　95b
　专业管理　101
天然气与管道储运企业　507

天然气与管道分公司　94a
　　2016 年预算编制与分解　102a
　　2017 年预算工作　102a
　　BPC 预算管理信息系统建设推进　102a
　　财务分析　102a
　　财务工作　101b
　　成本数据库建设　102a
　　开源节流降本增效工作　102a
　　业绩考核工作　102a
　　主要经营（运营）指标（表）　94b
天然气与管道业务投资计划　101b
统计数据　657
投资管理　101a
投资管理与网络建设　87
投资建设审计　216b
投资项目一体化管理系统建设　189b
突尼斯项目　130b
土地政策与管理　203b
吐哈油区天然气生产状况　48a
吐哈油田分公司　346
　　安全环保　348b
　　党群工作　347b
　　管理创新　348a
　　合规管理　348b
　　降本增效　347b
　　科技创新　348b
　　民生工程　349a
　　人才队伍建设　348a
　　油气开发　347a
　　油气勘探　347a
　　主要生产经营指标（表）　346b
吐孜项目　134b
团林—东港输气管道工程（续建）　99b

W

外事队伍建设　141b
外事外联与对外合作交流　138b
汪东进在集团公司 2016 年工作会议上的生产经营报告　12
王宜林在集团公司 2016 年工作会议上的主题报告　7
王宜林在集团公司 2016 年领导干部会议上的讲话　16
网站和新媒体建设　235a
危险化学品仓库安全专项治理　77a
危险化学品罐区隐患排查治理　91a
危险化学品和厂外烃类管道隐患整改　80b
微信传播　184b
“为党的事业和集团公司改革发展增添正能量”活动　224b
维抢修管理　101a
维稳信访与综治保卫　222
未上市业务预算管理　193a
温室气体排放量（图）　720
乌鲁木齐石化分公司　377
　　安全环保　379a
　　党群工作　380b
　　节能减排　379b
　　科技进步　380a
　　生产运行　378a
　　挖潜增效　379b
　　主要生产经营指标（表）　378b
　　装置检修　379a
乌兹别克斯坦项目　129b
污染防控　166a
污染物减排（表）　81a
无杆泵采油技术　53a
物联网　161a
物探队伍及动用情况（表）　109b
物探基础数据库建设　40a
物探技术攻关　38a
物探野外采集工作量（表）　111a
物资采购　211
　　管理信息平台　212a
物资仓储管理　213a

X

西北化工销售分公司　417
　　保调运降库存　417b
　　党群工作　418b
　　高端产品实现销售突破　417b
　　高效产品增量增效　417a
　　管理改革　418a

降本增效　418a
社会责任　418b
西北销售分公司　428
安全质计量管理　429b
党建工作　430b
队伍建设　430b
改革创新　429b
企业管理　430a
企业文化和群团工作　431a
业务运行　429a
主要经营指标（表）　429a
西北缘多层系立体勘探取得重要成果　36a
西部管道分公司　514
安全环保　515b
党建工作　515b
工程建设　514b
降本增效　514b
科技创新　515a
企业管理　515a
油气业务　514a
主要运营指标（表）　514b
西藏销售分公司　497
安全维稳工作　498b
党建工作　499a
队伍建设　499a
加油站管理　497b
企业文化建设　500a
强基惠民活动　500a
群团工作　499b
投资建设　498a
网络建设　498b
信息化建设　498b
油量储备　498a
主要经营指标（表）　498a
资源运行　498b
西昌项目　135a
西南管道分公司　516
安全环保　517b
党建工作　518a
工程建设　516b
管道管理　516b
合规管理　517a
科技创新　517a
输气管线、成品油管道、原油管道管输完成情况（表）　516a
完整性管理　517a
销售与市场开发　517b
油气业务　516b
资产管理　517a
西南化工销售分公司　424
党建和队伍建设　425b
合规管理　425b
精细化管理　425a
客户开发　425a
“三个优化”工作　424b
新产品专用料开发　425b
营销工作　424a
营销手段和服务模式创新　425b
云南石化调运准备工作　425b
西南气区天然气生产状况　47a
西南油气田分公司　333
安全环保　335a
党群工作　336a
经营管理　335b
科技与信息　335a
企业改革　335b
市场营销　334b
油气开发　334b
油气勘探　334b
主要生产经营指标（表）　334a
西南油气田在四川盆地页岩气　39b
西气东输二线管道工程（续建投产）　98b
西气东输管道分公司　511
安全环保　512b
党建和精神文明建设　512b
工程建设　512a
科技创新　512a
生产运行　511b
市场开发销售　512a
主要经营指标（表）　511b
西气东输金坛地下储气库工程（续建投产）　100b
西气东输三线天然气管道东段（吉安—福州段，续建投产）　99a
西气东输三线西段管道工程（续建投产）　99a
咸海项目　129b
项目管理　70a、187b
业务　123a
项目核准备案　187b

项目前期管理　56a、188a
消防安全　164b
销售分公司　84a
　　经营业绩　84a
　　“十三五”规划要点　84b
　　主要经营业绩（表）　84b
销售板块　84a
销售企业　426
销售收入（图）　712
销售项目管理　189a
销售业务情况（表）　663
新产品开发　79a
新加坡 SPC 项目　131b
新疆九 1—九 5 项目　134a
新疆油区天然气生产状况　47b
新疆油田分公司　330
　　安全环保　332a
　　党群工作　332b
　　地面建设标准化　333b
　　二元复合驱工业化试验取得成效　333b
　　工程技术　331b
　　精细成本管控　333b
　　井下光纤压裂裂缝监测技术填补业内空白　333a
　　科技创新成果　331b
　　矿区建设　332b
　　履行社会责任　332b
　　企业改革　332a
　　企业管理　331b
　　外部市场创效能力持续增强　333a
　　新疆油田公司党委与克拉玛依市委分开运行　333a
　　油气勘探　330b
　　油气田开发　331a
　　余热利用技术降耗减排　333b
　　“中国石油在新疆”专栏登录天山网　333a
　　主要生产经营指标（表）　331a
新能源　59
新区原油产能建设工作量　49b
新区原油产能建设管理　50b
新闻传播　234b
新型节点仪器和高精度可控震源研制取得重要突破　111b
薪酬保险管理　206a
信息安全建设　162a
信息标准化建设　162b
信息化工作　160
信息化管理　79a、91b、162b
信息技术基础设施建设　162a
信息技术培训　162b
信息系统建设　160a
信息系统维护　162a
信息系统应用　161b
信息项目管理　189b
“形势、目标、任务、责任”主题教育　233b
休斯敦技术研究中心建设　146b
修井技术　121a
旭航　184b
旋转导向钻井系统研发取得新进展　119a
巡视工作规范化　214b

压裂酸化技术　120b
亚马尔 LNG 项目　198b
亚太地区重点项目　131b
岩石物理分析应用系统　40a
业绩发布路演　178b、179a
业绩考核情况　21a
业务发展计划　190a
业务主管部门的系统监管　213b
页岩气　39b、59a、60a
　　地震勘探技术　39b
　　勘探开发成果　60b
　　压裂、排采　54a
页岩气和煤层气储层高精度反演及定量预测取得多项创新　112a
液化石油气（LPG）项目　98b
液化天然气接收站工程　100b
液化天然气贸易流向（表）　696
一次能源分类消费量（表）　682
一次能源消费构成（表）　682
一次能源消费量（表）　683
一次能源消费量（图）　707
“一带一路”油气合作　137b
医疗托幼及公共服务社会化　220b
依法治企　210a

已评估探明储量和探明开发储量（表）　664
益路同行　184a
意识形态工作责任制　234a
隐患治理项目　98b
印度尼西亚项目　131b
应对气候变化　166b
应急管理　169
应急预案　169a
应急预案发布与配套手册建设　104b
英西深层勘探开发一体化取得新进展　36b
影视中心　238b
用地预审管理　190a
优秀审计项目和论文　217b
油藏地球物理配套技术　112a
油藏动态监测　45b
油藏评价　49
　成果　49a
　管理　50a
油藏细分注水技术　62a
油管内非接触通信分注工艺技术研究　62b
油库管控一体化建设和合规经营推进　91a
油库管理　91a
油库火灾应急演练　104b
油库提效推动　91a
油库运行相关培训　91a
油品消费量（表）　688
油品质量控制　170b
油品质量升级　170b
油品质量升级项目　70a
油品质量升级新开项目　70a
油品质量升级续建项目　70a
油气安保防恐工作取得显著成效　223b
油气操作成本（图）　718
油气产量　32b
油气储采比（图）　718
油气储量　32b
油气储运　96
　工程业务　123a
　项目管理　188b
油气调运　95a
油气高风险管道的检测评价和修复工作　56b
油气管道项目　56a
　核准管理　189a
油气管道用电问题系统研究　96b
油气管网设施公平开放　97a
油气勘探　34
　开发生产　31
　取得多项重要新成果　32b
　研究成果应用成效　61b
　研究有形化成果　61a
油气盆地地质研究新认识　61a
油气生产装置检修工作　56b
油气田地面工程业务　122b
油气田地面建设　54a
油气田累计建成各类站场、管线数量（表）　55
油区安保与治安防范工作　223b
油田产能建设重点项目　55a
油田开发　42
油田开发总结　45b
油种价格变化（表）　73a
有机化工　73b
　产品价格走势（图）　75
有机原料　68a
　产量（表）　68b
舆情应对　234b
玉门油田分公司　353
　安全环保　355a
　党群工作　355b
　工程技术　354b
　开源节流　355a
　科技创新　355b
　炼油化工　354a
　民生工程　355b
　深化改革　355a
　油田开发　354a
　油田勘探　353b
　乍得项目　354b
　主要生产经营指标（表）　353a
预算管理　101b、193a
员工绩效考核　206a
原油产量（表）　43
原油产量（图）　713
　海外比例（图）　716
原油产能建设　44a
　工作量　49b
原油工业产量、商品量（表）　43b
原油管道工程　100a
原油管道项目　98a

原油管输 96a
原油加工量、产品产量（表） 67a
原油价格（图） 711
原油进出口及国际贸易业务 136a
原油贸易 89b
原油生产 43a
原油市场 72b
原油项目运作 133a
院士 287
云技术平台建设 161a
云南成品油管道工程（续建） 100a
云南石化 1300 万吨 / 年炼油项目 70a
云南销售分公司 468
　成品油业务 469a
　队伍建设 470b
　非油品业务 469b
　降本增效 470b
　企业管理 470b
　投资管理与网络建设 469b
　质量安全环保科技 470a
　主要经营指标（表） 469a
　资源运作 470a
运输过程计量管理 91a
运行机制完善 208b

乍得项目 129b
战略研究和中长期规划 186a
站场、管线数量（表） 55
站场污染物排放排查滚动开展 104a
章建华在集团公司 2016 年领导干部会议上的生产经营工作报告 21
招标管理 212a
肇 413 区块 134a
浙江销售分公司 477
　G20 杭州峰会 478a
　党建工作 478b
　加油站管理 478a
　精细化管控 478b
　群团工作 479a
　投资建设 478a
　一体化营销 477a
　主要经营指标（表） 477b
浙江油田分公司 356
　党群工作 359a
　科技创新 358a
　民生工程 359b
　企业管理 358b
　提质增效 357b
　选人用人 359a
　油气勘探 357a
　油田开发 357b
　员工培训 358b
　质量安全环保 358b
　中国南方首个煤层气效益开发基地建成 358a
　主要生产经营指标（表） 357a
政策和造价专题研究 190b
政策支持 187b
政治巡视深化 214b
知识产权管理 146b
执纪审查 215a
直井 / 定向井体积改造技术 61b
直属党组织建设 233a
直属工会工作 238b
直属共青团与青年工作 239a
直属机关企业文化建设 237a
职业道德规范确认书签订 237b
职业健康 170
　管理 170a
　监护与监测 170b
制度管理 211a
质量管理培训 171b
质量管理体系建设 170b
质量管理与监督 170
质量与标准 77b
质量与标准化管理 91b
中东公司 525
　安全环保 527b
　党建与企业文化建设 528b
　社会公益 528a
　油气项目运行 525b
　主要生产经营指标（表） 525b
中俄东线（新建） 99a
中俄原油管道二线（新建） 100a
中国华油集团公司 617

服务石油　620b
管理提升　619a
经营成果　617b
企业文化建设　620b
业务工作　617a
中国寰球工程有限公司　568
安全环保　569b
工程建设　568b
管理提升　569a
降本增效　568b
精神文明建设　569b
科技创新　569a
深化改革　568b
市场开发　569a
中国昆仑工程有限公司　569
党建工作　571b
工程建设　570b
管理创新　571a
市场开发　570b
质量安全环保　571a
重组改制　570a
主要经营指标（表）570b
中国联合石油有限责任公司　136a
中国石油 2015 年十大科技进展（表）159
中国石油 A 股与上证指数走势（图）181
中国石油报社　625
报纸工作　625b
党建与思想政治工作　626a
建设学习型报社　627a
经营工作　626b
企业管理　626b
全媒体建设　626b
业务研究　627b
中国石油标识　184a
中国石油储气库注气量（表）60
中国石油党建思想政治工作研究会　235b
中国石油工程建设公司　563
安全环保　565b
工程项目　564a
管理提升　564b
科技创新　565a
人才培养　565b
市场开发　564a
中国石油股份 H 股与恒生指数走势（图）179
中国石油股份股价　179a
中国石油股价　181a
中国石油国际事业有限公司　136a
中国石油集团安全环保技术研究院　606
党建工作　608b
管理提升　608a
技术服务　607b
技术研究　606b
技术支持　607a
决策参谋　606a
中国石油集团渤海石油装备制造有限公司　574
安全生产　575b
党建与队伍建设　576b
降本增效　576a
科技质量　576a
深化改革　575a
市场开发　575b
战略规划　575a
制造服务　575b
中国石油集团渤海钻探工程有限公司　550
安全环保　551a
基础管理　551b
科技进步 551a
人力资源管理　551b
市场开发　550a
主要生产经营指标（表）550b
中国石油集团测井有限公司　558
安全环保　558b
队伍建设　560a
技术创新　559a
降本增效　558b
生产组织　559b
市场开发　558a
制度建设　559b
中国石油集团长城钻探工程有限公司　548
党的建设和基层基础工作　550a
工程技术　549b
科技进步　549a
企业管理　549a
质量安全环保　549b
主营业务　548a
中国石油集团川庆钻探工程有限公司　552
安全环保与节能管理　553b
党风建设　554b

党建工作　554a
改革管理　553a
工程技术服务　552a
精神文明建设　554b
科技发展　552b
“两学一做”学习教育　555b
油气合作开发　553b
主要生产经营指标（表）　552b
中国石油集团东方地球物理勘探有限责任公司　555
安全环保　557a
党建工作　557b
和谐企业建设　557b
科技创新　556a
企业内部管控　557a
深化改革降本增效　556b
生产运营　556b
油气勘探成果　555b
主要生产经营指标（表）　556a
中国石油集团东南亚管道有限公司　542
安全环保　542b
荣誉　542b
社会公益　542b
业务拓展　542b
中缅原油管道全面完成　542a
中国石油集团工程设计有限责任公司　566
队伍建设　567a
企业管理　566b
生产经营　566a
文化建设　567b
中国石油集团工程有限公司成立　123b
中国石油集团海洋工程有限公司　560
党建工作　562a
科技创新　561b
企业管理　561b
市场开发　560b
质量安全环保　561a
主要生产经营指标（表）　561a
中国石油集团济柴动力总厂　580
产品生产　581a
技术创新　581a
生产经营指标（表）　581a
市场开发　581b
“五自”改革　582a
质量管理　581b
中国石油集团经济技术研究院　600
党建工作　602b
高端智库建设　600a
合规管理　602a
合作交流　601b
集团公司决策支持　601a
人才队伍建设　601b
信息化建设　601b
中国石油集团石油管工程技术研究院　609
标准化工作　610b
党建工作　611b
管理提升　611a
国家重点实验室建设　610a
合作与交流　611a
技术服务　611a
精神文明建设　611b
科技成果　609a
质量监督　610b
中国石油集团西部钻探工程有限公司　545
安全环保　547b
传统市场拓展　546b
党建工作　547b
和谐企业　548a
降本增效　546b
结构调整　546b
经营管理　547a
外部市场拓展　546b
业务增效　546b
优质服务　547a
中国石油集团资本有限责任公司成立　201a
中国石油集团钻井工程技术研究院　602
基础管理　605b
技术支持　603b
经营服务　604a
科技创新体系　604b
科技改革　605a
科研成果　603a
企业文化　605b
中国石油技术开发公司　571
党建工作和企业文化建设　574a
国际市场开发　572a
机制体制改革　573b
经营管理　574a
压库存清欠款　572b

增服务促转型　573a
中国石油品牌及社会责任工作获奖情况（表）　186
中国石油企业协会　635
党建工作　636b
基础管理　636b
年度理事会议召开　635a
期刊编辑　636a
“三评”工作　635b
政府服务与行业服务　635b
咨询与培训　636a
中国石油审计服务中心　630
党建与思想政治工作　631a
管理与改革　630b
审计工作　630a
中国石油四川石化有限责任公司　394
HSE 管理　395b
党建工作　395b
企业管理　395b
企业经营　394b
生产运行　395a
中国石油天然气股份有限公司 2016 年 12 月 31 日合并及公司资产负债（表）　665
中国石油天然气股份有限公司 2016 年度公司股东权益变动（表）　669
中国石油天然气股份有限公司 2016 年度合并股东权益变动（表）　668
中国石油天然气股份有限公司 2016 年度合并及公司利润（表）　666
中国石油天然气股份有限公司 2016 年度合并及公司现金流量（表）　667
中国石油天然气股份有限公司及其附属公司勘探与生产运营情况（表）　662
中国石油天然气股份有限公司及其附属公司炼油与化工生产情况（表）　662
中国石油天然气股份有限公司及其附属公司销售业务情况（表）　663
中国石油天然气股份有限公司勘探与生产分公司　32
中国石油天然气股份有限公司炼油与化工分公司　66a
中国石油天然气股份有限公司天然气与管道分公司　94a
中国石油天然气股份有限公司销售分公司　84a
中国石油天然气股份有限公司已评估探明储量和探明开发储量（表）　664
中国石油天然气股份有限公司主要子公司、参股公司情况（表）　663
中国石油天然气股份有限公司组织机构（图）　279
中国石油天然气管道局　562
改革调整　563a
工程建设　563a
管道局召开第六次党代会　563b
科技创新　563b
市场开发　563a
中缅天然气管道工程（缅甸段）获鲁班奖　563b
中国石油天然气集团公司 2016 年工作会议在河北廊坊召开　26
中国石油天然气集团公司 2016 年领导干部会议在大庆召开　29
中国石油天然气集团公司大事纪要　640
中国石油天然气集团公司工程技术分公司　108a
中国石油天然气集团公司工作情况概述
中国石油天然气集团公司广州培训中心　633
管理提升　634a
教研科研　634a
培训工作　633b
培训数据（表）　633b
企业文化建设　634b
中国石油天然气集团公司合并利润（表）　661
中国石油天然气集团公司合并资产负债（表）　658
中国石油天然气集团公司基本情况　2
中国石油天然气集团公司技能专家　304
中国石油天然气集团公司科技与信息化创新大会在北京召开　28
中国石油天然气集团公司历史沿革（图）　4b
中国石油天然气集团公司两院院士　287
中国石油天然气集团公司休斯敦技术研究中心　614
管理提升　615a
技术推广　614b
技术研发　614a
中国石油天然气集团公司在聘高级技术专家　288
中国石油天然气集团公司主要指标完成情况（表）　658
中国石油天然气集团公司咨询中心　612
储量评估　613a
党建工作　613b
基础管理　614a
项目评估评价　613a
学习型咨询中心建设　613b

重大科技项目费用审查　613a
重要人事变动　612b
专家论坛　613b
专题研究　612b
中国石油天然气集团公司组织机构（图）　266
中国石油天然气运输公司　615
安保维稳　617b
党建工作　616b
服务石油　616b
管理提升　616a
企业文化建设　616b
中国石油天然气总公司　4a
中国石油物资采购中心　631
仓储物流业务　632b
党群工作　632b
基础管理　633a
境外采购业务　632b
授权集中采购　632a
招标业务　632b
直接采购业务　632a
重点项目保障　632a
中国石油学会　636
创新发展　638a
党建强会　638a
第九次全国会员代表大会　638b
服务创新型国家和社会建设　637a
国际学术会议与国际交往　637b
国内主要学术会议　637b
会员服务　638b
科普活动　638a
学会建设　637a
学科发展研究　637b
学术期刊　637b
优秀科技工作者表彰举荐　638b
中国石油英模群体　236b
中国石油在资本市场获奖情况（表）　183
中哈原油管道项目　129a
中缅天然气管道项目　129a
中缅原油管道　100a
中缅原油管道工程（国内段）一期工程（续建完工）　100a
中缅原油管道项目　129a
中石油阿姆河天然气勘探开发（北京）有限公司　537
安全管理　539a
党建和思想政治工作　539b
勘探开发　537b
凝析油产量（表）　537b
企业宣传工作　539b
社会公益赞助工作　539a
天然气产量（表）　537b
重点工程　538a
钻完井　538a
中石油北京天然气管道有限公司　512
安全环保　513b
党建和企业文化建设　513a
工程建设　513a
开源节流降本增效　513a
抗洪抢险　513b
输气生产　513a
主要运营指标（表）　513a
中石油管道有限责任公司　94a
中石油海南销售有限公司　500
党建群团工作　502b
非油品业务　501a
机构改革　502b
加油站管理　501b
企业管理　5002a
投资建设　501b
油品销售业务　501a
质量计量安全环保　501b
主要经营指标（表）　501a
资源运行　501a
中石油克拉玛依石化有限责任公司　409
安全生产　410a
财务管理　411b
产品分析检测　410b
党群工作　411b
访惠聚工作　412a
工程建设　410b
环境污染事故为零　410b
纪检监察　412a
教育培训　412a
节能减排　410b
科技创新与标准化工作　410b
企业管理　411a
企业文化建设　412b
人事管理　412a

设备管理　411a
审计工作　411b
物资采购管理　411a
主要生产经营指标（表）　410a
中石油煤层气有限责任公司　359
安全环保　361b
党建工作　361b
对外合作　360b
合规管理　361a
降本增效　361a
科技进步　360b
煤层气开发　360b
煤层气勘探　360a
市场销售　360b
质量节能　361b
主要生产经营指标（表）　360a
中石油燃料油有限责任公司　431
产品研发　432b
党建工作　433b
管理创新　433a
沥青营销　432a
馏分油营销　432b
物流管理　432b
原油贸易　431b
主要生产经营指标（表）　432a
中石油新疆销售有限公司　444
昌吉销售公司乌伊东路加油站被授予全国“安康杯”竞赛优胜班组　445b
成品油销售　444a
非油品业务　444a
管理创新　445b
加油站管理　445a
网络开发　445a
主要经营指标（表）　444b
资源运行　444b
中石油云南石化有限公司　397
安全环保管理　398a
工程建设　398a
绿色共建咨询委员会成立　398b
生产准备　397b
中卫—靖边联络线（新建）　99a
中亚俄罗斯地区重点项目　129b
中亚管道有限公司　540
党建及队伍建设　541b
工程建设　540b
管道运行　540a
管理提升　541a
降本增效　540a
质量安全环保　541a
中亚天然气管道项目C线　129a
中央党的建设工作领导小组秘书组联系点工作　231b
中央企业先进基层党组织　240b
中央企业优秀党务工作者　240a
中央企业优秀共产党员　240a
中央企业优秀共产党员标兵　240a
中油财务有限责任公司　582
党建和企业文化建设　583b
分支机构管理　583b
公司治理和风险管理　583b
国际业务　583b
结算业务　583a
信贷业务　583a
信息化建设　583b
证券业务　583b
资金归集和运营管理　583a
综合管理　583b
重大工程项目协调　172b
重大开发试验　44a
重大战略课题的研究和组织工作　187b
重点工程　55b、69
建设　124b
重点工作部署　10a、23b
重点节能节水项目　168a
重点实验室和试验基地建设　146a
重要审计项目　216a
州13（1–2）区块　134a
州13（3–6）区块　134a
注水井智能配注技术攻关与试验　53a
柱塞气举技术排水采气积极推进　53a
专家队伍　287
专项巡视　214b
专业队伍数量（表）　64a
专业分公司主要领导　269、282
专业管理　76
专业技术培训　103a
专职董监事制度　209b
装备制造企业　571
装备制造项目管理　190a

装置达标　77b
装置及产品　68
装置检修管理　56b
准噶尔盆地　32b
　　主要勘探成果　36a
资本市场信息披露　194a
资本运营　208
　　战略企划　208b
　　专项项目　210a
资产管理　194a
资产状况　102b
资金管理　197
　　队伍建设　200b
资金稽查　200b
资金计划管理　197a
资金政策研究　199b
资料解释及综合研究情况　111a
资源调运　85a
资源和产品结构优化　76b
资源优化配置　207a
资质与井控管理　109a
子公司、参股公司情况（表）　663
梓潼项目　135a
紫金山项目　135b
自动垂直钻井技术　118a
自驾游活动　86a
自主公益品牌　184a
综合统计　191b
综合物化探技术　112b
综合治理与保卫　223a
总部机关作风建设　235b
总裁班子成员　281
总经理助理、副总师　268
组织机构　262、266、273
组织机构（图）　279
组织机构管理　205b
钻井工程　117a
　　工作量完成情况　117a
　　科技研发推广应用　117b
　　人员、队伍状况　117a
　　质量　117b
　　专业技术服务发展情况　119a
　　装备状况　117a
钻井工作量（表）　117a
钻井生产时效　117b
钻井提速工具应用效果突出　118b
钻井提速工作　117b
钻井液技术服务　119b

编后记

本卷《年鉴》是《中国石油天然气工业年鉴》自1996年正式出版以来连续出版的第22卷，是更名为《中国石油天然气集团公司年鉴》后的第19卷。

本卷《年鉴》沿用历年来形成的框架结构和装帧风格。在编纂过程中，重点记载集团公司2016年所发生的重大事件，体现年度历史进展特色；坚持规范与创新相结合，充分反映集团公司年度工作特点。在保持整体内容基本不变的情况下，为增强《年鉴》资料性及便于横纵向对比，在“企事业单位概览”单位“概况”条目下继续增加“主要生产经营指标”等表格。继续收录世界主要国家和地区及各大石油公司有关石油石化相关数据图表，摘选国家发改委《石油发展“十三五”规划》和《天然气发展“十三五”规划》，对《年鉴》内容的信息含量进行扩充。注重《年鉴》的工具性和实用性，版式设计力求规范严整，文字叙述力求简洁流畅。

本卷《年鉴》的编纂出版工作始终得到集团公司党组和各级领导的高度重视，集团公司董事长、党组书记王宜林作序；集团公司机关和股份公司机关各部门、各专业分公司及各企事业单位的领导提供各种形式的支持和帮助；各单位负责《年鉴》工作的联系人和撰稿人付出了艰辛的劳动；集团公司办公厅（股份公司总裁办公室）领导直接参与《年鉴》内容的审订，做了大量的组织协调工作。此外，中国石油报社等单位提供辅助资料和照片；中国石油集团经济技术研究院提供《中国石油天然气集团公司2016年度报告》和《中国石油天然气集团公司2016年企业社会责任报告》资料以及世界主要国家和地区、各大石油公司相关数据图表；还有企业和个人提供了照片、参与了审稿工作。中国年鉴研究会名誉会长许家康、会长王守亚及年鉴业界专家对本卷《年鉴》编纂提出宝贵的意见和建议。在此，对所有支持《年鉴》工作和为《年鉴》出版提供帮助的单位和个人致以诚挚的谢意。

由于年鉴编辑出版时限性强，疏漏和不足在所难免，恳请读者批评指正。

《中国石油天然气集团公司年鉴》编辑部

2017年12月

MUFG

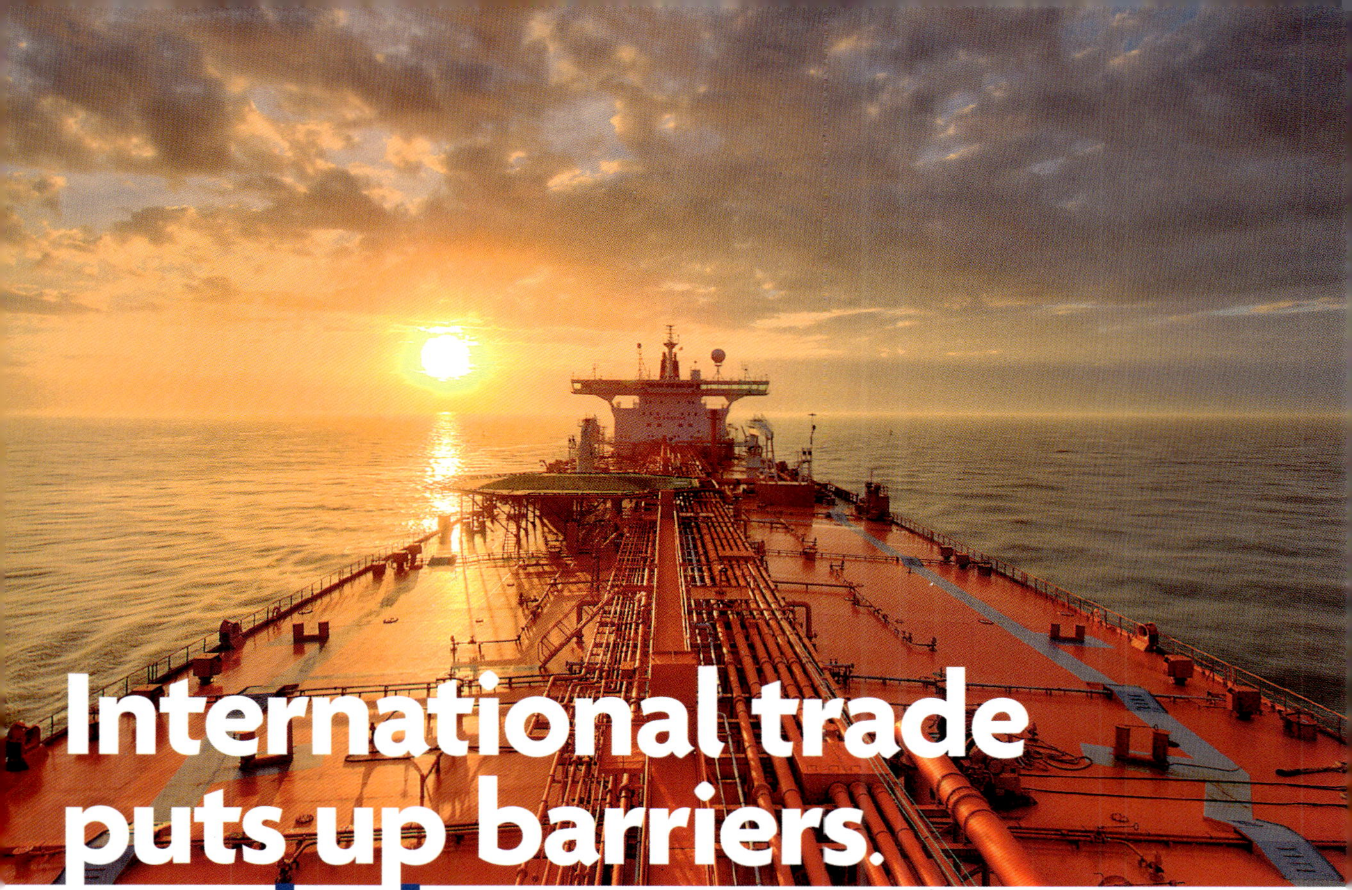
International trade
puts up barriers.

中国太平保险集团有限责任公司

中国太平保险集团有限责任公司简称中国太平，是唯一一家管理总部设在香港特别行政区的中国监管金融保险集团。2000年，中国太平保险控股有限公司在香港联交所上市，是中国保险业较早在境外上市的中资保险企业。2013年，中国太平同步完成重组改制和整体上市。

中国太平1929年创立于上海，是中国历史经营较为悠久的民族保险品牌之一。历经88载的风雨洗礼，中国太平已经发展成为一家拥有47万名员工、24家子公司、近2000家各级营业机构、4500亿总资产的大型跨国金融保险集团。经营区域涉及中国内地、港澳特别行政区，以及北美、欧洲、大洋洲、东亚及东南亚等国家和地区，业务范围涵盖寿险、财险、养老保险、再保险、再保险经纪及保险代理、互联网保险、资产管理、证券经纪、金融租赁、不动产投资、养老产业投资等领域，业务种类齐全，为客户提供一站式综合金融保险服务。

保险就是保太平

——诚信 专业 价值——

位于香港特别行政区铜锣湾的中国太平总部大楼——中国太平大厦

2015年9月9日，中国太平保险集团旗下太平再保险有限公司在香港特别行政区举办香港保险市场机遇与挑战研讨会暨太平再保险成立35周年志庆活动

中国太平携手纽约著名开发商投资位于纽约曼哈顿核心区域的商业地产翠贝卡111项目，正式迈出了海外不动产投资的步伐

CHINA TAIPING

能源产业与金融服务高度融合的国际投资银行

中国华信构建欧洲油气终端，获取上游股权与权益

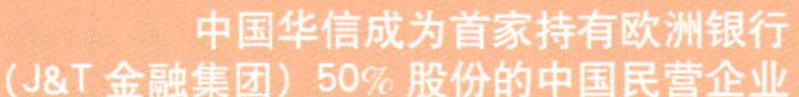

中国华信成为首家持有欧洲银行（J&T 金融集团）50% 股份的中国民营企业

中国华信在捷克共和国布拉格设立第二总部

收购捷克共和国札达斯特种钢，推动中外企业互动合作，整合发掘国外先进产业技术及优质资源在中国市场的价值

中国华信资助建设捷克共和国中医中心大楼，助推中医走出去

中国华信连续 3 年赞助残疾人运动会，助推中国残疾人体育事业发展

上海华信公益基金会创立“萤光支教”项目，5 年来为陇、滇两省培训乡村教师 18107 名，受益师生逾百万

西部钻探工程有限公司青海钻井公司

西部钻探工程有限公司青海钻井公司1955年7月诞生于青藏高原，2006年4月划转吐哈石油勘探开发指挥部，2007年12月随吐哈石油勘探开发指挥部钻探业务整体划入西部钻探工程有限公司。60多年钻探柴达木的历史沉淀，公司形成了“钻探高原铸油魂”的核心理念，肩负着“为油而战、共谋发展”企业使命。

拥有专业技术、辅助配套设备1481台（套），其中钻机39台（套）、固井设备71台（套）。钻井技术上，形成了成熟的定向井、平台丛式井、深井、深探井钻井配套技术；钻井液技术上，形成了聚合物、抗高温聚磺、可循环微泡沫、欠饱和盐水、复合有机盐和聚胺有机盐钻井液体系；研发了抗盐、增韧双膨胀、低密高强、低温促凝早强、泡沫、加重、防气窜快干等水泥浆体系，完善配套了漏失井、高压油气井、水平井、大位移井、深井固井技术。钻井具有年80万米的能力，固井具备年600口、施工1800井次、保障钻井进尺120万米的能力。2016年进尺首破70万米，创造了柴达木新纪录。60多年来，公司累计钻探进尺1200多万米，先后在柴达木盆地钻出31个油气田，为保障高原油气上产发挥重要作用。

钻井作业　　花土沟办公楼　　井架

地址：青海省海西州茫崖花土沟镇　　邮编：817500

大庆油田新媒体中心

大庆油田新媒体中心成立于2017年，前身为大庆油田报捷公司新媒体项目部。中心拥有大疆无人机、360全景相机、4G背包等先进新媒体设备，以及专业的新媒体平台运营和直播技术团队，承担微信平台运营及新媒体信息采编发布、新媒体直播、舆情监控、大数据分析、APP开发运营和手游运营推广等业务。

运营“大庆油田官微”“大庆油田工会官微”“油田生活资讯”“大庆市工会平台”4个微信平台，粉丝50万+，每年发布图文超过4500余篇；组建了囊括70余家公众号的新媒体矩阵；自新媒体直播以来共进行网络直播100多次，观看总人数超过150万人次；APP开发运营业务，“大庆油田工会APP”一期已正式上线；开展手游、电子竞技赛事承办，已承办腾讯“王者荣耀”城市赛大庆赛区的比赛；同步推出“王者学院”“王者主播”“比赛竞猜”活动，活跃竞赛经济。中心曾先后获得“2016年度中国石油优秀新闻——新媒体通讯类一等奖”“中国石油新媒体内容创作大赛优秀组织奖”等荣誉。

联系电话：0459-5998020　13339590688　孙丽芳

新媒体大厅图一

新媒体大厅图二

新媒体大厅图三

直播团队

直播现场

上海期货交易所是在中国证监会集中统一监督管理下，依法依规组织期货交易并实行自律管理的法人，根本宗旨是促进社会主义市场经济的发展。上海期货交易所目前挂牌交易黄金、白银、铜、铝、锌、铅、螺纹钢、线材、燃料油、天然橡胶、石油沥青、热轧卷板、镍、锡等14种期货合约。上海国际能源交易中心股份有限公司是上海期货交易所的下属子公司。

上海国际能源交易中心股份有限公司（以下简称上期能源）是经中国证监会批准，由上海期货交易所发起设立的、面向期货市场参与者的国际交易场所，根据《中华人民共和国公司法》《期货交易管理条例》和中国证监会等有关法律法规履行期货市场自律管理职能。2013年11月6日，上期能源注册于中国（上海）自由贸易试验区，经营范围包括组织安排原油、天然气、石化产品等能源类衍生品上市交易、结算和交割，制定业务管理规则，实施自律管理，发布市场信息，提供技术、场所和设施服务。

姜　岩　上海期货交易所 党委书记 理事长
上海国际能源交易中心 董事长

席志勇　上海期货交易所 党委副书记 总经理
上海国际能源交易中心 总经理

北京高新利华科技股份有限公司

北京高新利华科技股份有限公司（简称高新利华）是一家为基础能源工业清洁生产、节能减排、质量提升提供产品、技术、服务的国家高新技术企业。成立于2001年，注册资本3000万元。高新利华的主要产品有炼油催化剂、煤化工催化剂、齿球型催化剂载体、石化助剂四大系列近百个品种，年生产能力近5000吨，此外还开展贵金属铑回收及贵金属催化剂加工等相关业务。产品质量优良，产品技术水平已达到国内先进水平，其中多项产品具有独创技术，齿球型催化剂载体具有国内领先水平。高新利华生产的各种加氢精制催化剂、加氢裂化催化剂、重质油加氢保护剂、新型塑料复合助剂、低压羰基合成铑催化剂等产品长期应用于国内多家大型石化企业，并出口欧洲国家相关企业。

高新利华是国家和中关村双高新技术企业、中国石油和中国石化一级供应商、齿球型载体及相应催化剂技术中心、"十二五"中国石油和化工优秀民营企业。"齿球型加氢催化剂的应用"获得2012年中国石油化工集团公司科学技术进步奖三等奖；"裂解汽油二段加氢精制催化剂研发及工业应用"获得2015年度中国石油和化学工业科学技术奖。2016年公司总经理及董事长杨大奎被评选为"十二五"中国石油和化工优秀民营企业家。

福建省天然气管网有限责任公司

福建省天然气管网有限责任公司（简称管网公司）是根据福建省人民政府与中国石油天然气集团公司签订的《共同推进福建科学发展跨越发展合作协议》精神，由中国石油天然气股份有限公司和福建省能源集团有限责任公司按照股权比例50%：50%，共同出资组建的国有合资企业，管网公司注册成立于2015年9月，总部设在福州市。

团结奋进的公司班子

根据协议，管网公司为承接中国石油西气东输三线（简称西三线）入闽天然气的唯一主体，负责中国石油西三线供闽管道天然气，投资建设、运营管理在闽西三线干线以下天然气支线管网，开展天然气销售、天然气输送、城市燃气、加油加气站、分布式能源等业务。

抓好天然气销售与市场开发，打造全新运作模式。主动发挥桥梁作用，协调推进西三线干线分输站与下游门站顺利投产通气。深入开展天然气市场调研，深挖市场潜力，培育潜在用户，紧盯直供大用户，做优存量市场，拓展增量市场，努力增加天然气销量。

抓好支线管道项目建设，筑牢生存与发展根基。加快推进德化支线项目前期工作，合资合作开展龙岩、漳州、角美、福清、长汀、福耀玻璃专线等支线项目，统筹谋划与中国海油主干管网互联互通，打造“优势互补、资源共享、互惠共赢”的天然气管网大格局。

抓好天然气综合利用项目，打造强劲发展势头。借助中国石油福建销售公司和福建能源投资集团有限公司的优势，启动加油加气站项目可行性研究，拟投资改扩建一批有质量、有效益的加气站项目。积极推进与省高速公路公司合作开展高速公路沿线服务区加气站项目。携手各地市城市燃气公司，开展漳州角美台商投资区、莆田涵江滨海产业新区、江阴化工园等分布式能源项目及重型卡车改装气项目。

抓好安全及内部控制，推进管理制度化规范化。建立健全安全管理制度，完善安全管理体系，强化安全责任落实，提升全员安全意识。围绕经营管理，做好内部控制与财务管理，努力增收节支、创新创效。推进建章立制，夯实党建工作基础，强化党风廉政建设，持续融合股东双方企业文化，营造团结协作、健康和谐的企业氛围。

管网公司将依托西三线入闽天然气主干工程，分期分批投资建设全省天然气支线管网，使福建省供气管网融入全国天然气主干管网系统，有效保障全省各县、市的安全供（用）气，为优化能源结构、推动产业转型升级、促进节能减排、加快生态建设、改善民生提供充足气源和优质服务，为建设机制活、产业优、百姓富、生态美的新福建提供清洁能源保障。

管网公司首届“三会”